कुछ खोजते हुए

सन् 2005-2009 के दरम्यान 'जनसत्ता' (अख़बार) के साप्ताहिक स्तम्भ
'कभी-कभार' में प्रकाशित चुनिन्दा टिप्पणियाँ

कुछ खोजते हुए

अशोक वाजपेयी

वाणी प्रकाशन

वाणी प्रकाशन

4695, 21-ए, दरियागंज, नयी दिल्ली 110 002

शाखा

अशोक राजपथ, पटना 800 004

फ़ोन: +91 11 23273167 फ़ैक्स: +91 11 23275710

www.vaniprakashan.in
vaniprakashan@gmail.com

KUCHH KHOJTE HUE
by Ashok Vajpeyi

ISBN : 978-93-5072-204-6
Collection of Prose

प्रथम संस्करण
मूल्य : ₹ 1495

ओम ऑफ़सेट, दिल्ली-110093 में मुद्रित

वाणी प्रकाशन का लोगो मक़बूल फ़िदा हुसेन की कूची से

कुछ खोजते हुए

यह कहना या ठीक-ठीक बता पाना कठिन है कि इस ज़िन्दगी भर से चली आ रही खोज का लक्ष्य क्या है? बिना लक्ष्य के या किसी प्राप्ति की आशा के खोज क्यों नहीं की जा सकती? अगर यह सम्भव है, भले कुछ अतर्कित है तो इन पृष्ठों में जो कुछ खोजा जाता रहा है इसका कुछ औचित्य बनता है। खोजने की प्रक्रिया में कुछ सच, कुछ सपने, कुछ रहस्य, कुछ जिज्ञासाएँ, कुछ उम्मीदें, कुछ विफलताएँ सब गुँथे हुए-से हैं। शायद कोई भी लेखक कुछ पाने के लिए नहीं खोजता : कई बार अकस्मात् अप्रत्याशित रूप से उसके हाथ कुछ लग जाता है। कई बार वह कुछ, इससे पहले कि लेखक को इसका सजग बोध हो या कि वह उसे विन्यस्त कर पाये वह फिसल भी जाता है और कई बार ऐसे ग़ायब हो जाता है कि दुबारा फिर खोजे नहीं मिलता।

एक साप्ताहिक स्तम्भ के बहाने अपनी ऐसी ही बेढब खोज को दर्ज़ करता रहा हूँ। इसमें संस्मरण, यात्रा-वृत्तान्त, पुस्तक और कला समीक्षा, इधर-उधर हुए संवाद और मिल गये व्यक्तियों से बातचीत आदि सभी संक्षेप में शामिल हैं। मुझ जैसे बातूनी व्यक्ति को, 'जनसत्ता' में पिछले तेरह वर्षों से, बिला नागा, अबाध रूप से 'कभी कभार' स्तम्भ लिखते हुए यह अहसास हुआ कि संक्षेप लेखन का बेहद वांछनीय पक्ष है। जो संक्षेप में कुछ पते की बात नहीं कर सकता वह विस्तार में ऐसा कर पायेगा इसमें अब कुछ सन्देह होने लगा है। ऐसे पाठक या हितैषी मिलते हैं जिनकी शिकायत कई बार यह होती है कि विस्तार से लिखना चाहिए था। यह उन 'चाहियों' में से एक है जो मुझसे नहीं सधे। जैसे लिखना तो मुझे था डायरी, जो अब जब-जैसी याद आती है इसी स्तम्भ में लिख देता हूँ : डायरी नहीं लिख पाया। जो नहीं हुआ उसका ग़म क्या, वह नहीं हुआ! मेरे युवा मित्र और कला-मर्मज्ञ सम्पादक पीयूष दईया ने इस संचयन को बड़ी लगन और मेहनत से तैयार किया है। उनकी पैनी नज़र का मैं पहले से क़ायल और अब कृतज्ञ भी हूँ।

अशोक वाजपेयी

अनुक्रम

उपस्थिति

परस्पर
(2005)

आवाजाही
(2006)

अनावरण
(2007)

वापसी

(2008)

कुछ खोजते हुए
(2009)

घराने

हालाँकि संगीत और नृत्य में घरानों की परम्परा पुरानी है और बावजूद आधुनिकता के दबावों के गायब नहीं हुई, साहित्य और कलाओं में घराने पिछड़ेपन की निशानी माने जाते हैं। संगीत-नृत्य में तो जो कुछ श्रेष्ठ और सर्जनात्मक निकला है, वह आधुनिक संस्थाओं से नहीं, बल्कि घरानेदार परम्परा से ही। पर साहित्य और ललित कलाओं में यह परम्परा शिथिल ही रही है और लगभग अवांछनीय और सामन्तकालीन अवशेष मानी जाती है।

अधिकांश लेखकों की सन्तानें साहित्य में नहीं जातीं। निरबंसियों की बात छोड़ दें तो किसी महत्त्वपूर्ण लेखक का बेटा या बेटी लेखक नहीं हुआ : हमारी पीढ़ी में नीलाभ ही अपवाद हैं, जिनके पिता अश्क जी बड़े लेखक थे। हममें से अधिकांश के बेटे-बेटी भी साहित्य जैसे उदास उद्यम में नहीं लगे। चित्रकारों पर भी यह बात लागू होती है। लेकिन उसमें लगता है कि अपवाद होना शुरू हो रहे हैं। वरिष्ठ चित्रकार रामकुमार से बात हो रही थी। उन्होंने बताया कि उनका बेटा, जो न्यूजीलैण्ड में रहता है और वाणिज्य-प्रबन्ध में दीक्षित है, इधर चित्रकला की ओर मुड़ा है और जल्दी ही भारत लौट रहा है। एक दूसरा उदाहरण चित्रकार जगदीश स्वामीनाथन के बेटे हर्षवर्द्धन का है जो अपनी पीढ़ी में एक महत्त्वपूर्ण चित्रकार बन गये हैं। वे रासायनिक इंजीनियरिंग में बाकायदा दीक्षित हैं और कई बरस उन्होंने उसमें काम किया है। उनका चित्रकला की ओर झुकाव, जहाँ तक मुझे याद है, अपने यशस्वी पिता के देहावसान के बाद हुआ। आदिवासी चित्रकार जनगढ़ सिंह श्याम का बेटा, पत्नी और काफी संख्या में नाते-रिश्तेदार सामुदायिक गायन का अपना पुश्तैनी धन्धा छोड़कर चित्रकार हो गये हैं और अब 'जनगढ़ कलम' के अन्तर्गत मान्य हैं।

शास्त्रीय नृत्य के क्षेत्र में घरानेदारी अब भी कायम है। कई शास्त्रीय नर्तकों की सन्तानें नृत्य में ही जाती हैं। बिरजू महाराज की सभी सन्तानें, एक को छोड़कर, नृत्य में ही सक्रिय हैं। शास्त्रीय गायकों में तो मल्लिकार्जुन मंसूर, कुमार गंधर्व, रविशंकर से लेकर शिवकुमार शर्मा, अमजद अली खाँ, विश्वमोहन भट्ट आदि की सन्तानें संगीत में रही हैं। रंगमंच में

शम्भु मित्र, हबीब तनवीर, इब्राहीम अलकाजी और नेमिचन्द्र जैन की बेटियाँ रंगकर्म कर रही हैं। लेकिन इन बुजुर्ग पीढ़ी के बाद यह परम्परा आगे चलती नहीं दीख पड़ती।

अगर हमारे लोकतन्त्र की एक विडम्बना यह है कि उसके विस्तार के साथ जाति-प्रथा, जिसे समूल और समता और न्याय के पक्ष में नष्ट हो जाना चाहिए था, फल-फूल रही है तो कला-क्षेत्र का एक पहलू यह है कि वहाँ घरानेदारी आधुनिकता के सारे दबावों के बावजूद गायब नहीं हुई है और अब तक चल रही है।

शास्त्र और प्रयोग

इन्दिरा गाँधी राष्ट्रीय कला केन्द्र में एक महत्त्वपूर्ण काम बरसों से चल रहा है, जिसके अन्तर्गत उसकी कलाकोष शाखा समेत अनेक अज्ञात या अल्पज्ञात शास्त्रों के प्रामाणिक और सुसम्पादित-सुशोधित संस्करण तैयार और प्रकाशित करती रही है। कुछ समय पहले इस केन्द्र के बारे में आयोजित एक बैठक में एक सुझाव यह दिया गया था कि इन शास्त्रों से समकालीन कला-प्रयोक्ता अपरिचित या अल्पपरिचित हैं और शास्त्र और प्रयोग को साथ लाने की कोशिश होना चाहिए। यह जानकर प्रसन्नता हुई कि इस दिशा में कुछ सक्रियता आयी है।

हाल में केन्द्र के अन्तर्गत सत्रहवीं शताब्दी के इब्राहिम अली शाह द्वितीय की बन्दिशों को, जो उनकी पुस्तक 'किताबे-नौरस' में संग्रहीत हैं ध्रुपद के वयोवृद्ध और विद्वान गायक उस्ताद फहीमुद्दीन डागर ने गाकर प्रस्तुत कीं। केन्द्र के बंगलौर स्थित दक्षिण भारत क्षेत्रीय केन्द्र में पारम्परिक मूर्तिकारों की एक कर्मशाला 'कश्यप शिल्प शाला' नाम से आयोजित हुई। इस शाला में चालुक्य-होयसाला शिल्प परम्परा के ग्रन्थ 'कश्यप शिल्प' के अनुसार विनायक, आलिंगन-चन्द्रशेखर, अर्द्धनारीश्वर, वीणाधर दक्षिणमूर्ति, कालसंहार और लिंगोद्भव छह मूर्तिशिल्प बनाने का उपक्रम हुआ। मैसूर ज़िले के हेग्गड़देवनकोटे से उपयुक्त पत्थर लाया गया। शिल्पियों की खोज की गयी और अनुभव, कौशल और पारिवारिक प्रशिक्षण के आधार पर उन्हें चुना गया। कुछ विद्वान् भी चुने गये जो इन शिल्पियों को दिशा निर्देश देने और उनकी दैनन्दिन प्रगति पर नज़र रखने में सक्षम थे। हर शिल्पी के साथ दो युवा सहायक भी थे। हर दिन या समय-समय पर वैदिक और आगमानुसार अनुष्ठान किये गये और नित्य होम की व्यवस्था भी की गयी जैसा कि शास्त्र-विहित है।

अन्ततः छह मूर्तिशिल्प तैयार हुए जिनके लिए एक वीथिका बनायी जा रही है। नोट करने की बात यह है कि अब भी पारम्परिक शिल्प बनाने वाले शिल्पी हैं, लेकिन उनका शास्त्र-ज्ञान बहुत क्षीण है। इस कर्मशाला से उनका यह ज्ञान बढ़ा और उन्हें पता चला कि शास्त्रविहित प्रक्रिया और अनुष्ठान से काम करने पर कितनी सूक्ष्मताएँ उनके काम में आना सम्भव है। यह भी प्रगट हुआ कि शिल्प-शास्त्र निरे ग्रन्थ नहीं हैं, उनमें व्यावहारिक कौशल का ऐसा प्रामाणिक ज्ञान और प्रक्रिया निहित हैं, जिनके अनुसार आज भी पारम्परिक मूर्तियाँ बनायी जा सकती हैं। केन्द्र यह प्रयत्न कर रहा है कि दो-तीन बरसों में ऐसी कई कर्मशालाओं से शास्त्र-सम्मत शिल्प तैयार किये जायें और एक कश्यप शिल्प शाला विन्यस्त की जाये। ऐसी शाला अनोखी होगी क्योंकि देश में ऐसी कोई अन्य वीथिका, जहाँ किसी शास्त्र के अनुसार किया गया समकालीन काम एकत्र और प्रदर्शित हो, नहीं है।

संगीत का सार्वजनिक प्रश्रय

हाल ही में पण्डित रविशंकर ने अपने एक वक्तव्य द्वारा दो बातों की ओर ध्यान खींचा है। उन्होंने कहा कि भारत में शास्त्रीय संगीत को सार्वजनिक समर्थन और संरक्षण की जरूरत है और इस सिलसिले में पश्चिम की तरह शास्त्रीय संगीत को यहाँ के औद्योगिक घरानों को भी इसके लिए सामने आना चाहिए। मुझे याद आया कि आज से सत्रह बरस पहले कोलकाता की आईटीसी संगीत रिसर्च अकादेमी ने एक समिति गठित की थी, जिसमें उस्ताद विलायत खां, गिरिजा देवी, प्रेमलता शर्मा, पण्डित जसराज, यामिनी कृष्णमूर्ति, लालगुड़ी जयरामन आदि सदस्य थे। मैं अध्यक्ष था और अकादेमी के निदेशक संगीतकार विजय किचलू थे। हमने काफ़ी गहन सोच-विचार कर एक रिपोर्ट बनायी थी, जिसमें शास्त्रीय संगीत और नृत्य को लेकर अनेक सिफारिशें की थीं। उनमें से एक यह थी कि हर सरकारी सार्वजनिक उपक्रम अपने क्षेत्र में गुरुशिष्य परम्परा से चलने वाले किसी पण्डित या उस्ताद और बकायदा संगीतकार बनने की आकांक्षा रखने वाले शिष्यों को वृत्तियाँ और अन्य सुविधाएँ देकर इस गतविधि को एक सामाजिक-सांकृतिक कर्तव्य मान कर प्रोत्साहित करें।

उन दिनों निजी क्षेत्र और तथाकथित कॉरपोरेट क्षेत्र इतना प्रभाव या वर्चस्व नहीं रखता था, जितना कि आज। इक्का-दुक्का प्रयत्न इस बीच जरूर हुए हैं। हमारे राष्ट्रपति ने इण्डियन एक्सप्रेस इण्डियन म्यूजिक

अकादेमी का शुभारम्भ इसी शुक्रवार को किया है। यह एक स्वागत योग्य पहल है। यह बार-बार बताने-जताने की जरूरत नहीं होनी चाहिए कि भारतीय शास्त्रीय संगीत और नृत्य न सिर्फ़ भारत की बल्कि संसार की श्रेष्ठ धरोहर हैं। वे अपना संग्रहालय भी हैं। उनको सजीव रखने और उनमें श्रेष्ठ शिक्षा-दीक्षा का प्रबन्ध करने की ज़िम्मेदारी एक जटिल दीर्घसूत्री और संवेदनशील मामला है। उसमें जितने संसाधन चाहिए उतने बिना निजी क्षेत्र की ठोस और निश्चित सहायता के सम्भव नहीं है। हमारी श्रेष्ठतम विभूति ने इस ओर उनका ध्यान खींचा है और उम्मीद करनी चाहिए कि यह आह्वान अनुत्तरित नहीं जाएगा। सरकार को भी यह सोचना चाहिए कि अगर कोई निजी कम्पनी शास्त्री संगीत और नृत्य के क्षेत्र में शिक्षा-दीक्षा में मदद करती है तो उसे किस तरह की छूट आदि मिल सकती है।

पाकिस्तानी कला

यह जानते हुए कि पाकिस्तान बनने से पहले लाहौर भारत में दिल्ली से कहीं बड़ा कला-केन्द्र था और इसका गहरा-तीख़ा अहसास होते हुए भी कि पिछले अधसदी में पाकिस्तानी कट्टरता, दहशतगर्दी और अस्थिर राजनीति, लोकतन्त्र आदि के अभाव के बावजूद उर्दू में श्रेष्ठ साहित्य वहाँ लिखा गया है, पाकिस्तानी आधुनिक कला के बारे में हमारी उत्सुकता और जानकारी दोनों ही ख़ासी कम रही हैं। आम धारणा यह रही है कि वह एक जकड़बन्द समाज और देश है, जिसमें सार्थक कलाकर्म शायद ही मुमकिन हो। ऐसी धारणा बनाते समय यह भुला दिया जाता है कि अकेली बीसवीं सदी में ही बहुत सारी महान कला और साहित्य तरह-तरह से जकड़बन्द समाजों में सम्भव हुए हैं। यहाँ तक कि यह तर्क भी किया जा सकता है कि अक्सर स्वतन्त्रता साहित्य और कलाओं को बहुत रास नहीं आती और खुलापन सार्थकता या म्हानता का पर्याप्त आधार नहीं हो पाता।

लेकिन इधर पाकिस्तानी कला के बारे में यह ग़लत धारणा धीरे-धीरे दुरुस्त हो रही है। खोज, गैलरी एस्पास आदि कई संस्थाओं ने पिछले कुछ बरसों में पाकिस्तानी कला या कलाकारों की जो प्रदर्शनियाँ की हैं, उनमें ज़ाहिर हुआ है कि पाकिस्तान में, भारत के साथ ही साथ, समकालीन कला में ज़बरदस्त हलचल और विस्तार हो रहे हैं। इधर हाथ आयी एक कला पुस्तक 'जर्नीज़ आव् दि स्पिरिट : पाकिस्तान आर्ट् इन दि न्यू मिलेनियम' से यह धारणा और पुष्ट हुई और पाकिस्तानी कला के बहुल वितान

को कुछ जानने का मौक़ा मिला। पुस्तक लिखी है कराची की कलाविदुषी सलवत अली ने और उसे प्रकाशित किया है फाउण्डेशन फ़ॉर म्यूज़ियम ऑव् मार्डन आर्ट ने, पाकिस्तान नेशनल कौंसिल आव् आर्ट्स के साथ मिलकर।

पहला अध्याय ही नये युग की कला पर है, जिसमें मल्टीमीडिया इन्टरनेशनल और परफ़ार्मेन्स आर्ट, फ़ोटोग्राफ़ी आदि शामिल हैं। ध्यान जाता है विशेष रूप से समकालीन मिनिएचर पर, जिस पर दूसरा अध्याय केन्द्रित है। भारत में मिनिएचर से प्रेरित कई चित्रकारों जैसे जगदीश स्वामीनाथन और मनजीत बावा का काम रहा है, पर स्वयं मिनिएचर शैली को आगे बढ़ाकर उसे आधुनिक और उत्तर-आधुनिक तक लाने का प्रयत्न या वृत्ति विशेष नहीं है। इसके बरक़्स पाकिस्तान में परम्परा का विस्तार भी है और उसमें सशक्त हस्तक्षेप भी। वसीम अहमद की कृष्ण सीरीज़ में सात कृष्णाकृतियों के बीच एक आधुनिका खड़ी चित्रित है। सुमैरा तज़ीन और रीता सईद का काम भी इस सन्दर्भ में दिलचस्प है। भारत की किसी कलावीथिका को पाकिस्तानी मिनिएचर कला की एक प्रतिनिधि प्रदर्शनी लगाना चाहिए। कुछ बरस पहले अनन्त आर्ट के लिए कलाविद् डॉ. बी एन गोस्वामी ने ऋतुओं पर आधारित एक प्रदर्शनी में पाकिस्तानी समकालीन मिनिएचर शामिल किये थे। पाकिस्तान में आधुनिक भारतीय कला की कोई बड़ी प्रदर्शनी कभी हुई हो, इसका पता नहीं। पर स्वयं पाकिस्तान की समकालीन कला की एक बड़ी प्रदर्शनी भारत में होनी चाहिए। ललित कला अकादेमी इस बारे में पहल करने की सोच रही है। पाकिस्तान में कला की अपार विविधता है : कई तरह की शैलियाँ, मुहावरे, दृष्टियाँ सक्रिय हैं। ऐसी प्रदर्शनी भारत के लिए पाकिस्तान की सृजनात्मकता का अच्छा आइना हो सकती है।

हुसेन की स्वतन्त्रता

पिछले दिनों जब दिल्ली उच्च न्यायालय ने अपने एक स्मरणीय फ़ैसले में भारत के मूर्धन्य चित्रकार मक़बूल फ़िदा हुसेन के खिलाफ़ उनकी कुछ कलाकृतियों के सर्वथा दुष्ट और साम्प्रदायिक कुपाठ के आधार पर दर्ज़ किये गये तीन मामले खारिज़ कर दिये तो उन सबको प्रसन्नता हुई होगी जो कलाओं और साहित्य में अभिव्यक्ति की स्वतन्त्रता के हामी हैं और जिन्हें इस बात को लेकर लगातार क्लेश होता रहा है कि हमारा इतना बड़ा चित्रकार इन मुकदमों की वजह से देश निकाले पर बाहर रह रहा है। अभी कुछ और मुकदमे बाक़ी हैं और यह नहीं कहा जा सकता

कि हुसेन की घरवापसी कब हो पायेगी। पर उसका रास्ता खुल रहा है, यह आभास अपने आप में भारतीय कला और कलाप्रेमी जगत के लिए उत्साहप्रद है।

फ़ैसले में कई महत्वपूर्ण स्थापनाएँ की गयी हैं। अव्वल तो उसमें भारतीय परम्परा की समझदार व्याख्या है जिसके अनुसार देवी-देवताओं को दिगम्बर चित्रित करने की लम्बी प्रथा है। दूसरे, उसमें कला पर फ़ैसला देने का काम विशेषज्ञ ही कर सकते हैं, यह कहा गया है, वे नहीं जिन्होंने कभी किसी कलावीथिका या संग्रहालय में जाकर कलाकृतियाँ देखकर कुछ कलाबोध अर्जित तक न किया हो। तीसरे, न्यायाधीश ने बहुत ठीक यह संकेत किया कि कलाओं में जो नये विकास और परिवर्तन हो रहे हैं, उन्हें हिसाब में लिए बिना इस तरह की आप

त्तियाँ करने का कोई औचित्य नहीं है। यह फ़ैसला कई मायनों में ऐतिहासिक है और इसे पूरी तरह से पढ़कर उसमें कही बातों को व्यापक स्तर पर स्पष्ट करना चाहिए ताकि नागरिक उससे कुछ सीख सकें और व्यर्थ के बहकावे में न आयें।

यह नोट करने की बात है कि जैसे गुजरात के नरसंहार के बारे में जो कुछ कारगर हुआ अदालतों ने किया, वैसे ही हुसेन के मामले में भी अब एक अदालत ने ही राह दिखायी है। इस पर गम्भीरता से विचार करने की ज़रूरत है कि क्या हमें अपने बुनियादी अधिकारों के लिए उनके विस्तार और रक्षा के लिए लोकतान्त्रिक राज्य पर भी भरोसा करना छोड़ देना चाहिए। पर फ़िलहाल तो न्यायाधीश के प्रति आभार जिन्होंने समझ-बूझ से एक ऐसा फ़ैसला दिया है जो न सिर्फ़ हुसेन की स्वतन्त्रता का पुनर्वास करता है, हम सब लेखकों-कलाकारों की अभिव्यक्ति की स्वतन्त्रता को एक तरह की सुरक्षा देता है।

हास्यास्पद आचरण

यों तो हिन्दी के माहौल में, सारी मारा-मारी के बावजूद, ज़्यादातर कटुता और बेवज़ह बैर, जलन और षड्यन्त्र ही छाया रहते हैं, उसमें हँसी-विनोद के लिये जगह कम ही नज़र आती है। आत्मरति इतनी व्यापक है कि अपने पर हँसने की कोई तवक्को नहीं की जा सकती। ऐसे मौक़े कम नहीं जब हमारे कोई तथाकथित मूर्धन्य किसी पुस्तक को लोकार्पण करते हुए उन्हें अतर्कित ढंग से श्रेष्ठ, नया मोड़, समकालीन साहित्य पर वज्रपात आदि न बता दें। श्रोताओं को लूटने की इच्छा सिर्फ़ मंचीय कवियों में

नहीं होती : हमारे कई बड़े आलोचक और लेखक श्रोताओं को देखकर ऐसी-वैसी फूहड़ अतिरंजनाएँ कर बैठते हैं कि जो सिर्फ़ श्रोताओं और आयोजकों को ख़ुश करने के लिये की गयी होती हैं, उनमें सार या ईमानदारी सिरे से ग़ायब रहते हैं।

ऐसे ही हास्यास्पद आचरण के दो उदाहरण हाल में सामने आये। हमारे एक वयोवृद्ध आलोचक ने यशपाल को प्रेमचन्द के बाद सबसे बड़ा लेखक बताया है। एक उतने ही वयोवृद्ध कथाकार-संपादक ने यह स्थान मैत्रेयी पुष्पा को दिया है। पहले के पक्ष में एक और मत है पर दूसरा अकेला ही है। अव्वल तो इस पर बहस हो सकती है कि क्या प्रेमचन्द को हिन्दी में बीसवीं शताब्दी का सबसे बड़ा लेखक कहना उचित है। ऐसी श्रेष्ठता एक के मत्थे मढ़ना किसी गम्भीर साहित्य-चिन्ता और चिन्तन का हिस्सा नहीं हो सकती। प्रेमचन्द के साथ निराला और प्रसाद क्यों नहीं? श्रेष्ठता अक्सर बहुल नहीं होती लेकिन फिर वह एकाकी भी नहीं होती। शेक्सपीयर, व्यास, कालिदास जैसे अपवाद हैं : प्रेमचन्द इनमें से किसी के समकक्ष किसी तर्कसंगत पद्धति से नहीं बैठाये जा सकते। प्रेमचन्द की मूर्धन्यता से इन्कार नहीं, लेकिन उनके आधिक्य और अतिरंजन से बचना चाहिये।

फिर यह प्रश्न कि प्रेमचन्द के बाद एक बड़ा लेखक गिनाइये, अपने आप में असंगत है। न तो श्रेष्ठता की बिरादरी में प्रेमचन्द अलग और अकेले थे और न ही उनके बाद के साहित्य में ऐसे किसी को नामांकित करने के व्यायाम का कोई बौद्धिक या नैतिक औचित्य है। ऐसे असंगत के प्रश्न के उत्तर देना अनर्गलता को न्यौता देना है जैसा कि ऊपर के दो वयोवृद्धों ने किया है। जो आलोचक यशपाल को यह पदवी दे रहा है उसने आज तक यशपाल पर क्या-लिखा-कहा इसका हिसाब लगायें तो पता चलेगा कि यह इधर बढ़ी उमर में हुआ इहलाभ है। इसके पहले कहीं-कभी विस्तार से यशपाल की इक ऐकान्तिक मूर्धन्यता का कोई गम्भीर आलोचनात्मक विश्लेषण और आकलन उन्होंने किया हो ऐसा याद नहीं आता। यशपाल की जन्मशती हाल ही में गुज़री है और उस अवसर पर उनके सम्पादन में निकलने वाले आलोचना-त्रैमासिक ने विशेषांक निकाला की ज़हमत तक नहीं उठायी। मैत्रेयी पुष्पा का अधिमूल्यन स्वयं इस महत्त्वपूर्ण लेखिका को भी अटपटा और अमान्य लगेगा, औरों की तो जाने दें। निराला, प्रसाद, अज्ञेय, जैनेन्द्र कुमार, रेणु, मुक्तिबोध, निर्मल वर्मा, कृष्णा सोबती, आदि को लाँघा जा सकता है : उक्ति से नहीं वैचारिक विश्लेषण, बौद्धिक सख़्ती से। जो तर्क समर्थन में दिये गये हैं वे श्रेष्ठता के कोण से लचर हैं।

युवा उपस्थिति

साहित्य में हिन्दी की युवा पीढ़ी की घटती दिलचस्पी को लेकर कई तरह से क़यास लगाये जाते रहे हैं। उनमें एक यह भी रहा है कि युवा पीढ़ी किसी उल्लेखनीय या व्यापक रूप से सृजन-सक्रिय नहीं है। 'नया ज्ञानोदय' का युवा पीढ़ी विशेषांक, बहुत हद तक, इस ग़लतफ़हमी को दूर करने में सफल है। यह स्पष्ट है कि युवा पीढ़ी काफ़ी व्यापक भूगोल में, जो स्थानीयता और संवेदना, दृष्टि और मुहावरे का स्वदित परिसर है, सक्रिय है। हिन्दी की आधुनिकता ने बहुलता की, अनेक दृष्टियों के एक साथ संवाद और द्वन्द्व में, सहकार और अलगाव में विन्यस्त होने की जो परम्परा डाली थी, वह युवा पीढ़ी में आगे बढ़ रही है। दूसरे शब्दों में, उन्हें किन्हीं प्रवृत्तिगत या वैचारिक सामान्यीकरण में घटाकर देखना न तो सम्भव है, न ही उचित। सिवा इसके कि वह इजाफ़ा है जो इस उत्तराधिकार को अपने ढंग से बढ़ाते हुए भी परिवर्तित करती है। उसकी अपनी उलझनें और जब-तब अन्तर्विरोध है, पर उसमें एक ईमानदार क़िस्म की बेचैनी अलक्षित नहीं की जा सकती। यथार्थ का भूगोल भी बल रहा है। उसमें न सिर्फ़ स्थानिक रूप से बल्कि भाषा और शैलीगत ढंग से भी नये अंचल शामिल हो रहे हैं। इसे भी नज़रअन्दाज़ नहीं किया जा सकता कि कुल मिलाकर बाज़ार और भूमण्डलीकरण की शक्तियाँ जो विडम्बनाएँ और विकृतियाँ, दबाव और तनाव, ख़ामख्याली और दुःस्वप्न इस समय समाज में पैदा कर और पोस रहे हैं, उनके प्रति युवा पीढ़ी में संवेदनाशील चौकन्नापन है—साहित्य युवाओं के यहाँ भी इस मायने में प्रतिरोध बना हुआ है।

भाषा के तेवर और लहज़े बदल रहे हैं, बल्कि बदल गये हैं। हम जैसों को भाषा की लचीली मर्यादाओं का अतिक्रमण चौंका सकता है। लेकिन सच यह है कि युवा पीढ़ी थोड़े अतार्कित और प्रायः अनर्जित आत्मविश्वास से एक तरह की स्वतन्त्रता का अहसास कर लिख रही है शिल्प और रूढ़ ढाँचों में, जड़ीभूत सौन्दर्याभिरुचि से मुक्त होने के लिए, तोड़फोड़ ज़रूरी है। उसका कुछ प्रमाण, जोखिम उठाने की इच्छा का कुछ सुबूत मिलता है। लेकिन स्वतन्त्रता और स्वैराचार के बीच भले महीन, पर अनिवार्य अन्तर को ध्यान में रखना ज़रूरी है। एक ऐसे समय में जब अधिकतर को भुलाकर सिर्फ़ वर्तमान को ही याद करने की मुहिम मनोरंजन और मीडिया का लक्ष्य-सा बन गया है, साहित्य को स्मृतियों का घर, अन्तर्ध्वनियों का पड़ोस बने रहना चाहिए क्योंकि इसी से उसकी विशिष्ट नैतिकता, उसकी उजली-अदम्य मानवीयता आती है। चूँकि व्यापक समाज में उसकी स्मृति शिथिल पड़ती जाती है, साहित्य का हमारे समय में एक काम साहित्य को याद रखना है। कई बार एक अच्छी युवा रचना एक

पुरानी रचना का नया पाठ होती है, वह पुराने बीते समय को अपने समय में आविर्भूत करती है। सब कुछ बदल सकता है, लेकिन मानवता का व्याकरण नहीं बदल सकता है, वह व्याकरण सदियों से बनता आया है। युवा पीढ़ी भी उसे बनाये क्योंकि वह हमेशा ही अधूरा व्याकरण है। फिर भी, अब उसका स्थापत्य स्वतन्त्रता, समता, न्याय के साथ-साथ स्मृति पर भी खड़ा है।

आत्मविश्वास और सर्जनात्मकता

सर्जनात्मकता के लिए आत्मविश्वास किस हद तक जरूरी है, इस पर निश्चयात्मक ढंग से कुछ कह पाना कठिन है। सबसे पहले तो यही सवाल उठता है कि किसमें आत्मविश्वास अपने में यानी लेखक का अपने में आत्मविश्वास या कि अपने माध्यम में आत्मविश्वास या कि इन दोनों से अलग अपनी दृष्टि या विचारधारा में आत्मविश्वास ऐसे उदाहरणों की कमी नहीं हैं कि ऊँचे स्तर की सर्जनात्मकता आत्मविश्वास से नहीं उसके अभाव से, गहरे आत्मसंशय से पैदा हुई है। यह भी जरूरी नहीं कि सर्जनात्मकता के शुरू का आत्मविश्वास लगातार अटूट बना रहे। लिखने या रचने की प्रक्रिया में वह संशयग्रस्त हैं, लेकिन अपनी कृति में भरोसा रखते हैं, रचयिता संशयग्रस्त, रचना आत्मविश्वस्त। जो लोग बनी-बनायी लीक से हटकर कुछ करने का जोखिम उठाते हैं, वे अक्सर संशयग्रस्त होते हैं। उनका बनाया रास्ता या पगडण्डी नयी होती है, अकसर कुहरे और धुन्ध में, अक्सर संशय में डालती हुई। यह तर्क किया जा सकता है, और उसमें काफी बल होगा, कि रचना अनिवार्यतः संशय में पड़ना है। जिन्हें आत्मविश्वास है कि उन्हें रास्ता और उसे खोजने की विधि मालूम है और वे उनके काबू में हैं, वे प्रायः नया या मार्गदर्शी कुछ नहीं रच पाते हैं। लेकिन इससे यह नतीजा निकालना कि आत्मविश्वास प्रायः सर्जनात्मकता-विरोधी है, एक अधीर सरलीकरण भर होगा, सच्चाई नहीं। कबीर और तुलसीदास की सर्जनात्मकता ऊँचे पाये की है और दोनों गहरी आस्था और आत्मविश्वास से अपनी कविता रचते हैं। संशय जब-तब भले उभरता है, पर वह आस्था द्वारा सदा संयमित होता रहता है।

नयी कविता की बृहत्त्रयी इस सन्दर्भ में देखें। अज्ञेय आत्मविश्वास के कवि लगते हैं। उनमें आधुनिकता के तनाव और द्वन्द्व, उलझनें और विडम्बनाएँ सब हैं लेकिन व्यक्ति में उनका गहरा आत्मविश्वास है। उसकी स्वतन्त्रता और जिम्मेदारी के भाव को वे विधेयात्मक और प्रतिरोधात्मक

दोनों ही मानते हैं। अज्ञेय जब लिखते हैं कि मैं सच लिखता हूँ, लिख-लिखकर सब झूठा करता जाता हूँ तो सच लिखने और फिर उसके झूठा पड़ने, दोनों में ही आत्मविश्वास स्पष्ट है। मुक्तिबोध के संशयग्रस्त, लगभग हमेशा ही संशयग्रस्त होने की बात सभी जानते हैं, पर उनमें आत्मविश्वास का नितान्त अभाव नहीं है। वे एक तरह से दोनों के बीच झूलते-से रहते हैं। महाकाव्य या खण्डकाव्य न लिखने के बजाय लम्बी कविता लिखने का उनका उद्यम आत्मविश्वास से ही उपजा था, भले उन्हें आजीवन अपने महत्त्व पर कोई भरोसा नहीं था। शमशेर बिल्कुल छोर पर हैं, उन्हें सबसे संशयग्रस्त कवि कहा जा सकता है। अपनी कमतरी का अहसास उनमें कभी कम नहीं होता। वे अपने को हमेशा अपने खयाल से भी कम समझते रहे।

समग्रता से पिछड़ते हुए

इधर का साहित्य पढ़ते हुए यह बार-बार लगता है कि अब जीवन या अनुभव की समग्रता साहित्य का सरोकार नहीं रहा। जीवन तो, वैसे ही, हम समग्रता में नहीं खण्ड-खण्ड जीते हैं। इस खण्डित जीवन के बरक्स पहले साहित्य समग्रता की तलाश करता, कई बार उसे सहेज पाता था। जो रोज़मर्रा के जीने में सम्भव नहीं था, वह साहित्य सम्भव बनाता था। साहित्य में हम पाते थे कि हम भरे-पूरे हैं, कि हमारा समग्र कुछ अर्थ है, कि इस समग्रता में ही हमारी असली प्रासंगिकता निहित या विहित है। जीने की जो धीमी प्रक्रिया है साहित्य उसे तेज़ कर देता है। वहाँ पल भर में कई दिन, बरस बल्कि युग तक बीत जाते हैं। याद आता है रंगकर्मी ब. व. कारन्त का यह कहना कि आप कविता में कह सकते हैं कि 'वह आदमी चला गया, नया गरम कोट पहनकर विचार की तरह' पर रंगमंच में तो किसी अभिनेता को सचमुच मंच पर चलकर जाना होता है। साहित्य हमारी विभिन्न क्रियाओं को विन्यस्त कर उन्हें रूप देता है, जबकि उन क्रियाओं को करते हमें उनके रूप का सीधा अहसास अक्सर नहीं होता।

समग्रता का हमारा अहसास शायद अनुभव का ढंग उतना नहीं, जितना कि एक क़िस्म का वैचारिक पूर्वग्रह रहा है। निरे अनुभव में ऐसी समग्रता प्रायः नहीं होती : हम उस पर यह वैचारिक आग्रह किसी न किसी रूप में आरोपित करते हैं। जीवन के निरन्तर प्रवाह को उसकी गतिशीलता में सुरक्षित रखते हुए साहित्य कुछ थामता है : वह उसमें से महत्त्वपूर्ण चुनता है, जबकि सचमुच के जीवन में तो महत्त्वपूर्ण-महत्त्वहीन, प्रासंगिक-अप्रासंगिक

सब गड्डमड्ड रहता है। शायद साहित्य के पास हम इसलिए भी जाते हैं, पढ़ने या लिखने, कि वह बीन-नबेर कर हमारे अनुभवों को तारतम्य ही नहीं अर्थ या प्रासंगिकता भी देता है। स्वयं हमें उससे अपने अनुभव या अनुभवों का अर्थ या महत्व समझ में आता है। वह अनुभवों से कुछ दूरी पैदा करता है : वह रत होने के बजाय हमें ठिठककर देखने-सोचने का अवसर देता है। ऐसे बहुतेरे हैं जो किसी तरह की राय बनाने को सोचने-विचारने का पर्याय या समतुल्य मानने लगते हैं। पर ऐसे भी हैं जिनके लिए साहित्य ऐसी जगह है जो उन्हें सोचने-विचारने-समझने के लिए उकसाती और उसकी ज़रूरी फुरसत देती है। वही यह अहसास भी पैदा करती है कि इस बड़ी और कई बार भयानक और असह्य दुनिया में हम अकेले नहीं हैं। कि हम जैसे दूसरे हैं, कि हमारा जीवन दूसरों के जीवन से, जैसे कि हमारी नियति दूसरों की नियति से, अनिवार्यतः जुड़ी है, कि हम अकेले न बच सकते हैं, न बचा सकते हैं। पर ये सब तो समग्रता के आग्रह से उपजने वाली चीज़ें हैं, जबकि आजकल साहित्य ऐसी समग्रता के बोध से अपसरित करता नज़र आ रहा है। ज़ाहिर है कि यह समग्रता वह यान्त्रिक या तर्कसंगत समग्रता नहीं है जो विचारधाराओं के प्रभाव या आतंक से आती है। उसमें अनुभव का रसायन कम, थोपे विचार की कीमियागिरी अधिक होती है। लेकिन विचारधारा से अपसरण या असहमति का अर्थ विचार मात्र का अस्वीकार नहीं है। वह इस पर इसरार करना है कि साहित्य में जीवनानुभव ही विचार करता है। साहित्य अपने आप में विचार की विधा भी है : वह ज़रूरी तौर पर विचार के लिए दर्शन, सिद्धान्त, विचारधारा आदि पर निर्भर नहीं है। वह अन्य क्षेत्रों से विचार ले सकता है, लेकिन वह उनका अनुवाद या एक और संस्करण पैदा करने के लिये भाग्य नियत या अभिशप्त नहीं है। पश्चिम में उसके महान लेखक रिल्के, काफ़्का, टामस मान, यीट्स, ईलियट, मलार्मे, ब्रेख़्त, नेरूदा, पाज़ आदि और हमारे यहाँ निराला, प्रेमचन्द, जैनेन्द्र, अज्ञेय, मुक्तिबोध आदि किस विचारक से कमतर हैं?

लेकिन ऐसी साहित्य-वैचारिकता अब क्षीण हो रही है। विचारधाराओं ने विचार को अपदस्थ कर दिया है, यह विचित्र विडम्बना है। चूँकि अधिकांश साहित्य अब स्वयं विचार नहीं करता, उसमें समग्रता का गुण भी जाता रहा है। खण्ड-खण्ड में फैले जीवन का अब खण्ड-खण्ड में बिखरा और उसे समग्रता में सहेज पाने के लिए अनिच्छुक साहित्य ही बचा है। यह भी कहा जा सकता है कि साहित्य अब जीवन का समतुल्य है : दोनों खण्ड-खण्ड में ही बसे हैं।

साहित्य क्यों

सम्मान-समारोह में कुछ शब्द सम्मानित साहित्यकार के बारे में कहने के बाद यह समस्या खड़ी होती है कि और क्या कहा जाये। इसका हल यह है कि ऐसे लोगों के बीच, जिनमें से अधिकांश का साहित्य से साबका कम ही पड़ता है, साहित्य की ज़रूरत और औचित्य का प्रतिपादन किया जाये। यही किया गया। साहित्य जीवन का उत्सव मनाता है उसकी अपूर्णताओं, अन्तर्विरोधों और अपर्याप्तताओं को मिलाकर। वह अद्वितीय आवाज़ों के माध्यम से सच की बहुलता को विन्यस्त करता हैं। साहित्य का एक काम दी हुई नैतिक, राजनैतिक, सामाजिक व्यवस्थाओं और संहिताओं का प्रश्नांकन करना है। वह तानाशाहियों, सामान्यीकरणों का प्रतिरोध करता है : साहित्य सरलीकरण के विरुद्ध सत्याग्रह है। वह निरे नैतिक, सामाजिक, धार्मिक, राजनैतिक आदि में मनुष्य को विखण्डित करने के बजाय उसकी मानवीयता पर इसरार करता है। वह समाज में सत्य, शिव, सुन्दर के साथ-साथ न्याय की ओर से चौकसी करता है। साहित्य का सच एक नहीं होता जिसे लेखक अलग-अलग ढंग से कहते-लिखते हों : साहित्य के लिए सच अनेक होते हैं। साहित्य के सच कभी बासी नहीं पड़े। साहित्य साधारण की महिमा, गरिमा और अर्थ का आख्यान करता है। साहित्य भाषा को, इसलिए मनुष्यता को अर्थहीन बकवास या नारा या सरलीकरण का माध्यम होने से बचाता है।

शब्दों की परछाइयाँ

हाल में एक आयोजन में बोलते हुए कवि कुँवर नारायण ने अनुवाद के सिलसिले में टिप्पणी करते हुए कहा कि अनुवाद में सिर्फ़ शब्दों के शब्दों में अनुवाद से काम नहीं चल सकता : अधिक ज़रूरी और कठिन है शब्दों की परछाइयों को दूसरी भाषा के शब्दों की परछाइयों में ढाल सकना। याद आता है भोपाल के भारत भवन में हुए विश्व कविता समारोह में स्वीडिश कवि टोमस ट्रांस्ट्रोमर का वक्तव्य कि कविता में अनुवाद करते समय कठिनाई यह नहीं होती कि शब्द के समतुल्य शब्द नहीं मिलतेः असल कठिनाई यह है कि शब्दों के बीच की चुप्पियों के बरक्स दूसरी भाषा में वैसी चुप्पियाँ आसानी से नहीं मिल पातीं। दोनों ही कवि इस सचाई को रेखांकित कर रहे हैं कि कविता सिर्फ़ शब्दों भर में नहीं उनकी परछाइयों और चुप्पियों में भी होती है। इस सन्दर्भ में अगर विचार करें तो लगेगा कि आज लिखी जा रही अधिकांश कविता सिर्फ़ शब्दों

तक महदूद कविता है, वह भी ज़्यादातर अभिधा पर दयनीय रूप से एकाग्र। चीज़ों को उनके सही नाम से पुकारने के उद्यम में व्यस्त। उसमें न शब्दों की परछाइयाँ नज़र आती हैं, न उनके बीच कोई चुप्पियाँ होने का कोई आभास मिलता है। समस्या यह नहीं है कि अनुवाद कैसे होता है, समस्या यह है कि आजकल कविता लिखी कैसे जाती है। अनुवाद में भी ज़्यादातर कामचलाऊपन ही हावी है। सुरेश सलिल जैसे इक्का-दुक्का अनुवादक हैं जो जतन और संवेदनशीलता से शब्दों भर का नहीं उनमें अन्तःसलिल अन्तर्ध्वनियों को भी हिन्दी में पुनर्वरित करने की चेष्टा करते हैं।

हमारे समय की एक अलक्षित ट्रैजेडी यह जान पड़ती है कि अब के कवियों ने शब्द पर उसकी व्यापकता में, उसकी तहों और लयों में, उसके अपार सम्भव अन्तर्गुम्फन में भरोसा करना छोड़ दिया है। यह एक दिलचस्प अन्तर्विरोध है कि वे शब्द में भरोसा करते हैं, पर उसके मौन, उसकी अन्तर्ध्वनियों में नहीं। शायद इसका एक कारण ये भोला भरोसा या उम्मीद है कि सचाई अपने आप में इतनी सघन, उत्कट, भयावह या दारुण है कि उसका बखान मात्र, शब्दों में विवरण भर, थोड़ी-बहुत सुघरता से किया जाये तो कविता बन जायेगी मानो कविता कवि नहीं हमारे समय की तथाकथित सचाई लिखती है, कवि तो एक माध्यम भर है। कविता में सचाई शब्द गढ़ते हैं : शब्दों की सचाई में ही वह सचाई सम्भव होती है जो कविता के बाहर है। यह आकस्मिक नहीं है कि इन दिनों कविता पर विचार करते समय किसी कवि के शब्द-कौशल या शब्द-सम्पदा पर विचार नहीं होता। तथाकथित सामाजिक यथार्थ के आतंक के चलते ऐसा विचार कलावादी हरकत माना जाता है। कविता में अगर शब्द की अपार शक्तियों का उपयोग न हो तो अनुपयोग से उन शक्तियों का अवमूल्यन होता है। क्रूर सच्चाई यह है कि अपने सारे दावों के बावजूद आज की अधिकांश कविता शब्द का अवमूल्यन करती है। यह एक मोहक पर निराधार भ्रम है कि वह यथार्थ के अधिक नज़दीक है। जिसके पास शब्द कम होंगे उसके पास यथार्थ भी कम होगा : कविता में शब्द ही यथार्थ हैं।

अन्तर्लोक का लोप

कविता पर लगातार बढ़ते सामाजिकता के दबाव और आतंक के कारण कई बार लगता है कि अब कविता में वही बचा है जो या तो सीधे-सीधे सामाजिक है या कि जिसका कोई न कोई सामाजिक अर्थ या आशय

है। अपने अन्दर उतरकर अपने अँधेरों को टटोलने और उनमें फँसें-दुबके सपनों-अधसपनों, दुराशाओं, उलझावों, चीख़ों-चीत्कारों आदि को कविता में जगह देने का उत्साह या हिम्मत अब नज़र नहीं आते। मानो कि हिन्दी कविता से उसका अवचेतन लुप्त हो गया हो। नयी कविता की पहली बृहत्त्रयी (मेरे द्वारा प्रस्तावित बृहत्त्रयी) अज्ञेय, शमेशेर बहादुर सिंह और गजानन माधव मुक्तिबोध की कविता में अवचेतन सक्रिय था। श्रीकान्त वर्मा और विजयदेव नारायण साही में वह मुखर था। राजकमल चौधरी में वह दहाड़ रहा था और कुँवर नारायण की लम्बी कविता 'आत्मजयी' से लेकर उनकी आरम्भिक कविताओं में उसके होने के निशान अब भी देखे जा सकते हैं। धूमिल की कविता में जो स्त्री-द्वेष दिखायी देता है वह भी उनके अवचेतन से गहरे जुड़ा है। कोई यह नहीं कह सकता कि इनमें से किसी की कविता में सामाजिकता कम थी, अगर उसका दुराग्रह एक तरह की प्रतिबद्ध सामाजिकता को ही सामाजिकता मानने और बाक़ी को न मानने का न हो।

यह थोड़ा दिलचस्प है कि कवयित्रियों के यहाँ कविता की काया में अवचेतन के चिह्न नज़र आते हैं : तेजी ग्रोवर, अनीता वर्मा और अनामिका की कविता में अवचेतन को अपनी जगह बनाने का अवकाश मिलता है जो कवियों में प्रायः ग़ायब नज़र आता है। यह कुछ-कुछ ऐसा है कि कवि अपने अवचेतन की गँधाती, चीथड़ों और हड्डियों की अँधेरी सचाइयों का सामना कविता में करने से कतराते हैं जबकि कवयित्रियाँ ऐसा करने की हिम्मत जुटा पाती हैं। पलटकर कोई यह भी कह सकता है कि जब अवचेतन का सामना करने वाले लोग हैं, भले ज़्यादातर स्त्रियाँ, तो आप उसके ग़ायब होने का रोना क्यों रो रहे हैं! कहीं आपके मन में पुरुषों को मुख्यधारा मानने का पूर्वग्रह तो काम नहीं कर रहा है! ऐसा कोई पूर्वग्रह मेरे मन में नहीं है : मैं तो कहीं भी मुख्य धारा और गौण धाराओं का रूपक सही या उचित नहीं मानता। न राजनीति में, न समाज में और न ही साहित्य में।

इस मुद्दे पर इतना भर कहा जा सकता है कि अवचेतन की खोज और उसका उत्खनन बीसवीं शताब्दी के साहित्य का सारे संसार में, एक निर्णायक और क्रान्तिकारी मुकाम रहे हैं, उसे इस तरह लापरवाही या साहसहीनता से तजना साहित्य को मनुष्य के अन्तर्लोक से निष्कासित करने जैसा है। यह दुहराने की भला अब क्यों ज़रूरत होना चाहिए कि अवचेतन के बिना हम कम मनुष्य, कम सृजनशील हो पाते हैं!

लेखकों की सेंसरशिप

दिल्ली के एक महाविद्यालय ने हाल में 'प्रतिरोध के नये क्षेत्र और साहित्य' पर एक राष्ट्रीय संगोष्ठी की, जिसमें उद्घाटन के लिए मुझे आमन्त्रित किया। मुझसे जो बन-सूझ पड़ा वह इस विषय पर कहा। कुल मिलाकर यह कि जैसी स्थिति बन गयी है, उसमें आज के समय में साहित्य की भूमिका प्रतिरोध की ही हो सकती है, बशर्ते हम प्रतिरोध को अधिक सूक्ष्म और जटिल ढंग से पढ़-समझ सकें। बाद में सुना कि समापन के समय एक वयोवृद्ध आलोचक ने समूचे विषय को अप्रासंगिक बताया (अगर अप्रासंगिक था तो हुजूर आप उस पर बोलने गये ही क्यों!) और परोक्ष रूप से मुझसे यानी सत्ता के निकट रहे व्यक्ति से प्रतिरोध पर बोलने की तथाकथित विसंगति पर क्षुब्ध टिप्पणी की। प्रतिरोध से अपने सम्बन्ध की कहानी बताना जरूरी नहीं है। लेकिन यह सच है कि मैंने प्रतिरोध का दावेदार या ठेकेदार होने का कोई दम भी कभी नहीं भरा। यह तो इन वय-यश-ज्ञान वृद्ध प्रतिबद्ध आलोचक जैसे लोगों का ही मामला रहा है। यह तथ्य अपनी जगह है कि स्वयं इन वरिष्ठ ने सत्ताधारियों की, उनकी उपस्थिति में, भूरि-भूरि प्रशंसा करने का रिकॉर्ड ही बना रखा है। वे जो भी करें, स्तुति या समर्थन, सो प्रतिरोध है या कम से कम ऐसा करने के बाद भी उनका प्रतिरोध अक्षत रहता है, यह वे तो मानते ही हैं, दूसरे भले न मानें। साहित्य-समाज को अब इस कदर संकीर्ण बनाने की सार्वजनिक सलाह हमारा एक वरिष्ठ दे रहा है कि उसमें प्रतिरोध पर बोलने का हक़ उन्हीं को हो सकता है जो किसी सूची में शामिल हों। प्रतिबद्ध भले न हों, सूचीबद्ध हों। ऐसे लेखक या बुद्धिजीवी जो हमेशा हर सूची से बाहर रहते हैं या रखे जाते हैं क्या एक खुले जनतान्त्रिक समाज में प्रतिरोध पर बोलने का हक़ नहीं रखते? हम जो कहें उसे मानने, न मानने, उससे असहमत होने का हक़ आपको है, पर हमारी पात्रता, जैसे कि आपकी पात्रता, पर एतराज करना स्वयं लेखकों के बीच उनके द्वारा सेंसर लागू करना होगा। और कुछ न हो, यह बौद्धिक पतन के साथ-साथ नैतिक पतन भी होगा।

ऐसे लेखक हैं जो मानते हैं कि जो लोग समाज के बारे में उनसे अलग अवधारणा रखते हैं, उन्हें समाज के बारे में कुछ कहने का हक़ नहीं है। यह बात उनके गले से नहीं उतर सकी है कि समाज को देखने-समझने-बदलने के कई ढंग होंगे और इन अलग-अलग दृष्टियों को एक जनतान्त्रिक समाज में होने, आपस में द्वन्द्वरत रहने और संवाद करने का हक़ है। यह कहना-मानना बौद्धिक रूप से दयनीय और हास्यास्पद दोनों ही है कि सामाजिक यथार्थ और जिम्मेदारी का ठेका सिर्फ प्रतिबद्ध लेखकों ने ले रखा है और उनसे असहमत लेखक समाज-विरोधी हैं।

साहित्य की जगह वैसे ही हमारे समाज में बहुत सिकुड़ चुकी है। नवपूँजीवाद, बाज़ार, भूमण्डलीकरण की शक्तियाँ उसमें तरह-तरह के सामाजिक और आर्थिक सेंसर पहले ही लगा रही हैं। ऐसे में स्वयं लेखकों का दूसरों के लिए सेंसर बनने की चेष्टा करना न तो साहित्य और लेखकों के हित में है, न समाज और जनतन्त्र के। समाज में बराबरी और न्याय जब आयेंगे तब आयेंगे, साहित्य-समाज में तो लेखकों को बराबरी का हक़ और एक-दूसरे को ध्यान से पढ़-समझकर आकलन करने का न्याय दीजिए। इसके आड़े हम लेखकों के अलावा और कौन आ रहा है भला?

हमारे जीवन से ओझल होता वसंत

अगर वसंत पंचमी नाम का त्यौहार न हो, तो शायद अब अधिकांश शहरातियों को याद ही न आएगा कि वसंत आ गया है। उसके आने के जो पारम्परिक लक्षण होते हैं, वह हमारी ज़िन्दगी से ओझल हो चुके हैं। बड़े शहरों में तो लोगों को अपनी तेज रफ़्तार में आकाश तक की ओर देखने की फुरसत नहीं है। उन्हें वसंत से क्या मतलब या उसकी क्या ख़बर। भारतीय परम्परा में जो षट ऋतु-बोध था वह बेहद शिथिल हो चुका है। छह के बजाय तीन ऋतुएँ ही मोटे तौर पर सब लोग जानते-पहचानते हैं—ठण्ड, गर्मी और बरसात। ऋतु-बोध का यह शिथिल पड़ना हमारी ज़िन्दगी से प्रकृति के सम्बन्ध का कमज़ोर पड़ जाना है। अब हम पिकनिक या यात्रा पर प्रकृति का नजारा देखते हैं, मानो कि हमारे आसपास प्रकृति नहीं रह गयी है। वह एक विरली घटना या दृश्य है जिसे हम कभी-कभार ही देख या पहचान पाते हैं। मुश्किल यह है कि हमारे परिवेश में अब लोग ही लोग, बाजार-दुकानें हैं, सुबह या शाम की सैर के लिए पार्क हैं, लेकिन होकर भी पेड़, पौधे, पक्षी, सूर्योदय या सूर्यास्त आदि नहीं हैं। हैं पर हमें उनका नोटिस लेने या उनसे प्रतिकूल होने का धीरज, समय और ताब नहीं।

कई बार लगता है कि वसंत एक ऋतु नहीं कवि समय है : कवियों ने लिख-लिखकर उसे रचा है, वह दरअसल होती नहीं और होती भी है तो वैसी अभिभूत करने वाली मादक और रोचक नहीं होती जितना कविताओं या साहित्य में बताया गया है। पहले के कवि सौन्दर्य को अतिरंजित करते थे, जैसे कि इधर के कवि संघर्ष को। कुछ-कुछ यों लगता है कि वसंत कवियों द्वारा अरसे से फैलायी जा रही अफवाह है। ऐसा युग था, जब कवियों द्वारा फैलायी अफवाह पर लोग यक़ीन कर लेते थे और इसलिए वसंत का एक मिथ बन गया, जो अब तक चलता

रहा है, पर अब हम चतुर-सुजान हो गये हैं। हमारे पास यक़ीन करने के लिए कवियों से ज्यादा भरोसेमन्द लोगों द्वारा फैलायी अफवाहें हैं। इसलिए वसंत की अफ़वाह अब हमें उत्साहित नहीं करती। निराला ने तो कहा था 'सुमन भर न लिये, सखि वसंत गया' लेकिन हमारे पास तो वह आया ही नहीं। हमने आने नहीं दिया।

वसंत का अपना रूमान था। याद आता है कि लड़कपन में घर-पड़ोस में वसंत-पंचमी के दिन वसंती रंग में रंगे कपड़े पहनने का रिवाज था। वसंती कमीज अव्वल तो होती नहीं थी और होती भी तो उन दिनों चटख रंगीन कपड़े अकड़कर पहनने का आज जैसा चलन न था। सो हम तरुण लोग अपना एक रूमाल ही रंग लेते थे। अब वसंत पंचमी को यहाँ दिल्ली में भीड़ में कोई वसंती धब्बा कहीं दिखेगा इसकी उम्मीद करना व्यर्थ है। दिल्ली और उसके लोग वसंत से आगे जा चुके हैं : कहाँ, उन्हें पता होगा, हमें नहीं।

दो बरस पहले जब लाहौर जाने का सुयोग हुआ था, तो पता चला कि वहाँ अब भी हर साल वसंत बड़ी धूमधाम से मनाया जाता है। अचरज होना स्वाभाविक है। यह दम्भ भरा विश्वास तो है ही कि पाकिस्तान कई मामलों में हमसे पीछे है। उर्दू साहित्य या क्रिकेट में जब-तब हमें पछाड़ देता है। इससे इस विश्वास में कोई दरार नहीं पड़ती। जाहिर है कि वसंत जैसा त्यौहार मनाना इसी पिछड़ेपन की निशानी है। यह भी हो सकता है कि वसंत लाहौर में आता हो और उसने दिल्ली आना बन्द कर दिया हो। आजकल हरेक के अपने नखरे हैं : वसंत के भी होंगे।

पिछली शताब्दी के छठवें दशक में अज्ञेय कुछ दिनों के लिए जापान गये थे और उन्होंने कई हायकू कविताओं का हिन्दी में अनुवाद किया था। उनमें से एक याद है : और कहीं भी वसंत आया है/या कि अलूचे ही हैं ये बौराए?, जाहिर है वसंत जापान में भी आता था और उसे लक्ष्य कर उसका उत्सव मनाने में कवि ही सबसे आगे थे। इसका अर्थ यह भी हुआ कि वसंत अगर कुल मिलाकर थोड़ी अतिरंजित कवि कल्पना भर है तो वह पुण्यभूमि भारत तक सीमित नहीं है और देश भी उसकी चपेट और भूगोल में रहे हैं।

एक ज़माना था जब मसलन, दिल्ली में गालिब भी वसंत का अपनी कविता में यह कहकर स्वागत करते थे कि 'फिर इस अंदाज से बहार आयी।' उधर केशवदास कह चुके थे कि 'जाके राज दिसि दिसी फूले हैं सुमन सब/सिव को समाज किधौं केसव वसंत है' और पद्माकर को दिखता था कि 'बीथिन में, ब्रज में, नबेलिन में, बेलिन में, बनन में, बागन में बगरो वसंत है।' बहुत सारी चीज़ें हमारे आसपास या ध्यान से ग़ायब

हो गयी हैं या कम से कम मुबहम तो हो ही गयी हैं। क्या उनके होने का, उनकी रंगारंग मौजूदगी का, उनकी अनुगूंजों का कुछ स्वाद, अब भी, हम उस साहित्य से नहीं ले सकते जो उस पर केन्द्रित है। साहित्य का एक इस्तेमाल तो यह है कि वह हमें उस दुनिया में थोड़ी देर के लिए वापस ले जाता है जो कभी हमारी थी और अब नहीं रही, उस समय में जो हमारे जैसा था, पर हमारा नहीं है।

पर चलिए वसंत पर लौटें। यह कुछ आध्यात्मिक क़िस्म की समस्या है कि जो नहीं है, उस पर कैसे लौटें। वसंत नहीं है इस विश्वास का भला आधार क्या है? जो हमें नजर नहीं आता या जिसे हम महसूस नहीं करते वह है, यह हम कैसे मान सकते हैं? यह तर्क अपनी जगह है : कुछ-कुछ वैसा ही कि अगर आप किसी के लिए प्रेम अनुभव नहीं करते तो प्रेम है यह कैसे माना जा सकता है? पर कुछ कुतर्क किया जा सकता है—हम ऐसी कई चीज़ों का अस्तित्व मानते हैं, जिनका कोई सीधा अनुभव हमें नहीं होता। कुछ दूसरी तरफ़ से चलें तो यह सोचना बेकार नहीं होगा कि वसंत को ध्यान-निकाला देकर हमने कुछ सुन्दर, ऐन्द्रिय और उत्प्रेरक खो दिया है। आचार्यगण कहेंगे—कुछ रस की भी हानि हुई है।

दो सम्भावनाएँ हैं—एक तो यह कि वसंत अब भी आता है और हम ही उसे देख या महसूस नहीं कर पाते, उस हालत में यह सम्भव है कि अगर हमें कोई ठेलकर उस ओर ले जाए तो शायद हम उसे देख सकें : वसंत का रंग, उसकी गंधें, उसके दृश्य। हमें बाजार में ग़ैर जरूरी चीज़ों की ओर ठेलकर ले जाने वाले बहुत हैं, पर वसंत की ओर ले जाने वाला कोई नहीं है। दूसरी सम्भावना यह है कि वसंत ने, जो भी कारण हो—कौन जाने वह तुनकमिजाज़ हो—आना बन्द कर दिया है। अगर यह सही है तो क्या हम उसे वापस लाना चाहेंगे : क्या हम वसंत की अपने जीवन में वापसी के लिए तैयार या उत्सुक हैं? इसका कोई आसान उत्तर सम्भव नहीं है। इस बीच अफ़वाह और ख़बर के बीच वसंत काँपता रहेगा। इतना भर जरूर कहा जा सकता है कि साहित्य और परम्परा में लगभग अमर और अविस्मरणीय होने के बाद वसंत को इसे कोई फ़र्क़ नहीं पड़ता कि वह आपके जीवन में है या नहीं। आप अपने वसंतहीन जीवन से सन्तुष्ट हैं तो उसे क्या गम कि बुझे? वह तो जहाँ है वहाँ रहेगा और जहाँ जगह होगी वहाँ बगरता रहेगा।

बजट और संस्कृति

जैसे प्रधानमन्त्री के 15 अगस्त को दिये जाने वाले भाषण से संस्कृति का ज़िक्र ग़ायब रहता है अक्सर, वैसे ही आप इस क़दर की वाहियात उम्मीद नहीं कर सकते कि वित्तमन्त्री अपने बजट भाषण में संस्कृति के लिये, किसी प्रावधान या क़दम की घोषणा करेंगे। चूँकि आम धारणा यह है कि सार्वजनिक धन के अधिकांश का प्रशासन-तन्त्र द्वारा या उसके कारण अपव्यय ही होता है, यह अच्छा ही है कि संस्कृति का क्षेत्र ऐसे कलंक से इस उपेक्षा द्वारा बचा रहता है। पर बैठे-बैठे यह अटकल लगाने की सूझी कि चलो, सोचते हैं कि संस्कृति से सम्बन्धित क्या-कुछ बजट में हो सकता है। जब तक यह अटकल आप तक पहुँचेगी तब तक बजट की घोषणा हो चुकी होगी और यह अटकल बुरी तरह से देर-पिछड़ बासी हो चुकी होगी।

चूँकि सरकारी नीति असंगठित क्षेत्रों को मदद देने की है, विशेषतः सार्वजनिक कल्याण और सुरक्षा के सिलसिले में, सरकार सौ करोड़ रुपये की एकमुश्त राशि देकर लेखकों और कलाकारों के लिए, ख़ासकर मेडिकल कठिनाइयों और अर्थाभाव की स्थितियों में, मदद करने की गरज़ से एक राष्ट्रीय कल्याण कोष स्थापित कर सकती है। उसमें वित्तीय योगदान देने वाले व्यक्तियों, संगठनों आदि को कर की कुछ छूट भी मुहैया करायी जा सकती है। बैंकों से कहा जा सकता है कि लेखकों-कलाकारों को मकान आदि बनवाने-ख़रीदने के लिए कुछ रियायती दरों पर कर्ज़ देने की सुविधा दें। अगर कोई व्यापारिक संस्था लेखकों-कलाकारों के लिए कहीं हॉलीडे होम आदि बनवाये तो उसे भी कर छूट की सुविधा मिलनी चाहिए। पूरे देश में एक वर्ष में पुस्तकों की कम से कम एक हज़ार दुकानें खोलने के लिए ज़मीन, इमारत आदि के लिए कुछ सब्सिडी दी जा सकती है क्योंकि ऐसी दुकानें, अंग्रेज़ी को छोड़कर भारतीय भाषाओं के लिए घट रही हैं। ख़ासकर छोटे शहरों और कस्बों में एक वर्ष में कम से कम पाँच हज़ार पुस्तकालय स्थापित करने के लिए राज्य सरकारों को प्रेरित किया जा सकता है, अगर ख़र्च का आधा भाग केन्द्र उठाने को तैयार हो जाये। सभी सार्वजनिक उपक्रमों को यह निर्देश दिया जा सकता है कि वे अपने क्षेत्र में गुरु-शिष्य परम्परा के अन्तर्गत शास्त्रीय संगीत और नृत्य के युवा शिष्यों को तैयार करने के लिए बनायी एक व्यापक योजना को 'गुरु-जहाँ-वहीं-शिष्य-की-शिक्षा', वित्तीय समर्थन दें और जो निजी उद्योग ऐसा करें उन्हें कर में छूट मिले।

देश भर में सौ मूर्धन्य लेखकों-कलाकारों के स्मारक बनाने के लिए इसी तरह की सीधी मदद या कर-छूट या दोनों के मिले-जुले पैकेज की बात सोची जा सकती है। ऐसी ही सुविधा रंगमंच बनाने, कला संग्रहालय

स्थापित करने आदि के लिए दी जा सकती है। इन दिनों कलाकृतियों के दाम इतने बढ़ गये हैं कि हमारे सार्वजनिक संग्रह नयी प्रवृत्तियों और रुझान के सन्दर्भ में पिछड़ रहे हैं। राष्ट्रीय आधुनिक कला संग्रहालय को कलाकृतियाँ ख़रीदने के लिए दस-बीस करोड़ रुपये हर साल दिये जाने चाहिए। साहित्य और कलाओं में नवाचार करने का जोखिम उठाने वाले युवा लेखकों-कलाकारों के लिए कुछ ठोस व्यवस्था करनी चाहिए। भारतीय भाषाओं के संवर्द्धन और निरन्तर आकलन के लिए राष्ट्रीय भारतीय भाषा आयोग और आधुनिक भारतीय साहित्य के विदेशी भाषाओं में अनुवाद, प्रकाशन और प्रचार-प्रसार के लिए एक स्वायत्त और साधन प्रचुर संस्थान बनाना चाहिए। अपने क्षेत्रों के पुरातात्विक अवशेषों और स्मारकों की देखभाल के लिए ग्राम पंचायतों को सीधे ज़िम्मेदारी देते हुए उन्हें मदद देनी चाहिए।

इतने सारे आइआईटी और आईआईएम खुलने जा रहे हैं। क्या साहित्य और कलाओं का ऐसा ही एक उच्चस्तरीय राष्ट्रीय संस्थान नहीं खोला जा सकता?

लिखते हुए पता है कि इनमें से एक भी बात इस बजट या शायद किसी भी बजट में नहीं होने जा रही है। पर अपनी अधेड़ आँखें सपना देखना बन्द नहीं करतीं। यह एक स्वप्नचित्र सही। दमकते भारत और अँधेरे भारत के बीच कहीं नहीं पर स्थित।

अकादेमी-प्रसंग

सार्वजनिक संस्थाएँ कैसे चलती हैं, यह एक व्यापक प्रश्न है। उसमें उनके संविधान, प्रक्रियाओं, प्रशासन-तन्त्र आदि की भूमिका तो रहती ही है। सबसे महत्त्वपूर्ण होता है उसके मुखिया की दृष्टि और रुचि की उदारता, गहराई और व्यापकता। अकादेमी का अध्यक्ष ऐसे व्यक्ति को ही होना चाहिए, जिसकी दृष्टि और सक्रियता का परिसर अखिल भारतीय रहा हो। अनन्तमूर्ति, महाश्वेता देवी आदि की दृष्टि और क़द ऐसे रहे हैं। न तो सुनील गंगोपाध्याय न ही वासुदेवन नायर ऐसी हस्तियाँ हैं, जिनका अतीत किसी गहरे अर्थ में अखिल भारतीय रहा हो। कोई राष्ट्रीय पुरस्कार मिल जाने से आप अखिल भारतीय नहीं हो जाते। दोनों ने ही, जैसे उनके पहले के अध्यक्ष गोपीचन्द नारंग और रमाकान्त रथ ने, भारतीय साहित्य में कोई विशेष रुचि या गति का कोई प्रमाण कभी नहीं दिया।

बहरहाल, साहित्य अकादेमी अपने ढर्रे के चलते साहित्य के लिए कुल

मिलाकर अप्रासंगिक रहने के लिए अभिशप्त है। उसकी सामान्य सभा के सदस्यों की सूची देखिए तो पता चलेगा कि उसमें जाने-माने या युवा लेखक कितने कम हैं और अध्यापकों आदि का कैसा बोलबाला है। यह भी दिलचस्प है कि हिन्दी अख़बारों के अलावा अंग्रेज़ी के ज़्यादातर अख़बारों ने अकादेमी अध्यक्ष के चुनाव को लेकर हुए विवाद का कोई नोटिस ही नहीं लिया है। एक बार फिर यह प्रमाणित है कि अंग्रेज़ी अख़बार सांस्कृतिक निरक्षरता अपने अज्ञान, बेख़बरी और अरुचि से बढ़ा रहे हैं। अकादेमी की ऊपर से लोकतान्त्रिक लगती पद्धति वैसी है नहीं और उसका दुरुपयोग हो सकता है यह तो अब बहुत स्पष्ट हो चुका है।

पद्मचयन

इन दिनों 'भारत रत्न' को लेकर ख़ासी बहस छिड़ी हुई है। राजनेताओं के अलावा मीडिया ने विचार और कर्म के कुछ अन्य क्षेत्रों के मूर्धन्यों के नाम भी लिये हैं, यह कहते हुए कि भारत रत्न की सूची में ऐसे लोगों के नाम बहुत कम शामिल हुए हैं। यह नोट करना दिलचस्प है कि भारतीय जनता पार्टी और अन्य राजनीतिक दलों ने विवाद सिर्फ़ राजनीति के लोगों को यह सर्वोच्च नागरिक सम्मान देने के प्रस्तावों से शुरू किया है : सीधा मतलब यह है कि भारत को रत्न-जटित करने का काम सिर्फ़ राजनेता कर रहे हैं, मानवीय प्रयत्नों की सूची में राजनीति सबसे ऊपर है। राजनीति में अपने को लेकर जो संकीर्णता और आत्मरति बढ़ रही है, यह उसका एक और प्रमाण है। यह भी नोट करने लायक है कि भारत रत्न से कम किसी सम्मान के लिये किसी पार्टी ने किसी राजनेता का नाम प्रस्तावित नहीं किया है। यह बाक़ी पद्म-सम्मानों का बेशरम और खुल्लमखुल्ला अवमूल्यन है। यह निर्लज्जता और दर्प से कहना है कि संस्कृति, विज्ञान, समाजसेवा, उद्योग आदि के मूर्धन्यों के लिए भारत रत्न से कमतर सम्मान काफ़ी हैं और राजनीति के लिये भारत सम्मान लगभग आरक्षित कर देना चाहिए।

एक पाठक ने फ़ोन पर इसरार किया कि पद्म-पुरस्कारों के लिए अपनी सूची ज़ाहिर करूँ। इस तर्क का कि इन पुरस्कारों से मेरा कुछ लेना-देना नहीं है, उन पर कोई प्रभाव नहीं हुआ और उन्होंने इसरार किया कि अपना चयन सार्वजनिक करने से बचने की कोशिश न करूँ। बहरहाल, यह रही वह सूची : भारत रत्न के लिए मक़बूल फ़िदा हुसेन। पद्म-विभूषण के लिए : चित्रकार सैयद हैदर रज़ा, तैयब मेहता, रामकुमार और अकबर

पदमसी। रंगकर्मी इब्राहिम अलकाज़ी, हबीब तनवीर, कावलम नारायण पणिक्कर। चिन्तक डॉ. दयाकृष्ण और रामचन्द्र गाँधी। साहित्यकार कृष्णा सोबती, यू. आर. अनन्तमूर्ति और कृष्ण बलदेव वैद। पद्म-भूषण के लिए : चित्रकार अम्बा दास, हिम्मत शाह, जेराम पटेल, अर्पिता सिंह, गुलाम मोहम्मद शेख। फ़िल्मकार मणि कौल और कुमार शहानी। संगीतकार उस्ताद ज़िया फ़रीदुद्दीन डागर। साहित्यकार कुँवर नारायण, श्री लाल शुक्ल, नामवर सिंह, राजेन्द्र यादव, शंख घोष, दिलीप चित्रे, शमसुर रहमान फ़ारुकी, विनोदकुमार शुक्ल, सुरजीत पातर। रंगकर्मी रतन थियम। इतिहासकार रामचन्द्र गुहा। संस्कृतिकर्मी ओमप्रकाश जैन और गणेश देवी। पत्रकार प्रभाष जोशी। कलालोचक गीति सेन। पर्यावरणविद अनुपम मिश्र और राजेन्द्र सिंह। हो सकता है कि इनमें से कुछ को पहले ही मिल चुका हो या इस बार संयोगवश मिलनेवाला हो। यह बात छुपाने की कोई ज़रूरत नहीं कि ऊपर प्रस्तावित सूची अधूरी है और निजी परिचय पर आधारित है। एक लोकतान्त्रिक राज्य ऐसे अलंकरण दे, न दे इस पर बहस हो सकती है। याद रहे कि संसार के दो बड़े लोकतन्त्र ब्रिटेन और फ्रांस ऐसे अलंकरण देते हैं।

मीडियाक्रिटी का वर्चस्व

समकालीन भारत की कई विडम्बनाओं में से एक बड़ी यह है कि हम अर्थ और वाणिज्य में तो मूर्धन्यता की ओर लगातार बढ़ रहे हैं, लेकिन ज्ञान-विज्ञान जैसे क्षेत्रों में मूर्धन्यता से अपसरण हो रहा है। सिर्फ़ अपसरण भर नहीं, मीडियाक्रिटी का राज तेज़ी से फैल रहा है। हाल में सम्पन्न भारतीय विज्ञान कांग्रेस के बारे में एक तथ्यपरक रिपोर्ट में यह खुलासा किया गया है कि कैसे उसमें किसी तरह की भारतीय मूर्धन्यता का अभाव और अनुपस्थिति है। देश के सैकड़ों विश्वविद्यालयों के कुलपतियों की सूची देखिये : उसमें शायद दस प्रतिशत भी ऐसे नहीं हैं जो अपनी श्रेष्ठता या प्रखरता या उच्च कोटि के वैदूषिक अवदान के लिए जाने जाते हों। बल्कि शायद ऐसा सामान्यीकरण किया जा सकता है कि उद्योग-वाणिज्य-वित्त के क्षेत्रों और सूचना-प्रौद्योगिकी को छोड़कर मानवीय प्रयत्न के सभी क्षेत्रों में धीरे-धीरे घोर मीडियाक्रिटी का कब्ज़ा हो गया है। इसमें राजनीति, शिक्षा, धर्म, सार्वजनिक जीवन आदि सभी आते हैं। राजनीति के इतने प्रबल आतंक के बावजूद एक भी राजनेता ऐसा नहीं है जिस की बात पूरा देश ध्यान और आदर से सुनना चाहेगा। यह तर्क दिया गया और दिया जा सकता है कि लोकतन्त्र औसत से ही बेहतर चलता है। 'बन्दों

को गिना करते हैं, तौला नहीं करते'। फिर भी, यह दुखद सच्चाई सामने है कि पहले दो-तीन दशकों में नये परिवर्तनकारी विचार अधिकतर राजनीति से बाहर के क्षेत्रों से आये हैं। राजनीति तो वंशवाद, जातिवाद, साम्प्रदायिकता आदि की जकड़बन्दी से बाहर निकलने की कोई कोशिश भी करती नहीं जान पड़ती, नये विचारों की जन्मभूमि होने की तो बात ही बहुत दूर की है।

चूँकि राजनीति लोकतन्त्र में सबसे बड़ा नियामक तत्व होती है, अगर वह मीडियाक्रिटी से आक्रान्त हो तो वह अन्य क्षेत्रों में भी उसे फैलाती है। राज्य सभा का हाल देखिए। उसका एक बड़ा हिस्सा उन राजनेताओं का है जो या तो लोकसभा का चुनाव हार गये हैं या जिनका वहाँ जीतना अब सम्भव नहीं रहा। जो जगह बुद्धिजीवियों, लेखकों आदि के लिए पारम्परिक रूप से रखी गयी थीं, उन्हें भी राजनेता हड़पते जा रहे हैं। सत्ता के अधीन अधिकांश संस्थाओं पर या तो राजनैतिक या अफ़सरी मीडियाकरों का वर्चस्व है। धीरे-धीरे यह तस्वीर बन रही है कि कुल मिलाकर हमारी राजनीति और उससे पोषित राजतन्त्र श्रेष्ठता या मूर्धन्यता बर्दाश्त नहीं कर सकता। जो बौने होते हैं वे हर चीज़ को अपने क़द पर ही घटा देते हैं।

हिन्दी साहित्य के सन्दर्भ में देखें तो शायद पूरे देश में विश्वविद्यालयी विभागों और प्रक्रियाओं पर भी मीडियाकरों का ऐसा कब्ज़ा पहले कभी नहीं हुआ था, जितना आज है। वे मोटी तनख़्वाहें पाते हैं और साहित्य के बारे में अधिकतर मोटी अक़्ल से काम लेते और वैसी ही अक़्ल अपने छात्रों में विकसित करते हैं। बड़े-बड़े और एक ज़माने में नामी-गिरामी रहे विभागों में ऐसे लोग विभागाध्यक्ष और आचार्य पद पर हैं, जिनका अध्यापन, शोध आलोचना के क्षेत्र में किसी ने कभी नाम नहीं सुना। हिन्दी में इतनी सारी बेहतरीन और विचारोत्तेजक, सृजन-सम्पन्न पत्रिकाएँ लेखकबन्धु अपने साधनों से निकाल रहे है। पर हमारे जाने किसी विश्वविद्यालय के हिन्दी विभाग से शायद ही कोई क़ायदे की पत्रिका निकलती हो।

साहित्य अकादमी का मामला देखें। यह तो बहुत अच्छा हुआ कि उसे जल्दी ही गोपीचन्द नारंग से छुटकारा मिलेगा। पर उनके विकल्प के रूप में जो दो नाम सामने हैं, मलयालम के एमटी वासुदेवन नायर और बंगला के सुनील गंगोपाध्याय का, वे किस प्रतिमान से मूर्धन्य माने जा सकते हैं? कथा के क्षेत्र में ही विभूतिभूषण बन्दोपाध्याय, तकषी शंकर पिल्लै, अज्ञेय, रेणु, यूआर अनन्तमूर्ति, शिवराम कान्त आदि के बाद अपनी शीर्ष संस्था के अध्यक्ष पद पर चुनने को हमारे पास यही बचे हैं।

एक विज्ञापन

गुरु घासीदास विश्वविद्यालय बिलासपुर से वहाँ एक अच्छे परिसंवाद में भाग लेकर लौटते हुए रायपुर हवाई अड्डे पर किसी विज्ञापन एजेन्सी का एक विज्ञापन पढ़ा और उसे तुरन्त डायरी में उतार लिया : 'सच बोलने का एक फ़ायदा यह है कि हमें यह याद नहीं रखना पड़ता कि पूर्व में हमने क्या कहा था।' यह मानने का कोई कारण या आधार नहीं है कि यह विज्ञापन लिखने वाला समकालीन हिन्दी साहित्य के परिदृश्य से परिचित है और उसमें जो मत-बदल चलता रहता है उससे वह वाकिफ़ है। हमारे यहाँ व्याप्त अवसरवादिता का भी उसे अन्दाज़ न होगा, यह तो मेरा ख़ब्ती और दुष्ट दिमाग़ ही है जो फिर भी यह सोचता रहा कि इस विज्ञापन का लेखक ज़रूर दिल्ली के लोकार्पणों में आता रहा है और उसकी टिप्पणी उनमें दिये जाने वाले वक्तव्यों को लेकर ही है। दिल्ली में यह कहने की जगह नहीं तो रायपुर ही सही!

एक बार फिर

भारत सरकार में संस्कृति नीति बनाने की प्रक्रिया इन दिनों ज़ोरों पर है। ग़ैर-सरकारी विशेषज्ञों की एक बड़ी समिति इस सिलसिले में एक दस्तावेज़ को अन्तिम रूप दे रही है। यह पुरानी बहस ख़त्म नहीं हुई है कि सरकार को संस्कृति नीति निर्धारित नहीं करनी चाहिए, भले यह स्पष्ट है कि सरकार संस्कृति के बारे में नहीं, संस्कृति के उस क्षेत्र के बारे में नीति बनाना चाह रही है जिनके सम्भालने की ज़िम्मेदारी उसकी है। आख़िर पाँच से अधिक दशकों से भारतीय पुरातत्व सर्वेक्षण, राष्ट्रीय संग्रहालय, राष्ट्रीय अकादेमियाँ आदि सरकार द्वारा स्थापित और पोषित संस्थाएँ सक्रिय हैं और इस समय जो नये तेज़ परिवर्तन हो रहे हैं और नयी चुनौतियाँ सामने आ रही है। उनके सन्दर्भ में इन संस्थाओं की दिशा कैसी हो और किस तरह की नयी संस्थात्मक पहल ज़रूरी है, इसकी कोई नीति बने, यह आवश्यक लगता है।

कुछ बुनियादी बातें हैं। पहली तो यह कि सरकार की संस्कृति-नीति का प्रमुख लक्ष्य भारत की सांस्कृतिक विविधता और बहुलता को हर स्तर पर पुष्ट और संवर्द्धित करने का होना चाहिये और इस कारण कोई एक समरूप नीति नहीं हो सकती। दूसरी यह कि वर्तमान संस्थाओं की स्वायत्तता और जवाबदेही का विस्तार करने के साथ-साथ उनमें विशेषज्ञों का हर स्तर पर वर्चस्व और स्वतन्त्रता का सुनिश्चय होना चाहिए। इसके

लिए सरकारी नियमावली, प्रक्रिया आदि में आमूल परिवर्तन आवश्यक होंगे। तीसरी यह कि संस्कृति पर होने वाला सरकारी बजट, केन्द्र और राज्य दोनों स्तरों पर, कई गुना करने की ज़रूरत है। लेकिन उसका सदुपयोग और प्रभाव तभी होगा जब संस्थागत ढाँचों में आवश्यक परिवर्तन जल्दी किये जायें। चौथी यह कि इधर सार्वजनिक और निजी भागीदारी का जो विस्तार हुआ है उसमें सांस्कृतिक संस्थाओं को भी शामिल किया जाना चाहिए। संस्कृति में सिविल समाज की निर्णायक भूमिका होती है। उसका और ग़ैरसरकारी संस्थाओं द्वारा किये जा रहे कामों का एहतराम करते हुए उनकी मदद की जाना चाहिए। पाँचवीं यह कि शिक्षा, मीडिया आदि के सांस्कृतिक तत्वों को सशक्त और विस्तृत किया जाना चाहिए। शिक्षा में स्कूली स्तर से ही मातृभाषा प्रेम, सांस्कृतिक और धार्मिक बहुलता की समझ और आदर विकसित होने चाहिए। पुरातत्व, परम्परा और विरासत का संरक्षण व्यापक जनजागरण और हिस्सेदारी की माँग करता है। सरकार के विभिन्न मंत्रालयों के बीच, जिनमें कोई न कोई संस्कृति का पक्ष जुड़ा है, जैसे मानवसंसाधन विकास, सूचना और प्रसारण आदि के बीच बेहतर समन्वय, इस मामले में, अभीष्ट है। पुस्तकालयों, पुरातत्व संरक्षण, आदि के लिए स्वतन्त्र मिशन बनाकर काम करना उपयोगी हो सकता है। प्रधानमन्त्री के स्तर पर संस्कृति के लिए एक बड़ा कोष बनाया जा सकता है, जिसमें लेखकों-कलाकारों के सामाजिक कल्याण, पेन्शन आदि की व्यवस्था भी शामिल की जा सकती है।

सामाजिक-सांस्कृतिक अध्ययन

लगता है कि इधर कुछ बरसों, बल्कि शायद कुछ दशकों से हमारे हिन्दी विभागों में साहित्य को मुख्यतः साहित्य के रूप में पढ़ने-गुनने के बजाय उसका सामाजिक और सांस्कृतिक अध्ययन किया जाने लगा है। इस प्रवृत्ति ने एक ओर तो साहित्य पढ़ने के शुद्ध और अद्वितीय सुख को बाधित कर दिया है तो दूसरी ओर इस समझ को धुँधला कर दिया है कि बुनियादी तौर पर साहित्य साहित्य होकर भी अपनी सामाजिक प्रासंगिकता और सांस्कृतिक सार्थकता पा सकता है। अक्सर साहित्य के सामाजिक या सांस्कृतिक अध्ययन के नाम पर साहित्य को उसके तथाकथित विचार या दृष्टि में घटाकर, उसकी ऐन्द्रिय-भाषिक-लयात्मक संरचना और अपनी वैचारिक सत्ता को अवमूल्यित या नज़रअन्दाज़ कर, साहित्य और समाज के बेहद इकहरे सम्बन्ध की अवधारणा के आधार पर उसका विश्लेषण किया जाता रहा है। इस बात की बहुत कम पहचान नज़र आती है

कि साहित्य स्वयं समाज को एक समाज के रूप में पहचानने का भी एक माध्यम है और समाज से उसका सम्बन्ध बेहद जटिल और कई अर्थों में द्वन्द्वात्मक होता है। साहित्य समाज की भाषा, विविधता, सिसृक्षा और विवक्षा को बचाता-पोसता है। हर महान् कृति किसी न किसी गहरे और निर्णायक अर्थ में अपने समाज का अतिक्रमण करके ही सार्वभौमता अर्जित करती है। साहित्य अपना समाज और संस्कृति स्वयं रचता भी है। उसका सम्बन्ध विरोध और प्रतिरोध का भी हो सकता है: आज का अधिकांश साहित्य बाज़ार, भूमण्डलीकरण आदि का प्रतिरोध करता है जबकि अधिकांश मुखर समाज और राजनीति कुल मिलाकर इन सबके पक्षधर और मुदित भोक्ता हैं। हिन्दी साहित्य इस समय एक मायने में हिन्दी समाज का प्रतिपक्ष है : कम से कम हिन्दी समाज में वही जगह बची हुई है जो अब तक मूल्यपरक है। रहा सांस्कृतिक अध्ययन तो हिन्दी समाज पिछली अधसदी में भारत के सबसे संस्कृतिविपन्न समाजों में से है : संस्कृति के अनेक सशक्त रूप जैसे शास्त्रीय संगीत और नृत्य, रंगमंच, ललित कलाओं आदि के क्षेत्र में उसका भारतीय स्तर पर अवदान और सक्रियता बहुत क्षीण है। संस्कृति-चिन्तन भी अन्य वैचारिक विधाओं के साथ खासा विपन्न है। ऐसी हालत में साहित्य का सांस्कृतिक अध्ययन करने की विशेषज्ञता और संवेदना कहाँ से आयेगी?

यह नोट करना दिलचस्प है कि मनोवैज्ञानिक से लेकर सामाजिक और सांस्कृतिक अध्ययन हिन्दी विभागों में होते हैं, मनोविज्ञान, समाजशास्त्र आदि के विभागों में नहीं। ऐसी सर्वज्ञ विशेषज्ञता हिन्दी विभागों में कहाँ और कैसे आ गयी है इसे समझना कठिन है। लगता है यह साहित्य को साहित्य के रूप में पढ़ने के जटिल उद्यम से बचने का तरीक़ा भर है। साहित्य के विभाग में केन्द्र में साहित्य होना चाहिए, समाज और संस्कृति अनुषंग भर हो सकते हैं।

नफ़रत की बढ़त

एक बुद्धिजीवी मित्र से बात हो रही थी। वे सजग, संवेदनशील और सामाजिक गतिविधि पर पैनी नज़र रखने वाले व्यक्ति हैं। उन्हें लगता है कि भारतीय समाज में नफ़रत और हिंसा में इधर लगातार बढ़त हो रही है। उन्हें यह भी लगता है कि हालाँकि हम एक सजीव और सक्रिय लोकतन्त्र हैं, किसी तरह मतैक्य अब इस देश में नहीं बचा है। बड़े से बड़े वैज्ञानिक, लेखक, इतिहासकार, समाजचिन्तक, विद्वान् आदि के

बारे में ऐसा माहौल बना दिया गया है कि उनकी विशेषज्ञ श्रेष्ठता पर कोई मतैक्य सम्भव नहीं रह गया है। जाति, सम्प्रदाय, विचारधारा आदि के आधार पर हर कोई या तो इधर का है या उधर का है। यह मान्यता अब बाक़ी ही नहीं रह गयी है कि ऐसे भी कुछ लोग हो सकते हैं जो सत्ता की राजनीति से सर्वथा निरपेक्ष हों और फिर भी अपने क्षेत्र में जिनका श्रेष्ठ योगदान हो। जैसे उन लोगों को जिन्हें बाज़ार हिसाब में नहीं लेता रहने का हक़ नहीं या कम से कम है वैसे ही वही विशेषज्ञ मान्य हैं जिन्हें मीडिया हिसाब में लेता है। जो दिखता नहीं है सिर्फ़ सोचता है उसकी कोई जगह ही जैसे समाज में नहीं बची है : कम से कम सामाजिक मान्यता के भूगोल में उसका स्थान बाक़ी नहीं बचा है।

ऐसा क्यों हुआ है इस बारे में कई तर्क दिये जा सकते हैं। यों तो ध्रुवीकरण की बात अरसे से की जाती रही है लेकिन लगता है कि अब हम सचमुच ध्रुवीकरण के युग में प्रवेश कर चुके हैं। हर तरह का ध्रुवीकरण दरपेश है : साम्प्रदायिक, विचारधारात्मक, जातिगत, आर्थिक। मित्र का तर्क यह है कि हिंसा फैलाने में, सब कुछ को वध्य बनाने में मीडिया की बड़ी भूमिका है : यह आकस्मिक नहीं है कि इस समय ऐसा कोई व्यक्ति नहीं हैं जिसके बारे में यह कहा जा सकता है कि अगर वह बोलेगा तो सब लोग ग़ौर से उसकी बात सुनेंगे-गुनेंगे। एक मायने में तो यह निहायत प्रजातान्त्रिक है कि हर व्यक्ति समान रूप से, 'वह सन्त हो कि मवाली हो', वेध्य है। लेकिन, दुर्भाग्य से, मीडिया की परस्पर स्पर्धा और अविचारित तेज़ी और सनसनीबाज़ी ने ऐसा माहौल बना दिया कि प्रायः कोई भी कुछ भी सिद्धान्तवश या सामाजिक हित के भाव से नहीं कहता-करता। सभी स्वार्थ में लिप्त हैं--सभी कीचड़ में सने हैं। पर बात इतनी सीधी भी नहीं है। मीडिया अपराध को लगभग शान की चीज़ बना रहा है। एक दिवंगत राजनेता के अपराधी बेटे की, जिस पर कई मुकदमे चल रहे हैं, शादी की ख़बर यों छापी और प्रसारित की गयी जैसे कि किसी देवयुवा के बारे में हो। यही नहीं उसकी तस्वीरें किसी पार्टी में जाने पर पेज थ्री की शोभा बनीं। मीडिया लगातार इस दम्भ से परिचालित है कि वह किसी की भी टोपी उछाल सकता है, किसी की भी छवि बना-बिगाड़ सकता है। जो भारत चमक रहा है उससे बहुत बड़ा भारत चमक नहीं रहा है : चमक-दमक पर मुख्यतः एकाग्र होकर मीडिया दबे-पिछड़े-अँधेरे भारत में जुगुप्सा और नफ़रत बढ़ा रहा है बिना इसकी परवाह किये कि ऐसा हो रहा है।

वर्तमान सरकार पर यह आरोप तो अब स्वयं कांग्रेस पार्टी ही लगाने लगी है कि वह आम आदमी और उसकी रोज़मर्रा की ज़रूरतों की अवहेलना कर रही है जिसके गम्भीर राजनीतिक परिणाम हो सकते है। वामपंथी दल इस बारे में मुखर हैं ही और प्रतिपक्ष भी यह आरोप लगाने में कतई पीछे नहीं है। कहा यह जा रहा है कि सरकार बाज़ार से इस क़दर आक्रान्त है कि उसे समाज की, उसके कमज़ोर और पिछड़े तबके की चिन्ता ही नहीं रह गयी है। इस आरोप में कितनी सचाई और वज़न है यह विश्लेषण करने का यहाँ अवसर नहीं है। ज़रूरी आर्थिक समझ और राजनीतिक अनुभव की भी कमी है।

जो आरोप कोई नहीं लगा रहा है (क्योंकि उसका किसी गम्भीर राजनीतिक परिणाम की सम्भावना से कोई सम्बन्ध नहीं है) उसे लगाने का समय आ गया है। दो बरस सत्तारूढ़ हुए हो चुके और इस सरकार ने सांस्कृतिक क्षेत्र में किसी तरह की संवेदनशीलता और सजगता का कोई भी प्रमाण नहीं दिया है। यह दो कारणों से दुर्भाग्यपूर्ण है। पहले तो यह कि पिछले सत्तारूढ़ गठबन्धन के मुक़ाबले वर्तमान गठबन्धन ने भारतीय संस्कृति की बहुलता को अपना वैचारिक मुद्दा बनाया था। एक बार उस पर सरकार द्वारा खड़े किये गये अवरोध हटा दिये गये तो भारतीय बहुलता ने अपने को दृश्य पर फिर से सशक्त रूप से स्थापित कर लिया है। लेकिन इस बहुलता को पोसने और उन प्रवृत्तियों को रोक-थामने के लिए जो उसके विरुद्ध सन्नद्ध और सक्रिय हैं, कुछ ख़ास नहीं किया है। माना कि यह एक दीर्घकालीन प्रयत्न होगा पर उसे करने के लिए कोई दृष्टि या प्रयत्न सरकार ने नहीं दिखाया है। सिर्फ़ शिक्षा के क्षेत्र में इस बारे में कुछ ठोस हुआ है लेकिन बाक़ी क्षेत्रों में पुरानी उदासीनता है। और तो और बरसों से धूल खा रही राष्ट्रीय संस्कृति नीति के अतिविलम्बित प्रारूप पर पुनर्विचार तक शुरू नहीं किया गया है जबकि वह एक उपकरण हो सकती है भारतीय संस्कृति की बुनियादी बहुलता को उदार-व्यापक ढंग से परिभाषित और उस दिशा में संस्थात्मक पहल करने की।

दूसरा कारण यह है कि भारत विश्व स्तर पर एक आर्थिक शक्ति के रूप में उभर रहा है। इस सरकार को क्या, किसी सरकार को यह याद नहीं रहता कि भारत को युगों से सांस्कृतिक शक्ति माना जाता रहा है। यह वह समय है कि भारत अपनी आर्थिक सम्पन्नता के साथ-साथ अपनी सांस्कृतिक बहुलता और सम्पन्नता को नये रूपों में समझ-बूझ और थोड़ी आक्रामकता के साथ विश्व-स्तर पर प्रक्षेपित करे। ज़ाहिर है कि सरकार में ऐसा कुछ करने की कोई समझ या इच्छा नहीं है। भारतीय

सांस्कृतिक सम्बन्ध परिषद् आदि जो हस्बे-मामूल करती रही हैं वही कर रही हैं। संसार के बड़े उत्सवों, साहित्य-समारोहों, कला-प्रदर्शनियों और मेलों में, बौद्धिक आयोजनों में भारत की उपस्थिति और शिरकत हो इसकी कोई योजना है और उस पर व्यवस्थित ढंग से अमल हो रहा है ऐसा नहीं लगता। एशिया में विशेषतः जहाँ हमें कुछ सन्देह की नज़र से देखा जाता है, अपनी सांस्कृतिक उपस्थिति बढ़ाने के लिए कुछ किया जा रहा है इसका कोई सुबूत नहीं है। आधुनिक भारतीय साहित्य के विदेशी भाषाओं में अनुवाद, प्रकाशन और प्रोत्साहन के लिए एक अलग साधनसम्पन्न संस्था बनाने की एक योजना बरसों से लम्बित है।

स्वयं भारत में वस्तुस्थिति यह है कि बावजूद सांस्कृतिक एकात्मता और बहुलता-विरोधी राजनीति में भरोसा रखने वाले एक संगठन के छह बरस सत्तारूढ़ रहने के बावजूद उसके पाले में कोई महत्त्वपूर्ण लेखक या कलाकार नहीं गये। उनके साथ जो पहले से ही थे वे ही कमोबेश बने रहे। लेकिन इस विशाल सृजन-समुदाय के लिए इस सरकार ने अब तक कुछ नहीं किया है। भारतीय भाषाओं के ज्ञानोत्पादन, सूचना-प्रौद्योगिकी, राजकाज, शिक्षा, क़ानून आदि में विकास के लिए एक स्थायी राष्ट्रीय आयोग, लेखकों-कलाकारों की मदद के लिए राष्ट्रीय कलाकार कल्याण निधि, भारतीय भाषाओं में परस्पर अनुवाद के लिए स्वतन्त्र संस्थान, शास्त्रीय कलाओं में प्रशिक्षण और गुरु-शिष्य परम्परा आदि के लिए विशेष विकेन्द्रित प्रयत्न आदि अनेक सुझाव अविचारित पड़े हैं। सरकार के पास आर्थिक दर बढ़ाने के और उसे लगातार बढ़ती देख मुदित होने के अलावा जैसे और कोई काम नहीं है : जीवन की गुणवत्ता बढ़ाने के लिए भी उसे कुछ करना चाहिए इसका कोई अहसास उसमें फ़िलवक़्त नहीं है जबकि प्रधानमन्त्री एक बुद्धिजीवी हैं और सोनिया गाँधी स्वयं बरसों इन्दिरा गाँधी राष्ट्रीय कला केन्द्र की अध्यक्षा रही हैं। इस सरकार के पहले संस्कृति मन्त्री अपने सांस्कृतिक अज्ञान और संस्कृति में अपनी अरुचि का सार्वजनिक इज़हार करते रहे। नयी संस्कृति मन्त्री इस मामले में अधिक जानकार या संवेदनशील हैं इसका कम से कम देश के सृजन-समुदाय को पता चलना बाक़ी है।

कुछ नयी पहल

मुम्बई के एक परोपकारी ट्रस्ट ने सलाह के लिए बुलाया : वह कलाओं-संस्कृति के क्षेत्र में हिन्दी अंचल में कुछ करने का उत्सुक है।

वस्तुपरक आकलन के तौर पर यह बताना जरूरी हो गया कि कुल मिलाकर हिन्दी राज्यों की सरकारों ने संस्कृति के क्षेत्र में कुछ समझदार सक्रियता नहीं दिखाई है। पहले कुछ राज्य सरकारों ने, जैसे राजस्थान, मध्यप्रदेश और उत्तर प्रदेश ने, जो थोड़ी-बहुत पहल की थी, वह समाप्त हो चुकी है। उनके द्वारा स्थापित और पोषित प्रायः सभी संस्थाएँ अप्रासंगिकता के छोर पर पहुँच चुकी हैं। ये वही सरकारें हैं जो केन्द्र द्वारा सामाजिक क्षेत्र के लिए दी जाने वाली राशि को या तो खर्च नहीं कर पाती हैं या उसका दुरुपयोग करती रही हैं। जब शिक्षा, समाज कल्याण, पर्यावरण आदि के क्षेत्रों के साथ इन सरकारों का यह सुलूक है तो उनसे संस्कृति के क्षेत्र में कुछ बेहतर करने की आशा करने का कोई आधार ही नहीं है। हिन्दी अंचल में संस्कृति के संस्थानात्मक ढाँचे विकसित करने के मामले में ग़ैर-सरकारी पहल शुरू से ही बहुत क्षीण रही है। यह आकस्मिक नहीं है कि पहले जो कुछ संस्थाएँ जैसे हिन्दी संस्थान, बिहार राष्ट्रभाषा परिषद, भारत भवन आदि सक्रिय और प्रासंगिक थे, अब ध्वस्तप्राय हैं। उन्हें उदासीनता, जातिवादी या साम्प्रदायिक हस्तक्षेप या वैचारिक संकीर्णता ने नष्ट कर दिया है। विखण्डित राजनीति, अक्षम और असंवेदनशील प्रशासन, पिछड़े अर्थतन्त्र और अपराध-हिंसा के परिवेश ने मिलकर इस समूचे क्षेत्र को सांस्कृतिक दृष्टि से विपन्न कर रखा है और इसका कोई खेद या पछतावा नहीं है।

सुझाव यह दिया गया कि बजाय इन संस्थाओं को राज्य सरकार की मदद से पुनर्जीवित करने की कोशिश करने के या तो ग़ैर-सरकारी संस्थाओं के द्वारा या उनके अलावा नयी संस्थाएँ बनाकर कुछ किया जाये। उदाहरण के लिए जयपुर, ग्वालियर, आगरा आदि में वहाँ जन्मे शास्त्रीय संगीत और नृत्य के घरानों का पुनर्वास करने की कोई महत्त्वाकांक्षी योजना बनायी जाये। हिन्दी में विज्ञान, विचार, ज्ञान, पर्यावरण, दर्शन, कलाओं आदि को लेकर चल रही पत्रिकाओं को मदद दी जाये या नयी निकाली जायें। हिन्दी पुस्तकों की सब जगह सुलभता सुनिश्चित करने के लिए हिन्दी प्रकाशकों का एक समूह बनाकर मार्केटिंग के क्षेत्र में कुछ कारगर किया जाये और हिन्दी पुस्तक-दुकानों की एक शृंखला स्थापित करने की ओर बढ़ा जाये। अवाँ गार्द, दुस्साहसी साहित्य के प्रकाशन के लिए एक स्वतन्त्र प्रकाशनगृह स्थापित किया जाये। लेखकों के सहकारी प्रकाशन स्थापित-सक्रिय करने के लिए कुछ किया जाये। समूचे हिन्दी अंचल में कम से कम दो सौ बुक-क्लबों की एक शृंखला बनाकर उनके माध्यम से पुस्तक पढ़ने की वृत्ति को बढ़ावा दिया जाये। महाराष्ट्र की 'ग्रंथाली' की तरह पुस्तकों और लेखकों की एक यात्रा हर वर्ष निकाली जाये।

यह कहना कठिन है कि ऊपर दिये गये सुझावों को किस हद तक अमल

में लाया जा सकेगा। लेकिन यह स्पष्ट है कि इस तरह की पहल के लिए प्रयत्न कर वित्तीय साधन जुटाये जा सकते हैं। सांस्कृतिक अभिलेखन के क्षेत्र में भी बहुत कुछ करना बाकी है और उसे करने के लिए साधन जुट सकते हैं।

नरसंहार : दो तस्वीरें

एक अंग्रेज़ी साप्ताहिक 'तहलका' ने गुजरात के नरसंहार के कुछ मुख्य स्थपतियों के श्रीमुखों से रिकॉर्ड पर वक्तव्य लेकर जो साक्ष्य पेश किया है, उससे एक बार फिर साबित हो गया है कि गुजरात का नरसंहार सुनियोजित कार्रवाई थी, उसे रोकने-थामने के बजाय राज्य ने उसे सक्रियता के साथ बढ़ाया, प्रोत्साहित किया और संरक्षण दिया। राजनेताओं के अलावा विश्व हिन्दू परिषद, बजरंग दल, राष्ट्रीय स्वयंसेवक संघ और भारतीय जनता पार्टी की इस सब में सोची-समझी शिरकत और भूमिका थी। पश्चात्ताप तो दूर, इस नरसंहार के लिए जिम्मेदार लोग वीरगाथा की तरह उसका बयान करते हैं। प्रशासन तन्त्र, पुलिस, सेना आदि सब या तो इस संहार में शामिल थे या उसके मूक दर्शक। धर्मनिरपेक्षता को अपनी विजय का मुख्य आधार बताने वाली वर्तमान केन्द्र सरकार इस नरसंहार को लेकर आज तक कुछ भी नहीं कर पायी और नये साक्ष्य के बरक्स उसकी चुप्पी इस बात की पुष्टि है कि वह झंझट में नहीं पड़ना चाहती, जबकि गुजरात में चुनाव-प्रक्रिया शुरू हो चुकी है। उस नरसंहार के बाद स्वतन्त्र भारत के इतिहास में सबसे बड़ा आतंकवादी और हत्यारा राजनेता फिर से चुन गया तो वह फिर निष्कंटक राज करेगा जैसा कि पिछले पाँच बरसों से करता आया है। तर्क यह बन रहा है कि अगर जनता हत्यारे को चुनती है तो उसका जनादेश सिर माथे पर रखना होगा, भले ही उस हत्यारे पर कितनों का खून क्यों न लगा हो। हिटलर भी, हम न भूलें, चुनकर ही हत्यारा तानाशाह बना था। नरसंहार अपने आप में स्वतन्त्र भारत के इतिहास में सम्भवतः सबसे काली शर्मनाक घटना रही है : उसके बारे में केन्द्र सरकार की उदासीनता और निष्क्रियता कम कलंक नहीं है। सत्ता की राजनीति इस कदर ओछी, स्वार्थी और मूल्यविहीन हो चुकी है कि अपने चुनावी हितों के लिए वह सब कुछ की बलि दे सकती है। दे रही है। आकलन शायद यह है कि अगर केन्द्र सरकार ने मुनासिब सख्ती दिखायी होती और मोदी सरकार की नींद हराम करने का उपक्रम किया होता, जिसके उसके पास पर्याप्त संवैधानिक अधिकार और प्रावधान हैं, तो बहुसंख्यक हिन्दू समाज नाराज हो सकता है। अव्वल तो यह हिन्दू समाज की परम्परा, इतिहास और

आत्मबोध का अपमान है कि उसे हत्यारी राजनीति का पोषक समाज ठहराया जाये। आखिर भारत में जो धर्मनिरपेक्षता है उसका मूलाधार हिन्दू समाज की अपनी बहुलता और सहिष्णुता से बल पाता रहा है। पर अगर इससे हिन्दू समाज नाराज होता है, उसे नाराज करने से गुरेज नहीं करना चाहिए। किसी समाज को, भले वह बहुसंख्यक क्यों न हो, भारतीय संविधान के अन्तर्गत उसके मूल्यों को नष्ट करने वाला समाज होने की इजाजत नहीं दी जा सकती। नरसंहार के फौरन बाद कांग्रेस ने वैकल्पिक राहत-शिविर की व्यवस्था न कर अपनी जिम्मेदारी से अपसरण किया और गुजरात चुनाव में हार देखी। इस बार फिर चुप रहकर वह हत्यारों को दिनदहाड़े मनमानी करने की एक तरह से छूट दे रही है। कांग्रेस फिर हारेगी—अपने इस शर्मनाक अनकिये के नतीजतन उसे हारना ही चाहिए।

पश्चिम बंगाल के नन्दीग्राम में वैचारिक कट्टरता के कारण एक दूसरा नरसंहार थमने को नहीं आ रहा है। हत्या, अपहरण, सामूहिक बलात्कार, बेघरबारी सब लगभग वैसे ही हैं जैसे गुजरात में हुए थे, भले सौभाग्य से, मारे गये लोगों की संख्या उतनी बड़ी नहीं है, जितनी गुजरात में थी। वहाँ भी राज्य सरकार बेबस है, हाथ पर हाथ धरे देख रही है। गुजरात में पुलिस ने बजरंगियों आदि की मदद की थी, बंगाल में मार्क्सवादी कम्युनिस्ट पार्टी के कार्यकर्ताओं और हुड़दंगियों की वहाँ की पुलिस मदद कर रही है। राज्य का अधःपतन और किसे कहते हैं? लेखकों-कलाकारों-बुद्धिजीवियों के साथ पुलिस बर्बर सुलूक करती है और मुख्यमन्त्री को क्षमा माँगनी पड़ती है। केन्द्र, कहा गया है, स्थिति पर नज़र रखे है। अनदेखी को नज़र कहना भाषिक अतिचार है। गुजरात में सेना तक कुछ नहीं कर पायी थी : बंगाल में केन्द्रीय रिजर्व बल मुश्किल से उस इलाके में दाखिल हो पाया है। मुख्यमन्त्री ने बेशर्मी से माकपा के कार्यकर्ताओं की हथियारबन्द कार्रवाई को उचित बताया है।

यह नोट करने की बात है कि गुजरात के नरसंहार के समय या उसके बाद कांग्रेस का कोई बड़ा नेता वहाँ धरना देने नहीं गया था नन्दीग्राम में, ताजा समाचार मिलने तक, कोई बड़ा नेता केन्द्र से नहीं गया है। यह किस तरह के चमकते भारत में मुब्तला सरकार है, जिसके राज में हजारों किसान आत्महत्या करने पर मजबूर हैं, सार्वजनिक वितरण व्यवस्था में हजारों करोड़ का घोटाला है—बंगाल में इस व्यवस्था का सबसे सुनियोजित भ्रष्टाचार है—मुसलमानों का नरसंहार हुआ और न्यायपालिका के कारण थोड़ा-बहुत न्याय मिल सका है तो केन्द्र के हस्तक्षेप के कारण नहीं, नन्दीग्राम के भयवाह अत्याचारों का सिलसिला बन्द होने को नहीं आता! हर हालत में सत्ता में बने रहने के तर्क के अलावा क्या कोई नैतिक औचित्य उसके पास बचा है! सोनिया गाँधी के प्रधानमन्त्री के

पद का त्याग करने से कांग्रेस ने जो नैतिक ऊँचाई हासिल की थी उसे चार बरस पूरा होने के पहले इतनी नासमझी से इतनी बड़ी पार्टी गँवा देगी, यह अनोखी बात है।

सड़कों पर अमर?

पहले सड़कों के किनारे या फुटपाथों पर ऐसे लोग बैठे होते थे, जिनके पास भविष्य से लेकर गम्भीर और गोपनीय बीमारियों के लिए नुस्खे होते थे। इस समय जो आपाधापी और तेज-तर्रारपन सड़कों पर है, कम से कम दिल्ली में, उनमें इन लोगों के लिए जगह नहीं बची। सो गायब हो गये। शायद गली-कूचों में अब भी बैठते होंगे। मुख्य सड़कों पर तो पैदल चलना अपनी कुसमय मौत को न्योतना है। आप उन पर चल नहीं भाग सकते हैं, वह भी उन्हें पार करने के लिए।

अभी औरंगजेब रोड से इण्डिया इण्टरनेशनल सेण्टर जाने के लिए मुड़ रहा था तो जिस सड़क का नाम साउथ एंड था वह बदलकर राजेश पायलट मार्ग हो गया। यह वह सड़क है जो पृथ्वीराज रोड को औरंगजेब रोड से जोड़ती है उधर मानसिंह रोड के पास एक सड़क का नाम श्रीमन्त माधवराव सिन्धिया मार्ग पहले ही हो चुका है। दोनों राजनेता दिवंगत हैं इसलिए उनके कृतित्व पर टिप्पणी करने में संकोच है। पर यह पूछने का मन होता है कि इन महानुभावों ने ऐसा क्या-कितना किया है कि भारत की राजधानी में उनके नाम सड़कें हों। भारत के महान लेखकों, कलाकारों, बुद्धिजीवियों के नाम कोई सड़कें नहीं हैं, जिनका अवदान इतिहास याद करेगा और कई मायनों में कालजयी है। लेकिन ऐसे सत्ताधारियों की स्मृति सुरक्षित की जा रही है, जिनका योगदान स्वल्प है और अतिरंजित नहीं किया जा सकता। शायद इस डर से वह किया जा रहा है कि इतिहास तो इन्हें याद रखेगा नहीं, हम उनके नाम सड़कें तो कर दें, जहाँ उन्हें सन्दिग्ध किस्म की और सर्वथा अनर्जित अमरता मिल पाएगी, इतिहास में नहीं तो सड़कों पर सही।

हिंसा का उपमहाद्वीप

अगर इस समय संसार में व्याप्त हिंसा का एक नक़्शा बनाया जाये तो

उसमें हमारा उपमहाद्वीप काफ़ी रक्तरंजित चित्रित होगा : यह गर्व की नहीं शर्म की बात है कि इस समय संसार को जो हिस्से किसी न किसी तरह की हिंसा से आक्रान्त हैं उनमें हम शामिल हैं। सिर्फ़ भारत नहीं बल्कि भारतीय उपमाहाद्वीप। हम चूँकि एक बड़े देश हैं इसलिए हमारे यहाँ आनुपातिक रूप से हिंसा भी उतनी ही ज़्यादा है पर पाकिस्तान, अफ़गानिस्तान, श्रीलंका, बांग्लादेश, नेपाल, मयनामार में हिंसा कुछ कम नहीं है। हमारी विडम्बना यह है कि इस हिंसा के बावजूद संसार में एक आध्यात्मिक देश माने जाते हैं जहाँ कई विदेशी शान्ति और मुक्ति के लिए आते हैं : संसार में आधुनिक समय में संसार में अहिंसा के सबसे बड़े, अथक, प्रबल प्रवक्ता और प्रयोक्ता महात्मा गाँधी इसी भारत देश के थे।

दूसरों की छोड़ें और सिर्फ़ अपने यहाँ हिंसा के प्रकारों की गिनती करने बैठें तो दिल दहल जाता है : हम क्या थे और क्या हो गये? धार्मिक हिंसा—एक धर्म की दूसरे धर्म के प्रति ही नहीं स्वयं अपनी बहुलता के प्रति हिंसा, जिहाद, धर्मयुद्ध, साम्प्रदायिक आतंक, धमाके और हत्याएँ, अन्यधर्मियों के साथ बलात्कार। हर धर्म युद्धरत। हिन्दी भाषियों के विरुद्ध असम और महाराष्ट्र में हिंसा। कश्मीर और पूर्वोत्तर राज्यों में राजकीय हिंसा। नक्सली हिंसा छत्तीसगढ़ से लेकर आन्ध्र प्रदेश, झारखण्ड आदि में। दलितों और स्त्रियों पर चलती दैनिक हिंसा। घरेलू हिंसा, बुजुर्गों के विरुद्ध हिंसा। जो जितना हिंसक वह उतना ही बलशाली। नैतिक बल कहीं बचा नहीं दीख पड़ता। बाज़ार का आतंक और हिंसा। नन्दीग्राम और सिंगरूर में खुलेआम हिंसा। गुजरात में नरसंहार के बावजूद लोकतान्त्रिक पद्धति द्वारा एक तरह से हिंसा का व्यापक समर्थन। जैसे-जैसे चुनाव पास आ रहे हैं यह हिंसा बढ़ रही है बल्कि राजनीतिक शक्तियाँ इसे जानबूझकर बढ़ा रही हैं। ऐसी हिंसा जो गहरे और कभी भरे न जा सकनेवाले सामाजिक विभाजन पैदा कर और पोस रही है। मनोरंजन, ख़बर, फ़ैशन आदि में बढ़ती हिंसा— वैचारिकता और विचारहीनता से उपजी हिंसा। चिकने-चुपड़ों द्वारा वंचित लोगों की उपेक्षा की हिंसा। इस हिंसा को रोकने-थामने के लिए कहीं कोई मतैक्य बनता नज़र नहीं आता : कोई इस बारे में पहल करने को तैयार नहीं दीखता। लगता यह है कि हामरी राजनीति, धर्म, सामाजिक आचरण, वैचारिकी, अर्थतन्त्र, बाज़ार आदि सबका मूल अब हिंसा है। हम एक भयभीत देश और समाज होते जा रहे हैं : हमारी एक और विडम्बना यह है कि हमारी परम्परा में 'अभय' की कल्पना की गयी थी। शायद आख़िरी निर्भय भारतीय, अपने में अभय को अंगीभूत किये व्यक्ति महात्मा गाँधी थे, उनकी हिंसक हत्या के बाद जैसे यह देश निरन्तर हिंसा के रास्ते ही चलता आया है।

यह सवाल पूछने का मन तो करता है कि क्या ऐसे हिंसक समाज और देश में हमारे साहित्य और कलाएँ किसी वैकल्पिक अहिंसक दृष्टियों का दबाव बना पाये हैं लेकिन इसलिए पूछने से कतराना चाहता हूँ कि उत्तर शायद अधिकतर 'नहीं' ही होगा।

संयुक्त राष्ट्र में हिन्दी

एक सम्पादक-बन्धु बता रहे थे कि हाल ही में उन्होंने कहीं यह टिप्पणी की कि हिन्दी के संयुक्त राष्ट्र में एक भाषा के रूप में मान्यता की बात ऐसी है कि 'रहने को घर नहीं है, सारा जहाँ हमारा'। हिन्दी में एक बड़ी सामाजिक कुण्ठा...जो कि दरअसल एक व्यर्थ की महत्त्वाकांक्षा से उपजी है...यह है कि उसे संयुक्त राष्ट्र की भाषा के रूप में मान्यता मिलना चाहिए। आख़िर वह संसार की बड़ी भाषाओं में से एक है। इस आकांक्षा में दो दिक्कतें हैं : एक तो यह कि हिन्दी अन्तरराष्ट्रीय भाषा नहीं है भारत की भी नहीं जैसे कि अंग्रेजी, स्पेनिश, फ्रेंच, अरबी आदि हैं...यानी वे दुनिया के बहुत से देशों में बोली-बरती जाती है। फ़ीज़ी, सूरिनाम, मारीशस आदि देशों में भले हिन्दी कुछ है, वे अपना कामकाज हिन्दी में न करते हैं, न अन्तरराष्ट्रीय स्तर पर करने जा रहे हैं। भारत ही कौन सा करता है। दूसरी यह कि हालाँकि इस व्यवस्था पर करोड़ों रूपये ख़र्च होंगे, उसका फल कुछ नहीं निकलने वाला। भारत को हिन्दी में तुरन्त अनुवाद करने वाले कुछ लोगो को रखना पड़ेगा। विडम्बना यह होगी कि उनके अनुवाद का उपयोग करने वाले या उन्हें सुनने वाले भारतीय ही नहीं होंगे, दूसरों का क्या ज़िक्र। आख़िर हमारा रत्ती भर भी राजनय हिन्दी के माध्यम से नहीं होता। इस पूर्वग्रह में हिन्दी को छुटकारा पाना चाहिए कि संयुक्त राष्ट्र में मान्यता से उसकी प्रतिष्ठा या उपयोग में कोई भी रत्ती भर बढ़ेगा। वैसे भी जो सरकारें, चाहे वे किसी भी दल या गठबन्धन की हो, हिन्दी को स्वदेश में प्रतिष्ठा और राजकाज में उपयोग की अबाध सुविधा नहीं दिला पायी; उनसे यह उम्मीद करना कि वे हिन्दी को अन्तरराष्ट्रीय प्रतिष्ठा दिला पायेगी निरी ख़ाम ख़याली है। ऐसी प्रतिष्ठा कोई सरकार नहीं दिलाना चाहती, न दिला सकती है। हिन्दी तो अपनी ऊर्जा, बाज़ार, मीडिया, जनंसख्या के कारण बढ़ रही है और ऐसे ही बढ़ेगी।

हालाँकि उनमें से ज़्यादातर रद्दी की टोकरी के हवाले को हो जाते है, कुछ वैकल्पिक सुझाव देने से बाज़ आना मुश्किल है। संयुक्त राष्ट्र में

हिन्दी को लाने पर जो करोड़ों रूपये खर्च होने वाले हैं उन्हें वहाँ से बचाकर एक विश्व हिन्दी कोष में लगा देना चाहिए जिसका मुख्य उद्देश्य विदेशों में हिन्दी अध्यापन और शोध में आनेवाली साधनों की कमी को दूर करना और विदेशी विद्वानों और संस्थाओं की वित्तीय और अन्य क़िस्म की मदद करना हो। विश्व हिन्दी सम्मेलन के बजाय भारत में ही एक वार्षिक सम्मेलन 'भारत अन्वेषण : इण्डिया एक्सप्लोर्ड' शीर्षक से किया जाये जिसमें भारत के विभिन्न पक्षों पर शोध और चिन्तन करने वाले विद्वानों को आमन्त्रित किया जाये : बारी-बारी से ऐसे सम्मेलन की थीम हो...पुरातत्व, दर्शन, पारंपरिक ज्ञान, अनुवाद, आधुनिक साहित्य, मध्यकाल, वेद, सूफ़ी मत और साहित्य, भारतीय विज्ञान, इतिहास आदि। सभी भारतीय भाषाओं के साहित्य के विदेशी अनुवाद के प्रोत्साहन प्रकाशन आदि में मदद के लिए एक अलग संस्थान बनाया जाये। संसार भर के भारतविद् व्यक्तियों और संस्थाओं की वार्षिक डायरेक्टरी भारत से प्रकाशित हो। भारतीय भाषाओं, संस्कृति, दर्शन, धर्म, परम्परा, इतिहास आदि के अध्ययन में मदद के लिए संसार की चुनी हुई संस्थाओं को भारत से हर वर्ष पत्र-पत्रिकाओं, पुस्तकों और अन्य सामग्री को नियमित उपहार देने की व्यवस्था की जाये। हर वर्ष भारत संसार भर से चुने विदेशी भाषाओं में हिन्दी या अन्य भारतीय भाषाओं की साहित्यिक कृतियों के अनुवाद, दर्शन-धर्म चिन्तन आदि के ग्रन्थों के अनुवाद, अनुसन्धान और सम्पादन आदि के लिए उपयुक्त व्यक्तियों का सम्मान करे। न्यूयार्क में हो रहे सम्मेलन की राशि बचाकर उसे संसार के प्रसिद्ध विश्वविद्यालयों में, जहाँ हिन्दी अध्ययन के लिए साधन लगातार घट रहे हैं, हिन्दी चेयर्स स्थापित करने के लिए खर्च किया जा सकता है। सोचिए ऑक्सफ़र्ड, बर्लिन या हाइडेलबर्ग, क्राकोव, शिकागो, हार्बर्ड, तोक्यो, बीजिंग आदि में हिन्दी के मूर्धन्यों कबीर, तुलसीदास, मीरा, निराला, प्रसाद, प्रेमचन्द, रामचन्द्र शुक्ल, महादेवी, अज्ञेय, जैनेन्द्र आदि के नाम पर चेयर्स हों। हिन्दी की प्रतिष्ठा इससे अधिक फैल सकती है।

लेकिन जो लोग जा रहे हैं उनकी तैयारी या यात्रा में कोई विघ्न डालने का इरादा नहीं है : वे मुदित मन जायें और सकशुल हिन्दी की ध्वजा फहराकर लौटें : शुभास्तु ते पन्थानः।

भूलने के विरुद्ध

सार्वजनिक स्मृति कहावत है कि बड़ी छोटी होती है। फिर हमारा समय ऐसा है जिसमें हर दिन हमें एक अनन्त वर्तमान में रहने के लिए लुभाया

जा रहा है तो याद करने, पीछे मुड़कर देखने की फ़ुरसत और ज़रूरत किसे है। इसलिए इसमें कोई खास अचरच नहीं होना चाहिए अगर लोग आधुनिक भारत के निर्माताओं में से प्रमुख जवाहरलाल नेहरू की या उनके योगदान को भूल गये हैं। लेकिन लोक विस्मृति से इतिहास मिटता या ग़ायब नहीं हो जाता।

शायद यह सच नहीं है कि नेहरू को बिल्कुल भुला दिया गया है। इन दिनों उन्हें उनकी कथित मूल-गलतियों के लिए बराबर याद किया जाता है। बार-बार यह कहा जाता है कि कश्मीर का मामला उनकी वजह से उलझ गया, सार्वजनिक उपक्रम स्थापित कर उन्होंने अर्थतन्त्र को बाधित किया, लाइसेन्स-परमिट राज उनके ज़माने में शुरू हुआ।

यह तर्क तो दिया जा सकता है कि नेहरू ने भारतीय आधुनिकता का जो रूपायन किया उसकी बजाय अगर गाँधी के क़िस्म की आधुनिकता विकसित हुई होती तो भारतीय समाज के लिए बेहतर होती। लेकिन ऐतिहासिक सचाई तो यह है कि नेहरू ने ही कई तरह से नया भारत बनाया। उनकी वजह से ही भारत एक धर्मनिरपेक्ष लोकतन्त्र के रूप में स्थापित हुआ और आज तक बना हुआ है : उनके जबरदस्त प्रतिरोध के कारण ही भारत हिन्दू पाकिस्तान बनने से बच गया। बँटवारे के बाद बचा भारत विंस्टन चर्चिल आदि की दशाओं के अनुरूप बिखर सकता था : उन नाज़ुक बरसों में भारत को एक बनाकर रखने की नेहरू की सफलता ऐतिहासिक है। अगर आज हम स्वतन्त्र, सशक्त और कुल मिलाकर धर्मनिरपेक्ष आधुनिक हैं तो इसका बड़ा श्रेय नेहरू के विवेकवान् साहसी नेतृत्व को जाता है।

आज जो आर्थिक उदारीकरण भारत को कई क्षेत्रों में चमका रहा है, भले साथ-साथ कई क्षेत्रों के गहराते अँधेरों को हमसे ओझल भी कर रहा है, उसका मूलाधार वह सार्वजनिक क्षेत्र है जिसने आज़ादी के बाद के भारत की अर्थव्यवस्था को कई मायनों में मजबूती, स्थिरता और आत्मनिर्भरता प्रदान की। आज हम उदार हो सकते हैं क्योंकि हमारी नींव मजबूत है। इसे नाशुकरे या दुष्टबुद्धि ही भुला सकते है कि इस नींव के लिए बहुत हद तक नेहरू ज़िम्मेदार हैं।

शिक्षा, विज्ञान, संस्कृति आदि के क्षेत्र में नेहरू के कार्यकाल में स्थापित संस्थाएँ ही आज दुनिया में सुप्रतिष्ठित हैं, फिर वे आईआईटी जैसे तकनीकी संस्थान हों, प्रबन्ध संस्थान हों। संस्कृति के क्षेत्र में भी सार्वजनिक रूप से जो अकादेमियाँ, संग्रहालय आदि उस समय स्थापित हुआ और उनकी स्वायत्तता का सम्मान करने की प्रथा पड़ी वह आज तक कायम है। बल्कि नेहरू के बाद उनमें बहुत कम जोड़ा जा सकता है। अगर आणविक शक्ति का उपयोग ग़ैरसैन्य लक्ष्यों के लिए करने की नेहरू ने शुरुआत

न की होती तो आज हम एक आणविक शक्ति नहीं हो सकते थे।

नेहरू जैसा करिश्माई राजनेता दूसरा उनके बाद नहीं हुआ। वे उनमें से थे जिन्होंने जनता से लगातार तादात्म्य बनाये रखने का पाठ महात्मा गाँधी से सीखा था। यह नेहरू ही थे जिनकी वजह से एक ग़रीब, अनपढ़ और अविकसित नवस्वतन्त्र देश विश्व की राजनीति में एक सक्रिय केन्द्र के रूप में उभर सका था। नेहरू ने ग़लतियाँ की होंगी पर उनमें जैसी ईमानदारी, भारत के लिए उदग्र-व्यग्र दृष्टि, पारदर्शिता और हिम्मत थी वैसी उनके बाद फिर देखने में नहीं आयी। नेहरू बुद्धिजीवी थे लेकिन जननेता भी, ज़िद्दी लेकिन अचूक लोकतान्त्रिक भी, अपनी शिक्षा-दीक्षा में पश्चिमी लेकिन निपट गहरे भारतीय भी। नेहरू को इस बात का सजग बोध था कि एक नया हिन्दुस्तान बनाने की उनकी ज़िम्मेदारी है और उस ज़िम्मेदारी को उन्होंने कठिन चुनौतियों और ख़तरों के बरक्स बख़ूबी निभाया। लोकतन्त्र और आधुनिकता में उन्होंने एक अलग भारतीय विकल्प खोजने की बेहद खरी कोशिश की। उनके ज़माने का भारत पश्चिम से इतना आक्रान्त, उसका इतना नकलची न था जितना आज का भारत, दुर्भाग्य से, है। लाख बाधाओं और विपथगामी बनाने की कुचेष्टाओं के बावजूद भारत की आज भी दिशा वही है जो मोटे तौर से नेहरू ने तय की थी। अपने इस उजले साहसी उन्नायक और दिशानिर्देशक को भुलाना सम्भव भले हो, नैतिक या ज़िम्मेदार कर्म नहीं हो सकता, न ही क्षम्य है।

संभावित का विरोध

नागरिकों के नाते हमें सीधे यह तय करने का अधिकार भारतीय संविधान के अनुसार नहीं है कि हमारा अगला राष्ट्रपति कौन हो: यह तय करेंगे संसद और विधानसभाओं में हमारे निर्वाचित प्रतिनिधि। आपसी बातचीत, गठजोड़ आदि का माहौल इस दिनों गरमाया हुआ है। एक कोशिश है कि चुनाव सर्वसम्मति से हो जाये जिसके सफल हो पाने की उम्मीद कम नज़र आती है। दूसरी कोशिश है कि क़ायदे के उम्मीदवार मैदान में उतारे जायें। कई नाम हवा में उछल रहे हैं और अगर ज़्यादातर अख़बारी विश्लेषणों और ख़बरों पर भरोसा किया जाये तो इस समय गृहमन्त्री श्री शिवराज पाटिल यूपीए के उम्मीदवार होने की दौड़ में सबसे आगे चल रहे हैं।

यह वही सज्जन हैं जिनके बारे में कुछ महीनों पहले यह कहा जा रहा

था कि उनका गृह मन्त्रालय का नेतृत्व इस कदर कमज़ोर, ढुलमुल और प्रभावहीन है कि उन्हें मन्त्रिमण्डल से हटाया जा सकता है, अक्षमता के कारण। अब कहा जा रहा है कि उन्हें राष्ट्रपति पद के लिए उम्मीदवार इसलिए बनाया जा रहा है कि वे वफ़ादार हैं। इस वफ़ादारी में स्वतन्त्रता समता-न्याय और धर्मनिरपेक्षता के प्रति वफ़ादारी विचारणीय तत्त्व नहीं हैं। श्री पाटिल सुदर्शन और सुवेशित हैं: वे कम से कम राष्ट्रपति के रूप में एक चमकता हुआ चेहरा होंगे, नूरानी न सही। जैसी चिकनी-चुपड़ी मानसिकता इस देश में बनायी जा रही है उसके वे सर्वथा अनुरूप होंगे। वे हिन्दुत्व की हिंसक शक्तियों के प्रति नरम भाव रखते हैं यह बात भी उनके विरुद्ध जाती नज़र नहीं आती।

हमारी आपत्ति तो उन्होंने बीसवीं शताब्दी के एक महान् भारतीय, चित्रकार मक़बूल फ़िदा हुसेन के मामले में जो रूख़ अपनाया उसके कारण हैं। यह वही व्यक्ति हैं जिन्होंने हुसेन के विरुद्ध तो अपने मन्त्रालय से महाराष्ट्र सरकार को एडवाइज़री जारी की और फिर उसका बचाव किया। यह वही गृहमन्त्री हैं जिन्होंने हुसेन के विरुद्ध उनका सिर कलम करने पर इनाम, उनकी आँखें फोड़ने और उनके हाथ काटने की सार्वजनिक धमकियों पर इसी तरह की एडवाइज़री जारी नहीं की बल्कि यह अपेक्षा की कि 92 बरस का बूढ़ा महान् देश में जगह-जगह थानों में इन मामलों में प्राथमिकी दर्ज़ कराये। यह वही सज्जन हैं जो फ़ोन पर अपनी ओर से हुसेन से बात कर उन्हें आश्वस्त करने के बजाय चाहते हैं कि गरज हो तो हुसेन उनसे बात करें। भारत की श्रेष्ठ कला-उपलब्धि के प्रति इस क़दर उवारीन और एक ऐसे गुदे पर, जिसे लेकिर समूचे भारत का साहित्य-कला जगत् बेचैन है, इतने अविचलित व्यक्ति हमारे राष्ट्रपति होंगे यह सोचकर दहशत होती है। ज़ाहिर है कि हम श्री पाटिल को इस पद पर जाने से रोक नहीं सकते। पर इतना प्रण तो कर सकते हैं कि हम संस्कृति के क्षेत्र में राष्ट्रपति के रूप में उनके किसी भी कार्यक्रम, व्याख्यान या अलंकरण का बहिष्कार करेंगे। साहित्य और कलाएँ वैसे भी हमेशा सत्याग्रह होती हैं। फिर यह तो सत्याग्रह की शताब्दी का अवसर है।

रामगढ़ में 'दीपशिखा'

पता नहीं कहाँ और मनायी गयी, उत्तराखण्ड में रामगढ़ में जहाँ 70 बरस पहले छायावाद के चार मूर्धन्यों में से एक महादेवी वर्मा ने 'मीरा कुटीर' स्थापित किया था इस 26 मार्च 2007 को उनकी जन्म शताब्दी पर

'दीपशिखा' नाम से चलने वाले आयोजनों की शृंखला की शुरुआत हुई। इसी दिन सौ बरस पहले महादेवी का जन्म हुआ था। अब वहाँ कुमाऊँ विश्वविद्यालय के अन्तर्गत महादेवी वर्मा सृजनपीठ स्थापित किया गया है, परिसर का विकास हुआ है, शैलेश मटियानी के नाम से पुस्तकालय का एक नया भवन बन गया है और उत्तराखण्ड शासन ने एक स्थायी निधि की व्यवस्था की है। निदेशक साहित्यकार और अध्यापक बटरोही हैं जो बरसों से इस स्थान के पुनरुद्धार में लगे रहे हैं। इसे महात्मा गांधी अन्तरराष्ट्रीय विश्वविद्यालय ने अपने एक केन्द्र के रूप में मान्य किया था और वहाँ कई व्याख्यान और कार्यशालाएँ आयोजित की थीं। बाद में इस विश्वविद्यालय ने मान्यता समाप्त कर दी।

इस बार हम कुछ लेखक जुड़े—पंकज बिष्ट, लीलाधर जगूड़ी, सुन्दरचंद ठाकुर, कविता पाण्डेय, किरण अग्रवाल आदि। कई जैसे केदारनाथ सिंह, निर्मला जैन आदि नहीं आ सके। जब हम लोग परिसर की ओर गेस्ट हाउस से जा रहे थे तो दूर हिमालय के नन्दा देवी और त्रिशूल जैसे शिखर दिखायी दे रहे थे हिम-श्वेत, उत्तुंग। जब हम दोपहर के भोजन के लिए वापस आये तो बादल आ गये थे और हिमशिखर उनके पीछे ओझल हो चुके थे। आरम्भिक सत्र में वाणी प्रकाशन द्वारा डॉ. निर्मला जैन द्वारा सम्पादित महादेवी रचनावली के चौथे खण्ड, 'दीपशिखा' केन्द्र नये बड़े सचित्र संस्करण और उसी के एक लघु संस्करण का लोकार्पण हुआ। अगले सत्र में हम लेखकों ने महादेवी की अपनी पसन्द से कुछ कविताओं और गद्यांशों का पाठ किया जो कि कई ढंग से अनूठा था। आज के लेखकों की पसन्द के अलावा हमारे समय में महादेवी की प्रासंगिकता इस चयन और व्याख्याओं से प्रकट हुई।

महादेवी छायावादियों में सामाजिक रूप से सबसे सक्रिय कवयित्री थी। वही एकमात्र संस्था-निर्माता भी थीं। उनकी कविता और गद्य में जैसे एक तरह का स्पष्ट विभाजन है। कविता उनके अन्तर्जगत् पर एकाग्र है जबकि उनका गद्य उनके बाह्य जगत् और सामाजिक सरोकारों पर। ऐसा स्पष्ट विभाजन शायद ही किसी और लेखक में ज़ाहिर होता हो। स्वतन्त्रता-संग्राम की राजनीति में सक्रिय होने के साथ-साथ महादेवी ने स्त्री-शिक्षा के क्षेत्र में लगातार बड़ा काम किया और हिन्दी में बीसवीं शताब्दी में स्त्री-विमर्श की वे अग्रदूत थीं। सिवा इसके कि वे स्त्रीवाद के किसी ध्रुवान्त पर न गयीं, न उन्होंने ऐसा करने की सलाह दी। उनमें, दूसरी ओर, भारतीय सभ्यता के उज्ज्वल उत्तराधिकार का गहारा बोध भी था...इस मामले में उनकी तुलना बौद्धिक स्तर पर जयशंकर प्रसाद से ही किसी हद तक की जा सकती है।

हिन्दी में रहस्यवाद को लेकर पिछले लगभग पचास बरस से जो पूर्वग्रह

व्याप्त है और जिसके एक बड़े स्रोत आचार्य रामचन्द शुक्ल रहे हैं उनका बहुत प्रभावशाली प्रत्याख्यान महादेवी ने एक पूरा निबन्ध लिखकर किया था। आचार्य शुक्ल के तर्क तो हिन्दी जगत् को याद हैं, महादेवी के प्रति तर्क वह भूल गया है। महादेवी ने कहा था, हिन्दी काव्य में रहस्यवाद वहाँ से आरम्भ होता है, जहाँ दोनों ओर के तत्त्वदर्शी एक असीम आकाश के नीचे नहीं, एक सीमित धरती पर भी साथ खड़े हो सकें। अतः दोनों ओर की विशेषताएँ मिलकर गंगा-यमुना के संगम से बनी त्रिवेणी के समान एक तीसरी काव्यधारा को जन्म देती हैं। इस काव्य धारा के पीछे ज्ञान के हिमालय की शत-शत तुषार-धवल उन्नयन चोटियाँ हैं और आगे भाव की हरी-भरी पुष्पदुकूलिनी असीम धरती। इसी से इसे निरन्तर गतिमय नवीनता मिलती रह सकी...भारतीय रहस्यचिन्तन में एक विशेषता और है। उसके समर्थक हर बार क्रांति के स्वर में बोलते रहे हैं। रूढ़िग्रस्त धर्म, एकरस कर्मकाण्ड और बद्धमूल अन्धविश्वास के प्रति वे कितने निर्मम, जीवन के कल्याण के प्रति कितने कोमल हैं और विचारों में कितने मौलिक हैं, इसे उपनिषद् काल की विचारधाराएँ प्रमाणित कर सकेंगी। जीवन से उनका ऐसा समझौता सम्भव ही नहीं, जो सत्य पर आश्रित न हो।"

स्वयं साहित्य के बारे में महादेवी का आकलन वस्तुनिष्ठ था। उन्होंने लिखा था; "आज के विज्ञान-समृद्ध और राजनीति-अनुशासित युग में भी यदि किसी देश से कहा जाये कि उसे साहित्य के बिना जीना चाहिए तो वह विस्मित भी होगा और रुष्ट भी। उसे यह सुझाव जीवन के निषेध जैसा भी लग सकता है और बर्बरता के लांछन जैसा भी। परन्तु यदि संसार के सब महान् साहित्यकार समवेत स्वर में घोषणा करें कि वे साहित्य-सृजन नहीं करेंगे, तो न कोई उनका विश्वास करेगा और न उन्हें इस निश्चय से विरत करने का प्रयत्न करेगा। इसके विपरीत यदि किसी अन्य क्षेत्र के व्यक्ति, चाहे वे वैज्ञानिक हों चाहे श्रमिक, यदि अपने कार्य से विरत होने की घोषणा करें, तो उन्हें रोकने के लिए दण्ड और पुरस्कार दोनों के विविध उपाय किये जायेंगे।''

"इस प्रत्यक्षतः उपेक्षित स्थिति के मूल में साहित्य के प्रति कोई अटूट आस्था नहीं है, यह मान लेना उचित न होगा।''

"हम रात भर सूर्य से लौटने के लिए प्रार्थना नहीं करते। हम ग्रीष्म की दोपहरियों में समुद्रतट पर बैठकर उसे बादल भेजने के लिए निहोरा नहीं करते। हम साँस के लिए पवन के पास दूत नहीं भेजते, पर क्या इससे यह प्रमाणित नहीं होता कि हमें उनकी निरन्तर उपलब्धि में अखण्ड विश्वास है। साहित्य का प्रश्न बहुत कुछ ऐसा ही है। साहित्य की स्थिति में आस्था रखने के कारण ही हम उसके स्रष्टा के अस्तित्व के विषय में आश्वस्त रहते हैं...पर इस आस्था ने साहित्यकार के जीवन के सभी

प्रश्नों को दोहरे समाधानों से बाँध दिया है। उसकी महानता और लघुता की कसौटी समाधानों के चुनाव में है। वह व्यक्ति भी है और संस्था भी। व्यक्ति किसी निर्माण को समग्रता में न देखते हुए भी श्रम कर सकता है, परन्तु संस्था को तो समग्रता में ही निर्माण करना होता है।"

नीति, राजनीति और साहित्य

याद आता है जब हम लोग तरुण थे तो लेखकों का विचारक होना हमें रत्ती भर नहीं सुहाता था। हमारा खयाल तब था कि जो लेखक कुछ सर्जनात्मक लिखने में किसी कारण असमर्थ हो जाते हैं वे चिन्तन और दर्शन बघारने लगते हैं। अब जब हममे से कई उमरदराज हैं तो चिन्तन के प्रति हमारी असहिष्णुता कम हुई है, हालाँकि हममें से अधिकांश अभी भी यह मानते हैं कि सर्जनात्मक साहित्य ही लेखक का सबसे प्रामाणिक साक्ष्य है और उसी से उसके चिन्तन या नैतिक दृष्टि का सही पता चलता है। हाल ही में जैनेन्द्र कुमार जन्मशती के सिलसिले में आयोजित परिसंवाद में जब विचार के लिए एक विषय 'नीति, राजनीति और साहित्य' रखा गया तो इस पर ध्यान गया कि शायद ऐसा विषय हिन्दी में विचारार्थ सिर्फ़ जैनेन्द्र जी के सन्दर्भ में ही रखा जा सकता है। जैनेन्द्र जी उन बिरले लेखकों में से थे, जिन्होंने नीति, राजनीति और साहित्य के सम्बन्ध पर, और स्वतन्त्र रूप से इन तीनों पर भी गम्भीर विचार किया था। यह विचार जितना उनके सर्जना साहित्य से निकलता है उतना ही उनके स्वतन्त्र चिन्तन से भी, जिसकी कई पुस्तकें सुलभ हैं।

जैनेन्द्र जी ने स्पष्ट कहा था कि 'नीति से अलग होकर राजनीति भ्रम है और मानवता से च्युत होकर राष्ट्रीयता भी बन्धन ही है।' इन दिनों जिस तरह से राजनीति अवमूल्यित होकर मूल्यशून्य हो गयी है, उसके चलते उसमें किसी तरह की नीति की कल्पना या सन्देह करना असम्भव हो गया है। विडम्बना यहाँ तक है कि राजनीति शब्द से आम लोग जो बातें लगभग स्वाभाविक रूप से जुड़ी मानते हैं, मसलन तिकड़म और षड्यन्त्र, भ्रष्टाचरण, बेईमानी, वादाखिलाफ़ी आदि, वे सभी अनैतिक हैं। नीति और राजनीति के बीच सम्बन्ध शायद किसी भी युग में तनावहीन नहीं रहा है। लेकिन हमारे समय में उनके बीच निस्सम्बन्ध है। संसार की सबसे बड़ी शक्ति अमरीका ने झूठ बोलकर ईराक पर हमला किया और अब जिस तरह अपना वर्चस्व सारे संसार पर थोपने पर उतारू है, राजनीति के सर्वथा अनैतिक हो जाने का सबसे आतंककारी उदाहरण है।

जैनेन्द्र जी ने प्रेम को मुक्ति का उपकरण माना और उसमें मानवीय दायित्व की सीमा रेखा कहाँ और कैसे खींची जाये, इस पर यह रुख अपनाया कि "शायद इस जगह कोई भी नियम बना-बनाया देखा नहीं जा सकता। यह प्रश्न सामाजिकता की ओर से निर्णीत होने वाला नहीं है। प्रश्न सामाजिक नहीं, आत्मिक है और इसका हल भी व्यक्ति अपने लिए करता है।" अन्यत्र उन्होंने इस पर इसरार किया कि "लोक सेवा पड़ोसी-सेवा से आरम्भ होती है। इस प्रकार की सच्ची राष्ट्रीयता राजनीतिक नहीं होती, 'राज' को अपने से दूर करके यह केवल नैतिक होती है।"

जिस तरह से इन दिनों प्रेमचन्द के निबन्ध 'महाजनी सभ्यता' को याद किया जा रहा है उसी तरह जैनेन्द्र जी के निबन्ध 'बाजार-दर्शन' को भी याद करना चाहिए। ये अपने बाजारू समय में जैनेन्द्र जी याद दिला रहे हैं कि एक की हानि में दूसरे को अपना लाभ दीखता है और यह बाजार का बल्कि इतिहास का सत्य माना जाता है।... ऐसे बाजार मानवता के लिए विड़म्बना हैं और जो ऐसे बाजार का पोषण करता है। जो उसका शास्त्र बना हुआ है, वह अर्थशास्त्र सरासर औंधा है। वह अर्थशास्त्र अनीतिशास्त्र है।' यह निबन्ध 1937 में लिखा गया था। एक बड़ा लेखक बहुत पहले देख लेता है। आज हम जिस मायावी बाजार की गिरफ्त में हैं, क्या उसे समझने में यह हमारी मदद नहीं करता?

अलीगढ़ में प्रेम-कविता

अलीगढ़ विश्वविद्यालय के परिसर में उर्दू अदीबों को लेकर रंगबिरंगी प्रेम-कहानियाँ अरसे से सुनी जाती रही हैं। लेकिन वहाँ इससे पहले कभी प्रेम कविता पर दो दिनों तक गम्भीरता से विचार किये जाने की घटना नहीं हुई थी। बल्कि शायद ही कहीं और प्रेम-कविता को लेकर ऐसा विचार-विमर्श हुआ हो। एक बेशर्म और बहुनिन्दित प्रेम कवि होने के नाते, कम से कम मुझे नहीं मालूम कि इसके पहले कभी कहीं, खासकर हमारे विश्वविद्यालयों में कहीं, प्रेमकविता पर विस्तार से कई भाषाओं के सन्दर्भ में विचार किया गया हो।

एक सत्र में हिन्दी कविता को भी जगह मिली। यह भी थोड़ी असाधारण बांत है। परिसंवाद में उर्दू के अलावा अरबी, फारसी, उजबेक, आदि की प्रेमकविता पर भी विमर्श हुआ। हिन्दी के आलोचक मदन सोनी ने हिन्दी प्रेमकविता का एक बड़ा संचयन तीन-चार बरस पहले तैयार किया था, जो अभी तक कुछ संस्थापरक उलझनों के कारण प्रकाशित नहीं हो पाया

है। परिसंवाद में प्रस्तुत अपने निबन्ध में मदन ने प्रेमकविता की सम्भावना पर भाषिक-दार्शनिक विचार करते हुए कविता और भाषा में अन्यता का विचारोत्तेजक विश्लेषण किया। उनका संकेत यह भी था कि हिन्दी में तथाकथित इतिहास के हस्तक्षेप के बढ़ने से प्रेमकविता के लिए जगह कम होती गयी है। एक तरह से बीसवीं शताब्दी हिन्दी में प्रेमकविता के धीरे-धीरे हाशिये पर ढकेले जाने की शताब्दी है।

मुझे लगता है कि स्त्री-पुरुष प्रेम को लेकर हिन्दी में कई परस्पर विरोधी प्रवृत्तियाँ एक साथ चलती दीख पड़ती हैं। एक ओर तो स्त्री-विमर्श ने, विशेषतः स्त्री के पक्ष से, हिन्दी साहित्य में ऐन्द्रियता और यौनता के कई नये पहलू, लगभग पहली बार, रोशन किये, वहीं दूसरी ओर अध्यापन की पद्धति में स्त्री-पुरुष के प्रेम को आत्मा-परमात्मा के युग्म का संस्करण बनाकर उसे अवास्तविक, अशरीरी और अधिक स्वीकार्य बनाने की चेष्टा होती रही है। संसार की कुछ महान् शृंगार-परम्पराओं में से एक भारत की है और उस परम्परा ने साहित्य, संगीत, नृत्य, स्थापत्य आदि में श्रेष्ठ उपलब्धियाँ अर्जित की हैं। यह विचित्र है कि भारत में आधुनिकता ने अगर एक ओर हमें कई तरह की जकड़बंदियों से मुक्त किया तो कुछ नयी रूढ़ियों में बाँध भी दिया। इन्हीं में से एक रूढ़ि प्रेम और शृंगार को लेकर घर कर गयी शुद्धतावादी रूढ़ि है। प्रेम और केलि को कुछ इतनी निजी सच्चाई मान लिया गया है कि वह सामाजिक रह ही नहीं जाती और जो सामाजिक नहीं है, उसके लिए अब साहित्य में भला जगह कहाँ बची है? इस पूर्वग्रह के कुछ दुष्परिणाम हुए हैं। प्रेम देशकाल में घटित होते हुए भी उसके पार जा सकने का एक अद्वितीय मानवीय अनुभव है—उसके इस पक्ष की इधर लगातार उपेक्षा हुई है। प्रेम और केलि आत्म के अन्य के साथ सम्बन्ध-संवाद की भूमि है और इसलिए अपने मूल में ही वह सामाजिक है। उसे सामाजिक ब्योरों से पाटकर उसकी बुनियादी सामाजिकता को ढाँकने से उसका सत्त्व अक्सर घटता ही है। प्रेम अपने आप में एक उदात्तत मूल्य है। उसे अपनी उदात्तता के लिए किसी और तथाकथित बृहत्तर मूल्य की दरकार नहीं। लेकिन उसे अन्य उदात्त मूल्यों से कमतर मानने का दबा-छुपा आग्रह इधर बराबर सक्रिय रहा है। इस तर्क का कि अकेले प्रेम से जीवन नहीं चलता उत्तर यह कहकर दिया जा सकता है कि अकेले समता या मुक्ति या स्वतन्त्रता या न्याय आदि से भी जीवन नहीं चलता। प्रेम अन्य कई बिन्दुओं की तरह जीवन को देखने-समझने-सहने का एक अद्वितीय बिन्दु है। वह सब पर काबिज़ नहीं होना चाहता, उसके लिए थोड़ी-सी जगह काफ़ी है। वह भी उसे इन दिनों अक्सर नहीं मिल पाती।

नयी आवाज़ें

जामिया मिलिया इस्लामिया की बौद्धिक सक्रियता इतिहासकार-मित्र मुशीरुल हसन के उसके कुलपति बनने के बाद काफ़ी बढ़ी है, यह सभी जानते हैं। फ़रवरी 2008 के शुरू में मूर्धन्य भारतीय कथाकार कुर्रतुल एन हैदर की विरासत के अर्थ, विस्तार और महत्व पर दो दिनों का एक विचारसमृद्ध परिसम्वाद हुआ। एक ही सत्र में जा पाया। भारत के अलावा पाकिस्तान के भी लेखक इसमें शामिल हुए। जो बातचीत हुई उसमें युवा लेखक रज़ा रूमी ने अपने निहायत सटीक और समयानुकूल हस्तक्षेपों से सहज ही ध्यान आकर्षित किया। उनके परचे से ही पता चला कि ऐनी आपा, जैसा कि हम सब उन्हें आदर और स्नेह से कहते आये हैं, पाकिस्तान में सबसे लोकप्रिय कथाकार हैं और वहाँ के एक अख़बार ने उनकी तुलना कविता में इक़बाल के क़द के बराबर कथा में क़द होने से की है। सामाजिक इतिहास पर उनकी पकड़ ने उन्हें ऐसी कथा लिखवायी जो गहरे स्तर पर सभ्यताओं के अर्थ, संवाद और विसंवाद की खोज करती है। उनकी कथा लोगों का इतिहास है, शासकों और व्यक्तियों के आम इतिहास के बरक्स--ऐसे लोगों और चरित्रों का जो अगर कथा में न आते तो इतिहास से भी ओझल ही रहे आते। विभाजन को उसके साथ जुड़े दँगा-फ़सादों और खून-ख़राबे से अलग ऐनी आपा दक्षिण एशियाई इतिहास के हिस्से के रूप में यात्रा और देशान्तरण के एक ट्रैजिक रूपक के रूप में देखती हैं। वे दौलत और उपभोग की नयी भूमण्डलीकृत सभ्यता की एक पूर्व-समीक्षा भी कर पाती हैं। उन्हें भारत में मुसलमानों के इतिहास की जटिलताओं और अन्तर्विरोधों का तीखा अहसास है और वे भारत-मुस्लिम पहचान को सामासिक रूप से ही देखती हैं, उसके साम्प्रदायिक संस्करण का प्रतिषेध करते हुए। रज़ा रूमी ने बज़ा कहा है कि ऐनी आपा अपने साहित्य से भारत और पाकिस्तान दोनों की नागरिक थीं--वे पाकिस्तान में कुछ दिन रहकर वापस भारत आ गयी थीं--उनका साहित्य दोहरी नागरिकता की रोशन जगह है।

आसिफ़ फारुख़ी से पहले से परिचय है। कराची में रहकर वे पाकिस्तान में नयी निर्भीक और प्रश्नवाचक वृत्तियों के पोसने-समझने वाले हैं। हिन्दी के कई लेखकों को अनुवाद में पाकिस्तान वे ही ले गये हैं, जिनमें निर्मल वर्मा, उदयप्रकाश जैसे शामिल हैं। उन्होंने अपने परचे में ऐनी आपा और इन्तज़ार हुसेन को एक-दूसरे का पूरक माना और दोनों के दो प्रसिद्ध उपन्यासों 'आग का दरिया' और 'बस्ती' की शुरुआत और अन्त का बहुत दिलचस्प पाठ किया। पहले की शुरुआत में गौतम मौसम की पहली वीरबहूटी देखता है और दूसरे की शुरुआत में कठफोड़वा, मोर, कबूतरों,

गिलहरियों की मौजूदगी दर्ज़ है। फारुख़ी ने 'आग का दरिया' के अन्त की तरफ़ आयी दो पंक्तियाँ उद्‌धृत की हैं : 'शायद वो दोनों सोच रहे थे कि अब्दुल मंसूर कमालुद्दीन किस तरह हिन्दुस्तान में दाख़िल हुआ था और किस तरह हिन्दुस्तान से निकल गया।' उनके अनुसार यही उपन्यास की मुख्य थीम है। बिल्कुल अन्तिम पंक्तियाँ हैं : 'वो मुंडेर पर से उतरा। उसने एक लम्बा साँस लिया और आहिस्ता-आहिस्ता क़दम रखता बस्ती की तरफ़ वापस चला गया।' फारुख़ी मानते हैं कि यह बस्ती की तरफ़ जाना एक मायने में इन्तज़ार हुसेन की 'बस्ती' की तरफ़ जाना है जिसके पार नया क़दम है जो कि इतिहास में भी नया क़दम है। ऐनी आपा के औपन्यासिक अन्त का विश्लेषण करते हुए फारुख़ी जोड़ते हैं कि 'आग का दरिया' भी एक अनुत्तरित प्रश्न है। वह कैसे चला गया? क्या वह अपनी कथा या इतिहास को तज देता है? 'अब से इतिहास उसकी अनुपस्थिति होगा।' फारुख़ी पूरी ईमानदारी से विडम्बना को उघारते हैं : 'हम अभी भी अनिश्चित हैं। विभाजन मुझे पसन्द करता है। विभाजन मुझे पसन्द नहीं करता। विभाजन मुझे छोड़ चुका है। विभाजन ने मुझे नहीं छोड़ा। क्या कोई संकेत होगा?'

ऐसे जल्दबाज़ सामान्यीकरण में नहीं पड़ना चाहिए। लेकिन कई बार लगता है कि उर्दू का रचनात्मक साहित्य ही नहीं, उसकी आलोचना भी पाकिस्तान में बेहतर लिखे जा रहे हैं।

उर्दू की भारतीयता

इसी सप्ताह दिल्ली की उर्दू अकादेमी के तीन दिनों के सेमिनार में शिरकत का मौक़ा मिला जिसमें विचारणीय विषय है : 'उर्दू भाषा और साहित्य में भारतीय चिन्तन, विवेक और मिथकशास्त्र'। जब न्योता मिला तो यह विषय ही थोड़ा अटपटा लगा। क्या किसी और भारतीय भाषा के सन्दर्भ में यह विषय विचारणीय विषय हो सकता है? क्या हिन्दी में ऐसा विषय सोचा जा सकता है? लगता नहीं कि ऐसी बातें हमारे सोच-विचार के दायरे में सामान्य रूप से आती हैं।

उर्दू भले ही राज्याश्रय में रही है, उसका आविष्कार तो भारतीय जन ने ही किया है और उसका उद्‌गम, प्रसार, सर्जनात्मकता और बौद्धिकता सिरे से, शुरू से भारतीय है। उर्दू में भारतीय संस्कृति का वह हिस्सा विशेष रूप से बोलता है, जिसका ताल्लुक हमारे मध्यपूर्व से सांस्कृतिक सम्बन्ध और आदान-प्रदान से है : उसमें अरबी-फ़ारसी बोलती हैं जैसे

कि वे जब-तब हिन्दी में भी बोलती ही हैं। अगर भारतीय परम्परा बहुलता, बहुधार्मिकता और बहुभाषिकता की परम्परा है, जो कि वह बुनियादी और अदम्य रूप से है, तो उर्दू उसका अनिवार्य अंग है, वह उसका वहन करती है और उसमें इज़ाफ़ा भी। अन्य भारतीय भाषाओं की तरह उर्दू में चिन्तन, सृजन और व्यवहार में, शैलियों और दृष्टियों में, बहुलता है। भारतीय साहित्य में आधुनिकता की शुरुआत सबसे पहले, सम्भवतः उर्दू में ही हुई। ग़ालिब पहला महान आधुनिक भारतीय कवि हैं। अगर साहित्य का एक ज़रूरी काम जीवन-समय-समाज को ज़ाहिर करना है तो भारत के सन्दर्भ में यह काम उर्दू ने वैसे ही किया है जैसे कि अन्य भारतीय भाषाओं ने।

विफलता

पिछले सप्ताह दिल्ली की पंजाबी अकादेमी ने पिछले दशक की पंजाबी कविता के मूल्यांकन पर आयोजित एक सेमिनार में कुछ कहने का न्यौता दिया। सबसे पहले तो मैंने यही कहा कि पिछले दशक में क्या हुआ इस पर विचार किया जा सकता है, पर उसका मूल्यांकन करना हड़बड़ी होगी और किसी भी अर्थ में अपरिपक्व। ज़ाहिर है कि हम तेज़ी से भागते एक ऐसे समय में हैं जहाँ जो कुछ घट रहा है या कि हाल ही में घटा है, उसका मूल्यांकन कर लेना ज़रूरी लगता है, क्योंकि वह जल्दी ही विस्थापित होने जा रहा है। हमारी जातीय स्मृति की लय इस क़दर गतिशील हो चुकी है कि हम बहुत जल्दी भूलते हैं और फिर कभी याद करने का मौक़ा शायद ही आये, इस आशंका से लगातार घिरे रहते हैं। जो स्मृति में नहीं रह सकता वह किसी मूल्यांकन में बचा रहेगा यह दुराशा है। पर अविरल आशा के इस युग में दुराशा से भला कौन संकोच करता है।

कुछ जेम्सन के प्रभाव में और कुछ यों भी लगता है कि मूल्यांकन के जो पैमाने हमने पोसे-बना रखे हैं उनमें कुछ तरमीम करने की ज़रूरत है। इस बीच साहित्यिक प्रयत्न के कुछ नये पक्ष उभरे हैं, इसलिए भी। किसी लेखक या रचना पर विचार करते समय हम यह तो जाँचते ही हैं कि उसमें किस तरह की और कितनी कल्पनाशीलता, प्रश्नवाचकता, साहस और नवाचार है। पर इस सूची में कुछ विनम्र इज़ाफ़ा करते हुए लगता है कि इस पर भी विचार होना चाहिए कि किसी लेखक या कृति की आन्तरिकता क्या है : किस तरह की आन्तरिकता वह रच पाता है या पाती है। उसमें किस तरह की और कितनी अन्तर्ध्वनियाँ हैं। हम

किसी लेखक की शब्द सम्पदा को ध्यान में लेते हैं, पर उसमें भाषा की अपर्याप्तता का कितना बोध है और उससे जूझने के लिये वह कितनी-कैसी तोड़-फोड़ करता है, इसको भी हिसाब में लेना ज़रूरी है। सबसे बढ़कर ज़रूरी है कि हम किसी लेखक की विफलता का दायरा देखें। इस सच्चाई को पहचानने और उस पर इसरार करने की ज़रूरत है कि जो कुछ हमारे समय में बहुत सफल है उसका अतिजीवन बहुत संदिग्ध है। जब सभी सफलता की अन्धी दौड़ में बेतहाशा मुब्तला हैं तो सच्चाई पर बेहतर पकड़ उनकी होती है जो विफलता के अहाते से उसे देखते हैं और ऐसी दौड़ में शामिल होने से इनकार करते हैं। उनकी विफलता सफलता को प्रतिरोध देती है। क्या ऐसा नहीं लगता कि मुक्तिबोध, शमशेर बहादुर सिंह, कृष्ण बलदेव वैद, श्रीकान्त वर्मा, राजमकल चौधरी जैसे लेखकों को विफलता के काव्यशास्त्र के उजले और शिक्षाप्रद सबक के रूप में बेहतर नहीं समझा जा सकता?

निजी और सामाजिक के द्वैत ने भी साहित्य की समझ को काफ़ी भोंथरा बनाया है। समय आ गया है कि हम इस पर विचार करें कि किसी रचना या लेखक ने इस द्वैत की विडम्बनाओं और अन्तर्विरोधों को ध्यान में रखते हुए उसे लाँघने की कोशिश की या नहीं।

पुणे में भक्ति उत्सव

हमारा बहुत सारा पारम्परिक संगीत, फिर वह शास्त्रीय हो कि लोक, भक्ति और शृंगार पर आधारित रहा है : आज भी वह इन्हीं दो छोरों को साधने की चेष्टा करता है। सौभाग्य से हमारी चिन्तन-परम्परा के अलावा हमारी प्रदर्शन-परम्परा में दोनों के द्वैत के बीच कोई बैर नहीं देखा-बरता गया है। बहुत पहले यह लक्ष्य किया था कि, उदाहरण के लिये, उस्ताद अमीर ख़ाँ का बड़ा ख़याल अकसर अगर भक्तिपरक हो तो छोटा ख़याल शृंगारपरक गाते थे या इसका उलटा भी। कुमार गन्धर्व भले अपने निर्गुण-गायन के लिए प्रसिद्ध हैं, उनके गायन और बन्दिशों की अदम्य ऐन्द्रिकता कभी अलक्षित नहीं गयी।

पुणे में बिहार की तक्षशिला एजुकेशन सोसायटी ने, जो पुणे में दिल्ली पब्लिक स्कूल चलाती है, एक अनोखी पहल कर वहाँ के शनिवार बाड़े में तीन दिनों का भक्ति-उत्सव आयोजित किया, जिसकी पहली शाम मधुप मुद्गल का भक्ति-गायन और रतनमोहन शर्मा का हवेली संगीत सुनने का सुयोग जुड़ा। समारोह में अगली शामों को श्रीमती वसुन्धरा कोमकली

और सुश्री कलापिनी कोमकली तथा ध्रुपद गायक उदय भवालकर की प्रस्तुतियाँ भी हुई होंगी।

जो प्रश्न इस दौरान मन में उठा वह यह था कि आस्था के वरदान से वंचित होने के बावजूद ऐसा क्यों है कि भक्ति-संगीत सुनते हुए विभोर होता हूँ, आस्तिकता की सरहद छूने सा लगता हूँ। शायद यह अनुभूति धार्मिक उतनी नहीं, जितनी कि आध्यात्मिक है : विराट् से जुड़ने, उससे स्पन्दित हो पाने की सहज मानवीय आकांक्षा से वंचित नहीं हूँ, यह सोचकर अच्छा लगता है। अगले दिन सुबह पुणे के अध्यापकों के समक्ष 'प्रार्थना और प्रतिरोध' विषय पर बातचीत करते हुए यह कहना ज़रूरी लगा कि हमारे समय में लगभग सारे धर्म आक्रामक-हिंसक, अपनी ही बहुलता से अपसरित, दूसरों के प्रति असहिष्णु हो चुके हैं। महात्मा गाँधी के बाद प्रायः सभी धर्मों की सर्जनात्मकता चुक चुकी है। ज़रूरी है कि अध्यात्म को, याने आत्मविस्तार और विराट् से जुड़ाव को, धर्मों की जकड़बन्दी से मुक्त किया जाये। आधुनिक समय का बहुत सारा साहित्य और कलाएँ इस धर्म-मुक्त अध्यात्म का पुनर्वास हैं। बल्कि समय आ गया है कि गाँधी जी के उदाहरण से सबक लेते हुए—उन्होंने प्रार्थना को राजनैतिक और सामाजिक प्रतिरोध की विधा बनाया था—प्रार्थना को अब धर्मों की अध्यात्म-विमुखता के प्रतिरोध की विधा के रूप में विन्यस्त किया जाये। भक्ति-काव्य ने एक समय अध्यात्मिक को जनतान्त्रिक और रेडिकल किया था। उस परम्परा के पुनराविष्कार की ज़रूरत है। हमारे समय में अगर, साहित्य और कलाओं के माध्यम से, आध्यात्म रैडिकलाइज़ हो सके तो हम एक बड़े सांस्कृतिक क्षरण से बच सकते हैं। अगर हमारे शास्त्रीय संगीत ने औपनिवेशिक ज़हनियत का लगातार प्रतिरोध किया तो आज उसके प्रतिरोध का स्वभाव इस तरह से क्यों नहीं बदला और समझा जा सकता?

आयरिश कविमन

बीसवीं सदी में और उसके बाद भी अंग्रेज़ी कविता में आयरिश अवदान बहुत महत्व का रहा है : इस समय तो हालत यह है कि सीमस हीनी से लेकर पाल मल्दून तक इस समय के सबसे महत्वपूर्ण अंग्रेज़ी कवि अधिकांशतः आयरिश हैं। बीसवीं सदी में अंग्रेजी साहित्य तो क्या विश्व साहित्य डब्ल्यू बी यीट्स, जेम्स ज्वायस और सैमुयल बैकेट के बिना क्या होता? उसी आयरलैण्ड से प्रसिद्ध वरिष्ठ कवि डेरेक मेहान को सुनने और उनसे बतियाने का अवसर मिला दिल्ली में, जहाँ वे आयरिश साहित्य

समारोह में शिरकत करने आये थे।

उनकी 'कलेक्टेड पोएम्स' (गैलरी बुक्स डबलिन) 1999 में पहले-पहल प्रकाशित हुई थी और उसका चार बार पुनर्मुद्रण हो चुका है। वे बताते हैं कि आयरलैण्ड छोटा सा देश है और वहाँ कविता एक लोकप्रिय विधा है। लेखक-समुदाय भी अपेक्षाकृत छोटा और सुगठित है : सब लेखक सब दूसरे लेखकों पर नज़र रखते हैं। मेहान की कविताएँ पढ़ते हुए याद आता है सीमस हीनी की अपेक्षा कि कविता को आनन्द देना और सिखाना दोनों ही कर सकना चाहिए। उनकी पंक्तियाँ हैं : 'तुम हमें याद दिलाते हो कि जाँची-परखी ज़िन्दगी में क्या शामिल है.../क्योंकि तुम जो सिखाते हो वह है साहस हमारे खुद हो सकने का / चाहे जितना भी हास्यास्पद।' वे 'मानव हृदय के कूट रहस्यों' के कवि हैं। उन्होंने इस समय सारे यूरोप में लिखी जा रही कविता पर टिप्पणी की कि उसका अधिकांश अब किसी के बारे में नहीं है—वह प्रक्रिया के बारे में है। इंग्लैण्ड, फ्रांस या इटली में अगर आप फूल पर कविता लिखें तो आपको गोली से दाग़ा जा सकता है! इन सभी जगहों पर आलोचना का एक तरह का आतंकवाद छाया हुआ है। आयरलैण्ड के बारे में उन्होंने विनोद करते हुए कहा कि सौभाग्य से हम एक आलोचक-देश नहीं हैं। उन्हें लगता है कि कविता आयरलैण्ड जैसे देश में राजनैतिक हुए बिना नहीं रह सकती और यीट्स से लेकर आज तक ऐसी कविता की सशक्त परम्परा सक्रिय है। यूरोप से राजनैतिक कविता बल्कि रैडिकल वाम ग़ायब हो चुके हैं। 'आयरिश टाइम्स' अख़बार ने डेरेक मेहान को आयरलैण्ड के दस कालजयी लेखकों में माना है। मेहान कह रहे थे कि कवि के पास, आडेन से शब्द उधार लेकर कहें, 'परिष्कृत अबोधपन' होना चाहिए। दिल्ली आने के पहले वे काफ़ी दिन गोवा में थे, लेकिन उन्हें इस बात का अहसास था कि गोवा भारत नहीं है। मैंने उन्हें बताया कि भारत का कोई प्रदेश या हिस्सा भारत नहीं है, पर भारत में ही है और गोवा भी इसका अपवाद नहीं है। उन्हें क्लेश था कि उनकी भारतीय कवियों से मुलाक़ात नहीं हो पायी। उन्हें यह जानकर प्रीतिकर अचरज हुआ कि आज का अधिकांश भारतीय साहित्य भूमण्डलीकरण, बाज़ार और अमरीकी चौधराहट को प्रश्नांकित करता साहित्य है। मुझसे उन्होंने कहा कि उन्हें ऐसी ही उम्मीद थी।

यह कहना कठिन है कि सचमुच ऐसा हुआ है, लेकिन मेहान हैं :

सब समय देखते हुए
अपना बेटोक सपना
मुक्तिदायी रूप का।

वे यह जिज्ञासा भी करते हैं :

क्या हम मरते हैं हँसते हुए या हम उनके बीच हैं
जिनके लिये एक प्रेत, एक बदनाम भूत
अभी भी पीछे पड़ता है
पुरानी उम्मीदों की धुँधली खिड़कियों के
उनकी कई स्मरणीय पंक्तियाँ मन में अब तक कौंध रही हैं :
हालाँकि देर अधेड़ उम्र में
यीट्सियन वासना और क्षोभ को बस में करने की कोशिश करते हुए
अब मैं दावा करता हूँ इस शर्मनाक सौभाग्य का
एक विद्रोही अतीत में रहने का अंशकालिक रूप से।

या कि ये :

एक शान्त नदी के किनारे पदचापें सुनते हुए
धूप हमें पा लेगी जब सबसे ख़राब बीत चुका होगा,
जब हर कोई है प्रेम में, हमारे बच्चे हँसते हैं
आप्तवाक्य में सुड़कते रूखे व्यक्ति पर
और खिड़की के फ्रेम में एक जिद्दी मक्खी
भिनभिनाते हुए क्षुब्ध जीवन से जो कभी मरेगा नहीं।

डेरेक मेहान अगले बरस जयपुर साहित्य समारोह में आना चाहते हैं : मैंने वायदा किया कि उन्हें न्यौता भिजवाऊँगा! यीट्स की विराट् उपस्थिति के बारे में बताते हुए वे बोले कि अब उनसे हम सबकी सुलह हो चुकी है और हम उनसे झगड़ते नहीं हैं, कुछ-कुछ वैसे ही जैसे आप लोगों ने भारत में रवीन्द्रनाथ ठाकुर से सुलह कर ली है।

लेखकों की दुनिया

यह महसूस करना दिलचस्प है और किसी हद तक विचारोत्तेजक भी कि हम जिस दुनिया में रहते और जीते-मरते हैं, वह दरअसल, और हमारे सौभाग्य से, एक दुनिया नहीं है। इस दुनिया में कई दुनियाएं छुपी-दबी हैं और मौक़ा मिलते ही सामने आ जाती हैं : हम अपनी दुनिया खोजने चलते हैं और किसी और दुनिया में आ जाते हैं। ग़ालिब ने यों ही नहीं कहा था : 'बाज़ीचए अत्फ़ाल है दुनिया मेरे आगे।'

पुस्तक मेलों में दुनिया की इस अपार बहुलता का, दुनिया-अन्दर-दुनिया का अहसास कुछ अधिक स्पष्टता से होता है। विश्व पुस्तक मेले में एक शाम सार्वजनिक बातचीत हुई आस्ट्रेलियाई कथाकार एलेक्सिस राइट

और इज़रायली कथाकार ज़ेरूया शालेव से। राइट आस्ट्रेलिया के आदिवासी समाज वान्यी की गाथाकार हैं और उन्होंने अपने साहित्यिक कृतित्व और सामाजिक कार्य से आस्ट्रेलिया की मुख्य धारा में अपनी जगह बनायी और मान्यता अर्जित की है। शालेव अपने को यहूदी अधिक और इज़रायली कम मानती हैं, क्योंकि इज़रायली कहते ही उसकी राजनीति से जोड़कर देखे जाने का ख़तरा है, जबकि उनका उस राजनीति से कुछ लेना-देना नहीं है। राइट को उनके उपन्यास 'कार्पेण्टेरिया' के लिये आस्ट्रेलिया का प्रतिष्ठा-पुरस्कार माइल्स फ्रेंकलिन पुरस्कार मिला है जबकि एक जर्मन अख़बार डेर स्पीगेल ने शालेव के उपन्यास 'लव लाइफ़' को साल बैलो, फिलिप रॉथ आदि के उपन्यासों के साथ विश्व साहित्य के बीस श्रेष्ठ उपन्यासों में शामिल किया है।

राइट से बातचीत में पता चला कि आस्ट्रेलियाई समाज अपने आदिवासी समुदायों के प्रति अधिक उत्सुक हो रहा है और स्वयं आदिवासियों द्वारा साहित्य लिखने की एक नयी परम्परा शुरू हो चुकी है। राइट की दुनिया आदिवासी है पर अपनी सभी छबियों और रंगतों में, सम्बन्धों और अन्तर्विरोधों में वह निपट मानवीय हैं। वान्यी समुदाय को इस बात पर बहुत गर्व है कि उनकी आवाज़ राइट उठा रही हैं, लेकिन यह भी स्पष्ट है कि यह आवाज़ अपने अन्तिम फलितार्थ में ऐसी आवाज़ है जो हमारी दुनिया की भी उतनी लगती है। राइट ने आदिवासी परम्परा से कथाकथन की शैली ली है और उनके बयान में शब्दों की बाढ़ सी आती है, आपेरेटिक और अतियथार्थपरक। वे ज़ोर देकर कहती हैं कि वे प्रतिनिधि होने के चक्कर में नहीं पड़ी हैं और न ही कोई लेखक किसी समाज का प्रवक्ता होने का दावा कर सकता है। यह और बात है कि हमारा समय ऐसा है कि वह राजनीति से बच नहीं सकता।

शालेव कहती हैं कि हर लेखक या कृति का कुछ न कुछ कुपाठ होता ही है सो उनका भी हुआ है। उनके अनुसार उपन्यास की अपनी नैतिकता होती है जो पूर्वनिर्धारित नहीं होती। अक्सर यह नैतिकता चालू और वर्चस्वशाली नैतिकता के विरुद्ध या उससे ख़ासी अलग होती है। अपने कई चरित्रों को लेकर उन्हें ऐसे विवादों में फँसना पड़ा है : सड़क चलते लोग मिलते हैं और किसी चरित्र के ऐसा या वैसा होने पर एतराज़ करते हैं, मानों कि वे सचमुच जीवित व्यक्ति हों। उनके उपन्यास 'लव लाइफ़' के बारे में न्यूयार्क टाइम्स तक में कहा गया कि 'मर्द लोग उसे असंयमित सेक्स के ग्रैफ़िक दृश्यों के लिये पढ़ेंगे।' वे इसरार करती हैं कि वे सेक्स के बारे में उतनी ही प्रामाणिकता या सूक्ष्मता के साथ लिखना पसन्द करती हैं, जितना किसी और पक्ष के बारे में।

यह पूछे जाने पर कि क्या साहित्य-रचना किसी अर्थ में उनके लिये

मुक्तिदायी रही है, दोनों ही लेखिकाओं ने स्वीकार किया कि उनके लिए साहित्य मुक्ति की जगह रही है। एक अर्थ में दोनों ही ध्रुवान्त की लेखिकाएं हैं पर ऐसी कि उनके ध्रुवान्त हमें अपने समय और अपनी दुनिया के भी ध्रुवान्त लगते हैं।

एक अनोखी शाम

इण्डिया इण्टरनेशनल सैण्टर की एनेक्स के लान पर थोड़े से लोग थे पर शाम अनोखी थी : आत्मीय और कविता और संगीत से समृद्ध। अंग्रेज़ी लेखिका शर्मिष्ठा मोहन्ती और कुछ अन्य लोग मिलकर एक नये ढंग की पत्रिका निकालने का उपक्रम कर रहे हैं। उस सिलसिले में उन्होंने देश-विदेश से कई लोगों को एकत्र किया है अन्तरंग संवाद के लिए जिनमें फ़िल्मकार मणि कौल, चीनी कवि बे दाओ आदि शामिल हैं।

शुरुआत हुई उदयन वाजपेयी और बे दाओ के कविता पाठ से। बे दाओ लगभग 11 बरस एक तरह के देश निकाले पर पश्चिम में रहने के बाद अब वापस चीन चले गये हैं और इन दिनों हांगकांग में रहते हैं। उनकी कविता में कोई हाहाकार या मुखरता नहीं है बल्कि वे बहुत मन्द स्वर में ही कुछ कहते हैं। फिर भी उनकी कविता का थियेनमान चौक पर छात्रों ने अपने प्रदर्शन के दौरान राजनैतिक उपयोग किया था और उन्हें इस कारण स्वदेश छोड़ना पड़ा था। उनकी अंग्रेज़ी में तीन पुस्तकें अनुवाद में निकली हैं जो तीनों ही संयोगवश मिल गयी थीं पहले ही : दो पेरिस में, एक तोक्यो में। उन्हें यह जानकर प्रीतिकर अचरज होता है कि उनकी पुस्तकें अंग्रेज़ी में इन ग़ैर-अंग्रेज़ी शहरों में मिल सकती हैं।

अपनी एक कविता 'अनुपस्थित' वे दृढ़तापूर्वक कहते हैं :

ये क्षण मेरे हैं गरिमा का अकेले में स्वाद लेते हुए
जोखिम की आग
अपरिचित की राख

बातचीत में वे आगे बताते हैं कि हांगकांग में जो चीनी बोली जाती है वह उनके बस की नहीं है। लेकिन चीन में शामिल होने के बाद वहाँ मैण्डरिन चीनी का प्रभाव और चलन बढ़ रहे हैं। 'एक नयी सदी' शीर्षक उनकी कविता की शुरुआत होती है :

गौरव से प्रेम में, धरती पड़ती है अँधेरी
एक ठोस पुस्तक की रोशनियाँ पढ़ते हुए

हम पढ़ते हैं सच

और उसी कविता में वे आगे कहते हैं :

यह इतिहास है जो हमें उड़ने नहीं देता
यह पक्षी है जो हमें चलने नहीं देते
यह पाँव है जो हमें सपने नहीं देखने देते

शाम के समापन पर बहाउद्दीन डागर ने रुद्रवीणा पर राग तिलक कामोद बचाया। तब तक बाहर कुछ ठण्ड हो चली थी। वीणा एक कठिन और दुस्साध्य वाद्य है, जिसे इस युवा संगीतकार ने अध्यवसाय से साधा है। उनके गुरु और पिता स्वर्गीय ज़िया मोइउद्दीन डागर की याद आती रही : कई बार लगा कि जैसे तिलक कामोद में बड़े उस्ताद भी अनुगुंजित हो रहे हैं। शाम को और अनोखा बनाने के लिए यह काफ़ी था कि युवा संगीत में एक पूर्वज धीरज और आशीर्वाद से बोल रहा था।

'दीप पत्थर का'

पिछले सप्ताह अज्ञेय को बार-बार याद करने का एक प्रसंग यों आया कि जापान फाउण्डेशन और दिल्ली विश्वविद्यालय के संयुक्त तत्वावधान में भारतीय और जापानी साहित्य के रिश्तों और भविष्य पर दोनों ओर के लेखकों, विशेषज्ञों आदि के बीच एक बड़ा परिसंवाद आयोजित हुआ और उचिता सच्चिदानन्द द्वारा जापानी से सीधे हिन्दी में अनूदित बारह पुस्तकों का (राजकमल प्रकाशन) लोकार्पण हुआ। नामवर सिंह से लेकर केदारनाथ सिंह (वैसे यह कहाँ से कहाँ तक हुआ यह मैं नहीं कह सकता) ने इस सिलसिले में अज्ञेय के अवदान को स्वीकार किया। उनके संग्रह 'अरी ओ करुणा प्रभामय' में उनके द्वारा किये गये हाइकू कविताओं के सुन्दर अनुवाद, जापान के प्रवास लिखी गयी 'सम्राज्ञी का नैवेद्यदान' और 'हिरोशिमा' जैसी कविताओं, नोह नाट्यरूप का प्रयोग करते हुए उनके एकमात्र नाटक 'उत्तरप्रियदर्शी' का उल्लेख हुआ। यह भी कहा गया कि आधुनिक हिन्दी कविता का एक क्लैसिक मानी जाने वाली उनकी लम्बी कविता 'असाध्य वीणा' उनके जापान-अनुभव के बिना सम्भव नहीं थी। 'नया प्रतीक' पत्रिका के उनके द्वारा सम्पादित जापानी साहित्य विशेषांक और बहुत बाद में नोबेल पुरस्कार प्राप्त करने वाले यासुनारी कावाबाता से अज्ञेय के निजी परिचय और अज्ञेय द्वारा सम्पादित अंग्रेज़ी पत्रिका 'वाक्' के सम्पादक मण्डल में कावाबाता के सदस्य होने का भी ज़िक्र आया। शायद ही किसी अन्य विदेशी साहित्य से परिचय और

आदान-प्रदान के सिलसिले में किसी अन्य लेखक की ऐसी सक्रिय और स्मरणीय भूमिका रही है जैसी कि जापानी साहित्य और संस्कृति के सन्दर्भ में अज्ञेय की।

यों तो सभी साहित्य अपनी जिजीविषा और ऊर्जा से ही चलते हैं। लेकिन हम आधुनिक जापानी साहित्य से कुछ सीख सकते हैं। पराजय, अपमान और आणविक हमले के बाद साहित्य के जरिये मानवीयता, मानव मूल्यों को बचाया, सशक्त किया और फिर रचा जा सकता है। आधुनिक समय में परम्परा और उत्तराधिकार के कई तत्वों का पुनराविष्कार कर सृजन, कल्पना और नवाचार की निरन्तरता बनाये रखी जा सकती है। एक ऐसी दुनिया में, जिसमें उपभोक्तावादी शक्तियाँ, तकनालाजिकल तानाशाहियाँ, आतंक आदि हावी हैं, सुन्दरता, कोमलता, संगीत-सामंजस्य, चिन्ता आदि को बचाकर उनके लिए जगह बनायी जा सकती है। खण्ड-खण्ड बिखरे समय में अनन्त को विन्यस्त किया जा सकता है : हाइकू ने हमें बताया है कि मानवेतर अस्तित्व में असीम वैभव और मौन है। दूसरे महायुद्ध के बाद के जापानी साहित्य की एक सीख यह भी है कि संकीर्ण और उग्र राष्ट्रवाद से लड़ना साहित्य में सम्भव और ज़रूरी है। यामागुची ने हमें बताया है कि परिधि को केन्द्र के बरक्स इस तरह उद्दीप्त किया जा सकता है कि दोनों ऐसे घुल-मिल जायें जैसे कि 'स्याहीसोख पर पड़े स्याही के ताज़ा धब्बे'। जापानी काव्य परम्परा का एक निष्कर्ष यह भी है कि 'रास्ते की खोज खुद ही रास्ता है।' कथाकार केंज़ाबूरो ओय ने अपने नोबेल-भाषण में कहा था कि भले ही लेखक की जगह आज हाशिये की और केन्द्र से बहुत दूर की हो, वह मनुष्यता के मेलमिलाप और उपचार की कोशिश में कुछ न कुछ मददगार हो सकता है। इधर का जापानी साहित्य हमें यह भी याद दिलाता है कि साहित्य मनुष्य की तकलीफ़, गरिमा, विपत्ति और संकट पर मनन-चिन्तन है और यह भी कि दर्द, बीमारी और मौत कभी ग़ायब नहीं होंगे, न ही मानवीय दुष्टता, द्वेष और निर्दयता। यह सोचना आश्वस्तिकर है कि आधुनिक समय की एक बड़ी उपलब्धि यह है कि लेखकों और साहित्य की एक संसारव्यापी बिरादरी है जो रोशनी, आध्यात्मिक पोषण और कल्पना की शक्ति की तलाश में सक्रिय है और जो अभी भी आदमी की दुनिया में भरोसा रखी है। जापान और भारत दोनों इस बिरादरी में शामिल हैं।

पुनर्विचार

प्रगतिशील लेखक संघ ने दिल्ली सरकार के तत्वावधान में, उसके

सचिवालय के सभागार में, 'साझी विरासत' पर, जो दिन भर चला आयोजन, किया उसमें दिये गये कुछ वक्तव्यों से एक बार फिर यह स्पष्ट हुआ कि जिस तरह की साम्प्रदायिक घृणा और धार्मिक उन्माद फैलाने वाली शक्तियाँ इस समय देश में, राजनीति के सक्रिय सहयोग से, लगभग निडर होकर सक्रिय हुई हैं, उस तरह की शक्तियों से पुराने मुहावरों और शैलियों से नहीं निपटा जा सकेगा। नामवर सिंह ने तो 'साझा विरासत' जैसे शब्द और अवधारणा को ज़रूरत से ज़्यादा भावुक क़रार देते हुये यह बताया कि साझा सम्पत्ति को लेकर अधिक झगड़े होते हैं। इसलिए फ़र्क़ को नज़रअन्दाज़ न कर उसको महत्व देना चाहिए और किसी नये पद से अपनी विरासत को सम्बोधित करना चाहिए। जामिया मिलिया इस्लामिया विश्वविद्यालय के कुलपति शाहिद मेंहदी ने पते की बात यह कही कि भारत की साझा विरासत में पूरे उप-उपमहाद्वीप की विरासत और अहसास शामिल होना चाहिए। पाकिस्तानी सरकार और व्यवस्था से हमारे कितने ही तीख़े मतभेद क्यों न हों, पाकिस्तान अवाम क्या सोचती-महसूस करती है इसका हमें वहाँ लिखे जा रहे उर्दू साहित्य से पूरी तरह पता है और वह हमारी लम्बी और बड़ी विरासत का हिस्सा है। उन्होंने यह भी आगाह किया कि आज साझी विरासत में सिर्फ़ उपमहाद्वीप ही नहीं, पूरी दुनिया की विरासत शामिल है : अगर कोई कहे कि भारत की विरासत से कीट्स या शेक्सपीयर अलग और बाहर हैं तो यह अपनी असली विरासत को बेवजह संकरा करना होगा।

दिल्ली विश्वविद्यालय के कुलपति और अर्थशास्त्री डॉ. दीपक नय्यर ने अनेक तथ्यों और तर्कों से यह स्पष्ट किया कि राजनीति में आज जो कुछ हो रहा है उसका अर्थजगत में जो हो रहा है, उससे गहरा और अनिवार्य सम्बन्ध है। बाज़ार-अर्थव्यवस्था, साम्प्रदायिकता, धार्मिक कट्टरता के बहाने अस्मिता की खोज, आतंक और हिंसा में गठजोड़ है—वे एक-दूसरे को पोसते या उकसाते या बढ़ावा देते हैं। बाज़ार अपना सारा ध्यान व्यक्ति पर केन्द्रित करके समाज और उसके अनेक मूल्यों को अतिक्रमित करता है, बड़ी संख्या में जो लोग चीज़ें ख़रीदने की क्रयशक्ति न होने से हाशिये पर फिंक जाते हैं, वे अर्थ पाने के लिये उग्र होने लगते हैं; उनके लिए पहचान के अधिक हिंस्र उपाय सुलभ हो जाते हैं। नय्यर का तर्क था कि साम्प्रदायिकता के विरुद्ध या कि साझा विरासत को बचाने के लिए लड़ाई तब तक कामयाब नहीं हो सकती, जब तक कि वह व्यापक और कई मोरचों पर, जिनमें आर्थिक मोरचा बहुत महत्वपूर्ण है, बड़ी और अधिक समावेशी लड़ाई न हो। सब कुछ को बाज़ार में घटाने और कुछ को धर्म पर ले आने के बीच अटूट सम्बन्ध है और संघर्ष इस सबके विरुद्ध हो तभी कारगर और सार्थक होगा।

चण्डीगढ़ में

यह पंजाबी के प्रगतिशील और मार्क्सवादी लेखकों की महफ़िल थी : उसमें बहुत सारे ऐसे थे, जिनके नाम के आगे डॉक्टर उपाधि लगी थी। मैंने मज़ाक किया कि पंजाबी साहित्य में ज़रूरत से ज़्यादा डॉक्टर नज़र आते हैं। यह भी बताया कि बरसों पहले 1974-75 के आसपास जब मैं ज्ञानपीठ पुरस्कार के लिये हिन्दी चयन समिति का सदस्य था तो पत्राचार में ज्ञानपीठ लगातार मुझे डाक्टर लिखे जा रहा था तो मैंने एक पत्र लिखकर श्री लक्ष्मीचन्द्र जैन को बताया था कि मैं न डॉक्टर हूँ, न होना चाहता हूँ।

अवसर था लगभग दो दशकों पहले पचास के कम उमर में आतंकवादियों द्वारा मारे गये डॉ. रविन्दर सिंह राव की स्मृति में स्थापित पुरस्कार का। डॉ. रवि प्रखर मार्क्सवादी बुद्धिजीवी और साहित्यालोचक होने के अलावा सक्रिय कार्यकर्ता थे। डॉ. रवि स्मारक ट्रस्ट कुछ वर्षों से किसी प्रसिद्ध पंजाबी साहित्यकार को, जिसके पास धर्मनिरपेक्ष, प्रगतिशील और वस्तुनिष्ठ दृष्टि हो, पंजाबी साहित्य, भाषा और संस्कृति में योगदान के लिए इक्कीस हज़ार रुपये का पुरस्कार देता है। इस वर्ष यह पुरस्कार डॉ. एस तरसेम को दिया गया जो कविता और आलोचना के क्षेत्र में सक्रिय हैं, हालाँकि इस समय नेत्रहीन हैं।

डॉ. रवि के बारे में जो पता चला उससे लगा कि उनमें विचार-वीरता और संघर्ष-सौन्दर्य दोनों एक साथ थे। वे पटियाला के पंजाबी विश्वविद्यालय में अध्यापक थे और उनका मार्क्सवादी लेखक-समुदाय में विशेष स्थान और सम्मान है। उनकी स्मृति में स्थापित यह पुरस्कार मुख्यतः किसी आलोचक को ही दिया जाता है। हिन्दी में गों तो पुरस्कारों की बाढ़ है और हर पुरस्कार पाने वाला लेखक अपने दुश्मनों की संख्या बहुत बढ़ गयी पाता है, जिसमें से अधिकांश उसके पिछले दोस्त ही होते हैं। लेकिन आलोचना में योगदान के लिए अलग से वरिष्ठ आलोचकों के लिए कोई पुरस्कार नहीं है। पंजाबी के मुक़ाबले हिन्दी में मार्क्सवादी लेखकों के कहीं बड़े और सक्रिय संगठन हैं : उनमें से किसी ने किसी मार्क्सवादी आलोचक को पुरस्कृत करने की कोई योजना बनाने की पहल की हो, ऐसा नहीं लगता। यह पुरस्कार डॉ. रवि के प्रशंसकों द्वारा स्थापित है और उसकी राशि शुद्ध निजी योगदान के आधार पर एकत्र की जाती है। पंजाब सरकार या किसी बड़े औद्योगिक संगठन आदि की इसमें कोई भूमिका नहीं है। बल्कि पंजाबी लेखकों से बातचीत से यह ज़ाहिर हुआ कि संस्कृति को वित्तीय समर्थन देने के मामले में अन्य राज्य सरकारों की तुलना में पंजाब सरकार बेहद पिछड़ी और उदासीन है।

एक दिलचस्प बात यह भी पता चली कि ग़ज़ल पंजाबी में एक आधुनिक विधा है। उसके पारम्परिक रूमानी रूपाकार को तज और तोड़कर पंजाबी के सभी प्रमुख कवियों ने ग़ज़ल लिखी है और उनकी प्रसिद्धि और महत्ता में उसकी निर्णायक भूमिका रही है। डॉ. तरसेम ने 'ग़ज़ल का काव्यशास्त्र' नामक एक प्रसिद्ध ग्रन्थ भी इसी कारण लिखा है। अन्य अनेक भारतीय भाषाओं की तरह पंजाबी में भी नज़्म ही प्रमुख विधा है, पर नज़्म लिखने वाले कवि भी अकसर ग़ज़ल लिखते हैं।

गुवाहाटी में

पिछले वर्ष गुवाहाटी पुस्तक मेले में अचानक अस्वस्थ हो जाने के कारण नहीं जा सका था। इधर जाना हुआ 'विलियमसन मैगर एजूकेशन ट्रस्ट' का वार्षिक असम उपत्यका साहित्य पुरस्कार असमिया के वरिष्ठ साहित्यकार नगेन शाईकिया को देने के निमित्त। यह ट्रस्ट चाय बागानों की मालिक एक बड़ी कम्पनी चलाती है। असम में भाषा और साहित्य का प्रेम इतना प्रबल और व्यापक है कि आम लोग भी साहित्य का सम्मान करने के लिए प्रेरित होते हैं। हिन्दी अंचल में अनेक औद्योगिक घराने उत्पादन और व्यापार करते हैं। उनमें से कई सामाजिक क्षेत्र में भी कुछ सक्रिय हैं। लेकिन किसी ने दो लाख रुपये का कोई वार्षिक पुरस्कार स्थापित किया और चलाया हो ऐसा मेरी जानकारी में नहीं है। यह भी उल्लेखनीय है कि यद्यपि पुरस्कार किसी असमिया साहित्यकार को ही दिया जाता है, उसे देने के लिए हर वर्ष किसी ग़ैर-असमिया साहित्यकार को निमन्त्रित किया जाता है। मुझसे पहले मुल्कराज आनन्द, अमृता प्रीतम, सुभाष मुखोपाध्याय, विजय तेन्दुलकर, यू. आर. अनन्तमूर्ति, अली सरदार जाफ़री आदि मुख्य अतिथि रह चुके हैं। असम की यह परम्परा बहुत अच्छी है : असम साहित्य सभा के वार्षिक अधिवेशन में भी हर वर्ष किसी न किसी ग़ैर असमिया साहित्यकार या बुद्धिजीवी को बुलाया जाता है।

असमिया का समकालीन साहित्य बहुत समृद्ध और ताज़ा है, लेकिन उसके बारे में बाहर के लोगों को पर्याप्त जानकारी नहीं है। इसलिए अपने सम्बोधन में मैंने इस ट्रस्ट से आग्रह किया कि पुरस्कार तो वरिष्ठों को देते रहें, पर असमिया के युवा लेखकों की पुस्तकों के हिन्दी और अंग्रेज़ी में अनुवाद तथा प्रकाशन के लिए एक योजना आरम्भ करें। यह कहना कठिन है कि वे इस सुझाव पर अमल करेंगे या नहीं। मैं अपनी ओर से इस कुछ देर पछियाने का नेक इरादा ज़रूर रखता हूँ।

नगेन शाइकिया साहित्य के अलावा शिक्षा, राजनीत आदि में भी सक्रिय रहे हैं। असमिया साहित्य-जगत्, में उन्होंने विशेषतः साहित्य अकादेमी में जो भूमिका निभायी है उसे लेकर विवाद है। क़िस्सा वही है कि जब तक उनका वर्चस्व अकादेमी में रहा, उन्होंने अपनी मित्र-मण्डली और वैचारिक सहचारियों को छोड़कर किसी सुपात्र साहित्यकार को अकादेमी पुरस्कार नहीं मिलने दिया।

उनकी छोटी सी कविताओं के एक संग्रह 'मित-भाषी' को देवी प्रसाद बागड़ोदिया के हिन्दी अनुवाद में दस बरस पहले प्रकाशित किया गया था। उसकी कुछ कविताएँ अपनी मार्मिकता और संक्षेप के लिए उल्लेखनीय हैं। पढ़कर मुझे लगा था कि उन पर बांग्ला कवि जीवनानन्द दास का प्रभाव है। मुझे प्रीतिकर लगा जब उन्होंने अपने स्वीकृति वक्तव्य में स्वयं इसका एहतराम किया। तीन मित-भाषी कविताएँ यों हैं :

फूलों के घुँघरू में लटकी सुरों की
बूँदें प्रकाश में सूख गयीं। अब केवल
पंखुड़ियों का विषाद तैर रहा है।
वहीं स्नान कर रही है एक नन्हीं
चिड़िया। यही है उसका अन्तिम स्नान।

मैं नहों जानता—कल यह फूल खिलेगा या नहीं,
मैं नहीं जानता उसकी सुगन्ध फैलेगी या नहीं,
मैं नहीं जानता कल हवा बहेगी या नहीं—
प्रकाश होगा या नहीं—मैं कुछ भी नहीं जानता।
मैं केवल आशा करता हूँ—मेरी आशा के
अनुसार ही घटनाएँ घटेंगी। हम केवल आशा ही कर
सकते हैं—प्रतीक्षा कर सकते हैं।

हेमन्त जी साँझ के विस्तीर्ण खेत में अकेला
बैठा हुआ हूँ हवा में उड़कर रूप-रस-वर्ण-गंधहीन
सूखे पत्ते मेरे पाँव के निकट इकट्ठे हो रहे हैं। उनकी
गंध और ऊँट के चमड़े की सी सूखी मिट्टी की गन्ध
हवा में तैर गयी है। मैं नहीं जान पाया—मेरे
स्वप्नों की पृथ्वी कोई सूचना दिये बिना कब
उनमें विलीन हो गयी। मैं अकेला बैठा हूँ।

पढ़ने की अलख

लेखक-बुद्धिजीवी और शिक्षा शास्त्री कृष्ण कुमार के नेतृत्व में राष्ट्रीय शैक्षिक अनुसन्धान और प्रशिक्षण परिषद् ने देशभर के विशेषज्ञों की मदद से बहुत सारे नये काम किये हैं जिनकी वजह से स्कूल शिक्षा का नक़्शा देश भर में बदल सकता है, अगर उन कामों को ईमानदारी से और बिना किसी वैचारिक संकीर्णता के लागू होने दिया जाता है। भारत की विखण्डित राजनीति और दृष्टिहीन सन्तानों के चलते ऐसा हो पायेगा यह कहना कठिन हैं। चूँकि राजनीति और सत्ता सब कुछ को दबोचती है वे बच्चों को, उनकी शिक्षा को अकेला छोड़ देगी, बिना कोई हस्तक्षेप किये, यह दिवास्वप्न ही लगता है।

इस सप्ताह सर्वशिक्षा अभियान के अन्तर्गत परिषद् की एक नयी पहल से कुछ परिचय हुआ। परिषद् में एक पठन प्रकोष्ठ बना है जो इस समय पहली और दूसरी कक्षा के बच्चों को पढ़ने की ओर प्रवृत्त करने के लिए कुछ बिल्कुल नये ढंग की आकर्षक सामग्री तैयार करने में लगा है। रीडिंग सैल का पठन-प्रकोष्ठ अनुवाद अटपटा है पर रीडिंग के लिए आसानी से कोई हिन्दी पर्याय मिलना कठिन है : यही बताता है कि हमारे यहाँ रीडिंग को कितना कम महत्त्व दिया जाता हं। योजना चालीस पुस्तिकाएँ तैयार करने की है और उनके प्रारूप तैयार हो गये हैं। उन पर विचार-विमर्श हुआ। बच्चे आनन्द के लिए पढ़ें इसका विचार पारम्परिक रूप से हमने कम ही किया है जबकि यही इस प्रयत्न का मूल लक्ष्य है। सुचित्रित ये पुस्तिकाएँ बच्चों को धीरे-धीरे पढ़ने की ओर ले जायेंगी। उत्तर प्रदेश के मथुरा ज़िले में पाँच विकासखण्ड चुने गये हैं जिसके लगभग पाँच सौ स्कूलों में लगभग एक हज़ार बच्चों को पहले-पहले इस योजना से लाभान्वित करने का सुयोग बनने जा रहा है।

यह तो हम जानते हैं कि इस तरह के प्रयत्न विदेश में व्यापक रूप से होते रहे हैं। पर भारत में प्रारम्भिक शिक्षा के बच्चों पर बहुत कम ध्यान दिया गया है। कई राज्यों में पहली-दूसरी कक्षाओं को पढ़ाने के लिए नियमित शिक्षकों की नहीं, अर्द्धशिक्षकों की सरकारी व्यवस्था है। यह इन्तज़ार किया जाता है कि तीसरी कक्षा तक पहुँचने तक जिन बच्चों को ड्राप आउट करना है वे कर लें, फिर नियमित शिक्षक मिलेगा।

ऐसी विकट स्थिति में इन पुस्तिकाओं का आगमन एक ताज़ा बयार की तरह है। इन पुस्तिकाओं को पढ़ाने की व्यवस्था नहीं होगी : बच्चों को स्वयं उन्हें पढ़ना होगा। शिक्षकों से अपेक्षा की जा रही है कि वे इन्हें पढ़ायेंगे नहीं, बच्चों को खुद पढ़ने के लिए प्रेरित करेंगे। रिश्तों, जानवरों, खेल-खिलौनों, खाने-पीने आदि कथावस्तुओं के इर्द-गिर्द इन पुस्तिकाओं

में स्थानीय बोली के शब्दों, छबियों आदि का इस्तेमाल भी होगा ताकि बच्चों की ये पुस्तकें अपनी दुनिया, अपने घर और पास-पड़ोस के बारे में लगें। देश के अन्य राज्यों से यह उम्मीद की जा रही है कि इन पुस्तिकाओं को आधार बनाकर वे अपनी-अपनी भाषाओं में ऐसी ही सामग्री तैयार करेंगे। इसमें शक नहीं यह दूरन्देशी से भरा एक प्रयोग है जिसके नतीजे बहुत उत्साहवर्द्धक हो सकते हैं, हमारे समाज में पुस्तकों और पठन की घटती जगह को थामने की दिशा में।

इधर-उधर की

उड़िया कवि रमाकान्त रथ पता नहीं क्यों अपनी कविताएँ मूल उड़िया में रच, अंग्रेज़ी अनुवाद में अधिक पढ़ते हैं। एक प्रश्न के उत्तर में वे कहते हैं कि कवि को पराजय-बोध के साथ जीना चाहिए—तुम्हें विफल होना चाहिए कोई भी, जो अपनी हार स्वीकार नहीं करता, कवि नहीं हो सकता। विनोदकुमार शुक्ल अपनी स्वाभाविक विनयशीलता में इसरार करते हैं कि वे सबसे निरक्षर लेखक हैं, सबसे कम पढ़े-लिखे। उनके अनुसार लिखते समय कोई अज्ञात पाठक, कोई अज्ञात आलोचक लेखक में ही उपस्थित रहता है। प्रभावों से कोई बच नहीं सकता क्योंकि वे, अन्तर्ध्वनियाँ और आवाज़ें, हवा में तैरते रहते हैं। कोई और कहता है कि दुनिया में ऐसी बहुत सारी चीज़ें मौजूद हैं जिनके लिए कोई भाषा नहीं है—चाँदनी में पर्वतमालाएँ, एक मरती हुई स्त्री मुस्कराहट के साथ। यह कवि का दोष नहीं है कि वह कविता नहीं लिख पाता जो कि वह लिखना चाहता है। कश्मीरी कवि शफ़ी शौक को लगता है कि वे अपनी आज़ादी ढोने-ठेलने में लगे हैं—'मैं राजनीति के बारे में नहीं लिखता हूँ लेकिन मेरी हर कविता एक राजनीतिक वक्तव्य या कर्म है।' उनके अनुसार वे अकेले रह गये हैं क्योंकि उनके बच्चे कश्मीर छोड़कर जा चुके हैं। फिर भी, उन्हें यकीन है कि इतिहास का अपना विवेक होता है और इसलिए उम्मीद की जा सकती है।

कन्नड़ नाटककार गिरीश कर्नाड का मत है कि इस बात को नज़रअन्दाज़ नहीं करना चाहिए कि दुनिया भर में हालीवुड को सिर्फ़ बालीवुड भर ने चुनौती दी है। उनका अनुभव है उनके नाटकों के हिन्दी अनुवाद अधिक प्रामाणिक हैं।

कन्नड़ कथाकार-बुद्धिजीवी यू. आर. अनन्तमूर्ति कहते हैं कि मलयालम और हिन्दी भारत की सबसे उदार आतिथेय भाषाएँ हैं—उनमें दूसरी

भारतीय भाषाओं से सबसे अधिक अनुवाद होते हैं। वे निर्मल वर्मा की कई पुस्तकों के जर्मन अनुवाद का लोकार्पण करते हैं जिनमें 'भारत और यूरोप', 'धुन्ध से उठती धुन' आदि शामिल हैं। जर्मन प्रकाशक रोलैण्ड बीअर अशक्त और बीमार हैं पर उन्होंने मनोयोगपूर्वक ये पुस्तकें प्रकाशित की हैं। अनन्तमूर्ति कहते हैं कि भारत में अधिकांश लेखक अपनी संस्कृति तक महदूद रहते हैं और उसमें रसे-बसे बहुत महत्त्वपूर्ण, कई बार महान् तक, कार्य करते हैं। लेकिन उनकी सभ्यता की समस्याओं में दिलचस्पी नहीं होती। रवीन्द्रनाथ ठाकुर में सांस्कृतिक मूलबद्धता और सभ्यता-चिन्ता दोनों थीं। धीरे-धीरे भारतीय लेखकों के सभ्यता-बोध का क्षरण होता गया। निर्मल वर्मा इसका अपवाद रहे हैं। अनन्तमूर्ति कहते हैं कि सभ्यता के क्षेत्र में प्रवेश करना विवादग्रस्त होना है—निर्मल ने यह जोखिम उठाया।

उर्दू कवि जावेद अख़्तर का ख़्याल है कि अगर अधिकांश उर्दू साहित्य देवनागरी में छा जाये तो इससे हिन्दी के अलावा उर्दू का भी भला होगा। एक पाकिस्तानी पत्रकार के इस प्रश्न के उत्तर में कि 'भारत में उर्दू का क्या भविष्य है' वे कहते हैं कि उर्दू का भविष्य जो भी हो पाकिस्तान को अपने भविष्य की चिन्ता करनी चाहिए। वे इसरार करते हैं कि पाकिस्तान में उर्दू ग़ज़ल अच्छी लिखी जा रही है—बन्द और कम आज़ाद सवालों में सीधे न कहकर इशारों में बात करने की विधाएँ ज़्यादा मक़बूल होती हैं। भारत चूँकि खुला सवाल है यहाँ ग़ज़ल से ज़्यादा नज़्म लिखी जाती है क्योंकि उसमें आप खुलकर अपनी बात कह सकते हैं, राय ज़ाहिर कर सकते हैं।

गुजराती कवि सितांशु यशश्चन्द्र इस पर ज़ोर देते हैं कि तथाकथित सामाजिक ज़िम्मेदारी का अधिकांश साहित्य बोगस होता है, रहा है। बार-बार अन्तरराष्ट्रीय मंचों पर भारतीय साहित्य का स्वीकार उसकी साहित्यिकता या कलात्मक गुणवत्ता के आधार पर वहीं उसमें प्रगट सामाजिक सच्चाई के आधार पर होता है। भारतीय साहित्य की जटिलता, सूक्ष्मता, परिष्कार, आविष्कारक कल्पना का पर्याप्त स्वीकार अभी बाक़ी है।

इस बीच कुछ भारतीय लेखकों ने अपने नखरे दिखाने शुरू कर दिये हैं। हरेक लेखक को राष्ट्रीय पुस्तक न्यास ने एक जर्मनभाषी सहायक उपलब्ध कराया है। एक ने अपने लेखक को इसलिए छोड़ दिया कि वे चौराहे पार करने के अभ्यस्त नहीं हैं और किसी वाहन में ही उन्हें पार कर सकते हैं। एक और अपने लेखक के लिए बाहर से कहीं कम खर्चीला खाना लाते-लाते थककर या ऊबकर छोड़ गयी। दो-एक को शिकायत रही कि उनके साथ लेखकों ने शिष्ट व्यवहार नहीं किया। लेकिन इन थोड़ी-बहुत शिकायतों को छोड़ दें तो सभी लेखक न्यास द्वारा की गयी व्यवस्था से बहुत सन्तुष्ट हैं।

जर्मन प्रतिक्रियाएँ

प्रायः हरेक भारतीय लेखक ने मेले और उससे बाहर पाँच-छह जगहों पर रचना-पाठ किया है। बहुत सारे दूसरे शहरों में भी इसलिए गये हैं। हर जगह, आमतौर पर, अच्छी संख्या में श्रोता मौजूद रहे हैं और उनमें से अधिकांश जर्मन रहे हैं। पहली बार जर्मनी में, सम्भवतः किसी भी यूरोपीय देश में यह अहसास व्यापक तौर पर हो पा रहा है कि भारत कितना बड़ा बहुभाषिक देश है, कि उसमें कितनी सारी शैलियाँ और दृष्टियाँ एक साथ सक्रिय हैं। राष्ट्रीय पुस्तक न्यास द्वारा हर पाठ-स्थल पर कविताओं की प्रतियाँ सुलभ करायी गयीं और बहुतेरे लोग उन्हें उठाकर ले गये। अधिकांश लोग, ज़ाहिर है, कुतूहलवश आते हैं लेकिन सुनते हुए थक जाते हैं—उनके चेहरों पर आते मनोभावों से लगता है कि उन्हें रस आ रहा है, कि इन्हें यह अहसास हो रहा है कि भारतीय भाषाओं में ऐसा कुछ हो रहा है जो ध्यान देने योग्य है। लेकिन जर्मन मीडिया के पूर्वग्रह वहीं बने हुए हैं—उसके पृष्ठों में ज़िक्र ज़्यादातर भारत के अंग्रेज़ी लेखकों का ही है। दुर्भाग्य से इन लेखकों में से अधिकांश का रुख़ और व्यवहार भी कुछ ऐसा है मानो वे उच्चतम ब्राह्मण हैं। यह देखकर दया भी आती है और कुछ अचरज भी होता है कि उनमें से प्रायः किसी को यह जानने की कोई इच्छा नहीं है कि भारतीय भाषाओं में क्या हो रहा है—इसकी कोई जानकारी उनके पास होना तो दूर की बात है।

इस दौरान कुछ नये भारतीय लेखकों से परिचय हुआ। तेलुगू की शाहजहाँना और तमिल की सलपा, अरुणाचल प्रदेश की ययांग दाई में अलग-अलग क़िस्म की, गहरी स्थानीयता में रसी-बसी, हिम्मत साफ़ नज़र में आती है। उन सभी में आवेग, तल्खी और की गयी व्यवस्था को प्रश्नांकित करने की काव्य-क्षमता है। यह भी स्पष्ट होता है विकराल भूमण्डलीकरण की अच्छी दौड़ में शायद साहित्य और कविता में प्रगट मानवीय सम्बन्धों, चीज़ें और छवियों-बिम्बों आदि की अपार स्थानीयता ही हमें किसी हद तक आत्मवंचित और अपने से बेगाना होने से बचा सकती है।

कुछ और

फ्रेंकफ़र्ट में थोड़ा सुसंगठित पाकिस्तानी-भारतीय सवाल भी है। हम उनकी महफ़िल में जाते हैं : डेढ़ेक घण्टे उर्दू और हिन्दी कविताओं का तीन कवि पाठ करते हैं। बिना अनुवाद के सुनाने और श्रोताओं की मुखर

प्रतिक्रियाएँ सुनने से कुछ और ही बात पैदा होती है। एक पाकिस्तानी पत्रकार बाद में पूछते हैं अगर सिर्फ़ भारत के बजाय मेले में पूरे उपमहाद्वीप को अतिथि बनाया जाता तो बेहतर न होता! मैं कहता हूँ कि शायद! फिर जोड़ता हूँ कि यों देखा जाये तो राजनीति और पर्व अन्ततः उपमहाद्वीपीय साहित्य और भाषाओं का बँटवारा करने में विफल ही रहे हैं। बाँटने वाली शक्तियों के बरक्स जोड़ने और जोड़े रखने की यह शक्ति साहित्य में हमारे समय में एक नये क़िस्म का औचित्य देती है।

2000 वर्ग मीटर में फैले भारत पर एकाग्र फ़ोरम को आकल्पक विनय सरकार ने परम्परा, प्रगति और आधुनिकता के कुछ मोहक तत्त्वों को गूँथते हुए विचित्र भारतीय भाषाओं की वर्णमालाओं, अक्षरों और लिपियों से जो एक बहुभाषिक चित्रवीथी तैयार की वह परिष्कृत और प्रतीकात्मक दोनों थी। हमारी विविध लिपियाँ एक दूसरे ढंग से भारतीय मानस की बहुवर्णिता का लगभग ऐन्द्रिय अभिव्यक्ति लगती हैं।

इस मेले में पुस्तकें कुछ आख़िरी दिनों में ही सस्ते दामों पर बिकती हैं। भागा तो कुछ पुस्तकें मिल ही गयीं थेरिया, ला कार्बूज़िए, वाल्टर बेन्यामिन आदि के बारे में। एक पुस्तक साम्यवादोत्तर मध्य यूरोप के लेखकों की स्थिति के बारे में भी।

'कथा'—कोलाज

विराट् साहित्यिक या कलात्मक आयोजन करने का मुझे लम्बा अनुभव है। एक ज़माने कुछ दोस्त व्यंग्य में यह कहते थे कि अगर विराट् न हो तो मेरी दिलचस्पी ही नहीं होगी। फिर भी, जनवरी 2006 के दूसरे सप्ताह में 'कथा' संस्थान ने 'कथा एशिया : सिटी स्टोरीज़' शीर्षक से जो आयोजन किया वह अपनी थोड़ी अराजक विराटता में मुझे भी चकित करने वाला था। अव्वल तो उसमें बड़ी संख्या में देश भर से छात्र आये थे : उनकी जिज्ञासु, सुन्दर और कई बार अबोध लगती ऊर्जा और सक्रियता पूरे आयोजन में हर कहीं नज़र आती थी। दूसरे, उनमें इतने सारे अनुशासनों का समावेश था : साहित्य, उपन्यास, कविता, फ़िल्म, समाजशास्त्र, परम्परा का संरक्षण, नगर-नियोजन, रंगकार्यशाला, फ़िल्म स्क्रिप्ट कार्यशाला, क़िस्सागोई, संगीत, धर्म, नारी-विमर्श, लोकतन्त्र, सेंसरशिप, शिक्षा, झुग्गी-झोपड़ी, चुनाव आदि। इण्डिया हैबिटाट सेण्टर में एक ही समय पर अलग-अलग जगहों पर सात-आठ सत्र चलते थे। भाग लेने वालों में भारत के अलावा पाकिस्तान, चीन, श्रीलंका, आस्ट्रेलिया,

इण्डोनेशिया, जर्मनी, ब्रिटेन आदि से लेखक और अन्य विशेषज्ञ थे।

8 जनवरी की सुबह पाकिस्तानी लेखिका किश्वर नाहीद और भारतीय चिन्तक आशीष नन्दी साथ हैं। नन्दी कहते हैं कि महानगरों में जो बस्तियाँ और इलाक़े पिछड़े और हाशिये पर होते हैं अक्सर शहर की सर्जनात्मकता वहीं से आती है। किश्वर बुलन्दशहर से शुरू कर लाहौर और इस्लामाबाद इन शहरों द्वारा गढ़ी गयी अपनी ज़िन्दगी का मार्मिक बखान करती हैं। यह ज़िक्र करना नहीं भूलती हैं कि जब उनके परिवार ने पाकिस्तान जाने का तय किया तो उनके हिन्दू पड़ोसियों ने ही उन्हें सुरक्षित सरहद के पार पहुँचाया था।

हिन्दी कवयित्री अनामिका मंच पर अकेली हैं क्योंकि मंगलेश डबराल नहीं आये। वे अपनी कई कविताओं से शहरी बच्चों की ज़िन्दगी का एक दिलचस्प और छूने वाला कोलाज बनाती हैं। उसके पहले नामवर सिंह भारतेन्दु आदि लेखकों के हवाले से हिन्दी साहित्य में बनारस के वर्णन का एक मानचित्र जैसा प्रस्तुत कर चुके हैं।

'शहर और उसकी धरोहर' विषय पर अगले सत्र में मैं संस्कृति प्रतिष्ठान के ओमप्रकाश जैन और वास्तुकार गुरमीत राय की बातचीत सुनने पहुँचता हूँ। श्री जैन को लगता है कि अपनी वस्तुपरक धरोहर के संरक्षण के प्रति भारतीय उदासीनता का एक कारण शायद यह है कि हमारे यहाँ वस्तु नष्ट होगी तो फिर बना लेने का भाव है—हम तो दुर्गा और गणेश की मूर्तियाँ बनाकर और उन्हें दस-पन्द्रह दिन ख़ूब पूजकर फिर समारोहपूर्वक जल में सिरा देने वाले लोग हैं!

विजयदान देथा, जिन्हें इस बार कथा-चूड़ामणि सम्मान दिया गया, अपना चूड़ामणि व्याख्यान 'कथा' की संयोजक लीला धर्मराजन को एक पत्र के रूप में देते हैं जिसमें अपनी साहित्य-यात्रा में शरदचन्द्र, चेखोव आदि के विशद प्रभाव का उल्लेख करते हैं।

चार्ल्स लैण्ड्री अपनी बातचीत में ऐसे कई शहरों के चित्र दिखाते हैं जिन्होंने व्यापक जन-समर्थन और भागीदारी से अपनी सर्जनात्मकता को खोजा और अपना पुनरुद्धार किया है। एक शहर ने अपनी अलग पहचान बनाने के लिए पुस्तकों की दुकानों को बढ़ावा दिया और ऐसा शहर बन गया जिसमें आनुपातिक रूप से सबसे अधिक पुस्तकों की दुकानें हो गयीं जिससे बहुत सारे सैलानी भी वहाँ इसलिए आने लगे। जर्मनी के एक शहर ने एक बदसूरत फैक्टरी को नष्ट करने के बजाय उसे एक रंगारंग पार्क में बदल दिया है जो अब मनोरंजन का एक प्रमुख केन्द्र बन गया है। एक शहर के लोगों की इस शिकायत पर कि उसका परिवेश बहुत नीरस और उबाऊ है, वहाँ के बेयर मकानों के दरवाज़ों को रंग दिया

और वहाँ के चित्रकारों ने उन पर चित्र बना दिये और अब वह मुहल्ला बेहद उल्लसित और दर्शनीय माना जाने लगा है। लातीनी अमेरिकी एक शहर के मेयर ने शहर की गन्दगी साफ़ करने के लिए यह तरीक़ा निकाला कि कूड़े के ढेरों को पैसा देकर ख़रीदना शुरू किया। आप अपना कचरा बटोरकर निर्धरित स्थान पर लाइए और उसका दाम ले जाइए। कहते हैं कि आलसी और कामचोरी कर्मचारियों की फ़ौज रखने के बजाय यह उपाय अधिक कारगर और कम ख़र्चीला बैठा है।

शहर और कविता को लेकर दिलीप चित्रे, मैं, चीनी कथाकार शू शी तथा पेरिस-बसे ईरान की कथाकार जब्बार यासिन हुसेन एक सत्र में साथ थे। मैंने ग़ालिब और अज्ञेय के शहर दिल्ली पर कुछ बात की और दिलीप ने बड़ोदरा, मुम्बई और पुणे में बितायी अपनी ज़िन्दगी पर। शू शी ने कुछ कथांश पढ़े और हुसेन ने भी।

दार्शनिक रामचन्द्र गाँधी ने विभाजन और स्वतन्त्रता को लेकर हुए गाँधी जी के अन्तःकरण के संकट का मार्मिक विश्लेषण किया तो जर्मन लेखक लेकिन ईरान के मूल निवासी नाविद किरमानी ने अपने जैसे लेखकों के जर्मनी में मुस्लिम लेखक कहे जाने पर एतराज़ करते हुए कहा कि अगर कोई मसलन गुण्टर ग्रास को जर्मन का ईसाई लेखक नहीं कहता तो उन्हें मुस्लिम लेखक क्यों कहा जाये।

जाहिदा हिना ने काबुल को लेकर एक कहानी सुनाई और शहर के इर्द-गिर्द लिखी अपनी कुछ कविताएँ उर्दू कवि बलराज कोमल ने सुनाई। अंग्रेज़ी कवि ने सुदीप सेन ने भी एक सत्र में विभिन्न शहरों पर लिखी अपनी कविताएँ प्रस्तुत कीं।

हर सत्र में युवा छात्र-छात्राओं ने टिप्पणियाँ कीं, प्रश्न पूछे, स्पष्टीकरण माँगे। उनके लिए पूरा आयोजन एक अद्वितीय अनुभव था जैसे कि उन लेखकों आदि के लिए भी जिन्होंने उसमें शिरकत की। कई हिन्दी लेखक जैसे उदय प्रकाश, कमलेश्वर, आदि के नाम घोषित थे पर वे आये नहीं। क्यों, पता नहीं।

शहर और उसकी कथाएँ एक जटिल विषय है लेकिन उसके इतने अधिक पहलू हो सकते हैं यह पहले सोचा न था। थोड़ा दुखद अचरज इस बात को लेकर है कि दिल्ली के अख़बारों में 'कथा' के इस समारोह के बारे में बहुत कम छपा जबकि इतनी सारी दिलचस्प और विचारोत्तेजक सामग्री उसमें सहज सुलभ थी।

मिथक से इतिहास की ओर

क्या यह कहना सही है कि भारत मिथक से इतिहास की ओर, अनन्त से समय की ओर, ब्रह्माण्ड से संसार की ओर, आत्म से व्यक्ति की ओर, आध्यात्मिक से सामाजिक की ओर, लोक से समाज की ओर मुड़ और बदल चुका है? कुछ हद तक यह सही है, लेकिन शायद इससे पूरी भारतीय सच्चाई व्यक्त नहीं होती। मिथक, अनन्त, ब्रह्माण्ड, आत्म, अध्यात्म, लोक आदि भी बचे हुए हैं। यह कहना अधिक सही होगा कि भारत जैसे बहुभाषिक, बहुधार्मिक, बहु-आध्यात्मिक, बहुसामाजिक, बहुसमय देश में कुछ भी पूरी तरह से बदलता या अपदस्थ नहीं होता है। परम्परा परिवर्तन को आत्मसात् करती और अपने को पुनर्नवा करती चलती है। परिवर्तन परम्परा में होता है, अक्सर उसके बाहर नहीं, और इसलिए परम्परा और परिवर्तन के बीच वैसा द्वैत नहीं है जैसा कि कई अन्य सभ्यताओं में है। जापान जैसे एकतान देश में यह कहना किसी हद तक अटपटा था कि भारत में परम्परा, संस्कृति, साहित्य, धर्म, भाषा आदि के बारे में बात बहुवचन में ही की जा सकती है : एकवचन, भारत में, बहुवचन का ही हिस्सा है–हम एक हैं क्योंकि हम अनेक हैं। कहा तो यह भी कि भारतीय सभ्यता का एक अनिवार्य उपक्रम नश्वरता और काल से अभय अर्जित करने का रहा है। आज की हिन्दी कविता को किसी सामान्यीकरण में घटाना ठीक नहीं होगा, क्योंकि उसमें कई प्रवृत्तियाँ और दृष्टियाँ एक साथ सक्रिय हैं। सबसे सुरक्षित सामान्यीकरण शायद यही हो सकता है कि इस कविता में अपनी स्थानीयताएँ बचाने की ललक और ज़िद तथा भूमण्डलीकरण और बाज़ार के बढ़ते विकराल वर्चस्व का गहरा बौद्धिक और सर्जनात्मक प्रतिरोध है।

यह बकबक करने का अवसर आया तोक्यो के ताकुशोकु विश्वविद्यालय में आयोजित 23-24 नवम्बर, 07 को हुए एक परिसंवाद में, जहाँ भारतीय और जापानी कविता के परस्पर सम्बन्ध और रूपविनिमय पर दोनों देशों के विद्वानों और कवियों ने विचार किया। दो-तीन बातें जल्दी ही समझ में आ गयीं। पहली यह कि जापानी के हिन्दी विद्वान भी ज्यादातर भारत के प्राचीन और मध्यकालीन साहित्य में दिलचस्पी रखते हैं, दूसरी कि आधुनिक जापानी साहित्य के आचार्य अब तक रवीन्द्रनाथ के साहित्य से आगे नहीं आये हैं। तीसरी यह कि जैसे भारत में वैसे ही जापान में, विद्वत्ता और सर्जनात्मकता में दूरी और फाँक है। मसलन, परिसंवाद के दौरान किसी भी जापानी विद्वान ने किसी समकालीन जापानी लेखक का नामोल्लेख नहीं किया। इसके पीछे कहीं न कहीं यह पूर्वग्रह सक्रिय है कि आधुनिकता तो पश्चिम की बपौती और उपहार है, इसे पूरी तरह से नज़रअन्दाज़ करते हुए कि भारत जैसी प्राचीन सभ्यता ने अपनी शर्तों

पर पश्चिम से संवाद और मुठभेड़ करते हुए अपनी विशिष्ट आधुनिकता या कहें आधुनिकताएँ विन्यस्त और विकसित की हैं।

क्योतो से आये आचार्य सुजकी सदामी ने रवीन्द्रनाथ ठाकुर से आधुनिक जापानी काव्य पर प्रभाव का विश्लेषण किया। जापानी कविता में पश्चिमी प्रतीकवाद और रहस्यभाव के चलते आम बोलचाल की भाषा में जीवन-केन्द्रित कविता लिखने की प्रवृत्ति जागी और उसमें कई पारम्परिक काव्यरूपों जैसे तंका और हाइकू का पुनराविष्कार भी हुआ। रवीन्द्रनाथ को एशियाई जीवन-केन्द्रिकता का ईमानदार प्रतिनिधि माना गया। बाद में 1937 के चीन-जापान युद्ध के सिलसिले में रवीन्द्रनाथ और नागुची योनेजीरो के बीच उभरे मतभेद के कारण जापानी कविता रवीन्द्रनाथ के प्रभाव से मुक्त होकर आगे चली गयी।

एक पूरा परचा तोमियो मिजोकामी का लोकप्रिय हिन्दी फिल्मी गानों के जापानी अनुवाद को लेकर था। उन्होंने इसका पूरा एक संकलन ही तैयार कर प्रकाशित कर दिया है। गानों का इस्तेमाल हिन्दी सिखाने के लिए किया जाने लगा है। हमारी ओर से इस पर यह टिप्पणी की गयी कि इससे भारतीय जनमानस की भी एक बेहद सरलीकृत और अतिभावुक तस्वीर उभरती है और वह समकालीन कविता से पूरी तरह से कटी हुई सामग्री होगी। एक जापानी विदुषी तोषिको मियाची ने बच्चों के लिए समकालीन कवियों द्वारा जापानी में लिखी जाने वाली कविताओं का विवेचन किया और एक और निवा क्योको ने रवीन्द्रनाथ के जापानी अनुवादों पर रोचक और प्रामाणिक बात की।

समापन हुआ कविता पाठ से, जिसमें पुरानी मित्रता के कारण जापान की मूर्धन्य कवयित्री काजुको शिरैषी आ गयीं। उन्हें भोपाल के विश्व कविता समारोह में अपने काव्य-पाठ के समय मेरी पत्नी रश्मि का कथक-नृत्य बखूबी याद था, जिसका ज़िक्र, उन्होंने सार्वजनिक रूप से 'एक चमत्कार' की तरह किया। परिसंवाद में प्रयाग शुक्ल ने जीवनानन्द दास, सुरेश सलिल ने नागार्जुन, विनोद भारद्वाज ने धूमिल पर परचे पढ़े? गंगाप्रसाद विमल ने अनुवाद की समस्याओं पर विचार व्यक्त किये और मंगलेश डबराल ने हिन्दी कवि की तकलीफों और अन्तर्विरोधों का उल्लेख किया। वरयाम सिंह ने एक सत्र की मुखर अध्यक्षता की।

अगर हम अगले दो दिन तोक्यो में ही स्थित दो और विश्वविद्यालयों, दाइतो बुनका विश्वविद्यालय और तोयो विश्वविद्यालय, न जाते तो हमें यह पता न चलता कि दरअसल भारत को जानने-समझने और हिन्दी के प्रति जिज्ञासा प्रो. तेजी तनाका जैसी सतही और लापरवाह नहीं है। प्रो. तनाका इस परिसंवाद के नियोजक थे और उन्होंने तोक्यो में ही स्थित इन विभागों को आमन्त्रित नहीं किया था, जबकि विडम्बना यह

थी कि स्वयं उनके थोड़े से छात्र इस परिसंवाद में उपस्थित नहीं थे।

तोक्यो से बाहर एक अत्यन्त सुरम्य परिसर में प्रो. हिदियाकी इशीदा के साथ उनके छात्रों से भेंट हुई। उनके हिन्दी पढ़ने के कारणों का पता करने पर एक ने बताया कि वह भारत जाकर ऊँट देखना चाहता है, इसलिए हिन्दी पढ़ रहा है। यह विभाग जापानी में 'हिन्दी साहित्य' नाम से एक पत्रिका भी प्रकाशित करता है जिसमें समकालीन हिन्दी साहित्य का जापानी अनुवाद भी छपता है। मन्नू भण्डारी, दलित साहित्य, अजय नावरिया आदि के अनुवाद दीख पड़े। तोयो विश्वविद्यालय के भारत विद्या विभाग ने 'कबीर वचनावली' का जापानी अनुवाद प्रकाशित किया है वहाँ ताइगेन हाशीमोतो और हिसायोशी मियामोतो जैसे विद्वान अच्छा काम कर रहे हैं।

समझ की रूढ़ियाँ

जामिया मिलिया इस्लामिया विश्वविद्यालय का जनसंचार देश के शीर्ष संस्थानों में गिना जाता है और कहते हैं कि उसमें प्रवेश के लिए कड़ा मुक़ाबला होता है। उसके पास अच्छे संसाधन हैं और अब इमारत का विस्तार भी हो रहा है। इसी सप्ताह वहाँ की एक छात्रा ने, जिनकी सम्वेदनशीलता और क्षमता के बारे में कोई शक नहीं किया जा सकता, मुझे अपने एक प्रोजेक्ट में एक छोटा या इंटरव्यू रिकार्ड करने बुलाया। एक अध्यापिका ने काफ़ी तैयारी करने के बाद, ऐसा उन्होंने ही मुझे बताया, मुझसे प्रश्न पूछे। कुछ प्रश्न इस तरह के थे : आधुनिक हिन्दी साहित्य के पाठक क्यों कम हो रहे हैं, साहित्य की दृष्टि क्या है, साहित्य से क्या अपेक्षाएँ की जा सकती हैं, साहित्य की क्या सम्भावनाएँ हैं। पहली नज़र में इन प्रश्नों में एक क़िस्म का ईमानदार भोलापन है। युवा लोग इसी तरह की प्रश्नाकुलता रखते हैं। पर अगर कुछ और ध्यान से देखें तो लगेगा कि ये वही प्रश्न हैं जो पिछले पचास साल से हर लेखक से पूछे जाते हैं और इनके पचासों बार अच्छे और विचारोत्तेजक उत्तर दिए जा चुके हैं। लेकिन इन उत्तरों से युवाओं का कोई परिचय नहीं है और कुल मिलाकर वे, युवा होने और तेजी से बदलते समय में जीवित और सजग होने के बावजूद कोई नए प्रश्न साहित्य को लेकर नहीं पूछ पाते।

यह तर्क किया जा सकता है कि जनसंचार के छात्रों की साहित्य में सीधे हिस्सेदारी नहीं होती। प्रतितर्क यह होगा कि अगर साहित्य की वह

रूढ़ समझ, जिससे ऐसे रूढ़ अत्युत्तरित प्रश्न निकलते हैं, इन युवाओं को कहाँ से मिलती है? ये प्रश्न वही हैं जो आमतौर पर साहित्य के प्रायः अधकचरे छात्र भी पूछते हैं! जनसंचार में दीक्षित हो रहे युवाओं के पास नए प्रश्न क्यों नहीं हैं? यह भी गौर करने की बात है कि ऐसे सम्भवतः प्रतिभाशाली युवाओं के पास साहित्य के बार में सोचने की जो शब्दावली है वह सीमित होने के साथ-साथ बेहद दकियानूसी है : समाज, यथार्थ, दिशा, सन्देश, सम्भावना आदि। हिन्दी आलोचना की कई विफलताओं में से एक यह है कि अपने सारे परिष्कार, सूक्ष्मता और जटिलता के बावजूद वह शैक्षणिक या बौद्धिक माहौल में साहित्य के बारे के कुछ नई समझ, किसी नई प्रश्नाकुलता को रसा-बसा नहीं पाई है। 'साहित्य समाज का दर्पण है' जैसी स्थापना को स्वयंसिद्ध मानने की स्थिति भी इसी विफलता का एक और पहलू है। छात्रों को तो छोड़ें, पत्रकारों, सभा-गाष्ठियों में प्रश्नकर्ताओं से लेखकों को ऐसे ही प्रश्न अक्सर सुनने को मिलते हैं। रोग व्यापक रूप से फैला नज़र आता हैः उसका निदान क्या है समझ में नहीं आता।

साहित्य और सामाजिक भविष्य

किसी भी समय, और इस समय तो और भी, यह अटकल लगाना कठिन होता है कि भविष्य का समाज क्या होगा। साहित्य की ही तरह, भविष्य, इतिहास और समाज अस्थिर, अनिश्चित, अप्रत्याशित होते हैं। अभी दस बरस पहले ही कौन कह सकता था कि भारत का एक हिस्सा, जिसे उचित ही हिकारत से 'इण्डिया' कहा जाता है, इस क़दर चमकने-दमकने लगेगा और उसकी अँधेरे भारत से दूरी इस क़दर बढ़ जायेगी। किसने भविष्यवाणी की थी कि एक संकीर्ण और साम्प्रदायिक विचार-धारा भारतीय लोकतान्त्रिक मान्यता पा जायेगी और सत्तारूढ़ हो बैठेगी? किसने सोचा था कि अंग्रेज़ी का भारत में फैलाव और मातृभाषाओं का इस क़दर अवमूल्यन होना शुरू हो जायेगा। जब से हिन्दी साहित्य ने अपने को बहुत मुखर-आक्रामक रूप से समाजधर्मी बनाना शुरू किया और तथाकथित सामाजिकता को एक सर्वनिर्णायक मूल्य के रूप में स्थापित कर दिया तो समाज की उसमें दिलचस्पी ज़ाहिरा तौर पर घट जायेंगी यह किसने देखा था। किसे पता था कि हिन्दी अंचल के सांस्कृतिक संस्थान एक-एक करके नष्ट या विकृत किये जायेंगे और हिन्दी समाज उस बारे में चुप्पी साधे रहेगा। परिवर्तन की गति इस समय बहुत तेज़ है और यह कहना कठिन है कि वह कब और कैसे थमेगी : उतना ही कठिन है यह कह

सकना कि इस गति से साहित्य कैसे निपटेगा।

लखनऊ के 'कथाक्रम' द्वारा कथाकार शैलेन्द्र सागर के उद्यम से आयोजित एक परिसंवाद का विषय इस बार था : 'हिन्दी साहित्य और भविष्य का समाज'। बड़ी संख्या में कथाकारों और साहित्यप्रेमियों ने उपस्थित रहकर थोड़ी सी यह आश्वस्ति दी कि इस तरह की राजधानियों में, दिल्ली जैसी राजधानी के मुकाबले, साहित्य में दिलचस्पी और उसके नये-पुराने लेखकों के प्रति उत्सुकता बरक़रार है। मैं तो इस वार्षिक आयोजन में बहुतों बार गया। यह देख-सुनकर अच्छा लगा कि हिन्दी के दूरदराज़ के अंचलों में अपने वरिष्ठों से खरी-खोटी कहने का माद्दा बना हुआ है और कई युवा लेखकों ने दिल्ली के मठाधीशों की जमकर मज़म्मत की। दिल्ली की हिन्दी में बढ़ गयी और कई बार निर्णायक उपस्थिति को लेकर बाहर काफ़ी नाराज़ी है। यह कई तरह से स्पष्ट होता रहा। आने वाले कल के साथ युवाओं का क्या-कैसा क़रार है यह तो समझ में नहीं आया पर उनकी बेबाकी मोहक थी। आशाप्रद भी।

नामवर सिंह ने शमशेर बहादुर सिंह को किंचित् अप्रत्याशित रूप से याद करते हुए उनके एक पद 'काल तुझसे होड़ है मेरी' का ज़िक्र किया। इसका भी प्रसंग आया कि हमारे एक बड़े कवि कबीर ने 'सुन्नसिखर पर दियना बार' कहकर साहित्य का एक लक्ष्य तो लगभग हमेशा के लिए निर्धारित कर दिया। शमशेर जी ने काल शब्द का प्रयोग समय के साथ-साथ नश्वरता की अर्थछवि उकसाने के लिए भी किया है। यह विचारणीय है कि जब आज के साहित्य में नश्वरता-बोध इतना क्षीण है तो भविष्य में उसका पुनर्वास होगा, यह दुराशा करना समीचीन है कि नहीं।

भविष्य की आहट साहित्य में रही है इसका उल्लेख हुआ। याद किया जा सकता है कि कार्लक्लौस ने 1914 के पहले ही यह कहा था कि यूरोप में ऐसा समय आयेगा जब आदमी की चमड़ी के दस्ताने बनने लगेंगे। कुल तीस बरस बाद नाज़ियों ने आदमी की चमड़ी के टेबिललैम्प शेड तो बना ही दिये मुक्तिबोध की कलैसिक कविता 'अँधेरे में' को उचित ही याद कर रवीन्द्र वर्मा ने उसको आपातकाल में उभरे सत्ता-ताइन का पूर्वाभास बताया। लेकिन ऐसे उदाहरण अधिक नहीं कहे जा सकते। साहित्य को इधर अपने 'अनन्त वर्तमान' से जूझने से ही फुरसत नहीं है कि वह भविष्य की सोच सके यह कटूक्ति की जा सकती है कि हम अपने साहित्य के ऐसे मुकाम पर हैं जहाँ स्मृतिलोप के साथ-साथ भविष्य चिन्ता का भी कोई साक्ष्य नज़र नहीं आता : कुल मिलाकर स्मृतिवंचित और भविष्यनिरपेक्ष साहित्य हैं। काफ़्का ने शायद हमारे लिए ही कहा था : 'उम्मीद की बहुतायत है लेकिन हमारे लिए कोई उम्मीद

नहीं है।'

लेकिन निराशा के भी अन्ततः कर्तव्य होते हैं, समाज और साहित्य दोनों में। काल से होड़ भले, प्रसाद के शब्द आप करें, 'हारी होड़' होती है, साहित्य ऐसी होड़ लगाने से बाज़ नहीं आ सकता। यह उसकी बेशर्म ज़िद, निर्लज्ज उद्दण्डता है। साहित्य के पास, जैसा कि इसी समारोह में आनन्दसागर सम्मान से विभूषित कथाकार महेश कटारे ने कहा, 'फटेहाल स्वाभिमान' होता है। यों तो वे स्वयं एक तरह के देहाती स्वाभिमान के बहुत उजले और प्रिय उदाहरण हैं। यही स्वाभिमान साहित्य को सत्ता से और समाज से भी सच कहने की हिम्मत देता है। भविष्य का कोई भी समाज ऐसा नहीं हो सकता जिसमें बर्बरता, अन्याय और शोषण के विरुद्ध आवाज़ उठाने की ज़रूरत या अवसर न हो। ऐसा समाज भी भविष्य में नहीं हो सकता जिसमें स्वतन्त्रता-समता-न्याय की मूल्यत्रयी को सत्यापित करने और समाज में उनकी जगह की चौकसी का काम करना ज़रूरी न रह जाये। ऐसा सामाजिक परिसर भी नहीं बन सकता जिसमें समय में रहने और समय से पार जाने की क्षमता का कोई अर्थ न बचे। ये सभी साहित्य के वे कार्य हैं जो वह करता आया है, कर रहा है और करता रहेगा। हो सकता है कि वह हाशिये पर हो—अब भी कौन सा केन्द्र में है?—या वहाँ ढकेल दिया जाये। पर वहीं से सही, वह केन्द्र पर, मुख्य धारा पर अपना दबाव बनाये रखेगा इसमें शक की गुंजाइश नहीं है। यह नहीं भूलना चाहिए कि जिन माध्यमों से समाज अपने समाज होने को पहचानता है उसमें साहित्य है। भविष्य का साहित्य क्या होगा यह अटकल लगाना मुश्किल है पर यह अटकल तो लगायी ही जा सकती है कि वह साहित्यविहीन समाज नहीं होगा, नहीं होना चाहेगा।

ठाणे में धर्मनिरपेक्षता

महाराष्ट्र में सार्वजनिक स्तर पर विचार-विनोद की परम्परा पुरानी और पुष्ट है। शायद ही और कोई प्रदेश हो जहाँ लोग बड़ी संख्या में धीरज और ध्यान से, विभिन्न मुद्दों पर बुद्धिजीवियों के विचार सुनने ऐसे एकत्र हों जैसे कि महाराष्ट्र में। ठाणे मुम्बई से बिल्कुल लगा हुआ और तेजी से विकसित होता शहर है। वहाँ राष्ट्रवादी कांग्रेस के युवा कांग्रेस के अध्यक्ष ने हम कुछ लोगों को धर्मनिरपेक्ष भारत और उसके सामने चुनौतियों पर बोलने के लिए आमंत्रित किया। हम याने जहवाहरलाल नेहरू विश्वविद्यालय में आचार्य जोया हसन, मार्क्सवादी राजनेता सीताराम येचुरी,

भाजपा में कुछ नये ढंग से विचारशील सुधीन्द्र कुलकर्णी और मैं। 'लोकसत्ता' सम्पादक कुमार केतकर संचालक थे। तीन घण्टे से अधिक लम्बे चले परिसंवाद को एक हज़ार से अधिक लोगों ने, बिना ऊब या उकताहट के, सुना।

कुछ बातें ऐसी उभरीं जिन पर लगभग सभी एकमत थे। धर्मों की उपेक्षा कर या उनसे उदासीन रहकर किसी भी भारतीय व्यवस्था का चल पाना कठिन है। विभिन्न धर्मों के प्रति आदर की भारतीय परम्परा बहुत पुरानी है, अशोक से लेकर अकबर तक उसे स्पष्ट देखा जा सकता है। किसी धर्म का सच्चा अनुयायी वही है जो किसी दूसरे धर्म का पालन करने वाले का सम्मान करता है और उसके वैसा करने के अधिकार को सहज भाव से स्वीकार करता है। धर्म के आधार पर किसी तरह का भेदभाव न तो भारत में क़ानूनन उचित या सही है, न ही नैतिक या सामाजिक। धर्मनिरपेक्षता की भारतीय परम्परा ने ही हमारे संविधान में धर्मनिरपेक्षता की अवधारणा को, उसके कुछ महत्त्वपूर्ण फलितार्थों के साथ शामिल किया है। भारतीय संविधान धर्मनिरपेक्षता की आधुनिक प्रतिष्ठा और विस्तार का बहुत महत्त्वपूर्ण उपकरण रहा है। भारत की एकता और अखण्डता धर्मनिरपेक्षता के बिना सम्भव नहीं है। आज़ादी के बाद लगभग साठ बरसों से, बावजूद सारी आकांक्षाओं के, भारत अगर एक बना रहा है तो उसके कारकों में से धर्मनिरपेक्षता है। धर्म और जाति के आधार पर वोट बैंक आदि विकसित करने और पोसने की राजनीति भारतीय राज्य और परम्परा दोनों के लिए समान रूप से खतरनाक है। कोई धर्म भारत में ही जन्मा और कोई बाहर से यहाँ आया तो इस आधार पर किसी धर्म की वैधता बढ़ती या घटती नहीं है। भारत ने अपनी बहुधार्मिकता, बहुभाषिता और विविधता को जिस तरह सँभाला और आगे बढ़ाया है वह पश्चिम को कई सबक सिखाने में सक्षम है। यह भी कि संभवतः भारत से बड़ा बहुधार्मिक देश संसार में दूसरा नहीं है।

मैंने इस पर बल दिया कि गांधी जी के बाद धर्मों से हमारी संवादहीनता घातक है और इस दौरान सभी धर्म अपनी ही बहुलता से विमुख हुए हैं। वे सभी आक्रामक, कट्टर और हिंसक हुए हैं। धर्म निजी मामला होते हुए भी सामाजिक शक्ति है और उसे सिर्फ धर्म गुरुओं या प्रचारकों के जिम्मे नहीं छोड़ा जा सकता; जैसे राजनीति को सिर्फ़ राजनेताओं पर नहीं। चूँकि आज सभी धर्म अपने अध्यात्म से च्युत हो चुके हैं, हमें अध्यात्म को धर्मों की क़ैद से मुक्त कर सकना चाहिए। बल्कि धर्मनिरपेक्षता को व्यापक होने के लिए अपने को आध्यात्मिक बनाना चाहिए। प्रो. जोया हसन ने कहा कि जहाँ भारतीय राजनीति में अनुसूचित जातियों और जनजातियों को आर्थिक रूप से सबल करने के लिए विधेयात्मक कदम उठाये गये हैं, वहीं अल्पसंख्यकों के सांस्कृतिक अधिकारों

की तो रक्षा की गयी है, पर उनके आर्थिक उन्नयन के लिए ऐसे क़दम नहीं उठाये जा सके हैं। श्री सुधीन्द्र कुलकर्णी का कहना था कि सच्चा हिन्दू कभी किसी दूसरे धर्मावलम्बी का अपमान या अवमानना नहीं कर सकता। श्री येचुरी ने इस पर जोर दिया कि धर्मनिरपेक्षता का गहरा सम्बन्ध भारत के स्वतन्त्रता-संग्राम से है। उस समय भारत के भविष्य को लेकर तीन दृष्टियाँ सक्रिय थीं। मुख्य दृष्टि थी कांग्रेस की जो एक लोकतांत्रिक धर्मनिरपेक्ष राष्ट्र चाहती थी। दूसरी दृष्टि थी जो स्वतन्त्रता और लोकतन्त्र को पर्याप्त न मानकर सामाजिक बराबरी पर आग्रह कर रही थी। तीसरी दृष्टि थी जो हिन्दू या मुसलमान राष्ट्र की कल्पना कर रही थी। आज भी भारतीय परिस्थिति में ये तीनों दृष्टियाँ सक्रिय हैं। श्री केतकर ने कहा कि हिन्दू या कोई भी धर्मावलम्बी अपने आप धर्मनिरपेक्ष या अहिंसक नहीं होता है; उसे ऐसा होने के लिए अपने को तैयार करना होता है।

जामिया में अनुवाद-विमर्श

एज़ाज अहमद एक विचारोत्तेक बुद्धिजीवी हैं जो मूलतः पाकिस्तानी होते हुए भी बरसों से भारत में रह रहे हैं। बीच-बीच में विदेश अध्यापन करने जाते रहते हैं। सुखद यह है कि वामपंथी होते हुए भी वे कठमुल्ले मार्क्सवादी नहीं हैं और बुद्धि और राजनीति की दुनिया में जो होता रहता है उस पर उनकी तीखी और चौकन्नी नजर रहती है। उनसे संवाद न सिर्फ़ सम्भव है बल्कि समृद्धिकर होता है।

पिछले सप्ताह जामिया मिलिया इस्लामिया के उर्दू विभाग में उन्होंने अनुवाद पर एक व्याख्यान देते हुए कहा कि यह थोड़ी अजीब बात है कि अनुवाद और उसकी सैद्धान्तिकी पर जब भी कोई बात या बहस होती है, वह अकसर साहित्य के विभागों में होती है जबकि दर्शन, राजनीतिशास्त्र, मनोविज्ञान, नेतृत्व आदि अनेक विधाओं में अध्ययन और शोध का मुख्य आधार अनूदित सामग्री ही है। मार्क्स, फ्रायड, नीत्शे को मूल जर्मन में, प्लेटो को मूल ग्रीक में, फूको और दरीदा को मूल फ्रेंच में भला कौन पढ़ता है? इसके बावजूद यह दिलचस्प है कि इन विधाओं में अनुवाद पर कोई खास बहस नहीं होती जबकि जाहिर है कविता-कहानी के बिम्बों या उक्तियों की ही तरह दार्शनिक अवधारणाओं और प्रत्ययों का अनवाद खासा जटिल काम है। एजाज़ के मुताबिक जिस भाषा में जितने ही अनुवाद होंगे वह उतनी ही समृद्ध मानी जाएगी। अनुवाद की मात्रा एक तरह का पैमाना भी है। उन्होंने यह भी स्पष्ट किया कि अनुवाद किसी

और भाषा की नहीं, उस भाषा की सेवा है जिसमें अनुवाद किया जाता है। उन्होंने अनुवाद की अद्वितीयता और असाधारणता पर जोर दिया—किसी अनुवादक को मूल रचना को अपनी शैली में ढाल नही लेना चाहिए बल्कि अनुवाद में साख्तगी के बावजूद कुछ अपरिचित जरूर रहना चाहिए। उन्होंने स्पष्टोक्ति करते हुए यह नोट किया कि उर्दू ने, जो कि देश के कई सूबों में कहीं-न-कहीं जरूर बोली-बरती जाती है, अपनी हमसाया जुबानों से बहुत कम अनुवाद किया है। बंगला, मराठी, तेलुगू, गुजराती आदि भाषाएँ ऐसी हैं जो कि उर्दू की पड़ोसी हैं। उन्होंने यह भी स्वीकार किया कि हालाँकि हिन्दी में उर्दू साहित्य के अनुवाद का काफ़ी लिप्यान्तरण हुआ, उर्दू में हिन्दी से अनुवाद उसका दस प्रतिशत भी नहीं है। एजाज़ अहमद ने इस पर भी खेद व्यक्त किया कि उर्दू की साहित्यिक वैचारिकी में संस्कृत को उसकी वाजिब जगह नहीं मिली है। संस्कृत की विशाल और विपुल परम्परा से जोड़े बिना उर्दू का भारतीय परम्परा का उत्तराधिकार अधूरा ही रहेगा। उन्होंने यह भी कहा कि हिन्दी में अरबी-फारसी की परम्परा से उतना नहीं लिया गया है जितना कि एक साझी विरासत में साझा करने के लिए जरूरी होना चाहिए था।

अनुवाद किसी भी कृति का दूसरी भाषा में पुनर्जन्म है। शायद वह पुनर्जीवन ठीक-ठीक नहीं, दूसरा जीवन है। पश्चिम में अनुवाद को जो सामाजिक और बौद्धिक प्रतिष्ठा मिली है, वह भारत में अब तक नहीं मिल पायी है। एजरा पाउण्ड, राबर्ट लावेल जैसे अनेक अंग्रेजी के कवियों ने जो अनुवाद किये हैं, वे उनकी कलेक्टेड पो एम्स, में बिना किसी संकोच के शामिल किये गये हैं, जबकि मसलन हिन्दी में बहुत कम कवियों ने अपने अनुवादों को अपनी रचनाओं की तरह ऐसे किसी संचयन या समग्र संकलन में शामिल किया है। याद तो आता है कि सिर्फ़ अज्ञेय ने किसी हद तक जापानी हाइकू और कुछ ग्रीक कविताओं के अपने अनुवाद भर को अपने स्वरचित कविता संग्रहों में शामिल करने की हिम्मत दिखायी।

भाषा-संकट

भारतीय भाषाओं पर गहरा संकट है, यह अहसास बढ़ता जाता है। उसे कुछ और तीख़ा करने का काम किया सम्यक् न्यास द्वारा हाल ही में आयोजित एक गोष्ठी में जिसमें भारतीय भाषाओं के भविष्य पर गम्भीर विचार हुआ। राहुल देव ने इस ओर ध्यान खींचा कि भाषाओं को केवल साहित्य और बातचीत का माध्यम मान लिया गया है और उन्हें ज़्यादातर

बोलियों के रूप में ही देखा-सोचा जा रहा है और उनका यही रूप मीडिया और मनोरंजन की दुनिया में सक्रिय है, जबकि भाषा वही है जिसमें लोग पढ़ना, लिखना और बोलना तीनों करते हैं। उन्होंने इस पर इसरार किया कि 'कम या ज्यादा तेज़ी से लगभग सभी भाषाओं का प्रयोग जीवन के सभी गम्भीर कामों में घट रहा है, ख़ास तौर पर शिक्षित युवा पीढ़ी में'। भारतीय भाषाओं की यह दुर्गति कुछ अपने आप ही और कुछ समाज द्वारा अंग्रेज़ी को ज़्यादा महत्त्व देने के कारण हुई है। अब ज्ञान आयोग ने सरकार से जो सिफ़ारिश की है कि पहली कक्षा से ही छात्रों को अंग्रेज़ी माध्यम में पढ़ाया जाये, अगर वह मान ली गयी तो भारतीय भाषाओं की क्या स्थिति होगी, यह गम्भीर चिन्ता का विषय है। होना चाहिए मगर है नहीं, क्योंकि इस पर कोई व्यापक बहस अब तक नहीं चल पायी है। एक दिलचस्प तथ्य है कि ज्ञान आयोग के अनुसार इस समय अंग्रेज़ी का पहली भाषा के रूप में प्रयोग करने वाले भारतीय जनसंख्या का कुल एक प्रतिशत हैं। आयोग चाहता है कि अंग्रेज़ी को पहली कक्षा से पढ़ाया जाये, तीसरी से दूसरे विषयों की पढ़ाई का माध्यम बनाया जाये, कक्षा और विद्यालय के बाहर भी अंग्रेज़ी सीखने के लिये प्रेरक, उपयुक्त माहौल बनाया जाये, हर कक्षा में पुस्तकें, मल्टीमीडिया आदि हों और अंग्रेज़ी क्लब बनाये जायें। देश के 40 लाख शिक्षकों को अंग्रेज़ी में दक्ष बनाने के लिए प्रशिक्षण कार्यक्रम चलाये जायें, 6 लाख नये अंग्रेज़ी शिक्षक तैयार किये जायें। आयोग का आकलन है कि 12 से 17 बरसों में, यह सब होने पर, भारत दुनिया की एक महाशक्ति बनने के लिये तैयार हो जायेगा।

इस मुकाम पर जब ये सिफ़ारिशें एक उच्चाधिकार प्राप्त आयोग ने कर दी हैं, हमें ठिठककर इस पर विचार करने की ज़रूरत है कि हमारी भाषाओं का भविष्य क्या होने जा रहा है। आज से बीस साल बाद लोग क्या हमारे साहित्य को उसी तरह पढ़ रहे होंगे जैसे हम लोग संस्कृत आदि प्राचीन भाषाओं को पढ़ते हैं? कुल बीस बरसों में भारतीय भाषाएँ, आधुनिक होने के एक बेहद तेजस्वी और दूरगामी संघर्ष की परम्परा के बावजूद, प्राचीन भाषाएँ हो जायेंगी। राजनीति, समतामूलक विकास और सामाजिक न्याय पर इसका क्या प्रभाव पड़ेगा, यह सोचना भी भयावह लगता है। संकट सिर्फ़ भाषाओं पर नहीं भारत की बहुलता पर है : अगर भारत की एकात्मता का नारा लगानेवाली शक्तियाँ राजनीति में बढ़कर राष्ट्रीय मान्यता और सत्ता प्राप्त कर चुकी हैं तो अंग्रेज़ी का साम्राज्य फैलाने वाली अत्याधुनिक शक्तियाँ भी भारत को एकरूप बनाने पर उतारू हैं। भारत की समृद्ध और कालजयी विविधता उसकी बहुभाषिकता और बहुधार्मिकता से अपना पोषण और जीवत्व पाती रही है। यह विडम्बना है कि प्रतिगामी पुराणपन्थी पीछेदेखू शक्तियाँ और भारत को विश्वशक्ति

बनाने के लिये बेताब ज्ञान-शक्तियाँ उसकी बहुलता को नष्ट कर ही एकात्म करने या उसे आगे ले जाने पर उतारू हैं।

वक़्त आ गया है कि हम इस पर प्रबल आग्रह करना शुरू करें कि भारत की भाषिक बहुलता की स्थिति और भविष्य पर लगातार विचार करने, देश से उसका साझा करने और इस बहुलता को पोसने-आगे बढ़ाने के लिए एक राष्ट्रीय भाषा आयोग बनाया जाये। हिन्दी सप्ताह जैसे व्यर्थ के आयोजन करने के बजाय पूरे देश में 'मातृभाषा बचाओ' आन्दोलन चलाया जाये और वे सभी ग़ैरसरकारी संस्थाएँ जो भारतीय बहुलता और समतामूलक, सामाजिक न्याय और समान अवसर के लिए चिन्तित-सक्रिय हैं, इस आन्दोलन में सक्रिय रूप से शामिल हों। बड़ी संख्या में इसमें हर स्तर पर शिक्षकों की शिरकत और पहल हो। हमारी भाषाओं में ज्ञान और विचार का विपुल साहित्य हो, इसके लिए भी ग़ैरसरकारी स्तर पर बौद्धिकों और उच्च शिक्षा के केन्द्रों में एक स्वतन्त्र स्वायत्त आन्दोलन चलाने की ज़रूरत है। हम इसका आग्रह भी करें कि हर वर्ष भारतीय संसद के दोनों सदन भारतीय भाषाओं की स्थिति पर गम्भीरता से चर्चा करें और अगर भाषा आयोग बन जाये तो उसकी वार्षिक रिपोर्ट पर खुली बहस हो।

अंग्रेज़ी का बढ़ता, इण्टरनैट आदि के जँजालों से विश्वव्यापी विस्तार पाता साम्राज्य सिर्फ़ भारत ही नहीं, सारे विश्व की भाषाई बहुलता के लिये ख़तरा बन रहा है और बहुत सारे देश इसे लेकर बेहद चिन्तित हैं। समय आ गया है कि विश्व के सम्भवतः सबसे बड़े देश होने के नाते भारत पर्यावरण बचाने की तर्ज पर भाषाएँ बचाने के एक विश्व अभियान को शुरू करने के लिये पहल करे। यह सुझाव पहले कई बार दिया जा चुका है पर निराशा के अनिवार्य कर्तव्य की तरह फिर दे रहा हूँ। अगर हमें बीस साल बाद भारत में भाषाई अपाहिज, बौद्धिक विकलांग और बौने पैदा करने से बचना है तो प्रतिरोध अभी शुरू करना होगा। आज से, अपने घर में मातृभाषा को उसकी उचित जगह देकर।

यह याद करना भी ज़रूरी है कि स्वयं हिन्दी ने अपनी भाषिक बहुलता को उचित मान्यता नहीं दी है। पैंतालीस बोलियों से बनी इस भाषा को यह स्वीकार करना होगा, जैसे कि अंग्रेज़ी ने किया है, कि कई हिन्दियाँ हैं, कई होनी चाहिए।

चापलूसी का दर्शन

हालाँकि भारतीय दर्शन अनुसन्धान परिषद् एक प्रसिद्ध और स्वायत्त संस्थान

[illegible] दर्शन में उनकी जीवनोपलब्धि के लिये मरणोत्तर पुरस्कार दिया जा रहा था और हम उस कारण गये थे। सत्ता और धन-बल से जीवन भर सर्वथा अनातंकित रहे दया कृष्ण देश के श्रेष्ठ दार्शनिकों में उचित ही गिने-माने जाते हैं और हममें से कई को उनकी प्रखरता, जिज्ञासा और प्रश्नाकुलता से अभिभूत और प्रेरित होने का सुयोग मिला था। पुरस्कार की राशि जयपुर विश्वविद्यालय को सौंप दी गयी जहाँ दया कृष्ण बरसों दर्शन के प्रख्यात अध्यापक रहे थे। विश्वविद्यालय इस राशि में कुछ और अपनी ओर से मिलाकर दया जी की स्मृति में एक छात्रवृत्ति स्थापित करेगा।

परिषद् मानव संसाधन विकास मंत्रालय के अन्तर्गत एक स्वायत्त संस्था है। लेकिन उसके अध्यक्ष ने, जिनके दार्शनिक योगदान के बारे में अधिक जानकारी नहीं है, केन्द्रीय मंत्री जी की जो चापलूसी अपने लम्बे उद्बोधन में, जो बाक़ायदा लिखित भी था, अतिरंजित भाव से की, उससे कुछ उकताहट और कुछ घबराहट दोनों ही हुईं। केन्द्रीय मंत्री जी के बारे में एक पुस्तक हाल ही में निकली है जिसका शीर्षक है 'मोंहि कहाँ विश्राम'। अध्यक्ष महोदय ने फ़रमाया कि उनकी दर्शन-परिषद् विश्राम न लेने की भावना से बहुत उत्साहित और प्रेरित है। उन्होंने यह भी बताया कि पहले के किसी आयोजन में मंत्री महोदय ने इस परिषद् को देश का थिंक-टैंक क़रार दिया था। कम से कम अध्यक्ष के भाषण से यह नहीं लगा कि वे सत्ता की ऐसी खुली चापलूसी के अलावा प्रखर, स्वतन्त्र और निर्भय चिन्तन करते होंगे। उन्होंने यह भी कहा कि मंत्री महोदय ने जो पहले कभी सलाह दी है कि परिषद को ऐसे दार्शनिक चिन्तन को बढ़ावा देना चाहिए जो लोगों के काम आ सके इस पर परिषद सक्रिय है। सारा चिन्तन अन्ततः दूसरों के काम आता है, पर ऐसे चिन्तन के लिए जगह और समर्थन होना चाहिए, जो ऐसे उपयोगितावाद के आग्रह से मुक्त हो। मंत्री महोदय के उच्च शिक्षा में आरक्षण की मुहिम की भी अध्यक्ष महोदय ने भूरि-भूरि प्रशंसा की। उनके व्याख्यान में कोई ज्वलन्त दार्शनिक समस्या नहीं उठायी गयी। डॉ. दया कृष्ण की दार्शनिक चिन्ताएँ, किस तरह आज प्रासंगिक हैं, इस पर भी कुछ विशेष नहीं कहा गया। सभागार में अनेक दार्शनिक मौजूद थे। उनमें से कई के चेहरों पर इस सार्वजनिक चापलूसी को पसन्द न करने का भाव आसानी से देखा-पढ़ा जा सकता था। राजनीति की ऐसी खुली और बेवजह चापलूसी अब अगर दर्शन भी करने लगेगा तो इसका एक नतीजा यह होगा कि

बौद्धिक निर्भीकता की जगह और अवसर और कम हो जायेंगे। जहाँ तक मैं मंत्री जी को जानता हूँ, वे ऐसी चापलूसी पसन्द नहीं करने वाले रहे हैं, भले आजकल उन्हीं पर चापलूसी करने के आरोप लग रहे हैं!

साफ़-सुथरी भाषा

हमारे स्कूल के दिनों में अध्यापक लेकिन असली गुरु स्वर्गीय लक्ष्मीधर आचार्य हमें बताते थे कि जो साफ़-सुथरा सोचता है वही साफ़-सुथरी भाषा लिख सकता है। बाद में यह भी सीखा कि जटिल विचार के लिए जटिल भाषा होना ज़रूरी नहीं है। राममनोहर लोहिया जैसे राजनेता-चिन्तक और साहित्यकार अज्ञेय से जाना कि जटिलता भी स्पष्टता और बिना उलझाव के व्यक्त की जा सकती है। और बाद में अपने दिवंगत मित्र और सम्पादक राजेन्द्र माथुर को पढ़कर पता चला कि सुविचारित पत्रकारिता में अच्छे साहित्यिक गद्य के सभी गुण समाहित हो सकते हैं : विचार के प्रभाव के लिए बौद्धिकता का आतंक अनावश्यक है।

यह सब ख़्याल मन में उभरे जब इसी सप्ताह वरिष्ठ पत्रकार और बुद्धिजीवी प्रभाष जोशी की पाँच पुस्तकों के जारी किये जाने का सुअवसर जुटा और जिसे देखने-सुनने के लिए त्रिवेणी सभागार में इस क़दर भीड़ जुटी कि कई वरिष्ठ लोगों को, जैसे यशस्वी सम्पादक एच. के. दुआ आदि को, बैठने की जगह काफ़ी देर तक नहीं मिली। मालवी ममेरी की प्रक्रिया का आत्मीय अनुसरण करते हुए प्रभाष जी ने अपनी पत्रकारिता की ज़िन्दगी के अनेक दिशादर्शक सम्पादकों, मित्रों और सहयोगियों को याद किया। उनका वक्तव्य, यद्यपि मौखिक और बिना किन्हीं नोट्स के था, साफ़-सुथरा और सुसंगत था, व्याकरण की दृष्टि से उसमें कोई असावधानी या भूल नहीं थी। लेकिन उनकी पुस्तकों को जारी करने के लिए उन्होंने जिन अपने से कम उम्र के और अगली पीढ़ी के लोगों को चुना, उनमें से तीन सम्पादक साफ़-सुथरी हिन्दी नहीं बोल पाये। यह क्लेशकारी था। एक तो इसलिए कि ये तीनों प्रभाष जी द्वारा हिन्दी पत्रकारिता को दी गयी नयी भाषा का यशोगान तो कर रहे थे लेकिन ऐसा करने के लिए जिस लद्धड़ और असावधान हिन्दी का इस्तेमाल कर रहे थे वह इस बात का प्रमाण थी कि वे स्वयं उस परम्परा में नहीं हैं और दूसरे यह भी कि आज की हिन्दी पत्रकारिता में भाषा को लेकर जो असावधानी और ग़ैरज़िम्मेदार रूख चल रहे हैं वे आकस्मिक नहीं हैं : युवा पत्रकारों को क़ायदे की भाषा लिखने का कोई प्रशिक्षण वे वरिष्ठ कैसे और क्यों देंगे जो स्वयं भाषा को महत्त्वपूर्ण नहीं मानते। अंग्रेज़ी शब्दों की बेवजह

[illegible] वाक्य-विन्यास आदि सभी बातें आज हिन्दी पत्रकारिता [illegible]लाव के नाम पर नज़र आती हैं उन्हें नियन्त्रित करना तो दूर, [illegible] सम्पादक स्वयं उनका शिकार हैं।

इसलिए जब 'गाँधी मार्ग' पत्रिका के सम्पादक और जल बचाने की परम्परा के, हमारे समय में, प्रथम प्रवक्ता अनुपम मिश्र ने, अपनी स्वाभाविक विनम्रता से, अपने कविपुत्र और गाँधी विचार में सक्रिय होने को सत्यापित करते हुए, ठसाठस भरे सभागार में, मोहक और मार्मिक साफ़-सुथरी हिन्दी में, पत्रकारों से भाषा सुधारने और उसमें हो रहे कुछ शब्दों के भयानक दुरुपयोग रोकने की अपील की तो बड़ी राहत मिली। एक तो इसलिए कि भाषा के लम्बे गड्ड-मड्ड के बाद फिर से सुथरेपन की रोशन और मुखर जगह आयी और दूसरे इसलिए कि जिस सभा में यह सब हुआ उसी में अन्तिम वक्ता ने साफ़गोई दिखाते हुए भाषा के बारे में कुछ कहा, और प्रकारान्तर से उनसे भी जो भाषा में बढ़ती असावधानी के लिए कुछ-न-कुछ ज़िम्मेदार हैं। यह देखना दिलचस्प था कि अन्ततः भाषा की चौकसी वही करते हैं जो उसका सिर्फ़ जैसे-तैसे सम्प्रेषण के लिए भर नहीं सर्जनात्मकता और विचार के लिए इस्तेमाल करते हैं जैसे प्रभाष जोशी और अनुपम मिश्र।

फिर सौन्दर्य

पता है कि इन दिनों अगर आप संघर्ष के बजाय सौन्दर्य की चर्चा करें तो आपको यथास्थितिवादी और प्रतिक्रियावादी, कलावादी आदि कहकर लांछित और खारिज किया जायेगा। ऐसे लांछनों की सम्भावना से वाकिफ़ रहते हुए भी यह कहना ज़रूरी लगता है कि जिस पश्चिम से हम अक्सर विचार, शैलियाँ, विचारधाराएँ आदि उधार लेते रहे हैं, उसी पश्चिम में साहित्य, कलाओं और सौन्दर्य के सम्बन्धों के बारे में एक बार फिर विचार होना शुरू हुआ है। जैसा कि इसी सप्ताह भारतीय अंग्रेज़ी लेखक और इंग्लैण्ड में अध्यापक अमित चौधरी ने इण्डिया इण्टरनेशनल सेण्टर में एक सार्वजनिक बातचीत में इसरार किया कि साहित्य को इतिहास, उत्तर-औपनिवेशिकता आदि से बचाकर सौन्दर्य से जोड़ने का समय आ गया है। यह साहित्य को सामाजिक यथार्थ, संघर्ष आदि से काटकर किसी शुद्ध-पवित्र शून्य में अवस्थित करना नहीं है बल्कि इस बात पर इसरार करना है कि साहित्य का अर्थ उसके सामाजिक प्रासंगिकता और इतिहास से द्वन्द्वात्मक सम्बन्ध में निहित होने के पहले उस सच में बुनियादी रूप से अवस्थित है जो सिर्फ़ साहित्य ही रच सकता है : यही सच उसका

असली सौन्दर्य है। अगर साहित्य अपना सच और अपना सौन्दर्य रचने के बजाय सिर्फ़ इतिहास का सच या कि सामाजिक यथार्थ भर को अनुरंजित करता है तो वह कम साहित्य है। साहित्य अपना सौन्दर्य, इन सबसे घिरे-बसे रहकर भी, उनके अतिक्रमण से ही अर्जित करता है।

विश्वविख्यात उपन्यासकार-विद्वान् अम्बर्तो ईको ने कला-इतिहास को लेकर दो पुस्तकें लिखी हैं जिनके शीर्षक हैं :

'ऑन ब्यूटी' और 'ऑन अगलीनैस'। प्रकाशक हैं लन्दन के सैकर वारबर्ग। उन पर विस्तार से फिर कभी। अभी तो प्रसिद्ध आयरिश आलोचक डेनिस डानोग की येल यूनिवर्सिटी प्रेस द्वारा प्रकाशित पुस्तक 'स्पीकिंग ऑफ ब्यूटी' पर कुछ ध्यान दिया जाये। इस आलोचक के लिए सौन्दर्य एक मूल्य है जैसे सत्य और शिव मूल्य हैं। काण्ट, शिलर, कीट्स, हाथोर्न, हेनरी जेम्स, प्रस्त, यीट्स, वर्जीनिया वुल्फ़, टी एस ईलियट आदि पर विचार करते हुए वे प्रतिपादित करते हैं कि साहित्य में सौन्दर्य एक केन्द्रीय मूल्य है। वे मूल्यों की एक शृंखला बनाते हैं : जीवन, प्रेम सत्य, सद्गुण, न्याय और सौन्दर्य। फिर यह भी कहते हैं कि इनमें सत्ता, आस्था, सम्प्रेषण और धन जोड़े जा सकते हैं। उन्हें इसका अहसास है कि इस सूची पर असहमति हो सकती है। ख़ासकर उनके परस्पर महत्त्व पर। वे कहते हैं कि किसी भी एक मूल्य को वर्चस्व देने से वह अपना कब्ज़ा कर लेता है और बाक़ी मूल्यों को दरकिनार कर देता है। पर उतना ही सही यह भी है कि एक मूल्य उद्बुद्ध करने से अन्य सभी मूल्य भी जाग जाते हैं। ज़ाहिर है यह सौन्दर्य की एक जटिल और समृद्ध अवधारणा है और मात्र लांछन से निरस्त नहीं किया जा सकता।

उत्तर-औपनिवेशिक पूर्वग्रह

भारत की समकालीनता को देखने-परखने की पश्चिम में जो पद्धतियाँ विकसित हुई हैं उनमें से दो ध्यान देने योग्य हैं। फिलवक़्त हम उन भारतविद्ों की विधा को विचार में न लें जो एक शाश्वत और समयातीत भारत के अन्वेषण और प्रक्षेपण में लगे रहे हैं और जिनकी दृष्टि समकालीन भारत और उनकी जटिलता को विचार में ही नहीं लेती। इन नीरन्ध्र शाश्वतवादियों से अलग अब एक ऐसा भारत-अध्येता समूह बन गया है, जो सौभाग्य से, भारत की समकालीन सृजनशीलता को उसकी सुदीर्घ परम्परा से जोड़कर, उसकी बहुलता के विस्तार, परिवर्द्धन या कि उसमें हस्तक्षेप की तरह देखता-समझता है। भारत-प्रेमियों का एक दूसरा वर्ग

ऐसा भी है जिसकी दिलचस्पी मुख्य रूप से भारत के औपनिवेशिक अतीत और उसके तथाकथित उत्तर-औपनिवेशिक वर्तमान में है। कुल मिलाकर वे लम्बी भारतीय परम्परा को नज़रअन्दाज़ या अवमूल्यित करते हुए उसकी समकालीनता को मुख्यतः पश्चिम से संवाद-द्वन्द्व का प्रतिफल मानते हैं और उसे उत्तर-औपनिवेशिक सरणियों से जाँचते-परखते हैं।

पेरिस में भारत-विदुषी अनी मोन्तो की युवा शिष्याओं का एक समूह है जो उनके अलावा हिन्दी और अन्य समकालीन भारतीय साहित्य को गम्भीरता और ज़िम्मेदारी से लेता है, उसका विचारपूर्वक अध्ययन और कुछ कृतियों का फ्रेंच में अनुवाद कर रहा है। उनमें से तीन से पेरिस में दो बार लम्बी बातचीत हुई। तीन युवतियाँ मिलकर दक्षिण एशियाई साहित्य पर केन्द्रित एक पत्रिका फ्रेंच में निकालने की योजना बना रही है। पहले उनका आग्रह भी उत्तर-औपनिवेशिकता पर था। हमने यह बहस की कि क्या भारत जैसी लम्बी परम्परा और जटिल-बहुल समकालीनता को उत्तर-औपनिवेशिकता जैसी संकीर्ण अवधारणा से समझना उपयोगी या तर्कसंगत है। नतीजतन यह तय हुआ कि भले उत्तर-औपनिवेशिकता अध्ययन का एक मुद्दा ज़रूर हो सकता है उसे केन्द्रीयता देना सर्वथा अनुपयुक्त होगा। उन्होंने अपनी पत्रिका का नाम, जो सम्भवतः अर्द्धवार्षिक होगी, 'लीला' रखने का तय किया है जो संयोगवश हिन्दी कथाकार कृष्ण बलदेव वैद की पुस्तक का नाम भी है और जिसका इसी नाम से फ्रेंच अनुवाद आन्न कास्तैंग ने किया है और वह पेरिस में प्रकाशित हुई है।

इन्हीं दिनों पेरिस के इकोल द बोज़ार यानी कला विद्यालय में कुछ समकालीन भारतीय चित्रकारों की एक बड़ी प्रदर्शनी लगी है 'भारतीय ग्रीष्म'। यह वही संस्था है जहाँ एक ज़माने में अनेक भारतीय चित्रकार जिनमें अमृता शेरगिल, सैयद हैदर रज़ा, अंजलि इला मेनन आदि ने कलाध्ययन किया था। ऐसी प्रतिष्ठित संस्था द्वारा समकालीन भारतीय चित्रकला की, वह भी उसके अपेक्षाकृत युवा कलाकारों पर केन्द्रित प्रदर्शनी का आयोजन एक बड़ी घटना है। उसके बड़े-बड़े विज्ञापन जहाँ-तहाँ लगे थे। एक बड़ा कैटलॉग भी प्रकाशित है जिसमें गीता कपूर जैसी भारतीय कलाविदुषी का गम्भीर निबन्ध प्रकाशित है। कलाकारों में अतुल दोदिया, पुष्पमाला, सुबोध गुप्त आदि की कलाकृतियाँ शामिल हैं।

मैं जिस दिन देखने गया उस दिन बहुत दर्शक नहीं थे। पाँच-सात अच्छी कलाकृतियों को छोड़कर मुझे प्रदर्शनी से निराशा हुई। मुझे यह मानने में कोई संकोच नहीं है कि हालाँकि इधर भारतीय कला में हुए युवा विस्फोट का, उसकी ऊर्जा-गतिशीलता-आविष्कारकता का मैंने बहुत उत्साह से स्वागत किया है, पेरिस में लगी इस प्रदर्शनी में मैंने जो देखा वह क्यों चुना गया इसका कोई ठोस आधार मुझे समझ में नहीं आया। कलाओं

की मेरी समझ की सीमा है यह तो ज़ाहिर ही है। मैं इधर की बहुत सारी अराजक लगती प्रयोगशीलता को समझने में चूक कर रहा होऊँ। यह भी बिल्कुल मुमकिन है। फिर भी, मुझे लगता है कि पश्चिम का एक वर्ग हमारी कला से वही हिस्से चुन रहा है जो उसके यहाँ चल रही प्रवृत्तियों से मेल खाते हैं और एक तरह की भूमण्डलीकृत कला का अंग लग सकते हैं। इससे इनकार नहीं कि बहुत सारी कला और साहित्य बहुत से उत्साह से इन भूमण्डलीकृत आन्दोलनों या प्रवृत्तियों में शामिल है। पश्चिम के उन विशेषज्ञों की, जो उत्तर-औपनिवेशिकता आदि से प्रतिबद्ध हैं, नज़र उन्हीं पर आसानी से लगभग स्वाभाविक रूप से जाती है। मुझे इस प्रदर्शनी के गलियारों में घूमते हुए थोड़े अवसाद ने घेर लिया : हम वह लगभग उसी तरह कर सकते हैं जैसा कि पश्चिम के कलाकार इन दिनों जोर-शोर से कर रहे हैं। मैं शुद्धतावादी या पुरातनपन्थी नहीं हूँ। पर मुझे लगता है कि भारतीय आधुनिकता की अपनी जो स्वतन्त्र और गहरी विशेषताएँ रही हैं और भारत में इस समय जो बहुत सारा उत्तेजक कलाकर्म हो रहा है उसे यह प्रदर्शनी अनदेखा करती है। उसका उत्तर-आधुनिक पदावली में, वह कितनी ही परिष्कृत और अबूझ क्यों न हो, बचाव नहीं हो सकता। हम, कम से कम मैं, कलाओं को पश्चिम के नये उपनिवेश के रूप में नहीं उसके प्रतिरोध और प्रश्नांकन की जगह मानते रहे हैं। वह प्रतिरोध या प्रश्नांकन, बावजूद बहुतेरी नाटकीयता के, इस प्रदर्शनी में मुझे नज़र नहीं आया।

कोलकाता में कला

कोलकाता में डेढ़ दिन रहना हुआ, कुछ महत्त्वपूर्ण कला-आयोजनों के प्रसंग से। एक तो इमामी चिज़ेल आर्ट के द्वारा आयोजित 'आर्ट नाऊ—ए ग्लिम्स' पुस्तक के लोकार्पण और दूसरे अवनी ग्रुप की एक नयी बहुमंजिला इमारत में आयोजित 'सिग्नेचर आर्ट फेस्ट 2008' के उद्घाटन के लिए! इस समय कोलकाता में, लगता है बहुत अरसे से हो रही बंगाल के योगदान और सक्रियता की उपेक्षा पर दो आँसू बहाने के अब उससे पार जाने की चौतरफ़ा कोशिश हो रही है। बंगाल को उचित ही लगता रहा है कि हालाँकि वह भारत में ललित कला के क्षेत्र में अग्रगामी रहा है, उसे उसका उचित श्रेय नहीं मिला। अब दृश्य बदल रहा है : कोलकाता में ही इतना कुछ हो रहा है।

प्रणवरंजन रे ने कोलकाता के दस चित्रकारों पर लिखा है और बहुत

सुरुचि के साथ पुस्तक तैयार की गयी है। साथ में दस कलाकृतियों की प्रदर्शनी की शुरुआत भी हुई। कोलकाता के होने के अलावा और कुछ के समवयसी होने के अलावा दसों में समानता कम ही है : जो प्रगट है, अपनी सारी ऊर्जा और नवाचार के साथ, वह है दृष्टियों और मुहावरों की बहुलता। आर्ट फ़ेस्ट भले तीन दिनों का है, एक नयी इमारत के शुभारम्भ करने का बहुत अनोखा ढंग है। साहित्यकार सुनील गंगोपाध्याय ने उसका उद्घाटन किया और रंगों-रेखाओं से घिरे होने पर शब्दों के अनावश्यक हो जाने की बात कही। फ़ेस्ट में कोलकाता के अलावा दिल्ली और मुम्बई की कुछ कलाविथिकाएँ भी शिरकत कर रही हैं। ऐसे बहुत से लोग इस अवसर पर उत्सुकता और कूतूहलवश कलाकृतियाँ देखने आये जो आमतौर पर किसी कला-वीथिका में जाने की ज़हमत न उठाते या संकोच करते। यह भी पता चला कि कई वीथिकाओं ने अपने यहाँ दाम काफ़ी कम कर दिये और कई अप्रत्याशित लोगों ने कलाकृतियाँ ख़रीदीं। एक स्टाल पुस्तकों का भी था। कोलकाता के सीगल ने कला-सम्बन्धी कई बहुत अच्छी पुस्तकें प्रकाशित की हैं। सोमनाथ होर की डायरी का अंग्रेज़ी अनुवाद ख़रीदा। वहीं बीस युवा भारतीय चित्रकारों पर मैपिन द्वारा प्रकाशित एक पुस्तक भी मिल गयी।

कवि-आलोचक प्रयाग शुक्ल भी साथ थे। सुबह जल्दी उठकर हम अपने पुराने मित्र अशोक सेकसरिया से मिलने गये। कोलकाता के साहित्यिकों में से वही एक हैं जो साहित्य के अलावा कलाजगत की भी कुछ खोज-ख़बर रखते हैं। अन्यथा हमें दोनों कला आयोजनों में कोई हिन्दी लेखक नहीं दीखा। इस बार तीन कला वीथिकाओं 'आकार-प्रकार', 'संस्कृति' और 'आकृति' में भी जाना हुआ। 'संस्कृति' और 'आकृति' में पहली बार ही। ललित कला अकादेमी का क्षेत्रीय केन्द्र भी देखा जो कभी देवीप्रसाद रायचौधरी का स्टूडियो था और जहाँ बेहद सीमित जगहों में कलाकार काम करते हैं। राज्य सरकार ने अकादेमी को मौला अली में आधा एकड़ जमीन केन्द्र के विस्तार के लिये दी है। वह भी देखी। जल्दी ही उस पर एक सुनियोजित और कल्पनाशील ढंग से आकल्पित परिसर बन सकना चाहिए। ख़बर यह है कि जोगेन चौधरी, सुनील गंगोपाध्याय आदि मिलकर एक बहुकला केन्द्र स्थापित करने जा रहे हैं, जिसके लिये जमीन के अलावा केन्द्र से उन्हें पाँचेक करोड़ रुपये की राशि भी मिलने जा रही है। राष्ट्रीय कला संग्रहालय भी भारत सरकार वहाँ बनाने जा रही है। निजी पहल पर कोलकाता म्यूजियम आव् माडर्न आर्ट का काम भी आगे बढ़ रहा है। स्पष्ट है कि कोलकाता का कला जगत इन निजी और सार्वजनिक उपक्रमों से बेहद उत्तेजक और सक्रिय होने जा रहा है।

कोलकाता में पैसे के अलावा समझ भी पर्याप्त है। बंगला समाज सौभाग्य से कला-प्रेमी समाज रहा है। वहाँ लेखकों और कलाकारों के बीच लम्बा

और घनिष्ठ सम्बन्ध और संवाद रहा है। इसका लाभ भी नयी सक्रियता को मिलेगा। इसमें कोई संशय नहीं। हवाई अड्डे पर प्रयाग ने आनन्द बाजार पत्रिका की एक प्रति ली उसमें विंस्टन चर्चिल की रंगीन कलाकृति प्रकाशित है, जिसकी नीलामी अमरीका में कहीं कई लाख डॉलरों में हुई। चर्चिल को रंगों की गहरी समझ रही होगी। क्योंकि उन्होंने आकाश को कई रंगों में चित्रित किया। कोलकाता के किसी अंग्रेज़ी अख़बार ने यह चित्र नहीं छापा।

माण्डू में बारिश और कला

बरसों बाद माण्डू जाना हुआ इन्दौर की एक नयी कलावीथिका 'रिफ़्लेक्शंस' द्वारा आयोजित एक कला-शिविर में। कुल तीन शामें वहाँ बीतीं और लगभग चार दिन। चारों ओर हरे का साम्राज्य था : हरे के इतने अधिक संस्करण पहले कभी देखे हों ऐसा याद नहीं आता। हरा हर कहीं था धरती पर, पुरातात्विक इमारतों के इर्द-गिर्द से लेकर आसपास की घाटियों में। उल्लसित हरा, गहरा हरा, दमकता-चमकता हरा, शान्त हरा, वाचाल हरा, चटख हरा, चुपचाप हरा, विनम्र हरा, दर्पभरा हरा। जैसे हरा बल्कि हरीतिमा इतिहास के आर-पास फैली हुई : उसे ढाँपती हुई, उसे अतिक्रमित करती हुई : यह जताती हुई कि राज्य और साम्राज्य, सल्तनत और निज़ाम सब मिट जाते हैं, अपने कुछ अवशेष छोड़ते हुए, पर वह बनी रहती है। सूखती है तो फिर वापस आ जाती है : इतिहास नहीं लौट सकता पर हरीतिमा वापस आती है, हर बरस बारिश में, बारिश के बाद।

शिविर में कई कलाकार-मित्र थे : कोलकाता से जोगेन चौधरी, मुम्बई से स्मृति दीक्षित, चेन्नई से पलनिअप्पन, भोपाल से अखिलेश और सीमा घुरैया, दिल्ली से सिद्धार्थ और मनीष पुष्कले, खैरागढ़ से योगेन्द्र त्रिपाठी, इन्दौर से अनीस नियाज़ी आदि। कुछ चित्रकारों ने जहाज महल जाकर खुले में चित्र बनाये, कुछ ने होटल के अपने कमरे में, एकाध ने गदाशाह की दुकान में। कुछ भावोत्तेजित और विचारसमृद्ध होते रहे, चित्र यथासमय बनायेंगे। एक शाम तीन कवियों चन्द्रकान्त देवताले, आशुतोष दुबे और मैंने कविताएँ पढ़ी और एक शाम देवास से आयी कलापिनी कोमकली ने 'मल्हार' के कुछ प्रकार सुनाये और समापन किया प्रसिद्ध निर्गुण भजन 'शून्य गढ़ शहर, शहर घर बस्ती' से। शून्य से ही निकला था कभी यह शहर और उस आदिशून्य की स्मृति उसमें अभी तक सक्रिय है। जो भी रचता है, अन्ततः शून्य से ही रचता है... ख़ाली पन्ने पर शब्द लिखने की चेष्टा, ख़ाली कैनवास पर कुछ खींचने की कोशिश, मौन से

संगीत रचने का यत्न सभी शून्य से जूझने के जतन हैं।

आख़िरी शाम यकायक इन्दौर से माण्डू भ्रमण पर आये कुछ योगाभ्यासियों की एक बस होटल के सामने रुकी। वे कलाकारों से मिलने अन्दर आये : उन्होंने इन्दौर के अख़बारों में इस शिविर के बारे में पढ़ा था। कई उमरों के सम्भ्रान्त से निपट साधारण लगते स्त्री, पुरुष और बच्चे थे। सुखद अचरज तब हुआ जब उनमें से कई मुझे पहचान गये। खड़े-खड़े उनसे बात हुईं और वे कलाकारों से मिले। उन्होंने कुछ अमूर्त लगते, शिविर में बनाये चित्र देखे। उनसे आग्रह किया कि वे इस रूढ़ धारणा से थोड़ा छुटकारा पायें कि हर चित्र किसी के बारे में होता है या कि किसी चित्र का विषय उसका अर्थ भी है। जैसे कोई भी व्यक्ति किसी के बारे में नहीं होता, खुद होता वैसे ही चित्र भी हमेशा किसी के बारे में नहीं होते। उनमें हमेशा आकृति नहीं खोजना चाहिए : कई बार उनमें सिर्फ़ आकार होते हैं। यह कहना तो कठिन है कि वे आश्वस्त हुए पर उनमें से कइयों के चेहरों पर जो थोड़ी सी चमक थी वह शायद समझ की थी, उनकी इस बारे में जिज्ञासा के कुछ शमन की।

द्विवेदी जन्मशती

हम हिन्दी में अपने मूर्धन्य लेखकों की जन्मशतियाँ इतनी उत्साह और कल्पनाहीनता और बेरौनक ढंग से मनाते हैं कि हैरत होती है कि इतने कामचलाऊ-टरकाऊ ढंग से मनाने की फिर जरूरत ही क्या है। हाल के बरसों में जैनेन्द्र कुमार की जन्मशती और प्रेमचन्द के 125 बरस पर किये गये आयोजन याद करें। प्रेमचन्द के सन्दर्भ में तो विपुल सरकारी साधन सुलभ थे इसलिए धूमधाम बहुत रही, बहुत जगहों पर आयोजन हुए। लेकिन उनसे प्रेमचन्द का कोई नया पाठ निकला या नयी प्रासंगिक व्याख्या उभरी हो ऐसा नहीं लगता। जैनेन्द्र के मामले में भी यही हुआ : जैनेन्द्र का कोई नया अर्थ नहीं खोजा गया। लेकिन अगर मैं राष्ट्रीय नाट्य विद्यालय के रंगमण्डल द्वारा एम के रैना के निर्देश में तैयार आचार्य हज़ारीप्रसाद द्विवेदी के क्लैसिक माने जाने वाले उपन्यास 'बाणभट्ट की आत्मकथा' के नाट्य-रूपान्तर को देखने न जाता तो पता ही नहीं चलता कि यह द्विवेदी जी की जन्मशती का वर्ष है। पता नहीं उनका नाम-जाप करने वाले उनके अनेक सुप्रतिष्ठित शिष्य कहाँ गये कि द्विवेदी जी पर अब तक कोई कायदे का, उनके महत्त्व, प्रभाव और प्रासंगिकता के अनुरूप, कोई आयोजन नहीं हो पाया है। बल्कि यह नाट्यप्रस्तुति इस जन्मशती में द्विवेदी जी को दी जा रही सबसे सार्थक और सशक्त प्रणति है।

कुछ और नहीं तो यही करना चाहिए कि इस नाटक को हिन्दी के प्रमुख केन्द्रों में दिखाया जाये : कम से कम शान्तिनिकेतन में जहाँ बैठकर यह उपन्यास लिखा गया था और बनारस में जहाँ द्विवेदी जी ने इतना लम्बा समय व्यतीत किया।

उपन्यास बाण भट्ट की शैली का हिन्दी में बेहद सटीक अनुसरण करते हुए लिखा गया था और यह आशंका मन में थी कि उसकी नाट्यरूपान्तर पता नहीं कितना बोझिल लगे। इसके ठीक उलट रैना ने कमाल किया है : उन्होंने अपने सुघर निर्देशन, भाषा के प्रति संवेदनशीलता, कल्पनाशील दृश्यबन्ध द्वारा और एक के बजाय दो बाण भट्ट चरित्र प्रस्तुत करने के बेहद नाटकीय युक्ति द्वारा एक आत्मकथात्मक दस्तावेज़ को बहुत दिलचस्प और प्रवाहमय बना दिया है। यह निश्चय ही एम के रैना की शिखर-प्रस्तुति है : साथ ही वह इधर के नाट्यप्रदर्शनों में भी अनुपम है और द्विवेदी जी को एक बार फिर हमारा वरेण्य और स्मरणीय बनाती है। कई दृश्यों में मार्मिकता है तो दूसरे कइयों में प्रखर बौद्धिकता : पर सभी उचित अनुपात में। निउनिया उपन्यास में भी अत्यन्त अविस्मरणीय है...रैना के यहाँ वह कुछ अधिक वाचाल है पर बहुत गहरा प्रभाव छोड़ती है ऐतिहासिक कथानक होते हुए भी नाटक के मानवीय अभिप्राय बहुत समकालीन लगते हैं। सबसे बड़ी बात यह कि जैसा उपन्यास महाकाव्यात्मक वैसा ही उसका नाट्यरूप महाकाव्यात्मक।

रंग और समय से बाहर शून्य

तुर्की साहित्यकार ओरहन पामुक ने कहा है : 'सारे महान् कलाकार, अपने काम में, रंग के अन्दर और समय से बाहर उस गहन शून्य की तलाश करते हैं।' यह किसी कलापुस्तक में नहीं उनके प्रसिद्ध उपन्यास 'मेरा नाम लाल है' में कहा गया है। भारत मूल के लेकिन दशकों से विदेश-बसे अनीश कपूर इन दिनों अन्तरराष्ट्रीय कला-जगत् में एक समकालीन मूर्धन्य माने जाते हैं : उन्होंने आश्चर्यजनक रूप से विविध माध्यमों में और सामग्री के साथ काम किया है। इसमें से कुछ कच्चे रंगद्रव्य, खड़िया, मिट्टी, तरह-तरह के पत्थर, फ़ाइबर ग्लास, तूँबे, स्टेनलेस स्टील, एक्रिलिक, मोम, एल्यूमिनियम, कंकरीट, काँसा आदि हैं। इनमें से कुछ शास्त्रीय मूर्तिशिल्प में इस्तेमाल हुए हैं और कुछ आधुनिक टेक्नोलॉजी के उत्पाद हैं। अनीश कपूर का एक बड़ा सरोकार यह नज़र आता है कि वे विलयन-विसर्जन और मतिभ्रम के एक युग्म को एक साथ साधते हैं। 'लोप के सौन्दर्यशास्त्र' में पाल विरीलिओ ने जो स्थापना की है कि 'संसार

माया है और कला उस माया की प्रस्तुति है' उसका कपूर का काम एक तरह से सत्यापन है। यो तो शायद हर अच्छी कलाकृति में, कभी-न-कभी, उसके माध्यम का लोप होता ही है—पर कपूर के यहाँ वह लगभग उनकी कलादृष्टि का अनिवार्य हिस्सा है। वे यह मानते हैं कि हमारे दो बड़े पहलू हैं : विश्वास करना और सम्बन्ध बनाना। कला इन दोनों को सक्रिय और उद्‌बुद्ध करती है। वे अपने दर्शक-रसिक को अपने नज़दीक लाना चाहते हैं। वे आत्मीय होना चाहते हैं क्योंकि उनका मानना है कि आत्मीयता दूरी कम करती है। यह कम हुई दूरी ही नया कलाकथ्य हैं। कपूर इस पर इसरार करते हैं कि कलाकार आपके सामने वही ज़ाहिर करता है जिसे आप पहले से जानते रहे हैं।

अनीश कपूर को लगता है कि भारत के बारे में पश्चिमी पूर्वग्रह इस बीच घटे हैं। पचीसेक वर्ष पहले जब वे इंग्लैण्ड कला विद्यालय में पढ़ने गये थे तो उनसे पूछा जाता था कि क्या भारत में कारें हैं या कि क्या भारतीय अभी भी हाथियों पर चलते हैं? भारत की बढ़ती आर्थिक शक्ति ने ऐसे पूर्वग्रहों को ध्वस्त कर दिया है और कपूर मानते हैं कि सन्दर्भ और बोध के ये बदलाव एक सच्ची शक्ति हो सकते हैं।

अनीश कपूर जन्तर-मन्तर का ज़िक्र करते हुए कहते हैं कि उसमें सीढ़ियाँ कहीं नहीं जातीं और हालाँकि वे तारों-नक्षत्रों को देखने के लिए बनायी गयी थीं, वे कहीं जाती नहीं हैं। कपूर जिस आधुनिकतावादी कला के हिमायती हैं उसमें आत्म सिर्फ़ एक आधार के रूप में इस्तेमाल होता है जहाँ से कृति अपना जीवन स्वयं प्राप्त कर लेती है। उनके अनुसार एशियाई कला में आत्म से सारी अभिव्यक्ति नियमित या निस्सृत नहीं होती। इसीलिए वे कहते हैं कि 'मेरे पास कहने को कुछ नहीं है।' पर वे यह भी कहते हैं कि वे स्वयंभू वस्तुओं के मिथकशास्त्र में हमेशा से दिलचस्पी रखते रहे हैं। हालाँकि वे संगठित धर्म में विश्वास नहीं रखते, अनीश मानते हैं कि हम सिर्फ़ जैविक प्राणी नहीं, धार्मिक प्राणी भी हैं : जब हम भाषा की खोज में निकलते हैं तो एक अर्थ घटित होता है जो किसी स्तर पर अमूर्त को अर्थ देता है, वह धार्मिक होता है। उसमें होता है उद्‌गम का आशय—जीवन अपने को होने की प्रक्रिया में चाहता हुआ। यह विचार कि वस्तुएँ अपने को स्वयं बनाती हैं उन्हें बहुत आकर्षक लगता है, भले ही वह गल्प हो। इस गल्प को वे बहुत उपयोगी पाते हैं, सर्जनात्मकता के लिए। उनका इसरार है कि कला ऐसी कई चीज़ों के बारे में होती हैं जो उपस्थित नहीं होतीं।

'मिट्टी से खेलते हो'

अन्ततः कलाकार हिम्मत शाह को अपनी अद्वितीय कला के कारण वह मान्यता और आदर मिलने लगे जिसके वे सर्वथा सुपात्र रहे हैं, लेकिन जो उन्हें अपनी जिद पर अड़े रहने और चकाचौंध से दूर रहने के कारण विलम्बित गति से ही मिल पायी है। सृजन के अप्रत्याशित जादू में अटल विश्वास रखनेवाले हिम्मत का कला जीवन खुद अपने नाम के अनुरूप हिम्मत की उज्ज्वल गाथा है। लगभग स्वतःस्फूर्त ढंग से आधुनिक होते हुए भी उन्होंने कभी आधुनिक होने की या उसे दिखाने की कोई नाटकीय अभिव्यक्ति नहीं की। चित्रकला से जब मूर्तिशिल्प की ओर हिम्मत मुड़े तो जैसे यह उस मटमैली सचाई की ओर धीरे से वापस जाना था, जिससे उनका बचपन से रिश्ता रहा था और जिसे वे भूले नहीं थे। इसी सप्ताह अनन्त कला वीथिका में हिम्मत के मिट्टी के काम की अर्थात् टेराकोटा शिल्पों की एक बड़ी प्रदर्शनी शुरू हुई है। उनके सुघर और भरोसेमन्द हाथों मिट्टी ने क्या-क्या रूप धरे हैं। मिट्टी प्राचीन है, शायद मनुष्य से भी प्राचीन और जब हिम्मत का काम देखिए तो लगता है कि कितनी आधुनिक है। मिट्टी में खुद मिट्टी होने का सहज स्वीकार है, लेकिन साथ ही उसमें आदमी के इर्द-गिर्द, हमेशा उसके पड़ोस में होने की कितनी सारी रंगतें और गन्ध हैं। हिम्मत मिट्टी को पकाते, उसे रूपायित करते, उसमें सच्चाई की कितनी परतें और शिराएँ खोजते-पाते हैं! हर शिल्प को देखकर लगता है कि वे मिट्टी को जगाते हैं। मिट्टी जैसे उनके हाथों अपना रूप पाती है। अक्सर ऐसा लगता है कि जीवन भर हिम्मत रूप की तलाश करते रहे हैं : वे रूप थोपते नहीं हैं, वे रूप अपने माध्यम में ही पाते हैं। कई बार खयाल आता है कि हिम्मत एकटक मिट्टी की ओर देख रहे हैं, गीली मिट्टी, पकने की कगार पर ठहरी मिट्टी, सुगबुगाती मिट्टी, बोलने को आतुर मिट्टी, रूपगर्भी मिट्टी, बेचैन मिट्टी, निढाल मिट्टी, कुछ और होने को विकल मिट्टी। हिम्मत की दृष्टि से, जैसे कि उनके हुनर से भी, उल्लसित और उत्तेजित होकर मिट्टी अपना रूप प्रकट करती है। हिम्मत के सहारे मिट्टी आगे बढ़ती है। रूपायित होती है और अक्सर अप्रत्याशित अर्थ पाती है।

इन दिनों हिम्मत शाह जयपुर में रहने लगे हैं। किसी पुरानी फाउण्ड्री के साथ धातु शिल्प बनाने की वहाँ सुविधा है। उनकी कलादृष्टि का केन्द्र है कला का जादू। उनके यहाँ जो जादू है वह ऐसे ही नहीं आ जाता है, वह लम्बी साधना और सधे कौशल का प्रतिफल है। कुछ इस ज़िद का भी कि माध्यम सिर्फ़ अर्थ का वाहक नहीं उसका रचयिता भी है।

रज़ा आये हैं

हर बरस की तरह इस बरस भी पेरिस-बसे चित्रकार सैयद हैदर रज़ा स्वदेश आये हैं। मध्यप्रदेश में अपने घरू शहर दामोह के अलावा वे उन पुराने गाँवों में भी गये जहाँ उनका अक्षराम्भ हुआ था। उनके इधर के कुछ चित्रों को मिलाकर एक प्रदर्शनी 'सत्य' शीर्षक से मुम्बई की ताओ चित्रवीथिका में इन दिनों चल रही है। उनका जन्मदिन–वे अब छियासी बरस के हो जायेंगे–इसी 22 फ़रवरी को दिल्ली में मनाया गया। पिछले वर्ष तो इसी दिन उन पर एक बड़ी पुस्तक लोकार्पित हुई थी और उनके चित्रों की प्रदर्शनी राष्ट्रीय कला वाथिका में आयोजित हुई थी। साथ ही, संगीत, कविता, विचार, नृत्य और कला का एक बड़ा उत्सव भी हुआ था।

इस बार उस दिन पहले तो कविता की एक शाम आयोजित है : हिन्दी और अंग्रेज़ी कविता की। रज़ा की कविता में गहरी रुचि विख्यात है। उन्होंने अपने चित्रों में रघुवीर, निराला, महादेवी, अज्ञेय, मुक्तिबोध, फ़ैज़, केदारनाथ सिंह आदि की कविता-पंक्तियों का जब-तब इस्तेमाल किया है। उन्हें ढेरों कविताएँ या कविता पंक्तियाँ याद हैं जिनमें इन कवियों के अलावा रहीम, ग़ालिब, रिल्के आदि शामिल हैं। फ्रांस में तो चित्रकारों के कविता-प्रेम की लम्बी परम्परा है, पर भारत में ऐसी परम्परा का अब सक्रिय होना दिखाई नहीं देता। रज़ा इस अर्थ में अपवाद हैं। संयोगवश यहाँ यह भी याद किया जा सकता है कि वे एकमात्र चित्रकार हैं, जिन्होंने कविता के लिए पहले मध्यप्रदेश में एक पुरस्कार लगभग तीन दशकों पहले स्थापित किया था और अब उनके द्वारा स्थापित कला, संगीत और नृत्य के लिए लखटकिया पुरस्कारों में से एक कविता के लिए है। यही नहीं वे अपने साधनों से दिल्ली या उसके आसपास एक कलाकेन्द्र बनाने के लिए उत्सुक हैं, जिसमें कविता और साहित्य की भी जगह हो। इस बारे में उनका उत्साह और प्रयत्न ऐसा संक्रामक-सा है कि लगता है कि जल्दी ही किसी किराये की जगह में यह केन्द्र शुरू हो जाएगा। हम मित्रों के इसरार के बावजूद रज़ा नहीं चाहते कि ऐसे केन्द्र का नाम उन पर हो।

रज़ा अपनी अधिकांश कलाकृतियों का शीर्षक हिन्दी से ही देते रहे हैं : उनका तर्क है कि हिन्दी उनकी मातृभाषा है और उसके अनेक शब्द उनकी अपनी कलादृष्टि के बहुत अनुरूप पड़ते हैं। उनके कुछ शीर्षक हैं : बिन्दु, शान्ति, प्रकृति, प्रकृति-पुरुष, आओ, बीज, अंकुरण, आवर्तन, सप्तरस।

कुछ नहीं की गाथा

नार्वे बसे भारतीय चित्रकार अम्बा दास को चारेक दशकों पहले दिल्ली में जगदीश स्वामीनाथन की कलाकार मण्डली में देखा था : वे ग्रुप 1890 की स्थापना और सक्रियता के दिन थे। उसके बाद उनसे जब-तब भेंट होती रही है। वे कई बार भारत भवन भी आये। बल्कि भारत भवन के युवा चित्रकारों और लेखकों ने उनके लम्बे काम का महत्व एक बार फिर पहचाना : अम्बा दास 'कुछ नहीं' के चित्रकार हैं। वे न कोई वर्णन करते हैं, न कोई कहानी अपने चित्रों में कहते हैं। वे ख़ाली कैनवास या काग़ज़ को उसके बुनियादी 'न कुछपन' से चित्रित 'न कुछपन' तक ले जाते हैं। कुछ नहीं चित्रित करने की उनकी ज़िद असाधारण है : यह और बात है कि आप उनके इस चित्रण में अनेक आशय और संकेत कुछ नहीं को लाँघते, उसके पार जाते, उसे अतिक्रमित करते खोज सकते हैं। उनके चित्रों की, जिनकी एक बड़ी और सुघर-सुन्दर प्रदर्शनी दिल्ली आर्ट गैलरी में 14 जनवरी 08 की शाम शुरू हुई है, में उनकी शैली, मुहावरा और दृष्टि एकदम से ज़ाहिर होती है। उसकी अद्वितीयता आपको फ़ौरन बाँध लेती है। उनके 'कुछ नहीं' से आपको 'सब कुछ' तक जाने का न्यौता मिलता है, वे न बक्तव्य देते हैं, न कुछ मुखर-चपल कहते या करते हैं : उनके चित्र अपनी ऊर्जा के बावजूद एक तरह के संकोच-भरे मौन में अपने को विन्यस्त करते चलते हैं। दरअसल उनकी विवक्षा मौन में अभिव्यक्त होती है।

अम्बा दास पर कलालोचक रोबीना करोडे ने एक सुन्दर और सुविचारित पुस्तक सम्पादित की है : 'अम्बादास : स्ब्लाइम एनकाउण्टर्स' जिसे दिल्ली आर्ट गैलरी ने सुरुचिपूर्वक प्रकाशित किया है। उसका लोकार्पण भी उसी शाम हुआ। इस अवसर पर ग्रुप 1890 के कई अब वयोवृद्ध हो गये सदस्य राजेश मेहरा, ज्योति भट और हिम्मत शाह भी विशेष रूप से मौजूद थे। पुस्तक में रोबीना करोडे के लम्बे और सुलिखित निबन्ध के अलावा दो कलाकारों नार्वेजियन आवाँ गार्द के हिलमार फेड्रिक्सन और अखिलेश के निबन्ध और कवि-आलोचक प्रयाग शुक्ल के निबन्ध भी शामिल हैं, अम्बा दास के कई चित्रों और रेखाचित्रों की प्रतिकृतियों के अलावा।

अम्बा दास के चित्र हमें बिम्बों पटी पड़ी, छबियों और चीज़ों से आक्रान्त दुनिया से दूर ले जाते हैं शान्त-क्षुब्ध जगह जहाँ ऊर्जा है, एक तरह का स्वयम्भू आवेग है। वह ऐसी जगह है जो कोई मनुष्य ही रच या खोज सकता है, पर जो उस पर एकाग्र नहीं है। अम्बा दास के यहाँ रंग और आकार कुछ कहते नहीं, कुछ गुपचुप करते हैं जो हमारी चाक्षुष

कल्पना को विस्तार देता है : हम वह देखते हैं जो अन्यथा हम देख न पाते या देखने से चूक जाते। यह एक तरह की आदिमता को फिर से आयत्त करना है। यह मूल पर वापस पहुँचना है। यह उद्‌गम के नज़दीक होना है। यहाँ चित्र दी हुई दुनिया को प्रतिबिम्बित नहीं कर रहे हैं : वे उस दुनिया के बरक़्स अपनी दुनिया ख़ामोशी और निष्ठा के साथ, संकोच और आत्मसंयम से, रच रहे हैं। उसमें आप परिष्कार और माध्यम पर पूरा अबाध अधिकार सहज ही देख सकते हैं। अम्बा दास को देखकर (वे इस अवसर पर सपत्नीक यहीं थे, लेकिन अगले ही दिन वे वापस नार्वे रवाना हो गये) यह साफ़ लगता है कि वे एक फक्कड़ कलाकार हैं। उन्होंने चित्रकार अखिलेश से बरसों पहले कहा था : 'जब एक कोंपल धरती फोड़कर बाहर निकल रही है, मैं उस वक़्त लग रही उस असीम ऊर्जा को अपने चित्रों का आधार मानता हूँ।' उनकी खोज, बिना अपने समय की वृत्तियों की चिन्ता किये, इसी आदिम ऊर्जा की खोज रही है।

नरेन्द्र शर्मा

वे शास्त्रीय नृत्य की रूढ़ सीमाओं से सन्तुष्ट नहीं थे। वे लोकनृत्य के असंयमित खुलेपन को भी अन्ततः अपर्याप्त मानते थे। इसलिये उन्होंने अपने गुरु उदयशंकर द्वारा दिखायी गयी राह पर अथक चलते हुए समकालीन नृत्य की एक ऐसी शैली विकसित की जो नृत्य में समकालीनता की बहुत सारी विषय-वस्तु को अपने में विन्यस्त करने में समर्थ थी। उन्होंने अल्मोड़ा में एक तरुण की ज़िद से, उदयशंकर के विख्यात केन्द्र में, सीखना शुरू किया था। बाद में वे मुम्बई गये, इप्टा के सैण्ट्रल स्कवैड में शामिल हुए, अन्य कोरियाग्रेफ़रों शान्ति बर्धन और शचीन शंकर के साथ आज के पण्डित रविशंकर आदि की संगत में। उनके सहकर्मियों में नेमिचन्द्र जैन, रेखा जैन आदि भी थे। अपने जीवन के अन्तिम काल में वे इस दम्पत्ति के पड़ोसी भी थे, दिल्ली की भारती आर्टिस्ट कालोनी में। अपने इस घर में उन्होंने प्रशिक्षण और अभ्यास के लिये एक छोटी सी रंगशाला भी बना रखी थी। उन्होंने बरसों दिल्ली के प्रसिद्ध माडर्न स्कूल में सैकड़ों छात्रों को समकालीन नृत्य में दीक्षित किया। हममें से कइयों ने उन्हें अन्तिम बार सीरी फ़ोर्ट के सभागार में जर्मन कोरियोग्रैफ़र पीना बाऊश की प्रस्तुति में दर्शक के रूप में देखा था। वे नरेन्द्र शर्मा थे, जिनके इस सप्ताह के शुरू में देहावसान के साथ समकालीन नृत्य का एक युगान्त हुआ : उनसे पहले शान्ति बर्धन, प्रभात गांगुली और

शचीन शंकर दिवंगत हो चुके।

हमारे समय में अपनी अहर्निश उपस्थिति और विकरालता से आक्रान्त किये, ख़ासकर अंग्रेज़ी के चिकने-चुपड़े मीडिया को, अपनी अपार सांस्कृतिक निरक्षरता के चलते, अगर नरेन्द्र शर्मा का निधन रिपोर्ट करने लायक नहीं लगा तो इसमें अचरज भले न हो, क्षोभ जरूर होता है। यह किस क़िस्म का भारत बन रहा है, अन्ततः वर्तमान में रह रहा और स्मृति-वंचित, अकृतज्ञ और अपने अज्ञान से, जो संस्कृति के क्षेत्र में विशेषतः बढ़ता ही जाता है, बेख़बर और लापरवाह? एक ऐसा भारत जिसके कुछ हलकों में इतिहास नहीं, मिथकों को लेकर देशव्यापी खून-ख़राबा करने का उत्साह जागता है पर जिसे यह पता या परवाह नहीं कि भारत में आधुनिकता ने क्या-कुछ और कैसे किया है।

नरेन्द्र शर्मा से उनके शास्त्रीय कलाओं को समकालीन न मानने पर लम्बी बहसें कई बार हुईं। उन्होंने अल्मोड़ा में शास्त्रीय नृत्य में बाक़ायदा प्रशिक्षण पाया था। पर, ज़ाहिर है, जिस तरह की आत्म और सामाजिक अभिव्यक्ति की कला में उन्हें तलाश थी वह शास्त्रीयता के अहाते में आसानी से सम्भव नहीं थी। इसलिए उन्होंने उदयशंकर की प्रयोगशीलता को आगे बढ़ाते हुए अपना मुहावरा विकसित करने का जोखिम उठाया। नृत्य में उन्होंने सामाजिक विद्रूप पर व्यंग्य करने से लेकर मृत्यु तक को व्यक्त करने तक अनुभवों और स्थितियों के बड़े रेंज को समाहित करने की चेष्टा की। समकालीन नृत्य को इस समय भी भारतीय समाज और राज्य द्वारा समर्थन और सम्मान बहुत कम मिलता है पर नरेन्द्र शर्मा इस विषम परिस्थिति से असाधारण जीवट और निष्ठा से जूझते रहे। अगले सप्ताह उनकी अन्तिम प्रस्तुति पेश की जाने वाली है जो एक बार फिर प्रमाणित करेगी कि अस्सी से ऊपर की उमर के इस निराले कलाकार के लिए नृत्य ही जीवन था और उसमें कुछ रचते रहने की इच्छा को उन्होंने कभी विराम नहीं दिया।

देवास में ढाई घण्टे

देवास और इन्दौर के बीच की दूरी यों तो उतनी ही है जितनी पहले थी लेकिन इन्दौर फैलकर लगभग देवास तक पहुँच रहा है। खुद इन्दौर इस क़दर जनाकीर्ण और भवनाकीर्ण होता जा रहा है कि उसे आसानी से पहचानना कठिन हो गया है : पुरानी जगहों पर ऊँची इमारतें और माल आदि आ गये हैं। जो कुछ पुरानी इमारतें अब तक याद हैं वे

आसानी से देखना कठिन है क्योंकि वे पिछड़ गयी हैं : उनके सामने विशालकाय संरचनाएँ आ गयी हैं।

चूँकि बहुत दिनों से देवास जाना नहीं हुआ था और पहले जब कभी भोपाल से इन्दौर या उज्जैन जाना होता था तो देवास में कुमार गन्धर्व के यहाँ रुकना अनिवार्य होता था, हम उनके घर 'भानुकुल' देवास में गये। देवास भी जनाकीर्ण हो गया है। सड़क के किनारे का शिमन्दिर कुछ छुप सा गया था : पहले वहीं कुमार जी के घर के मुड़ने का दुराहा होता था। अब शारदा मन्दिर के रास्ते पर किसी ने अनाधिकृत अड़ंगा लगा रखा है और खुलेआम कुछ राशि वसूलता है।

कुमार जी का घर, सौभाग्य से और उनकी पत्नी-पुत्री के जतन से, वैसा ही हैः सुरुचि और स्पन्दन से भरा, उनकी सत्रह बरस पहले हुई अनुपस्थिति को झुठलाता हुआ। हम उसी कमरे में बैठते हैं फ़र्श पर जहाँ कुमार जी के साथ पता नहीं कितनी बैठकें हुई थीं। उनका सम्भवतः सबसे लम्बा इण्टरव्यू भी हमने इसी कमरे में लिया था 'पूर्वग्रह' के लिए, लगभग 35 बरस पहले। इस बीच उनकी सामग्री, रिकॉर्डिंग आदि को सहेजने और विन्यस्त करने का काम कलापिनी करती रही है। अपने पिता की ही तरह वे अन्य कलाओं के बारे में सजग और जिज्ञासु हैं। सातवें दशक में कुमार जी के साथ उनके शिष्य रहते थे जिन्होंने उस समय कुमार जी से अपनी बातचीत की डायरी लिखी थी और इन दिनों उसे टाइप कराने का काम चल रहा है। सरसरी तौर पर देखने पर पता चला कि उसमें संगीत, जीवन सम्बन्धी कई बहुमूल्य विचार उसमें है और उसका प्रकाशन कुमार जी और शास्त्रीय संगीत के प्रेमियों के लिए एक विचारोत्तेजक घटना होगी। वह इस तरह की उक्तियों से युक्त है : 'मैं चिन्ता नहीं चिन्तन करता हूँ' 'किसी भी राग को किसी एक रस तक सीमित नहीं किया जा सकता।' यह याद आता है कि अगले वर्ष अप्रैल में कुमार गन्धर्व 85 बरस के हो जाते। इस अवसर को उपयुक्त ढंग से बनाने की योजना पर हम कुछ बात करते हैं। इस डायरी का तब पुस्तकाकार प्रकाशन बहुत उपयुक्त होगा। यह भी सूझता है कि लिण्डा हैस ने जो पुस्तक 'सिंगिंग द वायड' शीर्षक से तैयार की है और जिसका प्रकाशन होना है अगर उसी अवसर पर हो जाये तो बहुत अच्छा रहेगा। दिल्ली में तीन दिनों का एक 'कुमार उत्सव' मनाने का विचार मन में घर करने लगता है।

कुमार जी घर, पहले की ही तरह, बकौली इत्यादि अनेक पेड़ों से घिरा है। बहुत सारे पेड़-पौधे वही हैं जो कहीं-कहीं से लाये थे और बहुत चाव से उन्होंने उन्हें अपने घर के आस-पास लगाया था। वे सब, लगभग अब भी हैं। मैं उनकी वह बन्दिश याद करता हूँ जो उन्होंने आविन्यों

में दो विशाल वृक्षों के बीच बने एक चबूतरे पर गायी थी : 'द्रुम द्रुम लता लता'। कुमार गन्धर्व का सारा संगीत नश्वरता की छाया में जिजीविषा का संगीत है। फिर भी यह कहना कठिन है कि ये द्रुम और लताएँ उस कालजयी को याद करते हैं। सन्देह होता है कि करते हैं। कुमार गन्धर्व जैसे गायक न मृत्यु से मिटते हैं, न स्मृति से ओझल होते हैं।

विनय का कला वैभव

इन दिनों कला का बाज़ार इस क़दर गरम है कि दाम ऊँचा चढ़ जाने से कई कलाकारों में स्वाभाविक विनयशीलता क्षीण या ग़ायब हो रही है। लेकिन कुछ हैं जिनमें वह इस क़दर बद्धमूल है कि वह उनके सौन्दर्यशास्त्र का मूलाधार ही लगती है। ऐसे ही एक कलाकार हैं योगेन्द्र त्रिपाठी जो सम्भवतः पिछले कई दशकों में उभरे छत्तीसगढ़ से पहले कलाकार हैं जिनके काम ने समकालीन भारतीय कलाजगत् का ध्यान खींचा है। दो बरस पहले एक दिन मुम्बई पहुँचा सैयद हैदर रज़ा से मिलने जो वहाँ उन दिनों थे और एक फ़्लैट में रहकर कुछ काम भी कर रहे थे। दरवाज़ा खुलते ही वे मुझे सीधे बरामदे में ले गये जहाँ दीवार पर एक बड़ा और सुन्दर चित्र लगा था। वह थोड़ी देर पहले ही उन्होंने टाँगा था। वे उसे लेकर बहुत उत्साहित लग रहे थे और उन्होंने बताया कि वह योगेन्द्र त्रिपाठी का है जो खैरागढ़ के हैं और जिसे उन्होंने हाल ही में ख़रीदा है। मैंने याद किया कि योगेन्द्र एक बेहद संकोची और विनयशील व्यक्ति है। उनका इधर का काम देखने पर लगा कि जैसे वे कुछ रच नहीं रहे हैं, जो पहले से है और कई तहों के नीचे दबा-छुपा सा है उसे उत्खनित कर रहे हैं। मानो कुछ खरोंचें और अधमरे घाव हैं जो भीतर कहीं छुपे हैं जिन्हें वे बाहर ला रहे हैं। कई बार लगता है कि उनकी कलाकृतियाँ कुल मिलाकर खरोंचों की एक कला पुस्तिका हैं। योगेन्द्र में धीरज और मनोयोग से काम करने की आदत है। उनकी कला में बहुत कुछ घटता है पर उस घमासान में आपाधापी नहीं है : बेचैनी है पर जल्दबाजी नहीं है।

कई बार लगता है कि उनकी कलाकृतियाँ किसी पुराने घर की दीवारों के चौकोर काट लिये गये टुकड़े हैं। वहाँ के रहवासी बरसों तक वहाँ रहने के बाद कुछ रेखांकन, रंगों के धब्बे, कुछ खरोंचें वहाँ छोड़ गये हैं जिन्हें अब जतन और सावधानी से योगेन्द्र अपने चित्रों में एक तरह से सुरक्षित कर रहे हैं। योगेन्द्र के यहाँ सतहें अक्सर खुरदरी और बीहड़

लगती हैं। उनमें प्रवाह नहीं अवरोध से हैं। उन्हें देखकर छत्तीसगढ़ के हरे-भरे धान के खेतों और जंगलों की सघन-उच्छल हरीतिमा की याद नहीं आती : याद आता है सएत भूरापन, चट्टानें। बीच-बीच में कुछ उजले रंग एक तरह की राहत अलबत्ता देते हैं। पर कुल मिलाकर उनमें अवसाद और उदासी है। वे विचारमग्न लगती है : योगेन्द्र त्रिपाठी की दृष्टि अपने को टटोल रही है, अपने लिए एक नया और निजी मुहावरा खोज रही है। सौभाग्य से वह स्थिर या विजड़ित नहीं हुई है। उसमें अभी भी चाक्षुष रहस्य को तरह-तरह से खोजने-भेदने की ताब है। यह अभी स्पष्ट नहीं है कि योगेन्द्र क्या कहना चाह रहे हैं : इसमें उनका व्यक्ति के रूप में संकोच और चित्रकार के रूप में हिचकिचाहट मिल जाते हैं। जैसे वे कुछ कहना नहीं चाह रहे हैं और न आपको अपने विचारों के बोझ से लादना चाहते हैं। वे जैसे सिर्फ़ इस पर आग्रह कर रहे हैं कि सच्चाई मुझे यों दीखती है—आप देखें-परखें और सच्चाई के अपने अनुभवों को उससे जोड़कर अर्थ लगायें।

जीने के रूपक

कलाकार या लेखक यों तो आम लोगों की तरह ही खाते-पीते, सोते-जागते आदि हैं, पर उनमें कुछ ऐसा ज़रूर होता है जो उन्हें जीने की बँधी-बधाई लीक छोड़कर कोई और रास्ता अपनाने के लिए उकसाता रहता है : वे प्रायः विपथगामी होते हैं। शायद इसलिए कि उनकी इसमें कोई दिलचस्पी नहीं होती कि दी हुई दुनिया को जस का तस स्वीकार कर लें। वे अक्सर दूसरी दुनिया की खोज में रहते हैं : वे एक साथ एक से अधिक दुनियाओं में रहते-बिचरते हैं। उनका जीना कुछ अधिक सघन, कुछ अधिक उत्कट और, कई बार इसीलिए, कुछ अटपटा और संकटग्रस्त होता चलता है। जितना समय सबको मिला है, उतने ही समय में वे कई बार कुछ अधिक जी लेते हैं।

यह खयाल मुझे आया अभी गुजरात के प्रसिद्ध चित्रकार पीराजी सागर के कुछ नये-पुराने चित्रों को देखते और उन पर उनकी इन दिनों बड़ोदरा में चल रही प्रदर्शनी के कैटलॉग के लिए एक टिप्पणी लिखते हुए। 1983 में उनके निमन्त्रण पर मैं भोपाल से अहमदाबाद उनकी एक प्रदर्शनी के लिए गया था। मुझे अब भी याद है उससे पहले, बल्कि उसके बाद भी, मैंने किसी कला-प्रदर्शनी के लिए इतनी लम्बी दर्शकों की कतारें नहीं देखीं।

पीराजी की जिजीविषा अदम्य है। वे आकृतिमूलकता से अमूर्तन तक स्वच्छन्द विचरते हैं और लकड़ी से लेकर कैनवास, कीलें, धातु के टुकड़े आदि का इस्तेमाल कर अपनी कलाकृतियाँ बनाते रहे हैं। उन्हें जीवन के उत्सव की एक अथक यात्रा के रूप में भी देखा जा सकता है। एक ऐसा उत्सव जिसमें विडम्बनाएँ, उत्सुकताएँ और बेचैनियाँ भी हैं। जो एक ओर संसार का सत्यापन है तो दूसरी ओर उसमें अपनी शर्तों पर रहने-रचने की ज़िद भी। पीराजी का काम, उनके पचहत्तर बरस की उमर पार करने के बाद, अब भी विस्मित करता है और लगता है कि कला में जीने का एक बड़ा आशय जब-तब उस रहस्य को छूना है जो हमारे अस्तित्व के मूल में है और जिसका सबसे ऐन्द्रिय संवेदन कलाओं में ही सम्भव हो पाता है। हम अपना जीवन जीते हैं, पर कला हमारे लिए उसे जीने के असंख्य रूपक खोजती-रचती रहती है।

विद्यानिवास मिश्र

यों वे स्थिर रचित व्यक्ति थे। बुद्धि की सम्यकता में विश्वास रखते थे। यह समझना कठिन है कि फिर इतने नरणचपल क्यों थे। शायद अपने मित्रों और भक्तों से सम्पर्क उन्हें शक्ति देता था। उनकी जिजीविषा को उद्दीप्त करता था। विद्यानिवास जी भले अपने खान-पान में बेहद कट्टर थे, यह उनके उदार आतिथ्य के आड़े नहीं आता था। एक बार उनके एक लेखक-शिविर में श्री लाल शुक्ल, मनोहर श्याम जोशी के साथ मैं भी कुशीनगर में था। वहाँ अज्ञेय की जन्मभूमि होने के कारण मिश्र जी ने अज्ञेय साहित्य केन्द्र स्थापित किया था और उसके परिसर का शिलान्यास मनोहर श्याम जोशी से करवाया था। शाम को जब हम तीनों होटल के कमरे में रस-रंजन का कुछ निजी प्रबन्ध करने जा रहे थे, पता चला कि पण्डित जी के निर्देश के अनुसार हम लोगों की रुचि के खान-पान की व्यवस्था पहले ही कर दी गयी थी। उसी शाम मैंने उनसे यह कहने की धृष्टता की थी कि वे 'साहित्य-अमृत' के प्रधान सम्पादक भर रहें, उसका हर बार सम्पादकीय भर लिख दिया करें और बाक़ी सम्पादन हम लोगों पर छोड़ दें। उन्होंने फ़ौरन कहा कि मैं तैयार हूँ, पर मुझे मालूम है कि तुम लोगों में से कोई करेगा नहीं।

विद्यानिवास मिश्र हमारे समय के उन व्यक्तियों में से थे, जिन्होंने बुद्धि, चिन्तन और साहित्य, पत्रकारिता, अध्यापन और सत्ता के बहुत सारे लोगों को आपस में जोड़ा था। ऐसी किसी हिन्दी संस्था को बताना कठिन है, जिसका उनसे कोई-न-कोई सम्बन्ध या सम्पर्क न रहा हो। दुर्भाग्य

से एक ऐसे समाज में जहाँ ऐसे सम्बन्ध व्यक्ति पर ही आधारित रहते हैं और स्वयं अपनी ऊर्जा या पहल से नहीं जीवित रह पाते, विद्यानिवास मिश्र का निधन एक गहरे अर्थ में सच्ची सामाजिक क्षति भी है।

'काया की मिट्टी बासी'

जिस शब्द और अवधारणा को हमारी दिग्भ्रमित आधुनिकता, सत्वहीन धर्मनिरपेक्षता और धर्म के नाम पर पाखण्डी आचरण से सबसे मैला किया है वह है अध्यात्म। हुआ यह है कि मनुष्य का यह क्रान्तिकारी और परिभाषक आविष्कार इन दिनों पोंगापन्थियों और कट्टर लोगों के कब्ज़े में है, जबकि उन्हें अध्यात्म से कुछ लेना-देना नहीं है। हमारे चिन्तन और सृजन में अध्यात्म के पुनर्वास की बात ध्यान में आते ही जिन कवियों का ख़्याल आता है, उनमें पंजाबी कवि हरभजन सिंह एक ज़रूरी नाम है। उनका पिछले सप्ताह लम्बी बीमारी के बाद तेरासी वर्ष की आयु में देहावसान हुआ। एक ऐसे समय में जब अध्यात्म और कविता-विरोधी शक्तियों का बोलबाला है, धर्म के नाम पर लगभग अपढ़ प्रवक्ताओं के गाली-गलौज और नफ़रत फैलानेवाले वक्तव्यों से हमारे अख़बार हर दिन पटे पड़े होते हैं, यह आकस्मिक नहीं है कि न सिर्फ़ पंजाबी बल्कि समूचे भारतीय साहित्य के इस मूर्धन्य का निधन लगभग अनदेखा चला जाये।

हरभजन सिंह एक सजग और ज़िम्मेदार आधुनिक थे, जिन्हें अपनी परम्परा तजकर या उससे विद्रोह कर आधुनिक बनना ज़रूरी नहीं लगा। उनमें एक ओर सिख गुरुओं से उत्तराधिकार में प्राप्त आध्यात्मिक विकलता थी तो उसी के साथ आधुनिक प्रश्नों और चुनौतियों को समझने और उनका साहस से सामना करने की उत्सुकता भी। उनकी कविता इस बात का बहुत ऐन्द्रिय और स्पन्दित साक्ष्य है कि स्वयं आधुनिकता को अपने लिए आविष्कृत करने में हमारी कविता और चिन्तन की लम्बी और साझी परम्परा से हमें कितनी मदद मिल सकती है। अगर बड़ा कवि ऐसा कवि होता है जिसकी आवाज़ में उसके पूर्वज कवि भी बोलते हैं तो हरभजन सिंह निश्चय ही ऐसे बड़े कवि थे। उनकी कुछ पंक्तियाँ (गगन गिल के हिन्दी अनुवाद में) इस प्रकार हैं :

मुझे पानी पवन धूप छाँह
के वस्त्र ही बहुत हैं
ग्रीष्म पहनकर पानी से गुजरूँ

शिरि पहनकर धूप में विचरूँ
दिगम्बर होकर दिशाओं के बराबर हो जाऊँ
किनारे पर पड़ी पोशाक जो पहनूँ
किनारे से परे मैं जा नहीं सकता
किनारा ही जैसे मुझे पहनता है

बरसों पहले जब हरभजन सिंह को मध्यप्रदेश सरकार का कबीर सम्मान मिला था, जो उन्हें तब तक मिलने वाला सबसे बड़ा सम्मान था तो वे भोपाल आये थे। उनसे एक लम्बी शाम की जगदीश स्वामीनाथन के घर हुई गपशप अब तक मुझे याद है। वे बरसों से अध्यापक रहे थे, पर उनकी बातचीत में समय के कई खण्डों से अनायास एक याराना-सा रिश्ता ज़ाहिर हुआ। वे विद्वान् थे। उनकी आलोचना-बुद्धि विचारसम्पन्न और कुशाग्र थी। पर इनमें से किसी का भी बोझ उनके व्यक्तित्व पर नहीं था। वे दिन पंजाब में आतंकवादियों के सक्रिय होने के दिन थे। सिखों की यातना, नियति और कठिनाइयों की जैसी पकड़ हरभजन सिंह को थी वैसी कम बुद्धिजीवियों में मैंने पायी। दमन और आतंक के सामने उन दिनों प्रगट बहुतों की कायरता को हरभजन सिंह ने जो अभिव्यक्ति देने का साहस किया था, वह स्मरणीय है। गगन गिल के हिन्दी अनुवाद में ये पंक्तियाँ देखिये :

कोई नहीं कोई नहीं
वह मेरा कोई नहीं था
जीप चली गयी तो लगा
यह गली एक दरिया थी
जो अभी-अभी सूखा है
यहाँ एक पेड़ था
जिसके पंछी-पत्ते अचानक
उड़ गये हैं कहीं
घर की दुछती पर
एक कबाड़-बक्सा है
जिसमें खुरदरा, ज़ंग लगा
एक चाकू है, बेवजह

कोई नहीं, कोई नहीं
वह मेरा कोई नहीं था
मेरे पड़ोस में रहता था वह
मेरा पड़ोसी नहीं था।

ऊर्जस्वित और अदम्य

वयोवृद्ध कवि शिवमंगल सिंह सुमन, जिनका लम्बी बीमारी के बाद इसी सप्ताह के मध्य उज्जैन में देहावसान हुआ, हिन्दी कविता की उस परम्परा के सम्भवतः अन्तिम प्रतिनिधि थे, जिसमें लोकप्रियता और महत्त्व के बीच कोई खाई नहीं थी। सुमन जी में छायावादोत्तर कविता की मस्ती और दीवानगी थी, संस्कृत लालित्य के प्रति अपार आकर्षण और नये के प्रति उदार खुलापन। अपनी कविता के अलावा उन्हें निराला आदि को मुखाग्र प्रस्तुत करते सुनना अनोखा अनुभव था। सुमन जी कविता के गहन अध्येता थे। एक बार जब वे विक्रम विश्वविद्यालय के कुलपति थे, उनके पुस्तकालय को देखने का सुयोग हुआ था : उसमें ऐसी पुस्तकों की संख्या बेशुमार थी, जिन्हें सुमन जी ने निशान लगाकर मनोयोग से पढ़ा था। वे उन कवियों में से भी थे, जिन्हें अपनी कविताओं के अलावा सैकड़ों कवितायें दूसरों की याद थीं।

दूसरों को परखने में सुमन जी किंचित् उदार थे। विश्वनाथ प्रसाद मिश्र हों या भगवत शरण उपाध्याय, आद्य रंगाचार्य हों या कमलेशदत्त त्रिपाठी उन्होंने प्रतिभा, अध्यवसाय और विद्वता को परखने और उसे उचित सम्मान देने में कभी चूक नहीं की। सुमन जी अतिरेक के धनी थे। किसी के बारे में मिनिटों में प्रशंसात्मक अतिरंजना कर जाना उनके निर्मल स्वभाव और अचूक उदारता का साक्ष्य बार-बार सामने लाता था। मध्यप्रदेश में जो लम्बा सांस्कृतिक प्रयत्न हुआ उसमें सुमन जी हमेशा पूरे उत्साह और आत्मविश्वास से आगे रहे। चूँकि उस प्रयत्न के बुनियादी लक्ष्य और उसके पीछे की सदिच्छा से उनकी पूरी और पक्की सहमति थी, अगर वे किसी कार्य या योजना विशेष से असहमत भी होते थे तो उन्होंने उसे कभी सार्वजनिक मुद्दा नहीं बनाया। मध्यप्रदेश साहित्य परिषद्, भारत भवन, कालिदास अकादेमी आदि अनेक संस्थाओं से उनका घनिष्ठ सम्बन्ध था और उनकी सक्रियता, विस्तार और नयी पहल को उनका भरपूर और मुखर समर्थन हमेशा मिलता रहा।

सुमन जी यारबाश भी बहुत थे। उनके साथ भोपाल या उज्जैन में कई शामें गप करते गुज़रती थीं। एक बार, जब मेरे दुर्दिन थे और मैं ग्वालियर से अपनी सर्किट कार्ट लगाने उज्जैन आया था, तब उन्होंने शाम अपने घर खाने पर बुलाया। रसरंजन के समय अचानक वे मेरा एक कवितासंग्रह कहीं से उठाकर लाये और बोले कि मुझे बड़ा दुख है कि साहित्य अकादेमी का पिछला पुरस्कार तुमको नहीं मिला क्योंकि जूरी के बाक़ी सदस्य मेरे तर्कों का उत्तर नहीं दे पाये, पर राजी भी नहीं हुए! सुमन जी ने कवितासंग्रह ध्यान से पढ़ रखा था और उसमें टिप्पणियाँ कर रखी थीं। ज़ाहिर है वह यह सब मुझे किसी और कारण से नहीं अपनी सहज निर्मलता से

बता रहे थे।

पिछली बार उनसे एक छोटी-सी भेंट उज्जैन में हुई थी। वे बेहद अशक्त हो गये थे और उनकी याददाश्त भी कमज़ोर हो गयी थी। लेकिन उनमें उत्साह और जिजीविषा की अभी भी कोई कमी नहीं थी। वे याद आयेंगे तो उनका उत्साह, वाणी का अकुण्ठित ओज, निश्छल उदारता भी ज़रूर याद आयेगी।

यशपाल और पन्त

अगले ही दिन लगभग छह घण्टे की सड़क-यात्रा कर लखनऊ पहुँचा। वहाँ ललित कला अकादेमी का एक क्षेत्रीय केन्द्र है। उसे बहुत पहले देखा था। अब वह एक विकसित और सुसज्जित केन्द्र है, जो विभिन्न कलाओं, साहित्य और विचारों के परस्पर संवाद और सहकार का केन्द्र भी बन सकता है। काफ़ी बड़ा परिसर है अलीगंज में और पड़ोस में कई नामी संस्थाएँ भी हैं।

उत्तर प्रदेश हिन्दी संस्थान में जो सभागार है उसका नाम 'यशपाल सभागार' है। यशपाल जी के बेटे आनन्द और उनके परिवार ने यशपाल जी की एक आवक्ष प्रतिमा दी है जिसे संस्थान ने इस सभागार में स्थापित किया है। उसका अनावरण हुआ। बाद में शाम भी आनन्द जी के साथ यशपाल जी के महानगर स्थित निवास में गुजरी। ड्राइंग रूम में जो कला-वस्तुएँ आदि हैं, वे वही हैं जो यशपाल के समय उन्होंने राजायी थीं। आनन्द जी की पत्नी बताती हैं कि जब वे ब्याह कर इस परिवार में आयी थीं तो ज़्यादातर अंग्रेज़ी बोलती थीं। एक दिन नाश्ते की टेबिल पर यशपाल जी ने बिना कोई सन्दर्भ दिये कहा : 'अंग्रेज़ो, भारत छोड़ो।' डर और घबराकर वे अपने मायके चली गयीं। शाम को यशपाल गुलाब के फूलों का एक गुलदस्ता लेकर उन्हें मनाने पहुँचे। आनन्द जी बताते हैं कि यद्यपि 'यशपाल ग्रन्थावली' प्रकाशित हो गयी है, उसका एक और खण्ड वे तैयार कर रहे हैं, जिसमें उनके 'विप्लव' में लिखे सम्पादकीय, कुछ छद्मनामों से लिखे लेख और अन्य असंग्रहीत सामग्री शामिल होगी।

सुमित्रानन्दन पन्त की जन्मतिथि के सिलसिले में उन पर व्याख्यान हुआ। मैंने इस पर ध्यानाकर्षण करने की कोशिश की कि छायावाद को साहित्य और आधुनिकता के लिए किये गये स्वतन्त्रता-संग्राम की तरह देखा जाना चाहिए। उसी दौरान एक तरह से सौन्दर्य और संघर्ष की प्राथमिकता का द्वन्द्व शुरू हुआ। पन्त के आरम्भिक काव्य में जो शब्द-ध्वनि-सौन्दर्य

है, प्रकृति चित्रण और सुकुमारता है, वह अप्रतिम है। उनकी कविताओं में निजी आत्मीय सम्बन्धों के प्रति भी गहरी संवेदनशीलता है। वे नयी प्रवृत्तियों के सहचारी भी बने : प्रगतिशीलता और नयी कविता के विशेषतः। छन्द का वैभव, उसकी विविधता और जटिलता भी उनके यहाँ पर्याप्त है। हिन्दी में, शायद ज्ञानेन्द्रपति की 'पहचान' कालीन कविताओं को छोड़कर, कोई और इतना कैशोर्य का कवि नहीं हुआ। कई मायनों में कैशोर्य ही उनकी चारित्रिक अवस्था थी। शायद उसी मनःस्थिति के कारण उनमें, बाद में, वैचारिक यायावरी की प्रवृत्ति भी बहुत सक्रिय हुई जो उनकी कविता के लिए हितकर नहीं हुई। छायावाद की अपनी साहित्य-वैचारिकता को तजकर पन्त जी अन्य विचारों की ओर आकर्षित हुए जिनमें गाँधीवाद, मार्क्सवाद, अरविन्द-दर्शन आदि आये हैं। ये सभी महत्त्वपूर्ण होते हुए भी साहित्य-विचार नहीं थे। पन्त जी के रहस्यवाद को शुरू में आचार्य शुक्ल ने असाम्प्रदायिक कहा था और उसे जयशंकर प्रसाद और महादेवी के रहस्यवाद से बेहतर और ग्राह्य बताया था। पर आगे चलकर पन्त जी विचार-सम्प्रदाय के मानों एक के बाद एक चँगुलों में ही फँसते चले गये। अपनी स्वाभाविक ऐन्द्रियता और उनकी कविता की मनोरम चित्रमयता छीजती चली गयी। अज्ञेय ने उन्हें 'स्वरसिद्ध' कहा था लेकिन वे स्वर को लगभग भुलाकर विचारसिद्ध होने में लग गये। बढ़ी उमर में कई लेखक विचारक होने की ओर मुड़ते हैं या कि विचार-प्रधान होने लगते हैं। हिन्दी में जैनेन्द्र कुमार इसका एक उदाहरण हैं। सौभाग्य से जैनेन्द्र जी ने अपने विचार अपने सृजन पर नहीं थोपे। अलग से वैचारिक गद्य लिखा जो कि उनका महत्त्वपूर्ण योगदान है। निर्मल वर्मा शुरू से विचारक-लेखक रहे हैं। उन्होंने भी अलग से विचार-गद्य लिखा जो कि उच्च कोटि का और बहुत प्रासंगिक है। पन्त की ट्रैजडी यह रही कि उन्होंने विचार कविता पर थोप दिये। उनकी परवर्ती अधिकांश कविता में सौन्दर्य को विचार अपदस्थ करता है : वह बाहर से आया विचार है, कविता के अपने रसायन से उपजा विचार नहीं। इस वैचारिक यायावरी में कविता की जगह कम होती गयी।

साहित्य-मैत्री

असमिया कवि नीलिम कुमार से परिचय पुराना है। वे जब बहुत कम उम्र के थे तो उन्हें भारत भवन में न्यौतने का अवसर मिला था। अब वे एक प्रतिष्ठित युवा कवि हैं जो विपुल मात्रा में लिखते रहे हैं। हमने पहली शाम उनके घर बितायी, रसरंजन और भोजन पर। वे पेशे से डाक्टर

हैं : उनकी पत्नी और दो बेटियाँ हैं। छोटा सुन्दर घर है, एक बरसात के कारण थोड़ा बीहड़ हो गये रास्ते पर। वे उन सैकड़ों युवाओं में से हैं जो उन दिनों के भारत भवन को कृतज्ञता और गरमाहट के साथ याद करते हैं। हम चूँकि असम के बड़े त्योहार बिहू के कुल दो दिन पहले वहाँ थे, उनकी पत्नी और बेटियाँ बिहू का, जो कि सार्वजनिक रूप से नाचा जाता है, अभ्यास कर लौटी थीं। गुवाहाटी में जगह-जगह पण्डाल बन रहे थे। लगता है कि बिहू में, जो कई दिनों चलता है और कुछ अन्तःवर्ती अंचलों में तो महीना भर, सारा समाज शामिल होता है और गुजरात के गरबा जैसा वह अनोखा सामूहिक नृत्य है, जिसमें युवा स्त्रियाँ इतनी बड़ी संख्या में भाग लेती हैं। जिस दिन बिहू का आरम्भ हुआ, हवाई अड्डे जाते हुए कई जगह पर ट्रैफ़िक जाम मिला, क्योंकि लोग बड़ी संख्या में बिहू के लिए आ-जा रहे थे।

नीलिम कुमार अपनी कविता के अलावा दूसरी भाषाओं के मनपसन्द कवियों का असमिया में अनुवाद भी करते रहे हैं। सुकवि केदारनाथ सिंह की कुछ कविताओं के अनुवाद की एक सुन्दर पुस्तिका उन्होंने प्रकाशित की है। कुछ और हिन्दी कवियों को इस सीरीज़ में लेने का उनका इरादा है।

असमिया बुद्धिजीवी और अंग्रेज़ी के उद्‌भट विद्वान् हीरेन गोहांई मेरे सहपाठी दिल्ली विश्वविद्यालय में रहे हैं। रिटायर होने के बाद वे अब अपने निजी मकान में रहते हैं। उन्हें लगता है कि मकान ज़्यादा बड़ा बन गया है जिसे सम्हालना कठिन हो रहा है। उन्हें यूजीसी वेतनमान का बकाया एक साथ काफ़ी मिल गया था सो उत्साह में मकान बड़ा बन गया। वहाँ छोटे से अहाते में कई तरह के फूल हैं : दो के नाम अपनी तत्सम-सुन्दरता के कारण याद रह गये हैं : गोधूलि-गोपाल जो शाम के समय ही खिलता है और नीलमणिलता। हीरेन ने अपने संस्मरणों की दो ज़िल्दें असमिया में प्रकाशित की हैं जिसमें उनके हम जैसे हिन्दी मित्रों का भी ज़िक्र है। वे तीसरी ज़िल्द भी लिखने की सोच रहे हैं। हीरेन अपने उग्र और बेबाक विचारों और मतों के लिए विख्यात या कुल हलकों में कुख्यात हैं। वे हँसकर कहते हैं कि मैं अकसर ग़लत पक्ष बन जाता हूँ : मैं टिप्पणी करता हूँ कि तुमने स्वयं हर हालत में ग़लत पक्ष होने की अपनी नियति गढ़ी है।

संयोगवश वे याद करते हैं कि किसी समारोह में उनकी अज्ञेय से भेंट हुई थी तो वे उनका हाथ अपने हाथ में लगभग पाँच मिनिट तक लिये उनके चेहरे की ओर लगातार देखते रहे थे बिना कुछ कहे। ज़ाहिर है कि वे पहचान गये थे कि हीरेने असम के हैं और अज्ञेय को असम से गहरा लगाव था। हीरेन यह क़िस्सा भी बताते हैं कि हेम बरुआ

ने असम पर एक पुस्तक अंग्रेज़ी में बहुत पहले लिखी थी। उसकी भूमिका में यह कहा गया था कि उस पुस्तक का नाम 'कैप्टेन' वात्स्यायन ने सुझाया था। हमे बरुआ ने उसमें यह भी कहा था कि उन्हें पता नहीं वह कैप्टेन अब कहाँ हैं। वात्स्यायन जी ने उन्हें पत्र लिखकर अपना पता-ठिकाना दिया और फिर उनसे सम्पर्क स्थापित किया। असम से शायद किसी और हिन्दी लेखक का ऐसा घनिष्ठ सम्बन्ध नहीं रहा है जैसा कि अज्ञेय का था। मैं मन ही मन अज्ञेय की जन्म-शती के अवसर पर विचारणीय विषयों में एक विषय और जोड़ता हूँ : अज्ञेय और असम।

प्रतिभा और अवरोध

छठवें दशक की बात है : हम कुछ लोग सागर जैसे छोटे शहर में नयी कविता में दाख़िल होने के लिए उत्सुक और सचेष्ट थे। गीतात्मकता का मोह और आधुनिकता के आकर्षण के बीच फँसे हुए। छायावादोत्तर कविता, हमारी समझ से, कुछ अधिक ही सरलदिमाग़ी थी और हम जीवन, अनुभव और बुद्धि की जटिलता के चक्कर में आ रहे थे। उन्हीं दिनों अज्ञेय द्वारा सम्पादित सप्तक-सीरीज का अन्तिम महत्त्वपूर्ण संचयन 'तीसरा सप्तक' आया। उसमें एक ओर कुँवर नारायण, मदन वात्स्यायन जैसे जटिल कवि थे तो दूसरी ओर केदारनाथ सिंह और कीर्ति चौधरी जैसे कवि जिनमें जटिलता के बरक़्स गीतिपरक सहजता थी। सभी आधुनिक तो थे लेकिन हमने समझा कि आधुनिकता एक बृहतर समावेश है जिसमें जटिल होने के बजाय सहज भी हुआ जा सकता है। हाल में लन्दन में दिवंगत कीर्ति चौधरी की कविताएँ इस प्रसंग में विशेष आकर्षण का विषय थीं। उससे पहले या उसी के आसपास उनका पहला कवितासंग्रह 'कविताएँ' शीर्षक से प्रकाशित हुआ था। नयी कविता में वे पहला सशक्त और सार्थक स्त्री-स्वर थीं। उनके यहाँ आधुनिक आकुलता और प्रश्नवाचकता थी, मितकथन और आत्मसंयम से साथ। सहज को ऐसे सहेजना कि वह सरलीकरणों में बिखर-बिछल न जाये कीर्ति जी के काव्यकौशल का हिस्सा था।

तब तक उनसे कोई निजी परिचय नहीं था। पर उनकी कविता में साधारण जीवन के क्षणों और छबियों को अन्यथा भुला दिये जाने वाले सीधे-सच्चे अनुभवों को जैसे विन्यस्त किया जाता था उससे वे निकट और पड़ोस की लगती थीं। कीर्ति जी ने कम लिखा। उनसे कुछ घनिष्ट होने का अवसर मिला जब लन्दन जाना शुरू हुआ। उनके पति कवि-कथाकार ओंकारनाथ श्रीवास्तव बी.बी.सी. में काम करते थे और वे स्वयं किसी

संस्थान के पुस्तकालय में कुछ करती थीं। इसमें, कम से कम मुझे, कोई शक नहीं है कि इस लेखक-दम्पति जैसा उदार, तत्पर और हँसमुख आतिथेय हिन्दी लेखक-समाज में पिछले पचास वर्षों में, जब से इस समाज से कुछ परिचय हुआ तब से कोई और नहीं हुआ। लन्दन जाने वाला ऐसा कोई हिन्दी लेखक नहीं है जिसने इन दोनों के आतिथ्य, आत्मीयता और सहायता का सुखोपभोग न किया हो।

हालाँकि लन्दन में दोनों ने अपने तईं एक तरह का कस्बाई परिवेश रच लिया था, जिसमें उनके मित्र से लेकर अल्प या अपरिचित तक आसानी से शामिल हो जाते थे, पता नहीं क्यों दोनों का लिखना कम होता गया। ओंकार जी यों तो बी.बी.सी. के लिए ख़बरें और अन्य प्रसारण सामग्री रोज़ ही लिखते थे और उसमें उन्होंने अपनी अनूठी और बेहद सम्प्रेषणीय शैली विकसित कर ली थी, कीर्ति जी के लेखन में एक तरह का अवरोध आ गया। उनके कुल लिखे का अधिकांश स्वदेश में ही लिखा गया। वे संयोगवश ही वहाँ गयी थीं और ज़ाहिर है कि वह उनके लिए परदेश था बावजूद इसके कि वे दोनों वहाँ इस क़दर रसे-बसे थे कि उनके रचनात्मक स्तर पर विरत हो जाने का सन्देह करना कठिन था। पर कुल मिलाकर ऐसी विरति हुई जो कि दुखद है। इसलिए हिन्दी कविता में अन्ततः कीर्ति जी की जगह अवरुद्ध प्रतिभा की है जिसका कविता में उचित और स्वाभाविक परिपाक होने से रह गया।

अन्दर कोई गहरी और कवितालेवा उदासी थी तो उसका पता कीर्ति जी ने औरों को नहीं लगने दिया : लन्दन में वह गहरे नात, हँसी-ख़ुशी और चुहल से रहती नज़र आती थीं। कई बार किसी अन्यथा गम्भीर चर्चा में वे अपनी चुहल-भरी टिप्पणी से उसे अधिक रोचक बना देती थीं। उनके बाक़ायदा गृहस्थिन होने, सार्वजनिक सक्रियता और आतिथ्य में कभी कोई फाँक नहीं नज़र आयी। हो सकता है कि इस सबमें ही इतनी शक्ति ख़र्च हो जाती रही कि कविता के लिए ज़रूरी अवकाश और एकान्त नहीं मिल पाये।

यह क्षोभ और खेद की बात है कि उनकी मृत्यु का कोई नोटिस ही लगभग हिन्दी मीडिया ने नहीं लिया। हमारे एक तुरन्ता आलोचक ने तो उन्हें दो-तीन वर्ष हुए अपनी पुस्तकाकार प्रकाशित डायरी में पहले ही दिवंगत बता दिया था। कीर्ति चौधरी को याद करना हिन्दी कविता के एक कोमल लेकिन सहज और सशक्त सम्भावनापूर्ण क्षण को याद करना है। हम जैसे अनेक लेखक-बन्धु हैं जिनके लिए अब लन्दन वह नहीं रहेगा जो ओंकर-कीर्ति के वहाँ रहते था। उदार आतिथ्य और तत्पर सहायता के लेखक-समाज में ऐसे मुकाम यों भारत में ही कहाँ और कितने बचे हैं।

कितना कम जानते हैं

हममें से अधिकांश को यह भ्रम है कि हम कम से कम अपने दोस्तों और दुश्मनों के बारे में अगर सब कुछ नहीं तो काफ़ी जानते हैं। आजमगढ़ में कई बरस रहने वाले चित्रकार और प्रकाशक अशोक भौमिक से मुलाकात हुई। वे हमारे पुराने कविमित्र श्रीराम वर्मा से अच्छी तरह परिचित रहे हैं। श्रीराम के आकस्मिक निधन के बाद इलाहाबाद में उन पर एक आयोजन श्री भौमिक ने ही किया था। बरसों पहले उन्होंने मुक्तिबोध की कविताओं पर आधारित एक चित्रावली भी बनायी थी जिसकी इलाहाबाद में प्रदर्शनी का उद्घाटन श्री नेमिचन्द्र जैन ने किया था। कुछ बरस भारतीय ज्ञानपीठ में काम करने के बाद अब उन्होंने कथाकार अमर गोस्वामी के साथ मिलकर एक नया प्रकाशनगृह रेमाधव पब्लिकेशन्स स्थापित किया है। बंगला से अनूदित हिन्दी में कुछ नये ढंग की पुस्तकें उन्होंने बहुत सुरुचिपूर्ण ढंग से छापी हैं।

उनसे श्रीराम वर्मा के बारे में बात निकली। वे उन्हें बहुत आदर और कृतज्ञता से याद करते हैं : उनके अनुसार चित्रकला आदि में श्रीराम ने ही उन्हें प्रोत्साहित किया। एक बार वे प्रख्यात अवाँ गार्द आन्दोलन 'दादा' की किसी प्रदर्शनी का कैटलॉग लिये थे। उसे श्रीराम ने बहुत ग़ौर से पढ़ा और उसके एकाधिक बिम्बों का अपनी कविता में इस्तेमाल भी किया। श्रीराम वर्मा की कविता की चित्रमयता विख्यात है : हम लोग अक्सर उसे शमशेर बहादुर सिंह के प्रभाव के सन्दर्भ में देखते रहे हैं। अब पता चलता है कि चित्रकला में उनकी सीधे और गहरी दिलचस्पी थी। उनकी कविता का अतियथार्थ एक ओर तो उनके जीवन के बीहड़पन की निश्चय ही उपज रहा होगा, लेकिन उसका कुछ सम्बन्ध उनकी चित्रकला में दिलचस्पी से भी जुड़ सकता है।

भौमिक चाहते हैं कि उनका नवस्थापित प्रकाशन श्रीराम वर्मा की रचनाओं का एक संचयन निकाले जिसमें उनकी चुनी हुई कविताएँ, कहानियाँ और अन्य गद्य रचनाएँ शामिल हों। कविता में शब्द-क्रीड़ा, शिल्प के कई नये प्रयोग, संस्कृत शास्त्रीयता के साथ निपट रोज़मर्रापन आदि अनेक पक्ष श्रीराम वर्मा के ऐसे हैं जिन पर अभी कम ध्यान गया है। एक बिल्कुल नया प्रकाश इस तरह के प्रकाशन की बात सोचे यह बताता है कि सब कुछ के बावजूद और हर दिन बढ़ती सामाजिक विस्मृति के बरक्स ऐसे उजले मुकाम बचे हुए हैं जहाँ हम दुस्संयोग से साहित्य-केन्द्रों से दर पड़े और अपेक्षाकृत अल्पलक्षित लेकिन खरी उपलब्धि को नज़रअन्दाज़ नहीं करते। बल्कि उसे सहेजकर फिर से दृश्य पर लाने की चेष्टा कर सकते हैं। इसका भी ज़िक्र आया कि श्रीराम को मछली बहुत पसन्द थी : दो-एक बार इण्डिया इण्टरनेशनल सेण्टर में उस पर उनके लगभग

दुराग्रह की याद मुझे भी है। भौमिक ने बताया कि श्रीराम कहते थे कि बंगाल के दो योगदान है : रवीन्द्रनाथ ठाकुर और मछली।

रेमाधव प्रकाशन ने भवदेव पाण्डेय के सम्पादन में हिन्दी कहानी का 'पहला दशक' नाम से एक संचयन प्रकाशित किया है जिसमें तेरह कहानियाँ और एक लम्बी सुलिखित भूमिका है। मेरा ध्यान मास्टर भगवान दास की कहानी 'प्लेग की चुड़ैल' की ओर गया। 1902 की इस कहानी में दो दिलचस्प काव्य-उद्धरण हैं :

सुख की तो बौछार नहीं है, दुःख का मेंह बरसता है।
यह मुर्दे का गाँव रे बाबा, सुख महँगा दुःख सस्ता है॥

और यह दोहा :

गंगा के जल गात पै दल जलजात सुहात।
जैसे गोरे देह पे नील वस्त्र दरसात॥

अपनी 38 पृष्ठों की भूमिका में भवदेव पाण्डेय ने अनेक नयी जानकारियाँ और तथ्य दिये हैं और उनके आधार पर एक समग्र चित्र उपस्थित किया है। उनका समापन इस थोड़ा चौंका देने वाली स्थापना से होता है : 'अगर ध्यानपूर्वक देखा जाये तो सदी के शुरुआती दौर की महिला कहानीकारों को पूंजीवादी समाज की उन्हीं समस्याओं से जूझना पड़ा जो आज स्त्री-कहानीकारों को करना पड़ रहा है। तुलना करने से अज्ञात नहीं रह जायेगा कि 90 वर्ष बीत जाने के बाद भी भारतीय गाँव की औरतें जहाँ की तहाँ खड़ी हैं और हिन्दी कहानियाँ अपने-अपने ढंग तथा अपने-अपने कोण से उनकी फ़ोटोग्राफी करने में लगी हैं।'

'प्लेग की चुड़ैल' कहानी में एक सवैया भी यों दिया गया है :

सूर को चूरि करै छिन में, अरु कादर को घर घरू मिलावै।
कोविदहूँ को विदारत है, अरु मूरख को रख गाल चबावै॥
रूपवती लखि मोहत नाहिं, कुरूप को काट तूँ दूर बहावै।
है कोउ औगुण वा गुण या जग निर्दय काल जो तो मन भावै॥

अहमद फ़राज़

जब उनकी गम्भीर बीमारी की ख़बर आयी थी तो कुछ दिनों बाद मैंने रख्शान्दा जलील से उनकी हालत के बारे में जानकारी ली थी। पता चला था कि अपनी ख़राब तबीयत के बावजूद अहमद फ़राज़ स्वदेश वापस

जाने वाले थे। उनकी मृत्यु की ख़बर मुझे हार्लिण्टन में मिली जब एक पाकिस्तानी टीवी चैनल पर उनकी अन्त्येष्टि दिखायी गयी। उनके वर्षों पहले इण्टरनेशनल सेण्टर के बार में हुई पहली मुलाक़ात याद आयी। तब तक वे मशहूर को चुके थे : उन्हें, उचित ही, रूमान और क्रान्ति का कवि और इसलिए फ़ैज़ अहमद फ़ैज़ का उत्तराधिकारी माना जाता था। उन्होंने अपनी ज़िन्दगी का एक बड़ा हिस्सा देशनिकाले और जेल में बिताया था। वे समूचे उपमहाद्वीप की बड़ी विरासत के प्रति सजग थे और उन पाकिस्तानी लेखकों में प्रमुख थे जो संस्कृति के क्षेत्र में दो देशों के बीच लगातार नज़दीकी और समझ विकसित करने की निजी कोशिश करते रहे थे। वे साल में कई मर्तबा भारत आते थे और यहाँ के कई मुशायरों की जान थे। उनसे पहली भेंट जब हुई थी तो वे पंजाबी लेखिका अजीत कौर की पहल पर आयोजित सार्क लेखक सम्मेलन में आये हुए थे। उसके बाद उनसे अक्सर ऐसे ही सम्मेलनों में मुलाक़ात होती रही। हँसमुख और विनोदप्रिय फ़राज़ की महफ़िल ठहाकों, सिगरेट के धुएँ और रसरंजन से भरी-पूरी होती थी। यह कहना कठिन है कि वे रूमान के कवि थे कि क्रान्ति के : पाब्लो नेरूदा, पाल एलुआर और फ़ैज़ की ही तरह उनके यहाँ जितना प्रेम था उतना ही दूसरों की ज़िन्दगी बेहतर हो सके इसकी चिन्ता। उर्दू शायरी कक छन्द को आधुनिकता का माध्यम बना सकने की क्षमता और परम्परा का उनका निर्वाह क़ाबिले-रश्क था। इस पर कभी अलग से विचार होना चाहिए कि हिन्दी में बँटवारे और भारत-पाक सम्बन्धों को लेकर इतनी कम कविता क्यों लिखी गयी है। फ़राज़ के यहाँ इनको लेकर गहरा दर्द और भावुक वाग्मिता दोनों है। पर अन्ततः एक सच्चे कवि की तरह वे 'आदमियों से बात करते आदमी' रहे हैं : उनकी कविता कुछ मायनों में महमूद दरवेश से मिलती-जुलती कविता है और यह दुखद संयोग है कि इन दो कवियों की मृत्यु एक-दूसरे के इतना आस-पास हुई।

हम लोग मालदीव में थे, सार्क लेखकों के एक और सम्मेलन में। समुद्र के किनारे बने होटल में ठहरे और उसके एक रेस्तराँ में एक मेज़ के इर्द-गिर्द रसरंजन के लिए बैठे हुए। पाकिस्तानी कथाकार इन्तज़ार हुसेन भी थे, जो मन्द-मन्द मुस्कराते ज़्यादा हैं, बोलते कम हैं। फ़राज़ जो हस्बे-मामूल ग़प लगा रहे हैं और जाने कहाँ-कहाँ के क़िस्से सुना रहे हैं, कई राजनेताओं की बेवकूफ़ी या कुन्दज़हनी के। फिर जैसे एक धौल हम लोगों पर जमाते हुए बोले कि यार तुमसे मिलने के पहले लगता था कि हिन्दुस्तानी अदीब ठहाका मारकर हँसना भूल गये हैं और वह पाकिस्तान के हिस्से आ गया है।

हम लोग लाहौर में थे, फिर सार्क लेखक सम्मेलन के ही सिलसिले में। फ़राज़ इस्लामाबाद से आये हुए थे लेकिन किसी और होटल में ठहरे

थे। एक शाम लाहौर के गवर्नर ने सम्मेलन में शिरकत कर रहे सब लेखकों को रात के खाने पर आने का न्यौता दिया था। फ़राज़ का फ़ोन आया कि शाम को क्या कर रहे हो। मैंने इस डिनर की बात बतायी। बोले उसमें तो मुझे भी जाना है। पर उसके पहले रसरंजन के लिए यहाँ मेरे कमरे में आ जाओ, मैं गाड़ी भेजता हूँ। फिर बोले, वो यार कलमेश्वर—कहते थे कि मुझसे कमलेश्वर का नाम कभी ठीक से बोलना नहीं आता—को भी लेते आओ। बहरहाल, हमने शाम साथ बितायी और जब काफ़ी देर होने लगी तो मैंने कुछ उकताहट दिखायी। फ़राज़ बोले, तुम फिकर मत करो, गवर्नर फ़ौज़ी है और यहाँ सारे फ़ौज़ी शायरों से खौफ़ खाते हैं, वह हमारा इन्तज़ार करेगा। बात सही निकली : जब हम रसरंजित पहुँचे तो सारी महफ़िल गवर्नर समेत मुन्तज़िर बैठी थी। गवर्नर महोदय ने अपने स्वागत-भाषण में फ़राज़ का कई बार ज़िक्र किया और शायद कुछ पंक्तियाँ भी उद्धृत कीं।

पाकिस्तान जाने पर वीज़ा में शहरों का नामोल्लेख होता है और आप उन्हीं शहरों को जा सकते हैं। पाकिस्तानी नागरिकों को भारत आने पर यही कठिनाई होती है। नामवर सिंह और मैं तक्षशिला जाना चाहते थे लेकिन हमारे वीज़ा में उसका ज़िक्र न था। बात फ़राज़ के सामने निकली तो बोले तुम लोग मेरी सरकारी कार में चले जाओ, मेरा गार्ड भी साथ रहेगा। कोई चैक नहीं करेगा। पहले तो इस प्रस्ताव ने बेहद लुभाया। पर फिर हमने सोचा कि कहीं कुछ गड़बड़ हो गयी तो बात का बतंगड़ बनेगा। इसलिए नहीं गये।

अहमद फ़राज़ का निधन एक बड़े कवि और यारबाश आदमी का लोप होना है। बँटवारे को, एक तरह से, अपनी कविता से जिन लोगों ने हमारे समय में अतिक्रमित किया उनमें फ़राज़ का नाम बहुत ऊपर रहेगा। यों तो हममें से कई मर्गेनागहानी का इन्तज़ार कर रहे हैं, लेकिन फ़िलहाल जो बिछड़े हैं वे कविता के ख़्वाबों में तो मिलते रहेंगे।

ललित चण्डीगढ़

जब चण्डीगढ़ ललित कला अकादेमी के नवनियुक्त अध्यक्ष दीवान मन्ना ने मुझसे चण्डीगढ़ आकर उनकी नयी व्याख्यानमाला का पहला व्याख्यान देने का आग्रह किया और उसे मानकर 'कला क्यों' विषय तय किया तो मुझे यह क़तई सन्देह नहीं था कि चण्डीगढ़ में ऐसे विषय में दिलचस्पी रखने वालों की संख्या इतनी बड़ी होगी। राज्य संग्रहालय का सभागार

ठसाठस भरा था, सौ से अधिक लोग खड़े थे और यह सब निर्धारित समय से पहले हो गया था। ज़ाहिर है कि दिल्ली या अन्य मेट्रो शहरों के मुक़ाबले चण्डीगढ़ जैसे शहरों में कला, साहित्य और संस्कृति में जानने-समझने की अधिक उत्सुकता है। यह उत्सुकता ही अन्ततः कलाओं की जिजीविषा को पोसती है।

धनाढ्यों को कला समझने की ज़रूरत नहीं होती। यह काम उनके लिए पैसापाऊ विशेषज्ञ करते हैं : वे कला को खरीदते भर हैं। ग़रीबों को कला समझने की ज़रूरत नहीं क्योंकि उनके अनेक तबके अपने जीवन के लिए कलावस्तुएँ रचते-गढ़ते हैं। ग़रीबी की तथाकथित रेखा से बहुत नीचे रहने के बावजूद आदिवासी समुदाय अपने कठिन जीवनसंघर्ष में राहत और आनन्द के लिए, विषाद और अभिव्यक्ति के लिए कला रचते-बरतते हैं। बचा पढ़ा-लिखा मध्यवर्ग जिसके अधिकांश हिस्से को जीवनशैली से लेकर मनोरंजन आदि में नक़ल करने से ही फ़ुरसत नहीं है कि उसे कला का ध्यान आये। वह अधिकतर बाज़ार से सस्ती कलावस्तुएँ ख़रीदकर अपने घरों को चीज़ों का गोदाम बनाने में मुब्तला है और उसे कला के बारे में कोई उत्सुकता नहीं है। हमारे पढ़े-लिखे और चिकने-चुपड़े मध्यवर्ग की यह विशेषता है कि वह ज़्यादातर सांस्कृतिक रूप से निरक्षर और उसे इसकी न तो ख़बर, न कोई परवाह। कुल मिलाकर यह कि हम एक ऐसे समय में रह रहे हैं जिसमें कलाकर्म में रत होना अकेला होना है। शायद किसी और ऐतिहासिक समय में कलाकार, सारी बाज़ारू चकाचौंध के बावजूद, इस क़दर अकेले रहे होंगे जैसे कि आज हैं। पर यही अकेलापन, जो समाज या समुदाय से विच्छिन्नता नहीं है, कला को एक तरह का प्रतिरोध बनाते हैं। जो रचता है वह प्रतिरोध करता है। हमारा समय ही ऐसा है कि कोई भी रचना स्वीकार नहीं, अक्सर अस्वीकार है, अगर हम उसे ठीक से पढ़-देख सकें; वैसा करने का धीरज और हुनर हमारे पास हो। बीसवीं शताब्दी में क्रान्तियों की जो दुर्गति हुई है उससे अधिकांश समझदार कलाकारों ने यह सबक ज़रूर सीखा है कि क्रान्ति कलाओं के बस में नहीं है : वह सिर्फ़ प्रतिरोध कर सकती है जो कि बिना अपनी स्वायत्तता और स्वतन्त्रता गँवाये वे लगातार कर रही हैं। संसार का अगर एक नक़्शा ऐसा बनाया जाये जिसमें प्रतिरोध के सभी मुकाम दिखाये गये हों तो ऐसे नक़्शे के बहुत से हिस्से कलाओं और साहित्य के जिम्मे आयेंगे। चीज़ों की बहुलता के बरक़्स दृष्टियों-विचारों-शैलियों की बहुलता, आकृति की तानाशाही के बरक़्स आकार का लोकतन्त्र, बाज़ारू क़ीमत के बरक़्स मूल्यों पर आग्रह, 'हम' और 'वे' के हिंसक द्वैत के बरक़्स 'हम वे हैं और वे हम हैं, पर इसरार, साधारण लोगों और चीज़ों में अन्तर्भूत आध्यात्मिक दीप्ति का प्रकाशन आदि अनेक पहलू हैं जो विचारणीय हैं और जो कलाओं

द्वारा दिये जा रहे प्रतिरोध को समझाने के लिए धीरज और बारीकी दोनों की माँग करते हैं। असल में तो ध्यान से देखें तो साहित्य और कलाएँ इस समय सारे संसार में समावेश और सम्बन्ध की राजनीति, मूल्यों की अर्थव्यवस्था और आध्यात्मिक समता और भाईचारे का नया धर्म प्रस्तावित और चरितार्थ कर रहे हैं। राजनीति की सर्वग्रसिता, अर्थतन्त्र की नीतिहीन जकड़बन्दी और धर्मों की बढ़ती हिंसा के बरक़्स कलाएँ हमारे समय में, हो सकता है कि, आख़िरी शरण्य हों, मनुष्य के अनिवार्य संघर्ष का आख़िरी बुर्ज।

उज्जैन में उत्साह

इस बार उज्जैन कई बरसों बाद जाना हुआ। इस बीच लगता है कि वहाँ के विक्रम विश्वविद्यालय का एक अपेक्षाकृत युवा अर्थशास्त्री कुलपति डॉ. रामराजेश मिश्र ने कायाकल्प ही कर दिया है। पूरे परिसर के चारों ओर लगभग तीन किलोमीटर लम्बी सरहदी दीवार बनायी गयी है। मालवा की माटी के इस सपूत ने उस अंचल के देहात में दीवारों पर किये जाने वाले शोभापरक और पवित्र चित्रांकनों का एक संचयन तैयार करवाया, जिसमें एक हज़ार के करीब आकल्पन एकत्र हुए हैं। उन्हें इस दीवार पर पारम्परिक चित्रांकन में दक्ष प्रसिद्ध माच रंगकर्मी सिद्धेश्वर सेन की बेटी श्रीमती कृष्णा वर्मा और उनके युवा छात्र-छात्राएं चित्रित कर रही हैं। कम से कम मैं ऐसा कोई विश्वविद्यालय भारत तो क्या दुनिया में नहीं जानता, जिसकी सरहद पर उसी अंचल के इतने सारे लोकचित्र अंकित हों।

25 जनवरी को विश्वविद्यालय के एक सृजन-समारोह में सात हिन्दी साहित्यकारों महादेवी, बच्चन, दिनकर, नन्ददुलारे वाजपेयी, हजारीप्रसाद द्विवेदी, जगन्नाथ प्रसाद, मिलिन्द और रूपनारायण पाण्डेय की जन्मशतियों को वर्ष भर मनाने की एक दूसरी पहल का शुभारम्भ हुआ। इस सप्तशती के एक सम्मिलित पोस्टर का लोकार्पण हुआ। धीरे-धीरे हमारा समाज और उसकी सजग संस्थाएं जैसे विश्वविद्यालय तक विस्मृति की लपेट में यों आते जा रहे हैं कि हम एक कृतघ्न समाज के रूप में ही दिखायी दे रहे हैं। ऐसे में उज्जैन में सिर्फ़ उपचार-वश हिन्दी विभाग का इन मूर्धन्यों को याद करने के बजाय सप्तशती को वर्ष भर पूरे विश्वविद्यालय में मनाने की पहल अनोखी है। कुलपति ने इसकी सार्वजनिक घोषणा भी की कि सप्तशती के लिए धनाभाव नहीं होने दिया जायेगा। वे वहाँ एक बहुकला केन्द्र बनाने के भी उत्सुक हैं। लगे हाथ यह अप्रत्याशित

और सुखद था कि अर्थशास्त्र से होने के बावजूद उन्होंने हम जैसों की कविता और साहित्य समझ और जतन से पढ़-गुन रखे हैं। हम ऐसे युवा दृष्टिसम्पन्न और कर्मठ लोगों को कुलपति बनाने के बजाय धवलकेश मन्द-उत्साह निराशा-पगे चापलूस और अहंकारी अकर्मण्य विद्वानों को ढूँढ-ढूँढकर कुलपति क्यों बनाते रहते हैं?

कुशीनगर में

शाम को अरुणेश नीरन, जिनके निमन्त्रण पर उनके महाविद्यालय में दीक्षान्त भाषण देने कुशीनगर आना हुआ, बता रहे थे कि दो व्यक्ति अज्ञेय और राममनोहर लोहिया बरसों कुछ दिनों के लिये चुपचाप, बिना किसी कार्यक्रम के, यहाँ आते रहे थे। इसी पथिक निवास में रुकते थे। अज्ञेय का आना तो इसलिए थोड़ा स्वाभाविक था कि यहीं पुरातात्विक खुदाई में लगे अपने पिता के एक शिविर में उनका जन्म (7 मार्च, 1911) हुआ था। लोहिया सिर्फ़ शान्ति के लिए आते थे। ठीक सामने बुद्ध के परिनिर्वाण की भूमि और उस पर उनकी विराट लेटी हुई प्रतिमा का मन्दिर है। लोहिया सुबह चाय सड़क के किनारे की किसी दुकान में बैठकर पीते थे। अज्ञेय पैदल काफ़ी दूर सुबह-सुबह ही घूमने निकल जाते थे। उनके पिता की शिविर की जगह की शिनाख़्त कर ली गयी थी और विद्यानिवास मिश्र की पहल पर अब भूमि का एक चौकोर टुकड़ा फेंस कर लिया गया है।

पीछे खेत हैं और अगल-बगल भी। उसी सड़क पर आगे बुद्ध की अन्त्येष्टि की जगह है, जहाँ एक विशाल ईंटों का स्तूप है। उसी सड़क पर जापान, थाईलैण्ड आदि कई देशों के सुन्दर बुद्ध मन्दिर बने हुए हैं। देखा तो नहीं, पर लेखिका सुनीता जैन ने बताया कि शाम को इन मन्दिरों से बौद्ध भिक्खु अपनी हथेलियों पर दीये धरकर रामाभार तक, जहाँ मुकुटबन्ध स्तूप है, जाते हैं : वहाँ एक जगह स्तूप पर ही दीखी जहाँ रोज़ शाम को दिये रखने से ईंटों पर कुछ कलौंछ हो गयी नज़र आती है। अज्ञेय के अलावा यह स्थल महादेवी का भी प्रिय था। इलाहाबाद से मार्कण्डेय फ़ोन पर बताते हैं कि एक ज़माने में वे भी यहाँ कई बार आते थे। अज्ञेय की कविता याद आती है : 'दीप पत्थर का, लजीली किरण की पदचाप नीरव'।

महापरिनिर्वाण मन्दिर में सुबह गया पर तब तक वहाँ श्रीलंकाई, जापानी आदि कई विदेशी लोगों के दल प्रार्थना के लिए पहुँच चुके थे। फिर

अज्ञेय की एक कविता 'सम्राज्ञी का नैवेद्य-दान' की पंक्तियाँ लगभग प्रार्थना की तरह स्मृति में उभरीं :

जो कली खिलेगी जहाँ, खिली,
जो फूल जहाँ है,
जो भी सुख
जिस भी डाली पर
हुआ पल्लवित, पुलकित,
मैं उसे वहीं पर
अक्षत, अनाघ्रात, अस्पृष्ट, अनाविल,
हे महाबुद्ध।
अर्पित करती हूँ तुझे।

मन्दिर में एक जापानी दल बैठा प्रार्थना कर रहा था। सबको जापानी में प्रार्थनाएँ याद थीं और उनमें से कई युवा थे। मन्दिर के परिसर में जो उद्यान है, वह सचमुच सुन्दर-सुघर है। कम से कम यहाँ भारतीय पुरातत्व सर्वेक्षण विभाग ने अच्छा काम किया है।

अचानक पेरिस

बरसों में पहली बार सिर्फ़ तीन दिनों के लिए पेरिस जाना हुआ : सोमवार को पहुँचा और बृहस्पतिवार की सुबह वापस चल पड़ा। सुबह तो क्या, तकनीकी ख़राबी दुरुस्त करने में चार घण्टे लगे सो एयर फ्रांस का विमान दोपहर को रवाना हुआ : नतीजतन हम विमान में बारह से अधिक घण्टे बैठे-बिसूरते रहे। पेरिस में ठण्ड बिल्कुल नहीं थी बल्कि गरमी आ गयी थी। वहाँ के रेस्तराओं में बाहर मेज़-कुर्सियाँ डाले उघरे-अधउघरे लोगों की भीड़ थी। वहाँ एक प्याला कॉफ़ी लेकर घण्टों बैठते-बतियाने का रिवाज़ है : रेस्तरांवाले भी ऐसे कमख़र्च निठल्लों के बैठने का बुरा नहीं मानते। रज़ा के मुहल्ले रू द शारोन्न में दो-चार जगहों पर तो ऐसे निठल्ले सुबह से ही आ जुड़ते हैं और रात देर गये भी दिखायी देते हैं वहीं पर, जहाँ सुबह दीखे थे।

हालाँकि रज़ा साहब मेरे पुस्तक-प्रेम पर व्यंग्य करते रहते हैं और मुझे यह याद दिलाने में चूक नहीं करते कि 'पोथी पढ़ि-पढ़ि जग मुआ', मैं उनकी आँख बचाकर, उन्हें यह बुत्ता देकर कि आराम कर रहा हूँ, दो दिनों में दोपहर को अपनी पसन्द की पुस्तकों की दुकानों में चला जाता हूँ। रू द प्रिन्सेस पर स्थित 'दि विलेज वायस' में दोपहरर की शान्ति

थी। वहाँ सिर्फ़ अंग्रेज़ी की पुस्तकें मिलती हैं। एक जगह बेस्टसैलर रखे हैं, जिनमें झम्पा लाहिड़ी के नये कहानी-संग्रह की जो प्रति रखी है उसका कवर उससे भिन्न है जो भारत में मिल रहा है। जार्ज स्टाइनर की नयी पुस्तक 'माई अनरिटन बुक्स' की जो दो प्रतियाँ हैं उनके कवर अलग-अलग हैं : एक अंग्रेज़ी, एक अमरीकन। मैं अमरीकी कवरवाली ख़रीदता हूँ। इस दुकान में अक्सर पाठ भी होता है। अगला पाठ अगले शुक्रवार को होगा : तब मैं लौट चुका होऊँगा।

रू द रिवोली पर गालियानी एक दूसरी दुकान है, जिसमें अंग्रेज़ी पुस्तकों का अच्छा संग्रह है यद्यपि वह मुख्यतः फ्रेंच पुस्तकों की दुकान है। यह बात कई बार लक्ष्य की जा चुकी है कि फ्रेंच पाठक विचार, दर्शन आदि में गहरी रुचि रखते हैं। पान्थियों के पास तो बरसों पहले एक ऐसी दुकान देखी थी जो सिर्फ़ दर्शन और इतिहास की पुस्तकों की थी। गालियानी का ऐसी पुस्तकों का खण्ड अंग्रेज़ी में भी बहुत समृद्ध है जैसे कि जीवनियों और आत्मकथाओं का भी। अगर उड़ान में वज़न की सीमा न हो तो मैं पूरा सूटकेस भर पुस्तकें ख़रीद लूँ। लेकिन ऐसी आज़ादी कहाँ? फिर इतना पैसा भी नहीं! थोड़ी दूर पर डब्ल्यू एच स्मिथ की अंग्रेज़ी पुस्तकों की दुकान भी है, पर उसमें कोई अच्छी पुस्तक बहुत कम मिल पाती है।

मैं अपने प्रिय पोलिश कवि अदम जगायेव्सकी का नया संग्रह 'इटर्नल एनीपीज' खोलकर एक रेस्तराँ में एक काफ़ी-प्याले के साथ बैठ जाता हूँ। बीच-बीच में अपनी पुस्तकों के थैले की तरफ़ देखता रहता हूँ जैसे किसी हीरे के हार की चौकसी कर रहा होऊँ। कुछ पंक्तियों पर नज़र जाती है

कभी-कभार तुम्हारी आवाज़
एक पल के लिये हमें बदल देती है,
हम यक़ीन करते हैं—सचमुच—
कि हर दिन पवित्र है,

कि कविता—कैसे कहें इसे!
जीवन को अधिक गोल,
अधिक भरा-पूरा, अधिक गर्वीला,
पूर्ण प्रतिपादन के लिए निर्लज्ज बनाती है।
कविता चेखाव ओयोस से सम्बन्धित है।

बनारस में

यह सुखद संयोग पहली बार घटित हुआ कि नामवर सिंह और मैं एक ही कूपे में रात भर की यात्रा कर एक साथ बनारस पहुँचे। बनारस नामवर जी का शहर है, यह तब और शिद्दत से पता चला जब वे होटल आते-जाते, बिना मेरे या किसी के पूछे, उसकी जगहें, मुहल्लें, सैण्ट्रल हिन्दू स्कूल, रणजीत संस्कृत विद्यालय, एंग्लो-बंगाली स्कूल आदि के बारे में बताते रहे। उन्हें लगता है कि बनारस के चप्पे-चप्पे का पता है। शाम को हम जब गंगा के किनारे मूर्तिकार मदनलाल द्वारा बनाये गये मनोरम कलाकेन्द्र की अधबनी छत पर थोड़े रसरंजन के लिए बैठते हैं तो नामवर जी बग़ल के सेवा उपवन के पास लगे उस कदम्ब के वृक्ष के बारे में पता करते हैं, जहाँ से वे अपनी तरुणाई में त्रिलोचन जी के साथ गंगा को तैरकर पार करते थे। उनकी तारीख़ें, जगहों और व्यक्तियों की याद विलक्षण है। किसी को कभी ऐसा, समय रहते, करना चाहिए कि वह नामवर जी के साथ बनारस घूमे और उनकी यादों को दर्ज़ कर इस पावन नगरी पर एक पूरी पुस्तक तैयार करे। एक आलोचक-पण्डित की नगर-स्मृति का यह अनूठा और सम्भवतः पहला ही दस्तावेज़ हो सकता है।

हम लोग बनारस पहुँचे थे साहित्य अकादेमी द्वारा आचार्य हजारी प्रसाद द्विवेदी जन्म शतवार्षिकी के सिलसिले में आयोजित दो दिनों के परिसंवाद में शिरकत करने। निर्धारित समय से थोड़ा पहले पहुँचने पर काशी विद्यापीठ का बड़ा सभागार लगभग खाली था और लगा कि इस आयोजन को किसी छोटे हाल में करना बेहतर होता। लेकिन उद्घाटन सत्र शुरू होने के बाद जल्दी ही पूरा सभागार लगभग भर गया। श्रोताओं में बड़ी संख्या में युवा लोग थे, काफ़ी छात्र भी। आकर्षण निश्चय ही आचार्य द्विवेदी और उनके सुयोग्य नामवर सिंह ही रहे होंगे : पर इतना क्या कम है कि लगभग उनींदे या उदासीन हिन्दी समाज में इन आचार्यों के प्रति आकर्षण अभी बना हुआ है।

आचार्य द्विवेदी को मैंने पहले-पहल इलाहाबाद के प्रसिद्ध साहित्यकार सम्मेलन में देखा था : उनका उद्घाटन-भाषण ठहाकों से भरा हुआ था। मैंने सागर में रहते आचार्य नन्ददुलारे वाजपेयी, अज्ञेय, मुक्तिबोध आदि के व्याख्यान पहले या बाद में सुने। पर ऐसा हँसमुख वक्ता कोई और हुआ हो, ऐसा याद नहीं आता। बल्कि हजारीप्रसाद जी हिन्दी के पहले पण्डित और आलोचक हैं जो ऐसे लोकप्रिय सार्वजनिक वक्ता बने। इलाहाबाद वाले आयोजन के समय उनकी आयु पचास से कम थी और तब वे सुमित्रानन्दन पन्त, महादेवी, भगवतशरण उपाध्याय जैसे मूर्धन्यों की उपस्थिति में बोल रहे थे। महादेवी के अलावा, बाद के वर्षों में,

शायद ही किसी और साहित्यकार को सुनने ऐसी भीड़ उमड़ती थी जैसी कि द्विवेदी जी के लिए आती थी। कई बार वे वाजपेयी जी, रामविलास शर्मा आदि के मुक़ाबले अजातशत्रु लगते थे। जब प्रायः सारी आधुनिकता एक तरह के भय या भयातुरता से उपजती या आक्रान्त थी, द्विवेदी निर्भय आधुनिक थे जो प्राचीनों से गप लगा सकते थे। अपने उपन्यासों को—यह नहीं भूलना चाहिए कि वे हिन्दी के पहले आलोचक-उपन्यासकार हैं—गल्प कहते थे और उन्होंने यथार्थवाद के बेहद दबाववाले समय में साहित्य की गल्पता की ओर ध्यान खींचा। उनके उपन्यासों में स्वयं समय, काल एक बेहद अदम्य और अनिवार्य चरित्र है : एक स्तर पर उनके उपन्यास काल के चारुलेख हैं। चारु पर बेचैन भी।

द्विवेदी जी ने अपना अभय परम्परा से अर्जित किया था। ठीक-ठीक ऐसे उन्होंने न भी कहा हो, पर उनके विचारों और कृतियों का एक अन्तर्निहित आशय यह ज़रूर है कि सच्ची परम्परा हमें निर्भय बनाती है। उन्होंने परम्परा और आधुनिकता के द्वैत और द्वन्द्व का अतिक्रमण किया—उसको अस्वीकार किया और दोनों को निरन्तरता में देखा-समझा और दिखाया-समझाया। उनकी ही यह हिम्मत थी कि पारम्परिक पण्डित होते हुए भी उन्होंने साहित्य का लक्ष्य रस या आनन्द (सत्-चित् सही) बताने के बजाय मनुष्य बताया। नामवर जी ने अपने उद्घाटन वक्तव्य में आचार्य द्विवेदी को काशी की पाण्डित्य-परम्परा में अवस्थित करते हुए उन्हें पण्डित रामावतार शर्मा आदि के सन्दर्भ में देखने का आग्रह किया। मैंने 'दूसरी परम्परा की खोज' करते हुए उन्हें जयशंकर प्रसाद और त्रिलोचन की पश्चिम से अनाक्रान्त आधुनिकता की परम्परा में देखने पर बल दिया। यह नोट करना दिलचस्प है कि मध्ययुग और आदिकाल की नयी समझ देनेवाले द्विवेदी जी का अधिकांश महत्त्वपूर्ण कृतित्व उनके चालीस वर्ष की आयु तक पहुँचते तक हो चुका था। उन्होंने हिन्दी के साहित्येतिहास में महत्त्वपूर्ण परिवर्द्धन और संशोधन किये।

परम्परा में गहरे रसे-पगे होने और अपने उपन्यासों में अतीत के युगों का ही अवगाहन करने के बावजूद सत्य के किसी युग में विजड़ित या निश्शेष होने में भरोसा नहीं करते थे : वह सत्य की धारावाहिकता में यक़ीन करते थे। सत्य हर युग में खोजा-रचा-पाया जाता है। उनका आग्रह इस पर था कि हम आधुनिक भी पहचानें कि सत्य पहले भी प्राचीनों द्वारा रचा-पाया गया है और कि मनुष्य के बुनियादी प्रश्नों और चिन्ताओं में भी धारावाहिकता और निरन्तरता है।

मदनलाल बनारस में बसे मूर्तिकार हैं। उनका घर भी उनके पाषाण-शिल्पों से सुसज्जित है। पत्थर पर लैण्डस्केप भी उन्होंने बहुत संवेदनशीलता और जतन से उकेरा है। पत्थर और पानी का सम्बन्ध कितना गहरा, अटूट

और नज़दीकी है यह उनके शिल्पों को देखकर समझ में आता है। हमारे मित्र प्रयाग शुक्ल उन पर अधिकार से लिखते रहे हैं। निपट देहाती लगते इस मूर्तिकार की शिल्प-जिजीविषा अद्भुत है। गंगा के किनारे अपने अधबने कलाकेन्द्र में वे बहुत कुछ करना चाहते हैं : मूर्तिशिल्प के अलावा कविता, संगीत आदि के लिए भी जगह वहाँ हो ऐसी उनकी इच्छा है। आचार्य द्विवेदी, नामवर जी और मदनलाल में एक जैसा देहातीपन है : उसी देहातीपन से उदग्र और ज्वलन्त आधुनिकता भी निकलती है। यह शायद बनारस में ही सम्भव है।

क्राकोव में हिन्दी

सारी कठिनाइयों के बावजूद याग्येलोन्यन विश्वविद्यालय के भारतीय भाषाशास्त्र विभाग में आधुनिक हिन्दी साहित्य और भाषा पर गम्भीर काम होना जारी है। इस बार कुछ वर्षों बाद वहाँ गया। पता चला कि निर्मल वर्मा की कहानियों में भारतीयता, विष्णु खरे की कविता में पुराण-तत्त्व, हबीब तनवीर का नाटक चरणदास चोर, तेजी ग्रोवर का उपन्यास 'नीला' और भोपाल स्कूल, प्रेमचन्द के पोलिश अनुवाद आदि पर काम हो रहा है।

इस बीच भारतीय साहित्य के पोलिश अनुवाद की एक शृंखला शुरू हुई है। उसमें पाँच पुस्तकें पहले दौर में प्रकाशित करने का लक्ष्य है। आरम्भ हुआ कुँवर नारायण की कविताओं की कविताओं के पोलिश अनुवाद में एक संग्रह के प्रकाशन से। दूसरा संग्रह मेरी एक सौ चालीस कविताओं के रेनाता चेकाल्स्का द्वारा किये गये अनुवाद है जो एक अप्रत्याशित उपहार की तरह मुझे दिया गया, 13 जून, 2008 की शाम श्रोमियस्की संस्कृति केन्द्र में, उसके सभागार में कविता पाठ के बाद। शीर्षक का हिन्दी में अनुवाद होगा : 'कल्पना का व्याकरण।' रेनाता को जर्मन हिन्दी विद्वान लोठार लुत्से ने अज्ञेय पर बरसों से एकत्र सामग्री सौंप दी है और उम्मीद है कि वे सम्भवतः अगले वर्ष के अन्त तक अज्ञेय की एक संक्षिप्त जीवनी लिख लेंगी। ऊपर उल्लिखित सीरीज में भारतीय प्रेम कविता का एक संचयन, तेजी ग्रोवर का उपन्यास 'नीला' और 'चौरपंचाशिका' (सभी पोलिश अनुवाद में) पुस्तकाकार सम्भवतः इस वर्षान्त तक प्रकाशित हो जायेंगे।

सान्दोम्येज़ एक सुन्दर शहर है। क्राकोव से लगभग तीन घण्टे भर की दूरी पर। पहले वहाँ एक साहित्य संग्रहालय था जिसे अब शहर के

आकर्नेगोवे संग्रहालय में समाहित कर दिया गया है। वहाँ एक सुरुचिपूर्ण घर में, जहाँ हम ठहरे भी, लगभग साठ युवा छात्र-छात्राओं के समक्ष कवितापाठ हुआ और कुछ बातचीत। भारत के बारे में युवा वर्ग में जिज्ञासा बढ़ रही है। एक प्रश्न 'अच्छी कविता को कैसे पहचाना जाता है' के उत्तर में यह कहना पड़ा कि 'कुछ-कुछ वैसे ही जैसे हम पहली नज़र में अपना प्रेम पहचान लेते हैं।' यह प्रश्न भी सलज्ज एक युवती ने पूछा कि कविता लिखने पर माता-पिता की प्रतिक्रिया क्या थी। कहा कि अगर आप पढ़ाई-लिखाई में अच्छे हों तो उन्हें एतराज़ नहीं होता बल्कि अच्छा ही लगता है। आख़िर कविता से कुछ अपरिपक्व कीर्ति भी युवा को मिला जाती है।

सिर्फ़ इतना भर

क्राकोव में बरसों पहले, जब मेरी कुछ कविताओं के पोलिश अनुवाद की पहली पुस्तक 'मेटाफ़री' प्रकाशित हुई थी, एक पोलिश कवि यूसुफ़ बारान से भेंट हुई थी। इस बार वे फिर आये, लम्बी बीमारी से उबरने के बाद, स्फूर्त और सक्रिय। उनकी कविताओं का एक संकलन अंग्रेज़ी अनुवाद में 'ओनली सो मच' शीर्षक से पिछले वर्ष ही प्रकाशित हुआ है। इन पंक्तियों को उनकी आस्था का उद्घोष कहा जा सकता है :

सबसे अधिक मैं कवि हूँ
शर्मीले लोगों का
उनका जिनके पास मुस्कराहट की काँपती पत्ती है

दादियों पर उनकी कविता का समापन यों होता है :

वे ऐसी दीखती हैं जैसे कि उन्हें अनन्त काल तक जीना है
वे मृत्यु पर बिल्कुल ध्यान नहीं देतीं
हालाँकि वह उनकी आँखों में झाँकती है।
आखिरकार उन्हें बहुत कुछ करना है
अपने नये अवतार में।

उन्होंने अपनी बेटी के साथ एक रेस्तराँ में रसरंजित होते और करते हुए लम्बी बातचीत की। उन्हें लगता है कि मुझमें भारतीय ऊष्मा और यूरोपियन विनोदवृत्ति है और इसी कारण उन्हें कविताओं में आधुनिकता अधिक, भारतीयता कम नज़र आयी। उनका ख़्याल है भारत की आधुनिकता को यूरोप से उलट आधुनिकता होना चाहिए। हम भारतीय

परिस्थिति की जटिलता और उसके नतीजों पर कुछ बात करते हैं। मैं इस पर इसरार करता हूँ कि भारत में इकहरी आधुनिकता नहीं है : भारत में सब कुछ बहुवचन है इसलिए वहाँ कई आधुनिकताएँ हैं। रेनाता हस्तक्षेप कर जोड़ती हैं कि पोलिश में भारत का नाम ही बहुवचन में है।

बारान से कुछ साझा कविमित्रों पर बात होती है, विशेषतः स्वीडिश टोमस ट्रांस्टोमर और अमरीकी एलेन गिंसबर्ग पर। उन्होंने ऐसे कई कवियों पर एक बड़ी पुस्तक लिखी है। उनकी जिज्ञासा है कि क्या भारत में अब भी कवि को ऋषि या विवेक-सयाना माना जाता है। उन्हें निराशा होती है जब मैं उन्हें यह बताता हूँ कि आधुनिकता ने सब कुछ उलट दिया है। मैं मज़ाक़ करता हूँ कि अब भारत से योगी और कई तरह के बाबा लोग हम पश्चिम को निर्यात कर रहे हैं!

बारान का आग्रह है कि वही कविता टिकाऊ होती है जिसमें और चीजों के अलावा मनुष्य की अनिवार्य आध्यात्मिक आकांक्षा को हिसाब में लेने का जतन होता है। वे बताते हैं कि हाल में उन्हें पोलिश कवि तादेऊष रूज़ेविच मिले थे। वे उन्हें बहुत निरीह लगे। 'पंखहीन रूज़ेविच जो कभी कन्धे, कभी घुटने में दर्द की शिकायत करते बूढ़े भर हैं क्योंकि उन्होंने अपना जीवन पंख-नोचते बिताया है। पोलैण्ड में इन दिनों राजनीतिक दलों के बीच कवियों को हथियाने का सिलसिला चल रहा है। वामपंथियों के पास ज़्बीग्न्येव हेर्बेत और दक्षिणपंथियों के पास चेश्वाव मीलोष हैं। बारान का ख़्याल है कि भारतीय लोग शान्त-संयत लोग हैं। मैं उनकी इस मोहक और भोली अवधारणा को संशोधित करने की चेष्टा करते हुए कहता हूँ कि यह सही नहीं है...भारतीय समाज में इस समय कई स्तरों पर हिंसा सक्रिय है अलबत्ता एक अधिक हिंस्र हो जा रहे समाज में बहुत सारे कवि ऐसे हैं जो शान्त-संयत ढंग से लिखने की कोशिश करते रहे हैं।

फ्रांस में भारत

इस बार संयोग से जब मैं अपने वरिष्ठ मित्र-हितैषी चित्रकार सैयद हैदर रज़ा के साथ एक सप्ताह गुज़ारने पेरिस पहुँचा तो उन्हीं दिनों, संयोग से, वहाँ के प्रसिद्ध सुलपीस चर्च के सामने 'कविता का बाज़ार' लगा हुआ था जिसमें इस वर्ष अतिथि-देश भारत था। यहाँ से बंगला, हिन्दी, गुजराती और अंग्रेजी के छह कवि आमन्त्रित थेः सुनील गंगोपाध्याय,

मन्द्राकान्ता बसु, उदयन वाजपेयी, सितांशु यशश्चन्द्र, तिशानी जोशी और अंजुम हसन। इन लोगों का काव्यपाठ तो नहीं सुन पायः एक रात किसी सिनेमाघर में रातभर का आयोजन था संगीत और भारतीय कविता का। लेकिन बाज़ार का एक चक्कर ज़रूर लगा सका। फ्रांस में, जैसे कि संसार में कहीं और भी, कविता का बाज़ार बड़ा नहीं है लेकिन उसके दुस्साहसी प्रकाशक उसे इतनी ख़ूबसूरती, कल्पनाशीलता और नवाचार से प्रकाशित करते हैं कि दंग रह जाना पड़ता है। तरह-तरह के आकार-प्रकारों में पुस्तकें थीं : अलग-अलग क़िस्म के काग़ज़, कई बार अन्दर चित्रांकन और चित्ताकर्षक आवरण। एक दूकान, जिसका नाम अम्बिका था, भारत-सम्बन्धी पुस्तकों की भी थी जिसमें केदारनाथ सिंह, के. सच्चिदानन्दन, उदयन और मेरे फ्रेंच अनुवाद में कवितासंग्रहों की प्रतियाँ थीं। यह भी दिखायी पड़ा कि फ्रेंच साहित्यजगत् में भारतीय बांग्ला कवि लोकनाथ भट्टाचार्य का अच्छा स्थान और सम्मान है। कई प्रकाशकों के यहाँ उनकी पुस्तकों के नये सुन्दर संस्करण दिखायी दिये।

चित्रकार अकबर पदमसी की बेटी रईसा फ्रेंच सरकार के संस्कृति मन्त्रालय में ऊँचे पद पर काम करती हैं। हम उनके घर डिनर पर गये। उनसे और 'शैनेल' जैसी प्रसिद्ध कम्पनी में बरसों काम करने वाली और भारत में गहरी रुचि और जानकारी रखने वाली एक सम्भ्रान्त महिला से पता चला कि हालाँकि भारतीय दूतावास को पता था कि छह भारतीय कवि पेरिस में होंगे उन्होंने इसकी कोई सूचना किसी को देना ज़रूरी नहीं समझा। यही नहीं पिछले दिनों मूर्धन्य चित्रकार अकबर पदमसी की चित्र-प्रदर्शनी आयोजित हुई तो उस बारे में भी दूतावास ने कोई उत्साह नहीं दिखाया। बल्कि बताया गया कि किसी फ्रेंच फ़ोटोग्राफ़र की प्रदर्शनी का उद्घाटन करते हुए भारतीय राजदूत ने कहा कि खेद की बात है कि इस समय भारत में कोई उच्च कोटि का चित्रकार या फ़ोटोग्राफ़र नहीं है। बरसों से भारत पेरिस में अपना एक संस्कृति-केन्द्र खोलना चाह रहा है। उसके लिए अनुकूल वातावरण है पर दूतावास इस मामले में आक्रामक पहल करने के बजाय सुस्ती से काम कर रहा है। यह सब तब हो रहा है जब भारत में समूचे पश्चिम की दिलचस्पी लगातार बढ़ रही है। जो कुछ अच्छा इस सिलसिले में हो रहा है वह निजी प्रयासों से और उसमें सरकारी तन्त्र का रोल नगण्य और प्रायः निन्दनीय है। इसके बरक्स चीन अपनी कला और संस्कृति को विदेश में पूरी आक्रामकता और तैयारी, साधनों और आत्मविश्वास के साथ फैला रहा है। शैनलवाली महिला समाजशास्त्री आशीष नन्दी के विरुद्ध दायर मुकदमे को लेकर चिन्तित थीं : उन्हें भरोसा नहीं हो रहा था कि भारत जैसे लोकतन्त्र में एक अन्तरराष्ट्रीय प्रतिष्ठाप्राप्त बुद्धिजीवी के विरुद्ध इस क़दर लचर आधार पर कोई मामला पुलिस दर्ज़ कर सकती है। ऐसे गिने-चुने भारतीय विचारक और विद्वान्

हैं जिन्हें पेरिस में आशीष नन्दी जैसा प्रखर-मुखर और विचारोत्तेजक बुद्धिजीवी माना और सराहा जाता हो।

चीन का प्रसार

हम लोग पेरिस के मैयोल संग्रहालय में, जो एक प्रसिद्ध फ्रेंच मूर्तिकार के नाम पर है, समकालीन चीनी चित्रकला की एक प्रदर्शनी देखने गये। पश्चिम की ही तरह चीन भी अब अटपटी, लगभग अर्थहीन, लक्ष्यच्युत प्रयोगशीलता की गिरफ़्त में है। रज़ा और हम दोनों 'चाइनागोल्ड के नाम से चल रही यह प्रदर्शनी देखकर बहुत हताश हुए। रज़ा कहने लगे कि अगर यही सचमुच चीन की समकालीन कला है तो हमें न तो उसमें दिलचस्पी लेने की ज़रूरत है, न ही उसके विश्वव्यापी प्रचार-प्रसार से आतंकित होने की। वे ज़ावूकी जैसे समवयसी चित्रकारों को याद करते हैं जिन्होंने दशकों पहले चीनी कला में आधुनिकता का हस्तक्षेप कराया था। पेरिस में यह प्रदर्शनी बहुप्रचारित है और कई मायनों में बहुचर्चित भी।

चीन इस समय सारे संसार में अपनी कला के विराट् प्रक्षेपण में लगा है। यह प्रदर्शनी उसी प्रक्षेपण का हिस्सा है। 22 जून को जब प्रसिद्ध अंग्रेज़ी अख़बार का आख़िरी पृष्ठ देखा तो उसके आधे हिस्से पर इस समय चल रही प्रमुख कला-प्रदर्शनियों का विवरण दिया गया था। यह विवरण ब्रिटेन, कनाडा, चैक, फ्रांस, आइसलैण्ड, हालैण्ड, सिंगापुर, अमेरिका जैसे देशों को लेकर है और जिन कुल 18 प्रदर्शनियों को शामिल किया गया है वे सब की सब चीनी कला की हैं। प्राचीन से लेकर आधुनिक चीनी कला। अकेले ब्रिटेन में इस समय कैम्ब्रिज, लन्दन में तीन प्रदर्शनियाँ चीनी कला की हैं। कनाडा में दो, पेरिस में दो, हालैण्ड में चार आदि। ज़ाहिर है कि वर्तमान चीनी निज़ाम अपने को एक बड़ी आर्थिक शक्ति भर नहीं एक सांस्कृतिक शक्ति भी मानता है। उसे स्थापित करने के लिए वह अरबों डॉलर ख़र्च कर रहा है। कई मायनों में और कई बार न चाहकर भी भारत चीन का प्रतिस्पर्धी है। लेकिन भारत की ओर से अपने को ऐसे सांस्कृतिक शक्ति के रूप में स्थापित और प्रक्षेपित करने का, चीन जैसा सुनियोजित और साधन-समृद्ध प्रयत्न होता दिखायी नहीं देता। ऐसा तो आज तक कभी नहीं हुआ, और निकट भविष्य में होता नज़र नहीं आता, कि एक दिन ऐसे ही संसार के अनेक देशों में एक साथ भारतीय कला की इतनी सारी उल्लेखनीय प्रदर्शनियाँ चल रही हों जो उसकी शक्ति और गतिशीलता को क़ायदे से ज़ाहिर करती हों। यह

तो सभी जानते हैं कि हालाँकि आधुनिक भारतीय कला के अन्तरराष्ट्रीय बाज़ार में दाम ऊँचे हुए हैं...लन्दन में रज़ा की एक कृति 11 करोड़ रुपये में नीलाम हुई है...वहाँ समकालीन चीनी कला के दाम कहीं ऊँचे हैं। यह सिर्फ़ गुणवत्ता का मामला नहीं है...यह आक्रामक और सोची-समझी पहल का फल है जो चीन राज्य ने अपनी आर्थिक शक्ति बढ़ने के साथ ही संस्कृति के अन्तरराष्ट्रीय क्षेत्र में चीन की जगह और साख बढ़ाने के लिए की है। समझा जाता है कि इस काम के लिए अरबों डॉलर का प्रावधान किया गया है और कई प्रमुख कलाकेन्द्रों जैसे पेरिस में ऊँचे वेतन पर कलाविद् नियुक्त किये गये हैं। हमारी हालत यह है कि उसी पेरिस में जिस व्यक्ति के पास दूतावास में सांस्कृतिक मामले देखने की ज़िम्मेदारी है वह वहाँ आये भारतीय कवियों से भारतीय साहित्य आदि के बारे में जिज्ञासा कर कुछ जानने के बजाय अपने बच्चों को कहाँ-कैसी शिक्षा देना चाहिए इस बारे में सलाह माँगती रहीं।

अपदस्थ विचार

हालाँकि पेरिस अब भी उन बिरले शहरों में से है जिसमें दर्शन, इतिहास, समाजशास्त्र, विचार आदि की पुस्तकों की अलग दुकानें हैं, कोई भी यह लक्ष्य करने से नहीं रह सकता कि इन दिनों वहाँ विचार के बजाय फ़ैशन का बोलबाला है। फ़ैशन पहले भी फ्रांसीसियों का एक बड़ा सरोकार रहा है, लेकिन इधर वह बढ़कर केन्द्रीय हो गया लगता है। उदयन ने अपने फ्रेंच कविमित्रों से यह पूछा कि ऐसा क्यों हुआ है। उसने यह भी जोड़ा कि फ्रांस और विशेषतः पेरिस असहमति का लगभग विश्वकेन्द्र था क्योंकि वह विचार का केन्द्र था : विचार असहमति का परिसर रचते-पोसते हैं। क्या फ़ैशन की ओर झुकने का आशय यह है कि पेरिस अब सहमति से स्वीकार्यता की ओर बढ़ गया है? इसका कोई सन्तोषजनक उत्तर तो नहीं मिला पर लगा कि कई फ्रेंच लेखक भी इस तरह की चिन्ता कर रहे हैं।

इस पक्ष भी ध्यान जाना चाहिए कि लोकप्रिय कलाओं पर भारत में गहराई से विचार हाल ही में शुरू हुआ है जबकि फ्रांस में इसकी लम्बी परम्परा है। इसलिए फ़ैशन भी गम्भीर विचार का विषय है और कई फ्रेंच अख़बारों में फ़ैशन को लेकर जो टिप्पणियाँ छपती हैं उनमें कई बार, शायद अक्सर ही, वैचारिकता और काव्यत्मकता होती है। यह कहा जा सकता है कि अपने केन्द्रीय रुझान फ़ैशन को फ्रेंच बुद्धि वैचारिक रूप से ही समझना-परखना चाहती है। मज़ाक़ यह चलता है कि फ्रेंच तो हर चीज़

में विचार खोज सकते हैं : पाकविद्या, पकवानों, खेलकूद और फ़ैशन आदि सबमें। इसलिए यह शक करना वाजिब है कि फ्रांस में विचार अपदस्थ नहीं हुआ बल्कि उसके घेरे में वह सब कुछ भी आ गया है जो पहले विचार के क़ाबिल नहीं माना जाता था।

हम लोग सैंजर्मे द प्रे के एक रेस्तराँ में चाय पीने गये जिसका एक बड़ा हिस्सा सड़क पर खुदा हुआ था। अचानक दूर से एक लम्बा व्यक्ति आता नज़र आया जो भूतपूर्व फ्रेंच राष्ट्रपति ज़ाक शिराक जैसा लग रहा था। पास आया तो वही निकले : उनसे कई लोग आकर मिल रहे थे और कुछ ने तो उनके साथ फ़ोटो भी खिंचवाये। शिराक के साथ कोई सुरक्षा-बल के लोग नहीं थे। वे सहज भाव से लोगों से मिलते हुए हमारे ही रेस्तराँ में दाख़िल हुए और अन्दर जाकर बैठ गये। रेस्तराँ में उनकी मौजूदगी को लेकर कोई ख़ास हलचल नहीं हुई। सब कुछ वैसे ही चलता रहा जैसे पहले चल रहा था। हम लोग, जैसे कि और ग्राहक भी, शान्त भाव से अपना मनचाहा खाते-पीते रहे। बाद में पता चला कि शिराक पास ही किसी मकान में रहते हैं और अक्सर इधर घूमते हुए आते हैं। उनकी लोकप्रियता का एक कारण तो उनका राष्ट्रपति बनने से पहले पेरिस का मेयर होना रहा है। इस पद से निवृत्त होने के बाद उन्होंने अपनी पुरानी नागरिकता सहज भाव से स्वीकार कर ली है। यह भी दिलचस्प था कि जो लोग उनसे सड़क पर मिल रहे थे वे उन्हें फ्रेंच में 'राष्ट्रपति महोदय' कहकर ही सम्बोधित कर रहे थे।

चेन्नई की कुकथा

बरसों से चेन्नई की मद्रास म्यूज़िक एकेडेमी और विभिन्न गानसभाओं की बड़ी कीर्ति रही है। उन्हें अक्सर ग़ैर-सरकारी क्षेत्र में संस्कृति के विभिन्न पक्षों के संरक्षण और संवर्द्धन के लिए आदर्श बताया जाता रहा है। विशेषतः दिसम्बर के महीने में हर बरस चेन्नई में शास्त्रीय संगीत और नृत्य का लगभग महीने-भर लम्बा मेला सा चलता है जहाँ सैकड़ों प्रदर्शन, संगीत-संभाएँ, व्याख्यान और परिसंवाद आदि होते हैं। भारत के अलावा दुनिया भर से तमिल संस्कृति, कर्नाटक खटिक संगीत, भरत नाट्यम आदि के प्रेमी वहाँ जुटते हैं।

इस बार वहाँ प्रसंगवश तीन दिन रहना हुआ तो कुछ अन्तर्कथाएँ सुनने को मिलीं जिनसे लगा कि अन्ततः बाज़ारूपन ने इस पहल को भी गन्दा और दूषित कर दिया है। पता यह चला कि सभाओं और उत्सवों में

अब लगभग हर जगह बिकाऊ है : आप इतने हज़ार रुपये दें तो आपका अरंगेत्रम यानी प्रथम नृत्यप्रदर्शन सम्भव है। आप प्रवासी भारतीय हैं तो इतने हज़ार रुपये दें और फलां परिसंवाद में आप अपना परचा पढ़ सकते हैं। पैसे के बल पर जगह बनाने के लिए अब चेन्नई में विशेषतः दिसम्बर महीने में बेहद मारा-मारी होती है। सदिच्छाओं से शुरू की गयी निजी पहल अब धनप्रद धन्धा बन रही है और ज़ाहिर है उसमें कलाओं के प्रति अनुराग और उनकी प्रामाणिकता की रक्षा के भाव अप्रासंगिक हो गये हैं। भारत में दक्षिण परम्परा के संरक्षण का सजग क्षेत्र माना जाता रहा है। चूँकि वह उस तरह से भारतीय इतिहास की रंग-और-रण भूमि नहीं रहा जैसे उत्तर भारत, वहाँ सांस्कृतिक परम्परा को अबाध विकसित होने का अधिक अवसर मिला और वहाँ शुद्धता और प्रामाणिकता के आग्रह भी लगातार प्रबल रहे। उत्तर के कलारूपों के मुक़ाबले दक्षिण के कला रूप अधिक सुगठित और रूढ़ भी रहे हैं। अब ये सब भूली-बिसरी बातें हैं : बाज़ार वहाँ भी सदलबल घुस गया है। कई बार लगता है कि यह निरा संयोग नहीं हो सकता कि इन दिनों भारत में धार्मिकता और अध्यात्म भी बेहद बाज़ारू हैं : ध्यान-स्नान, मनन-चिन्तन, योग-विद्या, आश्रम, प्रसाद-पूजा समी उचित दाम देने पर मिल सकते हैं। धर्माचार्य रुपया देकर हत्याएँ करा सकते हैं। कहीं न कहीं कुछ भयानक रूप से गड़बड़ है कि हम अपनी सारी परम्परा, धर्म और अध्यात्म के बावजूद बाज़ार के सामने न सिर्फ़ निरस्त्र है बल्कि उसकी शर्तों पर अपने को बेचने को तैयार हैं। इससे एक दुखद निष्कर्ष निकाला जा सकता है : हमारी सांस्कृतिक परम्परा में सामाजिक अन्तःकरण विकसित नहीं हो सका। शुद्ध सामाजिक स्तर पर अस्पृश्यता, दलित-दमन, स्त्री-विद्वेष आदि इसी अन्तःकरणहीनता की सदियों से चली आ रही परम्परा का ही तो प्रमाण हैं। हमें और भी धक्का लगता है जब यह अहसास गहराता है कि हमारी कलाओं में भी, शास्त्रीय कलाओं में, ऐसी अन्तःकरणहीनता का प्रतिरोध होने के बजाय उससे तादात्म्य है।

इन्दौर में कुछ घण्टे

इन्दौर दशकों तक मध्यप्रदेश का न सिर्फ़ सबसे बड़ा वाणिज्य-नगर था, वह सबसे बड़ा सांस्कृतिक नगर भी था। वहाँ विशेषतः संगीत, ललित कला, पत्रकारिता, क्रिकेट आदि का व्यापक ग़ैरसरकारी प्रश्रय और रसिकता थी। धीरे-धीरे उसका संस्कृति-प्रेम कम होता गया। लेकिन इधर, फिर से, कुछ उन्मेष हुआ है। उसका कुछ आभास और संस्पर्श हमें मिला

जब हम देवास से लौटते हुए कुछ घण्टों के लिए इन्दौर में वहाँ के नगर निगम और विशेषतः 'मातृत्व' नामक निजी संस्था द्वारा आयोजित किये गये कलाकार-शिविर में बनी कलाकृतियों की प्रदर्शनी में गये। ऐसे शिविरों में बनायी गयी कृतियाँ अक्सर 'हड़बड़ी की कविताई' होती हैं। लेकिन देवलालीकर कलावीथिका में उनकी प्रदर्शनी कुल मिलाकर इसका अपवाद ही थी। उसमें कई युवा कलाकारों की अच्छी कृतियाँ थीं। अच्छी यानी अपनी दिशा खोजने का जोखिम उठाती हुई। स्वयं यह कलावीथिका पुनरुद्धार के बाद अच्छी जगह बन गयी है। वह शासकीय ललित कला विद्यालय का अंग है। देवलालीकर मक़बूल फ़िदा हुसेन आदि के अध्यापक रहे थे। दरअसल, हुसेन के अलावा नारायण श्रीधर बेन्द्रे, चन्द्रेश सक्सेना, श्रेणिक जैन आदि से चलती हुई यह परम्परा अखिलेश, सीरज सक्सेना जैसे समकालीन कलाकारों तक सक्रिय रही है। ज़रूरी यह है कि नगर पालिका जैसी संस्थाएँ अपनी कला परम्परा को सहेजने और संग्रहीत करने की ज़िम्मेदारी लें। आधुनिक कला का राजकीय संग्रहालय बनाने का एक सुझाव ललित कला अकादेमी की ओर से मध्यप्रदेश शासन के विचाराधीन है। भोपाल में भारत भवन है और इसलिए उसके इन्दौर में होने का पर्याप्त औचित्य है। इसी तरह अकादेमी का एक क्षेत्रीय केन्द्र भी इन्दौर में बने इस पर अकादेमी विचार कर सकती है अगर स्थानीय पहले हो। संस्कृति में भारतीय बहुलता को बनाये रखने और पोसने के लिए यह ज़रूरी है कि ऐसे क्षेत्रीय केन्द्र कला सक्रिय रहें और उन्हें इसके लिए पर्याप्त साधन मिलें : ये साधन राज्य, केन्द्र और ग़ैरसरकारी संगठन सभी मिलकर सुलभ करायें यही अभीष्ट है। पता चला कि शास्त्रीय संगीत आदि में भी इन्दौर की लम्बी रसिक परम्परा का पुनर्वास हो रहा है। कई बार यह जिज्ञासा होती है कि जिनके पास रुपया है उनके पास सुरुचि क्यों नहीं है। जिस पर लक्ष्मी की कृपा है, वह प्रायः सरस्वती के प्रति इतना उदासीन क्यों है?

वियेतनाम में साढ़े तीन दिन

हमारी पीढ़ी के लिए वियेतनाम सिर्फ़ एक एशियाई देश का नाम भर नहीं रहा है : वह साहस, बलिदान और अजेय पराक्रम का, महाशक्तियों की निर्णायक हार का, मरणांतक और अन्ततः विजयी जनसंघर्ष का भी दूसरा नाम रहा है। कौन भूल सकता है कि एक अविकसित देश के लोगों ने, जिसके ज़्यादातर नागरिक किसान और ग़रीब थे, अमेरिका और फ्रांस जैसी आधुनिकतम सैन्यसम्पन्न महाशक्तियों का सीधे युद्ध में इस

क़दर मुक़ाबला किया था कि अमेरिका को वहाँ से सिर बचाकर बल्कि झुकाकर भागना पड़ा था! वियेतनाम ने बीसवीं शताब्दी के उत्तरार्द्ध में अमेरिकी उपन्यासकार हेमिंग्वे की इस प्रसिद्ध उक्ति को चरितार्थ किया था कि 'मनुष्य को नष्ट किया ज़ा सकता है पर हराया नहीं जा सकता।' इसलिए ललित कला अकादेमी द्वारा हैनोय में (हम भले उसे हनोई कहते हैं) समकालीन भारतीय चित्रकला की एक प्रदर्शनी के आयोजन के अवसर पर जब वहाँ जाने का सुयोग जुटा तो यह तीर्थाटन से कम नहीं था। यह तो वहाँ जाकर पता चला कि इस देश के लोग लगभग शत-प्रतिशत साक्षर हैं और उनकी विकास दर इस वर्ष 9 प्रतिशत रहने का अनुमान है, जबकि एक समय उनके औपनिवेशक शासक रहे फ्रांस की यह दर 0.2 प्रतिशत रहने वाली हैं। वियेतनाम के सामान्य जनजीवन में उस 'गन्दे युद्ध' की अगर कोई स्मृति बची है तो वह अन्तःसलिल है : आम बातचीत में वह अब एक अनिवार्य सन्दर्भ नहीं रह गया है। यह देखकर थोड़ा दुखद-सा अचरज भी हुआ कि वहाँ के लोगों में अमेरिका के प्रति कोई दुर्भावना का भाव भी नहीं बचा है। साम्यवादी शासन के रहते भी हैनोय में सभी जानी-मानी अमेरिकी ब्रैण्ड की चमकती-दमकती दुकानें है। देखा जाये तो हम जैसों को यह अपेक्षा क्यों है जबकि खुद अपने देश में अंग्रेज़ी शासन के दमनकारी रूप को अब शायद की कोई याद करता है और उनकी भाषा के बढ़ते वर्चस्व को लेकर सभी मुदित और आशान्वित हैं! यह नोट करना भी ज़रूरी है कि वियेतनाम में ग़रीबी का प्रतिशत इस वर्ष 1 प्रतिशत घटा है और अब कुल 15 प्रतिशत लोग ही ग़रीब रह गये हैं। प्रवासी वियेतनाम सबसे अधिक अमेरिका में और फिर फ्रांस में हैं। वियेतनाम की अपने पड़ोसी देशों चीन, कम्बोडिया और थाईलैण्ड से अक्सर सरहदों को लेकर झगड़े और समस्याएँ हैं।

राष्ट्रीय पुस्तकालय में पता चला कि उनके पास 630 से अधिक पुस्तकें ऐसी हैं जो वियेतनामी भाषा में या तो अनुवाद या सीधे लिखी गयी हैं, जिनका सम्बन्ध भारत से है। भारत की सब भाषाओं में मिलाकर भी शायद वियेतनाम से सम्बन्धित पुस्तकों की संख्या सौ न होगी। हम एशियाई देशों के बारे में किस क़दर कम जानते हैं इसका एक उदाहरण यह है कि वियेतनाम जाने से पहले एक वरिष्ठ प्रगतिशील कवि से बात हुई तो उन्होंने इस पर इसारार किया कि वियेतनाम अब भी विभाजित देश है जो एकीकृत नहीं हो पाया। उनके अनुसार कोरिया, अलबत्ता एक हो गया है जबकि उत्तर और दक्षिण कोरिया दो देश हैं यह सभी जानते हैं।

राजधानी की सड़कों पर मोटर साइकिलों की भरमार रहती है। किसी ने बताया कि हैनोय में हर परिवार के पास कम से कम एक ऐसा वाहन ज़रूर है। सार्वजनिक बसें आदि कम दिखायी देती हैं। कानून व्यवस्था

बहुत अच्छी है : अपराध की दर बहुत कम है और सज़ाएँ सख़्त होती हैं। किसी पत्रकार को कुछ लिखने के लिए दो वर्ष की सख़्त सज़ा की ख़बर उन्हीं दिनों देखी। ज़ाहिर है कि बावजूद लचीलेपन और उदारता के साम्यवादी सत्ता अभिव्यक्ति की स्वतन्त्रता में भरोसा नहीं करती है। स्त्रियाँ देर रात भी निर्भय और निस्संकोच सड़कों पर आती-जाती नज़र आती हैं। सजी-धजी सड़कों पर भी खाने-पीने की बहुत छोटी दुकानें होती हैं। अक्सर कोई स्त्री कुछ खाद्य और पेय सामग्री वहीं तैयार करती है और छोटे स्टूलों पर बैठे लोग खाते-पीते नज़र आते हैं। वियेतनामी भाषा की लिपि पहले चीनी लिपि ही थी। बाद में फ्रेंच शासकों ने रोमन लिपि लाये और अब वही एकमात्र लिपि है। शब्दों का उच्चारण मुझ जैसे अल्पभाषिक के लिए टेढ़ी खीर था। रोमन लिपि में जो लिखा जाता है वह वैसा ही उच्चरित नहीं किया जा सकता : उसके लिए कुछ चिह्नों को जानना ज़रूरी है जो मेरे बस में नहीं था। लोग तेज़ी से और तेज़ बोलते हैं। कई बार लगता है कि बोल नहीं बल्कि चिल्ला रहे हैं। भारतीयों की ही तरह चुप रहना या धीरे बोलने का यहाँ चलन नहीं है। कई बार तो रेस्तराँ में मेहमानों की आवाज़ या बातचीत कम सुनायी देती है, वेटर्स आदि ही बहुत बतियाते रहते हैं।

वियेतनामी हस्तशिल्प, कपड़े आदि बहुत सुन्दर होते हैं। उनके बाज़ारों में मोल-भाव बहुत चलता है। आप आसानी से काफ़ी कम दामों में चीज़ें ख़रीद सकते हैं अगर आपको दाम एकदम से कम करना, फिर झगड़ना और रूठकर चल देना आदि आता हो। शहर में आते-जाते कहीं एक बड़ा कोडक का विज्ञापन देखा—बहुत बड़ा एक होर्डिंग—जिस पर ऐश्वर्य राय का एक नयनाभिराम फोटो था। बताते हैं कि दस वर्ष पहले तक भारतीय फ़िल्में बहुत लोकप्रिय थीं : अब उनका स्थान कोरियाई फिल्मों और धारावाहिकों ने ले लिया है। पेरिस में बहुत सारे वियेतनामी रेस्तराँ हैं : फ्रेंच खाने से अगर ऊब हो तो ये रेस्तराँ बहुत सुस्वादु और अपेक्षाकृत सस्ता विकल्प देते हैं। लेकिन हैनोय में वियेतनामी खाना कुछ अलग है। हवाई अड्डा शहर से दूर है। और उसके लिए ट्रैफ़िक जाम का सामना करना पड़ता है। आते हुए पैंतालीस मिनिट लगे थे, जाते हुए लगभग सवा घण्टा।

इधर-उधर की

यह बताये जाने पर कि मैं मूलतः कवि-आलोचक हूँ, सरकार के संस्कृति निदेशक ने बताया कि आज से दस वर्ष पहले कविता बहुत लोकप्रिय

थी। लेकिन अब नये विकर्षण पैदा हो गये और लोगों की साहित्य में, पढ़नें में रुचि घट गयी और रही है। लेकिन जब कुछ कोशिश के बाद कुछ वियेतनाम लेखकों से संक्षिप्त भेंट हुई तो वे इस आकलन से सहमत नहीं थे। उनके मन में भारत या भारतीय साहित्य के बारे में कोई जिज्ञासा नहीं थी। वियेतनामी के समकालीन साहित्य का अनुवाद फ्रेंच में अधिक अंग्रेज़ी में कम हुआ है। इन लेखकों ने अमेरिका या बाज़ार के बढ़ते आतंक के प्रति भी कोई विशेष चिन्ता नहीं प्रगट की। बाद में दो बातें एक प्राचीन विश्वविद्यालय के अवेशष देखते समय पता चलीं। एक तो यह कि कुछ वर्षों पहले अंग्रेज़ी में प्रकाशित होने वाला 'वियेतनाम लिटरैरी रिव्यू' अब बन्द हो गया है। दूसरी यह कि वियेतनाम में पाँचवीं शताब्दी की एक पाण्डुलिपि पालि भाषा में मिली है जिससे यह प्रमाणित हुआ है कि बौद्ध मत वहाँ सीधे भारत से गया, न कि बरास्ते चीन, जैसा कि अब तक माना जाता रहा है। इस देश में, साम्यवादी शासन के बावजूद, धर्म पर कोई प्रतिबन्ध नहीं है। फ्रेंच अपने साथ ईसाइयत भी लाये थे और उनके बनाये कई चर्च इधर-उधर दिखायी देते हैं। हो ची मिन्ह के प्रसिद्ध स्मारक के पास, बल्कि उसके परिसर में ही, एक मीनार का पुराना पैगोडा है।

लगभग 900 वर्ष पहले वियेतनाम के एक शासक ने एक विश्वविद्यालय स्थापित किया था जिसे 'साहित्य के मन्दिर' के रूप में जाना जाता है। चीनी गुरु और ऋषि कनफ्यूशियस (कांगफूज़ी) और उसके चार प्रमुख शिष्यों की मूर्तियाँ हैं और 72 अन्य विद्वानों के व्यक्तिचित्र अंकित हैं। सारे देश में लिये गये एक सख़्त इम्तहान के आधार पर इस विश्वविद्यालय के लिए छात्र चुने जाते थे और कन्फ्यूशियस के मुख्य ग्रन्थों के अलावा वे लेखन-विद्या, काव्यकौशल सीखते और प्रशासनिक दस्तावेज़ आदि का अध्ययन करते थे। अन्तिम परीक्षा में राजा स्वयं भाग लेता था। राज्य के सिविल सेवक, सभाजन, विद्वान् आदि यहीं से चुने जाते थे। एक शिलालेख से पता चलता है कि पन्द्रहवीं शताब्दी में विश्वविद्यालय से लेखक राज्य चुनता था क्योंकि उन्हें राज्य की शक्ति के लिए आवश्यक माना जाता था।

महात्मा गाँधी की तरह हो ची मिन्ह आधुनिक वियेतनाम के राष्ट्रपिता माने जाते हैं। उनकी जवाहरलाल नेहरू से मित्रता थी। उनका मक़बरा भव्य है : हैनोय का असली केन्द्रस्थल। राष्ट्रपति भवन उसी के बग़ल में है। मक़बरा दर्शन के लिए बन्द था क्योंकि वहाँ रखे हो ची मिन्ह के शव की वार्षिक देखभाल हो रही थी। जो संग्रहालय उनकी जन्मशताब्दी के अवसर पर 1990 में खुला विशाल और वियेतनामी परम्परा, मुक्ति और आधुनिकता का एक सम्मिलित नमूना है। वहाँ सिर्फ़ इस राष्ट्रनिर्माता के सिर्फ़ निजी और सार्वजनिक दस्तावेज़, वस्तुएँ आदि ही सुघरता से

प्रदर्शित नहीं है, सारे संसार में वियेतनाम के मुक्ति-संघर्ष को मिले और सर्जनात्मक समर्थन की गाथा भी बहुत कल्पनाशील ढंग से अंकित है। एक पूरा हिस्सा पिकासो और अन्य फ्रेंच कलाकारों के चित्रों की प्रतिकृतियों पर केन्द्रित है जिसमें विख्यात चित्र 'गुएर्निका' के कुछ अंशों का बहुत प्रभावशाली ढंग से इस्तेमाल किया गया है।

सीने को तूफ़ान पहनाना

समकालीन वियेतनामी कविता में जहाँ एक ओर 'अभागे नियतियों के देवता' होने का अहसास है वहाँ दूसरी ओर यह आकांक्षा भी है कि 'तुम्हारे सीने को तूफ़ान पहनाऊँगा।' फ़ाम नियेन हाओ कहते हैं कि 'मैं ऐसे देश की यात्रा करूँगा जहाँ सब कुछ संयोगवश है/मनुष्य पैदा हुआ है प्रतीक्षा करने से सन्तुष्ट होने के लिए।' वे यह भी देख पाते हैं कि, लेकिन हम एक व्यावहारिक संसार में रहते हैं/और तुच्छ ब्योरे ही अक्सर विश्वास उपजाते हैं।'

नियेन दाई अपनी कविता में दर्ज़ करते हैं उन लोगों को जो 'एक पूरी ज़िन्दगी धूप और बारिश में काम करते हुए/एक पूरी ज़िन्दगी चलते हुए और जिन्हें अभी भी घर पहुँचना है।' लाम थी माई दा को लगता है : 'हमारा देश दयालु है/ आकाश से पानी दुख धो डालता है।' तो थाई येन का मानना है : 'ज़िन्दगी ग़लतियों से भरी है/पछतावे कुछ नहीं बदलते।' फाम तियेन दुआत की पंक्ति है : 'एक नये आकाश का अर्थ है नये क़िस्मों के बादल' और यह दुख भी कि 'इन दिनों हर गाँव को एक बड़ा शहर हो जाना चाहिए।'

रोज़मर्रा दुनिया

ऐसे पलों में
हम पाते हैं अपने को असमर्थ अपनी इस दुनिया को पकड़ने में

—नकाई तोषियो

टोक्यो की आम ज़िन्दगी तेज़ है। भारतीय चुप रहने में संकोच करते हैं तो जापानी बोलने से। दिल्ली के तुमुल कोलोहल से तोक्यो के चुपचाप और तेज़ जीवन में पहुँचना एक अलग अनुभव है। वहाँ मेट्रो में कोई

बात नहीं करता। सेल फ़ोन पर भी बात करने की मनाही है। लोग अख़बार और ज़्यादातर पुस्तकें पढ़ते या एसएमएस करते हुए सफ़र करते हैं। मेरी इस पुरानी धारणा की फिर पुष्टि हुई कि भारतीयों के लिए जापानी भोजन प्रायः अखाद्य है : वह बहुत सुन्दर ढंग से सजाकर मिलया या दिया जाता है पर उसकी गन्धें और बासीपन, कम से कम मुझे, विरत करने के लिए पर्याप्त थे। हमें तो सौभाग्य से हमारे डेरे के नज़दीक एक भारतीय रेस्तराँ मिल गया जहाँ हमने बिला नागा छहों शाम खाना खाया।

चूँकि जगह की बेहद तंगी है, जापानी होटल भी हमारे लिए काफ़ी कष्टकर हैं। इतनी कम जगह होती है कि उसमें गुज़ारा करना अनभ्यास के कारण बहुत मुश्किल होता रहा। जापान का पारम्परिक पहनावा अब बहुत दुर्लभ हो गया है। पूरे छह दिनों में हमें शायद आधा दर्जन लोग भी उस पहनावे में नहीं मिले। ज़िन्दगी नपी-तुली है—हर काम क़ायदे से होता है। सफ़ाई इस क़दर है कि रश्क होता है। एक सुबह एक घरेलू औरत अपने सामने के फुटपाथ को बुहार रही थी, पर सिर्फ़ अपने मकान के सामने को नहीं, आगे भी जहाँ तक उसे कुछ महीन सा कचरा नज़र आ रहा था। जापानी अंग्रेज़ी मुश्किल से और बेहद अबूझ से उच्चारण से बोलते हैं। लेकिन अंग्रेज़ी का उपयोग बढ़ रहा है : दूकानों और सड़कों आदि के नाम अंग्रेज़ी में भी दिये जाते हैं। पर छोटी-बड़ी दूकानों में अंग्रेज़ी समझने वाले मुश्किल से मिलते हैं।

जापानी समाज निश्चय ही पुस्तक-प्रेमी समाज है : गाड़ियों, बसों, पार्क में लोग बड़ी संख्या में पुस्तकें पढ़ते मिल जाते हैं। जापानी लिपि ऐसी है कि समझ में नहीं आता, हम जैसे अज्ञानियों को, कि पुस्तक गद्य है या कविता। एक सहयात्री ने जो थोड़ी सी अंग्रेज़ी भी जानते थे बताया कि वे एगाथा क्रिस्टी का एक जासूसी उपन्यास पढ़ रहे हैं।

तोक्यो का फ़ैशन डिस्ट्रिक्ट गिंज़ा शायद संसार का सबसे सुन्दर सावर्जनिक बाज़ार परिसर होगा। हर इमारत भव्य, हरेक अपने आप में वास्तु की एक अलग कृति, हरेक की प्रकाश-व्यवस्था अलग और दूसरों से न्यारी, संसार भर की वस्तुएँ, कपड़े आदि, हरेक बेहद खर्चीली। सभी इमारतें बेहद ऊँची : कई प्राचीन प्रासाद और अट्टालिकाएँ गिंज़ा की इन इमारतों के वैभव और ऐश्वर्य के आगे पानी भरें। भीड़ों के रेले : जितने खरीदार और कामकाजी उतने ही हम जैसे तंगजेब निठल्ले।

संसार के अनेक समुन्नत समाजों और देशों में पुस्तकों की जगह और हैसियत, ज़रूरत और संख्या घट नहीं बढ़ रही है एक बार कार फिर जानना हो, और वह भी एशिया में, तो तोक्यो की पुस्तकों की दूकानें जाकर देखे। हम दो अलग-अलग जगहों पर इस सिलसिले में गये। दोनों

ही दूकानें विशाल और सतमंज़िला थीं। दोनों ही जगह एक-एक पूरी मंज़िल अंग्रेज़ी की मूल पुस्तकों और जापानी साहित्य के अंग्रेज़ी अनुवादों की पुस्तकों पर एकाग्र थीं। कई नायाब पुस्तकें मिल गयीं।

हालाँकि जापान में ईसाइयों की संख्या का प्रतिशत कुल आबादी का दो प्रतिशत ही है, वहाँ से क्रिसमस के लिए सज्जा और तैयारी की जा रही है। तरह-तरह की प्रकाश व्यवस्था से अभी ही दीवाली लगने लगी है।

ठण्ड में साहित्य-सुख

इन दिनों दिल्ली में बल्कि समूचे उत्तर भारत में बला की ठण्ड पड़ रही है। एक विदेशी अनुमान है कि इस शुक्रवार को पारा दिल्ली में शून्य डिग्री पर पहुँच जायेगा जबकि देसी मौसम विज्ञानियों के अनुसार हालत इतनी बुरी न होने की सम्भावना है। पारा वहाँ पहुँचे या न पहुँचे, कड़ाके की ठण्ड पड़ रही है। ऐसे में हम जैसे साहित्यवादियों को अगर ऐसी विषम स्थिति में भी साहित्य-सुख की सूझे तो सिवाय इसके कुछ नहीं कहा जा सकता कि हम जैसे गये-गुज़रों को अपनी आसक्ति से कोई नहीं उबार सकता, यहाँ तक कि ठण्ड भी नहीं। यों ऐसी किटकिटी-सी लगी है कि उँगलियों का खून जमने सा लगा है और ऐसे में लिखने का सुख सम्भव नहीं है। लेकिन पढ़ने का सुख अभी भी मिल सकता है। बल्कि पता नहीं क्यों ऐसी ठण्ड में रजाई या कम्बल में दुबके, अपने को सिर से पैर तक ढँके पुस्तक खोलकर पढ़ने से कुछ अजब क़िस्म की गरमाहट महसूस होती है। ऐसी गरमाहट जो शब्द ही पैदा कर सकते हैं। एक तरह की आत्मीय-अन्तरंग गरमाहट जो सिर्फ़ शरीर को नहीं बल्कि आत्मा को अपनी लपेट में लेकर सुख देने वाली। यह हरकत अच्छी लगती है, भले कलावादी होने के कारण निन्दनीय होगी, कि बाहर तुषार पड़ रहा है और आप अन्दर बैठे शब्दों की आँच और गरमाहट में तप रहे हैं। शब्दों में लौ-लपक भी होती है यह जानना सबसे आसान है ठण्ड में साहित्य पढ़कर। कभी-कभी यह कल्पना कर रोमांच सा होता है (ठण्ड में रोमांच!) कि रूस की शून्य डिग्री से कई डिग्री नीचे की ठण्ड में लोग ताल्स्ताय, दास्तोवस्की या चेखव को पढ़ते और सुखी-दुखी होते होंगे। मौसम के खिलाफ़ गरम और उत्साहित-जीवित रहने की कोशिश। यह कहने की ज़रूरत नहीं कि साहित्य का सुख कई बार दुखों के रेशों से बुना गया होगा, जैसे कि उसके दुख में भी सुख की छाया पड़ती रहती है। एक मायने में, इस भयानक ठण्ड में, साहित्य के सुख

और दुख के बीच दूरी बहुत कम हो जाती है : हम सुखी होकर दुखी और दुखी होकर सुखी होते हैं।

यों तो बहुत कुछ याद किया जा सकता है। पर ऐन इस वक़्त मुझ कवितावादी को दो कहानियाँ याद आ रही हैं : प्रेमचन्द की 'पूस की रात' और श्रीकान्त वर्मा की 'ठण्ड'।

'तेरे वादे पर'

औरों की नहीं जानता पर अपने अनुभव से कह सकता हूँ कि आमतौर पर लेखक अपने वायदे समय पर निभाते हैं, ऐसा नहीं कहा जा सकता। ख़ासकर वे वायदे जो कोई काम किसी निश्चित समय-सीमा के अन्दर करके देने के बारे में हो : किसी पत्रिका को निबन्ध या किसी प्रकाशक को उपन्यास आदि देने के वायदे। इसके कारण कई हो सकते हैं : आलस्य, सृजनात्मकता की अपनी स्वैराचारी लय, अपने विचारों को समय पर विन्यस्त न कर पाने की असमर्थता, कोई अप्रत्याशित हादसा या अस्वस्थता आदि।

विश्वविद्यालय से रिटायर होने के बाद सोचा कि पेंशन के अलावा कुछ धनार्जन का प्रयत्न करना चाहिये। के. के. बिड़ला फ़ाउण्डेशन की एक फेलोशिप के लिए आवेदन किया। योजना थी आधुनिक भारतीय कविता पर काम करने की। उसके लिए एक समान काव्यशास्त्र की रूपरेखा बनाने की और फिर उनके आधार पर बंगला कवि शंख घोष, मराठी कवि विन्दा करन्दीकर, अरुण कोलटकर, मलयालम कवि अयप्पा पणिक्कर, उर्दू कवि अख़्तर उल ईमान आदि का विश्लेषण करने की। फ़ेलोशिप मन्जूर हो गयी : चौदह हज़ार रुपये मासिक। पहले छह महीने की राशि मिल भी गयी। पर पाया कि बाहर जाने पर उनकी अनुमति या सहमति आदि लेने की कई प्रक्रियात्मक झँझटें हैं और खुद की यात्राओं से इतना समय नहीं निकल पाता कि बैठकर काम कर सकूँ। हड़बड़ी के काव्यशास्त्र का इतने बरसों से अभ्यास करने के बाद बैठकर लिखना सम्भव नहीं लगा। सो छह महीने बाद फ़ाउण्डेशन को चौरासी हज़ार रुपये की राशि वापस कर इस बन्धन से छुट्टी पा ली।

एक अंग्रेज़ी प्रकाशक ने शास्त्रीय संगीत पर एक ग़ैरतकनीकी पुस्तक लिखने के लिये आग्रह किया। पहले तो संकोच लगा, पर उनके इसरार और मुझ पर अतर्कित भरोसा इतना प्रबल था कि हामी भर दी। उनसे अनुबन्ध हो गया और उन्होंने दसेक हज़ार रुपये पेशगी दे भी दिये। उत्साह में

कुछ लिखना शुरू भी किया। शास्त्रीय संगीत पर एक सैद्धान्तिक और आरम्भिक क़िस्म की जानकारी देने वाला एक लम्बा निबन्ध लिखा। उस्ताद अमीर ख़ाँ, उस्ताद अली अक़बर ख़ाँ, पण्डिता गंगूबाई हंगल, पण्डित मल्लिकार्जुन मंसूर, पण्डित कुमार गन्धर्व और पण्डित भीमसेन जोशी पर निबन्ध लिख भी लिये। पर फिर काम रुक गया। सो डेढ़ेक साल रुका रहा। प्रकाशक ने तंग आकर अनुबन्ध, उचित ही, रद्द कर दिया।

अपने शहर को लौटना

दिल्ली में इस बार रहते हुए सोलह बरस इस जून में हो जायेंगे। सरकारी सेवा से यहीं रिटायर हुआ और यहीं अपना फ़्लैट खरीदकर उसमें रहते पाँच बरस होने आये। बेटा-बहू-पोता साथ रहते हैं। दिल्ली में ही बेटी-दामाद-नातिन हैं। बहुत सारे दोस्त भी अब यहीं हैं। सो दिल्ली छोड़कर बुढ़ापे में कहीं और शान्त जगह बसने का इरादा, कम से कम अभी नहीं है। दिल्ली में जो आपाधापी है, उस पर नहीं बिसूरता, क्योंकि उसे बनाने में मेरा भी तो कुछ योगदान है। लेकिन तब भी बिना हिचक के यह नहीं कह सकता कि अब दिल्ली मेरा शहर है। जहाँ रहता हूँ, वहाँ दो-एक व्यक्तियों को छोड़कर, किसी को दोस्त कहना या पड़ोसी मानना किसी सच्चे अर्थ में मुमकिन नहीं। दोस्तों से मिलने और बतियाने या कुछ भी और सार्थक करने दस-पन्द्रह क़िलोमीटर दूर लगभग रोज़ जाना पड़ता है। बहुत सारा वक़्त इधर से उधर जाने, घर लौटने और दिल्ली के यातायात की बर्बरता पर झींखने में गुज़र जाता है। बाहर से कोई मिलने आता है या कि कोई दिल्लीवासी मिलना चाहता है तो अधिकतर उससे किसी सार्वजनिक स्थान पर ही मिलना हो पाता है। वसुन्धरा एनक्लेव इतनी दूर है कि किसी को यहाँ बुलाना उसका और अपना काफ़ी वक़्त बरबाद करना है। फिर भी, दिल्ली अपना शहर नहीं है। आख़िर मेरे जीवन के याने सड़सठ बरसों में से छात्र और अध्यापक जीवन के बरस मिला लें तो कुल इक्कीस बरस यहाँ बिताये हैं, जो कि एक तिहाई से कम है।

भोपाल में लगातार सत्रह बरस रहा और अगर आरम्भिक पोस्टिंग के डेढ़ बरस जोड़ लें तो साढ़े अठारह बरस बनते हैं। उसी दौरान बेटा और बेटी हुए। सांस्कृतिक जगत को जो नुकसान पहुँचाना था उसकी ठोस शुरुआत वहीं हुई। वहीं बड़ी-बड़ी संस्थाएँ बनायीं और वहीं से कीर्ति-दुष्कीर्ति की शुरुआत हुई जो अब तक साथ है। पर मेरे दुर्भाग्य से वह भोपाल लगभग ग़ायब हो चुका है या हो रहा है, जिसमें मैं रहता

था। लोग, निज़ाम, दुकानें, चहल-पहल सब बदल चुके हैं। जो कुछ बनाया था उसे बहुत जतन से लगातार नष्ट किया जाता रहा है। शहर के कुछ लोग याद करते हैं, पर जल्दी ही वह याद धूमिल हो जायेगी। अपने बनाये के तिल-तिलकर नष्ट होने का, वहाँ न होने से, चश्मदीद गवाह नहीं हूँ यह बड़ी ग़नीमत है। इसलिए भोपाल लौटना भी नहीं हो सकता।

बचा सागर जिसे छोड़े अब अड़तालीस बरस हो चुके हैं। वह तो अब ऐसा शहर है जिसके अंग-प्रत्यंग बदल चुके हैं। तालाब है, पर उसकी धजा बिलकुल अलग हो गयी है। हमारा मुहल्ला गोपालगंज, जो उस समय एक शान्त जगह थी, अब लगभग बाज़ार है। हर दूसरा मकान दुकान हो चुका है। कठचन्दन-बकौली के पेड़ कट चुके हैं और कैंटोमैण्ट में आकाशनीम के ऊँचे पेड़ अब नज़र नहीं आते। जो शहर अब भी सम्भावना था, अब वह कविता में ही बचा है और उसमें दुबारा भौतिक रूप से बसना सम्भव नहीं है।

मामला यह बनता है कि हम जैसों का कोई शहर नहीं हो सकता : हम शहर छोड़ चुके हैं। हम किसी शहर में बस नहीं सकते। बीसवीं सदी पर उचित ही यह आरोप लगता रहा है कि उसने मनुष्य के ज्ञात इतिहास में सबसे अधिक लोगों को बेघरबार किया। लेकिन हम जैसे बेशहर हुए लोग समय पर यह आरोप नहीं मढ़ सकते, क्योंकि शहर छोड़ने या किसी शहर में बसने का फ़ैसला हमने खुद किया। हम अपने बेशहर होने के लिए खुद ज़िम्मेदार हैं।

कई बार सोचता हूँ कि मेरे कलावादी होने के लांछन का एक औचित्य शायद यह भी है कि अब मैं साहित्य और कलाओं के शहर में ही अपनी कविता के छोटे से घर में रहता हूँ। यह भाग्य बहुतों को नहीं मिलता कि वे किसी शहर में पैदा हों, कई शहरों में रहें, लेकिन बूढ़े हों और मरें साहित्य के शहर में, अपनी कविता के घर में। शायद यह एक कलावादी की इच्छित मृत्यु होगी, जब हो। बाक़ी अब बचा ही क्या है : इस शहर में 'एक मर्गे-नागहानी और है'।

चालीस वर्ष पहले

चालीस वर्ष पहले 27 जून को मेरे जीवन में दो घटनाएँ एक साथ घट रही थीं। नेमिचन्द्र जैन और रेखा जैन की सुपुत्री कथक-नर्तकी रश्मि से मेरा विवाह हो रहा था और मेरा पहला कवितासंग्रह 'शहर अब भी सम्भावना है' भारतीय ज्ञानपीठ से प्रकाशित हुआ था। उसकी पहली तीन

प्रतियाँ उसी दिन मुझे मिली थीं। एक तरह से वह मेरा रश्मि को पहला उपहार था। उस दिन मन में जो उत्तेजना थी उसे आज याद भर कर सकता हूँ। अपनी पहली पुस्तक को देख पाने की उत्तेजना; ठीक उस दिन जब मैं, कई मायनों में, एक नया जीवन शुरू कर रहा था अपना कविता संग्रह, जो एक तरह से मेरे तब तक के जीवन का उपसंहार था, देख पाने की उत्तेजना; साहित्य-जगत् में अपनी पहली पुस्तक से अनाश्वस्त प्रवेश की उत्तेजना; अपनी कविताएँ अपने हाथ से अन्ततः निकलकर दूसरों के हाथ पहुँचने की उत्तेजना। लोकप्रिय होना मेरे हिस्से नहीं आया है : फिर भी यही एकमात्र संग्रह है जिसके तीन संस्करण हुए हैं। ऐसे कविमित्र जब-तब मिलते रहते हैं जो उदारतापूर्वक इस संग्रह की कुछ कविताएँ याद करते हैं। अभी उस दोपहर बनारस हिन्दू विश्वविद्यालय के एकेडेमिक स्टॉफ़ कॉलेज में दोपहर के काव्यपाठ के बाद ज्ञानेन्द्र पति कह रहे थे कि उन्हें यह संग्रह उस समय बहुत शोरगुल मचा रही अकविता का प्रतिपक्ष लगा था। यह भी याद आता है कि सर्वेश्वरदयाल सक्सेना ने 'दिनमान' में उसकी समीक्षा करते हुए उसे अवमूल्यित किया था; श्रीराम वर्मा ने इलाहाबाद में 'विवेचना' में पढ़ गये लम्बे निबन्ध में उसमें अनेक प्राचीन कवियों की अन्तर्ध्वनियाँ सुनी थीं और नन्दकिशोर नवल ने उसी के कारण मुझे अज्ञेय-भारती की ऐय्याश परम्परा का अन्तिम ध्यान देने योग्य कवि माना था।

उस समय मुझ पर तीन प्रभाव थे : अज्ञेय, शमशेर बहादुर सिंह और रघुवीर सहाय के। मुझे यह ग़लतफ़हमी है कि मैंने धीरे-धीरे इन प्रभावों को जज़्ब कर अपना एक मुहावरा बना लिया। यह कहने में कोई संकोच नहीं कि मैंने दूसरे बहुत सारे कवियों से बहुत कुछ सीखा : उनका अनुकरण या अनुगमन नहीं किया पर उनकी दृष्टियों और युक्तियों को आत्मसात् किया है। कविता शायद हमेशा ही आविष्कार नहीं, पुनराविष्कार होती है। जो कवि सिर्फ़ अपनी आवाज़ में बोलता है और जिसकी आवाज़ में दूसरे पूर्वज कवि नहीं बोलते, वह कम बोलता है : उसकी कविता का टिकाऊपन और विवक्षा का भूगोल भी सीमित होता है।

चालीस वर्ष पहले पुस्तकाकार प्रकाशित अपनी कविताओं को फिर देखना कई बार दशहत से भर देता है : तुमने चार दशकों में नया क्या किया है! जिससे शुरू किया था उसी पर बार-बार लौटते रहते हो! क्या कविता सिर्फ़ आवर्तन है! हम जहाँ से शुरू करते हैं वहीं ख़त्म भी करते हैं। पहले संग्रह में आप्त वाक्य की तरह ईलियट की एक पंक्ति का उद्धरण था : 'मेरे आरम्भ में ही मेरा अन्त है'। क्या कभी अन्त भी आरम्भ हो सकता है! ऐसे अन्त की प्रतीक्षा है।

छियालीस साल पहले

यही जुलाई का पसीना-पसीना करता महीना था जब मैं छियालीस बरस पहले सागर जैसे छोटे शहर बल्कि कस्बे से दिल्ली विश्वविद्यालय से एम. ए. अंग्रेजी साहित्य में करने की आकांक्षा लेकर दिल्ली आया था। सागर विश्वविद्यालय में बी. ए. में मैंने सर्वोच्च स्थान प्राप्त किया था। मेरे पिता, जो विश्वविद्यालय में प्रशासक थे, चाहते थे कि मैं बाहर जाकर अपनी प्रतिभा प्रमाणित करूँ। उनका मन तो मुझे अपने पुराने विश्वविद्यालय इलाहाबाद भेजने का था लेकिन मैं दिल्ली की ओर झुका हुआ था।

सागर में उन दिनों जुलाई का महीना बारिश और उससे आयी हल्की ठण्डक का होता था जबकि दिल्ली के हाल उस समय भी इतने ही बुरे थे जितने इन दिनों। मैं प्रवेश लेने के समय ग्वायर हॉल में सागर में पढ़े एक वरिष्ठ मित्र के यहाँ रुका था। प्रवेश के लिए बहुत दिनों तक चक्कर नहीं काटना पड़ा : मेरे पिता ने एक पत्र उन दिनों इतिहास विभाग में प्रोफ़ेसर विश्वेश्वर प्रसाद के नाम दिया था। उत्तम अंकों के आधार पर उन्होंने फ़ौरन ही सेण्ट स्टीफेन कॉलेज के प्रिंसिपल से फ़ोन पर बात की। मैं उनसे बाद में मिला बल्कि उस समय कॉलेज क्लर्क कहलाये जाने वाले राबर्ट साहब से, जिन्होंने मुझे एडमीशन स्लिप पकड़ाकर फ़ीस भरने का निर्देश दिये। मुखर्जी कोर्ट नामक होस्टल में, जो नया ही कॉलेज परिसर में बना था, कमरा भी मिल गया। याद है कि उस समय जिन दो बातों ने मुझे त्रस्त किया था उनमें एक थी दिल्ली की पसीना-लाऊ गरमी और दूसरी थी कॉलेज का बेहद अंग्रेज़ी माहौल। अपने पहले दो-चार दिनों में जब मैं फ़ीस पटाने आदि की औपचारिकताओं में व्यस्त रहा मैंने किसी को भूलकर भी अंग्रेज़ी के बजाय कोई और भाषा बोलते नहीं सुना। यह भी याद है कि सागर से बाक़ायदा सब सामान लेकर दिल्ली रहने के लिए कुछ ही दिनों बाद लौटा इन दोनों बातों का आतंक कम नहीं हुआ था। जुलाई 1960 मेरे जीवन का निर्णायक महीना था जिसने भावी जीवन की दिशा कई तरह से तय कर दी। सागर हमेशा के लिए छूट गया : वह शहर जहाँ मैंने अपने आरम्भिक जीवन के पन्द्रह बरस बिताये थे और जहाँ अक्षरारम्भ, प्रेमारम्भ और साहित्यारम्भ सब हुए थे। वह शहर छूट गया जो सम्भावना था।

भोपाल में सद्भाव

कुल मिलाकर अब तक अपनी ज़िन्दगी का सबसे बड़ा हिस्सा भोपाल

में ही बिताया है : लगभग बीस बरस। जस-अपजस वहीं दोनों मिले। कई बार सदाशयता से किये गये कर्मों को जानबूझकर विवादग्रस्त वहीं बनाया गया; बहुत सारी अप्रिय घटनाएँ घटीं; गुस्से में कुभक बोले, और इन सबके बावजूद वहाँ बहुत कुछ नया और उत्तेजक करने का अवसर मिला, भारतीय कलाजगत के मूर्धन्यों और प्रतिभाशीलों से गहरा सम्पर्क बनाने का मौक़ा मिला; साहित्य-कलाओं की अपनी समझ को गहराने-फैलाने की सुविधा हुई। भोपाल ने मुझ में बहुत कुछ को गढ़ा-रचा है। दुर्भाग्य से वहीं मैंने विशेषतः लेखकों के बीच वैचारिक असहमति को गम्भीर कटुता में बदलते भी देखा : वर्चस्व, सत्ता, संस्थाओं पर कब्ज़ा, अपनों के अलावा दूसरों को देशनिकाला यह सब भी इधर उल्लेखनीय पक्ष रहे हैं।

भोपाल छोड़े अब सोलह बरस होने आये। इस बीच वहाँ जाना कम होता गया है। वहाँ जो दो बड़ी वैचारिक जमातें इस बीच काबिज़ हैं उनसे वैचारिक मतभेद आड़े आते रहे हैं। इस सप्ताह के शुरू में अलंकरण समारोह के सिलसिले में वहाँ जाना हुआ। जिस तरह से मित्रों परिचितों और कई अपरिचित युवाओं की भीड़ जमा हुई वह मुझ जैसे अनुभवी आयोजक को भी चकित करने के लिए काफ़ी थीं। हिन्दी समाज की अत्यन्त क्षीण सार्वजनिक स्मृति पर पिछले कई दशकों से टिप्पणी करता रहा हूँ। वह स्थिति अपनी जगह है। लेकिन भोपाल में जिस तरह का सीधा-सच्चा सद्भाव देखने को मिला उससे लगा कि अगर आप कुछ हिम्मत और लगन से करते हैं तो वह अकारथ नहीं जाता और लोग उसे आसानी से नहीं भूलते हैं। लोगों में सभी वैचारिक रुझानों के लोग थे, लेखकों के अलावा कई अन्य कलाओं के भी। कार्यक्रम लगभग आधा घण्टे देर से शुरू हुआ तो अगले दिन कई अख़बारों ने इसे नोट किया। अक्सर कार्यक्रम देर से होते रहते हैं। पर बरसों तक कला परिषद् और भारत भवन में बिल्कुल ठीक समय पर सब कुछ शुरू होने की जो लम्बी परम्परा थी ज़ाहिर है लोग उसे याद रखे हैं। अगर एक शहर मेरी भूल-चूकों को भुलाकर ऐसा मर्मस्पर्शी सद्भाव बनाये रखता है तो यह इससे मेरी कृतज्ञता गहराती, सघन-सजल होती है।

लगभग पच्चीस बरस पहले

मैं अपने सांस्कृतिक कार्य में कुछ इस क़दर रमा हुआ था कि मुझे इसकी कोई ख़बर नहीं थी कि अपनी सेवा में पदोन्नति के कगार पर पहुँच चुका हूँ। 'भारत भवन' का उद्घाटन हुए शायद एक सप्ताह भी नहीं

हुआ था और उसका उत्सव चल ही रहा था। अर्जुन सिंह मुख्यमन्त्री थे और किसी सिलसिले में उन्होंने लिफ़ाफ़े में एक काग़ज़ दिया जिसे मैंने बिना देखे अपनी डायरी में रख लिया। अपने कमरे जाकर जब उसे देखा तो लिफ़ाफ़े पर मेरे नाम के आगे शिक्षा सचिव लिखा था। मैंने समझा कि कोई भूल हो गयी होगी। दो-तीन दिन बाद उनके यहाँ से किसी पारिवारिक आयोजन में शामिल होने का न्यौता आया और उसमें फिर वही लिखा था। तब मुझे कुछ उत्सुकता हुई। संकोच था कि किससे पता करूँ। मैंने अपने निजी सहायक को बुलाया कि वह सामान्य प्रशासन विभाग जाकर स्थिति का पता लगाये तो उसने बताया कि यह बात तो पाँच-सात दिनों से वल्लभ भवन के गलियारों में फैली हुई है कि मैं पदोन्नत किया जाकर शिक्षा सचिव बनाया गया हूँ!

बहरहाल, कार्यभार ग्रहण करने के बाद मैंने जब अधिकारियों की पहली बैठक की तो लगा कि माहौल ज़रूरत से ज़्यादा गुरु-गम्भीर है। तब मैंने अपने सहयोगियों से, और बातों के अलावा, चार आग्रह किये। पहला, यह कि कोई भी मेरे सामने उदास, 'सारे जहाँ का दर्द हमारे जिगर में है' का भाव लिये, गुरु-गम्भीर चेहरा बनाकर न आये। दूसरा कि जब तक किसी से मैं किसी के बारे में उसकी राय न माँगूँ, वह अपने से कृपा कर मुझे राय देने की कोशिश न करे। तीसरा कि जब तक मैं शिक्षा सचिव हूँ किसी सार्वजनिक मंच या बैठक में कोई मेरी प्रशंसा न करे, न ही मेरे तथाकथित 'गतिशील नेतृत्त्व', 'प्रोत्साहन', 'प्रेरणा' आदि का ज़िक्र करे। जब मैं इस पद पर न रहूँ और तब अगर आपको मेरा किया धरे से कुछ स्मरणीय लगे तो आप तब उसका ज़िक्र करने के लिए स्वतन्त्र होंगे। चौथा यह कि जब मैं आपसे पेन उधार माँगूँ तो बेशर्मी से उसे वापस माँग लें क्योंकि मैं उसे वापस करना जानबूझकर भूल जाऊँगा : मुझसे पेन गुमते बहुत हैं और इसलिए मैं दूसरों के पेन गुमाना पसन्द करता हूँ। अपने को बहुत गम्भीरता से लेने वाले लोग जीवन के किसी भी क्षेत्र में कहर ढाते हैं लेकिन सबसे ज़्यादा सरकारी सेवा में। दुर्भाग्य से उसमें ऐसे लोगों का लगभग बहुमत है। मैंने स्वयं ऐसी कई बैठकें और सम्मेलन देखे हैं जहाँ वरिष्ठ अधिकारियों या राजनेताओं की उपस्थिति ऐसी भारी होती है कि सबको लगभग साँप सूँघ जाता है। इसका कोई वैज्ञानिक अध्ययन हुआ हे या नहीं, मैं नहीं जानता, लेकिन मेरा अपना अनुभव यह है कि अगर सरकारी सेवाओं में लगे लोगों में थोड़ा विनोद भाव हो और वे अपने पर, अल्पावधि के लिए मिले अधिकार और शक्ति पर कुछ हँस सकें तो उनकी क्षमता काफ़ी बढ़ सकती है। क्षमता न भी बढ़े कम से कम माहौल तो हँसमुख हो सकता है। फ़ाइलों के गर्दोगुबार से मटमैले दृश्य में हँसी और मुस्कान कम से कम कुछ तो राहत दे सकती है, भले वह किसी समस्या का

कोई कारगर हल न दे सके। यों कारगर हल सरकारी दफ़्तरों से मिलना अब काफ़ी पुरानी और इन दिनों लगभग अनहोनी बात है।

शुरुआत के दिन-लोग

किसको पता था कि खेल-खेल में शुरू हुई एक हरकत जीवन की केन्द्रीय विधा बन जायेगी। पचपन से अधिक बरस होने आये : उसकी लत जाती ही नहीं है। पहला गणतन्त्र दिवस हर जगह, हमारे शासकीय विद्यालय में भी, बहुत धूमधाम से मनाने की तैयारी चल रही थी। मैंने तब गणतन्त्र के स्वागत में एक मुक्तक लिखा था जो मेरी अपनी याद में मेरी पहली कविता है। तब से आज तक, कितना ही अपर्याप्त और कई बार लूला-लँगड़ा, गणतन्त्र हमारा सौभाग्य है, जैसे कि कविता भी, मेरे लिए कुल मिलाकर, सौभाग्य ही रही है।

यह छठवीं कक्षा की बात है। आठवीं तक पहुँचते साहित्यिक प्रभाव पड़ने शुरू हो गये थे। महादेवी के प्रभाव में एक गद्यगीत लिखा जिसे ग्वालियर से प्रकाशित हिन्दी पत्रिका 'भारती' ने रामधारी सिंह दिनकर की कविता के नीचे स्थान दिया। यह छिपाते हुए कि मैं एक बेहद तरुण छात्र हूँ, मैंने अपनी कोई रचना कभी बच्चों के पृष्ठ के लिए न भेजी, न कभी वहाँ छपा। बल्कि इसे अपनी एक बड़ी कमी मानता हूँ कि बच्चों के लिए आज तक नहीं लिखा। उन दिनों भी यानी स्कूली दिनों में ही 'धर्मयुग', 'सारथी' आदि में कविताएँ प्रकाशित हो सकीं।

सागर में आरम्भिक मित्र बने प्रभुदयाल गुप्त और कवि रमेशदत्त दुबे। प्रभुदयाल साहित्य के अथक प्रोत्साहक थे और हर रचना को समान वज़न देते थे क्योंकि वह 'श्रमपूर्वक लिखी जाती' थी। रमेशदत्त बुन्देलखण्डी और सगरयाऊ जीवन में रसे-बसे थे। वे तब से अब तक यानी 65 से अधिक बरसों से सागर में ही हैं। उन्होंने एक निर्मल-निराकांक्षी जीवन जिया है और अगर कविता और साहित्य में मेरी आस्था इतनी जल्दी जमी तो उसका एक कारण रमेश की संगत भी ज़रूर रही है। उन दिनों सागर में राष्ट्रीयतावादी, समाजवादी और गीतात्मक कविता का ही बोलबाला था। हमारी मुश्किल यह थी कि अच्छा-बुरा और अपरिपक्व जो भी लिखते थे वह इन धाराओं से अलग था और बाद में तो उनका प्रतिपक्ष ही बन गया। फिर भी शिवकुमार श्रीवास्तव और माधव शुक्ल 'मनोज' की कविताएँ सार्वजनिक पाठ के समय प्रभावित करती थीं। तब के सागर में प्रभाव का भूगोल भवानी प्रसाद मिश्र से लेकर नीरज तक फैला था।

विश्वविद्यालय में पहुँचने तक हम दोनों—रमेश और मैं इतना अधिक साथ रहते थे कि दोनों में से किसी को अकेला देखने पर लोग अचरज करते थे—नयी कविता की ओर पूरी तरह से झुक चुके थे। मुख्य प्रभाव अज्ञेय और 'कल्पना' पत्रिका का था। जल्दी ही वहाँ एक नयी मण्डली बन गयी जिसमें राजा दुबे, आग्नेय, प्रबोध कुमार, जितेन्द्र कुमार जैसे लोग थे। शाम को मिलने का अड्डा होता था साथी बुक डिपो जहाँ केदार साथी हम लोगों की गपशप और बकवास भेद भरे ढंग से मुस्कराकर सहते थे। राजा दुबे रुबाई की रूमानी दुनिया छोड़ रहे थे। आग्नेय अपनी कविता में एक तरह की ऐन्द्रियता बसा रहे थे। जितेन्द्र कुमार सब में सख़्त थे और न अपने को बख़्शते थे, न किसी और की व्यर्थ प्रशंसा करते थे। रमेशदत्त सागर के निचले मध्यमवर्गीय जीवन के अछूते चित्रों को अपनी कविता में जगह दे रहे थे। हम सभी लोग तब तक 'कृति' 'कल्पना', 'ज्ञानोदय, 'सुप्रभात', 'राष्ट्रवाणी', 'युगचेतना' आदि पत्रिकाओं में प्रकाशित होने लगे थे। सागर में नयी कविता का सूर्योदय हो चुका था : हम उसकी आभा और चमक से दीप्त और कभी-कभार कुछ उद्धत वाहक थे। इस बीच हमने 'समवेत' पत्रिका के दो अंक निकाले और विश्वविद्यालय के परिसर में अज्ञेय और गजानन माधव मुक्तिबोध के व्याख्यान कराये थे। हम पूरे हिन्दी देश में नये साहित्य के लिए चल रहे संघर्ष में शामिल थे। सागर विश्वविद्यालय में आचार्य नन्ददुलारे वाजपेयी थे और नयी कविता के घोर शत्रु माने जाते थे, उतने थे नहीं यह बाद में पता चला। हम लोगों में से कोई भी हिन्दी का छात्र नहीं था : हम लोगों के प्रति उनका भाव उत्साहजनक नहीं कहा जा सकता था। मेरे पहले कविता-संग्रह 'शहर अब भी सम्भावना' का अधिकांश उन्हीं दिनों सागर में ही लिखा गया था। उस समय की मेरी कविता का असली भूगोल सागर का भूगोल : वहीं के लोग और सड़कें, वहीं, का प्रेम, वहीं के त्यौहार और तालाब, वहीं की छवियाँ-घाटियाँ और घटनाएँ। अब बहुत कुछ नहीं बचा : न वे दिन, न कई लोग। उनकी कृतज्ञ स्मृति पर शेष है। घर-मुहल्ला, पड़ोस, बकौली-कठचन्दन भी छूट गये। अब जब-तब कविता में ही उन्हें याद कर अपने लिए फिर से सच बनाया करता हूँ।

दिल्ली में पहले पाँच बरस

जब एम. ए. करने और बाद में दो बरस अध्यापन करने दिल्ली आया तो यहाँ का साहित्यिक माहौल अपरिचित न था क्योंकि सागर रहते यहाँ के कई लेखकों से लगातार सम्पर्क होता रहा था। उनमें अज्ञेय, निर्मल

वर्मा से लेकर नरेश मेहता, श्रीकान्त वर्मा, कान्ता आदि शामिल थे। बहुत सारे और लेखकों से सम्पर्क और संगत यहाँ आने के बाद विकसित हुए। इनमें भारत भूषण अग्रवाल, नेमिचन्द्र जैन, मोहन राकेश आदि थे। अजित कुमार और देवी शंकर अवस्थी से पहले का सम्पर्क गहरा हुआ और विश्वनाथ त्रिपाठी आदि से नया सम्बन्ध बना। भवानी प्रसाद मिश्र से भी पहली बार दिल्ली में ही मिला और उनसे एक शाम बिना रुके उनकी सौ कविताएँ सुनने का अनुभव सर्वथा अविस्मरणीय है।

तब तक दिल्ली हिन्दी साहित्य का केन्द्र हो चुका था और बनारस, इलाहाबाद पटना आदि कुछ पीछे छूट गये थे। बाहर से लेखकों का लगातार यहाँ आगमन होता था और उनमें से कई से पहला परिचय दिल्ली में ही सम्भव हुआ। हम कुछ लोगों की एक मण्डली सी बन गयी थी जिसमें श्रीकान्त जी के अलावा अशोक सेकसरिया, महेन्द्र भल्ला, प्रयाग शुक्ल, रमेश गोस्वामी आदि शामिल थे। प्रायः हर शाम मिलते थे। नये लेखकों, नयी पुस्तकों, नयी प्रवृत्तियों को लेकर बहुत उत्साह और उत्सुकता माहौल में थी।

उधर विश्वविद्यालय के परिसर में कुछ हमउम्र लेखकों और साहित्य-प्रेमियों की भी एक मण्डली थी। उसमें कृष्ण गोपाल वर्मा, रमेश मोहन काला आदि थे। हम लोग ख़ूब बहस करते थे, गप लगाते थे और कई बार रात का खाना या बहस के बाद अलस्सुबह की चाय साथ ही लेते थे। अब याद आता है कि उसी दौरान ऐसी बखान वाली कविता लिखने की कोशिश की थी जो पूर्णरूप से तो कविता हो लेकिन जिसकी एक भी पंक्ति अलग से देखने पर कविता की पंक्ति न लगे। पहले संग्रह के अन्त में जो 'एक कविताक्रम' है वह इसी कोशिश का प्रतिफल है।

सेण्ट स्टीफेन्स कॉलेज की दमघोंटू अंग्रेज़ियत और ज़्यादातर नकलची संस्कृति से इस तरह मुक्ति मिल जाती थी। लेखकों में भी अब के मुक़ाबले कुछ अधिक पारिवारिकता थी। अक़सर लेखक लोग टी हाउस या काफ़ी हाउस के अलावा घरों में खाने पर मिलते-बैठते थे। इस दौरान कविता के अलावा आलोचना की और रुझान बढ़ा। कविता में पहले से चली आ रही कस्बाई ताज़गी और टटकापन कुछ अपर्याप्त लगने लगे। यह भी महसूस होने लगा कि कविता को अधिक महत्त्वाकांक्षी होना चाहिए, सम्बन्धों के इर्द-गिर्द महदूद रहने के बजाय।

दिल्ली में रहकर शास्त्रीय संगीत, शास्त्रीय नृत्य, चित्रकला आदि की बहुत बड़ी दुनिया से भी साक्षात् होना शुरू हुआ। सागर में जागा कलाप्रेम अधिक गहरा, अनुभव समृद्ध और कुछ समझदार होने की और बढ़ा। यह सबक भी सीखा कि कई बार लेखकों की संकीर्णताओं से कलाओं के पड़ोस में रहकर दूर रहा जा सकता है।

सीधी-सरगुजा के दिन

उमर बमुश्किल सत्ताइस की हुई थी कि मैं कलेक्टर होकर सीधी पहुँचा। ज़िला तो बड़ा था पर उसका मुख्यालय एक कस्बा था, लगभग, उस समय, दस हज़ार की आबादी का। लगा कि साहित्य की दृष्टि से सचमुच अरण्य में आ गये हैं। सौभाग्य से वहाँ के शासकीय महाविद्यालय के अंग्रेज़ी विभाग में लेखक-आलोचक रमेशचन्द्र शाह अध्यापक थे और उनकी पत्नी लेखिका ज्योत्स्ना मिलन भी वहाँ थीं। इस दम्पत्ति ने बड़ा संग और सहारा दिया। सीधी में हमने 'भाषा के अवमूल्यन' पर एक लेखक-शिविर आयोजित किया जिसमें नामवर सिंह, लक्ष्मीकान्त वर्मा, मलयज, धूमिल आदि लेखक आये। हम लोग जब-तब इलाहाबाद चले जाते थे जो कि सड़क के रास्ते बहुत दूर नहीं था।

परिमल के रजत-पर्व पर शाह साहब तो बाक़ायदा आमन्त्रित थे। मैं उनके साथ यों ही चला गया था। वहाँ एक गोष्ठी में जिसमें प्रासंगिकता के निष्कर्ष पर बात हो रही थी मैंने सुमित्रानन्दन पन्त की भव्य उपस्थिति में यह कहने की धृष्टता की थी कि दृष्टि मात्र किसी रचना को प्रासंगिक बनाने के लिए काफ़ी नहीं है। दृष्टि अपने को चरितार्थ करने के लिए क्या ब्यौरे चुनती है इससे किसी कृति की प्रासंगिकता निर्धारित होती है। अगर ऐसा न होता तो पन्त जी का 'लोकायतन' महाकाव्य अपनी कल्याण-कामी दृष्टि के कारण प्रासंगिक होता जो कि वह दुर्भाग्य से नहीं है। पन्त जी ने इसका बुरा नहीं माना।

सरगुजा दूसरा ज़िला था जहाँ कलेक्टरी करनी पड़ी। उसका मुख्यालय अम्बिकापुर भी एक छोटा कस्बा था। तब तक साहित्य से अपने सम्बन्ध को मजबूत बनाये रखने और युवा कविता को उत्तरदायी मंच देने के उद्देश्य से 'पहचान' पत्रिका निकाल चुका था। जातीय स्मृति पर सरगुजा लेखक शिविर आयोजित किया जिसमें नेमिजी के अलावा श्रीकान्त वर्मा, कमलेश, शमशेर बहादुर सिंह, भारत भूषण अग्रवाल, ज्ञानरंजन, विजयमोहन सिंह, प्रभात त्रिपाठी आदि आये। सत्तर के दशक के पूर्वार्द्ध तक लेखकों के बीच वैचारिक मतभेद बहुत कट्टर और शत्रुता के समतुल्य नहीं हुए थे। मुझे उस वक़्त तक इसका कतई अहसास नहीं हुआ था कि सौहार्द और आत्मीयता के जिस लेखकीय परिवेश का मैं इतने बरसों से आदी था। (और जिसके प्रति मेरे मन में हमेशा गहरी कृतज्ञता रही है) समाप्त होने जा रहा है और जीवन का लगभग सारा उत्तरार्द्ध लेखकों के बीच बढ़ते मनमुटाव, दुश्मनी और नफ़रत से जूझते बीतेगा। चादर तो हमारे समय में हरेक की मैली है सो मेरी भी है : अपने बचाव में इतना ही कह सकता हूँ कि मैंने दूसरों पर कीचड़ कभी नहीं उछाला—तब भी नहीं जब मुझ पर कचरे की कई टोकरियाँ उँड़ेल दी गयीं।

चार दिन दो कविताएँ

अज्ञेय, जहाँ तक मालूम है, अपने जीवन में एक ही बार सागर आये थे। 1958 में सागर विश्वविद्यालय छात्र संघ का उद्घाटन करने। आने-जाने की रेल-यात्रा में उन्होंने दो कविताएँ लिखीं। इसका पता चलता है नेशनल पब्लिशिंग हाउस द्वारा प्रकाशित दो जिल्दों में उनकी 1929-1980 में लिखी गयी सम्पूर्ण कविताओं के संकलन 'सदानीरा' से। 23 नवम्बर 1958 को दिल्ली-सागर (रेल में) लिखी कविता का शीर्षक है 'इशारे ज़िन्दगी के'। उसका एक अंश है :

बढ़े चाहे बोझ जितना
शास्त्र का, इतिहास का,
रूढ़ि के विन्यास का या सूक्त का—
कम नहीं ललकार होती जिन्दगी की।

मोड़ आगे और है—
कौन उस की ओट, देखो, झाँकता है।

दूसरी कविता सागर से दिल्ली लौटते हुए रेल में ही 26 नवम्बर 1958 को लिखी गयी है जिसका शीर्षक है 'नया कवि : आत्मोपदेश'। उसका एक अंश देखिये :

तू उसे ओढ़े न ओढ़े
व्याप्त मानव-मात्र में है जो विशद अभिप्राय
तू न उससे टूट :
भीड़ का मत हो, डटा रह, मगर
दिग्विद पन्थ के समुदाय से तू
अकेला मत छूट।

'वो आदमी'

बहुत दिनों बाद भोपाल जाना हुआ। हमारे दिवंगत मित्र फ़ज़ल ताबिश का एक अधूरा उपन्यास 'वो आदमी' उर्दू से हिन्दी में लिप्यंतरित होकर राजकमल से प्रकाशित हुआ है। उसी का लोकार्पण था जो फ़ज़ल पर केन्द्रित, उनके मित्रों और प्रशंसकों द्वारा अलखनन्दन की रंगसंस्था 'नटबुन्देले' के माध्यम से आयोजित, दो दिनों के समारोह का हिस्सा था। फ़ज़ल का इन्तकाल हुए पूरा एक दशक बीत गया। अलीगढ़ में

उर्दू आलोचक और विद्वान् शमसुर रहमान फारूकी से उनका ज़िक्र आया तो उन्होंने कहा कि वे एक अच्छे शायर और अच्छे इनसान साथ-साथ थे। कई बार ऐसा भ्रम होता है कि इन दिनों हम अपने ज़िन्दा दुश्मनों से इतना आक्रान्त रहते हैं कि अक्सर अपने दिवंगत दोस्तों को याद करने का वक़्त नहीं निकलता। भोपाल में कुछ लोग फ़ज़ल ताबिश को याद करते हैं और उनका नाटक 'अखाड़े के बाहर से' को देखने जो भीड़ भारत भवन के अन्तरंग सभागार में जुटी उससे स्पष्ट था कि यह शहर अभी इतना आधुनिक नहीं हुआ, न ही शायद इतना बाजारू कि फ़ज़ल जैसी शख्सियत को भूल जाये और कृतज्ञता की चकाचौंध में दमकने लगे।

उपन्यास आपबीती और शहरबीती एक साथ है। उसे पढ़कर लगा कि हालाँकि हम भोपाल लगभग बीस बरस रहे, उस भोपाल को हम कितना जान पाये जो कि फ़ज़ल के उपन्यास में अपनी अटूट मानवीयता, अद्भुत रंगतों, अविस्मरणीय चरित्रों और बेहद रसीली उक्तियों में प्रकट होता है। पुराना भोपाल जो है, पर नये की चपेट में बिल्कुल ग़ायब न भी हो गया हो, कम-कम नज़र आता है, इस उपन्यास के सारे चरित्रों से ऊपर एक महाचरित्र है। उपन्यास दरअसल इस पुराने भोपाल का 'ज़िन्दगीनामा' है। उसमें जिन्दगी की, उसके छोटे-मोटे ब्यौरों के साथ, उसकी गन्ध और रंगतों के साथ ऐसी रसबसाहट है कि आप पढ़ते चले जायें। कई उपन्यास शहरों के स्मृति-ग्रन्थ होते हैं। साहित्य का एक जरूरी काम तेजी से बदलते समय में, जो निश्चय ही हमारा समय है, जगहों और लोगों की स्मृतियों का कोष बने रहना है। 'वो आदमी' पुराने भोपाल का ऐसा ही स्मृति-ग्रन्थ है। दुर्भाग्य से एक दिन ऐसा आयेगा जब पुराना भोपाल नहीं रहेगा। शायद उसे याद करनेवाले भी न बचें। तब फ़ज़ल के इस उपन्यास में यह शहर, उसके लोग बचे रहेंगे : शब्दों के इस परिसर में एक पूरा शहर बचा रहेगा। इतिहास या काल, इसी अर्थ में, सब कुछ को कभी पूरी तरह से नष्ट या ओझल नहीं कर पाते। उपन्यास इसी अर्थ में दूसरा इतिहास होते हैं।

उपन्यास में कई मार्मिक घटनाएँ हैं। कुछ एक का ज़िक्र किया जा सकता है। पुराने भोपाल से, जो मुसलमान-बहुल इलाक़ा रहा है, हिन्दुओं ने विदिशा जाने का तय किया। "मगर उस दिन अब्बा भी भीड़ में थे, उस भीड़ में और आज वो शहर के दूसरे मुसलमानों के साथ भोपाल से जाते हुए हिन्दुओं को मनाने और रोकने की कोशिश करने, रेलवे स्टेशन गये हुए थे।...सब बनिए और व्यापारी रेल के इन्तजार में प्लेटफार्म पर टहला-टहली कर रहे थे कि हम लोग पहुँच गये। बातचीत शुरू हुई। किसी सूरत बात ही नहीं बन रही थी कि किसी को अच्छी सूझी। कहा—प्लेटफार्म पर साफे बिछा दो। हम सबने यहाँ तक कि पेशइमाम

साहब तक ने, खाँ उस गन्दे-सन्दे प्लेटफार्म पर, अपने-अपने साफे उतारकर बिछा दिये। कहा कि हमारे भाईयों, अगर जाना है, तो इन हमारे सिरों की इज्जत को, अपने जूतों से रौंदते हुए चले जाएँ। फिर तो चीं-पटाख़ भूलकर, सब लोग वापस होने लगे, और वो-वो नारे लगे कि स्टेशन गूँजने लगा। लोग, एक-दूसरे से, गले मिल-मिलकर, रोने लगे।''

उपन्यास अधूरा है क्योंकि किसी भी शहर में आदमी होने और हर हालत में बने रहने की कहानी कभी पूरी नहीं हो सकती, वह हमेशा अधूरी रहती है जैसा कि यह उपन्यास।

अनुवाद की महिमा

लेखकों या साहित्य के व्यापक समाज में अनुवाद के महत्व को जाना-पहचाना जाये, यह लगभग स्वाभाविक है। अचरज तब होता है, जब कोई दार्शनिक या बुद्धिजीवी अनुवाद की महिमा बखानता और सच्चाई और संसार को समझने में अनुवाद की अनिवार्यता पर आग्रह करता है। नये वर्ष पर, इस बार मेरे लिये सबसे अच्छा उपहार लाये कथाकार-बन्धु कृष्ण बलदेव वैद अमेरीका से फ्रेंच दार्शनिक पाल रिकर की छोटी सी पुस्तक 'ऑन ट्रान्सलेशन', जिसमें इस विश्व-विख्यात चिन्तक के अनुवाद से सम्बन्धित तीन निबन्धों का अंग्रेज़ी में अनुवाद है और प्रकाशित किया है रूटलेज ने अपनी 'थिंकिंग इन एक्शन' पुस्तकमाला में।

पाल रिकर कहते हैं : 'सोचना, बोलना हमेशा अनुवाद करना है, तब भी जब कोई अपने से ही बोल रहा हो, जब कोई अपने में चिह्न खोज निकालता है (कोई इनके बिना गुज़ारा नहीं कर सकता) दूसरे के। आख़िरकार सारी भाषा, जो कि विलक्षण रूप से मानवीय विशेषता है, हमेशा जुड़ी है एक ठोस और विशिष्ट भाषा से और भाषाओं की विविधता और बहुलता से।' रिकर का तो यहाँ तक कहना है कि यूरोपीयन राजनीति और विश्व-राजनीति के परिवेश को विभिन्न राष्ट्रों के बीच स्मृतियों और आख्यानों के विनिमय पर आधारित होना चाहिए, क्योंकि जब हम अपने घावों को अजनबियों की भाषा में और अजनबियों के घावों का अपनी भाषा में पुनरनुवाद करेंगे तभी घाव भरना और समाधान सम्भव होंगे। उनके अनुसार अनुवाद करने में हम अपनी भाषा को अजनबी कपड़े पहनाते हैं और साथ ही साथ अजनबी को अपनी भाषा के कपड़े पहनने का न्यौता देते हैं। रिकर का दृढ़ मत है कि 'जैसे आख्यान में किसी कहानी को दूसरे ढंग से कहना हमेशा सम्भव है, अनुवाद में दूसरे ढंग

से अनुवाद करना हमेशा सम्भव है, समतुल्यता और पूर्ण चिपकाव के बीच की खाई को पाट पाने की आशा किये बिना। भाषायी आतिथ्य, इसलिए, दूसरे के शब्द में निवास करना है और समानान्तर दूसरे के शब्द को अपने घर में, अपने निजी आवास में पाना है। रिकर इस ओर भी ध्यान दिलाते हैं कि हमें अपनी मातृभाषाओं की सम्पूर्णता पर अहंकार करने से मुक्त होना चाहिए : अनुवाद हमारी मातृभाषा के भूगोल का विस्तार करता है और हमें भाषाई स्तर पर विविधता के प्रति कृतज्ञ और उत्सुक करता है। याद आता है कि गेटे ने कहा था कि वही व्यक्ति अपनी भाषा ठीक से जानता है जो उसमें अनुवाद करने का साहस करता है।

रिकर इसकी भी याद दिलाते हैं कि चाहे पूरब हो या पश्चिम, हम जिस संसार में रहते हैं, उसमें अधिकांश नियामक ग्रन्थ हममें से अधिकतर अनुवाद में ही पढ़ते रहे हैं : पश्चिम में बाइबिल, होमर, शेक्सपीयर से लेकर दार्शनिक प्लेटो से लेकर नीत्शे और हाइडेगर। भारत में भी स्थिति भिन्न नहीं है : वेद से लेकर उपनिषद, रामायण और महाभारत आदि से लेकर रवीन्द्रनाथ ठाकुर आदि। सभी से हमारा परिचय और उनका भारतीय जन और समाज पर गहरा प्रभाव अनुवाद के कारण ही है।

रिकर यह स्वीकार करते हैं कि हर भाषा अज्ञेय और अज्ञात को, रहस्य और अव्यक्त को, गोपन को अपने नज़दीक लाने का जो संघर्ष करती है वह ऐसा कुछ है जिसका अनुवाद सबसे कठिन या लगभग असम्भव है। लेकिन उसे अनूदित करने से, कोशिश करने से हम कुछ ऐसे को अपनी भाषा में ला पाते हैं, जो पहले उसमें नहीं था। वह अपर्याप्त रहता है पर सर्वथा अकल्पनीय नहीं। रिकर याद दिलाते हैं कि हमने इतिहास के दौरान हमेशा अनुवाद किया है : व्यापारियों, यात्रियों, राजदूतों, जासूसों ने हमेशा अनुवाद का सहारा लिया है और वे मानवीय विनिमय को भाषाई सीमाओं के पार ले गये हैं। पुस्तक पढ़कर यह कहने का मन होता है कि हम मनुष्य हैं क्योंकि हमारे पास भाषाएँ हैं, क्योंकि हम अनुवाद कर सकते हैं।

न्याय का नृतत्व

डाक से परसों ही फ्रांस के शहर नान्त से एक अद्‌भुत पुस्तक मिली : नाम है 'होमो जूरिडिक्स' जो कि कानून के नृतात्त्विक कार्य पर है और जिसे लेखक एलेंसूपिओ ने लिखा और भेजा है। प्रकाशक है वर्सो।

क़ानून और न्याय के दर्शन काम करनेवाले इस बुद्धिजीवी ने नान्त में अग्रगामी अध्ययन का एक नया केन्द्र स्थापित किया है। पुस्तक वहीं से भेजी गयी है। इन दिनों मित्र समाजशास्त्री सुरेश शर्मा वहाँ कुछ महीनों के लिए अतिथि-आचार्य हैं।

मुख्य मान्यता यह है कि मनुष्य सिर्फ़ चीज़ों के लोक में नहीं रहता, वह प्रतीकों और संकेतों के लोक में भी रहता है, जो भाषा के पार जाते हैं और जो ऐसी किसी भी चीज़ को समाहित करते हैं जो एक विचार को भौतिक रूप दे सकती है और इस तरह उसे उद्‌बुद्ध करती है जो कि भौतिक रूप से अनुपस्थित है। संकेतों का लोक उन सब चीजों को शामिल करता है जिनमें अर्थ विहित किया जाता है और जो प्रकृति-कृत नहीं मनुष्य-कृत है। यह एक बहुत बड़ा लोक है जिसमें खलबट्टे और रूमाल से लेकर मोनालीसा और पान्थेयान तक आते हैं। यही नहीं इस लोक में कपड़े पहनने के ढंग, गुदने से लेकर भावभँगिमाएँ, नृत्य तक आते हैं जो कि स्वयं शरीर को संकेत या प्रतीक में रूपान्तरित कर देते हैं। मनुष्य न सिर्फ़ जीवन को बल्कि मृत्यु को भी अर्थ देने का यत्न करता है।

आगे यह प्रतिपादन किया गया है कि मातृभाषा का अपना विधान और नियम होते हैं और नया शिशु बहुत जल्दी उनकी बन्दिश में आ जाता है। वह भाषा से ही दूसरों से जुड़ता है और उसी की सीमाओं का पालन करते हुए अपनी स्वायत्तता अर्जित करता है। न्याय के लिए आकांक्षा, यह अच्छा हो या बुरा, एक बुनियादी नृतात्त्विक मामला है और विज्ञान से पहले सोचने के किसी ढंग का अवशेष नहीं। लोग किसी लक्ष्य के लिए, उदाहरण के लिए, स्वतन्त्रता, देश, ईश्वर, सम्मान आदि के लिए मारने और मरने को तैयार हो जाते हैं। सूपिओ व्याख्या करते हैं कि जिसका अर्थ यह है कि हम अपने में एक-दूसरे के लिये बम रखकर चलते हैं। एक दिलचस्प व्याख्या में सूपिओ पश्चिमी और भारतीय चिन्तन की भिन्नता पर टिप्पणी करते हैं। पश्चिमी परम्परा में, ग्रीक से शुरू कर ईसाई चिन्तन तक, अभिनेता और मुखौटे के बीच दूरी समाप्त हो गयी है : भूमिका समाप्त होने के बाद भी मुखौटा विलगाया नहीं जाता, वह चिपक जाता है, सदा के लिए। दूसरी ओर, भारतीय चिन्तन में अभिनेता और उसकी भूमिका या रोल के बीच अन्तर निरन्तर बना रहता है : अन्ततः अभिनेता अपने रोल से ऊब जाता है और सारी भूमिकाएँ याने मुखौटे उतार फेंकता है। आत्मत्याग या संन्यास का महत्व इसलिए है कि वह ऐसे अभिनेता पर एकाग्र होता है जो एक तरह से नाटक से अपसरण करता है। भारतीय चिन्तन व्यक्तित्व को मुखौटा मानता है जिसे फाड़कर फेंक देना है, पश्चिमी चिन्तन व्यक्तित्व को ऐसा मुखौटा मानता है जिसे बनाये रखना है। वे फ्रेंच भारतविद् शार्ल मलामूद के

हवाले से बताते हैं कि भारतीय अन्तिम संस्कार किसी व्यक्ति की स्मृति के अमर बनाने के लिए उसके विशिष्ट शारीरिक अवशेषों को संरक्षित करने के बजाय उन्हें नष्ट करने की कोशिश करते हैं।

सूपिओ का मत है कि पश्चिमी न्याय और क़ानून की अवधारणाएँ सारी दुनिया पर लादने के कई दुष्परिणाम हुए हैं और हो रहे हैं। सभी लोगों को क़ानून की व्याख्या करने का हक़ है : तभी उन मूल्यों को खोजा-पाया जा सकता है जो सार्वभौम हैं। इसका अर्थ यह है कि उत्तरी दुनिया के लोग अपने विश्वास दूसरों पर थोपना बन्द करें और दूसरी संस्कृतियों से सीखना शुरू करें तभी वह उदार उद्यम सम्भव है जिसमें हम अपनी साझी मनुष्यता खोज और व्यक्त कर पायेंगे। क़ानून और न्याय के क्षेत्र में जो मानवीय विविधता आज मौजूद और सक्रिय है उसे हिसाब में लिये बिना सार्वभौमता सम्भव नहीं।

'इतना सरल नहीं'

कमलेश यद्यपि सीधे राजनीति में सक्रिय रहे हैं, उनकी छवि राजनैतिक कवि की नहीं है। उनका नया कवितासंग्रह 'खुले में आवास' (राजकमल प्रकाशन 2008) इसलिए भी महत्वपूर्ण है कि उसका लगभग एक तिहाई हिस्सा उन कविताओं का है जिनकी विषय-वस्तु सामान्यतः राजनैतिक कही-मानी जा सकती है। पर इन कविताओं की राजनीति दूसरों के बनाये नरक पर हाहाकार करती, अपनी ज़िम्मेदारी से होशियारी से बचती और आम राजनीति पर फ़ैसला देने की हड़बड़ी वाली राजनीति नहीं है, जैसा कि अधिकांश प्रतिबद्ध कविता, कनफोड़ और ऊबाऊ ढंग से, पिछले तीन दशकों से, हिन्दी में करती रही है। कमलेश के यहाँ आत्मप्रश्नांकन है और 'वस्तुगत हालात' का नैतिक रूप से संवेदनशील बखान और बहुत सकुचाता हुआ आकलन। वे अपनी सीमा का भी सहज स्वीकार ऐसी कविताओं में कर पाते हैं :

तुम देखो साम्राज्यों का पतन और
सभ्यताओं में रोगों का जनमना, बढ़ना
अब तुम जानते हो बरा नहीं पाओगे
किसी भी सामूहिक सामर्थ्य से
सारे धुन, तुम्हें मालूम है संकट
इतना सरल नहीं जितना शब्दों से
लगता है, तुमने शब्दों की सरलता

वरण की है, पर संसार कहीं कोसों दूर
जटिल विकलता है।

इस दूर संसार को यह कविता पास लाने की कोशिश करती रहती है :

मैं बैठा नहीं रह सकता जब मुझे अपना वक़्त
धरती पर उतार लाना है, मुझे ख़ुशी है
समय इस कोलाहल में धीरे-धीरे
पक्षधर होता जा रहा है।

वे अपनी विडम्बना भी बख़ूबी जानते हैं :

एक दूसरा वक़्त जीतने के लिए मैं लड़ाई का
सरंजाम करता हूँ, सेनापतियों को
खोजता हूँ, उनके झण्डे देखता हूँ, सही रंग की पताका के
पीछे लगी पंक्ति के अन्त में
खड़ा हो जाता हूँ।

'अकाल के दृश्य' शीर्षक कविता में (जिसका मुखड़ा यह है : यह कविता नहीं है) कमलेश बहुत सारे ब्यौरों में लम्बा वर्णन करने के बाद जिस चिन्ता से समापन करते हैं, वह अस्तिमूलक है :

बहुत सारे चेहरे डबर-डबर आँखों से झाँकते हैं
थोड़ी दूर पर वही आँखें, डूब जाती हैं, कुछ धब्बे
बियाबान में चक्कर लगाते हैं धूमकेतु की तरह
यह सब मिलकर बहुत बाद में चन्द्रमा का कलंक बन जाते हैं।

हम कहाँ से किसलिये आये हैं?

'गृघ्र उवाच' कविता का समापन यों होता है :

किसने कहा था तुम्हें—
हर क्षण अपराधी बने माँगते रहो दूसरी जाति का न्याय,
ढूँढते रहो अपनी बोली में उन्हीं के पदों के पर्याय,
गूँगे बन लटक जाओ बिजली के तार से
किसने कहा था तुम्हें?

कमलेश बेबाकी से कहते हैं :

वर्तमान की चापलूसी में तुम कभी भी अपने अतीत को
व्यर्थ नहीं समझोगे
तुम बसों में जाओगे, धक्के खाओगे, घिरते हुए
उनके फन्दों में कभी बहकोगे नहीं,

दिन में नींद आने पर भी तुम जाग लोगे, राजनीति की
रस्साकशी में
तुम्हारे एक कायर दिल है कभी-कभी आगे बढ़ लड़ने में
रस लेता हुआ,
जानते हो तुम कहाँ पाँव रख डाँवाडोल नहीं होंगे,
इतिहास अपनी नियत राह पर चला तो मुझे विश्वास है कभी
शासनक्रम में एक सौ तीसवाँ या चालीसवाँ स्थान
तुम्हारा होगा।

'खुले में आवास' इसलिए पढ़ा जाना चाहिए कि हिन्दी कविता का एक दूसरा रूप उसमें है। वह रूप जो हिन्दी में अलक्षित जाना, हिन्दी का दुर्भाग्य ही कहा जायेगा। उसमें पारदर्शी ईमानदारी है, 'फुर्त चालाकी' नहीं। उसमें 'इबारत लिखने की आस' चमकती है। ऐसी आस जो अपनी सोच और लाचारी से मुँह नहीं मोड़ती। फिर भी शब्दों की सरलता और संसार की विकलता को जोड़ने का जोखिम उठाती है।

पुस्तक मेले में

यह लिखने तक कुल दो-चार बार भर जा पाया हूँ। दूरियाँ बहुत हैं और अधेड़ों को कम से कम पुस्तकों के भारी थैले संभाले चलने में कठिनाई होती है पर पुस्तकों के आकर्षण से बचना भी कठिन है। सो कुछ स्टालों पर गया। कुछ पुस्तकें मिल ही गयीं।

सीगल बुक्स ने अपनी सीरीज़ 'मैनीफ़ेस्टोज़ फ़ॉर द 21स्ट सेन्चुरी' में विख्यात कला-आलोचक और इतिहासकार एडवर्ड लूसी-स्मिथ की पुस्तक प्रकाशित की है : 'सेंसरिंग द बाडी'। ज़ेरूया शालेव का उपन्यास, हिब्रू से अंग्रेज़ी में, 'लव लाइफ़' प्रकाशित किया है कैनन गेट ने। सीगल बुक्स ने ही छापा है अर्जुन अप्पादोराय का लम्बा निबन्ध 'फ़ीयर आव स्माल नम्बर्स' जिसे उन्होंने क्रोध के भूगोल पर एक निबन्ध कहा है। इतिहास में धर्म पर निबन्धों का एक संग्रह डेविड एन लोरेनज़ेन का योदाप्रेस से आया है 'हू इन्वेण्टेड हिन्दूइज़्म'। इसी शीर्षक के प्रसिद्ध निबन्ध के अलावा पुस्तक में कबीर से सम्बन्धित तीन निबन्ध भी हैं।

गायत्री चक्रवर्ती स्पिवाक की नयी पुस्तक 'अदर एशियाज़' ब्लैकवेल से आयी है। एक उत्तर-औपनिवेशिक बुद्धिजीवी और तुलनात्मक साहित्य-अध्येता के रूप में गायत्री का आग्रह है कि हमें एशिया की बहुलता का अध्ययन अमरीकी विदेश नीति के प्रभाव में चुन-चुनकर करने का विरोध करना

चाहिए। यह तभी सम्भव है जब हम अखिल एशियाईपन से अलग एशिया की बहुलता को देखें और स्वीकार करें। यह बहुलता भिन्नताओं का स्वीकार है। जब हम अपनी भिन्नताएं स्वीकार करेंगे तो शान्ति, न्याय और मानवता के अधिकारों की ओर अधिक सयानेपन से प्रवृत्त हो सकेंगे। यह नोट किया जाना चाहिए कि गायत्री के एशिया में जापान और इज़रायल दोनों नहीं हैं। इसका बचाव उन्होंने किया है। जो हो, एक नयी और कई अर्थों में विचारोत्तेजक पुस्तक।

'इन्वेण्टिंग द सरोद : एक कल्चरल हिस्ट्री' सीगल बुक्स द्वारा प्रकाशित और आस्ट्रेलियन संगीतवेत्ता एड्रियन मैकनील द्वारा लिखित एक ऐसी पुस्तक है जो यह भी दर्शाती है कि कैसे एक वाद्ययन्त्र का इतिहास लिखते हुए आप एक पूरे समाज, संगीत के आर्थिक-राजनैतिक सन्दर्भ और संगीत-संस्कृति का ख़ाका भी बना सकते हैं। इस विवाद का भी विश्लेषण किया गया है कि सरोद मुसलमानों द्वारा आविष्कृत एक वाद्ययन्त्र है या उसका भी प्राचीन हिन्दू उद्गम है। समकालीन भारत में हर स्तर पर मिली-जुली सामासिक संस्कृति के बरक्स जिस तरह से बँटवारे की विलम्बित और उग्र संस्कृति पेश और सक्रिय, दुर्भाग्य से सशक्त हो रही है, उसका प्रभाव कैसे संगीत के व्यवहार और चिन्तन पर भी पड़ रहा है।

डेनमार्क-बसे भारतीय अंग्रेज़ी लेखक ताबिश ख़ैर से एक शाम अकस्मात् मुलाकात हुई और उन्होंने अपने कुछ निबन्धों के हाल ही में प्रकाशित संकलन 'मुस्लिम मार्डनिटीज़' की एक प्रति दी जिसे नयी दिल्ली के वितस्ता पब्लिशिंग प्रा. लि. ने प्रकाशित किया है। दुनिया इस समय जिस तरह के द्वैतों में विभाजित है उससे अलग ख़ैर, एक कठिन और जोखिम-भरे उदार चिन्तक की तरह, साहस और बेबाकी से, निर्भीकता से उन मुद्दों पर विचार करते हैं जो कि आज मुस्लिम समाज को दबोचे हुए हैं।

मेले का उत्तर-राग

विश्व पुस्तक मेले के ख़त्म होने तक काफ़ी किताबें मिल गयीं : और भी लेने योग्य रहीं होंगी जिन तक नहीं पहुँच पाया। एक अमरीकी पर्यावरण विशेषज्ञ ब्रूस रिच की नयी पुस्तक 'टु अपहोल्ड दि वर्ल्ड' पेंगुइन-वाइकिंग ने प्रकाशित की है अर्थशास्त्री अमर्त्य सेन की भूमिका के साथ। रिच की पुस्तक का उपशीर्षक है : 'दि मैसेज आव् अशोक आर कौटिल्य फ़ार द 21स्ट सेन्चुरी'। समस्त जीवन के लिए आदर की अशोक-अवधारणा रिच के तर्क का मूलाधार है। उन्होंने यह विश्लेषण भी विस्तार से किया

है कि कैसे दुनिया दिन-ब-दिन अधिक कौटिल्य की दुनिया होती जा रही है और उसमें अशोक की नीति की ज़रूरत है। इस समय भारत में ऐसे बुद्धिजीवी और सृजन-सक्रिय लोगों की कमी नहीं है जो भारतीय अतीत और परम्परा के नाम से भड़कते हैं और उनके किन्हीं तत्वों की मौजूदा स्थिति में प्रासंगिकता न तो स्वयं देख पाते हैं और न दूसरों के दिखाये उसे मान्यता तो क्या, विचार में लेने को भी तैयार नहीं हैं। यह पुस्तक ऐसे माहौल में एक नयी बहस, सार्थक और प्रासंगिक, शुरू कर सकती है। किसी प्रकाशक को, सम्भवतः पेंगुइन को ही इसका हिन्दी अनुवाद भी निकालना चाहिए।

परमेनेण्ट ब्लैक नामक भारतीय प्रकाशक ने प्राक्-आधुनिक भारत में संस्कृत, संस्कृति और सत्ता पर अमरीकी विद्वान शैल्डन पोलाक की विचारोत्तेजक पुस्तक 'दि लैंगुएज आव् दि गाड्स इन दि वर्ल्ड आव् मैन' का भारतीय संस्करण प्रकाशित किया है। यह पुस्तक संस्कृत और उसकी साहित्यिक संस्कृति के उदय, विस्तार और अवसान की महागाथा बहुत सटीक और तार्किक ढंग से कहती है। पोलाक की विद्वता और अपनी विशाल सामग्री पर अधिकार सर्वथा असाधारण है। उन्होंने जिन भारतीयों का विचार-विमर्श के लिये आभार माना है उनमें, यह नोट करना दिलचस्प है कि संस्कृत विद्वान् नहीं बल्कि लेखक और सामाजिक विज्ञान, दर्शन आदि के लोग हैं : यू आर अनन्तमूर्ति, ए के रामानुजन, डीआर नागराज, सुदीप्त कविराज, वी नारायणराव, बुलबुल तिवारी, अनन्या वाजपेयी और योगेन्द्र यादव, यद्यपि यह इसका मुख्य तर्क नहीं है, इस पुस्तक से कुछ समझ में आता है कि कैसे संस्कृत एक महान भारतीय आविष्कार है।

रूपा ने राजेन्द्र टण्डन द्वारा आधुनिक अंग्रेज़ी में अनूदित कालिदास की दो कृतियाँ द्विभाषिक संस्करण में प्रकाशित की हैं : कुमारसम्भवम् और ऋतुसंहारम्। यह सोचने की बात है कि ऐसे क्लैसिक्स के नये हिन्दी अनुवादों की कोई परम्परा क्यों नहीं बन पायी है। अगर होती, जैसे कि पश्चिम में है जहाँ होमर, दान्ते से लेकर रिल्के तक के लगातार नये अनुवाद होते रहते हैं, तो अपने अतीत से हमारा परिचय नया और घनिष्ठ होता चलता और हम शायद उतने स्मृति-वंचित न होते, जितना इस समय हैं।

कुछ नयी पुस्तकें

मेले में हिन्दी पुस्तकों के लोकार्पण का लम्बा और दैनिक सिलसिला चलता

रहा। उसमें और उससे अलग भी कई अच्छी और पठनीय पुस्तकें प्रकाशित हुई हैं। कथाकार मैत्रेयी पुष्पा की आत्मकथा का दूसरा खण्ड 'गुड़िया भीतर गुड़िया' (राजकमल) और कवयित्री गगन गिल का कैलाशमानसरोवर का अन्तर्यात्रा-वृत्तान्त 'अवाक्' (वाणी) गद्य की दो उल्लेखनीय पुस्तकें हैं। मैत्रेयी देर उमर में एक स्त्री के लेखिका बनने की उलझनों, विडम्बनाओं और संघर्ष की कथा-सरल-सहज बेबाकी से करती हैं। गगन का यह वृत्तान्त हिन्दी के श्रेष्ठ यात्रा-वृत्तान्तों में गिना जायेगा, इसमें शक नहीं। यह ऐसा गद्य है जो कविता की सघनता और कथा की प्रवाहमयता को बहुत ख़ूबी से एक साथ निभाता है। पुस्तक बहुत सुन्दर प्रकाशन भी है।

कई नये कविता संग्रह आये हैं जो विचारणीय हैं। उनमें से कुछ हैं : 'पाठान्तर' विष्णु खरे (परिकल्पना प्रकाशन) , 'ईश्वर को मोक्ष' (परिकल्पना प्रकाशन), 'मैत्री' तेजी ग्रोवर (सूर्य प्रकाशन मन्दिर), 'एक बूँद का बादल' ध्रुव शुक्ल (सूर्य प्रकाशन मन्दिर) 'करोड़ों किरनों की ज़िन्दगी का नाटक सा' सुरेश सलिल (उदिता प्रकाशन), शायद सबसे महत्वपूर्ण है कुँवर नारायण की लम्बी कविता 'वाजश्रवा के बहाने' (भारतीय ज्ञानपीठ) पुरुषोत्तम अग्रवाल द्वारा सम्पादित उनकी 'प्रतिनिधि कवितायें' राजकमल से पेपरबैक में आयी हैं।

गद्य में उदय प्रकाश की दो पुस्तकें 'नयी सदी का पंचतन्त्र' और 'अपनी उनकी बात' वाणी प्रकाशन ने छापी है और जया जादवानी का नया कहानी संग्रह 'उससे पूछो' भी वहीं से आया है। वाणी ने ही नन्दकिशोर आचार्य की नयी पुस्तक 'लेखक की साहित्यिकी' प्रकाशित की है। शम्भु गुप्त की पुस्तक 'मैंने पढ़ा समाज' (शिल्पायन) से आयी है और वहीं से कवि विजेन्द्र की वैचारिक डायरी 'कवि की अन्तर्यात्रा' आयी है। वहीं से एक युवा आलोचक निरंजन सहाय की पुस्तक 'केदारनाथ सिंह और उनका समय' प्रकाशित है।

तेजी ग्रोवर ने वाणी से 'यूरोप का वह पुराना फ़ार्म गाम्लेतून' : दस समकालीन नार्वीजी कहानियों का संचयन प्रकाशित किया है जिसमें शामिल कुछ लेखक मेले में आये भी। उनमें से एक लार्स आसुन्द वोगे की कहानी 'गाय' तो लगभग एक क्लैसिक है। अनुवाद अंग्रेज़ी से होने के बावजूद बहुत अच्छा और संवेदनशील है। इस कहानी का, सुनते हैं, रंगकर्मी रामगोपाल बजाज ने, प्रयाग शुक्ल द्वारा नियोजित राष्ट्रीय नाट्य विद्यालय में 'श्रुति' कार्यक्रम के अन्तर्गत, बहुत प्रभावशाली नाट्यपाठ किया। स्वयं वोगे इस पाठ से बेहद प्रभावित थे। अपने लेखकों के इस हिन्दी संचयन का लोकार्पण करने नार्वे के प्रधानमन्त्री वाणी के स्टाल में आये। उनसे जब यह पूछा गया कि एक राजनेता होने के नाते उनकी साहित्य में दिलचस्पी क्यों है तो उन्होंने तपाक से कहा कि राजनीति जीवन के बारे

में होती है और साहित्य भी उसी बारे में। राजनीति को साहित्य से जीवन समझने में मदद मिलती है।

'कई मनोलोकों में'

...सब अपने को ही सुनते होंगे
जो सुना जा रहा है वह बनते हुए
और समझ जायेंगे
कि सब एक हो चुके हैं
तुम सुननेवाले मंच पर बैठे सारे फ़नकार
सारे वाद्य उनके सुर और लिपियाँ
और कोई नहीं चाहेगा यह ख़त्म हो
फिर भी वह ख़त्म होगा
सब लौटेंगे वही बनने के लिए जो वे इससे पहले थे
लेकिन ठीक वैसे नहीं
उन्होंने जान लिया है
कि क्या होता है एक प्रवाह में बदलते बहते हुए सुर होना
और अब भले ही वे अलग हो गये हों
और अब सब थोड़े-थोड़े बज गूँज या संचालित हो रहे हैं एक-दूसरे में
वे लीन हो रहे थे परस्पर लेकिन वह मृत्यु न थी
एक तरह का सतत् पुनर्जन्म था जीते-जी
एक साथ कई रूपों मनोलोकों में। (प्रवाह)

यह तो हम सभी जानते हैं कि विष्णु खरे संगीत के गहरे रसिक हैं। उनके नये संग्रह 'पाठान्तर' में संगीत से सम्बन्धित दो कविताएं हैं जो इस रसिकता की गहराई का बहुत सटीक साक्ष्य हैं। चूँकि वे अतिलक्षित कवि हैं और उनकी सामाजिक प्रतिबद्धता से न सिर्फ उनके प्रशंसक बल्कि वे स्वयं भी आक्रान्त हैं, उनकी ये कविताएं अलक्षित जा सकती हैं। उनकी दूसरी कविता 'उम्मीद' का समापन इन पंक्तियों से होता है :

महान प्रतिभाओं के पूर्वजों से चकित और हतप्रभ
तकनीकी ज्ञान से वंचित
किन्तु संगीत और स्वरों के अन्तहीन प्रकारों और विस्तार से कुछ
परिचित
और उन्हें अर्पित
मैं तब अपने मन में गढ़ता और सुनता रहता
शब्दों और ध्वनियों की एक संरचना इस उम्मीद में

कि शायद एक दिन कोई सचमुच रचे उसे
और कोई नाम दे

ये कविताएं जो मनोलोक रचती हैं वह सिर्फ़ संगीत का ही नहीं, कविता का भी है : उसमें कविता का जो शान्त इसरार है वह अलक्षित नहीं जाना चाहिए।

कुछ और

पुस्तक-मेले में जो पुस्तकें निकली थीं उनमें से कई का उल्लेख, उनके महत्व के बावजूद करना रह गया था सो भूल-सुधार करना ज़रूरी है। असद ज़ैदी का नया कवितासंग्रह 'सामान की तलाश' निश्चय ही पठनीय और विचारणीय है। कथाकार संजीव की लम्बी कथायात्रा को वाणी प्रकाशन ने तीन खण्डों में प्रकाशित किया है : तीन पड़ावों में यह एक महत्वपूर्ण यात्रा है जो लगभग तेरह सौ पृष्ठों में विस्तृत है। कवयित्री अनामिका के दो उपन्यास 'तिनका तिनके पास' (वाणी) और 'दस द्वारे बा पींजरा' (राजकमल) से निकले हैं। एक कवयित्री के दो उपन्यास और वे भी एक साथ—यह असाधारण घटना है : उनका गद्य और बखान की शैली एक स्तर पर तो खिलन्दरी लगती है और दूसरे स्तर पर उसमें पहले पढ़े-लिखे की, क़िस्से-कहावतों और मुहावरों की अनूठी स्मृतियाँ गुँथी हुई हैं। इधर ध्यानाकर्षित करने वाले अजय नावरिया का उपन्यास 'उधर के लोग' राजकमल से आया है।

वाणी ने 'क्रान्तिकारी कवि वरवर राव की जेल डायरी' छापी है जिसे अपनी मार्मिक मानवीयता और काव्यमयता के लिए पढ़ा जाना चाहिए। आलोचक विनोद शाही की गम्भीर वैचारिक पुस्तक 'प्राच्यवाद और प्राच्य भारत' आधार प्रकाशन ने छापी है, जिस पर ध्यान जाना चाहिए। प्रियदर्शन का कहानी-संग्रह 'उसके हिस्से का जादू' राधाकृष्ण से आया है। सुमन केशरी का कविता संग्रह 'याज्ञवल्क्य से बहस' राजकमल से और नीलेश रघुवंशी का नया कविता संग्रह 'अन्तिम पंक्ति में' किताबघर प्रकाशन से आये हैं। एक और महत्वपूर्ण कवितासंग्रह वरिष्ठ कवि ऋतुराज का वाणी से आया है : 'आशा नाम नदी'।

आशा नामक नदी

आशा नामक नदी मनोरथ जल जिसमें भरपूर
तृष्णा-प्रबल-तरंगों से जो दिखती आकुल क्रूर
राग-ग्राह जिसमें वितर्क-खग, धीरज के जो वृक्ष
गिरा-गिरा देती रहती प्रत्यक्ष
मोह-भँवर के कारण दुस्तर जो है अति गम्भीर
ऊँचे जिसके चिन्ता-तट-प्राचीर...
अति विशुद्धमन योगीश्वर ही जा इसके उस पार
पाते हैं आनन्द आनन्द अपार।

भर्तृहरि के 'वैराग्य-शतक' के उस श्लोक का, जिसके आधार पर ऋतुराज ने अपने नये कविता-संग्रह का नामकरण किया है, हिन्दी अनुवाद चिरंजीव दास ने किया है जो ऊपर दिया गया है। रायगढ़ के वासन्ती प्रकाशन ने दास द्वारा किये गये भर्तृहरि के तीनों शतकों का हिन्दी अनुवाद संस्कृत मूल के साथ दस बरस पहले प्रकाशित किया था। जब मैं 1970-72 में सरगुजा में कलेक्टर पद पर काम कर रहा था तो कलेक्टोरेट में अधीक्षक पद पर दास पदस्थ थे। मूलतः उड़िया-भाषी और रायगढ़-निवासी इस व्यक्ति ने चुपचाप संस्कृत के कई ग्रन्थों का हिन्दी अनुवाद किया है, जिनमें 'चौरपंचाशिका', 'ऋतुसंहार', 'मेघदूत', 'रसमंजरी', 'रघुवंश' आदि शामिल हैं।

मुझे यह स्वीकार करने में रत्ती भर संकोच नहीं है कि हिन्दी जब-तब तत्सम-बहुल होती है तो मुझे यह प्रीतिकर लगता है : परम्परा को कविता की काया में पुनराविष्कृत कर पाने का अच्छा तरीक़ा है। चिरंजीव दास थोड़े छायावादी मुहावरे में संस्कृत से अनुवाद करते हैं : यह उचित है क्योंकि छायावाद एक स्तर पर संस्कृत काव्य का आधुनिक सन्दर्भ में पुनराविष्कार था। इसलिए छायावादी भाषा में अनुवाद उपयुक्त लगता है। यह रहा 'मेघदूत' से एक अनुवाद :

तनन्तर
नर्तन आरम्भ करेंगे शंकर,
रक्त-जपा-मुकुल-सदृश सान्ध्य तेज से सजकर
मण्डल-सा तुम रचकर
ऊँचे उनके लम्बे उठे भुजों का तरुवन
घेर बाँध लेना घन!
ऐसा कर
पशुपति की आर्द्र-गजानिन-इच्छा लेना हर,
कर निज उद्वेग शान्त अचल-नयन

देखेंगी भक्ति भवानी तव घन!

वैराग्य-शतक से ही एक और अनुवाद देखने योग्य है :

भोग न भोगे गये यहाँ पर हमीं हो गये भुक्त,
किया गया तप नहीं ताप से हमीं हो गये युक्त,
काल न बीता हम हो गये व्यतीत
तृष्णा जीर्ण न हुए जीर्णता में हम ही उपनीत।

पुस्तकों की महिमा

यों तो हमारा समय इस क़दर संदेहग्रस्त और प्रश्नवाची है कि किसी का गुणगान करना कुछ अप्रामाणिक-सी कार्रवाई माना जाता है। ऐसे में आप किसी की महिमा का बखान करें तो अकसर आपको कमज़ोर दिमाग़वाला क़रार दिया जा सकता है। फिर भी, लगता है कि पुस्तकों की महिमा बतायी जाना चाहिए—कम से कम ऐसा करने से आप पर यह इलजाम नहीं लगाया जा सकता है कि आप किसी की चापलूसी कर रहे हैं।

जाड़े आते हैं तो लगता है कि सब कुछ पास आने लगता है : सब कुछ सघन होने लगता है। कमरे में बन्द-घिरे रहना इतना अखरता नहीं है। जाड़ों का एक गरमाहट-भरा आकर्षण यह होता है कि आप पुस्तकों के भी ज़्यादा क़रीब आ जाते हैं। आप चाहें तो पूरी शाम बल्कि काफ़ी सारी रात अकेले पुस्तकों की हलकी गरमाहट और आँच में तपते हुए गुज़ार सकते हैं। मैं तो कम से कम उन लोगों में से हूँ जिनके जीवन, अनुभवों और उत्सुकताओं का बहुत बड़ा और मूल्यवान हिस्सा पुस्तकों की वजह से है। पुस्तकें न होतीं तो हम न होते। पुस्तकों ने ही, दिये हुए जीवन के अलावा, दूसरा जीवन दिया। दरअसल द्विज बनाया। बल्कि अनेक जीवनों, समयों और भूगोलों में रहना-विचरना सम्भव बनाया। पुस्तकों ने अधिकार और सत्ता के रौब से बचना और जब ज़रूरी लगे तो उसका प्रतिकार करना सिखाया। यह याद करना और इसके लिए कृतज्ञ होना ज़रूरी है कि पुस्तकों ने बहुतों को टुच्चेपन से बचाया है। पुस्तकों से ही हम अकेले होने और फिर भी समुदाय से जुड़े रहने का कठिन पाठ सीख पाते हैं।

याद आता है कि इस्पहानी लेखक बोर्खेज़ ने कहीं कहा है : ''मलार्मे के अनुसार दुनिया का अस्तित्व है ही एक पुस्तक में समाप्त होने के

लिए, लियों ब्लाय के अनुसार हम एक जादुई पुस्तक के अक्षर या शब्द हैं और वह अविराम पुस्तक ही दुनिया में एकमात्र चीज़ है, दरअसल वही दुनिया है।" बोर्खेज़ ने ही कहा था कि "दूसरे डींग हाँकते हैं कि उन पुस्तकों की जिन्हें वे लिख नहीं पाये, मैं डींग हाँकता हूँ उन पुस्तकों की जिन्हें मैं पढ़ पाया हूँ!" बोर्खेज़ सम्भवतः पिछली शताब्दी के लेखकों में सबसे आगे हैं, जिन्होंने न सिर्फ़ लगातार पुस्तकों का महिमागान किया बल्कि कई सचमुच या कल्पित पुस्तकों से इतनी सारी नयी पुस्तकें बनायीं।

अपने एक निबन्ध में बोर्खेज़ ने इस ऐतिहासिक तथ्य का ज़िक्र किया है कि जिस शिह हुआङ्ती नामक चीनी शासक ने चीन की प्रसिद्ध दीवार बनाने का आदेश दिया था, उसने उसके समय से पहले लिखी गयी सभी पुस्तकों के जलाने का फ़रमान भी निकाला था। बोर्खेज़ कहते हैं कि शायद चीनी शासक ने इतनी बड़ी-लम्बी चहारदीवारी इसलिए बनायी कि वह जानता था कि उसका राज्य अरक्षित और कमज़ोर है। उसने पुस्तकें इसलिए नष्ट करायीं कि वह जानता था कि वे पवित्र पुस्तकें हैं, ऐसी पुस्तकें जो वही सिखाती हैं जो सारा संसार या कि मनुष्य का अन्तःकरण सिखाता है। शायद पुस्तकालयों का जलाना और दीवार बनाना किसी गोपनीय ढंग से एक-दूसरे को मिटाने की कार्रवाई थी।

जाड़े आ गये हैं और आपने गरम कपड़े निकाल लिये होंगे। ध्यान से देखिये तो आपके यहाँ पुस्तकें भी इन दिनों आपके निकट आने के लिये तैयार हैं। उनकी रोशनी और आँच में जाड़े ही नहीं, जीवन भी अधिक सह्य लग सकता है।

कविता के भूगोल में इज़ाफ़ा

पिछले लगभग तीस बरसों में हिन्दी कविता में प्रभाव का भूगोल बहुत निर्णायक ढंग से बदला है। पहले हम ज़्यादातर अंग्रेज़ी कविता और थोड़ी बहुत यूरोपीय कविता से परिचित थे। कविता की दुनिया के नक़्शे से हमारा परिचय कम था : उसके अधिकांश हिस्से हमारे ध्यान और जानकारी से बाहर थे। इसमें बदलाव आना शुरू हुआ, जब अंग्रेज़ी के माध्यम से अनुवाद में हमने मध्य यूरोप और उस समय पूर्वी यूरोप कहे जाने वाले देशों की कविता से साक्षात्कार करना शुरू किया, चैक, पोलिश, हँगारी, रूमानियन, बल्गेरियन आदि भाषाओं में लिखी जा रही समकालीन कविता से। उन दिनों इन सभी देशों में साम्यवादी व्यवस्था थी और इसलिए कविता और साहित्य पर राज्य का नियन्त्रण था। फिर भी, रूसी

कविता के मुक़ाबले इन भाषाओं की कविता में दैनन्दिन जीवन, दुख और प्रेम, प्रकृति और इतिहास, विडम्बना और विनोद, स्थानीयता और मिथक, जीवनछबियाँ और हर हालत में मनुष्य बने रहने की ज़िद, यातना और मृत्यु के अनेक चेहरे आदि थे, जो कुल मिलाकर हमारे समय में उत्तरजीविता का एक नया काव्यशास्त्र गढ़ते जान पड़ते थे। जीवन की अपनी सारी जटिलताओं, उलझनों और अन्तर्विरोधों के साथ कविता में ला सकने की अनगिन युक्तियाँ इस कविता में विपुलता से थीं, जिनसे हमें बहुत कुछ सीख सकते थे।

फिर भी, यह कहना अनुपयुक्त न होगा कि समकालीन रूमानियन के बारे में हमारा अनुभव और जानकारी आज तक स्वल्प ही हैं। अगले सप्ताह साहित्य अकादेमी द्वारा रूमानिया के आठ आधुनिक कवियों के हिन्दी अनुवाद में संचयन 'सच लेता है आकार' का लोकार्पण होने जा रहा है। इस कमी को बहुत हद तक दूर करता है। उसके माध्यम से हिन्दी कविता के भूगोल का इज़ाफ़ा हो रहा है, जिसका खुले हृदय से निश्चय ही हिन्दी जगत् स्वागत करेगा। लैटिन परिवार की इस भाषा की कविता में ऐसा बहुत कुछ है जो हमें 'इतने पास अपने' लगता है, सबसे ऊपर मनुष्य होने का, हमारे समय में मनुष्य होने का दुख-सुख, विडम्बना और फलितार्थ। उदाहरण के लिए मारेन सोरेस्क्यू की ये पंक्तियाँ अपने संवेदन में बहुत मानवीय और इसलिए निपट भारतीय लगती हैं :

हमेशा खदेड़ दिया जाना राहों पर
ठोकरों के साथ
फटी की फटी रह जाती हैं आँखें
जैसे कि मैंने देखा हो कोई चमत्कार। (वह यात्री)
कुछ फ़र्क नहीं पड़ता है
इसमें संक्रमण की कुछेक छोटी ग़लतियाँ भर हैं।
शायद हम समय पर इस लायक़ हो पायेंगे
कि हम ठीक वही कह और बोल सकें,
— जो हम सोचते हैं, कभी
तमाम जीवन में ही सही। (संक्रमण)

स्टीफ़ान आगस्ताइन दोइनास से यहाँ जो सच्चाई विन्यस्त होती है, वह न सिर्फ़ अपनी पदार्थमयता बल्कि अपने सार में भी भारतीय मनुष्य की सच्चाई लगती है। जैसे इन पंक्तियों में :

शिशुओं में शामिल हैं क्रमशः अधेड़ होते जा रहे देवदूत,
और दिव्य शक्ति में घिरकर हम फिर शुरू करते हैं—

खेल की पहली पारी, लेकिन अपनी उन्हीं खोखली गुरियों से,

और हमारी जीत काटी जाती है हार से।
(दोनों सिरों पर जलती ज़िन्दगी)
या कि एक और कविता के इस चित्र में :
हम अभी तक साथ-साथ थे
एक छोटी-सी जगह, जो साँसों से बनायी गयी थी,
और एक क़दम, जिसमें एक भट्ठी शुरू होती है।
मैंने अपने बाएँ हाथ में पहले तारे को थामा हुआ था,
लेकिन इसके बारे में केवल हाथ को ही मालूम था,
कि कोई दो पंजों पर घूर रहा है
इसके आगमन की प्रतीक्षा में। (रात)

निना कैस्सिएन करती हैं अपनी ज़िन्दगी का बखान, लेकिन वह अनायास ही भारतीय स्त्री का भी बखान हो जाता है :

—जी, हाँ, इस बारे में बस इतना ही
यही कुछ रहा होगा इस बारे में
इतना ही कुछ कह सकते हो तुम मेरी ज़िन्दगी के बारे में
एक तो है इस समन्दर की ख़ाल में—
तृण के परिधान में,
ख़ामोशी के अभिशाप में,
और कुछ रच न पाने के श्रम में। (इस विषय में इतना ही)

ये सभी अनुवाद अंग्रेज़ी अनुवादों से डॉ. रणजीत साहा द्वारा किये गये हैं। यह दुर्भाग्य की बात है कि अभी रूमानियन से सीधे हिन्दी अनुवाद करने की सर्जनात्मक क्षमता हम विकसित नहीं कर पाये हैं। अनुवाद से अनुवाद की प्रक्रिया में निश्चय ही मूल का कुछ छूट गया या क्षत-विक्षत हुआ होगा। लेकिन ये बेहद पठनीय अनुवाद हैं और उन्हें पढ़कर रूमानियन कविता में जो 'सच लेता है आकार' उसका समृद्धिकर आभास मिलता है। अनुवाद में कविता बनी रहती है और सम्प्रेषणीय भी, यह गहरे तोष की बात है।

आलोचक की मृत्यु

शुरू तो यह सिलसिला काफ़ी बरसों पहले हुआ दार्शनिक नीत्शे द्वारा 'ईश्वर की मृत्यु' की घोषणा से। पिछली शताब्दी के समाप्त होते तक उसमें दो और जुड़े : इतिहास का अन्त और विचारधारा का अन्त। उससे पहले लेखक के अन्त का भी उद्घोष हो चुका था। अभी तक आलोचक

बचा हुआ था सो उसकी मृत्यु की घोषणा भी अब हो रही है। जो लोग–ऐसे कवि और लेखक कम नहीं हैं–हिन्दी में आलोचक की तथाकथित केन्द्रीयता से त्रस्त रहते हैं, उनके लिए यह ख़ुशख़बरी है। जो पश्चिम में हो रहा है देर-सबेर हमारे यहाँ भी होना ही है। आख़िर हम भूमण्डलीकरण के युग में हैं। जो वहाँ सही, वह यहाँ भी सही! इस मामले में पश्चिम पर हमारी निर्भरता भूमण्डलीकरण से पहले की है। मार्क्सवाद, नारी-विमर्श आदि वहीं से आये हैं और हमने अपनी हिक़मत से उन्हें पालतू और देसी बनाने की कोशिश की है।

अपेक्षाकृत युवा अंग्रेज़ी आलोचक और अध्यापक रोनेन मैक्डोनैल्ड की एक पुस्तक कण्तीनुएम लन्दन और न्यूयार्क ने प्रकाशित की है जिसका शीर्षक है : 'दि डैथ आव् दि क्रिटिक'। ब्रैडेन बेहान ने कहा है कि आलोचक हरम में रहने वाले हिजड़ों की तरह होते हैं। उन्हें पता है कि कैसे किया जाता है। वे रोज़ किया जाना देखते हैं। लेकिन वे स्वयं कर नहीं सकते। पहले सिर्फ़ कृति पर केन्द्रित नयी आलोचना और बाद में सिर्फ़ सिद्धान्त पर एकाग्र सैद्धान्तिकी ने दो ध्रुवान्तों पर आलोचना को ले जाकर सावर्जनिक आलोचक की जगह ग़ायब कर दी है। मैक्डोनैल्ड की असली चिन्ता आलोचक की इस सार्वजनिक भूमिका के पुनर्वास की है। उनकी व्याख्या है कि विलियम एम्पसन, एफ़ आर लीविस और लायनेल ट्रिलिंग जैसे सार्वजनिक आलोचकों की परम्परा बीसवीं शताब्दी के अन्त तक आते-आते पूरी तरह से सूख गयी। उनका तर्क है कि अगर साहित्य को और उसके बारे में विचार को सार्वजनिक स्पेस में रहना है तो ऐसे सार्वजनिक आलोचकों का होना भी ज़रूरी है।

सबसे दिलचस्प है मैक्डोनैल्ड की यह स्थापना कि सैद्धान्तिकी याने थ्योरी के अन्त के बाद या कम से कम उसके वर्चस्व और आतंक के समाप्त होने के बाद, साहित्य के सन्दर्भ में उसके कलात्मक तत्व याने सौन्दर्य की ओर फिर से ध्यानाकर्षण हो रहा है। सौन्दर्य मूलक रूप में यह रुचि राजनीति को भूल-तज कर नहीं हो रही है। व्याख्यात्मक शऊर की वकालत, सामान्य नियम के बजाय विशिष्ट प्रस्तुति से फिर से सरोकार, यह छूट कि रचनाओं में ऐसा कुछ हो सकता है जो अनिर्वचनीय और असमाप्य हो–इन सभी का राजनैतिक और प्रगतिशील आशय है। ये सभी 'पाठ' को किसी आलोचक द्वारा उस पर छा जाने से बचाते हैं और पाठ को अपनी विशिष्टता में रहने की स्वतन्त्रता देते हैं। किसी भी कृति तक कुछ चौकन्ना-चौकस आलोचनात्मक होकर जाना, इस सन्दर्भ में, अबाध्यकारी ढँग से प्रगतिशील ढंग से पढ़ना है।

मैक्डोनैल्ड मानते हैं कि वक़्त आ गया है कि इस बात का सीधा-सच्चा और दो टूक एहतराम किया जाये कि आलोचना विशेष क़िस्म का कौशल

है। वह एक साहित्यिक विधा है। वह साहित्य का एकमात्र वह रूप है जो कि अधिकांश लोग आज़माते हैं : हर व्यक्ति स्कूल में आलोचनात्मक निबन्ध लिखता है। लेकिन आलोचना सबसे अवमूल्यित और ख़ारिज रूप भी है। यह धारणा कि वह दोयम दर्ज़े का काम है, उसके प्रचलन को अवमूल्यित करता है। फिर भी आचार्य रामचन्द्र शुक्ल आदि के आलोचना-निबन्धों को सौ ख़राब कविताओं या उपन्यासों से शायद ही कोई अदला-बदली करना चाहे।

आलोचक की शायद मृत्यु नहीं हुई : वह या तो हाशिये पर है या उनींदा है। उसे जगाने के लिए, मैक्डोनैल्ड के हिसाब से, पहला क़दम अकादेमिक अध्ययन में कलात्मक गुणवत्ता के विचार का पुनर्वास है। अगर आलोचना का कोई मूल्य है, उसे व्यापक सार्वजनिकता पाना है तो उसे मूल्यांकनपरक होने की ज़रूरत है।

मृत्यु के समुद्र में

मृत्यु के बारे में तो कुछ पढ़ना आसान है, न कुछ लिखना ही आसान लगता है। हम सब जीते हुए रोज़ अपनी मृत्यु के नज़दीकतर होते जाते हैं, लेकिन इस बात को याद करने से अकसर कतराते हैं। फिर अब हमारा समय ही ऐसा है, जिसमें निजी मृत्यु का लगभग कोई महत्त्व नहीं है और सार्वजनिक मृत्यु अख़बारों की रोज़ाना ख़बर से अधिक महत्त्व नहीं रखती है : हम रोज़ाना भूकम्प में, आँधी-तूफ़ान में, सड़क दुर्घटनाओं में, बम-विस्फोटों में मरते ही रहते हैं। इसलिये मृत्यु को लेकर सोचना-बिसूरना क्या।

सूसान सौण्टैंग विश्व-विख्यात अमरीकी बुद्धिजीवी और कथाकार थीं। दो बार कैंसर से उबर आयी! इस साहसी और प्रायः दुस्साहसी स्त्री को अन्ततः कैंसर ने तीसरी बार जकड़ा और उन्हें मारकर ही रहा। अपने पिछले कैंसरों के बारे में, उनसे संघर्ष करने और फिर बच निकलने के अनूठे आख्यान को लेकर सौण्टैंग ने, एक महत्त्वपूर्ण पुस्तक लिखी थी। उनकी दुखद मृत्यु के बाद उनके बेटे लेखक-पत्रकार डैविड रिएफ़ ने अपनी माँ की मृत्यु के बारे में एक मार्मिक संस्मरण लिखा है, जिसे 'स्विमिंग इन ए सी आव् डैथ' नाम से इसी वर्ष साइमन एण्ड शूटर ने प्रकाशित किया है।

सौण्टैंग के डॉक्टरों ने स्पष्ट कर दिया था कि उनके बचने की कोई उम्मीद नहीं थी, पर यह संस्मरण उस नाउम्मीदी के बरक़्स हलकी सी

उम्मीद की लौ आख़िर तक जलाये रखने और हार न मानने की मानवीय गाथा है। बुद्धि, ज्ञान और उम्मीद के बीच जो दूरियाँ स्वाभाविक रूप से होती हैं उन्हें वे बखूबी जानती थीं। ब्रिटिश कलालोचक-कथाकार जान बर्जर ने कहीं लिखा था : 'सच्चाई यह है कि हम हमेशा दो समयों में रहते हैं—शरीर का समय और चेतना का समय।' बेटा इसमें जोड़ता है कि ''मेरी माँ के लिए, जिनका अपने शरीर में सुख—कभी भी सुरक्षित नहीं—उनके स्तन कैंसर की सर्जरी के बाद हमेशा के लिये बरबाद हो चुका था, चेतना ही आख़िर में थी जिसका कोई मतलब था। मुझे यक़ीन है कि अगर उनके सामने ऐसा प्रस्ताव होता कि ऐसी अनश्वरता सम्भव है, जिसमें चेतना के अलावा कुछ और नहीं है, याने जो कुछ हो रहा है उसे जानने की असीम सुविधा, भले वह विज्ञान-गल्प की तरह की शरीरहीन सिर की अनश्वरता क्यों न होती, वह उसे राहत और कृतज्ञता के साथ स्वीकार कर लेती—शायद उसका स्वाद भी उसे अच्छा लगता। इसका उसका संसार के प्रति अनुराग से कोई सम्बन्ध नहीं था। एक बार उसने अपने एक दोस्त से मज़ाक़ में कहा था कि वह जितनी देर हो सके जीवित रहना चाहती है, ताकि वह देख सके कि सब कुछ किस क़दर मूर्खतापूर्ण हो सकता है। पर उसका मृत्यु का डर हमेशा किसी भी और चीज़ से हमेशा बहुत अधिक टिकाऊ था—उसके बहुत सघन और आख़िर में बेराहत अहसास के कि वह एक बाहर की व्यक्ति है, जिसकी कहीं कोई जगह नहीं।'

रिएफ़ जानते हैं कि कला उनकी माँ के लिये बड़ी सान्तवना थी। पर उनकी मृत्यु की कई क्रूरताओं में से एक यह भी थी कि जीवन में जिसने उन्हें पोसा, उत्साहित और प्रेरित किया उसी ने उनकी मृत्यु को उनके लिये इतना कठिन भी कर दिया।

पार्टनर की पालिटिक्स

हमारे एक मूर्धन्य ने बरसों पहले पूछा था : पार्टनर तुम्हारी पॉलिटिक्स क्या है? तब से हममें से अधिकांश साहित्य में एक-दूसरे की पालिटिक्स खोजते-खखूरते रहते हैं। छबियाँ इसी पालिटिक्स के आधार पर बनायी-बिगाड़ी जाती हैं। यह भी डँके की चोट पर दावा किया जाता रहा है कि तटस्थ या उदासीन होना भी एक तरह की पालिटिक्स है। इस सन्दर्भ में पश्चिम के एक प्रखर और वयोवृद्ध बुद्धिजीवी और आलोचक जार्ज स्टाइनर ने अपनी नयी पुस्तक में जो कहा है, वह प्रासंगिक है। वे उन बुद्धिजीवियों

में से रहे हैं जिन्होंने अपनी पालिटिक्स का कभी सार्वजनिक इज़हार नहीं किया। उन्हें यह कहने में कोई संकोच नहीं कि उनकी राजनीति 'निजता और बौद्धिक धुन' की है। वे दाँते की यूलीसीस से कहलायी उक्ति का हवाला देते हैं कि 'हम जानवरों की तरह रहने के लिये नहीं गढ़े गये हैं... बल्कि ज्ञान और सच्चाई को पछियाने के लिए, वे जहाँ भी हमें ले जायें और हमें उसके लिए जो भी क़ीमत निजी या सामाजिक, चुकानी पड़े।

स्टाइनर बख़ूबी जानते हैं कि 'तथाकथित सभ्यताओं में, शुरू से आख़िर तक, मर्द औरतों को पीटते रहे हैं, बच्चों को क़ैद करते हैं, जानवरों का अंगभंग करते रहे हैं–ज़्यादातर सिर्फ़ खेल में और ऐसा करने के सुख में'। वे कहते हैं कि तानाशाही और सामाजिक न्याय के विरुद्ध इतिहास में बहुतेरी निराशाजनक बग़ावत हुई है। राजनीति नैतिक उत्कर्ष को जन्म दे सकती है। 'एक अब्राहम लिंकन, एक गाँधी, एक मण्डेला हुए हैं'। उनका एक निष्कर्ष यह है कि अच्छा-बुरा जो भी हो मानव जाति उससे कहीं अधिक पाशविक और विकसित है जितना कि हम आमतौर पर जानते हैं। 'हम जैसा कि कहा जाता है, टेढ़ी लकीर हैं। लेकिन हम शालीनता और उत्कृष्टता में दहक सकते हैं।'

स्टाइनर मानते हैं कि पुलिस राज विचार और कला का जो अवपीड़न करता है वह निश्चय ही भयानक है। फिर भी जो नुकसान होता है वह आख़िरी विश्लेषण में, बाज़ार-व्यवस्था की निरंकुशता से होने वाले नुकसान से अधिक नहीं कहा जा सकता।

स्टाइनर, जो मानते हैं कि हमारे कई सर्जनात्मक रुझानों को रोशनी के बजाय अँधेरा अधिक रास आता है, राजनैतिक व्यवस्था से कुल इतनी सी उम्मीद करते हैं कि वह इस तरह के रुझानों के लिये अवकाश दे, भले वे उपयोगी या सामूहिक रूप से लाभप्रद न हों। यह भी कि वह असहमति का सम्मान करे, पैसे से असहमति का भी।

शब्दों का शहर

हमारे एक और मूर्धन्य ने अपनी एक लोकप्रिय कविता में कहा था : 'शब्दों के महल, जब पहले पहल, बनाये, बहुत काम आये'। पर पिछले कुछ बरसों में साहित्यिक रुझान कुछ इस क़दर राजनैतिक और समाजशास्त्रीय होते गये हैं कि शब्द पर भरोसा रखने वाले और उनसे सम्भव गरिमा

की आकांक्षा करने वाले कम से कमतर होते गये हैं। ऐसे में एल्बर्तो मैंगुएल की पुस्तक 'द सिटी आव् वर्डस' हाथ में आना मुझ जैसे अल्पसंख्यक के लिये मनोबल-वर्द्धनकारी है। कहते हैं कि मेरी उमर के कई लोग, जिनमें लेखक भी शामिल होंगे ही, शक्तिवर्द्धक दवायें आदि नियमित रूप से लेते हैं।

अनांसी टौरैण्टो द्वारा प्रकाशित यह पुस्तक अलबर्तो मैंगुएल की यह पुस्तक सीबीसी मैसी व्याख्यानमाला के अन्तर्गत दिये गये पाँच व्याख्यानों का संकलन है। पुस्तक खुलती है अंग्रेज़ साहित्यकार विलियम हैज़लिट के एक कथन के उद्धरण से : 'मुक्ति का प्रेम दूसरों के लिये प्रेम है, सत्ता का प्रेम अपने से प्रेम करना है'। लेखक इस प्रश्न से जूझना चाहता है कि 'हम साथ-साथ क्यों हैं?' ये व्याख्यान इसका अन्वेषण हैं कि हमारे साथ-साथ होने का लाभ-हानि क्या-क्या है और हम शब्दों में इस संग-साथ की कल्पना को कैसे-क्या रूप या आकार देते हैं। वे इस बात को हिसाब में लेते हैं कि विश्व स्तर पर संयुक्त राष्ट्र संघ से लेकर यूरोपीय संघ, अफ्रीकी संघ आदि संग-साथ की अनेक सार्वजनिक चेष्टाएँ हुई हैं।

साहित्य इस संग-साथ को कैसे रूप देता और उसके अभिशापों और वरदानों से कैसे निपटता है, यह जिज्ञासा अपने आप में दिलचस्प है। जर्मन साहित्यकार एल्फ्रेड डोबलिन कहते हैं कि कहानियाँ हमारा ढंग हैं, संसार के अपने अनुभवों, स्वयं अपने और दूसरों के अनुभवों को दर्ज़ करने का। डोबलिन के यहाँ भाषा सच्चाई को रूप देने और समझने दोनों का उपकरण है। भाषा सजीव चीज़ है जो अतीत का पुनर्कथन नहीं करती बल्कि उसे पुनरवतरित करती है। वह सच्चाई को बाध्य करती है कि वह अपने को ज़ाहिर करे, वह उसकी गहराइयाँ टटोलती है और ऊपर निकाल लाती है मानवीय परिस्थिति की छोटी-बड़ी स्थितियाँ। मैंगुएल जोड़ते हैं कि हमारे ज़्यादातर कार्य अकेले हैं, एकवचन हैं : हमें साँस लेने, चलने, खाने या सोने के लिए दूसरों की दरकार नहीं। लेकिन हमें दूसरे चाहिए बोलने के लिए और हमने जो कहा उस पर प्रतिक्रिया जानने के लिए। भाषा, डोबलिन की घोषणा थी, दूसरों को प्यार करने का एक रूप है।

शब्द हमें सिर्फ़ सच्चाई प्रदान नहीं करते : वे हमारे लिए उसका बचाव भी करते हैं। मैंगुएल ने लिखा है : 'सोलहवीं शताब्दी में, तुलसीदास हिन्दी कवियों में महानतम, रामायण के एक संस्करण विख्यात 'रामचरितमानस' के रचयिता को जिसमें हनुमान और उनकी वानरसेना की महागाथा शामिल है, राजा ने एक पत्थर की मीनार में क़ैद किये जाने की सज़ा दी थी। इस क़ैदखाने में अकेले तुलसीदास ने अपनी कविता बोलकर दुहरायी, जिससे कि हनुमान वानर-नायक अपनी सेना के साथ आये और उन्होंने

मीनार को ध्वस्त कर अपने रचयिता को मुक्त किया।'

हममें से कितने हैं जो अपने रचे शब्दों और उनमें अन्तर्भूत कहानियों से ऐसी मुक्ति की आशा रखते हैं?

समकालीन शास्त्रीय

ऐसे कलाकार तो कई होंगे जो गम्भीरता और सर्जनात्मक ढंग से नृत्य के बारे में सोचते होंगे। लेकिन ऐसे बिरले ही हैं जो अपने सोच-विचार को वैसी स्पष्टता, सुघरता और बेबाकी से व्यक्त कर सकते होंगे जैसा कि शास्त्रीय नृत्यांगना सोनल मानसिंह कर पाती हैं। युवा कवि यतीन्द्र मिश्र से उनकी कई बरसों में फैली बातचीत और स्वयं यतीन्द्र की सोनल-नृत्य पर टिप्पणियों को समाहित करके वाणी प्रकाशन ने 'देवप्रिया' नाम से जो पुस्तक प्रकाशित की है, वह एक अनोखा प्रकाशन है : अनेक चित्रों और नरेन्द्र श्रीवास्तव के रेखांकनों से अलंकृत यह पुस्तक एक मूर्धन्य नर्तकी के नृत्य के अलावा इतिहास, संस्कृति, समाज, राजनीति, साहित्य, शास्त्र, अन्य कलाओं, परम्परा, देवदासियों आदि पर अनेक प्रश्नों के विचारोत्तेजक उत्तरों का संकलन है। सोनल से असहमति के कई मुकाम भी उभरते हैं, पर उनकी सँवादप्रियता मोहक और प्रभावशाली है।

हमारे समय में आम तौर पर यह भ्रम फैला हुआ है कि हमारी शास्त्रीय नृत्य और अन्य शास्त्रीय कलाएँ बहुत प्राचीन हैं और प्रायः विजड़ित हैं। यह पुस्तक इस समझ को बढ़ावा देती है कि लिखे गये शास्त्र और नाचे जा रहे शास्त्र में काफ़ी अन्तर है। यह भी समझ में आता है कि शास्त्र कैसे आधुनिकता से संवाद, सहकार और उसका प्रश्नांकन करता है और परम्परा में किस तरह आन्तरिक परिवर्तन होते चलते हैं और कम से कम कलाओं में हमारी परम्परा निरन्तर बदलकर ही अपने को पुनर्नवा करती चलती है। कुल एक सदी में ही शास्त्रीय नृत्य में ऐसे परिवर्तन हुए हैं कि उन्हें शास्त्र और आधुनिकता के बीच सर्जनात्मक संवाद और सहकार के रूप में देखे बिना अन्यथा समझना कठिन है। सोनल प्रकारान्तर से इस बात को भी रेखांकित करती हैं कि हमारे उलझे और अराजक समय में शास्त्रीयता का शान्त क्षण कितना प्रासंगिक है, कि वह कैसे हमें उस निरन्तरता में अवस्थित करता है जिसे हम इन दिनों आक्रान्त करने वाले 'अनन्त वर्तमान' से मुक्ति के रूप में भी देख सकते हैं। स्वयं इस पुस्तक को समकालीन शास्त्रीयता का एक नया शास्त्र लिखने में मददगार माना जा सकता है।

एक जगह सोनल कहती हैं : 'हममें से किसी नृत्यांगना, गायक, चित्रकार को कुछ भी ठहरा हुआ हासिल नहीं है। नृत्यांगना नृत्य कर रही है और यही उसका सत्य हैं। गायक गा रहा है और गाकर ही अमरत्व प्राप्त होगा।' पहले वे कह चुकी हैं : 'नृत्य का काम क्षणिक है, पानी की बूँद सरीखा। एक बुदबुदा उठा, बुदबुदा बैठ गया और फिर वह पानी में विलीन हो गया।... नृत्य का जो सत्व है, वह छूट जाने पर आप उसके पीछे भागकर भी पकड़ नहीं सकते।'

हमारे समय के शुद्धतावादियों का मुँह बन्द करते हुए वे कहती हैं : भारतीय परम्परा में, ख़ासकर कलाओं के सन्दर्भ में शुद्धता की कोई अवधारणा ही नहीं रही है। भरत के नाट्यशास्त्र में यह नहीं है, न अभिनवगुप्त में है और न ही यह नन्दिकेश्वर में है। परम्परा शब्द की ध्वनि ही यही है कि वह लगातार चलती रहती है। अब कोई चीज़ जब लगातार चलेगी तो उसमें परिवर्तन आयेगा ही। वह बदल जायेगा। पत्थर भी अगर लुढ़कता जाता है तो अपना आकार बदलता रहता है। नदी की धारा राह में आने वाले तमाम कंकड़ों, पत्थरों को मन मुताबिक आकार देती रहती है, क्योंकि वह सतत प्रवहमान है। अतः यह कहना उचित नहीं कि वही एक शाश्वत चीज़ हमेशा होती रहेगी, जो जन्म के समय थी। तो यह शुद्धता की बात करना बेकार है।' वे आगे यह भी जोड़ती हैं : 'हमारी भारतीय कलाओं में प्लूटानिक लव की चर्चा नहीं है, वहाँ देह एक बड़ा माध्यम है।... कृष्ण राधा के साहित्य में शरीर एक खुला साधन है। नृत्य में भी शरीर ही अकेले उपस्थित रहता है।' उनका यह भी आग्रह है कि 'अपनी कला में सम्पूर्णता को पाने की ललक कैवल्य की परिभाषा में आ सकती है।'

पुस्तक में कुछ विट के उदाहरण भी हैं। यह पूछने पर कि 'कभी किसी को उल्लू बनाया है' वे कहती हैं : 'हर शाख पर जब आज इतने उल्लू बैठे दिखते हैं, तब किसको अलग से उल्लू बनाऊँ?' 'किन लोगों से डर लगता है?' प्रश्न का उत्तर है : 'जो लोग या कलाकार कभी खुलकर न हँस सकें, उनका कभी विश्वास न करना'।

इस पुस्तक से यह फिर समझ में आता है कि सजग और ज़िम्मेदार शास्त्रीयता हमें रूढ़ या पुराणपन्थी बनाती : शास्त्रीयता हमें निर्भय करती है।

युवा उवाच

अनूपा मेहता की पुस्तक 'इण्डिया 20 : कान्वेन्शन्स विद कन्टेम्परेरी

आर्टिस्ट' में युवा कलाकारों की नयी दिलचस्प और कई बार चिढ़ाने वाली युक्तियाँ हैं। अलवार बालसुब्रह्मणियम का कहना है : मैं सच्चाई को समझने में जो सीमाएँ बाधा पैदा करती हैं उन्हें प्रश्नांकित करने में दिलचस्पी रखता हूँ सो मैं ऐसे आह्वान रचता हूँ जो रोज़मर्रा के अनुभवों और पहले से सोचे गये विचारों का प्रत्याख्यान करते हैं।' अतुल दोदिया कहते हैं कि 'सबसे बड़ी समस्याओं में से एक ये है कि सशक्त कला लेखन का अभाव है, दुर्भाग्य से कला पर लिखने वाले अच्छे लेखक बहुत कम हैं। अगर विविध दृष्टियों और पहुँच वाले अधिक लेखक हों तो हमारा सांस्कृतिक परिवेश समृद्ध होगा।' जीतिश कल्लाट कहते हैं कि 'सब कुछ तुम्हारे पास आता है। तुम्हें चौकन्ना रहना पड़ेगा और तुम उसे नींद की हालत में ग्रहण नहीं कर सकते। मेरा काम ग्रहीता होना है और सच्ची दुनिया में इन विचारों का सक्रिय व्यवस्थापक होना। इसके लिए मैं मेहनत करना और विचारों के साथ चलना जैसे कि वे आते हैं चाहता हूँ।'

उसका जादू

दिलीप पड़गाँवकर को बरसों से जानता हूँ। 'टाइम्स ऑफ़ इण्डिया' का सम्पादक होने से पहले वे बरसों पेरिस में उसके संवाददाता थे और उनकी पेरिस से चिट्ठी राजनीति के बारे में कम फ्रेंच बौद्धिक और साहित्यिक-कलात्मक जीवन के बारे में अधिक होती थी। वे उन बिरले पत्रकारों में से हैं जिनकी साहित्य और कलाओं में गहरी दिलचस्पी रही है और उनके पास अपनी गाँठ के पैसे से ख़रीदी गयीं कई मूर्धन्यों की कलाकृतियाँ हैं। उनके निजी मित्रों में सैयद हैदर रज़ा, मणि कौल, कुमार शहानी जैसे कई मूर्धन्य हैं।

बरसों से दिलीप यह बताते रहे हैं कि वे तीन विदेशी मूर्धन्यों—फ़िल्मकार राबर्तो रोज़ेलीनी, साहित्यकार आक्तावियो पाज़ और चिन्तक-संस्कृतिकर्मी आन्द्रे मालरो के साथ भारत के सम्बन्धों पर तीन पुस्तकें लिख रहे हैं। उनसे जब-तब इस पर बात भी होती रही है। कई मित्र तो यह तक कहने लगे कि दिलीप ये पुस्तकें लिख नहीं रहे हैं, उनके बारे में सिर्फ़ बातें भर कर रहे हैं। दिलीप ने ऐसे सन्देहों को निराधार सिद्ध करते हुए इस क्रम की पहली पुस्तक हाल ही में प्रकाशित की है : 'अण्डर हर स्पेल : राबर्तो रोज़ेइलीनी इन इण्डिया' पेंगुइन-वाइकिंग से। रोज़ेलीनी का सम्मोहन दुहरा था : अल्पज्ञात भारत का और संयोगवश मिल गयी अज्ञात भारतीय सुन्दरी सोनाली दासगुप्त का। दिलीप ने बहुत सारे

दस्तावेज़, रिकॉर्ड, डायरियाँ, रिपोर्टें खोज-बीनकर उनके आधार पर एक ऐसा वृत्तान्त लिखा है जो एक बड़े फ़िल्मकार की भारत से प्रणय-गाथा है और साथ ही एक भारतीय युवती से उनकी प्रेमकथा भी।

जिस शैली में यह पुस्तक लिखी गयी है उसमें अनूठा और मोहक प्रवाह है : आप स्वयं उस रूमान को तह-दर-तह खोजते-पाते हैं जैसे कि भारत पर फ़िल्मों की एक शृंखला बनाने के क्रम में रोज़ेलीनी ने नेहरू के ज़माने में अपनी विलक्षण कल्पनाशीलता और विस्मयकारी कौशल से विन्यस्त करने की कोशिश की थी। इस वृत्तान्त को आप एक उपन्यास की तरह पढ़ते चलते हैं : उसमें घटनाएँ, स्मृतियाँ, संवाद, इधर-उधर से लिये गये अंकन आदि ऐसे गूँथे गये हैं कि उनकी जीवनी में कथाकथन का स्वाद मिलता है। रोज़ेलीनी की मदद करने वालों में प्रधानमन्त्री जवाहरलाल नेहरू, चित्रकार मक़बूल फ़िदा हुसेन जैसे बड़े लोग तो थे ही, बड़ी संख्या में ऐसे लोग भी थे जो अब लगभग अज्ञातकुलशील हैं। यह वृत्तान्त उन्हें एक बार फिर सजीव करता और याद करता है। भारत का रूमान, जैसे कि रोज़ेलीनी की भारत-गाथा और फ़िल्मी ज़िन्दगी, जिन असंख्य ब्यौरों से बुनी गयी हैं उनमें से कुछ प्रासंगिक को चुनकर यह जीवनी उन्हें मार्मिक बनाती है।

यह दिलचस्प है कि रोज़ेलीनी कला और सुन्दरता में विश्वास नहीं करते थे। उनका ख्याल था कि ज़्यादातर कलाकार सिर्फ़ स्वांग करते हैं और बेहद आत्मरत होते हैं अपनी तथाकथित सौन्दर्यसाधना में। ज़रूरत इस बात की है कि एक तरह का संश्लेषण प्राप्त करने की लगातार प्रक्रिया में लगा जाये जो हमें मानवीय स्थिति को और उस आश्वासन को समझने में समर्थ कर सकती है जो अपने से कहीं बड़े लक्ष्यों की प्राप्ति का है।

हुसेन ने बताया है कि रोज़ेलीनी को भारतीय जीवन का बहुत सारा हिस्सा क़िस्सा-कहानी, दृष्टान्त और मिथक जैसा लगता था। भारतीय लोग इतिहास की बहुत चिन्ता नहीं करते और रोज़ेलीनी के अनुसार यह सही दृष्टि थी। उनका कहना था कि 'इतिहास हमेशा लोगों के दिमाग़ बरगलाने के लिए लिखा जाता है। वह सचाई जैसी है उसे वैसी ग्रहण करने के आड़े आता है। लेकिन भारतीयों का परिप्रेक्ष्य दूसरा है। एक पत्थर एक पत्थर है, एक पेड़ एक पेड़ है, एक शेर एक शेर है, प्रेम प्रेम है, मृत्यु मृत्यु है। इनमें से हरेक में अधिक अर्थ क्यों ठूँसना चाहिए?'

पुस्तक का समापन रोज़ेलीनी की इस उक्ति से होता है, जो शायद हममें से कई की भी हो सकती है : 'मेरा अपना प्रदेश अकेलापन है।'

आत्म से निर्वासित

वी.एस. नायपाल फिर ख़बरों में हैं। उनकी अधिकृत जीवनी युवा अंग्रेज़ी लेखक पैट्रिक फ्रेंच ने पिकाडोर से 'दि वर्ल्ड इज़ व्हाट इट इज़' शीर्षक से प्रकाशित की है। साढ़े पाँच सौ पृष्ठों से अधिक की एक पुस्तक पर एक रोचक चर्चा इसी सप्ताह दिल्ली में हुई जिसमें पैट्रिक उपस्थित थे।

पैट्रिक के अनुसार यह विचित्र है कि वी.एस.नायपाल के उपन्यासों में पुरुष चरित्र बहुत सशक्त हैं जबकि स्त्रियाँ या तो कमज़ोर हैं या कि उनका अंकन उसी शक्ति और कौशल से नहीं किया गया है जैसा कि पुरुषों का। यह तब जब नायपाल के निजी जीवन में उसके हर निर्णायक मोड़ पर किसी न किसी स्त्री ने महत्त्वपूर्ण भूमिका निभायी है। स्वयं यह जीवनी बहुत विस्तार से इस पक्ष का बखान करती है। ज़ाहिर है कि बड़े लेखकों के साहित्य में भी उनके जीवन का बहुत बड़ा हिस्सा जा नहीं पाता या कि वे उसे जाने नहीं देते। भले नायपाल उन लेखकों में से हैं जिन्होंने निरे यात्रा-वृत्तान्त को उच्च कोटि के गल्प की हैसियत दी, उसे सर्जनात्मक साहित्य का दर्ज़ा दिलाया, स्वयं उनका जीवन उनके गल्प से ख़ासा बाहर है। पैट्रिक कहते हैं कि उनके उपन्यास कल्पना की सृष्टि हैं, गल्प हैं।

पैट्रिक ने यह भी स्पष्ट किया कि नायपाल का आत्म उनके साहित्य से बाहर रहा है। भले नायपाल की तस्वीर एक ऐसे लेखक की है जो आत्मकेन्द्रित और कई बार अपने अभिमतों में आत्मतुष्ट लगता है, सचाई यह है कि उनका असली आत्म उनके साहित्य में प्रगट या अन्वेषित नहीं होता। इस जीवनी की जो समीक्षाएँ आयी हैं उनमें भी यह नोट किया गया है कि भले यह जीवनी नायपाल के आत्म का अन्वेषण और आलोचन करती है और वह नायपाल द्वारा बाक़ायदा अधिकृत है, ऐसा आत्मालोचन स्वयं नायपाल नहीं करते। यह जानना कि एक बड़ा लेखक अपने आत्म को अपने लेखन से इस क़दर बाहर रखता है और उसे कभी आत्म की पड़ताल और चीरफाड़ की ज़रूरत नहीं लगती, आधुनिकता की कई धारणाओं पर प्रश्नचिह्न लगाता है जहाँ आत्माभिव्यक्ति आदि की कई रूमानी अवधारणाओं का पुनराविष्कार किया गया था। साहित्य आत्माभिव्यक्ति का माध्यम नहीं है, आत्म से निर्वासन की विधा भी हो सकती है। नायपाल के मामले में शायद है।

'वर्षा का पैतृक संगीत'

1989 जब हम भोपाल के भारत भवन में विश्व कविता समारोह आयोजित कर रहे थे तो सबकी इच्छा थी कि यहाँ कवि आक्तावियो पाज़ उसका उद्घाटन करें। वे बीमार थे और उन्होंने मैक्सिको से एक युवतर कवि होमेरो एरिजीज को बुलाने की सिफ़ारिश की। वे भोपाल आये और फिर बरसों बाद स्टाकहोम में एक विश्व लेखक सम्मेलन में उनसे एक बार और भेंट हुई। तब तक वे अन्तरराष्ट्रीय पेन के अध्यक्ष हो चुके थे। वे पर्यावरण सम्बन्धी व्यापक प्रयत्नों में भी सक्रियता से शामिल हैं। अंग्रेज़ी अनुवाद में उनकी चुनी हुई कविताओं का एक संचयन 'आइज़ टु सी अदरवाइज़' काकानेट प्रेस ने छाया है जिसमें 1960 से 2000 तक की कविताएँ संकलित है। यह द्विभाषिक संचयन पिछले महीने क्राकोव में मिला।

वे विशालता के कवि हैं : उनके एक पद को लेकर कहा जा सकता है 'पवित्र विशालता' के कवि। उनके यहाँ 'क्षणभंगुरता के ज़िद्दी बादल' हैं, 'जल की विमल स्वच्छता' और 'वर्षा का पैतृक संगीत'। उनकी एक कविता अंग्रेज़ी से हिन्दी अनुवाद में कुछ यों बनती है :

अदृश्य पूर्वज
हमारे साथ चलते हैं
इन पीछे की सड़कों पर

कारों का शोर
बच्चों की टकटकी
युवा लड़कियों के शरीर
उनके आर-पार जाते हैं

भारहीन अस्पष्ट
हम उनके आर-पार यात्रा करते हैं
उन दरवाज़ों तक जो अब
उन पुलों पर नहीं हैं जो ख़ाली हैं

कुछ ही देर में अपने चेहरों पर धूप के साथ
हम भी
पारदर्शिता की ओर बढ़ते हैं।

अमेरिकी कवि-सिद्धान्तकार कैनेथ रैक्सरॉथ ने इस कवि को 'गीतात्मक सुख का द्रष्टा कवि' कहा है। स्वयं कवि ने कविता के बारे में कहा

है :

कविता का समय
बनाता है प्रकाश का एक फल
जो धरती पर गिरता है
काँपते हुए अपनी परछाँईं पर

एक ऐसे समय में, जिससे अनिश्चय, रहस्य और आश्चर्य को संसार निकाला दिया चुका है, कविता का एक काम मनुष्य के काँपते हुए अनिश्चय का पुनर्वास करना हो सकता है। एरीजीज़ कहते हैं :

अपना चेहरा उजाले से मत फेरो
तुम उस अँधेरे में गिर सकते हो
जो हर कहीं है
और वे यह भी जानते हैं किः

उजाला अपने को उजाले की तरह नहीं देख सकता
और गुलाब जैसा अन्धा है
उनकी एक छोटी सी कविता है :

आज जागने पर मैंने पाया कि
मेरे जूते बिस्तर के नीचे रखे हैं
कुत्ते अपनी जंजीरों से बँधे
ताकि वे एक-दूसरे से अलग न हो जायें।
क्या हो अगर मुझे भूलकर, वे चल दें
सपनों में मेरे बचपन के शहर की ओर
और कभी वापस न आयें।

'रोटी और तारे'

लगभग एक अधसदी तुर्की कविता के अवाँगार्द में आगे की कतार में गिने जाने वाले आक्ते रिफ़त का अंग्रेज़ी अनुवाद में एक संचयन एनविल लन्दन ने पिछले ही वर्ष 'पोयम्स ऑफ आक्ते रिफ़त' नाम से छापा है। रिफ़त की मृत्यु 1988 में 74 वर्ष की उमर में हुई थी और उनका अधिकांश जीवन तुर्की राज्य रेलवे के क़ानूनी सलाहकार के रूप में बीता था। वे एक सांसद के बेटे थे और उनकी शिक्षा द्वितीय महायुद्ध के पहले पेरिस में हुई थी। इस संचयन के पहले पृष्ठ पर उनकी एक छोटी सी कविता मनमोहक है :

रोटी मेरे घुटने पर
दूर पर तारे बहुत दूर पर तारे
मैं रोटी खा रहा हूँ और तारों को देख रहा हूँ
मैं अपनी उधेड़बुन में इस क़दर डूबा हुआ हूँ
कि ग़लती से मैं खाता हूँ
एक तारा, रोटी के बजाय।

इस कवि को भरोसा है कि 'रात से अधिक अँधेरी आँख को/ एक चट्टान की तरह बचाता है कविता का विनष्ट न किया जा सकने वाला समय'। उनकी एक कविता का शीर्षक है 'अदृश्य को देखते हुए' :

देखने के बारे में, उसने सोचा, क्या जानवर देखते है!
जानवर दृश्य को देखते हैं, हम अदृश्य को।
हम देखते हैं निराश प्रेम, मृतकों को, रात और दिन को,
ग़रीबी को, भयों और क्रोधों को,
हम देखते हैं कारण, परिणाम और आगामी कलों को।
पर एक कारीगर ने थोड़े से पीले का धब्बा लगा दिया है,
अपने हाथों पर थोड़ा सा हरा–

हमारे सामने एक गाड़ी आती है, सूखी घास से लदी, चारों ओर सजी हुई,

हम देखते हैं अपने कारीगर, उसकी झोपड़ी, उसके बाड़े और खिड़की पर उसके फूलों को।

रिफ़त के यहाँ इस बात पर पूरा और गहरा अहसास है कि ज़िन्दगी हमेशा एक क़दम आगे' होती है। यह भी कि :

एक स्त्री गा रही थी एक गीत
फिर चुप हो गई और बुदबुदायी
रातें बेहतर हैं दिनों से
चन्द्रमा बेहतर है सूर्य से
लालसा बेहतर है रति से।

रिफ़त की कविता की दुनिया में कभी 'नीला दरवाज़ा अपने अकेलेपन में रहता है' और 'खिड़की से झुकता है पुराना समय/ मौन में पीले गुलाबों की तरह'। स्वीकार और निषेध के बीच अवस्थित रिफ़त की कविता में उदासी है, अवसाद है पर जीने का गहरा आस्वाद भी।

'मैंने शहर को देखा'

इसी सप्ताह डाक से एम्सटर्डम से प्रकाशित आधुनिक हिन्दी कविता का डच में अनूदित और हिन्दी में मूल कविताओं के साथ एक संचयन मिला। शीर्षक मंगलेश डबराल की एक कवितापंक्ति के आधार पर 'मैंने शहर को देखा' है। प्रकाशक है वहाँ का इण्डिया इन्स्टीट्यूट। आधुनिक हिन्दी कविता के डच अनुवाद की यह पहली जिल्द है और सभी कविताएँ दिल्ली, मुम्बई जैसे महानगरों से लेकर चित्तौड़गढ़ जैसे शहरों की ज़िन्दगी के इर्द-गिर्द है। याद नहीं आता कि स्वयं हिन्दी में शहराती ज़िन्दगी को लेकर लिखी गयी कविताओं का कोई संकलन कभी निकला हो। हिन्दी में ऐसे विषयवार संचयन निकालने की कोई परम्परा आज तक नहीं बन पायी।

संचयन में पन्द्रह कवियों की कविताएँ डच अनुवाद में शामिल की गयी हैं जिनमें दो उर्दू के भी हैं। त्रिलोचन, कुँवर नारायण, केदारनाथ सिंह, विष्णु खरे से लेकर अनीता वर्मा, अनामिका, और सविता सिंह शामिल हैं। अनीता वर्मा का एक कवितांश है :

शाम को सबसे पहले दिखनेवाला तारा
किसी चतुर बच्चे की तरह यहाँ अपने पाँव नहीं फैलाता
भोर के तारे की मन्द मुस्कान
नहीं पहुँचती रसोईघर में
वह घास यहाँ नहीं है जिसकी ओस में नंगे पाँव चलकर
बढ़ाई जा सके आँखों की रोशनी
हवा पानी धूप से सुरक्षित है यह जगह
रोके रहती है ऋतुओं के प्रभाव को

अपनी 'घुमन्तू टेलीफ़ोन' शीर्षक कविता में अनामिका शुरुआत करती हैं :

हद्द चलै सो मानवा, बेहद चलै सो साथ,
लेकिन न हद, न ही बेहद--
एक बन्द मुट्ठी मेरी सरहद।
जा तो कहीं भी सकती हूँ--
लेकिन इस आदमी जेब में।

तार जोड़ सकती हूँ
अपने दिमाग़ का कहीं से--
लेकिन इसके अँगूठे से नीचे।

कुमार विकल अपनी 'रंगभेद' शीर्षक कविता में कहते हैं :

और बहुत रोना चाहता हूँ
कि जब कोई भी कवि
अपनी कविता को
शहर के सम्भ्रान्त हिस्से में लेकर जाता है,
वह हमेशा टूटकर वापस आता है।
नीलाभ को कनॉट प्लेस के बारे में लगता है :
इन गलियारों में अब
लगातार चक्कर लगाती है उदासी
शिकार की ताक में
किसी बाघ की तरह घूमती हुई।

शहरों में ही नहीं गाँवों में भी कामों का ढंग बदला है इसे दर्ज़ करते हुए त्रिलोचन अपनी एक कविता में कहते हैं :

आदमी को जब तब आदमी की ज़रूरत होती है। ज़रूरत होती है यानी, कोई काम अटकता है। तब वह एक या अनेक आदमियों को बटोरता है। बिना आदमियों के हाथ लगाये किसी का कोई काम नहीं चलता।

'पहाड़ पर पेड़ की तरह सच'

यह थोड़ा विचित्र है कि हम भारतीयों ने अपने पड़ोसी चीन की कविता में उतनी दिलचस्पी कभी नहीं ली जितनी की अमेरीकियों और फ्रांसीसियों ने। पिछले ही वर्ष एनविल प्रेस, लन्दन ने शास्त्रीय चीनी कविता का एक अनूठा संचयन 'दि न्यू डायरेक्शन्स एन्थोलॉजी ऑफ क्लैसिकल चाइनीज़ पोएट्री' इलिय वाइनबर्गर के सम्पादन में प्रकाशित किया है। उसमें जो अनुवाद संकलित किये गये हैं उन्हें अमेरिकी कवि-मूर्धन्यों जैसे विलियम कार्लोस विलियम्स, एज़रा पाउण्ड, कैनेथ रैक्सरॉथ, गैरी स्नाइडर आदि ने किया है। भूमिका से पता चलता है कि पश्चिम के बिम्बवादी आन्दोलन पर चीनी कविता का कितना प्रभाव था। अमेरिकियों के लिए सीधी प्रस्तुति का चीनी कविता सबसे अच्छा उदाहरण थी, बिना किसी सामान्यीकरण के, कोई विचार नहीं सिवाय चीज़ों में अन्तर्भूत विचार के। गैरी स्नाइडर को लगा कि चीनी कविता स्वाभाविक और धर्मनिरपेक्ष स्पष्टता की आधुनिक प्यास का उत्तर है : वह 'दृश्य सादगी और न्यूनोक्ति के कौशल से हमें इतिहास के सामने भय से प्रकृति के सामने गहरी साँस, आत्मा के सामने हँसी की ओर ले जाती है।' मनुष्य, प्रकृति और आत्मा के ध्रुवों के बीच चीर्नी कविता ने एक शान्त केन्द्र पा लिया था।

बिल्कुल शुरू की एक कविता है :

मेरा हृदय न लुढ़कता पत्थर, न लपेट रखने के लिए चटाई
सही चूंकि सही, न कोई सनक, न गिनती का मामला,
पहाड़ पर पेड़ की तरह सच।

चीनी कविता, कम से कम उसकी शास्त्रीय कविता, प्रकृति-केन्द्रित होते हुए भी साधारण जीवन के सुख-दुख से दूर नहीं रही है :

हमारी नन्हीं बहिन परेशान है
ब्याह के लिए उसे
कितनी लम्बी प्रतीक्षा करना चाहिए।
उसने अक्सर देखा है हवा को
पेड़ों से आडू की पंखरियों को उड़ाते हुए।
उसने कभी नहीं देखा उसे
उन्हें शाखाओं पर वापस उड़ाकर लाते हुए।

कुछ विद्रूप महत्त्वाकांक्षा को एक कविता इस तरह ध्वस्त करती है :

क्या मैं तुम्हें बताऊँ तरीक़ा देवता बनने का
इस नीरस संसार में!
कुछ धूप जलाओ और वर्षा को सुनते हुए बैठो।

चीनी कविता देखने पर बहुत इसरार करती कविता है :

अपने बिस्तर पर यहाँ चाँदनी देखते हुए
और सोचते हुए कि यह धरती पर तुषार पड़ा है
मैं आँखें ऊपर उठाता हूँ पहाड़ी चन्द्रमा पर
फिर वापस, अपने पुराने घर का सपना देखते हुए।

पिछले दिनों बीजिंग में हुए ओलम्पिक खेलों के लिए बने एक स्टेडियम के कई चित्र छपे हैं जिसमें वह एक पक्षी के घोंसले की तरह दिखता और बनाया गया है। चीनी कविता पढ़ने के बाद यह बिम्ब बहुत समीचीन लगता है : संसार की कविता में चीनी कविता जतन से बनाये गये घोंसले की तरह है जिसमें कितने ही सपने, स्मृतियाँ, दृश्य, घर, गरमाहट, आकांक्षाएँ सदियों से अपना शरण्य पाते रहे हैं।

चिन्तन का विज्ञान

वाल्टर बेन्यामिन बीसवीं शताब्दी के मूर्धन्य और व्यापक प्रभाव डालने वाले चिन्तकों में माने जाते हैं। हार्वर्ड यूनिवर्सिटी प्रेस ने इसी वर्ष उनके

मीडिया-सम्बन्धी लेखन का एक नया संचयन 'दि वर्क ऑफ़ आर्ट इन दि एज ऑफ़ टेक्नोलॉजिकल रिप्रोड्यूसिबिलिटी एण्ड अदर राइटिंग्ज़ ऑन मीडिया' शीर्षक से प्रकाशित किया है। 'दि वर्क ऑफ़ आर्ट' नामक विख्यात और बहुचर्चित निबन्ध के दूसरे संस्करण का अंग्रेज़ी अनुवाद यहाँ शामिल किया गया है।

बेन्यामिन के कुछ ऐसे निबन्ध या टिप्पणियाँ इस संचयन में संकलित हैं जिन्हें, कम से कम मैंने, पहले अंग्रेज़ी अनुवाद में नहीं देखा था। एक टिप्पणी है टेलीफ़ोन पर। वह शुरू ही होती है इस तरह : 'या तो यन्त्र की संरचना की वजह से या स्मृति की संरचना के कारण यह निश्चित है कि पहले टेलीफ़ोन की बातचीतें मेरे कानों में आज की आवाज़ों से अलग ढंग से गूँजती है।' आगे बेन्यामिन नोट करते हैं कि 'आरम्भिक वर्षों में टेलीफ़ोन को किस तरह घर में पीछे कहीं जगह रखा जाता था जबकि सामने की जगह शैण्डेलियर, कन्सोल मेज़ आदि के लिए सुरक्षित होती थी। फिर जब इन सब चीज़ों की स्वाभाविक मृत्यु हो गयी तो किसी गाथा-नायक की तरह, जिसे किसी पहाड़ की खाई में मरने के लिए छोड़ दिया गया था, टेलीफ़ोन ने पिछवाड़े के अँधेरे से निकलकर सामने के कमरे की रोशनी में अपना शाही दाख़िला लिया। ऐसे कमरों में अब युवतर लोग रहने लगे। वह उनके अकेलेपन में सान्त्वना बन गया। उन निराशों को जो इस क्रूर संसार को छोड़ना चाहते थे वह आशा की रोशनी बन गया। परित्यक्तों का वह हमबिस्तर हुआ। अब, जब सब कुछ उसकी पुकार पर निर्भर करने लगा, निर्वासन में उसने जो सख़्त आवाज़ अख़्तियार कर ली थी वह कोमल हो गयी।'

चीनी कला पर अपने एक लम्बे निबन्ध में वे उस देश की सुन्दर कला को ह्रासकालीन मानने की वृत्ति पर प्रहार करते हैं। वे कहते हैं कि सोचना चीनी चित्रकार के लिए सादृश्य के माध्यम से सोचना था। वे जिज्ञासा क़रते हैं कि भूदृश्य चित्रित करने वाले चीनी चित्रकार इतनी लम्बी उमर तक क्यों जीते हैं। उत्तर मिलता है : 'क्योंकि धुन्ध और बादल उन्हें पोषण देते हैं।' बेन्यामिन को लगातार यह अहसास रहा है कि पश्चिमी आधुनिकता के भूदृश्य इस तरह का कोई पोषण नहीं दे पाते।

फ्रेंच कवि बोदेलयर पर लिखते हुए बेन्यिामिन कहते हैं कि 'उनकी प्रतिभा अवसाद-पोषित थी और पेरिस पहली बार उन्हीं के यहाँ कविता का विषय बना। यह कविता मातृभूमि की स्तुति नहीं है बल्कि एक तरह की अन्योक्ति है, अलग दिये गये व्यक्ति की नज़र से।' वे इसे भी नोट करते हैं कि 'बोदेलेयर के यहाँ स्त्री का बिम्ब और मृत्यु का बिम्ब गड्ड-मड्ड होकर एक तीसरा बिम्ब बन जाते हैं, पेरिस का।'

जो बात चकित करती है वह है इस चिन्तक की रुचि और सरोकार

का वितान जो इतना विविध और फैला हुआ है। खण्ड-खण्ड और बिखरा-बिखरा होने के बाद भी उसमें विचार के अनेक आलोककण चमकते हैं और अपनी ऊर्जा और प्रासंगिकता से आज भी अभिभूत करते हैं।

'तितली का बोझ'

फ़िलिस्तीनी कवि महमूद दरवेश इस समय दुनिया भर में माने-जाने वाले लेखकों में से एक हैं। वे न सिर्फ़ फ़िलिस्तीनी लोगों की आवाज़ है बल्कि उनकी कवि की अपनी अलग आवाज़ है, बहुत सारी तकलीफ़, निर्वासन, दहशत, उम्मीद और सपनों से बुनी गयी। अरबी कविता में भी वे अलग से पहचाने जाते हैं। उनकी कविताओं का एक नया संचयन पिछले ही वर्ष ब्लडेक्स बुक्स ने 'दि बटरफ़्लाइज़ बर्डन' नाम से प्रकाशित किया है। इस पुस्तक में दरवेश की 1998 से 2003 के बीच लिखी गयी कविताओं में से कुछ का अंग्रेज़ी अनुवाद शामिल किया गया है। काफ़ी बड़ी संख्या में कविताएँ ली गयी हैं क्योंकि पुस्तक की पृष्ठ संख्या 325 के लगभग है।

'अगर मैं दूसरा होता' कविता का समापन इन पँक्तियों से होता है :

अगर मैं दूसरा होता सड़क पर, तो मैंने कहा होता
गिटार से : मुझे एक अतिरिक्त ताँत सिखाओ!
क्योंकि मकान दूर है और उसके लिए रास्ता और सुन्दर है—
यह है जो मेरा नया गीत कहेगा। जब भी
सड़क लम्बाती है अर्थ पाता है नयी ज़िन्दगी, और मैं हो जाता हूँ दो
सड़क पर : मैं... और दूसरा

दरवेश लगभग पचीस बरसों पहले अपनी कविता में अपने दोस्तों से न मरने और 'एक बरस और इन्तज़ार करने' की मिन्नत कर चुके थे क्योंकि 'हमें और भी काम हैं। कब्रें और शोकगीत खोजने के अलावा।' पर अब दरवेश कवि को राह दिखाती है 'तितली उजाला/ इस सुरंग की रात में'। अनुवादक फेदी जूदाह कहते हैं कि दरवेश के यहाँ जब भाषा 'जगह का विशेषण' नहीं रही—अब भाषा 'चीज़ों से सिर्फ़ चीज़ों की पारदर्शिता की अपेक्षा' करती है। अब भाषा 'अनुपस्थिति का बदला' लेती जान पड़ती है। दरवेश अब कहते हैं: 'जहाँ तक मेरा ताल्लुक़ है, मैं अपने नाम से कहता हूँ : वापस दो/मुझे मेरी आज़ादी का वह जो गँवाया जा चुका।' वे कहीं भी विदेशी सैलानी की तरह नहीं जाना या होना चाहते। उनकी एक और कविता का समापन यों होता है :

जहाँ तक मेरा ताल्लुक़ है, मैं शहतूत के वृक्षों में घुस जाऊँगा
जहाँ रेशम का कीड़ा मुझे रेशम के धागे में बदल देगा
फिर मैं गाथाओं में से एक औरत की सुई में चला जाऊँगा
और हवा के साथ एक शाल की तरह उड़ जाऊँगा

'एक रहस्यमयी घटना की तरह' शीर्षक कविता के दरवेश की ग्रीक कवि यानिस रित्सोज़ से भेंट का हवाला है। दरवेश के पूछने पर कि कविता, संक्षेप में, क्या है रित्साज़ कहते हैं :

उन्होंने कहा : वह रहस्यमय घटना है, कविता,
मेरे दोस्त, वह अबूझ चाहत है
जो एक चीज़ को काली छाया में, और
काली छाया को एक चीज़ में बदल देती है।
इसके अलावा सार्वजनिक सुन्दरता में साझा करने की
हमारी ज़रूरत को वह स्पष्ट भी करती है।

कविता के अन्त में रित्सोज़ के हवाले से दरवेश एक छोटी प्रार्थना करते हैं :

अगर कोई यात्रा होनी ही है
तो उसे अनन्त होने दो।

हम यही कामना कर सकते हैं कि उन जैसे बेघर हुए कवि की यात्रा अनन्त हो : उनके साथ चलते हुए हम ज़िन्दगी से, प्रेम से, घर और रास्ते से अनथक प्यार करते रह सकें।

'हम औरों की तरह सफ़र करते हैं'

मैंने ऊपर की टिप्पणी पिछले सप्ताह लिखी थी, संयोगवश महमूद दरवेश की अंग्रेज़ी अनुवाद में कविताएँ पढ़ते हुए। दिसम्बर 08 में होने जा रहे दिल्ली साहित्य उत्सव में उन्हें बुलाने का निश्चय करते हुए। लेकिन पिछले इतवार को अमेरिका में उनकी मृत्यु की घोषणा हुई। दरवेश अरबी कविता के अलावा विश्व कविता में एक बड़ा नाम थे : उन मूर्धन्यों में से एक जिन्होंने साहस और कल्पनाशीलता के साथ हमारे समय में मनुष्य की हालत, उसकी विडम्बनाओं और अन्तर्विरोधों को विन्यस्त किया और अरबी कविता का कायाकल्प कर दिया। उनकी कविता में प्रेम, राजनीति और घर की लगातार तलाश में कोई फाँक नहीं है। उनकी एक पुरानी कविता का अंश है :

हम और लोगों की तरह सफ़र करते हैं, लेकिन कहीं नहीं वापस आते।
जैसे कि
सफ़र करना बादलों का तरीक़ा है। हमने अपने प्यारों को दफ़न किया है
बादलों के अँधेरे में, पेड़ों की जड़ों के बीच।
और हमने पत्नियों से कहा : जन्म देती रहो हम जैसे लोगों को सैकड़ों बरस
ताकि हम यह सफ़र पूरा कर सकें।
एक देश के मुहूर्त तक, असम्भव के एक छन्द तक।
हम सफ़र करते हैं भजनों की गाड़ियों में, सोते हैं तम्बुओं में
पैग़म्बरों के और प्रकट होते हैं जिप्सियों की बोली में।

उसी समय की एक और कविता अपने राजनीतिक मन्तव्य में स्पष्ट होते हुए भी मार्मिक है। उसका एक अंश :

और उन्होंने उसके सीने की तलाशी ली
लेकिन उन्हें सिर्फ़ उसका दिल मिल सका
और उन्होंने उसके दिल की तलाशी ली
लेकिन उन्हें सिर्फ़ उसके लोग भर मिल सके
और उन्होंने उसकी आवाज़ की तलाशी ली
लेकिन उन्हें सिर्फ़ उसका दुख मिल सका
और उन्होंने उसके दुख की तलाशी ली
लेकिन उन्हें सिर्फ़ उसका क़ैदख़ाना मिल सका
और उन्होंने उसके क़ैदख़ाने की तलाशी ली
लेकिन वे सिर्फ़ अपने भर को देख सके बेड़ियों में।

महमूद दरवेश का अवसान विश्व कविसमाज से एक व्यथा-उज्ज्वल, यातना-दीप्त और बेघर हुए बड़े कवि का लोप है। उन्होंने कभी तीख़ेपन से पूछा था : 'मुझे मौत का उद्‌गम दिखाओ/वह खंजर है या झूठ।' उनकी मौत इस अर्थ में झूठ है कि वे कवि के रूप में कालजयी हैं।

हिन्दी में ऋग्वेद

बरसों पहले जब चिन्तक और कवि-अनुवादक डॉ. गोविन्दचन्द्र पाण्डेय की प्रसिद्ध पुस्तक 'वैदिक संस्कृति' का लोकार्पण हुआ था तो उनसे सार्वजनिक अनुरोध किया गया था कि वे समय निकालकर ऋग्वेद का अपना हिन्दी अनुवाद पूरा करें। हिन्दी संसार को उनका कृतज्ञ होना

चाहिए कि ऋग्वेद के तीसरे, चौथे और पाँचवें मण्डलों का हिन्दी अनुवाद मूल सहित और व्याख्या के साथ हाल ही में लोकभारती ने प्रकाशित किया है। 1060 से अधिक पृष्ठों का यह ग्रन्थ हिन्दी में अनुवाद और व्याख्या का एक उज्ज्वल क्लैसिक है। स्वयं वेद अध्ययन में, जो दुर्भाग्य से भारत और विदेशों दोनों में शिथिल हो गया है, इस ग्रन्थ से नयी विचारोत्तेजना आ सकती है। आना चाहिए।

ऋग्वेद को, और नहीं तो, उसकी उदात्तता के लिए पढ़ना चाहिए। तीसरे मण्डल की ये पंक्तियाँ देखें :

मैं जन्म से जातवेदस अग्नि हूँ
मेरी आँख घृत और अमृत मेरे मुख में।
मेरा त्रिविध अर्क अन्तरिक्ष का मान
मैं अजस्त्र ताप हूँ और मैं ही हवि हूँ।
अग्नि को ही सम्बोधित यह अंश :
जब तुम वृक्षों को चाहते हुए
मातृरूप जलधाराओं में प्रविष्ट हुए।
सहा नहीं जाता वह तुम्हारा लौट जाना
क्योंकि दूर होने पर भी तुम पहले यहीं थे।
प्यासे की तरह समिधाओं के सेवन से तुम हो बढ़े
और उस पर होते हुए प्रसन्न।
कुछ आगे-आगे बढ़ते हैं कुछ बैठते हैं घेरकर
जिनके सख्य में ठहरे हो तुम॥
या कि यह :
हे गायक विपुल और अक्षत तुम्हारी शरण
देवताओं को प्रकाशित करते मनीषी।
लक्ष्य प्रापक रथ के समान आवाहन करो तेजस्वी बल का
हे अग्नि, तुम हमारे लिए चमका दो धावापृथ्वी को।
तीसरे मण्डल में ही नदियों के लिए यह है :
पहाड़ों की गोद से निकलीं चमचमाती
जैसे होड़ करती हों बन्धन मुक्त घोड़ियाँ
बछड़ों को चाटतीं शुभ्र गो माताओं के समान
व्यास और सतलज वेग से बहती।

मेरे सौम्यवचन से थम जाओ
जलधाराओं को मुहूर्त भर के लिए बहने से।
नदी के लिए उदात्त मनोभावना मनीषा से
सहायता के लिए पुकारता हूँ कुशिक का पुत्र।
नदियों के लिए यह प्रार्थना भी की गयी है :

तुम्हारी लहरें उठती हुई टकरायें धुरे की कील तक
जलप्रवाह बन्धों को छोड़ दे।
जिनके कर्म ठीक हैं जो पापरहित हैं
उनकी हिंसा न करती हुई नदियाँ सुख पहुँचायें।।

कबीर और प्रीति के बेटे और अपने पोते का नाम हमने ऋभु रखा है जो एक वैदिक नाम है। चौथे मण्डल में ऋभुओं का उल्लेख है।

हे ऋभुगण, आदित्यों के साथ प्रीति से सेवन करो
पर्वतों के साथ प्रीति से सेवन करो।
दिव्य सविता के साथ प्रीति से सेवन करो
रम्यार्थदात्री नदियों के साथ प्रीति से सेवन करो।।

चौथे मण्डल के 35वें सूक्त में आता है :

यह पात्र किसका बना था
जिसे कविकर्म के द्वारा आपने चतुर्धा विभक्त किया।
अब आनन्द के लिए रस निकालो
पिओ ऋभुगण, रस की मधुरिमा।।

36वें सूक्त में है :

तुम्हारा प्रशंसनीय रथ बिना घोड़ों के बिना लगाम के
तीन पहियों का रथ अन्तरिक्ष का चक्कर काटता है।
जो तुम्हारे महत् देवत्व का प्रख्यापन है
ऋभुगण जब तुम पोषण करते हो पृथ्वी-आकाश का।।

पाण्डेय जी ने हिन्दी में अनुवाद के साथ-साथ ऋचाओं में आये अलंकारों का निर्देश किया है और पारम्परिक और नयी पद्धतियों के सम्यक् मिश्रण से व्याख्या की है। हम जैसे लोग जो वेदों को उनके काव्य के लिए ही पढ़ते हैं, इस सच्चाई से मुँह मोड़ नहीं सकते कि वह गहरे और अदम्य अध्यात्म में रसा-पगा काव्य है। जिस भारतीय परम्परा को हम अटूट और जीवन्त बताते हैं उसका आरम्भ अध्यात्म और काव्य से अनूठे सम्पुंजन से हुआ था यह बात अलग तरह का सर्जनात्मक और बौद्धिक रोमांच पैदा करती है। जैसे कि यह तथ्य भी कि सारे अध्यात्म के बावजूद वैदिक साहित्य में भौतिकता का पक्ष उतना ही प्रबल है। तीन अंश देखिए :

कठिन है तुमको वश में लाना
जैसे अश्व के बिदकते बछड़े को।
अग्नि तुम जलाते जंगलों पर जंगल
जैसे घास को चरता पशु।

एक साथ बढ़ती हैं वाणी की धाराएँ नदियों की तरह
हृदय के अन्दर मन से छनकर पवित्र होती हुई।

घृत की ऊर्मियाँ प्राप्त होती हैं
मृगों की तरह व्याघ से भागती हुई।।

वही है जो अपनी ज्वाला से
वेग से जुड़ता उनकी प्रार्थना से।
आकाश से मानो जन्मी
लपकती उसकी ऊँची लपटें।।

अदृश्य श्रोता

ऐसे लेखक बहुतेरे हैं जिनके सामने बहुत स्पष्ट होता है कि वे किसके लिए लिख रहे हैं। बल्कि जिन्हें इसको लेकर संशय होता है कि वे किसके लिए लिख रहे हैं उनकी वैसे लेखक हँसी उड़ाते हैं और उनकी ईमानदारी या निष्ठा पर शक तक करते हैं। ऐसे बड़े लेखक और कलाकार हुए हैं जिन्हें अपने सम्बोध्य को लेकर संशय या दुविधा रही है। कुछ तो ऐसे हैं जो अदृश्य श्रोता के लिए लिखते हैं। अमेरिकी आलोचक हेलेन वेण्डलर की नयी आलोचना-पुस्तक का नाम है : 'इनविजीबिल लिसनर्स' जिसे प्रिंसटन यूनिवर्सिटी प्रेस ने प्रकाशित किया है। उसमें तीन बड़े कवियों जार्ज हर्बर्ट, वाल्ट व्हिटमैन और जान एशबरी की कविता को लेकर उनके अदृश्य श्रोताओं के सम्बन्ध में उनकी गीतिपरक आत्मीयता का विश्लेषण है।

वेण्डलर की व्याख्या है कि हर्बर्ट ईश्वर से बात करते हैं, व्हिटमैन भविष्य के पाठक से और एशबरी अतीत के एक कलाकार से। गीतिकाव्य में प्रिय, संरक्षक, मित्र, शिशु आदि को सम्बोधित करने की परम्परा रही है। शेक्सपियर के प्रसिद्ध सानेट मित्र या प्रिया को सम्बोधित है, जान डन अपने संरक्षक को और बेन जानसन अपने दिवंगत पुत्र को सम्बोधित करते हैं। ये सभी मानवीय सम्बोध्य हैं। दूसरे सम्बोध्य हो सकते हैं कोयल, ग्रीशियन पात्र आदि। एमिली डिकेन्सन का सम्बोधन उस अकेलेपन से उत्पन्न है जिसमें 'दूसरे' से सर्वथा असम्बद्धता है : 'यह दुनिया को मेरा पत्र है/ जिसने मुझे कभी लिखा नहीं।' लेकिन ऐसे सभी सम्बोधन अन्ततः परिवार, चर्च या राजसी प्रेम की संस्थाओं में समाहित किये जा सकते हैं। वेण्डलर की व्याख्या है कि हर्बर्ट ईश्वर से ऐसा अधिक निजी सम्बन्ध चाहते हैं जो कि चर्च द्वारा प्रस्तावित सम्बन्ध से कहीं आगे जाता है। व्हिटमैन मनुष्यों के बीच अधिक ऐन्द्रिय सम्बन्ध चाहते हैं जो कि समाज द्वारा अभी स्वीकृत या मान्य नहीं है। एशबरी ऐसी कलात्मक अस्मिता

की तलाश में हैं जो समकालीन कलाकारों में लोकप्रिय नहीं लेकिन जो एक अतीत कलाकार में मिल सकती है। ये तीनों ही ऐसी आत्मीयता रचते हैं जिसका लक्ष्य मानवीय रूप से कभी देखा या जाना नहीं जा सकता पर जिसे मानवीय रूप से सम्बोधित किया जा सकता है।

तीनों कवि इस बात का उदाहरण हैं कि ऐसी जीवन-स्थितियाँ हो सकती हैं जिनमें एक दृश्य भले अनुपस्थित सम्बोध्य कवि की ज़रूरतों के लिए अपर्याप्त हो सकता है। हर्बर्ट के लिए कोई भी मानवीय प्राणी जीसस जैसा आदर्श अहं मूर्त नहीं कर पाता। व्हिटमैन के लिए उन्नीसवीं शताब्दी का कोई भी प्रेमी समलैंगिक प्रेम की स्वतन्त्रता को समझने में समर्थ नहीं था। एशबरी के लिए कोई भी आज का कलाकार कला के लिए आकृति और विकृति की आवश्यकता को उतने सशक्त ढंग से समाहित नहीं करता जितना फ्रांसिस्को पारमीजियानीनो। दरअसल ये तीनों कवि एक तरह से अदृश्य को घरेलू बनाते हैं : वे शब्दों, कर्म आदि के द्वारा अदृश्य को पदार्थमयता से अभिहित करते हैं। हम हर्बर्ट के जीसस, व्हिटमैन के भविष्य के पाठक और एशबरी के फ्रांसिस्को को ऐसे जान पाते हैं जैसे कि वे पहले नहीं जाने जा सके थे जब तक कि वे इन कवियों के अदृश्य श्रोता नहीं बने थे।

अवरुद्ध आधुनिकता का पुनर्वास

क्या बीसवीं शताब्दी की शुरुआत पर जो अवाँ गार्द उभरा था वह अपनी फलश्रुति के पहले ही स्थगित हो गया था क्योंकि दो विश्वयुद्धों और दो सर्वसत्तावादी व्यवस्थाओं के वर्चस्व और आतंक ने उसकी रैडिकल और यूटोपियन आकांक्षाओं को फलने-फूलने का अवसर नहीं दिया! क्या इक्कीसवीं शताब्दी के आरम्भ में जब उत्तर-आधुनिकता का शमन हो चुका है एक नया अवाँ गार्द उभरकर उस अवरुद्ध आधुनिकता को मुक्त कर सक्रिय कर सकता है। ये वे मूल प्रश्न हैं जिन्हें प्रसिद्ध अमेरिकी आलोचक मारजोरी परलॉफ़ ने अपनी नयी पुस्तक 'ट्वेण्टीफ़र्स्ट-सेंचुरी मॉडर्निज्म : द न्यू पोएटिक्स' (ब्लैकवैल पब्लिशर्स ऑक्सफोर्ड द्वारा प्रकाशित) में उठाये हैं। उनके अनुसार आधुनिकता का पहला अवाँ गार्द बहुत कम वक़्त के लिए सक्रिय रह पाया था। उसक सशक्त सबक अब, हमारी नयी शताब्दी की शुरुआत में, सीखे जा रहे हैं।

परलॉफ़ ने अपनी पुस्तक में टी. एस. ईलियट, गर्ट्रूड स्टाइन, मार्सेल दूशाँ और वेलीमीर ख्लैब्निकोव के कृतित्व का विश्लेषण कर उन सबों का

आकलन किया है। उनमें से कुछ हैं : ईलियट से कि 'शिल्प अर्थ है', स्टाइन से वाक्यरचना और रोज़मर्रा की भाषा का संशोधक प्रयोग, दूशाँ से धारणात्मकतावाद, उसके कलाकृति की रचनाप्रक्रिया के कायाकल्प के साथ, ख्लैब्निकोव से शब्द-व्युत्पत्ति, ध्वनि-क्रीड़ा और स्थानिक विन्यास का काव्यशास्त्र। परलॉफ़ को लगता है कि इस समय पश्चिम में, विशेषतः अंग्रेज़ी में जो कविता लिखी जा रही है उसमें अन्तर्भूत कुछ पूर्वग्रह हैं। पहला यह कि कविता लम्बाई में लिखा जाने वाला शाब्दिक पाठ है। दूसरा, चूँकि वे व्यक्तिगत संवेदना को ठीक से व्यक्त नहीं कर सकते आधुनिक कविता में छन्द और निश्चित तुक-व्यवस्था से दूर ही रहती है। तीसरा, गीति-काव्य याने लीरिक एक विशेष कर्त्ता की अभिव्यक्ति है। चौथा, आधुनिक काव्य-भाषा रीतिबद्ध या आलंकारिक होने के बजाय स्वाभाविक और बोलचाल की होना चाहिए। पाँचवाँ, कविता अपनी भावनाएँ और विचार परोक्ष ढंग से सम्प्रेषित करती है, रूपक और विडम्बना द्वारा।

ज़ाहिर है कि परलॉफ़ इन पूर्वग्रहों की छाया में लिखी जा रही कविता से बहुत उत्साहित अनुभव नहीं करतीं। उनकी तलाश ऐसी कविता की है जिसमें अवरुद्ध अवाँ गार्द फिर जागकर कुछ तोड़-फोड़ करे; जो जोखिम उठाये; दुस्साहसिकता के नये शिल्प-अशिल्प विकसित करे; सीधे-साफ़ लम्बे सिलसिलेवार पृष्ठ को दूषित-मलित-खण्डित करे; शब्दों के आदिम इतिहास की ओर वापस जाये; सम्बोधन के नये लक्ष्य और प्रकार खोजे। वे इस सबके होने का कुछ साक्ष्य भी सूसन होव, चार्ल्स बर्नस्टाइन, लिन हेजीनियन आदि की कविता में पाती हैं और उसकी विशद व्याख्या उन्होंने कल्पनाशील ढंग से की है। बहुत सारी असमानताओं के बावजूद शायद यह कहना अनुचित न होगा कि इस समय हिन्दी में जो कविता लिखी जा रही है उसका बहुत सारा हिस्सा आधुनिकता और मार्क्सवादी रूढ़ियों के प्रभाव में हैं। तोड़-फोड़, नया उत्खनन, दुस्साहसी प्रयोग आदि की बेचैनी कम ही नज़र आती है। ज़्यादातर कवि और आलोचक उन संघर्षों का फल भोग रहे हैं जिनमें उनकी कोई हिस्सेदारी नहीं थी : उनमें आज के लिए नया जोखिम उठाने का उत्साह क्षीण ही है। हमारा नया अवाँ गार्द कहाँ है?

कथा अमृता

उनकी मृत्यु के लगभग इकतीस बरस बाद भोपाल में मध्यप्रदेश ने युवा प्रतिभाओं के लिए अपनी तीन फैलोशिपों में से एक उनके नाम पर रखी

थी : दो उस्ताद अलाउद्दीन ख़ाँ और गजानन माधव मुक्तिबोध के नाम थीं। उसके लगभग इकतीस बरस बाद ही मैंने उनकी एक सुलिखित सुशोभित जीवनी अंग्रेज़ी में कला-विदुषी यशोधरा डालमिया द्वारा लिखित और वाइकिंग पेंगुइन द्वारा प्रकाशित पढ़ी। नाम है : 'अमृता शेरगिल ए लाइफ।' यह भी एक संयोग है कि भारत में अपना ज़्यादातर वक़्त पहाड़ी शिमला में गुजारने वाली इस चित्रकार की जीवनी मैंने भीमताल और डिगोटी दो पहाड़ी जगहों में रहकर पढ़ी।

कुल अट्ठाइस बरस की छोटी उम्र पाने वाली इस चित्रकार के बारे में अनेक मिथक, अन्तर्विरोधी संस्मरण और अफ़वाहों के पुलिन्दे रहे हैं। यशोधरा डालमिया ने जतन से, पूरी बौद्धिक-कलात्मक समझ और मानवीय सहानुभूति के साथ यह जीवनी लिखी है जो जितनी एक मुक्त, बेचैन, उत्सुक, अबोध, कुशाग्र स्त्री की है उतनी ही एक चित्रकार की जो पश्चिमी कला में बाक़ायदा सुदीक्षित होकर भारतीय जीवन और परम्परा की अपनी कला में पुनर्रचना करते हुए भारतीय आधुनिकता का एक निर्णायक मुकाम बन जाती है। जीवन और कला के, निजी सम्बन्धों और दृष्टि के, अनुभवों और सच्चाई के बहुत सारे द्वन्द्वात्मक पहलू, अनेक सूक्ष्मताएँ, तनाव और अन्तर्विरोध, महत्त्व और विफलता यशोधरा ने बारीकी और सावधानी से खोजे-समझे और ज़ाहिर किये हैं। हंगरी में जन्मी हंगरी माँ और सिख पिता की सन्तान, पेरिस में कलादीक्षा पाने वाली अमृता भद्रलोक की उपज थीं। पर यह भद्र और मुक्त युवती कैसे भारतीय जीवन की साधारण छवियों, उदासी और निरुपायता, जटिलता और गरिमा की कालजयी चितेरी बन गयी इसकी कहानी बहुत धीरज और रोचक ढंग से इस जीवनी में कही गयी है। जिस अवधि में जो चित्र बनाये गये उन्हें प्रामाणिकता के साथ उस अवधि की जीवन-घटनाओं से जोड़ा गया है। लगभग हर कहीं यह जुड़ाव एक ओर कलाकृति को एक ठोस प्रसंग देता है और दूसरी ओर घटनाओं की, एक बड़े कलाकार के यहाँ, कला-सम्भावना को उजागर करता है।

एक पूरा खण्ड अमृता के आत्मकथ्य का है जिसमें 1931-35 के दौरान लिखे गये पत्रों से एक सुघर संचयन किया गया है। एक जगह अमृता कहती है : 'यथार्थवादी चरित्र की होने के बावजूद मैं कलाकार हूँ और रोमैंटिसिज़्म की ओर झुकी हुई हूँ।' 1931 में ही वे लिखती हैं : 'मैं अपनी सुन्दरता का आनन्द लूँगी क्योंकि वह थोड़े समय के लिए ही दी गयी है और आनन्द एक अल्पजीवी चीज़ है। फिर भी, ख़ुदा का शुक्र है कि मेरे पास सुन्दरता के अलावा दूसरी चीज़ें हैं।' उसी बरस उन्हें लगा 'कि धीरे-धीरे मुझे यह अहसास होता है कि हर व्यक्ति अपने में एक आह्वान लिये होता है जिसके खिलाफ़ लड़ना बेकार है।' अमृता कला के अलावा नैतिक, बौद्धिक और ऐन्द्रिय प्रश्नों के बारे में अपने

को अनिश्चय में मानती थीं। उन्हें लगता था कि उनके पास भरोसा करने का सामर्थ्य नहीं है क्योंकि उनकी मान्य मूल्यों में कोई आस्था नहीं थी। उनके अनुसार '...मैं अपनी राय ज़ाहिर करती हूँ कि चीनी मीठी है, नमक खट्टा है लेकिन यह नहीं कि चीनी नमक से बेहतर है। प्रसिद्ध लोग, सही या ग़लत, यक़ीन करते हुए या बिना यक़ीन के, एक या दूसरी तरफ़ खड़े होते हैं और यक़ीन के साथ-साथ कहते हैं कि चीनी नमक से बेहतर है। ज़ाहिर है मैं शाश्वत सत्यों के बारे में नहीं कह रही हूँ—अगर यह रूमानी विश्वास लगे तब भी कि अच्छाई है तब जब हम अपने को दूसरों के लिए बलिदान करते हैं, बुराई तब जब हम दूसरों को अपने लिए बलि देते हैं।' अमृता को लगता था कि जीवन और सच्चाई में ऐसा बहुत सारा है जिसे अच्छे और बुरे के खानों में डालकर छुट्टी नहीं पायी जा सकती। 1935 में शिमला से वह लिखती हैं : '...वहाँ मैं सहज और ईमानदार नहीं थी क्योंकि मैं पैदा ही हुई थी रंग के लिए एक तरह की प्यास लिये और यूरोप में रंग फीके हैं—सब कुछ फीका है। क्योंकि हम पश्चिम में उस तरह रंग नहीं भर सकते जैसे कि पूर्व में सफ़ेद आदमी का रंग हिन्दू के रंग से अलग है और धूप आलोकन बदल देती है। सफ़ेद आदमी की परछाईं निलियायी-बैंजनी होती है जबकि हिन्दू की परछाईं सोनल-हरी। वान गाग को बताया गया था कि पीला रंग देवताओं को प्रिय है और वह सही है।'

अमृता की विख्यात यौन-स्वच्छन्दता को लेखिका ने नज़रअन्दाज़ नहीं किया और न ही उसका कोई सनसनीख़ेज़ इस्तेमाल किया है। सच तो यह है कि अमृता का अपने समय के कई उल्लेखनीय पुरुषों से सम्पर्क था जिनमें से कुछ से सम्भवतः प्रणय-सम्बन्ध भी। जिन व्यक्तियों के वह सम्पर्क में आयी उनमें जवाहरलाल नेहरू, कार्ल खण्डालावाला, मालकम मगरिज, बदरुद्दीन तैयबजी, चार्ल्स फ़ाबरी, भवेश सान्याल, सरोजिनी नायडू, बरदा उकील आदि शामिल हैं। उन्होंने नेहरू को पत्रोत्तर देते हुए लिखा था कि '...आप यह कहने में समर्थ हैं जब मैंने पहले-पहल समुद्र देखा' जबकि दूसरे कहेंगे 'जब समुद्र ने पहले-पहल मुझे देखा'। मुझे आपको कुछ बेहतर जानना चाहिए।... मुझे नहीं लगता कि आपकी सचमुच मेरे चित्रों में कोई दिलचस्पी थी। आपने मेरे चित्रों पर बिना उन्हें देखे नज़र भर डाली।... आप कठोर नहीं हैं। आपके पास सौम्य चेहरा है। मुझे आपका चेहरा पसन्द है, वह संवेदनशील है, आसक्त और निर्लिप्त एक साथ।' अमृता के पति विक्टर की दूसरी पत्नी से हुई बेटियाँ आश्वस्त हैं कि अमृता का नेहरू से कोई प्रणय-सम्बन्ध नहीं था क्योंकि उस समय अमृता उनके पिता विक्टर से गहरे प्रेम में व्यस्त थीं। अमृता ने यह स्पष्ट कहा था कि वे नेहरू को कभी चित्रित नहीं करेंगी क्योंकि वे बहुत सुन्दर थे।

पुस्तक की एक विशेषता यह है कि उसमें अमृता पर हंगारियन आधुनिक कला के प्रभाव का प्रेरणा की अच्छी पड़ताल की गयी है। इसके अलावा पेरिस, शिमला, मुम्बई, लाहौर आदि के तत्कालीन कला-परिवेश की अच्छी झलक भी इस पुस्तक से मिलती है। मुझे लगता है कि यह पुस्तक हिन्दी में भी आना चाहिए।

लिखी हुई ज़िन्दगियाँ

आधुनिक समय की एक विशेषता यह है कि हम उसके दौरान न सिर्फ़ कृतियाँ पढ़ते हैं, उनके लेखकों के व्यक्तित्व और ज़िन्दगी के बारे में भी जिज्ञासु होते हैं और जानकारी बहुत रुचि से खोजते-पढ़ते हैं। पश्चिम में तो इधर कुछ बरसों से लेखकों की जीवनियाँ लिखने की और उनमें से अनेक के ख़ासी लोकप्रिय होने की बाढ़ सी आयी हुई है। कुछ मूर्धन्यों जैसे टी. एस. ईलियट, जेम्स ज्वायस, फ्रांज काफ़्का, बर्टोल्ट ब्रेख़्त, रैनर मारिया रिल्के, आर्थर रिम्बो आदि की तो एक से अधिक जीवनियाँ हैं। ऐसे लेखन में और बारीकियाँ भी इधर आयी हैं। एक पुस्तक ईलियट और उनकी पत्नी के सम्बन्धों पर एकाग्र है तो एक यीट्स और उनकी प्रेमिका माड गान के सम्बन्धों पर और एक उपन्यास ब्रेख़्त की अन्तिम प्रेमिका पर आधारित लिखा गया है।

स्पेनी लेखक ज़ेवियर मारियास द्वारा लिखित और अब अंग्रेज़ी अनुवाद में 'रिटेन लाइव्ज़' नाम से कैननगेट एडिनबरा द्वारा प्रकाशित पुस्तक बेहद रोचक है। उसमें टॉमस मान, तुर्गेनेव, रिल्के, ज्वायस, विलियम फॉकनर, रिम्बो, ऑस्कर वाइल्ड आदि लेखकों पर जीवनीपरक निबन्ध हैं। लेखक का इरादा इन लेखकों के बारे ऐसे लिखना रहा है मानो कि वे कथाचरित्र हों। जिन भी तथ्यों का उल्लेख किया गया है उनका ठोस आधार है हालाँकि कहीं-कहीं उन्हें थोड़ा नाटकीय या अलंकृत किया गया है। अन्त में ऐसी एक बड़ी सन्दर्भ सूची है जिनसे ये तथ्य लिये गये हैं। इस सूची के बारे में दुष्ट विनोद में लेखक कहते हैं कि उनमें से अधिकांश पुस्तकों को पाना बहुत कठिन होगा। शैली में अनुराग और विनोद का दिलचस्प और बेहद पठनीय सम्मिश्रण है।

जब उपन्यासकार जोसेफ़ कॉनरेड के पहले बेटे का जन्म हो रहा था तो कोनरैड बेचैनी से बगीचे में टहल रहे थे। अचानक उन्हें एक बच्चे की चीख़ सुनाई दी और वे गुस्से से रसोईघर में काम कर रही नौकरानी से यह कहने गये कि उस बच्चे को फ़ौरन हटा दिया जाये क्योंकि उससे

श्रीमती कोनरैड की शान्ति ख़लल पड़ेगा। नौकरानी ने उन पर कुछ और गुस्से से चिल्लाते हुई चीखी : 'महोदय यह चीख़ आपके ही बच्चे की है।' इजाक डिनेसन ने कहा था कि 'कला में कोई रहस्य नहीं होता। वे चीज़ें करो जो तुम्हें दिखायी देती हैं और वे दिखायेंगी वह जो तुम देख नहीं सकते।' ज्वायस की मुद्रा हमेशा ही जीनियस की थी और आप उन्हें पढ़ें या न पढ़ें, वे प्रसिद्ध हैं यह उनके लिए काफ़ी था; कम से कम ऐसी मुद्रा वे बनाते थे। लेकिन 'यूलिसिस' उपन्यास के प्रकाशन के बाद उन्हें प्रेस में उसकी समीक्षा की बराबर प्रतीक्षा रहती थी और जो कोई भी उपन्यास में दिलचस्पी लेता था वे उसे बाक़ायदा धन्यवाद के नोट भेजते थे। उनकी पेरिस-प्रवास के दौरान अजब आदतें थीं। वे डिनर हर दिन एक ही स्थान पर रात नौ बजे लेते थे और कितनी ही उम्दा क्यों न हो सफ़ेद वाइन को हाथ भी नहीं लगाते थे। उनकी चिट्ठियों से पता चलता है कि ज्वायस अपनी पत्नी नोरा के वज़न बढ़ाने की उम्मीद करते थे ताकि वे यानी नोरा उन्हें यानी ज्वायस को पीट सकें, उन पर हावी हो सकें और उन पर अन्य अतिचार कर सकें। उन्होंने अपनी पत्नी को कुछ बेहद गन्दी चिट्ठियाँ लिखी थीं जिनमें विष्टा, मूत्र आदि का ज़िक्र है। उनकी पत्नी ने उनका उपन्यास कभी नहीं पढ़ा। वे उन्हें हठधर्मी मानती थीं।

कथाकार हेनरी जेम्स से जब पूछा गया कि वे एक ब्रिटिश पत्नी क्यों नहीं ब्याह लेते, उन्होंने कहा था कि मैं सुखी और दुखी दोनों हूँ और मेरी कोई इच्छा इनमें से किसी में भी इज़ाफ़ा करने की नहीं है। मृत्यु के पहले वे सन्निपात में थे और उन्होंने दो पत्र यों लिखवाये थे मानो कि वे नेपोलियन हों। एक पत्र अपने भाई जोसेफ़ बोनापार्ट के नाम था जिसमें उससे आग्रह किया गया था कि वे स्पेन का राजसिंहासन स्वीकार कर लें। टॉमस मान में गहरा समलैंगिक रुझान था। वे जब रवीन्द्रनाथ ठाकुर का पाठ सुनने गये तो उनके इस अहसास की पुष्टि हुई कि वे एक 'अभिजात अंग्रेज़ महिला' जैसे हैं पर वे यह नोटिस करना नहीं भूले कि उनका बेटा 'भूरा, हष्ट-पुष्ट, बहुत ओजस्वी क़िस्म' का है। मान सचमुच यह मानते थे कि वे अपने को गम्भीरता से नहीं लेते जबकि उनके उपन्यासों, निबन्धों, चिट्ठियों और डायरियों से जो बात उफनती सी लगती है वह यह कि उन्हें अपनी अमरता में पूरा यक़ीन था। वे उच्च्व मध्यवर्ग के थे और उनके नौकरों से बहुत झगड़े होते रहते थे जिनमें से कई के बारे में उनकी घृणास्पद टिप्पणियाँ उनकी डायरियों में दर्ज हैं। व्लादिमीर नाबोकोव चार डॉक्टरों से घृणा करते थे : डॉ. फ्रायड, डॉ. जिवागो, डॉ श्वाइट्ज़र, डॉ. कास्त्रो। वे फ्रायड को वियेना का कठबैद या नीमहकीम मानते थे और उनके सिद्धान्तों को मध्यकालीन, ज्योतिष और सामुद्रिक की ही तरह। उनकी घृणा का परिसर विशाल

था : वे जैज़, आदिम मुखौटों, स्विमिंग पूलों, ट्रकों, ट्रांजिस्टर रेडियो, सरकसों, नाइट क्लबों आदि को बेहद नापसन्द करते थे। वे विचारों के साहित्य, के प्रति झुके हुए थे। उनका आग्रह था कि हमें 'यूलीसीज़', 'मैटामॉर्फोसिस', 'अन्ना केरोनीना' जैसे उपन्यासों को समझने-सराहने के लिए यह ठीक-ठीक पता होना चाहिए कि डबलिन शहर का नियोजन क्या था, किस तरह के कीड़े में ग्रेगोर सम्सा का कायान्तरण होता है; 1870 में गत को मास्को से सेंट पीटर्सबर्ग जाने वाली रात की ट्रेन में क्या व्यवस्था थी।

महान् और कालजयी सृजन के पीछे व्यक्तिगत प्रतिभा की कितनी जटिलताएँ और विचित्रताएँ होती हैं यह समझने और कुछ महान लेखकों की हास्यास्पदताएँ और दयनीयताओं से दो-चार होने में यह पुस्तक मददगार है। अपने कुछ प्रिय लेखकों की जीवन-कथाओं को, भले संक्षेप में, विचित्र गाथाओं की तरह पढ़ने का अलग कथा-रस भी मिलता है।

साहित्य का राज्य

'वैयाकरणों का साम्राज्यवाद? सेनापतियों के मुक़ाबले वैयाकरणों का साम्राज्यवाद अधिक गहरा और देर तक चलता है? कवियों का साम्राज्यवाद? जी हाँ, कवियों का। यह पद उन्हें हास्यास्पद उन्हीं को लगता है जो पुराने और हास्यास्पद साम्राज्यवाद का बचाव करते हैं। कवियों का साम्राज्यवाद टिकाऊ होता और जीतता है जबकि राजनेताओं का बीत जाता और भुला दिया जाता है जब तक कि कवि उसे अपने गीतों में याद न करे। हम कहते हैं 'क्रॉमवैल ने किया' लेकिन 'मिल्टन कहते हैं'। आगे दूर भविष्य में जब इंग्लैण्ड नहीं रहेगा (क्योंकि इंग्लैण्ड की विशेषताओं में उसका शाश्वत होना शामिल नहीं है), क्रॉमवैल इसीलिए याद किया जायेगा कि मिल्टन ने अपने एक सॉनेट में उसका ज़िक्र किया है। इंग्लैण्ड की समाप्ति को हम क्रॉमवैल के काम की समाप्ति भी कह सकते हैं, या उस कार्य की जिसमें उसने सहयोग दिया। लेकिन मिल्टन की कविता समाप्त होगी सभ्यता की समाप्ति के साथ ही या कि मनुष्य की इस धरती पर उपस्थिति की समाप्ति के साथ, और शायद तब भी उसकी समाप्ति नहीं होगी।'

पुर्तगाली कवि फर्नान्दो पेसोआ का गद्य (जिससे एक उद्धरण ऊपर है।) पढ़ने में भी उतना ही आनन्द आता है जितना उनकी चार कविनामों से लिखी अलग-अलग व्यक्तित्वों वाली कविता को पढ़ने में। उनकी कुछ

सूक्तियाँ इस प्रकार है :

धरती पर हर जगह बुराई है, और उसका एक रूप ख़ुशी है।
कोई मानक नहीं है। सारे लोग उस नियम के अपवाद है जो है ही नहीं।
ईश्वर का सबसे बढ़िया चुटकुला है।

ईश्वर एक आर्थिक अवधारणा है। उसकी छाया में सभी धर्मों के पुरोहित अपनी आध्यात्मिक नौकरशाहियाँ गढ़ते हैं।

वे हों या न हों, हम देवताओं के गुलाम हैं।
ब्रह्माण्ड की तरह बहुल होओ।
कला ऐन्द्रियता का सबसे ऊँचा और सूक्ष्म रूप है।
कला कला के लिए, दरअसल, सिर्फ़ कला कलाकार के लिए है।
सिर्फ़ यह उम्मीद कि सब कुछ कुछ नहीं है और कुछ नहीं, इसलिए, सब कुछ है।

अन्तिम कविता

गजानन माधव मुक्तिबोध के दुखद देहावसान को 43 बरस हो गये हैं, लेकिन उनके जीवन और साहित्य में दिलचस्पी कम नहीं हुई है। पिछले दिनों उन्हें लिखे गये लेखकों के पत्र-संकलन के पुस्तकाकार प्रकाशन के समय यह स्पष्ट हुआ कि मुक्तिबोध अपने मित्रों की कितनी परवाह करते थे। पत्रों के इस नायाब संग्रह को उपलब्ध कराने के बाद उनके बड़े बेटे रमेश मुक्तिबोध ने वह कविता खोज निकाली है जो मुक्तिबोध ने फरवरी, 1964 में बीमार पड़ने के दौरान लिखी थी और उनके अचेत होने और अन्ततः उस बीमारी से दिवंगत होने से पहले लिखी गयी ये पंक्तियाँ उनकी अन्तिम कविता है। यह कहना कठिन है कि कविता पूरी है या अधूरी। अधूरी लगती है, क्योंकि समय मिला होता तो कवि इस पर ज़रूर और काम करता और उसे कुछ तरतीब देता, जिसकी कि उसे पुरानी आदत थी। कविता यों शुरू होती है :

जगत की चेतना
वेदनों से मिली है
इसलिए अँधेरे में
जमीन के अँधेरे में
तुम्हारी जड़ों का जाल

मेरी सब जड़ों को
कसकर फँसाकर
तोड़ता रहता है
घेरता रहता है।

कुछ पंक्तियाँ लिखकर काटी गयी हैं। फिर कविता आगे यों चलती है :

धूप का सारा गरम धूप
तुम पी गये। पत्तों से चाट गये
सारी हवा
क्या दिया मुझे
अँधेरी अपनी छाया में रहने का मौका।
बस यही!!
इसीलिए, ज़मीन के अँधेरे में
मेरी जड़ें तुमसे जड़ें
टकराती हैं।
फँसती हैं, घेरती हैं,
खाती हैं।

इस कविता या कवितांश का समापन इन पंक्तियों से होता है :

मैं छन्द की
तलाश में हूँ!
बिम्ब की नहीं
गति की खोज में हूँ
अर्ध की नहीं!!

इन पंक्तियों में मुक्तिबोध ने अपनी काव्य-चेष्टा की एक नयी परिभाषा दी है। वे छन्द और गति की तलाश में थे, बिम्ब और अर्थ की नहीं। क्या यह उनकी अपनी समवर्ती कविता पर एक टिप्पणी भी है! कई बार लगता है कि मुक्तिबोध के शिल्प, बिम्बों, फैंटेसी आदि का विश्लेषण तो काफी हुआ है, पर उनकी कविता की छान्दिकता पर कम ध्यान दिया गया है। उसे गद्यधर्मी मानकर छोड़ देना उचित नहीं है। अर्थ के बजाय गति पर आग्रह भी एक ऐसा पक्ष है जिस पर ध्यान देना चाहिए। क्या मुक्तिबोध ने लम्बी कविताएँ इसलिए लिखी थीं कि उनके वितान में ही अधिक गतिशील हुआ जा सकता था!

रमेश मुक्तिबोध ने ऐसी कुछ सामग्री जुटाई है जो अब तक पुस्तकाकार प्रकाशित नहीं हुई है और रचनावली में भी नहीं आयी। इस शेष सामग्री को एकत्र करते हुए एक पुस्तक मुक्तिबोध के अगले जन्मदिन पर नवम्बर 07 में प्रकाशित होगी, ऐसी सम्भावना है।

कभी इसका अध्ययन होना चाहिए कि हमारे बड़े कवियों की लिखी अन्तिम कविताएँ कैसी हैं और उनसे किस तरह के चित्र या आशय उभरते हैं। पर उससे पहले किसी को ऐसी अन्तिम कविताओं का एक संचयन तैयार करना चाहिए।

जापान में पुस्तकें

यह पहले लिखा जा चुका है कि तोक्यो में सार्वजनिक वाहनों में लोग चुप रहते हैं : गप लगाने या बतरस का रिवाज नहीं है। ज्यादातर लोग पुस्तकें लिये पढ़ते रहते हैं और कुछ लोग अखबार और पत्रिकाएँ। हमारे पास तोक्यो में कुल छह शामें थीं। सो उनमें से दो पुस्तकों की दो बहुमंजिला इमारतों में गुजरीं। शहर के दो अलग-अलग बाजारों में स्थित दोनों ही दुकानें इतनी बड़ी थीं कि दिल्ली तक में उन जैसी एक भी दुकान नहीं है। दोनों में एक पूरी मंज़िल अंग्रेज की पुस्तकों की थी। दोनों जगह जापानी साहित्य के अंग्रेजी अनुवाद की पुस्तकों के अलग खण्ड थे। पुस्तकें विधा और विषयवार भी लगी थीं और अकारादि क्रम से लेखकवार भी। पहली दुकान के सबसे निचले तल पर पुस्तकों के दाम के भुगतान के लिए लगभग बीस काउण्टर थे और उनमें से उस शाम एक भी एक मिनिट के लिए खाली नहीं रहता था। इस दुकान में हर पुस्तक पर कवर चढ़ाकर आपको वह दी जाती थी।

जापान आधुनिकता और आधुनिक यन्त्र-व्यवस्था के मामले में अग्रणी है, पर इसने उसकी पुस्तक-संस्कृति पर कोई प्रतिकूल प्रभाव डाला है ऐसा नहीं लगा। यूरोप में भी यही स्थिति है। टेलीविजन, इंटरनेट आदि के व्यापक प्रसार और प्रभाव के बावजूद पुस्तकों की संख्या और उनके पाठकों और खरीदारों की संख्या में बराबर बढ़ोतरी होती रही है। लन्दन, वारसा, बर्लिन या पेरिस में पुस्तकों की दुकानों पर जैसी भीड़ रहती है वैसी ही तोक्यो में देखकर मेरे जैसे पुस्तक प्रेमी का मन मुदित हुआ। दोनों हाथों पुस्तकें खरीदने का सुयोग मिला, सो अलग।

जापान के बड़े कवि शुंतारो तानीकावा से भेंट नहीं हो सकी, पर उनके अंग्रेजी अनुवाद की पुस्तकें सुलभ थीं। उनकी चुनी हुई कविताओं का अंग्रेजी मैं एक संकलन खरीदा। उसमें यह जानकारी दी गयी है कि उनके लगभग सत्तर कविता संग्रह जापानी में प्रकाशित हैं। लगभग पैंतालीस कविता संग्रहों का तो अंग्रेजी में अनुवाद और प्रकाशन हुआ है। जापानी संग्रहों का आलम यह है कि उनके किसी भी नये संग्रह की बीस से

तीस हजार प्रतियाँ बिक जाना आम बात है। दुकानों में कविता-पुस्तकों के शेल्फ सिकुड़ते जाते हैं, लेकिन तानीकावा की कविता की लोकप्रियता अपार है। पता नहीं इस समय संसार में किसी भी भाषा में ऐसा कोई कवि है जो जिज्ञासा, क्रीड़ा और बेबाकी के साथ इतना विपुल काव्यसंसार रच चुका है एक अधसदी के भीतर, और जिसके कविता संग्रहों की ऐसी विशाल बिक्री होती हो। कहा जाता है कि चीनी शब्द के लोग हैं और जापानी हृदय के। यह नोट करना दिलचस्प है कि तानीकावा ने बड़ी संख्या में कविताएँ भाषा इस्तेमाल करने की विसंगत जरूरत पर लिखी है। उन्हें शब्द का प्रयोग करने में संकोच है, लेकिन यह संकोच भी अपार शब्दों में व्यक्त हुआ है।

पृथ्वी और नश्वरता की स्तुति

रेनर मारिया रिल्के इस अर्थ में बीसवीं शताब्दी के विलक्षण कवि हैं कि उनके अंग्रेजी में अनुवाद लगातार होते रहते हैं; उनकी कविता में गहरे आध्यात्मिक आशय खोजे गये हैं और उन्हें लौकिकता का गायक भी माना जाता है। पिछले कई बरसों से अंग्रेजी के ये अनुवाद पुस्तकाकार खरीदता रहा हूँ। इसलिए नहीं कि पहले से अगला हो सकता है बेहतर हो, बल्कि इसलिए कि रिल्के को फिर एक नये संस्करण में पढ़ना हमेशा ही अह्लादकारी और शिक्षाप्रद अनुभव होता है। हर बार फिर रिल्के।

पिछली जुलाई में अंग्रेजी कवि डान पैटरसन का अनुवाद आरफियस मिल गया, जिसे इस नाम से फेबर ऐण्ड फेबर ने प्रकाशित किया है और जिसमें सॉनेट्स टु आरफियस के नये अनुवाद हैं। पैटरसन उन्हें अनुवाद के बजाय रूपान्तर कहना पसन्द करते हैं। जो भी हो, बेहद सुन्दर, गीतिपरक और सुगठित रूपान्तर है। उसके पीछे की दृष्टि की भी सुविचारित व्याख्या रूपान्तरकार ने की है और उसका बचाव भी। पते की एक बात यह कही है कि अगर एक स्तर पर रूपान्तर में मूल कथ्य की कुछ क्षति होती है तो रूपान्तरित भाषा में कुछ उसमें जुड़ भी जाता है।

पैटरसर के अनुसार रिल्के इन सॉनेटों में जिस दृष्टि को विन्यस्त करते हैं, वह इस गहरे-तीखे अहसास से उपजती हैं कि प्राणियों में मनुष्य ही वह प्राणी है जिसे अपनी नश्वरता का ज्ञान है और वह अपना अधिकांश जीवन इस नश्वरता की छाया में जीता है। रिल्के के लिए आरफियस वह चरित्र है जो जीवन और मृत्यु एक साथ जीता है : वह उनके अन्तर्विरोध के ठीक आमने-सामने, बीच में अवस्थित है। मनुष्य का गान

पक्षियों के गान से अलग और सभी प्राणियों में अद्वितीय है। 'अन्तहीन नदी बहती चलती है, लेकिन गान से हम उसके प्रवाह के विरुद्ध खो सकते हैं और, थोड़ी देर के लिए, अपनी ही प्रगति को थाम सकते हैं। समय असमय में मिल जाता है और हम उसके बीतने का अहसास कुछ खो देते हैं...।' पैटरसन के मत में रिल्के की कविता स्तुति है, पर किसी देवता या ईश्वर की नहीं बल्कि उन तत्त्वों की, जिन्होंने हमें जन्म दिया है : अगर हम एक बार फिर अपने को मिट्टी से जन्मा देख सकें तो हम वह गा सकते हैं, जो पृथ्वी स्वयं गाती हैं। रूपान्तरों में से कुछ अंश झटपटिया अनुवाद में यों है :

होओ, और साथ ही साथ जानो अवस्था
न होने की, असीम अन्तर्व्योम
ताकि इस बार तुम उसका पूरा सम्मान
कर सको।
समूची प्रकृति लो, उसका एक
विशाल कुलयोग...
हुलसकर उसमें गुणा करो
अपनी नगण्यता का, और साफ और स्लेट।

सिर्फ गाते हुए हम होते हैं उचित और सच
क्योंकि तब हम एक साथ होते हैं
कुल्हाड़ी, डाल
और मीठा, पकता हुआ खतरा उनके बीच का

और अगर संसार तुम्हारा नाम भूल जाये
निश्चल पृथ्वी से यह कहो : मैं बहता हूँ
तेज प्रवाह से यह कहो : मैं हूँ

पढ़ाकू चीन

चीन के समाजवादी गणतन्त्र ने अपनी षष्टिपूर्ति पर बीजिंग में उसने अपनी सैन्य शक्ति का शानदार और कुछ भयातुर करने वाला प्रदर्शन किया जिससे चीन की एक लड़ाकू तस्वीर सामने आयी। लेकिन जब दिल्ली में उसके राजदूतावास ने इस अवसर पर एक समारोह आयोजित किया तो उसमें आने वाले हर अतिथि को जो उपहार दिया उसमें 'रीडिंग इन चाइना' नाम की एक पुस्तक है जो यह बताती है कि लड़ाकू होने

के साथ-साथ चीन एक बेहद पढ़ाकू देश भी है।

इस प्रचार-पुस्तक से यह तथ्य पता चलता है कि चीन में प्रति वर्ष दो लाख चौंतीस हज़ार पुस्तकें छपती हैं जिनकी प्रतियों की संख्या लगभग साढ़े छह अरब है। ऐसा अनुमान लगाया गया है कि 2010 से हर वर्ष हर दस लाख लोगों के पीछे 192 पुस्तकें होंगी और हर वर्ष हर चीनी व्यक्ति औसतन साढ़े पाँच पुस्तकें और ढाई पत्रिकाएँ पढ़ रहा होगा। यह सब तब जब चीन में पढ़ने की आदत घटने पर चिन्ता व्यक्त की जा रही है और सरकार और पार्टी दोनों ही स्तरों पर उसे बढ़ाने के लिए विशेष प्रयत्न करने का आग्रह किया जा रहा है।

शंघाई में एक बुक मॉल है जो कि एक सत्ताइस मंज़िला इमारत में स्थित है। उसमें रोज़ाना आने वाले व्यक्तियों की संख्या तीस लाख के आस-पास है। साढ़े आठ लाख युआन की पुस्तकें रोज़ाना बिक जाती हैं। इधर कई ख़बरें इस आशय की आती रही हैं कि हमारी सैन्य शक्ति चीनी शक्ति के मुक़ाबले कम है। इन आँकड़ों से लगता है कि चीन की चौतरफ़ा बढ़ती शक्ति का आधार उसका इस क़दर पढ़ाकू होना भी है। इस मामले में हम बेहद पिछड़ रहे हैं : इसकी किसे चिन्ता है। और हम भारत को एक समकक्ष पढ़ाकू देश बनाने के लिए क्या कुछ ठोस और कारगर कर पा रहे हैं।

सुर की गंगा

इन दिनों जब पवित्रता की धारणा मात्र ग़ैर-आधुनिक और लगभग व्यर्थ मान ली गयी है, शास्त्रीय संगीत ऐसा क्षेत्र बचा हुआ है, जहाँ यह धारणा और उसका अनुभव न तो अप्रासंगिक हुए हैं, न ही त्याज्य। इसका अहसास तीव्रता से हुआ 'पहल' द्वारा प्रकाशित उस्ताद बिस्मिल्लाह खाँ से लम्बी और अन्तरंग बातचीत पर आधारित सुनीता बुद्धिराजा की पुस्तिका 'गूँज उठी शहनाई' पढ़ते हुए।

बनारस और गंगा का उनके लिए कितना महत्व है यह बताते हुए उस्ताद कहते हैं : '...बनारस है ही बनारस। सोची तो सही ज़रा। ग़ौर करो, हम जितने भी इन्सान, सुर की तलाश में हैं न! रस की तलाश में हैं। अरे यार, कहीं मत जाओ, बनारस चले जाओ वहाँ बना रस है। रस बना बनाया है।' आगे जोड़ते हैं : 'लौटकर आता हूँ तो पहला काम ये करता हूँ कि गंगा जी में शहनाई को डुबकी लगाता हूँ। शहनाई ख़ाली नहीं, खुद भी। शहनाई ली हाथ में और कई गज़ तैर के चले गये आगे।.

.. अलबत्ता कपड़ा तो हम हमेशा गंगाजी में धोया हुआ ही पहनते हैं। धोबी के हाथ का कपड़ा नहीं पहनते। हमारा एक ही धर्म है—सुरःसंगीत।'

स्वर समृद्ध इस महान संगीतकार के यहाँ सुर की महिमा सबसे ऊपर रही है। वे कहते हैं : 'इतनी बड़ी दुनिया है, फिर सबके सब चले जायेंगे। कोई नहीं रहेगा। बस, सुर जो हैं, सुर देवता रहेंगे।... सुर है न, दिखायी नहीं देता महाराज। हम कह रहे हैं कि सुर दिखायी नहीं देता, सुना जा सकता है। कहिए तो सुर महाराज सबके हैं, और किसी के भी नहीं।' अपनी धार्मिकता को वे ज़रा भी नहीं छुपाते : '...अगर संगीत में रहना चाहते हो तो ज़रा नमाज़ भी पढ़ो। उसकी इबादत करो।.. ये सब चीज़ें हैं जो आजकल लोग नहीं कर रहे हैं, संगीत के लिए न उनकी साधना है और न ही इबादत जबकि अच्छे कलाकार के लिए ये दोनों ही बहुत ज़रूरी हैं।' उनके सामने यह स्पष्ट है कि 'सुर देवता किसी के नहीं हैं, और सबके हैं। जब अपनी हस्ती को मिटा दोगे तो सुर देवता तुम्हारे हो जायेंगे।'... कोई भी हो, बात ये है कि अगर सुरीला है तो हम तो मानेंगे। हम तो मानेंगे ही उसको। वह फिर चाहे बामन हो या चमार।... हम छुआछूत और ये सब नहीं करेंगे... जहाँ हमारा सुर है वहीं मिलाओ नहीं तो जाओ।' वे आगे जोड़कर कहते हैं कि 'ज़िन्दगी सुरीली होनी चाहिए जी! वरना कौन मज़हब है, ये कौन जात है, वे कौन हिन्दू हैं कि मुसलमान हैं कि ईसाई—कोई फ़र्क़ नहीं पड़ता। क्योंकि सबका एक ही मज़हब है—संगीत सबकी एक ही जात है—सुर। सबके सब सुर को माननेवाले हैं।

यह बातचीत पढ़कर दो बातें साफ़ होती हैं। सच्चा धार्मिक व्यक्ति कट्टर या साम्प्रदायिक नहीं होता। वह सब धर्मों का आदर करता है। दूसरी यह कि संगीत और अन्य कलाएँ उसकी सहचर होते हुए भी धीरे-धीरे एक तरह का धर्म बन गयी हैं। वे हमारे समय में पवित्रता का शायद आख़िरी शरण्य हैं।

ख़राब पत्रिकाएँ

हिन्दी में इतनी बड़ी संख्या में पत्रिकाएँ निकलती हैं कि अगर उनमें से कुछ ख़राब निकलती हैं तो इसमें आश्चर्य नहीं होना चाहिए। आख़िर कोई भी भाषा और साहित्य अच्छे-बुरे, उत्कृष्ट-मध्यम-घटिया के मिश्रण और कई बार मेलजोल से ही बनते हैं। हिन्दी में हर अच्छे कवि पीछे कम से कम एक सैकड़ा ख़राब कवि हैं। कथाकारों और आलोचकों के

बारे में भी यह प्रतिशत ऐसा ही है। इसलिए बहुसंख्यक ख़राब को उतने ही ख़राब याने अपने समरूप मंच भी चाहिए। लोकतन्त्र का तर्क ही ऐसा है। आप अगर किसी को अच्छे होने से रोक नहीं सकते तो किसी को ख़राब होने से थाम भी नहीं सकते : अच्छे और ख़राब दोनों को समान आज़ादी है। ग़नीमत यह है कि आपको अच्छे को अच्छा कहने और ख़राब को ख़राब कहने की आज़ादी भी है। यह और बात है कि हममें से अधिकांश संकोच या 'कौन बवाल खड़ा करे' के डर से इस आज़ादी का इस्तेमाल नहीं करते।

स्वर्गीय विद्यानिवास मिश्र ने कई बरसों पहले जब 'साहित्य अमृत' नाम की पत्रिका प्रभात प्रकाशन से निकालना शुरू किया था तो उसके प्रवेशांक के प्रकाशन पर आयोजित एक समारोह में यह कहने की धृष्टता की थी कि अगर हो सके तो पत्रिका नहीं निकालना चाहिए। पर निकालना ही पड़े तो लेखकों के एक समूह द्वारा समर्थित पत्रिका निकालना चाहिए ताकि उसकी एक दृष्टि प्रगट हो। अनावश्यक उदारता से पत्रिका अच्छी नहीं निकल सकती। इनमें से एक भी सलाह पर ध्यान नहीं दिया गया और विद्यानिवास जैसे मूर्धन्य ने हिन्दी में एक ख़राब पत्रिका लगातार निकाली। उसका जो सम्पादकीय वे लिखते थे, वह हमेशा पठनीय-विचारणीय होता था, लेकिन सामग्री और उसकी प्रस्तुति निहायत दक़ियानूस, अप्रासंगिक और गुणहीन ही रही। कुछ विशेषांक जैसे संस्मरणों पर, अलबत्ता अच्छे निकले, लेकिन उसकी बेहद प्रशंसनीय नियमितता के बावजूद उसमें इस दौरान कोई उल्लेखनीय रचना छपी हो, ऐसा याद नहीं आता। वह हिन्दी के असंख्य मीडियाकरों का मंच बन गयी और आज तक बनी हुई है। विद्यानिवास जी जैसे असंदिग्ध विद्वान् ने ख़राब पत्रिका निकालकर जो प्रतिमान स्थापित किया, उसे पत्रिका को ख़राबतर उनके उत्तराधिकारी सम्पादक स्वर्गीय लक्ष्मीमल सिंघवी और अब के सम्पादक त्रिलोकीनाथ चतुर्वेदी ने पुष्ट ही किया है।

मध्यप्रदेश से निकलने वाली दो पत्रिकाओं 'साक्षात्कार' और 'पूर्वग्रह' का एक ज़माने में बड़ा नाम था। वैचारिक रूप से उनकी दृष्टि से असहमत लोग भी उनकी गुणवत्ता को स्वीकार करते थे। शानी, सोमदत्त, प्रभाकर श्रोत्रिय, सुदीप बनर्जी, ध्रुव शुक्ल, आग्नेय आदि सम्पादकों ने 'साक्षात्कार' को एक उल्लेखनीय पत्रिका बनाया था। उसकी हालत अब यह है कि अंकों को सीधे कचरे की टोकरी में डालने का मन होता है। यही हाल मेरे पुराने मित्र रामशंकर मिश्र 'पंकज' द्वारा हथिया ली गयी पत्रिका 'पूर्वग्रह' का है। दोनों ही हिन्दी की मीडियाक्रिटी के सुसज्जित मंच बन गयी हैं। इन पत्रिकाओं को जैसे कि 'साहित्य अमृत' को पढ़कर लगेगा कि हिन्दी में बीसवीं शताब्दी हुई ही नहीं। आधुनिकता, प्रगतिशीलता, जनवाद आदि को ज़रूर प्रश्नांकित किया जाना चाहिए लेकिन ऐसा करने

के लिए बौद्धिक खुलापन, वैचारिक प्रखरता और ऊँचे स्तर की सृजनात्मकता चाहिए। धारहीन उदारता और आत्मतुष्ट आक्रामक मीडियाक्रिटी ऐसा नहीं कर सकते। जो कर सकते हैं वह यही है—ख़राब पत्रिकाओं का नियमित साधन-सम्पन्न प्रकाशन।

'समूचे जीवन की साँस जैसी'

पिपरिया से निकलनेवाली पत्रिका 'तनाव' का 105वाँ अंक आया है। हर अंक को किसी एक कवि के हिन्दी अनुवाद पर एकाग्र कर बरसों से यह पत्रिका अनोखे ढंग से हिन्दी कविता के भूगोल का विस्तार करती रही है : अनुवाद में सही, जो हिन्दी में आता है वह हिन्दी का हो जाता है। 'तनाव' बिना किसी शोर-गुल या नाटकीयता के, बेहद शान्त पर प्रतिबद्ध भाव से हिन्दी को अन्तरराष्ट्रीय बनाता रहा है, उसमें संसार भर की कविता को लाकर। हिन्दी इससे अन्तरराष्ट्रीय नहीं हो जाती कि वह कभी-कभार किन्हीं देशों में कुछ लोगों द्वारा बोली-लिखी जाती है। वह टिकाऊ ढंग से अन्तरराष्ट्रीय होती है जब हिन्दी भाषी के पास साहित्य, ज्ञान और विज्ञान की, विचार की अन्तरराष्ट्रीय सम्पदा हो। 'तनाव' यह काम करता आया है और इसके लिये कवि वंशी माहेश्वरी की जितनी प्रशंसा की जाये, कम है।

ताज़ा अंक में फ्रेंच कवि ज़ाक दुपाँ की कुछ कविताओं के परिष्ठ कवि सुरेश सलिल द्वारा किये गये अनुवाद प्रकाशित हैं। सलिल जी लगन-जतन से अनुवाद करते रहे हैं और एक ऐसे समय में जब हिन्दी में युवतम पीढ़ी की दुनिया की कविता के बारे में जिज्ञासा ख़ासी छीज चुकी है, वे लगातार उन्हें साक्षर बनाने का उद्यम कर रहे हैं। उनकी इस ज़िद के लिए आदर उमड़ता है।

कवि और कलालोचक ज़ाक दुपाँ इस समय 81 बरस के हैं या होने जा रहे हैं। उनकी कई कवितायें इस सुघर अनुवाद में ध्यान खींचती हैं :

पत्थर के मैदान अदृश्य में फैले हैं, इस अदृश्य प्रसन्नता की भाँति
जो हमें आबद्ध किये है, जो हमसे मेल नहीं खाती
मेरा तुमसे जुड़ाव है, तुम मुझे समझते हो, उत्तेजना हमें अँधा किये दे रही है...
रात हमारी प्रतीक्षा में है, हमें पूर्ण करती है
हमें फिर से उसकी प्रतीक्षा को निराशा से भरना होगा ताकि

वह रात हो जाये।

एक और कविता है :

जब चलना दूभर होता है, पथ नहीं पैर चकनाचूर होता है
तुम छले गये थे,
रौशनी सहज है, और पहाड़ियाँ निकट ही,
अगर ग़लती से, आज रात में तुम्हारा दरवाज़ा खटाखटाऊँ,
मत खोलना
फिर भी मत खोलना,
तुम्हारे चेहरे की अनुपस्थिति मेरा एकमात्र अँधेरा है।

कवितानुवाद में बहुतेरी चमकीली पंक्तियाँ हैं : 'मशाल, जो रसातल को रौशन करती है, जो उसे ताप देती है, खुद भी एक रसातल है', 'एक कानखाऊ आनन्दोत्सव बुभुक्षित विस्तार का', 'घर व्यवस्थित है/हवा का बरछा उसे काट रहा है', 'हवा आँसुओं को सी देती है', 'पत्ती की कछारी उमाह से परे', 'जहाँ डूबता सूर्य पाव रोटी की तरह टूट गया है', आदि।

अन्त में यह घरेलू प्रेम कविता :

तुम अपनी सिलाई में व्यस्त : एक सुई की नोक उत्तर की ओर, एक सुई की
नोक दक्खिन की ओर, एक सुई की नोक दिल की ओर...
एक ज़्यादा तेज़ सुई, सुई में दाख़िल होती हुई : पीड़ा सीध
में भेदती हुई, तंग रौशनी।

प्रतिलिपि का उदाहरण

पिछली अप्रैल से बीकानेर राजस्थान से दो युवा लेखकों ने एक द्वैमासिक पत्रिका शुरू की है जिसका नाम है 'प्रतिलिपि'। प्रकाशक का नाम है : उदाहरण। पत्रिका द्विभाषिक है और उसमें हिन्दी और अंग्रेज़ी दोनों में रचनाएँ प्रकाशित हैं। मूलतः यह पत्रिका नेट-पत्रिका है। लेकिन अगर कोई उसे बाक़ायदा पुस्तकाकार चाहे तो वह उसे मिल सकती है। मेरी नेट आदि पर कोई गति-मति नहीं है इसलिए मैंने तो दो अंक पुस्तकाकार ही देखे। शायद मैं ग़लत शब्द का प्रयोग कर गया-- यह ई-पत्रिका है। सम्पादक-द्वय गिरिराज किराडू और राहुल सोनी ने अपने पहले सम्पादकीय में कहा है कि "ई-पत्रिका होना सिर्फ़ एक औपचारिकता है, यह इलेक्ट्रॉनिक फ़ारमेट में एक पारम्परिक पत्रिका है।" दो अंकों में कृष्ण

बलदेव वैद, वागीश शुक्ल, शीन काफ़ निज़ाम, उदय प्रकाश, सारा राय, मदन सोनी, बद्रीनारायण, पुरुषोत्तम अग्रवाल, मंगलेश डबराल, गीतांजलि श्री, कन्नड़ कवि एच. एस. शिवप्रकाश, स्वीडिश कवि लार्श लुण्ड क्विस्ट, तेजी ग्रोवर आदि की रचनाएँ मूल में या अंग्रेज़ी अनुवाद में हैं। आकार-प्रकार पेपरबैक पुस्तकों जैसा है इसलिए इसे पुस्तक-पत्रिका भी कह सकते है।

बड़बोली नाटकीयता के बजाय सम्पादकों की सुरुचि ऐसे साहित्य पर केन्द्रित है जो शान्त रहकर भी उग्र और विचलनकारी है। तेजी ग्रोवर के स्वीडिश से हिन्दी अनुवाद में कवयित्री आन येदरलुण्ड की बारह कविताओं का समुच्चय प्रकाशित है जिसका यह अंश देखने योग्य है :

गगनमण्डल तक जैसे एक छाया सूरज की शुआओं तले
नीले हरे पानियों से चमकते किसी स्वप्न से आती हुई
क्या यह खुद मैं ही हूँ और तुम हमेशा कोई और
उस ख़ामोशी में जो माथे की कथर पर तनी है

पत्रिकाओं की भीड़ में यह एक अलग पत्रिका है सुसम्पादित, सुप्रकाशित। उसे लेखकों और पाठकों का भरपूर समर्थन मिलना चाहिए।

प्रकृति से दूर

अगर साहित्य समाज का दर्पण है—जैसा कि करोड़ों बच्चों और युवाओं को लगातार बताया जाता और इस तरह दोनों के सम्बन्ध की बहुत इकहरी समझ पैदा की जाती रही है—तो समकालीन साहित्य देखने से यह नतीजा निकालना बेजा न होगा कि हिन्दी समाज प्रकृति से दूर हो गया या दूर होता जाता समाज है। यह तब जब हम एक ऐसी सभ्यता कहे जाते हैं जिसमें प्रकृति से मनुष्य का सम्बन्ध समरसता, तदाकारिता और परस्पर आदर का रहा है। अगर दूर-दराज़ के अंचलों से आयी कविताओं, कहानियों और उपन्यासों (जैसे छत्तीसगढ़, झारखण्ड आदि से) को अपवाद मान लें तो हमारी समकालीनता के भूगोल से प्रकृति की जगह निरन्तर कम होती जा रही है। तर्क शायद यह है कि हमें सामाजिक यथार्थ और संघर्ष से फुरसत नहीं है कि हम प्रकृति की सुषमा या सौन्दर्य या भयावहता को निहार और विन्यस्त कर सके। औद्योगिक और नवपूँजीवादी शक्तियाँ लगातार पर्यावरण और प्रकृति को क्षत-विक्षत कर रहे हैं और साहित्य में प्रकृति से उदासीन या उसके प्रति अचिन्तित रहकर हम भाषा में भी पर्यावरण को एक तरह से नष्ट या कम से कम घायल

कर रहे हैं। हम सचमुच अपने समाज का दर्पण हो गये हैं!

यह सब सूझा प्रसिद्ध पुस्तक-पत्रिका 'ग्राण्टा' का नया 102वाँ अंक देखकर जो नये प्रकृति लेखन पर एकाग्र है। पश्चिम में पहले प्रकृति-लेखन कुछ ऐसे सिरफिरों का सरोकार माना जाता रहा है जो दाढ़ी बढ़ाये, एक नोटबुक और एक क़ैमरे के साथ किसी दूर-दराज़ के अरण्य में बिला जाते रहे हैं और फिर वहीं से प्रकृति से अपने सान्निध्य के बारे में लिखते हैं। अब यह धारणा बदली है। प्रकृति ऐसी अछूती और पवित्र नहीं रह गयी है : मनुष्य की लगभग हर चीज़ या युक्ति या कल्पना की तरह वह मटमैली है। उसका सम्बन्ध निर्जनता से उतना नहीं जितना उस सबसे नज़दीक होता गया है जो मनुष्य की दुनिया में हो रहा है यानी राजनीति, सिविल युद्ध, हिंसा, अत्याचार और अन्याय, शोषण यहाँ तक कि मनुष्य के शरीर में जिस प्रकृति का निवास है उसका भी लेखा-जोखा अब नये प्रकृति-लेखन का हिस्सा है।

सम्पादक जेसन काउली का कहना है कि शायद ही किसी को सन्देह हो कि हम आपातकाल में रह रहे हैं। दुनिया की आबादी इस समय 6-7 खरब है और अगले बीस बरसों में वह 8.5 खरब हो जायेगी। जलवायु गरमा रही है तेज़ी से और अपनी धरती हम ही नष्ट करने जा रहे हैं। सम्पादक का यह भी कहना है कि शक्ति का पश्चिम से बुनियादी विचलन हो रहा है; चीन-भारत-ब्राजील के उभार से, उनकी नयी सम्पत्ति और महत्वाकांक्षी मध्यवर्ग से दुनिया के सीमित साधनों पर असह्य दबाव पड़ रहा है।

एक छोटे के वृत्तान्त में एन्थोनी डूपर बखान करते हैं लाखों तितलियों के एक लम्बे काँपते परदे की, आकाश को लगभग पूरी तरह से ढाँपते हुए, उनकी लम्बी कार-यात्रा के दौरान अमेरीका में कहीं। कीड़ों की एक नदी जो उन्हें अपनी समझ की सीमाएँ दिखा रही थी। वैज्ञानिक जिम होल्ट बताते हैं कि सूर्य से हमें सिर्फ़ गर्मी या ऊर्जा भर नहीं मिलती, वह संसार की व्यवस्था के लिए भी ज़िम्मेदार है। गरमाती जलवायु कॉस्मिक अव्यवस्था को जन्म देगी और जो सूर्य करता है उसे व्यर्थ कर देगी। दोनों ही गरमी की उपज हैं। मनुष्य को चुनना है कि उसके लिए कौन सी गरमी ठीक और ज़रूरी है। सूर्य की स्वयम्भू ऊष्मा या कि मनुष्यकृत जलवायु की ऊष्मा! शायद मनुष्यता प्रकृति की ओर वापस नहीं जा सकती। लेकिन वह प्रकृति से एकरसता का नया सत्बन्ध ज़रूर स्थापित कर सकती है अगर हम अपने उपभोग और लोभ को नियन्त्रित कर सकें। नया प्रकृति-लेखन इसी दिशा और सम्भावना की ओर संकेत कर रहा है।

बच्चों के लिए

मुझे अक्सर क्लेश होता रहा है कि मैंने कभी बच्चों के लिए कुछ लिखने की कोशिश नहीं की। मेरे कुछ लगभग समवयसियों जैसे प्रयाग शुक्ल, रमेशचन्द्र शाह ने यह कोशिश की और कुछ बहुत अच्छी चीज़ें लिखी हैं। 'नया ज्ञानोदय' का ताज़ा विशेषांक 'हाशिये पर भविष्य' 'वर्तमान परिवेश में बच्चों के पूरे संसार को खँगालने की कोशिश' है। लगभग तीन सौ पृष्ठों के इस अंक को अभी उलटा-पलटा ही है। मेरा ध्यान कुछ कविताओं पर गया।

आशुतोष दुबे का कवितांश है :

एकान्त उनके कोने घिसकर उन्हें एक गेंद में बदल देता है। अपनी ऊब में टप्पे खाते हुए अन्ततः वे फ़र्श पर निश्चल पड़े रहते हैं। कभी-कभी वे ऐसे काम करते नज़र आते हैं जो उन्हें अपनी ढलती उमर में करने होंगे, जैसे पड़े-पड़े छत की ओर देखते रहना, बुदबुदाना, जम्हाई लेना, ऊँघना और सो न पाना।

प्रेमरंजन अनिमेष की 'तारे' शीर्षक कविता है :

कितने तारे नील गगन में
मोती पानी के बरतन में

हर तारा है अपना कोई
हर तारा है सपना कोई
इतनी दूरी तय कर आते
जगमग आँखों को कर जाते

जितने क़िस्से हैं इस मन में
तारे उतने नील गगन में

कामतानाथ को अभी तक मैं कथाकार के रूप में ही जानता आया था। इस विशेषांक में उन्होंने बच्चों के लिए दो कविताएँ लिखी हैं। उनमें से 'पहाड़ा गुस्सा' शीर्षक कविता यों है :

गुस्सा एकम गुस्सा
गुस्सा दूनी झगड़ा
गुस्सा तिया गाली
गुस्सा चको झापड़
गुस्सा पंजे घूसा
गुस्सा छठे लाठी

गुस्सा सते चाकू
गुस्सा अठे गोली
गुस्सा नवाँ हत्या
गुस्सा दहम फाँसी

एक छोटा सा खण्ड 'बेटियों के लिए कविताएँ हैं। उसमें देवव्रत जोशी का एक कवितांश है :

बाप से आँख मिला नहीं पाया आजीवन
जबकि सहज थे वे
हवा-पानी-मिट्टी और आकाश की तरह--
तरल, पारदर्शी अहेतुक प्रेमी
उसी स्वभाव की पोती से
आँखें चुराता हूँ,

फिलवक़्त पिता की कुर्सी पर बैठी वह
आज मुझे
बेतरह मुग्ध और शर्मसार कर रही है

एक छोटा सा खण्ड दलित लेखकों के बचपन पर है जिसमें निर्मम सचाइयों का खुला बखान है। शंकरराव खरात ने आपबीती में लिखा है : 'अण्णा को लकड़ियाँ-कण्डा मरघट में पहुँचाने में मदद के वास्ते जाना था। मैं भी साथ में गया। वैसे मैं बकरियाँ चराता था। पर माँ ने मुझे भी मरघट भेज दिया। उस दिन मैंने भी मरघट में अण्णा की मदद करायी। हमारे हिस्से में आया कफ़न। जिसकी मैंने कमीज बनवायी। जीवन में पहली बार मुझे नया कपड़ा पहनने को मिला था। मेरे लिए यह प्रसन्नता की बात थी।' लक्ष्मण माने ने लिखा है : 'वैसे तो मैं स्कूल जा रहा था, पर मैं, बरामदे में बैठकर ही सुना करता और सारे लड़के कक्षा में बैठते। बाप ने एक दिन कहा, बेटे को भीतर क्यों नहीं बिठाते! मास्टर ने झल्लाते हुए कहा था, अरे भिखारियों के लिए भी कहीं स्कूल होती है!... अरे, उसके पढ़ने के बाद टोकरियाँ कौन तैयार करेगा! बड़े आये पढ़ाने वाले! मैंने देखा बाप की आँखें डबडबा आयी थीं।'

ओमप्रकाश वाल्मीकि की बचपन की याद ऐसी है : 'हेडमास्टर ने लपककर मेरी गर्दन दबोच ली थी। कक्षा से बाहर खींचकर उसने मुझे बरामदे में ला पटका। चीख़कर बोले, 'जा लगा पूरे मैदान में झाड़ू...नहीं तो मिर्ची डाल के स्कूल से बाहर काढ़ (निकाल) दूँगा।' भयभीत होकर मैंने तीन दिन पुरानी वही शीशम की झाड़ू उठा ली। मेरी तरह की उसके पत्ते सूखकर झरने लगे थे। सिर्फ़ बची थीं पतली-पतली टहनियाँ। मेरी आँखों से खून बहने लगा था। रोते-रोते मैं मैदान में झाड़ू लगाने लगा।

नरेश मेहता का भी एक बालगीत प्रकाशित हुआ है। उसकी कुछ पंक्तियाँ हैं :

झरनों का गोरा जल
पीतीं वन हंसों की पाँतें
चाँदनियाँ फूलों में
लिखतीं रंग-रंग की रातें
अस्ताचल का सोना
लाने तोते चंचल उड़ते
फागुन में मंजरियाँ महकें
टेसू सुलगे पड़ते

और अनामिका की 'अक्षर-ज्ञान' कविता शुरू होती है इन पंक्तियों से :

चौखटे में नहीं अँटता
बेटे का 'क',
कबूतर ही है न
फुदक जाता ज़रा सा!
पंक्ति से उतर जाता है उसका 'ख'
खरगोश की ख़ालिस बेचैनी में,
गमले-सा टूटता हुआ उसका 'ग',
घड़े-सा लुढ़कता हुआ उसका 'घ'
'ङ' पर आकर थमक जाता है
उससे नहीं सधता 'ङ'!

दो कविताएँ

नन्दकिशोर नवल ने आलोचना की एक अच्छी पत्रिका निकाली थी 'कसौटी', जिसमें उन्होंने स्वयं उदार दृष्टि अपनाकर कई अलक्षित या अल्पलक्षित कवि-लेखकों की ओर आलोचनात्मक ध्यानाकर्षण किया था। कविताओं के कई छोटे चयन भी उन्होंने छापे। इधर दानिश बुक्स ने 'पदचिह्न' नाम से इन कविताओं को पुस्तकाकार प्रकाशित किया है। मुझे दो कविताएँ, पहली नरेश मेहता और दूसरी जीवनानन्द दास की (अपूर्वानन्द द्वारा हिन्दी में अनूदित) पसन्द आयीं। वे यों हैं :

कहाँ हुआ
लिखा तो गया
पर, कहना कहाँ हुआ?

किससे कहते—
तुम यदि होते
राह भले ही तपती होती
पर बातों के द्रुमदल-मृगजल कुछ तो होते
हाँ, नदियाँ थीं दिखीं
मिलीं भी
पर, बहना कहाँ हुआ?
किसे दिखाते?
कितने पैबन्दोंवाली थी अपनी कथरी
राग और वैराग्य बीच हम
होते गये विवश भरथरी
उतर गया भूषा-सा जीवन
मन से, तन से
चलो बटोही!
इस सराय में रहना कहाँ हुआ?
नारंगी
एक बार जो देह से बाहर चला जाऊँगा
तो क्या फिर लौटकर आऊँगा नहीं पृथ्वी पर?
फिर लौट सकूँ
किसी एक शीत की रात में
एक शीतल नारंगी का करुण मांस लेकर
किसी एक परिचित मरणासन्न के बिछावन के पास।

वह समय

मुक्तिबोध जी को विभिन्न लेखकों द्वारा लिखे गये और उनके द्वारा सहेजकर रख गये पत्रों का संचयन पुस्तकाकार उनके बेटे रमेश मुक्तिबोध के परिश्रम और जतन की वजह से 'मेरे युवजन, मेरे परिजन, शीर्षक से 2007 में प्रकाशित हुआ था। 'पक्षधर' के नये अंक में (विनोद तिवारी द्वारा बनारस से सम्पादित) रविभूषण ने उसकी लगभग 30 पृष्ठों की एक लम्बी और सुविचारित समीक्षा 'पत्रों से झाँकता वह स्वयं' शीर्षक से लिखी है। उसे पढ़कर महसूस हुआ कि इस पुस्तक का प्रकाशन सार्थक इस समीक्षा से हुआ। समीक्षक ने पत्रों में व्यक्त विचारों, भावनाओं, संकेतों आदि को गूँथकर उस समय — जो नक़्शा इस समीक्षा में विस्तार से चित्रित किया है वह मुक्तिबोध, उसके समय और पत्र-लेखकों के बारे

में, उस समय की मित्रताओं और मतभेदों पीढ़ियों के बीच अन्त और संवाद आदि की हमारी समझ को बढ़ाता है मनोयोग और अध्यवसाय से लिखी ऐसी समीक्षा पढ़कर मन समीक्षक के प्रति कृतज्ञता से भर उठा है। उसका एक सम्पादक और पत्र-लेखक मैं हूँ इसलिए भी।

'पहल' का समापन

कुछ दिनों पहले किसी ने, शायद कविमित्र ज्ञानेन्द्रपति ने पटना में बताया था कि कथाकार ज्ञानरंजन द्वारा पिछले पैंतीस वर्षों से सम्पादित-प्रकाशित पत्रिका 'पहल' अब बन्द होने जा रही है। थोड़ा धक्का सा लगा लेकिन बात आयी-गयी हो गयी। अभी कल ही ज्ञान का एक पत्र मिला जिसमें 'पहल' के समापन की विधिवत् घोषणा है। हालाँकि मैं कभी 'पहल' को लेखक नहीं रहा और जब-तब उसके कोपभाजन का ही पात्र रहा, यह कहने में कभी संकोच नहीं किया है कि पिछले साढ़े तीन दशक में जिन पत्रिकाओं ने हिन्दी का साहित्यिक परिदृश्य बनाया-पोसा, विचारोत्तेजना बनाये रखी, युवा प्रतिभाओं की निर्णायक खोज की, कुछ युवतर लेखकों को, भले प्रतिबद्ध लेकिन गम्भीर आलोचना लिखने के लिए प्रेरित किया और बाहर के साहित्यों से हमारा परिचय निरन्तर बढ़ाया उनमें 'पहल' का स्थान बहुत महत्त्वपूर्ण रहा है। ज्ञानरंजन ने इस दौरान अपना सृजनात्मक काम लगभग छोड़ दिया और सारी शक्ति, साधन और सम्पर्कों को इस पत्रिका में लगाया। ज्ञानरंजन की गणना निश्चय ही इस दौरान हिन्दी के श्रेष्ठ और प्रेरक सम्पादकों में की जायेगी। सच तो यह है कि नहीं पता कि भारत की किस और भाषा में 'पहल' जैसी प्रतिबद्ध और प्रभावशाली पत्रिका निकलती है। इसलिए उसका समापन न सिर्फ़ हिन्दी परिदृश्य बल्कि समूचे भारतीय परिदृश्य को विपन्न करेगा। ज्ञानरंजन में अपने पत्र 'पहल' को बन्द करने के पीछे कारण अपनी सेहत बताई है और यह खुलासा भी किया है कि उसके प्रकाशन के चलते रहने में किसी प्रकार का रचनात्मक या आर्थिक अवरोध नहीं है।

शायद औरों को भी यह सौभाग्य मिला हो : 'पहल' का हर अंक, जैसे कि यह पत्र भी, ज्ञानरंजन ने लिफ़ाफ़े पर अपने हाथ से पता लिखकर भेजते रहे हैं जिससे यह पता चलता है कि उन्होंने 'पहल' में अपनी कितनी निजी शक्ति लगातार निवेश किया है। अपनी वैचारिक निष्ठा और दूसरों के प्रक्षेरण और उन्नयन के लिए लगभग तीन दशकों से अधिक का जीवन लगाने के उदाहरण बहुत नहीं होंगे : हमारी पीढ़ी में उनका है। उनके पूर्वग्रहों के बावजूद—वे कम और अनुग्रह नहीं थे—उन्होंने जो

किया है उसके लिए हिन्दी समाज और हिन्दी साहित्य-जगत् को उनका हमेशा कृतज्ञ रहना चाहिए। इस दुबली सी इच्छा को इज़हार से बचाना मुश्किल है कि अब जब वे 'पहल' के काम से मुक्त होंगे तो ज्ञानरंजन को अपनी मूल विधा में कुछ करने का विलम्बित प्रयत्न करने का समय और उत्साह हो सकते हैं। महादेवी ने ऐसों के लिए ही कहा है : 'अन्य होंगे चरण हारे।

वीणा की अनुपस्थिति

उत्तर भारत का यह पहलू तो बहुत जाना-पहचाना है और अक्सर उसके आर्थिक पिछड़ेपन के लिये काफ़ी हद तक ज़िम्मेदार भी ठहराया जाता है कि उसमें साक्षरता का प्रतिशत वयस्कों और बच्चों-बच्चियों में कुल मिलाकर भारत में सबसे कम है। दूसरे शब्दों में, उत्तर भारत में सरस्वती की उपस्थिति अधिक नहीं है और उनके कहावती बैर के बावजूद, इसी की वजह से लक्ष्मी की कृपा भी कम-कम है। एक और पहलू सार्वजनिक लक्ष्य का विषय नहीं बन पाया है, वह है वाद्ययन्त्रों में घटती वीणा की अनुपस्थिति। यह बात यों ध्यान में आयी कि हाल ही में युवा उपलब्धि और सम्भावना के लिये बहुप्रतिष्ठित संस्कृति पुरस्कार महाराष्ट्र में ही जन्मे और पले-बढ़े और वहीं अपने यशस्वी पिता उस्ताद ज़िया मोइनुद्दीन डागर से शिक्षा पाये वीणावादक वहाबुद्दीन डागर को दिया गया। दिल्ली में प्रसिद्ध वीणावादक उस्ताद असद अली खाँ हैं। पर कुल मिलाकर हिन्दुस्तानी शास्त्रीय संगीत में क़ायदे के वीणा-वादकों की संख्या शायद दस भी नहीं बची है। हिन्दी पट्टी के अनेक स्कूलों में निराला का प्रसिद्ध गीत अगर रोज़ नहीं तो साल में कई बार विशेष अवसरों पर, सुर में या बेसुरा, ज़रूर गाया जाता है : 'वीणावादिनी वर दे।' पर इस ओर ध्यान कम ही जाता है कि वीणा ही ग़ायब है तो उसकी वादिनी वरदा कैसे और क्यों होगी?

यह सही है कि वीणा एक कठिन और दुस्साध्य वाद्य है। पर दक्षिण भारत में वीणा एक लोकप्रिय वाद्य है, उसके कलाकारों की संख्या काफ़ी है और कम से कम वहाँ वह उत्तर भारत की तरह दुर्लभ वाद्य नहीं बन गया है। वहाबुद्दीन डागर जैसे युवा कलाकार के प्रति सहज उत्साह और आदर इसलिये भी जागते हैं कि वे न सिर्फ़ एक दुर्लभ वाद्य साध रहे हैं बल्कि उसकी साधना ध्रुपद शैली में कर रहे हैं। उसमें उत्तराधिकार की साज-सम्हाल और कल्पना का साहस और रचनात्मकता दोनों शामिल हैं। हिन्दी पट्टी में जिस बड़ी सांस्कृतिक दुर्घटना का कम विश्लेषण किया

गया है वह है यहाँ से धीरे-धीरे हिन्दुस्तानी संगीत के सभी घरानों का लोप या पलायन। जो कुछ थोड़े बहुत बचे हैं वे भी लोप के कगार पर ही हैं। विडम्बना यह है कि न तो हिन्दी समाज को, न ही उसकी किन्हीं संस्थाओं को, न ही हिन्दी अंचल की राज्य सरकारों को इस गम्भीर सांस्कृतिक हानि का अहसास है और न ही उसकी रोकथाम के लिये कोई कोशिश की गयी है। थोड़ी-बहुत कोशिश मध्यप्रदेश में हुई थी सो वह भी अब बेहद कमज़ोर पड़ चुकी है।

वीणा, सुरबहार, इसराज, सारंगी, पखावज, रबाब आदि कई वाद्य हमारे दृश्य संगीत-जगत् में अब दिखायी बल्कि सुनायी नहीं देते। उनके कलाकार कम रहे गये हैं और रसिक भी थोड़े बचे हैं।

अज्ञेय की पाण्डुलिपियाँ

हमारे यहाँ बड़े लेखकों की पाण्डुलिपियों को सँभाल कर रखने की प्रथा काफ़ी शिथिल रही है और ऐसे विश्वसनीय अभिलेखागार नहीं हैं जहाँ ऐसी सामग्री को जतन से सुरक्षित रखा जाने की कोई परम्परा हो। विश्वविद्यालय इस सबको लेकर प्रायः उदासीन रहे हैं जबकि पश्चिम में ऐसी पाण्डुलिपियाँ हथियाने के लिये वहाँ के विश्वविद्यालयों में होड़ सी लगी रहती है और ऐसी सामग्री काफ़ी ऊँचे दामों पर हस्तगत की जाती है।

अज्ञेय बीसवीं शताब्दी के भारतीय साहित्य के मूर्धन्य निर्माताओं में से एक हैं और इधर उनकी पाण्डुलिपियों को लेकर चिन्ता हिन्दी लेखक-जगत् में बढ़ी है। ऐसा माना जाता है कि अज्ञेय ने स्वयं सारी पाण्डुलिपियाँ अपने द्वारा बनाये और पोषित वत्सल निधि न्यास को दे दी थीं। बरसों तक वह उसकी प्रबन्ध-न्यासी इला डालमिया की निजी सुरक्षा में रही आई। उनके देहावसान के बाद विद्यानिवास मिश्र निधि के प्रबन्ध-न्यासी बने। उस समय यह अफवाह ज़ोरों से उड़ी कि वे उस सारी सामग्री को गोरखपुर ले जा रहे हैं। वहाँ कुशीनगर में मिश्र जी ने अज्ञेय साहित्य केन्द्र स्थापित किया था। संयोगवश अज्ञेय जी का जन्म वहीं हुआ था हममें से कई लेखकों ने सामग्री को गोरखपुर या कुशीनगर ले जाने पर आपत्ति की थी क्योंकि हम वहाँ की सुरक्षा और सुलभता को लेकर आश्वस्त नहीं थे और न अब भी हैं। मैंने मिश्र जी से यह भी कहा था कि वे या कि निधि इस बारे में बिना हिन्दी जगत् को विश्वास में लिये बिना कोई फ़ैसला न करें। अज्ञेय के जीवन का अधिकांश दिल्ली

में बीता और उनकी सामग्री का केन्द्र में रहना ही उपयुक्त होगा। वहीं रहकर वह अध्येताओं को सुलभ हो सकती है। नेहरू स्मारक पुस्तकालय या इन्दिरा गाँधी राष्ट्रीय कला केन्द्र इसके लिये उपयुक्त और उत्सुक हो सकते हैं। अब विद्यानिवास जी के दुखद देहावसान के बाद इस सामग्री को लेकर हिन्दी लेखक-समाज की चिन्ता और गहरी हो गयी है। चूँकि निधि ने इस बारे में अब तक सार्वजनिक रूप से कुछ नहीं कहा है, यह चिन्ता तेज़ी से बढ़ रही है। अज्ञेय की सामग्री किसी की निजी धरोहर नहीं हो सकती, जब तक कि अज्ञेय जी ने ऐसी वसीयत न कर रखी हो। अगर ऐसी वसीयत हो तो भी अज्ञेय की मूर्धन्यता को ध्यान में रखकर इस सामग्री के सामाजिक संरक्षण का उपाय ज़रूरी है। निधि को इस बारे में तत्परता से कारगर क़दम उठाने चाहिये। इस पहलू पर भी ध्यान देना ज़रूरी है कि अज्ञेय जी का कुछ अप्रकाशित लेखन हो सकता है। उसे विशेषज्ञों से संपादित कर प्रकाशित करने की ओर भी बढ़ना चाहिये। समय आ गया है कि अज्ञेय ग्रन्थावली भी प्रकाशित की जाएँ यह काम व्यवस्थित ढंग से सम्पादित होना चाहिये। प्रकाशक भी ऐसा हो जिसे ग्रन्थावलियों को निकालने का अनुभव हो और जिसकी हिन्दी साहित्य के प्रकाशन की मुख्यधारा में जगह और हैसियत हो। एक अच्छी सूचना यह है कि विदुषी कपिला वात्स्यायन निधि की न्यासी नामज़द हो गयी है। हिन्दी लेखक-समाज की उद्विग्नता को ध्यान में रखते हुए निधि अब जल्दी स्थिति स्पष्ट करेगी और कुछ सही क़दम उठाएगी—ऐसी उम्मीद करनी चाहिये।

क्षीण स्मृति

कुछ महीने पहले इसी स्तम्भ से व्यापक हिन्दी साहित्य-समाज को यह याद दिलाया गया था कि इस 4 सितम्बर को आचार्य नन्ददुलारे वाजपेयी की जन्म-शताब्दी पड़ रही है। कई बन्धुओं से जो प्रतिक्रियाएँ मिलीं उनसे लगा कि हिन्दी आलोचना के इस स्तम्भ को इस अवसर पर सुविचारित ढंग से याद किया जायेगा। फिर यह सुखद समाचार मिला कि वाजपेयी जी की ग्रन्थावली उनके एक शिष्य डॉ. विजय बहादुर सिंह के सम्पादन में प्रकाशित होने जा रही है, अनामिका पब्लिशिंग द्वारा। विजय बहादुर जी भवानीप्रसाद मिश्र रचनावली का सुसम्पादन कर चुके हैं और इसकी सम्भावना थी कि 4 सितम्बर को उसका लोकार्पण हो जाये। इधर पता चला कि उसकी छपाई कुछ अधिक समय ले रही है और शायद अगले अक्टूबर 2005 में ही उसका प्रकाशन हो पाये। एक ख़बर यह भी थी

कि आचार्य वाजपेयी के 'भारत' में लिखे सम्पादकीयों का एक बड़ा संचयन शायद इस अवसर पर निकल आये। लेकिन वह भी फिलवक़्त टल गया लगता है। अपुष्ट जानकारी यह ज़रूर है कि 4 सितम्बर को सागर विश्वविद्यालय के हिन्दी विभाग में कोई आयोजन होने जा रहा है। आचार्य वाजपेयी इस विभाग के एक तरह से संस्थापक-आचार्य थे और उनके बाद वह उस स्तर और गरिमा तक फिर कभी नहीं पहुँच पाया।

इस व्यापक उदासीनता की क्या वजह हो सकती है इस बारे में कुछ अटकलें भर लगायी जा सकती हैं। पहली तो यह कि हिन्दी साहित्य-समाज कुल मिलाकर एक स्मृतिक्षीण समाज है जो लगातार नितान्त समसामयिकता के बाड़े में ऐसे घिरता जा रहा है कि उसे अपने पास के मूर्धन्य पूर्वज अब याद नहीं आते। प्रेमचन्द को अलबत्ता याद किया जा रहा है लेकिन उसका कारण यह भी है कि प्रेमचन्द एक तरह से राजनैतिक प्रतीक भी बन गये हैं। स्वयं प्रेमचन्द की कीर्ति-निर्माण में आचार्य वाजपेयी की भूमिका थी इसे कौन याद करता है? प्रेमचन्द के ही मित्र और बड़े कवि प्रसाद को आज कौन याद करता है? दूसरी अटकल यह लगायी जा सकती है कि अगर किसी लेखक का आज कोई इस्तेमाल सम्भव न हो, राजनैतिक या सांस्कृतिक, तो उसे कोई याद करना ज़रूरी नहीं समझता। तीसरी यह कि यों भी सार्वजनिक स्मृति कम अवधि की होती है लेकिन हिन्दी में साहित्य-स्मृति और भी अल्पावधि हो गयी है और दस-पन्द्रह साल से पहले का कुछ अब स्मृतिपटल पर अंकित ही नहीं रह पाता पर इस सबका रोना क्या है? जो नहीं है, जैसे कि स्मृति और कृतज्ञता, उसका ग़म क्या, वह नहीं है। शमशेर बहादुर सिंह रो क्षमा माँगते हुए क्योंकि उन्होंने तो ये पंक्तियाँ सुरुचि को लेकर कही थीं।

बचाव का नाज़ुकपन

मिर्ज़ा ग़ालिब का एक मिसरा है 'इस सादगी पै कौन न मर जाए या खुदा।' पिछले रविवार की शाम अपने ऊपर एक भारी-भरकम पुस्तक के लोकार्पण के अवसर पर कुछ वक्ताओं के प्रहारों से थोड़ा आहत होकर वरिष्ठ साहित्यकार और 'हंस' के यशस्वी संपादक राजेन्द्र यादव ने कहा कि वे हमेशा निष्ठा से, जो भी उन्हें सच लगता है वह, लिखते रहे हैं और उन्होंने कभी अपने ऊपर ध्यानाकर्षण करने के लिये कुछ नहीं किया। उन्होंने यह जोड़ा कि उन्हें भारतीय चरित्र में व्याप्त पाखण्ड से चिढ़ है और वे उसका विरोध और उसे उजागर करते रहे हैं। राजेन्द्र यादव की आलोचना में जो कुछ कहा गया था उसका यह कारगर

प्रत्याख्यान नहीं था। ऐसा शायद ही कोई लेखक होगा जो यह दावा न करे कि वह निष्ठा से, जो सच लगता है वही, लिखता है और कभी कोई पाखण्ड नहीं करता। अगर आप भण्डाफोड़ी पत्रकारिता न कर रहे हों और ज़िम्मेदार साहित्यिक विमर्श में लगे हों तो आपको यह मानकर चलना होगा कि सभी महत्त्वपूर्ण या ध्यान देने योग्य लेखक ईमानदार, अपने अन्तर्विरोधों के प्रति सजग, अपने सच पर आग्रही और किसी तरह के छलद्म या पाखण्ड से भरसक मुक्त या उसकी कोशिश में होते हैं। वे भी, जिनसे आप सहमत न हों या जो आपके निन्दक या आलोचक हों। यह निरा सार्वजनिक सौजन्य भर नहीं है हालाँकि सौजन्य को अवगुण या कमज़ोरी मानने का पूर्वग्रह लगभग अनैतिक लगता है। सौजन्य अगर लेखक-समाज या सिविल समाज में नहीं होगा तो क्या माफ़िया और चोर-उचक्कों के बीच होगा? इतना तो कम से कम मानकर चलना होगा कि साहित्य में, उसके सत्याग्रही स्वभाव, शिल्प के उसका चिर जागरूक अन्तःकरण होने के कारण, झूठ, निष्ठा का अभाव, पाखण्ड आदि ज़्यादा देर या दूर चल नहीं पाते : साहित्य सच्चाई को उजागर करे या न करे, लेखक की अपनी सच्चाई को तो अनावृत्त कर ही देता है। बड़ा लेखक ज़्यादा सच्चा, ज़्यादा निष्ठावान, ज़्यादा पाखण्डमुक्त भर नहीं होता वह इन सबको भाषा और शिल्प के अधिक सार्थक और अप्रत्याशित विन्यास में जोड़कर हमें बड़ी दृष्टि और अनुभव का बड़ा संसार सुलभ कराता है। हमारे समय में यह दृष्टि अनिवार्यतः प्रश्नवाचक होती है और आत्मालोचक भी। वह किसी और को कठघरे में खड़ा करने के पहले खुद अपने को कठघरे में खड़ा करता है। आत्मालोचन कई बार विनय की तरह छद्म मुद्रा भी हो सकती है। सच्चा आत्मालोचन वह है जो साहित्य या रचना की काया में सक्रिय है, सिर्फ़ वक्तव्य भर में मुखर नहीं।

इस नाजुक बचाव के बरक़्स एक पत्रिका के नये अंक में एक कवि की सात कविताएँ देखी जा सकती हैं जिसमें कहा गया है कि 'कवि होने के हमने खाये हैं लक्षित-अलक्षित दैहिक और नैतिक वजीफ़ें।' कवियों को तिकड़मी बताते हुए सूक्ति है कि 'झूठ बोलने का वेतन पानेवाले सब सुकवि हो गये,' यह इसरार भी कि 'पैसे की कुव्वत के आगे जननिरपेक्ष कूट संकेतों को जनवाद कहा जाता था' आदि। अपने समय की कविता के घोर असन्तोष की यह अतिरंजित और क्षुब्ध अभिव्यक्ति है। एक ही झाडू से सबको बुहार कर कचरा बताने वाली ये कविताएँ किसी तरह का आत्मलोचन नहीं प्रकट करतीं। उनमें इस विराट् पाखण्ड में खुद कवि की भागीदारी या हिस्सेदारी का कोई ज़िक्र नहीं है। यह तो दूसरों पर दूर या ऊपर से दिया फ़ैसला है जिसका नैतिक और बौद्धिक औचित्य सर्वथा संदिग्ध हो जाता है। आज की कविता में, प्रगतिशीलों-जनवादियों में, कलावादियों आदि में लाख कमज़ोरियाँ और अन्तर्विरोध हों, यह मानने

का कोई कारण नहीं दीखता कि कुछ भी कायदे का और सच्चा-खरा नहीं बचा। यह एक अतिचारी कवि की बहक है। अतिचार और अत्याचार के बीच थोड़ा ही अन्तर है। यह एक कवि का दूसरे सारे कवियों के साथ अत्याचार है क्योंकि वह दयनीय क़िस्म के सरलीकरण पर आधारित है। साहित्य का बचाव न तो सामान्यीकरणों से सम्भव है, न ही सरलीकरणों से।

अन्याय और लेखक

ऐसा माना जाता है कि निरपवाद रूप से मानवता के पक्षधर होने की वजह से लेखक हमेशा अन्याय के विरुद्ध आवाज़ उठाते हैं। जो लोग ऐसा समय रहते नहीं करते उनके लेखकीय साहस और निष्ठा संदेह के घेरे में आ जाते हैं। हाल का उदाहरण लें। गुजरात में हुए भयावह और अभूतपूर्व नरसंहार के समय बड़ी संख्या में लेखकों और कलाकारों ने अपनी आवाज़ उठायी थी। जिन्होंने ऐसा नहीं किया उन पर साम्प्रदायिकता और धर्मान्धता का मौन समर्थन करने का आरोप आज तक लग रहा है। यह ऐसे मुकाम भी होते हैं जब लेखक की नागरिकता, उसकी 'सिविलिटी' और लेखकीयता दोनों मिल जाते हैं, मिलाकर देखे जाते हैं। उन्हें यह बचाव उपलब्ध नहीं रह जाता कि लेखकीय जिम्मेदारी और नागरिक कर्त्तव्य में दूरी या अलगाव हो सकता है। ऐसी दूरी या अलगाव अन्य अवसरों पर माने जा सकते हैं पर ऐसे सार्वजनिक संकटों के अवसर पर नहीं।

ऐसे सार्वजनिक मुकामों पर अन्याय के विरुद्ध लेखक मिलकर लड़ते हैं, लेकिन अन्याय का एक ऐसा क्षेत्र भी है जिसमें लेखक अक्सर अकेला ही होता है और अक्सर दूसरों के साथ अपने दुख या क्षोभ को बाँट भी नहीं सकता। यह क्षेत्र है स्वयं अन्य लेखकों द्वारा किसी लेखक के साथ किया जाने वाला अन्याय। ऐसे लेखक कम नहीं हैं जिन्हें लगता है कि उनके साथ न्याय नहीं हुआ है। बल्कि ऐसे तो बहुत ही कम, नहीं के बराबर, जिन्हें यह लगता हो कि उनके साथ न्याय हुआ है। वे भी दुखी और अन्याय से उपजे अवसाद में लिप्त पाये जाते हैं। जिनका अधिमूल्यन होता रहता है और जिनके कारण अन्य लेखकों का, उनकी उपलब्धि अधिक होने पर भी, अवमूल्यन होता चलता है। मज़ा यह है कि जिन पर ध्यान, प्रसिद्धि और पुरस्कारों की बरसात हुई लगती है वे भी अन्याय से उपजने वाले असन्तोष से पीड़ित रहते हैं।

जिस अन्याय की बात की जा रही है वह हमेशा कल्पित हो यह ज़रूरी

नहीं है। कुछ के साथ तो उनकी अग्रगामिता, विचारधारात्मक मतभेद, अद्वितीयता, चालू राहों से अलग अपनी राह खोजने-बनाने के कारण अन्याय होता ही है। उन्हें ऐसे अन्याय को लेकर व्यथा हो यह स्वाभाविक है। लेकिन ऐसों की व्यथा समझना मुश्किल है जिन्हें या तो सब कुछ मिल गया है या कि उनके अवदान और प्रतिभा के अधिमूल्यन से अधिक मिल गया है। इस अन्याय का, फिर भी, एक विधेयात्मक पक्ष है। वह कई बार लेखकों को रचनात्मक रूप से उत्तेजित कर कुछ साहसिक या जोखिम-भरा करने की ओर ले जाता है। यह बात नोट करने की है कि जो स्वयं अपने साथ किये गये तथाकथित अन्याय से व्यथित रहते हैं ऐसे लेखक भी अक्सर दूसरे लेखकों के साथ वैसा या उतना ही अन्याय करने से बाज़ नहीं आते। तर्क शायद यह बनता होगा कि जब मेरे साथ न्याय नहीं हुआ है तो मैं दूसरों के साथ न्याय क्यों करूँ?

लेखक होने की झंझटें

लेखक होने की जो कई सारी झंझटें हैं उनमें से एक हमारे समय में प्रायः हर समाज में प्रमुख होती गयी है—लेखक की राजनीति। अक्सर इससे कि आप किस तरफ़ है यह तय करने की कोशिश होती है कि आप कैसे हैं। आप कैसे का मतलब आपका साहित्य कैसा है। उस शाम जब मैं थोड़ी देर से अनी मोन्तो द्वारा अपने घर पर आयोजित डिनर में पहुँचा, सौ सीढ़ियाँ चढ़कर हाँफता हुआ क्योंकि लिफ्ट ख़राब थी, तो वहाँ अनी के कई फ्रेंच लेखक और विद्वान् मित्र रसरंजन में मगन थे और किसी को यह अन्दाज़ नहीं था कि हम जल्दी ही लेखक की राजनीति जैसे घिसे-पिटे विषय पर बहस में मुब्तला हो जायेंगे। बात छेड़ी अनी मान्तो ने। उन्होंने निर्मल वर्मा के दो उपन्यासों का हिन्दी से फ्रेंच में अनुवाद किया है और उसे प्रमुख प्रकाशकों द्वारा प्रकाशित कराया है। अनी ने कहा कि उन पर किसी ने आरोप लगाया है कि उन्होंने प्रतिगामी राजनीति में विश्वास करने वाले लेखक के अनुवाद का ग़लत काम किया है। राजनीति और साहित्य के सम्बन्ध की बहस फ्रेंच में हमारे यहाँ से कहीं ज़्यादा पुरानी है और यह उम्मीद करनी चाहिये कि उसे लेकर अब एक परिपक्व समझ आम हो गयी होगी। लेकिन उस शाम की बहस से लगा कि बहुत सारे मुद्दे बार-बार उठते हैं और उनका कोई स्थायी और दीर्घकालीन समाधान सम्भव नहीं है।

निर्मल वर्मा के बारे में मैंने यह स्पष्ट करने की कोशिश की कि सतही तौर पर तो वे वामपन्थी राजनीति से शुरू कर दक्षिणपन्थी राजनीति से

सहानुभूति तक गये लेकिन उनकी राजनीति ने उनके साहस, बौद्धिक सजगता, कालबोध और अन्तःकरण के कुछ बुनियादी मूल्यों को घायल किया या दबाया नहीं। चाहे शुरू की वामपन्थी राजनीति से प्रतिबद्धता हो या बाद की दक्षिणपन्थी सहानुभूति, उनका सर्जनात्मक साहित्य उनकी राजनीति से बहुत कम प्रभावित हुआ है। उनकी राजनीति उनकी सर्जनात्मकता का हिस्सा उतना नहीं थी जितनी कि उनकी सार्वजनिक बुद्धिजीविता का। वह उनकी कहानियों और उपन्यासों में मुश्किल से नज़र आती है और उनके निबन्धों का हिस्सा भी कभी-कभार ही बनती है। इसलिये उनके साहित्य को उसके राजनैतिक आशयों में घटाना उचित नहीं है। ऐसा करना किसी भी साहित्य के साथ उचित व्यवहार नहीं कहा जा सकता। बीसवीं शताब्दी के अनेक महान् लेखक ऐसे हैं जिनकी राजनीति ग़लत या अवांछनीय और उसकी समझ अधकचरी या अपरिपक्व कही जा सकती है : यीट्स, ईलियट, रिल्के, एज़रा पाउण्ड, पाब्लो नेरूदा आदि। अगर हम किसी राजनेता को परखते समय यह विचार में नहीं लेते कि उसकी साहित्य की समझ क्या—कैसी है तो किसी लेखक को परखते समय उसकी राजनीति की समझ को विचार में लेना कैसे जायज है? इसका भी जिक्र हुआ कि मार्क्सवाद से अपनी गम्भीर असहमतियों के बावजूद मुझ जैसे कई लेखकों को मुक्तिबोध, शमशेर नेरुदा, ब्रेख्त जैसे मार्क्सवादी लेखकों की मूर्धन्यता से कभी एतराज़ या हिचक नहीं हुई और नहीं राजनैतिक असहमति उनके साहित्य के रसास्वादन में आड़े आयी। निर्मल से भी ऐसी घोर राजनैतिक असहमति थी लेकिन उनकी मूर्धन्यता से इन्कार करना साहित्यिक बेइमानी या अनैतिकता होगी। उस शाम एक ही फ्रेंच लेखक थे जिनका इस तरह के मत से इत्तफ़ाक नहीं था। वे काफ़ी उत्तेजित होकर यह इसरार करते रहे कि लेखक की राजनीति एक निर्णायक तत्व होती है। वे मार्क्सवादी नहीं हैं, फिर भी उनकी कट्टरता विचित्र ढंग से मोहक थी। स्वयं अनी मान्तो के मन में निर्मल वर्मा को लेकर कोई संकोच नहीं हैं। उन्होंने अनुवाद के अलावा उनके साहित्य पर दो गम्भीर विश्लेषणात्मक निबन्ध लिखे हैं। एक फ्रेंच पत्रिका ने जिसके नाम का हिन्दी अनुवाद होगा 'इक्कीसवीं शताब्दी' और जो साहित्य तथा समाज पर केन्द्रित है, निर्मल वर्मा के निधन का नोटिस लिया है और उसमें अनी की ही शोक-टिप्पणी प्रकाशित है।

बौद्धिक सम्बोधन

भोपाल से एक युवा लेखक ने हाल ही में वहाँ कुछ बौद्धिक आयोजन

के सन्दर्भ में, जिनमें कई दिल्ली से आमंत्रित बुद्धिजीवी शामिल हुए, यह चिन्ता व्यक्त की कि हमारे ज़्यादातर बुद्धिजीवी अभी तक हमारी परम्परा, संस्कृति या बौद्धिक-सर्जनात्मक जीवन पर पश्चिम या यूरोप द्वारा उठाये गये एतराज़ का जवाब देने या उनके द्वारा की गयी दुर्व्याख्याओं को दुरुस्त करने में लगे रहते हैं, यह भूलकर कि उनका बुनियादी काम भारतीय लोगों को सम्बोधित करना होना चाहिये। मुट्ठी भर यूरोपीय या पश्चिमी उनके इस कदर दिमाग पर छाये हैं कि करोड़ों भारतीय वे भूल ही जाते हैं। उसने कुछ तीखेपन से पूछा कि आख़िर हम कब तक इस तरह के अध उत्तर-औपनिवेशिक बने रहेंगे और कब हममें स्वयं अपने लोगों को, पश्चिमी पूर्वग्रहों की चिन्ता किये बिना, सीधे और उनके मुहावरे में सम्बोधित करने का उत्साह और आवश्यकता जागेंगे? उसने यह भी कहा कि जब जवाहरलाल नेहरू ने पहले स्वतन्त्रता दिवस पर अपनी प्रसिद्ध 'ट्रिस्ट विद डेस्टिनी' वाली स्पीच दी थी तो ज़ाहिर है वह दुनिया भर के लिये तो थी लेकिन नेहरू जी तक को यह ख़याल नहीं आया था कि अपनी अच्छी हिन्दुस्तानी में तकरीर कर वह करोड़ों भारतीयों को यह जताना ज़्यादा ज़रूरी था कि वे आज़ाद हो गये हैं।

लगता है कि दाण्डी मार्च की पचहत्तरवीं वर्षगाँठ के नज़दीक हम अपने सम्बोधन की हालत पर विचार करें यह उपयुक्त है। गाँधी जी ने नमक सत्याग्रह को चुनकर जो नैतिक और राजनैतिक सम्बोधन विन्यस्त किया था वह क्रान्तिकारी इस अर्थ में भर नहीं था कि उसने सारे देश में राजनैतिक चेतना और सक्रियता का एक नया अध्याय शुरू किया, न ही इस अर्थ भर में उसने जाति-धर्म-लिंग आदि से परे जाकर एक लोकतान्त्रिक अभियान की शुरुआत की और एक तरह से ब्रिटिश साम्राज्य के समापन की भी, सिर्फ़ मुट्ठी भर नमक उठाकर। वह इस अर्थ में क्रान्तिकारी था कि उसने भारतीय जन को सीधे सम्बोधित किया, उनकी इस अभियान में हिस्सेदारी हासिल की और सारी दुनिया का ध्यान खींचा। गाँधी जी ने अपने सारे कृतित्व और जीवनशैली से यह साबित किया कि भारतीय जन को उनके मुहावरे बिम्बों और प्रतीकों में सम्बोधित कर जगाया और एकजुट किया जा सकता है। उन्होंने इस अभियान के लिये लाठी, चप्पल, लंगोटी, चरखा आदि के प्रतीक और सत्याग्रह, स्वराज, अहिंसा जैसी निहायत देसी अवधारणाओं का उपयोग किया और उनके माध्यम से जो हासिल किया न तो भारत तक महदूद रहा, न पश्चिमी बुद्धिजीवी उसके प्रभाव से बच पाये और न ही उसके कर्म सन्देश और अभिप्राय अभी तक अप्रासंगिक हो पाये हैं।

गाँधी के देश में, उनके उदाहरण के सामने रहते, हमारा बौद्धिक जीवन अभी तक क्यों पश्चिम के सामने अपना बचाव करने में लगा रहता है, यह समझना मुश्किल है। हम कई क्षेत्रों में आत्मनिर्भर और आत्मविश्वस्त

होते गये हैं तो बौद्धिक कार्यव्यापार में स्वायत्त होने में हमें इतनी देर क्यों लग रही है। एक कारण यह भी शायद होगा कि हमारे चतुर-सुजान जानते हैं कि साधारण भारतीय जन संस्कृति, परम्परा आदि की बारीकियाँ उनसे बेहतर समझते थे क्योंकि वे उसमें रचे-बसे हैं और हमारे बौद्धिकों की तरह उन्हें बाहर से देखने-परखने के लिये अभिशप्त नहीं हैं।

कल्याण-कोष की ज़रूरत

हाल ही में एक हितैषी से यह पता चलने पर कि एक बड़े लेखक बीमार हैं और उनका इलाज़ बेहद ख़र्चीला साबित हो रहा है, मैंने ससंकोच भारत सरकार की संस्कृति सचिव को फ़ोन किया। संस्कृति विभाग को छोड़े मुझे आठ बरस हो गये और उसमें यह पहली बार है कि मैं संस्कृति सचिव को फ़ोन कर रहा था। मैंने एक पुरानी योजना का ज़िक्र करते हुए उनसे तुरन्त कुछ वित्तीय सहायता का आग्रह किया। यह भी कहा कि एक स्वाभिमानी लेखक होने के नाते उनसे किसी तरह के आवेदन आदि की अपेक्षा नहीं होनी चाहिये। क़रीब दो घण्टे बाद संस्कृति सचिव का फ़ोन आया और उन्होंने बताया कि सरकार की योजना में कोई ख़ास राशि नहीं है लेकिन उन्होंने साहित्य अकादमी से बात की है और वह कुछ करेगी, मैं उसके सचिव से बात कर लूँ। इधर दो बरसों से मैं साहित्य अकादमी के आयोजनों आदि में भाग नहीं लेता हूँ सो मैंने कोई बात नहीं की। दो दिनों बाद संस्कृति विभाग के संयुक्त सचिव एक आयोजन में मिले और उन्होंने मुझे बताया कि अकादमी ने ढाई लाख रुपये की राशि लेखक महोदय को पहुँचा दी है। साहित्य अकादमी की इस संवेदनशील तत्परता के लिये उसकी निश्चय ही प्रशंसा की जानी चाहिये और इसकी भी कि इस बारे में उसने कोई शोर नहीं मचाया, प्रेसविज्ञप्ति नहीं निकाली और जस लूटने की कोई कोशिश नहीं की। आमतौर पर इन दिनों संस्कृति विभाग अपनी उदासीनता और निष्क्रियता के लिये ही जाना जाता है, उसने इतनी शीघ्रता से कारगर कुछ किया यह सुखद अचरज की बात है। निश्चय ही संस्कृति सचिव दिखावे से दूर शान्त लेकिन प्रभावशाली और संवेदनशील अधिकारी हैं।

मैंने संयुक्त सचिव से आग्रह किया कि इस बहाने अब लेखकों के लिये एक कल्याणकोष स्थापित करने की शुरुआत करनी चाहिये। साहित्य अकादमी के अन्तर्गत वह हो जिसमें शुरुआत के तौर पर अकादमी और भारत सरकार समान राशि दे। लेखकों, प्रकाशकों, साहित्यिक संस्थाओं, राज्य अकादमियों आदि से भी इसमें वित्तीय सहयोग मिल सकता है।

अगर ऐसा कोष बनता है तो तदर्थवाद से मुक्ति मिलेगी और समय पर सहायता की एक स्थायी और पारदर्शी व्यवस्था हो सकेगी। उचित तो यह होगा कि संगीत नाटक और ललित कला अकादमियाँ भी कलाकारों के लिये ऐसा ही कोष स्थापित करें। शायद तीनों का एक संयुक्त कोष अधिक व्यावहारिक होगा। लक्ष्य दस-पन्द्रह करोड़ की स्थायी निधि कोष के अन्तर्गत होना चाहिए। अकादमियों की आन्तरिक राजनीति और तन्त्र में यह कोष न फँसे इसके लिये यह व्यवस्था की जा सकती है कि तीनों अकादेमियों के अध्यक्ष और सचिव पदेन कोष के सदस्य हों और हरेक की कार्य परिषद् से दो सदस्य। बाक़ी सात सदस्य अकादमियों से बाहर के हों—ऐसे व्यक्ति जिनके क़द, विश्वसनीयता और लेखकों-कलाकारों के लिये चिन्ता व्यापक रूप से मान्य हों। प्रवासी भारतीयों को भी इस कोष में सहयोग देने के लिये प्रोत्साहित किया जा सकता है।

यौनिकता के अधिकार

यौनिकता एक ऐसा क्षेत्र है जिसके बारे में खुलकर बात करने में भारतीय सभ्य समाज में बहुत संकोच होता है। स्त्रियाँ तो अक्सर ग़लत समझे जाने के डर से इस बारे में चुप ही रहती हैं। साहित्य, कलाओं और फ़िल्मों में, मीडिया में भी ऐसे मुद्दों पर खुलापन कब का आ चुका है। लेकिन इस ओर ध्यान कम गया है कि यौनिकता को लेकर एक प्रावधान अँग्रेज़ों के ज़माने से याने 1870 से भारतीय दण्ड संहिता में जस का तस बना हुआ है। उसमें यह कहा गया है कि 'जो भी कोई स्वेच्छा से किसी पुरुष, महिला या पशु के साथ प्राकृतिक नियमों के विरुद्ध स्वैच्छिक सम्भोग करता हैं उसे आजीवन कारावास या फिर 10 वर्षों की बढ़ायी जा सकने वाली अवधि के लिए क़ैद की सज़ा दी जा सकती है और जुर्माना भी हो सकता है।' इस प्रावधान से स्पष्ट ही यौनिकता पर आधारित भेदभाव झलकता है और उसे समाप्त करने के लिये 'वायसिज़ अगेंस्ट 377' नाम से एक आन्दोलन चल रहा है। इस सिलसिले में एक सहयोगी संस्था 'निरन्तर' ने उस रिपोर्ट का हिन्दी अनुवाद प्रकाशित किया है जिसे हाल ही में राजेन्द्र यादव, अनामिका, त्रिपुरारी शर्मा, सिद्धार्थ वरदराजन आदि ने जारी किया।

यौनिकता के अनेक पक्ष हैं जिनमें समलैंगिक, द्विलैंगिक, विषमलैंगिक, हिजड़े, कोथी, दूसरे प्रकार के यौनिक अल्पसंख्यक शामिल हैं। यह बात नोट करने की है कि प्रायः समूचे संसार में यौनिकता को लेकर सभी समाजों में अधिक खुलापन आया है और उसकी विविधता को ही अब

प्राकृतिक माना जाने लगा है। यह विडम्बना है कि भारत जैसे देश में, जिसमें देह के उत्सव और शृंगार की एक बड़ी और विश्ववन्दित परम्परा रही है, एक निहायत विक्टोरियन कानूनी प्रावधान बना हुआ है। रिपोर्ट से यह प्रकट होता है कि इस प्रावधान का उपयोग मुख्य रूप से दमन और अत्याचार के लिये पुलिस और अन्य अधिकरणों द्वारा, किया जा रहा है। उनकी कई दारुण और बीभत्स कहानियाँ बल्कि सच्चे वृत्तान्त स्वयं भुक्तभोगियों की अपनी जुबानी इस रिपोर्ट में संकलित हैं। यह भी पता चलता है कि कई मायनों में धारा 377 मानव अधिकारों का उल्लंघन करती है और एमनेस्टी इण्टनेशनल इण्डिया ने भी उसका विरोध किया है। भारत के कानून आयोग ने अपनी 172वीं रिपोर्ट में स्पष्ट मत है कि 'धारा 377 रद्द करने लायक है।' एक सरकारी बचाव यह है कि अगर यह प्रावधान ख़त्म कर दिया जाये तो बाल यौन अपराध अदण्डित रह जायेंगे। सच तो यह है कि इस बीच बाल यौन अपराध इतने बढ़ और जटिल हो चुके हैं कि उन्हें इस सपाट धारा के माध्यम से नहीं निपटा जा सकता। बेहतर और ज़रूरी तो यह है कि उनके लिये अलग से विस्तृत क़ानून बनाया जाये।

धारा 377 के विरुद्ध जो मुहीम छिड़ी है उसमें पहल स्त्रियों की है। अँग्रेज़ी में तो 'सेक्सुएलिटी' को लेकर काफ़ी सामग्री, अध्ययन और शोध आदि भारतीय सन्दर्भ में उपलब्ध है लेकिन हिन्दी में, मेरे जाने, ऐसी रिपोर्ट पहली बार आयी है। अन्ततः उसके माध्यम से यौनिकता विविधता को प्राकृतिक मानने का जो आग्रह उभरता है वह हमारे समाज में स्वतन्त्रता और समता की सरहदें आगे ढेलने की कोशिश का ही हिस्सा है। ज़ाहिर है कि यह कोशिश उस सामाजिक-राजनैतिक सन्दर्भ में महत्त्वपूर्ण है जिसमें विविधता और अल्पसंख्यकता के प्रति असहिष्णुता बढ़ती जा रही है और ऐसी शक्तियाँ मौजूद हैं, पूरी तरह से मान्य और कानून स्वीकृत जो समाज की मर्यादाओं को लचीला और मानवीय बनाने के बजाय अधिक सख़्त और कट्टर बनाने की ओर सक्रिय हैं। इसलिये यह संघर्ष लम्बा चल सकता है।

अंग्रेज़ी की बढ़ती संकीर्णता

इन दिनों अंग्रेज़ी की लोकप्रियता और आतंक दोनों तेज़ी से बढ़ और फल-फूल रहे हैं इसके बारे में कोई शक नहीं किया जा सकता। अधिकतर अब उसी के अख़बार राष्ट्रीय अख़बार कहलाते हैं। अंग्रेज़ी के बारे में यह धारणा व्यापक पैमाने पर प्रचलित है कि उसे जानने से आपको दुनिया

जानने का मौक़ा मिलता है। दुनिया की खिड़की इन दिनों माना जाता है कि अंग्रेज़ी से ही खुलती है। कम से कम भारत में एक बड़े तबके को, जो प्रभावशाली और अधिकार-सम्पन्न है, अंग्रेज़ी स्वयं भारत की सांस्कृतिक विविधता और विपुलता के बारे में बाख़बर रखने के बजाय उसे संकीर्णता में घेर रही है। अंग्रेज़ी अख़बारों और पत्रिकाओं में भारतीय साहित्य के बारे में बहुत कम, नहीं के बराबर कुछ पता है। साधारण से साधारण अंग्रेज़ी कृति के बारे में सारे अंग्रेज़ी अख़बार ऐसा बिरादरी भाव दरसाते हैं कि एक ही सप्ताह में प्रायः सभी उसकी समीक्षाएँ छापते हैं जबकि किसी भारतीय भाषा के किसी क्लैसिक तक का कभी ज़िक्र तक नहीं करते। अंग्रेज़ी धीरे-धीरे एक चिकने-चुपड़े तबके को सांस्कृतिक रूप से निरक्षर बना रही है। सूचना-क्रान्ति के युग में यह नयी विडम्बना है कि दुनिया के बारे में ताज़ातरीन जानकारी रखने वाले स्वयं भारत के साहित्य के बारे में अपढ़ और बेख़बर दोनों ही एक साथ है।

हाल ही में दिल्ली में प्रेमचन्द की 125वीं जयन्ती के सिलसिले में 'हंस' पत्रिका ने एक बड़ा आयोजन किया जिसमें हिन्दी और उर्दू के अनेक महत्त्वपूर्ण लेखकों के अलावा पाकिस्तान के कई लेखकों ने शिरकत की। उसमें एजाज़ अहमद, आलोक राय जैसे लोग भी शामिल थे जो मुख्यतः अंग्रेज़ी में लिख़नेवाले सुप्रतिष्ठित बुद्धिजीवी हैं। इस आयोजन की कोई भी रपट या ज़िक्र तक किसी अंग्रेज़ी अख़बार में नहीं देखा गया। प्रेमचन्द, कम से कम, उन लेखकों में से हैं जिनकी कीर्ति और क़द अखिल भारतीय रहे हैं और उनकी कृतियों के सभी भारतीय भाषाओं के अलावा अंग्रेज़ी में काफ़ी अनुवाद हुए हैं।

इस बार का भारतीय ज्ञानपीठ पुरस्कार मराठी के वयोवृद्ध कवि विन्दा करन्दीकर को दिया गया। वे इस समय भारत के सर्वोच्च कवियों में अग्रणी गिने जाते हैं। उन्हें पुरस्कार दिये जाने की घोषणा महीनों पहले हो चुकी थी। करन्दीकर की कविताओं के एकाधिक संग्रह अंग्रेज़ी में और उनकी आलोचना भी अंग्रेज़ी में प्रकाशित है। वे अंग्रेज़ी के प्रोफेसर रहे हैं। उन पर कोई फ़ीचर इण्टरव्यू आदि करने का विचार भी किसी अंग्रेज़ी पत्रिका को नहीं आया।

टेलीविजन की चैनलों का हाल भी इस मामले में बेहतर नहीं कहा जा सकता। उनके नियामक और ज़्यादातर मैदानी लोग अंग्रेज़ी के या उसी मानसिकता के हैं। उनके ध्यानाकर्षण के लिए किसी लेखक का मरना ज़रूरी है : जीते-जीते उनकी नज़रे-इनायत उन पर होने का सवाल ही नहीं उठता। समकालीन भारत के एक बड़े और ऊर्जस्वी-उदग्र हिस्से से लोगों को अपरिचित रखने का यह अघोषित षड़यन्त्र है जो बहुत कुछ अज्ञान के अहंकार से उपजा है। हिन्दी के वरिष्ठ कुँवर नारायण को

इटली का प्रतिष्ठित प्रीमियों फैरोनिया पुरस्कार मिला और वे एक भव्य समारोह में इटली में विभूषित किये गये। यह पुरस्कार उनसे पहले जिन लेखकों को मिला है उनमें एकाधिक नोबेल पुरस्कार विजेता शामिल हैं। किसी अंग्रेज़ी अख़बार या पत्रिका ने यह ख़बर छापना ज़रूरी नहीं समझा।

एक वरिष्ठ आलोचक के अस्सीवें जन्मदिन पर तीन पुस्तकों का लोकार्पण हुआ जिन्हें एक रोज़ अख़बारी सुर्खियों में रहने वाले राजनेता हैं और दूसरे एक वामपन्थी दल के हर दिन चैनलों पर नज़र आने वाले महासचिव। फिर भी, इस आयोजन की कोई ख़बर किसी अंग्रेज़ी अख़बार ने नहीं छापी।

एशिया में भारत

यह समझना थोड़ा मुश्किल है कि भारत में अपनी एशियाई मौजूदगी को रेखांकित करने की ऐसी अनच्छिा क्यों हैं। एशिया तो दूर स्वयं सार्क याने दक्षेस देशों से भारत के सांस्कृतिक सम्बन्धों में वैसी सघनता और गर्माहट नहीं है जैसी कि होनी चाहिए और जो आसानी से, जरा सी कोशिश से, हो सकती है। सार्क लेखकों और बुद्धिजीवियों को साल में कम से कम एक बार कहीं न कहीं एकत्र करने का काम पंजाबी लेखिका अजीत कौर अपने दम पर अपनी संस्था फोसवाल याने फाउंडेशन आव सार्क राइटर्स एंड लिटरेचर के तत्वाधान में करती रहती हैं। उन्हें जितना समर्थन और सहायता इस नेक और जरूरी काम में सरकारी और निजी क्षेत्रों से मिलना चाहिए, वे नहीं मिलते। काफ़ी मिन्नतों और चक्कर लगाने के बाद उन्हें जो सहायता मिलती है, वह काफ़ी नहीं कही जा सकती।

भारत एक महाशक्ति बनने के कगार पर है, कम से कम आर्थिक क्षेत्र में (1) क्या यह समय नहीं है कि हम अपनी सांस्कृतिक समृद्धि को, जो आर्थिक से कई गुना ज्यादा है और जो पहले से ही अपनी हैसियत और कद जब-तब दुनिया के पैमाने पर दर्ज करा चुकी है, कुछ सुविचारित और सुनियोजित दृष्टि से सामने लाने का भी एक अभियान चलाएँ? ऐसे अभियान की शुरुआत हमें एशिया से ही करनी चाहिए। भारतीय संस्कृति, सृजन, साहित्य और कलाएँ, उसके लोक और शास्त्रीय रूप, कई मायनों में अप्रतिम हैं : उनमें जातीय स्मृति के सजीव रहने के साथ-साथ विश्व में आये ताजातरीन परिवर्तनों के प्रति खुलापन और ग्रहणशीलता भी हैं। हम उनके प्रति अपनी विकास की अंधी दौड़ में ज्यादातर गाफिल ही रहे आये हैं। अब जब सदियों बाद हम संभवतः अपनी आर्थिक समृद्धि

फिर से हासिल करने जा रहे हैं, हमें यह याद करना चाहिए कि आर्थिक बदहाली के युग में भी हम सांस्कृतिक रूप से कभी विपन्न या मुफ़लिस नहीं हुए। उस निरन्तरता, उसमें अन्तर्भूत मूल्यों को यह प्रणति देने का अवसर है और उनका उपयोग बाजारू सभ्यता के आतंक के मुक़ाबले अधिक संस्कारी उपस्थिति बनने में करने का भी। शायद हम इसी तरह भूमण्डलीकरण को अधिक मानवीय, अधिक उत्तरदायी, अधिक सृजनक्षम बना सकते हैं।

बिहार की छवि

अपने सुप्रसिद्ध पुस्तक-मेले के अवसर पर राजकमल प्रकाशन ने 'पढ़नेवाला बिहार और बिहार की छबि' विषय पर दिन भर चली चर्चा आयोजित की जिसमें लालू प्रसाद यादव, सुशीलकुमार मोदी जैसे राजनेताओं से लेकर नामवर सिंह, प्रभाष जोशी आदि बुद्धिजीवियों ने भाग लिया। सबसे पहली बात जो उभरी वह यह कि बिहार अपनी नकारात्मक छवि को लेकर चिंतित है और इस बात की सुगबुगाहट है कि कुछ सम्मिलित और व्यापक प्रयत्न, इस सिलसिले में, ज़रूरी है। दूसरी यह कि बिहार की वर्तमान छवि के लिये दूसरे, मीडिया, केन्द्र में जमकर बैठे तत्व आदि उतने ज़िम्मेदार नहीं हैं जितना कि स्वयं बिहार के लोग बुद्धिजीवी, नेता, पत्रकार आदि। तीसरी बात यह भी उभरी कि तथाकथित नकारात्मक छवि पिछले लगभग दो दशकों का मामला है और इसमें कहीं न कहीं, ग़रीबी, बेरोज़गारी और अशिक्षा के प्रति चिन्ता के बजाय हिकारत का भाव है। यह सब तब जबकि हिन्दी साहित्य, पुस्तकों और पत्रिकाओं के सबसे अधिक पाठक बिहार में ही हैं। सच पूछिये कि अगर बिहार न होता तो कम से कम हिन्दी के कई जटिल और दुर्गम रास्ता अपनाने वाले लेखकों को कभी भरोसा ही न होता कि उनके भी पाठक हैं। यह भी याद कर लेना चाहिये कि जिस विचार-प्रवण और कलाभिमुख साप्ताहिक 'दिनमान' के लोप को लेकर हम लोग अक्सर विलाप करते हैं उसकी सबसे अधिक प्रतियाँ, उसके सम्पादक रघुवीर सहाय के अनुसार, बिहार में ही बिकती और पढ़ी जाती थीं। छोटी सी छोटी पत्रिका को आज भी सबसे अधिक उत्साहजनक समर्थन, पाठकों के पत्र बिहार से ही आते हैं। राजनैतिक चेतना की व्यापकता में मामले में भी बिहार हिन्दी अंचल में अग्रणी रहा है। यह आकस्मिक नहीं है कि समाजवादी और साम्यवादी शक्तियाँ हिन्दी अंचल में सबसे अधिक मजबूत बिहार में ही रही हैं। बिहार ही वह राज्य रहा है जहाँ साम्प्रदायिक शक्तियाँ अपने बलबूते सत्ता में नहीं आ सकी हैं। यह तर्क किया जा सकता है कि बिहार में जातिवाद का एक

विधेयात्मक पक्ष यह है कि वह किसी हद तक साम्प्रदायिकता का प्रतिरोध बन सका। लेकिन बिहार ही है जहाँ राजनीति और अपराध के बीच ऐसा सशक्त गठबन्धन बना कि कानूनी अदालतों तक ने वहाँ जंगलराज होने के फ़ैसले दिये। इधर उत्तर प्रदेश अलबत्ता उससे इस मामले में प्रबल प्रतिस्पर्धा करता लगता है। बिहार के मुक़ाबले शायद ही कोई और राज्य हो जहाँ से मज़दूरों से लेकर छात्र तक, विद्वान् और विशेषज्ञ अपना प्रदेश छोड़कर अन्यत्र अपना भाग्य आज़माते हैं, इतनी बड़ी संख्या में बाहर गये और सफल हुए हों।

ज़ाहिर है कि पढ़े-लिखे बिहार और बाक़ी बिहार में दूरी और खाई रही है और वह न तो पट सकी, न ही उसे लाँघने की कारगर कोशिशें हुईं। यह उस बुनियादी विडम्बना की ओर हमें ले जाता है कि साहित्य में अत्यन्त परिवर्तनकामी लोग भी अन्ततः व्यापक और अभीष्ट परिवर्तन लाने में एक सीमा तक ही भूमिका निभा सकते हैं। जेपी आन्दोलन के बाद और पिछड़े वर्ग के लोगों को सशक्त और राजनैतिक रूप से निर्णायक बनाने का जो प्रयोग बिहार में हुआ उससे बहुत उम्मीदें जगी थीं। अब तो पिछड़े वर्ग और अति पिछड़े वर्ग के बीच नया द्वन्द्व हो रहा है। बिहार में चुनावी नतीजों में परिवर्तन सम्भव है यह हाल में स्पष्ट हुआ है लेकिन यह किसी व्यापक परिवर्तन की शुरुआत हो सकता है कहना मुश्किल है। फिर भी, हिन्दी साहित्य के स्वास्थ्य और पोषण के लिये यह ज़रूरी है कि बिहार पढ़ता रहे, सपनों के सच में बदलने की मुहिम में लगा रहे और जातिवाद और साम्प्रदायिकता के किसी नये गठजोड़ के प्रति चौकन्ना रहे।

मौन-मुखर हद-बेहद

हमारे एक बड़े कवि अज्ञेय ने बरसों पहले कहा था—"मौन भी अभिव्यंजना।" सैय्यद हैदर रज़ा की जो प्रदर्शनी पिछले 9 फ़रवरी, 2005 को मुम्बई की ताओ कला वीथिका में शुरू हुई उसका नाम है, 'मौन'। कैटलाग में कोई वक्तव्य या निबन्ध नहीं है। सिर्फ़ तीन कवियों के उद्धरण हैं – कबीर, रिल्के और अज्ञेय के। कुछ इस वजन पर कि 'मैं सन्नाटा हूँ, फिर भी बोल रहा हूँ। इन चित्रों में मौन मुखर है— वह बोलता है मद्धिम रंगों में, चुप्पियों के आवर्तों में, चुपचाप बहती रेखाओं के मन्द स्पन्दन में। एक अर्थ में अब रंग नहीं बोलते हैं, बल्कि मौन को, न बोलने के संयम को रूपायित भर करते हैं। कैटलाग में अज्ञेय की एक पंक्ति बहुत सटीक है—"मैं मौन-मुखर सब घंटों में उस एक अनिर्वच

छन्दमुक्त को गाता हूँ।'' जो असीम है उसे कैनवास पर, रंगों और रेखाओं में सीमित करने की चेष्टा की सीमा रज़ा बखूबी जानते हैं। वे 'हद बेहद' दोनों को ताकने वाले कलाकार हैं। सधा हुआ कौशल, अर्थ की सौम्य सादगी, पवित्रता का गहराता हुआ अहसास और चित्रों से लगभग अनायास झरती-सी आभा। ये सभी इन चित्रों की विशेषता है। रज़ा का रंग-संगीत अब शान्त लय में गूँज रहा है। उसमें पहले से कहीं अधिक प्रार्थना का सच्चा विनय और स्वीकार है।

ताओ वीथिका अब सिर्फ़ मुम्बई की ही नहीं सम्भवतः देश की सबसे बड़ी ग़ैर-सरकारी कला-वीथिका हो गयी है। वह अब नवनिर्मित तीन मंज़िलों पर स्थित है। इस नये स्थान का शुभारम्भ रज़ा के अलावा 'रूप अध्यात्म' के नाम से उसी शाम शुरू एक समूह-प्रदर्शनी 'रूप अध्यात्म' से हुआ, जिसमें रज़ा के अलावा कुछ और चित्रकारों की कलाकृतियाँ शामिल हैं। इनमें वी.एस. गायतोण्डे, नसरीन मोहमदी, होमी पटेल, अखिलेश, सीमा घुरैया, योगेन्द्र त्रिपाठी आदि हैं। इस प्रदर्शनी के क्यूरेटर चित्रकार अखिलेश हैं, जिन्होंने अपनी टिप्पणी में इसका ज़िक्र किया है कि इसी नाम से पहली प्रदर्शनी फ्रांस के गार्बियों और दूसरी जहाँगीर आर्ट गैलरी में हो चुकी है। यह तीसरी प्रदर्शनी है जिसमें कलाकारों की संख्या बढ़ी है। समकालीन भारतीय कला के एक प्रमुख झुकाव को वह रेखांकित करने का यत्न है। रूप अध्यात्म किसी संकरे अर्थ में कोई धार्मिक अवधारणा नहीं है। वह आन्तरिक खोज और विराट् को स्पर्श कर सकने की चेष्टा का नाम है। उसमें रचने को ही कलाकार का बुनियादी धर्म माना जा रहा है। रचने का कर्म ही रचने का धर्म है। संयोगवश, सभी प्रदर्शित चित्र अमूर्त हैं। सम्भवतः इस बात को पहचानने का यह अवसर है कि हालाँकि आमतौर पर यह माना जाता है कि पवित्रता चित्रकला में अक्सर अपने को मूर्त प्रतीकों और चिह्नों, अभिप्रायों में व्यक्त करती रही है। हमारी परम्परा में उसके अमूर्तन का सहारा लेने की भी लम्बी प्रथा रही है। पवित्रता और समकालीनता, परम्परा और आधुनिकता, आत्मा का ताप और आज की दुनिया की कशमकश आदि अनेक युग्म बनाये जा सकते हैं जो ऐसे किसी प्रयत्न के इर्द-गिर्द प्रश्नांकन के रूप में उभरते हैं। प्रदर्शनी कम से कम ऐसे प्रश्न पूछने और उनका उत्तर खोजने का निमन्त्रण देती है।

अमीर करने वाली गन्धर्व गायकी

'मन को अमीर करने वाली गन्धर्व गायकी के रंग' जैसा नाम इन्दौर

में ही ऐसे किसी आयोजन को दिया जा सकता है जो उस्ताद अमीर खाँ और पण्डित कुमार गन्धर्व पर एकाग्र हो। वहाँ पहले संगीत-आस्वादन की बड़ी सक्रिय-समृद्ध परम्परा थी जो इधर कुछ बरसों से शिथिल पड़ गयी थी। लेकिन कैलाश तिवारी और संजय पटेल जैसे लोग उसे फिर गतिशील कर रहे हैं, यह देखकर अच्छा लगा। यह देखकर भी कि श्रोताओं की लेट-लतीफी के लिए कुख्यात इस व्यापारिक शहर में अब समय की पाबन्दी पर जोर है और वह पूरी तरह से कामयाब है। जिन तीन सत्रों में मैं शामिल हुआ वे क्रमशः पहले दिन दोपहर 3 बजकर 55 मिनट, दूसरे दिन सुबह 8 बजकर 55 मिनट और फिर शाम 6 बजकर 55 मिनट के लिए विज्ञप्त थे और ठीक उसी वक़्त शुरू हुए। सोमवार की इतनी सुबह जबकि वह कामकाजी दिन होता है, सौ सवा सौ लोग घंटे भर का काव्यपाठ सुनने एकत्र हो सकते हैं, इसकी मैंने उम्मीद नहीं की थी। देश की एक बहुत पुरानी संस्था मध्य भारत हिन्दी साहित्य समिति के जिस सभागार में यह आयोजन हुआ उसका शिलान्यास और उद्घाटन दोनों महात्मा गाँधी ने किये थे। यहीं हिन्दी साहित्य सम्मेलन का वह अधिवेशन हुआ था, जिसमें आचार्य रामचन्द्र शुक्ल ने एक ऐतिहासिक व्याख्यान दिया था। समिति ने कई मंज़िलों वाला एक नया भवन शोध संसाधन के रूप में बना लिया है। उसका उद्घाटन होना है। मैंने बिन माँगी सलाह यह दी कि वह किसी राजनेता से नहीं साहित्यकार से कराया जाये।

कुमार गन्धर्व का संगीत मृत्यु की श्याम छाया में गाया गया उज्ज्वल संगीत है। उनके यहाँ उच्छल जिजीविषा और संसार की अद्भुत पदार्थमयता का निस्संकोच अभिवादन है। एक फेफड़े से ही गाने की अभिशप्त इस महान् गायक के निर्गुण खोजने-पाने की अपनी आकांक्षा का बेहद सगुण गान किया। कुमार गन्धर्व का संगीत सारी नश्वरता के बरक़्स निरन्तरता पर इसरार करता है। उसने शास्त्र का मूल लोक में खोजकर न सिर्फ़ शास्त्र को नयी लौकिक ऊर्जा से भर दिया, बल्कि साथ ही साथ लोक को भी शास्त्र के नजदीक आकर अपने लिए नयी समकक्षता खोजने को प्रेरित किया। उनका एक ऐतिहासिक योगदान यह भी है कि उन्होंने परम्परा का उत्खनन कर उसी में से आधुनिकता निकाली बजाय उसे बाहर से थोपने या लाने के। उनकी आधुनिकता परम्परा में पूरी तरह से गृहस्थ है। कुमार गन्धर्व सम्भवतः हमारे सबसे अदम्य प्रश्नवाची संगीतकार रहे हैं। उन्होंने ख़याल क्यों? दरबारी गम्भीर क्यों? लोक और शास्त्र में इतनी दूरी क्यों? राग-संगीत क्यों? घरानेदारी क्यों? आदि बीसियों बेचैन करने वाले प्रश्न पूछे और उनके उत्तर खोजे।

उस्ताद अमीर खाँ का संगीत भक्ति और शृंगार के बीच कहीं बेहद नाजुक सन्तुलन बनाता संगीत रहा है। उसमें कहीं न कहीं गहरे अवसाद की

छाया निरन्तर है। जैसे वह होने के ऊपर एक लम्बा करुण विलाप है या कि मानों परम्परा अपना कुछ पीछे छूटने जाने के विषाद के अमीर खाँ के यहाँ बोल रही है। यह ऐसा संगीत है जो गहरे उतरता है।

'अन्त की पूँछ...प्रारम्भ के पैर में'

मराठी कवि विन्दा करंदीकर इस वर्ष सतासी वर्ष के हो जाएँगे। वे इस समय भारतीय कविसमाज के शायद सबसे सयाने और समादृत बुजुर्ग हैं। उनकी कविता का रेंज, उनकी आविष्कारक क्षमता, भाषा को उनके द्वारा दिया गया विलक्षण विस्तार आदि सभी चकित करने वाले तत्त्व हैं। पिछली शताब्दी के सातवें दशक में शिकागो-प्रवास के दौरान लिखी गयी उनकी एक कविता 'संन्यास की एक विधि' की शुरुआत इन पंक्तियों से होती है। (चन्द्रकान्त बांदिवडेकर के हिन्दी अनुवाद में)

संन्यास की एक विधि : पहले आत्मा को रखा जाए हथेली पर बुदबुदे की तरह,
उसकी लम्बाई-चौड़ाई ढंग से नापी जाए सूखे दर्भ से दशमलव अपूर्णांक में,
बाद में उसका वज़न किया जाये रत्ती में, ज़रूरत पड़े तो लगाये जायें बालू के कण,
ब्रह्म के साथ बँधी उसकी आँवल हौले से काट दी जाये, भले ही खून निकले,
फिर उसकी बेचारगी पर धीरे से मारी जाये एक फूँक,
निर्विकल्प होठों से, जो उड़ जाते हैं वे पक्षी नहीं होते, इसे जाना जाये,
फिर ली जाएँ एक छलनी आकार से विकारों को छाननेवाली,
और स्वयं भी उसमें बैठें, ज्योति के सामने हिमनग्न हो कर...

कविता एक तरह के घरेलू अनादर से लिखी जाकर भी अपने अध्यात्म पर इस तरह परिणत होती है :

और आख़िर
विधि मुक्त होने के लिये लेनी पड़ती है साक्ष्य राख की, इसे समझा जाये,
क्योंकि राख भी होता है एक बर्फ़ का ही प्रकार, अन्त की पूँछ
अटकी होती है प्रारम्भ के पैर में, उसके टूटते ही
राख से खिलने वाला एक पंछी उतरता है हथेली पर संन्यासी पर हँसनेवाला।

विन्दा शास्त्रीय संगीत के बेहद प्रेमी रहे हैं। मेरे जाने वे एकमात्र भारतीय कवि हैं जिन्होंने संगीत के अनेक तत्त्वों को लेकर कविताएँ लिखी हैं। वे संगीत के बारे में नहीं हैं लेकिन सामान्य जीवनप्रक्रिया में उन तत्त्वों की उपस्थिति को मूर्त करती हैं। उनमें कल्पना की उड़ान और सच्चाई के बारीक अलक्षित रहनेवाले प्रान्तर की सघन पहचान है :

कैलाशगुफा की स्तन मग्न लय से उजले बने अँधेरे में
पत्थरों की नाड़ी घड़घडा रही थी। उन पत्थरों को भी सुरति की
गन्ध थी। उनके श्वासों से ही कोने कोने पर ठिठका था
पुतले की तरह, एक रक्त रुद्ध श्वास...उस वक़्त सिर्फ़ आदिताल था।

(आदिताल)

उस समय तुम्हारा दसवाँ पग नहीं बजा था;
उसे मेरी दहलीज़ ने रोका था। क्योंकि मैं ही दहलीज़ था।
तुम्हारे रेशम झोल में गले तक मटमैला बन गया था। उस समय अचानक
बालों में किरण-गोल खोंखकर मुखड़ा नचाते आगे आई
और सम पर केसर का कुल्ला कर लय मग्न बन गर।
...तब तुम्हारा चौदहवाँ पग ओस से आर्द्र हुआ था।

(दीपवन्दी)

विन्दा ने अनेक काव्यरूपों का प्रयोग किया है जिनमें वैदिक ऋचा से लेकर अभंग और सानेट शामिल हैं। उनके 'सूक्तों' में से कुछ अंश देखिए :

सत्य धधकता है यथार्थ का अंगार बनकर
साथ में लेकर ओछों का तामझाम, तब ताबूत
जलते हैं मन में, और बची रहती हैं काठियाँ कंकाल की
मकान बनाने के लिये, नई बहू के गर्भपात के लिये।

(यथार्थसूक्त)

मेरे विचार चल रहे थे, मेरे विचार हिल रहे थे,
मैं विचार कर रहा था, क्योंकि मैं गिन रहा था
मैं विचार कर रहा था, क्योंकि मैं नाप रहा था
मैं विचार कर रहा था, विचारों के बारे में विचारों में से।
विचारों के मोड़ पर से ठठरियों की एक रेवड़ मुड़ रही थी
लाख ठठरियों की क़वायद देखते हुए मैं अकेला ही चल रहा था।

विन्दा करन्दीकर की कविता हमारे समय में इसका अकाट्य साक्ष्य है कि अनादर के अध्यात्म से भी बड़ी कविता सम्भव है। शायद इसलिये कविता आदर से नहीं जिजीविषा से लिखी जाती है, कम से कम हमारे

समय में बड़ी होने के लिये उसका प्रश्नवाचक होना ज़रूरी है, श्रद्धालु होना चाहिए। 'यह जनता अमर है' नाम से विन्दा की कविताओं का एक संचयन संवाद प्रकाशन मेरठ ने प्रकाशित किया है।

कितनी दूर है अयोध्या

हो सकता है कि रावण पर विजय के बाद, लंका से लौटते हुए, राम ने सीता या हनुमान से पूछा हो, अपने पुष्पक विमान में बैठकर उत्तर की ओर उड़ते हुए, जैसा कि रामायण में वर्णित है कि, 'कितनी दूर है अयोध्या'। लेकिन इन दिनों मिथक की वह अयोध्या बहुत दूर नज़र आती है। उस अयोध्या से जो फ़ैज़ाबाद ज़िले में और उसी नाम के शहर से अब लगभग लगी हुई है और उससे भी जिसे हम जब-तब टी.वी., परदों पर या अख़बार की सुर्खियों में देखते हैं। सच्चाई तो यह है कि महाकाव्य की अयोध्या से सचमुच की अयोध्या जितनी दूर है, उससे कम दूर वह अयोध्या नहीं है जो एक विवाद के रूप में इस देश के सार्वजनिक और राजनीतिक जीवन को पिछले लगभग डेढ़ दशक से आक्रान्त किये हुए है। बरबस मुझे यह याद आता है कि बचपन में जब धार्मिक संस्कार पड़ रहे थे, हमारे मध्यवर्गीय परिवार और सागर शहर में हम जो तीर्थ गिनते थे उनमें प्रयाग, बनारस, केदारनाथ, अमरनाथ, हरिद्वार, द्वारिका, रामेश्वरम् आदि की गिनती तो होती थी, अयोध्या की नहीं। भूगोल में यह पता था कि लखनऊ से कुछ दूरी पर, बाराबंकी के पास अयोध्या है। पर वह एक तीर्थ है, यह हमने तब तक नहीं जाना था। यह तब जबकि तुलसीदास के महाकाव्य 'रामचरितमानस' की मेरी माँ हर दिन फूल और चन्दन चढ़ाकर पूजा करती और उसके किसी अंश का नित्यपाठ करती थी और ख़ुद मैंने अपने धर्मपरायण नाना के साथ नौ बरस की कच्ची उमर में, बिना समझे, पूरे मानस का अखण्ड पाठ किया था। ज़ाहिर है कि तब तक जो महाकाव्य के कल्पनाशील भूगोल में है, वह देश के सचमुच के भूगोल में भी कहीं हो सकता है, इसका ज़रा भी आभास या अनुमान नहीं था।

अपने वर्तमान रूप में अयोध्या एक प्राचीन नगर नहीं मध्यकालीन शहर लगती है। वहाँ तथाकथित रामजन्मभूमि जाते हुए जिस सँकरी सड़क से आप गुज़रते हैं, उस पर दशरथ का महल, राम और सीता का रंगमहल, लवकुश निवास आदि कही जाने वाली कई इमारते हैं जो अपने स्थापत्य और शैली में मध्यकाल की ही लगती हैं, प्राचीन युग के प्रासाद आदि नहीं। फिर भी यह दिलचस्प है कि मध्यकाल में सही, इस कस्बे ने अपने

को रामकथा के अनुरूप शिल्पित कर लिया है। आधुनिकता वहाँ अपने माल-असबाब के साथ, उपकरणों-वाहनों, संचार माध्यमों आदि के द्वारा घुसपैठ कर चुकी है। लेकिन जीवन की लय और गति मन्थर है। बाहर से आने वाले पर्यटकों और रामभक्तों में हड़बड़ी होती है—अयोध्या के नागरिक एक तरह के मध्यकालीन सब्र और धीरज के, लगभग आलस्य के मारे हुए लोग हैं। उन्हें कोई जल्दी नहीं है। दिल्ली तो दूर, लखनऊ तक का थोड़ा धीमा और संकोचभरा समय अयोध्या आकर कुछ और मन्द पड़ जाता है। अगर अपने समय को लगभग भौतिक रूप से पौराणिक, मध्यकालीन और आधुनिक की एक दिलचस्प त्रयी में ढालने का मन हो तो अयोध्या जाना चाहिए।

तीन बरस पहले जब मैं पहले पहल अयोध्या गया था तो सरयू नदी के घाटों का पूरी तरह से पुनरुद्धार नहीं हुआ था, जो अब हो गया है। वहाँ हरिद्वार की हर की पैड़ी के वज़न पर राम की पैड़ी है। यों तो सरयू नदी थोड़ा अलग हटकर बहती है और अब उस पर एक बड़ा पुल भी बन गया है, इधर के घाटों के नीचे भी उसी का जल बहता है। किनारे पर मन्दिरों और धर्मशालाओं की एक शृंखला-सी है। कुछ पार्क भी बन गये हैं। सौभाग्य से यह पुनरुद्धार आक्रामक रूप से आधुनिक नहीं है, उसमें पुरानी मनोरमता और आत्मीयता बरकरार है।

रामकथा में हुनमान राम के मुख्य रक्षक और सेनापति हैं। इसलिए उचित ही अयोध्या में उनका मन्दिर एक ऊँची टेकड़ी पर है और हाल के पुनरुद्धार से एक क़िले की तरह दिखायी देता है। हनुमान, ऊँचे से राम के नगर पर पहरा देते हैं। मानों रामराज्य सुरक्षित है, अगर उसकी सुरक्षा हनुमान कर रहे हों। चढ़कर ऊँचे जाते हुए, ख़ासकर मन्दिर से प्रसाद लेकर लौटते हुए, इस बात का ख़याल रखना पड़ता है कि झपट्टा मारकर कोई ललमुँहा बन्दर आपके हाथ से उसे छीन न ले जाये। बन्दरों की संख्या पूरी अयोध्या में बहुत अधिक है और निःशंक भाव से इमारतों, मन्दिरों, छतों आदि पर बैठे, घूमते नज़र आते हैं। कुछ इस तरह मानों कि राम के अयोध्या लौटने के बाद उनकी लंकाविजयी वानर-सेना वापस वन नहीं गयी, राजधानी में ही रम गयी।

'रामचरितमानस' हिन्दी का महाकाव्य ही नहीं है, वह गौरवग्रन्थ है जिसने बहुत हद तक उत्तर भारत की पिछले चार सौ बरस की संस्कृति और आचार को रचा-नियमित किया है। तुलसीदास ने उसका 'अयोध्याकाण्ड', माना जाता है कि, यहीं अयोध्या में बैठकर लिखा था। आदिकवि वाल्मीकि ने रामायण में पहले अयोध्या का वर्णन किया। तब से अब तक कविता की प्रशस्त और उज्ज्वल परम्परा अयोध्या में रही है। उन्नीसवीं शताब्दी में अयोध्या के शासक वंश में राजा मानसिंह हुए जो अयोध्या के नरेश

होने के साथ-साथ 'द्विजदेव' नाम से रीतिकालीन कवि के रूप में विख्यात हुए। उन्होंने अवध का होते हुए भी ऐसी ब्रजभाषा में कविता की जो 'ब्रज के बाहर ढली' और बेहद 'सलोनी' कही जाती है। द्विजदेव का ऋतुवर्णन विशेष माना जाता है। बसन्त का एक शोभा-वर्णन देखिए—

औरें भाँति कोकिल, चकोर ठौर-ठौर बोले, औरें भाँति सबद पपीहन के बै गये।
औरें भाँति पल्लव लिये हैं बृन्द-बृन्द तरु, औरें छबि-पुंज कुंज-कुंजन उनै गये।
औरें भाँति सीतल, सुगंध, मन्द डोलैं पौंन, 'द्विजदेव' देखत न ऐसैं पल द्वै गये।
औरें रति, औरें रंग, औरें साज़, औरें संग, औरें बन, औरें छन, औरें मन, ह्वै गये।

अर्थात् इससे आगे वसन्त की शोभा का बखान नहीं किया जा सकता। केवल इतना ही कह सकते हैं कि और ही प्रकार के कोकिल, चकोर जगह-जगह पर बोलने लगे, और ही प्रकार के पपीहों के शब्द हो गये। तरु समूह कुछ और ही पल्लवों को धारण किये हुए हैं, छवि पुंज कुछ और ही तरह प्रतिकुंज में उमड़े पड़ते हैं तथा और ही प्रकार की शीतल, मन्द, सुगन्ध समीर का संचार हो रहा है। दो पल भी बीतने पाये कि अभी रति, रंग, साज, रंग, समय और मन सब कुछ और ही हो गये।—यह कुछ और ही अयोध्या की पहचान है।

तथाकथित रामजन्मभूमि और बाबरी मस्जिद आप सीधे नहीं जा सकते, क्योंकि वह पूरी जगह कड़े पहरे में है। लगता है कि किसी यातना-शिविर में ले जाये जा रहे हों। सँकरे रास्ते हैं चारों ओर से सुरक्षित। हर तरफ़ सशस्त्र पुलिस आप पर कड़ी नज़र रखती है। इधर भारतीय पुरातत्त्व सर्वेक्षण ने वहाँ खुदाई कर दो गड्ढे आदि बनाये हैं, उन्हें भी आप तार की बाड़ों के पास देख सकते हैं। जिस जगह को लेकर समूचे देश की राजनीति और सार्वजनिक जीवन में पिछले कई बरसों से तूफ़ान-सा आया हुआ है और जिसके नतीजे में हज़ारों लोग घायल हुए या मारे जा चुके हैं, कई मुकदमे चल रहे हैं और बाबरी मस्जिद ढहा दी गयी, उस बारे में स्वयं अयोध्यावासियों की स्थिति और ही है। हाल में हनुमान गढ़ी के महन्त ने रोज़ा इफ़तार स्थानीय मुसलमान बन्धुओं के लिए आयोजित किया और किसी इसलामी जगह पर उन्होंने हिन्दू धर्मग्रन्थ से पाठ किया। अगर सारा विवाद अयोध्यावासियों पर छोड़ दिया होता तो अब तक उसका शान्तिपूर्ण हल कब का निकल चुका होता। यहाँ का आपसी सद्भाव हर बार बाहर के आनेवालों से बिगड़ता है।

अयोध्या के राजवंश के पास पुराना राजसदन है जो एक सुन्दर मध्यकालीन

इमारत और परिसर है। यह उल्लेखनीय है कि उन्होंने विमला देवी फाउण्डेशन स्थापित कर पिछले कुछ बरसों से अयोध्या का एक दूसरा पहलू उभारने की कोशिश की है। वे हर वर्ष शास्त्रीय संगीत, नृत्य और साहित्य का एक बड़ा समारोह करते हैं जिसमें गंगूबाई हंगल, गिरिजा देवी, मालिनी राजूरकार जैसे संगीतकार, सोनल मानसिंह जैसी नर्तकी, कुँवर नारायण, विद्यानिवास मिश्र, निर्मल वर्मा, नामवर सिंह जैसे साहित्यकार शिरकत करते रहे हैं। यह आयोजन अयोध्या की एक सुप्रतिष्ठित घटना बन गया है और वहाँ के निवासी-रसिक उसकी बेसब्री से प्रतिक्षा करते हैं। इसमें जिस तरह का धीरज, रसिकता, आस्वाद-समता हर बार दिखायी देती है, वह कशमकश-भरी विवादग्रस्त अयोध्या की बिल्कुल अलग तस्वीर है।

राजसदन के पीछे एक परिसर में स्वर्गीय पागलदास की कुटी है। वे उसमें आजीवन रहे और अपने शिष्यों को पखावज सिखाते रहे, बिना कोई फ़ीस लिए। पागलदास अयोध्या की प्रसिद्ध रामलीला मण्डली में अभिनय भी करते थे। मैंने बरसों पहले भोपाल में उन्हें एक प्रस्तुति में परशुराम का अभिनय करते हुए देखा था तो पहचान नहीं पाया था कि यही वे पागलदास हैं जो ध्रुपद के अनेक श्रेष्ठ गायकों के साथ पखावज पर संगत करते रहे थे।

भारतीय संगीत की एक और शिखर गायिका बेगम अख़्तर अयोध्या की तो नहीं फ़ैज़ाबाद की थीं। उन्हें बरसों पहले अयोध्या-नरेश ने एक बाग़, आमों का, उपहार दिया था। जब वे अपने ब्याह के बाद फ़ैज़ाबाद छोड़कर जाने लगीं तो उन्होंने नरेश को वह ज़मीन वापस कर दी। राजवंश के लोग एक गायिका के इस विलक्षण व्यवहार का ज़िक्र करे हुए बताते हैं कि वह बाग़ इस समय दो करोड़ रुपये से अधिक क़ीमत का होगा।

लखनऊ से अयोध्या का सड़क का रास्ता सुकर है। हालाँकि बीच-बीच में भीड़ भरी बस्तियाँ, बाजार आदि आते रहते हैं। लखनऊ रेल, बस, हवाई जहाज आदि सभी से सुसम्बद्ध है। कई ट्रेनें भी अयोध्या होकर गुज़रती हैं। अयोध्या जाना तभी बेहतर है जब वहाँ कोई विवाद न हो रहा हो। उस समय अयोध्या को वह नहीं रहने दिया जाता जो कि वह असल में है। उसकी असलियत तभी चमकती नज़र आती है, जब उसमें जरूरत से ज्यादा दूसरे न हों। तब वह अयोध्या के कवि-नरेश के शब्दों में 'औरें भाँति' अयोध्या दिखलायी देती है, वह नहीं जिसकी छबि पिछले बरसों से रूढ़ हो गयी है।

बनारस में, बनारस के

इस बार बनारस में पुराने कविमित्र ज्ञानेन्द्रपति से कुछ लम्बी और वाचाल मुलाकातें हुईं। वे मूलतः बिहार के हैं : इन दिनों बहुत सारा बिहार बनारस आकर बसा हुआ है, वहाँ की तथाकथित दुर्दशा के कारण। लेकिन ज्ञानेन्द्र इसलिये बनारस नहीं आये हैं—वे कई बरसों से बनारस में हैं। बनारस के नहीं हैं लेकिन बनारस में हैं। उनकी कविता में जितना बनारस इधर आया है उतना उन बहुत सारे कवियों की कविता में नहीं है जो वहीं के हैं और बरसों वहाँ रहे हैं। इस अहसास की थोड़ी और जाँच शायद ज़रूरी है पर लगता है कि बनारस की निपट स्थानीयता, उसकी गन्ध-दुर्गन्ध, बहुत सारी ठोस छवियाँ जितनी ज्ञानेन्द्र के यहाँ हैं उतनी त्रिलोचन और केदारनाथ सिंह के यहाँ नहीं हैं। ज्ञानेन्द्र बताते हैं कि पहले वे लगातार गंगा के घाटों पर चक्कर लगाते थे : अब वह ख़ब्त खत्म हो चुका। क़यास लगाता हूँ कि शायद इसलिये कि अब बनारस का भूगोल ज्ञानेन्द्र की आत्मा के भूगोल से तदाकार हो चुका है और उसका नित्यप्रति ऐन्द्रिक संवेदन आवश्यक नहीं रहा। आज की कविता में स्थानीयता कम-कम ही नज़र आती है। कई बार वह रसास्वादन के आड़े भी आती है जैसे कि कई बार आयरिश कवि सीमस हीनी की कविताओं को लेकर होता है जिनमें कविता ज़िद कर और स्थानीय होती गयी है। लेकिन ज्ञानेन्द्र के यहाँ यह स्थानीयता उन्हें ऐसे ब्योरों की सम्पदा देती है जिनका इस्तेमाल कर वे अपनी कविता का अनूठा और संप्रेषणीय संसार गढ़ पाते हैं।

बातचीत में ज्ञानेन्द्र यह स्थापना करते हैं कि हर महत्त्वपूर्ण कवि के कविता में दो जन्म होते हैं : पहला तो तब जब वह शुरू करता है और दूसरा तब जब वह अपनी अलग आवाज़ पा लेता है। वे जोड़ते हैं कि निराला जैसे बड़े कवि में तो तीन जन्म देखे-पहचाने जा सकते हैं। 'अनामिका' तक पहला जीवन है, उसके बाद दूसरा जीवन और अन्तिम प्रार्थनापरक कविताओं और 'नये पत्ते' आदि में तीसरा जीवन।

बेहद गरमी और उमस थी। एक सुबह युवा लेखक व्योमेश शुक्ल के स्कूटर पर बैठकर तुलसी घाट गया जनाकीर्ण सड़कों से, बहुत सारी गन्दगी के बीच। एक सँकरी गली में खासी होशियारी से चलते स्कूटर पर बैठकर घाट पहुँचे। ज़्यादा भीड़ नहीं थी। वहाँ बने हर हनुमान-मंदिर में तुलसीदास की खड़ाऊँ और एक लाल कपड़े में लिपटी हुई 'रामचरितमानस' की पाण्डुलिपि को प्रणाम किया। बताया गया कि वहीं तट पर बैठकर तुलसीदास ने अपनी 'विनयपत्रिका' लिखी थी। गंगा में इस घाट पर, बताया गया, पानी अपेक्षाकृत स्वच्छ है। खासा मटमैला लगा : ज़ाहिर है कि गंगा में स्वच्छता बनारस में एक तुलनात्मक मामला है, सचमुच

एक दिन घर पहुँचने पर देखता हूँ मैं
कि जब मैं घर नहीं रहता हूँ तब भी
घर
रहता है।

('भिनसार', किताबघर द्वारा प्रकाशित)

इधर-उधर की

पेरिस में कई भारतीय कलाकार रहते हैं दो-तीन से मिलना हुआ। विश्वनाथन की अच्छी प्रतिष्ठा है। उनका घर उनका स्टूडियो भी है। इन दिनों तेज़ हो गये आधुनिक भारतीय कला के बाज़ार पर उनसे बात होती है। औरों की तरह वे भी अपने काम की लगातार माँग करने वाले गैलरी वालों से थोड़ा परेशान हैं। वे कहते हैं कि अगर हुसेन, रज़ा और तैयब जैसे बुज़ुर्ग कलाकारों को ज़िन्दगी भर कठिन संघर्ष करने के बाद आज अपनी कलाकृतियों का ऊँचा दाम मिल रहा है तो यह उचित है और समझ में आता है। लेकिन इसके साथ ही जब युवा कलाकारों को भी ऊँचे दाम मिलने लगे हैं और उनमें से कई भौतिक सम्पन्नता की ओर बढ़ रहे हैं तो कुछ शंका होने लगती है। विश्वनाथन कहते हैं कि बहुत सारी कला, खासकर युवावस्था में, अभाव से पैदा होती है। अगर अभाव इतनी जल्दी समाप्त हो जाये तो कला के बुनियादी अध्यात्म के क्षत-विक्षत होने की दुस्सम्भावना से इन्कार नहीं किया जा सकता।

शक्ति बर्मन और उनकी फ्रेंच पत्नी मैतेई दोनों ही कलाकार हैं। युवा कलाकारों की सम्पन्नता उन्हें परेशान नहीं करती। वे कहते हैं कि भारत में युवा कलाकार प्रतिभाशाली हैं और वे जो काम कर रहे हैं वह रचनात्मक, साहसी और अनूठा है। इसलिये अगर उन्हें ऊँचा दाम मिलता है तो यह उचित है। इसमें कोई अधिमूल्यन नहीं हो रहा है। संघर्षशील, विपन्न और बीमार युवा कलाकार एक रूमानी धारणा है जो अब बहुत प्रासंगिक नहीं रह गयी है। वे अगली सुबह एक नीलामी में उपस्थित रहने के लिये लन्दन जाने वाले थे। मैंने मज़ाक़ किया कि इन दिनों कला के

क्षेत्र में प्रदर्शनियों की नहीं नीलामियों की चर्चा होती है। एक पुराना अमरीकी चुटकुला है कि अगर कहीं कुछ व्यक्तियों का एक समूह व्यापार और पैसे की बात कर रहा हो तो बहुत करके वह कलाकारों का होगा और अगर ऐसा ही कोई समूह कला की बात कर रहा हो तो सम्भवतः वह व्यापारियों का होगा।

'दि विलेज वायस' में, जो पेरिस में अँग्रेज़ी पुस्तकों की सबसे बड़ी दुकान है, एक शाम अँग्रेज़ी के दुस्साहसी प्रकाशक जान काल्डर सेमुएल बैकेट के बारे में बात करते हैं। उनके अनुसार बैकेट बीसवीं शताब्दी के शेक्सपीयर हैं—शेक्सपीयर के अधिकांश पात्र राजकीय भद्रलोक से आते थे जबकि बैकेट के सर्वथा अज्ञातकुलशील साधारण लोगों से। चिकने-चुपड़ों की भीड़ में बैकेट कुछ अजनबी और अकेला महसूस करते थे जबकि साधारण लोगों से बात करने में उन्हें कोई दिक़्क़त नहीं होती थी। उनका चारित्रिक शब्द है : 'शायद' शापेनहावर की तरह बैकेट इस नतीजे पर पहुँचे थे कि ज़िन्दगी कोई वरदान नहीं है और कभी पैदा न होना कहीं बेहतर होता। काल्डर ने उल्लेख किया कि एक बार बैकेट अपने एक मित्र के साथ लार्ड्स मैदान में क्रिकेट देखने गये थे। उनके मित्र के यह कहने पर कि 'यह ऐसा दिन है जब आपको जीवित होना ख़ुशी देता है' बैकेट ने कहा कि 'वे इतनी दूर नहीं जाना चाहेंगे।' स्वयं काल्डर के, मोपरनास में घूमते हुए, यह कहने पर कि 'कैसा सुन्दर दिन है' बैकेट की टिप्पणी थी कि 'अभी तक'। बैकेट के साहित्य में उम्मीद का कोई सन्देश नहीं है—ज़िन्दगी भ्रमों और मरीचिकाओं की गुदड़ी है। उससे निपटने के लिये कुछ गरिमा ज़रूरी है। समझना, ज़्यादातर मामलों में, माफ़ करना है। ईश्वर प्रकृति, तानाशाही आदि के विरुद्ध गरिमा सिर्फ़ अवज्ञा और चुनौती से ही सम्भव है। अपनी एक फ्रेंच कविता में बैकेट ने कहा था : जीना 'एक दरवाज़े भर की जगह है जो खुलता और बन्द होता है।'

यों तो जान काल्डर की प्रसिद्धि एक ऐसे प्रकाशक की है जिन्होंने अनेक विवादास्पद लेखकों और पुस्तकों का प्रकाशन किया है जिनमें बैकेट के अलावा हेनरी मिलर आदि शामिल हैं। पर उन्होंने बैकेट पर एक गम्भीर विचारशील पुस्तक भी लिखी है : 'द फिलासफ़ी आव् सेमुएल बैकेट।' बैकेट के ईश्वर सम्बन्धी रुख़ को स्पष्ट करते हुए उसमें काल्डर कहते हैं : 'बैकेट जो स्पष्ट करते हैं वह यह है कि यह ईश्वर नहीं मनुष्य है जो जब-तब आध्यात्मिक होता है और ऐसा होने की कम से कम क्षमता रखता है। ईश्वर किसी भी आध्यात्मिक अस्तित्व या प्रेरणा से पूरी तरह से बाहर है। ईश्वर शुद्ध भौतिकवाद है, अनन्त काल तक बढ़त के लिये यत्नशील। पूँजीवाद, एक ऐसी व्यवस्था जो स्पर्धात्मक विनाश के माध्यम से बढ़ती है और कुछ के जो अपने को ईश्वर-जैसा मानते

हैं, लाभ के लिये बहुत सारों की कंगाली उपजाती है। ईश्वर के सच्चे स्वभाव से बहुत मिलता है। मुँहफट ढंग से कहें, ईश्वर लालच है।'

काल्डर बताते हैं कि नोबेल पुरस्कार से बैकेट को जो टैक्स-मुक्त विशाल राशि मिली थी वह उन्होंने कुछ हफ़्तों में ही दूसरों को दे-दाकर ख़त्म कर दी थी। अपने कई मित्रों के कला-उपक्रमों के लिए बैकेट ने वित्तीय सहायता दी थी और वे कई ग़रीब छात्रों की फीस देकर मदद करते रहे। अपनी कमाई का बहुत कम हिस्सा बैकेट ने अपने पास रखा। जब उनकी मृत्यु हुई तो उनके बैंक में बहुत कम राशि थी और अपने उत्तराधिकारियों पर टैक्स का कर्ज़ उतारने की ज़िम्मेदारी वे छोड़ गये थे।

अनी मान्तो पर वापस आयें : वे हैं तो नन्हीं सी लेकिन उनमें बला की ऊर्जा और अध्यवसाय है। उन्होंने हिन्दी के व्याकरण पर एक पूरी पुस्तक लिखी है, पढ़ाती और शोध करती-कराती हैं, हिन्दी से फ्रेंच में कथा साहित्य का अनुवाद स्वयं बहुत सारा किया-कराया और अच्छे प्रकाशकों से प्रकाशित कराया है। पेरिस के कला और साहित्य जगत् में उनकी अच्छी पैठ है। नींद उनको शायद कम आती है : सुबह तीन बजे तक कम्प्यूटर पर कुछ अकादमिक काम कर वे सुबह छह बजे दौड़कर स्टेशन से गाड़ी पकड़ सकतीं है, ढाई घण्टे के सफ़र में छात्रों की उत्तर-पुस्तिकाएँ जाँच सकतीं और सिर्फ पन्द्रह मिनटों की झपकी लेकर तरोताज़ा हो सकती हैं। हिन्दी लेखकों और भाषियों से हिन्दी में ही बात करने की उनकी ज़िद रहती है।

साहित्यिक पूर्वग्रहों से अलग

मेरा डॉ. धर्मवीर से विशेष परिचय नहीं है। वे कबीर को लेकर काफ़ी विस्तार से लिखते, विचारोत्तेजित करते रहे हैं। मुझे बहुत अचरज हुआ जब यह पता चला कि इधर उन्होंने मेरी कविताओं के एक संचयन को पढ़कर उस पर एक छोटी-सी पुस्तक लिख दी है। मैं उन अभागे लेखकों में से हूँ जिनके बारे में साहित्येतर कारणों से अनेक साहित्यिक पूर्वग्रह सक्रिय रहे हैं और प्रायः जो लोग साहित्य के परिसर के अन्दर हैं वे इनसे मुक्त होकर मेरी कविता नहीं देख पाते। बल्कि अक्सर तो वे मुझे देखते हैं, मेरी सार्वजनिक छवियों से आक्रान्त होते हैं और कविता को दुर्लक्ष्य करते हैं। डॉ. धर्मवीर सौभाग्य से साहित्य के इस घमासान से दूर हैं, उनकी पुस्तक की सबसे प्रीतिकर विशेषता यह है कि उन्होंने

बिना पूर्वग्रहों का शिकार हुए कविताएँ ध्यान और जतन से पढ़ीं और अपने ढंग से विश्लेषित की हैं। उनके अपने पूर्वग्रह हैं लेकिन वे सामाजिक और सांस्कृतिक हैं और उन्हें इस पुस्तक के दौरान उन्होंने स्थगित नहीं किया है। उनके कारण उनकी कुछ स्थापनाएँ या विश्लेषण विवादास्पद हो सकते हैं, लेकिन उन पर किसी सदाशयहीनता का आरोप नहीं लगाया जा सकता। उन्होंने जो पढ़ा है, सहानुभूति से पढ़ा है। कोई भी आलोचक आलोचना का हक़ ध्यान से पढ़ने से ही अर्जित करता है। मुझे इसका पूरा सन्तोष है कि डॉ. धर्मवीर अच्छे और समझदार पाठक हैं।

डॉ. धर्मवीर ने मेरी कविता के साक्ष्य से मुझमें कवित्व और द्विजत्व के बीच द्वन्द्व देखा-पाया है और उन्हें लगता है कि अन्ततः मैं अपने द्विजत्व की सीमाएँ लाँघ नहीं पाया हूँ। मुझे इस स्थापना ने चकित किया क्योंकि मुझे अपने द्विजत्व का कोई खास या सजग अहसास नहीं रहा है, लेकिन अगर एक समझदार पाठक को मेरी कविता में उसका कोई साक्ष्य मिलता है तो मैं इस बारे में सोचने को विवश हूँ। मैं फिलवक़्त यह ज़रूरी नहीं समझता कि इस सिलसिले में अपना बचाव करूँ। कविता हमेशा ही अपना बचाव खुद है और कम से कम कवि को उसका बचाव करने से संकोच करना चाहिए। मुझे लगता है कि द्विजत्व का जो मुद्दा डॉ. धर्मवीर ने उठाया है, वह साहित्य पर एक अलग दृष्टि से विचार की शुरुआत करता है। साहित्य के समझने-परखने की दलित दृष्टि हिन्दी में उतनी पुष्ट और सक्षम नहीं रही है जितनी कि मसलन मराठी या कन्नड़ में। इस पुस्तक को पढ़ने के बाद मुझे लगा कि हिन्दी में समकालीन साहित्य को लेकर इस दृष्टि के विन्यस्त होने की शुरुआत हो रही है। भले ऐसे सामान्यीकरण उन्होंने किये हैं जो तर्कसम्मत या तथ्यपुष्ट, कई बार, नहीं भी लगते। लेकिन चूँकि उन्होंने कविताएँ ध्यान से पढ़ीं-समझीं हैं, उन सामान्यीकरणों का, भले आप उनसे सहमत हों, औचित्य नहीं बनता। लगता है कि इस दलित दृष्टि में सामाजिक अन्याय की सदियों का इतिहास और दुस्स्मृतियाँ अनुगूंजित हैं और स्वयं हमारे साहित्य में समझ का एक नया इतिहास-बोध पारिभाषित हो रहा है।

ज्ञान और संस्कृति का कोश

इसमें सन्देह नहीं है कि इधर के कुछ दशकों में भारतीय बुद्धि का श्रेष्ठतम उसके समाज-वैज्ञानिक अनुशासनों में आया है अर्थात् इतिहास, अर्थशास्त्र, राजनीतिशास्त्र, समाजशास्त्र आदि में। जो लोग दुनिया के बौद्धिक हलकों की कुछ ख़बर रखते हैं, उन्हें पता है कि उनमें, उदाहरण के लिए आशीष

नन्दी जैसे भारतीय विचारक के विचारों और स्थापनाओं को काफ़ी महत्त्व दिया जाता है। इस सन्दर्भ में पेंगुइन-वाइकिंग द्वारा प्रकाशित, विनय लाल और आशीष नन्दी द्वारा संपादित 'द फ्यूचर ऑफ नॉलेज एण्ड कल्चर : एक डिक्शनरी फॉर द ट्वेंटीफर्स्ट सेंचुरी' अपने ढंग का अनोखा कोश है। उसमें उनसठ इन्दराज़ हैं। एपॉलजीज से लेकर कैंसर, क्लोनिंग, मेमोरी, मैक्डानल्ड, शुगर, थर्ड वेज़, यूटोपिया जैसे विविध विषयों पर अधिकारी विशेषज्ञों ने लिखा है। इसमें दोनों सम्पादकों के अलावा मनु कोठारी, लोपा मेहता, फिलिप मैक्माइकेल, डेविड पण्टर, मजीद रहनेमा, बैरी सैण्डर्स, पीटर वोलेन, लक्ष्मण यापा, गुस्तावो एस्तेवा, रमिन्दर कौर, इम्तयाज़ अहमद, पाल गोन्साल्वीस आदि शामिल हैं।

सम्पादकों के अनुसार बीसवीं शताब्दी ज्यादातर उन्नीसवीं शताब्दी का फैलाव और प्रकटीकरण थी। 'सिर्फ़ 1989 में बीसवीं शताब्दी अपने पूर्ववर्ती के कोये से अन्ततः बाहर आयी, पिछली शताब्दी की गिरफ्त के अन्तिम संस्थागत प्रतीक को ध्वस्त कर सोवियत व्यवस्था, जो कि ऐसी असहमति का आदर्श प्रतीक बन चुकी थी जो अपने विरोधी को प्रणति देती है हिंसा, दमन में उसका हूबहू प्रतिबिम्ब बनकर, ज्ञानपरक आधिपत्य को सुनिश्चय करने की चेष्टा करते हुए। वे यह मानते हैं कि नयी शताब्दी आते-आते ज्ञान की कई श्रेणियाँ दमन और वर्चस्वकारी हो गयी हैं, जबकि एक ज़माने में वे मुक्तिदायी मानी-समझी जाती थीं। एक नये क़िस्म की सामाजिक अभियान्त्रिकी इधर सक्रिय है जो उन ज्ञान पद्धतियों और सांस्कृतिक व्यवहारों को मिटाने में लगी है जिन्हें भूमण्डलीकरण करने वाली आधुनिकता की विश्व दृष्टि में हजम नहीं किया जा सकता। हालाँकि जो बुद्धिजीवी इस पुस्तक के उपक्रम में शामिल हुए हैं, उन्हें किसी एक दृष्टि या विचारधारा के अन्तर्गत समाहित या सामान्यीकृत नहीं किया जा सकता। यह कहा जा सकता है कि उनमें से प्रायः हरेक चालू पूर्वग्रहों और अवधारणाओं को, ज्ञान के वर्तमान वर्चस्व-भूगोल को प्रश्नांकित करता है और उनके बरक़्स एक अधिक बहुल, स्थानिकता में रसी-पगी वसुन्धरा का प्रस्ताव और अन्वेषण करता है। यह कोश नयी और निर्भीक वैचारिकता का इस मुकाम पर रत्नकोश है। उसमें नयी परिस्थितियों की चुनौतियों को ध्यान में रखकर विचार संकलित है। इसमें सन्देह नहीं कि इक्कीसवीं शताब्दी के आरम्भ में जो विकल्पहीनता का माहौल छा गया है, उसे यह कोश प्रखरता और बौद्धिक सख़्ती से प्रश्नांकित और ग़ैर ज़रूरी साबित करता है।

'कुछ नहीं की पुस्तक'

कुछ बरसों पहले एक पुस्तक पढ़ी थी जिसमें सत्य का इतिहास लिखा गया था। मुम्बई के हवाई अड्डे पर विण्टेज द्वारा प्रकाशित जान डी बैरो की पुस्तक हाथ आयी 'द बुक आव् नथिंग'। मैं भूमिका के ये शब्द पढ़कर कि 'क्योंकि वह नहीं है कुछ नहीं के बारे में पुस्तक लिखने का यह कारण खासकर उस लेखक के लिये जो सबकुछ के बारे में एक पुस्तक लिख चुका है। मैं उसे खरीदने के लिये उत्साहित हुआ। प्रो. बैरो की पूर्वप्रकाशित पुस्तक है 'थ्योरीज़ आव् एवरीथिंग।' वे कैम्ब्रिज में गणित के शोधाचार्य हैं।

बैरो की स्थापना है कि मनुष्य के इतिहास में शून्य संख्या का आविष्कार तीन बार हुआ। क्रमशः बैबीलोनिया, माया और भारतीय सभ्यताओं में। पहली दो सभ्यताओं के नष्ट हो जाने के कारण उसे भावी गणित और गणना की व्यवस्था में स्थान दिलाने का श्रेय तीसरी को मिला। उपलब्ध ऐतिहासिक साक्ष्य के आधार पर बैरा का मानना है कि ईसापूर्व 200 में शून्य संख्या का प्रयोग होता था। छठवीं शताब्दी के काव्य 'वासवदत्ता' से एक उद्धरण है 'तारे चमक रहे थे...शून्य के बिन्दुओं की तरह...आकाश में बिखरे हुए' बैरो ने इस बात को विस्तार से नोट किया है कि भारत में शून्य की अवधारणा बहुत समृद्ध है उसमें बैबीलोनियन सभ्यता की तरह शून्य हो सिर्फ़ अकाउण्टेण्ट के रजिस्टर में एक अंक भर की तरह न देखकर उसे दार्शनिक अभिप्रायों के एक बड़े वितान की तरह देखा गया है जो कुछ नहीं और शून्यता के इदगिर्द हैं। बैरो ने शून्य के समानार्थी शब्दों में अभ्र, आकाश, अम्बर, अन्तरिक्ष अनन्त, बिन्दु, गगन, जलाधारपथ, ख, नभ, पूर्ण, रन्ध्र, विष्णुपद, व्योम आदि बताये हैं।

बैरो ने यह भी कहा है कि भारतीय संस्कृति ने 'कुछ नहीं' को ऐसी स्थिति माना है जहाँ से हम आते हैं और जहाँ हम लौटते हैं : यह आवाजाही ही कई बार हो सकती है और आदि-अन्तहीन हैं। जहाँ पश्चिमी धार्मिक परम्पराओं ने कुछ नहीं से दूर भागने की चेष्टा की वहीं बौद्ध और हिन्दू धर्मों ने ब्रह्माण्ड से मिल जाने के लिये कुछ नहीं की स्थिति, निर्वाण या मोक्ष आदि में प्राप्त करने का सक्रिय प्रयत्न किया। बैरो ने तो यहाँ तक कहा है कि भारतीय गणना पद्धति मनुष्य द्वारा विकसित बौद्धिक नवाचारों में सबसे सफल रही है और वे उसे सहस्राब्दी का सबसे महान् आविष्कार मानते हैं।

कुछ नहीं की कथा लम्बी है। उसे अभी पढ़ ही रहा हूँ। यह सोचकर अच्छा लगता है कि कुछ नहीं में हमारा भी महत्त्वपूर्ण योगदान रहा है।

बोर्खेज़ की नज़र में

जार्ज लुई बोर्खेज़ को बीसवीं शताब्दी के महानू साहित्यकारों में गिना जाता है। 1967-68 में हार्वर्ड विश्वविद्यालय में उन्होंने अतिप्रतिष्ठित चार्ल्स ईलियट नार्टन व्याख्यान-माला में जो व्याख्यान दिये थे वे रिकार्ड तो कर लिये गये लेकिन बरसों तक उनका टेप गुमा रहा। हाल ही में वह मिला और उसे अभिलिखित कर उन व्याख्यानों को 'दिस आर्ट आवू वर्स' शीर्षक से हार्वर्ड यूनीवर्सिटी प्रेस ने पुस्तकाकार प्रकाशित किया है। यह बोर्खेज़ ही थे जो पूरी बेबाकी से कह सकते थे कि 'मेरी ज़िन्दगी का केन्द्रीय तथ्य शब्दों का होना और उन शब्दों के कविता में बुने जाने की सम्भावना रहा है।' अपने एक व्याख्यान में वे कहते हैं कि 'मेरे लिये एक लेखक होने का मतलब क्या है? मतलब सिर्फ़ अपनी कल्पना के प्रति सच्चा होना है। जब मैं कुछ लिखता हूँ तब मैं उसके तथ्यात्मक रूप से सच होने की बात नहीं सोचता। सिर्फ़ तथ्य घटनाओं और संयोगों का एक जाल भर होते हैं। बल्कि कुछ अधिक गहरे सच होने की सोचता हूँ। जब मैं एक कहानी लिखता हूँ तो मैं उसे लिखता हूँ क्योंकि मैं उसमें किसी तरह विश्वास करता हूँ...उस तरह नहीं जैसे कोई सिर्फ़ इतिहास में विश्वास करता है बल्कि उस तरह जैसे कोई किसी सपने या विचार में विश्वास करता है।'

प्रसंगवश बोर्खेज़ ने भारत के बारे में अपने कुछ विचार भी इन व्याख्यानों में व्यक्त किये हैं। एक जगह वे कहते हैं कि ...'मुझे नहीं लगता कि भारत में लोगों के पास इतिहास-बोध है। उन यूरोपीय विद्वानों को जो भारतीय दर्शन का इतिहास लिखना चाहते हैं या कि जिन्होंने ऐसा इतिहास लिखा है यह बात काँटे की तरह गड़ती रही है कि भारतीय सारे दर्शन को समकालीन दर्शन की तरह देखते हैं। इसका अर्थ यही हुआ कि उनकी समस्याओं में दिलचस्पी है न कि सिर्फ़ जीवनी परक या ऐतिहासिक तथ्यों में। यह बात कि अमुक-अमुक जो-भी-उसका-नाम-है उसका गुरु था या कि उसके पहले आया या कि उसने उसके प्रभाव में लिखा आदि बातें उनके लिये बिलकुल व्यर्थ हैं। वे ब्रह्माण्ड की पहेली के बारे में चिन्तन करते हैं।' अपने एक और व्याख्यान में वे भारतीयों में इतिहास-बोध की अनुपस्थिति पर फिर लौटते हैं और कहते हैं कि... 'वे सारे विचारकों से ऐसा बर्ताव करते हैं मानो कि वे समकालीन हैं। वे प्राचीन दर्शन के शब्दों का आज के दर्शन की ख़ास बोली में अनुवाद करते हैं। लेकिन यह कुछ साहसिक काम है। यह इस विचार के पीछे खड़ा होना है कि हम दर्शन में विश्वास करते हैं या कि हम कविता में विश्वास करते हैं...जो चीज़ें एक बार सुन्दर हुईं वे अब भी सुन्दर होती रहेंगी।'

बोर्खेज़ ने स्वीकार किया है कि जब वे लिख रहे होते हैं तो उसे समझने

की कोशिश नहीं करते। वे लेखक के काम से बुद्धिमत्ता का खास सम्बन्ध नहीं मानते। उन्हें यह भी लगता है कि आधुनिक साहित्य का एक पाप यह है कि उसने लेखकों को बहुत आत्म-सजग बना दिया है। उनका इसरार है कि जब वे लिखते हैं तो अपने को भूलने की कोशिश करते हैं और अपने हालात को बिल्कुल भूल जाते हैं।

'दहलीज़ के पार'

दुनिया को स्याह-सफ़ेद में दोटूक देखनेवाले लोग, फिर वे तानाशाह हों या धर्मगुरु, अक्सर कविता नहीं लिखते क्योंकि कविता मनुष्य की गोधूलि का परिसर है। इसलिए यह जानते हुए भी कि रोमन कैथोलिकों के वर्तमान पोप बहुत पहले से पोलिश में अच्छी कविता लिखते रहे हैं, मैं इधर प्रकाशित उनकी लम्बी कविता 'रोमन त्रिपटी' को लेकर विशेष उत्साहित अनुभव कर रहा था। जब उसका अँग्रेज़ी अनुवाद हाथ आया तो लगा कि उसमें धर्म जितना भी हो, ईसाइयत के मिथक और अभिप्राय कितने भी क्यों न हों, कविता है जो एक महान् कलाकार माइकेलेंजेलो को प्रणति देती है। 'ग्रन्थ ने प्रतीक्षा की माइकेलेंरोलो की'। अपनी पोलिश मित्र रेनाता चेकाल्स्का के साथ मिलकर मूल पोलिश से इसका हिन्दी अनुवाद इन दिनों कर रहा हूँ।
उसका एक अंश, बानगी के तौर पर देखें :

'उसका देखना हमारे देखने से अलग था।
आद्यदृश्य और आद्य-अभिव्यक्ति :

आरम्भ में शब्द था और सब कुछ उसके द्वारा उत्पन्न हुआ'
'सब कुछ हमारा जीवन, हमारी गति और हमारा अस्तित्व निहित है—

शब्द, सबसे विस्यमयकारक शब्द—आद्यशब्द, एक अदृश्य दहलीज की तरह
हर वस्तु की जो है, थी और होगी।
मानो कि शब्द एक दहलीज़ था।

शब्द की दहलीज़, जिसमें हर वस्तु ऐसे हुई अदृश्य
आद्य और ईश्वरीय—इस दहलीज़ के पार इतिहास शुरू होता है।'

हम अनुवाद में बाइबिल के हिन्दी संस्करणों का सहारा ले रहे हैं क्योंकि कविता बाइबिल के उद्धरणों का उदारता से इस्तेमाल करती है। पहला प्रारूप तैयार हो गया है।

एक फ्रेंच कवि

'जब चलना असम्भव हो जाये, वह पाँव है जो चूर-चूर होता है, रास्ता नहीं। तुम्हें धोखा दिया गया। रोशनी सादी है और पहाड़ियाँ नज़दीक। अगर, ग़लती से, आज रात मैं तुम्हारे दरवाज़े दस्तक दूँ, तो उसे मत खोलना। उसे मत खोलना अभी। तुम्हारे चेहरे की अनुपस्थिति मेरा एकमात्र अँधेरा है।'

'मैं तुम्हारे आँसू छूता हूँ और घास रात में...
नश्वर सुख, क्या यह तुम हो?

क्या रोशनी मेरे हाथों में मिट्टी बन जायेगी
तुम्हारे प्रतिरूप का नमूना बनने के लिये
ओ मेरे बेचेहरा प्यार!

उस पेड़ को कौन गूँथने जा रहा है
घाटी की तलहटी में जिसे इन बच्चों ने गिराया है?

कौन अभी भी मर सकता है
रोशनी की और तेज़ किये जाने की तरह,
ख़ामोशी की एक बढ़त की तरह?

बरसों पहले महान् चित्रकार ज्याँ मीरो पर जाक दूफाँ एक पुस्तक पढ़ी थी। पुस्तक क्या एक लम्बा निबन्ध था, जिसे इधर प्रचलित मुहावरे में विनिबन्ध कहा जा सकता है। तब भी पता तो था कि वे फ्रेंच कवियों की उस परम्परा में आते हैं जो बोदेलेयर, मलार्मे से शुरू होकर ईव बोनफुआ और फ्रेंच आन्द्रे जाम तक आती है जिसमें कविगण कलालोचक भी हैं। ब्लडेक्स बुक्स द्वारा 1992 में प्रकाशित और पाल आस्टर द्वारा उनकी चुनी हुई कविताओं का अँग्रेज़ी अनुवाद मुझे पिछले दिसम्बर में ही मिला।

यह अल्पकथन का प्रेमकवि है। उसमें नाटकीयता नहीं है लेकिन एक तरह की अन्तःसलिल हिंसा है। इस कविता का रतिशास्त्र ऐसा है मानो कि देह के द्वारा दर्शन लिखा जा रहा हो, थोड़ा अनाश्वस्त : मानो, हमारे होंठ एक-दूसरे को जानते थे/एक बार। कुछ भी न कहा या महसूस किया जा रहा है जो अपने से अतिरेक में हो। किसी को भी मानवीय से ऊँचा पहुँचने या पाने की अनुमति नहीं है। यह कविता हमें ख़ामोशी और बहुत अधिक देखने, दोनों से बचाती है। यह शान्त और संयमित

काव्यशास्त्र है जिसमें अतिविश्वास, अतिकथन से चौकन्ना रहकर बचा जाता है। यह पर्याप्त होने की कविता है।

दूफाँ कहते हैं–

'कुछ न कहना, सब कुछ कहने देना। वह लिखना। गिरना। उल्का की तरह। वह एकमात्र होना जो भूल जाता है कि रात में कैसे पड़ती है दरार।'

उनके यहाँ निरन्तरता का बोध है–

'कोई अन्त नहीं है, सब कुछ फिर से शुरू हो सकता है, अपने को लिख सकता है, जोड़ सकता है : प्रवाह, मौन, बाहर...

मैं दूफाँ की कवितायें पढ़कर सोच रहा था कि इस समय हिन्दी में जो माहौल है उसमें लगता है कि कविता को कभी लगता ही नहीं कि कभी-कभार चुप रहने, कम बोलने, बोलने की सीमाएँ समझने, ख़ामोशी की कोई ज़रूरत है। एक ऐसे समय में जब व्यर्थ और अनावश्यक शब्दों की बाढ़ सी आ गयी हो तब दूफाँ की कविता याद दिलाती है कि शब्द को ठिठकना चाहिये, कि हमें कोरस या कुहराम में शामिल होने के बजाय अपनी आवा़ज, जैसे कि अपनी ख़ामोशी, बचाकर रखना चाहिये। सिर्फ़ कविता के लिये ही नहीं, ज़िन्दगी के लिये।'

कविता की आग

चूँकि कविता में जैसे कि शायद जीवन में भी क्रान्ति की बात अब शायद ही कोई करता है, उस आग का क्या होता है, उस ताप और बेचैनी का, जो हमारे जीवन में जब-तक सुलगती-उभरती रहती है अक्सर तो वह बुझ ही जाती है, थोड़ी लौ-लपक के बाद। कवियों के यहाँ वह उनकी कविता में अन्तरित बल्कि स्थानान्तरित हो जाती है। यह अन्तःकरण शब्दों, रूपकों, छवियों आदि के रूप में तो होता ही है, अधिक सूक्ष्म ढंग से वह लय, यतियों, ख़ामोशियों और मुखरता के रूप में होता है। लेकिन आग का यह रूपांतरण अक्सर उसकी चमक तो बरकरार रखता है, उसकी आँच को मन्द या कम से कम अन्तःसलिल कर देता है। हर आग जलाने के लिये पैदा नहीं होती हालांकि हर आग अन्ततः बुझ जाती है और कुछ न कुछ उसके साथ राख भी हो जाता है। कविता में या तो आग की चमक नज़र आती है या फिर अक्सर राख की धूसरता। कभी-कभी कोई शब्द या बिम्ब इस धूसरता में अँगारे सा चमकता और ओझल हो जाता है।

इस बार मैं युगोस्लाव कवि वास्को पोपा का अँग्रेज़ी अनुवाद में संचयन 'कलेक्टेड पोएम्स', एनविल प्रेस लन्दन द्वारा प्रकाशित ले आया। 430 पृष्ठों की इस पुस्तक में ब्रिटिश कवि टेड ह्यूज़ ने कहा है कि पोपा चेकोस्लोवाकिया के मिरोस्लाव होलुब और पोलैण्ड के ज़्बीग्न्येव हेर्बेर्त के साथ उन कवियों में से थे जिन्होंने यह दर्ज़ करने की कोशिश की कि मनुष्य अपने साथ क्या कर रहा है, उसकी अपनी बनायी संस्थाएँ और इतिहास उसके साथ क्या कर रहे हैं। उन्होंने एक छोटी विडम्बनात्मक जगह, एक ऐसी कविता रची जिसमें वे स्वयं अपनी मानवता का आदर कर सकें। वास्को पोपा के एक कविताक्रम की पहली कविता है :

मुझे वापस कर दो मेरे चिथड़े

निरा सपना देखने के मेरे चिथड़े
धारीदार चेतावनियों से मुस्कराते रेशम के
मेरे जाली के कपड़े के

चितकबरी उम्मीद के मेरे चिथड़े
रगड़-चमकीली इच्छा के रंग-बिरंगी झलक के
मेरे चेहरे की त्वचा के

मुझे वापस कर दो मेरे चिथड़े
कर दो जब मैं तुमसे सीधे से कह रहा हूँ।

पोपा के यहाँ प्रेम कविताएँ भी हैं। 'तुम्हारी निगाहों के बिना मैं एक नदी हूँ जिसके किनारे उसे छोड़ गये हैं।' 'मैं एक पीला फ़र्श हूँ। एक ख़ाली कमरे में जिसमें तुम बैठी हो। ताकि तुम्हारी परछाईं मुझे राहत दे', 'तुम मेरे राख के वृक्ष को। हरी पत्तियाँ देती हो', 'क्या मैं इस विश्रामहीन क्षेत्र में अपने हाथों से तुम्हारे लिये एक तम्बू उठा सकूँगा' आदि। कविता में आग का दूसरा नाम प्रेम भी होता है।

सिक्सू के सपने

यह कहा जा सकता है कि अभी कुछ बरसों तक, जब कि विज्ञान की नयी खोजों ने फ्रायड के सपनों की व्याख्या की वैज्ञानिकता ध्वस्त कर उसे भी अन्धविश्वास की श्रेणी में लाकर खड़ा कर दिया, तब तक सपनों

को हमारे अबूझ अवचेतन चित्त की, दमित इच्छाओं और वासनाओं की अभिव्यक्ति माना जाता रहा है। सच्चाई हमारे रहस्यों के गर्भगृह हैं—वे हमारे कई रहस्य हम ही से छुपाते हैं। सपने सच्चाई का पूर्वाभास हैं, वे सच्चाई को सर्जनात्मक ढंग से विकृत करते हैं, वे स्मृतियों का पुनर्विन्यास हैं आदि कई धारणाएँ सपनों को लेकर प्रचलित रही हैं। इसलिये अगर प्रख्यात फ्रेंच लेखिका एलेन सिक्सू ने अपने सपनों का एक बहीखाता पुस्तकाकार, अँग्रेज़ी अनुवाद में 'ड्रीम आई टैल यू' (एडिनबरा यूनीवर्सिटी प्रैस 2006) नाम से प्रकाशित किया है तो इसमें कोई खास अचरज की बात नहीं है। अचरज की बात है इस पुस्तक का 'फ्राण्टियर्स आव् थ्योरी' नामक सीरीज में शामिल किया जाना। स्पष्ट है कि साहित्यिक सैद्धान्तिकी का परिसर उससे कहीं ज़्यादा चौड़ा है जितना कि हम आमतौर पर जानते हैं : उसमें स्वप्न-गल्प की भी जगह है। दिलचस्प यह है कि सपने लगभग अँधेरे में ही दर्ज़ कर लिये गये हैं जब वे 'मछलियों की तरह पकड़े और छोड़े जाने पर चौंक कर भाग जाते रहे हैं।' अनुवादक बेवरली बी ब्राहिक ने इस समूचे दस्तावेज़ ''दुहरा अजनबी' बताया है क्योंकि एक तो उसका विषय अजनबी है और फिर वह मूलतः फ्रेंच भाषा में है।''

इस स्वप्न-पुस्तक में सिक्सू जैसी प्रखर बुद्धिजीवी की निजी, पारिवारिक, बौद्धिक और सार्वजनिक जीवन की कई छवियाँ हैं : उसमें पिता, माता, बच्ची, हाइडेगर, जाक दरीदा, शार्ल दिगाल आदि से लेकर सिक्सू की पालतू बिल्ली आदि शामिल हैं। जगहों में कहीं हो रहा लम्बा परिसंवाद, किसी अज्ञात व्यक्ति के साथ बिताया सप्ताहान्त, क्रीट शहर, ओरान, दुनिया के नीचे की दुनिया, यन्त्रणा-शिविर, कोई पहाड़ी बस्ती, उलटा-पुलटा घर, रंगमहल, रू द ला लिबरेसियों, दरीदा की समाधि, एक बड़ा होटल आदि हैं। घटनाओं में लाड़-दुलार, प्रेम-रति, शिशु का स्तनपान से लेकर मृत्यु, बहस, भोज, समुद्रतट पर दिगम्बर घुमक्कड़ी, शेर के बच्चे का दूध पिलाना, गिरती बर्फ़ को देखते हुए जागना, होटल में अपने कमरे को न खोज पाना आदि हैं।

सपनों, कल्पना और सृजन के गहरे सम्बन्ध के बारे में सभी जानते हैं। इसलिये सपनों का यह बहीखाता सिक्सू की सर्जनात्मकता को समझने में मददगार माना जाये यह उचित ही है। उपन्यास, नाटक, आलोचना, सैद्धान्तिकी जैसी विविध विधाओं में लिखने वाली सिक्सू की रचना-प्रक्रिया किसी हद तक अपने रहस्यों के साथ इस पुस्तक में अन्तर्भूत है। दरीदा ने इस पुस्तक पर एक पुस्तक लिखी है जिसका अँग्रेजी में प्रकाशन जल्दी ही इसी सीरीज़ में होने वाला है। उसके एक उद्धरण के अनुसार दरीदा ने कहा है कि साहित्य का रहस्य स्वयं है, वह एक गोपन जगह है जो अपने को रहस्य की सम्भावना की जगह की तरह स्थापित करती है

और वहीं से साहित्य अपना उद्गम पाता है। वे जोड़ते हैं कि सिक्सू अलग से कविता नहीं लिखतीं क्योंकि कविता उनकी भाषा का गुण है, वे जिस भी विधा में क्यों न लिखें। उनका मत है कि 'एलेन सिक्सू एक असीम संसार का, निशीथ-स्वप्नों के सभी संभव संसार में का दिन के लेखन की अतुलनीय चौकसी में अथक और अद्वितीय अनुवाद करती है।'

केकी की कविता

आमतौर पर यह धारणा पिछले कुछ बरसों में व्यापक हुई है कि भारतीय प्रतिभा अँग्रेज़ी कविता से हटकर अँग्रेज़ी गद्य विशेषतः उपन्यास में अधिक खिल-पल-फूल रही है। इसके बरक़्स उमर में सत्तर के नज़दीक पहुँच रहे वरिष्ठ कवि केकी दारूवाला का संचयन 'कलैक्टेड पोएम्स' (पेंगुइन इण्डिया 2006) 1970 से 2005 के बीच लिखी उनकी कविताओं को एकत्र कर स्पष्ट करता है कि केकी दारूवाला इस समय अँग्रेज़ी के ही नहीं समस्त भारतीय कविता के एक बड़े सशक्त और सक्षम कवि हैं : भाषा और लय पर उनका अधिकार, उनके अनुभवों और शिल्पविधियों की विविधता और रेंज, उनका सहज विनोदभाव और विट आदि उन्हें एक ऐसा कवि सिद्ध करते हैं जिनके यहाँ अँग्रेज़ी भाषा वहाँ गयी है जहाँ कम से कम भारत में वह पहले कभी नहीं गयी थी। उनकी पाँच बरस गाने 2000-2005 की अवधि की थोड़ी कविताओं में ही केकी ग्राक कवयित्री सेफ़ो, एक फिलिस्तीनी कवि, 2002 के गुजरात, उसामाबिन लादेन, तवांग बौद्धविहार, कौरव, अपनी पोती जैसे विषयों पर कविताएँ हैं। 'बिफोर द वर्ड' शीर्षक कविता का समापन होता है :

हालाँकि कोई शब्द नहीं थे
डर के पास आवाज़ थी कई गूँजों भरी।
पूजा ज़्यादा सादी, आसक्ति
बोलती थी सिर्फ़ आँखों या घुटनों से।

कैसा था तब भाषा के ओस की तरह झरने के पहले
हमारी ज़िन्दगियों की घिसटती घास को ढाँपते हुए?

'अग्नि-सुत्त' शीर्षक कविता का समापन यों होता है :

लेकिन तुम अनुपस्थिति की आग से नहीं मिले, प्रभु,
और अनुपस्थिति एक अनन्त रूप से ख़ाली पात्र है
सिवाय इसके कि लौ और दुख एक-दूसरे को पोसते हैं।

मानवीय शून्यों में आग, कौन नियन्त्रण कर सकता है उन पर?

इस विशेष आग से तुम्हारा साबका नहीं पड़ा, प्रभु!
और किसी तरह मेरा मन पक्षी की चीख़ की ओर भटकता है
और अनुपस्थिति की आग, जो जलाकर बनाती है एक सूराख
आत्मा में, हृदय में, करती है सूराख एक आकाश में।

केकी के यहाँ ब्योरे हैं लेकिन उनकी कविता दुनिया को उसकी जटिलता और सूक्ष्मता दोनों में चौकन्ना होकर देखती-दिखाती है। कवि की बुद्धि और संवेदना में फाँक है। जैसी कि होना स्वाभाविक है, लेकिन केकी उसे आवेग या अतिरेक से नहीं, एक तरह के 'प्रिसीशन' से पाट देते हैं। उनकी कविता में लगभग शुरू से अब तक मानवीय हालत की विडम्बना का गहरा अहसास है जो कभी आत्मव्यंग्य में बदलता है, कभी उदास स्वीकार में।

केकी की कविता का भूगोल बहुत फैला हुआ है लेकिन वह सुगठित और सुसंयोजित है। कविता को हम जब-तब इससे भी जाँचते हैं कि वह हमें किन पठारों, जलाशयों, घाटियों और रेतीले मैदानों में ले जाती है। इस सिलसिले में केकी की कविता एक तरह की अथक यात्रा है : उसमें उनकी सचमुच की यात्राओं की छापें और अवशेष भी हैं। लेकिन उससे कहीं आगे वह अनुभवों और दृष्टियों के प्रति एक असमाप्य खुलेपन की यात्रा भी है। कई बार लगता है कि केकी की कविता सिर्फ़ हमारे अनुभवों में ही नहीं हमारी जिज्ञासा में कुछ इज़ाफ़ा करती है एक बड़े कवि की तरह वे दुनिया के होने, उसके मानवीय और निरन्तर होने, उसके स्मृति, इतिहास भूगोल में बँधे और फिर भी असीमित होने का सत्यापन है। वह इस बात का भी सत्यापन है कि कविता में आदमी हो पाना कितना ही कठिन क्यों न हो सम्भव है और अन्ततः आह्लादकारी है। इस सुमुद्रित और सावधानी से संचयित पुस्तक को पढ़ते हुए मुझे लगा कि ऐसे कवि का ज़िक्र होना भी सच्चा और सार्थक सौभाग्य है।

शून्य की पैदाइश

'बुढ़ापे की तरफ बढ़ रहा हूं। अभी से। मैं उन लोगों में से हूँ जो छोटे कामों में दिलचस्पी नहीं ले पाते और बड़े काम कर नहीं पाते। इसलिए वे अकुलाते रहते हैं। उम्र भर। और मरने के बाद दोजख में चले जाते हैं—दांते के दोजख में।'

'सामने रखे एक मुरझाए हुए पौधे का एक बाजू इस तरह से झुका हुआ है कि लगता है कि जैसे कोई बच्चा बैठा रो रहा है।'

'उजला दिन। धूप जैसे कोई जवान औरत। अवस्त्रा। उठे हुए उरोज। निखरा हुआ रंग। रेशमी बाल। खामोश लेकिन बलबे उबाल। प्रतीक्षारत। बासेहत। बाकमाल। या फिर किसी जवान जोगिन की तरह शान्त। विरक्त। बजा जिस्म, दुनियावी आकर्षणों से पूरी तरह ऊपर अभी न उठी हो।'

'इस वक्त अजीब सकून है। जैसे किसी साज का कसा हुआ तार हो। धूप, हवा, हरियाली इन तीनों की बदौलत शाम किसी सुती हुई तलावर या हसीना की सी हो गयी है। कोई हमनवा नहीं, कोई हमहवा नहीं, कोई हमदवा नहीं।'

'मेरे काम की बुनियाद क्या है, नहीं जानता; मेरे काम का मकसद क्या है, नहीं जानता; मेरे काम की जरूरत क्या है, नहीं जानता; मेरे काम की वुकअत क्या है, नहीं जानता; अगर मुझसे पूछा जाए कि मैं क्यों इस जिद पर अड़ा हुआ हूँ कि जिन्दा रहने के लिए काम जरूरी है तो मैं कोई जवाब नहीं दे सकूँगा। मेरे पास दुनिया और दीन का दिया हुआ कोई सहारा नहीं।'

'आज दिन भर धूप रही। रंगीन धूप। जैसे गुनगुना पानी। जमीन पर पत्तों का बिखराव है। पेड़ फिर नंगे हो गये हैं। तीर छूटने से पहले का तनाव। सब सनसनाहटें रुकी हुईं। जैसे चारों तरफ खूबसूरत बावकार औरतें खड़ी हों।'

'झेंपू या झूठे या जूठे लहजे से कोई बड़ी रचना नहीं की जा सकती। जिस्म की लाचारियों और लज्जतों का जिक्र हमेशा दबीघुटी संकुचित आवाज में ही किया जाए तो अजमत नामुकिन।... हम बुनियादी तौर पर बोदे हैं। हम कभी भी नंगे नहीं होते, हमाम में भी नहीं'

'किसी-किसी उड़ान में लगता है कि खुदा है, खाक है, और कुछ भी नहीं। किसी-किसी उड़ान में लगता है कि उड़ना नामुकिन है, गलत भी; कि नीचे की दुनिया ही असली दुनिया है; कि मैं उसी का बाशिदा हूँ और उसके ऊपर उड़ने की कोशिश बेहूदा है।'

'मुझे मान लेना चाहिए कि मैं मामूली हूँ, नाचीज हूँ, निकम्मा हूँ, नामुराद हूँ, महरूम हूँ। और यह सब मानते हुए मुझे कोई दुख नहीं होना चाहिए। दुख होता है। कोशिश करता हूँ कि न हो, इसलिए और होता है। इस दुख को भी मंजूर कर लेना चाहिए।'

'जिस तरह की गहराई हिन्दुस्तानी शास्त्रीय संगीत में है उस तरह की

मुझे किसी दूसरे संगीत में सुनाई नहीं देती। ऐसी गहराई हम हिन्दुस्तानी अभी तक अपनी किसी और कला में नहीं ला सके।'

'मेरी हालत उस पागल की सी है जो हर रोज एक ही चौराहे पर खड़ा होता हो।'

ऊपर के सभी उद्धरण कृष्ण बलदेव वैद की प्रवास-डायरी 'ख्वाब है दीवाने का' में दर्ज इंदराज हैं जो हाल ही में राजपाल एंड संज दिल्ली ने प्रकाशित की है। डायरी एक तरह का आत्मसंलाप या संवाद होती है लेकिन हिन्दी में उसे बेबाकी और हिम्मत से कम ही लिखा गया है। ऐसे संस्मरण और डायरियों की संख्या कम नहीं है जिन्हें दरअसल अपने विरोधियों को पीटने या भड़ास निकलने के लिए ज्यादा, अपनी चीरफाड़ करने के लिए कम लिखा गया है। वैद की डायरी इसका असाधारण अपवाद है। यह याद करना कठिन है कि उनके अलावा हिन्दी के किस कथाकार ने अपनी चीरफाड़ को ही एक तरह से अपना काव्यशास्त्र बनाया है। वैद का एक लेखक और व्यक्ति के रूप में आत्मसंघर्ष इस डायरी में दर्ज है। अपने से लगातार सवाल पूछना, अपने अंधेरों को बार-बार टटोलना, अपने इर्द-गिर्द को कभी बेहद ललक और कभी बेगानगी से देखना, अपने लेखक-मित्रों के रुख और व्यवहार पर जब-तब टिप्पणी करना और ऐसा करते हुए अपने को कभी न बख्शना इस डायरी को अपने ढंग की अनूठी किताब बनाते हैं।

हिन्दी के किसी कथाकार या लेखक में उर्दू इतनी नहीं बोलती जितनी वैद के यहाँ। यह उनके गद्य को अनोखी चमक भी देती है। इसी डायरी में मुनकिर, अशरेअशीर, मशग़ला, जमूद, तवानाई, दिलबरदाश्ता, मसनूई, मुतालिआ, हेजान, जंगखुर्दा, आवुर्द, आहोज़ारी, आलाइशें आदि बीसियों शब्द हैं जो बहुत स्वाभाविक तौर पर आते हैं। खूबी यह है कि वैद की शैली में हिन्दी से बाहर के नहीं लगते। डायरी की एक और विशेषता है उसकी पठनीयता। वह कभी भी उबाऊ नहीं है। भले वैद कहते हैं कि 'इसलिए यह डरी-डरी सी है, बनीठनी बेशक नहीं, इसीलिए यह अशुद्ध है', उसमें अपने शून्य की तरह-तरह से पैमाइश है और उसकी 'अशुद्धता' ही उसे उसकी असली आभा देती है। वह उसी अर्थ में अशुद्ध है जिसमें बड़ा साहित्य, कम से कम हमारे समय में, व्याकरण, व्यवस्था और नैतिकता, राजनीति और सामाजिकता के सन्दर्भ में अशुद्ध होता आया है। जो लोग वैद जैसे कठिन और बड़े लेखक और उनके उलझे हुए समय को थोड़ा गैररस्मी तौर पर समझना चाहते हैं। अनेक लिए यह डायरी बेहद मददगार सिद्ध होगी। यह वैद ही कह सकते हैं, 'न कोशिश में कोई मजबूती है, न इरादे में कोई आन। यास का यह आलम है कि जैसे कोई कीड़ा किसी पहाड़ी ढलान से लुढ़कता अचानक आगाह हो जाए कि वह कीड़ा

है और किसी को उसकी खबर नहीं, कोई जरूरत नहीं।' शून्य की ऐसी निर्मम पैमाइश हिन्दी में कितनी दुर्लभ है!

आवाज़ की प्राचीनता

हमारी दुनिया पहले के मुक़ाबले कहीं अधिक आवाज़ों की दुनिया है। बल्कि शोरगुल की दुनिया। हम जो भी आवाज़ सुनते हैं वे हमारे समय की आवाज़ें होती हैं ज़्यादातर। लेकिन जब से रिकॉर्डिंग की सुविधा और उसमें नित्यप्रति आने वाले परिष्कारों का सिलसिला शुरू हुआ है, हम कुछ पहले की, मसलन रिकार्डों आदि में बन्द, आवाज़ें फिर से सुन पाते हैं। इसका अर्थ यह है कि हमारी आवाज़ों की सम्पदा में कुछ अतीत की आवाज़ें भी शामिल हो गयी हैं। उन्हें सुनकर कई बार हम उनसे भी पहले की आवाज़ों का कटु अन्दाजा लगा सकते हैं।

उस्ताद रहिमत खाँ, केसरबाई केरकर, मोघूबाई कुर्डीकर आदि की पहले की रिकॉर्डिंग सुनिए तो लगता है कि उनमें आज की आवाज़ों की तुलना में अधिक भराव, अधिक व्याप्ति थी। कई बार उनमें थोड़ी अधिक निरसंगता भी सुनायी देती है। जैसे वे किसी और के लिए नहीं सिर्फ़ सहज भाव से गा रहे हैं। दूसरे उनका सम्बोध्य नहीं है, वे भले सुन लें। थोड़ी देर के लिए सही हम उस समय की दुनिया में रम से जाते हैं। अपनी दुनिया से थोड़ा दूर और फिर भी उससे अटूट। यह भी ख़याल आता है कि उस समय इतना सारा इधर विकसित हुआ संगीत नहीं था। ज़िन्दगी में ऐसी अधीर आपाधापी और शोरगुल नहीं थे। शायद मौन के लिए अधिक जगह थी। पुराना संगीत सुनते यह भी लगता है कि वह साथ ही साथ मौन भी रच रहा है। यह भी कहा जा सकता है कि वह मौन को सम्बोधित है यानी अपने उद्गम और अन्त को क्योंकि वह मौन से ही निकला है और उसी में समाहित हो जायेगा। आवाज़ प्राचीन है पर मौन तो उससे भी पहले का है। संगीत ही दोनों के उद्भव के बाद की रचना है। एक अर्थ में मौन और आवाज़ प्रागैतिहासिक है, संगीत ऐतिहासिक है। यह और बात है कि मुख्यतः वाचिक होने के कारण हमारे यहाँ उसके कोई तथ्य सुलभ नहीं हैं। अवधारणाएँ और नियम आदि हैं पर तथ्य नहीं। उसका इतिहास 'तथ्यहीन' इतिहास है। इसे यों भी कह सकते हैं कि भारतीय संगीत अपने इतिहास का अतिक्रमण करता है। वह अनैतिहासिक नहीं, आधिऐतिहासिक है।

दो बाँहों में आकाश

ग्रीक कवयित्री सेफ़ो ने कहा था : 'मैं उम्मीद नहीं कर सकती थी आकाश को छूने की, अपनी दो बाँहों से।' लेकिन अगर अपने दो हाथों से सरोद बजाते हुए अपने स्वरवितान को कोई व्योम को छू लेने देता है तो वे हैं उस्ताद अली अकबर खां। उनके संगीत में गहरा मौन रसा-बसा है। यह संगीत है जिसमें ऊँचाई और गहराई एक साथ है। वह जितना गहरे जाता है उतना ऊँचा उठता भी लगता है : वह जितनी ऊँची उड़ान भरता है उतना ही गहराई में उतरता लगता है। कम से कम बीसवीं शताब्दी में सरोद ने उस्ताद अली अकबर खां में अपना सबसे ऊँचा शिखर पाया : सरोद उनके हाथों बजाये जाने के बाद हमेशा के लिये बदल गयी।

विराट् स्थापत्य और ललित कोमलता दोनों को समान रूप से साधते हुए अली अकबर खां का संगीत चिन्तनपरक होते हुए भी आवेग और भरेपूरेपन में घुल सा जाता है। कई दशकों से अमरीका में बसे और शिक्षा दे रहे इस संगीतकार ने वहाँ की आपाधापी और तेज़ गति का मानो प्रतिरोध करते हुए एक ऐसा संगीत रचा है जो आपको अधीर गति से अपसरण कर सुगति और शान्ति में रमने का अवसर देता है। उस्ताद अक्सर बजा नहीं रहे होते हैं—ऐसा लगता है कि वे मौन की गहराई से संगीत का आह्वान कर रहे हैं, मौन को उसकी अनुर्वरता और रिक्तता से मुक्त कर रहे हों, उसे स्वरों से भरते हुए जो कि उसमें अर्थ प्रतिष्ठित कर सके। संगीत मौन का संकेत है और मौन संगीत को समाहित करता है।

उस्ताद राग को सजाने में बहुत संयम बरतते हैं : उसका संगीत सतर्क होता है हालाँकि उसमें विश्वास या विन्यास की कमी नहीं होती। वह संगीत है जो बहुत नहीं कहता, सिर्फ़ आह्वान करता है। कभी आपको एक शान्त-विकल प्रार्थना सुनायी दे सकती है और कभी दबा-ढँका सा विलाप : संगीत भावसमृद्ध है और कल्पनाशील ढंग से जीवन्त लेकिन वह आपको किसी दिशा-विशेष में ठेलने की कोशिश नहीं करता। वह आपको ऐहिक सीमाओं की संकीर्णता से मुक्त कर मानो सोचने-विचारने और गुनने के लिये मुक्त छोड़ देता है। किसी विविक्ति या अलगाव में नहीं बल्कि कृतज्ञ सहभागिता में। उसका कोई आध्यात्मिक लक्ष्य भले न हो, अन्त में, वह आपको आध्यात्मिक स्तर पर सजग करता है।

यह तो हुआ गहराई के बारे में। अली अकबर के संगीत में विस्तार का वितान बहुत है, उसमें उन्मुक्तता है। अपनी स्वाभाविक अल्पभाषिता के बावजूद वह प्रचुरता की छवियाँ और भावनाएँ जगाता है। वह साहसिकता के साथ कल्पना की मानवीय गरिमा तक फैल जाता है।

उसमें ऐसा आभिजात्य है जो आपको भी अपने में हिस्सेदार बनाता है। वह आपको ऊपर उठाता है, और अधिक की प्यास जगाता है।

परम्परा में स्वायत्तता

डॉ. मुकुन्द लाठ इस समय देश के सभ्यता-समीक्षकों में इसलिये अनोखे लगते हैं कि अरसे से हमारी परम्परा में संगीत और नृत्य को लेकर हुए चिन्तन के गम्भीर दार्शनिक और व्यापक अभिप्रायों का अवगाहन करते रहे हैं। दार्शनिक षण्मासिक 'उन्मीलन' में उनका एक लम्बा (और सम्भवतः असमाप्त निबन्ध) 'सभ्यता की धारणा और भारत में नृत्त : कला की स्वायत्तता का प्रत्यय' शीर्षक से प्रकाशित हुआ है। उस पर टिप्पणी करने के बजाय उसके एक अंश की ओर ध्यान खींचना पर्याप्त है : 'अभिनवगुप्त नृत्त को 'स्वयंप्रतिष्ठ' कहते हैं। यह शब्द अमूर्त की धारणा में निहित कला की विशुद्धता (अनुकरण-मुक्ति) और रूप-कल्पना की स्वायत्तता के बोध को बड़ी सार्थक ध्वनि के साथ पकड़ता है। पर बात यहाँ अभिनव गुप्त की नहीं है। बात हमारी इतिहास-दृष्टि की है। नृत्त, संगीत के विशुद्ध रूप आज भी हमारे सामने हैं, इनकी विशुद्धता और अमूर्त्तता का भी हमें बोध है, हममें यह बोध भी जागरूक है कि इन रूपों का सम्बन्ध हमारी सभ्यता के आद्यकाल से है, पर हमारी इतिहास-दृष्टि पर पश्चिम की छाया इतनी घनी है कि हम अपनी ओर आत्मस्थ हो कर देख ही नहीं पाते। तभी हमारे कला के इतिहास में उन कलाओं का स्थान ही नहीं जिन्हें पश्चिम अपने स्वकीय कारणों से अपने सभ्यता-चित्र में महत्त्व नहीं देता।'

सपने का उजला उत्तराधिकार

सच का उत्तराधिकार तो लगभग अनिवार्य होता है, लेकिन सपने का उत्तराधिकार आप स्वयं चुनते हैं। स्वतन्त्रता का सच हमने सहज स्वीकार किया है, लेकिन गाँधी के सपनों का भारत बनाने का चुनाव हमने नहीं किया। 'जनगढ़ क़लम' नाम से मध्यप्रदेश के परधान गोंडों की चित्रकला की जो प्रदर्शनी ललित कला अकादेमी की दीर्घा में लगी उसे देखते हुए हम जैसों को यह याद आना अनिवार्य ही था कि इन कलाकारों ने एक

महान क्रान्तदर्शी चिन्तक-चित्रकार के सपने को स्वीकार किया और उसे सच में बदला है। ये चित्रकार थे जगदीश स्वामीनाथन, जिनकी एक कलात्मक-बौद्धिक जिद यह थी कि वे समकालीनता की परिभाषा को अधिक समावेशी कर उसमें लोक और आदिवासी कलाओं को शामिल करेंगे। मण्डला के पाटनगढ़ गाँव के एक गायक किशोर जनगढ़ सिंह श्याम को जब वे भोपाल के भारत भवन में लाये थे तो इस विश्वास के साथ कि परधान गोंडों की सर्जनात्मकता संगीत से रूपंकर कला में स्थानांतरित हो सकती है, अगर उन्हें वे सुविधाएँ और सामग्री मिले जो शहराती कलाकारों को सहज ही मिलती रही है।

जनगढ़ इस बड़े परिवर्तन का आदिपुरुष बना और हालाँकि उसके ट्रैजिक अंत पर बहुत दुख होता है, यह प्रदर्शनी देखकर लगता है कि उसका काम अकारथ नहीं गया। उसके बाद उसकी पत्नी नैनकुसिया और बेटे के अलावा बड़ी संख्या में इस क़लम में काम करने वाले परधान कलाकार इस समय सक्रिय हैं। ऐसा कम होता है जब हम किसी एक कलाकार से एक लम्बी परम्परा की शुरुआत देख सकें, खासकर यह पहचान सकें कि उससे एक नई परम्परा की शुरुआत हो रही है। संगीत में ऐसे कलाकार को नायक कहा जाता है। जनगढ़ ऐसा ही नायक कलाकार था। उसने जो अपनी अद्वितीय शैली विकसित की वह एक क़लम ही बन गई है और उसमें अब इतने सारे कलाकार सक्रिय हैं; उनमें से कई के पास धीरे-धीरे अपना निजी मुहावरा भी बन रहा है। जाहिर है उन पर नये किस्म के प्रभाव और दबाव भी हैं : यह वह कला नहीं है जो किसी ग्रामीण या लोक अंचल में महदूद हो। वह अक्सर शहर के परिसर में घट रही है। दिलचस्प यह है कि वह बहुत सारी शहराती सच्चाइयों को अपनी ही लोकगाथापरक शैली में बदल लेती है। उसमें चित्रित छबियों में पक्षियों, पेड़ों, जानवरों आदि के अलावा मोटरें, हवाई जहाज आदि भी शामिल हैं। आधुनिकता के आतंक से मुक्त, लेकिन उसे अपनी शर्तों पर पालतू बनाते हुए, यह निश्छल-निडर कला है जो हमारी आधुनिक कल्पना के वितान को और विस्तृत और स्पन्दनशील करती है। अधिकांश चित्र कोई न कोई कथा कहते हैं, लेकिन अगर आप उसे नहीं जानते तो यह आपके आस्वादन के आड़े नहीं आता। वे अपने कथा-अभिप्रायों को कलात्मक सौन्दर्य में इस तरह मुक्त करते हैं कि उनकी कथात्मकता किसी तरह का आग्रह बनने से बच जाती है।

'जनगढ़ क़लम' प्रदर्शनी फिर एक बार इस सच्चाई का सत्यापन है कि भारत में परम्परा ही अपने परिवर्तन से आधुनिक होती चलती है। इसमें कोई सन्देह नहीं कि अगर स्वाभिमान जीवित होते तो उन्हें इस बात का उचित गर्व होता कि उनका सपना अप्रासंगिक नहीं हुआ, बल्कि सच्चाई

में बदल गया। स्वामी की कलात्मक उपलब्धियों में इस तरह का सपना देखना भी शामिल है। आखिर हर सच पहले देखा गया सपना ही तो होता है।

विश्व-ग्राम में कविता

कहते हैं कि विश्व एक ग्राम बन रहा है : कवि ने तो कहा था कि 'भारत-माता ग्राम वासिनी' लेकिन फैलाया यह जा रहा है कि विश्व-मा ही ग्रामवासिनी होगी। नये माल, तेज़ संचार और सम्प्रेषण के साध तेज़ रफ़्तार, चहुँदिस फैल रहा बाज़ार सब कुछ मिलकर हमें एक विश्वग्राम में ढकेल रहे हैं। हो सकता है कि मेरी अधेड़ आँखों को नज़र न आता हो लेकिन लगता यह है कि विश्व-नगर बन रहा है। जो नयी सभ्यता हम पर रोज-ब-रोज़ कुछ लादी और कुछ हमारे न्यौते हावी हो रही है वह एक नया भूमण्डलीय नगर बसा रही है, सारी ज़मीनों और जगहों को सपाट करती हुई। उसमें नयी हिंसा, आतंक, आक्रामकता, स्मृतिहीन अस्तित्व, भूत-भविष्यहीन अनन्त वर्तमान में नियमित समय है या होगा : उसे ग्राम कहना ग्राम शब्द की अन्तरंगता-आत्मीयता-परस्परता का अपमान या कम से कम अयमूल्यन करने जैसा है। यह विचित्र है कि ऐसा तथाकथित विश्वग्राम बनाया जा रहा है जो बाक़ी सारे ग्रामों को लील जायेगा : उन्हें रहने ही नहीं देगा। हम जिस गाँव-देहात को सदियों से जानते रहे हैं उसमें तो गाँवों की बहुलता रही है। एक गाँव दूसरे जैसा, कई मायनों में नहीं होता। एक सा खाना-पहिरावा, एक सा मनोरंजन, एक सा संगीत, फैशन, एक सी सूचनाएँ आदि से विन्यस्त जो एकसेपन की तानाशाही विकसित हो रही है जिसमें एक सा आतंक, एक सी भाषा, भाषा में एक जैसा संकोच आदि होंगे। दुनिया इससे पहले कभी इतनी एक जैसी नहीं हुई होगी जितनी कि उसे करने का एक अहर्निश और विश्वव्यापी उपक्रम इस समय हो रहा है नयी सभ्यता न सिर्फ़ विश्व-नगर बसा रही है वह हर कुछ को नगर और नागरिक में बदल-ठूँस रही है। सारी दुनिया कहने को एक-दूसरे के पड़ोस में आ गयी है : हम जितने नज़दीक एक-दूसरे के हैं उतना शायद ही पहले हुए हों। पर सच्चाई तो यह है कि वे हमारे पड़ोस में हैं, हम उनके निशाने पर हैं।

इस सबके बरक़्स देखें कि साहित्य में एक तरह का विश्व-ग्राम बनना बीसवीं शताब्दी की शुरुआत में ही हो गया था। उत्तरार्द्ध तक आते-आते विश्व-साहित्य और विश्व-कविता की अवधारणाएँ और व्यवहार काफ़ी हद तक ठोस रूपाकार ले चुके थे और भारत में ही हमने, पहली बार, पाँचवे

दशक में यह जानना शुरू कर दिया था कि अंग्रेजी और फ़ारसी-अरबी कविता के अलावा, मसलन, रूसी कवि मायकोवस्की, चिली के कवि पाब्लो नेरूदा, फ्रेंच कवि लुई अरांगा, तुर्की कवि नाज़िम हिकमत भी हैं जिनकी कविता से हम मर्माहत और अभिभूत हो सकते हैं, कुछ सीख भी सकते हैं। यह विश्वग्राम अनुवाद से बना विश्वग्राम था जिसमें बहुलता और विविधता, परम्पराएँ और स्मृतियाँ, दुस्साहसिक प्रयोगशीलता और वैचारिक बहुलता आदि सब थे। उसमें स्थानीयता के लिये जगह थी बल्कि उसमें यह समझ गहराती गयी है कि स्थानीयता से ही सार्वभौमिकता निकलती है और कि कोई सार्वभौमिक विश्व नहीं है : जो है वह असंख्य स्थानीयताओं से बना एक विराट् मानवीय परिवार है। साहित्य और कविता इसी स्थानीयता के रूप हैं : वे उसे पोसते भी हैं और उससे अपना जीवनदायी पोषण पाते हैं। साहित्य और कविता से जो सामुदायिकता पनपती है उसका स्वरूप अन्य सामुदायिकताओं से अलग है। यह सामुदायिकता सच्चाई और जीवन को समझने-बदलने के अनेक रूप और रुख स्वीकार करती है। वह अन्तर्विरोधों और मतभेदों को खारिज नहीं करती। वह अपनी सत्ता या शक्तितन्त्र भी स्थापित नहीं करती।

जो विश्व-नगर बन रहा है उसमें सत्ता, शक्ति, सम्पदा, आतंक से उपजी भावात्मक दरिद्रता और उसके फलस्वरूप होने वाली हमारी मानवीयता की कटौती की कुछ भरपाई करती है कविता। वह हमें यह भरोसा लगातार देती रहती है कि किसी भी हालत में मनुष्य बने रहना मुमकिन है, कि हमें सपने देखना बन्द नहीं करना चाहिये, कि हम अभी भी दुनिया को बदलने और बेहतर बनाने का सपना देख सकते हैं, कि सच्चाई को एकीकृत करना सम्भव और आवश्यक नहीं है, कि अन्ततः दुनिया को जितना सच ने बदला है उतना ही सपनों ने भी।

कबीर के शब्दों को उधार लें तो कह सकते हैं कि कविता 'सून्य सिखर पर दियना बार' ने का एक दुस्साहस है। जैसे ब्याह में आप मण्डपाच्छादन कर देवताओं, ग्रह-नक्षत्रों और पूर्वजों को अपने आँगन में, दूसरे शब्दों में सकल ब्रह्माण्ड को, न्यौतते हैं वैसे ही कविता भी करती है : वह शब्दों का इसी तरह का मण्डडपाच्छदन है। सब कुछ को दृश्यमान करती आज की विश्व-सभ्यता में कविता गोधूलि में खड़ी है—वह हमारे अँधेरों को, हमारे उजालों को निरूपाय और व्यर्थ हो जाने से बचाती है।

यह तो स्पष्ट है कि सभ्यता-रचित विश्व-नगर में कविता हाशिये पर होगी—उस का यह हाशियापन एक तरह का ग्राम होगा, इस नगर के छोर पर। आज कल की झुग्गी-झोपड़ियों जैसा हाशिया। वह अख़बारों की तरह राजनैतिक सत्ता से मिलीभगत में और टीवी-सिनेमा की तरह विराट् आर्थिक संरचनाओं में लिप्त नहीं होगी। वह हमें हाशिये पर से

ऐसे निजी-सामाजिक, विचित्र और अकथनीय अनुभव देगी जो इन शक्तियों द्वारा नज़रअन्दाज़ किये जाते रहेंगे।

नोबेल पुरस्कार पाते समय विलियम फ़ॉकनर ने कहा था : 'मनुष्य सिर्फ़ टिकेगा नहीं, वह जीतेगा।' बरसों बाद रूसी कवि जोसेफ़ ब्राडस्की ने अपने नोबेल व्याख्यान में इस कथन को याद करते हुए कहा : 'मैं आश्वस्त नहीं हूँ कि मनुष्य जीतेगा लेकिन मैं आश्वस्त हूँ कि वह मनुष्य जो कविता पढ़ता है उस पर हावी होना कठिनतर है बजाय उसके जो नहीं पढ़ता है। कविता ने, प्रेमकविता ने भी, हमारे समय में प्रतिरोध की शक्ति बढ़ायी है और इस तरह अपना नया सामाजिक-सांस्कृतिक औचित्य बनाया है।

मूल्यवत्ता का प्रश्न

साहित्य में मूल्य-बोध का प्रश्न यों तो बीसवीं शताब्दी में ही बार-बार उठता रहा है, उसके एक नयी शताब्दी में थमने का कोई लक्षण नहीं नज़र आता। उसकी जद में स्वयं साहित्य अपने को लाता रहा है। यह जिज्ञासा या बेचैनी भी बार-बार होती है कि क्या साहित्य के अलावा और कहीं भी मूल्यों की चिन्ता बची है। अगर यह मान लिया जाये कि साहित्य बल्कि सभी सार्वजनिक जीवन में स्वतन्त्रता-समता-न्याय की मूल्यत्रयी अब अपराजेय ढंग से प्रतिष्ठित हो चुकी है और उनके विरुद्ध तर्क करना सम्भव नहीं रहा है तो कुछ और बातें भी निकलती हैं। पहली तो यह कि साहित्य और अन्य कलाओं में प्रश्नवाचकता और आत्म-संघर्ष से ही कुछ महत्त्वपूर्ण पाया जा सकता है। जीवन या किसी अन्य पक्ष का नारा सैलीब्रेशन काफ़ी नहीं हो सकता। दूसरी यह कि हमारे समय में साहित्य निरन्तर और सजग प्रतिरोध का परिसर है। अनेक तरह की तानाशाहियों जैसे--बाज़ार, नवसाम्राज्यवाद, नवपूँजीवाद आदि का निरन्तर प्रतिरोध साहित्य की नियति भी है और कर्तव्य भी। तीसरी यह कि हमारा समय तरह-तरह के आतंकों से घिरता जाता है। मनुष्य को डराने की शक्तियाँ बेहद तेजी से बढ़ और व्यापक हो रही हैं। उनके बरक्स साहित्य की एक जिम्मेदारी हमें निर्भय करने की है। जाहिर है साहित्य ऐसा हमें किसी स्वप्नलोक में ले जाकर नहीं कर सकता। हालाँकि सपने देखना, व्यापक मुक्ति और समृद्धि के सपने देखने की आदत वापस आनी चाहिए। वह हमें सच्चाई की तहों और बारीकियों में ले जाकर, हमारी कल्पना शक्ति को उद्दीप्त कर और हमें विकल्प खोजने के लिए उत्साहित करके ही कर सकता है।

यह पहली बार नहीं है। पहले मिलान कुन्देरा जैसे लेखक उपन्यास को यूरोप का विलक्षण आविष्कार बता चुके हैं। अब फिर अपने तथाकथित राष्ट्रविरोधी रुख़ के लिए तीन बरस तक की जेल होने की सम्भावना वाली अदालती कार्रवाई झेल रहे तुर्की उपन्यासकार ओरहान पामुक ने इस पर इसरार किया है कि उपन्यास यूरोप की महानतम कलात्मक उपलब्धियों में से एक है। वे उसके साथ ही वृन्द-संगीत और उत्तर-रेनेसां चित्रकला को भी ऐसी ही श्रेष्ठ यूरोपीय उपलब्धि मानते हैं। उनके अनुसार यूरोप उपन्यास के बिना सोचा भी नहीं जा सकता। वे उपन्यास को सोच-समझ और कल्पना का एक तरीक़ा मानते हैं और एक क़दम आगे बढ़कर अपने को दूसरे के रूप में कल्पित कर सकने का एक ढंग। पामुक की मान्यता है कि जब हम अपनी छुपी हुई शर्म का साझा कर पाते हैं, तभी हमारी मुक्ति सम्भव हो पाती है। कथा-साहित्य हम तक वे सच पहुँचाता है जो हमारे परिवारों, स्कूलों और समाज में दबे-छुपे रहते हैं। उपन्यास देशों के अभिमान और आनन्द को ही वाणी नहीं देते, वे उसके क्रोध, शर्म और वैधता को भी वाणी देते हैं। चूँकि उपन्यास अपने पाठकों को उनकी शर्म, उनके घमण्ड और उनकी संदिग्ध जगह की याद दिलाते हैं, उपन्यासकारों को लेकर समाज में ऐसा गुस्सा जागता है।

इस पर ध्यान देने की ज़रूरत है कि कई मायनों में उपन्यास का मूल उसके हम तक दूसरों को लाने में छुपा है। दूसरे, नैतिक उलझन भी है और राजनीतिक समस्या भी। यह अक्सर मुश्किल होता है कि हम दूसरों को आसानी से या सहज भाव से मानवीय स्तर पर, बिना किसी संकोच या झिझक के, स्वीकार कर लें। दूसरी ओर यह भी सच है कि दूसरों के बिना हमारी ज़िन्दगी मुमकिन ही नहीं है। हम अपने को अक्सर दूसरों के सन्दर्भ से ही समझ और परिभाषित कर पाते हैं। उपन्यास दूसरों को हमें अपनाने के लिए उकसाता है। किसी हद तक वह हमें दूसरा बना देता है। अच्छा उपन्यास इसलिए हमारा नैतिक विस्तार करता है। हमें किसी एकान्त आत्मा की क़ैद या जकड़ से मुक्त करता है। वह किसी राजनीतिक विषय के बारे में न होकर भी हमारी नागरिकता को प्रश्नांकित करता है और हमें सजग करता है कि हमारी कैसी भी मुक्ति बिना दूसरों को साथ लिए सम्भव नहीं है। उपन्यास न सिर्फ़ मुक्तिकामी बल्कि मुक्तिदायी विधा है। सच तो यह है कि अगर उपन्यास न होता तो बहुत सारी आधुनिकता और मुक्ति, मुक्ति की निरन्तर फैलती आकांक्षा न होती। हमारी पकड़ और समझ में बहुत सारे सच न होते और हमारे दैनंदिन भूगोल में बहुत सारी सच्चाइयाँ, लोग और जगहें न

होतीं। उपन्यास ज़रूरी तौर पर एक प्रश्नवाचक विधा भी है। अगर उपन्यास न होते तो हमने शायद दुनिया, उसमें नैतिक आचरण, सामाजिकता, व्यक्ति, मूल्यों आदि के बारे में इतने तीखे-जलते प्रश्न न पूछे होते और इतने बेचैन करने वाले, लहूलुहान और झुलसाने वाले उत्तर न पाये होते। उपन्यास न होते तो हमारे अन्तःकरण का आयतन संक्षिप्त हुआ होता।

हिन्दी में आख़िरकार उपन्यास अपनी अधीर और तेजी सक्रियता से इन दिनों उपयुक्त जगह बना रहा है। यह समय है कि हम उपन्यास के प्रति अपनी लोकतान्त्रिक कृतज्ञता व्यक्त करें।

साहित्य का पारिश्रमिक

जैसे-जैसे हमारी अर्थव्यवस्था का विकास हो रहा है वैसे-वैसे कई क्षेत्रों में आ रही बढ़ोत्तरी को साफ़ देखा जा सकता है। चीज़ों और सेवाओं के दाम बढ़ रहे हैं और उनसे रोजी कमाने वाले भी आनुपातिक ढंग से अधिक रुपया पा रहे हैं। यह आनुपातिकता, दुर्भाग्य से, समान नहीं है। कलाओं के क्षेत्र को ही लें। चित्रकला का बाज़ार इन दिनों बेहद गरम है। कलाकृतियों के दाम करोड़ों तक जा पहुँचे हैं। लेकिन उसी की सहोदर कला मूर्तिकला का बाज़ार उतना गरम, तेज और ऊँचा नहीं है। बड़े संगीतकार अपनी प्रस्तुतियों के लिए लाखों में पारिश्रमिक लेते हैं। सहोदर कला शास्त्रीय नृत्य में श्रेष्ठता के बावजूद पारिश्रमिक उतने ऊँचे नहीं पहुँचे हैं। रंगमंच के लिए तो उपलब्ध धन और समर्थन आनुपातिक रूप से खासा कम है, जबकि उसमें लागत पर ही ख़र्च खासा होता है। इन सभी कलाओं के मुकाबले साहित्य में रायल्टी और पारिश्रमिक बेहद धीमी रफ्तार से बढ़े हैं। इसका एक और दुखद पहलू यह है कि अंग्रेज़ी में लिखने से ज़्यादा रुपया मिलता है। भारत के ही कुछ अंग्रेज़ी लेखकों को, जिनमें से एकाध को छोड़कर बाक़ी भाषायी लेखकों से तुलना करें तो खासे मीडियाकार ठहरते हैं, लाखों में अग्रिम रायल्टी मिल जाती है, जबकि हिन्दी के बड़े से बड़े लेखक को भी यह नसीब नहीं। हाल ही में एक राष्ट्रीय संस्थान के न्योते पर मैं एक घंटे का व्याख्यान देने गया। दो दिन आने-जाने में लगे। जितना पारिश्रमिक मुझे मिला उसका शायद पन्द्रह गुना मेरी हवाई यात्रा और रहने-खाने पर ख़र्च हुआ।

अधिकांश साहित्यकार जीवनयापन के लिए कुछ-न-कुछ और करने पर मजबूर हैं, क्योंकि मात्र साहित्य लिखकर आमतौर पर इतना नहीं कमाया

जा सकता कि गरिमा और सुविधा के साथ जीवन बिताया जा सके। इन दिनों बहुत सारे हिन्दी लेखकों के पास अपने वाहन और मकान आदि हैं। लेकिन इनमें से शायद ही किसी ने उन्हें पूरी तरह से साहित्य से मिले पारिश्रमिक से ख़रीदा होगा। एक विचित्र और अवांछित अर्थ में साहित्य अध्यापन, पत्रकारिता और मीडिया, प्रशासन आदि क्षेत्रों के कारण आगे चलता है। साहित्य के पारिश्रमिक की यह आनुपातिक विपन्नता निरा व्यावसायिक प्रश्न नहीं है। उसके सामाजिक और नैतिक आशय भी है।

हिन्दी समाज, जो इन दिनों अपने आर्थिक पिछड़ेपन के बावजूद, कुल मिलाकर, कम से कम अपने पढ़े-लिखे तबके में, जैसे हो वैसे धन कमाने की अन्धी दौड़ में शामिल बल्कि दमतोड़ ढंग से भाग रहा है, इसकी रत्तीभर चिन्ता नहीं करता कि उसके लेखकों को उनके किये-धरे का आर्थिक प्रतिदान इतना कम और अन्यायपूर्ण क्यों और कैसे है। जिस समाज के प्रति जिम्मेदारी का साहित्य में लगभग मानदण्ड और अक्सर छड़ी के रूप में इस्तेमाल किया जाता है उसी समाज को न तो साहित्य में रुचि है, न उसके रचयिताओं के लिए कोई परवाह। साहित्यकारों के कल्याण, आवास, वृद्धावस्था में पेंशन, सामाजिक सुरक्षा, रॉयल्टी आदि को लेकर न तो लेखक संघ संगठन, न ही सरकारों द्वारा स्थापित और पोषित संस्थान चिन्तित या सक्रिय है। कई बार तो लगता है कि साहित्यकार अपना जीवनयापन न सिर्फ़ व्यापक हिन्दी समाज बल्कि हिन्दी संस्थानों की भी उपेक्षा के अनिवार्य प्रसंग में करता है। किसी ग़ैर सरकारी संगठन को हिन्दी लेखकों की सामाजिक और आर्थिक स्थिति के बारे में व्यापक सर्वेक्षण कर एक विस्तृत रिपोर्ट तैयार करना चाहिए।

इस समस्या का नैतिक आयाम यह है कि साहित्यकार, जाने-अनजाने ऐसे समझौते करने या चुप्पियाँ बरतने के लिए मजबूर होता है जो किसी अधिकरण या संस्थान का वेतनभोगी सदस्य होने के कारण उसके लिए लगभग अनिवार्य हो जाती है।

मूर्धन्यता की याद

यह युवा पीढ़ी के कृतित्व का अवमूल्यन करना नहीं है। अगर नोट किया जाये कि हमारे साहित्य में मूर्धन्यता धीरे-धीरे घटती गयी है। प्रतिभा है, विविध क्षेत्रों में सक्रियता और सम्भावना है, कई जगह प्रखरता और नयी ऊर्जा नज़र आती है। पर दुर्भाग्य से, मूर्धन्यता नहीं दीख पड़ती

है। ऐसे तो बहुत कम हैं जिनके बारे में सन्देह किया जा सके कि आगे जाकर वे मूर्धन्य हो सकते हैं। इतना ही नहीं, धीरे-धीरे पिछले मूर्धन्यों को याद करने की परम्परा हमारे यहाँ बहुत शिथिल पड़ गयी है। प्रमाण है हमारा तीन मूर्धन्यों अज्ञेय, शमशेर बहादुर सिंह और नागार्जुन को याद न कर पाना हालाँकि तीनों का जन्म 1911 ईस्वी में हुआ था और इस वर्ष वे सभी अगर होते तो पिच्यानबे वर्ष के होते। अगले 7 मार्च को अज्ञेय का जन्मदिन पड़ रहा है, लेकिन उस अवसर पर कुछ हो रहा है ऐसा कोई अभास अब तक नहीं है।

हिन्दी समाज और साहित्य-सम्प्रदाय की स्मृति सदा से क्षीण रही है। लेखकों की स्मृति में अगर कुछ होता है तो वह प्रायः उनके परिवारों द्वारा ही किया जाता है। इस त्रयी के सिलसिले में इस सच्चाई को साफ़ देखा जा सकता है। स्वयं अज्ञेय द्वारा स्थापित वत्सलनिधि पहले कुछ करती थी। अब वह भी निष्क्रिय प्राय है। यह इसलिए थोड़ा और विचित्र लगता है कि कपिला वात्स्यायन अब इस निधि की एक न्यासी हैं।

शमशेर बहादुर सिंह का कोई खास परिवार नहीं था, न उन्होंने कोई संस्था बनायी। इसलिए उन्हें तो अज्ञेय से भी कम याद किया जाता है। आज की कविता जिस स्वतन्त्रता, शिल्पगत जोखिम, ऐन्द्रियता आदि के आधारों पर खड़ी है उनमें से अधिकांश की वस्तु अज्ञेय और शमशेर ने ही खोजी-गढ़ी, स्वायत्त की थी और अपनी कविता में उसे उत्कर्ष तक पहुँचाया था। उन्हें उनकी कविता और उसके अवदान को कृतज्ञतापूर्वक याद करने और उनके नये अर्थ और प्रासंगिकता खोजने का यत्न दृश्य से इस क़दर ग़ायब है कि आश्चर्य होता है। शमशेर की तो सम्भवतः सभी अप्रकाशित रचनाएँ प्रकाश में आ चुकी हैं लेकिन उनकी रचनावली अब तक नहीं निकली है। हालाँकि उनके निधन को भी अब तेरह बरस होने जा रहे हैं। किसी विशेषज्ञ की मदद लेकर यह काम रंजना अरगड़े को जल्दी करना चाहिए। अज्ञेय की सभी रचनाएँ प्रकाशित हो गयी हैं ऐसा नहीं कहा जा सकता। उनके प्रकाशन और अन्ततः, उनकी मृत्यु के लगभग तीस बीस बरसों बाद, उनकी रचनावली के प्रकाशन के बारे में जो चिन्ता और जिज्ञासा सार्वजनिक रूप से व्यक्त हुई उसका कोई समाधान अब तक वत्सलनिधि ने नहीं किया है। क्यों, यह समझ में आना मुश्किल है।

नागार्जुन की सौभाग्य से रचनावली प्रकाशित हो चुकी है। उनके आधार पर उनका सम्यक् और गहन विश्लेषण और मूल्यांकन हुआ हो ऐसा नहीं लगता। जब-तब उन्हें विचाराधारात्मक कारणों से छड़ी की तरह इस्तेमाल भले किया जाता हो, लेकिन उनके कृतित्व का अवगाहन अभी बाक़ी है। उनका परिवार तो है पर वह उनकी स्मृति में कुछ खास नहीं करता

तो और कोई भी कुछ नहीं करता।

यह स्थापना करने का मन होता है कि जिस साहित्य में मूर्धन्यता के प्रति कृतज्ञता और उसकी सक्रिय स्मृति जितनी क्षीण होती है उस साहित्य में मूर्धन्यता के घटने की सम्भावना भी उतनी ही प्रबल हो जाती है।

साहित्य और राजनीति

कभी इस पर विस्तार से विचार करना चाहिये कि जब हम अपने समय में साहित्य और राजनीति पर नज़र डालते हैं तो अक्सर उसके दायरे में साहित्य से बाहर की राजनीति तो आती है, वह नहीं जो स्वयं साहित्य का हिस्सा है, उसका अन्दरूनी मामला है। इस पर कभी ध्यान गया है कि पिछले दो-तीन दशकों की वामपंथी राजनीति का हमारे प्रगतिशील और जनवादी साहित्य से क्या सम्बन्ध है? इसका कोई विश्वसनीय प्रमाण नज़र नहीं आता, जिसके बल पर कहा जा सके कि उनके बीच कोई सार्थक, लगातार और निर्णायक संवाद है। इसका भी कोई सुबूत आज तक सामने नहीं आया है जिसके आधार पर यह कहा जा सके कि जब-तब वामपन्थी राजनेता अपने से सहानुभूति रखनेवाला यह साहित्य पढ़ते-गुनते हैं। हो सकता है कि कुछ बड़े नाम उन्होंने सुन रखे हों या लेखकों में जो कार्यकर्ता क़िस्म के लोग हैं उनके नामों का उन्हें पता हो। लेकिन उनकी वफ़ादारी से अलग उनके साहित्य में कोई दिलचस्पी है, कोई विचारधारात्मक रुचि है यह कम से कम अब तक ज़ाहिर नहीं हुआ है।

स्वतन्त्रता-संग्राम के दौरान राजनेताओं का उस समय के लेखकों से संवाद था। किसी पत्रिका ने महात्मा गाँधी और मैथिलीशरण गुप्त के बीच उनकी विख्यात कृति 'साकेत' को लेकर हुए पत्राचार को हाल ही में प्रकाशित किया है। बड़े लेखकों और कलाकारों को काँग्रेस पार्टी के उन दिनों के बेहद महत्त्वपूर्ण और निर्णायक अधिवेशनों में निमंत्रित किया जाता था। अब काँग्रेस पार्टी में तो ऐसा नहीं होता, क्या वामपन्थी दलों में होता है? क्या आज नामवर सिंह का किसी भारतीय कम्युनिस्ट पार्टी के नेता आदि से साहित्य, समाज, अर्थनीति आदि के बारे में कोई संवाद है? क्या राजेन्द्र यादव की, जो जनवादी लेखक संगठन के उसी तरह पदाधिकारी हैं, किसी मार्क्सवादी कम्युनिस्ट पार्टी के शिखर नेतृत्व से ऐसे ही मसलों पर कोई बातचीत होती है? इस स्थिति से कुछ अटकलें लगायी जा सकती हैं : वामपन्थी राजनीति और वामपन्थी साहित्य संवादहीन सहचर हैं; वे दो स्वायत्तताएँ हैं जिनमें आपस में कोई सच्चा साहचर्य नहीं है;

दोनों एक-दूसरे का जब तक इस्तेमाल करते हैं—इसमें भी राजनीति साहित्य का उतना इस्तेमाल नहीं करती जितना साहित्य राजनीति का। इस उधेड़बुन का एक आशय यह भी है कि अगली बार जब कोई प्रगतिशीलता या जनवादिता के नाम पर आप पर धौंस जमाने की कोशिश करे तो यह मानने का कोई कारण नहीं है कि उसके पीछे किसी राजनैतिक दल का बल भी है।

बात को थोड़ा और बढ़ाया जा सकता है। उसका दूर तलक जाना काव्योक्त है ही। यह कहा जा सकता है कि वामपन्थी लेखक संगठन स्वायत्त हैं; किसी और राजनैतिक दल के पिछलगुआ नहीं हैं बल्कि स्वयं राजनैतिक दल हैं। अपने सदस्यों में बिरादरी और परस्पर प्रशंसाभाव फैलाने, अन्य विचारों के लेखकों के प्रति नफ़रत और असहिष्णुता पोसने-बढ़ाने आदि का काम उनमें वैसे ही होता है जैसे कि बाकायदा राजनैतिक दलों में। सदस्यों में वफ़ादारी, नेताओं का अन्धानुकरण आदि गुणों को विशेष महत्त्व दिया जाता है। पूरी तैयारी से, सुनियोजित ढंग से सार्वजनिक मंचों, संस्थाओं आदि को हथियाने की कार्रवाई की जाती है। लेखकों और कृतियों पर क्या रुख अपनाया जाये इस बारे में बाक़ायदा निर्देश दिये जाते हैं। विचारधारा और विशेषतः वफ़ादारी से विचलन को काफ़ी टेढ़ी नज़र से देखा जाता है। स्वयं अपने संघ या संगठन में पद हथियाने के लिए दाँवपेंच किये जाते हैं। नये कठमुल्लों को याने कि युवा लेखकों को मान्यता, अनुचित प्रशंसा, हर जगह बढ़ावे आदि के प्रलोभनों से अपनी ओर खींचा जाता है। दूसरे शब्दों में, वामपन्थी संगठन अपनी सम्यक् या दुष्टबुद्धि से जो कुछ भी अच्छा-बुरा करते-कहते हैं उसके लिये उनकी अपनी आन्तरिक राजनीति ज़िम्मेदार है न कि व्यापक वामपन्थी राजनीति। यह तो साफ़ देखा जा सकता है कि इस साहित्य-राजनीति का इतना आतंक है कि इन दिनों ग़ैर-वामपन्थी युवा लेखक नाम का प्राणी ग़ायब ही हो गया है : अगर कहीं कोई ऐरा-गैरा है तो जल्दी ही पन्थ में शामिल हो जायेगा या फिर साहित्य के अहाते से ही बाहर हो जायेगा।

इस सन्दर्भ में यह भी नोट करना चाहिये कि लगता है कि सभी राष्ट्रीय राजनैतिक दलों में जैसे कुल मिलाकर सुरक्षा, विदेश-नीति आदि को लेकर लोकतांत्रिक मतैक्य सा है वैसा ही मतैक्य साहित्य और कलाओं की अप्रासंगिकता को लेकर भी है। आप भला सोच सकते हैं कि मनमोहन सिंह, लालकृष्ण अडवाणी, लालूप्रसाद यादव, मुलायम सिंह यादव, ए. पी. वर्द्धन से लेकर आनन्द शर्मा, अरुण जेटली, प्रकाश करात, अमर सिंह आदि महानुभाव कभी साहित्य के लिये कोई वक़्त निकाल सकते हैं? उनमें से किसी के पास न फुरसत है, न दिलचस्पी और न ही उनमें से किसी को उसकी कोई ज़रूरत है।

मजनूँ गोरखपुरी ने पाकिस्तान जाने के बाद फिराक गोरखपुरी को लिखा था कि वहाँ और सब ठीक है लेकिन मुसलमान बहुत हैं। इसी तर्ज पर यह कहा जा सकता है कि इन दिनों कई साहित्यिक आयोजनों में जाने का मन इसलिये नहीं होता कि लगता है उसमें प्रगतिशील या जनवादी बहुत होंगे। फिर भी अगर जाते हैं तो इसलिये कि वे तो अब हर जगह हैं और बहुतायत से हैं और सौभाग्य से उनमें परस्पर राग-द्वेष पर्याप्त हैं जो उन्हें मानवीय और सहृय बनाते हैं। सौभाग्य से ऐसे वामपन्थी भी हैं जो इन संघ-संगठनों से बाहर हैं और अक्सर दृष्टि और व्यक्तित्व की एकतानता के नहीं द्वन्द्व के इसलिये सच्ची रचनात्मक दुस्साहसिकता के उदाहरण हैं।

लेखक-सम्पादक की आत्मरति

कम से कम साहित्य के क्षेत्र में लेखकों की आत्मरति एक तरह का स्खलन मानी जाती है, भले ही आत्मरत लेखकों की संस्था इस पूर्वग्रह के चलते कम नहीं हुई है। सम्पादकों की पुरानी, अपने को छुपाती और कई बार अपने से ही झेंपती छबियाँ इन दिनों पीछे जा चुकी है और अब सम्पादक का मुखर-प्रकट होना आम बात है। फिर भी, साहित्यिक पत्रिकाओं के सम्पादकों की आत्मरति एक तरह का आत्मप्रदर्शन मानकर सही भले जाती है, उसका समर्थन नहीं होता। इस सिलसिले में लेखक-सम्पादक की आत्मरति सर्वथा अक्षम्य मानी जाती है और है भी। दो उदाहरण याद आते हैं। पहला जयपुर से एक वरिष्ठ कवि द्वारा संपादित पत्रिका का है जिसने कुछ बरस पहले कविता का प्रयोजन या ऐसे ही किसी विषय पर दो विशेषांक प्रकाशित किये थे। कुल मिलाकर चौदह-पन्द्रह लेख ऐसे थे जिनमें इस यशस्वी कवि के उद्धरण या येन-केन उनका महिमामण्डन था। उसके बाद भी उस पत्रिका में जो लेख छपते हैं उसमें गाहे-बगाहे अपने उल्लेख से इस कवि सम्पादक को कोई संकोच नहीं होता। दूसरी पत्रिका मुम्बई से निकलती है। उसमें कवि-सम्पादक के अभिनन्दन या पुरस्कार पाने के लम्बे विवरण निस्संकोच छापे जाते हैं। सौभाग्य से ऐसी कई पत्रिकाएँ हैं जिनके सम्पादक यशस्वी लेखक हैं : उनके किसी अंक में सम्पादकों के लेखन के बारे में या उनके महिमामण्डन में कुछ छपा हो ऐसा याद नहीं पड़ता। 'पहल' और 'तद्‌भव' दो ऐसी ही पत्रिकाएँ हैं। हिन्दी में बड़ी पत्रिकाएँ न के बराबर हैं : छोटी पत्रिकाएँ ही सृजन और विचार का बड़ा और ज़रूरी मंच हैं। अगर कुछ लेखक-सम्पादक थोड़ा आत्मसंयम बरतें और अपने किये का आकलन

अपने मंच पर ही कराने के प्रलोभन से बचें तो उनकी पत्रिकाएँ अधिक विश्वसनीय हो सकती हैं।

टेलीविजन और साहित्य

वरिष्ठ साहित्यकार मनोहर श्याम जोशी के आकस्मिक निधन का समाचार मुझे सुबह एक टी.वी. चैनल के फ़ोन से मिला, क्योंकि वह तुरन्त फ़ोन-इन पर मेरी प्रतिक्रिया चाहती थी। हम लोग सुबह नौ बजे से पहले एक सार्वजनिक आयोजन में जाने के लिए घर से निकले ही थे कि चार-पाँच चैनलों से इसी तरह फ़ोन आने शुरू हुए। दो-चार से बात कर फ़ोन बन्द कर देना पड़ा। एक बजे जब निगम बोध घाट अन्तिम संस्कार में उपस्थित होने के लिए पहुँचे तो दरवाज़े पर ही दो चैनलों ने घेर लिया। बाद में, जब उधर चिता जल रही थी तो उसे लगभग पृष्ठभूमि में रखकर कई चैनल अन्य कई लेखकों से, जैसे मुझसे भी, प्रतिक्रिया ले-दर्ज कर रहे थे। कुछ इसी तरह का नज़ारा तब था जब कुछ महीने पहले निर्मल वर्मा का लम्बी बीमारी के बाद देहावसान हुआ था। तब तो उनके घर पर कई चैनलों को एक साथ सम्बोधित करना पड़ा था, जैसे यह कोई प्रेस कॉन्फ्रेंस हो। इस प्रवृत्ति को लेकर एक तरह का दुचित्तापन घेरता है। साहित्य और साहित्यकारों के प्रति आमतौर पर हमेशा उदासीन रहनेवाले चैनल हरकत में तब आते हैं जब किसी बड़े जाने-माने साहित्यकार का निधन हो जाता है। बहुत क्षोभ होता है यह सोचकर कि टेलीविजन की नज़र में आने के लिए कुछ महत्त्वपूर्ण लिखते हुए जीना नहीं, मरना ज़रूरी है—मरेंगे तो टेलीविजन पर दिखेंगे। अगर आप ऐसे अवसरों पर आहत होकर कुछ कहने से इनकार कर दें तो जो थोड़ी-सी जगह किसी साहित्यकार को, मरणोत्तर ही सही, टेलीविजन पर मिलने जा रही है उससे आप साहित्य को वंचित कर देंगे। यह सोचकर भी मन में क्लेश होता है कि ऐसे दुःखी अवसरों पर कुछ कह सकने वालों की एक जमात ही बन रही है—कोई बड़ा लेखक मरा नहीं कि आप उसका एक तुरन्तू आकलन करते हुए मौजूद हैं चैनलों पर। ऐसी जमात है नहीं, पर टेलीविजन वाले बनाये दे रहे हैं। फिर आप किसी एक-दो चैनल पर कुछ कहने के बाद बाकी पर कुछ कहने से मना करें तो पक्षपात या स्वेच्छाचारिता का आरोप लगेगा। मुश्किल यह है कि आप इतनी हड़बड़ी में किसी लेखक या उसके साहित्य और जीवन या उससे अपने सम्बन्ध के बारे में पाँच-सात चैनलों पर लगभग एक ही समय अलग-अलग क्या और कितना कह सकते हैं।

हमारे यहाँ टेलीविजन ने और अब तो अख़बार और लोकप्रिय पत्रिकाएँ भी इस मामले में उसकी अनुयायी हैं। साहित्य को लेकर कोई नीति या संवेदनशीलता विकसित नहीं की है। इसके चलते लेखक का होना, किसी महत्त्वपूर्ण कृति का प्रकाशन घटना नहीं है। पुरस्कार मिलना और मरना घटनाएँ हैं। आमतौर पर तो पुरस्कार भी घटना नहीं है, उस पर अगर कोई विवाद सौभाग्य हो जाये तो वह घटना है। चैनलों पर जो चिकने-चुपड़े लोग संयोगवश ऐसी ख़बरों आदि चार्ज में होते हैं उनकी साहित्यिक निरक्षरता हृदय-विदारक होती है। बच्चन जी की मृत्यु पर उनके साहित्यिक कृतित्व पर बातचीत करने के लिए एक चैनल पर मुझे बुलाया गया और प्रसारण के पहले प्रस्तोता ने कहा कि 'मधुशाला' को बच्चन जी का क्लैसिक कहा जाता है। मैंने दुखद अचरज से कहा कि वह न तो हिन्दी का क्लैसिक है, न बच्चन जी का। उन्होंने अपनी जानकारी प्रदर्शित करते हुए प्रतिवाद किया कि 'मधुशाला' को 'गोदान' और 'कामायनी' की तरह क्लैसिक माना जाता है। मेरे प्रतिवाद के बाद और यह कहने पर कि अगर आप प्रसारण में यह कहेंगे तो मैं उसका प्रत्याख्यान करूँगा। उन्होंने रसभंग की आशंका से फिर ऐसी कोई बात कही-पूछी नहीं।

जोशी जी के मामले में भी चैनलों का जोर उनके प्रसिद्ध धारावाहिकों पर था। इस पर कुछ सख़्ती से इसरार करना पड़ा कि जोशी जी बड़े कथाकार थे, जिन्होंने संयोगवश धारावाहिकों की ज़बरदस्त शुरुआत की, न कि सोप-आपेराकार थे, जिन्होंने संयोगवश कुछ उपन्यास लिखे या दूसरा गद्य। हाल में कृष्णा सोबती ने सम्भवतः कोलकाता में यह कहा कि अगर अध्यात्म पर इतने सारे चैनल हो सकते हैं तो इतने बहुभाषी और साहित्य-समृद्ध देश में कम से कम एक चैनल साहित्य का क्यों नहीं हो सकता। इस बारे में सार्वजनिक प्रसारण सेवाओं और साहित्य अकादेमी, भारतीय ज्ञानपीठ आदि को मिलकर गम्भीरता से विचार करना चाहिए। भारत सरकार का संस्कृति मंत्रालय कुछ नया करना चाहता हो तो उसे भी इस दिशा में कुछ करने का सोचना चाहिए। पिछली सरकार में जब एक वर्ष को 'पुस्तक-वर्ष' घोषित किया गया था (और जिसमें कुछ भी खास नहीं हुआ) तब तक सुझाव यह दिया गया था कि दूरदर्शन पर मुख्य समाचार के पहले या बाद तीन मिनट की एक क्लिप किसी पुस्तक या लेखक पर हो, हर दिन। दूरदर्शन की साहित्य के प्रति संवेदनशीलता धीरे-धीरे छीज रही है, बढ़ने के बजाय। दूरदर्शन न्यूज पर पुस्तकों को लेकर एक साप्ताहिक कार्यक्रम, समाचार के हिस्से के रूप में, नियोजित करने की योजना, सुना रद्द कर दी गयी है। अभी तो गाहे-ब-गाहे पुस्तकों या लेखकों पर दूरदर्शन न्यूज पर कुछ हो जाता है, उसे भी कम करने का इरादा है। दूरदर्शन जो जनधन से चलता है, देश को साहित्य-विमुख,

कलाहीन समाज बनाने में इस कदर सक्रिय है और हम हाथ पर हाथ धरे देख रहे हैं। इस दुश्चक्र के विरुद्ध आवाज़ उठानी चाहिए। यह अलग बात है कि साहित्य दूरदर्शन के बचाये न बचेगा, न उसकी उपेक्षा या उदासीनता से मरेगा। उन्हीं-उन्हीं राजनेताओ, अभिनेताओं, खिलाड़ियों और अधनंगे लोगों को देखते-देखते लोग ऊबते नहीं होंगे, यह भ्रम है। साहित्य और कलाओं पर दृष्टिपात उस ऊब को कुछ तो कम कर सकता है। यह भी कहने का मन होता है कि मरने का इन्तज़ार मत करो यारो, जीते-जी भी तो कुछ करो।

नये रिवाज़

फ़ोन की घण्टियाँ अक्सर बेवक़्त बजती हैं और कोई आवाज़ अंग्रेज़ी में अक्सर ग़लत क़िस्म की हड़बड़ी से पूछती है कि आपको कोई कर्ज़ तो नहीं चाहिए। कई बार यह मनोबल बढ़ाने वाली सूचना भी देती है कि फलाँ बैंक ने आपको अपना क्रेडिट कार्ड देने का फ़ैसला दिया है। एकाध बार वह आवाज़ आपकी उमर जानकर कुछ हताश ज़रूर होती है लेकिन इस तरह के काल फ़ोन और सेल फ़ोन पर आने का सिलसिला बढ़ता ही जा रहा है। मैंने अपने जीवन में पहली कार, अपनी कलेक्टरी के ज़माने में, सरकार से कर्ज़ लेकर ख़रीदी थी। फिर वसुन्धरा एनक्लेव में फ़्लैट ख़रीदते वक़्त चित्रकार मनजीत बावा से कर्ज़ लिया था। दोनों चुक गये। और किसी काम के लिए कर्ज़ लेने की नौबत फिर नहीं आयी। पर इतनी सारी चीज़ों के लिए इन दिनों, लगभग बिन माँगे, कर्ज़ मिलने लगा है कि लगता है कि अगर आप कर्ज़दार नहीं हैं तो आपकी सभ्यता या नागरिकता में कुछ कमी है। जो कर्ज़दार नहीं है या जिसके पास चार-पाँच क्रेडिट कार्ड नहीं है या जो एटीएम से रुपये नहीं निकालता वह थोड़ा कम सभ्य लगने लगा है। कर्ज़ के बोझ से किसानों द्वारा आत्महत्या किये जाने के तो सैकड़ों दर्दनाक मामले पिछले बरसों में सामने आये हैं और मध्यवर्गीय व्यापारी आदि भी जब-तब इस तरह के आत्मघाती क़दम उठाते रहते हैं। लेकिन भारतीय समाज और अर्थव्यवस्था में कर्ज़ लेने-देने को लेकर जो अपार उत्साह है वह देखते ही बनता है। छोटा-मोटा कर्ज़, लगता है, अधिक कष्टकारी है। बड़े कर्ज़दार ज़्यादा सुरक्षित जान पड़ते हैं। लगता यह है कि वे न ब्याज देते हैं और न मूलधन चुकाते हैं लेकिन समुन्नत इलाक़ों में उनकी कोठियों पर अवैध मंज़िलें बनती-बढ़ती जाती हैं और उनकी सन्तानें अमेरिका में शिक्षा पाकर वहीं बस जाती हैं।

जैसे बाज़ार में मिल रही नयी डिज़ाइन की चीज़ें लेने का शौक़ बढ़ रहा

है वैसे ही कर्ज लेने का भी। कविता जैसी उदास और आलोचना जैसी हाशिये की विधाओं में लिखने के लिए अभी तक किसी ने कर्ज़ देने का प्रस्ताव नहीं किया गया है वरना मैं भी कुछ ललचाता। फिलवक़्त तो लग रहा है कि नयी सभ्यता की दौड़ में कर्जदार न होने के कारण मैं पिछड़ रहा हूँ। हम जैसे अधेड़ कब तक इस भ्रम में रह सकते हैं कि हम अगली पाँत में हैं–पिछड़ना तो अवश्यम्भावी है सो इस वजह से भी सही।

निर्मम ईमानदारी

ऐसे लेखक कम नहीं हैं जो ईमानदारी के नाम पर अपने और दूसरों के बारे में छद्म खड़ा करते हैं और थोड़ी बेबाकी दिखाकर जस लूटना चाहते हैं। पर आधुनिकता के दौरान ऐसे भी कई हुए हैं जिनकी ईमानदारी अब भी काफी समय बीत जाने के बाद भी इतनी पारदर्शी और उज्ज्वल है। इनमें निश्चय ही जर्मन लेखक ग्राटफ्रीड बेन गिने-माने जाते हैं। उन्होंने लिखा था–"अगर मैं बिल्कुल सही कहूँ तो मेरे सुखी पल सभी अपराध से सम्बन्धित थे। परगमन, पियक्कड़ी, बेवफाई, माता-पिता से नफरत, बेईमानी, नैतिकता के दोहरे मापदण्ड और मेरे दिमाग़ में हेमसन का एक वाक्य आया। सिर्फ़ एक ही प्रेम होता है, चोरी के क़िस्म का। मनुष्य के इतिहास में सबसे सच्चे शब्दों में से कुछ।" रूपक को पलायन का एक यत्न, एक तरह की भ्रान्ति और निष्ठा का अभाव मानने वाले बैन ने यह भी लिखा कि 'जो छन्द पसन्द करते हैं उन्हें ध्वंस भी पसन्द करना चाहिए। जो मूर्तियों के लिए है उसे खँडहरों के लिए भी होना चाहिए। कलाकार की विडम्बना के बारे में बेन का मत था कि उसे अगर यह यन्त्रणा में है तो अच्छे से अच्छा करना चाहिए। वह अपनी मुक्ति ख़ुद है, ख़ुद अपना ईश्वर–उसे अपना ख़ून पीना चाहिए। अगर वह प्यासा हो। बेन की नजर तीखी थी तभी न उन्होंने कहा, "शब्द-शब्द संज्ञाएँ! उन्हें सिर्फ़ अपने पंख फैलाने की दरकार है और सहस्राब्दियाँ उनकी उड़ान से झर जायेंगी।"

हाशिये पर भाषाएँ

इस सप्ताह संयोग से भाषाओं पर ध्यान देने के दो कारण बने। पहला

तो भाषा विद्वानअन्विता अब्बी द्वारा अन्दमान द्वीपों में किये भाषा-शोध का पुस्तकाकार प्रकाशन और दूसरा भारत सरकार द्वारा देश का नया भाषिक सर्वेक्षण कराने की योजना की ख़बर। इधर भाषाओं को लेकर सार्वजनिक चिन्ता या चेतना में ख़ासी कमी आयी है। भारत जैसे भाषा-बहुल देश में भाषाओं से ध्यान हट जाये यह विचित्र और दुर्भाग्यपूर्ण भले है, पर सच है।

अन्विता अब्बी बरसों से अन्दमान द्वीपों की भाषाओं पर काम करती-कराती रही हैं। उनका नया प्रकाशन इन द्वीपों की संकटापन्न भाषाओं को लेकर है। प्रकाशन किया है लिकाम यूरोपा ने। जिन तीन भाषाओं पर यह अध्ययन एकाग्र है वे हैं : ग्रेट अन्दमानीज़, ज़ारवा और ओंगे। इन तीनों भाषाओं के बोलनेवाले बहुत कम रह गये हैं : 1998 में उनकी संख्या क्रमशः 40, 300 और 105 थी। दिलचस्प यह है कि पूरे अन्दमानी द्वीपसमूह में विभिन्न भाषिक सम्प्रदायों के आपसी संवाद और स्थानीय प्रशासन से संवाद की भाषा धीरे-धीरे हिन्दी हो गयी है--पर वह अन्दमानी हिन्दी है जिसका अलग से विस्तृत अध्ययन डॉ. अब्बी अलग से प्रस्तुत करनेवाली है।

इन आदिवासी समूहों की एक विशेषता यह है कि उनमें भारत में सुप्रतिष्ठित जातिव्यवस्था नहीं है। परिवार छोटे होते हैं और विवाहित सन्तान के अलग झोपड़ी में रहने की व्यवस्था की जाती है। खाद्य वितरण और नाव बनाने में सब कुछ सामुदायिक रूप से होता है। डॉ. अब्बी के विवरण से पता चलता है कि कैसे आधुनिक शिक्षा, विकास, सड़कें आदि इन आदिवासियों का सामुदायिक जीवन नष्ट कर रही है, उन्हें शराब आदि की लत डाल रही हैं और छोटी-मोटी सरकारी नौकरी आदि खोजने पर मजबूर कर रही हैं : उनका लोक नष्ट हो रहा है, उनकी भाषा भी। अगर हर भाषा में एक विश्वदृष्टि अनिवार्यतः छिपी होती है तो ऐसी विश्वदृष्टियाँ भी हमेशा के लिये समाप्त होने की कगार पर हैं। एक आदिवासी ने उद्धत होकर डॉ अब्बी से कहा : 'मैं अगर शिक्षित हो जाऊँ तो उसके बाद आप मुझे क्या देंगे? बहुत करके मैं किसी दफ़्तर में चपरासी बन जाऊँगा और मेरा बॉस चाहेगा कि मैं बाज़ार से उसके परिवार के लिये सब्जी लाऊँ! बेहतर है कि मैं जंगल में नंगा रहूँ, आज़ाद फिरूँ और खुद अपना मालिक रहूँ।'

तीन भाषाओं का भाषावैज्ञानिक विश्लेषण करने के बाद डॉ. अब्बी का मत है कि अगर अन्दमानी भारत में पाँचवें भाषा-परिवार में आती है तो ग्रेट अन्दमानी या तो इस समूह की दूर की रिश्तेदार है या कि शायद छठवाँ भाषा-परिवार बनाती है। इस पुस्तक के लोकार्पण के समय डॉ. अब्बी के इस दुष्कर कार्य की सबने प्रशंसा की। उसी समय यह सूचना

भी दी गयी कि भारत सरकार अगली योजना में भारतीय भाषाओं को लेकर दो महत्त्वपूर्ण योजनाएँ अगली पंचवर्षीय योजना में लागू करने जा रही है। पहली के अन्तर्गत देश की संकटापन्न भाषाओं के संरक्षण और अभिलेखन का प्रयत्न होगा और दूसरी के अन्तर्गत देश के कुछ प्रमुख संस्थानों की मदद और आपसी तालमेल से भारत का एक नया भाषिक सर्वेक्षण होगा। दोनों ही योजनाएँ स्वागत-योग्य हैं। लगे हाथ अगर एक भारतीय भाषा आयोग भी गठित हो जाये तो भाषाओं की स्थिति और सम्भावनाओं का लगातार आकलन और उस पर देशव्यापी बहस की लम्बी समय से चली आ रही माँग का एक स्थायी हल निकल सकता है।

हिन्दी में अन्तर्विरोध

हिन्दी दिवस और पखवारा मनाये जा रहे हैं : चिकने-चुपड़े निमंत्रणों, महँगी छपी स्मारिकाओं, वक्ताओं को दिये जाने वाले उदार मानदेयों, हिन्दी में काम करने वाले कर्मचारियों को दिये जाने वाले पुरस्कारों आदि को देखकर लगता है कि हिन्दी राजसुख भोग रही है और राजकाज में पैठ चुकी है। सच्चाई यह है कि राजकाज में हिन्दी सिकुड़ रही है, सरकारी रिपोर्टें भले अन्यथा क्यों न बताती हों। समाज में, साहित्य और मीडिया में हिन्दी लगातार बदलती और जानदार होती रही है लेकिन राजभाषा हिन्दी जड़, नासमझ और असंप्रेषणीय बनी हुई है। पता नहीं, या शायद अधिक इस्तेमाल न किये जाने के कारण, लगभग अपरिवर्तनीय। हिन्दी भाषा के इतिहास में यह एक विचित्र और अद्वितीय तथ्य है कि उसका एक रूप 'राजभाषा' इस कदर परिवर्तन-विरोधी रहता आया है : वह जड़बुद्धि बनकर रह गया है यह इसी से साबित है कि वह न बदलता है, न किसी कारगर उपयोग में आता है। और उस पर करोड़ों रुपयों का जनधन बरबाद होता रहता है। इस जनधन को सरकारें राजभाषा हिन्दी के विकास पर किया गया ख़र्च बताती रहती हैं। दिलचस्प यह है कि हिन्दी राजयत्न से बहुत कम, बाज़ार-सिनेमा-मनोरंजन-इलेक्ट्रानिक मीडिया से अधिक फैल रही है और उस वजह से कई बार विकृत भी हो रही है। हिन्दी साहित्य की इस बीच ऐसी उपलब्धियाँ हैं जो विश्व साहित्य के समकक्ष बिना किसी हिचक के रखी जा सकती हैं लेकिन स्वयं हिन्दी समाज अपनी इस साहित्यिक उपलब्धि से गाफ़िल और बेख़बर है। दुर्भाग्य से यह समाज पहले ही पुस्तकों से मुँहफेरे समाज था : इधर टेलीविजन के लुभावने आतंक में वह पुस्तकों से और दूर हटता नज़र आता है। ज्ञान-आधारित समाज बनने जा रहा है लेकिन आम हिन्दी

जन, विशेषतः उसका विशाल पढ़ा-लिखा मध्यवर्ग, यह समझता है कि हम बिना पुस्तकें पढ़े, जो ज्ञान का अब भी सबसे ज़रूरी और सहज स्रोत हैं, कहीं बटन दबाकर ज्ञान के राज्य में प्रवेश पा लेंगे। अन्य भारतीय भाषाओं के अंचलों में अपनी मातृभाषाओं के प्रति लगाव हिन्दी अंचल के मुकाबले कहीं अधिक है यह बात बार-बार कही गयी है। संसार भर के श्रेष्ठ शिक्षाशास्त्री इस बात पर एकमत हैं कि बच्चों को आरंभिक शिक्षा अपनी मातृभाषा में ही दी जानी चाहिये तभी आगे जाकर वह भावप्रवण और ज्ञानसमृद्ध बन सकता है। लेकिन हिन्दी अंचलों में अंग्रेजी माध्यम के स्कूलों का ऐसा जाल फैल रहा है कि बच्चे अपने घर-परिवार तक में हिन्दी सुनने-बोलने से वंचित होते जा रहे हैं। यह भी सरासर झूठ है कि सारे रोज़गार अंग्रेज़ी में हैं या भविष्य में होंगे। प्रायमरी शिक्षा अनिवार्यतः हिन्दी में हो और हिन्दी के साथ अंग्रेज़ी भी एक विषय के रूप में पढ़ायी जाये यही निदान है। ज़रूरी हो तो कानून बनाकर यह व्यवस्था हर स्कूल पर लागू की जानी चाहिये फिर वह सरकारी हो या ग़ैरसरकारी।

अगर आप हिन्दी आलोचना पढ़ें तो अहसास होगा कि हिन्दी में कितनी गहरी और व्यापक बौद्धिक क्षमता और सम्भावना है। लेकिन इसके बावजूद इतिहास, संस्कृति, समाजशास्त्र, दर्शन, अर्थशास्त्र आदि में, ज्ञानोत्पादन में हिन्दी बेहद पिछड़ी हुई है। हिन्दी की अपार शब्द-सम्पदा, साहित्य और मीडिया दोनों में ही, अनुपयोग से व्यर्थ हुई जा रही है। कई बार लगता है कि हिन्दी में शब्दसंकोच घातक रूप से बढ़ रहा है।

हिन्दी में किसी भी भारतीय भाषा की तुलना में हिन्दीतर भाषाओं के साहित्य का सबसे अधिक अनुवाद हुआ है, होता रहता है। आप सिर्फ़ हिन्दी पढ़ते हों तो भी भारतीय साहित्य की काफ़ी अच्छी और प्रामाणिक जानकारी आपके पास हो सकती है। फिर भी भारतीय भाषाओं में हिन्दी को लेकर आशंकाएँ बनी हुई हैं। यह सही है कि हिन्दी भाषी दूसरी भाषाएँ बहुत कम सीखते हैं। एक उपाय यह हो सकता है कि हर हिन्दी भाषा राज्य एक हिन्दीतर भारतीय भाषा को अपनाये और उसे पढ़ाने की व्यवस्था कराने के अलावा उस भाषा के साहित्य के अनुवाद प्रचार-प्रसार, उसके लेखकों से आदान-प्रदान, सम्मान आदि करने की योजना भी चलाये। उदाहरण के लिये मध्यप्रदेश में कन्नड़ अपनायी जाये और कालान्तर में वहाँ के विश्वविद्यालयों में शिवराम कारन्त, यू. आर. अनन्तमूर्ति, भैरप्पा, कोवेप्पू बसवण्णा आदि पर हिन्दी विशेषज्ञ तैयार हो जायें।

सूचना-प्रौद्योगिकी को लेकर हिन्दी में प्रगति तेज़ करने की ज़रूरत है और तालमेल की भी। सभी हिन्दी राज्य मिलकर सूचना-प्रौद्योगिकी के लिए

एक संयुक्त निधि बनायें ताकि ये दोनों काम हो सकें। हिन्दी दिवस और पखवारे आदि पर बरबाद की जाने वाली राशि का उपयोग इस निधि के लिए हो सकता है : उससे हिन्दी का और राज का भी अधिक भला होगा।

भाषाओं के लिए पहल

हम जैसे कुछ लोग कई बरसों से कहते आ रहे हैं कि तथाकथित हिन्दी पखवारे को सभी भारतीय भाषाओं के पखवारे में बदलकर हिन्दी और भारतीय भाषाओं के संयुक्त उत्सव के रूप में मनाना चाहिये। यह स्पष्ट है कि हिन्दी और अन्य भारतीय भाषाओं का संघर्ष समान है। ऐसा उत्सव उनकी लोकतान्त्रिक समकक्षता का सार्वजनिक इज़हार होगा।

भारतीय भाषाओं के मामले में थोड़ी दुर्भाग्यपूर्ण बात यह रही है कि केन्द्र सरकार ने उन्हें कुल मिलाकर, राज्यसरकारों की ज़िम्मेदारी मानकर बहुत नहीं किया है और राज्य सरकारें, कुल मिलाकर, अधिक नहीं कर पायी हैं। भारतीय भाषाओं में शिक्षा, ज्ञानोत्पादन, सूचना-प्रौद्योगिकी, कानून, राजकाज आदि में क्या हो रहा है इसका लगातार आकलन करने, इस आकलन को हर बरस संसद और देश के सामने रखने, भाषाओं के विभिन्न स्तरों पर कारागर क़दम उठाने की सिफ़ारिश आदि करने के लिये ज़रूरी है कि एक राष्ट्रीय आयोग बनाया जाये। यह आयोग भारत का एक नया भाषिक सर्वेक्षण कराने का एक दीर्घकालीन प्रोजेक्ट भी हाथ में ले सकता है। ग्रियर्सन के सर्वेक्षण के बाद, जो स्पष्ट ही औपनिवेशिक सत्ता के अपने उद्देश्यों के लिए किया गया था, लोकतान्त्रिक मूल्यों और आवश्यकताओं के अनुरूप, ऐसा सर्वेक्षण हुआ ही नहीं है। आयोग भारतीय भाषाओं और विशेषतः, बोलियों के विश्वकोश भी तैयार कर सकता है। देश की राजधानी में ऐसा कुछ नहीं है जिससे यह प्रगट हो कि भारत संसार का सम्भवतः सबसे बड़ा बहुभाषिक देश है और कि उसकी सामासिकता का एक बड़ा आधार उसकी यह बहुभाषिकता है। वक़्त आ गया है कि सारी भारतीय भाषाओं, बोलियों और लिपियों को लेकर एक राष्ट्रीय वीथिका बनायी जाये। ऐसी वीथिका में सिर्फ़ साहित्य नहीं भाषा-प्रयोग के विविध रूप एकत्र हों। ऐसी वीथिका निरा पुस्तकालय न हो बल्कि उसमें जाने पर हम भारतीय भाषाओं के अस्तित्व, जीवन्तता, बहुलता और स्मृतियों को लगभग छू सकें—उनका ऐन्द्रिय अनुभव कर सकें। तकनालजी के नये साधनों से यह आसानी से सम्भव है।

भारतीय भाषाओं में समुचित सूचना-प्रौद्योगिकी के विकास के लिये विभिन्न प्रयत्न अनेक स्तरों पर यहाँ-वहाँ चल रहे हैं। उन्हें संग्रथित करने की ज़रूरत है। भारत सरकार को राज्य सरकारों की सहभागिता से 'आइटी निधि' के नाम से एक अलग निधि इस उद्देश्य के लिए स्थापित करनी चाहिए।

भाषा-विज्ञान और तुलनात्मक साहित्य के विभाग, कुछ अपवादों को छोड़कर, सारे देश में शिथिल से हैं। एक सुविचारित योजना के अन्तर्गत उन्हें सशक्त और साधन-सम्पन्न बनाने की ज़रूरत है। हर भाषायी अंचल में कम से कम एक उच्चस्तरीय और अग्रगामी विभाग ऐसा होना चाहिये।

अनुवाद का काम सिर्फ़ साहित्य तक सीमित रह गया लगता है। ज़रूरत है कि हर भाषा में उचित स्तर का और व्यापक रूप से पठनीय और उपयोज्य साहित्य विज्ञान, समाज-विज्ञान, इतिहास, संस्कृति आदि से सम्बन्धित हो। इसलिये अनुवाद का दायरा बढ़ना ज़रूरी है। विश्व-स्तर पर आधुनिक भारतीय साहित्य को समझ और तैयारी के साथ प्रोजेक्ट करने के लिये एक स्वतन्त्र फाउण्डेशन बनाने की आवश्यकता पर कई बरसों से ध्यानाकर्षण किया जाता रहा है। अगर ऐसा जल्दी ही नहीं किया गया तो हम चूक जायेंगे। कल ही एक अख़बार में फ्रेंकफुर्त में होने जा रहे विश्व पुस्तकमेले की ख़बर में भारत से भाग लेने वाले जिन विख्यात लेखकों का नामोल्लेख हुआ वे सिर्फ़ अँग्रेजी के हैं जबकि वहाँ जा रहे लेखकों में भारतीय भाषाओं के अनेक मूर्धन्य लेखक शामिल हैं।

भारतीय भाषाएँ तेज़ी से बदल रही हैं और उनके शब्द-भण्डार में लगातार इज़ाफ़ा हो रहा है। इसके अनुरूप कोष-निर्माण आदि की गति बहुत धीमी है। हर भाषा में नये प्रामाणिक कोश बनाने और उन्हें ताजातरीन करने के लिये किसी संस्थान को चुना जाना चाहिये और उसे यह काम वैज्ञानिक ढंग से कर पाने के साधन दिये जाने चाहिये। विदेशों में भारतीय भाषाएँ पढ़ने वाले विभागों और विशेषज्ञों को उचित सहायता देने की भी ज़रूरत है। प्रवासी भारतीयों और उनकी अगली पीढ़ियाँ भारतीय भाषाओं को विरासत-भाषाओं के रूप में देखती हैं। इस नये पक्ष को भी सम्बोधित करना उपयुक्त है।

आडम्बर और स्फीत

कभी इस पर ध्यान गया है कि हिन्दी अंचल में सार्वजनिक या अकादेमिक आयोजनों में कैसी हिन्दी बोली जाती है। अक्सर माइक खाँसता-खखरता

रहता है। ऐसा एक भी अवसर याद नहीं आता जब माइक बिल्कुल ठीक रहा हो। बीच में सीटी देने लगना या अचानक फुस्स हो जाना पब्लिक स्पीकिंग सिस्टम की लगभग आदत जैसी है। स्वागत भाषण में मुख्य अतिथि और अन्य अतिथियों का एक ही साँस में बल्कि एक ही वाक्य में स्वागत, वन्दन और अभिनन्दन किया जाता है। स्वागत-भाषण और कृतज्ञता-ज्ञापन अक्सर लम्बे होते हैं और उनसे पैदा होने वाली और सभागार या सभाकक्ष में साफ देखी जा सकने वाली ऊब किसी भी तरह से वक्ताओं को हतोत्साह नहीं करती। याद आता है कि जब दिल्ली विश्वविद्यालय में अंग्रेज़ी का छात्र था तो हिन्दी विभाग एक आयोजन में उसके अत्यन्त शक्तिशाली माने जाने वाले और हिन्दी के मान्य आलोचक ने एक गोष्ठी के समापन पर कुछ इस तरह का वाक्य कहा था–"मैं इस संगोष्ठी में सम्मिलित होकर उसमें अवदान करने के लिए सभी अधीत विद्वानों का नतशिर कृतज्ञ हूँ।" लगता यह है कि हिन्दी के अध्यापक ही इस वागडम्बर और स्फीति के लिए सबसे अधिक जिम्मेदार है। वही इसका धड़ल्ले से नित्य-प्रति प्रयोग कर छात्रों के सामने, अपनी बारी में, वैसा ही करने का उदाहरण या आदर्श पेश करते हैं। कई बार तो लगता है कि कि जैसे संक्षेप में कुछ भी कह पाने का कोई अभ्यास हमारे छात्रों को नहीं कराया जाता।

हिन्दी में यह भी एक अजब रिवाज़ है कि हर वक्ता मंच पर बैठे हर व्यक्ति को सम्बोधित करते हुए और इस कारण आधा मिनट व्यर्थ खर्च करते हुए अपना वक्तव्य शुरू करता है। अगर वह सिर्फ़ अध्यक्ष महोदय या और मित्रों कह दे तो मंच पर ज़रूरत से ज़्यादा संख्या में बैठे महानुभाव हो सकता है बुरा मान जायें और इसे वक्ता में शिष्टाचार के अभाव के रूप में देखें। मंच पर इन दिनों अक्सर मालाएँ नहीं दी जातीं। गुलदस्ते भेंट किये जाते हैं। पर उन्हें गुलदस्ते के बजाय पुष्पगुच्छ कहा जाता है जो निहायत अटपटा, अप्रचलित और ग़ैर-मुहावरेदार है। पता नहीं अगर सीधे-सीधे फूल भेंट करेंगे, कह दें तो क्या उनकी या अवसर की शोभा में कुछ भी हो जायेगी?

अब थोड़ा मंच पर पीछे लगे बैनर पर नज़र डालें। अक्सर वह लाल, पीले या नीले रंग का होता है बिना इस बात का खयाल किये कि सभागार या सभाकक्ष की रंग व्यवस्था कैसी-क्या है। अव्वल तो उसकी ज़रूरत नहीं होती। एक स्थायी पट जैसा बनाया जा सकता है और वह बगल में रखा जा सकता है। माँ सरस्वती या किसी वयोवृद्ध लेखक के भदरंग चित्र पर माल्यार्पण और दीप-ज्वलन भी औपचारिकता का ज़रूरी हिस्सा बन गये हैं। माला पहनायेंगे जैसे सीधे-साफ़ पद के बजाय 'माल्यार्पण करेंगे' जैसा ग़ैर-मुहावरेदार पद इस्तेमाल करना क्यों ज़रूरी है समझ में नहीं आता। अक्सर दीप-प्रज्वलन के अवसर पर दीपाधार में तेल में डूबी

बत्तियाँ जलने में देर लगाती हैं, क्योंकि उन पर कपूर के टुकड़े रखना आयोजक भूल जाते हैं जो बहुत तेजी से जल उठते हैं। अक्सर तथाकथित ज्योति कार्यक्रम के दौरान जलती नहीं रहती। अक्सर तो वह पंखे की हवा से बुझ जाती है। उसके बुझ जाने से कुछ अशुभ हुआ ऐसा मानना अब बन्द हो गया है।

मातृभाषाओं की अवज्ञा

पिछली 24 फ़रवरी को अन्तराष्ट्रीय मातृभाषा दिवस के अवसर पर एक अनूठी पहल कर लोकसभा के अध्यक्ष ने उस दिन सांसदों को अपनी मातृभाषा में बोलने की सुविधा दी और ख़बरों के अनुसार उस दिन संसद में भारत की सोलह भाषाओं में, जिनमें से कुछ बोलियाँ भी हैं, बोला गया। अंग्रेज़ी अख़बारों में इस घटना को 'बेबेल की मीनार' कह व्यंग्य किया गया मानों कि भारत की बहुभाषिकता एक विसंगति है, जिस पर अभिमान नहीं किया बल्कि हँसा ही जा सकता है।

भारत में उसके बहुभाषिक होने के बावजूद मातृभाषाएँ संकट में हैं। ऐसी माताओं की संख्या लगातार घट रही है जो अपनी भाषा या बोली में रसी-बसी हों और अपनी सन्तान को उसकी धरोहर सौंपना चाहें। अपनी मातृभाषा के बजाय बच्चों को नये दौर की आँधी में इन मातृभाषाओं में गुंथी जातीय स्मृतियों, जीवन की अनेक अन्तर्ध्वनिगों और एक तरह से मातृलोक से वंचित किया जा रहा है। कुल मिलाकर बच्चों से उनका सच्चा बचपन छीना जा रहा है, उन पर एक नकली बचपन लादा जा रहा है। यह संकट बहुत गहरा इसलिए है कि मातृभाषाओं के इस लोप या अनुपस्थिति में स्वयं माताएँ कारगर भूमिका निभा रही हैं। यह वैज्ञानिक तथ्य कि अगर कोई बच्चा अपनी मातृभाषा में गृहस्थ होगा तो वह दूसरी कोई भाषा आसानी से स्वायत्त कर सकता है, पूरी तरह से भुला दिया जाता है।

सभी सच्चे हिन्दी-प्रेमी मानते हैं कि हर साल मनाये जाने वाले हिन्दी दिवस और सप्ताह पूरी तरह से रस्मी हो चुके हैं और उनकी कोई सार्थकता नहीं बची है। उनके बजाय भारत की बहुभाषिकता का हर बरस उत्सव मनाना चाहिए, जिस दौरान मातृभाषाओं पर जोर दिया जाये। हमारी संसद में भी ऐसी व्यवस्था होनी चाहिए कि सांसद अपनी मातृभाषाओं में एक दिन रस्मी तौर पर नहीं जब चाहें बोल सकें। भारतीय संसद में अगर भारत की बहुभाषिकता लगातार जाहिर नहीं होती तो उसके भारत के

सर्वोच्च प्रतिनिधि मंच होने में गहरी कमी है। अगर संसद में मातृभाषाओं की जगह और सम्मान बढ़ेंगे तो इसका असर पूरे भारतीय समाज पर पड़ेगा। किसी सांसद ने उचित ही कहा है कि अगर लोग अपनी भाषाओं में बोलने लगें तो बहुत सारे झगड़े और समस्याएँ अपने आप निपट जायेंगे।

हिन्दी अध्यापन

हमारे एक सम्बन्धी की बेटी के सामने, उसके स्कूल में, यह विकल्प है कि वह संस्कृत या हिन्दी में से एक भाषा चुने। आगे जाकर वह पत्रकार बनना चाहती है। मैंने उससे तर्क किया कि पत्रकारिता में, भले वह अंग्रेज़ी में भी क्यों न की जाये, हिन्दी जानना मददगार होगा, क्योंकि आख़िरकार भारत का बहुत बड़ा सार्वजनिक जीवन, राजनीति आदि हिन्दी जानने से ज़्यादा समझ में आते हैं। परिवार हिन्दी-भाषी है, हालाँकि इस बेटी का बंगलौर आदि में रहने के कारण हिन्दी-ज्ञान कम है। ऐसी हालत में उसके लिए बेहतर हिन्दी-ज्ञान एक स्वाभाविक विकल्प लगना चाहिए। मैंने उससे हिन्दी और आगे न पढ़ने की उसकी अरुचि का कारण जानना चाहा तो उसने स्पष्ट किया कि उसे लगता है कि हिन्दी भाषा में मज़ा नहीं है, वह बड़ी उपदेशात्मक भाषा है। यह लड़की राजधानी के एक महँगे और भाषाओं के प्रति आम स्तर से कहीं अधिक संवेदनशील मानी जाने वाली संस्था में पढ़ती है। उसने यह भी कहा कि उसकी हिन्दी अध्यापिकाएँ उसे कभी भी प्रेरित नहीं कर पायीं। भले यह एक स्तर पर लिंग-पूर्वग्रह लगे, यह सही है कि ज़्यादातर स्कूलों में 'हिन्दी मैडम' सख़्त, रूखी और अप्रेरक ही मानी-पायी जाती हैं। हिन्दी अध्यापक इससे बेहतर नहीं होते, बल्कि शायद बदतर ही।

हिन्दी अध्यापन की यह दुर्दशा एक बहुत बड़ा कारण है कि एक बड़ी और सक्षम भाषा से छात्र-छात्राएँ विरत हो रहे हैं। नयी पाठ्यपुस्तकों की रचना करते समय इस बात का ध्यान रखा जाना ज़रूरी है कि उपदेशात्मकता से छात्र ऊबते हैं, प्रेरित नहीं होते। उनकी संवेदनशीलता उपदेश नहीं भाषा की विविधता, लयात्मकता, ऐन्द्रियता आदि का सीधा अनुभव करके ही बढ़ सकती है। ज़रूरी यह भी हो गया है कि स्कूल स्तर पर हिन्दी अध्यापन के पुनराविष्कार की एक मुहिम ही चलायी जाये, जिसमें स्वयं अध्यापकों की सक्रिय-सजग हिस्सेदारी हो। हिन्दी विलाप 'हिन्दी दिवस' के व्यर्थ और खर्चीले आयोजनों से नहीं बचेगी—वह बचेगी अगर युवा छात्र-छात्राएँ उसमें रस, सच्चाई और सपने पायेंगे। कल्पनाशीलता और जीवन की अपार विविधता का अहसास और उनके लिए जगह।

बीस करोड़ बड़ी भूख

हर्ष मन्दर मध्य प्रदेश काडर में भारतीय प्रशासन सेवा के अन्तर्गत मेरे युवतर सहयोगी थे। उन्होंने कलेक्टर के रूप में झाबुआ जैसे आदिवासी और पिछड़े जिले बहुत संवेदनशीलता और हिम्मत से बहुत अच्छा काम किया था। गुजरात के नरसंहार के बाद उन्होंने प्रशासन सेवा से इस्तीफा दे दिया और अब कई बरसों से ग़ैर-सरकारी स्तर पर सक्रिय हैं। इस दौर में जब ग़रीबी, अन्याय, ग़ैर बराबरी आदि का ज़िक्र करना या उन पर ध्यानाकर्षण करना लगभग भद्राचार के विरुद्ध माना जा रहा है, क्योंकि चिकने-चुपड़ों के लिए बाहर 'चमक-दमक' रहा है, वे लगातार देहाती भारत की असली तस्वीर सामने लाने की कोशिश करते रहते हैं और उस भारत की भी जो महानगर के फुटपाथों पर अपनी रातें भर नहीं लगभग पूरी ज़िन्दगी बिताता है। हाल ही में उनके एक लेख से पता चला कि लगभग बीस करोड़ लोग भारत में रोज़ भूखे रहते-सोते हैं। भूख का यह दैत्याकार फैलाव किसी भी देश या समाज के लिए, किसी भी लोकतन्त्र के लिए लगातार चिन्ता बल्कि शर्म का कारण होना चाहिए। तर्क इतना भर नहीं है कि लोकतन्त्र की स्थापना के 56 बरस और स्वतन्त्रता के लगभग 60 बरस पूरे होने के बाद भी हम इतनी बड़ी संख्या में अपने लोगों को जीवन के न्यूनतम साधनों से वंचित रखे हुए हैं। भूखे हमारी जनसंख्या का लगभग बीस प्रतिशत हैं। यह तर्क भी करना चाहिए कि ग़रीबी हटाने के जो उपाय किये गये हैं वे इतनी बड़ी जनसंख्या को अप्रभावित क्यों और कैसे छोड़ रहे हैं और इस मामले में राजनीति, अर्थतन्त्र और प्रशासन में जो सजगता और संवेदनशीलता होना चाहिए वह नज़र क्यों नहीं आती। क्या बाज़ार और उससे मिलने वाले सुफलों पर हमारा ध्यान इस कदर एकाग्र है कि हमारी दृष्टि में यह भयावह और अमानवीय स्थिति और इसके अन्ततः घातक होने वाले परिणाम आते ही नहीं हैं? हम इस भोले विश्वास के मारे हुए हैं कि बाज़ार सब कुछ ठीक कर देगा। दूसरी ओर सम्भवतः उन वामपन्थी सामान्यीकरणों से भी मुक्त होना ज़रूरी है कि सार्वजनिक स्वामित्व से ही सामाजिक मुक्ति सम्भव है। इससे इनकार नहीं किया जा सकता कि भारत में आज पहल और जोखिम उठा सकने के लिए तत्पर युवा ऊर्जा का विस्फोट है और यह ज़्यादातर ग़ैर-सरकारी क्षेत्र में ही दीख और फल-फूल रही है। हम उसका कुछ अंश राजनीति और प्रशासन में कैसे लायें और उसका सदुपयोग ग़रीबी और अन्याय से दीर्घकालीन उपक्रम के रूप में निपटने के लिए कैसे करें, लगता है कि इस पर उचित ध्यान नहीं दिया जा रहा है। अगर युवाजन की जनसंख्या के आधार पर हम संसार के युवतम समाजों में से एक हैं तो हम यह कैसे और क्यों बरदाश्त करें कि इसका लगभग पाँचवाँ हिस्सा भूखा है। राजनीति और प्रशासन जिस तरह से आत्मोन्नयन का बेशर्म

माध्यम बन चुके हैं उनके पुनराविष्कार हुए बिना इस संकट से कारगर ढंग से निपटना सम्भव नहीं दीखता। ऐसा पुनराविष्कार कितनी दूर है कहना मुश्किल है। दुर्भाग्य से उसकी कोई सुगबुगाहट नज़र नहीं आती।

विचार-विनोद

कई बार लगता है कि हमारे समय में विचारों का टोटा पड़ रहा है। तथाकथित विचारधाराएँ, जिनका काम ही विचारों की खोज और नवीकरण का होना चाहिए कम से कम हमारे यहाँ नया कुछ सोचने या पुराने सोचे हुए को बदलने से कतराती है। बहुत हद तक वे आत्मतुष्ट, अपने आलस्य और अनर्जित आतंक से थकी और लाचार व्यवस्थाएँ हैं। ऐसे माहौल में जब कहीं नये विचार सुनने-गुनने को मिलते हैं तो इसे सौभाग्य समझना चाहिए। अक्सर वे अब ऐसे लोगों से आते हैं जो विचारधाराग्रस्त नहीं है और खुले दिल-दिमाग़ से अपने आसपास को देखते-परखते और हमारे समय में मनुष्य की हालत के बारे में सोचते-विचारते हैं।

पिछले पखवारे कुछ ऐसा सुखद संयोग हुआ कि अर्थशास्त्री अमर्त्य सेन, इतिहासकार और समाजशास्त्री मार्था नुस्बाम को सुनने का अवसर मिला। तीनों ही शुष्क या नीरस विद्वान् नहीं हैं, बल्कि सभी ने साहित्य, परम्परा और इतिहास से गहरा और गर्माहट-भरा सम्बन्ध रख है। डॉ. सेन दिल्ली और हार्वर्ड के कुछ छात्रों की एक कर्मशाला में उनसे संवाद कर रहे थे और प्रोफ़ेसर नुस्बाम जामिया मिलिया इस्लामिया में तीसरा रवीन्द्र कुमार स्मृति व्याख्यान दे रही थीं। डॉ. सेन ने बातचीत में संस्कृत कविता, एक बौद्ध इबारत, रवीन्द्रनाथ ठाकुर के विचार उद्धृत किये तो प्रोफेसर नुस्बाम ने शिक्षा के बारे में रवीन्द्रनाथ के विचारों को ही उसके पुनरुत्थान का मूलाधार बनाया। यह नोट करना रोचक था कि प्रो. नुस्बाम ने आशीष नन्दी, रामचन्द्र गुहा जैसे समाज-चिन्तकों की अवधारणाओं का उल्लेख किया। यह तो कई तरह से स्पष्ट है ही कि इधर भारत के कई इतिहासकारों, समाजशास्त्रियों को संसार के बौद्धिक जगत् और संवाद में जगह मिली है और कम से कम स्वतन्त्र भारत की यह विशेष बौद्धिक उपलब्धि मानी जा सकती है।

डॉ. सेन का आग्रह है कि विकास को टिकाऊ बनाने के लिए स्वतन्त्रता, शिक्षा और लोक-स्वास्थ्य आवश्यक है। वे इसरार करते हैं कि इसमें खुले लोकतान्त्रिक समाज की महत्त्वपूर्ण भूमिका है, क्योंकि उसमें सार्वजनिक व्यवस्थाओं की आलोचना की जाकर उन्हें सुधारा और संशोधित किया जा सकता है।

मुझे पहले लोकतन्त्र दिवस की याद इसलिए है कि मैंने छठवीं कक्षा में पढ़ते हुए उस अवसर पर अपनी पहली कविता लिखी थी। कविता उसे कुछ उदार होकर ही कहा जा सकता है क्योंकि थी तो वह तुकबन्दी। यह भी याद आता है कि हमारे पहले राष्ट्रपति 15-16 जनवरी 1950 को सागर विश्वविद्यालय में दीक्षान्त भाषण देने आये थे। तब वे राष्ट्रपति नहीं थे, दस-बारह दिनों बाद ही होने वाले थे। सर्किट हाउस में ठहरे थे जहाँ विश्वविद्यालय में एक प्रशासनिक पद पर होने के कारण मेरे पिता उनकी देखभाल की ज़िम्मेदारी निभा रहे थे। जिस दिन दीक्षान्त समारोह था, उस दिन की सुबह कौतूहलवश डॉ. राजेन्द्र प्रसाद को देखने मैं भी अपने पिता के साथ सर्किट हाउस चला गया था जो हमारे घर से नज़दीक ही था। वे कमरे में नहीं थे। बाहर बगीचे में एक कुरसी पर बैठे अपने हाथ से सुई-धागा लेकर अपनी फटी बण्डी सिल रहे थे। उतना छोटा होने के कारण लोकतन्त्र का अर्थ समझने में तो मैं निश्चय ही असमर्थ था। लेकिन उसका पहला राष्ट्रपति बनने वाले की इस सादगी का मेरे मन पर गहरा प्रभाव ज़रूर पड़ा होगा। तब से अब तक भारतीय राजनीति और लोकनीति की चादर कई तरह से मैली होती और फटती गयी है। जब-तब उसे साफ और रफू भी किया जाता रहा है। पर जाहिर है, ऐसे लोग कम होते गये हैं जो उस सादगी में रहते हों जिससे यह लोकतन्त्र शुरू हुआ था। ग़रीबी अगर पूरी तरह से हटी नहीं तो कम ज़रूर हुई है लेकिन चिकने-चुपड़े लोग बेहद बढ़ गये हैं। वे तेज चलते हैं, बेरहमी से मारते हैं, खूब मकोसते-पीते हैं और अक्सर हृदयाघात या कैंसर से मर जाते हैं। कवि ने कहा है–'कोई नहीं मरता अपने पाप से।'

फिर भी, इतना तो मानना पड़ेगा कि जवाबदेही बढ़ी है। आम लोगों को यह समझने में आने लगा है कि उन्हें सरकार बदलने का अधिकार है। तभी न गुजरात के नरसंहार की अनदेखी करने वाली और बाज़ार की चकाचौंध से आत्ममुग्ध सरकार को उन्होंने बदल दिया हाल ही में। विडम्बना यह है कि साथ ही साथ सार्वजनिक व्यवस्थाएँ बुरी तरह से चरमरा गयी हैं। शिक्षा, लोक स्वास्थ्य, बिजली, पानी आदि से सम्बन्धित संस्थाएँ और प्रबन्ध निरन्तर क्षीण-शिथिल, भ्रष्ट और संदिग्ध होते गये हैं। सरकारी तन्त्र का तो हाल यह हो गया है कि लगता है कि कर्मचारी और अधिकारी प्रायः सभी अपनी कमाई की नहीं घूस की रोटी ही खाते हैं। हमारे लोकतन्त्र की तीन-चार बुनियादी विडम्बनाएँ हैं। पहली यह कि सबको समान अधिकार मिलने का अर्थ जातिव्यवस्था का शिथिल पड़ना या लोप होना था जबकि चुनावी राजनीति ने, जो लोकतन्त्र का एक अनिवार्य पक्ष है, उसे और सशक्त और सक्रिय किया। दूसरी यह कि लोकतन्त्र में जवाबदेही से राजनेताओं और सरकारी अधिकारियों ने क़ानूनी जटिलताओं का सहारा लेकर मुक्ति पा ली है और भ्रष्ट से भ्रष्ट सत्ता पर काबिज़, पदोन्नत और समादृत होते चलते हैं। तीसरी विडम्बना

यह है कि न सिर्फ़ जातिव्यवस्था सुदृढ़ हुई है, हमारे समाज में हिन्दू और मुस्लिम दोनों तरह की साम्प्रदायिकता का भीषण विस्तार हुआ है। चौथी यह कि लोकतन्त्र को बाज़ार चाँप ले रहा है जिसमें आप या तो विक्रेता हैं या ख़रीदार और अगर इनमें से एक नहीं हैं तो आपकी कोई जगह या औकात नहीं रह गयी है। हर मकान दूकान बन जाने की होड़ में शामिल हो गया लगता है। पाँचवीं विडम्बना यह है कि बाज़ार और पूँजीवाद के वर्चस्व के चलते भारतीय भाषाएँ लगातार पीछे ढकेली जा रही हैं 'अपने ही घर में प्रवासिनी'। मातृभाषाओं की भयावह अवज्ञा हो रही है। लोकतन्त्र लोक की भाषाओं में नहीं चल रहा है। छठवीं विडम्बना है हमारे समाज की हिंसा और आक्रामकता का निरन्तर तेजी से फैलाव। सातवीं विडम्बना यह है कि हमारी नागरिकता का बोध हल्का और सीमित है।

इतने सबके बाद भी यह स्वीकार करने में संकोच नहीं होना चाहिए कि लोकतन्त्र ने भारतीय जन के राजनीतिक शिक्षण और जागरण का महत्त्वपूर्ण काम किया है। अगर आज स्त्रियाँ, दलित, अल्पसंख्यक, आदिवासी समुदाय अपने अधिकारों के लिए खुलकर संघर्ष कर रहे हैं तो यह उसी आधे-अधूरे लोकतन्त्र की बदौलत है। देश में कहीं नदी पर विकराल बाँध बनाने, कहीं बेतहाशा जंगल काटने, कहीं विस्थापितों को पुनर्वास की समुचित व्यवस्था न हो पाने, कहीं पानी को बेचने, आदि को लेकर जो स्थानीय प्रतिरोध सक्रिय हो रहा है, वह लोकतन्त्र द्वारा संभव हुई जागरूकता और पहल की वजह से ही है।

इस दौरान शायद हमने यह भी पहचाना है कि भले अपने वर्तमान रंगरूप में लोकतन्त्र पश्चिमी मॉडल पर बना लगता है, हमारी लोकतान्त्रिक चेतना जातीय है। भक्ति काव्य ने ईश्वर को देवालयों और पोथियों से मुक्त कर हमारे पड़ोस में लाने, अध्यात्म को सर्वजनसुलभ बनाने और दलितों-वंचितों को कविता में अभिव्यक्ति का अधिकार देने की जो क्रान्तिकारी पहल की थी, वही हमारी लोकतान्त्रिक ऊर्जा और उसकी चकित करने वाली निरन्तरता का मूलाधार है। दूसरे शब्दों में, हमारा लोकतन्त्र हमारा अपना आविष्कार है। उसमें कमियाँ और कमज़ोरियाँ हैं। लेकिन उसी में हमारी समस्याओं का समाधान हुआ है।

स्त्री की हिम्मत

हालाँकि नर्मदा बचाओ आन्दोलन जैसी गतिविधियों से कुछ लेखकों और कलाकारों का शुरू से सम्बन्ध रहा है, यह सही है कि उससे जुड़कर

समूचे बौद्धिक वर्ग का, स्वयं लेखक-समाज और कला जगत् का ध्यान उसकी ओर, उसके संघर्ष में छुपे विकास के मॉडल के मुद्दों पर ध्यान खींचने का काम सबसे प्रभावशाली ढंग से अरुन्धती राय ने किया है। वे शायद अंग्रेजी में लिखनेवाली एकमात्र साहित्यकार हैं जिन्होंने अपनी औपन्यासिक अन्तरराष्ट्रीय कीर्ति के शिखर पर पहुँचने के बाद भारतीय समाज की धूल और कीचड़ में धँसकर अपने को मटमैला किया है। सीधे कार्रवाई के अलावा उन्होंने लिखकर समूचे विकास की जन-परिणतियों की ओर, संसार में फैल रहे खतरनाक अमरीकी साम्राज्यवाद, भारतीय राजनीति और अर्थतन्त्र की निर्मम हृदयहीनता का पैना विश्लेषण किया है। वे अगर भारत के सबसे सार्वजनिक और साहसी बुद्धिजीवियों में बहुमान्य है तो इसलिये कि उन्होंने हिम्मत की है, ऐसी हिम्मत जो अक्सर दूसरे साहित्यकार, अँग्रेजी के ही नहीं अन्य भारतीय भाषाओं के साहित्यकार भी नहीं कर पाये हैं। यह कहना अतिशयोक्ति किसी तरह से नहीं है कि हमारे समय में मेधा पाटकर और अरुन्धती राय हिम्मत के दो नाम हैं। यह आकस्मिक नहीं है कि दोनों ही स्त्रियाँ हैं, कि हिम्मत हमारी भाषा में एक स्त्रीलिंग शब्द है और कि दोनों ही हमारा मुखर और असभ्य सामाजिक अन्तःकरण बनकर उभरी हैं।

हाल ही में अरुन्धती राय ने एक इण्टरव्यू में तीखा प्रश्न किया है कि "आप बीस लाख लोगों की जीविका बेहतर करने के लिए दो लाख लोगों की जीविका नहीं छीन सकते। सोचिये क्या हो अगर सरकार भारत से सबसे धनी दो लाख की दौलत छीनकर उन्हें बीस लाख सबसे गरीब लोगों में बाँट दे? हम तब समाजवादी चोरी और लोकतन्त्र की मृत्यु के बारे में बहुत कुछ सुनेंगे। धनियों से लेने को चोरी और गरीबों से लेने को विकास क्यों कहा जाना चाहिए?" अरुन्धती की इस मान्यता में बहुत बल है कि हम एक ऐसी वैकल्पिक दुनिया की कल्पना कर सकते हैं जिसमें नागरिकों के मानव-अधिकारों का उल्लंघन किसी भी तरह से उचित नहीं ठहराया जा सकता। उनकी इस व्याख्या से भी असहमत नहीं हुआ जा सकता कि इस समय विकास की आँधी में हो रहे अन्याय और मानव-अधिकारों की अवहेलना भारत को एक सिविल युद्ध में झोंक रही है। कश्मीर से उत्तरपूर्व तक, झारखण्ड-छत्तीसगढ़-आन्ध्र आदि में जो हो रहा है, नक्सलपंथियों द्वारा बड़े अंचलों को अपने कब्जे में किया जा रहा है जैसी बातें इसी सिविल युद्ध का प्रमाण हैं और कई जगह उसका पूर्वाभास।

बाज़ार, पूंजी और लाभ के लिये अन्धी दौड़ और मूल्यहीनता में फँसी-लिप्त राजनीति की बुनियादी हिंसा, उसकी बढ़ती मानवीय और सामाजिक अप्रासंगिकता की ओर तथ्य-परक और तर्कसंगत ढंग से विश्लेषण कर विकल्प, समय रहते, खोजने का न्यौता, हिम्मत की ये आवाजें हमें देकर

हमारी अपनी मानवीयता को अधिक गहरी और प्रखर होने का एक अवसर दे रही लगती हैं। वे विकल्पहीनता और लाचारी को अनिवार्य माननेवाली निष्क्रियता और अकर्मण्यता का उज्ज्वल प्रत्याख्यान हैं। यह तथ्य भी अलक्षित नहीं जाना चाहिये कि नर्मदा बचाओ आन्दोलन का नेतृत्व अधिकांशतः स्त्रियाँ ही कर रही हैं।

दो निर्भीक पहलें

भारत और भारतीय राजनीति का एक बड़ा मुद्दा कश्मीर की आज़ादी के बाद से बना हुआ है। पड़ोसी पाकिस्तान से हमारे रिश्ते का भी, हम कितना ही इन्कार करें, वह केन्द्र-बिन्दु है। अभी मानवाधिकार पर एक विदेशी रिपोर्ट में फिर कहा गया है कि कश्मीर में भारतीय सुरक्षा-दलों द्वारा लगातार मानवाधिकारों का उल्लंघन किया जा रहा है। हमने पिछले पचास बरसों पर कश्मीर पर अपार धन खर्च किया है जिसका ज़्यादातर कश्मीरियों तक कभी पहुँचा ही नहीं। वहाँ हिंसा और हत्याओं आदि का जो रिकार्ड है वह शायद किसी एक हिस्से में होनेवाली ऐसी घटनाओं का संसार भर में सबसे बड़ा होगा। हमारे सैन्य ख़र्च का बहुत बड़ा हिस्सा कश्मीर की सुरक्षा पर लगता रहा है। कहते हैं कि लोग खून-ख़राबे और आतंक से बेहद आजिज़ आ चुके हैं और अमन चाहते हैं। हम फिर भी, यक़ीन से यह नहीं कह सकते कि वे भारत में रहना चाहते हैं। वक़्त आ गया है कि हम इस पूरे मसले पर विचार कर कुछ निडर और अप्रत्याशित फ़ैसला करें। हम एक बड़ा देश हैं और इसमें पहल हमें ही करनी चाहिये। पाकिस्तानी कब्ज़े वाले कश्मीर को मिलाकर कश्मीर एक अलग स्वतन्त्र देश बना दिया जाये, जम्मू और लद्दाख भारत में बने रहें। भारत के दो विभाजन हो चुके हैं, एक तीसरा विभाजन न हो यह सदिच्छा रखना उचित है लेकिन ज़मीनी सच्चाई से उसका मेल नहीं रह गया है। अगर हम ऐसा करते हैं और इसका सुनिश्चय कराते हैं कि भारत और पाकिस्तान अन्तरराष्ट्रीय चौकसी में नये देश कश्मीर की सुरक्षा आदि की ठोस गारण्टी देते हैं तो दोनों देश अपने रिश्ते सामान्य करने की ओर तेज़ी से बढ़ सकते हैं। हम पर कश्मीर का बोझ कम होना चाहिये : कश्मीर पर हमारा बोझ कम होना चाहिये। ज़ाहिर है कि जो राजनैतिक दल ऐसा करने की पहल करेगा उसकी सरकार गिर जायेगी। दूरगामी हित में ऐसे नुकसान बरदाश्त करने के लिये तैयार रहना चाहिये।

इस तरह की एक और पहल प्रशासन से भ्रष्टाचार हटाने के लिये ज़रूरी

है। एक नया प्रशासनिक सुधार आयोग यथासमय अपनी रिपोर्ट देगा। लेकिन शुरुआत के तौर पर प्रधानमंत्री भारत सरकार के सभी सचिवों को बुलाकर कहें कि वे अगले तीन महीनों में भ्रष्टाचार या अक्षमता के आधार पर हर मंत्रालय के कम से कम पाँच या दस प्रथम श्रेणी के अधिकारी बरख़ास्त करना चाहते हैं। सचिवों की निजी ज़िम्मेदारी हो कि वे पूरा पुख़्ता केस बना कर दें और इसका भी सुनिश्चय करें कि किसी के साथ अन्याय न हो। अगर कोई सचिव इसमें कोताही या जानबूझकर सुस्ती या दाँवपेंच करता है या कोई अन्यायपूर्ण या ग़लत सिफारिश करता है तो उसे भी दण्डित किया जाये। बरख़ास्त किये जाने वाले अधिकारियों में आधे भारतीय सेवाओं के होने चाहिये। उनके भ्रष्टाचार की ख़बरें अब हर सप्ताह छपती हैं और इन सेवाओं के साथ सख़्ती बरतने का समय आ चुका है। हवलदार, पटवारी, बाबू आदि छोटे मुलाज़िमों से ज़्यादा घातक, ख़तरनाक और नुकसानदेह बड़ों का भ्रष्टाचार है और उससे तेज़ी से निपटना ज़रूरी है। इसके लिये किसी आयोग की रिपोर्ट की प्रतीक्षा करना ज़रूरी नहीं है। अगर इसमें कोई क़ानूनी बाधाएँ हैं तो उन्हें फ़ौरन दूर करना चाहिये : अगर सांसदों को लाभ के पदों पर रहने के कारण अपात्रता से मुक्त करने के लिए आनन-फानन क़ानून लाया जा सकता है तो ऐसी कार्रवाई के लिये क्यों नहीं।

पुनराविष्कार

थोड़े दिन पहले एक अँग्रेजी साप्ताहिक ने एक फीचर प्रकाशित कर यह बताया है कि देश में अनेक सामाजिक और तकनीकी क्षेत्रों में युवा लोग गाँधी का अपने और अपने समय के लिये पुनराविष्कार कर रहे हैं : उनमें प्रबन्धन, विज्ञान आदि के क्षेत्रों से आने वाले युवा गुणीजन शामिल हैं। गाँधी की जटिल पर पारदर्शी सादगी, सजग प्रश्नवाचकता, साधन की पवित्रता, सामाजिक अन्तःकरण की अवधारणाएं और युक्तियाँ ये युवा अपने लिये प्रासंगिक पाते हैं। गाँधी की अटल निर्भयता और सत्याग्रह भी। आज यह ख़बर भी आई है कि इस समय चल रहे दिल्ली पुस्तक मेले में गाँधी और नेहरू की पुस्तकों में युवाओं की दिलचस्पी बढ़ी है और उनकी अच्छी बिक्री हो रही है। फ़ैशन के कपड़ों और डिजाइन आदि में खादी का इस्तेमाल इधर काफ़ी बढ़ा है। जाहिर है कि एकसेपन की जो बाज़ारू तानाशाही हम पर लादी जा रही है उसका प्रतिकार या प्रतिरोध करने के लिये कुछ स्वप्नशील लोग फिर गाँधी को प्रासंगिक पा रहे हैं। यह प्रवृत्ति कितनी फैल सकती है यह कहना कठिन है क्योंकि

जिन दूसरी विरोधी प्रवृत्तियों से उनका सामना है वे अधिक लैस, आक्रामक और साधनसम्पन्न हैं। पर यह जानकर सन्तोष तो होता ही है कि भारत में जन्मे-बढ़े मानवीय परिवर्तन के एक महान और विराट स्वप्न की आग और द्युति अभी बची हुई है। मनुष्य को और उसकी दुनिया को बेहतर और अधिक न्यायसम्मत बनाने के सपने कभी नष्ट नहीं हो सकते क्योंकि उन्हीं में हमारे असली और टिकाऊ सच निहित होते हैं।

हार के निर्मल उजाले में

विशालता और विकरालता के पक्ष में भारतीय समाज में इतनी सत्ताधारी और सत्ताकामी शक्तियाँ सक्रिय हैं कि यह तो तय था कि मेधा पाटकर जीत नहीं सकतीं। इसलिए जब सुप्रीम कोर्ट का यह फैसला आया कि यह भी ठीक और वह भी ठीक, बाँध की ऊँचाई और उसके निर्माण का काम रोका नहीं जायेगा, लेकिन लोगों के पुनर्वास का सुनिश्चय किया जायेगा तो अचरज तो नहीं गहरी निराशा हुई। जब से मेधा अनशन पर थीं तब से हर दिन इसका सुबूत मिलता रहा है कि हमारी राजनीति और राज्य अन्ततः पूरी तरह से अन्तःकरण-शून्य हो चुके हैं। इस अनशन ने बाँध की ऊँचाई कम कराने में सफलता न पायी हो उसने बिना यह चाहे, भारतीय राज्य और उसके कई पदाधिकारियों का नैतिक क़द ज़रूर कम कर दिया। हमारे बेदाग प्रधानमन्त्री उसी अस्पताल में अपनी आँखों की जाँच कराने गये जिसमें मेधा को इलाज के लिए भर्ती कराया गया था। उनमें इतनी भी संवेदनशीलता नहीं थी कि मेधा का कुशलक्षेम पूछने जा सकते। अपने ही मन्त्रियों की मौक़ा मुआयना कर दी गयी। रिपोर्ट पर वह कुछ कार्रवाई नहीं कर सके। सोनिया गाँधी ने कुछ सहानुभूति जरूर जाहिर की, पर कुछ और किया नहीं। हमारा लोकतन्त्र अब लगभग पूरी तरह से तन्त्र बनकर रह गया है। उसमें लोक का सम्मान और स्थान नहीं बचे हैं। अन्यथा यह कैसे होता है कि एक बुद्धिजीवी प्रधानमन्त्री हजारों लोगों की बेघरबार ज़िन्दगी से ऐसी बेरुखी दिखाकर अपनी नैतिक जिम्मेदारी से कन्नी काट सकता है। अगर किसी ने प्रधानमन्त्री को यह समझाया है कि उन्हें निष्पक्ष दीखना चाहिए तो उनकी तस्वीर अब विशालता के पक्ष में और लोगों के प्रति उदासीन, निष्पक्षता की नहीं, लोगों से दूरी की बन गयी है।

गुजरात में नरसंहार के लिए ज़िम्मेदार जिस राजनेता को जेल में सजा भुगत रहा होना चाहिए वह एक दिखाऊ अनशन पर बैठा और उसने जब अनशन तोड़ा तो उसके चेहरे पर एक बेशर्म, अश्लील और विजयी

हँसी थी। उसे जाहिर है कि यह सन्तोष था कि उसकी धमकी के आगे सब झुक गये। जो शक्तियाँ हज़ारों लोगों को निस्संकोच मौत के घाट उतारकर, लाखों को अमानवीय ढंग से राहत शिविरों में रहने को मजबूर कर चुनाव जीतकर फिर सत्तारूढ़ हो सकती है उनके लिए कुछ हज़ारों का बेघरबार होना कोई ख़ास मतलब वैसे भी नहीं रखता। वे मारकर भी विजयी हुए, वे असंवेदनशील होकर फिर विजयी हुए।

अब फिर एक लम्बा कानूनी और काग़ज़ी दाँवपेंच चलेगा। आँकड़े जिन्दा लोगों की जगह कई मनगढन्त कहानियाँ कहेंगे, जिन पर तन्त्र यक़ीन करेगा, क्योंकि वे उसी तन्त्र द्वारा बनायी, गढ़ी गयी है। जब मेधा पाटकर अपना उपवास तोड़ रही थीं तो उन पर उनकी हार का निर्मल उजाला था। जब आज के चमकते-दमकते राजनेता आदि इतिहास के कूड़ेदान में फेंके जा चुके होंगे तब मेधा की निर्मल छवि सार्वजनिक चित्त पर उकरी रहेगी। यह भूला नहीं जायेगा कि एक निष्ठुर-क्रूर और लोक-विरोधी समय में वे इस समाज का अन्तःकरण थीं। ऐसा अन्तःकरण जो हारकर भी निर्मल और अथक, उज्ज्वल और अदम्य रहता है।

सार्वजनिक ब्राडकास्टिंग

हालाँकि चिकने-चुपड़े और ज़्यादातर शहराती हलकों में दूरदर्शन और आकाशवाणी लोकप्रिय माध्यम नहीं हैं, तथ्य यह है कि उनकी अखिल भारतीय व्याप्ति अभी भी और सभी चैनलों से कहीं अधिक है। उनकी अन्य चैनलों से तुलना करते समय हम अक्सर यह भूल जाते हैं कि वे सार्वजनिक ब्रॉडकास्टर हैं। उनकी भूमिका और ज़िम्मेदारी अधिक सामाजिक है जिसमें सांस्कृतिक ज़िम्मेदारी भी शामिल है। इसका सीधा अर्थ यह है कि 'प्रसार भारती' को बीबीसी की तरह सशक्त, स्वतन्त्र और अदम्य होना चाहिए जो कि वह दुर्भाग्य से नहीं है। इसके कई कारण हैं जिनमें से एक यह भी है कि सत्तारूढ़ राजनीति उसे एक प्रचार माध्यम के रूप में दुरुपयोग करने से बाज़ नहीं आती। होना तो यह चाहिए कि 'प्रसार भारती' की वैसी ही प्रतिष्ठा और मान्यता हो जैसी कि चुनाव आयोग जैसी संस्थाओं की है। वैसी है नहीं और ऐसा नहीं लगता कि वह वैसा होने की ओर अग्रसर है।

इन दिनों प्रसार भारती के मुख्य कार्यपालक अधिकारी की तलाश हो रही है। इस संस्था का भविष्य बहुत हद तक इस पर निर्भर करेगा कि किस तरह का व्यक्ति चुना जाता है। अभी तक इस सिलसिले में जो चुनाव हुए हैं उनमें से एकाध अपवाद को छोड़कर बाक़ी ऐसे लोग रहे

हैं जिनकी कोई सार्वजनिक छवि नहीं रही—इस कार्य के लिए आवश्यक निर्भीकता, कल्पनाशीलता और साहस का भी उनमें कोई लक्षण नहीं दीखा—न चयन के पहले और न कार्यकाल के दौरान। ज़ाहिर है कि चूँकि प्रसार भारती में बड़ी संख्या में विशेषज्ञ इंजीनियर आदि से लेकर क़िस्म-क़िस्म के लोग काम करते हैं, ऐसे व्यक्ति में प्रशासनिक क्षमता होना ज़रूरी है। यह एक आधार है जो कि चयन को अकसर भारतीय प्रशासन सेवा के अधिकारियों तक ही महदूद कर देता है। दुर्लभ भले हों ऐसे व्यक्ति अभी भी खोजे जा सकते हैं जिनके पास प्रशासनिक क्षमता और अनुभव के अलावा सामाजिक अन्तःकरण, स्वप्नशील कल्पना, साहस और निर्भीकता, स्वाभिमान आदि गुण भी हों जो एक व्यापक विजन लेकर आगे बढ़ सकें। ऐसे अधिकारी का चयन जो खोज समिति करती है उसके अध्यक्ष उपराष्ट्रपति होते हैं। ऐसी उच्च स्तरीय समिति को चाहिए कि इस बारे में विभिन्न विशेषज्ञ समूहों से विचार-विनिमय करने के बाद ही उपयुक्त चयन करें। बुजुर्गों को यह सलाह बिन माँगे दी जा सकती है कि इस कार्य के लिए किसी अपेक्षाकृत युवा व्यक्ति को चुनना बेहतर हो सकता है। हमारे युवा जब इतने सारे क्षेत्रों में उपलब्धि और प्रयत्न के शिखर पर हैं तो इस मामले में उन्हें क्यों अवसर नहीं दिया जाना चाहिए!

अधिकार में कटौती

सूचना अधिकार क़ानून में (उसका अधिकृत हिन्दी नाम जो भी हो) सरकार कुछ संशोधन करने का प्रस्ताव संसद में लाने को है। मुख्यतः इसका सम्बन्ध सरकारी फ़ाइलों में टिप्पणियों को जानने के वर्तमान प्रावधान से है जिसे हटाने का इरादा है। इसका स्पष्ट आशय यह है कि सरकार इस क़ानून के तहत सामान्य नागरिक को जो अधिकार मिले हैं उनमें कटौती करने जा रही है। इस कटौती का कई हलकों में उचित ही कड़ा विरोध किया जा रहा है। सच तो यह है कि अभी तक क़ानून और उसमें निर्धारित प्रक्रियाओं आदि की व्यापक जानकारी न होने की वजह से उसमें दिये गये अधिकारों का उतना व्यापक प्रयोग नहीं हुआ है जितना कि एक लोकतन्त्र में सजग-सक्रिय नागरिकता को कर सकना चाहिए था। लेकिन इतना तो स्पष्ट हो गया है कि नागरिकों के हाथ एक बड़ा कारगर हथियार आ गया है और उससे सरकारी प्रशासन में पारदर्शिता, ईमानदारी और पारदर्शिता बढ़ने की सशक्त सम्भावनाएँ प्रगट हो रही हैं। ऐसे में प्रस्तावित कटौती एक विलम्बित लोकतान्त्रिक अधिकार में कटौती से कम नहीं कही जा सकती है। उसका नागरिक, बौद्धिक और राजनीतिक सभी स्तरों पर कड़ा विरोध होना चाहिए।

सभी जानते हैं कि सरकारी फ़ाइलों में जो टिप्पणियाँ लिखी जाती हैं वे उस प्रक्रिया का ज़रूरी हिस्सा हैं जिनसे कोई निर्णय लिया जाता या नीति निर्धारित या बदली या संशोधित की जाती है। किसी भी नागरिक को यह हक़ है कि वह जाने कि इन टिप्पणियों में क्या कहा गया, किस तरह का विश्लेषण हुआ और कैसे किसी नतीजे पर पहुँचा गया। यह तर्क कि इससे गोपनीयता भंग होती है बेहद लचर है। अव्वल तो क़ानून बनाया ही इसलिए गया था कि गोपनीयता के छद्म को तोड़ा, कम से कम सीमित किया जा सके। लोकतन्त्र में प्रशासनिक व्यापार लोकदृष्टि के तले चले, यह सिद्धान्त और व्यवहार में अमल में लाने की शुरुआत भर हुई है। अपनी टिप्पणियों को उपलब्ध कराने से वे ही सिविल सेवक या राजनेता घबरा सकते हैं जिन्होंने अपनी ज़िम्मेदारी निर्भीकता से निभाने में कोई कोताही की हो, दबावों या लोभ-लालच के कारण कोई ग़लत या अस्पष्ट राय दी हो या कोई प्रासंगिक तर्क या तथ्य जानबूझकर छिपाये-दबाये हों। जो लोग अपनी राय या विश्लेषण वस्तुपरक और निर्भीकता से देते हैं, उन्हें छिपाने से क्या हासिल हो सकता है। जैसे राजनेताओं, अपराधियों में एक दुरभिसन्धि रही है वैसे ही अब राजनेताओं और सिविल सेवकों में उभर रही है : दोनों एक-दूसरे को बचाने में लगे हैं। इसका तो सख़्त विरोध होना ही चाहिए।

गुजरात दंगों के बाद लेखकों-कलाकारों ने जो अभिमान हमने चलाया था उसमें तत्कालीन राष्ट्रपति और प्रधानमन्त्री के क्रमशः निष्क्रियता और रुख़ की सख़्त आलोचना भी की थी। दुर्भाग्य से उस समय यह प्रभाव पड़ा था कि हमारे राष्ट्रपति उस समय वह सब नहीं किया जो उन्हें करना चाहिए था। बाद में पता चला कि के.आर. नारायणन ने प्रधानमन्त्री को इस सिलसिले में कई पत्र लिखकर सलाह दी थी। यह पत्राचार सार्वजनिक करने की माँग की जा रही है और सरकार ने अब तक इसे नहीं माना है। इसका औचित्य समझ में आना कठिन है सिवाय इसके कि सरकार को डर है कि कई पिछले मामले इस तरह खुलने की शुरुआत न हो जाये। सरकार और राजनीति को यह समझ में आना बाक़ी है कि गोपनीयता के बजाय पारदर्शिता अन्ततः अधिक उपयोगी और निश्चय ही लोकतान्त्रिक नीति है।

समकालीनता के पहलू

कुछ वृत्तियाँ मान ली जाती हैं, इन दिनों मानों वे शाश्वत हों। समकालीनता ऐसा ही विचार और व्यवहार है। साहित्य हमेशा ही समकालीन होता

है और समकालीन होकर ही वह कालातीत हो सकता है। यह धारणा इतनी आम है कि हम भूल जाते हैं कि समकालीनता की अवधारणा को हमारे बीच आये मुश्किल से एक शताब्दी ही बीती है। हमारे यहाँ देशकाल का विचार रहा है, लेकिन जिस अर्थ में सीधे-सीधे समकालीन होने के आग्रह का वर्चस्व इधर है वह हमारी लम्बी परम्परा में अपेक्षाकृत ताज़ा प्रवृत्ति ही कही जा सकती है। लेकिन वह लगभग एक प्रतिमान बन चुकी है। बहुत सारा साहित्य इसलिए विचारणीय नहीं माना जाता, क्योंकि वह स्पष्ट रूप से समकालीन नहीं है। एक तरह से समकालीनता प्रश्न नहीं, बल्कि कई प्रश्नों, लगभग सभी प्रश्नों का उत्तर मान ली गयी है। इस पर ध्यान गया जब कथाकार-आलोचक दूधनाथ सिंह ने पिछले सप्ताह इलाहाबाद विश्वविद्यालय के हिन्दी विभाग के सहयोग से वहीं पर इण्डियन इंस्ट्रीयूट आफ एडवांस स्टडी के लिए 'समकालीनता के प्रश्न और हिन्दी साहित्य' पर एक त्रिदिवसीय परिसंवाद आयोजित किया, जिसमें नामवर सिंह, विजय मोहन सिंह, नीलाभ, अरुण कमल, राजेश जोशी, विजय कुमार, मैत्रेयी पुष्पा, अजय तिवारी आदि ने हिस्सा लिया। यह सभी ने लक्ष्य किया कि समकालीनता जटिल, समस्याग्रस्त और बहुस्तरीय है। उसके अन्तर्गत अनेक अन्तर्विरोध और द्वन्द्व हैं, वैचारिक बहुलता है, असंख्य रूपाकार हैं। उसे किसी इकहरेपन से परिभाषित करना सम्भव और उचित नहीं है।

साहित्य में समकालीनता जो भी रूप धरती है उसका स्वरूप शास्त्रीय संगीत या नृत्य में बिल्कुल दूसरा हो जाता है। वह इतिहास-बोध से जुड़ी है और मिथकीय समय को भी ऐतिहासिक आशयों से बदलकर ही स्वीकार करती है। वह अनिवार्यतः लौकिक है और उसमें अलौकिक के लिए कोई जगह नहीं है। समकालीनता अक्सर जातीय स्मृति को दबाती या उसे हाशिये पर ढकेलती है और उसमें स्मृति का प्रायः अवमूल्यन होता रहा है। समकालीनता का हश्र 'अनन्त वर्तमान' में होता जान पड़ता है जो उसे मनोरंजन, बाज़ार और विज्ञापन आदि से एकतान करता है। जहाँ एक ओर यह सही है कि साहित्य में स्वतन्त्रता-समता-न्याय की मूल्यत्रयी को स्थापित करने और उनके लिए एक तरह की चौकसी करने का काम समकालीनता ने ही किया है, वहाँ दूसरी ओर यह भी सही है कि उसने भारतीय बहुसमयता को नज़रअन्दाज़ कर हमारी अद्वितीय स्थिति को निरी पश्चिमी ऐतिहासिक स्थिति में रूपान्तरित कर बहुत सारी सम्भावनाओं को छेंक दिया है। यह आकस्मिक नहीं है कि हमारे समय-बोध पर ईस्वी समय-बोध का वर्चस्व और समकालीनता पर इसरार की बढ़त लगभग समानान्तर घटनाएँ हैं। इस पर भी विचार करना चाहिए कि समकालीनता का दबाव मन पर और उसके कारण अधिक हुआ है।

आलोचना पर समकालीनता का दबाव साफ़ देखा जा सकता है। नितान्त

समसामयिकता पर आलोचनात्मक दृष्टि कुछ इस तरह एकाग्र है कि उसका परम्परा-बोध बहुत शिथिल हो गया है। परम्परा के सार्थक पुनराविष्कार की वृत्ति भी बहुत ढीली हो गयी है। हालत तो यह होने जा रही है कि साहित्य-अध्यापन में मध्यकाल के महान् साहित्य को प्रामाणिक ढंग और समझ से पढ़ानेवाले लोग नहीं बचेंगे। वे आज भी बहुत कम हो चुके हैं। इतना ही नहीं, लगता है कि समकालीनता में वैचारिक बहुलता भी अब क्षीण हो गयी है। दृष्टियों के मतभेद समाप्त हो चुके हैं और एक तरह का सरल दिमाग़ी मतैक्य स्थापित हो गया है, जिसमें सिर्फ़ रुचियों और निजी सम्बन्धों के मतभेद भर बचे हैं। नामवर सिंह ने अपने उद्घाटन-वक्तव्य में स्टीफेन स्पैण्डर द्वारा आधुनिक और समकालीन के किये भेद का जिक्र किया। आधुनिकता में परम्परा के प्रति आलोचनात्मक रुख ज़रूरी होता है, जबकि समकालीनता में परम्परा का बोध ज़रूरी नहीं है। अगर इस भेद को पर्याप्त मानकर चलें तो यह कहा जा सकता है कि इस आधुनिकता से समकालीनता की ओर बढ़ते रहे हैं। प्रसाद की 'कामायनी', प्रेमचन्द का 'गोदान' और निराला की 'रोम की शक्ति-पूजा' लगभग एक ही समय में लिखी जाकर समकालीन से अधिक आधुनिक हैं। अज्ञेय का 'शेखर' और 'असाध्य वीणा', रेणुका का 'मैला आँचल', मुक्तिबोध की लम्बी कविता 'अँधेरे में' और शमशेर की कविता 'टूटी हुई बिखरी हुई' में समकालीनता का तत्त्व बढ़ा है, लेकिन फिर भी पर्याप्त आधुनिकता है। विजयदेव नारायण साही, निर्मल वर्मा, रघुवीर सहाय और श्रीकान्त वर्मा में समकालीनता और बढ़ गयी है, लेकिन आधुनिकता बरकरार है। आज के अधिकांश लेखकों को, इस अर्थ में, आधुनिक कम और समकालीन अधिक कहा जायेगा। ऐसे 'समकालीन' हैं जो 'आधुनिक' नहीं हैं।

जैसे समकालीनता का गद्य से गहरा सम्बन्ध है वैसे ही सामाजिकता से भी। व्यापक सन्दर्भ में समकालीनता के कारण ही हमारी विश्व-साहित्य में हिस्सेदारी मुमकिन हुई है। समकालीन विचार-विमर्श में शामिल होने के लिए समकालीनता की ज़रूरत जगजाहिर है। समकालीनता ने जो मुक्ति माहौल बनाया कुछ-कुछ उसी की बदौलत स्त्रियों और दलितों की विवक्षा के लिए हिन्दी साहित्य में इतनी सदियों बाद जगह बन पायी है।

परिसंवाद में एक दिन ही रह पाया। एक अवान्तर प्रसंग के रूप में नामवर सिंह ने यह कहा कि साठ के दशक में उभरी कथाकारों की पीढ़ी का भाव-बोध तभी का आज तक है और उसमें कोई ख़ास परिवर्तन नहीं हुआ है। उसका जोरदार प्रत्याख्यान हुआ। मैंने तो यह कहकर भी किया कि लगातार और तेज परिवर्तन को साहित्य में कुछ प्रतिरोध देने की ज़रूरत है, क्योंकि ऐसे परिवर्तन की सर्जनात्मकता संदिग्ध हो सकती है। ऐसे समावेशी भाव-बोध हुए हैं, जिन्होंने वही रहते हुए भी बहुत

सारी नयी सच्चाई और अनुभव रचना में चरितार्थ किये हैं। भाव-बोध की रूढ़ता विचारधारा की रूढ़ता से कहीं कम ख़तरनाक या अनुर्वर है।

जीवन में कविता

गोरखपुर के 'संवाद-2006' में यह प्रश्न उठाया गया कि हमारे सामाजिक जीवन में कविता की जगह इतनी कम क्यों रह गयी है। कवि राजेश जोशी ने कहा, जगह की कमी आधुनिक कविता को लेकर है लेकिन सारी कविता पर यह लागू नहीं होती। तुलसी-कबीर की कविता से लेकर लोरी-सोहर-बन्ना आदि में व्यक्त लोककविता और फ़िल्मी गानों में गायी जा रही कविता भी कविता है और इन सबकी जगह कम नहीं कही जा सकती। कवि दिनेशकुमार शुक्ल का आग्रह था कि समकालीन कवियों को इस सिलसिले में कुछ निर्मम आत्मालोचन करना चाहिये क्योंकि हिन्दी में कवि सम्मेलन उर्दू मुशायरे की नक़ल पर नहीं शुरू हुए थे बल्कि हिन्दी जनता ने राष्ट्रीय स्वतन्त्रता आन्दोलन के दौरान इनका अपने ढंग से आविष्कार किया था और जनसंवाद के इतने बड़े मंच को आज घटिया और हँसोड़ कवियों के हाथों सौंप दिया गया है।

महत्त्वपूर्ण समकालीन कवि कविसम्मेलन से अपने को जानबूझकर अलग रखकर उनके विघटन और अवमूल्यन के लिये किसी हद तक ज़िम्मेदार है।

अगर हिन्दी जीवन में हिन्दी कविता की स्थिति से थोड़ा अलग हटकर भारतीय जीवन में भारतीय कविता की स्थिति का कुछ जायजा लिया जाये तो लगता है कि अनेक भारतीय भाषाओं में कविता और साहित्य की जगह उतनी कम या उपेक्षित नहीं है जितनी हिन्दी में। असमिया, मराठी, मलयालम आदि भाषाओं से ऐसे अनेक उदाहरण दिये जा सकते हैं जिससे साबित होता है कि इन भाषाभाषी समाजों में साहित्य और साहित्यकार का सम्मान है। असम साहित्य सभा के वार्षिक अधिवेशन में लाख-डेढ़ लाख लोग अपनी मातृभाषा के प्रेमवश एकत्र होते हैं। मराठी साहित्य सम्मेलन के वार्षिक अधिवेशन में हज़ारों लोग भाग लेते हैं। मलयालम में अपने वरिष्ठ कवि कटमनिट्ट रामकृष्णन् की कविताओं से मूर्तिशिल्पों का एक उद्यान बनाने के लिए उनके गाँव की सभा आधा एकड़ ज़मीन देती है, जिसके शिलान्यास पर वयोवृद्ध नेता ईएमएस नम्बूद्रिपाद से लेकर युवा राजनेता मुखाग्र रामकृष्णन् की कविताओं के उद्धरण देते हैं। बंगला रंगकर्मी शम्भु मित्र के कुछ बंगला कवियों की

कविताओं का पाठ टिकिट लेकर सुनने के लिये डेढ़ किलोमीटर लम्बी कतार लगती है। इसके बरक्स फ्रांस जैसे देश में या कि जर्मनी आदि में कविता के श्रोता कम हो गये हैं जबकि लातीनी अमरीकी देशों में कविता सुनने भारी भीड़ एकत्र होती है। कहते हैं न्यूयार्क में 9 दिसम्बर के भीषण विध्वंस के बाद वहाँ परिवारों में लोग बैठकर कविताएँ पढ़कर, एक-दूसरे को सुनाकर, किसी हद तक नैतिक बल पाते थे। ब्रिटेन में अण्डरग्राउण्ड मेट्रो पर कविताओं के पोस्टर बेहद लोकप्रिय हुए हैं और उनके पुस्तकाकार संचयन की हज़ारों प्रतियाँ बिकी हैं—कई ज़िल्दों में कई संस्करण हुए हैं।

जीवन और समाज से असाधारण निकटता का दावा करने वाली आज की हिन्दी कविता की अपने समाज में ग्राह्यता के अभाव के कई पहलू हैं। जिन संस्थाओं को कविता और साहित्य में रुचि जगाने और बनाये रखने का काम करना है वे अपना काम ठीक से नहीं करती रही हैं। हिन्दी कविता का स्कूलों और विश्वविद्यालयों में अध्यापन इस सिलसिले में विशेष रूप से कोताही, कामचोरी और कल्पनाशून्यता के लिये ज़िम्मेदार है। ज़्यादातर पाठ्यक्रम, पाठ्य-पुस्तकें और पढ़ाने की विधियाँ इतनी नीरस, उबाऊ और अप्रासंगिक हैं कि क्या कहा जाये। आख़िर हर बरस हिन्दी क्षेत्र में ही हजारों छात्र हिन्दी साहित्य एम. ए. या बी. ए. स्तर पर पढ़कर निकलते हैं। लेकिन लगता है कि उनमें से एक प्रतिशत भी पीछे मुड़कर फिर हिन्दी साहित्य की ओर नहीं देखता। हिन्दी अंचल की आर्थिक हालत के मद्देनजर लोगों तक साहित्य पहुँचाने का काम कल्याणकारी राज्य या उसकी स्वायत्त संस्थाओं को करना चाहिये था। मध्यप्रदेश के अलावा किसी हिन्दी राज्य में पाठ्यक्रम या बुकक्लब नहीं बनाये गये हैं। यह सही है कि इधर कविता की प्रकृति में एक बुनियादी परिवर्तन हुआ है : वह अब बानी नहीं, लिखत है। अधिकतर कविता पढ़ने के लिए लिखी जाती हैं, बोलने-सुनाने के लिये नहीं। इस परिवर्तन ने कविता के सार्वजनिक पाठ और आस्वादन को अनावश्यक कर दिया है। कविता अकेले में पढ़ने की चीज़ बनकर रह गयी है। फिर भी, अगर इस कविता को ठीक से सार्वजनिक मंच पर प्रस्तुत किया जाये, जैसा कि बरसों पहले मध्यप्रदेश में अनेक शहरों में किया गया था, तो वह संप्रेषित होती है। आख़िर भोपाल जैसे हिन्दी कविता की लम्बी परम्परा से रहित शहर में अज्ञेय, शमशेर बहादुर सिंह, नागार्जुन, त्रिलोचन, रघुवीर सहाय, विजयदेव नारायण साही, श्रीकान्त वर्मा आदि कवियों को सुनने सैकड़ों लोग इकट्ठा होते और चार-चार घण्टे सुनते ही थे। हिन्दी अख़बारों ने तो कुल मिलाकर यह मान ही लिया है कि इस समाज को साहित्य जैसी व्यर्थ की चीज़ की ज़रूरत नहीं है। इलेक्ट्रानिक मीडिया पर हिन्दी साहित्य लगभग अछूत है : वह साहित्य में रुचि गहरी करने या जगाने के बजाय घटिया कविता

और सनसनीख़ेज़ साहित्य को ही प्रतिष्ठित करने में लगा है। लगता है कि इस मामले में दूरदर्शन और आकाशवाणी में भी साहित्य को लेकर अपनी ज़िम्मेदारी का अहसास लगातार घट रहा है। विचारधारा से प्रेरित लेखक संघों ने अपनी काट के लेखकों के प्रचार-प्रसार का अच्छा और प्रभावशाली जाल फैलाया है, भले अपने से भिन्न विचारदृष्टिवाले लेखकों के प्रति छुआछूत का भाव भी पैदा किया है। ऐसे कुसमय में छोटी पत्रिकाएँ ही हैं जो कविता के पाठक बनाने और बनाये रखने का जतन कर रही हैं। यह बात गौर करने की है कि इस बीच साहित्य में राजनीति का बहुत ज़िक्र और प्रभाव रहा है लेकिन हिन्दी राजनीति में साहित्य की कोई जगह नहीं है। ऐसा शायद एक भी राजनेता नहीं है जो साहित्य, वह भी इधर का, पढ़ता-गुनता हो। राजनीति को लेकर हिन्दी लेखक क्यों कर मुगालते में है यह समझ में नहीं आता। यों शायद जीवन में अब कविता की तुलना में गद्य की अधिक जगह और पूछ है। पर वह भी इतनी नहीं है कि उससे रश्क किया जा सके।

सपनों की वापसी

सबके अपने-अपने सपने होते हैं : कोई भी दूसरे किसी का सपना अपनी आँखों नहीं देख सकता। फिर भी, ऐसे सपने होते हैं जिनमें साझा होता है। बीसवीं सदी में दुनिया को बदलने, उसे अधिक समतामूलक, न्यायसम्मत, शोषणहीन और अधिक स्वतन्त्र-स्वाधीन बनाने के कई ऐसे ही बड़े सपनों को सच में बदलने की कोशिश हुई : उनके नाम पर और लगता है कई बार उनके कारण सम्भवतः मनुष्य के ज्ञात इतिहास में सबसे बड़े नरसंहार हुए। लगभग सभी महान् स्वप्न दुस्स्वप्न में बदल गये। नतीजा यह हुआ है कि अब मनुष्यता ने अपने को बदलने और अपनी दुनिया को बेहतर बनाने के बड़े सपने देखना बन्द कर दिया है। हो सकता है कि बड़े स्वप्नों के दुस्स्वप्नों में बदलने का एक कारण उनका बहुत विकराल होना रहा हो—इतना विकराल कि उसमें छोटे स्वप्नों के लिये जगह ही नहीं थी। इसलिये शायद इक्कीसवीं सदी में अब हम छोटे सपनों के युग में रह रहे हैं। विश्व सामाजिक मंच (वर्ल्ड सोशल फ़ोरम) ऐसे सपनों का एक उत्साहजनक और उत्तेजक मंच है...उसमें दृष्टियों, शैलियों, आन्दोलनों, सामाजिक अभिव्यक्ति, प्रश्नांकन आदि की इतनी बहुलता है कि वह एक तरह की उत्तर-आधुनिक अराजकता नज़र आता है। चूँकि वह मंच है, एक तरह का खुला चौगान, उसका ऐसा होना अचरज या एतराज़ की बात नहीं है।

कुछ ऐसा ही भारत सामाजिक मंच है जिसका चार दिनों का अधिवेशन नयी दिल्ली के जवाहरलाल नेहरू स्टेडियम के एक बजरी मैदान में इसी सप्ताह के शुरू में सम्पन्न हुआ। जो परिसर अपने सीमित साधनों से आयोजकों ने बनाया उसमें खासी धूल थी : चिकने-चुपड़े सपनों के बजाय मटमैले सपनों का जीवट अधिक लम्बा और कड़ियल होता है। धवलकेश बुद्धिजीवियों से लेकर उत्सुक-बेचैन युवाओं, मज़दूरों, किसानों, औरतों, पानी-ज़मीन-जल-अनाज-पेड़-पौधों के लिये चिन्तित लोग, मैदानी-ज़मीनी समस्याओं से जूझते संगठन आदि के और अफ्रीका आदि से आये लोगों को मिलाकर लगभग पचास हज़ार से अधिक लोग शामिल हुए। मुझे रचना में प्रतिरोध के नये क्षेत्र और 'लोकतन्त्र और मीडिया' पर हुए परिसंवादों में शिरकत का मौक़ा मिला।

एक परिसंवाद में एक युवा पत्रकार ने तीखे स्वर में कहा कि बिना विचारधारा और संगठन के किसी तरह के प्रतिरोध का कोई अर्थ नहीं है। वे इस वक्तव्य पर टिप्पणी कर रही थीं कि प्रतिरोध किसी विचारधारा की बपौती नहीं है। उनके कहे का एक अर्थ यह निकलता है कि अभी भी ऐसे लोग हैं जो मानते हैं कि रचना में प्रतिरोध तब तक सम्भव नहीं है जब तक कि वह किसी विचारधारा और संगठन से न जुड़ी हो। यह भी कि हम जैसे निहत्थे लेखकों का प्रतिरोध करने का हक़ ही नहीं बनता। विचारधारा और संगठन ने भारत के साथ-साथ सारी दुनिया में प्रतिरोध को किस तरह नष्ट किया है इस पर ध्यान न देना ऐतिहासिक भोलेपन की निशानी है। एक परिसंवाद समाप्त होने पर बाहर एक वरिष्ठ पत्रकार-लेखक मिले जो हालाँकि पहली ही बार उस परिसर में प्रवेश कर रहे थे बोले कि यह एनजीओज़ का मेला लगता है। मेरे यह कहने पर कि यह सही नहीं लगता, वे बोले कि उनका एक महासागर है जो विदेशी एजेंसियों द्वारा पोषित है। उस स्वतःस्फूर्त जमावड़े का उनके लिये, पहले से उसमें मिले-जुले बिना ही, यह आशय था।

बहरहाल, प्रतिरोध पर केन्द्रित परिसंवाद में यह कहने की कोशिश की कि प्रतिरोध की भी हिन्दी में एक परम्परा है और उसे भक्तिकाल से आज तक लगातार देखा जा सकता है। प्रतिरोध अक्सर रचना का लक्ष्य नहीं सामाजिक परिणाम है। प्रतिरोध की अक्सर बिरादरी बनती है लेकिन एकान्तिक प्रतिरोध भी होता है : साहित्य मात्र एक तरह से सामान्यीकरणों का प्रतिरोध करता है। हिन्दी साहित्य में इस समय शायद ही कोई रचनाकार हो जिसे बाज़ार या भूमण्डलीकरण का समर्थक कहा जा सके : इस अर्थ में समूचा हिन्दी साहित्य इस समय प्रतिरोधात्मक मुद्रा में है बल्कि यहाँ तक कहा जा सकता है कि अँग्रेज़ी के भयावह रूप से बढ़ते साम्राज्यवाद के बरक्स भारतीय भाषाओं में लिखते जाना अपने आप में प्रतिरोध की कार्रवाई है। साहित्य में बहुत सारा प्रतिरोध मुखर

नहीं होता, अक्सर वह अन्तःसलिल होता है। प्रतिरोध को सूक्ष्मता से पढ़ने की ज़रूरत है : उसे तश्तरी पर रखे समोसे की तरह तुरन्त पा-खा लेना प्रायः सम्भव नहीं होता। इस समय प्रकृति-काव्य को पर्यावरण के सत्यानाश के और प्रेम को मानवीय सम्बन्धों के अवमूल्यन के प्रतिरोध में न सिर्फ़ पढ़ा जा सकता है बल्कि पढ़ा जाना चाहिये। प्रतिरोध सिर्फ़ या मुख्यतः अभिधा का मामला नहीं है : वह व्यंजना में भी होता है और शायद इस तरह से अधिक मर्मस्पर्शी भी।

लोकतन्त्र और मीडिया पर विचार-विनिमय में यह सच्चाई बार-बार कई तरह से ज़ाहिर हुई कि हालाँकि मीडिया ने समाज में लोकतान्त्रिक प्रवृत्ति को गहरा करने में बड़ी भूमिका निभायी है, इधर कारपोरेट प्रभाव और आर्थिक उदारीकरण के दबाव में उसका बड़ा हिस्सा लोगों से, भारत की बहुसंख्यक जनता से कट रहा है। तथाकथित उदारीकरण की एक विडम्बना यह भी है कि उसके चलते-बढ़ते दुनिया में उदार मूल्यों के विस्तार के बजाय उनमें कटौती हो रही है। मीडिया-विशेषज्ञ शशि कुमार ने पते की बात यह कही कि अगर यह प्रवृत्ति मीडिया में जारी रही तो अगर उसकी स्वतन्त्रता पर आघात होता है तो साधारण जन उसके पक्ष में खड़े होने से इन्कार कर सकते हैं : जिस मीडिया को उनकी परवाह नहीं, उसकी परवाह लोग भला क्यों करें? लेकिन उन्होंने यह भी बताया कि दरअसल धीरे-धीरे एक वैकल्पिक मीडिया उभर रहा है जिसमें नागरिक सूचना-प्रौद्योगिकी की सुविधाओं का इस्तेमाल कर स्वयं अपना मीडिया रचने की ओर प्रवृत्त हो रहे हैं। अँग्रेज़ी अख़बारों की सांस्कृतिक उदासीनता और लगभग निरक्षरता का भी ज़िक्र हुआ।

इसमें शक नहीं कि अँधेरा लगातार बढ़ रहा है। हमारे कवि मुक्तिबोध ने, जिनका जन्मदिन पिछले 13 नवम्बर को ही था, कभी अँधेरे में आशंका के द्वीप देखे थे। भारत सामाजिक मंच में आशंका के नहीं प्रतिरोध और विकल्प के, छोटे-छोटे सपनों की उजास से उजले द्वीप दिखायी देते हैं। दुनिया शायद अब विराट् से नहीं विनम्रता से बदलने की ओर अग्रसर है। इस बार फिर यह उम्मीद बढ़ी, जैसी कि मुम्बई अधिवेशन में जागी थी, कि अब दुनिया बदलने के छोटे-छोटे सपने और प्रयत्न ही शायद ऐसा बदलाव ला सकते हैं।

गुवाहाटी में हिन्दी-विमर्श

गुवाहाटी में शंकरदेव कला-क्षेत्र एक विशाल और मनोरम परिसर है। उसमें

लगता है कि कई प्रांगण हैं। उन्हीं में से एक में हिन्दी साहित्य सम्मेलन का 58वाँ अधिवेशन पिछले इतवार से मंगलवार तक सम्पन्न हुआ। बरसों तक साहित्य के लिए लगभग अप्रासंगिक हो गये सम्मेलन ने इधर हिन्दी-सेवियों के अलावा हिन्दी लेखकों से भी कुछ सम्बन्ध-संवाद जोड़ने की जो पहल की है वह उसे फिर से किसी हद तक प्रासंगिकता दे सकती है। अन्यथा हिन्दी में अधिकतर संस्था के विजड़ित होकर रह जाने का लम्बा सिलसिला है। इस पर अलग से विचार करने की जरूरत है कि हिन्दी में संस्थाओं के न चल पाने के कारण क्या हैं? क्या उसके स्वभाव में सत्ता के विरुद्ध खड़ा होने का ऐतिहासिक अनुभव इस कदर घर कर गया है कि वह स्वयं अपने लिए निजी पहल पर बनायी संस्थाओं तक में ज्यादा देर भरोसा नहीं रख पाती? या कि एक तरह की अराजकता उसकी प्रकृति का अनिवार्य अंग है?

बहरहाल, अधिवेशन के सभापति के रूप में हिन्दी-भाषा और साहित्य की स्थिति पर कुछ कहने का अवसर मिला। अपने परिवार की लगभग छियालीस बोलियों से असहज हो गये सम्बन्ध को फिर सशक्त करने की जरूरत बताते हुए यह कहना जरूरी लगा कि अधिकतर बाज़ार, मनोरंजन और सिनेमा के कारण देश में तेजी से फैल रही हिन्दी का कई तरह की हिन्दियाँ होने के प्रति ग्रहणशील होना चाहिए। देर-सवेर कन्नड़-हिन्दी, असमिया-हिन्दी, मराठी-हिन्दी आदि विकसित होंगी और हिन्दी तभी सही अर्थ में राष्ट्रभाषा बनेगी जब विभिन्न भारतीय भाषा-भाषी उसमें अपनी मातृ भाषाओं को अन्तर्ध्वनित हो सकने की सम्भावना सहज पायेंगे। यह भी जरूरी है कि हिन्दी सामान्य व्यवहार, मीडिया और साहित्य में बढ़ रहे शब्द-संकोच से मुक्त हो और उसमें ज्ञानोत्पादन हो। ज्ञान-आधारित समाज की रचना में अगर हमारा अवदान नगण्य हो और हम अपनी निरक्षरता और पिछड़ेपन से उसमें बाधक बनें तो बाक़ी भारत बहुत देर तक हमारा 'बीमारू बोझ' बर्दाश्त नहीं करने वाला। हिन्दी हमारी भाषा है और हमें उसके लिए कुछ करना चाहिए। यह भाव हिन्दी क्षेत्र की राजनीति, शिक्षा, सार्वजनिक शिक्षा, मीडिया आदि सभी में विरला हो गया है। हिन्दी क्षेत्र में मातृभाषा-प्रेम जगाने का एक बड़ा आन्दोलन चलाने की जरूरत है। हिन्दी को देश की सभी भाषाओं में ज्ञानोत्पादन, विज्ञान, कानून, शिक्षा, राजकाज, सूचना-प्रौद्योगिकी आदि में प्रगति पर नज़र रखने और उसे तेज करने के लिए ज़रूरी क़दम उठाने के उद्देश्य से एक भारतीय भाषा आयोग स्थापित करवाने में पहल करना चाहिए। उसे संसार की बहुभाषिकता बचाने की गरज से एक विश्व-अभियान भारत द्वारा शुरू किये जाने पर भी बल देना चाहिए। हिन्दी की ओर से यह प्रयत्न हो कि विदेशी भाषाओं में भारतीय साहित्य के अनुवाद को प्रोत्साहित करने और प्रकाशन-प्रसार करने के उद्देश्य से एक पर्याप्त साधन-सम्पन्न

स्वायत्त संस्थान स्थापित-पोषित हो। हिन्दी साहित्य में इधर जो मौलिक परिवर्तन हुआ है उसमें सौन्दर्य-शास्त्र की जगह संघर्ष-शास्त्र की प्रतिष्ठा हुई है और हाल में हिन्दी उपन्यास का नया उत्कर्ष, व्यापक और सशक्त हुआ स्त्री-विमर्श और तेजी से बढ़ रहा दलित-विमर्श नये उत्साहजनक उभार हैं। आज हिन्दी का साहित्यिक अन्तःकरण कुल मिलाकर अधिक मानवीय, सामाजिक और न्यायप्रिय हुआ है। अमरीकी नव-पूँजीवादी, धर्मान्धता, साम्प्रदायिकता, बाज़ारवाद आदि के वैचारिक मतभेदों से ऊपर उठकर, हिन्दी साहित्य में जो गम्भीर और गहरा प्रतिरोध है वह साहित्य की जनतान्त्रिकता को एक नये ढंग से विन्यस्त कर रहा है। हिन्दी साहित्य एक ओर आज स्वतन्त्रता, समता और न्याय जैसे लोकतान्त्रिक मूल्यों से प्रेरित है तो दूसरी ओर वह अपनी बहुलता, संवेदनशीलता और वैचारिक खुलेपन से भारतीय लोकतन्त्र का एक तरह का सत्यापन भी है। इसके साथ ही साथ यह बात नज़रअन्दाज़ नहीं की सकती कि हिन्दी की युवा पीढ़ी में अवांगार्द वृत्ति यानी तोड़-फोड़कर कुछ नया करने की वृत्ति नज़र नहीं आती, न ही उसमें कल्पना-शक्ति की जीवन्तता है, परम्परा-बोध बेहद शिथिल है और दुनिया के साहित्य में क्या हो रहा है, इसकी जिज्ञासा न के बराबर।

कथाकार मैत्रेयी पुष्पा ने साहित्य परिषद् के सभापति के अपने अभिभाषण में कहा कि 'अनाचार, अत्याचार और अन्यायों का मुक़ाबला करुणा और दया से नहीं होने वाला, इसके लिए हिम्मत हौसले से परिवर्तनकामी साहित्य का सृजन होना है। परिवर्तन सोच की उस टंकार से सम्भव होगा जो दबे-कुचले व्यक्तियों का संकोच तोड़ सके। कह सके कि विरासत में मिला साहित्य पूरी तरह हमारे जीवन की त्रासदियों को ख़त्म नहीं कर सकता, न हमें मनुष्यगत हक़ों के लिए लड़ने देता। अपनी लड़ाई दूसरों से लड़वाकर आज तक कौन जीता है (जीवित है)।

मैनेजर पाण्डे ने समाजशास्त्र परिषद् के सभापति के रूप में अपने सुविचारित अभिभाषण में 'संस्कृति का समाजशास्त्र' विषय पर कहा कि 'संस्कृति माधुर्य और प्रकाश ही नहीं देती, वह बर्बरता का कारण भी बनती है।' उन्होंने कहा कि 'आजकल भारत में संस्कृति के नाम पर जो कुछ है—भाषाएँ, साहित्य, संगीत, चित्रकला, स्थापत्य आदि, उसका गहरा सम्बन्ध भक्तिकाल की सृजनशीलता से है। इसलिए भारतीय संस्कृति का समाजशास्त्र बनाने का जो भी प्रयास होगा उसके केन्द्र में भक्ति-आन्दोलन और उसकी सांस्कृतिक सर्जनाओं को रखना होगा। ...भक्ति आन्दोलन सम्पूर्ण भारत की जनता की मातृभाषाओं के सर्जनात्मक उत्थान का आन्दोलन था, जिसने संस्कृत की संस्कृति से संघर्ष करते हुए स्त्रियों और दलितों को आत्माभिव्यक्ति की स्वतन्त्रता दी।' उसकी महत्त्वपूर्ण स्थापना थी कि 'जब हम वैदिक साहित्य के सामने धम्मपद, त्रिपिटक और जातक

कथाओं को, रामायण के साथ महाभारत को, कालिदास के साथ अश्वघोष को, मनुस्मृति के साथ वज्र-सूची को और तुलसीदास के साथ कबीरदास को रखेंगे तभी उस द्वन्द्वात्मक प्रक्रिया का बोध होगा, जिससे गुजरकर भारतीय संस्कृति का निर्माण और विकास हुआ है।'

सम्मेलन में असमिया-जगत् की कोई मौजूदगी नहीं थी। होना तो यह था कि दो-तीन मूर्धन्य असमिया लेखकों को सम्मेलन सम्मानित करता। हमें हिन्दी की उदार-उदात्त अखिल भारतीयता हर पग पर याद और ज़ाहिर करना चाहिए।

पूरब में हलचल

बस्ती एक बार पहले संयोगवश उतरा था। हमारी गोरखपुर जा रही ट्रेन आगे हो गयी किसी दुर्घटना के कारण बस्ती ही रुक गयी थी। हम लोग स्टेशन से टैक्सी लेकर समय पर पहुँचने की हड़बड़ी में सीधे गोरखपुर भागे थे। तब बस्ती थोड़ा-सा देखा भर था। लेकिन इस बार वागीश शुक्ल और अष्टभुजा शुक्ल के आग्रह पर थोड़ी देर के लिए बस्ती रुका, वहाँ आयोजित रामचन्द्र शुक्ल पर हो रहे परिसंवाद में शिरकत के लिए। बस्ती जैसी जगह में इस 'शुक्लाग्रह' ने लेखकों की अच्छी ख़ासी जमात इकट्ठा कर ली और पता चला कि परिसंवाद में कई अच्छी बातें कही गयीं। एक दिन पहले ही नामवर सिंह, रामचन्द्र शुक्ल के मूल गाँव अगौना गये थे और उनका भाव-विह्वल वक्तव्य अखबारों के पहले पन्ने पर था। पता यह भी चला कि मैनेजर पाण्डे ने पिछले दिन अपने वक्तव्य में कहा था कि हिन्दी आलोचना को रहस्यवाद या कलावाद से उतना ख़तरा नहीं जितना कि चापलूसी और उसके वश की जा रही आलोचना से है।

आचार्य रामचन्द्र शुक्ल हिन्दी साहित्य के इतिहास-बोध निर्माता हैं। उन्होंने अपनी दृष्टि, रुचि और बुद्धि से हिन्दी साहित्य की परम्परा विन्यस्त की और हालाँकि उसमें कई संशोधन और परिवर्द्धन उनके बाद हुए हैं। कुल मिलाकर वह आज भी हमारे इतिहास-बोध का मूल और मुख्याधार है। आचार्य शुक्ल में सच्चे आलोचक का यह साहस था कि वे अपने समय की अनेक वर्चस्वशाली वृत्तियों का विरोध कर सकें। महात्मा गाँधी, रवीन्द्रनाथ ठाकुर और छायावाद से उनकी असहमतियाँ इसका उदाहरण हैं। शुक्ल जी ने 'लोकमंगल', 'कर्म-सौन्दर्य', 'विरुद्धों का सामंजस्य' आदि अनेक अवधारणाएँ विकसित कीं। यह अवधारणा रचने वाली शुक्ल-बुद्धि

एक ओर भारतीय काव्य-शास्त्र की लम्बी परम्परा और दूसरी ओर पश्चिमी सौन्दर्यशास्त्र से पूरी तरह से वाकिफ़ थी। इन दो के बीच हिन्दी आलोचना की अपनी जातीय अस्मिता बनाने का श्रेय शुक्ल जी को ही जाता है। आजकल ज़्यादातर आलोचक बिना अपनी भजन-कीर्तन मण्डली बनाये अपनी दृष्टि के प्रति आश्वस्त महसूस नहीं करते। प्रायः सभी अकेले पड़ जाने से घबराते हैं। शुक्ल जी में अकेले पड़ जाने की हिम्मत थी। वे बीसवीं शताब्दी के उन साहित्य-निर्माताओं में गिने जा सकते हैं जो अकेले पड़कर ही अपनी श्रेष्ठता अर्जित कर सके। हमारे यहाँ से निराला, मुक्तिबोध, शमशेर, अख्तर-उल-ईमान और पश्चिम में रिल्के, जेम्स ज्वायस, सेमुअल बैकेट, फ्रांज़ काफ़्का आदि ऐसे ही मूर्धन्य अकेले थे। शुक्ल जी की अवधारणा-बुद्धि के पीछे था उनका रसिक मन। उनका लिखा इतिहास हिन्दी कविता की गोल्डन ट्रेजरी ऐसे ही नहीं कहा जाता। आज हिन्दी समाज की जो कला-विपन्नता है उसे लेकर आचार्य शुक्ल उद्विग्न होते, क्योंकि उन्हें साहित्य और कलाओं की हिन्दी देश में लम्बी और अन्तर्निर्भर परम्परा का गहरा अहसास था।

गोरखपुर में दैनिक जागरण, वचन और अनामिका प्रकाशन द्वारा संयुक्त रूप से आयोजित 'संस्कृति, समाज और मीडिया' पर परिसंवाद एक बड़ा और संवादप्रिय आयोजन था। उसमें गोरखपुर से बाहर के लगभग चालीस लेखक और विशेषज्ञ आये, जिनमें नामवर सिंह, राजेश जोशी, नरेश सक्सेना, केदारनाथ सिंह, निर्मला जैन, दिनेश कुमार शुक्ल, प्रभाकर श्रोत्रिय, अजय तिवारी आदि शामिल थे। इधर नामवर सिंह इस बात से चिन्तित दिखायी देते हैं कि साहित्य की अपनी ज़मीन, जो पहले से ही कम थी, सिकुड़ रही है और सामाजिक चेतना और ज़िम्मेदारी के नाम पर साहित्य की बुनियादी साहित्यिकता का अपहरण-सा हो रहा है। वे अब इस पर इसरार करते लगते हैं कि साहित्य पर बात करनी चाहिए, उसकी राजनीति आदि पर नहीं।

संस्कृति और समाज पर विचार करते समय इस बात को नजरअन्दाज किया जाता है कि सिर्फ़ समाज ही संस्कृति को नहीं बदलता, संस्कृति भी समाज को बदलती है। ऐसे कई परिवर्तन होते हैं, जिन्हें सामाजिक आधार पर या किसी सामाजिक परिवर्तन के संस्करण के रूप में नहीं समझा-समझाया जा सकता। इसका एक अर्थ यह भी है कि अटूट ढंग से जुड़े होने के बावजूद दोनों की अपनी स्वायत्तता भी है। कोई भी संस्कृति सामाजिक सन्दर्भ में समर्थन प्रतिरोध और परिष्कार की भूमिका एक साथ निभाती है। हमारे समय में कई तरह के सामाजिक अतिरेकों का द्वन्द्व है और कई बार लगता है कि हिन्दी समाज और हिन्दी संस्कृति की परस्पर प्रश्नवाचकता कट रही है और उनमें संवाद की दूरी भी बढ़ रही है। ऐसा मानने का कारण है कि अब समाज और संस्कृति दोनों

ही स्वाभाविक आर्गेनिक रूप से बढ़ने के बजाय उत्पादित हो रहे हैं। विज्ञापन, मनोरंजन, फ़ैशन, शिक्षा आदि नयी संस्कृतियाँ और उनके समाज गढ़ रहे हैं। मनुष्य के इतिहास में बाज़ार इतना बड़ा समाज-नियन्ता कभी नहीं हुआ जितना कि वह आज है। वह न सिर्फ़ नया समाज गढ़ रहा है, नयी राजनीति भी बना रहा है जो हिंसा और आक्रामकता पर आधारित है। इन ख़तरनाक बातों को प्रश्नांकित और उनका प्रतिरोध करने वाली संस्कृति से व्यापक समाज प्रायः उदासीन है। संस्कृति की सामाजिक अग्रगामिता शिथिल पड़ रही है। धर्मों, बाज़ार, नवपूँजीवाद, अमरीकी साम्राज्यवाद, भूमण्डलीकरण और मूल्य-अन्तःकरण प्रबन्धपटु राजनीति के बढ़ते आतंक के विरुद्ध अब संस्कृति की भूमिका प्रतिरोध की है। घरों को चीज़ों का गोदाम बनाने के इस ऐन्द्रियता-विरोधी समय में संस्कृति प्रायः स्वयं अपने ही समाज के विरुद्ध खड़ी है।

गोरखपुर के इस आयोजन ने एक बार फिर यह साबित किया कि हिन्दी की असली शक्ति, सिसृक्षा और जिज्ञासा उसके महानगरों में नहीं, छोटे शहरों में निवास करती है। एक दैनिक द्वारा किये गये आयोजन की विस्तृत रिपोर्टें सब अखबारों ने छापीं और बड़ी संख्या में श्रोता विभिन्न सत्रों में उपस्थित रहे। हिन्दी की संस्कृति को उसकी बहुकेन्द्रिकता ही बचा सकती है। गोरखपुर यह रास्ता भी दिखा सकता है कि हिन्दी दैनिक संस्कृति के क्षेत्र में कैसे एक खुला लोकतान्त्रिक और संवादप्रिय मंच विकसित करने में मददगार हो सकते हैं।

पहचान और विरासत

जिस नीमराणा क़िले में भारतीय सांस्कृतिक सम्बन्ध परिषद् द्वारा आयोजित एशियाई-अफ़्रीकी लेखकों का 'पहचान, विरासत और दावा' विषय पर दो दिनों का परिसंवाद हुआ, वह अपने आप में विरासत के पुनराविष्कार का एक सुन्दर उदाहरण है। 'हम्मीररासो' नामक काव्य इसी क़िले में लिखा गया था और अब उसमें एक बेहद सुरुचिपूर्ण होटल बहुत सफलतापूर्वक चल रहा है। हम बीसेक देशों के लगभग पचास लेखक थे। जैसा कि ऐसे आयोजनों में दुनिया में वे कहीं भी हों, अक्सर होता है जितनी महत्त्वपूर्ण बातचीत औपचारिक सत्रों में हुई उससे कहीं अधिक आपसी बैठकों आदि में। विचार-विमर्श इतना बहुमुखी और कई बार इतना अराजक कि उसका सुसंगत सार-संक्षेप देना सम्भव नहीं है।

'पहचान' की नयी अवधारणा को लेकर लेखकों के बीच कोई मतैक्य

नहीं था। एक ओर ऐसे थे जिन्हें लगता था कि भूमण्डलीकरण के इस तेज़ युग में पहचान की समस्या बहुत तीक्ष्ण हो गयी है, क्योंकि पश्चिम किसी न किसी तरह सारी दुनिया को एक जैसा बनाने पर तुला है। दूसरी ओर कुछ का खयाल था कि पहचान, विशेषतः अंग्रेज़ी में 'आइडेण्टिटी' की अवधारणा भले उत्तर-औपनिवेशक माहौल में चली है अपने असली अर्थ में वह नव-औपनिवेशक है। कई ने इस बात को रेखांकित किया कि पहचान न तो जड़ होती है, न ही स्थिर। वह पहले भी बदलती रही है। कोई शुद्ध पहचान नहीं होती। कुछ को लगा कि पहचान जोड़ने के बजाय बाँटती है तो इस पर भी इसरार किया गया कि कम से कम भारतीयों की असली पहचान लगातार पहचान है—उदाहरण के लिए एक व्यक्ति विदेश में भारतीय है, दिल्ली में दाक्षिणात्य है, दक्षिण में बेंगलुरु का है और बेंगलुरु में शिमोगा का, लिंगायत या कुक और कुछ का मत था कि तथाकथित भूमण्डलीकरण ने लोगों के आपसी भेदभाव दूर करने के बजाय पहचानों का संघर्ष बढ़ा दिया है—दुनिया में आजकल शीत-युद्ध नहीं, पहचानों का युद्ध चल रहा है।

परिसंवाद में लेखकों के अलावा दो-तीन समाज-शास्त्री भी थे। उनमें से एक का मत था कि यह अच्छा ही है कि एशियाई और अफ्रीकी समाजों का अतीत शुद्ध रूप से ऐतिहासिक स्मृति में समाया नहीं है। यह याद दिलाते हुए कि मार्क्स ने इन समाजों को अनैतिहासिक कहा था इस बात पर जोर दिया गया कि तथाकथित ऐतिहासिक समाजों ने पिछली दो शताब्दियों में भयानक नरसंहार किया है जो मानवीय इतिहास में एक रिकार्ड है। उसमें यह जोड़ा गया कि मिथकों, क़िस्से-कहानियों, महाकाव्यों आदि हमारी स्मृति के वे रूप हैं जो आज भी सक्रिय और सजीव हैं।

जैसा कि होता है, परिसंवाद में लेखकों ने अपनी स्थिति आदि के बारे में कई बातें कहीं किसी ने कहा कि मैं लिखती हूँ, क्योंकि मैं उम्मीद करने का जोखिम उठाती हूँ। एक अफ्रीकी अभिलेख से उद्धरण देते हुए किसी ने कहा कि उसके अनुसार, "जीवन का उद्देश्य लोगों से भेंट करना और दूसरी जगहों की कहानियाँ सुनना है।" लेखक ने प्रश्न उठाया कि आज की दुनिया में साहित्य की कोई प्रतिष्ठा या आवाज़ क्यों नहीं है। एक लेखिका ने अपने अनुभव बयान करते हुए कहा कि साहित्य का काम सच्चाई को उजागर करना उतना नहीं जितना सत्य के उजाले को देख-दिखा पाना है। एक इंडोनेशियाई कवि ने कहा कि उनके देश ने 'रामायण' और 'महाभारत' जैसे महाकाव्य भारत से चुराये हैं, लेकिन उनमें परिवर्तन किया है। उनके देश में कृष्ण के रथ पर बैठा शिखण्डी स्त्री है। एक भारतीय लेखिका ने यह मर्म-कथन किया कि स्त्री से घर बनता है पर स्त्री का कोई घर नहीं।

'परिवर्तन की आवाज़ें' शीर्षक उपविषय पर बात करते हुए मुझे इस चिन्ता ने कुछ सताया कि क्या साहित्य हमारे समय में परिवर्तन का अग्रदूत नहीं रह गया है। क्या परिवर्तन की गति इतनी तेज और जटिल हो गयी है कि साहित्य उससे हमक़दम नहीं हो पा रहा है? यों तो हम जैसे इस ट्रैजिक दृष्टि दशकों से पाले-पोसे हुए हैं कि हालाँकि साहित्य अब ऐसी शक्ति नहीं रह गया है जो मानवीय स्थिति में अन्तर आता है। पर क्या अब यह दृष्टि रखना सम्भव है? क्या साहित्य अब भी 'दूसरा इतिहास' है? क्या भूमण्डलीकरण और उसके साथ बढ़ता अंग्रेज़ी का नया साम्राज्यवाद एक ऐसी अन्तरराष्ट्रीयता विकसित कर रहे हैं जो विचार और आत्म-प्रश्नशीलता से शून्य है? क्या अब बड़े पैमाने पर ऐसा साहित्य रचा जाने लगा है जो अनुवादनीय है? क्या व्यक्ति और समाज जैसी अवधारणाएँ और सच्चाइयाँ सिर्फ़ साहित्य में बच गयी हैं, क्योंकि बाज़ार उन्हें लगातार नष्ट कर रहा है? क्या साहित्य अब एक तरह का आध्यात्मिक प्रतिरोध है? क्या साहित्य एक ग़ायब होती मानवता के आख़िरी शब्द भर है? क्या यथार्थ को अधिक सीधे, तेज और ऐन्द्रिय ढंग से प्रस्तुत करने के जो नये संचार-माध्यम विकसित हो गये हैं, उन्होंने साहित्य के यथार्थ पर दावे को खासा अप्रासंगिक बना दिया है।

कविता के बारे में ग़लतफ़हमियाँ

साहित्य के बारे में आम लोगों के बीच, विशेषतः पढ़े-लिखे मध्यवर्ग के बीच अनेक नाटकीय सामान्यीकरण इस कदर घर कर गये हैं कि उनके लगातार अपरीक्षित होकर भी इतने व्यापक होने पर अचरज होता है। इन्हीं में से एक है कि साहित्य समाज का दर्पण है। अव्वल तो समाज जैसी जटिल और विशाल संरचना अपने सारे ब्यौरों और रंगतों के साथ सीधे-सीधे हू-ब-हू जैसे कि दर्पण में साहित्य में प्रतिबिम्बित हो यह न तो सम्भव है, न ही इसकी हमारे यहाँ कोई लम्बी परम्परा है। दूसरे, अक्सर जो लोग उस उक्ति को एक लाठी की तरह इस्तेमाल कर आज के साहित्य पर प्रहार करना चाहते हैं उनकी साहित्य या समाज की समझ विश्वसनीय नहीं कही जा सकती। हिन्दी साहित्य की बड़ी विडम्बनाओं में से एक यह है कि उसमें जब से सामाजिकता का आग्रह बढ़ा है तब से इस समाज की साहित्य के प्रति उदासीनता भी विचित्र ढंग से बढ़ती गयी है। ऐसा एक प्रश्न हाल में विश्वविद्यालय के कुछ छात्रों से संवाद के अवसर पर भी उठा। कहीं-न-कहीं हमारे साहित्य के पढ़ाने-समझाने के ढंग और पाठ्यक्रम में ये कमज़ोरी है कि छात्रों तक

में, जो साहित्य को कुछ विशेषज्ञता के साथ पढ़ने में माहिर होने चाहिए, ऐसी धारणा फैली हुई है कि आज के साहित्य का समाज से कुछ खास लेना-देना नहीं है। पता नहीं कब और कैसे, विशेषतः हिन्दी छात्रों के मन से यह भ्रान्त धारणा दूर हो पायेगी कि साहित्य का हमारे आसपास की सच्चाई से गहरा सम्बन्ध है और कि हम सच्चाई को अपने लिए विन्यस्त भी साहित्य के माध्यम से कर सकते हैं। यही नहीं, साहित्य किसी भी समाज को अपने एक समाज होने के बोध के लिए भी अक्सर ज़रूरी होता है।

इसी संवाद में दूसरा प्रश्न यह उठा कि आज के साहित्य में बाज़ारवाद, भूमण्डलीकरण जैसी दैत्याकार वृत्तियों का सजग विरोध क्यों नहीं है। ज़ाहिर है यह प्रश्न इस समय साहित्य में जो हो रहा है उसकी लगभग भोली बेखबरी का नतीजा है। हालाँकि बाज़ारवाद या भूमण्डलीकरण गम्भीर मसले हैं जिनको समझने और जिनसे निपटने के लिए सघन विचारशीलता की ज़रूरत है और उन्हें किन्हीं भावुक सामान्यीकरणों से नहीं बरगलाया जा सकता। सच्चाई तो यही है कि हिन्दी कविता और साहित्य में इन शक्तियों का गहरा और व्यापक प्रतिरोध है। इस प्रतिरोध से अगर युवा छात्रों का परिचय नहीं है तो इसका एक कारण तो यह हो सकता है कि उन्हें आज के साहित्य से किसी तरह का सम्बन्ध रखने के लिए प्रेरित या उत्साहित नहीं किया जाता है। दूसरा सम्भवतः यह कि छात्रों में कहीं न कहीं यह विचार रूढ़ हो गया है कि इधर का सारा साहित्य मात्र अभिधा में ही लिखा जाता या जाना चाहिए ताकि अगर कोई रचना या लेखक कुछ जटिल या सूक्ष्म कहता है तो वह रुचि से ओझल ही हो जायेगा। अगर प्रेम-कविता है तो वह एक स्तर पर हमारे सार्वजनिक जीवन की फूहड़ आक्रामकता में ग़ायब होते निजीपन का इसरार है, यह बात छात्रों को शायद न तो समझायी जाती है और न ही उन्हें पढ़ने की ऐसी विधियाँ सिखायी जाती है कि वे निजी प्रयत्न से ऐसा अहसास कर सकें।

आचार्य की जन्मस्थली

जैसे हिन्दी अंचल के साहित्यकारों और आचार्यों की जन्मस्थलियों और मकानों आदि की व्यापक दुर्दशा है वैसी ही मगरायर में आचार्य नन्ददुलारे वाजपेयी के जन्मघर की भी है। वह ध्वस्त अवस्था में है और उसमें कोई नहीं रहता। जहाँ नन्ददुलारे जी का जन्म हुआ वहाँ अब छप्पर तक नहीं है। अपने जीवनकाल में उन्होंने अलग एक घर बनवा लिया

था सो वह ठीकठाक एक गँवई घर है। उसमें वे एक पुस्तकालय खोलना चाहते थे, लेकिन वह नहीं हो पाया। उसी के सामने उनकी जन्म-शताब्दी को लेकर एक आत्मीय आयोजन हुआ, जिसमें भाग लेने का मुझे अवसर मिला। गाँव के अलावा आसपास से काफ़ी बड़ी संख्या में लोग जमा थे। बीच में ही काफ़ी तेज पानी गिरने लगा। थोड़ी देर बाद थमा, तब भी लोगों की संख्या काफ़ी थी। इस सभा से पहले मगरायर में एक इण्टर कॉलेज की स्थापना के लिए, जिसका नामकरण नन्ददुलारे जी पर किया गया है, शिलान्यास भी हुआ। ज़मीन गाँव के एक, वैसे ग़रीब लेकिन मन से धनी, व्यक्ति ने दान दी है।

पहली बार मुझे लगा कि आचार्य महावीर प्रसाद द्विवेदी, आचार्य रामचन्द्र शुक्ल, आचार्य नन्ददुलारे वाजपेयी और आचार्य हजारीप्रसाद द्विवेदी के बाद बड़े आलोचकों और अध्यापकों के लिए आचार्य शब्द का प्रयोग नहीं किया जाता। हालाँकि बाद के कुछ लोग उसके सर्वथा योग्य ठहरते हैं, जैसे डॉ. रामविलास शर्मा, जो संयोगवश उसी बैसवाड़े अंचल के थे। इसका कोई गहरा आशय है या कि महज़ संयोग है, बाद के लोग डॉक्टर या प्रोफ़ेसर आदि कहलाने में अधिक गर्व अनुभव करते हैं।

बैसवाड़ा अंचल संयोगवश मेरी भी पितृभूमि है, क्योंकि मेरे पिता सहित पुरखे मगरायर के पड़ोसी गाँव राजापुर-गढ़ेवा के थे। आचार्य महावीर प्रसाद द्विवेदी, निराला, आचार्य वाजपेयी, शिवमंगल सिंह सुमन, द्वारिकाप्रसाद मिश्र, सुरेश अवस्थी, अजित कुमार, कीर्ति चौधरी, सुमित्रा कुमारी सिन्हा आदि कई लेखक इस अंचल से हैं और इनमें से अनेक को साहित्य का मूर्धन्य भी कहा-माना जाता है। हिन्दी का शायद ही कोई और अंचल इतना मूर्धन्य-उर्वर रहा हो। लेकिन इस समय लगता है कि स्वयं इस अंचल को इस विरासत की बहुत चिन्ता नहीं रह गयी है—शायद जानकारी भी नहीं है। ऐसे साहित्य-विपुल अंचल में साहित्य का बड़ा पाठक-वर्ग होना चाहिए था जो नज़र नहीं आता। यह भी कि पिछले दो दशकों से कोई उल्लेखनीय साहित्यकार इस पट्टी में आया हो ऐसा नहीं लगता। अपनी उपलब्धियों से बेखबर और अपनी विरासत से उदासीन जैसे समूचा हिन्दी समाज है वैसा ही दुर्भाग्य से बैसवाड़ा भी। इसलिए इस आयोजन द्वारा जो पहल की गयी, जिसमें वयोवृद्ध रेवती शंकर शुक्ल और डॉ. सत्यवान की प्रमुख भूमिका थी वह बहुत स्वागत-योग्य है।

तब नहीं लगता था, क्योंकि हम सागर में उन्हें नयी कविता का विरोधी मानते थे, लेकिन अब लगता है कि आचार्य वाजपेयी चूँकि स्वतन्त्रता-संग्राम के मूल्यों से लैस, 'रामचरितमानस' और 'सूरसागर' का सम्पादन और छायावाद को लेकर आचार्य शुक्ल से गम्भीर असहमति के बाद स्वतन्त्रता के बाद के साहित्य पर विचार कर रहे थे, उनकी दो मूल आशंकाएँ

थीं। पहली कि पश्चिम पूरी तरह से हमारा 'बौद्धिक-सर्जनात्मक वशीकरण' न कर ले और दूसरी यह कि हम अपनी परम्परा से पूरी तरह अलग न पड़ जायें। ये शंकाएँ ईमानदार थीं। अपने समय के कुछ मूर्धन्यों जैसे आचार्य शुक्ल, प्रेमचन्द और अज्ञेय से वाद-विवाद संवाद करते हुए आचार्य वाजपेयी ने ही एक तरह से आलोचना को इस तरह वाद-संस्कृति बनाया। छायवाद की बौद्धिक-आलोचनात्मक स्थापना का श्रेय उन्हें उचित ही दिया जाता है। यह एक बात ही उन्हें हिन्दी आलोचना का एक कालजयी मूर्धन्य बनाने के लिए काफ़ी है। ऐसा करना उस समय साहस-कर्म था और उन्होंने बाद में जब नयी कविता की कुछ उपलब्धियों को स्वीकार किया तो यह उनके विवेक का प्रमाण था।

आचार्य वाजपेयी की तीन और विशेषताओं का ज़िक्र किया जा सकता है। पहली कि उन्होंनें साहित्य की ज़िम्मेदार और जीवन-सापेक्ष स्वायत्तता का निरूपण किया। दूसरी कि उन्होंने छायावाद में आचार्य शुक्ल के बरक़्स 'एक नूतन सांस्कृतिक मनोभावना का उद्‌गम, एक स्वतन्त्र दर्शन की नियोजना' देखी और तीसरी कि उन्होंने साहित्य के सन्दर्भ में आध्यात्मिकता को 'अतिशय उदार और गम्भीर मानव-मूल्यों से सम्पन्न' घोषित कर उसकी एक सेक्यूलर परिभाषा की।

तेज और काफ़ी पानी गिरने से खासा कीचड़ हो गया था। उसका कुछ दिल्ली वापस आने के बाद भी चप्पलों से छूटा नहीं है। यहाँ रहते जब-तब ऐसी पैतृक धूल और कीचड़ का संस्पर्श हम जैसों को कृतज्ञ और विनयशील ही बना सकता है।

कॉलेज में लेखक

पता नहीं क्या वजह है हमारे ज़्यादातर कॉलेज और विश्वविद्यालय के हिन्दी विभाग अकादेमिक विशेषज्ञों और आलोचकों के सिवाय रचनात्मक लेखकों को दूर से ही प्रणाम करते हैं। शायद इसलिये कि लेखकों को पाठ्यक्रम या पाठ्यचर्या की निर्धारित परिधि में बाँधना मुमकिन नहीं होता और साहित्य के छात्रों को रचनाओं का सीधे ऐन्द्रिय क़िस्म का साक्षात्कार लेखकों के माध्यम से हो यह ज़रूरी नहीं लगता। हिन्दी अंचल में आमतौर पर शिक्षा संस्थाओं और लेखकों के बीच सम्बन्ध और संवाद बेहद शिथिल है। लेखक अगर बुलाये भी जाते हैं तो परिसंवाद आदि में भाग लेने, या तुलसी जयन्ती या हिन्दी दिवस आदि पर अपने उद्‌गार व्यक्त करने, अपनी रचनाएँ पढ़ने बहुत ही कम, अक्सर बिल्कुल नहीं। एक ओर तो

सक्रिय रखना और उसकी चौकसी भी करना है तो यह कहा जा सकता है कि ऐसी चौकसी रचना ने आलोचना से कहीं अधिक की है। आलोचना में तो लगातार कट्टरपन, अनुदारता और दूसरों के लिए जगह की तंगी बढ़ती गयी है। ऐसे रचनाकारों की कमी नहीं है जो 'अपनी राह अकेले' चलते रहे हैं और जिनकी अकेले पड़ जाने की हिम्मत है। ऐसी हिम्मत आलोचकों में कम दिखायी देती है।

इस बीच हमारे लोकतांत्रिक ढाँचे का लगातार दुरुपयोग भी हुआ है। लोकतन्त्र पर साम्प्रदायिक, संकीर्ण और असहिष्णु शक्तियों का कब्ज़ा बढ़ा है और अपराध-धनबल-बाहुबल की उसमें अबाध आवा-जाही हुई है। गुजरात जैसे राज्य में कुछ वर्षों पहले हुआ जनसंहार इस लोकतन्त्र में इसलिए लगभग उचित या विस्मरणीय मान लिया गया है कि उसका सरगना लोकतांत्रिक पद्धति से चुनाव जीत गया और अब उसका बाल भी बाँका नहीं किया जा सकता। भूमण्डलीकरण से जो दबाव बने हैं, उनके रहते जब आर्थिकी भारतीय राजनीति का नियमन कर रही है। अधिकांश राजनीतिक दलों में बाज़ार को छूट और सुविधाएँ देने में होड़ लगी है। कीमत सबसे ऊपर है, मूल्य धुँधला रहे हैं। मूल्यों की राजनीति का प्रबन्धन की राजनीति में विघटन हो चुका है। समाज और राज्य को बाज़ार अपदस्थ करने पर उतारू हैं, और व्यक्ति दिन-ब-दिन लोप के कगार पर है। मुक्ति अब सामाजिक मुक्ति नहीं बाजार की मुक्ति का नाम है। सामाजिक अन्तःकरण पहले से और संक्षिप्त हो रहा हैं। तेजी, आक्रामकता, हिंसा सामान्य गुण हो रहे हैं। राजनीति, बाजार, धर्म, खेल, मनोरंजन आदि सभी हिंसक हो उठे हैं, इन सभी क्षेत्रों में लोकतांत्रिकता का तेजी से क्षरण हो रहा है। लोकतन्त्र संस्था और मूल्यदृष्टि दोनों ही रूपों में साँसत में है, कहने को भले सारी दुनिया में लोकतन्त्र का विस्तार हो रहा है। ऐसी स्थिति में साहित्य की भूमिका लोकतन्त्र का परिसर बने रहने और लोकतांत्रिक गुणों जैसे समता, मुक्ति, बन्धुत्व, न्याय, व्यक्ति की गरिमा, सामाजिक ज़िम्मेदारी, सामाजिक अन्तःकरण, अल्पसंख्यकता के लिए सम्मान और जगह, बहुलता के खुले सहज स्वीकार आदि की स्थिति, अन्तर्विरोधों और सम्भावनाओं का लगातार प्रतिबिम्बन और प्रश्नांकन करते रहने की है। यह आकस्मिक नहीं है कि हमारे एक कवि ने 'दूसरे प्रजातन्त्र की तलाश' को एक तरह से अपना लक्ष्य बनाया था।

यह प्रश्न उठाया जाना चाहिए कि आज की आलोचना में कृति और पाठक की क्या स्थिति है। जैसे व्यक्ति की गरिमा की रक्षा करना लोकतन्त्र का कर्त्तव्य है, वैसे ही कृति की गरिमा की आलोचना का। यह सवाल भी पूछा गया कि क्या आज की आलोचना, जो दुर्भाग्य से अधिकतर दूसरे लेखकों को ही सम्बोधित है, पाठकों को नहीं, पाठकों को अधिक

लोकतांत्रिक, बहुलतापरक और जागरूक बनाती है। हिन्दी साहित्य की सामाजिक विफलता की ओर भी ध्यानाकर्षण किया गया। वह अब तक हिन्दी अंचल की राजनीति को प्रभावित करने में सफल नहीं हुआ है। बल्कि आजकल हिन्दी राजनीति उन सभी मूल्यों और सरोकारों के विरुद्ध सक्रिय जान पड़ती है, जिन्हें हिन्दी साहित्य पोसता रहा है। यह अतिशयोक्ति नहीं है, अगर कहा जाये कि हिन्दी अंचल में फैसले धर्मोन्माद, साम्प्रदायिकता, जातिवाद आदि के बरक्स हिन्दी साहित्य ही उसका सही प्रतिपक्ष है। रचनात्मक साहित्य के मुक़ाबले हिन्दी आलोचना में वैचारिक वंशवाद, संगठनात्मक षड्यन्त्र, युवा काडरों को रिझाने के लिए अपनाये जाने वाले हथकण्डे, उबाऊ राजनेताओं की तरह अपने को दुहराते और मीडियाक्रिटी को दुलराते आलोचक आदि ऐसे पहलू हैं, जिनसे लगता है कि हिन्दी आलोचना कुछ मायनों में, हिन्दी अंचल की राजनीति का एक संस्करण बनती गयी है। आलोचना सिर्फ़ लिखने-पढ़ने का मामला नहीं है, वह एक क़िस्म की संस्था भी है। यह नहीं कहा जा सकता कि वह जिस तरह संस्थाओं के संचालन, पाठ्यक्रम आदि के निर्धारण, पुरस्कारों के निर्णयों आदि में आचरण करती नज़र आती है, वह लोकतांत्रिक है। न ही वह संस्थाओं, प्रक्रियाओं आदि को अधिक लोकतांत्रिक, अधिक बहुलतावादी बनाने की ओर यत्नशील है। कुछ दिलचस्प अन्तर्विरोध भी नोट करने लायक हैं। मीडिया के प्रभाव से जवाबदेही का दायरा फैला है, लेकिन एक तरह का तुष्टीकरण भी विशाल हुआ है। साहित्य की आलोचना सिकुड़ी है, लेकिन आम आदमी की आलोचना करने और सुने जाने की शक्ति और सम्भावना बढ़ी है।

दलित और स्त्री-विमर्श ही ऐसे दो क्षेत्र हैं, जहाँ हिन्दी आलोचना का खुलापन और लोकतांत्रिकता सबसे प्रभावशाली रूप से प्रगट हो पायी है। यह निश्चय ही एक विधेयात्मक पक्ष है, जिसकी अनदेखी नहीं करना चाहिए।

आयोजन में इलाहाबाद विश्वविद्यालय के हिन्दी के छात्र बड़ी संख्या में मौजूद रहे। कुछ तो यह सुघर-अथक आयोजक सत्यप्रकाश मिश्र की आयोजक-प्रतिभा का कमाल होगा, पर कुछ तरुणों की जागरुकता और जिज्ञासा का सुबूत भी।

पटना में कबीर-ग़ालिब

यह शायद पटना में ही हो सकता है या भोपाल में। संगीत-नृत्य रंगमंच समारोह के दौरान एक शाम कबीर और ग़ालिब पर बोलने के लिए न्यौता

मिला, तक्षशिला शिक्षा समिति से। माध्यम थी कामना प्रसाद जो उर्दू कविता के प्रसार और आयोजन में बरसों से सक्रिय मित्र हैं। आयोजन शाम 5 बजे था, लेकिन हवाई उड़ान इतनी देर से पहुँची कि हवाई अड्डे से सीधे तारामंडल के सभागार में लगभग पौने सात बजे पहुँच पाया। विलम्ब की ग्लानि के अलावा मन में यह अन्देशा भी था कि हार-थककर लोग जा चुके होंगे। पर मंच पर पहुँचने पर यह अचरज से देखा कि सभागार ठसाठस भरा है और लोग मनोयोग से पटना उच्च न्यायालय के एक न्यायमूर्ति से गालिब पर अंग्रेजी में एक परचा सुन रहे हैं। वे उस शाम के अध्यक्ष थे और उन्होंने ख़ाली वक़्त को भरने और प्रतीक्षा को थोड़ा सह्य बनाने के लिए अन्त के बजाय शुरू में ही अपना परचा पेश किया।

यों दोनों ही मेरे प्रिय कवि हैं और उनका थोड़ा कुपाठ या अतिपाठ करना इस प्रेम के कारण अनुचित नहीं है। न ही अनुचित है, इन दो पुरखों को, जो एक-दूसरे से सर्वथा अपरिचित और असम्बद्ध रहे हैं, अपने लिए जोड़ना और उनकी अलग-अलग आग में एक साथ तापना और उससे गरमाहट और रोशनी पाना। कबीर की अविचल आस्था से उपजी प्रश्नवाचकता को ग़ालिब की घोर निराशा से उपजी प्रश्नाकुलता में बदलते देखना-समझना कई मायनों में रोमांचकारी होता है। एक तरह से कबीर जिस घर को फूँककर अपने साथ चलने की गुहार लगाते हैं वह घर ग़ालिब के यहाँ ध्वस्त हो चुका है, खँडहर में तब्दील हो गया है, जिसके 'दरोदीवार पर सब्ज़ा' उग रहा है। दोनों कई मायनों में 'रहगुज़र' के कवि हैं। कबीर, कर्मकाण्डों और थोथे ज्ञान को खारिज करते हुए अपनी अविचल आस्था और उससे बनाये शून्य के घर की ओर जाते हैं जहाँ शून्य के शिखर पर भी दीया बारने का उनका इरादा है। ग़ालिब के यहाँ देर और हरम, दर और आस्तों सब कुछ छूट या गँवाये जा चुके हैं और दिवाली के चिराग़ों की तरह सफ़-ब-सफ़ जलना भर बाक़ी है, वह भी 'सहर होने तक' कबीर के यहाँ गगन-किवाड़ खुलते हैं, मन्दिर उजियार होता है ग़लिब के यहाँ सिर्फ़ यह हसरत भर है कि 'मंज़र इक बुलन्दी पर और हम बना सकते अर्श के उधर होता काश कि मकाँ अपना', कबीर के यहाँ 'यह अगम का खेल है' और ग़ालिब के यहाँ 'बाज़ीच-ए-अत्फ़ाल है दुलिया।'

कई बार लगता है कि कबीर ने आस्था से और ग़ालिब ने निराशा से जिस एक घर में अन्ततः पनाह पायी वह कविता का घर है। हम जो बाद वाले लोग हैं, यह देख सकते हैं कि यही वह घर है जिसमें अनचिन्हार को चीन्हा जा सकता है, और जहाँ उस 'अन्दलीबे-गुशने-ना-आफ़रीदा' को सुना जा सकता है।

श्रोताओं में अन्य प्रबुद्ध जन के अलावा पटना उच्च न्यायालय के कुछ न्यायाधीश भी थे, शायद इसलिए कि उनके बेंच के ही एक बन्धु अध्यक्षता कर रहे थे। पटना में श्रोताओं में पहले एकाधिक बार विधान सभा और परिषद् के सदस्यों को भी देखा है। आयोजकों ने अध्यक्षता के लिए किसी विशेष लेखक का नाम सुझाने को मुझसे कहा था। मैंने जिन लेखक-बन्धु का नाम सुझाया उन्होंने यह कह कर इनकार किया कि अगर मैंने उनके प्रगतिशील राष्ट्रीय अध्यक्ष पर कोई कटाक्ष या टिप्पणी की तो वे प्रतिवाद के लिए विवश होंगे और इससे बदमज़गी हो सकती है। यह समझना कठिन है कि कबीर और ग़ालिब के सिलसिले में ऐसे कटाक्ष का कोई अवसर क्यों आता और अगर आता भी तो उसका प्रतिवाद करने से कम से कम मुझे कोई क्लेश या क्षोभ भला क्यों होता।

अगले दिन थोड़ा-सा वक़्त था तो हम लोग साहित्य और वकालत में सक्रिय डॉ. फणीश सिंह के गाँव गंगा-पार सोनपुर गये, जहाँ उन्होंने अपने स्वतन्त्रता-संग्राम के शहीद पिता की स्मृति में एक पुस्तकालय बनाया है। वहाँ वे कई लेखक-बन्धुओं को ले गये हैं। बिहार में साहित्य-प्रेम कितना व्यापक है इसका फिर एक प्रमाण यह मिला। सोनपुर में प्रसिद्ध पशु मेला होता है और इस बरस का मेला दो-चार दिन पहले ही समाप्त हुआ था। उत्तर-राग के रूप में उसकी चहल-पहल अभी थी।

चण्डीगढ़ में भारतीय कविता

केन्द्रीय पंजाबी लेखक सभा ने पंजाब विश्वविद्यालय के परिसर में समकालीन भारतीय कविता पर एकाग्र एक उत्सव आयोजित किया। दो दिनों तक समकालीन भारत में कविता की स्थिति और सम्भावनाओं पर विचार-विमर्श के अलावा अनेक भाषाओं के कवियों ने अपनी कविताएँ मूल और अनुवाद में सुनायीं। ऐसे मंचों पर अक्सर भावुकता में, कुछ एकता के अपेक्षाकृत रूढ़ संस्करण में यह कहा जाता रहा है कि भारतीय कविता, उसके साहित्य की ही तरह, एक है यद्यपि वह अनेक भाषाओं में लिखी जाती है। समय आ गया है कि हम इस भावुकता से मुक्त होकर यह स्वीकार करें कि भारतीय कविता उसकी भाषाओं की तरह ही अनेक है : उसमें आपस में कई समानताएँ हैं पर बहुत सारी भिन्नताएँ भी हैं।

हर भाषा की अपनी ऐतिहासिक, आंचलिक और सांस्कृतिक विशिष्टता है। हर भाषा में उसकी अपनी स्थानीयताएँ सक्रिय हैं, जो उसके

रूप-रस-गन्ध को विशेषता और अद्वितीयता देती है। प्रभावों का भूगोल भी अलग-अलग है : हिन्दी-उर्दू-पंजाबी के काव्यशास्त्र पर संस्कृत और पश्चिम के साथ ही साथ अरबी-फारसी का भी प्रभाव है जबकि उड़िया या मराठी में ऐसा प्रभाव गहरा या प्रासंगिक नहीं है। जातीय स्मृति जिस कदर और तरह से उड़िया, कन्नड़ या मलयालम में सक्रिय है वैसी हिन्दी में नहीं है। छन्द की अभी भी उर्दू, मलयालम, पंजाबी में प्रतिष्ठा है जबकि हिन्दी और बांग्ला में वह लगभग अपदस्थ हो चुका है। पंजाबी में जितनी लोक से नजदीकी बनी हुई है, उतनी तमिल कविता में नहीं है। पश्चिमी प्रभावों से निपटने की हमारी कई भाषाओं में अलग-अलग विधियाँ विकसित हुई हैं। परस्पर अनुवाद और आदान-प्रदान के मामलों में भी भारतीय भाषाओं का रिकार्ड अलग-अलग है : भारतीय भाषाओं से अधिक अनुवाद हिन्दी, मराठी, मलयालम में सबसे अधिक है, बांग्ला में सबसे कम।

जहाँ तक समानताओं का सम्बन्ध है वे भी कई हैं। प्रायः सभी भाषाओं की कविता में भक्ति आन्दोलन, आधुनिक नवजागरण, आधुनिकता, प्रगतिशीलता आदि प्रवृत्तियों की व्यापक उपस्थिति रही है। सभी की कविता को पिछले दो सौ बरसों तक गद्य के उदय और विकास के पड़ोस में रहना पड़ा है जिसका गहरा प्रभाव सभी कविता पर पड़ा है।

यह सामान्यीकरण बिना किसी संकोच के किया जा सकता है कि इस दौरान भारतीय कविता पहले के मुक़ाबले कहीं अधिक उग्र और केन्द्रीय रूप से प्रश्नवाचक हुई है, जिसमें व्यक्ति, समाज, अनुभव, दृष्टि, भाषा और स्वयं कविता तक प्रश्नों के घेरे में आये हैं। सामाजिक और निजी के द्वैत का भी किसी हद तक अतिक्रमण लगातार होता रहा है। साहित्य के साथ ही कविता में साधारण मनुष्य और साधारण जीवन पर एकाग्रता तेजी से बढ़ी है। कल्पना मुनष्य, प्रकृति, पर्यावरण, राजनीति आदि क्षेत्रों की ऐसी अनेक सूक्ष्मताओं और जटिलताओं तक गयी है जो इससे पहले कविता के अहाते के बाहर माने जाते थे।

भले परम्परा के प्रति गहरा आलोचनात्मक रुख कविता में उभरता है, कविता ने परम्परा का कल्पनाशील पुनराविष्कार भी किया है। आमतौर पर भारतीय कविता का शास्त्र अब सौन्दर्य की बजाय संघर्ष पर केन्द्रित है और सौन्दर्य–दृष्टि की बजाय संघर्ष दृष्टि को अधिक महत्त्व दिया जाता है। इस बीच भारतीय कविता इस मायने में भी अधिक लोकतांत्रिक हुई है कि उसमें सशक्त ढंग से स्त्री और दलित आवाज़ें उभरी हैं और अपनी उचित जगहें बना रही हैं। यहाँ यह याद किया जा सकता है कि दलित आवाज़ें मराठी कन्नड़ आदि कई भाषाओं में हिन्दी से कहीं पहले उभरीं, हालाँकि दलित जनसंख्या सबसे अधिक हिन्दी अंचल में ही

है। इन दिनों मुग्ध भाव से ज्यादातर राजनीत्रि द्वारा बाजार, नवपूंजीवाद और अमेरिका तथा अंग्रेजी के साम्राज्यवादी विस्तार को स्वीकार किया जा रहा है जबकि भारतीय कविता में इसको लेकर गहरा और व्यापक प्रतिरोध है। इस मायने में वह राजनीति के प्रतिपक्ष में है।

बहुसांस्कृतिकता और अस्मिता

दो से अधिक दशक हुए होंगे जब पहली बार कलाकार, लेखक और बुद्धिजीवी मित्रों से भिक्खु पारेख का नाम सुना था। तब वे वड़ोदरा विश्वविद्यालय के कुलपति थे और उनकी प्रखर बौद्धिकता, नवाचार और नये प्रयोगों के प्रति खुलेपन के कई किस्से प्रचलित हुए थे। बरसों बाद इस बार उनके दो व्याख्यान सुनने का सौभाग्य मिला। पहला राष्ट्रीय पुस्तक न्यास के अन्तराष्ट्रीय परिसंवाद में और दूसरा इंडिया इंटरनेशनल सेंटर में दशरथमल सिंघवी स्मारक व्याख्यान दोनों ही वक्तव्य अत्यन्त सुविचारित, स्पष्ट और संगतिमय तथा कुशाग्र थे। प्रो. पारेख निश्चय ही विश्व दृष्टि और परिप्रेक्ष्य रखने वाले, भारतीयता में गहरे रसे-बसे प्रखर और निर्भीक चिन्तक हैं।

विश्व पुस्तक मेले में बहुसांस्क्रुतिकता और सामाजिक संस्कृति पर आयोजित परिसंवाद में प्रो. पारेख ने बहुसांस्कृतिकता की स्थिति, सम्भावनाओं, अन्तर्विरोधों और तनावों का विशद विश्लेषण किया। बहुसांस्कृतिकता मूलतः संसार में दृष्टियों और विकल्पों, स्वप्नों और व्यवस्थाओं की बहुलता की अभिव्यक्ति है। उन्होंने याद दिलाया कि किसी देश या समाज की बहुसांस्कृकिता, जो उसकी अपनी आत्यन्तिक विविधता की अभिव्यक्ति और स्वीकृति है, ज़रूरी नहीं कि दूसरे समाजों की बहुसांस्कृतिकता को उतनी ही सहजता से स्वीकार कर ले या उससे सामंजस हो जाये। उन्होंने इस सन्दर्भ में बराबरी का सवाल उठाया और इस पर जोर दिया कि वही बहुसांस्कृतिकता सर्जनात्मक और अभीष्ट हो सकती है जो बराबरी से जुड़ी हो। किसी बहुसांस्कृतिक परिस्थिति में अगर किसी एक संस्कृति को प्रमुख या केन्द्रीय मानने का आग्रह किया जाता है तो बराबरी के सिद्धान्त का हनन होगा और इसे न तो सच्ची बहुसांस्कृतिकता कहा जा सकता है, न ही वह किसी टिकाऊ ढंग से सर्जनात्मक हो पायेगी। उनका इशारा साफ़ भारत में इन दिनों अनेक स्तरों पर आक्रामक रूप से सक्रिय उस प्रवृत्ति की ओर था जो भारतीय संस्कृति को मूलतः हिन्दू मानने पर जोर देती रही है और जिसे हिन्दुत्व कहा जाता है। इस सिलसिले में इस तथ्य को नोट किया जा सकता है कि बावजूद अपनी सक्रियता,

सत्ता और मुखरता के हिन्दुत्व की प्रवृत्ति सर्जनात्मक और बौद्धिक रूप से बाँझ ही साबित हुई। साहित्य और कलाओं के क्षेत्र में ऐसी कोई उल्लेखनीय कृतियाँ अब तक सामने नहीं आयी हैं, जिन्हें हिन्दुत्व से प्रेरित और विचारणीय कहा जा सके।

भारतीय अस्मिता के प्रश्न पर बोलते हुए प्रो. पारेख ने इस ओर ध्यान खींचा कि उसे लेकर स्वतन्त्रता-संग्राम के दौरान, स्वतन्त्र भारत का लोकतान्त्रिक संविधान बनाते समय और नेहरूकालीन भारत में खुली, लम्बी और राष्ट्रीय बहसें हुई थीं और अनेक विचार दृष्टियों ने उसमें शिरकत की थी। आपसी मतभेदों और तीख़ी नोंकझोंकों के बावजूद भारत की अस्मिता को लेकर इस बात पर मतैक्य था कि वह भारतीय जन द्वारा रची-पोसी है कि वह भारत की बहुसांस्कृतिकता, उसमें अन्तर्भूत सांस्कृतिक बराबरी पर आधारित है कि वह भारत को किन्हीं भौगोलिक सीमाओं में निबद्ध न मानकर उसे एक सभ्यता के रूप में देखती है कि वह एक गतिशील धारणा है जो दुनिया और परिवर्तनों के प्रति हमेशा खुली है कि उसमें यह आत्मविश्वास है कि वह दुनिया को कुछ दे सकती है और कि वह अपनी कई विकृतियों और कमज़ोरियों के प्रति आलोचक दृष्टि रखती है। पिछले पाँच-सात बरसों में इस अस्मिता में कुछ बुनियादी बदलाव लाने की कोशिश हो रही है लेकिन यह बदलाव भारत में व्यापक राष्ट्रीय बहस का विषय नहीं है और न ही किसी व्यापक मतैक्य पर आधारित है। यह कुछ लोगों द्वारा जिनका अनेक अन्तराष्ट्रीय संस्थाओं से गहरा सम्बन्ध रहा है, विन्यस्त अवधारणा है जिसमें भारत अब तक सभ्यता नहीं, अन्य देशों की ही तरह एक देश है जिसकी आवाज़ दुनिया में तभी सुनी जायेगी जब वह एक बड़ी आर्थिक और सैन्य शक्ति के रूप में उभरेगा। इस अस्मिता में अपने को दूसरों जैसा जल्दी से जल्दी बनाने की और दुनिया की बड़ी शक्तियों से आलोचक-सम्बन्ध रखने के बजाय उनके अधिक से अधिक नज़दीक आने की अधीरता है। अस्मिता की इस नयी परिभाषा में भारतीय परम्परा और संस्कृति, सामाजिक प्रश्न और ज़िम्मेदारी तथा सामाजिक अन्तःकरण की बातें शामिल ही नहीं हैं। प्रो. पारेख की तीख़ी आलोचना से यह स्पष्ट था कि उन्हें इस नयी परिभाषा में स्वतन्त्रता-संग्राम और स्वतन्त्रता के बाद विकसित दृष्टि दोनों का अवमूल्यन भी नज़र आता है। उन्होंने यह प्रश्न उठाया कि क्या अस्मिता की यह धारणा उदात्तताहीन नहीं है?

ऊँच-नीच, भेद-भाव आदि अनेक भारतीय विकृतियों का ज़िक्र करते हुए प्रो. पारेख ने इस पर बल दिया कि भारतीय इतिहास गहरे स्तर पर बौद्धिक, सर्जनात्मक, आध्यात्मिक, सांस्कृतिक संवाद का इतिहास रहा है और यहाँ कभी भी ऐसा कोई विचार नहीं रहा, जिसका प्रतिलोम भी मौजूद न हो। उनके अनुसार, इससे बढ़कर संसार में ऐसा कोई विचार

आज तक नहीं हुआ जिसका कोई न कोई स्थानीय रूप भारत में मौजूद न हो। हमारी नयी अस्मिता इस विशाल और समृद्ध परम्परा का पुनराविष्कार करके ही फिर से रची जा सकती है। प्रो. पारेख स्पष्ट कहते हैं कि इस परम्परा में ऐसा कुछ है जिसके लिए हमें लज्जित होना चाहिए, लेकिन साथ ही साथ उसमें ऐसा भी बहुत कुछ है जिस पर हम अभिमान कर सकते हैं।

व्याख्यान के बाद दार्शनिक रामचन्द्र गाँधी से बात हो रही थी। प्रो. पारेख के पहले वक्तव्य में उन्होंने यह भी कहा था कि गाँधी जी के पद 'प्रजा-प्रेम' और रवीन्द्रनाथ ठाकुर के पद 'स्वेदश चिन्ता' का सही अंग्रेज़ी अनुवाद सम्भव नहीं है। डॉ. गाँधी से इसका जिक्र हो रहा था कि हमें ऐसे कुछ शब्दों को व्यापक विमर्श में पुनर्जीवित और सक्रिय कर सकना चाहिए। उन्होंने जोड़ा कि गाँधी जी के तीन शब्द 'स्वराज', 'सत्याग्रह' और 'सन्मति' उनके जीवन और कृतित्व को गाँधी-दृष्टि को समझने के लिए बीज-शब्द हैं और आज भी उनकी प्रासंगिकता स्पष्ट है।

कथक का आत्मकथ्य

इन्दौर एक ज़माने में अपने कला-प्रेम के लिए विख्यात था। फिर वह और शहरों जैसा कलाओं से उदासीन लगने लगा। इधर उसमें फिर कुछ सुगबुगी है और फिर एक बार जाहिर हो रहा है कि उसमें कलानुराग कितने गहरे धँसा है। अभिनव कला समाज और श्रोता बिरादरी के संयुक्त आयोजन 'छागुन के दिन चार' में रात के साढ़े नौ बजे हमारा नम्बर आया। पहले लगभग आठ बजे से देवकी पण्डित शास्त्रीय संगीत गा रही थीं। सातेक सौ श्रोता उन्हें सुन रहे थे। उसमें नयी पीढ़ी के भी काफ़ी थे। शहर में काफ़ी दूर यह जगह थी जहाँ शामियाना लगा था। कथक के लगभग पर्याय बन गये बिरजू महाराज से मेरी एक सार्वजनिक बातचीत का अवसर था। साढ़े नौ बजे रात शुरू होकर वह बिना रुके या थके-ऊबे लगभग साढ़े ग्यारह बजे तक चली और इतनी बड़ी श्रोता संख्या बिरजू महाराज को अपने जीवन की संघर्ष-कथा, कथक की कई बारीकियाँ बताते और जब-तब दिखाते सुनती रही। वे सब बिरजू महाराज की सिर्फ़ बतकही सुनने एकत्र थे, नृत्य देखने नहीं। ऐसी सहज, धीर और स्फूर्त रसिकता दिल्ली में शायद ही कभी नज़र आ सकती है। रात इतनी देर गये सिर्फ़ बातचीत सुनने इतने लोग एकत्र हों यह तो असम्भव ही है।

ऐसे कम नृत्य-कलाकार हैं जो बिरजू महाराज जैसे रसिक और बातूनी हों। बातचीत के दौरान उन्होंने कई बार ऐसी पंक्तियाँ बोलीं जो कविता जैसी थीं—'हम तो शून्य में चित्र बनाते हैं जो बनते ही मिटता जाता है', 'नजर हाथ को और लम्बा कर देती है', 'मात्राएँ तो गोपियाँ हैं जो विकल होकर सम को खोजती पाती हैं जो कि कृष्ण हैं', 'नाचते हुए पैरों की आँखें होती हैं' आदि। बिरजू जी ने थोड़ा हाव-भाव कर अच्छन महाराज, शम्भू महाराज और लच्छू महाराज की शैलियों का अन्तर समझाया। पहले उनके पिता थे, बाक़ी दो चाचा। स्वयं एक ही घराने में कितनी विविधता की गुंजाइश कथक में है यह स्पष्ट हुआ। उनके पिता की मृत्यु हो जाने के कारण बहुत छोटे बिरजू जी को उनकी माँ ने भी कई तरह के सबक दिये जो उन्हें सुन-सुनकर याद थे। उनका परिवार सम्पन्न था। उनके यहाँ चार-पाँच सिपाही पहरेदारी के लिए तैनात थे। गति की शुरुआत ही लय से होती है। आप अपने दो पैरों से चले नहीं कि लय शुरू हो गयी। लय के सम्राट् कहे जाने वाले बिरजू महाराज ने कहा कि लय तो ब्रह्माण्डव्यापी है, उसके बिना जीवन सम्भव नहीं। नाच तो उस लय को आपके सामने उसकी जटिल विविधता में विन्यस्त भर कर देता है। सिखाने के बारे में कुछ बताते हुए उन्होंने कहा कि सिखाते हुए मैं भी सीखता हूँ। पचास से अधिक बरस हो गये पर अभी कथक सीख ही रहा हूँ। मेरे यह कहने पर कि शायद कथक में पढ़न्त का चलन इसलिए हुआ होगा कि अक्सर संरक्षक राजा या नवाब नृत्य में निरक्षर होते होंगे और उन्हें बारीकियाँ समझाने के लिए यह ढंग सोचा गया होगा, बिरजू महाराज ने कहा कि अक्सर संगीतकारों को ठीक से बोल समझ में आ जायें तो वह ठीक-ठाक उन्हें बजा सकें, इसलिए भी पढ़न्त का महत्त्व है। मेरी इस बात से वह सहमत हुए कि 'कथा कहे सो कथक कहावे' में जिस कथा का ज़िक्र है वह कृष्ण-कथा उतना नहीं जितना शरीर की कथा है। कथक शरीर को ब्रह्माण्ड का रूपक मानकर उसकी कथा कहता है।

अप्रासंगिक त्रैवार्षिकी

इधर दुनिया में अन्तरराष्ट्रीयता का इस कदर विस्तार हुआ है कि उसने खासकर बाज़ार और मीडिया से मिलकर ऐसा वितान रचा है कि लगने लगा है कि अब खाने-पीने, ओढ़ने-पहनने से लेकर बहसने-विचारने को लेकर जो भी होता है अन्तरराष्ट्रीय ही होता है। ऐसे में किसी आयोजन का अन्तरराष्ट्रीय होना विशेष महत्त्व की बात नहीं, सामान्य घटना भर

है। हाल ही में दिवंगत कलाविद् और साहित्यकार मुल्कराज आनन्द ने जब विश्व कला की त्रैवार्षिकी करने की योजना बनायी थी तो सन्दर्भ बिल्कुल अलग था। यह एक स्वतन्त्र और लोकतांत्रिक देश की, जो हजारों बरस पुरानी सभ्यता भी है, विश्व कला में दाखिल होकर उसमें अपना उचित स्थान खोजने-पाने का उपक्रम था। शुरू की कई त्रैवार्षिकियों ने भारतीय कलाजगत् में खासी विचारोत्तेजना और विवाद उपजाये। इस बार जो ग्यारहवीं त्रैवार्षिकी हो रही है उसे लेकर कलाजगत् में उत्साह और जिज्ञासा का स्पष्ट अभाव है। इसका एक कारण तो यह है कि इस बीच भारतीय कला अपने से धीरे-धीरे अन्तरराष्ट्रीय फलक पर दृश्य और सक्रिय हो चुकी है और दूसरा यह कि इस तरह के आयोजनों को कल्पनाहीनता और मीडियाक्रिटी ने ग्रस लिया है और उन्हें लेकर उत्साहित होना संभव नहीं रह गया है।

इस सवाल पर अब खुली बहस की ज़रूरत है कि हम त्रैवार्षिकी क्यों करते हैं उसके पीछे अवधारणाएँ क्या हैं? विश्व की कला को देखने और विन्यस्त करने की कोई भारतीय दृष्टि है क्या? अगर नहीं है तो ऐसे पिष्टपेक्षण से क्या फ़ायदा? दुनिया में अब बड़ी प्रदर्शनियाँ निरी विविधाएँ नहीं होतीं। उनमें से हरेक के पीछे सजग और सुविचारित दृष्टि होती है। पाँच या पन्द्रह कमिश्नर, ऐसी दृष्टि या अवधारणाओं के अभाव में, अपनी-अपनी रुचि से कुल कलाकृतियों को चुन लें और उन्हें औसत सुघरता के साथ प्रदर्शित कर दिया जाये वह भी देशवार, जैसा कि वर्तमान त्रैवार्षिकी में किया गया है, तो कोई विचार समृद्ध और विचारोत्तेजक सिलसिला नहीं, भानमती का पिटारा भर बन पाता है, जो कि बना है। कहते हैं कि कुछ देशों के कुछ कलाकारों ने, मसलन् ऑस्ट्रिया और चीन के, भारत में कई महीनों रहकर त्रैवार्षिकी के लिए कलाकृतियाँ बनायी हैं। शायद भारत के किसी कलाकार को ऐसा कुछ करने का निमन्त्रण या अवसर ही नहीं दिया गया। ऑस्ट्रिया या जापान की कलाकृतियाँ देखें तो स्पष्ट लगेगा कि वे मिलकर, एक-दूसरे के बगल में होकर, सुचिन्तित वक्तव्य विन्यस्त करती हैं। पर आतिथ्य भारत का संकलन दिशा और विचार दोनों से हीन है। अगर उसमें कुछ अच्छी कलाकृतियाँ हैं तो शुद्ध संयोगवश। इस संकलन को देखकर यह अनुमान नहीं लगता कि इस समय भारत में कुछ श्रेष्ठ युवा रचनात्मकता कलाओं में प्रगट हो रही है। अपने ही अन्तरराष्ट्रीय आयोजन में अगर भारत अपनी सशक्त प्रस्तुति नहीं कर सकता तो फिर त्रैवार्षिकी करने का मतलब? यह सार्वजनिक राशि के अपव्यय जैसा है जिसे ललित कला अकादमी अपनी कल्पनाहीनता में रस्मी तौर पर कर रही है।

त्रैवार्षिकी के आयोजन और आवश्यकता पर नये सिरे से विचार का समय आ पहुँचा है। चूँकि ललित कला अकादमी का तथाकथित लोकतांत्रिक

स्वरूप उत्कृष्टता के सरोकारों से उसे लगभग जैविक रूप से विलग करता आया है, त्रैवार्षिकी को राष्ट्रीय आधुनिक कला वीथिका को अन्तरित कर देना बेहतर होगा। वीथिका बड़े पैमाने पर कलाजगत् से विचार विनिमय कर और संग्रहण आदि के विश्व-प्रतिमानों को ध्यान में रखकर त्रैवार्षिकी का पुनराविष्कार करे। अगर यह आयोजन पूरी स्पष्टता और कुशाग्रता से यह प्रकट नहीं करता कि विश्व की समकालीन कला को देखने-परखने और विन्यस्त करने की हमारे पास अपनी दृष्टि, अपनी अवधारणाएँ हैं तो फिर इसे बन्द कर देना चाहिए।

जैसलमेर में कला-शिविर

जैसलमेर जैसे पर्यटन स्थल के लिए दिल्ली से जाना इतना दुष्कर और दीर्घसूत्री क्यों है, यह समझना मुश्किल है। जबकि राजस्थान में पर्यटन को लेकर इतनी सुविधाएँ विकसित की गयी हैं। जो एक्सप्रेस गाड़ी दिल्ली से जैसलमेर जाती है, उसने धीरज की कठिन परिक्षा लेते हुए लगभग बीस घण्टे लिए। दिल्ली में जो बदमिजाज टिकट चैकर आया, उससे जब यह पूछा कि गाड़ी जैसलमेर कब पहुँचेगी तो उसने टके-सा जवाब दिया कि उसे पता नहीं, वह तो रास्ते में ही उतर जायेगा। परिचारक एक बार तो अनसुनी करके चला गया। सुबह 9 बजे के क़रीब जैसलमेर के किसी होटल का प्रतिनिधि अपने ग्राहक खोजने आया तो उसने कहा कि दो-ढाई घण्टे और लगेंगे। फिर परिचारक क़रीब पौन बजे दोपहर बिछौने आदि समेटने आया तो उसने कहा कि दसेक मिनट और लगेंगे। राम-राम कर हम डेढ़ बजे के बाद पहुँच पाये।

सार्क का प्रयोग राजनय और अन्तरराष्ट्रीय व्यापार आदि में कितना सफल है, यह कहना मुश्किल है। लेकिन धीरे-धीरे साहित्य और कलाओं की दुनिया में उसकी उपस्थति बढ़ रही है। जैसलमेर की एक बढ़िया होटल में दिल्ली की संस्था 'सहर' ने सार्क कला-शिविर आयोजित किया है जिसमें भारत के अलावा नेपाल, मालदीव, श्रीलंका, पाकिस्तान, भूटान, बांग्लादेश और अफ़गानिस्तान के चित्रकार भाग ले रहे हैं। ऐसे किसी आयोजन में अफ़गानी मित्रों की गजवानी अनुपम सूद से लेकर अखिलेश, मनीष पुष्कले और मनीषा बास्वानी शिविर में है। होटल के प्रांगण में यहाँ-तहाँ, पेड़ों के नीचे, सीढ़ियों पर, कुछ क्षेत्रों पर कला-सामग्री, रंग, कैनवास रखे हैं और काम हो रहा है। हरेक चित्रकार की अपनी थीम, अपनी शैली, अपने सामान हैं। अफ़गानी कलाकार उसे चित्रों में बनाकर बचा रहे हैं जो युद्ध या आतंक में नष्ट हो गया। जतीन दास त्रिवटी बना रहे हैं।

जब तक एक कैनवास पर रंग सूखे वे दूसरे पर काम करने लगते हैं। बांग्लादेशी मुर्तजा बशीर बताते हैं कि वे बिना प्रेस में पढ़े कविताएँ नहीं लिख सकते। हालाँकि वे चित्रकार हैं, 75 बरस के हैं और उनके तीन कविता संग्रह भी प्रकाशित हैं।

शाम को लगभग 5 बजे प्रयाग शुक्ल और मैं प्रतिभागियों को घण्टे भर अपनी कविताएँ सुनाते हैं। थोड़ा कवियाते हुए कहा जा सकता है कि हमारी कविताओं से ही सूर्यास्त होता है। कला प्रेमी आयोजक संजीव भार्गव ठीक उस समय के राग पूरिया-घनाश्री में कुमार गन्धर्व का गायन सुनवाते हैं।

इसके बाद हम गोपी गजवानी की 30 बरसों से भी पहले बनायी गयी दो छोटी फिल्में देखते हैं—'समय' और 'अन्त'। पहली प्रतीक्षा के समय जीवन की अबाध सक्रियता के बारे में है, दूसरी युद्ध के विनाश पर है। लगभग साधनहीन ढंग से बनायी गयी फिल्मों से ज़ाहिर होता है कि एक संवेदनशील कलाकार कैसे मर्म पकड़ सकता है। शिविर में बने चित्रों की प्रदर्शनी पहले दिल्ली के विज्ञान भवन में अप्रैल 7 में सार्क शिखर-सम्मेलन के अवसर पर लगेगी। बाद में वह सार्क देशों की राजधानियों में भी जायेगी।

अमूर्तन की विविधता

पोल्का गैलरी द्वारा एलियान्स फ्रांसेज़ की रोम्या रोलां गैलरी में आयोजित '9' शीर्षक प्रदर्शनी ने एक बार फिर दो बातें प्रमाणित कीं : पहली यह कि अमूर्तन आज भारतीय चित्रकला में एक सशक्त वृत्ति है और दूसरी यह कि अमूर्त कला बरतने वाले कलाकारों में दृष्टियों और शैलियों की विविधता है। उद्घाटन के दिन गैलरी में जमा भारी भीड़ की अनुकूल प्रतिक्रिया से यह भी स्पष्ट था कि अमूर्तन को पसन्द करनेवाले पर्याप्त हैं और उसे अपने बचाव में कुछ ज़्यादा करने की दरकार अब नहीं रही है। यों अमूर्तन भारतीय परम्परा में एक महत्त्वपूर्ण प्रवृत्ति के रूप में, शास्त्रीय और लोक दोनों ही स्तरों पर, शुरू से ही रहा है और अगर वह आधुनिकता में भी उपस्थित और सक्रिय है तो इसमें आश्चर्य उनको ही हो सकता है जो इसकी अनदेखी करते हैं और पानते हैं कि वह पश्चिम से किया गया आयात है।

रूमी ने कहीं कहा है : 'रास्ते पर होने की बातें काफ़ी हो चुकीं, रास्ते को ही पहुँचने दो।' अखिलेश हों या सिद्धार्थ, हर्षवर्धन या सीरज सक्सेना

सभी में अपने माध्यम पर पूरा अधिकार है लेकिन वे किसी दृष्टि पर रूढ़ कलाकार नहीं है। उनमें से हरेक ने रास्ते पर, अपने रास्ते पर चलने का जोखिम उठाया है लेकिन वे उसमें आनेवाले मोड़ों और विचलनों के प्रति पूरी तरह से खुले हैं। उनकी कृतियाँ इसलिये किसी सुविन्यस्त दृष्टि का परिणाम नहीं हैं : वे दृष्टि पाने की चेष्टा के संस्करण हैं। हालाँकि वस्तुजगत् के प्रति वे उदासीन या अनुत्सुक नहीं हैं—उनका ध्यान आन्तरिकता पर, अन्तर्जगत् पर केन्द्रित है। आन्तरिकता को ठोस आकृतियों में घटाना उसके अनगिन आशयों को सीमित करना होगा। इसलिये ये अधिकतर अमूर्त कलाकृतियाँ किसी एकांगी अर्थ पर स्थिर नहीं हैं—वे अर्थों का एक प्रवाह खोलती हैं। ये कृतियाँ बड़बोली नहीं हैं—उनमें आपसे गुपचुप ही कुछ कहने की इच्छा है। वाग्संकोच उनका सहज स्वभाव है। वे कलाकार के विचार या दृष्टि, जैसी भी बनी-अधबनी वह है, आप पर थोपना नहीं चाहतीं। वे आपकी अपनी आन्तरिकता के साथ एक पड़ोस जैसा कुछ, थोड़ी देर के लिए सही, बसाना चाहते हैं जहाँ आपकी अविन्यस्त आन्तरिकता से कुछ संवाद हो सके। शायद आप भी अपने अन्तर्जगत् से इस बहाने कुछ संवाद करना चाहें। कई बार लगता है कि ये कलाकृतियाँ किसी मंजिल का पता नहीं हैं—वे तो आन्तरिकता के आधे-अधूरे ठिकाने हैं जहाँ हो सकता है कि आप कभी पहुँचना चाहें।

बहुतों ने यह लक्ष्य किया कि बहुत सारी कलाकृतियों में अचूक रंगाभाएँ हैं। कलाकार आपको कोई आलोक देने के उत्साह में नहीं है। वह तो स्वयं अपने अँधेरों में अपनी रोशनी खोज रहा है और सिर्फ़ उस प्रक्रिया को आपके सामने प्रगट कर रहा है। आभा उसका लक्ष्य नहीं परिणाम है।

कोई भी कलाकृति इतिहास या समय को सीधे सम्बोधित नहीं जान पड़ती। वे उसकी तहों में कहीं दबे-फँसे हैं पर उनमें से हरेक समयातीत से अभिमुख है। उसे छूने की कोशिश में है। अखिलेश आवृत्तिमूलकता से एक तरह से अधीरता की रचना करते हैं जिससे समय झर जाता है और एक तरह की शान्त स्थिरता तथा वह उभरता है जो सारभूत और अनन्त एक साथ है। रंग की शुद्धता पर आग्रह करनेवाले सिद्धार्थ उतनी ही पृष्ठभूमि को जगह देते हैं जो सारमय है और वे एकाग्रता के चितेरे हैं। योगेन्द्र त्रिपाठी के कैनवास उत्खनित भूमि लगते हैं जिनमें समय के अवशेष और समयातीत के पद्चिह्न, आप धुँधले से, देख-पा सकते हैं। वर्तमान में अतीत अन्तर्विष्ट है। मोहन मालवीय के सफ़ेद चित्रों में समय का आरम्भ और अन्त दोनों एक साथ है, अपनी निर्मल अदूषित शुद्ध श्वेतिमा में। स्मृति दीक्षित समय में गाँठे इस तरह लगाती हैं कि सारा ब्रह्माण्ड और उसकी लीला घरेलू क्रीड़ा बन जाती है। हर्षवर्द्धन के

यहाँ कलाकृतियाँ जातीय स्मृति के भित्तिचित्र लगती हैं जिनमें से समय की छापें घुल चुकी हैं और कुछ देवचिह्न शेष हैं। पलनिअप्पन की रचनाएँ अनन्त द्वारा इतिहास को अतिक्रमित कर स्केचों और नोट्स की एक डायरी के इन्द्राज़ लगती हैं। सीरज सक्सेना की कला में बारीकी है और ऐसा लगता है कि घरों और जंगलों और खेतों के आकार एक चाक्षुष निरन्तरता में अवस्थित हैं और समयातीत की ओर निर्बाध बह रहा है।

चट्टानों पर रंगछटा

इसका कोई पूर्वाभास नहीं था कि वहाँ क्या होगा। वहाँ मतलब एक्स-एन-प्रोवा-स से साठ क़िलोमीटर की दूरी पर जहाँ हम कार में बेहद सुरम्य दृश्यावली से तेज़ गुजरते हुए जा रहे थे। सिर्फ़ इतना बताया गया था कि वहाँ कैथीड्रल आ इवेजेज़' में सेज़ां पर एकाग्र कोई कार्यक्रम देखना है। जगह आविन्यों से भी दूर नहीं थी—कुल चालीस क़िलोमीटर। जब टिकिट लेकर आगे प्रवेश के लिये बढ़े तो लगा किसी बड़ी गुफ़ा में जा रहे हैं—नीचे सद्देक मिट्टी थी और ज्यामितिक आकारों में कटी विशालकाय चौड़ी ऊँची चट्टानें, जैसे किसी पिरामिड़ के अन्दर आ गये हों।

अन्दर कुछ पल के लिये घुप्प अँधेरा था। फिर यकायक चारों ओर चट्टानी दीवारों पर पॉल सेज़ां के चित्रों का मूल आकार से कई गुना आकार में प्रोजेक्शन शुरू हो गया : लगा कि आप ऐसी चित्र-विथिका में हैं जिसमें छत पर, बग़ल में, फर्श पर सब जगह विशाल चित्र हैं : कुछ चित्र गतिशील भी थे। अँधेरे में प्राकृतिक ठण्ड में चित्र अपने अथाह-अपार रंगों के साथ चमकते और धीरे-धीरे ग़ायब हो जाते थे। कोई और प्रकाश नहीं था—सिर्फ़ पॉल सेज़ां के चित्रों का रंगालोक!

सेज़ां की मृत्यु को सौ वर्ष होने जा रहे हैं और इस वर्ष फ्रांस में सेज़ां पर केन्द्रित बहुत कुछ होने जा रहा है। जियान फ्रैंको इनूजी और रेना तो गात्तो द्वारा निर्मित इस अद्भुत कार्यक्रम में सेज़ां के रंग संसार की विपुलता-विविधता का चमत्कारी अहसास होता है। लगभग चार हज़ार वर्ग मीटर के प्रोजेक्शन-स्पेस पर तीन हज़ार फ़ोटोग्राफ़िक दस्तावेज़ों और पचास प्रोजेक्टरों का उपयोग कर यह मनोहारी कार्यक्रम नियोजित है। कम से कम मुझे पहली बार लगा कि सेज़ां ने इतने वृक्षों को चित्रित किया था। वृक्षों के अलावा थल, दृश्यालेख, स्टिललाइफ़, व्यक्तिचित्र, गोताख़ोर, स्नान करते लोग आदि एक अनोखा मानवीय और प्राकृतिक

संसार बनाते हैं। आप चित्रों के बहुत सारे प्रायः अलक्षित रह जाने वाले ब्योरे इस तरह देख पाते हैं। सेज़ां के बहुत सारे रेखांकन और निपट मानवीय दृश्य जैसे एक मेज़ पर ताश खेलते लोग! कार्यक्रम के नियोजक ने कहा है कि वह सेज़ां के चित्रों के साथ, इस कार्यक्रम में, ताश का खेल खेल रहा है। नयी परिष्कृत टैकनालजी का इस्तेमाल कलानुभव को अधिक गहरा और डटकर करने के लिये पश्चिम में विशेषतः फ्रांस में काफ़ी किया जा रहा है।

एक्स-एन-प्रोबास में हम उस रेस्तराँ में जाते हैं जहाँ सेज़ां बैठते थे। 1792 में स्थापित ले के गार्सों; जिसका नाम दो प्रसिद्ध वेटरों को लेकर पड़ा था। थोड़ी ही दूर पर वह दुकान है जहाँ से जान के पिता टोपियाँ बेचते थे। सेज़ां की लगभग 200 कलाकृतियाँ वहाँ के संग्रहालय प्यूजी ग्रैने में दिखायी जाने वाली हैं। पूर्वरंग के तौर पर वहाँ बच्चों को सेज़ां का चित्र-संसार, उनकी कलाकृतियों की ज्यामिति, संरचना आदि समझाने के लिये एक कार्यक्रम चल रहा है जिसमें बच्चों की भीड़ थी। सेज़ां ने अपने अन्तिम दिनों में यह कहा था कि प्रकृति को लेकर उनका दिमाग़ कुछ ज़्यादा साफ़ हुआ है–"मैं वह सघनता पैदा नहीं कर सकता जो मेरी इन्द्रियाँ महसूस करती हैं, मेरे पास रंगों की वह भव्य संपदा नहीं है जिससे प्रकृति भरी पड़ी है।"

मन में कैथीड्रल में ऐसे बिम्ब उभरते थे : उस कैथीड्रल में ईश्वर या उसके पुत्र की पंक्तियाँ नहीं हैं, मनुष्य की रची छवियाँ हैं–वह ईश्वर का नहीं, बिम्बों का कैथीड्रल है–जिसमें कम से कम इस बार ईश्वर का एक भी बिम्ब नहीं था।

मुम्बई में संगीत-विचार

पटना से लौटकर अगले दिन सुबह ही मुंबई गया, जहाँ इंडियन म्यूज़िकल सोसायटी के निमंत्रण पर एक ही शाम मुझे भातखंडे स्मृति व्याख्यान-माला के अन्तर्गत दो व्याख्यान देने थे। साहित्य के बारे में, किसी हद तक अन्दर का आदमी होने के कारण, थोड़ी-बहुत विशेषज्ञता का दावा कर सकता हूँ। लेकिन संगीत या चित्रकला के लिए तो मैं बिल्कुल बाहर का हूँ और उनमें किसी तरह का तकनीकी ज्ञान मुझे नहीं है। वहाँ जो घुसपैठ कर बैठा हूँ उसकी वजह उनके प्रति गहरा अनुराग है। ये रेखाएँ साहित्य में लगातार फैलते ओछेपन और अनुदारता से राहत भी देती हैं। इसी अनुराग के चलते और इस स्थिति के कारण कि इन कलाओं

में मुखर और शब्द-निपुण व्यक्तियों का घोर अभाव है, मुझे कुछ जगह मिल गयी है। शायद अनुराग भी अन्ततः एक तरह की विशेषता है, क्योंकि दूसरों को विशेष रूप से जानने-महसूस करने का ही तो दूसरा नाम अनुराग है।

दो व्याख्यान थे, 'संगीत और प्रतिरोध' तथा 'संगीत और अन्य कलाएँ'। जहाँ तक मेरी जानकारी है इस व्याख्यान-माला के सभी व्याख्यान अब अंग्रेजी में ही होते आये हैं। बरसों से यह आयोजन बड़ौदा के संगीत-शास्त्री प्रोफ़ेसर आर सी मेहता करते रहे हैं जो अब उमर में नब्बे के करीब हैं। उन्होंने ही मुझसे वादा लिया था कि ये व्याख्यान दूँगा। मुंबई में आयोजन संगीतकार अरविन्द पारिख ने किया। श्रोताओं में अशोक रानडे, शान्ता गोखले, शरद साठे, सुशीला पटेल, नन्दू घनेश्वर आदि कई विशेषज्ञ थे। मैंने व्याख्यान हिन्दी में दिये। हिन्दुस्तानी शास्त्रीय संगीत पर गहरा विचार वैसे भी अंग्रेजी में कम, भारतीय भाषाओं में अधिक हुआ है और उसकी लगभग सारी यानी हज़ारों बन्दिशें हिन्दी की ही बोलियों में हैं। कम से कम एक ज़माने में सारे घराने उत्तर भारत में ही थे, जहाँ से वे अब लगभग ग़ायब हो चुके हैं और उन पर दो आँसू बहाने वाले भी हिन्दी अंचल में मुश्किल से मिलेंगे।

अंग्रेज़ों की प्रशंसा में एक भी बन्दिश का न होना, साहित्य-रंगमंच और ललित कलाओं की तुलना में सर्वथा अप्रभावित रहना और स्वंतत्रता-संग्राम में कई बार शास्त्रीय संगीतकारों का कांग्रेस के अधिवेशनों में बुलाया जाना आदि तथ्यों के आधार पर मैंने यह प्रस्तावित करने की कोशिश की, शास्त्रीय संगीत और नृत्य ने औपनिवेशिक प्रभाव का जो प्रतिरोध किया है, उस पर ध्यान देने की ज़रूरत है। देश के विभाजन को राजनीति में मान्यता मिली, लेकिन साहित्य और कलाओं ने एक तरह से उसे स्वीकार नहीं किया : वहाँ विभाजन नहीं हो सका। शास्त्रीय संगीत में भी इस प्रतिरोध को बखूबी देखा जा सकता है। यही नहीं एक ओर जब पश्चिमी शास्त्रीय संगीत संसार के प्रायः सभी संगीतों और शास्त्रीय परम्पराओं को निगल गया, उसके बरक़्स आज भारतीय शास्त्रीय संगीत बचा हुआ और संक्रिय है। उसने संगीत के विश्व-व्यापी पश्चिमीकरण का प्रतिरोध किया है। भूमंडलीकरण के दौर में अपनी अस्मिता, अपनी विविध स्थानीयताएँ बनाये रखने में उसने फिर प्रतिरोध का एक मुकाम बनाया है। यही नहीं पिछली सदी में संगठित और लगभग दैत्याकार ढंग से भारत में लोकप्रिय और फ़िल्मी संगीत विकसित हुआ है ऐसी चुनौती शास्त्रीय संगीत को स्वयं संगीत के क्षेत्र से पहले की सदियों में कभी नहीं मिली थी। उसने इस चुनौती का सामना किया है और अपनी अलग व्यापक जनाधार बनाये रखी है। इस बीच राज्याश्रय के क्षीण होने पर शास्त्रीय संगीत ने अपना व्यापक जनाधार बनाया है। आज उसे सुनने

वाले पहले से कहीं ज़्यादा हैं, भले ही गुननेवाले आनुपातिक रूप से नहीं बढ़े हैं। आजकल जिस उठाईगीर उपभोक्तवाद और शोरोगुल के संगीत का आतंक है, उसके चलते शास्त्रीय संगीत ने शान्ति, संगति, मौन और गहराई की अपनी परम्परा सजीव रखकर निरन्तर एक और विकल्प प्रस्तुत किया है शास्त्रीयता को रूढ़ि और परिवर्तनशीलता के सिलसिले में देखने का पूर्वग्रह इस क़दर व्यापक है कि उसके प्रतिरोधात्मक स्वरूप पर ध्यान ही नहीं जाता।

संगीत और अन्य कलाओं के सम्बन्ध पर विचार करते समय यह ध्यान रखना चाहिए कि संगीत, साहित्य की ही तरह, एक ढंग से स्वयंपर्याप्त और आत्मप्रतिष्ठ कला है। उसे किसी और सहारे की ज़रूरत नहीं जैसे कि नृत्य जैसी कलाओं को लगातार पड़ती है। संगीत का काम दूसरी कलाओं के बिना चल सकता है, जबकि रंगमंच, नृत्य, सिनेमा आदि का काम उसके बिना प्रायः नहीं चलता। संगीत विचार करने की एक और बाधा से प्रायः मुक्त है। कविता या चित्र के बारे में अक्सर यह प्रश्न उठता है कि वह काहे के बारे में है, संगीत के बारे में ऐसा प्रश्न नहीं उठता। कोई यह पूछने की हिमाकत नहीं करता कि राग मालकोस या दरबारी या पटदीप काहे के बारे में है। संगीत में कथ्य और शिल्प का अन्तर पूरी तरह से मिट जाता है, तभी यह कहा जाता है कि सभी अन्य कलाओं की आकांक्षा अन्ततः संगीत होने की होती है।

संगीत की अन्य कलाओं से साझीदारी कुछ अधिक गहरे स्तर पर है। यह तो फ़ौरन पहचाना जा सकता है कि उसके कई प्रत्ययों और गुणों का अन्य कलाओं के विश्लेषण आदि में रूपक की तरह इस्तेमाल होता है। हम चित्रों में रंगों की लय देखते-खोजते हैं, कई बार किसी नाट्य प्रस्तुति में लय का अभाव पाया जाता है। चित्रों में अनुगूँज की बात की जाती है। उसका अमूर्तन कई बार कविता या नृत्य के अमूर्तन के या अमूर्त चित्रों के समकक्ष रखा-देखा जा सकता है। कम से कम भारतीय परम्परा में संगीत की निपट स्थानीयता और ऐन्द्रियता को दूसरी कलाओं के लिए भी अभीष्ट माना जाता है। संगीत स्मृति को तीव्र करता है और अपनी ट्रैजिक संरचना के बावजूद...ट्रेजिक इसलिए कि वह बनते-बनते नष्ट भी होता जाता है—जीवन का उत्सव मनाता है। इस ओर भी ध्यान कम दिया गया है कि एक मामले में संगीत सबसे जनतांत्रिक कला है उसमें दूसरे से सिर्फ़ संवाद और विसंवाद ही नहीं होता बल्कि एक सुर स्वयं अपने को दूसरे स्वर के लिए ओझल-अपदस्थ करता है। संगीत समय की विधा होते हुए भी समयातीत को, अनन्त को स्पर्श करता है। वह हमें इतिहास में अवस्थित करते हुए—उसके यहाँ इतिहास स्मृति में ही भासता है—उससे मुक्त कर अनन्त में ले जाता है। इधर अनन्त इस क़दर दूर और विचारातीत हो चुका है कि संगीत कुछ क्षणों के लिए

हमें अनन्त से जोड़ता है और विराट् को हममें स्पन्दित होने देता है। इससे उसके प्रति हम जैसे कवियों में गहरी कृतज्ञता जागती है।

एक झटपटा दिन

ऐसा दिन झटपट में लेकिन हर तरह से भरपूर, पुणे में ही हो सकता था जो पुण्यनगरी हो या नहीं, महाराष्ट्र ही नहीं भारत की एक विलक्षण कलाप्रेमी बुद्धिनगरी है। दोपहर बीती, संगीतकार सत्यशील देशपाण्डे के यहाँ उनके निर्मित आवास में उनके द्वारा गायी विभिन्न घरानों और चाल की ठुमरियाँ सुनते हुए। ठुमरी जैसी उपशास्त्रीय कही जानेवाली विधा में हमारे यहाँ कितनी-कुछ विविधता है, इसका आभास तो था, पर इतनी बारीकी से समझ नहीं थी जो सत्यशील के यहाँ सहज भाव से है। उनका एक सीडी जल्दी ही जारी होने वाला है, जिसमें ये ठुमरियाँ संकलित हैं—वे प्रायः सभी अप्रचलित हैं, कम से कम वे बंदिशें पहले कभी सुनी हों ऐसा याद नहीं आता। सत्यशील ने बहुत समझ, मेहनत और जतन से हिन्दुस्तानी संगीत का जो संग्रह किया है वह देश में एक तरह से बेजोड़ है। उसी खज़ाने से वे कुछ रत्न निकालकर उसका अभ्यास करते हैं, यह उनकी रचनात्मक सम्भावना का एक मोहक और अनुकरणीय प्रमाण है।

शाम को पता चला कि नीचे कार में कथक-विदुषी रोहिणी भाटे आयी हैं और पार्किन्सन बीमारी से ग्रस्त होने के कारण अधिक चल-फिर नहीं सकती हैं। भागकर उनसे मिलने गया और कार में ही बैठकर बात की। उन्होंने हाल ही में मराठी में एक पुस्तक प्रकाशित की है, जिसका शीर्षक है 'लहजा' (मौज प्रकाशन) । कथक पर लगातार विचारपूर्वक लिखनेवाली इस लगभग एकमात्र कलाकार-विदुषी ने पन्द्रह से अधिक अध्यायों में ललित कलाओं के अन्योन्य सम्बन्ध, कथक के विधि और विधान, माध्यम, कोरियोग्राफी आदि पर लिखने के अलावा अपने तीन गुरुओं वसन्तराव देशपाण्डे, मोहनराव कल्याणपुर और लच्छू महाराज पर लिखा है। नृत्य में लगभग छह दशक से सक्रिय रोहिणी जी का लिखा निश्चय ही 'प्रकाश की बाट' दिखाता है। उनसे बात होती है : वे चाहती हैं कि इस पुस्तक का अंग्रेजी अनुवाद मैं करूँ। उनसे न कहना कठिन है हालाँकि इस क्षेत्र में मेरी क्षमता क्षीण ही है।

शाम हम यानी फ़िल्मकार और सांसद श्याम बेनेगल, मराठी नाटककार महेश एलकुंचवार पहुँचते हैं चव्हाण सभागार, जहाँ रूपवेध प्रतिष्ठान की

ओर से मराठी लेखक और नाटककार को तनवीर सम्मान दिया जाना है। हम आये हैं पुणे के प्रसिद्ध अभिनेता और रंगकर्मी डॉ. श्रीराम लागू के आग्रह पर, जिन्होंने तीन वर्ष पहले यह सम्मान अपने बेटे तनवीर की पुण्यस्मृति में स्थापित किया है। इससे पहले वह इब्राहीम अलकाज़ी और पेण्ढाकर को दिया जा चुका है। कार्यक्रम ठीक सात बजे शुरू होता है, सभागर में लगभग सात-आठ सौ लोग हैं। उनमें सत्यदेव दुबे, मराठी नाटककार सतीश आलेकर, गोविन्द पुरुषोत्तम देशपाण्डे, और पुणे के रंगप्रेमी शामिल हैं। डॉ. लागू मंच पर नहीं बैठते, एक छोटा सा मार्मिक वक्तव्य देकर वे श्रोताओं के बीच बैठ जाते हैं। कार्यक्रम लगभग ढाई घण्टे चला, लेकिन श्रोताओं ने कोई उक्ताहट या ऊब नहीं दिखायी और अन्त तक बाक़ायदा जमे रहे। कुछ तो ज़रूर यह पुणे का कमाल है, पर कुछ श्रीराम लागू और विजय तेन्दुलकर के प्रति लगाव का भी प्रमाण।

तेन्दुलकर का क़द भारतीय परिदृश्य पर ही बहुत ऊँचा है, मराठी के तो क्या कहने। लेकिन उनका कोई आतंक, सौभाग्य से, नहीं है। बल्कि उनके लिए मराठी समाज में बहुत आदर और आत्मीयता का भाव है। यह इसके बावजूद कि वे इसी समाज के, उसकी विकृतियों के बेहद निमर्म, लगभग क्रूर आलोचक रहे हैं। कई सामाजिक मुद्दों पर उन्होंने अकेले पड़कर भी खरा ईमानदार रुख़ अपनाया है।

अगर मोटे तौर पर भारतीय दृष्टि में एक द्वैत खोजा जाये तो यह कहा जा सकता है कि कम से कम दो दृष्टियाँ सक्रिय रही हैं। पहली रामायण या वाल्मीकि की दृष्टि है, जिसमें सारे विचलनों के बाद उचित समाहार हो जाता है। और सारे असन्तुलनों के बाद संसार में सम्यक्ता स्थापित हो जाती है। महाभारत या व्यास दृष्टि में शुरू में धर्म की विजय के बाद भी व्यर्थता और रिक्ति बची रहती है। वाल्मीकि दृष्टि समापन खोजती-पाती है, व्यास दृष्टि समापन को खुला, लगभग अनिर्णीत छोड़ देती है। विजय तेन्दुलकर व्यास दृष्टि के नाटककार हैं। हमारी रंग-परम्परा में शायद ही किसी और नाटककार ने अपनी कृतियों में हिंसा का इतने व्यापक और गहरे स्तर पर सर्जनात्मक अन्वेषण किया होगा, जितना कि तेन्दुलकर ने। उनकी दृष्टि कोई छद्‌म आश्वासन या बेईमान उम्मीद की ओर नहीं बढ़ती। उसका बुनियादी काम आपको स्थिति के अटूट ढंग से, भीतर और बाहर दोनों ही जगह, अँधेरा होने से साक्षात् कराने का है। फिर वह आपको अपनी रोशनी खुद खोजने-पाने के लिए मुक्त छोड़ देती है। अक्सर लगता है कि लेखक से समाधान या रास्ता सुझाने की माँग या अपेक्षा एक किस्म की ज़्यादती है। जिन लेखकों ने ऐसी राह सुझायी भी है, उन पर कोई चलता नज़र नहीं आता। अपने अँधेरों को एकटक, बेहिचक और सीधे देख पाना ही शायद एकमात्र रोशनी है जो मुमकिन है बीसवीं शताब्दी के उत्तरार्द्ध में जिन लेखकों ने हमारा सामना

ऐसे अँधेरों से, कई बार निर्ममता तक जाकर, कराया है और हमें यह अहसास भी दिया है कि बाहर और अन्दर के अँधेरे अटूट हैं उनमें तेन्दुलकर अगली पंक्ति में आयेंगे। उनके यहाँ मानवीय निरुपायता का भी गहरा बोध है। वे उनमें से हैं जो ग़ालिब की तरह कह सकते हैं, हूँ मैं सब्ज़ा की ज़हराब उगाता। मुझे' यह बात भी अलक्षित नहीं कही जा सकती कि जब भी बाबरी मस्जिद ध्वंस, गुजरात नरसंहार, नर्मदा बचाओ आन्दोलन, जैसे सार्वजनिक मुद्दे उठे हैं, उन्होंने हमेशा और तुरन्त अपनी आवाज़, प्रतिरोध और विरोध की, उठायी है।

श्याम बेनेगल को लगा कि अब भी तेन्दुलकर में बहुत कुछ बचा है और उन्हें वीतराग होने की कोई ज़रूरत नहीं है। तेन्दुलकर ने फ़िल्मों के लिए जो स्क्रिप्ट्स लिखी हैं वे बहुत ही मुकम्मल रही हैं क्योंकि वे इस तरह का हर काम सोच-समझ, मेहनत और ज़िम्मेदारी से करते रहे हैं। तेन्दुलकर ने अपने मार्मिक वक्तव्य में कहा कि उन्होंने दर्शकों-रसिकों को खुश करने के लिए कभी नहीं लिखा। उनके हिस्से दुःख आया और उसे बिना छुपाये-दबाये उन्होंने उसे व्यक्त किया। जो उनके पास नहीं था, जैसे कि सुख या आनन्द, उसका छद्म उन्होंने नहीं किया।

बाद में रसरंजन के दौरान रंगकर्मी सत्यदेव दुबे ने कुछ आत्मीयता से कहा कि वैसे तो तुम जानते ही हो कि मैं तुम्हारे खिलाफ़ हूँ, लेकिन जब तुमने इस बात का जिक्र किया कि तेन्दुलकर का एक बड़ा चरित्र घासीराम कोतवाल ब्राह्मण है, मैं स्वयं कनौजिया हूँ और गुजरात के नरसंहार को लगभग मूक देखने वाले तब के प्रधानमन्त्री भी कनौजिया हैं तो मेरा मन पिघल गया।

अधूरेपन की कलाएँ

रिचर्ड शेकनर भारतीय रंगजगत् के लिए एक जाना-पहचाना हालाँकि अमेरिकी नाम है। लगभग तीस बरस पहले वे बर्टोल्ट ब्रेख़्त के जर्मन नाटक 'मदर करेज' का एक अंग्रेज़ी संस्करण लेकर आये थे। भोपाल जैसे रंग-नौसिखिया शहर में उसका प्रदर्शन एक लगभग ऐतिहासिक घटना है। पूरा सभागार ख़ाली था। प्रदर्शन तो रंगमंच पर था ही, दर्शक भी रंगमंच पर ही थे। दृश्य-परिवर्तन के साथ उनका लगातार स्थान-परिवर्तन भी होता चलता था। यह हम सबके के लिए एक अनोखा और अभूतपूर्व अनुभव था : रंग प्रदर्शन को इस तरह बहुत नज़दीक से, इतने आत्मीय ढंग से देखना। जैसे हम सब दर्शक भी 'मदर करेज' नामक चरित्र की

वैगन में लदी-फदी चीज़ें थे। रिचर्ड ने बाद में (बनारस) रामनगर की रामलीला पर एक पूरी पुस्तक लिखकर इस अनोखी और रंगसमाज में अल्पलक्षित रंगघटना और उसके आशयों की ओर हम सबका ध्यान खींचा था।

राष्ट्रीय नाट्य विद्यालय द्वारा आयोजित 'रंगमंच में हंगामा' विषय पर अन्तरराष्ट्रीय परिसंवाद में बीज-भाषण देते हुए उन्होंने कई पते की बातें कहीं। उसमें से एक यह थी कि 'आकाश कभी भी हम पर टूट सकता है और रंगमंच हमें इस बात का अहसास कराता है।' दूसरी यह कि रंगमंच में कोई मास्टरपीस सम्भव नहीं है। क्योंकि रंगकर्म अधूरी कला है—वह कभी पूर्ण नहीं होता। यह तर्क किया जा सकता है कि संगीत और नृत्य के साथ रंगकर्म ऐसी कला है जो अपनी पूर्णता रसिक की हिस्सेदारी से पाती है, उसके बिना नहीं। रिचर्ड का तर्क है कि अच्छे से अच्छा प्रदर्शन कुछ न कुछ अधूरा छोड़ता है। प्रदर्शनकारी कलाओं के मूल में यह जो अधूरापन है वह ज़िन्दगी की ही तरह है : ज़िन्दगी कभी पूरी नहीं होती, वह समाप्त हो जाती है। समापन और पूर्णता में अन्तर है। अधूरेपन में ज़ाहिर है कि कुछ ट्रैजिक निहित है : ये कलाएँ अपनी प्रकृति से अधूरी रहने को अभिशप्त हैं। शायद उनका बुनियादी आकर्षण और सम्मोहन ही इस ट्रैजिक अधूरेपन के कारण है। हालाँकि साहित्य की अपनी ट्रैजेडी है पर वह अधूरेपन की अनिवार्यता से नहीं उपजती। फिर भी, यह याद किया जा सकता है कि अंग्रेज़ी साहित्य के भारतीय विद्वान डॉ. बालचन्द्र राजन ने बरसों पहले अपनी पुस्तक 'फार्म ऑफ़ द अनफिनिश्ड' में यह स्थापना की थी कि कुछ रचनाएँ अधूरी ही रह जाती हैं, इसलिए नहीं कि उनके रचयिता आलस्य-प्रमाद में पड़ गये बल्कि इसलिए कि उनका शिल्प अपनी बुनावट में, अपनी परिणति में अधूरा ही हो सकता है। इनमें रोमैंटिक कवि जान कीट्स की हाइवीरियन कविता से लेकर आधुनिकता के स्थपति एज़रा पाउण्ड के प्रसिद्ध 'कैण्टोज' शामिल हैं। हिन्दी में दो कवियों को, इस सिलसिले में, याद किया जा सकता हैः शमशेर बहादुर सिंह और मुक्तिबोध। शमशेर का अत्यन्त सुगठित शिल्प जीवन और अनुभव को मुकम्मल करने के बजाय अत्यन्त विचारोत्तेजक अर्थों में अधूरा छोड़ता है। मुक्तिबोध ने तो एकाधिक बार यह घोषणा कविता में ही की है कि कमी ख़त्म नहीं होती कविता। मल्लिकार्जुन मंसूर का संगीत मुझे हमेशा अधूरा लगता था : उनका गाना कभी पूरा नहीं होता था वे उसे बरबस समाप्त भर कर देते थे।

दादा की महिमा

इतनी बार पेरिस गया हूँ लेकिन उस बेहद ठण्डी सुबह यह याद नहीं रहा कि उसका पाम्पिदू केन्द्र 11 बजे से पहले प्रवेश के लिए नहीं खुलता है। ख़ासी लम्बी क्यू थी और बारिश का अन्देशा था। लेकिन लगभग बीस मिनट उसमें खड़े रहने के बाद केन्द्र के गरमाहट भरे फ़ायर में प्रवेश मिल गया। वहाँ इन दिनों बीसवीं शताब्दी के एक अत्यन्त दूरगामी और विवादास्पद कला-आन्दोलन 'दादा' पर एकाग्र बड़ी प्रदर्शनी लगी हुई है। दादा की शुरुआत पहले विश्वयुद्ध के चलते 1916 में ज्यूरिक में हुई थी। धीरे-धीरे वह यूरोप के तमाम कला-विद्रोहियों का मंच बनता और चारों ओर फैलता गया। ये वे लोग थे जो अपने समय के मूल्यों को बदलना चाहते थे। यह वह समय था जब नये क़िस्म का प्रेस, रेडियो, सिनेमा आदि का जन्म भी हो रहा था। दादा का कोई निश्चित कला-कार्यक्रम नहीं था। हालाँकि आमतौर से उसे एक विध्वंसात्मक आन्दोलन समझा जाता रहा है, दादा आश्चर्यजनक रूप से उर्वर आन्दोलन था। ध्वनिकविता, कोलाज, संयुक्त कलाप्रदर्शन आदि अनेक नये प्रयोग दादा में हुए। वह सिर्फ़ कलान्दोलन न था : साहित्य में भी वह सक्रिय हुआ। लुई अराँगा, पाल एलुआर जैसे महाकवि उसमें शामिल हुए थे।

लगभग 45 सुनियोजित खण्डों में विभाजित यह प्रदर्शनी अपनी विविधता से चमत्कृत करती है। उसमें मार्सेद दूशां, फ्रेंसिस पिकाबिया, त्रिस्तान ज़ारा, कुर्ट श्विटर्स, हाउसमान, आर्प, मैन रे आदि का काम प्रदर्शित है। उस दौरान प्रकाशित दस्तावेज़, पत्रिकाएँ और परस्पर लिखे गये पत्र भी। दादा की महिमा यह थी कि वह कई कलामाध्यमों और कई भाषाओं, कई महाद्वीपों में फैला आन्दोलन था। उसमें मुक्ति का, उन्मोचन का, आविष्कार और ध्वंस का, जीवट और ज़िद का, कल्पना और अराजकता का, अद्‌भुत संगम था। इस प्रदर्शनी को देखकर समझ में आता है कि पिछली शताब्दी के आरम्भ में अपने ही सिद्धान्तों से घुट रहे पश्चिम में भाषा, रूप और वस्तु को सबवर्ट कर, उन्हें अपदस्थ कर कुछ नया करना कितना कठिन, दुस्साहसी और मेहनत का उपक्रम रहा होगा।

रूप-अध्यात्म

किसी चित्र प्रदर्शनी का नाम अगर 'रूप-अध्यात्म' हो, जैसा कि नयी दिल्ली की पैलेट आर्ट गैलरी में इसी सप्ताह शुरू हुई पाँच चित्रकारों की प्रदर्शनी का है, तो आमतौर पर आप कुछ जाने-माने धार्मिक या

पारम्परिक प्रतीकों और चिह्नों के इस्तेमाल से बनायी कलाकृतियों की उम्मीद करते हैं लेकिन यह प्रदर्शनी अव्वल तो अमूर्त चित्रों की है और पाँचों चित्रकारों का अमूर्तन अलग-अलग और अपना है : अध्यात्म एकात्म नहीं बहुल है। उसमें किसी अपसरण या आरण्यक निर्जनता नहीं, रंगों का घमासान है। रंग, रेखाएँ, आकार, लय, तनाव, सन्तुलन अपने आप में हैं—वे किसी वस्तुजगत का प्रतिबिम्ब नहीं हैं। वे उपस्थिति हैं, प्रतिनिधि नहीं हैं। उसका सरोकार आन्तरिक से है, अन्तर्जगत से जिसकी चीखें और चुप्पियाँ दोनों ही वे सुनने-गुनने की कोशिश कर रहे हैं। शायद उसके पीछे यह साझा विश्वास है कि आज जब चीज़ों की बहुतायत है, उनका आतंक हर दिन बढ़ रहा है, हरदम चीजें घेरे हुए हैं ये कलाकार अमूर्तन से उस अवकाश को खोजना और फिर से प्रतिष्ठित करना चाहते हैं, जिसमें चीजें नहीं हैं, कुछ अविवक्षित आशय, वृहत और विराट से जुड़ने की यादें और आकांक्षाएँ। विराट को चीजों में नहीं, खुले आकारों में सहेजने का जतन।

सैयद हैदर रजा, अपने कृतित्व के इस मुकाम पर, अपने सारे रंगक्षोभ के साथ उस आन्तरिक शान्ति को हस्तगत करने की चेष्टा में हैं जो हममें अब भी बची हुई है : उद्गम और मूल की शान्ति और उन्हीं की कसमसाहट। उनके चित्र अब प्रार्थनाओं की तरह हैं जो पवित्र से तादात्म होने को ही कला का सच्चा धर्म और मर्म मानते हैं। अखिलेश, जो इस प्रदर्शनी के क्यूरेटर भी हैं, अपने इधर के काम में पवित्रता के गानो कैनवास की शारीरिक ऐन्द्रियता को पवित्रता के स्तर तक उठाना चाहते हैं। जैसे कामना ही प्रार्थना हो या हो सकती है। सीमा घुरैया के चित्र, हमेशा की तरह, वृहदाकार हैं, लेकिन उसमें एक तरह का मोहक वाग्संकोच भी है : वे बोलने की बजाय बुदबुदाती हैं। कई बार लगता है कि वे अस्तित्व की विराटता में कई खाली जगहें खोज कर उनको अर्थ से ढाँप रही हैं। सुजाता बजाज के यहाँ चित्र भाषा शाब्दिक भाषा की परतों में छुपी और अलक्षित इबारतों को अपने ऊपर ओढ़ती है, इस तरह की सर्वथा समकालीन अतीत से अन्तर्ध्वनित होता है। दिलचस्प यह है कि सुजाता इस अन्तर्गुम्फन से जो स्पेस रचती हैं, वह ऊर्जा की क्रीड़ाभूमि बन जाता है। मनीष पुष्कले के चित्र अनन्त की अदृश्य काया के छूटे हुए चिह्नों को समय के आयाम में मुद्रित करने की चेष्टा है। उसमें असीम को सीमा में बरबस लाने की ज़िद जैसी है।

यह बात अर्थ रखती है कि रूप को ही अध्यात्म मानने वाले ये कलाकार किसी धार्मिक आशय या प्रतीक का इस्तेमाल नहीं करते। वे तीन धर्मों से आते हैं, पर उनके यहाँ कला ही अपने सारतत्व में धर्म है। शायद धर्म कहना उचित न लगे : कला ही अध्यात्म है, क्योंकि वह संकीर्णताओं से मुक्त कर विराट से स्पंदित होने का अवसर देती है। हमारे समय

में जब प्रायः सभी धर्म आक्रामक और हिंसक हो उठे हैं, अपने मूल अध्यात्म से विमुख हैं और अपनी ही बहुलता से पीछे हट रहे हैं, यह प्रदर्शनी एक संकेत यह देती है कि पवित्रता और अध्यात्म को, विराट की चेतना को बचाने का एक मुकाम कला भी है।

उषा भगत

सत्ता के बरसों इतना नजदीक रहने के बावजूद उषा भगत उन व्यक्तियों में थीं जिन्हें संस्कृति-जगत् एक संवेदनशील और मददगार, विनयशील व्यक्ति के रूप में याद करेगा। हममें से कई उन्हें बरसों से जानते रहे हैं और अभी भी वे अपनी वयोवृद्ध कृशकाया में सांस्कृतिक आयोजनों में पहुँचती थीं। कुछ दिनों पहले एक कार दुर्घटना में उनकी मृत्यु हो गयी और इसकी कोई ख़बर हममें से कइयों को मिली ही नहीं। किसी अख़बार में निकली हो इसका भी पता नहीं। उनके लिए ग्रेटर कैलाश-1 के गुरुद्वारे में जो प्रार्थना-सभा हुई उसमें संस्कृति और कला-जगत् से जुड़े बहुत कम लोग आ पाये, क्योंकि उन्हें सूचना मिल नहीं पायी थी।

बरसों तक श्रीमती इन्दिरा गाँधी की सामाजिक सचिव रही उषा जी ने हाल ही में इन्दिरा जी पर जो पुस्तक लिखी है उससे भी जाहिर है कि वे संवेदनशील गुणग्राहक थीं और उन्होंने इन्दिरा जी के व्यक्तित्व का अधिक मानवीय पक्ष ही उभारा है और उनके अवगुणों को प्रायः छोड़ दिया है। पुस्तक के लिए सामग्री बीनते समय उन्हें अपने निजी काग़ज़ात में इन्दिरा जी का अपने हाथ से लिखा मेरे बारे में एक नोट मिला जो उन्होंने उस समय लिखा था जब मध्य प्रदेश विधानसभा में मेरे विरुद्ध एक विशेषाधिकार प्रस्ताव लाया गया था। उषा जी ने वह नोट मुझे मूल सौंप दिया। मुझे यह भी याद आया कि सबसे पहले अस्सी के दशक में उनसे सम्पर्क हुआ था, जब वे मण्डला के लोकनृत्य विशेषज्ञ शेख गुलाब को पद्मश्री दिये जाने की सिफ़ारिश मध्य प्रदेश सरकार से चाहती थीं। एक बार पण्डित रविशंकर को संगीत नाटक अकादेमी का अध्यक्ष बनाने का प्रस्ताव इन्दिरा जी ने किया था। उनके एक अत्यन्त व्यस्त संगीतकार और सालभर आधा समय विदेश में रहने के कारण मैंने उषा जी के समक्ष पण्डित जी को यह प्रस्ताव स्वीकार न करने की बेबाक सलाह दी थी। उन्हें भी वह ठीक लगी थी और उसके बाद डॉ. नारायण मेनन अध्यक्ष नियुक्त हुए थे।

उषा जी के साथ रुचि का एक साझा भी था। मेरी ही तरह वे ध्रुपद

की रसिक थीं। मुझे पिछले लगभग तेरह-चौदह बरसों में दिल्ली में ध्रुपद की एक भी संगीत सभा याद नहीं जिसमें उषा जी न रही हों। ऐसे आयोजनों में वे कष्टपूर्वक स्वयं कार चलाकर आती थीं। इसमें सन्देह नहीं है उनकी हमेशा मदद करने के स्वभाव को याद करते हुए ऐसे बहुत लोग सांस्कृतिक जगत् में हैं जो उन्हें मेरी तरह कृतज्ञतापूर्वक याद करेंगे।

जतीन जतन

जो लोग दिल्ली के कला-जगत् से थोड़ा-बहुत भी परिचित हैं वे जानते हैं कि युवा से लेकर मूर्धन्य कलाकारों की प्रदर्शनियों में लगभग हमेशा अनिवार्य रूप से मौजूद रहने वाले चित्रकार हैं जतीन दास। जतीन चित्रकला जगत् के अलावा साहित्य, प्रदर्शनकारी कलाओं आदि में भी गहरी दिलचस्पी रखते आये हैं। उनके दोस्तों की दुनिया काफ़ी बड़ी है। जतीन उदार आतिथेय भी हैं और पिछले दिनों जब एक शाम उन्होंने, कई बरसों बाद और उन्हीं के अनुसार अब कई बरसों शायद न होने वाली पार्टी की तो उसमें इतने सारे क्षेत्रों से हस्तियाँ मौजूद थीं कि उन्हें गिनाना मुश्किल है। इतनी उमर में भी चतुर-चपल जतीन ने हज़ारों चित्र बनाने के अलावा पंखों का एक बहुप्रशंसित संग्रह किया है, म्यूरल बनाये हैं, दर्जनों कला-शिविरों में काम किया है। उनकी सर्जनात्मकता उनकी दोस्ती तक फैली है। उसी शाम वढ़ेरा गैलरी द्वारा आयोजित पिकासो की प्रदर्शनी में ऐसे बीसियों लोग थे जो प्रदर्शनी के बाद जतीन की पार्टी में जा रहे थे। जतीन रसोई भी बहुत अच्छी और बहुत मन से बनाते हैं। उस शाम उन्होंने सलादों का एक ऐसा भव्य, सुस्वादु और चित्ताकर्षक समूह स्वयं तैयार किया कि उसने इस पार्टी को एक और स्तर पर अनोखा बना दिया। एक सुघर-सतर्क आतिथेय की तरह जतीन ने प्रायः हरेक अतिथि का व्यक्तिगत ख़याल रखा। रसोई तक में काम करने के बावजूद जतीन बेहद उत्फुल्ल थे और औरों को भी अनायास अपने रंग में रंग रहे थे। यह कहना अतिशयोक्ति नहीं कि जतीन दास जैसे कलाकार दिल्ली के बेहद दिखाऊ-भड़कीले माहौल में सुरुचि और मित्रता का द्वीप सही पूरे जतन और संवेदनशीलता के साथ बचाये रखे और पोस रहे हैं।

सादगी और सच्चाई

सादगी और सच्चाई, पवित्रता और निश्छलता, साधना और उज्ज्वलता आदि कई संज्ञाएँ एक साथ याद आती हैं उस्ताद बिस्मिल्ला खाँ को याद करते हुए। भारतीय परम्परा के अनुरूप उस्ताद ने अपने संगीत में अपार ऐन्द्रियिता और अदम्य पवित्रता को एक साथ साधा था। पाँच वक़्त के नियमित नमाज़ी और विश्वनाथ मन्दिर में भरसक रोज़ शहनाई बजाने वाले इस वादक के लिए एक असली ईश्वर तो सच्चा सुर था। उन्होंने कई बार कहा है कि मैं ज़िन्दगी भर सच्चे सुर की खोज में रहा हूँ। पिछले इतने सारे दशकों से बनारस की तीन पहचानें थीं—गंगा, विश्वनाथ मन्दिर और उस्ताद बिसमिल्ला खाँ। उनके न रहने से बनारस की त्रिमूर्ति अब द्विमूर्ति ही रह गयी है।

अपने वाद्य यन्त्र पर एकाग्र—बिरले वादक ऐसे हैं जिनका नाम उनके वाद्य यन्त्र से लगभग पर्यायवाची हो जाये जैसा कि उस्ताद का शनाई से हो गया था—उस्ताद के चहरे पर जब-तब स्वयं अपने किये पर विस्मय का भाव आता दिखायी देता था, आनन्द के लगभग स्थायी-भाव के अलावा। पूछने पर कहते थे कि ईश्वर ने या स्वयं शहनाई ने अकस्मात् कुछ अप्रत्याशित कर दिया तो हैरत में पड़ गया। बीसवीं शताब्दी के उत्तरार्द्ध में हिन्दुस्तानी शास्त्रीय संगीत के लिए श्रोता-विस्तार करने में जिन संगीतकारों का योगदान रहा है उनमें उस्ताद का नाम अगली पंक्ति में आयेगा। शिखर पर लगातार रहने के बावजूद उस्ताद में एक तरह का घरेलू विनय था। अपने पूरे कुनबे की परवरिश करने का बोझ वे बरसों से अपने ऊपर उठाये थे और इस कारण उन्हें मुसलसल वित्तीय कठिनाइयाँ होती रहीं। लेकिन इस सबने उन्हें कभी अपनी साधना से विलग नहीं होने दिया।

उत्तर प्रदेश सरकार ने संस्कृति के क्षेत्र में बहुत कम स्मरणीय किया है। प्रसाद की स्मृति में एक संगीत अकादेमी खोलने की घोषणा हुई है। उत्तर प्रदेश में सरकार द्वारा समर्पित कई कला और संस्कृति से सम्बन्धित संस्थाएँ बेहद खराब हालत में हैं। इस खराबी से सबक लेते हुए इसलिए एक नयी अकादेमी खोलते समय इसका ध्यान रखना होगा कि दुहराव न हो और कुछ नयी कल्पनाशील पहल की जाये।

एक आवाज़ में कई

दशकों पहले जब मैंने पण्डित भीमसेन जोशी को पहली बार गाते सुना

था तो लगा था कई बार एक आवाज़ में कई और आवाज़ें भी गा रही हैं : उनकी आवाज़ सिर्फ़ आवाज़ नहीं, आवाज़ का एक समुच्चय, कई बार एक नाटक लगी थी। यह बहुत बाद में समझ में आया कि यह उनके अपने किराने घराने में कई और घरानों के कुछ तत्त्व मिला लेने की कल्पनाशील जुगत का एक प्रतिफल है। वे तत्त्व किराने की अपनी मर्यादा के अन्दर रहते हैं और फिर भी बिना किसी कठिनाई के उसकी सीमा को धीरे से कुछ ठेल देते हैं। यह सब कुछ होता है बिना आग्रह या आघात के, सहज संगति में, सुन्दरता के उस मनोरम संसार में जो उनका गायन रेशे-दर-रेशे रचता और परिष्कृत करता चलता है। एक स्तर पर यह हमारी संगीत परम्परा की बहुलता को आत्मसात् कर अभिव्यक्त करना भी है और दूसरे पर परम्परा में व्यक्तिगत प्रतिभा और कल्पना की उपस्थिति का आग्रह भी। एक मूर्धन्य की आवाज़ में परम्परा अपने को पुनर्नवा करती है और अपनी बहुलता का पुनर्न्यास करती हैं और फिर भी वही बनी रहती है। वह परिवर्तन से प्रतिकृत होती है लेकिन निरन्तरता पर उसकी पकड़ बनी रहती है। वह ऐसी आवाज़ है जो शुरू से ही घेरती रहती है—वह जैसे कई मुकामों से आपको पुकारती है और जब तक आप उसकी ओर मुड़ें वह मानो कहीं और पुकारने लगती है। यों देखें बल्कि सुनें तो भीमसेन जोशी का संगीत चतुर्दिक् संगीत है उसमें जैसे सारी पृथ्वी हर दिशा से गाती है, जैसे हर दिशा से आकाश अनुगुंजित होता है। इस संगीत में, उसकी काया में जैसे सभी घरानों का संक्षिप्त इतिहास समाया हुआ है : कृतज्ञतापूर्वक भीमसेन जी की आवाज़ में कई घरानों को गाने का अवकाश मिला हुआ है। वे एक तरह से हिन्दुस्तानी शास्त्रीय संगीत की परम्परा की बहुलता के प्रवक्ता-गायक हैं।

सारी धीरता और उदात्त अभिप्रायों के बावजूद भीमसेन जोशी के संगीत में आवेग और ऐन्द्रियता है : उनका संगीत संसार का उत्सव मनाता संगीत है। वह धीरता से उठता है, अधीरता के कई स्तर पार करता है और फिर धीरता में लौट आता है। यह यात्रा यों तो सामान्यतः सारे शास्त्रीय संगीत की है पर भीमसेन जोशी के यहाँ इस यात्रा का वेग, आवेग, उत्साह, ऐन्द्रियता, गतिमयता, लयात्मक विस्तार, नाटकीय मोड़ आदि सब स्पष्ट दिखायी-सुनायी देते हैं। इस यात्रा में एक तरह की परिपूर्णता है : यों वह कहीं ले नहीं जाती लेकिन वहाँ भी रहने नहीं देती जहाँ आप थे। उसमें एक ज़बरदस्त और मोहक विचलन बसा हुआ है। यह संगीत एक और स्तर पर शक्ति और सामर्थ्य का संगीत है। उसमें एक तरह का पौरुष भी है। यह अकारण नहीं है कि हमारे समय में भीमसेन जोशी शास्त्रीय संगीत के मंच पर सबसे लोकप्रिय संगीतकारों में से हैं जबकि ऐसी लोकप्रियता आमतौर पर वाद्यकारों को ही नसीब होती आयी है।

जतीन का जतन

चित्रकार जतीन दास यों तो हर चौथे-पाँचवें दिन किसी पार्टी में शामिल होने की वजह से 'पेज थ्री' पर नज़र आते हैं। पर कई बार वे वायदा कर देर से पहुँचते हैं और फिर चाहे रात का नौ बजा हो आते ही आपसे 'गुड मार्निंग' कहते हैं। इस अभिवादन में यह अहंकार नहीं है कि 'लो, मैं आया तो सुबह हुई', बल्कि यह इसरार है कि 'जब हम मिले तो सुबह हुई'–असली सुबह तो यह है, मौसमवाली सुबह क्या!

जतीन दास बरसों मुम्बई में रहे हैं और वहाँ उनकी कवियों से भी बड़ी अच्छी और गहरी दोस्ती थी जिसमें आदिल जस्सावाला, दिलीप चित्रे आदि शामिल हैं। इस मण्डली में दूसरी कलाओं के लोग भी शामिल होते थे। वे उन बिरले चित्रकारों में से हैं जिनकी कविता और अन्य कलाओं में रुचि है और उनमें क्या हो रहा है, इस बारे में हमेशा जिज्ञासा। जिन लोगों ने उनका पंखों का विशाल संग्रह देखा है, वे जानते हैं कि जतीन हर काम बहुत जतन से करते हैं और उनमें संग्रहवृत्ति प्रबल है : धन का संग्रह नहीं, कलावस्तुओं आदि का संग्रह। पिछले सप्ताह मराठी कवि-अनुवादक और मुखर बुद्धिजीवी दिलीप चित्रे दिल्ली में थे तो यह तय हुआ कि हम अपने अड्डे याने इण्डिया इण्टरनेशनल सैण्टर के बार में शाम साढ़े छह बजे मिलेंगे और यह समय जतीन ने ही तय किया था। बहरहाल, अपनी बेटी नन्दिता से उसके लम्बे प्रवास में जाने से पहले अकस्मात् मिलना ज़रूरी होने से वे ढाई घण्टे की देरी से आये। लेकिन वे अपने साथ एक अद्भुत पुस्तक लाये जो उन्होंने बड़ी सुरुचि से तैयार की है, कुल दस प्रतियों में। इस कला-कविता-पुस्तक में, जिसका शीर्षक है 'दिलीप चित्रे बम्बई 1966', दिलीप की अपनी लिपि में लिखे गये तुकाराम के कई अंग्रेज़ी अनुवाद और उनकी कुछ अंग्रेज़ी कविताओं की टाइप्ड प्रतियाँ हैं (रंगीन फ़ोटो कॉपी में) जो उन्होंने सातवें दशक में कभी जतीन को दी होंगी और जिन्हें चालीस से अधिक बरस बीत जाने के बाद तक जतीन ने इतने सम्हाल कर रखा है। जतीन के देर से आने का क्षोभ इस अमूल्य उपहार और उसके पीछे छिपी कविता और मित्रता के लिए आदर और चिन्ता से बिलकुल ही धुल गया। रसरंजन में कई बार कई बातें ध्यान से उतर जाती हैं, जैसे कि कई अवांछनीय बातें ज़रूरत से ज़्यादा याद आती हैं। पर लौटते हुए मुझे लगा कि अगर जतीन दास जैसे दोस्त हों तो कविता के लिए इस आमतौर पर अभागे समय में भी कवि होना कितना सार्थक है! उस शाम जतीन के जतन ने कविता और मित्रता दोनों में ही विश्वास बढ़ा दिया।

केशव कोठारी

नृत्यविद् और कुशल कलाप्रशासक केशव कोठारी का हाल ही में अचानक दिल का दौरा पड़ने से निधन हो गया। हालाँकि उन्होंने शुरुआत तो एक विधिवत् दीक्षित कथक नर्तक के रूप में की थी, उनका अधिकांश सक्रिय जीवन पहले कथक केन्द्र के निदेशक और बाद में संगीत नाटक अकादेमी के उपसचिव-सचिव के रूप में बीता। उनमें आयोजन, नये प्रकार के संयोजन करने और कलाकारों के नाजुकमिजाज़ माहौल से संवेदनशीलता से निपटने की असाधारण क्षमता थी। कथक केन्द्र के विकास, अकादेमी की सक्रियता के विस्तार, कई रूपाकारों के संरक्षण के लिए पहल, भारत महोत्सव आदि के आयोजन में उनकी बहुत सक्रिय भूमिका रही है। शास्त्रीय नृत्य और संगीत के क्षेत्रों में ऐसे युवा कलाकारों की बड़ी संख्या है जिन्हें समय पर केशव जी की पैनी दृष्टि ने चुनकर बढ़ावा दिया। कथक के बारे में जो भी थोड़ा-बहुत उन्होंने कभी-कभार लिखा या बोला उसमें हमेशा उनकी मर्म पर पकड़ ज़ाहिर हुई। कथक में सुदीक्षित कलाकारों में से अधिकतर की रुचि का दायरा बड़ा सीमित होता है। केशव जी इसका उजला अपवाद थे। उनकी रुचि और गहरी जानकारी सारी प्रदर्शनकारी कलाओं को अपने घेरे में समेटती थी। उनके दुखद निधन का दिल्ली में लगभग अलक्षित जाना एक बार फिर बताता है कि जो समाज बन रहा है वह कितनी स्मृति-कृतज्ञताहीन है और उसमें दुर्भाग्य से स्वयं अपने को संवेदनशील मानने वाला कलाजगत् भी शामिल है।

आत्मा का अन्दर

मनोहर श्याम जोशी का फ़ोन कम ही आता था। होली के आसपास आया कि एक शाम उनके यहाँ कुमाऊँनी संगीत और रसरंजन का कार्यक्रम है, जिसका मुझे भी न्योता है। मेरे यह बताने पर कि उस दिन मैं इलाहाबाद में होऊँगा, वे खिन्न होकर बोले कि हर कोई इलाहाबाद क्यों जा रहा है? उससे थोड़े दिन पहले वे वाणी प्रकाशन के एक सम्मान समारोह में जो उनके साहित्य अकादेमी पुरस्कार पाने के उपलक्ष्य में था, मिले थे। हमेशा की तरह उत्फुल्ल नहीं दीख रहे थे। पूछने पर बोले कि कुछ साँस की तकलीफ़ है। जोशी जी का स्वभाव अपने को गम्भीरता से न लेने का था। हर बार मिलने पर कुछ मज़ाक़ अपना बनाते थे और फिर कुछ आपका। इसलिए यह पता नहीं चलता था कि असल बात क्या है। वे एक तरह से बात बनाने के लेखक थे। भाषा के जितने

रजिस्ट्रारों का इस्तेमाल उन्होंने अपने लेखन में किया उतना कम ही लेखक कर पाये हैं। हिन्दी के कितने ही रूप, उसकी कितनी ही बोलियों के रंग उनकी भाषा में खिलते थे। आरम्भ में उन्होंने कविता भी लिखी थी, 'कुमांचली' के नाम से। एक लम्बी कविता 'कल्पना' में छपी थी। उस समय जब रघुवीर सहाय उसके सम्पादक थे। उसमें भाषा की कई अछूती भंगिमाएँ थीं। मुझे बम्बइया हिन्दी में लिखी दो पंक्तियाँ लगभग पैंतालीस बरस बाद, अब भी याद है—"हम लोगों का असल चीज़ आत्मा के अन्दर है। कौन साला बोला तुमको हनुमान जी बन्दर हैं।" निम्न मध्यवर्ग, विस्थापित लोग, पहाड़ की यतकिंचित् यादें, राजनीतिक-सामाजिक ज़िन्दगी आदि निस्बत रखते हुए जोशी जी ने अपनी चौकन्नी, आत्म-व्यंग्य और आत्म-विडम्बना से भरपूर आधुनिकता रची थी। उत्तर-आधुनिकता को भी अपने अहाते में खींच लाने वे सर्वथा समर्थ थे। रघुवीर सहाय पर उनका पुस्तकाकार संस्मरण रघुवीर जी कवि-व्यक्तित्व को समझने में किसी भी आलोचनात्मक यत्न से कहीं बेहतर और मददगार है। उन्होंने हजारीप्रसाद द्विवेदी आदि से जो इण्टरव्यू लिए थे वे उस विधा के प्रतिमान ही बन गये। इन दिनों आतंककारी और स्वयं आतंक से भरे अमरीकी समाज की अनेक विश्वव्यापी विकृतियों पर उनकी पैनी नज़र थी और मध्यवर्गीय विलासिता, उपभोक्तावाद आदि पर उन्होंने गहरी समझ और दूरदृष्टि से लिखा। उनके उपन्यास हिन्दी में अपनी तरह के उपन्यास हैं। उन्होंने दूसरों के ही नहीं अपने बनाये ढाँचे तोड़ने में कभी संकोच नहीं किया।

सभी जानते हैं कि अपार लोकप्रियता के बावजूद मनोहर श्याम जोशी ने जो महत्त्वपूर्ण कार्य किया उसकी एवज़ में उन्होंने वह सब नहीं मिला जिसके कि वे हकदार थे। साहित्य अकादेमी पुरस्कार हालाँकि देर से दुरुस्त तब मिला जब वे बहत्तर पार कर चुके थे। पर उनके मन पर इसका कोई बोझ न था। इलेक्ट्रॉनिक मीडिया पर सबसे पहले इतने सीरियल बनाने और उनसे मिली लोकप्रियता का भी उन पर बोझ न था। वे सच्ची लेखकीय जिजीविषा से प्रेरित व्यक्ति थे। हम जैसे कई लेखक एक विनोदप्रिय हँसमुख बन्धु की अनुपस्थिति को शिद्दत से महसूस करेंगे।

पुराने दोस्त

यू. आर. अनन्तमूर्ति, आशीष नन्दी, पद्मा सचदेव, गीतांजलि आदि कई भारतीय दोस्तों के अलावा परिसंवाद के बहाने कुछ पुराने विदेशी दोस्तों

से भी बरसों बाद मुलाक़ात हुई। जापानी कवयित्री काज़ूको शिरैशी और इंडोनेशियन कवि सपार्दी जोको दोमोनो। काज़ूको हमेशा की तरह एक तरह की मोहक नाटकीयता में विश्वास करती है। वे एशियाई कविता समारोह में भारत भवन भोपाल आयी थीं। वे एलेन गिन्सबर्ग आदि की घनिष्ठ रही हैं और उन्हें जापान का बीट कवि माना जाता रहा है। वे बुज़ुर्ग हो गयी हैंपर उनकी स्मृति अभी भी तीक्ष्ण है। वे मेरी पत्नी रश्मि और कथक के बारे में पूछती है और उसके लिए उपहार देती है। मुझे अंग्रेज़ी अनुवाद में न्यू डायरेक्शंस से आया अपना नया कविता-संग्रह 'लेट दोज़ हू एपीयर' की एक प्रति। उसमें संग्रहीत एक छोटी कविता 'चिड़िया की घड़ी' हिन्दी अनुवाद में यों है :

समय को कौन रोकेगा।
समय को कौन दौड़ायेगा।

चिड़िया अपनी पीठ पर एक घड़ी रखकर बाहर जाती है
सिर्फ़ अपने से समय को रोकती हुई समय को दौड़ाती हुई
लेकिन जब-तब उसे गिराती हुई
और बीन नहीं सकती खोये हुए समय को।

सपार्दी दामोनो अंग्रेज़ी अनुवाद में अपना संग्रह 'बिफशेर डान' की एक प्रति देते हैं। दामोनो के दस कविता-संग्रह कूल में निकल चुके हैं। उनकी एक कविता है, 'सोनेट एक्स'। उसका हिन्दी अनुवाद कुछ यों है :

कौन खुरचता है नीले आकाश को
कौन चीरता है गुज़रते बादल को
कौन निश्चित रूप धरता है कुहरे में
कौन मुरझाये फूल में सुख से बसता है
कौन बेंजनी धुंध में विलीन हो जाता है
कौन साँस लेता है समय की नब्ज़ के साथ
कौन ग़ायब हो जाता है हर बार जब मैं दरवाज़ा खोलता हूँ
कौन मेरी निग़ाह के नीचे पिघल जाता है
कौन बोलता है मेरे शब्दों की जगहों में
कौन मेरी ख़ामोशी की छाया में विरोध करता है
कौन आता है मुझे शिकार पर साथ ले जाने के लिए
कौन अचानक मेरा नकाब हटा देता है
कौन मेरे अन्दर फूट पड़ता है
कौन हूँ मैं

यह कहना कि उससे पहले लेखक की जो भी स्थिति, क़द और हैसियत रही हो नोबेल पुरस्कार मिलने के बाद उसमें बुनियादी फ़र्क़ पड़ जाता है, एक विश्व-पुरस्कार को महिमामण्डित करना नहीं लेखक के अनिवार्य असमंजस को उजागर करना भर है। इस्तांबूल जाने के पीछे एक अघोषित कारण यह था कि तुर्की कथाकार ओरहान पामुक के पक्ष में हम कुछ लेखक आवाज़ उठायेंगे और मैं अलग से उन्हें अगला निर्मल वर्मा स्मृति व्याख्यान देने निजी रूप से आमन्त्रित करूँगा। संयोग यह हुआ कि जिस दिन हम पहुँचे उसके अगले ही दिन पामुक को नोबेल पुरस्कार दिये जाने की घोषणा हो गयी। उसी दिन फ्रांस ने तुर्की द्वारा कथित रूप से आर्मियनों के नरसंहार पर शक करने वालों को दण्डित किये जाने का एक क़ानून फ्रेंच संसद ने पास किया। ज़ाहिर है तुर्की से सम्बन्धित दो बेहद महत्त्वपूर्ण घटनाएँ एक ही दिन हुईं। इसलिए अचरज नहीं कि अगले दिन सभी अख़बारों में पहले पन्ने पर सुर्ख़ियों में यही थीं : फ्रेंच बिल और वोट पर गुस्सा और पामुक को नोबेल मिलने पर ख़ुशी और अभिमान।

अगले तीन-चार दिनों में पामुक अख़बारों पर छाये रहे। यकायक और शायद अनचाहे वे तुर्कियत के प्रतिनिधि और प्रवक्ता के रूप में देखे जाने लगे हैं : इस अनिच्छित ज़िम्मेदारी से वे बच नहीं सकते और ज़ाहिर है कि यह उन्हें कई तरह की झंझटों में डालती रहेगी। कुछ अख़बारों और टिप्पणीकारों ने यह कहा कि तुर्क लोग पामुक के साहित्य की प्रशंसा करते हैं, उनकी राजनीतिक रायों की ताईद नहीं करते। स्वयं नोबेल समिति ने यह माना है कि तुर्की में पामुक की ख्याति एक सामाजिक टिप्पणीकार के रूप में है हालाँकि वे स्वयं अपने को मुख्यतः एक कथाकार मानते हैं, बिना किसी राजनीतिक एजेण्डा के। नोबेल समिति का मत जो भी हो पामुक को मिली सरकारी तुर्की बधाइयों में यह कहा गया कि उन्हें पुरस्कार उनके श्रेष्ठ उपन्यासों के लिए दिया गया है और उनकी राजनीतिक-सामाजिक टिप्पणियों को कम से कम इस मुकाम पर अनदेखा किया जा सकता है।

कट्टर राष्ट्रवादी अपनी प्रतिकूल प्रतिक्रियाओं में पीछे नहीं रहे। ग्रैण्ड लायर्स यूनियन के प्रमुख ने कहा कि वे पामुक को नोबेल मिलने पर शर्मिन्दा हैं और 'पामुक भली-भाँति जानते हैं कि उन्हें पुरस्कार उनकी रचनाओं के लिए उन शब्दों के लिए मिला है जिनमें उन्होंने कहा है कि इस देश में दस लाख आर्मीनियन और तीस हज़ार कुर्द मारे गये हैं।' उन्होंने तो यहाँ तक कहा कि 'अब आप कुछ विदेशी शक्तियों के साथ सहयोग करते हैं अपने ही देश के खिलाफ़ और उसे बदनाम

करने की कोशिश करते हैं, तो वे आपको पुरस्कार देते हैं।' एक उग्र राष्ट्रवादी ने यह घोषणा भी कर डाली कि वे स्वीडिश रॉयल अकादमी के निर्णय को राजनीति से प्रेरित होने के आधार पर अदालती चुनौती देंगे। राष्ट्रवादी अख़बारों ने पामुक को अवसरवादी और राष्ट्रद्रोही क़रार दिया।

लेकिन यह भी ज़ाहिर हुआ कि कुल मिलाकर तुर्की लोग इस पुरस्कार से बेहद ख़ुश हैं : यह किसी तुर्की को मिला पहला नोबेल है बल्कि किसी मुसलमान लेखक को मिला पहला नोबेल साहित्य पुरस्कार। मिस्र के नजीब महफ़ूज़ नोबेल विजेता लेखक थे लेकिन मुसलमान नहीं, सम्भवतः काप्टिक ईसाई थे। एक टिप्पणीकार ने पामुक पर हुई प्रतिक्रियाओं को तीन श्रेणियों में बाँटा और कहा कि पहले वे हैं जो मानते हैं कि तुर्की पैनल कोड की धारा 301 के विरोध और आर्मीनियन नरसंहार और कुर्दो के बारे में टिप्पणी करने के कारण पामुक को पुरस्कार मिला। दूसरे वे हैं जो मारे जलन के ऊपर से तो प्रशंसा कर रहे हैं लेकिन मन ही मन मानते हैं कि पुरस्कार उनके बजाय अगर पामुक को मिला है तो उसके पीछे 'आर्मीनिया तत्त्व' काम कर रहा है। तीसरे वे हैं जो चतुर हैं जो दोनों तरफ़ हैं : प्रशंसा भी करते हैं और निन्दा भी क्योंकि उन्हें दोनों ध्रुवों को प्रसन्न रखना है।

पामुक शब्द का अर्थ कपास होता है। तुर्की के राष्ट्रपति ने पामुक को पुरस्कार घोषणा के बाद भी बधाई नहीं दी तो अख़बारों ने इस चूक का नोटिस लिया। एक ने लिखा कि इस दौरान राष्ट्रपति ने कपास और अंजीर को तुर्कियत का प्रतीक बताया किसी भाषण में लेकिन वे कपास के पर्याय पामुक का ज़िक्र करना भूल गये जो अब संसार भर में तुर्कियत के प्रतीक बन गये हैं। संसद के स्पीकर ने पामुक को यह सलाह दी कि अब वे ज़्यादा ज़िम्मेदारी से काम लें क्योंकि अब उनकी आवाज़ दुनिया भर में ध्यान से सुनी जायेगी। काफ़्का, काल्वीनो, बोर्खेज़, मार्केज, फ़ॉकनर की परम्परा में माने जाने वाले पामुक ने एक इण्टरव्यू में कहा कि 'फ़ाकनर ने जो किया वह यह था कि आधुनिकतावादी साहित्य, प्रयोगशील साहित्य को जटिल इतिहास से जोड़ा, ऐसी कला से जो प्रामाणिक, नयी और साहसिक है। मैंने भी यही करने की कोशिश की है।' कई लोगों ने कहा कि बाद में, समय बीत जाने पर, यही याद रखा जायेगा कि पामुक पहले तुर्की थे जिन्हें नोबेल मिला, यह नहीं कि उन्होंने क्या कुछ विवादास्पद कहा-किया। एक टिप्पणीकार ने कहा कि उन्हें भविष्य में आटोमन इतिहास को गरिमा और आदर के साथ बरतना चाहिए, सत्य और दस्तावेज़ों को अपना पथप्रदर्शक बनाना चाहिए। अगर वे तुर्की, यूरोपीय और आर्मीनियन रिकॉर्ड्स को ध्यान से चैक करें तो वे पायेंगे कि जिन अनगिनत इतिहासकारों और अन्य विद्वानों ने उनकी

राय को ग़लत और आधारहीन कहा है तो उन्होंने ऐसा तथ्यों और जानकारी के बल पर किया है, अफ़वाहों और भावुक अतिरेक की वजह से नहीं।

इसमें कोई शक नहीं कि ओरहान पामुक के लिए यह अनुभव कि उनके देशवासी उनके नोबेल को लेकर विभाजित हैं, पीड़ादायी अनुभव है। उसमें यह पीड़ा भी जुड़ी है कि उनके उपन्यासों या कथासाहित्य के असली मर्म या अनुभवसंसार और दृष्टि की बात इस अवसर उतनी नहीं की जा रही है जितनी कि उनके साहित्येतर राजनीतिक मत की। यों तो नोबेल के विवादास्पद होने की लम्बी परम्परा है पर अक्सर वह विवाद में इसलिए पड़ता रहा है कि किसको नहीं मिला। ऐसा कम ही हुआ है कि नोबेल मिलने पर किसी लेख्क के अपने देश में ऐसा विवाद छिड़ गया हो जैसा कि इस बार तुर्की में हुआ है। यह भी स्पष्ट है कि कोई भी लेखक अपने कहे-किये के राजनीतिक परिणाम और कुपाठ से बच नहीं सकता। इस पर थोड़ा अचरज हुआ कि अपनी सारी टिप्पणियों में किसी तुर्की अख़बार ने, एक को छोड़कर, तुर्की महाकवि नाज़िम हिकमत का ज़िक्र नहीं किया जो निश्चय ही हम जैसों की राय में नोबेल के एक बड़े तुर्की हक़दार हो सकते थे, अपने जीवनकाल में।

पुनर्विचार

‘अज्ञेय हमारे बहुत महत्त्वपूर्ण साहित्यकार हैं। ...मैंने जिन पाँच कालजयी उपन्यासों की लिस्ट बनायी है—उसमें ‘शेखर’ है। ...‘शेखर’ के बाद और कलात्मकता को देखते हुए ‘अपने-अपने अजनबी’ कला की दृष्टि से बहुत महत्त्वपूर्ण उपन्यास है...अज्ञेय की कुछ अविस्मरणीय कहानियाँ हैं। दो-तीन. ..। कवि के रूप में अज्ञेय महत्त्वपूर्ण कवि हैं और कुछ मिला करके महत्त्वपूर्ण कवियों में जिनका नाम लिया जायेगा, निराला के बाद...तो शमशेर महत्त्वपूर्ण हैं तो अज्ञेय भी उतने ही महत्त्वपूर्ण हैं। ...मेरे लिए जिस तरह से मुक्तिबोध महत्त्वपूर्ण हैं, उसी तरह अज्ञेय हैं। ...अज्ञेय की विचारधारा से हम असहमत हो सकते हैं, लेकिन उनका साहित्य ख़ारिज नहीं किया जा सकता।...परिमल के तथाकथित लोगों की अपेक्षा अज्ञेय अपनी विचारधारा में कुल मिलाकर उतने प्रतिक्रियावादी नहीं थे। ...बहुत से रूढ़िवादी हैं। ...अज्ञेय नहीं हैं, क्योंकि वे एम.एन. राय के साथ थे। ...अज्ञेय सेक्युलर थे, ...अज्ञेय रेशनलिस्ट थे ...अज्ञेय आब्स्क्योरिस्ट नहीं थे। बाद में उनकी ‘असाध्य वीणा’ और कौन-कौन...में रहस्य और जापानी ज़ेन दिखायी पड़ता है, पर वह उस रूप में नहीं हैं। अज्ञेय लोकतान्त्रिक

दृष्टि वाले थे। शायद इसका कारण यह भी हो कि एक ज़माने में वे क्रान्तिकारियों के साथ थे। शेखर वाले दौर में।...वो धारा अन्तिम दिनों तक रही।...इसलिए अज्ञेय की विचारधारा प्रतिक्रियावादी नहीं थी।'

ऊपर के उद्धरण से यह अन्दाज़ लगाना असम्भव है कि ये उद्गार उस आलोचक और लगभग आजीवन अपनी प्रगतिशीलता से ग्रस्त आलोचक के हैं जिसने लगभग एक अधसदी, अज्ञेय तो अज्ञेय, उनके प्रशंसकों तक को प्रतिगामी और कलावादी कहकर लांछित करने में बितायी है। 'वाद-विवाद-संवाद' को अपनी पुस्तक का शीर्षक ही नहीं समूची आलोचना का मूलाधार मानने वाले नामवर सिंह ने अपने अस्सीवें जन्मदिन से कुछ महीने पहले अज्ञेय पर यह पुनर्विचार क्योंकर किया है यह आसानी से समझ में आना मुमकिन नहीं। 'अकार' पत्रिका में छपे नामवर जी के इस इण्टरव्यू में महत्त्वपूर्ण कवियों का नामोल्लेख करते हुए वे मुक्तिबोध का नाम भूल गये थे और याद दिलाने पर ही उन्हें मुक्तिबोध का नाम याद आया। नामवर जी को पूरा हक़ है कि अब जिस भी कारण या प्रेरणा से वे अज्ञेय पर पुनर्विचार करें लेकिन उन्हें अपने पिछले कहे और लिखे को इस तरह बिना उनका सन्दर्भ दिये और कोई उचित तर्क दिये भुला देने या नज़रअन्दाज़ करने की छूट नहीं मिल सकती। ऊपर अज्ञेय के बारे में ऐसा कुछ नहीं कहा गया है जो नामवर जी को इतने बरस बाद पता चला है और जिसकी ख़बर-समझ उन्हें पहले न रही होगी। वे प्रगतिशील लेखक संघ के राष्ट्रीय अध्यक्ष भी हैं : उनका अज्ञेय का आकलन वह संघ भी मानकर अपना रुख़ बदलेगा या उस पर बहस कर किसी और नतीजे पर पहुँचेगा यह देखना दिलचस्प होगा। मैं तो सिर्फ़ यह याद भर कर सकता हूँ कि अभी कुछ बरस पहले नामवर जी ने मुझसे अपनी वैचारिक सहमति का कारण मेरा बाद में मुक्तिबोध के बजाय अज्ञेय की ओर झुकाव बताया था (यह और बात है कि ऐसा झुकाव कभी नहीं हुआ—मैं दोनों को शुरू से मूर्धन्य मानता रहा हूँ) और अज्ञेय के अपनी मृत्यु के कुछ महीने भारत भवन में कुल दो बार आने को उस संस्था की लोकतान्त्रिक बहुलता की क्षति माना था।

इस इण्टरव्यू में तीन और बातें हैं जिन्हें नामवर जी के क़द और यश के अनुरूप नहीं कहा जा सकता। पहली कि वे लेखक और प्रकाशक के सम्बन्ध में हाल में छिड़े विवाद में प्रकाशक के पक्ष में दलीलें देते नज़र आते हैं जबकि उन्हें अपनी प्रगतिशीलता के नाते प्रकाशकों के शोषण के, अगर वह कहीं नज़र आये, विरुद्ध होना चाहिए। दूसरा, उन्होंने कहा है कि उन्होंने धूमिल और भारतभूषण अग्रवाल को साहित्य अकादेमी पुरस्कार दिलाये और विष्णु खरे और उदय प्रकाश को नहीं दिला पाये। कृष्णा सोबती, त्रिलोचन और रघुवीर सहाय को पुरस्कार दिलवाने का श्रेय भी उन्होंने निस्संकोच लिया है। साहित्य अकादेमी की जूरी में तीन

सदस्य होते हैं : भले पुरस्कार नामवर जी की सशक्त वकालत या किसी दुरभिसन्धि से मिले हों उनका यों श्रेय लेना उन्हें शोभा नहीं देता। उनसे कमतर क़द वाले तक को शोभा नहीं देगा। अपने पारिवारिक जीवन और अपने तथाकथित अकेलेपन का ज़िक्र करते हुए नामवर जी का अपने बेटे के बारे में व्यक्त मत भी मर्यादा के विरुद्ध ही कहा जायेगा। उसे 'पोएटिक जस्टिस' कहने से उसकी 'ग्रेसलैसनेस' कम नहीं हो जाती।

आचार्य और परसाई

मेरे अध्यापक लक्ष्मीधर आचार्य और लगभग पहले सम्पादक हरिशंकर परसाई में वैसे कोई सम्बन्ध नहीं है सिवाय इसके कि अगर ज़िन्दगी के उस मुकाम पर ये दो व्यक्ति न मिले होते तो साहित्य में मेरी आस्था ऐसी अडिग न होती जैसी कि पिछले पचास बरसों से रही है। न ही यह आत्मविश्वस्त आकांक्षा घर करती कि जो भी हो जाये, मरना कवि की ही तरह है।

आचार्य जी साधारण अध्यापक नहीं थे : वे कलाप्रेमी, साहित्य-मर्मज्ञ और बहुभाषाविद् एक साथ थे। वे दो वर्ष नवीं और दसवीं कक्षाओं में मेरे अध्यापक रहे। उन्हीं से रवीन्द्रनाथ, सुमित्रानन्दन पन्त, निराला, अज्ञेय आदि के बारे में जाना और उन्हें पढ़ना शुरू किया। शास्त्रीय संगीत, सिनेमा आदि में भी उन्हीं के कारण दिलचस्पी जागी। उनके निर्देशन में स्कूल की हस्तलिखित पत्रिका और अन्ततः छपकर प्रकाशित हुई स्कूल की पत्रिका 'अनामिका' का सम्पादन किया। अक्सर हर शाम हम यानी मैं और रमेशदत्त दुबे आचार्य जी के साथ शहर में घुमक्कड़ी करते थे और उन्हीं के पैसे से चाय-समोसा आदि पीते-खाते दुनिया की बारीकियों और सम्भावनाओं की अपनी समझ बढ़ाने की कोशिश करते। कविता करना तब तक अच्छा लगने लगा था और शहर में उससे कुछ जस मिलता है इसका हमें आभास था। पर उससे अपने नश्वर जीवन में शायद कुछ इज़ाफ़ा किया जा सकता है यह उन्होंने ही समझाया। वे चाहते थे कि मैं सिविल सेवा में आऊँ लेकिन बुनियादी तौर पर कवि बना रहूँ। उन्हें कम-से-कम सिविल सेवा और कविता में कोई अनिवार्य अन्तर्विरोध नहीं दिखायी देता था। मुझे भी बाद में ऐसा कभी नहीं लगा।

परसाई जी ने मेरी नयी कविता की ढब में, शायद भवानी प्रसाद मिश्र के प्रभाव में लिखी कविताएँ 'वसुधा' में प्रकाशित की थीं। कविताएँ पाते ही शाबाशी का एक ख़ाकी रुक्का मेरे पते-लिखे टिकिट-युक्त लिफ़ाफ़े

में भेजा था। उनके सम्पादन में उन दिनों गजानन माधव मुक्तिबोध, श्रीकान्त वर्मा, प्रमोद वर्मा आदि की एक नयी मुखर-आक्रामक मण्डली बन रही थी जिसने तब के मध्यप्रदेशीय साहित्यिक माहौल पर अपनी मौजूदगी और सक्रियता से गहरा असर डाला। हम लोगों को भी नये साहित्य के इस अघोषित आन्दोलन में शामिल होने से कुछ सार्थकता का बोध होता था। 'वसुधा' का उस समय यह कमाल था कि उसमें जबलपुर की कस्बाइयत और एक तरह की उदग्र विश्व-चेतना एक साथ थीं। उस समय मध्यप्रदेश की वह अकेली पत्रिका थी जिसका ज़िक्र साहित्य का अपने को केन्द्र मानने वाली बस्तियों यानी इलाहाबाद, बनारस और दिल्ली आदि में था। परसाई जी ने इस अर्थ में एक नायक की भूमिका अदा की कि उनके प्रोत्साहन से हम जैसे कई लोग साहित्य में आगे बढ़े और जिन्होंने बाद में अपनी अलग-अलग राह खोजी। उनमें कई परसाई जी के पथ पर नहीं चले पर उनमें से हरेक के मन में इस हँसमुख और विनोदशील सम्पादक के प्रति गहरी कृतज्ञता रही है, यह मुझे पता है।

कवियों का प्रियकर

मराठी कवि विन्दा करन्दीकर सम्भवतः इस समय भारतीय कविकुल के सबसे ज्येष्ठ सदस्य हैं। उन्हें काफ़ी देर से सही, भारतीय ज्ञानपीठ पुरस्कार मिलने पर जो खुशी इस समाज को व्यापक रूप से हुई है वह इस बात का प्रमाण है कि विन्दा का क़द और आदर इस समाज में कितना ऊँचा रहा है। इसका एक महत्त्वपूर्ण पक्ष यह भी है कि उन्हें जिस जूरी ने इस शीर्ष सम्मान के लिए चुना उनमें कोई भी सदस्य मराठी से नहीं था। यह प्रमाणित करता है कि भारतीय भाषाओं में लिखे जा रहे साहित्य को जाँचने-परखने के ऐसे मानदण्ड अन्ततः विकसित हो गये हैं जो किसी भाषा-स्थानीयता से बँधे नहीं हैं और कि विन्दा के काव्य-प्रयत्न और उपलब्धि का मराठी से पार भी बहुत आदर और मान्यता है। इस बात को, इस मुकाम पर, याद करना चाहिए कि साहित्य, विशेषतः कविता, में जो आधुनिकता रूपायित और सक्रिय हुई है, विन्दा करन्दीकर उसके एक प्रमुख स्थपति हैं। उनकी जिजीविषा, साहस और निर्भीकता और प्रश्नवाचक आत्मसंघर्ष और आत्मालोचन ने मराठी से बाहर भी व्यापक प्रभाव डाला है। इसमें कोई सन्देह नहीं है कि विन्दा करन्दीकर बीसवीं शताब्दी की भारतीय कविता के एक बहुमान्य मूर्धन्य हैं। आधुनिकता की अपनी रूढ़ियाँ निश्चय ही बनती रही है, सामान्य रूप से और

कवि-विशेष रूप में भी विन्दा की ख़ूबी यह रही है कि उनका शिल्प और कथ्य कभी भी रूढ़ नहीं हुए बल्कि उनमें लगातार उनकी आविष्कारक प्रतिभा का साक्ष्य मिलता रहा है। अपने को पुनर्नवा करने की जो क्षमता विन्दा करन्दीकर ने दिखायी है वह बिरले भारतीय कवियों में बीसवीं शताब्दी में नज़र आती है।

आधुनिक कविता का एक विशेष और विचारोत्तेजक पक्ष उसकी प्रश्नवाचकता रही है। पारम्परिक आश्वासनों से परे इस कविता ने प्रायः हरेक वैचारिक, नैतिक, आध्यात्मिक आशय को, यहाँ तक कि स्वयं अपने को, यानी कविता के माध्यम को प्रश्नांकन के घेरे में लिया है। यह प्रश्नांकन एक और उसे चालू ज़हनियत का सशक्त विकल्प बनाता रहा है तो दूसरी ओर वह तथ्य और शिल्प की परिधि को विस्तृत करता रहा है। विन्दा करन्दीकर इस अथक और अदम्य प्रश्नांकन के अत्यन्त प्रखर और ज्वलन्त उदाहरण हैं। जिन बड़े कवियों ने पिछली शताब्दी में भारतीय कविता को जीवन के सैलीब्रेशन के बजाय उनके गहन प्रश्नांकन की विधा बनाया उसमें विन्दा का नाम पहली पंक्ति में है। गद्य की तरह कविता उनके यहाँ एक प्रश्नवाचक विधा है।

लेकिन इसका अर्थ यह नहीं है कि विन्दा करन्दीकर की कविता में लालित्य या रसमयता की कोई कमी है। व्यक्ति के रूप में उनके कुख्यात रूखेपन के बावजूद उनकी कविता में प्रेम, प्रकृति, लोगों को लेकर पर्याप्त आसक्ति है। इसलिए एक सुन्दर और सार्थक रूप से उनकी कविता के केन्द्र में है जीवन, जिजीविषा, संघर्ष और आत्मसंघर्ष। यह कविता कई स्तरों पर जीवन का सत्यापन है। उसमें आत्मनिष्ठता है पर आत्मरति नहीं, अन्याय की अचूक पहचान है और उसका सजग-स्पष्ट प्रतिरोध भी लेकिन नारेबाज़ी नहीं। 'अब मेरी भी कविताएँ मुझे बिल्कुल याद नहीं आती' कह सकने वाले विन्दा सर्वथा अप्रत्याशित को सहज भाव से अपनी कविता की काया में ले आते हैं जैसे 'यथार्थ सूक्त' शीर्षक कविता की इन पंक्तियों में 'सत्य करता है आत्मा से सम्भोग, उसके क्षय के लिए। इसीलिए सत्य, स्वतन्त्रता की आहुति माँगने वाला।' इन पंक्तियों के निर्मम आत्मालोचन को, जो एक स्तर पर कवि द्वारा वैचारिकता का अवमूल्यन भी है, अलक्ष्य नहीं किया जा सकता :

मैं विचार कर रहा था, क्योंकि मैं गिर रहा था
मैं विचार कर रहा था, क्योंकि मैं नाप रहा था
मैं विचार कर रहा था विचारों के बारे में विचारों में से।
विचारों के मोड़ पर से ठठरियों की एक रेवड़ मुड़ रही थी
लाख ठठरियों की क़वायद देखते हुए मैं अकेला ही चल रहा था।

(व्रज-सूक्त : अनुवाद, चन्द्रकान्त बांदिवडेकर)

प्रश्नांकन के सिवाय विन्दा के यहाँ चित्रांकन भी विलक्षण है : उसमें ब्योरों का जतन से किया संयोजन है जैसे 'घर की यादें' शीर्षक इस अंश में :

घर की यादें : दरवाज़े की साँकल की, लगायी न लगायी की।
गुसलखाने के साबुन की आदतन ख़ुशबू की, चारों की साँसों की।
चड्डी के नाड़े का सिरा अन्दर फँसने की, गालफूले आँवले की,
खिड़की पर के कौए की, थर्मामीटर फूटने की, आख़िर गाँठ खुलने की।
झगड़े की, पड़ोसन के ओखल में राशन का धान कूटने की।
बटने खोने की, खोने पर मिलने की, मिलकर पुनः गँवाने की।
बेटा की, थेटा की, झाड़ू बाँधने की, टूटा काँच जोड़ने की।

(अनुवाद : चन्द्रकान्त बांदिवड़ेकर)

विन्दा की कविता का एक और पहलू उन्हें संगीतप्रेमी गृहस्थ कवि बनाता है : शायद ही किसी और कवि ने इतनी गहरी समझ और सच्चे आस्वाद से शास्त्रीय संगीत के कई तत्त्वों को अपनी कविता में गूँथा है और उनकी कुछ कविताओं के शीर्षक ही हैं—'आदि ताल' 'झपताल', 'दीपचन्दी', 'दादरा'। एक संग्रह का नाम है 'ध्रुपद'। बड़ी कविता अपनी अन्तर्ध्वनियाँ में सार्वभौम होते हुए भी अपने भाषिक और बिम्बात्मक परिसर में निपट स्थानीय होती है। विन्दा में इस स्थानीयता का स्रोत और आधार है कोंकण। उनकी कविता की चित्रावली पर कोंकण की अनिवार्य और असाधारण रूप से ऐन्द्रिय छाया है।

विन्दा करन्दीकर एक चिन्तक-कवि भी हैं। बीसवीं शताब्दी के वैचारिक उद्वेलनों से उनका सीधा सरोकार रहा है। मार्क्सवाद के अलावा अन्य कई दर्शनों और उनकी प्रतिपत्तियों से वे भली-भाँति परिचित हैं। उनकी कविता, इसलिए, विचार-सजग कविता है। लेकिन वह विचारों का काव्यात्मक अनुवाद या संस्करण नहीं बनाती। बल्कि विचारों को, अन्य अनुभवों की ही तरह, जज़्ब कर उन्हें कविता के रसायन में बदल देती है। विन्दा किसी तरह के आश्वासन या परिपूर्णता के कवि नहीं हैं : उनके यहाँ लगातार बेचैनी है—वैचारिक और आध्यात्मिक विकलता जो न सिर्फ़ नये तथ्य के रूप में प्रगट होती है बल्कि उन्हें बार-बार नये रूपाकारों और प्रयोगों की ओर भी ले जाती रही है। वैदिक सूक्त, सानेट आदि सब विन्दा की रूप-सम्पदा का हिस्सा हैं। रूपाकार की यह प्रयोगशीलता असल में सच्चाई की नित-नयी विविधता को कविता में पकड़ने की चेष्टा है। रूप बदलता है क्योंकि सच्चाई बदलती है।

आधुनिक कवि अक्सर अपनी कविता में बेघर-बार और गृहस्थ जीवन में अविश्वासी रहे हैं। विन्दा इस मामले में भी अनूठे हैं। वे गृहस्थ जीवन

की गरमाहट और आत्मीय आश्वस्ति को न सिर्फ़ याद करते बल्कि सेलीब्रेट करते हैं जैसे 'संहिता' शीर्षक लम्बी कविता के इस समापन अंश में :

जो फैली बाँहों में नहीं आता वह चुटकी में पकड़ा जा सकता है,
यह तुमने मुझे दिखाया है। पृथ्वी पर पैर रोपकर
तुम ऐसे ही खड़ी रहो। आकाश के 'हुंकार' को तुम झुनझुना
बजाकर दिखाओ... दो मनुष्यों की आत्माओं में एक बड़ी दीवार होती है
अपनी ओर के उन भित्तिचित्रों की रक्षा करो, और मृग के तूफ़ान में
उखड़ जाने वाले कल के अंकुरों को अपनी साँसों का आधार दो।

(अनुवाद : चन्द्रकान्त बांदिवड़ेकर)

अनुवाद में भी विन्दा करंदीकर की अद्‌भुत ऐन्द्रियता से अभिभूत न होना सम्भव ही नहीं है– 'तुम्हारा अन्धकार स्तनाकार होता है, उसे अँजुरी में सहलाने वाले तीर्थंकर हाथ मेरे होते हैं', 'हमने पकाया पाषाण-युग की गुहाओं के गर्भागार में निष्पाप नरमांस अपाप का नैवेद्य', 'निराकार की एक आँख दिखती है तनी हुई सबके अन्त पर', 'बहुत तड़के' 'क्यारी में बहते जल की तरह मन बहता हुआ पाँवों के पीछे-पीछे', 'वह अनन्त की ऊँची कगार पर बैठी दादागीरी' 'पागल मुसाफ़िरी में शामिल सभी सितारे', 'आँसू पीते हुए धीरे से हिलने वाला मस्सा रुद्राक्ष-सा' 'आकाश की विदूषिकी टोपी', 'पवित्र मुझको तेजाबी वह भूख', 'संस्कृति के होठों पर की किसके लिए है मलाई', 'बना पृथ्वी का मैं प्रियकर', 'हिमालय बराबर मिट्‌टी के ढेर पर हिन्द महासागर जितना रक्त डालो तो भी नहीं उगेगी तिनके बराबर घास' 'मेरा आशावाद प्लेटो के दो पैरों पर नहीं, दो सौ बीस दूनी चार सौ चालीस पैरों पर खड़ा है' आदि सैकड़ों बिम्ब और स्मरणीय पंक्तियाँ विन्दा के चिह्न हैं। ऐसे जिन्हें एक बड़ा कवि ही भाषा में छोड़ता है—अमिट और अनिवार्य। इसीलिए विन्दा भारतीय कवियों के प्रियकर हैं।

कोवलम तट पर

घोर आधुनिक और घोर पारम्परिक के बीच सहअस्तित्व यों तो समूचे भारत की एक विशेषता कही जा सकती है, लेकिन उनका पग-पग पर सबूत जितना केरल में मिलता है उतना शायद कहीं और नहीं। कुछ बीसेक घंटे तिरुअनन्तपुरम् में ठहरना हुआ और जिस होटल में ठहराने की व्यवस्था की गयी वह कोवलम के प्रसिद्ध समुद्र तट पर बनी अनेक होटलों में से एक में थी। कोवलम बरसों पहले हम लोग यानी पूरा परिवार

गया था। तब वह अधिक प्राकृतिक और अविकसित था। तट पर प्रसिद्ध वास्तुकार चार्ल्स कोरिया के बनाये कॉटेज में उस समय बेहद आकर्षण था। इस बीच पच्चीस बरसों में पूरा नक़्शा ही बदल गया है। सुविकसित तटीय परिसरों के बरक्स समुद्र हैं। अपने आदिम आवेग और अदम्य दहाड़ के साथ। विदेश-स्वदेशी सैलानियों की भरमार है और स्वीमिंग पुल से लेकर अन्य सभी आधुनिक सुविधाएँ इफरात से हैं। अपने कमरे से बड़ी सुबह या देर रात समुद्र की लहरों का बार-बार उत्ताल तरंगें बनकर उठना और तट पर पछाड़ खाकर बिखरना देखना प्रीतिकर अनुभव था।

सुबह उघरे बदन वाले ढेर सारे मछुआरों का शोर-शराबा भी सुनायी दिया और समुद्र में दूर तक चली गयी रस्सियों की रेखाएँ भी नज़र आने लगीं। तट के और नजदीक जाने पर जो दृश्य था वह ऐसा था कि कई सदियों से पहले का भी आसानी से हो सकता था। लगभग तीस मछुआरे समुद्र में दूर तक पड़ी रस्सियाँ खींच रहे थे। लगता था वे मील भर लम्बी हैं। खत्म होने को ही नहीं आती थीं। पता चला कि सुबह दो-तीन के बीच में मछुआरे दूर समुद्र में इन रस्सियों से बँधे जाल डाल आते हैं। सुबह उन्हें खींचना शुरू करते हैं। अधिक घंटे की खिंचाई के बाद जाल, चमकीली-रुपहली मछलियों से भरा, तट पर पहुँचा। जो लोग उसे घेरकर खड़े थे उनमें, बाद में पता चला, हर रोज़ आने वाले व्यवसायी भी थे, जो मछलियों का वजन अन्दाज कर बोली लगाते हैं। जो राशि आती है वह सब मछुआरों में बँट जाती है। वह उस दिन की उनकी रोजी होती है। वह सौ रुपये भी हो पाती होगी इसमें शक है। केरल में हर तरफ़ समृद्धि नज़र आती है। खाड़ी और अब इज़रायल में काम कर लौटने वाले केरलवासी अर्जित धनराशि से पक्के-अच्छे और अक्सर भौंड़े-भड़कीले मकान बनाकर चैन-सुख से रहने की शुरुआत करते हैं। पर मछुआरों का बड़ा वर्ग अभी भी ग़रीबी के शिकंजे में जकड़ा हुआ है।

जाल में फँसी मछलियाँ पानी से बाहर निकलने के बाद धीरे-धीरे तड़पकर शान्त हो गयीं। कौन जानता है कि वे कहाँ भोज्य बनी होंगी। शुद्ध कल्पना से लिखी गयी अपनी ही इन पंक्तियों का सच मैंने पहली बार अपनी भाषा से नहीं आँखों से देखा—

जैसे हम मरने के लिए नहीं जीते
वैसे ही ये मछलियाँ हमारे खाने के लिए पैदा नहीं होतीं—
जो सुन्दर है उसे देर-सवेर कोई-न-कोई लील क्यों जाता है?

हम सब आख़िरकार
एक-दूसरे के जाल में फँसे हैं
और सवाल हर समय सिर्फ़ इतना-सा है कि कौन
किसको पहले फाँसता और खाता है।

बुन्देलखण्डी उछाह

अपनी मिट्‌टी, अपने अंचल की रस-गन्ध से सभी प्यार करते हैं लेकिन पचास से अधिक बरसों से पेरिस में रह रहे चित्रकार सैयद हैदर रज़ा का यह प्यार लगभग आराधना की तरह है। पिछले सप्ताह उनके साथ मण्डला-दमोह जाना हुआ जहाँ उनका बचपन बीता था। हम जबलपुर हवाई अड्डे से जैसे ही थोड़ा बाहर निकलकर थोड़े जंगल लगते इलाक़े में आये, रज़ा के इशारे पर हमारी कार रुकी। वे बाहर निकले और उन्होंने थोड़ी दूर जाकर छूकर धरती को प्रणाम किया और फिर एक पलाश के पेड़ के साथ लगभग लिपटकर दो क्षण खड़े रहे। हम जबलपुर शहर में से गुजरते हैं और एक जगह सब्जियों की रंग-बिरंगी दुकानें रज़ा को आकर्षित करती हैं। वे ज़मीन पर टोकनियों के साथ बैठी औरतों से ज़मीन पर ही बैठकर कुछ देर बतियाते हैं। बीच-बीच में उनकी आँखें नम होती हैं। उनमें बार-बार बहुत दूर चला गया बचपन डबडबाता है।

कब्रिस्तान मण्डला शहर के बाहर है। हम वहाँ रुकते हैं। रज़ा अपने पिता की कब्र पर जाते हैं। कुछ देर झुककर बैठे रहते हैं। अगरबत्तियाँ चलाते और फूल चढ़ाते हैं। कुछ मुसलमान नागरिक भी जमा हैं। साफ़ दीख पड़ता है कि एक ओर सरहदी दीवार न होने की वजह से कब्रिस्तान की ज़मीन दबाकर बस्ती आगे बढ़ रही है। लोग कहते हैं कि उनके पास दीवार बनाने के लिए रुपया नहीं है, क्योंकि शहर में मुसलमान बहुत कम रह गये हैं।

सुबह तीन बजे से दिल्ली से जबलपुर की उड़ान समय पर पकड़ने के लिए जाग रहे और कुल तीन दिनों बाद चौरासी के हो जाने वाले रज़ा रेस्ट हाउस में खाने के बाद कुल दस मिनट आराम कर फिर निकल पड़ते हैं। चमेली बाबा की दरगाह देखने के बाद मण्डला को घेरती नर्मदा का दर्शन करने के लिए। कुछ पुराने बुर्ज बचे हैं और बहुत सारे भदरंग और नामहीन वास्तु के मकान किनारे पर बन गये हैं। पर नर्मदा वैसी है पूर्णतया, उच्छल।

ककैया गाँव जाने के लिए फिर एक नदी पार करना है, लेकिन उस पर बना रास्ता ऐसा है कि उस पर हमारी कारें नहीं जा सकतीं। क्वालिस चाहिए जिसके जाने का हम इन्तज़ार करते खड़े हैं। तभी उसी ओर जाती एक बड़ी गाड़ी आती है। उसके वाहक हमें ले जाने के लिए राज़ी हो जाते हैं। ककैया के स्कूल में, जहाँ से बचपन में रज़ा के बिन्दु पर ध्यान एकाग्र करने की एक यात्रा शुरू हुई, भारी भीड़ है। बच्चे, अभिभावक, अध्यापक, नागरिक और अधिकारी। रज़ा का अभिनन्दन किया जाता है—यह कल्पना करना कठिन लगता है कि लगभग 75 बरसों पहले

वे यहाँ एक साधारण छात्र थे। बाद में वे बगल में डिप्टी रेंजर का पुराना क्वार्टर देखने जाते हैं, जहाँ वे अपने पिता के साथ रहते थे। अपने अध्यापक नन्दलाल झरिया को रज़ा बराबर याद करते रहे हैं। वे जिस घर में रहते थे वह भी पास ही है। हम उसे भी देखने जाते हैं—वह वीरान है।

अगले दिन सुबह जल्दी कान्हा के रेस्ट हाउस से निकलकर हम दमोह पहुँचते हैं। वहाँ फुटेरा स्कूल पहुँचने के पहले हम बाज़ार जाते हैं, घंटाघर के पास। स्कूल की दहलीज़ पर रज़ा झुककर उसकी सीढ़ियों की धूल अपने माथे पर लगाते हैं। अपने स्कूलों और अध्यापकों के प्रति उनकी अपार और विगलित श्रद्धा प्रायः सबको चकित कर रही है। ज़िला कलेक्टर भी वहाँ हैं और अपने वक्तव्य में अप्रत्याशित रूप से अज्ञेय की एक कविता मुखाग्र उद्धृत करते हैं। शाम को हम रज़ा के पैतृक मकान जाते हैं जहाँ अब एक सख़्त मिजाज़ और ताक कब्ज़ां है। रज़ा यह देखकर अभिभूत है कि वह अभी पहले जैसा है। वे उस औरत से आग्रह करते हैं कि वे उसे वैसा ही रखें। वह तपाक से जवाब देती है कि वह ग़रीब है वरना पूरे मकान को सुधार कर नये ढंग से बदल देती। एक और स्कूल में दमोह की साहित्यिक और सांस्कृतिक संस्थाओं की ओर से रज़ा का अभिनन्दन होता है, जिसमें दमोह के पुराने लेखक-मित्र सत्यमोहन वर्मा, श्याम सुन्दर दुबे आदि मिलते हैं। रज़ा परिवार के बचे-खुचे सदस्य भी हर जगह साथ हैं। रात का भोजन हम ज़हरा कुरैशी के यहाँ करते हैं। सुस्वादु, बहुत सारा और बहुत सारे मेहमानों के साथ।

रास्ते में सभी जगह आम बौरा चुके हैं और लदे-फँदे दीखते हैं। पलाश अभी पूरी तरह नहीं फूले हैं। कहीं-कहीं एकाध फूल खिल गया है, मानों अन्दर से बाहर आकर टोह ले रहा हो कि पूरी तरह से खिलने-खिलखिलाने का मौसम आ गया या नहीं। हम शाम को ही फुटेरा तालाब और उसके किनारे रखी नन्दी की एक विशाल प्राचीन प्रतिमा देखने जा चुके हैं। रज़ा उसे ऐसे छू रहे थे जैसे पुरानी पवित्रता के संस्पर्श से अपने सहज और गहरे अध्यात्म को अभिषिक्त कर रहे हों। उन पर बुन्देलखण्ड का और बुन्देलखण्ड का उछाह छाया हुआ है।

रचना अतिविचित्र

उस समय तक शाम की नमाज़ का वक़्त हो चुका था—महीना रमज़ान का था। इस्तांबूल की नीली मसजिद के पास ही हमारा होटल था। जब

तक हम नीली मसजिद में दाख़िल हों नमाज़ शुरु हो चुकी थी। अन्दर भारी भीड़ थी। हम भी उसमें शामिल हो गये। प्रार्थना में औरों की तरह झुक भी गये। जगह बेहद बड़ी और भव्य थी पर उस समय बहुत भरी हुई थी। इस्तांबूल छोड़ते समय सुबह-सुबह एक बार फिर भागकर वहाँ गये तो उस समय ख़ाली थी : फ़र्श पर तुर्की कालीन करीने से बिछे हुए थे दो-एक धार्मिक लोग किनारे बैठकर इबादत कर रहे थे। पहली बार यह अहसास बहुत गहरा हुआ कि मुसलमान निराकार की आराधना करते हैं : शून्य की आराधना क्योंकि आलम्बन के लिए कुछ नहीं होता—कोई मूर्ति, कोई क्रास, रेशम में लिपटा कोई पवित्र ग्रन्थ, कुछ भी नहीं। सुबह खुदा का घर बिल्कुल ख़ाली था : अपने शून्य वैभव में सहज दीप्ति। यह भी शिद्दत से लगा कि मनुष्य जब ईश्वर के लिए कुछ मन-लगन से बनाता है तो वह सचमुच भव्य होता है—कई मायनों में कालजयी। जब अपने लिए बनाता है तो अपनी नश्वरता के अनुरूप ऐसा कुछ जो देर-सबेर नष्ट-ध्वस्त हो जाता है।

इस्तांबूल में सोफ़िया और अन्य स्मारक देखकर यह अहसास ही मजबूत होता है कि शायद ईश्वर के होने का औचित्य धर्म, विज्ञान, दर्शन, तर्क आदि में उतना नहीं है जितना कि कविता, कलाओं और स्थापत्य में। एक तरह से यह स्वाभाविक भी है : रचयिता का साक्ष्य रचना के अलावा और कहीं क्यों खोजना। यह कहने का मन होता है कि ईश्वर सबसे पहले साहित्य ने ही रचा है और शायद उसकी यह एक रचना है जो उससे भी बड़ी, कालजयी और जगत्व्यापी हो गयी। अगर ईश्वर हमारे आदिम भय और रहस्य की उपज है, जैसा कि कहा जाता है, तो आख़िर हमारा साहित्य भी तो उन्हीं आदिम वृत्तियों से जन्मा था।

तुर्की एशिया और यूरोप के बीच फँसा हुआ है : उसका स्वभाव एशियाई है, आकांक्षा यूरोपीय। बुरके-पहने युवतियाँ भी नज़र आती हैं तो काफ़ी कुछ दिखाने वाली पश्चिमी वेशभूषा में लिपटी-अधलिपटी आधुनिकताएँ भी। नमाज़ अता करने वालों में नवयुवकों की संख्या कम नहीं लगती थी। नीली मसजिद के अहाते में ही लगी किताबों की दुकानों में तरह-तरह के आकारों में कुरान और उस पर टीकाएँ बिक रही थीं तो दोस्तोवस्की से लेकर इन दिनों के पश्चिमी लोकप्रिय उपन्यासों के तुर्की अनुवाद भी। अमेरिकी सैलानियों की भरमार थी जिनमें से कई पुराने स्मारक देखकर चकित थे कि उनसे पहले भी दुनिया में लोग सभ्य-सुसंस्कृत थे और इतनी बड़ी इमारतें बना सकते थे। जगह-जगह से बासफ़ोरस समुद्र, उसमें तैरते बड़े जहाज और छुटकी नौकाएँ नज़र आती हैं। जब-तब अपने मत्स्याखेट से थक या ऊबकर समुद्रपाखी इस्तांबूल की मसजिदों की गुम्बदों पर कुछ देर सुस्ताने बैठते रहते हैं। थोड़ी देर बाद उनकी डार उड़ जाती है समुद्र की ओर। एक मसजिद से अज़ान उठी है तो फिर बाक़ी सभी

मसजिदों से उसका उठना शुरू हो जाता है जैसे अज़ान का वृन्दगायन हो रहा हो। पता नहीं यह कितने हज़ार बरसों से होता आया है। मसजिदों के गुम्बद और मीनारें, समुद्रपाखियों की उड़ान, अज़ान की मार्मिक पुकार सब आपको समय से पार ले जाते हैं : वहाँ जहाँ ईश्वर, प्रकृति और मनुष्य एक-दूसरे के पास-पड़ोस में हैं। एक पुकारता है तो दूसरा सुनता, जवाब देता है।

पुस्तक लिखना

पिछले दिनों मैं अपनी पहली पुस्तक लिखने के लोमहर्षक अनुभव से गुज़रता रहा हूँ। यों तो बीस से अधिक कविता और आलोचना की ज़्यादातर हिन्दी और कुछ अँग्रेज़ी में पुस्तकें प्रकाशित हैं। लेकिन उनमें से एक भी बाक़ायदा पुस्तक के रूप में कभी लिखी नहीं गयी। कविताएँ हमेशा फुटकर ही लिखीं और यथासमय उन्हें इकट्ठा कर दिया तो एक पुस्तक बन गयी। निबन्ध लिखे और उन्हें एकत्र कर दिया तो आलोचना-पुस्तक बन गयी। इसलिये इन दिनों चित्रकार सैयद हैदर रज़ा पर अँग्रेज़ी में, जो पुस्तक लिख रहा हूँ वह क़ायदे से मेरी पहली पुस्तक है जो शुरू से पुस्तक के रूप में लिखी जा रही है : उसका अधिकांश पुस्तक के रूप में प्रकाशित होने के पहले शायद ही कहीं किसी पत्रिका आदि में प्रकाशित हो। जब प्रकाशित होगी रज़ा के 85 बरस पूरे करने पर, 22 फ़रवरी 2007 को, तो पुस्तक के रूप में ही।

सबसे पहले तो मन में उपन्यासकारों के प्रति बहुत आदर जागा : वही एक ऐसी विधा में लिखते हैं जो सीधे-सीधे शुरू से ही पुस्तक-बराबर होती है। पुस्तक लिखना कष्टकर है यह मैंने इस अनुभव से जाना। रज़ा की ज़िन्दगी और काम को बरसों से जानता रहा हूँ : उस पर जब-तब लिखने का भी अभ्यास रहा है। लेकिन उस सबको समेट कर संग्रथित कर सिलसिलेवार लिखना बहुत सुकर या आसान नहीं रहा। एक अजीब सी मुश्किल मेरे मामले में यह भी है कि मैं हिन्दी में तो सीधे टाइपराइटर पर लिखता हूँ लेकिन अँग्रेज़ी में हाथ से लिखता हूँ स्याही-क़लम से। अनेक हितैषियों के उकसाने के बावजूद कम्प्यूटर पर लिखने की आदत नहीं बन पायी है : शास्त्रीय संगीत पर इसी तरह की एक पुस्तक लिखते समय–जो अधूरी ही छूट गयी है–मैंने कम्प्यूटर अपने बेटे के इसरार पर आज़माया ज़रूर पर अक्सर कोई ग़लत की दब जाती थी। एक बार तो संगीत पर मेरे कुछ नये (?) चिन्तन का एक पूरा हिस्सा ही ग़ायब हो गया। सो मैं भर पाया और अँग्रेज़ी टाइपराइटर पर कोशिश की।

फिर वह पुस्तक छूट ही गयी, मन उचट गया, शायद संगीत पर लिखने से उतना नहीं जितना पोर्टेबिल टाइपराइटर से।

हाथ से लिखता हूँ और उसे टाइप कराता हूँ। घसीटे में होने के कारण और टाइप करने वाले के अँग्रेज़ी-ज्ञान की सीमा होने के कारण बहुत-सी भूलें हो जाती हैं तो उन्हें सुधारता हूँ। यह भी थोड़ा वक़्त-खाऊ काम है। सौभाग्य से अब पुस्तक समाप्ति पर है। इसे दे तो देना था सितम्बर के अन्त तक क्योंकि छपना सिंगापुर में है और यह रज़ा पर एक बड़ी कलापुस्तक है जिसका सम्पादन भी मैं ही कर रहा हूँ। हो सकता है कि आगे जाकर इसका हिन्दी में अनुवाद भी हो और वह प्रकाशित हो। अभी तो हिन्दी में ऐसी कला-पुस्तकें नहीं हैं और न ही उनकी कोई सम्भावना नज़र आती है। यह पुस्तक किसी एक कलाकार पर विधिवत् विचार कर लिखी गयी मेरी पहली पुस्तक भी है। अब जब पुस्तक ख़त्म होने के कगार पर है, यह सन्तोष है कि चलो ज़िन्दगी में एक पुस्तक तो लिख ली। अच्छी-बुरी जैसी भी हो, इसे लिखने के थोड़े कठिन अनुभव से लगा कि अब संगीतवाली पुस्तक भी पूरी हो जायेगी। फिर, शायद आत्मकथात्मक कुछ पुस्तकाकार लिखने का उत्साह जागे।

भोपाल अल्पावधि

कलेक्टर होकर जाने से पहले मैं लगभग एक बरस भोपाल में 1868-69 में रहा था और उसी दौरान वहाँ मेरे बेटे जूनू (कबीर) का जन्म हुआ था। हम लोग पैंतालीस बँगले कहलाये जाने वाली एक बस्ती में रहते थे। सोमदत्त, भगवत रावत, शरद जोशी, फ़ज़ल ताबिश आदि से मित्रता तभी हुई और हमारी एक मण्डली सी बन गयी। शरद जोशी एक पढ़ाकू लेखक थे और अक्सर हमारे घर के पास स्थित ब्रिटिश कौंसिल लाइब्रेरी आते-जाते गपशप के लिए रुक जाते थे। वे भोपाल में कुछ बरसों पहले मुक्तिबोध पर एक बड़ा आयोजन कर और एक 'नवलेखन' नाम की एक पत्रिका का सम्पादन कर चुके थे। उनकी कलाओं में भी रुचि थी और उनकी पत्नी इरफ़ाना, जो अद्‌भुत आतिथेया भी थीं, भोपाल रंगमंच की प्रतिष्ठित अभिनेत्री थीं। उन दिनों भोपाल का असली साहित्यिक तबका पुराने भोपाल में बसता था। उसी दौरान शेरी भोपाली, ताब भोपाली जैसे उर्दू कवियों से परिचय हुआ। एक बार फ़ज़ल ताबिश अकस्मात् खींचकर एक सभा में ले गये जो ग़ालिब की मृत्यु-शती के सिलसिले में थी और उर्दू के लोगों के बीच ग़ालिब पर कुछ कहने की जुर्रत की शुरुआत हुई।

सोमदत्त और भगवत रावत दोस्त थे, सहचर और पारिवारिक रूप से बहुत घनिष्ठ। सोमदत्त पशुधन विभाग में अधिकारी थे : सुकवि, बहुत अच्छे अनुवादक और खरे मित्र। भगवत अध्यापक थे, कस्बाई घरेलूपन और जीवनासक्ति उनके यहाँ प्रबल थे। पड़ोस में मेरे बैच के और मसूरी के दिनों से मित्र अरविन्द पाण्डेय रहते थे जिनकी पत्नी मृणाल पाण्डेय हैं। हम सबने मिलकर एक मण्डली सी बना ली थी। उन दिनों भोपाल में साम्यवादी लेकिन साहित्य-प्रेमी मथुरा बाबू की बड़ी हैसियत थी : वे साहित्य और रसरंजन में एक सा मज़ा लेते थे। दुष्यन्त कुमार भी भोपाल में ही थे लेकिन उन दिनों वे बड़े अफ़सरों के नजदीक रहने के लिए अधिक जाने जाते थे। भोपाल को मध्यप्रदेश की राजधानी बने बमुश्किल एक दशक से कुछ ही अधिक बीता था। उर्दू शायरी और कव्वाली की परम्परा भर थी।

शरद जोशी अक्सर गद्यकारों की तरह कविता के प्रति उदासीन नहीं थे। पत्रकारिता से बरसों जुड़े रहने के कारण वे लोकप्रिय संस्कृति से हम लोगों जैसे दूर न थे। बल्कि बड़ा पाठक वर्ग होने को वे एक लगभग प्रतिमान भी मानते थे। स्वयं व्यंग्यकार थे लेकिन अपनी आलोचना के प्रति वे बेहद संवेदनशील थे। ब्रिटिश कौंसिल से वे अक्सर नाटक लेकर पढ़ते थे : तब यह स्पष्ट नहीं हुआ था कि वे आगे जाकर नाटक लिखने का अभ्यास करने वाले हैं।

जब मैं सरगुजा में था तो एक बार फिर एक साहित्य-समारोह के सिलसिले में भोपाल आना हुआ जिसका आयोजन शरद जी ने सोमदत्त, भगवत आदि के साथ मिलकर किया था। यह कठिन समय था क्योंकि ऐसे आयोजनों के लिए साधन जुटाना आसान नहीं था। बाद में भोपाल में जो सांस्कृतिक सक्रियता का विशाल परिसर विकसित हुआ उनमें इन आरम्भिक प्रयत्नों की भी सार्थक भूमिका रही है।

भोपाल दीर्घावधि

1972 के मध्य में फिर भोपाल आया और फिर अगले 17 वर्ष से अधिक वहीं जम गया। तब तक भारतीय प्रशासनिक सेवा में आये कुल 7 वर्ष ही हुए थे। इस बीच यानी भोपाल से बाहर रहते हुए पहला कविता संग्रह और पहली आलोचना-पुस्तक 'फ़िलहाल' प्रकाशित हो चुके थे। हालाँकि किसी ने यह ज़िम्मेदारी मुझे सौंपी नहीं, हमेशा लगता रहा था कि मेरा काम सिर्फ़ कविता या आलोचना या दोनों लिखना भर नहीं

हो सकता—अपने समय और समाज में कविता की जगह और सम्भावना बनाने के लिए भी सक्रिय होना चाहिए। हमेशा यह भी लगता रहा है कि कविता अकेली नहीं होती उसके पड़ोस में अन्य कलाएँ हैं। इस पड़ोस को भी सम्बोधित करना चाहिए।

जल्दी ही अवसर मिला भारत की स्वतन्त्रता की रजतजयन्ती के बहाने 'उत्सव-73' के आयोजन का। मुझे मध्यप्रदेश कला परिषद् का सचिव बना दिया गया और शरद जोशी, शानी, सोमदत्त, वेणुगोपाल आदि अनेक मित्रों के सहयोग से यह आयोजन हुआ जिसके माध्यम ने साहित्य और कलाओं में अपने मूर्धन्यों को पहली बार पहचाना और सार्वजनिक रूप से सम्मानित किया। अब शुरू हुआ मध्यप्रदेश में सरकारी समर्थन लेकिन साहित्य और कलाओं की स्वतन्त्रता और स्वायत्तता का सम्मान करते हुए सांस्कृतिक सक्रियता का एक नया अभियान जो लगभग दो दशक चला।

अकेले कविता के क्षेत्र में ही शायद हमने सौ से अधिक आयोजन किये होंगे जिनमें विभिन्न संभागीय मुख्यालयों और भोपाल में कवितापाठ के अलावा भारत भवन में और उसके द्वारा आयोजित भारतीय कविता समारोह, हिन्दी कविता समारोह, एशियाई कविता समारोह और विश्व कविता समारोह शामिल हैं। चूँकि इन सभी का संयोजक मैं ही था, अच्छा-बुरा जैसा भी कवि होने के बावजूद, मैंने इनमें कभी अपनी कविताएँ नहीं पढ़ीं। पर इस बहाने कविता का एक बड़ा भावुक वर्ग खोजने-पोसने में बड़ी मदद मिली। यह भी लगातार समझ में आया कि आज की कविता अगर स्वयं कविमुख से थोड़े साफ़-सुथरे और सुरुचि के मंचों से पढ़ी-सुनाई जाये तो बाक़ायदा सम्प्रेषित होती है। कई बार तो ऐसे कवितापाठ भोपाल में ही चार घण्टों से अधिक चले हैं। यह अहसास भी गहराया कि कविता संसार, अस्तित्व और मनुष्य की बहुलता का अथक और अनन्त उत्सव है। यह भी बार-बार स्पष्ट हुआ कि कविता में भाषा वहाँ जाती है जहाँ पहले वह न गयी हो और सुनने वालों को भी उतना ही विस्मय और रोमांच होता है जितना कि कवि को। फिर यह भी लगा कि कविता का रसायन जटिल है : उसमें विचार, छवियाँ, स्मृतियाँ, कल्पना, स्वप्न, यथार्थ ऐसे सम्पुंजित हो जाते हैं कि उनके रेशों को अलगाना बहुत कठिन है : उसके लिए बेहद सूक्ष्मता-संवेदनशीलता चाहिए। श्रोताओं को यह संगुम्फन बहुत कुछ ऐन्द्रिय-बौद्धिक ढंग से पकड़ में आता है, भले वे उसका विश्लेषण न कर सकें। कविता को अलग कला माध्यमों से प्रस्तुत करने के कई प्रयोग भी इस दौरान किये। उनमें मुक्तिबोध की कविता 'अँधेरे में' पर आधारित सच्चिदा नागदेव और सुरेश चौधरी द्वारा बनायी चित्रावली (जिसे आपातकाल के चलते प्रदर्शित किया गया था) से लेकर एम. के. रैना द्वारा कविताओं पर आधारित नाट्य-प्रस्तुति 'कुहरे में आदमी

का धब्बा', अलखनन्दन द्वारा श्रीकान्त वर्मा की 'मगध' की कविताओं पर आधारित एक नाट्य प्रस्तुति और जगदीश स्वामीनाथन द्वारा नियोजित हिन्दी की कुछ आधुनिक कविताओं का ध्रुव शुक्ल की हस्तलिपि में लिखित संचयन एक चित्र-पुस्तक के रूप में नियोजन आदि याद आते हैं।

भोपाल में विशेषतः साहित्य और कविता के क्षेत्र में अनेक नये विचारों और प्रयोगों में युवतर मित्र ध्रुव शुक्ल, मदन सोनी और छोटे भाई उदयन वाजपेयी की सक्रिय साझेदारी रही है। उनके साथ कई मसलों और कवियों-लेखकों के आकलन को लेकर गम्भीर मतभेद थे और हैं। लेकिन हम सभी के मन में साहित्य और कलाओं को लेकर एक तरह का आध्यात्मिक अनुराग रहा है जो आज तक धूमिल या कमज़ोर नहीं पड़ा है। पता नहीं यह शास्त्रसम्मत है या नहीं, लगता है कि इस बार तो भवसागर सिर्फ़ कविता, साहित्य और कलाओं के प्रति अपनी आसक्ति और अपनी यत्किंचित कविता की काग़ज़ी नाव के सहारे पार कर जाऊँगा। लौट कर अगर आना होगा तो ऐसा नहीं लगता कि इस जन्म में लगी कविता की लत छूटने वाली है। फिर भवसागर होगा और फिर मैं होऊँगा कविता की अपनी काग़ज़ी नाव के साथ, सब तूफ़ानों से जूझने और अन्ततः डूब जाने के लिए तैयार।

उपहार

आयु के पैंसठ बरस पूरे करने पर जो उपहार मुझे मिले उनमें सबसे मूल्यवान् और अप्रत्याशित हैं वे दो पत्र जो मेरे अठारह बरस के जुड़वाँ भतीजों ने शास्त्रीय संगीत के एक कैसेट के साथ मुझे भेजे हैं। हम उन्हें घर में छुटकू-बड़कू कहकर बुलाते हैं पर उनके नाम क्रमशः आरलीक और हुताशन है। वे मेरे सबसे छोटे भाई उदयन के बेटे हैं जो इन दिनों इंजीनियरिंग पढ़ने की तैयारी में लगे हैं।

बड़कू ने लिखा है : 'हम लोगों ने तुम्हारे लिए उस्ताद अब्दुल वहीद खाँ का 'दरबारी' भेजा है। उस्ताद वहीद खान की गायकी में एक झलक ध्रुपद की भी मिलती है, उनका गायन सुनकर उसका ठहराव ख़ास सुनाई देता है। ख़ास इसलिए कि यह शायद मल्लिकार्जुन मंसूर के साथ रिकॉर्डिंग एरा के अकेले गायक थे जिनका राग का रूप बिल्कुल सटीक बना रहता है, मतलब जिनका झुकाव आलाप की ओर है। तुमने 'कुदरत रंग-बिरंगी' में पढ़ा होगा कि वहीद खाँ की आवाज़ थोड़ी कम सुरीली थी पर उनकी गायकी ऐसी थी कि वह आवाज़ की मोहताज़ नहीं थी। जिस तरह

मल्लिकार्जुन मंसूर की गायकी में भीषण ताप है, उस तरह ही उस्ताद अब्दुल वहीद खाँ की आवाज़ में एक प्राचीनता है, जिसमें उस समय की रिकॉर्डिंग की बुरी क्वालिटी चार चाँद जड़ देती है। अब्दुल करीम खाँ की गायकी में जिस तरह बेहिसाब दर्द दिखता है उसी तरह अब्दुल वहीद खान के संगीत में एक सर्च दिखती है, जिसको कई बार हायर कॉलिंग कहकर गायक की क्रिएटिविटी को बदनाम किया जाता है।'

छुटकू ने लिखा है : 'मल्लिकार्जुन मंसूर और उस्ताद ज़िया मोइउद्दीन डागर दोनों ने एक बात बाक़ी किसी भी संगीतकार से बेहतर समझी थी। वह यह कि अपने उस्ताद की नक़ल करना असम्भव है। यह इसलिए कि हमारे शास्त्रीय संगीत में केवल 1 प्रतिशत राग और 99 प्रतिशत आदमी का स्वभाव व्यक्त होता है। यही बात इन दोनों के संगीत को आइडेंटिटी क्राइसिस से मुक्त करती है और इन्हें पिछले 60 सालों के सबसे उम्दा संगीतकार बनाती है। उस्ताद ज़िया मोइउद्दीन डागर ने एक बात बोर्ख़ियन एब्सोल्यूट पर समझी थी, वह यह कि एक राग को भी अलग दिन पर बजाने पर वह बदल जाता है। उस्ताद अमीर खाँ इस बात को समझने की कोशिश कर रहे थे। पर कुमार गन्धर्व ने तो कोशिश ही नहीं की। इसलिए कुमार जी ने नयी-नवेली संगीत पद्धति के पीछे अपनी सौन्दर्य दृष्टि खो दी। अन्त में केवल भजन अच्छा गा पाये। ख़्याल तो हाथ से निकल गया।'

बड़कू ने पत्र के अन्त में लिखा है : 'आशा है कि अब मात्राएँ इबारत से गिरने के बजाय उड़ेंगी।' उस संगीत और इन पत्रों को पढ़कर मैं ही उड़ रहा हूँ, मात्राओं का पता नहीं।

'अनातोले के लिए एक समाधि'

न—कुछ नहीं
लेना-देना महान्
मृत्युओं से—इत्यादि।
जब हम हम
जीते रहते हैं, वह
जीता है—हममें

यह होगा बाद में हमारी
मृत्यु के कि वह मृत होगा

—और घंटियाँ
मृतकों की बजेंगी
उसके लिए

फ्रेंच कवि स्टीफेन मलार्मे, जो कि महान् प्रतीकवादी फ्रेंच कवि और सिद्धान्तकार माने जाते हैं, के जीवन में कई दुर्घटनाएँ हुई थीं पर सबसे मर्मान्तक थी 1879 में कुल आठ बरस की उम्र में उनके बेटे अनातोले की मृत्यु। मलार्मे ने बहुत आहत होकर एक बड़ी कविता लिखने की योजना बनायी, चार खण्डों में, लेकिन वे उसे कभी पूरी नहीं कर पाये। उसके एक प्रारूप की तरह 202 टुकड़े उन्होंने लिखे थे। उसमें एक वितान है : असमाप्य ढंग से मेरे आँसुओं से शुद्ध किया जाता। फ्रेंच में यह काम 1961 तक प्रकाशित नहीं हुआ। न्यू डायरेक्शन्स न्यूयार्क ने प्रख्यात अमरीकी कवि-कथाकार पाल ऑस्टेर द्वारा किया गया अंग्रेज़ी अनुवाद, मूल फ्रेंच के साथ, एक पेपरबैक के रूप में पिछले वर्ष ही प्रकाशित किया है। नाम है, 'ए टूम्ब फार अनातोले'। ऑस्टेर कहते हैं कि यह उन मर्मस्पर्शी वृत्तान्तों में से एक है, जिसमें एक मनुष्य आधुनिक मृत्यु को समझने की कोशिश कर रहा है। कहना चाहिए, ईश्वरहीन मृत्यु, मृत्यु जिसमें मोक्ष की कोई आशा नहीं है और वह मलार्मे की सम्पूर्ण कलादृष्टि प्रगट करता है। कला का धर्म के दर्जे तक उन्नयन।

मृत्यु—धीरे से बुदबुदाती है
मैं कोई नहीं हूँ—
मुझे पता तक नहीं मैं कौन हूँ
क्योंकि मृतक नहीं
जानते वे हैं
मृत—, यह भी नहीं कि वे
मरते हैं
—बच्चों के लिए
कम से कम
—या

मलार्मे को कहीं न कहीं यह लगता रहा था कि वे अनातोले की मृत्यु के लिए ज़िम्मेदार हैं, क्योंकि वे उसे जीवन को सह सकने योग्य काया नहीं दे पाये। उन्होंने इसलिए उसे अपने विचारों की काया देने का निश्चय किया। उन्होंने अनातोले को अपने शब्दों की काया देकर उसके जीवन को लम्बा करने की चेष्टा की। एक तरह से उन्होंने उसे शब्दशः पुनर्जीवित किया—उसके लिए कविता में एक समाधि बनायी जो उसकी मृत्यु को दर्ज तो करती है, लेकिन उससे मुक्त कर एक अनन्त जीवन भी देती है। कह सकते हैं कि अपूर्ण रहने के कारण यह एक अधूरी-अधबनी समाधि है। असल में तो अपनी मृत्यु की चेतना से अपरिचित अनातोले

अपने पिता मलार्मे में जीवित रहा और उसकी मृत्यु तभी हुई जब स्वयं मलार्मे की। सौ बरस पहले जब यह कृति लिखी गयी थी उसे कविता कहने में संकोच होता। पर इस बीच कविता ने स्वयं अपनी काया में इतनी तोड़-फोड़ और परिवर्तन किये हैं कि अब उसे कविता कहने में कोई बाधा नहीं है। हम मलार्मे के कृतित्व का एक मूल्यवान् हिस्सा हैं यह तो अब व्यापक रूप से माना जा रहा है।

एडवर्ड सईद की उत्तर शैली

2003 में दिवंगत विश्व-बुद्धिजीवी एडवर्ड सईद की एक नयी पुस्तक 'ऑन लेट स्टाइल' जिसका उपशीर्षक है—'म्यूज़िक एण्ड लिटरेचर अगेन्स्ट द ग्रेन', पेंथियन बुक्स न्यूयार्क ने हाल ही में प्रकाशित की है। लेखकों और कृतियों की शुरुआतों में गहरी दिलचस्पी लेने से स्वयं अपनी कीर्ति का आरम्भ करने वाले सईद कुछ महान् रचनाकारों की परवर्ती शैली में दिलचस्पी लें यह तर्कसंगत लगता है, लेकिन बहुत मार्मिक भी। इसलिए कि सईद ने यह पुस्तक अपनी आसन्न मृत्यु की छाया में लिखी। उत्तर शैली पद सईद ने थियोडोर अडोर्नो से लिया है, जिन्होंने 1937 में इस पद का इस्तेमाल संगीतकार बीथोवन के परवर्ती संगीत के सिलसिले में सबसे स्मरणीय ढंग से किया था। सईद ने अपना ध्यान केन्द्रित किया है कुछ महान् कलाकारों पर जो अपनी मृत्यु के निकट अपनी रचना और चिन्तन में एक नया मुहावरा अर्जित करते हैं, जिसे वे उत्तर शैली कहते हैं। वे उत्तर शैली के अपेक्षाकृत संगतिहीन विक्षुब्ध तनाव, जानबूझकर 'अनुर्वर उर्वरता' पक्ष पर अपना ध्यान एकाग्र करते हैं। वे सोफोक्लीज, शेक्सपियर, रेम्ब्रां, बाख़, वाग्नर, मातीस आदि की अन्तिम कृतियों में एक तरह की 'असांसारिक शान्ति' पाते हैं और उन्हें यह भी लगता है कि 'उत्तरता' निर्वासन का एक रूप है। अक्सर अन्तिम कृतियाँ अपने समय में लोकप्रिय वृत्तियों के खिलाफ़ या कम से कम उनसे बेमेल थीं, लेकिन वे उस विशेष अनुशासन में, जिसकी वे थीं, अग्रदूत भी थीं।

पुस्तक में रिचर्ड स्ट्रोस, बीथोवन, मोत्ज़ार्ट आदि संगीतकारों की परवर्ती कृतियों का विलक्षण विश्लेषण है। फ्रेंच लेखक ज्याँ जैने और अडोर्नो पर विस्तार से लिखा गया है। ज्याँ जैने फिलिस्तीनी संघर्ष के बड़े उद्दाम समर्थक थे। यह बात कम-से-कम मुझे इसी पुस्तक से पता चली। ज्याँ पाल सार्त्र ने 'सन्त जैने' के नाम से उन पर एक मोटा ग्रन्थ लिखा था। सईद के यह पूछने पर कि जैने को यह अटपटा लगा होगा, उन्होंने कहा कि नहीं, अगर कोई उन्हें सन्त बनाना चाहता है तो ठीक है।

फिर जोड़ा कि सार्त्र थोड़े कायर थे और इस डर से कि अगर उन्होंने फिलिस्तीनी अधिकारों के पक्ष में कुछ कहा तो उनके पैरिस में दोस्त उन्हें यहूदी-विरोध का दोषी न ठहरा दें। सईद बताते हैं कि इस घटना के सात बरस बाद मध्य-पूर्व पर सार्त्र और उनकी संगिनी सिमोन द बुवा ने एक परिसंवाद आयोजित किया जिसमें उन्हें भी बुलाया गया था। सार्त्र में समूचे परिसंवाद में फिलिस्तीनियों ने दशकों से जो सहा है उसके बारे में एक शब्द भी नहीं कहा।

जैने ने कहा था कि वे सच अकेले में ही बोल पाते हैं। उन्होंने एक फिलिस्तीनी पत्रिका के साथ अपने इण्टरव्यू में कहा—'जैसे ही मैं बोलता हूँ वैसे ही स्थिति मुझे निराश करती है। जो व्यक्ति मुझे सुन रहा होता है मुझे निराश करता है, सिर्फ़ इसलिए कि मैं बोल रहा हूँ। मैं शब्दों के चुनाव से निराश होता हूँ।' अपने अन्तिम नाटक में जैने अपने एक पात्र से जो कि माँ है उसके बेटे के लिए कहलाते हैं : 'तुम सहयोजित नहीं होगे और तुम एक घरेलू प्रतीक या क्रान्ति के लिए शहीद नहीं होंगे।'

अडोर्नो के बारे में सईद कहते हैं कि उन्होंने अपनी पूरी ज़िन्दगी पश्चिमी समाज की कुछ अन्तर्भूत निरन्तरताओं के निकट या उनके हिस्से के रूप में बितायी। परिवार, बौद्धिक संगठन, संगीत और संगीत-सभाओं की ज़िन्दगी और दार्शनिक परम्पराएँ, साथ ही साथ कई अकादेमिक संस्थाएँ। पर वे हमेशा एक कोने में रहे, किसी का पूरी तरह से हिस्सा कभी नहीं। वे संगीतकार थे, जिनका संगीतकार की तरह कोई कैरियर नहीं था। ऐसे दार्शनिक जिसका मुख्य विषय संगीत था और अपने अनेक अकादेमिक या बौद्धिक सहचरों की तरह उन्होंने कभी किसी अराजनीतिक निष्पक्षता का छद्‌म नहीं किया। उनका कृतित्व एक गमक-भरी आवाज़ है जो फासीवाद, बुर्जुआ मास समाज और साम्यवाद से गुँथी हुई है, उनके बिना समझ में न आने वाली, उनके बारे में हमेशा आलोचनात्मक और व्यंग्यात्मक।

ग्रीक कवि कवाफ़ी का एक कवितांश सईद ने उद्‌धृत किया है :

तुम एक नया देश नहीं पा सकोगे, नहीं पा सकोगे
दूसरा तट।
यह शहर तुम्हें हमेशा पछतायेगा। तुम चलोगे
उन्हीं सड़कों पर, उन्हीं पड़ोसों में बुढ़ाओगे,
उन्हीं मकानों में बाल सफेद होंगे।
तुम आखिर में इसी शहर में आओगे। उम्मीद मत करो

और कहीं चीज़ों की :

तुम्हारे लिए कोई जहाज नहीं, कोई रास्ता नहीं।
चूँकि तुमने खराब की अपनी ज़िन्दगी यहाँ, इस
छोटे से कोने में,
तुमने उसे नष्ट कर दिया है दुनिया में हर कहीं और।

उत्तर शैली किसी अन्तर्विरोध का समाधान नहीं करती। अडोर्नो के शब्दों में–'वह (कलाकार) उन्हें किसी सुसंगत संश्लेष में समाहित नहीं करता। विच्छेदन की शक्ति के रूप में वह उन्हें समय में अलग फाड़ डालता है। शायद उन्हें अनन्त के लिए संरक्षित करने के लिए। कला के इतिहास में उत्तर कृतियाँ विध्वंस होती हैं।'

विश्वव्यापी बुद्धि

यह धारणा हमारे उत्तर-आधुनिक समय में कुछ ढीली पड़ गयी है कि बुद्धि सार्वभौम है या कि विचार मात्र सार्वभौम होते हैं। अब यह माना जाने लगा है कि बुद्धि और विचार का स्थानीयता, संस्कृति, सभ्यागत दृष्टि से गहरा सम्बन्ध है और वे आत्यन्तिक रूप से सार्वभौम नहीं होते। अक्सर उन्हें सार्वभौम करने के लिए प्रयत्न करना पड़ता है। यानी विचारों का भी आयात-निर्यात होता है, उसके व्यापारी और राजदूत होते हैं। अधिकतर पश्चिमी विचारों को सार्वभौम होने की प्रतिष्ठा ऐसे ही नहीं मिल गयी है। उसके पीछे ईसाई मिशनरियों से लेकर औपनिवेशिक सैन्य-विजयों और शासनों की शक्ति सक्रिय रही है। लेकिन हम एक ध्रुवान्त से दूसरे ध्रुवान्त पर चले जायें यह न तो ज़रूरी है, न तर्क और तथ्य-संगत। कुछ विचार और विचारधाराएँ अगर सार्वभौम हो गये या विश्वभर में फैल गये तो इसका मुख्य कारण उनकी अपनी शक्ति और प्रासंगिकता भी है।

भारत में इस समय कई विश्वस्तरीय बुद्धिजीवी, लेखक और कलाकार हैं, लेकिन उनमें से सभी को विश्वव्यापी नहीं कहा जा सकता। इस अर्थ में कि उनकी आवाज़ विश्वभर के बौद्धिक या सर्जनात्मक हलकों में ध्यान से सुनी जाती हो। लेकिन कम से कम हमारे तीन बुद्धिजीवी विश्वव्यापी हैं। अर्थशास्त्री अमर्त्य सेन, राजनीतिविद् भिक्खु पारिख और समाजशास्त्री आशीष नन्दी। पहले दो तो अब पश्चिमवासी ही हैं। हालाँकि उनके अनुभव और चिन्तन में भारत की स्थिति, वैचारिक सम्पदा और अनुभव बोलते हैं। आशीष नन्दी तो भारत में ही रहते हैं। शायद इस सूची में दार्शनिक दयाकृष्ण और इतिहासकार रोमिला थापर को भी जोड़ना चाहिए। यह

इस बात का भी रेखांकन है कि स्वतन्त्र और लोकतान्त्रिक भारत में विशेषतः समाज-विज्ञान के क्षेत्र में भारतीय बुद्धि का उत्कर्ष हुआ है, जबकि शायद विज्ञान में हम, अपेक्षाकृत स्वतन्त्रता के पहले की अपनी उपलब्धि से पीछे गये हैं।

डॉ. अमर्त्य सेन अपनी नयी पुस्तक 'आइडेण्टिटी एण्ड वायलेन्स' (पेंग्विन एलेन लेन द्वारा प्रकाशित, 2006) पहचान और अस्मिता को लेकर जिस तरह से विभ्रम और उलझनें पूरी दुनिया में व्याप्त हैं उनका तीखा और तर्कपूर्ण विश्लेषण करते हुए उसका आग्रह करते हैं कि हम अपनी साधारण ज़िन्दगी में अपने को कई समूहों के सदस्य के रूप में देखते हैं। एक व्यक्ति की नागरिकता, रहने की जगह, भौगोलिक स्थिति, लिंग, वर्ग, राजनीति, व्यवसाय, नौकरी, खान-पान की आदतें, खेलों में दिलचस्पी, संगीत में रुचि, सामाजिक प्रतिबद्धता आदि हमें विविध समूहों का सदस्य बनाते हैं। कोई भी व्यक्ति इन सभी सामुदायिकताओं का एक साथ होता है और उनमें से हरेक उसे खास पहचान देती है, लेकिन उनमें से कोई भी उसकी अकेली पहचान नहीं हो सकती।

सच तो यह है कि हममें से हरेक की कई, बहुल पहचानें हैं और उनमें से किसी एक पर इसरार करना हमें छोटा करता है। ऐसा इसरार ही दुनिया में इस समय चल रहे कई झगड़ों और युद्धों की जड़ में है।

सभ्यताओं के आधार पर पहचान गढ़ने की चालू प्रवृत्ति को भी डॉ. सेन ने प्रश्नांकित किया है। उनके अनुसार जिस विज्ञान के आधार पर पश्चिमी विज्ञान और सभ्यता का तूमार खड़ा किया गया है उसके विकास में चीनी, अरबी, ईरानी, भारतीय आदि अनेक समाजों का योगदान है। जिसने विज्ञान, गणित और दर्शन को प्रभावित किया है, जिन्होंने बाद में यूरोपीय पुनर्जागरण को सम्भव बनाया। एक उदाहरण है, छपाई की तकनीक विकसित करने के सारे यत्न यूरोप से दूर चीन, कोरिया और जापान में हुए और उसके पीछे बौद्ध तकनीकीविद् थे जो गहरे रूप से सार्वजनिक पठन और विचारों के प्रसार से प्रतिबद्ध थे। सातवीं शताब्दी में भारतीय बौद्ध छापने की विधि खोजने में सफल नहीं हुए पर उन्होंने वह सामग्री विकसित की, जिसके आधार पर संसार की पहली छपी पुस्तक एक बौद्ध संस्कृत क्लैसिक है, 'वज्रछेदिकप्रज्ञापारमिता' जिसका चीनी में अनुवाद आधे भारतीय-आधे तुर्की विद्वानों ने चीनी मे सन् 402 में किया और जो चीनी में सन् 868 में छपकर प्रकाशित की गयी। उसकी भूमिका में कहा गया था कि वह 'सार्वभौम मुक्त विवरण' के लिए छापी जा रही थी। पश्चिम को इसका उचित श्रेय ज़रूर मिलना चाहिए कि उसने पुनर्जागरण, औद्योगिक क्रान्ति आदि द्वारा मानवीय सभ्यता की प्रकृति बदल दी, लेकिन यह मानना निरा भ्रम होगा कि उसने ऐसा शानदार ढंग से अलग-थलग

रहकर किया।

सभ्यताओं के आधार पर लोगों का विभाजन कई तरह से विकृत है। ऐसा करके पश्चिम एक ऐसा मॉडल बनाता है जिसका उपयोग दूसरी तरफ़ आतंकवादी शक्तियाँ स्वयं सारे पश्चिम को एकतान सभ्यता मानकर करते हैं। हर सभ्यता के अन्दर कई तरह की जटिल विविधताएँ होती हैं और उन्हें नज़रअन्दाज़ कर ऐसा विभाजन 'असाधारण परिपक्वता और ऐतिहासिक सरल दिमाग़ी' का नमूना है।

समकालीन राजनीति और पहचानों की बहुलता का विश्लेषण करते हुए डॉ. सेन कहते हैं कि इस्लामी पहचान किसी व्यक्ति या समुदाय की समग्र पहचान न है, न हो सकती है। इस्लाम बहुल समाजों की विविधता इस सिलसिले में प्रासंगिक है। सिर्फ इस्लाम का ही राजनीतिकीकरण नहीं हुआ है। ईसाइयत, यहूदी, धर्म, हिन्दू धर्म आदि अनेक धर्मों का भी यही हश्र हो रहा है। लेकिन इसे भी नज़र से ओझल नहीं किया जा सकता कि पाकिस्तान, इंडोनेशिया, मलेशिया आदि समाजों में, भारत में धर्मों के इस दुरुपयोग के विरुद्ध कड़ा बौद्धिक और सामाजिक प्रतिरोध भी सक्रिय है।

भूमण्डलीकरण, मुक्त बाज़ार आदि को लेकर संसार भर में जो आपत्तियाँ, शंकाएँ और प्रश्न उठाये जा रहे हैं वे किसी नासमझी का नतीजा नहीं हैं और न ही उनके पीछे कोई सरलीकरण काम कर रहे हैं। वे इन विश्वव्यापी मुद्दों पर सार्वजनिक तर्क और बहस के ज़रूरी हिस्सा हैं। उनसे विश्व-संवाद अधिक गहरा और लोकतान्त्रिक बनता है।

पत्रों में निर्मल

याद नहीं कहाँ, लगभग चार दशक पहले, शायद नरेश मेहता और श्रीकान्त वर्मा द्वारा सम्पादित पत्रिका 'कृति' में पहली बार निर्मल वर्मा का प्रख्यात निबन्ध 'चेख़व के पत्र' पढ़ा था। अद्भुत संवेदनशीलता और कुशाग्रता से निर्मल जी ने चेख़व की ज़िन्दगी और साहित्य को समझने में उनके पत्रों की भूमिका का विश्लेषण किया था। तभी कभी शायद रिल्के के युवा कवि के नाम पत्र पढ़े थे। निर्मल जी का निबन्ध पढ़ चेख़व के पत्र पढ़ने का प्रबल उत्साह जागा। यह अहसास भी पक्का हुआ कि लेखकों के पत्र उनके साहित्य और ज़िन्दगी का मूल्यवान और विचारणीय विस्तार होते हैं। स्वयं निर्मल जी के पत्र वैसे ही हैं और उन्हें एकान्तिक मानने वाले अचरज में पड़ेंगे कि वे कितने संवादप्रिय और परिवार व

मित्रों की चिन्ता करने वाले व्यक्ति थे। हमें कृतज्ञ होना चाहिए कवयित्री-पत्नी गगन गिल और भारतीय ज्ञानपीठ का कि उन्होंने निर्मल जी के अपने बड़े भाई और मूर्धन्य चित्रकार रामकुमार के नाम उनके पत्र, निर्मल जी के दुखद देहावसान के बाद इतनी जल्दी, पुस्तकाकार 'प्रिय राम' शीर्षक से प्रकाशित कर दिये हैं।

ये पत्र कई जगहों से लिखे गये हैं। प्राग, क्लादनों, लन्दन, बरी, दिल्ली, बुदापेस्ट, शिमला, आयोवा सिटी, मदुरा, भोपाल आदि से। माँ, भांजे, भतीजे, बेटी, पहली पत्नी, बहनों, बड़ी भाभी, भैया, चाची आदि अनेक रिश्तेदारों के बारे में चिन्ता, उनकी खबर पाते-देते रहने की उत्सुकता आदि कई पक्ष इन पत्रों में लगातार उभरते हैं। उनके अलावा निर्मल जी की मित्र-मण्डली के बारे में भी ज़िक्र भरे पड़े हैं। कृष्ण बलदेव वैद, कृष्णा सोबती, श्रीकान्त वर्मा, भीष्म शाहनी, शामलाल, शीला सन्धू, मक़बूल फ़िदा हुसेन, तैयब मेहता, जगदीश स्वामीनाथन, कुमार साहनी, गुलाम मोहम्मद शेख़, गीता कपूर, अज्ञेय, रमेशचन्द्र शाह, श्रीपत राय, अमृत राय, कृष्ण खन्ना, इला डालमिया आदि। निर्मल ने यहाँ-वहाँ कुछ टिप्पणियाँ भी की हैं। मलयज के बारे में उन्होंने लिखा, "वह जितने प्रखर लेखक थे, उतने ही विनयशील और चुप रहने वाले व्यक्ति भी। शायद अपने इस अनएज्यूमिंग स्वभाव के कारण ही वह हिन्दी के वाचाल वातावरण में उपेक्षित रहे।" "उनके शान्तिपूर्ण अन्त को देखकर स्वयं मृत्यु की भयावहता बहुत कम जान पड़ी थी। ... कैसे धीरे-धीरे आदमी एक पहाड़-सी ज़िन्दगी काटकर समाप्त हो जाता है। कभी-कभी यह पता चलाना भी मुश्किल हो जाता है कि कौन-सा सुख कौन से दुःख पर खत्म हो जाता है। 'अँधेरे में पेड़, धुंध पर जमे धब्बे से दिखायी देते हैं," आदि कई वाक्य इन पत्रों में अनायास आते और कौंधते हैं। निर्मल के गद्य की अपनी रंगत इन पत्रों में बीच-बीच में दिखायी देती है।

शायद यह एक डरावने क़िस्म की पीड़ा है जब आदमी चुप रहने के बावजूद यह महसूस करता है कि जाने वाला व्यक्ति अपने साथ उन ख़ास शब्दों को भी हमेशा के लिए अपने साथ ले गया है जो केवल उसके साथ रहकर बने थे और जो खुद हमारे भीतर मर गये हैं या कुछ अरसे बाद मर जायेंगे।

इन दिनों बारिश के बाद, पहाड़ों की घुली चमक एकदम बहुत अपनी-सी चीज़ जान पड़ती है। शाम को पहला तारा जितना धीरज से ऊपर उठता है, पहाड़ों से अपने को बचाता हुआ, अपने एकान्त में सम्पूर्ण, उसका अहसास भी कभी दिल्ली में नहीं होता था।

पुस्तक में निधनोपरान्त निर्मल के नाम लिखा रामकुमार का पत्र है और उनके दो पिछले पत्र भी। इनके अलावा उनका एक स्मृति लेख, उनके

निर्मल को लेकर दो इण्टरव्यू भी। 25 दिसम्बर, 2005 को लिखे पत्र का समापन रामकुमार ने इन पंक्तियों से किया है–"लेकिन आज तुम्हारे चले जाने के बाद कभी-कभी अन्धकार में वह धुँधली-सी रोशनी में चमकती ख़ाली जगह दिखायी देती है, जहाँ तुम हमेशा दिखायी देते थे। अब वह ख़ाली पड़ा है, कभी भरेगा भी नहीं।"

आनन्द का पुनर्वास

भूमण्डलीकरण को लेकर दो बिल्कुल विपरीत धारणाएँ हमारे यहाँ प्रचलित हैं। एक तो यह है कि वह अनिवार्य है, उसका कोई विकल्प नहीं है और हम उससे बाहर या दूर नहीं रह सकते। दूसरी यह कि भूमण्डलीकरण दरअसल नवपूँजीवाद है, जिसका जमकर प्रतिरोध करना चाहिए। ऐसा दुचित्तापन नया नहीं है। ख़ासकर बीसवीं सदी के शुरू में आधुनिकता को लेकर भी ऐसा ही द्वन्द्व था, बाद में भले हमने, वह भी आज़ादी के बाद, उसे लगभग अंगीकार कर लिया। लेकिन उससे पहले आज़ादी की लम्बी लड़ाई के दौरान गाँधी, अरविन्द, नेहरू आदि माध्यम से हमने आधुनिकता को प्रश्नांकित किया था। इसका आकलन होना बाक़ी है कि विश्व-आधुनिकता को भारतीय देन क्या है और हमने उसे अपने लिए किस तरह से संशोधित किया। स्वयं भारत में उसके बौद्धिक समुदाय में इसका एहसास व्यापक नहीं है कि आधुनिकता के विश्व-चिन्तन और व्यवहार में भारत ने भी कुछ मूल्यवान् जोड़ा है। उदाहरण के लिए, आधुनिकता की लगभग अनिवार्य मान ली गयी हिंसा को गाँधी के अहिंसा के सिद्धान्त ने एक कारगर विकल्प के रूप में प्रतिपादित किया और उसके कुछ व्यावहारिक पक्ष भी सामने रखे। भूमण्डलीकरण का एक अपेक्षाकृत विधेयात्मक आधार यह होना चाहिए कि वह विश्व-सभ्यता और चिन्तन-व्यवहार में पश्चिम के अलावा अन्य क्षेत्रों की महत्त्वपूर्ण देन को बेहिचक स्वीकार करे और इस तरह भी दुनिया की बहुलता को पोसे, आगे बढ़ाये। इसी तरह भारत ने लोकतन्त्र की अवधारणा और व्यवहार में पचास वर्ष से अधिक लोकतन्त्र रहकर क्या जोड़ा है, इसकी पड़ताल भी ज़रूरी और बाक़ी है।

ये कुछ बातें पिछले दिनों कलाकार शक्ति मैरा की पुस्तक 'टूवर्ड्स आनन्द : रिथिंकिंग इण्डियन आर्ट्स एण्ड एस्थिटिक्स' (पेंग्विन-वाइकिंग द्वारा प्रकाशित) को पढ़ते और उस पर एक आयोजन में बात करते उठीं। कुछ बुजुर्ग कलालोचकों जैसे जान बर्जर आदि को छोड़ दें तो इधर अंग्रेज़ी में प्रकाशित ज़्यादातर आलोचकों की पुस्तकें लगभग खग-भाषा में लिखी जाती हैं।

उन्हें पढ़ना तक कठिन लगता है, समझना तो दूर। भारत में लिखी जाने वाली अंग्रेज़ी कला-पुस्तकों की हालत इससे बेहतर नहीं कही जा सकती। ऐसे में शक्ति मैरा की पुस्तक अपवाद है। वह एक साथ पठनीय और विचारणीय है, बल्कि विचारोत्तेजक है। शायद इसलिए कि वे आलोचक नहीं कलाकार हैं और उनकी भाषा उत्तर-आधुनिक क्लीशे से साफ़ बची हुई है। वह एक चिन्तित और चिन्तनशील कलाकार की भाषा है। मुख्य रूप से वह एक भूमण्डलीकृत समय में भारतीय कला और सौन्दर्यदृष्टि के पुनर्वास का आग्रह करती है। पश्चिम द्वारा आधुनिक कला के नाम पर कुरूपता और कुरुचि को सर्वव्यापी कर दिया गया है, उसके बरक्स शक्ति का प्रस्ताव सौन्दर्य और आनन्द को, जिसे वे रूपान्तरकारी विशेषण से अनिवार्यतः जोड़ते हैं, पुनर्जीवित करने का है। उन्हें ज़रूरी लगता है कि कला-सिद्धान्त और कला-व्यवहार की जो औपनिवेशिक और उत्तर-औपनिवेशिक दुव्याख्याएँ और कुपाठ किये गये हैं, उनसे उन्हें उबारा जाये। सौभाग्य से उन्हें किसी आध्यात्मिक शरण्य की तलाश नहीं है और न ही वे बाहरी प्रभावों के प्रति खुलेपन और वैध्यता की लम्बी भारतीय परम्परा में कोई संकोच चाहते हैं। पर उन्हें भारत के विभिन्न अंचलों में हिमालय से लेकर धुर दक्षिण में अपनी यात्राओं से यह शिद्दत से लगता है कि आज के भारत में आम जिन्दगी और कलाओं के बीच जो निस्सम्बन्धता आ गयी है उसे दूर करने और कलाओं को आम लोगों के लिए फिर से प्रासंगिक बनाने के लिए यह ज़रूरी है कि हम अपनी जातीय स्मृति को फिर से स्वायत्त और सक्रिय करें। नास्तिक होने के कारण भी शक्ति किसी तरह के पुनर्जागरणवाद में भरोसा नहीं रखते। वे भाजपा जैसी राजनीतिक शक्तियों द्वारा किये जा रहे सामाजिक विभाजन और विद्वेष के भी खिलाफ़ हैं। लेकिन उन्हें लगता है कि हम कुछ भारतीय मूल्यों पर इसरार कर भूमण्डलीकरण को संशोधित-परिवर्द्धित कर सकते हैं। भारतीय कला-परम्परा से वे पंचशील निकालते हैं। सन्तुलन, सामंजस्य, आनुपातिकता, लय और जीवन-शक्ति। ये मूल्य ऐसे हैं जिनका अनुसरण कलाओं में ही नहीं, सार्वजनिक जीवन में भी हितकारी हो सकता है।

इस पुस्तक का एक अवान्तर पक्ष यह भी है कि उसमें बौद्ध सौन्दर्यशास्त्र के कुछ सिद्धान्तों को विन्यस्त किया गया है। कम से कम मेरे ध्यान में वे पहले इस तरह नहीं आये थे। ये सिद्धान्त हैं : आन्तरिक सच्चाई के सौन्दर्य पर एकाग्रता, सिर्फ़ मानवीय नहीं सारी प्रकृति पर, आन्तरिक शान्ति के सौन्दर्य पर, निर्वाण, शून्यता और करुणा पर, अनित्यता और अन्तस्सम्बन्धता, ऐसे कलानुभव की रचना जिसमें मानवीय अनुभव के विभिन्न स्तर जैसे इन्द्रिय-बोध, भावनाएँ, संवेग, विचार, बोध और समझ शामिल और विन्यस्त हैं, कलाकार का प्रयोजन और अभिप्राय तथा कला-रचना में कलाकार का अवधान और सतर्कता।

बौद्धिक जटिलता और द्रविड़ प्राणायाम की आदत में क़ैद लोगों को हो सकता है कि शक्ति मैरा के विश्लेषण और तर्कों में सयाना भोलापन दीख पड़े। लेकिन उनकी स्पष्टता, खरेपन और ईमानदारी से इनकार नहीं किया जा सकता। भूमण्डलीकरण के सन्दर्भ में जिन कुछ मुद्दों पर कलाओं के स्तर पर बहस होना चाहिए वे शक्ति मैरा ने उठाकर अच्छा काम किया है। उनकी नज़र से हमारे शहरों के कचराघर बनते जाने और चाक्षुष संवेदनशीलता के ह्रास की सच्चाई भी ओझल नहीं हुई है। शिक्षा-व्यवस्था कैसे इन विकृतियों का कारण भी है और उन्हें पीढ़ी-दर-पीढ़ी पोस रही है, इसका भी तर्कसंगत विश्लेषण किया गया है। कला-दृष्टि तभी बदल सकती है जब सामाजिक दृष्टि बदले इससे शक्ति मैरा बेखबर नहीं हैं। इसलिए उनका आग्रह सिर्फ़ कलाकारी की दृष्टि में परिवर्तन भर का नहीं, समूचे भारतीय समाज की सौन्दर्य-दृष्टि में परिवर्तन का है।

अँधेरे के गाथाकार

पश्चिम में आधुनिकता ने एक ओर अगर आक्रामक-हिंसक मुखरता को उकसाया तो उसमें दूसरी ओर वाग्संकोच, चुप्पी और ख़ामोशी के लिए भी जगह बनी। उसका अधिकांश तो साहित्य और कलाओं में गोधूलि के झुटपुटे में लिखा-रचा गया प्रतीत होता है लेकिन उसका एक मूल्यवान अंश वह है जो अँधेरे में रचा गया है, जिसमें समय, आत्मा और मनुष्य का अँधेरा अपने रगोरेशों में उतारा-लिखा गया है। यह सामान्यीकरण तक किया जा सकता है कि आधुनिकता, एक स्तर पर मनुष्य के अँधेरों से लगभग निहत्थे जूझने का नाम है। उत्तर-आधुनिक समय में चकाचौंध इतनी है कि लगभग बलपूर्वक यह सोचना पड़ता है कि अभी भी बहुत सारा अँधेरा है, जिसे लिखा-उकेरा जाना बाकी है कि मनुष्य अपने अँधेरे-उजाले से कभी किसी समय और समाज में निजात नहीं पा सकता। मनुष्य की नियति है कि वह असम्भव की प्रतीक्षा और आशा करे। सेमुअल बैकेट का नाटक 'वेटिंग फार गोडो' असम्भवता और प्रतीक्षा के अनिवार्य द्वन्द्व का एक महान् रूपक है। बैकेट की इस वर्ष 13 अप्रैल को जन्म-शताब्दी है।

इस सिलसिले में जेम्स और एलिजाबेथ नोल्सन द्वारा सम्पादित और आर्केड पब्लिशिंग न्यूयार्क द्वारा प्रकाशित एक पुस्तक आयी है—'बैकेट रिमेम्बरिंग बैकेट'। उसमें बैकेट के अपने जीवन के बारे में संस्मरण है और बहुत सारे दूसरों के उनके और उनके काम के बारे में संस्मरण भी। ढेर सारे

चित्र हैं। दो पक्षों की स्मृतियों, प्रभावों, मतों आदि का एक सुविन्यस्त वाद्यवृन्द-सा इस पुस्तक में बनता है। एक तरह से यह बैकेट के बहुत अनुरूप है; वे संगीत और कविता के बहुत प्रेमी थे। अमरीकी नाटककार एडवर्ड एल्बी बताते हैं कि नाटक और संगीत के बीच सम्बन्ध की शिक्षा उन्हें चैख़व और बैकेट से मिली। उनके अनुसार बैकेट के यहाँ सबकुछ सारभूत है। कुछ भी ज़रूरत से ज़्यादा नहीं होता। वे बैकेट को निराशावादी नहीं मानते। सच्चा निराशावादी लिखने की तकलीफ़ गवारा ही नहीं करेगा। लिखना सम्प्रेषण की कोशिश है और सच्चा निराशावादी कहेगा कि सम्प्रेषण असम्भव है। अमरीकी कवि-कथाकार पाल ऑस्टर के अनुसार बैकेट को एक लेखक के रूप में अपनी उपलब्धि का यक़ीन नहीं था, बल्कि था असमाप्य संशय, स्वयं अपने द्वारा रचे गये की मूल्यवत्ता परख पाने की असमर्थता।

कलाकार आविदोर अरीख़ा के संस्मरण से पता चलता है कि बैकेट की कला में गहरी दिलचस्पी थी और वे बहुत उत्साह से यूरोप की प्रसिद्ध कलावीथिकाओं और संग्रहालयों में कलाकृतियाँ देखने जाते थे। लेकिन उन्हें चाक्षुष और साहित्यिक अनुभवों के अन्तर का बख़ूबी पता था। बैकेट का मत था—"कला और साहित्य को मिलाया नहीं जा सकता, वे तेल और पानी की तरह हैं और मैं नहीं जानता कि कौन पानी और कौन तेल है।"

जीवन और साहित्य में बैकेट का जेम्स ज्वायस से गहरा सम्बन्ध रहा था। ज्वायस ने अपने विख्यात उपन्यास 'फिनेगन्स वेक' के कुछ पृष्ठ बोलकर बैकेट से लिखवाये थे। जब बैकेट लिख रहे थे तो दरवाज़े पर किसी ने दस्तक दी। ज्वायस ने उत्तर दिया 'आ जाइए' जिसे भूलवश बैकेट ने लिख दिया। जब उन्होंने अपना लिखा पढ़कर सुनाया तो ज्वायस ने कहा कि उन शब्दों को यथावत् वहीं रहने दो। अपने ऊपर ज्वायस के प्रभाव को प्रतिकूल बताते हुए बैकेट ने कहा है कि 'ज्वायस अधिक मानने की दिशा में जितनी दूर जाया जा सकता हो उतनी ही दूर गये, अपनी सामग्री पर नियन्त्रण में। वे उसमें हमेशा जोड़ते रहते थे...मुझे महसूस हुआ कि मेरा तरीक़ा विपन्नता का है, जानने की कमी का, दूर करने, जोड़ने के बजाय घटाने का है, बैकेट ने यह भी कहा कि ज्वायस संश्लेषक हैं, वे एक या दो पुस्तकों में समूची मानवीय संस्कृति को समा देना चाहते हैं जबकि वे स्वयं विश्लेषक हैं, वे सभी आनुषंगिक हटा देना चाहते हैं, सिर्फ़ सार और आदिरूप को बचाना चाहते हैं।

रिचर्ड सीवर, जिन्हें बैकेट को अमरीका में प्रस्तुत करने का श्रेय दिया जाता है, बैकेट की दो पुरानी कहानियों का अंग्रेज़ी में अनुवाद बैकेट के साथ बैठकर दुहरा और संशोधित कर रहे थे। सीवर ने बैकेट की

अनिच्छा को भाँपते हुए उनसे कहा कि वे यह क्यों नहीं समझते कि वे बहुत महत्त्वपूर्ण लेखक हैं। उदाहरण के लिए आल्बेयर कामू से हज़ार गुना ज़्यादा महत्त्वपूर्ण। उत्तर में बैकेट बोले सीवर को पता नहीं कि वे क्या कह रहे हैं। 'इस कचरे में किसी की दिलचस्पी नहीं हो सकती।' बैकेट अपनी मेज़ पर पड़ी पाण्डुलिपियों की ओर संकेत करते हुए बोले और फिर उन्होंने कहा—''क्यों, कामू को तो चन्द्रमा तक पर जाना जाता है।''

बैकेट ने फ्रांस में रहते हुए नाज़ी आधिपत्य के ज़माने में प्रतिरोध-आन्दोलन में भी भाग लिया था। उन्होंने अपने एक मित्र को सलाह दी थी—''रेमण्ड, तुम जो भी लिखो उसमें कभी समझौता मत करो और अगर तुम्हारी पैसे या प्रसिद्धि के लिए लिखने की योजना हो तो कुछ और करो।''

बैकेट अँधेरे और मौन के लेखक थे। उनकी रचनाओं में ख़ामोशी बोलती है, पर इतना ही कि आप सुन सकें, बुदबुदाहट या कानाफूसी की तरह, इतनी कभी नहीं कि उसकी असली शान्ति भंग हो जाये। हमारे शब्द-मुखर समय में बैकेट को याद करना शब्द में अन्तर्भूत और बुनियादी मौन को याद करना है। वह मौन जो हमें अपने अँधेरों को पहचानने और उनमें फिर भी जीने की तरक़ीब सिखाता है।

मुक्तिबोध के नाम

आम धारणा यह है कि हमारे समय के एक मूर्धन्य गजानन माधव मुक्तिबोध ने जो कुछ भी लिखा वह उनके अभिन्न मित्र नेमिचन्द्र जैन द्वारा सुसम्पादित और राजकमल प्रकाशन द्वारा अब से लगभग 26 बरसों पहले प्रकाशित 'मुक्तिबोध रचनावली' में आ चुका। उनके बेटे रमेश मुक्तिबोध से पता चला कि अभी कुछ सामग्री और बकाया है, जिसे वह एकत्र करने की कोशिश में लगे हैं। भिलाई के इस्पात संयन्त्र से सेनानिवृत्त होने के बाद रमेश अपने पिता से सम्बन्धित दुर्लभ सामग्री की खोज में लगे हैं। इस दौरान एक बड़ा काम उन्होंने यह किया है कि मुक्तिबोध जी के नाम विभिन्न लेखकों और मित्रों ने जो पत्र लिखे थे, उन्हें एकत्र और सुव्यवस्थित कर लिया है। यह देखकर थोड़ा अचरज में पड़ गया कि इस पत्र-संग्रह में 1936 से लेकर 1964 तक के पत्र मुक्तिबोध ने हिफ़ाजत के साथ रखे थे। यों तो नेमि जी और मुक्तिबोध के बीच का पत्राचार पुस्तकाकार आ चुका है, लेकिन रमेश को नेमि जी के भी 6 और अप्रकाशित पत्र मिले हैं। इस संग्रह में सबसे अधिक पत्र श्रीकान्त वर्मा के 28 हैं, हरिशंकर परसाई के 23, प्रभागचन्द्र शर्मा

के 19, अज्ञेय के 18, नरेश मेहता के 17, शरतचन्द्र मुक्तिबोध के 16, बदरी विशाल पित्ती के 14 पत्र हैं। इसके अलावा जैनेन्द्र कुमार, प्रभाकर माचवे, वीरेन्द्र कुमार जैन, शिवदान सिंह चौहान, माखनलाल चतुर्वेदी, अमृत राय, नामवर सिंह, विष्णु चन्द्र शर्मा आदि के पत्र हैं। निकट भविष्य में यह पत्र-संग्रह पुस्तकाकार प्रकाशित होगा। एक बड़े कवि के अन्य लेखकों से संवाद और सम्बन्ध पर रोशनी डालने के साथ-साथ यह उस ज़माने का एक अनौपचारिक चित्रांकन भी है। उससे कई दिलचस्प तथ्य सामने आते हैं। जैसे यही कि मुक्तिबोध की प्रसिद्ध कहानी 'पक्षी और दीमक' का शीर्षक बदरीविशाल पित्ती ने दिया है, जबकि स्वयं मुक्तिबोध ने उसका शीर्षक 'मेरा भाग्य' देकर कहानी 'कल्पना' में प्रकाशनार्थ भेजी थी। पित्ती जी ने पत्र लिखकर मुक्तिबोध को सूचित किया था और अगर वे सहमत न हों तो तुरन्त बताने का आग्रह किया था। 'तार सप्तक' के परिवर्द्धित दूसरे संस्करण के लिए अज्ञेय को मुक्तिबोध ने अपनी एक नयी कविता भेजी थी। 1964 की जनवरी में अज्ञेय ने उन्हें लिखा, "बड़ी उत्कण्ठा से पढ़ गया हूँ और कविता प्रभाकर माचवे और भारतभूषण अग्रवाल को भी सुना दी। बड़ी अच्छी कविता है और उससे 'सप्तक' के दूसरे संस्करण की शोभा बढ़ेगी।"

राग का अध्यात्म

पण्डित अमरनाथ इन्दौर घराने के यशस्वी चिन्तक गायक थे। यही एक घराना है जिसे अपने जीवनकाल में जन्म लेते और उस्ताद अमीर खाँ जैसे शिखर संगीतकार द्वारा रूपायित होते देखा-सुना। बाक़ी घराने पहले के ही हैं और हालाँकि आजकल घरानेदार संगीत खासा अवमूल्यित हो चुका है, यह याद करना ज़रूरी है कि इन घरानों की अपनी अद्वितीयता, विशिष्टता और संगीत-संस्कृति रही है, जिसे गँवाकर लगता है हमने अपने संगीत की हानि ही की है। सब तरह की गायकी का पंचमेल जो आजकल बहुत लोकप्रिय है, कुल मिलाकर हमारे संगीत की बहुलता को नष्ट ही करता है।

राग यों तो गहरी जीवनासक्ति का ही रूप है लेकिन इन्दौर घराने में उसमें विराट् को स्पन्दित करने की जो आकांक्षा रही है उसने राग का एक तरह का अध्यात्म भी विकसित किया। निपट स्थानीयता और विराट् का वितान दोनों को एक साथ साधना कठिन संघर्ष की अपेक्षा करता है जो इन्दौर घराने की विशेषता रही है।

इन्दिरा गाँधी राष्ट्रीय कला केन्द्र ने 'कॉनवर्सेशंस विद पण्डित अमरनाथ' शीर्षक से पण्डित जी के साथ उनकी बेटी और शिष्य बिन्दु चावला की एक पुस्तक प्रकाशित की है। शास्त्रीय संगीत के विभिन्न पक्षों पर यह बहुत ज्ञानवर्द्धक पुस्तक है और अपने ढंग की अकेली है। अमरनाथ जी ने अपने घराने के अलावा अन्य सभी प्रमुख घरानों की विशिष्टताओं का बहुत वस्तुनिष्ठ और उपयोगी विश्लेषण किया है। स्वयं इन्दौर घराने की एक विशेषता यह रही कि अमीर खाँ का संगीत आत्मसम्बोधित था, परसम्बोधित नहीं। वह एक तरह आत्मसंलाप था, जिसे सुनने का आपको अवसर मिल जाता था। कई बार उन्हें सुनते हुए लगता है कि स्वर की दिगम्बर गरिमा को व्यक्त करने में उनकी गायकी अगर सफल होती थी तो इसलिए भी कि उनके लिए संगीत आत्माभिव्यक्ति भर नहीं साधना भी था। वह उन्हें विराट के वितान में मुक्त करता था जहाँ स्वर का निर्मल आलोक छा जाता रहा होगा। कबीर ने ऐसी स्थिति को ही 'तेरी काया में गुलज़ार' कहा होगा। सच्चा संगीत किसी और के बारे में नहीं होता है, वह काया है जो अपने आप गुलज़ार है। राग का अध्यात्म शायद यही है।

विचार का अन्त

कई तरह के अन्त पिछले कुछ बरसों में घोषित किये जाते रहे हैं। इतिहास के अन्त से लेकर विचारधारा, मार्क्सवाद के अन्त तक। इस सन्दर्भ में पेरी एण्डरसन की नयी पुस्तक आज की दुनिया में विचार की स्थिति का अच्छा और विस्तृत विश्लेषण कुछ प्रमुख चिन्तकों के माध्यम से करती है। पुस्तक का नाम है—'स्पेक्ट्रस : फ्रॉम राइट टु लेफ्ट इन द वर्ल्ड आफ आइडियाज' जिसे वर्सो ने प्रकाशित किया है। लगभग चार सौ पृष्ठों की इस पुस्तक में कई प्रश्न और विचार हैं जो ध्यान देने योग्य हैं।

एण्डरसन मानते हैं कि दक्षिण, मध्य और वाम की कोटियाँ आज की दुनिया में बरकरार हैं, भले उनमें से हरेक का स्थान और हदें निश्चित या रूढ़ होने से बहुत दूर हैं। अपने वामपन्थी झुकाव को बिना किसी संकोच के स्वीकार करते हुए उनका मत है कि विचार कभी परम मूल्य नहीं होते : उनका महत्त्व हमेशा सापेक्ष है उन विचारों के जो सम्बन्धित क्षेत्र में सक्रिय हों। उनका आग्रह है कि विचारों को उनकी असली जटिलता में उन विचारकों की ठोस कृतियों के सन्दर्भ में ही समझा जा सकता है, जहाँ से वे निकले और जिन ऐतिहासिक सन्दर्भों से वे जुड़े हुए हों।

अपने पैने और सख़्त विश्लेषण से एण्डरसन पाते हैं कि दक्षिणपंथी विचारों का प्रभाव और बढ़ा है, मध्यपंथी विचार उनके अधिक नज़दीक आ रहे हैं और वाम-विचार का अपसरण हुआ है। उन्हें लगता है कि पराजय को झेलना आसान नहीं होता और अक्सर वह अतिरंजना की ओर ले जाती है, जबकि हर हालत में वाम को भी आलोचना और जिज्ञासा की संस्कृति को बरकरार रखना चाहिए।

एडवर्ड टामसन, राबर्ट ब्रनर, एरिक हाव्सबाम जैसे इतिहासकारों के अलावा शास्त्रीय भाषाविद् सेबास्तिआनो तिम्पानारो, समाजशास्त्री गोरन थेरबार्न, कथाकार, ग्राब्रियल गार्सिया मार्क्वेज आदि के विचारों की व्याख्या करते हुए एण्डरसन कहते हैं कि भले दुनिया बदलने का उसका इरादा पिछड़ गया हो, वाम द्वारा रचा इतिहास-बोध अभी भी सक्रिय है। अगर मार्क्सवाद आज आधुनिक परिवार के इतिहास, भूमण्डलीय अर्थव्यवस्था की गतिशीलता, बीसवीं शताब्दी का काल-विभाजन आदि विश्वव्यापी मुद्दों पर ध्यान दे रहा है तो यह नहीं माना जा सकता कि उसका अन्त हो गया। जिन चिन्तकों का ऊपर नाम दिया गया है उनमें से किसी ने पराजय में सिर नहीं झुकाया है। एण्डरसन की नयी पुस्तक एक बार फिर इसरार करती है कि विचार का अन्त न हुआ है, न वह वांछनीय है। सभ्यता और मानवता के लिए विचार आज भी ज़रूरी है और सौभाग्य से दुनियाभर में कई लक्षित-अलक्षित मुकामों पर तेजी और जतन से हो रहा है।

देर से देखा जा रहा तारा

अज्ञेय द्वारा सम्पादित महत्त्वपूर्ण सप्तक 'तीसरा सप्तक' था, जिसमें हममें से कई को पहली बार एक अनोखे कवि मदन वात्स्यायन की कविताएँ पढ़ने को मिली थीं। उनकी भाषा, मुहावरे, विषय-वस्तु सभी न सिर्फ़ उस संचयन में शामिल सब कवियों से अलग थे बल्कि उस समय लिखी जा रही अधिकांश नयी कविता में भी उनकी आवाज़ और जगह अलग ही लगती थी। उसके बाद मदन वात्स्यायन का लिखा कुछ खास प्रकाशित नहीं हुआ और वे एक पहेली-सी बनकर रह गये। यह तथ्य कि वे रासायनिक खाद के कारखाने में इंजीनियर हैं, इस पहेली के रहस्य को कुछ और गाढ़ा करता रहा। इस बीच एकाध बार कवि पंकज सिंह से उनके बारे में ज़िक्र होता रहा और उन्हीं से डेढ़ेक बरस पहले पता चला कि वे दुर्भाग्य से दिवंगत हो गये।

आलोचक-कवयित्री रश्मि रेखा और भारतीय ज्ञानपीठ के प्रति कृतज्ञता

व्यक्त करने का मन है कि उन्होंने मिलकर मदन वात्स्यायन का पहला कविता-संग्रह, वह भी मरणोत्तर, 'शुक्रतारा' नाम से पिछले सप्ताह समाप्त हुए विश्व पुस्तक मेले में प्रकाशित किया। इस अवसर पर यह याद आना स्वाभाविक और करना उचित है कि मुक्तिबोध का भी पहला संग्रह, वह भी मरणोत्तर, 'चाँद का मुँह टेढ़ा है' शीर्षक से, ज्ञानपीठ ने ही प्रकाशित किया था। अच्छी बात है कि लगभग चालीस बरस पहले पड़ी परम्परा ज्ञानपीठ में अब तक सक्रिय है।

मदन वात्स्यायन के यहाँ काव्य-भाषा अनायास कई तहें खोती-पाती है। उषा का ऐसा स्तवन किस और ने किया है :

जिसके स्वागत में नभ ने बरसा दी है जोन्हियाँ सभी,
और बड़ ने छाँह बिछा डाली है,
वह तू ऊषा, मेरी आँखों पर तेरा स्वागत है।
पत्तों की श्यामता के द्वीप डुबोते हुए हुस्न-हिना के
गन्ध-ज्वार-सी
हरित-श्वेत जो उदय हुई है,
वह तू उषा, मेरी आँखों पर तेरा स्वागत है।

उन्हीं के यहाँ 'इंजन के हैडलाइट-सा' सूरज निकलता है और शुक्रतारा जाता है, 'गार्ड की रोशनी-सी पीछे-पीछे गुमसुम अब'। वसन्त की यह दुर्लभ छवि भी देखने लायक है :

सूरज की आँच जला,
मलयज की धौंकनी कर
दुनिया में जहाँ भी जो कुछ कमज़ोर था
वसन्तासुर ने जला डाला।

जिस एक कविता के लिए वात्स्यायन को देर तक याद किया जाता रहेगा वह है 'स्वस्ति : मेरी बेटी' जिसका पहला खण्ड तो सप्तक में शामिल था और बाकी 'नई धारा' में 1956 में प्रकाशित हुए थे। उसका एक अंश है :

मेरे आँगन में धान का बिड़ार है सुकुमार।
सुबह की पहली आधा चम्मच चाय इसको चढ़ती है।
पहली घूँट-बराबर डबलरोटी इसका ग्रास है।
मेरे आँगन में कलेजे का टुकड़ा है सुकुमार।
कलेण्डर दिसम्बर तक फटा है, ग्लास चनके हुए हैं, किताबों
के पन्ने फट-फटकर एक-दूसरे में मिल गये हैं,
कान टूटने से प्यालियाँ कटोरियाँ बनी हुई हैं,
दीवारों पर लाल-काली मकड़ी जालियाँ लिखी हैं,

टेबललैम्प में न बल्ब है, न छतरी, मौसमी
फुलवाड़ी में सिर्फ़ डण्ठल और डाल हैं,
शिशु हाथी की सूँड-जैसे चंचल हाथों वाली मेरी लक्ष्मी
वहाँ एक महीने रहकर गयी है।

कारखाने, इंजीनियरी आदि के सीधे अनुभव से हिन्दी में कविता में लिखने वाले वे पहले ही कवि थे। सम्पादक रश्मि रेखा ने एक कवि को उसकी समग्रता में जतन से सामने लाकर प्रशंसकीय काम किया है। कई बार लगता था कि अपने विस्मृत लेखकों को ध्यान में वापस लाने के लिए एक अभियान-सा चलना चाहिए। यह भी अन्ततः कवि-न्याय ही होगा। कुछ सम्यक्-बुद्धि कवि कविता लिखने के अलावा ऐसे काम भी करें तो भला होगा।

क्षितिज के उस पार

जिस एक और कवि, आलोचक और गप्पबाज साहित्यकार को हम भूल गये हैं वे हैं बालकृष्ण राव, मूलतः अहिन्दीभाषी और आई.सी.एस. जैसी उच्चतम सेवा के होते हुए भी वे हिन्दी के नायक-व्यक्ति थे। एक ज़माने में 'नयी कविता पर उनकी लेखमाला, उनके द्वारा संस्थापित और सम्पादित पत्रिकाएं 'कादम्बनी' और 'माध्यम' पत्रिकाएँ, उनके द्वारा स्थापित-संचालित इलाहाबाद की 'वियेचना' गोष्ठी बहुचर्चित थीं। छायावाद से शुरू कर वे नयी कविता तक के दौर के एक साक्षी-सहचर कवि थे। वाणी प्रकाशन ने उनकी चुनी हुई कविताओं का एक संग्रह 'क्षितिज के उस पार' नाम से हाल ही में प्रकाशित किया है, जिसमें श्री बिशन टण्डन ने एक सुलिखित भूमिका में श्री राव के विकास और उपलब्धि का प्रेमपूर्वक आकलन किया है।

'बिना मुझे जोड़े या घटाये आज/लेखा-जोखा ठीक रहा जग के व्यापार का' मानने वाले बालकृष्ण राव में अपने ढंग की प्रश्नाकुलता भी थी :

जाग रही हैं जितनी आँखें अब धरती पर,
क्या उतनी ही खुली मिली थीं प्रथम किरण को?

'महिमा का मध्याह्न' जैसे कई स्मरणीय पद इन कविताओं में मिलते हैं। बालकृष्ण राव का छन्द पर अच्छा अधिकार था। छायावाद पर उनका यह पद्य बहुत दिलचस्प है :

रहते बजाते टूटे तारों को विपंची सदा,
शून्य में भी नित्य वहाँ होता एक नाद है।
बहते अनन्त अन्तरिक्ष और नित्यप्रति,
रहता सदैव मूकवाणी का प्रमाद है।
करुण-विहाग का सुनायी देता राग सदा,
रहती अतीत-स्मृति एक-एक याद है।
यही है प्रमाद का प्रसाद रूप छायावाद,
प्रतिभा सुकवियों की जहाँ अपवाद है।

व्यक्ति की स्वतन्त्रता और सामाजिक चेतना को एक साथ नये काव्योन्मेष की विशेषता मानते हुए श्री बालकृष्ण राव नये साहित्य के उस युग की आवाज़ है, जिसमें वैचारिक कट्टरताएँ इतनी विभाजक और आक्रामक नहीं हुई थीं। यों तो हर समय पर उस समय तो निश्चय ही एक उदार जगह थी और साहित्य उसी से उपजता और अक्सर उसी को सम्बोधित था। उनके इस संग्रह को पढ़ना यह जानना भी है कि बालकृष्ण राव जैसे कवियों ने उस जगह को रचने-पोसने में अपनी सर्जनात्मकता और वैचारिकता से, अपने सम्पादन और संस्था-रचना से कितना योगदान किया था। ज़्यादातर कृतघ्न और स्मृतिहीन युग में यह कृतज्ञता का क्षण है।

दो कृतिकारों की आलोचना

हाल में कवि ज्ञानेन्द्रपति की पुस्तक 'पढ़ते-गढ़ते' (अभिधा प्रकाशन) और कवि-कथाकार ध्रुव शुक्ल की पुस्तक 'ध्रुव शुक्ल की ईक्षा' (सूर्य प्रकाशन मन्दिर) पढ़ने को मिली। दिलचस्प यह है कि शीर्षक से अन्यथा उगती हुई ध्रुव की पुस्तक एक कृतिकार का दूसरे कृतिकारों के प्रति समझदार और संवेदनशील कृतज्ञता-ज्ञापन है, जबकि खासी आत्मकेन्द्रित होने, किसी हद तक आत्मरति से ग्रस्त भी होने के बावजूद ज्ञानेन्द्र कविता और दूसरे कवियों के कई मर्म खोजते बताते हैं।

याद नहीं आता कि ज्ञानेन्द्र के समवय-सी किसी कवि ने मुक्त छन्द पर इतनी गहराई से विचार किया हो जितना ज्ञानेन्द्र ने इस पुस्तक के अनेक लेखों में किया है। "मुक्तछन्द केवल एक अभिव्यक्ति-पद्धति या अभिव्यंजना-प्रकार नहीं है, उसका प्राथमिक सम्बन्ध कवि के वेदन-तन्त्र की शुद्धता से है, मुक्त-चित्तता जिसका दूसरा नाम है। नागार्जुन, मुक्तिबोध, शमशेर, अज्ञेय, भवानीप्रसाद मिश्र, धूमिल मुक्तमन मानुष थे, जिनका लिखना उनके जीवन से अलग न था।" या कि "संघर्षरत जनता के

साथ मुक्त-छन्द की हार्दिकता किसी खास तरह की राजनीति के भ्रूसंकेतों पर मुन्हसिर नहीं, यह उसका स्वभाव है, बेशक—उसकी मुक्तता का मूर्तन।" या कि निराला-काव्य को उन्हीं के शब्दों का प्रयोग कर 'चतुर्दिक प्रस्थान' बताते हुए ज्ञानेन्द्र कहते हैं कि "मुक्त-छन्द कविता के वाचन का रास्ता है। निराला ने इस तथ्य को भली-भाँति समझा और इस रास्ते चलते हुए निराला भाषा से बोली तक पहुँचे।" कविता में 'जीवन-द्रव्य' तलाश करते हुए और उसे लगभग एक निर्णायक प्रतिमान बनाते हुए ज्ञानेन्द्र ने कई उल्लेखनीय आकलन किये हैं। उनका कथन है कि "आन्तरिक संरचना की दृष्टि से केदारनाथ अग्रवाल की जगह विजयदेव नारायण साही की कविता मुक्तिबोध के निकट की दीख सकती है और केदारनाथ अग्रवाल मुक्तिबोध की अपेक्षा जानकीवल्लभ शास्त्री के करीब लग सकते हैं।"

ध्रुव की पीढ़ी के किसी रचनाकार ने महात्मा गाँधी पर इतनी गहराई से विचार किया हो ऐसा याद नहीं आता। वे कहते हैं—"बापू ने प्रविधि का विरोध इसलिए भी किया कि वह मनुष्य के दैहिक प्रयत्न का अनादर करती है और उस कर्मकुशलता को विचलित करती है जिसके बिना जीवन और कविता में रसपरिपाक सम्भव ही नहीं है। लगता है कि जैसे बापू का जीवन मनुष्य देह में कविता के पुनर्वास का पुरुषार्थ है। उनका सत्याग्रह उस परिवेश की रक्षा करता है, जिसमें कविता सम्भव होती और अपनायी जाती है।" त्रिलोचन पर ध्रुव की टिप्पणी है—"त्रिलोचन जी का काव्य उस पीपल के वृक्ष की तरह है जिसकी फुनगी पर कोई धूप बहुत पहले आयी थी और व्योम-ज्योर्तिगंगा पीपल के जटाजूट में उलझकर नहीं रह गयी है। उसकी दैदीप्यमानता उतरकर सब पर झलकी है।" कृष्ण बलदेव वैद के उपन्यास 'काला कोलाज' के बारे में वे कहते हैं कि "काला कोलाज में व्यक्ति मन के वे चोर दरवाज़े खोलने की कोशिश है जिन्हें अब बन्द किये रहने की आदत डाली जा चुकी है। यह उपन्यास संशय की चौखट पर मनन की देहरी की तरह है और हिन्दी उपन्यास में नया प्रारूप प्रस्तावित करता है।"

संगीत की अकथनीयता

संगीत का रसास्वादन करने व उससे आनन्द उठाने वाले तो बहुत हैं, उस पर गम्भीरता से विचार करने वाले बहुत कम हैं। संगीत को अक्सर विचार के क्षेत्र से बाहर ही रखा जाता है। ऐसी स्थिति में फ्रेंच दार्शनिक

ब्लादीमीर जेंकेलेविच की पुस्तक 'म्यूजिक एण्ड द इनएफेबिल' पढ़ना सच्ची विचारोत्तेजना और रोमांच से भर देता है। मूल फ्रेंच से अंग्रेज़ी अनुवाद कैरोलीन एबेट ने किया और प्रिंसटन यूनिवर्सिटी प्रेस ने प्रकाशित किया है। जेंकेलेविच दो दशकों से अधिक पेरिस के सोरबोन विश्वविद्यालय में दर्शन के आचार्य के पद पर रहे और उन्होंने दर्शन पर बीस से अधिक पुस्तकें लिखीं और संगीत पर भी। रोलां बाख़्त और कतरीन क्लेमों जैसे फ्रेंच बुद्धिजीवियों पर भी उनके संगीत-चिन्तन का प्रभाव माना जाता है।

वे मानते हैं कि संगीत कोई भाषा नहीं है, न ही कोई संकेत-व्यवस्था। न वह भावनाएँ प्रगट करता है, न ही भूदृश्यों या संस्कृतियों का वर्णन करता हैं, न ही कोई कथा कहता है। लेकिन दूसरी तरफ़ शुद्ध संरचना या स्वायत्त विमर्श की विकृत अवधारणा में क़ैद नहीं किया जा सकता। संगीत अकथनीय है क्योंकि किसी एक बिन्दु पर सीमित नहीं किया जा सकता और उसमें अनेक क्षेत्रों में असीमित अनुगूँज पैदा करने की सामर्थ्य है। उनका आग्रह अल्पकथन पर है, जिसमें वाग्विलास के झाड़-झंखाड़ काट-छाँट दिये गये हों, ग़ैर ज़रूरी को छोड़ दिया गया हो, विमर्श की भिनभिनाहट को दूर कर सरलतम अभिव्यक्ति में बदल दिया गया हो–संजीदगी, सुथरापन और अल्पकथन, जो कि चीज़ों को छोड़ने के, अपरिग्रह के गुण के दूसरे नाम हैं। उनकी एक स्मरणीय उक्ति है–"संगीत का इसमें कविता और प्रेम, यहाँ तक कि कर्तव्य से साझा है–संगीत कहने के लिए नहीं बना है, उसे करना होता है, उसे कहा नहीं जाता, बल्कि बजाना-गाना पड़ता है।"

संगीत को आध्यात्मिक दरजा देने या औरों से ऊँचे स्तर पर रखने के बारे में इस चिन्तक ने सन्देह किया है और कहा है कि ऐसा आशय श्रवणेन्द्रिय को अन्य इन्द्रियों से ऊपर मानना होगा जिसका कोई ठोस आधार नहीं लगता। वे कहते हैं कि इस तरह का पक्षपात उचित होता, अगर समय अस्तित्व का सार होता और सबसे अधिक वास्तविक सच्चाई। बर्गसां यह मानते हैं पर शापेनहावर नहीं। रूसी कवि अलेक्जेंडर ब्लोक ने कहा है कि संगीत ने 'संसार को रचा है'। जेंकेलविच के अनुसार संगीत को नियमों से ऊपर नहीं माना जा सकता और मानवीय स्थिति में निहित सीमाओं और दासता से उसे बरी नहीं किया जा सकता।

'संगीत और मौन' शीर्षक पुस्तक के चौथे अध्याय में जेंकेलेविच बताते हैं कि "मौन अपने आप में कभी पूर्ण नहीं होता। संगीत शब्दों का मौन है जैसे कविता गद्य का मौन है। मौन पाने के लिए संगीत 'करना' ज़रूरी है। संगीत, जो कि स्वयं कई आवाज़ों से बना होता है, बाक़ी सभी आवाज़ों का मौन है, क्योंकि जैसे ही संगीत अपनी आवाज़ उठाता है वह अपने लिए एकान्त पर इसरार करता है ताकि वही स्पन्दित स्थान

पर काबिज़ हो, अन्य सभी आवाज़ों को छोड़कर। उनके शब्दों में (अनुवाद में) मौन वह मरुस्थल है, जिसमें संगीत फलता-फूलता है और संगीत, एक मरुस्थलीय फूल, स्वयं रहस्यमय मौन है।"

अधुनांतिक

इधर कई बरसों से मैंने किसी भारतीय भाषा से हिन्दी में अनुवाद का, इतने सारे अपूर्व परिचित कवियों का संकलन नहीं देखा-पढ़ा। समीर राय चौधरी और ओम निश्चल द्वारा सम्पादित (प्रियंकर पालीवाल के अनुवाद—पुनरीक्षण में) और परमेश्वरी प्रकाशन दिल्ली द्वारा प्रकाशित 'अधुनांतिक बांग्ला कविता' को पढ़कर दो-तीन अनुभव लगभग एक साथ हुए। एक कि कविता अभी भी क्या-कुछ और कितनी अलग-अलग विधियों से कर सकती है कि 'बहुवचनीयता' पर मेरा कुख्यात आग्रह एक कलावादी अवधारणा नहीं समकालीन कविता की ठोस सच्चाई है। दूसरी यह कि कविता का सत्त्व अन्ततः उसकी स्थानीयता में ही सबसे अधिक चरितार्थ होता है। तीसरी यह कि अनुवाद करने से हिन्दी में ऐसी अनेक छवियाँ, भंगिमाएँ, अनुभव और शब्द आ जाते हैं जो शायद अन्यथा उसकी जीवन्त सम्पदा में न होते।

कुछ उदाहरण देखिए :

मयूरनृत्य की ज्यामिति को अंकित करूँगा, उड़ने के योगासन को.../
तुम्हारी दृष्टि से संग्रह कर अंकित करूँगा, गुप्त पराग को.../
जो रास्ता लौटता है उसकी मुस्कान को, निर्जनता के व्याकरण को../
रामकृष्ण माझी, अनुवाद विश्वजीत सेन/
ओ भाषा स्तन पीने वाली, कीड़ा खाने वाली, लजीली.../
भूचर, खेचर, जलचर, दाम्पत्य-जीवन से तुष्ट एक सींगवाली/
नील गाय, बारासिंगा, गुप्त बालिका के हाथों में कीमती जानवर/
जमीन पर चरने वाले ऊदबिलाव की गन्ध से मरी विनोदिनी.../
तुमने खाया है शब्द का गह्वर, लाई हो नौकरशाही का राज इस देश में/
मलय राय चौधरी, अनुवाद सम्पादकद्वय/
रंगमहल हिल रहे हैं घुँघरुओं के ठाटबाट से/
उसके पैरों से लिपटी है जन्मान्धता की अनासक्ति
और बेलेदल की उस दुबली-सी सदस्या को
अपनी प्रेमिका समझने लगा है मछली का दुकानदार

विभाबसु, अनुवाद सम्पादकद्वय
उस घर में लाल बिंदियावाली बहू सेंधा नमक और मूँग की दाल के साथ भात खाते समय
अचानक देखती है बहू कुछ तो कहो--बोलने वाली चिड़िया को जो आँगन के पेड़ पर
बैठी है चुपचाप
और पीली नरम धूप अठखेलियाँ कर रही हैं
छप्पर पर पड़ी लौकी से
इस दृश्य को देखकर यह सिद्ध होता है
कि स्त्रियों के स्नानघर का साबुन कभी नहीं घिसता
और न ही कविता...
रजतशुभ्र मजूमदार, अनुवाद रतन विश्वास
आवाज़ हुई कत्ल की। कत्ल की आवाज़ होती है क्या?
क्या वह अलमारी है या चाभी? कत्ल देखने में कैसा है?
कैसे हैं उसके हाथ, पैर, माथा, का पिछला हिस्सा, तोंद, कोहनी,
नाभि, क्या वह चलता है चुपके से। बीचोंबीच खड़ा होता है
आकर खखोलकर दुनिया का अन्धकार। झिलमिल करता है
जैसे मोहक दन्त-कथा, दीप्त सभागृह, सिंहासन पर बैठा
नेबुचाडनाज़ार।
विश्वजीत सेन, अनुवाद अरुण कमल और रामकृष्ण पाण्डे
कुसंस्कार कुर्सी पर बैठे आसमान का डर लिए
तोड़-मरोड़ भाषा की आधा-सफेद ट्राम सड़क पर
चलते वक्त नियन्त्रण गँवाकर हल्का अँधेरा रखता है
सामान्य मनुष्य के पर्सनल फोल्डर में अप्रस्तुत महीन चाँदनी
बूँद-बूँद हरा-भरा मैदान...
मीरा चक्रवर्ती, अनुवाद सम्पादकद्वय
चिड़िया तुम किस समुद्र से उड़कर आयी हो, क्या उन पर्वतों पर आज भी
कला को लेकर कोई बहस होती है? मानवता के जय-गीत गाये जाते हैं?
मैं भी मनुष्य बनना चाहता हूँ, ओ चिड़िया।
और अगर वैसा नहीं बन सका तो कला बनना चाहता हूँ--तुम्हारी तरह!
ना सेर हो सेन, अनुवाद प्रियंकर पालीवाल

समवयसी संवाद

इतनी लम्बी रेलयात्रा का एक लाभ यह हुआ कि राजकमल द्वारा प्रकाशित

'सोबती-वैद संवाद' पढ़ गया। बरसों पहले शिमला में दो वरिष्ठ लेखकों के बीच यह संवाद हुआ था और अब सम्पादित होकर पुस्तकाकार छपा है। दो सर्वदा भिन्न स्वभाव, दृष्टि और शैली वाले लेखकों मे संवाद के कितने सूक्ष्म और कितने सधे स्तर पर सकते हैं, इसका यह संवाद बहुत पठनीय प्रमाण है।

सबसे पहले तो यह जानना कि स्वयं हमारे ये दो मूर्धन्य अपने को कैसे समझते हैं, किसी हद तक रोमांचकारी है। कृष्णा सोबती कहती हैं : 'साहित्य हमारी ज़िन्दगी में उसी तरह रचा-बसा है जैसे इस लोक में सृष्टि का रचाव। बचपन में लौटूँ तो इस शब्द 'रचाव' को हमें कुछ ऐसे समझाया गया था। अपने आस-पास देखो—धरती पर पेड़, पहाड़, फल, फूल, सब्जियाँ, धूप-छाँह, ऊपर आकाश, चाँद-सितारे, सूरज, बादल, बदरवा, दिन-रात—यह है रचाव। अलग-अलग रंग-रूपों में रचा हुआ। रसा हुआ।' वैद बताते हैं कि 'अब मुझे हैरानी होती है कि रानीखेत जैसी शान्त और जानलेवा हद तक ख़ूबसूरत जगह में बैठकर मैंने 'उसका बचपन' जैसा संगीन और दर्द-सना उपन्यास लिखा, लेकिन साथ ही यह खयाल भी आता है कि शायद रानीखेत ने ही उसकी भाषा को एक उदास-सी सुन्दरता, कोमलता और चमक दे दी हो, प्रयोगात्मक रंग दे दिया हो।'

'लोकतन्त्र को भारतीय जीवन शैली के घनत्व के सन्दर्भ में इस्तेमाल' करते हुए कृष्णा जी मानती हैं कि 'इन भाषाओं और बोलियों द्वारा प्रस्तुत किया गया राष्ट्र का सामाजिक, राजनीतिक वृतान्त अब मूल्यवान नहीं। वह अपने घनत्व और शिल्प-सौष्ठव में अनोखा ही कहा जायेगा।' वैद साहब की राय है : 'यह मान लेना मेरे लिए मुश्किल है कि सादगी के बग़ैर कोई लेखक या कलाकार बड़ा हो ही नहीं सकता। जायस, राजस भान, प्रूस्त, निराला, मुक्तिबोध, रेणु सब बड़े कलाकार हैं लेकिन वे सब 'सादा' नहीं। तॉलस्ताय, जो सादगी के सबसे बड़े हिमायती थे, अपनी महान् कृतियों में सादा नहीं। इन सबको पढ़ने और पकड़ने के लिए मेहनत की जरूरत रहती है। पहली या दूसरी पढ़त में वे पकड़ में नहीं आते।'

संवाद में कुछ ऐसे पक्षों पर भी बातचीत है जिन पर अक्सर नहीं होती। मसलन ईश्वर पर। कृष्णा जी कहती हैं—'मेरा व्यक्तित्व ही मुझे उसके होने का आभास देता है, विश्वास देता है। कहीं कोई शक्ति तो है जो इस ब्रह्माण्ड मण्डल को चलाये रखती है। वैसे मेरे होने की शर्त कुछ ऐसी कि एक क़दम उठाये तो एक मील पीछे चलना पड़े।...मेरी सरलताओं और उलझनों में बरबस लगातार वैराग्य भाव अपनी जगह बनाये रहता

है। यही वह भाव है जो लिखते हुए मेरे दबाव और तनाव को एकसम रखता है।...ईश्वर को लेकर मैं कभी परेशान नहीं हुई। वह मुझमें है, उसे मैं अनुभव करती हूँ और जो मेरे बाहर फैली है।''

वैद कहते हैं : '...एक तरफ़ तो मैं अपने को नास्तिक कहता हूँ, दूसरी तरफ़ उसको पूरी तरह भूल भी नहीं पाता। पूजा-पाठ न पहले कभी किया था, न अब करता हूँ। घर में आरती होती थी तो मैं भी दबी जुबान उसमें शामिल हो जाता था। अब भी जब कभी होती है तो शामिल हो जाता हूँ। 'ओम जय जगदीश हरे' की धुन और सादगी मुझे भाती है, कभी-कभी आँखें भी सजल हो जाती हैं। लेकिन बुनियादी सवाल मन को सालते रहते हैं, सबसे बड़ा तो यही कि अगर ईश्वर है तो इतना ऊँच-नीच क्यों, इतना अन्याय क्यों, इतना दुःख क्यों?'

राजनीति से लेखक के सम्बन्ध को लेकर दोनों में गम्भीर मतभेद उभरता है। वैद साहब इसरार करते हैं कि 'हर लेखक को अपने स्वभाव और अपनी प्राथमिकताओं के आधार पर यह निर्णय लेने का अधिकार होना चाहिए कि वह राजनीति के साथ किस प्रकार का और किस सक्रियता का सम्बन्ध स्थापित करे। और उसे यह अधिकार तो होना ही चाहिए कि अगर वह चाहे तो उससे बिल्कुल दूर रहे।' कृष्णा जी असहज होते हुए जोर देती हैं कि 'लेखक के अनुशासनीय क़द के साथ उसके फन की तरह राजनीति भी जुटी-बँधी है। वह अपनी लेखनीय अस्मिता और आज़ादी की देख-रेख कैसे करता है, यह लेखक के अपने ऊपर पुनस्सर है।...किसी भी बौद्धिक तानाशाही के बाहर खड़े रहना और लेखक के मौलिक रूप में बने रहना धीरज का काम है।...राजनीतिक व्यवस्था और तन्त्र के चौखटों में जो सुविधाओं और सम्पन्नता के लिए भ्रष्टाचार धँस चुका है, उसने न कलम को अछूता रखा है, न समाज को।'

कृष्णा जी टिप्पणी करती हैं : 'लेखक के पास इमेजेज का अम्बार है। अपना समृति बैंक है। जहाँ बरसों-बरसों तक घटनाएँ-भाव पकते रहते हैं। कभी वो सीधा होकर कबाड़ बन जाते हैं और कभी प्रतिभा के बल पर चमकने को उघड़ आते हैं। वह चौकन्नायन भी जो 68 नये अनुभव के साथ वजूद में आता है, तराश लिया जाता है।' वैद साहब एक जगह कहते हैं : 'भारतीय कला में आज जिस प्रकार की ऊर्जा हमें नज़र आती है, उस प्रकार की ऊर्जा भारतीय साहित्य में नहीं। जिस तरह की सक्रियता आर्ट गैलरियाँ दिखा रही हैं, उस तरह की सक्रियता हमारे प्रकाशकों में नहीं।'

यह दिलचस्प और विचारोत्तेजक बातचीत शिमला में कब हुई इसका कहीं ज़िक्र नहीं है। होता तो पूरा काल-सन्दर्भ समझने में कुछ और मदद

मिलती। नरेन्द्र श्रीवास्तव द्वारा सु-आकल्पित यह पुस्तक कई मायनों में अनोखी है। इस इच्छा को दबाना मुश्किल है कि अनेक समकालीनों में ऐसे संवाद हों और पुस्तकाकार आ सकना चाहिए।

प्रेम के रूपक

इधर कविता में कम नजर आता है पर प्रेम हमारे जीवन में कम हुआ हो ऐसा मानने का कोई कारण नहीं है। अलबत्ता उसके व्यक्त रूप कुछ अधिक बेबाक हुए हैं। खड़ी बोली में कविता की परम्परा ही लम्बी नहीं है सो प्रेम की परम्परा क्या होगी। फिर भी मानवीय अनुभवों में लगभग केन्द्रीय प्रेम को लेकर बहुत कविता लिखी गयी है। उसका एक सुधर संचयन आलोचक मदन सोनी ने मनोयोगपूर्वक किया है और 'प्रेम के रूपक' शीर्षक से उसे वाणी प्रकाशन ने पुस्तकाकार छापा है।

'रात आधी, खींचकर मेरी हथेली एक उँगली से लिखा था प्यार तुमने (बच्चन), 'उमगते उरज मेधमाती भुजाएँ', 'सजी दी पतन की मिलन आरती-सी' (गिरिजाकुमार माथुर), 'हृदयधन पत दिये, मैं लाज से उनसे नहीं बोली (सुभद्राकुमारी चौहान), 'निरख सखी ये खंजन आये' (मैथिलीशरण गुप्त), 'शब्द का शाप है/वह अकेला रह जायेगा (ध्रुव शुक्ल) इतना पास/कि तेरा पेट गुड़गुड़ाया/तो मैंने सोचा मेरा है' (तेजी ग्रोवर), 'उसके न होने का एक सुख है/जो दुःख का ही लाल हो गया हरा पत्ता है' (दिव्या), 'हो जायेगा तेरा ही पीड़ा का राज्य अँधेरा' (महादेवी), 'तुम कनक किरन के अन्तराल में लुक-छिपकर चलते हो क्यों' (जयशंकर प्रसाद), 'इससे पहले ही/सबसे पहले क्यों न तुम्हीं को देखा' (त्रिलोचन) 'रंग-भंग अनंग-रति का दे गया वह दाग़' (बालकृष्ण शर्मा नवीन), 'प्याज की तेज गन्ध, हींग जीरे की कपूर की गन्ध/मुझे किसी औरत की गन्ध लग रही है' (अरुण कमल), 'इन पहाड़ियों की चट्टानों में/तुम्हारे स्तनों की आहट हैं' (कमलेश), 'एक वसन रह गयी मन्द हँस, अधर-दशन, अनबोली...' (निराला), 'पुलक-अंकुर पर रहा जो फूल सुख से झूल' (नरेन्द्र शर्मा), 'स्पर्श जो...फूल की थाली-सा काँप झनझनाता रहा' (जगदीश गुप्त), 'पृथ्वी को सूर्योदय देकर ही उठना' (शिरीष ढोबले), 'तुम इतने पास न बैठो छाया छू लेगी' (माखनलाल चतुर्वेदी), 'हमने यमुना में अपना आकाश बहा दिया है' (विष्णुचन्द्र शर्मा), 'हो जाये वह क्षण जीवन-मरण विशाल सखी' (रघुवीर सहाय) कि एक-एक अंग पर नाम अंकित हो' (जितेन्द्र कुमार), 'अनन्तवीं बार फिर निष्फल हुई कोशिश मेरी' (चन्द्रकान्त

देवताले), 'आसमान में गंगा की रेत आइने की तरह हिल रही है/मैं उसी में कीचड़ की तरह सो रहा हूँ' (शमशेर बहादुर सिंह) जैसी कितनी ही पंक्तियाँ अपने मर्म से ध्यान खींचती हैं। यह जानना भी सुखद है कि शायद ही ऐसा कोई हिन्दी कवि होगा जिसने कभी-न-कभी प्रेम कविता न लिखी हो कि यह जानना भी ऐसे अनेक कवि हैं मसलन मैथिलीशरण गुप्त, माखनलाल चतुर्वेदी, सुभद्राकुमारी चौहान, त्रिलोचन जिनकी छवि प्रेम-कवियों की नहीं है पर जिन्होंने सुन्दर और मार्मिक प्रेम-कविताएँ लिखी हैं।

प्रेम के अनेक रूप और मुकाम हैं—प्रतीक्षा, उत्कण्ठा, अकेलापन, वासना, साहचर्य, शृंगार, विरह, उपस्थिति-अनुपस्थिति, अन्त-अनन्त आदि। हिन्दी कविता का, यह संचयन उसका सहज ही सशक्त साक्ष्य है, प्रेम की इन सभी सूक्ष्मताओं को विन्यस्त करने की कोशिश की है। इसकी शिकायत तो की जा सकती है कि कुछ कविताएँ छूट गयी हैं या होंगी—यह रुचि, दृष्टि और उपलब्धता का मामला है पर मदन सोनी ने ऐसी बहुत-सी कविताएँ जतन से खोज कर शामिल की हैं जिन पर अन्यथा हमारा ध्यान न जाता। कोई भी अच्छा संचयन यही करता है। वह कुछ भूली हुई कविताओं को हमारे लिए बचाता है। चूँकि हमारे यहाँ संचयन करने की प्रथा नहीं बन पायी है यह उम्मीद करना व्यर्थ है कि कोई और रसिक एक वैकल्पिक संचयन तैयार करे। हिन्दी के प्राचीन और मध्यकालीन काव्य से भी प्रेम-कविताओं का ऐसा ही संचयन किया जाना चाहिए, ताकि हम जान सकें कि हमारी परम्परा में प्रेम का कितना महत्त्व रहा है। ऐसे संचयनों से स्वयं कविता से प्रेम बढ़ने की भी सम्भावना है। फिलवक़्त तो यह संचयन हिन्दी प्रेम-कविता की एक गोल्डन ट्रेज़री जैसा है।

सच्चाई एक पुस्तक है

ठीक-ठीक इन्हीं शब्दों में उन्होंने कभी कहा नहीं, लेकिन अर्जेण्टीनी लेखक बोर्खेज़ बीसवीं शताब्दी के उन मूर्धन्यों में से हैं जिन्होंने पुस्तकों को कई बार सच से अधिक भरोसेमन्द माना। उनकी मृत्यु को इस महीने बीस बरस हो रहे हैं। बोर्खेज़ के लिए सारी दुनिया पुस्तक ही थी और उन्होंने अपनी एक कविता में कहा था, 'मैंने हमेशा कल्पना की है कि स्वर्ग एक तरह का पुस्तकालय होगा।' शायद ही किसी और लेखक को यह गौरव दिया जा सके जैसा कि बोर्खेज़ को निस्संकोच दिया जाता है कि उन्होंने एक शहर को दुनिया के लिए सच और ठोस बनाया।

वह शहर है ब्यूनेस आयर्स। यह शहर इस महीने से अगस्त के बीच, जिसमें बोर्खेज़ का जन्मदिन पड़ेगा, अपने इस रचयिता को कई तरह से याद करेगा। कई पाठ, गोलमेजें, प्रदर्शनियाँ, संगीतसभा और अन्य प्रणतियाँ।

बोर्खेज़ अट्ठावन बरस के होते-होते पूरी तरह से अन्धे हो गये थे। हालाँकि उनका अन्धापन तीस बरस की उमर से थोड़ा-थोड़ा शुरू हो गया था। उसे वे 'ईश्वर के व्यंग्य का एक प्रदर्शन' मानते थे कि उसने उन्हें 'पुस्तकें और रात' दी। अन्धे होने के बाद भी उनका पुस्तक-प्रेम अदम्य रहा। वे दूसरों से अपने लिए कुछ न कुछ पढ़वाते और उसे सुनते थे। ऐसे ही पढ़नेवालों में से एक प्रसिद्ध लेखक अलबर्तो मैंगुएल हैं जिन्होंने बोर्खेज़ के साथ बिताये अपने समय का एक अत्यन्त रोचक संस्मरण लिखा है जो 'विद बोर्खेज़' शीर्षक से टेलीग्राम लन्दन ने इसी वर्ष पुस्तकाकार प्रकाशित किया है। तब मैंगुएल अंग्रेज़ी-अमरीकी पुस्तकों की एक दुकान में काम करते थे जहाँ बोर्खेज़ राष्ट्रीय पुस्तकालय से लौटते हुए रोज़ ही आते थे। वे धीरे-धीरे बोर्खेज़ के वाचक बन गये। उन्हें उनके मनचाहे लेखकों या पुस्तकों से कुछ सुनने के अलावा जब-तब उन्होंने उनकी रचनाओं का डिक्टेशन भी लिया। अन्धे होने के बावजूद वे हाथों से टटोलकर पुस्तकों की जिल्दें पहचानकर उनकी शिनाख़्त कर सकते थे। उनके लिए सच्चाई का मर्म पुस्तकों में ही था—पुस्तकें पढ़ने, पुस्तकें लिखने और पुस्तकों के बारे में बातें करने में। उनका खयाल था कि वे एक संवाद हैं जो हज़ारों बरसों पहले शुरू हुआ और अब तक चल रहा है—वह कभी ख़त्म नहीं होगा, ऐसा उनका भरोसा था। पुस्तकें अतीत का पुनरुद्धार करती हैं—उन्होंने एक बार कहा था कि 'हर कविता समय गुजरने पर शोकगीत हो जाती है।'

मैंगुएल के अनुसार हालाँकि बोर्खेज़ साहित्य की विधाओं में यक़ीन नहीं करते थे। उनकी प्रिय विधा थी महाकाव्य। साहस और युद्ध की थीमें महाकाव्यात्मक हैं और उनके लिए मानवीय भूख उतनी ही बुनियादी है जितनी प्रेम, सुख या दुर्भाग्य के लिए। उनका मत था कि 'सारे साहित्य महाकाव्यों से शुरू हुए हैं न कि किसी भावात्मक या आत्मीय कविता से।' वे 'ओडिसी' का यह उद्धरण देते थे, 'देवता मनुष्यों के लिए प्रतिकूलताएँ बुनते हैं ताकि भविष्य की पीढ़ियों के पास कुछ गाने के लिए हो।' वे धर्मशास्त्र मजे लेकर पढ़ते थे और कहते थे, 'मैं अर्जेण्टीनी कैथोलिकों का विलोम हूँ। उनमें आस्था है पर रुचि नहीं। मुझे रुचि है, आस्था नहीं।' पर धर्म या दर्शन की पुस्तकें पढ़ते समय भी बोर्खेज़ के कान उनमें अन्तर्भूत साहित्यिक आवाज़ पर रहते थे। वे पाल वैलरी को याद करते थे जिन्हें ऐसे साहित्य की चाहत थी जिसमें न कोई तारीख़ें

हों, न नाम, न राष्ट्रीयताएँ। बोर्खेज़ कहते थे कि हर लेखक अपने पूर्वज भी रचता है। उनका इसरार था कि लेखकों के अभिमत उसका सबसे कम महत्त्वपूर्ण पहलू होता है और राजनीति मनुष्य की सबसे दयनीय गतिविधियों में से एक है। यह जोड़ना यहाँ जरूरी है कि बोर्खेज फासीवाद और तानाशाही के घोर विरोधी थे और उसका खामियाजा उन्होंने भुगता था।

बोर्खेज़ की एक मान्यता यह भी थी कि हर पुस्तक में यान्त्रिक और बौद्धिक रूप से सारी दूसरी पुस्तकों की सम्भावना समाहित रहती है। आख़िर कोई भी पुस्तक उस भाषा की वर्णमाला के अक्षरों का संयोग होती है और ऐसे संयोग की सारी सम्भावनाएँ कल्पित की जा सकती हैं।

मैंगुएल मानते हैं कि दो तरह के लेखक होते हैं। पहले वे जो एक पुस्तक में सारी दुनिया को रखने की कोशिश करते हैं। दूसरे वे जो दुनिया को ही एक पुस्तक मानते हैं जिसे वे अपने और दूसरों के लिए पढ़ने की चेष्टा करते हैं। बोर्खेज़ दूसरे क़िस्म के लेखक थे। सारी कठिनाइयों के बावजूद, वे मानते थे कि हमारा नैतिक कर्तव्य सुखी होना है। उनका विश्वास था कि यह सुख पुस्तकों में पाया जा सकता है। उन्होंने स्वयं कहा था कि वे इसे समझा नहीं सकते कि पुस्तकें सुख कैसे देती हैं, पर वे कृतज्ञ थे 'इस विनम्र चमत्कार' के लिए।

14 जून 1986 को बोर्खेज़ की मृत्यु जेनेवा में हुई। यही वह शहर था जिसमें उन्होंने पहले पहल हाइने और वर्जिल, किसलिंग और डि क्वेंसी, बोदेलेयर जैसे लेखकों की कृतियों का साक्षात् किया था। मृत्यु के पहले अस्पताल की एक जर्मन नर्स ने उन्हें नोवालिस की वह कृति पढ़कर सुनायी थी जो उन्होंने जेनेवा में बितायी अपनी तरुणाई में पहली बार पढ़ी थी।

बूढ़े होने की गरिमा

बूढ़े होने में, होते जाने में कई लाचारियाँ हैं—बूढ़ा होना ख़ुद सबसे बड़ी लाचारी है। ऐसे लोग कम नहीं जो उम्रदराज़ होने पर गुज़रे जमाने पर बिसूरते रहते हैं, अपने समय को दूसरों के समय से कहीं अधिक मानवीय, बेहतर और समृद्ध बताते और मानते हुए विलाप करते रहते हैं। ऐसे भी होते हैं जो नयी चाल से तालमेल बनाये रखने के छद्म में बुढ़ापे

में कई तरह के भण्डाफोड़ और अन्य हास्यास्पद या दयनीय नाटकीयताओं का सहारा लेते हैं ताकि अपने तेजी से अप्रासंगिक होते जाने की सच्चाई को किसी कदर कुछ देर ढाँप-छिपा सकें। ऐसे कम होते हैं, लेकिन होते हैं जिनकी जिजीविषा अन्त तक अदम्य रहती है, जो अपने बूढ़े होने को हादसा नहीं मानते और जो अपने व्यतीत जीवन को उसकी सारा आभा और कालिख में देखते हुए, अन्त में बिना डरे, अपने बुढ़ापे को गरिमा से गुजारते हैं। ऐसे ही एक बूढ़े हैं ब्रिटिश लेखक और बुद्धिजीवी रिचर्ड होगर्ट जिन्हें अपने बुढ़ापे का सच्चा अहसास हुआ, अब जबकि वे अपनी उम्र के नौवें दशक में प्रवेश कर चुके हैं। 'द यूजेज ऑफ़ लिटरेसी' नामक लगभग क्लैसिक माने जाने वाले ग्रन्थ के रचनाकार रिचर्ड होगर्ट को विशेषतः ब्रिटेन के समकालीन सामाजिक-सांस्कृतिक-बौद्धिक जीवन का एक अत्यन्त विवेकसम्पन्न पारखी माना जाता रहा है। उन्होंने पिछले ही वर्ष लगभग डेढ़ सौ पृष्ठों की एक पुस्तक प्रकाशित की है। 'प्रामिजेज कीप, थॉट्स इन ओल्ड एज'। प्रकाशक कण्टीनुअम, लन्दन और न्यूयॉर्क। अपनी उपलब्धियों और कद के बारे में बेहद कम बोले इस बुजुर्ग ने इस अद्भुत पुस्तक में विनोदपूर्ण सयानेपन से मानवीय साहस की प्रकृति, स्मृति के उपयोग, शिक्षा के सही लक्ष्य, प्रेम, परोपकार आदि पर, बिना गुरु-गम्भीर हुए, हल्के-फुल्के लेकिन गहरे ढंग से विचार किया है। पुस्तक उच्च कोटि का मनोरंजन है, बौद्धिक विनोद जो आपको आह्लादित भी करती है और कैसे गरिमा से बूढ़ा हुआ जा सकता है। इसकी सुशिक्षा भी देती है। एक ऐसी पुस्तक जिसमें आनन्द और विवेक, तिनोद और बुद्धि का विलक्षण रसायन है।

जाहिर है कि यह पुस्तक आत्मवृत्तान्त है, पर वह पारम्परिक अर्थ में आत्मकथा नहीं है। वह तो प्रोफ़ेसर होगर्ट अलग से पहले ही लिख चुके हैं। इस पुस्तक में जो विचार प्रधान होते हुए भी जहाँ-तहाँ दिलचस्प या प्रेरक या शिक्षाप्रद प्रसंगों का बहुत सुघर-सटीक इस्तेमाल करती है। पुराने मुहावरे में कहें कि उसका सुघर और सुथरा गद्य पढ़ते ही बनता है।

आत्मप्रेम के बारे में लिखते हुए होगर्ट ने बेकन का यह उद्धरण दिया है कि 'मनुष्य का सबसे बड़ा चापलूस उसका आत्म है' और उसमें नीत्शे का यह कथन जोड़ा है कि 'जो अपना तिरस्कार करते हैं, वह फिर भी आत्मतिरस्कारी के रूप में अपने को सम्मानित मानता है'। और होगर्ट फिलिप लार्किन का यह पुछल्ला जोड़ना नहीं भूलते कि 'आत्मप्रेम पर ध्यान न देना गुरुत्वाकर्षण की उपेक्षा करने जैसा होगा'। स्वयं अपनी शैली के बारे में टिप्पणी करते हुए होगर्ट ने कहा है कि स्पष्टता के लिए सादगी और प्रयोजन की सफ़ाई से ईमानदार व्यायाम सम्भव है। स्वाभाविक है कि विपुल चित्रपट अधिक जटिलताएँ, योग्यताएँ, बाहर, भीतर

और चारों ओर अधिक घुमावों का वहन कर सकता है। 'अच्छा गद्य हमेशा खिड़की के काँच जैसा नहीं होता।'

मृत्यु के बारे में नार्बर्ट एलिआस के इस वक्तव्य को किसी आस्थाहीन व्यक्ति द्वारा दिया गया सबसे प्रभावशाली बताते हुए होगर्ट ने उद्धृत किया है—'मृत्यु कोई रहस्य नहीं छुपाती। वह कोई द्वार नहीं खोलती। वह एक व्यक्ति का अन्त है। जो बचता है वह है जो उसने दूसरों को दिया, जो उनकी स्मृति में बचा रहता है। अगर मनुष्यता ग़ायब हो जाये तो किसी भी मनुष्य ने जो भी किया, आस्था की सारी व्यवस्थाओं को मिलाकर, वे सभी निरर्थक हो जाते हैं।'

होगर्ट का मानना है कि बुढ़ापे में क्रोध नहीं करना चाहिए, भले ही वह अच्छे कामों को लेकर ही क्यों न हो। बेहतर है व्यंग्य, नाक-भौं सिकोड़ना और ख़ुशमिजाज़ी बनाये रखना। अन्त के पहले, जैसा कि टेनीसन ने कहा था, 'अभी भी किया जा सकता है उदात्त क़िस्म का कुछ काम।' उनका इसरार इस बात पर है कि अन्त तक एक पागल क़िस्म की साहसी शक्ति जरूरी है—हार न मानना, दयनीय न बनना, यह स्वीकार करना कि आप की दौड़ अच्छी रही और अगर न भी रही हो तो औरों के साथ साझा करते हुए साहस व्यक्त करने की क्षमता और हँसी, आख़िर तक।

कला कर्म

यह बहस कभी पुरानी नहीं पड़ती कि कला, कर्म है या नहीं। कलाकार भले कला का कर्म मानते हों, किसी भी समाज में ऐसे लोगों की संख्या बहुत बड़ी है जो कला को कर्म नहीं मानते या जिन्हें उसे ऐसा मानने में हिचक होती है। 2004 में येल यूनीर्वसिटी प्रेस ने बीसवीं शताब्दी के महान् चित्रकारों में गिने जानेवाले मार्क रोथको की एक पुस्तक प्रकाशित की है जिसका शीर्षक है 'द आर्टिस्ट्स रीएलिटी फिलासफ़ीज़ आव् आर्ट।' पुस्तक की पाण्डुलिपि रोथको के काग़ज़ात में मिली और सम्भवतः पिछली शताब्दी के पाँचवें दशक में कभी लिखी गयी होगी। पुस्तक में बीस अध्याय हैं जिनमें विषय और विषय-वस्तु, मिथ, सौन्दर्य, स्पेस, आधुनिक कला, आदिमता आदि पर विशद चर्चा है। उन्हीं में से एक अध्याय है—'कर्म के रूप में कला।'

रोथको शुरु करते हैं इस धारणा से कि शारीरिक ज़रूरतों को पूरा करने के लिये की गयी कार्रवाई को कर्म माना जाता है। यह बात और है

कि जिन वर्गों की ऐसी जरूरतें आसानी से पूरी हो जाती हैं उन्हीं में मनोरोग आदि बीमारियाँ बहुत फैलती रहती हैं। कला को ऐसे लोग अक्सर पलायन मानते हैं। रोथको तर्क करते हैं कि कला रचनेवाले अधिक कर्मठ होते हैं क्योंकि वे अपनी शारीरिक ज़रूरतों के अलावा दूसरी ज़रूरतों का भी ख़याल करते हैं। कई बार कुछ रियायत देकर यह माना जाता है कि कला एक विशेष क़िस्म का कर्म है याने उसका काम कुछ विशिष्ट विषयों से अपने को सम्बन्धित रखना है। अगर वह इस सीमा से आगे या बाहर जाती है तो वह फिर एक क़िस्म का पलायन है। ज़ाहिर है कि इस तरह की धारणा में इस बात की पूरी तरह से अनेदखी की जाती है कि कला अपने आसपास से सम्बन्धित और प्राकृत होते हुए स्वायत्त कर्म है। उसका उद्देश्य बाहरी नहीं आन्तरिक है। वह उस अर्थ में काम की नहीं हो सकती जिस अर्थ में अन्न, जल या वायु हमारे काम की हैं। इस सिलसिले में हाल ही में गोरखपुर के एक परिसंवाद में विश्वनाथ प्रसाद तिवारी द्वारा ज़िक्र किये गये जनक-याज्ञवल्क्य के संवाद की याद हो आती है। जनक ने पूछा कि वह क्या है जो हमें प्रकाशित करता और राह दिखाता है? ऋषि का उत्तर था : सूर्य। अगर सूर्य न हो तो? उत्तर था : चन्द्रमा। चन्द्रमा छुप जाये तो? ऋषि बोले : अग्नि। अग्नि बुझ जाये तो? उत्तर था : वाक्। कला वही वाक् है—वह न हो तो तथाकथित कर्म अपनी नमक, अपना रास्ता खो सकता है। वह उसी अर्थ में कर्म नहीं है जिस अर्थ में सूर्य और चन्द्रमा कर्म हैं। सूर्य और चन्द्रमा हमारे किये नहीं बने हैं। लेकिन अग्नि हमारे जलाने पर ही पैदा होती है। कला अग्नि जैसा कर्म है। उसका ताप, उसका उजाला न हो तो हमारे बाक़ी कर्म कितने अँधेरे में रहेंगे?

कविता के रास्ते

बीसवीं शताब्दी के पूर्वार्द्ध में पेरिस में बहुत कुछ नया-ताज़ा, युगान्तकारी और क्रान्तिकारी, विक्षुब्ध और विचलनकारी साहित्य और कलाओं में हुआ, उनके प्रभावों और दबावों से सिर्फ़ फ्रेंच नहीं बल्कि कई अन्य भाषाओं के साहित्य में अनेक परिवर्तन आये। हाल में चिली के स्पेनिश महाकवि विसेन्त हुईदोब्रो की एक पुस्तक 'मेनीफेस्टोज़ मेनीफेस्ट' अँग्रेजी में ग्रीन इण्टीगर ने प्रकाशित की है। जिसमें कविता पर विचारों और घोषणाओं का संचयन है। हुईदोब्रो अपनी युवावस्था में बहुत बरस पेरिस में थे हालाँकि उनका जन्म 1883 में चिली में हुआ था। पेरिस प्रवास में उनके मित्रों में अपोलेनेयर, पियरे रिवर्दी, लुई बोर्खेस आदि शामिल थे। 1925

में वे चिली वापस गये और एक अख़बार के संपादक बने। उन्होंने राष्ट्रपति पद का चुनाव लड़ा। हार गये और फिर पेरिस लौट गये।

1914 में लिखी अपनी एक कविता में समुद्र के बारे में यह कवि कहता है :

"कौन कह सकता है कि वह गीत है जो जल बनता है या कि जल जो गीत बनाता है।"

उनका मत है कि कविता वही है जो हमारी भावात्मक जड़ों को हिला दे, हमारा सन्तुलन गड़बड़ा दे। अगर कविता में कुछ अप्रत्याशित नहीं है तो उसमें आगे जाने की ऊर्जा नहीं हो सकती। बाहरी दुनिया में कविता से मिलती-जुलती कोई चीज़ नहीं होती। वह उसे सच बनाती है जो नहीं है जिसका आशय यह है कि वह अपनी सच्चाई स्वयं रचती है। वह अद्‌भुत की रचना करती है और उसे अपनी ज़िन्दगी देती है। वह असाधारण परिस्थितियाँ गढ़ती हैं जो सच में कहीं नहीं हो सकतीं इसलिये उन्हें कविता में ही होना होता है, अगर उन्हें कहीं होना है तो। जैसे ही कवि कहता है कि "एक पक्षी इन्द्रधनुष पर टिका हुआ था" वह आपके सामने एक ऐसी घटना प्रस्तुत कर रहा होता है जिसे आपने कभी नहीं देखा, जिसे आप कभी नहीं देखेंगे भले आप चाहते रहे हों कि आप देख पाते। एक कवि को वही चीज़ें कहनी चाहिये जो कि उसके बिना कभी नहीं कही जातीं। वे अपने अलावा दूसरे कई कवियों की मोहक पंक्तियाँ उद्‌धृत करते हैं : "वर्षा भेड़ की तरह काँपती है" चिड़िया हमेशा मौसम बदल देती है, रात दूसरों की आँखों से आती है। वे कहते हैं कि कविता कविता होती है जैसे नारंगी नारंगी होती है सेब नहीं। उनकी सलाह है कि कवि को प्रकृति का अनुकरण नहीं करना चाहिये क्योंकि उसे ईश्वर की चोरी करने का अधिकार नहीं है।

सबसे दिलचस्प है उनकी कवि की सात शपथें। पहली ही है : कमज़ोर मानव, मैं तुझे माफ़ करता हूँ जो कि अपनी बेवकूफी अपने ही झूठों से सन्तुष्ट कर सकता है। दूसरी है : चढ़ो, हम चन्द्रमा की दूरवाली ओर सीपियाँ बटोरने जा रहे हैं। एक और है : कविता बनती है कस्तूरा के धीरज से। आग को आग नष्ट करती है। आख़िरी शपथ है : महाव्योम विदाओं का एक एशट्रे है। वह सभी दुखों को ढाँपता है। इस मेण्डोलिन को सुनो जो संसार के अन्त के बाद भी बजती रहती है।

पानी के संस्मरण

रूसी कवि जोसेफ़ ब्राडस्की की मृत्यु को इस वर्ष एक दशक हो जायेगा।

वे जब बत्तीस वर्ष के थे—उनकी मृत्यु के समय आयु छप्पन के करीब थी—तब उन्हीं के शब्दों में "धरती दो करोड़ आत्माओं से हल्की" थी वे पहली बार वेनिस गये थे। बाद में कई बार क्रिसमस पर अक्सर हर बरस जाते रहे। इस शहर का एक अद्‌भुत संस्मरण बाद में उन्होंने 1992 में 'वाटरमार्क' नाम से प्रकाशित किया। तब तक उन्हें सीधे अंग्रेजी में लिखने का अच्छा अभ्यास हो चुका था। संस्मरण का समापन करते हुए ब्राड्स्की ने लिखा : "मैं दुहराता हूँ—पानी समय की बराबरी करता है और सुन्दरता को उसका प्रतिरूप देता है। कुछ स्वयं पानी होते हुए हम सुन्दरता के इसी तरह काम आते हैं। पानी से घिसकर यह शहर समय की छबि बेहतर और भविष्य को सुन्दर करता है। ब्रह्माण्ड में इस शहर की यही भूमिका है। क्योंकि शहर स्थिर है हम चल रहे हैं। ओंस उसका प्रमाण है। क्योंकि हम जाते हैं पर सुन्दरता टिकती है। क्योंकि हम भविष्य की ओर जा रहे हैं जबकि सुन्दरता अनन्त वर्तमान है। आँसू रुकने, पीछे ठहर जाने, शहर के साथ मिलने की कोशिश है। लेकिन यह नियमों के विरुद्ध है। आँसू पीछे फेंकना है, भविष्य की अतीत को एक प्रणति। अन्यथा वह परिणाम है कमतर से वृहत्तर को घटाने का, मनुष्य से सुन्दरता को। यही प्रेम के बारे में सच है क्योंकि किसी का प्रेम भी उससे बड़ा होता है।"

'रोशनी की खिड़कियाँ'

हमारा अनुरोध स्वीकार कर कवि और अनुवादक सुरेश सलिल ने विश्व कविता के एक सौ बारह कवियों के हिन्दी अनुवाद का एक संचयन तैयार किया था जो मेधा बुक्स ने 'रोशनी की खिड़कियाँ' शीर्षक से प्रकाशित किया है। मैं उसकी पहले भी प्रशंसा कर चुका हूँ। पिछले दिनों भोपाल में वहाँ के पाक्षिक 'पहले पहल' के चौबीस बरस पूरे होने पर 'विश्व ग्राम में कविता' विषय पर एक व्याख्यान देने के लिये मैंने जब तैयारी की तो इस संचयन की ओर फिर ध्यान गया। मैंने व्याख्यान के उत्तरार्द्ध में उससे पन्द्रह बीस कविताएँ या उनके कुछ अंश पढ़कर सुनाये। श्रोताओं की उन पर जो व्यापक अनुकूल प्रतिक्रिया हुई उससे मैं फिर अपने इस मत से दृढ़ हुआ कि यह एक बहुत अच्छा सुघर-सुकृत संचयन है और सुरेश सलिल ने गहरी समझ, अच्छे काव्यकौशल और सावधानी से ये अनुवाद किये हैं। मैं नहीं जानता कि किस और हिन्दी कवि ने ऐसे अच्छे और इतने विपुल अनुवाद इतने सारे कवियों के किये हैं।

उन्हें पढ़कर लगता है कि हिन्दी विश्व कविता का भी घर हो सकती है बल्कि इन कविताओं में है। इस पुस्तक की ओर विशेष ध्यान क्यों नहीं गया यह अचरज और खेद की बात है।

मैंने जो अनुवाद उस सभा में सुनाये थे उनमें से कुछ ये थे :

मैं पीछे मुड़ना नहीं चाहता, देखना नहीं चाहता,
डरा हुआ हूँ, कि कितनी तेज़ी से वह काली क़तार
लम्बी होती जाती है, कितनी तेज़ी से
एक ओर बुझी हुई कंदील जा मिलती है
पिछलीवालियों से।

(कवाफ़ी)

आओ, हम तरस खायें उन पर, बेहतर हैं हमसे जो।
आओ, दोस्तो, और याद रहे
कि दौलतमन्दों के पास बटलर है, दोस्त नहीं
और हमारे पास दोस्त है, बटलर नहीं।
आओ, हम शादीशुदा और ग़ैर शादीशुदा लोगों पर तरस खायें।

(एज़रा पाउण्ड)

बेशक चिड़िया बिना कोई निशान छोड़े उड़ जाती है
जबकि जानवर ज़मीन पर
अपने पैरों के निशान छोड़ जाता है।

(फ़ेर्नान्दो पेसोआ)

एक बार कविता की एक पंक्ति, कलंकित,
पता नहीं जिसके रचयिता का,
गिरी आसमान से पत्थर की तरह, धरती को जगाती हुई, किसी जगह।
कोई अनुनय-विनय बदल नहीं सकती कवि की उपलब्धि को।
वही हो सकती है वह, जो कि वह है। दे नहीं पायेगा कोई उस पर
निर्णय।

(ओसिप मांदेलश्ताम)

पाउण्ड का अर्थशास्त्र

यहाँ मुराद यूरो के मुक़ाबले अभी तक अड़े हुए पाउण्ड याने ब्रिटिश करेंसी के अर्थशास्त्र से नहीं जिसका रत्ती भर भी ज्ञान मुझे नहीं है। मामला है बीसवीं सदी में आधुनिक कविता के एक महान् पुरस्कर्ता माने जाने वाले एज़रा पाउण्ड के अर्थशास्त्र का, जिस पर एक पूरी नयी पुस्तक किसी साहित्यिक ने नहीं बल्कि शीर्षस्थ अर्थशास्त्री और इन दिनों ब्रिटेन के हाउस आव लार्ड्स के एक सदस्य मेघनाथ देसाई ने लिखी है जिसे हाल ही में फ़ेबर एण्ड फ़ेबर ने 'द रूट आव् आल ईविल' शीर्षक से प्रकाशित किया है। पाउण्ड ने अर्थशास्त्र पर लिखा है इतनी तो जानकारी थी लेकिन उनकी आर्थिक दृष्टि में ऐसा कुछ है कि बाक़ायदा किसी अर्थशास्त्री के विचार-योग्य है यह नहीं पता था। अर्थशास्त्र जैसे केन्द्रीय विषय पर किसी कवि के विचार इतनी गम्भीरता के लिये जा सकते हैं इसका मेरे जाने यह पहला ही उदाहरण है। लेखकों के साहित्य और किसी हद तक समाज के अलावा अन्य विषयों पर विचार विशेषज्ञ प्रायः ध्यान देने योग्य नहीं मानते हैं।

यह नोट करना दिलचस्प है कि पाउण्ड की ज़िन्दगी के पहले पैंतालीस बरस उनके आख़िरी बयालीस बरसों से काफ़ी अलग हैं। पूर्वार्द्ध में वह कवि, आलोचक, मुश्किल में पड़े अपने दोस्तों के लिये पैसा उगाहने वाले, हरेक के लिये मददगार और नयी योजनाओं के सशक्त समर्थक हैं। उत्तरार्द्ध में दूसरे महायुद्ध में वे देशद्रोही हैं। यह बदलाव सिर्फ़ उनको दूसरे कैसे देखते हैं इसी में नहीं आया, वे स्वयं बहुत हद तक यह बदलाव अपने में लाये। उन्होंने न सिर्फ़ अपने देश के साथ विश्वासघात किया, पागलखाने भेजे गये बल्कि वे अपने यूरोपीय निर्वासन में वापस आये, बिना झुके या कोई पश्चात्ताप किये।

'गम्भीर कलाकार माँग और सप्लाई के नियम से नहीं बँध सकता' माननेवाले पाउण्ड को बहुत पहले यह शिकायत होने लगी थी कि अमरीकी समाज बहुत प्रादेशिक है और वह अपने लेखकों एवं कलाकारों की कोई चिन्ता नहीं करता है। स्वयं पाउण्ड की गति-दुर्गति के पीछे एक बड़ा कारण अमेरिका द्वारा उन्हें खारिज किया जाना था। पाउण्ड की मान्यता थी कि ज़्यादातर सामाजिक बुराइयों की जड़ आर्थिक होती है। वे ऐसी कोई सामाजिक बुराई नहीं जानते थे जिसका इलाज या लगभग पूरा इलाज आर्थिक रूप से न किया जा सके। 'गोल्ड एण्ड वर्क' में पाउण्ड ने कहा कि 'एक स्वस्थ अर्थ-व्यवस्था तब होगी जब धन के पास न ज़्यादा न कम अन्तःशक्ति होगी। व्यापार और सूदखोरी के बीच का अन्तर ग़ायब हो गया है। कर्ज़ और ब्याज के साथ कर्ज़ के बीच भेद भी नहीं रहा।' मेघनाथ देसाई कहते हैं कि ऐसा पढ़ने पर एज़रा पाउण्ड ऐसे समकालीन

लगते हैं जो तीसरी दुनिया के कर्ज़ों के खिलाफ़ या कि भूमण्डलीकरण के खिलाफ़ हज़ारों के साथ जेनोआ, सिएटल, पोर्तो एलेग्रे और फ्लोरेंस में मार्च करते लगते हैं। देसाई के अनुसार पाउण्ड कविता के जीनियस होने के साथ-साथ अमरीकी परम्परा में धन को लेकर कई सनकियों में से एक थे और उनके उस बारे में, अर्थव्यवस्था को लेकर विचार ख़ासे रैडिकल थे। यह विचित्र भले लगे पर सही है कि पाउण्ड में यहूदी-विद्वेष भी गहरा था। उन्हें लगता था कि न्यूयार्क में 'बहुत अधिक यहूदी' है। धनकेन्द्रित उनका रैडिकलिज़्म, बाद में, उनके यहूदी-विद्वेष से मिलकर खासा विषाक्त हो गया। इस विद्वेष में पाउण्ड की बेंकरों और हथियारों के निर्माताओं और व्यापारियों से गहरी नफ़रत की भी भूमिका थी।

पाउण्ड ने नौकरशाही के बारे में भी बहुत तीख़ेपन से लिखा था। उनकी राय थी कि अगर हमारे पास नौकरशाह होना ज़रूरी है तो हमें उनके साथ मानवीयता का बर्ताव करना चाहिये, हम उनकी तनख्वाहें बढ़ा दें, उन्हें आरामदेह पेंशन दें,...हम उन्हें केप में के समुद्रतट पर कितने रेतपिस्सू हैं इसकी गिनती करने के काम में लगायें लेकिन किसी भी हालत में उन्हें ऐसे किसी काम में नहीं लगाना चाहिये जिससे वे किसी नागरिक के सम्पर्क में आ सकें। किसी भी नागरिक को किसी भी नौकरशाह से अपने काम में देखने या मिलने की नौबत आनी नहीं चाहिये। नौकरशाह का पूरी तरह से लिहाज़ करना चाहिये और आख़िरकार जब वह मर जाये तो उसकी जगह क़तई नहीं मरना चाहिये।

पाउण्ड की अवधारणा थी कि धन का काम पूरा रोज़गार मुहैया कराना है न कि किसी सिद्धान्त पर चलना। उन्होंने अर्थव्यवस्था के लक्ष्य को लेकर कुछ बुनियादी प्रश्न उठाये और यह प्रतिपादित किया कि उसका काम लोगों की सेवा करना है न कि उन पर किसी अमूर्त लक्ष्य की खोज में शासन करना। पाउण्ड को लगता था कि दुनिया में ख़ासकर अमरीका में सूदख़ोरी का शासन है जिसे नष्ट करना व्यापक मानवीय और राष्ट्रीय हित में है। सूदखोरी से यहूदियों के सम्बन्ध को अनिवार्य बल्कि कारक मानने की वजह से ही पाउण्ड ने आख़िर मुसोलिनी का साथ देने का तय किया।

हेमिंग्वे ने शिकायत की थी : 'अब तक, हमारे पास मूर्धन्य कवि पाउण्ड है जो, कह सकते हैं कि अपने समय का पाँचवाँ हिस्सा कविता को देते हैं। बाक़ी बचे समय से वे अपने मित्रों की सम्पदा, भौतिक और कलात्मक दोनों ही, बढ़ाने की कोशिश में लगे रहते हैं। वे उन पर हमला होने पर उनका बचाव करते हैं, उन्हें पत्रिकाओं में छपवाते और जेलों से बाहर निकलवाते हैं। वे उन्हें धन उधार देते हैं। वे उनके चित्र बेचते हैं। वे उनके लिये संगीतसभाएँ आयोजित करते हैं....वे उनके अस्पताल

खर्चे के लिये अग्रिम देते हैं और उन्हें आत्महत्या से विरत करते हैं।

पाउण्ड के मन में अमरीका द्वारा खारिज किये जाने का घाव गहरा था। वे अमरीका के बदलते चरित्र और विश्व-भूमिका को भी ठीक से समझ नहीं सके। वे बुराई के रास्ते पर गये लेकिन उस रास्ते पर इतनी सारी भलमनसाहत लगातार उनके पास रही कि वे हमेशा एक पहेली बने रहेंगे।

'साफ़ माथे का समाज'

आमतौर पर अनुपम मिश्र सामाजिक कार्यकर्ता और पारम्परिक जलव्यवस्था के विशेषज्ञ और पर्यावरणविद् माने जाते हैं, उनकी गिनती प्रायः हिन्दी के महत्त्वपूर्ण गद्यलेखकों में नहीं होती। यह विडम्बना है कि हिन्दी में सामाजिक ज़िम्मेदारी और समाज-बोध का कनफोड़ नगाड़ा पीटनेवाले समाज की खुली पाठशाला में विनय से सीखनेवाले इस व्यक्ति के सहज और निर्मल, सजल और निश्छल, विनोदप्रिय और विनयशील गद्य को हिसाब में नहीं लेते। कविता भले सिर्फ़ कवि ही लिखते हों गद्य लिखने का काम बहुत सारे लोग करते हैं जिनमें से कई लेखक नहीं भी होते। हिन्दी में कुछ बहुत अच्छा गद्य महात्मा गाँधी, आचार्य नरेन्द्र देव, डॉ. राममनोहर लोहिया, राजेन्द्र माथुर, प्रभाष जोशी आदि ने लिखा है जो साहित्यकार नहीं रहे हैं। अनुपम मित्र उसी परम्परा के विलक्षण गद्यकार हैं।

पेंगुइन इण्डिया द्वारा प्रकाशित उनके कुल लेखों और एक लम्बी बातचीत के संचयन 'साफ़ माथे का समाज' से यह बात बिल्कुल साफ़ होती है कि राज्य और बाज़ार के दो आतंककारी ध्रुवान्तों के बीच भारतीय समाज अभी भी सक्रिय और सृजनक्षम बना हुआ है। यह पुस्तक भारतीय समाजबुद्धि और विद्या की प्रासंगिकता और विस्तार का सशक्त सत्यापन है। वह यह भी बताती है कि जिस समाज की भाषा साफ़-सुथरी न हो उसका माथा भी स्पष्टदर्शी और कर्मठ नहीं हो सकता। उससे यह भी ज़ाहिर होता है कि हममें से अधिकांश पढ़े-लिखे चिकने-चुपड़े लोग भारत की कई सच्चाइयों को कितना कम जानते हैं। जो भारत इस पुस्तक से हमारे सामने आता है वह कोई पुराना स्वर्ण-गौरव-खचित भारत नहीं है : वह आज का भारत है जिसमें साधारण लोग अपने-अपने ढंग से रचने-बचाने, सहेजने-साझा करने में लगे हुए हैं। अनुपम मिश्र की भारतीय साधारणता में आस्था इतनी अटूट है कि वे पूरी पुस्तक में कहीं भी अज्ञातकुलशीलों के अलावा किसी और विशिष्ट चरित्र को महिमामण्डित

नहीं करते। वे साधारण की महिमा का ही बखान और गुणगान करते हैं। इन दिनों व्यक्तिगत प्रतिभा और पहल का बहुत बोलबाला है। सारी स्पर्धा ऐसे ही व्यक्तियों के बीच होती नज़र आती है जिनके पास दौलत, हिम्मत या हुनर हो। अनुपम मिश्र इसके बरक़्स एक ऐसी परिस्थिति हमारे सामने लाते हैं जिसमें सारी पहल और हिकमत साझा और सामाजिक है—वह व्यक्तियों पर नहीं समाज पर केन्द्रित है। अकाल, बाढ़, जलाभाव, जलसंरक्षण, वनवृक्ष आदि अनेक पहलुओं को लेते हुए अनुपम मिश्र हमें बताते चलते हैं कि कैसे भारतीय समाज के पास इन सबसे कारगर और जीवनदायी ढंग से निपटने और जूझने की क्षमता और युक्तियाँ रही हैं और वे आज भी हैं। स्थानीयता, स्थानीय कल्पनाशीलता और पहल से कटा हुआ विकास, उसकी अवधारणाएँ और उसके साथ आयी अनेक विकृतियाँ हमें किस ओर ले जा रही हैं इसका गहरा प्रश्नांकन अनुपम करते हैं। हालाँकि वे कोई विचारक आदि होने का दावा नहीं करते उनके पास इस विकास की एक वैकल्पिक दृष्टि है। बड़े बाँध बनाने में मुब्तला, नदियों को जोड़कर एक नया जलगठबन्धन बनाने की ओर प्रवृत्त हम अपने पर्यावरण, परम्परा, जिजीविषा के टिकाऊ स्थापत्य आदि का कितना बेरहम और अन्यायप्रद नाश करने पर उतारू हैं यह इस पुस्तक को पढ़ने से साफ़ समझ में आता है। यह नोट करने की बात है कि अनुपम मिश्र किसी नैतिक ऊँचाई से यह सब नहीं कहते : वे सबके साथ अपने को भी जिम्मेदार मानते हैं। वे 'तुम' नहीं कहते—वे 'हम' कहते हैं।

अनुपम मिश्र की एक चिन्ता भाषा को लेकर भी है। वे कहते हैं कि 'पर्यावरण की भाषा इस सामाजिक-राजनैतिक भाषा में रत्ती भर अलग नहीं है। वह हिन्दी भी है यह कहते हुए डर लगता है। बहुत हुआ तो आज के पर्यावरण की ज़्यादातर भाषा देवनागरी कही जा सकती है। लिपि के कारण राजधानी में पर्यावरण मंत्रालय से लेकर हिन्दी राज्यों के क़स्बों, गाँवों तक के लिये बनी पर्यावरण संस्थाओं की भाषा कभी पढ़कर तो देखें। ऐसा पूरा साहित्य, लेख, रिपोर्ट सब कुछ एक अटपटी हिन्दी से पटा पड़ा है।'

एक और उद्धरण : 'समाज ने पीढ़ियों से, शताब्दियों से, यहाँ फिसलगुण्डी की तरह फुर्ती से उतारने वाली नदियों के साथ जीवन जीने की कला सीखी थी, बाढ़ के साथ बढ़ने की कला सीखी थी।...उत्तर बिहार में हिमालय से उतरने वाली नदियों की संख्या अनन्त है। कोई गिनती नहीं है, फिर भी कुछ लोगों ने उनकी गिनती की है। आज लोग यह मानते हैं कि यहाँ पर इन नदियों ने दुख के अलावा कुछ नहीं दिया है। पर इनके नाम देखेंगे तो इनमें से किसी भी नदी के नाम में, विशेषण में दुख का कोई पर्यायवाची नहीं मिलेगा। लोगों ने हमेशा की तरह देवियों के रूप में देखा है। हम उनके विशेषण दूसरी तरह से देखें तो उनमें

आपको बहुत तरह-तरह के ऐसे शब्द मिलेंगे जो उस समाज और नदियों के रिश्ते को बताते हैं। जिन कुछ नदियों के नाम बाद में बताये गये हैं उनमें गोमूत्रिका, खिरोदी, भुतही, अमरबेल, दस्यु, मरगंगा, धर्ममूला आदि।

पत्रों की दुनिया

इस सप्ताह के शुरू में ही मुक्तिबोध जी के बड़े बेटे रमेश रायपुर से आ गये थे। तीन-चार दिन बैठकर हम दोनों ने मुक्तिबोध जी के नाम लिखे गये और सौभाग्य से सुरक्षित बचे पत्रों की टाइप्ड प्रतियों में हिज्जे आदि की भूलें ठीक कीं। 'मेरे युवजन मेरे परिजन' नाम से यह पत्र-संग्रह मुक्तिबोध जी के अगले जन्मदिन 13 नवम्बर को पुस्तकाकार प्रकाशित हो जाय ऐसी कोशिश है। चूँकि पत्र चालीस या उससे भी अधिक बरस पुराने हैं और कई लेखकों की हस्तलिपि हमेशा सुपाठ्य नहीं होती, हम लोगों ने बैठकर ऐसे कई शब्दों या बीच-बीच में न पढ़े जा सकने वाले अंशों का कुछ हल निकाला। इतने सारे पत्रों को एक साथ पढ़ना कई अर्थों में रोमांचक था।

कई बातें उभरीं। यह सही है कि मुक्तिबोध जी दुर्भाग्य से अपने जीवनकाल में अपना एक कविता-संग्रह तक प्रकाशित नहीं देख पाये। लेकिन उनकी कविता को लेकर उनके समकालीन लेखक-समाज में उनकी कम प्रशंसा नहीं हुई थी। अज्ञेय, शमशेर बहादुर सिंह, वीरेन्द्र कुमार जैन, नरेश मेहता, अमृत राय, हरिशंकर परसाई, श्रीकान्त वर्मा, प्रमोद वर्मा से लेकर रमेशचन्द्र शाह, विनोद कुमार शुक्ल और मुझ जैसे उदीयमानों का भरपूर स्नेह और आदर उन्हें मिला था। इन पत्रों से स्वयं लेखकों के अपने वैचारिक और भावनात्मक संघर्षों का भी पता चलता है। उनमें गहरी वैचारिक असहमतियाँ भी खुलकर व्यक्त हुई हैं। लेकिन उस वजह से सद्भाव या स्नेह में कहीं कमी नजर नहीं आती। यह भी स्पष्ट है कि हिन्दी के मुख्य अंचल से दूर रहकर भी मुक्तिबोध अपने समय में प्रेरणा और विचार के एक उज्ज्वल केन्द्र बन गए थे। इस मार्मिकता को भी अलक्षित नहीं जाने दिया जा सकता है कि अपेक्षाकृत कठिन ज़िन्दगी, बहुत कम सुविधाओं में, बिताने वाले मुक्तबोध जी ने इन पत्रों को स्वयं सँभाल कर रखा था। अन्ततः न कर पाये हों, लेकिन उस समय लेखकों की एक-दूसरे की भौतिक मदद करने की इच्छा भी बार-बार सहज प्रकट होती है। संग्रह में पहला पत्र 11 मार्च, 1936 का है जो प्रभागचन्द्र शर्मा ने लिखा था और अन्तिम 7 अप्रैल, 1964 का है जिसे कवि-कथाकार

विनोद कुमार शुक्ल ने लिखा था। यह नोट करना प्रासंगिक है कि स्वतन्त्रता के पहले लिखे गये पत्रों में स्वतन्त्रता-संग्राम, भारत छोड़ो आन्दोलन आदि का जिक्र प्रायः नहीं है। आज के मुहावरे में कहें तो ज्यादातर पत्र व्यक्तिवादी और साहित्यवादी हैं, समाजवादी नहीं। यह और बात है कि ऐसे ही लेखकों में से हमारे कुछ प्रखर समाजधर्मी कृतिकार निकले हैं।

अग्नेष्का सोनी के अन्तिम पत्र से एक और तथ्य प्रगट होता है जो अभी तक ठीक से दर्ज नहीं किया जा सका है। गलती मुझसे ही स्मृतिभ्रंश के कारण हुई जान पड़ती है। मुक्तिबोध जी की क्लैसिक कविता 'अँधेरे में' का मूल शीर्षक 'आशंका के द्वीप अँधेरे में' था और उसे मैंने ही 'कल्पना' में प्रकाशित होने भेजा था। लेकिन आई वह अग्नेष्का जी के पास थी। उनका पत्र कहता है : 'आशंका के द्वीप' का पाठ 1 तारीख को (यानी 1 मार्च, 1964 को) यहाँ की साहित्यिक गोष्ठी में हुआ, लेकिन उसका कोई व्यवस्थित आयोजन नहीं था, श्रीकान्त जी ने अचानक ऑन द स्पाट यह प्रस्ताव किया कि यह कविता पढ़ी जाये। ज़्यादा लोग भी नहीं थे—माचवे जी, अजित कुमार देवीशंकर अवस्थी, अशोक वाजपेयी, कमलेश्वर, भीष्म साहनी आदि मौजूद थे। कविता पाठ श्रीकान्त जी ने शुरू किया, परन्तु गला ख़राब था तो आगे अशोक ने पढ़ा। कविता सुनने में भी 'प्रदीर्घ' तो नहीं लगी : सुनने से यह भी पता चला कि उसकी ध्वनि-सार्थकता कितनी प्रबल है। पहले पढ़ते समय मैंने इस तरफ़ यथोचित ध्यान नहीं दिया था। असर सब लोगों पर अति गहरा पड़ा यह चेहरों से जाहिर था, लेकिन बहस पर आकर, सबसे पहले प्रभाकर माचवे जी ने नागपुर वग़ैरह की संस्मृतियाँ सामने लाकर कुछ बॉयोग्रैफिक प्रसंगों से व्याख्या करने की कोशिश की, जो कि मुझे अप्रासंगिक ही लगा, उसके बाद दूसरे लोगों के लिये अपनी-अपनी प्रतिक्रियाएँ प्रकट करने को अवकाश ही नहीं रहा, और बातें अधूरी रह गईं। वास्तव में, इस कविता की चर्चा अभी होनेवाली है।' हम कुछ मित्रों ने इस कविता का सम्भवतः पहला प्रारूप 1960 के शुरू में सागर में स्वयं मुक्तिबोध जी से सुना था। मैंने उन्हें 10 फ़रवरी, 1960 के अपने पत्र में यह लिखा था कि 'वह कविता नई कविता की महत्तम उपलब्धि है.. समूचे आधुनिक हिन्दी काव्य की गौरवनिधियों में से एक।'

विनोद कुमार शुक्ल ने, जो अपने बारे में कभी मुखर नहीं रहे हैं, 7 मार्च, 1964 को लिखे अपने पत्र में मुक्तिबोध जी को सूचित किया था : 'कविताएँ लिख रहा हूँ, कहानियाँ लिख रहा हूँ, उपन्यास लिख रहा हूँ—आपने मुझमें इतना विश्वास भर दिया है कि ग़लत नहीं लिखूँगा, बहुत लिखूँगा, अच्छे से अच्छा लिखूँगा।

रमेश रिटायर होने के बाद कुछ नये काम करने में जुटे हैं। इस पत्र-संग्रह के प्रकाशन के बाद वे मुक्तिबोध जी की कुछ कविताओं के कई प्रारूपों को लेकर एक पुस्तक तैयार करना चाहते हैं जिससे यह जाहिर हो सके कि मुक्तिबोध जी अपनी छोटी-बड़ी कविताओं के कितने प्रारूप तैयार करते थे, उनमें कितना फेर-बदल करते थे। उसके बाद उनका इरादा मुक्तिबोध जी के बारे में संस्मरणों का एक संचयन तैयार करने का है। वे पेशे से तकनीकी विशेषज्ञ रहे हैं और साहित्य से उनका सीधा सम्बन्ध नहीं रहा है। पर उन्हें इसका गहरा बोध है कि वे हमारे समय की बहुत बेचैन मूर्धन्यता के वशंज हैं और उनकी भी कुछ जिम्मेदारी है।

'पत्थर पर एक नाम'

अगर तुम चाहो तो सिर्फ़ सुनो। मौन पर दहलीज़ है जहाँ, बिना महसूस हुए, तुम्हारे हाथ में एक डण्ठल टूटता है जब तुम अलगाने की कोशिश करते हो। पर पत्थर पर एक नाम :

और इस तरह हमारे अनुपस्थित नाम सुलझाते हैं, तुम्हारी चेतावनियाँ। और तुम्हारे लिये जो जगह बदलते हो, विषण्ण

यहाँ हो जाता हैं वहाँ, बिना होना समाप्त हुए।

ऊपर की पंक्तियाँ फ्रेंच कवि ईव बोनफुआ के अँग्रेज़ी अनुवाद में आये नये संग्रह 'कि कर्ण्ड प्रैन्क्स' (हो यह ते जर्स द्वारा अनुकित अैर फरार, स्ट्रास एण्ड जिरो न्यूयार्क बाए 2006 में प्रकाशित से हैं।) बोनफुआ इस समय फ्रेंच के सबसे बड़े जीवित कवि हैं और उन्हें विश्व-कवियों में भी श्रेष्ठता का स्थान प्राप्त है। उनकी उम्र अस्सी की हो चुकी है लेकिन उनका काव्यकौशल आज भी उतना ही सशक्त है जितना पहले था : श्रेष्ठता की ऐसी अटूट निरन्तरता बहुत बिरली होती है। वे एक तरह से शास्त्रीय कवि हैं–संयत लेकिन ऊँची उड़ान लेनेवाले, आह्वान और आकांक्षा से परिपूर्ण। उनमें शेक्सपयिन तत्व बोलता है जब वे कहते हैं–'इस संसार को टिकने दो...इस संसार को रहने दो।'

'एक सीधे-सादे सपने के अधिकार' पर इसरार करने वाले बोनफुआ में सादगी में छुपी जटिलता है, पर ऐसा अध्यात्म भी जो कल्पना को केन्द्र में रखता है बजाय सच्चाई के। उनकी पंक्तियाँ हैं :

इस संसार को टिकने दो,
और शब्दों को न होने दो एक दिन

ये धूसर पड़ती हड्डियाँ
जिन्हें पक्षी चुगेंगे,

चीख़ते, कहा-सुनी करते,
चक्कर काटते,
पक्षी जो प्यारी रात हैं
रोशनी के अन्दर।

बोनफुआ की कविता पुकार है—वह अनेक अनुपस्थितियों के पार, अनेक अँधेरों के पार, अनेक अलगावों और आवाज़ों के पार पूरी ऐन्द्रिय निस्संगता से हमें, 'रोशनी के कठिन काम' की ओर लौटने का न्यौता देती है। इस कविता में एक तरह की पर्याप्तता है : बरसों पहले बोनफुआ ने कहा था कि जीनियस में पर्याप्तता होती है। उनकी कविता की आभायें यह संसार भी पर्याप्त लगता है और उनकी कविता भी दुर्लभ परिपूर्णता से उज्ज्वल लगती है।

पेरिस में कविता

यों तो पेरिस में कविता के पहले अनेक अनुभव होते रहे हैं। पर इस बार संयोग अपनी ही कविता को फ्रेंच में सुनने-देखने का हुआ। युवा विदुषी आन कास्तैंग ने मेरी 37 कविताओं को फ्रेंच में सीधे हिन्दी से अनुवाद किया और कैरेक्टर प्रकाशन की दुस्साहसी प्रकाशक निरोल ग्लादिमर ने उन्हें एक द्विभाषिक पुस्तक के रूप में 'इन्तीपितीज़' (आत्मीयताएँ) नाम से प्रकाशित किया है। इस प्रकाशन को लेकर दो आयोजन हुए : पहला प्रकाशक के कार्यालय में जो कि छोटी-सी कला-वीथिका भी है। वहाँ युवा भारतीय चित्रकार मनीष पुष्कले के चित्रों की एक प्रदर्शनी भी लगी। मूल और अनुवाद में कविता-पाठ हुआ।

दूसरा आयोजन भारत के राजदूत टीसीए रंगाचारी के निवास पर हुआ। वहाँ कविता-पाठ के अलावा प्रश्नोत्तर भी हुए—सैयद हैदर रज़ा, शालि पालापूद, अनी मान्तो आदि के संक्षिप्त वक्तव्य भी।

अनुवाद की कई लोगों ने प्रशंसा की, एकाध को छोड़कर, अनुवाद में कविता का दूसरा जीवन शुरू होता है। अपनी कविताओं को दूसरी भाषा में देखना-सुनना, कुछ विचित्र सा अनुभव है : आप अपने को ही पहचान नहीं पाते, फिर भी यक़ीन करते हैं कि दूसरी भाषा में आप ही हैं। ध्वनियाँ, अनगूँजें आदि सब अलग होती हैं और फिर भी आवकी कविता

होती है—कई बार यह सोचकर अपने अबोध भरोसे पर अचरज होता है। दोनों ही शाम श्रोताओं की प्रतिक्रियाओं से यह अचरज भी होता रहा कि शायद फ्रेंच भाषा में थोड़ी देर के लिये सही, थोड़ी सी जगह, अपनी कहने को, मिल गयी है।

देरिदा के लिए मातम

समकालीन दर्शन में सबसे प्रभावशाली और विवादास्पद माने जाने वाले चिन्तक जाक देरिदा की मृत्यु को हुए तीन साल होने आये। उनकी मृत्यु का मातम कैसे बनाया जाये यह सवाल इसलिये उठा है कि ख़ुद देरिदा लगभग तीस बरस मातम के ख़तरों से आगाह और इस पर इसरार भी करते रहे हैं कि मातम टाला नहीं जा सकता और नामुमकिन भी है।

फ्रैंकफ़र्ट में पुस्तक-मेले के आखिरी घण्टों में कण्टीनुअम द्वारा प्रकाशित और मेलबोर्न विश्वविद्यालय के अँग्रेज़ी विभाग में रिसर्च फ़ेलो सीन गेस्टन द्वारा लिखित पुस्तक 'द इम्पासिबिल मोर्निंग आव् जाक देरिदा' मिल गयी। देरिदा की मृत्यु के बाद यह 52 दिनों में लिखी गयी एक दार्शनिक डायरी है।

1990 में दिये गये एक इण्टरव्यू में देरिदा ने कहा था : 'दूसरे की मृत्यु से पहले, मुझमें उसकी नश्वरता का अंकन मुझे संघटित करता है। मैं मातम मनाता हूँ इसलिये मैं हूँ, मैं दूसरे की मृत्यु से मृतक हूँ, मेरा अपने से सम्बन्ध सबसे पहले मातम में डूब जाता है, ऐसा मातम इसके अलावा नामुमकिन है। इसे मैं पूर्वनियोजन भी कहता हूँ—विनियोजन जो दोहरे बन्धन में पकड़ा गया है : मुझे दूसरे को अपने में लेना और नहीं लेना चाहिये। मातम करना एक बेईमान वफ़ादारी है अगर वह आदर्श ढंग से दूसरे को मुझमें अन्तरंग कर देता है, जिसका अर्थ है दूसरे की असीम बहिरंगता का अनादर करना।' उन्होंने यह भी कहा था कि मातम करने में यह ख़तरा भी बना रहता है कि उसमें आत्मरत करुणा या कि दूसरे का मनुष्यभक्षी उपभोग हो।

देरिदा मानते थे कि साहित्य का इतिहास अनूठे और निराले स्थगनों या निलंबनों की सीरीज होता है। ये निलम्बन—कथ्य, अर्थ, सन्दर्भ, हस्ताक्षर और सम्बोधन से   कभी असीम नहीं होते, वे निर्भर करते हैं 'सब कुछ कहने और कुछ भी कहने के अधिकार पर और लोकतन्त्र के सवालों से अलगाये नहीं जा सकते और उस ज़रूरी लेकिन हमेशा ही जोखिम-भरी ग़ैरज़िम्मेदारी से जो ज़िम्मेदारी के हृदय में बसी होती है।

हमारे यहाँ बिना-समझे बूझे उत्तर-आधुनिकता, देरिदा आदि के पीछे लोग डण्डा लेकर पड़े हैं जबकि सच्चाई यह है कि उनमें ऐसी अनेक अवधारणाएँ, विश्लेषण और समझ है जो नयी शताब्दी में साहित्य और विचार की, भाषा और संस्कृति की स्थिति और सम्भावना को समझने में बड़े काम आ सकती हैं।

गुप्त स्मृति

यों तत्काल मैथिलीशरण गुप्त को याद करने का कोई कारण नहीं है। सिवाय इसके कि उनके जन्म को इस वर्ष 120 वर्ष हो गये। हाल ही में आलोचक नन्दकिशोर नवल द्वारा सम्पादित और राजकमल प्रकाशन द्वारा प्रकाशित गुप्त जी की 'संचयिता' पलट रहा था। याद आया कि तरुणाई में याने जब हम सागर में थे तो गुप्त जी का एक गीत प्रसारगीत के रूप में अक्सर आकाशवाणी से आता था। 'अब वे वासर बीत गये।' उसे खोजा तो मिल गया और उसे पढ़ना अच्छा लगा :

अब वे वासर बीत गये।
मन तो मरा-मरा है अब भी पर तन के रस रीत गये।

चमक छोड़ चौमासे बीते कम्प छोड़ कर शीत गये।
देकर सुध की ऊमस आगे बढ कितने मधुमीत गये।

इसे राम जानें जीव में हारे हम वा जीत गये,
इतना ही क्या थोड़ा जो यह गूँज बची है, गीत गये।

फिर याद आया गुप्त जी की शताब्दी के अवसर पर कविमित्र ध्रुव शुक्ल द्वारा खोजा उनका वह गीत जो इस संचयिता में सौभाग्य से मिल गया :

तुम निरखो, हम नाट्य करें।
राम, तुम्हारी रंगभूमि में कहो, कौन सा रूप धरें।
हाव भाव तो आगे आवें,
भावें अथवा तुम्हें न भावें,
वे न हमारे समझे जावें,
कोई भी स्वाँग भरें··
तुम देखो, हम नाट्य करें।

खेलें, डोलें, हँस लें, बोलें,
अनायास कुछ के कुछ हो लें,
तनिक इसी मिस गा लें रो लें,
हम अलिप्त, किस हेतु डरें?
तुम देखो, हम नाट्य करें।
किन्तु धारणा तुच्छ हमारी,
पावें हम सब बारी-बारी,
अलख सूचना सदा तुम्हारी,
तारो तो हम क्यों न तरें?
तुम देखो, हम नाट्य करें।

मैथिलीशरण गुप्त से हिन्दी कविता बहुत आगे आ गयी है ऐसी आम धारणा है। छन्दबन्ध भी हम कब और किस क़दर बेरहमी से तोड़ चुके। लेकिन क्यों लगता है कि गुप्त जी के ऊपर के दो गीतों में जो ऋजुता, आस्तिक भावुकता और गहरी कृतज्ञता के साथ स्मरणीयता है उन गुणों का हमारी कविता में टोटा है। गुप्त जी को निरा ऐतिहासिक महत्त्व का कवि मानकर नज़रअन्दाज इसलिये नहीं किया जा सकता कि आज भी उनकी कविता हमारे जीवन के कुछ ऐसे हिस्से को सम्बोधित करती है जो अगर वे न होते तो असम्बोधित रह जाता। पहले के साहित्य का एक औचित्य यह भी बनता है कि वह ऐसे ही हमारे कई ऐसे अंशों को सम्बोधित करता है जो आधुनिकता नहीं कर पाती। यह पहचानना ज़रूरी है कि आधुनिकता किसी भी काल में मनुष्य की समग्रता को नहीं समेट पाती : हम मनुष्य हैं इसीलिये हमें पूरा होने के लिये वर्तमान ही नहीं अतीत भी चाहिये। गीत चले जाने के बाद मनुष्य के यहाँ ही गूँज बचती है और एक अर्थ में मनुष्य का वासर कभी नहीं बीतता पूरी तरह से।

'पूँजी' की जीवनी

वैसे तो कई मामलों में अधीर हूँ पर पुस्तकों के बारे में कुछ ज़्यादा ही। सो फ्रेंकफ्रर्ट में पुस्तक-मेले की शुरुआत से पहले शहर में अँग्रेज़ी पुस्तकें खोजने निकला और किसी तरह 'द ब्रिटिश बुकशाप' पहुँचा। वहाँ मार्क्स के प्रसिद्ध जीवनीकार फ्रेंसिस व्हीन की नयी पुस्तक 'मार्क्स्‌स डास कैपिटल : एक बायोग्राफी' हाथ लग गयी। एटलाण्टिक बुक्स लन्दन ने एक नयी सीरीज़ शुरू की है—बुक्स देट शुक दि वर्ल्ड : दुनिया को हिला देने वाली पुस्तकें। जो लोग मार्क्स से गहरा मतभेद रखते हैं वे

भी मानेंगे कि उनकी यह पुस्तक एक युगान्तकारी मुकाम है। जो लोग मानते हैं कि अमरीका के नेतृत्व में इन दिनों हम नवपूँजीवाद की गहरी चपेट में है वे पायेंगे कि पूँजीवाद के बुनियादी चरित्र और परिणतियों को समझने में मार्क्स आज भी बहुत उपयोगी और प्रासंगिक है। उनकी 'पूँजी' नामक पुस्तक इसलिये आज भी एक विचारोत्तेजक और कई अर्थों में क्रान्तिकारी ग्रन्थ है। उसकी जीवनगाथा जानना एक बेहद रोचक और शिक्षाप्रद अनुभव है।

यह नोट करना ज़रूरी है कि मार्क्स ने इस महाग्रन्थ का कुल एक भाग ही अपने जीते जी पूरा कर प्रकाशित कराया था। वे इस ग्रन्थ को पूरा नहीं कर सके। 'पूँजी' के बाद के भाग, उनके अध्ययन-कक्ष में पायी टिप्पणियों और प्रारूपों के आधार पर, उनकी मृत्यु के बाद, दूसरों ने संयोजित किये। इसलिये यह पुस्तक अधूरी ही है--उसके जीवनीकार कहते हैं कि यह अन्तहीन खुली पुस्तक है वैसे ही जैसे कि स्वयं पूँजीवाद एक असमाप्त स्थिति है। जैसा मार्शल बर्मेन पूछता है : 'पूँजी' कैसे पूरी हो सकती है जबकि पूँजी जीवित है। मार्क्स ने 'पूँजी' को लन्दन के सोहो में एक छोटे से फ्लैट में, राजनैतिक झगड़ों और निजी ट्रैजेडी के बीच लिखने में बीस बरस लगाये थे। पहला भाग जो वर्ष 1867 में प्रकाशित हुआ था विशेष प्रशंसा नहीं अर्जित कर सका था।

जो लोग अपना लिखना टालने के बहाने खोजते रहते हैं--ऐसे बौद्धिक आलसी कम से कम हिन्दी में प्रगतिशीलता के शिखर पर ही मौजूद बल्कि बिना कुछ लिखे जमे हुए हैं--उन्हें यह जानकर सन्तोष हो सकता है कि मार्क्स ने इस पुस्तक को लिखना किसी न किसी बहाने लगातार टाला। वे 1845 से यह भ्रम अपने दोस्तों में पैदा करते रहे कि उनका राजनैतिक आर्थिकी का भाष्य लगभग पूरा हो चला है और ऐसा तेरह बरस होता रहा। 1858 में मार्क्स ने दावा किया कि उन्होंने तब तक प्रतिपादित लाभ के सिद्धान्त को पूरी तरह से ध्वस्त कर दिया है जबकि उनके पास ब्रिटिश म्यूज़ियम में लिये कुछ नोट्स का पुलिन्दा भर था। उनकी आर्थिक विपन्नता, बीमारियाँ, एक कारण थीं तो उनका कुछ विवादों में फँसकर पत्रकारिता करने लग जाना दूसरा। उन्होंने एंगेल्स को लिखा कि 'मुझे नहीं लगता कि किसी ने रुपये की इतनी तंगी में कभी रुपये के बारे में लिखा होगा' मार्क्स की ग़रीबी भी टाल-मटोल का एक बड़ा कारण थी : एक तो उन्हें गुर्दे की बीमारी थी ऊपर से हर दिन उन्हें कर्ज देनेवाले और गिरवी रखी चीज़ों के लिये रुपया माँगनेवाले तंग करते थे। इसके अलावा मार्क्स विभिन्न विवादों में फँसकर उनमें अपना वक़्त ज़ाया किया करते थे। काफ़ी प्रतीक्षा के बाद उन्होंने 1858 में जो पाण्डुलिपि प्रकाशक को भेजी उसमें दरअसल पूँजी के बारे में लगभग कुछ नहीं था, उसका आधा भाग तो दूसरे अर्थशास्त्रियों के सिद्धान्तों

का सारांश था। 'ए कांट्रीब्यूशन टु दि क्रीटीक् आव् पोलिटिकल इकानामी' नाम से प्रकाशित इस पुस्तक ने मार्क्स के मित्रों को बहुत निराश किया। हालाँकि इस पुस्तक का दूसर भाग कुछ ही महीनों में तैयार होना था, मार्क्स फिर बर्न विश्वविद्यालय के कार्ल वोग्ट से अपने विवाद में व्यस्त हो गये। 1862 में मार्क्स ने अपने एक प्रशंसक को लिखा कि दूसरा भाग आख़िरकार पूरा हो गया है लेकिन वह अब एक स्वतन्त्र पुस्तक 'दास कैपिटल' के रूप में प्रकाशित होगा। 1865 की गर्मियों में मार्क्स हर दिन उलटी करते थे और उन्हें फोड़े बेहद तंग कर रहे थे। उनके कर्ज़दार उनके दरवाज़े पर रोज़ दस्तक दे रहे थे। इस दौरान, आख़िरकार, सचमुच यह महाग्रन्थ पूरा हो रहा था : पाण्डुलिपि 1200 पृष्ठों की थी। 1866 की पहली जनवरी को मार्क्स ने साफ़ प्रतिलिपि बनाना शुरू किया और इस काम को पूरा करने में पूरा एक बरस लगा।

मार्क्स पर साहित्य के गहरे प्रभाव को व्यापक रूप से स्वीकार किया जाता है। उनके घर में अँग्रेज़ी साहित्य से उक्तियों और अभिव्यक्तियों का परोक्ष उल्लेख बराबर होता था। अचरज नहीं कि मार्क्स ने अपने महाग्रन्थ को एक विचारक के रूप में लिखते हुए भी लगभग एक साहित्यिक कृति की तरह लिखा। मैक्सिकन आलोचक लुदोविको सिल्वा का मत है कि मार्क्स के यहाँ पूँजीवाद स्वयं का रूपक है—विलगाने वाली प्रक्रिया का जो जीवन को विषय से वस्तु में विस्थापित करती है, उपयोग-मूल्य से विनिमय-मूल्य में, मानवीय से राक्षसी में। इसलिये मार्क्स ने जो शैली अपनायी वह अर्थशास्त्र, राजनीतिशास्त्र, दर्शन आदि किसी से मेल नहीं खाती : वह इस महाग्रन्थ की अपनी शैली है। क्योंकि उस जैसा पहले या उसके बाद फिर कभी नहीं हुआ या तो उसे नज़रअन्दाज़ किया गया है या उसकी दुर्व्याख्या हुई है।

संसार भर में भूमण्डलीकरण के इस दौर में अब यह माना जा रहा है कि भूमण्डलीकरण की जो व्याख्या आज से डेढ़ सौ बरस पहले मार्क्स ने की थी वह आज भी प्रासंगिक है। स्वयं फ्रेसिंस वीन कहते हैं कि मार्क्स की पूँजीवाद के बारे में ग़लतियाँ और विफल भविष्यवाणियाँ पीछे चली गयी हैं पर उन्होंने जिस भेदक ढंग से इस दैत्य की प्रकृति को उजागर किया वह आज भी बचा है। दास कैपिटल में उन शक्तियों का, जो हमारी ज़िन्दगियों को नियमित करती और जो अस्थिरता, अलगाव और शोषण को जन्म देती है, सजीव चित्रण किया है उसकी गूँज और दुनिया को फ़ोकस में लाने की उसकी शक्ति कभी कम नहीं होगी।. .बर्लिन दीवार के मलबे में दफ़न होने के बजाय, मार्क्स शायद अपने सच्चे महत्त्व में अब ही प्रकट हो रहा हो। वह अभी भी इक्कीसवीं सदी का सबसे प्रभावशाली चिन्तक हो सकता है।

बेन्यामिन की कब्र

फ्रेंकफ़र्ट पुस्तकमेले के आख़िरी घण्टों के भागते-दौड़ते और सस्ते दामों पर जो पुस्तकें ख़रीदीं उनमें से एक कोलम्बिया विश्वविद्यालय के नृतत्व विभाग के आचार्य माइकेल टॉसिग का निबन्ध-संग्रह है जिसका शीर्षक है : 'वाल्टर बेन्यामिन्स ग्रेव' द यूनीवर्सिटी आव् शिकागो प्रेस द्वारा प्रकाशित। मैंने लेखक का नाम पहले नहीं सुना था लेकिन पुस्तक के शीर्षक ने मुझे आकर्षित किया। अन्दर दो और निबन्धों के शीर्षक आकर्षक लगे : 'द सन गिव्ज विदाउट रिसीविंग' और 'द लेंगुएज आव् फ़्लावर्स'।

टॉसिग मानते हैं कि नृतत्वशास्त्री उस सच्चाई का हिस्सा होते हैं जिसका वे विश्लेषण करते हैं। होता यों है कि जिस सच्चाई का बखान किया जाता है वह लेखक से नहीं लेखन से पलटकर पूछती है : तुमने क्या सीखा? जो आधिक्य के रूप में बच रहता है और पचाया नहीं जा सका और तुम उस उपहार का क्या करोगे जो मैं तुम्हें देती हूँ, ये जो इतनी विचित्र चीज़ हूँ? लेखक का मत है, नीत्शे से सहमत होते हुए, कि हम जब अनजाने को समझाने चलते हैं तो उसे अक्सर जाने हुए में ही घटा देते हैं। हम अनेकार्थिता या कि जो पालतू नहीं होता उसे बरदाशत नहीं कर पाते। ज़्यादा बड़ा दुर्भाग्य यह है कि हम जाने हुए की विचित्रता को भी भुला बैठते हैं। इसका ज़िक्र आया है कि कैसे 1937-39 में पेरिस के कॉलेज आव् सोसियाल जी ने आदिवासी समाजों, नीत्शे और फ्रायड के चिन्तन का अनुसरण करते हुए अपना विषय तय किया था 'पवित्र समाजशास्त्र' जिसका उद्देश्य था समझना आधुनिकता को यूरोप पर गिरे आतंक की तरह। नीत्शे का मत वे सहमतिपूर्वक उद्धृत करते हैं कि कुछ चीज़ें बल्कि महत्त्वपूर्ण चीज़ें, एक मानवीय जीवन या इतिहास में सिर्फ़ नियमों द्वारा नहीं बल्कि उनको तोड़ने की ज़रूरत द्वारा प्रेरित होती हैं।' टॉसिंग का कहना है कि सच्चाई कौड़ियों का खेल है, हमारे लेखन को भी वैसा ही होना चाहिये। एक पल के लिये वे गुँथते हैं पर फिर व्यवस्थित अव्यवस्था का एक नया पैटर्न बन जाता है, हमेशा वह जो आख़िरी से पहले होता है...

बेन्यामिन की कब्र का मामला बेहद उलझा हुआ है। हन्नाह अरेण्ट (जिनकी जन्मशती इन दिनों सारे संसार के बौद्धिक जगत् में मनायी जा रही है।) बेन्यामिन की मृत्यु के कुछ महीनों बाद पर्तबू में उस जगह गयी थीं लेकिन उन्हें कब्र के नाम पर कुछ भी नहीं मिला था। उन्होंने गर्शाम शालेम को लिखा था कि वह उन्हें नहीं मिली, कहीं भी उनका नाम नहीं लिखा था। शालेम इस सूचना से प्रभावित नहीं हुए और बरसों बाद उन्होंने अपने लम्बे संस्मरण में लिखा कि 'जगह बेशक सुन्दर है

पर कब्र प्रक्षिप्त है।' शालेम के अनुसार कब्र न होने के बजाय जाली नाम लिखा हुआ है बल्कि शायद एक जाली कब्र है। यह शायद कब्रगाह के चौकीदारों का आविष्कार है। जिन्होंने बार-बार ऐसी कब्र के बारे में की जा रही जिज्ञासा को शान्त करने और कुछ टिप्स पाने की उम्मीद में ऐसी कब्र गढ़ दी है। बेन्यामिन ने कहीं लिखा था कि 'मरे हुए लोग भी सुरक्षित नहीं रहेंगे अगर दुश्मन जीत गया तो।'

टॉसिंग खुद पोर्तबू गये जहाँ अब बेन्यामिन के लिये एक स्मारक भी बना दिया गया है। वे इस तथ्य को दर्ज़ करते हैं कि उस इलाक़े में, जैसे कि स्पेन के कई अन्य भागों में, तानाशाह फ्रेंको के ज़माने में हज़ारों लोगों को गुमनाम और सामूहिक कब्रों में दफ़नाया गया था, उन पर अत्याचार करके, उनकी हत्याओं के बाद। वे शरणार्थी थे : उनकी अन्ततः नामहीनता ही उनकी सही कब्र थी। बेन्यामिन की कब्र अगर पता नहीं कहाँ है और न ही उनके मृत शरीर के अवशेषों का कोई ठिकाना है तो इसमें अचरज या दुख क्या? बेन्यामिन की स्मृति के लिये कोई कब्र क्यों ज़रूरी है? उनका असली स्मारक सरहद है या शायद पौर्तबू की हवा जो वहाँ हर वक़्त इतनी तेज़ और अथक है, एक प्रागैतिहासिक तत्त्व, जिसे वे लोग जो याद से बँधे हैं, स्मारक कह सकते हैं।

वियोगी के नागार्जुन

हिन्दी में ऐसा कम ही हुआ है कि किसी युवा लेखक ने विस्तार से किसी वरिष्ठ लेखक के साथ बिताये अपने समय का विस्तृत संस्मरण लिखा हो। ऐसा तो और कम है जिसमें कुछ आत्मालोचन भी हो अपने चरितनायक के महिमामण्डन के अलावा। 'पहल' पत्रिका ने मैथिली कवि तारानन्द वियोगी का एक लम्बा संस्मरण एक पुस्तिका के रूप में मैथिली से हिन्दी में अनुवाद कर 'तुमि चिर सारथि' के नाम से प्रकाशित किया है। वह नागार्जुन पर है और अपनी आत्मीयता और कृतज्ञता में विशेष होते हुए बहुत पठनीय भी है। मुझे दोपहर को डाक से पुस्तिका की एक प्रति मिली और मैं बैठे-बैठे उसे पूरा पढ़ गया। बाबा की सहजता-दुष्टता के बहुत सारे क़िस्से प्रचलित रहे हैं। उनकी पारिवारिकता भी जिसमें देश भर के कई लेखकों और पाठकों के परिवार शामिल थे, सुविख्यात है। इस संस्मरण से उनके कई गुणों और अपने को बेहद गम्भीरता से न लेने के सहज स्वभाव की सम्पुष्टि होती है। बाबा अपने बड़े, विख्यात और बुजुर्ग होने का बोझ डालकर नहीं चलते थे। उन जैसा व्यक्ति अपनी उम्र के सातवें-आठवें दशक में एक दलित युवा के जीवन

का, बिना उपदेश दिये, लगभग अपने उदाहरण और स्फूर्त और व्यंग्य उक्तियों से कैसे कायाकल्प कर सका इसकी यह संस्मरण मर्मकथा है।

नागार्जुन गहरे शास्त्रज्ञ और लोक-विदग्ध व्यक्ति थे। वे अक्सर कई विलक्षण नये शब्द गढ़ते थे जिनके कई नमूने इस संस्मरण में हैं : चिबिल्ला, जीभ-घसीटन, वचन-बहत्तर, बिसुनबिलाड़, गिरदाभकोल, वंशबुड़ावन, फटकचंद, सिग्नेचर-सनिचरा। उनकी व्यंग-उक्तियों की भी बहार है : 'खाओगे खेसारी और हगोगे कलाकन्द..', 'सोऊँगा खढ़ के घर में और अपने देखूँगा नौलखा का...', 'घोड़े का सौन्दर्यबोध तब जाग्रत होता है जब वह हरी-भरी घास देखता है' 'गंगा में उतर जायेंगे और तब मूतेंगे' आदि।

नागार्जुन अपनी बेबाकी के लिये खासे कुख्यात रहे हैं। उसके भी कई नये उदाहरण इस विवरण में हैं। कुछ देखिये : 'धर्म जो है... वह मात्र अफ़ीम ही नहीं हैं। वह अमृत भी है। अब आप कहेंगे कि वहाँ सिर्फ भजन-कीर्तन ही होता था, तो सो नहीं। वह उद्‌बोधन करता था, अपने विचार भी प्रकट करता था,' 'आज नेता का असली काम है विष्ठाशोधन', 'अविवाहित मातृत्व को पकड़िये। इसे अपना समर्थन दीजिये। हाँ, ख़तरे तो हैं ही। लेकिन यह भी तो देखिये कि वैवाहिक व्यवस्था से कम ख़तरे हैं या ज़्यादा मुझे तो लगता है कि कम ख़तरे हैं,' 'आप कहते हैं कि भारत या बिहार मेरे लिए अमूर्त है मूर्त हैं तो मात्र वह स्थान जहाँ हम निवास करते हैं।'

प्रगतिशीलता के साथ नागार्जुन के कठिन सम्बन्ध का भी कुछ ज़िक्र इस संस्मरण में है। बाबा ने वियोगी से कहा था कि जब वह इन्दिरा गाँधी की इमरजेंसी के खिलाफ़ खड़े हुए तो तमाम प्रगतिशीलों को लगा था कि 'साला बूढ़ा' सठिया गया है। जब उसी बाबा ने सम्पूर्ण क्रान्ति के विरोध में कविता लिखी तो प्रगतिशीलों ने इस बात को उनके सठिया जाने के प्रमाणस्वरूप प्रस्तुत किया। वियोगी जी ने यह उचित प्रश्न किया है कि 'उन्हें अपने आधुनिक और प्रगतिशील साहित्य का प्रथम पुरुष मानने वाले एक ग्रन्थ तक नहीं निकाल पाये।' यह पढ़ना भी दिलचस्प है कि 'प्रतिबद्धता के बिना लेख का कोई मूल्य नहीं है—मैं कहता बाबा सरपट मेरी बात को काट देते—श्रेष्ठ लेखन के लिये प्रतिबद्धता कथमपि आवश्यक नहीं है। (उनका तात्पर्य होता, प्रतिबद्धता तो व्यक्तित्व में होनी चाहिये, केवल लेखन में हो तो क्या मूल्य?) मैं कलावादी समीक्षा-दृष्टि के खिलाफ़ खड़ा होता तो वे इसके पक्ष में बाह्य तथ्य और तर्क देते।..' 'बाबा, संघर्ष ही जीवन का नाम है तो वह कह उठते-बिल्कुल नहीं। जीवन का नाम आनन्द है।'

नया सौन्दर्यशास्त्र

हाल ही में आलोचक मैनेजर पाण्डेय के अकादेमिक जीवन के पैंसठवें वर्ष पर किताबघर दिल्ली द्वारा प्रकाशित और देवेन्द्र चौबे द्वारा सम्पादित पुस्तक 'साहित्य का नया सौन्दर्यशास्त्र' इस दृष्टि से एक स्वागत-योग्य संचयन है कि उसमें पहली बार 28 युवा आलोचकों के निबन्ध संकलित किये गये हैं। दो बातें साफ़ हैं; एक तो साहित्य की अवधारणा इन युवाओं के यहाँ बेहद व्यापक है और उसमें अभिव्यक्ति के कई रूप समाहित हैं, जिन्हें पारम्परिक रूप से साहित्य के अन्तर्गत शुमार नहीं किया जाता। दूसरे, साहित्य पर विचार करने वाले युवा सिर्फ़ साहित्य के क्षेत्र से नहीं बल्कि इतिहास, समाजशास्त्र, दर्शन आदि कई अन्य क्षेत्रों से आते हैं। यह भी नोट करने लायक है कि नया सौन्दर्यशास्त्र, सौन्दर्य के अलावा प्रतिरोध संघर्ष और प्रश्नांकन आदि को सहज भाव से, लगभग स्वाभाविक रूप से, शामिल करता है। उसकी हदों में साहित्य और पाठ केन्द्रित पद्धतियों के बजाय व्यापक सामाजिकी शामिल है। अच्छी बात यह भी है कि यहाँ संकलित युवा आलोचकों की दृष्टि नितान्त समकालीनता या उसके महिमामण्डन या विखण्डन तक महदूद नहीं है। विद्यापति, मध्यकालीन, सत्ता-विमर्श, स्वाधीनता आन्दोलन, भारतीय नवजागरण, स्त्री और समय, जाति का प्रश्न, दलित साहित्य का समाजशास्त्र, भिखारी ठाकुर के नाटक, उत्तर-आधुनिकता, साहित्य बनाम सिनेमा आदि विविध विषयों पर विचार किया गया है। आलोचक भी विविध अनुशासनों से आये हैं। युवाओं का ऐसा विस्तृत परिसर देखकर हिन्दी आलोचना के युवा पक्ष के लिए उत्साह उमड़ता है।

विवेक कुमार ने लिखा है! इस कारण जो दलित साहित्य आज दिखायी दे रहा है, उसमें अपार भिन्नता है। जो वास्तविकता के बहुत पास है। इसलिए इसमें एक दिशा की अपेक्षा करना दलित साहित्य की प्रकृति के विरुद्ध होगा। दलित साहित्य की एक दिशा तय करना सांस्कृतिक असहिष्णुता का पुलिसिया पहरा होगा। लेकिन इस भिन्नता के पश्चात् भी दलित साहित्य में एकसमानता और एकरूपता है और यह निर्मित होती है उनके जन्म के आधार पर निर्मित पृथक् अस्मिता की ज़मीन से। साथ ही जातीय वंचना भी सभी दलितों को एक साथ जोड़ती है, चाहे वह पूरब में रह रहा हो या पश्चिम में... दलित साहित्य की विचारधारा अम्बेडकरवादी विचारधारा है।"

हेमलता महिश्वर की राय है कि 'स्त्री-विमर्श और दलित-विमर्श के लिए पुरुष अध्ययन केन्द्र और ब्राह्मणवाद अध्ययन केन्द्र आरम्भ किये जाने चाहिए।' वे मानती हैं कि स्त्रियों और दलितों को मनुष्य नहीं होने का अहसास कराने के लिए पुरुष और ब्राह्मणवाद ज़िम्मेदार है और उन्हें

'शिक्षित' किया जाना चाहिए।

बजरंग बिहारी तिवारी इस निष्कर्ष पर गहरे विश्लेषण के बाद पहुँचते हैं कि 'औपनिवेशिक दौर' के राष्ट्रवादी तथा उत्तर-औपनिवेशिक दौर के अतिराष्ट्रवादी विमर्शों ने जो समझ बनायी है उसके अनुसार भारतीय समाज हमेशा झगड़ों से दूर मिलजुलकर रहता आया है, विशेषतः हिन्दू समाज में समरसता, सहयोग, समभाव और समन्वय का ही पसारा था। इसमें आपसी मनोमालिन्य, विग्रह और विद्वेष का नामोनिशान ही न था। सच्चाई यह है कि मध्य काल के विभिन्न सम्प्रदायों—रामानन्दी, कबीर पंथ, नानक पंथ, वैष्णव मत आदि के बीच 'हम और वे' का स्पष्ट विभाजन था। 'जब तक इन सम्प्रदायों के भेदों, झगड़ों, शास्त्रार्थों और ख़ूनी संघर्षों का अध्ययन कर उन्हें विमर्श का हिस्सा नहीं बनाया जाता, तब तक इस समाज के वर्चस्व-तन्त्र को समझने में मुश्किल होगी।'

कुल मिलाकर एक बहुमुखी रूप युवा आलोचना का जरूर उभरता है, लेकिन अभी यह कहना कठिन है कि उसकी अवधारणाएँ और युक्तियाँ कितनी नयी-ताज़ी हैं। अलबत्ता वे बहुल और विविध हैं, यह तथ्य उम्मीद बँधाता है।

सजल उर मित्र

अपना यह रुझान किसी क़दर छुपाया नहीं जाता कि इस समय हिन्दी में जिस अख़बारी और अन्तर्वनिहीन भाषा में ज़्यादातर कविता लिखी जा रही है और कविता से जातीय स्मृति के ग़ायब या कम से कम निष्क्रिय होने की स्थिति बनी हुई है, अगर कोई कुछ पुरानी उक्तियों-बिम्बों या शब्दसम्पदा को फिर से कविता की काया में लाने की कोशिश करता है तो उस पर ध्यान देने का मन होता है। बरसों पहले बनारस में पुष्पिता से भेंट हुई थी। जे कृष्णमूर्ति से प्रभावित और विद्यानिवास मिश्र के निकट थीं। फिर वे सुरिनाम चली गयीं। और इन दिनों हालैण्ड में हैं। वहाँ से वे पत्रिका निकालने और एक संस्कृति केन्द्र स्थापित करने का उद्यम कर रही हैं। इस सिलसिले में वे फ्रेंकफ़र्ट मिलने भी आयी थीं। इस बीच राधाकृष्ण प्रक़ाशन द्वारा प्रकाशित उनके प्रेम-कविता संग्रह को देखने का अवसर मिला। लगा कि इन कविताओं को अलक्षित नहीं जाना चाहिए। एक अंश है :

मैं जानती हूँ तुम्हें
जैसे धरती जानती है जल पीना

और जल जानता है धरती में समाना
मैं जानती हूँ तुम्हें
जैसे फूल जानता है अपना फल, अपना बीज
मैं जानती हूँ तुम्हें
जैसे हवाएँ पहचानती हैं मानूसनी बादल
बादल जानते हैं धरती की प्यास

'मन के अन्तःपुर का पाहन', 'आकांक्षा का कल्पना-लोक', 'सौर-मण्डल निरखता है आँसू', 'भाषा-समुद्र', 'तिथियों के अंकों में', प्रणय का कल्प-वृक्ष', 'सहचर-सरिता', 'नयनों की अनयन पारदर्शी झीलें', 'हथेलियों के आकाश में सूर्योदय, शीषर्को के पूर्वज जैसे कई चमकते शब्दसमूह हैं। यह सही है कि कहीं-कहीं विस्फीति है, पर किसी कवयित्री का एक पूरा प्रेमसंग्रह इधर बहुत दिनों बाद देखने में आया। दो और अंश हैं :

लोकगीतों की तरह
मन-कथा कहता है जो
किस्सा-गो की तरह
देह के भीतर
मन की खंजडी पर
ध्वनित होता है
देह का निर्गुण और सगुण

तुम
मेरी कलाई में
घड़ी की तरह
बँधे हो
तुम्हारी घड़ी में है
मेरा चंचल दिन
ठहरी-ठिठकी रात
तुम्हारी घड़ी-सुइयों में
प्रतीक्षारत है मेरा समय।

संशोधन का अर्थ

ऐसे लेखक कम होते हैं जो अपने लिखे को संशोधित न करते हों।

ज़्यादातर तो अपने लिखे को प्रकाशन के पहले संशोधित करते हैं और कुछ बिरले ऐसे भी हैं कि जो प्रकाशित को भी बाद में संशोधित कर देते हैं। मुझे याद है कि शमशेर बहादुर सिंह ने अपने एक कविता संग्रह की एक ऐसी प्रति, प्रकाशित पुस्तक के रूप में, मुझे कृपापूर्वक दी थी जिसमें उन्होंने प्रूफ़ की ग़लतियों के अलावा कुछ और संशोधन भी किये थे। ऐसे संशोधनों के विधिवत् अध्ययन की पश्चिम में लम्बी और पुष्ट परम्परा है। लेकिन हमारे यहाँ इस ओर शोधकर्ताओं का ध्यान कम ही गया है। इसकी एक वजह यह भी हो सकती है कि महत्त्वपूर्ण लेखकों की पाण्डुलिपियाँ सुरक्षित और सुलभ रखने की कोई परम्परा हमारे यहाँ नहीं है। जिन सार्वजनिक संस्थानों में पाण्डुलिपियाँ सुरक्षित हैं अक्सर सुलभ नहीं हैं और जहाँ सुलभ हैं वहाँ सुरक्षा की स्थिति प्रायः सन्तोषजनक नहीं कही जा सकती।

इस ओर ध्यान जाने का कारण है टी. एस. ईलियट साहित्य के विशेषज्ञ क्रिस्तोफ़र रिक्स के पानीज़ी व्याख्यानों का पुस्तकाकार प्रकाशन 'डिसीशन्स एण्ड रिवीन्स इन टी. एस. ईलियट' जो ब्रिटिश लाइब्रेरी ने किया है। तीन व्याख्यानों में अपने गद्य में ईलियट ने जो परिवर्तन या संशोधन किये उनकी विशद और सुविचारित व्याख्या है। ज़ाहिर है कि ये परिवर्तन प्रतिक्रिया, पाठकवर्ग और आत्मालोचन से सम्बन्धित कई प्रश्नों को जन्म देते हैं। वे अच्छे-ख़ासे हैं और उनसे ईलियट का दिमाग़ कैसे चलता-बदलता था इसकी बहुत उपयोगी गवाही मिलती है। स्वयं ईलियट ने 1927 में बोदेलेयर पर अपने एक निबन्ध में यह कहा था कि बोदेलेयर ने ऐसा कुछ नहीं लिखा जो महत्त्वपूर्ण न हो और उन्हें समझने के लिए हमें उनका हर टुकड़ा पढ़ना चाहिए। यह ईलियट के बारे में भी सच है। सच तो यह हमारे अज्ञेय, मुक्तिबोध, शमशेर जैसे मूर्धन्यों के बारे में भी है जिनका हर टुकड़ा हमें ध्यान और जतन से सहेजना और पढ़ना चाहिए ताकि हम उनकी समग्रता को सचमुच पूरी तरह से समझ सकें।

कुछ इधर-उधर की

अन्तरा देव-सेन और प्रतीक काँजीलाल द्वारा सम्पादित-प्रकाशित अंग्रेज़ी पत्रिका 'द लिटिल मैगज़ीन' सम्भवतः देश की ही नहीं, हमारे जाने, एशिया की सर्वश्रेष्ठ छोटी पत्रिका है, अंग्रेज़ी में। उसके सम्पादन में वैचारिक तीक्ष्णता, अंग्रेज़ीतर भाषाओं के प्रति सजग संवेदना, साहित्य और कलाओं में सुरुचि सभी एक साथ ज़ाहिर होते हैं। तब उसके 'द लिटिल मैगज़ीन सलाम' पुरस्कारों के समारोह में इतने कम लोग क्यों थे, यह समझना

मुश्किल है। बांग्लादेशी शमसुर रहमान, अंग्रेज़ी- मलयालम लेखिका कमलादास और मराठी के मूर्धन्य नाटककार विजय तेन्दुलकर को डॉ. अमर्त्य सेन, गिरीश कर्नाड, केकी दारूवाला जैसे विख्यात लोगों के हाथों पुरस्कार से विभूषित होते देखने और उनसे बातचीत करने का दुर्लभ अवसर पाने इतने कम लोग क्यों इण्डिया हैबिटाट सेण्टर के सभागार में आये, यह सवाल तभी मन में उठा। अगली सुबह वह और तीख़ा हो गया, क्योंकि जो चार अख़बार मैं रोज़ सुबह पढ़ता हूँ उनमें 'जनसत्ता' के अलावा तीन तथाकथित राष्ट्रीय अंग्रेज़ी दैनिकों में से किसी में इसे लेकर कोई ख़बर नहीं थी। ख़बर छपी भी तस्वीरों के साथ सो दो दिनों बाद, एक अख़बार में वह भी पेज-3 वाले ढंग की।

विजय तेन्दुलकर ने कर्नाड के एक प्रश्न के उत्तर में इसरार किया कि मराठी में युवा नाटककारों की दो पीढ़ियाँ सक्रिय हैं और यह धारणा सरासर ग़लत है कि उनकी भाषा में नाट्य-लेखन शिथिल या मन्द हुआ है। उनके अनुसार नये ढंग के और बिना परम्परा के बोझ से संकुचित या बाधित हुए युवा मराठी नाटककार समलैंगिकता जैसे नाज़ुक और विवादोत्पादक विषय पर समझ और संवेदनशीलता से, बड़ी निर्भीकता से, ये नाटक लिख रहे हैं और नये निर्देशक भी दृश्य पर उभरे हैं। हालाँकि उस शाम किसी ने इसका सार्वजनिक उल्लेख नहीं किया। पत्रिका का नवलेखन पुरस्कार जयन्त सांकृत्यायन को मिला। जो महापण्डित राहुल सांकृत्यायन के सुपुत्र हैं और पुणे में ऑटोमोबाइल डिजाइनर हैं। पुरस्कार उन्हें अपनी पहली प्रकाशित अंग्रेज़ी में कहानी को मिला है, जिसका शीर्षक है—'सुनामी'। जो सुनामी के सचमुच आने के बहुत पहले लिखी गयी थी। डॉ. अमर्त्य सेन उन थोड़े से विश्व-विचारकों में से हैं जो लेखकों के उदाहरण के लिए रवीन्द्रनाथ ठाकुर के वैचारिक अवदान को महत्त्वपूर्ण मानते हैं। उस शाम उन्होंने शमसुर रहमान को स्वतन्त्रता के विचार को आगे बढ़ाने में सक्रिय एक नायक-कवि माना।

पद्म पुरस्कारों की सूची इधर इतनी लम्बी होने लगी है कि पूरी पढ़ना ही कठिन होता है और अक्सर इसलिए पढ़ी जाती है कि इस बार किन महत्त्वपूर्णों को नहीं मिला है। संस्कृति प्रतिष्ठान ने अपने आनन्दग्राम स्थित मनोरम केन्द्र में कुछ पद्म पुरस्कृतों के सम्मान में रसरंजन और कलापिनी कोमकली के सुन्दर और समृद्ध गायन से सम्पन्न एक आयोजन किया तो यह तथ्य सामने आया कि इतने सारे मित्रों-परिचितों को इस बार अलंकृत किया गया है। वास्तुकार चार्ल्स कोरिया, शास्त्रीय गायिकाएँ शन्नो खुराना और वसुन्धरा कोमकली, गुजराती कवि सितांशु यशश्चन्द्र, संगीतकार मधुप मुद्गल, लेखिका-सम्पादक मृणाल पाण्डे। कोरिया भारत भवन के स्वर्ण युग की वापसी की असम्भावना को लेकर दुःखी थे और मेरे भोपाल के घर में हुई कुमार गन्धर्व से पहली भेंट का ज़िक्र कर रहे थे। उन्हें

याद था कि कुमार जी ने तब चण्डीगढ़ के वास्तुशिल्प को देखकर स्वरचित मालव बिहाग राग की चर्चा करते हुए निर्गुण पद सुनाया था। 'शून्य गढ़ शहर, शहर गढ़ बस्ती'। शन्नो जी याद कर रही थीं ठाकुर जयदेव सिंह की असाधारण स्मृति को कि उन्हें कितने सारे संगीत प्रकार, झूले और चैतियाँ याद थीं। सितांशु यशश्चन्द्र को भोपाल में लेखकों की मेल-मुलाक़ात, रसरंग याद आ रहे थे। वसुन्धरा जी कह रही थीं कि अब भोपाल जाने और वहाँ गाने में रस नहीं रहा। मैं मन ही मन सोच रहा था कि दिल्ली में कौन-सा रस अब बचा है। सबको सफल होने की ऐसी उतावली है। कई बार तो चिकने-चुपड़े सफल लोगों की अधीर-आक्रामक भीड़ में होना बहुत अटपटा लगता है।

ऐसा हो सकता है

"हमारी ज़िन्दगी में अलग-अलग कई पार्टियों के चुनावी पोस्टर चिपके हुए हैं। जब हवा धूल उड़ाती हुई चलती है तो वे फट जाते हैं। उनके शब्द बिखर जाते हैं, फिर वे भी उसी आकाश में ऊँचे उड़ते चले जाते हैं, जहाँ तेरा और मेरा दिमाग़ विश्राम पाता है।

—मणिपुरी कवि इलाबंता युमनम

"घर के भीतर जहाँ रहता हूँ
बहुत ठण्ड और अँधेरा है।
इतनी ठण्ड कि कभी पता नहीं चलता
दिन कितना गरम है,
इतना अँधेरा कि कभी पता नहीं चलता
बाहर कितना बजा।"
—खासी कवि किनफम सिंग नोंकिनरिह

"खबर कर दो उन्हें
बता दो, पानी कमर भर गहरा है
नाव पानी में ही छोड़ कर चले आएँ
कब्र खोदने का काम अब कल होगा
उन सबको ख़बर कर दो
सब तरफ समाचार दो
जाते हुए अपने साथ मशाल ले जाना
हो सकता है वहाँ सारी मशालें बुझ गयी हों

हो सकता है तेल की कमी हो, जो बत्तियाँ जल रही हैं
वे शाम गहराते ही जलायी गयी थीं
चारों ओर ख़बर भेज दो
हालाँकि उन्हें यह मत बताना
कि सभी जन मारे गये
कि सड़कों के साथ ही
बरामदे भी तहस-नहस हुए...
—असमिया कवि समीर तांती

जब तुम्हें देखती हूँ
तो झरने बोलने लगते हैं
कपास झूम के दिनों को याद करता है
और पहाड़ों की चोटियाँ धुन्ध से घिर जाती हैं।
जब तुम महसूस होते हो
तो चांग प्रेम दांगहुंग के तारों
की नींद हराम हो जाती है...
—काकबरोक कवियत्री शेफाली देवबर्मा

यह पृथ्वी जो मेरा घर है मेरी नहीं।
सड़क जिस पर चलती हूँ मेरी नहीं।
हँसती हूँ तो मैं नहीं जो हँसती है।
रोती हूँ तो मैं नहीं जो रोती है।
—मणिपुरी कवयित्री गंभिनी सोरोखाइबाम

इस सप्ताह के शुरू में ही आयी 'पहल' पत्रिका 'उत्तर पूर्व की कविता' शीर्षक पुस्तिका के ऊपर कुछ कवितांश दिये गये हैं, जिन सभी का अनुवाद गोपाल प्रधान ने किया है। यह तो सभी जानते हैं कि उत्तर-पूर्व भारत बरसों से अशान्त और बेचैन है। उस बेचैनी के बहुत सारे निजी और सामाजिक पहलुओं का स्पष्ट अहसास इस संचयन जो पढ़ते हुए होता है। हिंसा, आतंक और विध्वंस की अनेक छायाएँ हैं, लेकिन उनके बावजूद उत्तर-पूर्व की अनेक भाषाओं के कविगण अपनी दुनिया और अनुभव को विभिन्न स्तरों पर रूपाकार दे रहे हैं। कविता का एक तरह का शरण्य है और दस्तावेज़ भी। सामाजिक हिंसा के फैलाव में निजी सम्बन्ध और अनुभव बरकाये नहीं जा रहे हैं बल्कि इन कविताओं में उन्हें एक तरह के शान्त पर सशक्त प्रतिरोध के रूप में भी पढ़ा-समझा जा सकता है। हमारे जाने उत्तर-पूर्व की कविता का यह हिन्दी में पहला संचयन है जो हमें अपने ही देश और संस्कृति के छोर पर हो रहे सृजन से साक्षात् करता है।

हर इबारत में रहा बाक़ी

आज की ज़्यादातर कविता चूँकि एक ही विचार या भाव या अनुभव पर एकाग्र कविता है, उसके रूपाकार में धीरे-धीरे बेहद एकरसता घर करती गयी है। कई अनुभवों या विचारों का अन्तर्गुम्फन प्रायः कविता को जटिल बनाता है और जटिलता से हम इन दिनों घबराते हैं। वही साफ-सीधे करना चाहते हैं जो हमारी वफ़ादारी को तुरत जाहिर कर हमें स्वीकार्य बना दे। जटिलता हमें कई बार बहुलता की ओर ले जाती है और ऐसा जोखिम भला क्यों उठाया जाये जो हमारी प्रतिबद्धता को ही खटाई में डाल दे। इसलिए लम्बी कविता इन दिनों बिरले ही लिखते हैं। जो लिखते हैं वे अक्सर एक ही सांग रूपक बाँधते हैं, वह बखान का ही क्यों न हो। इस सन्दर्भ में 'आलोचना' के सहस्राब्दी अंक 19-20 में प्रकाशित देवीप्रसाद मिश्र की कविता 'हर इबारत में रहा बाक़ी' ध्यान देने योग्य है। मूल कविता के हाशिये में भी दोनों तरफ़ कुछ पंक्तियाँ अंकित हैं और उनमें से कई मार्मिक है—'दुःख कुछ रखे हुए है मेज़ पर/और पानी का गिलास एक चाय', 'चाय के प्याले हुए/ठण्डे मगर थी/तपिश उम्मीद/नाउम्मीद में' 'हर घर में एक भूमिपति/इस तरह पिताओं का वितरण', सहन की जगह दी/कहने की जगह', 'न्याय मुझको चाहिए हर रोज/चाय जैसे रोज दो कप कम से कम', 'कवि मुश्किल से कह सका/कठिन काव्य में दुःख', 'किस तरह कह दूँ कि कह सका', 'हर इबारत में रहा बाक़ी/मैं भी बाक़ी बहुत कहकर', 'इतना नक्सली हर कोई है/मार देना चाहता है आततायी को', 'कविता को पता लगा/हत्या और सत्ता का तुक', 'समाज की जगह जाति बनायी मसरूफ रहे पुरखे हमारे', 'चैनल बदलो लेकिन दुनिया/नहीं बदलती इतनी आसानी से'। हाशिये पर दिये गये हिस्सों में कवि अपनी परम्परा भी इंगित करता है। कबीर, मीर, शमशेर, मुक्तिबोध, विनोद कुमार शुक्ल, विष्णु खरे आदि का नामोल्लेख कर। शिल्प की निर्भीक उपयोगशीलता को प्रगतिशील वैधता देने की कोशिश भी यह लगती है।

कविता खण्ड-खण्ड के शास्त्र को सावधानी से बरतते हुए अनेक बिम्बों और स्मृतियों को कुशलता से गूँथती है और कहीं-कहीं रघुवीर सहायियाने के बावजूद चिन्ताओं-सन्देहों-अन्त विरोधों का प्रवाह रचती है कि उससे एक बहुपक्षीय परिप्रेक्ष्य बनता है। कुछ अंश यों हैं—

पौने सात हैं तो अभी दिन है
साढ़े सात हो जायेंगे तो रात हो जायेगी
बुद्ध ने कहा भी कि दुनिया
हर पल बदलती है कवि इस
बदलती दुनिया को और बदलना चाहता है

कवि लकड़ी को किताब में और
प्लास्टिक को अखबार में बदलना चाहता था
गणित को कथा और थैले को
बादल में यात्रा को वो उम्मीद में
और चादर को पृथ्वी में बदलना चाहत था
कवि नदी को कपड़ा डालने वाली
नीली-सी रस्सी में बदलना चाहता था

मैं पृथ्वी के आखिरी मकान में था
दुनिया के पहले घर में मैं उम्मीद की
तर्जनी था या नाउम्मीदी का छोर
प्रतीक्षा प्रतिरोध थी

सामने जो सड़क थी
खाली थी
आती हुई बेटी नहीं। आ रही थी
कोई नहीं था लेकिन
प्रतीक्षा थी
जैसे हिन्दी थी

नेरूदा की मौजूदगी

विश्व पुस्तक मेले की सबसे सुखद घटनाओं में से एक है, 'उद्‌भावना' पत्रिका के पाब्लो नेरूदा विशेषांक का प्रकाशन जो बहुविलम्बित होकर कवि-आलोचक विष्णु खरे के अतिथि-सम्पादन और अजय कुमार के सम्पादन में सामने आया है। हिन्दी में किसी विदेशी कवि पर लगभग साढ़े चार सौ पृठों का ऐसा विशेषांक किसी और लेखक पर निकला हो ऐसा याद नहीं आता। हिन्दी के अलावा गुजराती, मराठी, उर्दू, बंगला आदि के लेखकों ने भी नेरूदा पर लिखा है और वह हिन्दी अनुवाद में इस अंक में शामिल है। विशेषांक क्या, इसे नेरूदा पर एक भारतीय सन्दर्भ-ग्रन्थ कहना चाहिए। देवेन्द्र सत्यार्थी से लेकर कई युवा कवियों द्वारा किये नेरूदा की कविताओं के अनुवाद हैं, जिनमें शमशेर, धर्मवीर भारती, श्रीकान्त वर्मा, कमलेश, सर्वेश्वर दयाल सक्सेना आदि के अनुवाद भी शामिल हैं। इनमें स्वयं हिन्दी में नेरूदा की मौजूदगी और कविता के बदलते मुहावरों के बीच उनकी अतिजीविता को स्पष्ट देखा जा सकता है। हालाँकि कुछ सामग्री पूर्व प्रकाशित है, उसे एकत्र कर 'उद्‌भावना'

ने उचित ही विस्मृति के परदे से बाहर किया है। नामवर सिंह, चन्द्रबली सिंह, अनामिका, विष्णुचन्द्र शर्मा, विनोद दास, जुबेर रिज़वी, निशिकान्त ठकार आदि के आलोचनात्मक लेख हैं। बहुत सारे विरल छाया-चित्र भी। इस विशेषांक की शोभा और प्रासंगिकता है।

विष्णु खरे ने यह सख़्त टिप्पणी भी अपने सम्पादकीय में की है—"हिन्दी में मुख्यतः कवि और कविता के आलोचक ही नेरूदा को उपस्थित रखे हुए हैं। इस तरह हम नेरूदा को (हिन्दी) कवियों का (विदेशी, स्पानी) कवि कह सकते हैं, जबकि तथ्य यह है कि हिन्दी का प्रत्येक उल्लेख्य कवि-कवियों का कवि होने को अभिशप्त है। हिन्दी-भाषी समाज कविता ही नहीं, अपने सार्थक साहित्य से जो सुलूक कर रहा है, वह उसे मात्र हिन्दी या भारतीय साहित्य का द्रोही नहीं, विश्व-साहित्य का द्रोही सिद्ध करता है।"

'माच्चु पिच्चु के शिखर' की नवीं कविता का प्रारम्भ चन्द्रबली सिंह के अनुवाद में यों है—

पत्थर के नीचे पत्थर, और आदमी, कहाँ था वह?
हवा के नीचे हवा, और आदमी, कहाँ था वह?
वक्त के नीचे वक्त, और आदमी, कहाँ था वह?
और सुरेश सलिल के अनुवाद में ये पंक्तियाँ :
मैं इजाज़त चाहता हूँ आम लोगों जैसा होने की
दुनिया के बाक़ी लोगों जैसा,
ज़्यादा क्या, किसी भी दूसरे जैसा

भारतीय कला संस्थान

इस समय कई कलाओं में जिस तरह का सर्जनात्मक विस्फोट भारत में हो रहा है उसे देखकर लगता है कि इस क़दर उफन रही युवा ऊर्जा को संयमित-परिष्कृत-सुदीक्षित करने की सख़्त ज़रूरत है। यह भी ज़रूरी है कि साहित्य, रूपंकर कलाओं और प्रदर्शनकारी कलाओं के बीच निरन्तर संवाद की जिस भारतीय परम्परा को औपनिवेशिक ज़हनियत के चलते हमने अवमूल्यित किया है उनके पुनर्वास पर विचार किया जाये। आईईटी और आईईएम के वज़न पर ही एक भारतीय कला संस्थान स्थापित किया जाये। उसमें चित्रकला, मूर्तिकला और शिल्प, शास्त्रीय संगीत, शास्त्रीय नृत्य, रंगमंच और साहित्य की उच्च कोटि की शिक्षा की व्यवस्था हो। देश भर के पारम्परिक गुरुओं, श्रेष्ठ कलाकारों को इस संस्थान में

अतिथि-अध्यापक के रूप में बुलाया जाये। भारतीय परम्परा, शास्त्र आदि के अलावा आधुनिक विचार-चिन्तन से भी युवाओं को लैस किया जाये।

ऐसा संस्थान सरकार न बनाये तो अच्छा है : उसका अच्छी संस्थाओं को राजनीति या उदासीनता से नष्ट करने का पिछले पचास बरसों का काला इतिहास ही उसे ऐसे किसी प्रयत्न के लिए अप्रासंगिक बनाने के लिए काफ़ी है। क्या चमकते भारत के दमकते चेहरों में ऐसे कोई उद्योगपति नहीं हो सकते जो भारतीय संस्कृति के प्रति, उसकी बहुलता-निरन्तरता-सर्जनात्मकता के प्रति, अपनी कुछ ज़िम्मेदारी स्वीकार करते हुए एक नयी पहल कर सकें? है कोई जो इस अधेड़ पुकार को सुनकर उत्तर दे?

अभिव्यक्ति के बढ़ते ख़तरे

इस पर एक अघोषित पर स्पष्ट राजनीतिक सहमति बन गयी लगती है कि देश के विभिन्न अंचलों में अभिव्यक्ति की स्वतन्त्रता को बाधित करने के क़ानूनी और ग़ैरक़ानूनी, अक्सर क़ानून का दुरुपयोग करने की जो वृत्ति बढ़ रही है, उसके बारे में कुछ करने की कोई ज़रूरत नहीं है। विशेषतः साहित्य और कलाओं में, बौद्धिक कार्य-व्यापार में स्वतन्त्र अभिव्यक्ति बार-बार बाधित हो रही है, लेकिन इस बारे में हमारे बाज़ार प्रिय लोकतन्त्र में किसी को कोई चिंता नहीं है। आज की सारी राजनीति इस समझ से चल रही है कि सिवा राजनीति के बाक़ी सबको मर्यादा में रहना चाहिए। मर्यादा का पाठ सिखाने का काम छोटी-छोटी अदालतें इतना नहीं जितना बजरंग दल जैसे सांस्कृतिक-संगठन कर रहे हैं। राज्य और केन्द्र की सरकारें इन मामलों को स्थानीय मानकर चुपचाप अनदेखा कर रही हैं। कई राज्य सरकारें तो इन नयी और हिंसक-आक्रामक सामाजिक सेंसरशिप को खुल्लमखुल्ला बुढ़ावा दे रही हैं। यह मानने का कोई कारण नहीं है कि ऐसी घटनाओं पर राज्य सरकारों से केन्द्र सरकार ने कोई चिंता जतायी है। अब तो यह जगज़ाहिर है कि सबक सिखानेवाले माफ़िया और उनकी सेनाओं की तरह सांस्कृतिक क्षेत्र में ऐसी ही सबक-सिखाऊ सेनाएँ सक्रिय हैं और यह किसी राजनीतिक दल के लिए, सरकार तो छोड़ें, चिंता का विषय नहीं है।

मक़बूल फ़िदा हुसेन का मामला देखें। उनके विरुद्ध सार्वजनिक रूप से कम से कम तीन वक्तव्य दिये गये। पहले में उनकी आँखें फोड़ने की धमकी थी। दूसरी में उनके हाथ काट डालने का आह्वान था। तीसरे में कहा गया कि जो उनका सर क़लम कर देगा उसे कुछ करोड़ रुपयों

का इनाम दिया जाएगा। ये सभी वक्तव्य क़ानूनन अपराध की श्रेणी में आते है। किसी राज्य में, जहाँ ये वक्तव्य दिये गये, किसी के खिलाफ़ कोई मामला दर्ज़ नहीं किया गया जबकि स्वयं हुसेन के खिलाफ़ कम से कम आधा दर्जन अदालती मामले क़ायम कर चलाये जा रहे हैं। हुसेन को अपनी जान-माल की सुरक्षा का जो नागरिक अधिकार प्राप्त है उसकी पूरी तरह से अनदेखी की गयी है। फिर हुसेन कोई सामान्य नागरिक नहीं हैं। वे उन व्यक्तियों में से हैं जिन्होंने भारत की बीसवीं शताब्दी गढ़ी है। शताब्दी सिर्फ़ गांधी-नेहरू जैसे राजनेता ही नहीं गढ़ते, रवीन्द्रनाथ ठाकुर, निराला, सत्यजीत राय, रविशंकर, मक़बूल फ़िदा हुसेन जैसे लेखकों-कलाकारों ने भी उसे गढ़ा-रचा है। यह वही हुसेन हैं जिन्होंने 'रामायण' और 'महाभारत' पर दो विशाल चित्रावलियाँ बनायी हैं। ऐसा किसी हिन्दू चित्रकार ने नहीं किया है। यह सवाल पूछने का वक़्त आ गया है कि क्या भारत सरकार के गुह मन्त्रालय ने इन वक्तव्यों का नोटिस लेकर कोई कार्रवाई की। अगर भारत-निर्माताओं में से एक, आम जनता में कलाकार का लगभग पर्याय बन चुके हुसेन को इस तरह से जान से मारने की धमकी दी जा रही थी तो क्या यह गृह मन्त्रालय का कर्तव्य नहीं था कि वह सम्बन्धित राज्य सरकारों का इस ओर ध्यान खींचे और कारगर कार्रवाई करने को कहे।

भारत सरकार ने न सिर्फ़ यह नहीं किया बल्कि उल्टे हुसेन के मामले की तहकीकात करने की एक एडवाइजरी महाराष्ट्र सरकार को जारी की। जब कलाकारों का एक प्रतिनिधि-मंडल गृह मन्त्री से मिलने गया तो उन्होंने टके-सा जवाब यह दिया कि प्रतिपक्ष के नेता ने उन्हें पत्र लिखकर शिकायत की है, तो तहकीकात कराना उनका कर्तव्य है। उन्होंने यह भी कहा कि हुसेन ने इन वक्तव्यों को लेकर सूचना-प्राथमिकी क्यों दर्ज़ नहीं करायी। दूसरे शब्दों में देश के गृहमन्त्री ने कहा कि नब्बे बरस के महान् कलाकर तीन-चार राज्यों के पुलिस थानों में ऐसी प्राथमिकी दर्ज़ कराने क्यों नहीं घूमें? प्रतिनिधिमंडल के इस सुझाव पर कि गृहमन्त्री देश से असुरक्षा के कारण बाहर रह रहे इस बुजुर्ग कलाकार से फोन पर बात कर उन्हें आश्वस्त करें। गृहमन्त्री ने कहा कि वे फोन क्यों करें, ज़रूरी हो तो हुसेन ही उनसे बात कर लें। इस पर इससे अधिक टिप्पणी की ज़रूरत नहीं है कि जब शिवराज पाटिल ज़ैसे अनेक अधिकार-दम्भी राजनेता इतिहास की कचरा-पेटी में फेंके जा चुके होंगे तब भी हुसेन का नाम उजले अक्षरों में इतिहास के आर-पार चमक रहा होगा। इतिहास में ऐसे खचिया पर मंत्रियों का कोई ज़िक्र न होगा लेकिन इतिहास हुसेन के महान् योगदान के उल्लेख के बिना नहीं लिखा जा सकेगा। संयोगवश ये गृहमन्त्री उस सरकार के हैं जिसके प्रमुख दल कांग्रेस का दावा है कि वह धर्मनिरपेक्ष हैं और जिसके पक्ष में और भाजपा जैसी संकीर्ण

असहिष्णु शक्तियों के विरुद्ध अनेक लेखकों-कलाकारों ने दुस्साहस दिखाकर काम किया था। यह बात भुलाने की नहीं है कि हुसेन मामले में यूपीए की सरकार के अलावा कांग्रेस पार्टी ने भी एक शब्द नहीं कहा है। उस हुसेन के बारे में जिसे पिछले नवम्बर में देश के सौ से अधिक कला, साहित्य, विचार आदि क्षेत्रों के मूर्धन्यों ने राष्ट्रपति को ज्ञापन देकर भारत रत्न से विभूषित करने की माँग की थी।

बड़ोदरा में एक कला-छात्र को आन्तरिक परीक्षा के दौरान एक आपत्तिजनक चित्र दिखाने से रोकने के लिए छात्रों की पूरी प्रदर्शनी बजरंग दल और विश्व हिन्दू परिषद् के लोगों ने बन्द करवा दी। उनके बजाय छात्र को ही गिरफ़्तार कर लिया गया और पाँच-छह दिन हिरासत में रहने के बाद वह ज़मानत पर रिहा हुआ है। छात्रों ने जो प्रोटेस्ट प्रदर्शनी लगायी वह विश्वविद्यालय ने जबरन बन्द करा दी। संकाय के डीन को छात्रों के साथ खड़े होने पर निलंबित कर दिया गया। संकाय के कला-इतिहास के संग्रहालय को सील कर दिया गया। देश के कई शहरों में कलाकारों-लेखकों, विद्वानों आदि ने इसको लेकर प्रदर्शन और धरना दिये हैं। सबसे बुजुर्ग कलाकार और सबसे युवा छात्र को अपने हमलों का शिकार बनाकर ये शक्तियाँ जो सन्देश देना चाह रही हैं, वह स्पष्ट है। इस असहिष्णु अत्याचार की हिन्दू, टाइम्स आफ इंडिया, हिन्दुस्तान टाइम्स, इंडियन एक्सप्रेस, जनसत्ता, ट्रिब्यून आदि अखबारों ने सम्पादकीय लिखकर घोर भर्त्सना की है। केरल द्वारा हुसेन को दिये गये राजा रवि वर्मा पुरस्कार पर भाजपा ने प्रतिकूल टिप्पणी की है। पिछले दिनों आलोचक नामवर सिंह द्वारा सुमित्रानन्दन पन्त को छायावाद का कमतर कवि बताने पर उनके विरुद्ध इन्हीं शक्तियों से प्रेरित कुछ लोगों ने बनारस के किसी थाने में प्राथमिकी दर्ज़ करायी है। इस सबके बावजूद भारत सरकार और कांग्रेस की चुप्पी और निष्क्रियता उनकी संस्कृति और परम्परा के प्रति उदासीनता, समाज में अभिव्यक्ति की स्वतन्त्रता के अधिकार के लिए चिंता का अभाव, ऐसे पहलू हैं जिन्हें नज़रअन्दाज़ नहीं करना चाहिए।

अपनी राजनीति

वामपन्थी दलों ने ज़रूर इस मामले में कुछ वक्तव्य आदि दिये हैं, लेकिन इसका कोई प्रमाण नहीं है कि भारत सरकार और कांग्रेस पर उन्होंने किसी कार्रवाई करने का दबाव डाला हो। नन्दीग्राम के बाद उनकी विश्वसनीयता वैसे ही संदिग्ध हो गयी है। यह भी चिंता की बात है कि मंडी हाउस पर जो बड़ा प्रदर्शन इस बारे में हुआ उसमें हिन्दी लेखक

आधा दर्जन से भी कम दिखे।

इस सुझाव पर कुछ काम शुरू हुआ है कि हुसेन और बड़ोदरा के छात्र की पैरवी पर आनेवाले ख़र्च की ज़िम्मेदारी कला-संस्कृति समाज उठायेगा। मामला यहीं तक नहीं रुकना चाहिए। अभिव्यक्ति की स्वतन्त्रता की चौकसी करने वाली राजनीति को अब स्वयं इसी समाज को विकसित और सक्रिय करना होगा। संगठित और दलीय राजनीति से उम्मीद करना बिल्कुल बेकार और व्यर्थ है। वे संकट की घड़ी में, अपनी विश्वसनीयता बढ़ाने आदि में कलाकारों-लेखकों आदि का इस्तेमाल करते रहेंगे और जब हमारी अभिव्यक्ति की स्वतन्त्रता बाधित होगी तो कुछ कारगर कर उसे बचाने के लिए आगे नहीं आयेंगे। नहीं आये हैं। कम से कम इस मामले में संगठित राजनीति से मोहभंग का क्षण आ चुका है। उपयुक्त यही होगा कि उन पर या राज्य पर हम इस अधिकार की रक्षा के लिए अपनी निर्भरता और अपेक्षा घटाएँ। उन पर दबाव डालना बन्द न करें। लेकिन उनसे ज़्यादा उम्मीद करना बन्द करें। अपनी अलग-अलग विचार-दृष्टियों पर क़ायम रहते हुए भी लेखक और कलाकार अभिव्यक्ति की स्वतन्त्रता, भारतीय संस्कृति और परम्परा की बढ़ती दुर्व्याख्या और नासमझी के विरुद्ध सारे देश में एकजुट हो सकते हैं। यह करना आसान नहीं है और न ही एक दीर्घकालीन रणनीति बनाना और उस पर अमल करना सरल होने जा रहा है, पर अब हम इस ज़िम्मेदारी से भाग नहीं सकते। हमें अपने पाठकों, दर्शकों, रसिकों को इस अभियान में भागीदार बनाना होगा। एक तरह का नया सत्याग्रह, एक नयी सिविल नाफ़रमानी हमारी प्रतीक्षा कर रही है। पुराना विवेक यह बताता है कि एक ज़िन्दा समाज या समुदाय देर तक प्रतीक्षा नहीं करते।

सत्ताकामी राजनीति से अलग अधिकार की राजनीति अब हमारे अधिक अनुकूल होगी। जिस संस्कृति में कभी एक विचार का वर्चस्व नहीं होने दिया गया और ज्यों ही एक विचार सामने आया उसका प्रतिविचार भी पैदा हुआ और जिसमें शास्त्रार्थ की लम्बी परम्परा रही है, उस समाज और संस्कृति में अभिव्यक्ति और विचार की स्वतन्त्रता के लिए नया संग्राम परम्परा का विस्तार ही है। समाज, संस्कृति, विचार और दृष्टि की विविधता और बहुलता सत्तापरक राजनीति के लिए मसला नहीं रह गया है हमारी अपनी राजनीति का वह मूलाधार ही होना चाहिए। स्वतन्त्रता और बहुलता ही हमारा मन्त्र होंगे। हमें सत्ता नहीं, स्वतन्त्रता और बहुलता चाहिए। उन्हीं में हमारी सच्ची सत्ता निहित है।

अभिधा का आतंक

अभिव्यक्ति की स्वतन्त्रता के इस संघर्ष में एक बात और ग़ौरतलब है। चाहे हुसेन द्वारा चित्रित सरस्वती या भारत माता हो, बड़ोदरा के चन्द्रमोहन द्वारा बनायी दुर्गा और ईसा मसीहा की छबियाँ इन सभी को शुद्ध अभिधा की तरह देखा-पढ़ा जा रहा है। सारी कला को निरी अभिधा में घटा देना और उसके व्यंजित आशय की अनदेखी करना ठीक से देखने और समझने की असमर्थता प्रकट करता है। सारी कला को मात्र प्रतिनिधित्व करनेवाली कला मानना उसकी कई शक्तियों और अभिप्रायों को हाशिये पर ढकेलना है। विषय, किसी भी कृति का विषय उसका आशय नहीं होता, पूरा आशय तो किसी भी तरह से नहीं। सारी कला को उसके विषय तक महदूद करना कला को हाशिये पर करना है। अभिधा से आतंकित शक्तियाँ दरअसल एक तरह के सांस्कृतिक आतंकवाद का संस्करण हैं जो दो अर्थों में कलाकृति को नष्ट करते हैं पहला, उसे भौतिक रूप से ध्वस्त-नष्ट करके या फाड़कर या उस पर रंग या कीचड़ फेंककर। दूसरा, उसके कलात्मक गुणों की पूरी तरह से अनदेखी कर उसे सिर्फ़ विषय मानकर उसके सारे अन्य अर्थों को तिरोहित करने की चेष्टा करते हुए।

'दूसरे अर्थों में भी प्रकाशित'

उनके पहले कवितासंग्रह की पहली कविता 'माध्यम' में ये पंक्तियाँ आती हैं—

हाड़-सी बिजलियों की तरह भभककर
मैं संसार को नंगा ही नहीं करता

बल्कि अस्तित्व को दूसरे अर्थों में भी प्रकाशित करता हूँ :

कुँवर नारायण के संग्रह 'चक्रव्यूह' को छपे 51 बरस होने आये हैं। यह कहना कठिन है कि लगभग छः दशकों में फैली अपनी काव्य-यात्रा में उन्होंने संसार को कितना नंगा किया। पर यह निश्चय से कहा जा सकता है कि उनकी कविता अस्तित्व के दूसरे अर्थ खोजती और उजागर करती रही है। उसी कविता के 'ऋचाओं की गूँज-सा आर्यलोक' और 'पूजा के दूब सी कोमल नीहार-घुली दुधमुँही नयी-नयी संसृति से वे काफ़ी दूर आ गये हैं और उनकी कीर्ति एक ऐसे सयाने विवेकशील कवि के रूप में है जिसने अपनी सूक्ष्म नैतिक दृष्टि और उदार मानवीयता को तरह-तरह से विन्यस्त करने का परिष्कृत उद्यम लगातार किया है। कुँवर नारायण

ने अधिक नहीं लिखा है। किसी तरह के अतिरेक से उनका कभी वास्ता नहीं रहा। न संख्या का, न भाव-विचार-अनुभव का कोई अतिरेक। वे अगर आत्मान्वेषी कवि हैं तो आत्मसंयमी भी। अपने से मुनासिब सख़्ती से पेश आना उन्हें बखूबी आता है। कई बार अपनी स्थापनाओं और विश्लेषण के कारण वे विचारोत्तेजक भले रहे हों, विवादास्पद कभी नहीं हुए। उनकी कविता और आलोचना का तापमान हमेशा सामान्य रहा है : उसमें उतार जब-तब आ गया हो, चढ़ाव शायद ही कभी आया हो। न उन्होंने कोई विवाद कभी पैदा किया, न किसी विवाद में उलझे। इस पूरे दौरान साहित्यिक और व्यापक बौद्धिक-सांस्कृतिक प्रश्नों में गहरी दिलचस्पी रही है और विभिन्न चर्चाओं में जब-तब उन्होंने शिरकत भी की है। लेकिन कुल मिलाकर उनकी स्थिति बिना किसी समझौते या उलझन की रही है। उन जैसा पाक-साफ़ लेखक शायद ही हिन्दी में दूसरा हो।

साहित्य के अलावा चिन्तन-दर्शन, संगीत, सिनेमा आदि में कुँवर नारायण की गहरी पैठ है, लेकिन दुर्भाग्य से उन्होंने इन विषयों पर कम लिखा है। उनके यहाँ सावधानी इतनी पक्की और अचूक है कि शायद ही कभी कोई अपरिष्कृत बात कुँवर जी ने लिखी या की हो। वे इस समय हिन्दी के सबसे अक्षत कवि हैं : उन पर किसी ने प्रहार करने का साहस ही नहीं किया है। आप उनसे कोई बड़ी बात कहें तो वे शान्त और अनुत्तेजित भाव से सुनकर उसका निरस्त्र करने वाला ठण्डा-सा उत्तर दे देंगे।

इधर उन्होंने अपनी पुरानी लिखी पड़ी लम्बी कविता से जो वाजश्रवा को लेकर है, अपना कुख्यात आलस्य तजकर, कुछ ठीकठाक कर प्रकाशन के लिये दे दिया है। वे अगली 19 सितम्बर को अपनी उमर के अस्सी बरस पूरे कर लेंगे। हिन्दी साहित्य-समाज अपने इस धीरोदात्त नायक की दीर्घायु की शुभकामना करेगा इसमें कोई सन्देह नहीं।

उनकी पहली कविता का समापन इन पंक्तियों से होता है :

ऐ अजान,
तुम तक यदि मेरा भावोद्वेल पहुँचे,
तो इस कोलाहल को अपने आकाशों में भरसक अपनाना,
तुम्हें आश्चर्य होगा यह जानकर
कि कवि तुम हो...
और मैं केवल कुछ निस्पृह तत्त्वों का एक नया समावेश,
तुम्हारी कल्पना के आसपास मँडलाता हुआ
जीवन की सम्भावनाओं का एक दृढ़ संकेत...

ऐसी ख़बर है कि इस अवसर पर कुँवर जी की कविताओं के विदेशी अनुवाद की कोई पुस्तक यूरोप में निकलने जा रही है।

'सुन्न सिखर पर दियना'

फिर कबीर। भक्ति-काव्य के वही एक कवि हैं जो इधर बार-बार सार्वजनिक ध्यान में आते रहे हैं स्वयं हिन्दी के सम्भवतः सबसे बड़े प्रश्नवाचक कवि होने के कारण उन्हें शायद यह अटपटा न लगता होगा कि वे निरन्तर विवाद के केन्द्र में बने रहते हैं। कबीर को लेकर मोटे तौर पर तीन लोकप्रिय पूर्वग्रह हैं : वे सामाजिक क्रान्तिकारी हैं और उनकी आध्यात्मिकता हमारे काम की नहीं है; वे निर्गुण भक्त हैं जिनकी सामाजिक चेतना और चिन्ता उसके कवित्त्व में कुछ ख़ास नहीं जोड़ती और वे पन्थ-निर्माता हैं जिनकी कविता, भक्ति और सामाजिक चेतना आदि उनके पंथ में ही समाहित है। आलोचक पुरुषोत्तम अग्रवाल ने नेशनल बुक ट्रस्ट के लिये कबीर-कविता का जो बेहतरीन संचयन 'कबीर : साखी और सबद' किया है, उसकी लम्बी और सुविचारित-सुशोधित भूमिका में इन सभी पूर्वग्रहों पर विचार और विश्लेषण कर कबीर का कवि के रूप में पुनर्वास करने की चेष्टा की है। उनकी भक्ति-साधना और सामाजिक आलोचना में अनिवार्य सम्बन्ध खोजा है, उनकी आवाज़ में प्रेम की मिठास और सच्चेपन की तीखी कड़ुवाहट पायी है, उन्हें धर्ममात्र का आलोचक बताया है, उनके आत्मबोध और परात्मबोध को परस्पर पूरक बताया है, उनके 'अनभो साँचा' और 'अनभे बानी' की निरन्तरता प्रतिपादित की है; उनमें जाति-पन्थ मुक्त मानवीयता और समता पर इसरार देखा है, उन्हें मानवाधिकार का मध्यकालीन अग्रदूत माना है। यह स्थापना खरी है कि निर्गुण भक्ति अकर्मक नहीं है, वह हमेशा आलोचक वृत्ति रही है। सबसे अच्छी बात यह है कि अपने समय में कबीर को विकल्प विन्यस्त करते हैं वह प्रेम, श्रम और अध्यात्म की त्रयी है। यह जोर देकर कहा गया है कि प्रथमतः और अन्ततः कबीर की कविता प्रेम की कविता है जिसमें ऐन्द्रियता की अपार उपस्थिति आकस्मिक नहीं है और अन्यथा नारी-निन्दक माने जाने वाले इस कवि ने जब भी प्रेम निवेदन किया है तो अपने नारी मानकर ही। यह भी विचारणीय है कि कबीर ने जिस शब्द को सबसे ऊपर महत्त्व दिया है वह ऐसा शब्द है जो जितना प्रेम और अध्यात्म में रँगा है उतना ही सामाजिक यथार्थ में पगा भी है। दूसरे शब्दों में, आप कबीर को किसी एक पहलू भर में नहीं ले या देख सकते क्योंकि उससे दूसरे पहलू भी सर्वथा अविच्छिन्न रूप में जुड़े हुए हैं। पुरुषोत्तम अग्रवाल ने जतन से कबीर-कविता का एक बढ़िया संचयन विचारोत्तेजक रूप से प्रस्तुत किया है।

कबीर ने अपनी एक कविता में 'सुन्न शिखर पर दियना' बार ने की उक्ति की है। सम्भवतः इससे बेहतर कविकर्म का रूपक कोई और नहीं हो सकता। अगर कबीर के ही कुछ और रूपकों का सहारा लें तो कह

सकते हैं कि कविता 'अगम पथ' पर चलने की हिम्मत 'अकथ कथा' कहने की कोशिश और 'सुन्न शिखर पर दियना' बारने की आकांक्षा का दूसरा नाम है।

'करुणा-स्नात उजला दुःख'

इस बहाने महादेवी की कविताएँ एक बार फिर देखना हुआ। उन्होंने कम ही लिखा है और जब उन्हें लगा कि उनकी क्षमता कविता के क्षेत्र में शिथिल पड़ रही है, कविता लिखना पूरी सख़्ती से बन्द कर दिया। डॉ. निर्मला जैन ने महादेवी की एक संचयिता महात्मा गांधी अन्तरराष्ट्रीय विश्वविद्यालय के लिए तैयार की थी जिसे वाणी प्रकाशन ने 2002 में छापा था। सुचिन्तित और बहुत अच्छा संचयन है। ध्यान गया महादेवी के इस आरम्भिक पद्य की ओर जिसे उन्होंने अपने कवि-जीवन के आरम्भ में लिखा था।

रचि के सहस्र, रश्मि लोकन प्रकाशित करि
तमहू को बंदी करि किरनन के घेरे में
चन्द्रमा रच्यों है अस तारे हू असंख्य रचे
राति उजियारी भई दिसन के फेरे में
व्योम पंथहू में रंग-सरिता बहाइ डारी!
अनगित आलोक रूप फैलत सबेरे में,
कैसे हो विराट् अरु कैसे तु ज्योति रूप
दीपक असंख्य बारि बैठे हो अँधेरे में।

कुल पाँच और कविताएँ चुनीं पाठ और व्याख्या के लिए। 'शून्य मन्दिर में बनूँगी आज मैं प्रतिमा तुम्हारी', 'शलभ मैं शापमय वर हूँ, 'पंथ रहने दो अपरिचित प्राण रहने दो अकेला', 'यह मन्दिर का दीप इसे नीरव जलने दो' और 'बाँच ली मैंने व्यथा की बिन लिखी पाती नयन में।' इन पाँच में ही इतनी सारी चमकती पंक्तियाँ और बिम्ब है करुणस्नात उजला दुःख, यह अगम आकाश उतरे कम्पनों का हो भिखारी', ज्वाल अक्षय कोष-सी अंगार मेरी रंगशाला, दुखव्रती निर्माण-उन्मद यह अमरता नापते पद, मोतियों की हाट औ चिनगारियों का एक मेला, इस अजिर का शून्य गलने को गलाने दो, सबकी अर्चित कथा इसी लौ में पहले दो, तब तक जागेगा प्रतिपल रेखाओं में भर आभा-जल, चिनगारियों की वर्णमाला, अब दबे पैरों ऊषाएँ लौट जाती हैं नयन में, शून्य मेरा जन्म था अवसान है मुझको सवेरा।

महादेवी में साधारण की महिमा और असाधारण का वैभव एक साथ था। इन कविताओं को पढ़कर एक बार फिर लगा कि तत्सम को लगभग पूरी तरह ख़ारिज कर हिन्दी कविता ने अपने को कितनी सारी शब्द सुषमा से वंचित किया है।

96 के अज्ञेय

इस 7 मार्च को अज्ञेय, अगर होते तो, 96 बरस के हुए होते। दिल्ली विश्वविद्यालय के एक शोध-छात्र आये थे, जिनसे बात प्रसंगवश अज्ञेय पर पहुँच गयी। उन्होंने बताया कि उनके विश्वद्यालय में अज्ञेय को लेकर रुख बदल चुका है। उन जैसे छात्रों से सुधीश पचौरी, अपूर्वानन्द जैसे अध्यापकों द्वारा यह कहा जाता है कि अज्ञेय को ध्यान और समझ से पढ़ना चाहिए क्योंकि उनका काफ़ी कुपाठ हुआ है। हमारे एक नामवर आलोचक हाल में अपने कुख्यात इण्टरव्यू में अज्ञेय को मुक्तिबोध जितना महत्त्वपूर्ण कवि बता चुके हैं, उनके उपन्यास 'शेखर एक जीवनी' को हिन्दी के पाँच-छह कालजयी उपन्यासों में गिनाने के अलावा। इसलिए लगता है कि शायद धीरे-धीरे अज्ञेय का एक अधिक वस्तुपरक आकलन उभर रहा है और उन्हें लेकर जो पूर्वग्रह जमकर बैठ या जमाकर बैठा दिये गये थे, वे झर रहे हैं। इससे यह भरोसा भी बढ़ता है कि श्रेष्ठता को अन्ततः नज़रअन्दाज़ नहीं किया जा सकता है, आप उससे कितना ही असहमत आहत क्यों न हों।

कुल चार बरसों बाद अज्ञेय, शमशेर बहादुर सिंह और नागार्जुन की जन्मशती एक ही बरस यानी 2011 में पड़ेगी। जो लोग और संस्थाएँ इन्हें कायदे और सुविचारित ढंग से मनाना चाहें उन्हें अभी से सोचना और तैयारी करना शुरू कर देना चाहिए। पता नहीं कहाँ है, पर ऐसे युवा लेखक होने ज़रूर चाहिए जो इन तीनों की सुशोधित जीवनियाँ इस बीच उन पर काम कर उस अवसर पर प्रकाशित कर सकें। कुछ आलोचकों को इन तीनों पर विस्तार से पुस्तकाकार कुछ लिखना चाहिए। पत्र-पत्रिकाएँ इन पर ढंग के विशेषांक निकालें तो अच्छा।

इधर ध्यान अज्ञेय के इस विशेषण की ओर गया : बहुत से बौद्धिक गांधी जी को प्रबुद्धचेता नहीं मानते थे और कुछ आज भी नहीं मानते। लेकिन गांधी जी के नेतृत्व की सफलता का और आज उनके दर्शन की प्रेरक जीवन्तता का एक कारण यह भी था कि उन्होंने अपने को शुद्ध राजनीति के मुहावरे में कभी नहीं बाँधा, कभी नही बँधने दिया और निरे राजनीतिविशारद को यह सुविधा नहीं दी कि उनके विचार-दर्शन का

मूल्यांकन केवल राजनीतिक प्रतिमानों के आधार पर किया जा सके।" उन्होंने यह जोड़ा कि और व्यवस्था के साथ संघर्ष को हम अगर केवल राजनीतिक रूप दे देंगे तो इसमें हमारा पक्ष दुर्बल ही होगा। बौद्धिक स्वातन्त्र्य का दावा न केवल शुद्ध राजनीतिक दावा नहीं है बल्कि हमें उसे राजनैतिक दावा बनाने भी नहीं देना चाहिए। यह दावा राजनीतिक सन्दर्भ से बड़ा है क्योंकि स्वाधीनता राजनीतिक स्वातन्त्र्यता से बड़ी है। बौद्धिक को और विशेष रूप से सर्जनशील कलाकार को केवल राजनीतिक स्वतन्त्रता का दावा न करके कला-जगत् की स्वायत्तता का दावा करना है—जो दावा और जिसके लिए किया जानेवाला संघर्ष राजनीति से बड़ा हो जाता है। यह सोचने की बात है कि हामरे अतिराजनीतिक समय में कला के लिए संघर्ष को राजनीति से बड़ा मानने का दावा कर सकने वाले हमारे बीच कितने कम बचे हैं!

यों साधारण की महिमा आधुनिक कविता का लगभग केन्द्रीय सरोकार रही है अज्ञेय यहाँ भी ऐसी कविताएँ कम नहीं हैं। इस सिलसिले में उनकी ये दो कविताएँ ध्यान खींचती हैं :

नन्दादेवी-14

निचले
हर शिखर पर
केवल;
ऊपर
निराकार
तुम केवल...

काँपती है
पहाड़ नहीं काँपता,
ने पेड़, न तराई;
काँपती है ढाल पर के घर से
नीचे झील पर झरी
दिये की लौ की
नन्ही परछाईं।

उदार और उदात्त

भले ही छायावाद को उचित ही शक्ति का काव्य कहा गया है, उसके

किसी भी कवि को पढ़िये तो लगता है कि उन सभी का एक बड़ा सरोकार कविता में उदार और उदात्त को पोसना-बढ़ाना था। इन दिनों महादेवी की जन्म-शती के सिलसिले में कई आयोजन हो रहे हैं, जिनमें से एक पिछले दिनों इलाहाबाद संग्रहालय में हुआ। वहाँ निर्मला जैन और दूधनाथ सिंह ने पूरी विशेषज्ञता और तथ्यसम्मत ढंग से कई पते की बातें कहीं जिनसे महादेवी के जीवन, साहित्य और कविदृष्टि के कई नये पहलू जाहिर हुए। दूधनाथ जी ने महादेवी पर एक पुस्तक भी लिखी है जो जल्दी ही प्रकाशित होगी। निर्मला जी को इधर कुछ नयी सामग्री मिली है जो महादेवी समग्र के नये संस्मरण में शामिल की जा रही है।

इस बहाने एक बार फिर महादेवी की कुछ रचनाएँ पढ़ने का सुयोग हुआ। दो बातों का एक बार फिर गहरा अहसास हुआ। पहला तो यह कि छायावादी कवियों और बाद में अज्ञेय में इसका बहुत सजग-सक्रिय बोध है कि हिन्दी कविता को संस्कृत कविता का उज्ज्वल उत्तराधिकार मिला है और उसे इस उत्तराधिकार को सम्हालने के योग्य होना चाहिए। इसीलिए छायावादियों के यहाँ संस्कृत कविता की असंख्य अन्तर्ध्वनियाँ हैं। अज्ञेय के बाद की हिन्दी कविता में यह उत्तराधिकार, कम से कम उसका बोध, शिथिल और क्षीण पड़ गया। इस दायवंचन के परिणाम कविता के लिए अच्छे नहीं हुए हैं। अब तो हालत यहाँ तक पहुँच गयी है कि आज की कविता में आज का समय भर बोलता है, परम्परा और उत्तराधिकार नहीं। दूसरा यह कि छायावाद में उदार और उदात्त बहुत मुखर है : उनका संघर्ष कई स्तरों पर था और वह स्वतन्त्रता का कल्पनाशील लोक अपनी कविता में खोज-रच रहे थे। लेकिन यह सारी संघर्षशीलता उसके उदार-उदात्त के आड़े नहीं आती थी बल्कि वे उस संघर्ष को बहुत उजली और स्मरणीय आभा देते थे। महादेवी की कविताओं में जब 'बक-पाँतों का अरविन्द-हार', 'जब प्रभात में मिट जाता छाया का कारागार' 'स्वर्ण की जलती तुला आलोक का व्यवसाय उज्ज्वल', 'आज उत्तर हो सभी का ज्वालवा ही श्वास तेरा' 'अब दबे पैरों उषा में लौट जाती है नयन में, 'मैं क्यों न यहाँ क्षण-क्षण को/धो-धोकर मुकुर बनाऊ', 'तेरा मुख सहाय अरुणोदय'/'आज करुणा-स्नात उजला हो मेरा पुजारी', 'कर बालारुण का कलश/विहग-रव मंगल सा' 'एक लघु क्षण दे रहा/निर्वाण के वरदान शत-शत्, 'यह अगम आकाश उतरे कम्पनों का हो भिखारी' आदि पंक्तियाँ मिलती हैं तो लगता है कि हम इसी उदार-उदात्त के पड़ोस में हैं।

कई बार लगता है कि आज की कविता में इस उदार-उदात्त के पुनर्वास की ज़रूरत है। इसलिए कि अब वे कहीं और बचे नहीं हैं : न राजनीति में, न धर्मों और लोकप्रिय अध्यात्म में, न शिक्षा और प्रबन्ध में। साहित्य और कलाएँ ही वे जगहें हैं जहाँ उदार और उदात्त को अब भी पोसा-बसाया

जा सकता है। बल्कि साहित्य का एक सामाजिक औचित्य यह होगा कि उसमें अब भी उदार और उदात्त होना सम्भव है। इसके विरूद्ध यह तर्क बेकार होगा कि यथार्थ और जीवन से उनका सम्बन्ध बहुत कम रह गया है। आखिर वे जीवन से ही उभरते रहे हैं और यथार्थ ही उनकी जन्मभूमि और कर्मभूमि रहा है।

लेखक की स्वतन्त्रता

पचास बरस तो हो ही गये होंगे जब हैदराबाद से निकलने वाली विख्यात पत्रिका 'कल्पना' में अमेरिकी कथाकार अर्नेस्ट हेमिंग्वे के हवाले से एक टिप्पणी लिखी थी : 'लेखक की स्वतन्त्रता'। हेमिंग्वे न कहा था कि लेखक की स्वतन्त्रता जितना अन्य तत्त्वों पर निर्भर करती है उतना ही इस बात पर कि स्वयं लेखकों के समाज में लेखक को कितनी स्वतन्त्रता है। उस समय यानी पचास साल पहले ऐसे बहुत उदाहरण दरपेश नहीं थे जिनसे लगे कि लेखक-समाज में लेखक की स्वतन्त्रता बाधित हो रही है। लेकिन इधर ऐसे उदाहरण बढ़ने लगे हैं।

रवीन्द्र कालिया 'नया ज्ञानोदय' में अपने सम्पादकीयों में उन लेखकों को, जिनमें से अधिकांश को विस्तार से पढ़ने और समझने का कोई साक्ष्य वे कभी नहीं देते, लेकिन जिन्हें लांछित और ध्वस्त करना उन्हें अपना वैचारिक कर्त्तव्य लगता है, बहुवचन में याद करते हैं। किसी को समाज-निरपेक्ष स्वायत्तता का प्रवक्ता और पक्षधर बताते हैं, जबकि वह लेखक कभी ऐसी स्वायत्तता का पक्षधर अपने लेखन और विचार में कभी नहीं रहा। उसका जोर साहित्य को राजनीति या समाजविज्ञान का पिछलगुआ या ग़रीब बिरादर बनाने के बजाय साहित्य के अपने स्वायत्त सच पर इसरार का रहा है। उसका आग्रह साहित्य को समाज-निरपेक्ष कहने-बताने का कभी नहीं रहा। पर सम्पादक महोदय, बार-बार इस तरह के दुष्ट और आधारहीन उल्लेख कर, उसे बदनाम करते रहे हैं। मुझे यह इसलिए मालूम है कि दुर्भाग्य से वह लेखक मैं हूँ। एक लेखक दूसरे लेखक की स्वतन्त्रता उसके बारे में अनर्गल बातें लगातार कहकर बाधित करता है : वैचारिक असहमति कहकर इसका बचाव नहीं किया जा सकता। यह वैचारिक विद्वेष है।

अब दूसरा मामला सामने आया है। नासिरा शर्मा के अनकहे को एक लेखक-सम्पादक ने कहा मानकर न सिर्फ छापा, उस पर प्रतिकूल संपादकीय टिप्पणी की, लेखिका का प्रतिवाद जानबूझकर टालते हुए देर से छापा।

नासिरा प्रतिष्ठित कथाकार हैं : अन्यत्र इन्हीं सम्पादक ने उनकी एक कहानी को पिछले वर्षों की उल्लेखनीय बीस कहानियों में जगह दी है। लेखिका का सारा लेखन किसी तरह के साम्प्रदायिक आशयों से मुक्त रहा है, यह उनके पाठक और आलोचक सभी जानते हैं। उन पर ऐसा कोई लांछन आज तक, इस दुर्भाग्यपूर्ण घटना के पहले, किसी और ने नहीं लगाया। नासिरा से बातचीत टेलीफ़ोन पर किसी अज्ञातकुलशील महिला द्वारा की गयी और उसने जो विवरण भेजा, उसकी पुष्टि करना सम्पादक ने ज़रूरी नहीं समझा। मुसलमान होने के कारण पुरस्कार न मिलने के मुद्दे का बहुत स्पष्ट और उग्र विरोध लेखिका अपने एक प्रकाशित इण्टरव्यू में पहले कर चुकी थीं। फिर भी उन पर यह व्यर्थ की निराधार तोहमत लगाकर उनकी छवि बिगाड़ने की कोशिश की गयी है। अब हालत यह है कि इस अवांछित विवाद में नासिरा के पक्ष में प्रायः समूचा लेखक-समाज, कम से कम उसके अधिकांश महत्त्वपूर्ण और ज़िम्मेदार सदस्य, सामने आये हैं।

यह सही है कि हमारे समय पर सनसनीखेज़ मानसिकता की गहरी छाया है। लेकिन सम्पादकद्वय को यह सीधी-सी बात समझनी चाहिए कि लेखकों की छवि उनके अपने किये-धरे और कहे-सुने पर निर्भर करती है और उसे लांछनों से कुछ समय के लिए मैला भले कर दिया जाये, उसे कोई—वह कितना ही प्रतापशाली, साधनसम्पन्न, लोकप्रिय हो—सम्पादक ध्वस्त नहीं कर सकता। लेखक अपने साहित्य से जाने जाते हैं। अपने वक्तव्यों से नहीं। उन्हें उनके वक्तव्यों में घटाकर देखना अन्ततः साहित्य-विरोधी कार्रवाई है। सच्चे लेखक तो आलोचकों की उपेक्षा और शत्रुता के बाद भी अपने साहित्य के कारणों उसकी व्याख्या-दुर्व्याख्या के कारण नहीं—जीवित और प्रासंगिक बने रहते हैं।

लेखिका तसलीमा नसरीन पर जो हमला कुछ कट्टरवादी संगठनों और विधायकों ने हैदराबाद में किया उसके कई पहलू हैं। एक तो वह मुस्लिम कट्टरों द्वारा एक मुस्लिम पर किया गया हमला है। तसलीमा बरसों से जीवन, समाज और सचाई के ऐसे पहलू उघारने में लगी हुई हैं जिनसे उनके समाज में बढ़ती कट्टरता और पाखण्ड का पर्दाफ़ाश होता रहा है। ऐसे तत्त्व इस्लाम के नाम पर उन पर जब-तब हमला और उग्रता से उनका विरोध करते रहे हैं : वे इसी कारण अपने देश से निष्कासित हैं। भारत में उन्हें अब तक स्थानी वीज़ा नहीं मिल सका है, क्योंकि उनकी बेबाकी कई बार यहाँ के लोगों को भी रास नहीं आती है। सरकार को यह भी अन्देशा होगा कि स्थायी वीज़ा देने से मुसलमानों का एक वर्ग नाराज़ हो सकता है। उन पर हुए ताज़ा हमले ने यह साफ़ कर दिया है कि उनका विरोध कर रहे कट्टर मुसलमान संगठन की सारे लेखक-समाज में, फिर वह हिन्दी का हो या बांग्ला का, भूरि-भूरि निन्दा

हुई है और उन्हें किसी तरह की रू-रियायत नहीं दी जानी चाहिए। चूँकि हमलावरों में एक विधायक भी शामिल थे, जिन्होंने अगले दिन लेखिका का सर क़लम करने को जायज़ ठहराया, इस मामले को मुनासिब सख़्ती से निपटाना चाहिए। पहले ही भारत सरकार और राज्य सरकारों ने भारत के महान् चित्रकार मक़बूल फ़िदा हुसेन के बारे में, उनका सर क़लम करने या हाथ तोड़ दे देन या आँखें फोड़ देने की धमकियों के बावजूद जो सार्वजनिक रूप से दी गयीं, निन्दनीय निष्क्रियता दिखायी है। जिस समूह ने खुलेआम तसलीमा नसरीन पर हमला किया उनके विरुद्ध कानून की कई धाराओं के तहत मुकदमा चलना चाहिए और उन्हें सख़्त से सख़्त सज़ा दिलाने की कोशिश की जानी चाहिए। भारत के लोकतान्त्रिक समाज में न तो हिन्दू उग्रवाद की जगह हो सकती है, न इस्लामी कट्टरता की।

चलते-चलते यह नोट करने की बात है कि इस मामले में हिन्दी और बांग्ला लेखकों ने अपना विरोध मुखर किया है पर भारत के इधर अहर्निशवंदित-पूजित अंग्रेज़ी लेखक, हमेशा की तरह, चुप ही रहे हैं। शायद भारत की ख़ून-कीचड़-धूल में सनी सच्चाई से, जिनमें लेखकीय सच्चाई भी हिस्सेदार है, उन्हें कुछ लेना-देना नहीं है। यह भी, कि एकाध को छोड़कर ज़्यादातर राजनीतिक पार्टियों ने इस पर कुछ नहीं कहा है : अभिव्यक्ति की स्वतन्त्रता संविधान में उल्लिखित अधिकार भले हो, कोई विचारणीय मुद्दा नहीं है।

अब यह भी

जबसे आलोचक-अध्यापक डॉ. शम्भुनाथ केन्द्रीय हिन्दी संस्थान के निदेशक बने हैं, उसकी सार्थक और प्रासंगिक सक्रियता बढ़ी है और संस्थान ऐसे कई काम कर रहा है जो उसने पहले नहीं किये और जो उसे करना चाहिए। उन्होंने उसे व्यापक हिन्दी लेखक-समाज से भी जोड़ने की पहल की है। इसलिए उनकी समाचार पत्रिका 'संस्थान समाचार' का जनवरी-जून 07 का अंक देखकर दुखद अचरज हुआ।

उनमें जिन गतिविधियों के विवरण दिये गये हैं उनके शीर्ष पर ये उक्तियाँ उद्धृत हैं : 'आठवाँ' विश्व हिन्दी सम्मेलनः नये अवसर और नयी चुनौतियाँ...प्रो. रामशरण जोशी', 'भाषा को बदलाव का हथियार बनायें : रामशरण जोशी' (कोलकाता), '1857 ने देश की भावनाओं को जोड़ा : प्रो शम्भुनाथ' (मुम्बई), 'यूटोपिया ही क्रान्ति का रास्ता है : प्रो. रामशरण जोशी' (उदयपुर), 'बँटे हुए सत्य के साथ लड़ाई सम्भव नहीं है : प्रो.

शम्भुनाथ' (नागपुर), 'हस्तक्षेप व परिवर्तन की भाषा बने हिन्दी : प्रो. रामशरण जोशी' (कोलकाता), 'भाषा यदि नीर है तो शिक्षक मल्लाह है : प्रो. शम्भुनाथ' (भुवनेश्वर)।

यह प्रोफ़ेसोरियल जुगलबन्दी सर्वथा अनावश्यक, हास्यास्पद और दयनीय है। जिन गोष्ठियों में ऊपर के आप्तवचन कहे गये उनमें हिन्दी और हिन्दीतर कई विभूतियों ने भी शिरकत की थी और निश्चय ही उनमें से अनेक ने इस तरह की या इससे बेहतर उक्तियाँ की होंगी। आत्मसंयम बरतकर उन्हें दिया जाता तो संस्थान की छवि बेहतर बनती कि उसके बौद्धिक परिसर में अब इतने लेखक और विद्वान् शरीक हो रहे हैं। जोशी विख्यात पत्रकार हैं और सम्भवतः बुद्धिजीवी भी। पर वे प्रोफ़ेसर कब और कैसे हो गये, यह नहीं मालूम। हिन्दी में जो भी हो जाये सहज सम्भाव्य है?

आहत भावनाएँ

पिछले दो दशकों को एक तरह से आहत भावनाओं का दौर कहा जा सकता है : जब देखो तब इस दौरान कोई पुस्तक, कोई कलाकृति, कोई नाटक या कार्टून किसी समुदाय की भावनाओं को आहत करता है और फिर उसे लेकर प्रदर्शनों, बहिष्कारों, निन्दा और कई बार सख़्त सज़ा दिलवाने का एक अभियान शुरू हो जाता है। दिलचस्प यह है कि इस अभियान में बड़ी संख्या में वे लोग शामिल हो जाते हैं जिन्होंने न तो वह कृतिविशेष पढ़ी-देखी होती है और न ही किसी कलात्मक गतिविधि में, वैसे, उनकी रत्ती भर भी रुचि या गति होती है। ऐसी राजनीतिक शक्तियाँ हैं जिनका ये तथाकथित आहत भावनाएँ पोषण करती हैं और वे इसका लाभ उठाने के लिए सक्रिय हो जाती हैं। भारत में मक़बूल फ़िदा हुसेन से लेकर एक छात्र चन्द्रमोहन के कुछ चित्र, पाठ्यपुस्तकों में उल्लिखित कोई तथ्य, किसी राजनेता पर लिखी कोई पुस्तक आदि भावनाएँ आहत कर, जबकि अधिकांश की ऐसा करने की कोई मंशा नहीं थी, उपद्रव का अनिच्छित-अन्तर्कित कारण बनती रही हैं। ऐसे माहौल में इस तर्क के लिए कोई गुंजाइश नहीं बचती कि अधिकांश महान् साहित्य, इस सन्दर्भ में, आपत्तिजनक ही होता आया है। हम महान या महत्त्वपूर्ण को इसलिए खारिज़ या प्रतिबन्धित नहीं कर सकते कि वह हमारी भावनाओं को ठेस पहुँचाता है।

इस सिलसिले में नया मुद्दा जो दरपेश है वह है भारतमूल के अंग्रेज़ी कथाकार सलमान रशदी को ब्रिटिश सरकार द्वारा घोषित नाइटहुड। इस

घोषणा ने ईरान, पाकिस्तान और कश्मीर के कुछ मुसलमान समाजों की भावनाओं को आहत किया है। ईरान ने इस निर्णय को कि आगे से सलमान रशदी सर सलमान रशदी कहे जायेंगे इस्लाम का ब्रिटेन द्वारा जानबूझकर किया अपमान बताया है और रशदी को जान से मारने के अपने पुराने फ़तवे को दुहराया है। पाकिस्तान की संसद के दोनों सदनों ने इसके विरुद्ध प्रस्ताव सर्वसम्मति से पारित कर इसकी भूरि-भूरि निन्दा की है। कश्मीर में भी बन्द का आह्वान किया गया है।

सलमान रशदी की गिनती इस समय संसार के प्रमुख लेखकों में होती है। वे एक गम्भीर, महत्त्वपूर्ण और, इसलिए, ज़िम्मेदार साहित्यकार है : कट्टर इस्लामपंथियों के बरसों से चल रहे उनके विरुद्ध अभियान से उनकी कीर्ति और क़द पर कोई प्रतिकूल प्रभाव नहीं पड़ा है। रशदी ने शुद्ध और ब्रिटिश अंग्रेज़ी के बरक़्स भारतीय सचाइयों और अशुद्धियों से भरी जिस भाषा और कथा-संरचना का सूत्रपात किया उसे अंग्रेज़ी साहित्य मात्र और विशेषतः भारत के अंग्रेज़ी साहित्य में मुक्ति का एक निर्णायक मुकाम माना जाता है। रशदी के कृतित्व को निरे इसलाम-विरोध में घटाना उनके, बल्कि सारे साहित्य के साथ अन्याय करना है। ऐसा करना उनके साहित्य के मूल और गम्भीर आशयों को नज़रअन्दाज़ करना है। आप उनकी नाटकीयता, सनसनीख़ेज़ी आदि से घोर असहमत हो सकते हैं पर आप उन्हें इस्लाम-विरोधी बताकर उनकी प्रतिभा और सर्जनात्मकता, उनके साहस और कल्पनाशीलता की अवमानना नहीं कर सकते। बुद्धि, विचार और सृजन के क्षेत्र में किसी तरह की कट्टरता के लिए कोई जगह नहीं हो सकती। यह कहने में कोई संकोच, कम से कम मुझे, नहीं है कि किसी को भी अपने या दूसरों के धर्म, देवता, आचार-विचार, आस्था और मिथकों को प्रश्नांकित करने का पूरा हक़ है : मानवता ऐसे ही प्रश्नांकन से आगे बढ़ी है न कि कट्टर आस्था से। साहित्य और कलाएँ सदियों से ऐसे प्रश्नांकन की विधाएँ रही हैं और उनका एक औचित्य इसी प्रश्नांकन से निकलता है। इस्लाम के नाम पर रशदी का विरोध और उनके विरुद्ध दिये जा रहे फ़तवे खुद इस्लाम को असहिष्णु और पश्चात्पद साबित करते हुए उसको लांछित करते हैं। इससे रशदी का कुछ नहीं बिगड़ेगा, इस्लाम बदनाम हो रहा है।

गुणगान का समय

अगर आपकी थोड़ी-बहुत दुष्कीर्ति आलोचक होने की हो तो यह लगभग मान लिया जाता है कि आप दोषदर्शन के विशेषज्ञ भी होंगे। कई बार

यह दोषदर्शन इतना सशक्त और सक्रिय हो जाता है कि गुण उसकी चकाचौंध में दिखायी नहीं देते। कई बार कोई विशेष गुण होते भी नहीं है। दोषदर्शन से उपजा परम सामान्यीकरण यह है कि आज का ज्यादातर साहित्य गुणहीन है। जो आलोचक अपने प्रशंसकों की संख्या बढ़ाना और इस तरह अपना क्षेत्र-विस्तार करना चाहते हैं वे अत्युदार गुणग्राहकता दिखाते हैं और सारे देश में साधारण से साधारण और कई बार तो बाक़ायदा ख़राब लेखकों या कृतियों की प्रशंसा करते घूमते रहते हैं। वे इतने कुश्दर्शी होते हैं कि जहाँ नहीं है, वहाँ भी उन्हें गुण नज़र आ जाता है। अक्सर ऐसा लोकार्पण के अवसर पर और मौखिक परम्परा में ही होता है। लोकार्पण का बढ़-चढ़कर उपयोग कुछ नामचीन लेखकों और आलोचकों को किसी कृति या लेखक पर कुछ सार्वजनिक रूप से कहने पर मजबूर करने के लिए किया जाने लगा है। अधिकांश लोकार्पणकर्ता लेखक या आलोचक उस लेखक या आलोचक पर शायद ही कोई मत व्यक्त करते अगर लोकार्पण की प्रथा ने उन्हें ऐसा करने के लिए उकसाया या विवश न किया होता। यह भी दिलचस्प है कि अख़बारों या पत्रिकाओं में रिपोर्ट के अलावा मौखिक परम्परा में व्यक्त इन मतों-विचारों को वे लेखक बाद में कभी लिखित रूप से व्यक्त नहीं करते। इसलिए लोकार्पण के अवसर पर व्यक्त अधिकांश मत प्रायः गुणगान होते हैं जिन्हें देनेवाला ही अक्सर गम्भीरता से नहीं लेता। बिरले ही हैं जो ऐसे अवसरों पर 'विमति-टिप्पणी' करने का जोखिम उठाते हैं। धीरे-धीरे लोकार्पण अवसरवादिता के पोषण और विस्तार की एक नयी विधि बनता जा रहा है। लक्षित-अलक्षित लेखकों को यह अवसर देता है कि अपने या अपनी कृतियाँ पर वह कुछ आलोचकों आदि से ऐसा कहला लें जो वे अन्यथा न कहेंगेः नामचीनों को वह अवसर देता है कि वे जुबानी जो चाहे कह दें। उदारचित्त माने जाये लेकिन उसे कभी लिखित रूप में व्यक्त न करें।

दूसरी तरफ़, ऐसे लोग हैं जो बिना बारीकी और जतन से पढ़े अपने वैचारिक रूझानों की रोशनी या अँधेरे में लगातार निन्दा-रस में ही डूबे रहते हैंः अपनी बेबाकी की सर्वथा संदिग्ध सार्वजनिक छवि में क़ैद ऐसे लोग ऐसा कोई वक्तव्य दे ही नहीं सकते जिसमें किसी का अपमान न किया गया हो। ऐसे भी हैं जो ब्लर्ब-लेखन में ऐसी उदारता से अतिशयोक्ति अलंकार का प्रयोग करते हैं कि रीतिकाल के कई कवि उनके सामने पानी भरें।

कुछ सवाल ईमानदारी का भी है जिसे उदारता या भावुकता द्वारा अतिक्रमित होने या हाशिये पर नहीं डालने देना चाहिये। गुणगान में प्रामाणिकता की आभा आ जाती है अगर वह ईमानदारी से निकला हो। बेईमान दोषदर्शन या निन्दा अन्ततः विफल रहती है। अगर कुछ सचमुच

अच्छा हो तो सिर्फ़ सन्तुलन बनाये रखने के लिए कुछ खराब या ज़िक्र भी साथ-साथ करना जरूरी नहीं होना चाहिये। आलोचकों जैसे चतुर सुजानों को यह क्या बताना कि ईमानदारी अपने आप में सन्तुलन ही है।

साहित्य और शीत युद्ध

शीत युद्ध का दौर समाप्त हुए अब काफ़ी अरसा बीत गया है। उसके बाद दुनिया में जिस तरह से कई नए युद्ध थोपे गए और एक महाशक्ति की चौधराहट-भरी आक्रामकता बढ़ती गई है, उन्हें देखते हुए ऐसे लोग होंगे जो शीत युद्ध में बने शक्ति-सन्तुलन को कुछ हसरत से याद करते होंगे : कितना ही शीत रहा हो वह ज़्यादातर 'युद्धहीन' युद्ध-समय हमारे आज के समय से बेहतर था। पश्चिम में, जो इस शीत युद्ध की मुख्य रंगस्थली था, उसे लेकर अनेक नए अध्ययन हुए हैं। बहुत सारी जानकारी और अभिलेख, जो पहले सीलबन्द थे, खुलकर सामने आए हैं और अनेक घटनाओं, व्यक्तियों की भूमिका का उनके आधार पर पुनराकलन सम्भव हुआ है।

भारतीय परिस्थिति में शीत युद्ध की क्या भूमिका रही है और अब उसका नई तरह से कैसे आकलन हो, इस बारे में राजनय और राजनीतिशास्त्र के क्षेत्र में कितना काम हुआ है इसकी जानकारी नहीं है। जब-तब कुछ तथ्य सार्वजनिक होते रहते हैं, लेकिन उनका स्रोत भी अक्सर पश्चमी ही होता है। यह तो सभी जानते हैं कि शीत युद्ध एक वैचारिक होड़ भी था। दोनों महाशक्तियों ने बहुत संगठित और सुनियोजित ढंग से दुनिया के बौद्धिक और सर्जनात्मक समाज को अपने पक्ष में करने का लम्बा अभियान चलाया थाः इन अभियानों का कुछ हिस्सा तो सार्वजनिक था, लेकिन काफ़ी बड़ा और महत्त्वपूर्ण हिस्सा छिपा होता था। पश्चिम में सीआईए, केजीबी आदि की बौद्धिक-साहित्यिक हलकों में गहरी और लम्बी घुसपैठ पर काफ़ी कुछ नए तथ्यों की जानकारी से मिली रोशनी में लिखा गया और जा रहा है। यह जिज्ञासा होना स्वाभाविक है कि उस दौरान भारत के बुद्धिजीवियों और लेखकों की इन अभियानों में क्या भूमिका थी और उससे साहित्य के दृश्य पर क्या प्रभाव पड़ा। जहाँ तक पता है, इस विषय पर प्रामाणिकता के साथ कोई अन्वेपण या अध्ययन नहीं हुए हैं। क्यों, यह समझना मुश्किल है क्योंकि वर्षों तक कई लेखकों पर, उस दौरान खुफिया एजेंसियों से साँठ-गाँठ तक करने के आरोप लगते रहे था कि उनका सीआईए से अगर सीधा नहीं तो कांग्रेस फॉर कल्चरल

फ्रीडम जैसी संस्थाओं के माध्यम से सम्पर्क था और वे उनसे सुलभ वित्तीय साधनों का उपयोग और उपभोग कर साहित्य में एक विशिष्ट मूल्य-दृष्टि का पोषण-प्रक्षेपण करते रहे थे। सोवियत संघ-समर्थक प्रगतिशील और जनवादी लेखकों और संगठनों पर यह आरोप लगता रहा है कि वे उसकी खुफ़िया एजेंसी से या सीधे साधन प्राप्त कर प्रगतिशील दृष्टि का पोषण करते रहे हैं और सोवियत संघ की अनेक सुखद यात्राओं और जब-तब के लम्बे प्रवास के बावजूद इन लेखकों ने कभी वहाँ की सचाई दर्ज करने या बताने का साहस नहीं किया। अब तो अभिलेख और जानकारी उपलब्ध है। पता नहीं फिर भी शीत युद्ध की भारत में और हिन्दी साहित्य में भूमिका पर कोई क़ायदे का शोध क्यों नहीं हो रहा है। उसका बौद्धिक विश्लेषण करते हुए कोई पुस्तक आई हो ऐसा याद नहीं आता।

असमंजस

विचारधारा से अनुशासित ऐसे लोग हैं जो बिना किसी सन्देह या असमंजस के यह दो टूक फ़ैसला कर लेते हैं कि उन्हें किस मंच पर या आयोजन में जाना चाहिए, किसमें नहीं। हम कुछ लोग जो दृष्टियों की बहुलता और उनमें अनिवार्य द्वन्द्व और संवाद की अनिवार्यता पर विश्वास करते हैं ऐसा कोई भी फ़ैसला काफ़ी हिचक, सन्देह और असमंजस के बाद ले पाते हैं। ज़्यादतर हमारा फ़ैसला न जाने या न शामिल होने के बजाय जाने और शामिल होने का होता है। कुछ इसलिए भी कि अगर ऐसा न हो तो साहित्य और बुद्धि के समाज में वैचारिक छुआछूत फैलेगी और संवाद की जो थोड़ी-बहुत सम्भावना बची है, वह शायद ग़ायब ही हो जायेगी। ऐसा हुआ तो साहित्य और बुद्धि की संस्कृति के लिए बड़े दुर्भाग्य की बात होगी। हमें कम से कम ऐसे क्षरण में भागीदार होने से बचना चाहिए।

करीब दो महीने पहले मराठी और भारत के एक मूर्धन्य कवि नामदेव ढसाल ने मुम्बई में एक अन्तरराष्ट्रीय कविता समारोह किया। इसमें जिन हिन्दी कवियों ने भाग लिया और जो न्यौते के बावजूद उसमें नहीं गये, उनका नामोल्लेख करते हुए एक टिप्पणी एक पत्रिका ने की है, जिसका घोषित मूलमन्त्र है 'असहमति का साहस और सहमति का विवेक'। बुलाया मुझे भी गया था। और मैं नहीं गया। सूची में मेरा नाम नहीं है क्योंकि मेरा नाम किसी नकारात्मक सन्दर्भ में ही लेने की उस पत्रिका की सुविचारित परम्परा के यह प्रतिकूल जाता। बहरहाल, मुद्दा यह नहीं, यह

है कि आश्वस्त नहीं हूँ कि न जाने का निर्णय लेकर मैंने सही किया है। कारण यह है कि आयोजन एक बड़े दलित कवि-मित्र द्वारा किया गया आयोजन था। वह कविता का आयोजन था, जिसका कोई घोषित अघोषित या स्पष्ट राजनीतिक लक्ष्य नहीं था, मेरे जाने। इसलिए इस आधार पर उसमें न जाना कि नामदेव ढसाल इन दिनों शिवसेना के साथ हैं, पर्याप्त कारण अब मुझे नहीं लग रहा है। मुझे नहीं लगता कि जाने के कारण चन्द्रकान्त देवताले, राजेश जोशी और विजय कुमार की सुपरीक्षित प्रतिबद्धता पर कोई आँच आयी है, या उस पर सन्देह करने का कोई कारण पैदा हो गया है। न ही यह सच है कि न जाने के कारण केदारनाथ सिंह, विष्णु खरे और मंगलेश डबराल की पूर्वघोषित और ज्ञात प्रतिबद्धता फिर से प्रमाणित या असंदिग्ध हो गयी है। उद्‌घाटनकर्ता दिलीप चित्रे हमारे समय के बड़े भारतीय कवि हैं और बहुत साहस के साथ कट्टरवादी शक्तियों का हर मंच से मुखर विरोध करते रहे हैं। उनकी इस उज्ज्वल कीर्ति पर उनके जाने से कोई लांछन या दाग़ लगने का प्रमाण भी नहीं दीखता। एक पहलू और है। क्या इन कवियों की यानी तथाकथित प्रतिबद्ध कवियों की इस आयोजन में शिरकत से उस मंच को कुछ अतिरिक्त वैधता मिल गयी? अव्वल तो ऐसी वैधता की तलाश कम से कम मुम्बई या महाराष्ट्र में बहुमान्य नामदेव ढसाल को हो नहीं सकती। दूसरे कवियों की शिरकत से तो हिन्दी अंचल में ही, फिर वे प्रतिबद्ध हो या अप्रतिबद्ध, किसी क़िस्म की वैधता नहीं मिलती तो मुम्बई में भला क्या मिलती।

उस असमंजस का क्या कीजिए जो तब पैदा होगा जब कोई लेखक-बन्धु राष्ट्रीय सेवक संघ या विश्व हिन्दू परिषद् के मंच पर आमंत्रित करेंगे! एक तो कोई हिन्दी का बड़ा या महत्त्वपूर्ण लेखक समाज में धार्मिक उन्माद और हिंसा फैलाने वाली इन संस्थाओं से जुड़ा नहीं है...कोई नामदेव इनके पास क़तई नहीं है। दूसरे, यह ख़ामख़याली है कि ऐसी संस्थाएँ आपको बुलायेंगी क्योंकि उनके पास आप जैसों की प्रतिबद्धता का पूरा हिसाब है और वे बुनियादी रूप से संवाद-विमुख शक्तियाँ हैं। तीसरे, अगर अवसर हो तो इन्हीं के मंच से अपनी बात हिम्मत और सफ़ाई से कहने की छूट अपने पास रखनी चाहिए—वे आपके साथ आपके विचारों के लिए हिंसक सुलूक कर सकती हैं इस खतरे के लिए तैयार होते हुए। कम से कम इस बारे में कोई असमंजस नहीं होना चाहिए कि ऐसा करने से आपके आचरण की शुद्धता दूषित या खंडित नहीं होगी। यह नहीं भूलना चाहिए कि हमारी ज़िम्मेदारी अपनी बात पर क़ायम रहकर भी संवाद करना है और ऐसे श्रोताओं को अपनी बात सुनाना है जिन्होंने ऐसी बात सुनने से रोका जाता है। पता नहीं ऐसा करना असहमति के साहस और सहमति के विवेक से विचलन है या नहीं। सहमतों के बीच

दहाड़ते रहना प्रतिबद्धता का अनायास प्रमाण भले हो, बहुत हुशियारी या हिम्मत का काम नहीं कहा जा सकता।

अदालत में साहित्य-विवाद

हिन्दी में साहित्यिक विवाद पूरी बीसवीं शताब्दी में होते रहे हैं। कभी नैतिकता, कभी किसी कृति, कभी भाषा, कभी लेखक-प्रकाशक सम्बन्ध, कभी पुरस्कारों को लेकर। यह सामान्यीकरण किया जा सकता है कि कुल मिलाकर हिन्दी की साहित्यिक संस्कृति वाद-विवाद-संवाद की और इसलिए अपने चरित्र और व्यवहार में लोकतांत्रिक रही है। तुलसीदास से लेकर प्रेमचंद, जैनेन्द्र कुमार, अज्ञेय, दिनकर, रामविलास शर्मा आदि अनेक मूर्धन्यों को लेकर तीख़े विवाद हुए है। अज्ञेय का अवमूल्यन करके कभी मुक्तिबोध का अधिमूल्यन किया गया, कभी नागार्जुन का। राजेन्द्र यादव के भड़काऊ सम्पादकीयों को लेकर भी विवाद होते रहे हैं। लेकिन इनमें से कभी किसी को किसी साहित्यिक मसले को सुलझाने-निपटाने के लिए अदालत जाने की ज़रूरत पेश नहीं आयी। हिन्दी में, दुर्भाग्य से, वैचारिक छुआछूत बहुत है और कई बार लगता है कि इधर युवा पीढ़ियों में खासी फैलती गयी है। लेकिन कितने ही वाग्युद्ध होते रहें और कीचड़-उछाल चलते रहे, साहित्य के मसले साहित्य में ही निपटाये या बरकाये जाते रहे हैं।

यह सुदृढ़ परम्परा पिछले दिनों खंडित हुई जब किसी अध्यापक ने आलोचक नामवर सिंह के इस आशय के बनारस में दिये एक सार्वजनिक वक्तव्य से मर्माहत होकर कि छायावादी कवि सुमित्रानन्दन पन्त के लेखन का एक चौथाई कूड़ा है, उनके विरुद्ध 'भावनाओं को ठेस' पहुँचाने वाला वक्तव्य देने के लिए एक मुकदमा दायर कर दिया है और वहाँ की किसी अदालत ने मामला दर्ज़ कर समन्स आदि जारी कर दिये हैं। जैसा कि बरसों से होता आया है, नामवर जी की उक्त स्थापना से बहुतेरे असहमत होंगे और इस बात पर उनसे क्षुब्ध भी कि महादेवी को बेहतर कवि बताने के लिए उन्होंने लेखकों के बीच ऊँच-नीच उठा-पटक की अपनी रूढ़ और उबाऊ रणनीति के तहत फिर जानबूझकर एक बड़े कवि को कमतर करने की कोशिश की है। लेकिन असहमति और क्षोभ कितना भी हो, इससे कोई इनकार नहीं कर सकता कि नामवर जी को ऐसा करने का बुनियादी आलोचकीय हक़ है। अगर नामवर जी को लगता है कि पन्त का एक चौथाई काव्य कूड़ा है तो यह पूरी निर्भीकता से उन्हें कहने का हक़ है। इस पर बहस हो सकती है कि उन्होंने महादेवी

की इस सद्यः अनुभूत महानता की पहले कभी कोई अभिव्यक्ति क्यों नहीं की? उनके पक्ष से यह कहा जा सकता है कि यह बात यह पुनर्विचार अब करने का अवसर आया। उनके पूरे वक्तव्य के ब्योरे सुलभ न होने के कारण उन्होंने अपनी दलील के पक्ष में क्या विश्लेषण किया इस पर कुछ कहा नहीं जा सकता, न ही उनके तर्कों के किसी सम्भावित अन्तरविरोध पर, अगर वह हो, कोई टिप्पणी इस मुकाम पर की जा सकती है। यह नोट भर किया जा सकता है कि इधर लगता है कि नामवर जी कई लेखकों का तेज़ी से पुनराकलन कर रहे हैं। पहले अज्ञेय, अब महादेवी और पन्त...

पर इस अदालती कार्रवाई का एक और पहलू है जिसे नज़रअन्दाज़ नहीं किया जा सकता। यह फिर एक बार अभिव्यक्ति की स्वतन्त्रता को क़ानूनी प्रक्रिया का सहारा लेकर बाधित करने की चेष्टा है। जैसी कि ख़बर है, इस बारे में शिकायत करनेवाले स्वयं एक अध्यापक हैं। ऐसे व्यक्ति का, जो एक बौद्धिक परिसर में रहता और बुद्धि के आधार पर ही अपनी जीविका कमाता है, बौद्धिक विमर्श में भरोसा इतना कम हो यह हैरत की बात है। यह हैरत क्षोभ में बदलती है, जब यह पता चलता है कि शिकायत के पीछे वही शक्तियाँ हैं जो पूरे देश में अभिव्यक्ति की स्वतन्त्रता पर संगठित हमला कर रही हैं। इसका आशय यह भी है कि मक़बूल फ़िदा हुसेन जैसे महान् चित्रकार, चन्द्रमोहन जैसा बड़ोदरा के युवा कला-छात्र को लेकर जो हुआ है उसी का एक नया संस्करण यह मामला है। नामवर जी से बहुतों की गम्भीर असहमतियाँ हैं जिनमें मैं भी शामिल हूँ, पर उनकी अभिव्यक्ति की स्वतन्त्रता पर हमला सारे हिन्दी साहित्य की परम्परा और स्वतन्त्रता पर हमला है, इसमें कोई सन्देह नहीं। इसे दुहराने की ज़रूरत है कि संकट बढ़ रहा है और इन मुद्दों पर वैचारिक संकीर्णता या मतभेद भुलाकर लेखकों के एकजुट होने का समय आ चुका है। अगर हम इस मुकाम पर एकस्वर नहीं हुए तो आगे जाकर जब ये ख़तरे बढेंगे तो हममें से कोई भी इसका शिकार हो सकता है और तब हम इसका रोना नहीं रो सकेंगे कि कोई हमारे बचाव में आगे नहीं आ रहा है। क्या इस मुकाम पर, जो नाजुक है, हम खुद अपने बचाव में आगे आने को तैयार हैं।

हरावल दस्ता

इन दिनों साहित्य या कलाओं में कोई हरावल दस्ते या अवाँ गार्द की बात नहीं करता। फ्रेंच क्रान्ति और उसके बाद हुई गलतियों की विवेचना

करते हुए ओनरी द सैं सिमों ने अपने कई निबन्धों में 'अवाँ गार्द' शब्द और उसकी अवधारणा गढ़े थे। दिये हुए के अस्वीकार, नये रास्ते की तलाश का जोखिम, विरोध की ज़िद आदि अवाँ गार्द के अनिवार्य गुणधर्म माने जाते थे और बीसवीं शताब्दी में इस शब्द और अवधारणा का कई तरह के नये मोड़ों और विचलनों के लिए इस्तेमाल होता रहा है। इन दिनों ये शब्द कम सुनायी-दिखायी पड़ते हैं। एक तो कारण यह होगा कि ज्यादातर अवाँ गार्द आन्दोलन अन्ततः विपथगामी या कट्टर हुए : आगे जाकर उनका स्वरूप कुल मिलाकर पारम्परिक जैसा ही हो गया और वे अपने से बाद आने वाले विचलनों या मोड़ों यानी बाद के अवाँ गार्द के प्रति उत्साहित होने के बजाय असहिष्णु और अनुत्सुक साबित हुए। दूसरा कारण शायद यह होगा पहले अवाँ गार्द अपेक्षाकृत अधिक संगठित होता था। आज अवाँ गार्द मानवीय यत्न और सृजन के विचार और आचरण के इतने सारे क्षेत्रों में फैला-बँटा हुआ है कि उसकी कोई समग्र या समन्वित तसवीर नहीं उभर पाती। इसका आशय यह भी है कि अवाँ गार्द है तो सक्रिय लेकिन उसे उस तरह अब पहचाना नहीं जाता। तीसरा कारण यह समझ में आता है कि इन शब्दों और अवधारणा के देवता कूच कर गये हैं और उनका मुलम्मा उतर गया है। बिना चमक के आजकल कहीं कुछ नहीं चलता।

हिन्दी साहित्य की, इस सिलसिले में, क्या हालत है, इसका एक सरसरा-सा आकलन भर किया जा सकता है। प्रायः हर अवाँ गार्द ने तथाकथित कथ्य और शिल्प में, विचार और रूप में तोड़ फोड़ की। जोखिम उठाकर नवाचार किया, कहानी को अकहानी, कविता को अकविता आदि बनाने का दावा किया। आज की पीढ़ियाँ साहित्य और कलाओं में अपार, लेकिन प्रायः पूर्वजों द्वारा कठिन संघर्ष और आत्मसंघर्ष से अर्जित, स्वतंत्रता का उपभोग कर रहे हैं। सामाजिक सचाई, व्यक्तित्व, रूपाकार विचारधारा आदि की बनी बनायी धारणाएँ और ढाँचे काफ़ी हैं। उनमें तोड़-फोड़ करने की किसी को दिलचस्पी नहीं है। किसी तरह का सामूहिक उत्साह और उसके पीछे की सक्रियता, आन्दोलन आदि नहीं हैं। कई बार लगता है कि जिस तरह राजनीति में मुख्य राष्ट्रीय दल कुल मिलाकर सहमत से दीख पड़ते हैं, वैसे ही साहित्य में भी व्यापक सहमति का राज्य हो गया है। साम्प्रदायिकता, धर्मोन्माद, उपभोक्तावाद, अमरीकी साम्राज्यवाद, बाजारू सभ्यता आदि के सभी लेखक, उनकी राजनीतिक विचारधारा जो भी हो, विरोधी हैं। इससे भी आगे बढ़कर थोड़ी बहुत निजी बारीकियों के बावजूद एक व्यापक काव्यभाषा, शिल्प, कथाभाषा और रूप विकसित हुए हैं, जिनमें ज्यादातर कवि और कथाकार लिखते हुए सुरक्षित और सफलता या मान्यता के क़रीब महसूस करते हैं। जो इने-गिने अलग कुछ या अपनी अकेली राह पर ज़िद से चलते हैं, उन्हें उपेक्षा या हिकारत की नज़र से देखा

जाता है। जब नींद में डूबे योद्धा सुरक्षित हैं तो हरावल दस्ते की किसे ख़बर या क्या जरूरत?

चण्डीगढ़ में

ललित कला अकादेमी की राष्ट्रीय कला प्रदर्शनी के सिलसिले में चण्डीगढ़ जाना हुआ। वहाँ एक सुबह अख़बारों में दो समाचार ऐसे पढ़ने को मिले कि मन प्रसन्न हो गया। पंजाब की विधान सभा में इस बात पर गहरा क्षोभ व्यक्त किया गया कि वहाँ के प्रशासन तंत्र में, ख़ासकर उसके ऊँचे तबके में, पंजाबी का इस्तेमाल बहुत कम हो रहा है। विधान सभा ने एक प्रस्ताव पास कर पंजाबी के उपयोग को अनिवार्य करने को कहा और यह व्यवस्था करने को भी कहा कि पालन न करनेवालों को दण्ड दिया जाये। यह भी बताया गया कि जल्दी ही पंजाब सरकार प्रदेश के स्कूलों में दसवीं कक्षा तक पंजाबी पढ़ाया जाना अनिवार्य कर रही है। सम्बन्धित मंत्री ने यह भी कहा कि अन्य प्रदेशों में रहेन वाले पंजाबी भी अगर मराठी या तमिल सीखते हैं तो यह अच्छा ही है।

दूसरी ख़बर यह है कि चण्डीगढ़ के विश्वविद्यालय वास्तुकार ल कर्बूज़िए की स्मृति को सुरक्षित रखने के लिए बनाये गये केन्द्र का पुनरुद्धार किया जा रहा है। इस केन्द्र में चण्डीगढ़ के लिए इस वास्तुकार द्वारा बनाये गये डिज़ाइन, रेखांकन, नोट्स, अन्य दस्तावेज़ आदि सुरक्षित रखे जाएँगे। इसके अलावा एक अन्य फ्रेंच विशेषज्ञ के साथ उनके द्वारा बनाये गये लगभग पचास फरनीचर की वस्तुएँ भी प्रदर्शित होंगे। शायद ही किसी भारतीय शहर में उसके वास्तुकार की स्मृति इस तरह सुरक्षित करने का यत्न हुआ है। देखा जाये तो दोनों ही ख़बरें इस बात की पुष्टि करती हैं कि हमें अपनी जातीय स्मृति बनाये रखने के लिए कुछ ठोस सार्वजनिक प्रयत्न करना चाहिए। अगर भाषा और सृजन की स्मृति नहीं बचेगी तो हम कम मनुष्य रह जाएँगे।

अँग्रेजी की प्रसिद्ध पुस्तक-पत्रिका 'ग्राण्टा, का सौवा अंक चण्डीगढ़ की एक दुकान में मिल गया। उसमें अन्य सामग्री के अलावा कुछ लेखकों से स्वयं अपने से एक प्रश्न पूछने और उसका उत्तर देने को कहा गया है। जर्मन कवि हांस माग्नुस एन्त्सेंसबर्गर ने प्रश्न पूछा है कि 'आप दुखी क्यों नहीं हैं?' उत्तर है कि 'जो समय बचा है, वह इसके लिए बहुत क़ीमती है।' चीनी उपन्यासकार गाओ ज़िग्जिआन का अपने से प्रश्न है : 'ऐसा क्या है जो तुमने कभी नहीं किया, लेकिन जो तुम करना चाहेंगे!'

उत्तर है : 'संगीत। मेरे अन्दर एक लय है। पर उसे सच बनाना बहुत पेचीदा है।' एक अन्य लेखक अपने से पूछता है कि दस या बीस साल बाद तुम क्या करोगे, जब लोग साहित्य या उपन्यास पढ़ना बन्द कर देंगे। उत्तर है : 'मैं अपने हाथों से कुछ करूँगा ...क्योंकि जिस भी कारण से लोग जब कम पढ़ते हैं तो वे ज़्यादा खाते हैं, ऐसा लगता है।' उपन्यासकार इज़ाबेल अयेन्दे अपने से पूछती हैं कि 'तुम्हारी धुन क्या है' और उत्तर देती हैं कि उनकी धुन सारी ज़िन्दगी ही है, जो कुछ भी ज़िन्दगी में होता है वह। मैं इसीलिए लेखक हूँ, क्योंकि मैं सारे लोगों की ज़िन्दगियों के बारे में बताना चाहती हूँ। मैं उसे अपने लेखन में निश्चिन्त कर देना चाहती हूँ ताकि वह भुलाया न जा सके।'

कूड़ेदान की मुश्किल

इतिहास-बोध से वंचित होने के कारण ठीक से पता नहीं है कि इतिहास का कूड़ादान कितना बड़ा है। यह पहले भी कह चुका हूँ कि इतना भरोसा है कि देर-सबेर हम जैसे उसमें फेंक दिये जायेंगे। लेकिन यह चिंता बनी रहती है कि आख़िर कितना ही बड़ा क्यों न हो, कूड़ेदान का आयतन, हमारे अन्तःकरण के आयतन जैसा संक्षिप्त न भी हो, असीम नहीं हो सकता। नामवर जी ने उसमें पन्त का एक चौथाई काव्य फेंका है। लेखक-पत्रकार राजकिशोर की धड़क इससे खुली और उन्होंने इस कूड़ेदान में पंत के अलावा कई औरों को फेंक दिया। मैथिलीशरण गुप्त, उपेन्द्रनाथ अश्क, शिवप्रसाद सिंह और राजेन्द्र यादव के अधिकांश को। नामवर जी ने जो कार्य अपनी सुविख्यात मौखिक परम्परा में किया, राजकिशोर ने वह लिखकर किया है। उनके अनुसार कूड़ा औरों ने भी बहुत लिखा है, लेकिन उन्होंने सबका नामोल्लेख न करने का उदार आत्मसंयम बरता है। अगर कूड़े को लेकर हिन्दी लेखकों के बीच मतसंग्रह किया जाये तो पता नहीं कितने एक-दूसरे के लिखे को कूड़े में न फेंकने के क़ाबिल मानेंगे। ज़रूरी नहीं है कि इसमें वैचारिक सहचारिता की कोई बड़ी भूमिका को वामपंथी दूसरे वामपंथियो को, कलावादी दूसरे कलावादियों को कूड़ेदान को समर्पित करने में संकोच नहीं करेंगे। कई बार यह चिन्ता सताती है कि अगर यही हाल रहा हो तो हम जैसों के लिए, जो कि इतिहास के कूड़ेदान में फेंके जाने की असंदिग्ध सुपात्रता रखते हैं, कूड़ेदान में जगह ही नहीं बचेगी। रामचन्द्र शुक्ल के बाद कोई क़ायदे का हिन्दी साहित्य का इतिहास नहीं लिख पाया क्या कोई हिन्दी के साहित्य के कूड़े का इतिहास लिखने का बीड़ा उठायेगा! चूँकि प्राणियों में मनुष्य सबसे अधिक कूड़े का निर्माता है यह एक तरह से मानवीय योगदान का इतिहास

भी हो सकता है। सैन्ट स्टीवेन्स कालेज के दिन याद आते है। हमारे सहपाठी कमलेश शर्मा का, जो इन दिनों लन्दन में हमारे उच्चायुक्त हैं, कहना था कि अंग्रेज़ बहुत चतुर हैं–अंग्रेजी साहित्य के क्लैसिक इसलिए पढ़िए कि वे क्लैसिक हैं, बाक़ी बचा कचरा इसलिए पढ़िए कि वह परम्परा है या इतिहास है!

एक रूपक यह भी बाँधा जा सकता है कि हमारा अधिकांश साहित्य समाज के घूरे पर पड़ा कचरा है और हममें से कुछ उसमें कुछ खोजते-खखूरते कुत्ते या मुर्गे हैं। सबको इन्तज़ार है कि इतिहास की कचरा-गाड़ी आकर इस घूरे को साफ़ कर जायेगी। लेकिन यह इन्तज़ार गोदों के इन्तज़ार जैसा है ऐसी गाड़ी आनेवाली होती है लेकिन कभी आती नहीं है। हमें अपना कचरा खुद ही साफ़ रहना होगा। घूरे पर उसके रहना होगा क्योंकि अब शायद ही कोई साफ़ सुथरी जगह रह गयी हो। हा हन्त जगह की तंगी होने वाली है।

कचरा-प्रसंग

बात निकली है तो अब दूर तलक जा रही है। कचरा-प्रसंग समाप्त होने का नाम ही नहीं ले रहा है : कौन जाने इतिहास में भी अन्ततः कचरा ही अतिजीवी होता हो। बहरहाल, दो-चार पाठकों के दिल्ली-बाहर से फ़ोन आये। उनका कुल मिलाकर कहना यह था कि हालाँकि मैंने अपने को इतिहास की कचरा-पेटी में स्थान दिये जाने का सर्वथा सुपात्र घोषित किया है, यह नहीं बताया कि दूसरों के लिखे को कचरा बताने वालों की स्वयं इस पेटी के सन्दर्भ में क्या सम्भावना है। उनका यह भी इसरार था कि मैं फ़ोन में बोलकर नहीं, अपने स्तम्भ में लिखकर बताऊँ।

अब आप मेरी उलझन समझिए। कचरे के बारे में मेरी विशेषज्ञता नहीं है। दूसरों को कचरे में फेंकने या उनके किये-धरे के सबको या कुछ को कचरा बताने-मानने का मेरा विशेष अभ्यास भी नहीं है। लेकिन स्तम्भकार होने के नाते जो जवाबदेही बनती है उसे निभाने की कोशिश करता हूँ।

कुछ सामान्यीकरण करना ज़रूरी है। एक तो यह कि रचना और आलोचना को तुलनात्मक नज़र से देखें-परखें तो मालूम होगा कि रचनाकारों के बजाय आलोचकों का लिखा अधिक कूड़ा साबित हुआ है। ऐसे कई आलोचकों को याद किया जा सकता है जिनका आज कोई नामलेवा तक नहीं है भले वह अपने वक़्त के बड़े सूरमा रहे या माने जाते रहे हों।

दूसरा यह कि इतिहास रचनाकारों को अधिक स्वाभाविकता से याद करता है बजाय आलोचकों के। तीसरा यह कि मुझ जैसे इतिहास-बोधहीन व्यक्ति का यह दावा करना कि वह इतिहास की ओर से कोई फ़ैसला दे सकता है, सर्वथा हास्यास्पद होगा।

कुछ को याद होगा कि कुछ बरस पहले उसी बनारस में वहाँ के विश्वविद्यालय की बौद्धिक परम्परा का यशोगान करते हुए नामवर सिंह ने बताया था कि वहाँ से हिन्दी के चार मूर्धन्य आलोचक निकले हैं: रामचन्द्र शुक्ल, नन्ददुलारे वाजपेयी, हज़ारीप्रसाद द्विवेदी और...। चौथा नाम वे संकोचवश नहीं बता सके लेकिन वह निश्चय ही शान्तिप्रिय द्विवेदी, बच्चन सिंह, शुकदेव सिंह आदि का नहीं रहा होगा। आशय यह है कि जिन तीनों के नाम लिये गये उनकी श्रेणी में आने वाले, भले स्पष्टतया अनुल्लेखित, आलोचक अपनी नज़र में शिखर के पास और कूड़े से बहुत दूर हैं। उनके इस आत्माकलन में भला हम कैसे मीन-मेख़ निकाल सकते हैं? अधिक से अधिक यही कहा जा सकता है कि वे वहीं जायेंगे जहाँ उन्हें जाना चाहिए। कहाँ, यह न पूछिए : उनके अलावा किसी को पता नहीं है। न शिखर को, न कचराघर को।

राजकिशोर नामवर-संगत की सम्भावना के उत्साह में कचरा-प्रसंग में आ गये। पत्रकार बुद्धिजीवी होने के नाते उनका कचरे से रोज़ाना का वास्ता है और कितने कुछ को हर रोज़ कचरे में बदले जाने के वे अक्सर चश्मदीद गवाह होते रहे हैं। जो व्यक्ति बौद्धिक चर्या के लिए जेल जाने को तैयार है, उसे कचरे में उसी तरह की चर्या के लिए जाने में भला क्या उजर हो सकता है? उस स्तर की न सही, फिर भी जैसी-तैसी बौद्धिक चर्या के लिए, उनसे नहीं मुझसे, कूड़ा घर में मिलिए। नंबर पता नहीं है सो बता नहीं सकता : मरणोत्तर ही मिलेगा और तब बताने की हालत न होगी।

अप्रकाशित

एक आलोचक-बन्धु ने पचास से अधिक प्रश्न भेजकर मेरा एक इण्टव्यू लिया, जिसे एक पत्रिका ने विस्तार से प्रकाशित भी किया है। लेकिन एक प्रश्न और उसका उत्तर, बिना बताये, उसमें शामिल नहीं है। वह अप्रकाशित प्रश्नोत्तर इस प्रकार है :

प्रश्न : राज्याश्रय और साहित्य-संवर्द्धन का एक गहरा रिश्ता रहा है। भारत भवन से जुड़कर आपने साहित्य को समाज में एक केन्द्रीय हैसियत

दिलायी। देश-विदेश के लेखकों को जोड़ा। सृजनपीठ की अवधारणा के जनक भी कदाचित् आप ही हैं। एनएफ़डीसी का उदाहरण सामने है, जिससे बासु चटर्जी, मृणाल सेन, बासु भट्टाचार्य जैसे कितने ही फ़िल्मकार जुड़े। महात्मा गाँधी अन्तरराष्ट्रीय हिन्दी विश्वविद्यालय से भी आपने कई नयी योजनाएँ शुरू कीं। पर राज्याश्रय के तथाकथित दुरुपयोग को लेकर कुछ शक्तियाँ आपके पीछे पड़ी रहीं। कौन नहीं जानता कि आज भारत भवन और हिन्दी विश्वविद्यालय के कार्यकलापों का स्तर क्या है। अचरज तो यह है कि राज्याश्रय की भूमिका को एक तरफ़ हिन्दी का लेखक नकारता भी है, दूसरी तरफ़ पुरस्कारों के लिए लपलपाती जीभ लिये भी घूमता है। हिन्दी लेखकों के इस दुहरे चरित्र पर क्या कहना चाहेंगे?

उत्तर : ससंकोच कहूँ कि मैंने राज्याश्रय की अवधारणा और व्यवहार को, लोकतान्त्रिक व्यवस्था के अन्तर्गत, बदलने की कुछ कोशिश की : कल्याणकारी राज्य का काम संस्कृति को समर्थन और सम्मान देना है, हमारी संस्कृति की वैचारिक बहुलता को आदर देना है और इसके लिए जो सार्वजनिक संस्थाएँ आदि बनें उनकी स्वायत्तता को किसी भी हस्तक्षेप से दूर रखना है। यह सच्चाई है कि मध्यप्रदेश में ऐसा ही लगभग बीस बरस हुआ। ऐसा न होता तो जितनी संस्थाएँ बनायीं और कई स्वयं चलायीं भी उनका सक्रियता और कीर्ति में ऐसा राष्ट्रीय और अन्तरराष्ट्रीय उत्कर्ष न होता जैसा कि उस ज़माने में मप्र कला परिषद, मप्र आदिवासी लोककला परिषद्, कालिदास अकादेमी, उस्ताद अलाउद्दीन खां संगीत अकादेमी, ध्रुपद केन्द्र, चक्रधर नृत्य केन्द्र और भारत भवन का हुआ। बेवजह के विवादों ने इस मॉडेल को आगे विकसित नहीं होने दिया पहले भाजपा सरकार ने उसे बिगाड़ने की कोशिश की, उसे अपने रंग में रँगने का उपक्रम किया। उसके बाद आयी और लम्बे समय तक सत्तारूढ़ कांग्रेस सरकार ने नासमझी से और वैचारिक बहुलता तथा उत्कृष्टता का समर्थन करने की नीति को तजकर संस्कृति वामपंथियों के हवाले कर दी : बरसों तक नामवर सिंह, कमला प्रसाद जैसे लोग सत्ता की चाटुकारिता करने, अपने पंथ के लोगों और संस्थाओं को उपकृत करने, वाम-संकीर्णता में सब कुछ समेटने और अपने से इतर वैचारिक दृष्टियों और स्वतन्त्रचेता व्यक्तियों की उपेक्षा के अभियान में लगे रहे। उसके बाद आयी वर्तमान भाजपा सरकार ने सब कुछ पूरी निर्लज्जता से संघ-परिवार के हवाले कर दिया और इस समय मध्यप्रदेश सरकार में संस्कृति और उसकी सभी संस्थाओं पर औसत से भी कम दर्ज़े की प्रतिभाओं का वर्चस्व है। मध्यप्रदेश का वह मॉडेल, जो कभी देश भर के लिए आदर्श बताया जाता था, पूरी तरह विकृत और ध्वस्त हो चुका है।

महात्म गाँधी विश्वविद्यालय की आरम्भ से गतिविधियों की जाँच के लिए वर्तमान सरकार ने डॉ. विपिन चन्द्र की अध्यक्षता में एक समिति नियुक्त

की : उसने मेरे कार्यकाल में की गयी पहलों की प्रशंसा की और उसके बाद जो कुछ हुआ उसकी निन्दा की है। रिपोर्ट आये एक बरस से ज़्यादा हो गया। कोई कारगर कार्रवाई नहीं हुई : एक अन्तरराष्ट्रीय विश्वविद्यालय, जो आदर्श और नवाचारी विकल्प बन सकता था, दिन दहाड़े और खुले आम एक आंचलिक महाविद्यालय जैसा बना दिया गया और कोई कुछ करने को तैयार नहीं है : न उसके वामपंथी सिरमौर कुलाधिपति और न ही उसकी कार्यकारिणी में बैठे खचिया भर वामपंथी।

हिन्दी का साहित्य-समाज इस तरह की संस्थाएँ डिजर्व ही नहीं करता। वे विचलन थी : मौक़ा मिलते ही इसी समाज ने उन्हें नेस्तनाबूद कर दिया। उन पर आज दो आँसू बहाने को कोई तैयार नहीं। अवसन्न और हताश यह सब देख रहा हूँ : नहीं सोचा था कि उत्तरकाल ऐसा दारुण होगा। अपनी बनायी-चलायी संस्थाएँ ईंट-पर-ईंट अपने सपने नष्ट होते देख रहा हूँ ऐसा अभागा हूँ—मेरे बाद यह होता तो कम से कम मैं इस तरह अभागे क्लेश से बच गया होता।

हिन्दी सम्मेलन नियराया

साहित्य और कलह-प्रेमी एक बन्धु ने फ़ोन पर सूचना दी कि उन्होंने अपनी गाँठ से सत्तर या अस्सी हजार रुपये लगाकर न्यूयार्क आने-जाने का टिकिट ख़रीद लिया है। हिन्दी विश्व सम्मेलन इस बार जुलाई में न्यूयार्क में हो रहा है और वहाँ जाने की गहमागहमी शुरू हो गयी है : भाग्यशालियों को, जो इस तरह से आयोजनों से हमेशा जुड़ जाते अधिकांशतः हिन्दी के प्रसिद्ध मीडियाकर हैं, सरकार भेज रही होगी। बाक़ी राज्य सरकारों, विश्वविद्यालयों, अन्य संस्थाओं का निहोरा कर रहे होंगे ताकि उन्हें इस आयोजन के बहाने संसार का स्वप्न-देश अमेरिका देखने का अवसर मिल सके। यह और बात है कि अमेरिका को इस सम्मेलन का पता तक न चलेगा : न्यूयार्क का कोई अखबार इस सम्मेलन के बारे में एक शब्द नहीं छापेगा, जैसा कि लंदन के किसी अखबार ने नहीं छापा था जब यही सम्मेलन कुछ बरसों पहले वहाँ हुआ था। बल्कि सोआस यानी स्कूल आव एशियन एंड एफ्रीकन स्टडीज में, जहाँ सम्मेलन के सत्र हुए, जहाँ के छात्रावासों में सम्मेलन के अधिकांश प्रतिनिधि ठहरे थे और जहाँ बीसियों छात्र भारत पर शोध करते हैं और हिन्दी अध्ययन होता है, इस सम्मेलन की कोई सूचना प्रसारित नहीं हुई थी और उनमें से कोई हिन्दी विद्वानों और लेखकों की प्रस्तुतियाँ सुनने आया तक नहीं।

विश्व हिन्दी सम्मेलन हिन्दी के नाम पर होने वाला सबसे ख़र्चीला,

अप्रासंगिक और अविचारित आयोजन है। उसकी बुनियादी विचारहीनता शुरू होती है इस बात से कि उसका आयोजन हमारा विदेश मन्त्रालय करता है, जिसका हिन्दी और उसकी स्थिति या सम्भावनाओं से उतना ही सम्बन्ध है जितना उदाहरण के लिए, डॉ मनमोहन सिंह का खेती-किसानी से। अक्सर विदेश मन्त्रालय में उसका काम-धाम ऐसे अफ़सर देखते हैं, जिनका हिन्दी-ज्ञान स्वल्प या नहीं के बराबर होता है। कायदे से यह काम मानव संसाधन मन्त्रालय में होना चाहिए, जिसकी जिम्मेदारियों में भारतीय भाषाएँ भी आती हैं : संस्कृत, हिन्दी और उर्दू के विश्वविद्यालय, केन्द्रीय हिन्दी निदेशालय, केन्द्रीय हिन्दी संस्थान, भारतीय भाषा संस्थान आदि अनेक संस्थाएँ इसी मन्त्रालय के अन्तर्गत हैं। विश्व सम्मेलन का कोई स्थायी सचिवालय अब तक, हमारे जाने, नहीं बन पाया है। उसमें जो बड़बोले और महत्त्वाकांक्षी प्रस्ताव पारित होकर भारत सरकार के पास आते हैं, उन पर से किसी पर कोई कार्रवाई हुई ऐसा भी पता नहीं चलता। कम से कम लंदन के प्रस्तावों की प्रारूप समिति में मैं था और मैंने ही उसके अन्तिम सत्र में ऊबे प्रतिनिधियों और क्षीण उपस्थिति में उन्हें सर्वसम्मति से पारित किये जाने के लिए प्रस्तुत किया था : दस बरस होने आ रहे हैं, उनका क्या हुआ कोई नहीं जानता। चूँकि लंदन के हमारे उच्चायोग में, वहाँ कुछ दिनों पहले ही एक प्रख्यात हिन्दी-हितैषी उच्चायुक्त होने के बावजूद, न कोई हिन्दी टाइपिस्ट, न एक भी हिन्दी टाइपराइटर थे, वे दिल्ली से ले जाये गये थे। यह और बात है कि वे अत्यन्त विलंबित गति और त्रुटिपूर्ण ढंग से ही जैसे-तेसे टाइप कर पाये थे। कुछ भारतीय और अधिकतर विदेशी हिन्दी विद्वानों को विश्व हिन्दी सम्मान देने का समारोह किसी स्कूल के वार्षिक समारोह से बदतर था : लंदनवासी भारतीय उद्घोषक ने पूरे मनोयोग से प्रायः सभी विदेशी विद्वानों के नाम गलत और असावधान ढंग से उच्चरित किये। किसी के कार्य के बारे में एक भी शब्द नहीं कहा गया जिससे पता चल सके कि कोई क्यों सम्माननीय समझा जा रहा है।

सम्मेलन में विचारणीय विषय प्रायः कुछ भी हो सकता था : कबीर पर व्याख्यान सुनने के फौरन बाद आपको सूचना प्रौद्योगिकी पर एक प्रस्तुति सुनने को मिल रही थी। हमेशा की तरह एकाध विदेशी मित्रों से इधर पता चला कि हस्बे मामूल न्यूयार्क सम्मेलन की सूचना उन्हें बहुत देर से भेजी गयी है और उन्हें इतनी कम अवधि में अपने संस्थानों आदि से आवश्यक राशि प्राप्त करना कठिन हो रहा है। कोई अधिकृत जानकारी नहीं है, पर दस-बारह विषय-समूह रखे गये होंगे, जिनमें अधिकांशतः अधकचरे निबन्ध या आलेख प्रस्तुत होंगे। मोटा अंदाज यह है कि हमेशा की तरह इस बार भी भारत से अधेड़-बूढ़े लेखकों और अकादेमिकों का

बाहुल्य होगा : हिन्दी की युवा पीढ़ी से इक्का-दुक्का ही जा रहे होंगे, हिन्दी के साहित्येतर बुद्धिजीवियों में से बहुत कम निमन्त्रित होंगे जैसे कि हिन्दी सिर्फ़ साहित्य, मीडिया और राजकाज की भाषा है, बुद्धि और विचार की नहीं। हिन्दी मीडिया के प्रतिनिधि ही उसकी कामचलाऊ बुद्धि के नुमाइंदे मान लिये जाते हैं। हिन्दी भाषी कोई वैज्ञानिक, इतिहासकार, दार्शनिक, चिन्तक आदि शायद ही वहाँ आमन्त्रित होंगे।

एक ही सम्मेलन में गया और भर पाया। त्रिनिदाद के लिए भी भारत सरकार से न्योता मिला था, जिसे अस्वीकार कर दिया था। लंदन में ही बुलाये जाने का कारण मेरा यत्किंचित लेखक होना उतना नहीं जितना एक अंतरराष्ट्रीय हिन्दी विश्वविद्यालय का कुलपति होना था। विश्व हिन्दी सम्मान के लिए चुनाव करने की जो समिति थी उसका अध्यक्ष था। हमने नामों की सूची तय कर दी थी। फिर विदेश सचिव का फ़ोन आया कि चूँकि लंदन में सम्मेलन हो रहा है और वहाँ सिख काफ़ी हैं, एक सिख लेखक को सूची में शामिल किया जाए। मैंने सोच-साचकर और कुछ अन्य सदस्यों से सलाह कर जिनमें विद्यानिवास मिश्र और विष्णुकांत शास्त्री थे, डॉ हरभजन सिंह का नाम सुझाया जो बड़े पंजाबी कवि और हिन्दी विद्वान थे। बताया गया कि यह नाम प्रधानमन्त्री कार्यालय को स्वीकार्य नहीं और वहाँ से एक हिन्दी सिख लेखक का नाम आया है। मैंने उस पर अपनी सहमति देने से इंकार कर दिया। पर विशेष आदेश से वही नाम सूची में शामिल हुआ।

विश्व सम्मेलन में हिन्दी के भारतीय लेखकों या विद्वानों का सम्मान क्यों होता है यह समझना मुश्किल है। उनके लिए भारत में यानी स्वदेश में पर्याप्त सम्मान सुलभ हैं। विश्व हिन्दी सम्मान तो सिर्फ़ विदेशियों के लिए ही होना चाहिए। इस सुझाव को माना नहीं गया। न ही इसको कि हर सम्मेलन का एक व्यापक विषय होना चाहिए : कभी भक्तिकाल, कभी उपन्यास, कभी आधुनिक कविता, कभी व्याकरण, कभी भाषा-विज्ञान, कभी आधुनिक गद्य, कभी इतिहास आदि। अभी तक जिस तरह का भेड़िया-धसान चलता है उससे कोई फोकस नहीं बनता। अंतरराष्ट्रीय सम्मेलनों की जो सुप्रतिष्ठित प्रक्रिया, है उससे भी यह बिल्कुल बेमेल है कि हर विषय पर बातचीत हो संलाप बहुत कम होता है : सम्मेलन एकालापों का समवेत बनकर रह जाता है।

भाषाएँ और लोकतन्त्र

भारतीय स्वतन्त्रता अगर कुल मिलाकर अक्षुण्ण रही है तो सभी मानते

हैं कि इसका एक बड़ा कारण और आधार भारतीय लोकतन्त्र है। लोकतन्त्र में यह लचीलापन होता है कि वह असहमति को समोता है और उसे टूट तक नहीं पहुँचने देता। अब यह साफ़ है कि भारतीय लोकतन्त्र की जड़ें भारत की बहुधार्मिकता और बहुभाषिकता में है। यह गौर करने की बात है कि स्वयं हर भारतीय धर्म में, हिन्दू से लेकर इस्लाम और सिख में गहरी और अदम्य बहुलता है जो उसे अन्य धर्मों से संवाद और सहकार के लिये प्रेरित करती रहती है। हर भारतीय भाषा में बोलियों, दृष्टियों, विचारधाराओं, शैलियों की बहुलता है और किसी भी भाषा को किसी एक दृष्टि से वह कितनी ही वर्चस्वशाली क्यों न हो, पहचाना या तदाकार नहीं किया जा सकता।

भाषाओं की इस बहुलता को स्वीकार करते हुए ही स्वतन्त्रता के बाद भारत में भाषावार प्रान्तों का गठन किया गया था। जहाँ तक जानकारी है इतिहासकार रामचन्द्र गुहा के अलावा किसी और ने इस उपक्रम को उसका उचित महत्त्व नहीं दिया है। शायद ही किसी और ने इस पुनर्गठन को भारत में लोकतन्त्र की जड़ें मजबूत करने वाला बताया हो। गुहा ने अपनी हाल में प्रकाशित वृहत् पुस्तक इण्डिया आफ़टर गाँधी मिकाडोर इण्डिया, में एक पूरा अध्याय ही इस विषय पर लिखा है। इतिहास की ऐसी अद्‌भुत और पठनीय पुस्तक बरसों बाद पढ़ने मिली। उस पर विस्तार से फिर कभी। फ़िलवक़्त तो इतना ही कि गुहा ने भाषाओं के आधार पर प्रान्तों के पुनर्गठन की भारत को एकता को सशक्त करने बढ़ाने वाला क़दम क़रार दिया है।

भाषाओं में पिछले छः दशकों में हुआ है वह संसार की कम भाषाओं में इतने अरसे में हुआ होगा लेकिन दुर्भाग्य की बात यह है कि इसकी भारत के नये चमकते भद्रलोक को न तो ख़बर है न चिंता। इस अवसर पर निकलनेवाले दो रंगीन और सुप्रतिष्ठित अंग्रेज़ी साप्ताहिकों में जो आकलन विभिन्न क्षेत्रों का दिया गया है अनेक मूर्धन्यों द्वारा उनमें से लगभग किसी ने भारतीय बहुलता की इस बेहद उजली और सशक्त अभिव्यक्ति को हिसाब में ही नहीं लिया है। जो लिखा गया है उसमें स्वर यह है कि स्वतन्त्रता के बाद की सबसे उल्लेखनीय साहित्यिक उपलब्धि भारत में लिखा जा रहा अंग्रेज़ी साहित्य है। अगर सलमान रशदी, विक्रम सेठ और अरुन्धती राय जैसे बड़े लेखक अंग्रेज़ी में हैं तो उनके मुक़ाबले अज्ञेय, जैनेन्द्र कुमार, तकषी शंकर पिल्लै मुक्तिबोध, रेणु, विभूतिभूषण बन्द्योपाध्याय, जीवनानन्द दास, शंखो घोष, विन्दा करन्दीकर, अरुण कोलटकर, दिलीप चित्रे, यू.आर. अनन्तमूर्ति, बादल सरकार, रमाकान्त रथ, सुरेश जोशी, हरभजन सिंह, अख्तर उल ईमान, कृष्णा सोबती, कुर्रतुल ऐन हैदर, निर्मल वर्मा, कृष्ण बलदेव वैद आदि कम से कम सौ भारतीय भाषाई लेखकों की मूर्धन्यता को कैसे नज़रअन्दाज किया

जा सकता है? इस समय केन्द्र में सत्तारूढ़ गठबन्धन और उसके द्वारा पोषित जो अर्थप्रबन्ध व्यवस्था है वह भारतीय साहित्य की स्थिति और उपलब्धि दोनों से बेख़बर और उदासीन है। इसे हमारे समय की बड़ी विडम्बना ही, कहा जा सकता है कि जिस भारतीय साहित्य में भारतीय स्वतन्त्रता और लोकतन्त्र के विस्तार और अन्तर्विरोधों, प्रश्नांकन और बहुलता की सबसे टिकाऊ और स्मरणीय गाथा अंकित है, वह हाशिये पर ढकेला जा रहा है। यह और बात है कि कभी-कभी हाशिये से सच्चाई ज़्यादा साफ़ नज़र आती है। साहित्य का सच्चाई को देखना-रचना है, सत्ता और व्यवस्था से उसकी दूरी इस राय में अन्ततः मददगार ही होती है।

राजनैतिक-आध्यात्मिक

हमारे यहाँ जिस तरह की छद्म धार्मिकता का सहारा लेकर कुछ राजनैतिक शक्तियों ने भारतीय समाज और उसकी सदियों से चली आ रही सामाजिकता को दूषित-खण्डित करने की चेष्टा की है, उससे अध्यात्ममात्र का संदिग्ध हो जाना आकस्मिक या आश्चर्यजनक नहीं कहा जा सकता। लेकिन हम इस बात को भी अनदेखा नहीं कर सकते कि अनेक बर्बर और हिंसक, तानाशाहियों के विरुद्ध कड़ा राजनैतिक विरोध उन समूहों ने ही किया है, जिन्हें धार्मिक कहा जाता है। चीन में तिब्बत की अद्वितीय और अदम्य सिद्ध हो रही संस्कृति के दमन और नाश के विरुद्ध वहाँ के लामा लामबन्द हुए हैं : थोड़े दिन पहले मायनमार में बौद्ध भिक्षु सैन्य प्रशासन के विरुद्ध प्रदर्शन कर रहे थे। और पीछे जायें तो पोलैण्ड में रूसी साम्यवादी दमन का कड़ा प्रतिरोध वहाँ के रोमन कैथोलिक चर्च ने ही बनाये रखा था। स्वयं हमारे यहाँ पिछली सदी में हमारे स्वतन्त्रता संग्राम के महानायक महात्मा गाँधी ने जो कुछ किया, वह जितना राजनैतिक था उतना ही आध्यात्मिक। इसलिए अध्यात्म मात्र के बुरी तरह से प्रदूषित हो जाने के बावजूद—भला लालकृष्ण अडवाणी और अटल बिहारी वाजपेयी को राजनेताओं के अलावा आध्यात्मिक कहना इस विशेषण को सिरे से झूठा और व्यर्थ बना देना होगा!

भूमण्डलीकरण के तेज़ी से बढ़ते आधिपत्य में साहित्य और कलाओं की भूमिका पर विचार करते हुए भोपाल के राष्ट्रीय मानव संग्रहालय में यह कहना ज़रूरी लगा कि अब यह राजनैतिक आध्यात्मिक होने जा रही है। यह इसरार करते समय यह याद रहता है कि स्वतन्त्रता, समता और न्याय के मूल्य बुनियादी तौर पर आध्यात्मिक हैं, भले उनके समाज में

चरितार्थ करने के लिए इन दिनों अकसर राजनीति का सहारा लिया जाता है। जब राजनीति उनसे मुँह मोड़ लेती है या उनका दमन करती है तो वे अक्सर अपने मूल स्थान याने अध्यात्म की ओर लौट जाते हैं।

यह भी याद रखने की ज़रूरत है कि पुराने इतिहास में ही नहीं, बीसवीं शताब्दी में, जिसे उचित ही आधुनिकता का उत्कर्ष-काल कहा जाता है, साहित्य और कलाएँ अध्यात्म की जगह और कई बार शरण्य रहे हैं। हिन्दी में ही निराला, जैनेन्द्र कुमार, अज्ञेय, रेणु, हजारीप्रसाद द्विवेदी, निर्मल वर्मा, शमशेर बहादुर सिंह, मुक्तिबोध आदि का नाम और काम इस सन्दर्भ में याद किया जाता है।

साहित्य और कलाओं की एक लम्बी परम्परा रही है, जिसमें उन्होंने सच्चाई को व्यक्त और प्रतिबिम्बित, उसका उत्सव मनाया और गहरा प्रश्नांकन किया है। जो सँकरा भूमण्डलीकरण स्पेस बन रहा है, उसमें वे पहले की ही तरह, सर्जनात्मक, बौद्धिक और नैतिक प्रतिरोध का क्षेत्र होंगे। बाक़ी सब जगहों से हकाला जाकर निपट और ज़िद करके बचा स्थानीय उन्हीं में जगह पायेगा। उनका सार्वभौम इसी स्थानीय से निकलेगा, वे इन दिनों हम पर लाद दिये गये 'अनन्त वर्तमान' के बरक्स स्थानीय और जातीय स्मृतियों का केन्द्र बने रहेंगे। वे अपने मुहावरों, दृष्टियों, शैलियों आदि में बाकी जगहों से लुप्त हो रही बहुलता को पोसेंगे और मनुष्य और अस्तित्व की, प्रकृति और भाषाओं की अपार विविधता पर ज़ोर देकर मानवीयता की बहुलता की रक्षा का मुकाम बनेंगे। उन्हीं के परिसर में 'हम' और 'वे' का द्वैत अतिक्रमित होगा और यह समझ बढ़ती जायेगी कि 'हम' ही 'वे' हैं और 'वे' भी 'हम' ही हैं। सत्ता से, बाज़ार की तानाशाही से, निरे प्रबन्धन में घटा दी गयी मूल्यों से, अपसरित राजनीति से, वे ही सच कहने की हिम्मत और हिमाक़त करेंगे। वे ही जब-तब यह पूछने का दम-ख़म दिखायेंगे कि 'शहंशाह के कपड़े कहाँ हैं!' अब जब प्रायः सभी धर्मों ने अपनी बहुलता से, अपने अध्यात्म से किनारा कर लिया है और हिंसक-आक्रामक हो चले हैं, साहित्य और कलाएँ ही अध्यात्म का, उसकी बहुलता का, मनुष्य की दूसरों से और विराट् से जुड़ने, स्पन्दित होने की स्वाभाविक आकांक्षा का घर होंगे। वे आध्यात्मिक होकर दृश्य पर सच्ची और विकल्पकारी राजनीति का दबाव बनायेंगे।

संस्कृति और सरकार

अगर साहित्य-कला-समुदाय पिछली सरकार द्वारा संस्कृति के क्षेत्र में अनेक

विकृतियाँ लाने और संकीर्णता बढ़ाने के लिए हस्तक्षेप करने से परेशान था तो वह वर्तमान सरकार की संस्कृति मात्र के प्रति उदासीनता से उद्विग्न है। चाहे मकबूल फिदा हुसेन जैसे भारत-श्रेष्ठ का मामला हो या बड़ोदरा में अभिव्यक्ति की स्वतन्त्र पर खुले हमले का मसला, भारत सरकार कुल मिलाकर चुप रही है। उसके अन्तर्गत आने वाली अनेक सांस्कृतिक संस्थाओं की हालत खराब है और उसे सुधारने की कोई इच्छा है या कोशिश हो रही है, इसका कोई प्रमाण नहीं है। सब कुछ रूटीन से चल रहा है, यानी बद से बदतर हो रहा है और सरकार को इसकी चिन्ता नहीं है। यह नोट करने की बात है कि वर्तमान सरकार के तीन बरस हो चुके, लेकिन संस्कृति के विषय पर न तो प्रधानमन्त्री ने कभी कुछ कहा, न यूपीए की अध्यक्ष ने। यह संयोग नहीं हो सकता : यह जान-बूझकर बरती जा रही चुप्पी है। सत्ता की राजनीति इस कदर व्यवहार-केन्द्रित हो चुकी है कि उसमें मूल्यों या सिद्धान्तों की कोई जगह नहीं बची। चूँकि साहित्य और कला का क्षेत्र जनमत प्रभावित कर सकने में समर्थ नहीं है, उसकी उपेक्षा ही उपयुक्त है।

सरकारी उदासीनता और अपेक्षा के दो नये उदाहरण इस बीच देखने को मिले। जो लोग विश्व स्तर पर कला की गतिविधियों से परिचित हैं उन्हें पता है कि कला-जगत में वेनिस द्वैवार्षिकी संसार की सम्भवतः सबसे महत्त्वपूर्ण और प्रतिष्ठादायी घटना होती है। उसमें संसार की सबसे प्रतिष्ठित कलावीथिकाओं, कलाकारों, विशेषज्ञों आदि का अभूतपूर्व जमावड़ा हर दो बरस मेें होता है। इस द्वैवार्षिकी में कई देशों के अपने पैवेलियन होते हैं और कई वीथिकाएँ भाड़ा देकर अपने लिए जगह सुरक्षित करती हैं। कुल कलाकारों को सीधे द्वैवार्षिकी का अधिकरण आमंत्रित भी करता है। इस बार की द्वैवार्षिकी शुरू हो गयी है और नवम्बर, 2007 तक चलेगी। इधर यह भौंचक करने वाला तथ्य प्रकाश में आया है कि द्वैवार्षिकी के इस बार के अतिथि-संग्राहक ने भारत को पैवेलियन का भाड़ा न लेने की रियायत देते हुए सिर्फ़ देश की सहभागिता की सामान्य फीस यानी कुल साढ़े सोलह लाख रुपये पर एक पैवेलियन, वह भी चीनी और इतालवी पैवेलियनों के पास और द्वैवार्षिकी में आने वाले हर व्यक्ति के रास्ते पड़ने वाली जगह पर, देने की पेशकश की थी। लेकिन भारत ने इतनी सी धनराशि देना भी मंजूर नहीं किया। इस संग्राहक के अनुसार इस समय अनेक भारतीय कलाकार अपना काम यूरोप और अमेरिका में प्रदर्शित कर रहे हैं और समकालीन भारतीय कला के बारे में उत्सुकता और भूख बढ़ रही है। यह वह मुकाम है, जिसमें भारत को वेनिस में अपनी समकालीन कला आगे बढ़कर प्रदर्शित करनी चाहिए। भारत ने यह मौजूँ और बेहद सामयिक प्रस्ताव क्यों नहीं माना, यह न संग्राहक की समझ

में आया, न ही अफ्रीका पैवेलियन के संग्राहक को, जिन्होंने अपने पैवेलियन के लिए उससे तिगुना भाड़ा यानी अड़तालीस लाख रुपये दिए हैं। पता यह भी चला है कि एक प्रख्यात भारतीय चित्रकार द्वैवार्षिकी के संग्राहक को अधिकारियों से मिलवाने ले गयी थीं, लेकिन नतीजा कुछ नहीं निकला। हो सकता है कि सरकार में यह मानसिकता काम करने लगी है कि चूँकि आजकल कलाकृतियों के दाम बहुत ऊँचे जा रहे हैं और कलाकार सम्पन्न हो रहे हैं, सरकार को उनके लिए कुछ करने की जरूरत नहीं रह गयी है। फिर बॉलीवुड की अधिकतर घटिया फ़िल्मों को अंतरराष्ट्रीय स्तर पर इतना प्रक्षेपित करने के लिए सरकार इतना सब क्यों करती है? शायद इसलिए कि बॉलीवुड के कलाकार वोट दिलवा सकते हैं, भले ही कलात्मकता की दृष्टि से वे कितने ही शून्य क्यों न हों जबकि कला-मूर्धन्य हुसेन तक एक वोट नहीं दिलवा सकते।

दूसरा उदाहरण है इंदिरा गाँधी राष्ट्रीय कला केन्द्र का, जिसमें पिछले दिनों नये न्यासियों के रूप में दो सिविल सेवकों चिन्मय गारेखान और अनिल बैजल तथा दून स्कूल के प्रिंसिपल कांति वाजपेयी को नामजद किया गया है। जहाँ तक जानकारी है दोनों पूर्व सिविल सेवकों की संस्कृति या कलाओं में कोई विशेषज्ञता, अनुभव या सक्रियता नहीं है। श्री वाजपेयी राजनीतिशास्त्री रहे हैं और उन्होंने भी कलाओं के मामले में कोई सार्वजनिक दिलचस्पी कभी दिखायी हो, ऐसा याद नहीं पड़ता। इन तीनों को किनकी जगह न्यासी बनाया गया है, यह गौरतलब है : उस्ताद अमजद अली खाँ, फ़िल्मकार मृणाल सेन और अडूर गोपालकृष्णन के स्थान पर। सम्भवतः अब एक राष्ट्रीय कला केन्द्र को नियमित करने वाले न्यास में सर्जनात्मक कलाओं का कुल एक प्रतिनिधि बचा है, चित्रकार एक रामचन्द्रन। कपिला वात्स्यायन कला-समर्म और कर्ण सिंह चिन्तन के क्षेत्र से हैं। इस केन्द्र को पिछली और वर्तमान दोनों ही सरकारों ने वित्त-वंचित कर रखा है। इस बीच कई अध्यक्ष बदल चुके हैं और अगले सप्ताह एक नया अध्यक्ष चुना जाने वाला है। बरसों से इस केन्द्र का समकालीन सर्जनात्मकता से कोई सम्बन्ध नहीं रहा है और वह संस्कृति का एक आधा-अधूरा अभिलेखागार बनकर रह गया है जबकि उस पर काफ़ी धनराशि ख़र्च की जा चुकी है। इसकी किसी को कोई चिन्ता नहीं जान पड़ती कि एक ऐसे समय में जब भारत एक बड़ी आर्थिक शक्ति के रूप में उभर रहा है और उसमें सांस्कृतिक दृष्टि से कट्टर शक्तियाँ सक्रिय हैं, उसकी संस्कृति की समरसता और बहुलता का राष्ट्रीय और अन्तरराष्ट्रीय प्रक्षेपण करने का एक बड़ा मंच यह केन्द्र बन सकता था और है। इंदिरा गाँधी के नाम पर उनके बेटे प्रधानमन्त्री ने जो संस्थान बनाया था उसकी ओर ऐसा दुर्लक्ष्य हैरत में डालता है : वह संस्कृति के परिसर के रूप में देखा ही नहीं जा रहा है—उस पर शक्ति-संरचना हावी है। यह भी अलक्षित नहीं जा सकता कि ऐसे सारे संस्थानों में

अधेड़ और बूढ़े विशेषज्ञ ही हावी हैं, युवा रचनात्मकता की कोई जगह वहाँ नहीं है, न ही उससे कोई सार्थक संवाद ही।

स्वतन्त्रता के साठ वर्ष

अगर जीवित होते तो शायद भारत की स्वतन्त्रता के साठ वर्ष पूरे होने पर सबसे अधिक अचरज विंस्टन चर्चिल जैस ब्रिटिश उपनिवेशवादियों को होता जो आश्वस्त थे कि स्वतन्त्रता के बाद भारत जल्दी ही बिखर-टूट जायेगा, क्योंकि उसे एक तो ब्रिटिश राज ने किया था और उसके जगने के बाद उसका विघटन अनिवार्य था। ऐसा नहीं हुआ : बावजूद कई विखण्डनपरक आन्दोलनों के जो उत्तरपूर्व और कश्मीर में अब तक सक्रिय है। उल्टे विभाजन से बना पाकिस्तान फिर विभाजित हुआ। ज़ाहिर है कि स्वतन्त्रता की आकांक्षा भारतीय जनाकांक्षा थी और बनी रही है : उसे किसी तरह की सीमित राजनैतिक आकांक्षा में घटाया नहीं जा सकता। महात्मा गाँधी का सबसे अविस्मरणीय योगदान यह रहा है कि उन्होंने भारत को, उसके कस्बों-शहरों-गाँवों के अकिंचन जन को भी निर्भय बनाया और उन्हें स्वतन्त्रता की अदम्य आकांक्षा दी। इसके कुछ न कुछ दुर्भाग्यपूर्ण पहलू भी निश्चय ही रहे हैं जो स्वैराचार और अराजकता तक जाते हैं। पर इससे इन्कार नहीं किया जा सकता कि भारतीय जन में निर्भयता और स्वतन्त्रता की आकांक्षा का निरन्तर विस्तार होता रहा है। तथाकथित दलित और स्त्री विमर्श इनके बिना संभव नहीं होते। अभिव्यक्ति पर संकट तो रोज व रोज बढ़ते जाते हैं लेकिन कुल मिलाकर अधिक निर्भयता और अधिक स्वतन्त्रता की ओर भारतीय प्रयत्न और प्रयाण आधुनिक इतिहास की अनूठी घटना है।

गाँधी जी ने औपनिषदिक, बौद्ध और जैन आदि परम्पराओं का पुनराविष्कार और पश्चिमी ज्ञानोदय से भी प्रेरणा ग्रहण करते हुए आधुनिक भारत में नयी प्रश्नवाचकता को भी पोसा और आगे बढ़ाया। उन्होंने स्वयं स्वतन्त्रता क्यों और किसके लिये जैसे तीखे प्रश्न शुरू में ही पूछे। पिछले साठ बरसों से हम, कई बार लस्टम-पस्टम ढंग से सही अपनी स्वतन्त्रता को प्रश्नांकित करते रहे हैं। कई बार नक्सलियों के यहाँ यह प्रश्नांकन उग्र-हिंस्र हुआ है और दलितों और स्त्रियों के यहाँ तीखा और मर्मभेदी। हमारी स्वतन्त्रता अगर अब तक अटूट रही आयी है तो इसका बड़ा कारण इस स्वतन्त्रता का यह अथक प्रश्नांकन है। यह कोई शुद्ध-प्रबुद्ध स्वतन्त्रता नहीं है। यह गहरे प्रश्नांकित और आलोचित स्वतन्त्रता है। आत्मालोचना इस स्वतन्त्रता का मानो स्वभाव या अध्यात्म ही है। जिस

लगातार बहसते भारतीय का चिंतक अमर्त्य सेन विश्लेषण करते हैं वह भारतीय इसी आलोचक स्वतन्त्रता का उत्पाद है और उसी का उत्तराधिकारी।

पिछले छः दशकों के भारतीय साहित्य को इस प्रश्नांकन की लगभग मूल विधा भी कहा जा सकता है हालाँकि ऐसा प्रश्नांकन अन्य कलाओं और बौद्धिक अनुशासनों में भी हुआ है। अगर साहित्य में स्वतन्त्रता के भूगोल का विस्तार हुआ है तो यह आकस्मिक नहीं है कि उसकी प्रश्नवाचकता भी उतनी ही बढ़ती गयी है। यह कहना उपयुक्त होगा कि दरअसल हमारा साहित्य इस बीच लगातार जारी स्वतन्त्रता-संग्राम ही रहा है। उसमें निर्भयता भी बढ़ती गयी है। यही नहीं संसार की अन्य भाषाओं और देशों में भी साहित्य की यही भूमिका नहीं रही है : रही है और है। भारतीय साहित्य इस मामले में सहचारी है। शायद साहित्य का एक सामाजिक औचित्य यही है कि वहाँ यह प्रश्नांकन, या स्वतन्त्रता और निर्भयता का संपोषण निरन्तर बना रहता है।

संघर्षों का वृन्दगान

महात्मा गाँधी के नेतृत्व में चला भारतीय स्वतन्त्रता का अभियान निरी राजनैतिक स्वतन्त्रता के लिये अभियान नहीं था। उसमें सामाजिक, आर्थिक, आध्यात्मिक आदि स्वतन्त्रता लिये संघर्ष भी गुँथे-बिंधे हुए थे। कई बार लगता है कि स्वतन्त्रता-संग्राम के इस वृहत् उत्तराधिकार को भुला दिया गया है या कि उन्हें हाशिये पर ढकेल दिया गया है, लेकिन ध्यान से देखें तो शायद ऐसा है नहीं। अनेक दैत्याकार शक्तियों और नियोजनों के बरक्स भारत में आज अनेक स्तरों पर शिक्षा, पर्यावरण, जीविकोपार्जन, हस्तशिल्प; जलसंरक्षण, वनसंरक्षण आदि सैकड़ों क्षेत्रों में छोटे-छोटे स्वप्नशील संघर्ष चल रहे हैं। सच्चाई कितनी ही भयावह क्यों न हो, भारतीय जन ने बदलाव के बेहतर जीवन के सपने देखना स्थगित नहीं किया। जहाँ एक ओर बाज़ार, नवधनाढ्य आर्थिकी, विराट् प्रबन्धन आदि की विराट्तर हो रही व्यवस्था है वहीं दूसरी ओर इन छोटे-छोटे प्रयत्नों की एक लम्बी असंगठित शृंखला बन गयी है। सारी चकाचौंध और शोरगुल, कनफोड़ तमाशे के बरक़्स संघर्षों का धीर-मन्द वृन्दगान। यह चीख़ता-दहाड़ता, रौंदता-कुचलता भारत नहीं है : यह अध्यवसाय और नयी युक्तियों से छोटे स्तर पर अपने को रचता-बदलता भारत है : जिसे 'चमकते-दमकते' भारत के बरक्स 'अँधेरा भारत' कहा जाता है उसके अँधेरों में बहुत सारी छोटी-छोटी रोशनियाँ हैं, उजाले और लौ के अभियान हैं। कुछ-कुछ वैसे ही जैसे ब्रिटिश राज की दैत्याकार उपस्थिति के विरुद्ध

स्वतन्त्रता-संग्राम के दौरान थे। यह अकारण नहीं है कि आज के भारत में ऐसे बहुतेरे यत्नों के पीछे गाँधी जी की प्रेरणा है। गाँधी-दृष्टि गाँधीवादी संस्थाओं और तथाकथित गाँधीवादियों में उतना नहीं जितना इन प्रयत्नों में जीवन्त और सक्रिय है। गाँधी जी की ही तरह वे इस बात का जतन भी है कि सब कुछ को राजनीति न लील सके। स्वतन्त्रता का एक आशय राजनीति की बढ़ती तानाशाही से मुक्ति भी है।

यह भी देखा जा सकता है कि जवाबदेही पर इसरार भी बढ़ा है। सूचना का अधिकार, पंचायती राज की संस्थाओं का सबलीकरण, उनके अमल में कितनी ही कठिनाइयाँ और अधूरापन क्यों न हो, इसी इसरार की संगठित अभिव्यक्तियाँ है। संचार-माध्यमों ने उनमें बढ़ती जा रही सनसनीखेज़ी के बावजूद आम नागरिक को प्रश्न पूछने और सत्ता को जवाब देने पर विवश करने के अवसर बढ़ाये हैं और नागरिक प्रश्नवाचकता की शक्ति और हिम्मत बढ़ायी है। इसमें शक नहीं कि घूसखोरी और भ्रष्टाचार बेहद बढ़ते गये हैं लेकिन उनका प्रतिकार करने की हिम्मत भी उतनी ही बढ़ी है। यह भी अलक्षित नहीं जा सकता कि भारत में सिविल समाज धीरे-धीरे विकसित होता गया है। साम्प्रदायिक दंगे-फसादों, मुंबई में अतिवृष्टि से हुई दुर्व्यवस्था, गुजरात के नरसंहार आदि के अवसरों पर यह सिविल समाज अपनी सक्रियता कारगर ढंग से दिखा पाया है। यह समाज अन्ततः राजनैतिक सत्ता द्वारा सब कुछ को लील लेने की कोशिश का सबसे प्रबल प्रतिरोध बनकर उभर सकता है और भारतीय स्वतन्त्रता को और गहरा, और लोकतान्त्रिक करेगा।

पटना में मीडिया और हिन्दी

मीडिया की वजह से हिन्दी बदल रही है, यह जगज़ाहिर है। आज मीडिया का जितना व्यापक और दूरगामी प्रभाव पड़ रहा है, उतना पहले कभी नहीं पड़ा। उसकी जितनी व्याप्ति आज है उतनी इतिहास में पहले कभी नहीं हुई। मीडिया, दूसरे शब्दों में, एक बड़ी शक्ति के रूप में उभर चुका है—ऐसी शक्ति जिसके पीछे अर्थतन्त्र और राजनीतिक सत्ता का बल है। इस सबके बल पर मीडिया अपनी हिन्दी गढ़ रहा है। अगर इतना भर होता तो कोई चिंता की बात नहीं थी। आख़िर राजभाषा के रूप में एक अलग हिन्दी इतने बरसों से चलती ही रही है। चिंता करने की ज़रूरत अब इसलिए है कि मीडिया की हिन्दी का प्रभाव समाज पर बहुत व्यापक रूप से पड़ रहा है, जबकि राजभाषा हिन्दी का प्रभाव बहुत सीमित था। राजभाषा का साहित्य पर भी कोई प्रभाव नहीं पड़ा, लेकिन मीडिया

की हिन्दी का साहित्य पर प्रभाव पड़ रहा है। ऐसे आलोचक तो कम से कम नज़र आने लगे है; जिनकी हिन्दी मीडिया से बेहद प्रभावित है। चूँकि मीडिया एक अत्यन्त लोकप्रिय माध्यम है और करोड़ों लोग उससे प्रतिकृत होते हैं, वह बच्चों और जवानों की हिन्दी पर भी गहरा प्रभाव डाल रहा है। मामला सिर्फ़ इतना सरल नहीं है कि हिन्दी बदल रही है बल्कि यह कि वह इतनी तेज़ी से बदली जा रही है कि वह जल्दी ही हिन्दी शायद रह ही नहीं जायेगी। हिन्दी का अपना विकास संस्कृत और उर्दू (अरबी-फ़ारसी) के दुहरे दबावों के बीच हुआ है। अब ये दबाव पिछड़ रहे हैं और वह अंग्रेजी के दबाव में हैं। मीडिया की हिन्दी बुरी तरह से अनुवादजीवी है और इलेक्ट्रानिक मीडिया में तो रोमन लिपि में ही लिखी जाती है। मनोरंजन, राजनीति, बाज़ार और अपराध की दुनिया पर लगभग एकाग्र इलेक्ट्रानिक मीडिया भाषा के प्रति अपनी कोई ज़िम्मेदारी नहीं मानता। हिन्दी की चौकसी करने और उसकी विकृतियों के विरुद्ध आवाज़ उठानेवाली कोई प्रभावशाली संस्था नहीं बची है। स्वयं हिन्दी अंचल में भाषा राजनीतिक और आर्थिक एजेण्डे से बाहर है।

ऐसे कई मुद्‌दों पर विचार करने का अवसर आया पटना विश्वविद्यालय के हिन्दी विभाग द्वारा 'मीडिया और हिन्दी' पर आयोजित पुनश्चर्या कार्यक्रम के शुभारम्भ के अवसर पर। यह बात अलक्षित नहीं जा सकती कि हिन्दी अख़बारों की संख्या, संस्करण और पाठक तेज़ी से बढ़ रहे हैं, पर उनमें अर्थशास्त्र, विज्ञान, मनोविज्ञान, इतिहास आदि पर लिखने वाले हिन्दी विद्वानों का घोर अभाव है। इन अनुशासनों पर हिन्दी में मूल कार्य इतना कम हुआ है कि ज़ाहिर है कि हिन्दी की वैचारिक दरिद्रता के कारण अंग्रेजी पर अख़बारों की निर्भरता भी बढ़ती जा रही है। मीडिया के सभी स्तरों पर साहित्य, कलाओं और पुस्तकों के लिए जगह कम होती जा रही है। साहित्य पर एक दुष्प्रभाव यह पड़ रहा है कि उसका अभिधा की तानाशाही में विस्तार हो रहा है। इसको भी अनदेखा नहीं किया जा सकता कि इस समय लिखा जा रहा अधिकांश महत्त्वपूर्ण हिन्दी साहित्य बाज़ार और भूमण्डलीकरण का प्रतिरोध करता व एकता, उनको प्रश्नांकित करता साहित्य है। ऐसे में ज्यादातर बाजार और भूमण्डलीकरण का पोषित और उनसे ही अपनी ऊर्जा पाने वाला मीडिया इस साहित्य की ओर भला क्यों और कैसे आकर्षित हो सकता है।

अक्षर-देवता

भारतीय प्रौढ़ शिक्षा संघ की एक कार्यशाला में जाने का अवसर मिला

जिसमें नवसाक्षरों के लिए कुछ नये ढंग की उपयोगी और रोचक सामग्री तैयार करने पर विचार हो रहा है। उसमें एक बात यह उठी कि साक्षरता के मामले में हिन्दी अंचल देश के सबसे पिछड़े अंचलों में से है। उसमें साक्षरता के महत्त्व को कैसे प्रचारित-प्रसारित किया जाये इस पर चर्चा के दौरान यह सूझा कि क्यों नहीं इसके लिये एक नये ढंग का सांस्कृतिक प्रयत्न किया जाये। हमारा समाज तरह-तरह के देवताओं के इर्द-गिर्द जमा होता रहता है। क्यों न एक नया देवता अक्षर-देवता गढ़ा जाये? आख़िर अपनी देवमाला को निरन्तर बढ़ाते रहने की हमारी लम्बी परम्परा है, उसमें एक नया देवता जोड़ने पर कोई आपत्ति नहीं हो सकती। वह निराकार-निर्गुण हो तो उसे दूसरे धर्मवाले भी आसानी से स्वीकार कर लेंगे। इस नये देवता के लिये पूरे हिन्दी अंचल में अक्षर मेले हों। उनमें हिन्दी लेखक जाकर अक्षर की महिमा प्रगट करते हुए अपनी रचनाएँ लोगों को पढ़ कर सुना सकते हैं। यही उस देवता की पूजा मान ली जाये ऐसी प्रथा बनानी होगी। जिस देश में शब्द और नाद को ब्रह्म माना गया है वहाँ अक्षर देवता को शास्त्रीय औचित्य की कोई कमी न होगी ऐसा अन्दाज़ है।

सोलह और छह

केन्द्र में सत्तारूढ़ वर्तमान सरकार ने अपने तीन बरस पूरे कर लिये हैं। हर दिन अख़बार में प्रधान मन्त्री और यूपीए अध्यक्ष की तस्वीरों के साथ विभिन्न मंत्रियों की तस्वीरें देते हुए सम्बन्धित मंत्रालय की उपलब्धियों का यशोगान करते हुए पृष्ठ-पृष्ठ भरके विज्ञापन अख़बारों में रोज़ छप रहे हैं। सरकार और कांग्रेस पार्टी में बैठे मूढ़मति प्रचारकों को कौन समझाये कि ऐसे विज्ञापनों को शायद ही कोई ध्यान से देखता-पढ़ता हो और अगर कोई पढ़ भी ले, उससे शायद ही प्रभावित होता हो। यह खुलेआम सार्वजनिक धन का अपव्यय है। रुपया जिस काम के लिए खर्च किया जा रहा है, वह काम उससे सधता नहीं है।

साहित्य अकादेमी की समाचार पत्रिका 'संक्षेप' का जनवरी-फ़रवरी 2007 का संयुक्तांक सामने है। उसमें आकेदेमी के अध्यक्ष की सोलह तस्वीरें प्रकाशित हैं। पत्रिका की पृष्ठ संख्या 68 है। ऊपर और पीछे के कवरों पर भी उनकी तस्वीर है औरों के अलावा। कुछ चित्र एकाधिक बार प्रकाशित हैं। अध्यक्ष गुलज़ार से लेकर गांधी प्रतिमा के साथ दिखाये गये हैं। यही नहीं अध्यक्ष महोदय की पत्नी की भी छह तस्वीरें इस पत्रिका में प्रकाशित हैं। सत्तारूढ़ों की आत्मरति जगत्प्रसिद्ध है। उसके

लिए जब सार्वजनिक धन का अपव्यय स्वयं केन्द्र सरकार कर रही है तो उसके द्वारा पौषित स्वायत्त संस्थान साहित्य अकादेमी भला इस मामले में कोई संकोच क्यों करे। वैसे यह नयी बात नहीं है, याद आता है कि बरसों पहले इन्दिरा गांधी राष्ट्रीय कला केन्द्र ने अपनी समाचार पत्रिका 'विहंगम' के प्रवेशांक में अपनी अकादेमिक निर्देशक की तेरह तस्वीरें छापी थीं। न्यासी के रूप में एक विरोध पत्र न्याय-सचिव को लिखकर कइयों से जीवन भर का बैर मोल लिया।

हिन्दी के नाम पर अपने आक़ाओं की चापलूसी करने का माध्यम बनी सरकारी विभागों और उपक्रमों की महंगे काग़ज़ों पर छपनेवाली रंगीन पत्रिकाएँ सार्वजनिक धन के अपव्यय का एक और जीता-जागता और निर्लज्ज उदारहण हैं। दिलचस्प यह है कि इस तरह के अपव्यय पर आज तक किसी संसदीय समिति ने एतराज़ किया हो, ऐसा ज्ञान नहीं है। बल्कि ऐसी सर्वथा अप्रासंगिक लेकिन ख़र्चीली पत्रिकाओं में छपी प्रतिक्रियाओं और प्रशंसा से तो यही प्रकट होता है कि हमारे सांसदगण इस अपव्यय को अलक्षित करते हुए उसे हिन्दी के राजकाज में विस्तार का सुबूत मानकर उसकी ताईद करते हैं। सच्चाई यह है कि हिन्दी राजकाज में बराबर पीछे ढकेली जा रही है और यही स्थिति रही तो वह कभी राजभाषा नहीं बन पायेगी। यह आकस्मिक नहीं हैं कि भाषा अब किसी सरकार के लिए विचारणीय क्षेत्र नहीं रह गया। इसका विस्तार नहीं होता, उस पर सिर्फ़ अपव्यय बढ़ता जाता है।

राजनेताओं की आत्मरति

इधर के अख़बारों में अन्तरराष्ट्रीय महिला दिवस के अवसर पर पृष्ठ-भर के विज्ञापन छपे हैं, जिनमें प्रधानमन्त्री और श्रीमती सोनिया गांधी की तस्वीरों के अलावा नारी और बाल-विकास राज्यमन्त्री की भी तस्वीर हैं। आधा पृष्ठ का विज्ञापन हरियाणा सरकार का है, जिसमें उसके मुख्यमन्त्री के चित्र के अलावा उन्हीं दो मूर्धन्यों के चित्र हैं। इन पर कितने लाख रुपये का जनधन ख़र्च हुआ अगर यह न भी पूछा जाय तो भी यह पूछना ज़रूरी है कि इन विज्ञापनों से कौन प्रभावित होता है, ऐसी कुरुचिपूर्ण आत्मविज्ञप्ति से किसका मन द्रवित होता है? ज़्यादातर पाठक तो ऐसे विज्ञापन पढ़ते ही नहीं हैं और पन्ना पलट देते हैं। ज़ाहिर है कि ये विज्ञापन मन्त्रालयों द्वारा अपने ही मन्त्री और उस बहाने बड़े पदाधिकारियों की चापलूसी करने को निकाले जाते हैं। यह तो ग़नीमत है कि किसी संकोच या स्थानाभाव के कारण सचिवों के चित्र नहीं छपे हैं। हालाँकि

चापलूसी करने का हक बुनियादी हक है। भले संविधान में उसका ज़िक्र न हो। मुश्किल यह है कि यह चापलूसी या राजनेताओं की आत्मरति का प्रकाशन जनधन से किया जाता है जो ग़ैरकानूनी न सही अनैतिक तो है ही। प्रधानमन्त्री जी और श्रीमती गांधी को इस पर रोक लगाना चाहिए। यह मानने को जी नहीं करता कि किसी रेललाइन या पुल के उद्‌घाटन के अवसर पर प्रकाशित विज्ञापन में अपनी तस्वीर देखकर ये शीर्षस्थ राजनेता प्रसन्न होते होंगे। ऐसी संहिता बननी चाहिए जिससे इस तरह के विज्ञापन बिल्कुल बन्द कर दिये जायें।

राष्ट्रपति जी लोकप्रिय, सहज और निश्छल व्यक्ति हैं, ऐसा आम तौर पर सभी मानते हैं। अपने उत्साह के अतिरिक्त में कई बार अजीब बातें कह जाते हैं। संगीत नाटक अकादेमी के अलंकरण समारोह के अवसर पर उन्होंने प्रदर्शकारी कलाकारों को सलाह दी कि वे सामाजिक कुरीतियों को हटाने में मदद करने के अलावा कृषि, लोक स्वास्थ्य, खाद्य प्रसंस्करण, विकास आदि को अपनी कलाओं का लक्ष्य बनाकर मदद करें। यह सलाह अगर सूचना-प्रसारण मंत्री दे रहे होते तो समझ में आती क्योंकि उनका काम सरकार की गतिविधियों का प्रचार-प्रसार करना है। मगर यह बात तो राष्ट्रपति जी ने पूरी गम्भीरता से कही...उस सभा में कही जिसमें कथक-विदुषी रोहिणी भाटे, तबला सम्राट किशन महाराज, कर्नाटक संगीतकार टी.एन. कृष्णन्, रंगकर्मी गुरशरण सिंह जैसे मूर्धन्य और विजय कुमार किचलू, राशिद खान, शाहिद परवेज़, चित्रवीणा रविकिरण जैसे प्रतिभाशाली कलाकार 'लगभग चालीस' मौजूद थे। ये सभी कलाकार अपने-अपने क्षेत्र में अपनी विशेष विधा के संवर्द्धन में लगे हैं और इस तरह एक विशाल परम्परा को सहेजते बढ़ाते रहे हैं और भारतीय जन के सौन्दर्यबोध को पुष्ट-समृद्ध करते हुए उनकी सांस्कृतिक-आध्यात्मिक जिज्ञासा और भूख को तृप्त करते रहे हैं। राष्ट्रपति जी, यह काफ़ी है और हमें उनका कृतज्ञ होना चाहिए कि अनेक कष्ट और असुविधाएँ उठाकर वे ऐसा कर हमारे जीवन को कलासमृद्ध करते रहे हैं। उन्हें जो सलाह दी गयी, वह कई कोणों से विचित्र है। अव्वल तो वह इन कलामाध्यमों की प्रकृति को बिल्कुल नज़रअन्दाज़ करती हैं। ये कलाएँ गहरे स्तर पर रसविभोर करती हैं और विचलित भी। लेकिन मसलन शास्त्रीय संगीत में कृषि की बन्दिश, या लोक स्वास्थ्य की ताल नहीं हो सकती। दूसरे, हमारे विकासशील समाज को, जैसे कि किसी भी कायदे के समाज को, कलाओं की जरूरत होती है और वे समाज और उसकी जरूरतों से आवश्यक संवाद अपनी शर्तों पर स्थापित करती हैं। कलाएँ अपने आप में विकास का आयाम हैं। इनका विकास के बारे में होना कतई जरूरी नहीं है—वे हो भी नहीं सकतीं। तीसरे, सिर्फ़ इसलिए कि कोई व्यक्ति शीर्ष पर है, उसे हर किसी को सलाह देने का हक नहीं

मिल जाता। क्या कोई वैज्ञानिक या अर्थशास्त्री उनके अनुशासनों को क्या करना चाहिए, इसकी सलाह किसी और से लेना पसन्द करेगा?

धर्म का वैभव

मैं उन लोगों में से तो नहीं हूँ जो हर क़िस्म के वैभव को नापसन्द करें। मुझे साहित्य, कलाओं, संगीत, स्थापत्य का वैभव प्रभावित करता है। अलबत्ता धर्म के वैभव को लेकर मेरे मन में दुविधा रहती है। यह बात किसी भी तरह से भुलायी नहीं जा सकती कि सदियों से धर्म के साथ वैभव का घनिष्ठ सम्बन्ध रहा है। उसने मनुष्य को मुक्ति दी या नहीं, स्वर्ग-नरक पहुँचाया या नहीं, उसने साहित्य और कलाओं में अपार वैभव की सृष्टि की है। संसार के लगभग अधिकांश कला-स्मारक धर्मप्रेरित संरचनाएँ हैं। इस मामले में हिन्दू, बौद्ध, इस्लाम, ईसाई आदि सभी धर्म एक जैसे हैं। ईश्वर ने मनुष्य के लिए क्या किया है, इस पर विवाद हो सकता है। लेकिन यह निर्विवाद है, कि मनुष्य ने ईश्वर के लिए बहुत कुछ किया है। ईश्वर के लिए मनुष्य ने श्रेष्ठतम प्रसाद और पूजाघर बनाये हैं। प्रायः मन्दिरों, गिरजाघरों आदि के पास अकूल सम्पत्ति हैं। जिसमें बहुमूल्य रत्नों के आभूषण आदि शामिल हैं। यों तो कहावत में सभी भूमि गोपाल की है, मुझे याद आता है कि गाँव-शहरों में छोटे-छोटे मंदिरों के नाम जमीन लिखी होती थी। अकसर खसरा खतौनी में आराजी नम्बर फलाँ हनुमान जी या शिव जी महाराज के नाम दर्ज होती थीं। मुख्तसर यह कि धर्मों का वैभव से सम्बन्ध का एक आधार उनका सम्पत्ति से घनिष्ठ सम्बन्ध भी रहा है। ऐसा वैभव सिर्फ भक्ति से सम्भव नहीं, उसके लिए सम्पत्ति भी चाहिए।

दिल्ली के जो दुखिया जमुना पार रहते हैं, जैसे कि हम, वे इन दिनों जब निजामुद्दीन पुल से (जिसे पता नहीं किस राजभाषायी मूर्खता में पुल के बजाय सेतु लिखा गया है और जिसे सब पुल कहते हैं, कोई सेतु नहीं कहता) गुजरते हैं तो उनकी आँखें बरबस उस भव्य मन्दिर और उसके विशाल परिसर की ओर खिंच जाती हैं जो अक्षरधाम नाम से स्थापित हुआ है और जिसका हाल ही में शुभारम्भ हुआ। आम तौर पर आधुनिक काल में जो मन्दिर बने हैं, बिड़ला जी आदि के सौजन्य से, उनका स्थापत्य कम से कम उत्तर भारत में प्रायः नामहीन अक्सर खासा फूहड़ ही रहा है। संगमरमर में बनने से स्थापत्य की नामहीनता या फूहड़पन छिप या कम नहीं हो जाते। दिल्ली का अक्षरधाम इस संदर्भ में अपवाद है; उसका स्थापत्य सुविचारित और सुगठित है। शाम को

जब मन्दिर के शिखर भाग को प्रकाशित किया जाता है तो वह सचमुच भव्य लगता है, उसमें परम्परा का आधुनिक वैभव है। कहीं पढ़ा कि मंदिर बनाने में दो सौ करोड़ से अधिक का ख़र्च आया है। यह तर्क दिया जा सकता है कि इतनी राशि में इतने स्कूल, अस्पताल आदि खुलते तो अधिक जनकल्याण होता। इतनी बड़ी राशि कहाँ से आयी, इस बारे में कुछ छिद्रान्वेषी जिज्ञासा की जा सकती है, अटकल लगायी जा सकती है कि नारायणस्वामी सम्प्रदाय, जिसने यह मंदिर बनवाया है, धनाढ्य है याकि धनाढ्यों का सम्प्रदाय है। सच्चाई यह है कि नास्तिक होने के बावजूद मुझे पारम्परिक स्थापत्य का पाषाण-वैभव, धर्म का यह उत्तुंग शिखर आकर्षित करता है। वह मेरी आनास्था में दरार नहीं पैदा करता, लेकिन जो सुन्दर और भव्य है उसे सहज मन से स्वीकार करने को विवश जरूर करता है।

इन्द्रिय बोध की शिथिलता

यह बात बूढ़ों और अधेड़ों की नहीं है, जिनकी इन्द्रियाँ आयु के कारण शिथिल पड़ जाती हैं और इसलिए बोध भी। बात अधिक व्यापक है, बल्कि एक विडम्बना है कि इन दिनों इन्द्रियों को उद्‌बुद्ध और उदीप्त करने के बहुत सारे साधन और मंच बेहद लोकप्रिय हैं लेकिन दूसरी ओर आमतौर पर उनका किसी तरह के गहरे संवेदन या बोध के लिए उपयोग कमतर होता जाता है। इतनी सारी छबियों की बहुतायत हो गयी है कि उनसे लगातार घिरे रहने के बावजूद हम कम देखने, कम सुनने और कम महसूस करने लगे हैं। ईराक में चल रहे नरसंहार में मरनेवालों की संख्या और एकदिवसीय क्रिकेट मैच में रनों की संख्या के बीच फ़र्क़ करना हमारे लिए कठिन हो गया है। हमारे लिए दोनों ही संख्याएँ मात्र हैं। दूसरे शब्दों में, हमें दिखाया-सुनाया बहुत अधिक जा रहा है, लेकिन देख-सुन हम कम रहे हैं।

अमरीकी बुद्धिजीवी सूसन सोण्टेग की 1964 में प्रकाशित उनकी कीर्ति निर्माता कृति 'अगेंस्ट इण्टरप्रिटेशन' में उनके इस कथन की याद आती है : "आधुनिक जीवन की सभी स्थितियाँ—उसकी मौलिक प्रचुरता उसकी निपट जनाकीर्णता—मिलकर हमारी ऐन्द्रिय क्षमता को भोथरा करती हैं और हमारी इन्द्रियों की हालत की रोशनी में या कि उनकी क्षमताओं की (बजाय किसी दूसरे युग की) हालत की रोशनी में एक आलोचक के कार्य को जाँचा जाना चाहिए। अब महत्त्वपूर्ण है हमारी इन्द्रियों का उद्धार। हमें अधिक देखना, अधिक सुनना, अधिक महसूस करना सीखना

चाहिए।''

अमरीकी आलोचक-उपन्यासकार सिंथिया औजिक ने इस पर टिप्पणी करते हुए कहा है कि यह सुखवाद का आवाहन उतना नहीं (हालाँकि वह भी है) जितना इतिहास की निन्दा है। इसका एक आशय यह था कि हम जो कुछ भी हमारे रास्ते में आये उसे देखने-सुनने और महसूस करने के प्रति खुले रहें, श्रेणियों का कोई अर्थ नहीं, ऊँचे और नीचे के बीच असम्बद्धता का निषेध भी। उस अन्तर के ख़त्म हो जाने का नतीजा यह हुआ कि मेट्रो में शहरी लफंगों द्वारा बनायी ग्रैफिती पर उसी उत्साह और ध्यान से लिखा जाने लगा, जितने कि बर्नीनी और मातीस की कलाकृतियों पर दूसरों ने कभी लिखा था। नया अहंकार जागा; 'मैं जानता हूँ मुझे क्या पसन्द है।' स्वयं सौण्टाग ने अपने अन्तिम दिनों में 'कोई भी चीज़ किसी भी चीज़ से बेहतर है' वाले रुख की घातक सापेक्षतावाद, कहकर निन्दा की और कहा कि मैं यह कहने को तैयार नहीं हूँ कि कला से मिलनेवाले सन्तोष संरचनात्मक रूप से, कथ्य में या गुण में या महत्त्व में दूसरे क़िस्म के सन्तोषों से भिन्न नहीं हैं। मैं यह सोचने के लिए तैयार नहीं हूँ कि जो सन्तोष मुझे शादाँ, वरमीयर आदि की कलाकृति देखने से मिलता है वह किसी भी तरह से समान है, उस सन्तोष के जो मुझे किसी बढ़िया बेसबाल मैच देखने या जूतों का कोई संग्रह निरखते हुए मिलता है।''

मूल्य-मूढ़ता

इन दिनों सभी जगह क़ीमतों पर ज़ोर है, हर चीज़ की हैसियत इससे तय होती है कि उसकी बाज़ार में क़ीमत क्या है। जितनी बड़ी क़ीमत उतनी बड़ी हैसियत। कलाकार वह बड़ा माना जाता है जिसकी क़ीमत बड़ी हो। लेखकों की अन्तरराष्ट्रीय कीर्ति की शुरुआत इधर इससे होने लगी है कि उन्हें किस प्रकाशक ने कितना बड़ा एडवांस दिया। ऐसे माहौल में मूल्यों की चर्चा कुछ बुढ़भस, कुछ पुराना मोह आदि लग सकता है। दुनिया तेज़ी से बदल चुकी है और अब उसमें मूल्यों आदि का जिक्र बताता है कि हम पिछड़ रहे हैं और बदलाव से हमकदम नहीं हैं। वैसे भी इन दिनों आम तौर पर लेखकों को थोड़ा पिछड़ी जाति का प्राणी माना जाता है जो मूल्यों जैसे अप्रासंगिक चीज़ों को लेकर संघर्ष आदि करते रहते हैं।

लेकिन, संयोग से, मूल्यों का प्रश्न एक बार फिर से उठाया है डॉ. सी

एन आर राव ने जो देश के श्रेष्ठ वैज्ञानिक माने जाते हैं और बंगलौर के जवाहरलाल नेहरू सैण्टर फ़ार एडवान्स साइंटिफिक रिसर्च में लीनस पालिंग रिसर्च प्रोफ़ेसर हैं। डॉ. राव ने याद दिलाया है कि इतिहास में हम जिन देशों को याद करते हैं, वे ज़रूरी तौर पर आर्थिक रूप से समृद्ध नहीं थे, बल्कि उन्होंने मनुष्य की सांस्कृतिक विरासत में बड़ा योगदान किया है। डॉ. राव का आग्रह है कि आर्थिक समृद्धि के युग में हमें विचार और दार्शनिक चिन्तन के निर्यात करने पर भी बल देना चाहिए अगर हमें ज्ञान-सशक्त संसार में एक बड़ी शक्ति बनना है। उन्होंने यह नोट किया है कि इन दिनों बी.पी.सो. आईटी आदि सेवाओं से पैसा बनाने की धुन में लगे युवा बहुत नज़र आते हैं लेकिन उन्हें कुछ और की चिन्ता है, ऐसा नहीं लगता। अगर भविष्य में एक महान् भारत बनना है तो सिर्फ़ इस तरह के लोग उसके लिए काफ़ी नहीं होंगे। हमें सर्जनात्मकता के अन्य क्षेत्रों में भी प्रतिभाशाली युवाओं की बेहद ज़रूरत होगी। सिर्फ़ मैनेजर और व्यवसायी ऐसा भारत नहीं बना सकते।

डॉ. राव ने यह भी सुझाया है कि वर्ष में कम से कम एक बार किसी महान्, वैज्ञानिक या साहित्यकार या रंगकर्मी को पूरी संसद से बोलने के लिए आमंत्रित किया जाना चाहिए। प्रधानमन्त्री और अन्य राजनेताओं को स्वतन्त्रता-दिवस या ऐसे ही दूसरे अवसरों पर विभिन्न रचनात्मक दिशाओं में किये जा रहे भारतीय प्रयत्नों और उपलब्धियों का ज़िक्र करना चाहिए। ख़याल आता है कि हमारे चपल-चरण और मुखर राष्ट्रपति जब-तब अपने व्याख्यानों में एक महान् भारत का सपना दिखाते-बताते रहते हैं। उन्होंने उस सपने में साहित्य-कला के मूल्यों या रचनात्मक वृत्तियों की सम्भावनाओं का कभी ज़िक्र किया हो, ऐसा याद नहीं आता। हमारे बुद्धिजीवी प्रधान मन्त्री ने कभी भूलकर भी साहित्य और कलाओं में भारतीय उपलब्धि का उल्लेख किसी प्रमुख भाषण में किया हो, ऐसा भी याद नहीं आता। डॉ. राव चाहते हैं कि हमारा लक्ष्य देश संसार और इतिहास में एक ऐसे देश के रूप में मान्यता और प्रतिष्ठा पाये जिसने विज्ञान, कला और साहित्य में महत्त्वपूर्ण योगदान किया है। इस विडम्बना को अलक्षित नहीं किया जाना चाहिए कि यह सपना एक बड़े वैज्ञानिक का है। एक अर्थशास्त्री प्रधानमन्त्री या बड़े टैकनालाजिस्ट राष्ट्रपति का नहीं। डॉ. राव ने सारे नियोजन और प्रगति को अर्थतन्त्र पर एकाग्र करने और मूल्य-व्यवस्था को व्यावसायिक और आर्थिक मूल्यों पर केन्द्रित करने के विरुद्ध आवाज़ उठायी है। वे चाहते हैं कि हमारे राजनेता, बुद्धिजीवी, अध्यापक आदि सर्जनात्मक क्षेत्रों में अर्थात् विज्ञान, कला और साहित्य, रंगमंच आदि में हमारे नवाचारों और उपलब्धियों का सार्वजनिक रूप से उल्लेख करें।

एक और पाखंड

भारत सरकार के हर मन्त्रालय में एक हिन्दी सलाहकार समिति होती है, सम्बन्धित मन्त्री की अध्यक्षता में, जिसका काम राजकाज में हिन्दी के प्रयोग और उसके विस्तार पर नजर रखना है। यह जगजाहिर है कि भारत सरकार में राजकाज में हिन्दी में काम तेजी से घट रहा है और जो थोड़ा-बहुत, बहुत थोड़ा होता है, शुद्ध दिखावा है। सरकार का राजनीतिक नेतृत्व और उसका विराट-जटिल प्रशासन-तन्त्र हिन्दी में राजकाज करने की रत्तीभर इच्छा नहीं रखता। पर हिन्दी समितियाँ हैं और उनमें अनेक हिन्दी लेखक और विद्वान नामजद होते हैं। वे क्या और क्यों करते हैं, वे ही जानें। मुझे वर्तमान सरकार के दो मन्त्रालयों गृह और संस्कृति ने अपनी समितियों में नामजद किया और मैंने दोनों से ही तुरन्त इस्तीफ़ा दे दिया : उनकी किसी बैठक में नहीं गया। सरकार में रहकर हिन्दी के नाम पर यह पाखंड नजदीक से देखा था और उसमें बाहर होकर भी भागीदार बनने का कोई इरादा नहीं है।

सामान्य उपचार और नियम यह रहा है कि हिन्दी में आये पन्नों का उत्तर मन्त्रालय हिन्दी में दें। इसका पालन भी निरन्तर घटता जा रहा है। तबके मानव संसाधन मन्त्री के इस दावे के बावजूद कि उनका मन्त्रालय शीर्ष स्तर तक/पर हिन्दी में काम करने लगा है, तथ्य यह है कि महात्मा गाँधी अन्तरराष्ट्रीय हिन्दी विश्वविद्यालय को एक भी पत्र मन्त्रालय से, पाँच वर्ष की अवधि में, हिन्दी में नहीं मिला था।

प्रसंगवश, बड़े मन्त्रालयों में, जहाँ सार्वजनिक उपक्रमों की संख्या अधिक है, हिन्दी समितियाँ और उनके सदस्य इन उपक्रमों का दौरा करते हैं; वहाँ हिन्दी की प्रगति की समीक्षा करते हैं और सद्‌भाव के खर्चीले उपहार आदि पाते हैं, ऐसा सुना जाता है। सैर-सपाटे के अवसर सदस्यों को मिलते रहते हैं, सो अलग। चूँकि सम्भवतः ये समितियाँ राष्ट्रपति के किसी स्थाई आदेश के तहत बनती हैं, उन्हें समाप्त करना कठिन हो। लेकिन हिन्दी लेखक और विद्वान इस पाखंड से अपने को दूर कर अपने आचरण की शुद्धता, अपनी मातृभाषा के सन्दर्भ में, बचाये रखें, यह जरूरी लगता है। यह पाखंड हमारे बिना भी बख़ूबी चलता रह सकता है : हम उसे वैधता क्यों कर दें!

पद्म विकृतियाँ

बरसों पाद पद्म पुरस्कारों की नज़र ललित कलाओं पर गई हैः सैयद

हैदर रज़ा और तैयब मेहता जैसे मूर्धन्यों को पद्मभूषण के लिए चुना गया है। यह अच्छा है, लेकिन नाकाफ़ी है और इसमें जो आकलन की समझ है वह निश्चय ही विकृत है। पहले तो यह कि दो या तीन रिटायर्ड अफसरों को तो पद्म-विभूषण दिया गया है (हालांकि जल्दी ही उन्हें समाज और इतिहास भूल जाएगा) जबकि कलाओं के मूर्धन्यों में से किसी को इसके काबिल नहीं पाया गया। फिर उनके साथ गोपालदास नीरज और जावेद अख़्तर को भी भूषण-सूची में शामिल किया गया है। दोनों का ही साहित्य में योगदान ललित कला के मूर्धन्यों से तुलनीय नहीं कहा जा सकता। इस सूची में रामकुमार और अकबर पद्मसी किस तर्क में शामिल नहीं हैं, यह समझना मुश्किल है जबकि दोनों ही मूर्धन्य हैं। विक्रम सेठ, विजयदान देथा जैसे महत्त्वपूर्ण लेखकों को सिर्फ़ पद्मश्री क्यों? मुशीरुल हसन जैसे इतिहासकार को किस पैमाने से पद्मश्री से ऊपर के योग्य नहीं माना गया। पद्म-अलंकरणों का, सौभाग्य से, इतना अवमूल्यन हो गया है कि ज्यादातर राष्ट्रीय अखबारों ने पूरी सूची ही नहीं छापी और एक ने तो एकाध नाम इधर से उधर कर दिया।

लुप्त वृन्दावन

इससे पहले वृंदावन दो-एक बार गया था। किसी धार्मिक या आध्यात्मिक आस्था के कारण नहीं, शुद्ध सांस्कृतिक कर्तव्य के अधीन। उस समय जिस बात ने क्षुब्ध किया था, वह यह थी कि वहाँ के मंदिरों में काफ़ी बेसुरा संगीत हो रहा था : तब वहाँ सर्वजनिक रूप से यह कुभक कहने का अवसर आया था कि यह मानने का कोई कारण नहीं है, कम से कम वृंदावन में, कि संगीत और नृत्य के उत्सवमूर्ति माने जानेवाले कृष्ण बेसुरे भजन-कीर्तन या स्तुति से रिझाये जा सकते हैं, कि स्वयं शास्त्रीय संगीत और नृत्य की लीलाभूमि रहे वृंदावन में बेसुरापन अगर अपराध नहीं तो पाप ज़रूर है।

दस बरसों से अधिक के अन्तर के बाद जब इस बार विद्याश्री न्यास द्वारा वृंदावन शोध संस्थान के सहयोग से उसी के सभागार में दूसरी विद्यानिवास मिश्र स्मृति व्याख्यानमाला के अन्तर्गत समकालीन हिन्दी, भारतीय और विश्व कविता पर तीन व्याख्यान देने गया तो जो वृंदावन देखा वह खासा बदला हुआ वृंदावन है : अधिक बेसुरा। इस बीच यमुना, जिसका जल दिल्ली से उसमें बहाये मलमूत्र के कारण खासा गन्दा हो गया है, खिसक गयी है और उसके घाटों पर बना पुराना सुन्दर स्थापत्य, एक जानकार ने बताया, वहाँ के धर्मगुरुओं, राजनेताओं, अफ़सरों और

नागरिकों की दुरभि-सन्धि से, बाकायदा नष्ट किया जा रहा है। पुराने घाट, जिनमें से कई मध्यकालीन नदी-स्थापत्य के बहुत नायाब नमूने हैं, अव्वल तो कम से कम एक मंज़िल नीचे धंस गये हैं। दूसरे, उनके सामने से एक पक्की सड़क निकाल दी गयी है। तीसरे, उनमें से कई को बेरहमी और अक्षम्य असम्वेदनशीलता से तोड़-फोड़ कर उन पर कंक्रीट की इमारतें बना दी गयी और बनायी जा रही हैं। जैसा कि बताया गया, आधुनिक वृंदावन अकबर ने बसाया था और वहाँ पुराने नष्ट-ध्वस्त वृंदावन के स्थान पर नया बनाकर उसे गोस्वामियों को सौंप दिया था। वह एक मध्यकालीन वृंदावन था जहाँ के घाट बनारस के घाटों की तरह विशालकाय नहीं छोटे-छोटे थे। यही वृंदावन हम देखते आये हैं और यही अब हर जगह फूहड़ निर्माण कर रुपया बनाने वाले माफिया की चपेट में आकर लुप्त हो रहा है। थोड़ा दुखद अचरज यह जरूर है कि इस वृंदावन को बचाने के प्रति स्थानीय स्तर पर कोई जागरुकता नहीं है। अगर परम्परा, आस्था और धन में से चुनना पड़े तो, दुर्भाग्य से, इस पुण्यनगरी के अधिकांश नागरिक पूरी निर्लज्जता से धन ही चुन रहे हैं भले उनकी जीविका परम्परा और आस्था के वल पर ही चलती है।

श्रीवत्स गोस्वामी बताते हैं कि कुछ बरस पहले भारतीय रेलवे एक रेललाइन गोवर्द्धन पर्वत को काटकर बनाने की योजना बना रही थी। उनके साथ छह-सात प्रतिनिधियों का एक दल तत्कालीन रेलमन्त्री से मिलने गया, इसका सख्त विरोध करते हुए। उनकी बात मन्त्री ने मानी, लेकिन यह लक्ष्य करने से नहीं चूके कि यह विरोध स्वयं गोवर्द्धन-निवासी क्यों नहीं कर रहे हैं, कि उनके प्रतिनिधिमण्डल में गोवर्द्धन से कोई नहीं है।

जिस वृंदावन में मैं समकालीनता द्वारा कविता में क्या रचा-बचाया गया इसकी विशद चर्चा कर रहा था, उसी वृंदावन में समकालीनता कितना कुछ नष्ट-भ्रष्ट कर रही है, इसकी विडम्बना पर वहाँ से लौटते हुए देर तक मन क्षुब्ध रहा।

पश्चिम का प्रश्नांकन

हालाँकि भारतीय आधुनिकता के पहले दौर में महात्मा गाँधी, रवीन्द्रनाथ ठाकुर और श्री अरविन्द जैसे मूर्धन्य हुए हैं, जिन्होंने पश्चिमी सभ्यता और विचार की गहरी और सुविचारित आलोचना की थी, सभ्यता-समीक्षा की यह प्रवृत्ति बीसवीं शताब्दी के अन्त तक आते-आते खासी शिथिल पड़ गयी है, कम से कम भारत में। अलबत्ता समाजविज्ञान, साहित्य और

दर्शन के क्षेत्र में ऐसे प्रश्नांकन के अभी तक सक्रिय और सशक्त रहने का प्रमाण जब-तब मिलता रहता है। यह नोट करने की बात है कि इस दौरान पश्चिम का अथक प्रश्नांकन कई ऐसे भारतीय बुद्धिजीवी कर रहे हैं, जो स्वयं पश्चिम में रह रहे हैं और जिनमें से कई की पश्चिमी बुद्धि-जगत् में अच्छी जगह बन गयी है। इस सिलसिले में अमर्त्य सेन, गायत्री स्पिवाक चक्रवर्ती, होमी भाभा आदि कई नाम याद किये जा सकते हैं।

इधर ध्यान गया बेल्जियम में कार्यरत एक बुद्धिजीवी एस एन बालगंगाधर के काम पर, ध्यान दिलाया सुकवि कमलेश और मेरे छोटे भाई उदयन वाजपेयी ने। फिर कमलेश जी ने मनोहर द्वारा प्रकाशित उनकी पुस्तक 'द हीदेन इन हिज़ ब्लाइण्डनैस' 2005 की एक प्रति फोटोकापी कर सुलभ करा दी, जिसे आजकल पढ़ रहा हूँ। बालगंगाधर की एक मूल स्थापना यह है कि पश्चिम ने जिस रिलीजन की अवधारणा और व्यवहार विकसित किये, उसे सारे संसार पर लागू कर दिया और इस पर कभी विचार नहीं किया कि रिलीजन एक सार्वभौम घटना नहीं है और कि जिस हिसाब से ईसाईयत, इस्लाम और यहूदी रिलीजन हैं उस हिसाब से हिन्दू, बौद्ध, जैन, शिन्तो आदि रिलीजन नहीं हैं। इस बौद्धिक वशीकरण के पीछे 'दूसरे' को अपने ही हिसाब से देखने और उसे अपना ही एक विकसित-अविकसित, अच्छा या बुरा संस्करण मानने की प्रवृत्ति बद्धमूल रही है। दूसरे का दूसरापन अपनी स्वायत्तता में, अपने में स्वीकार्य नहीं हो पाया। इस बात का भी पश्चिम में कम अहसास रहा है कि दूसरे भी एक ही जैसे नहीं हैं, कि उनमें निर्णायक भिन्नताएँ हैं, कि उनमें परस्पर एक-दूसरे से भी गम्भीर अलगाव हैं, कि उनमें दूसरों से सम्बन्धित या संवादरत होने की अलग-अलग विधियाँ और दृष्टियाँ हैं। यह सीधी-सी सचाई मानने में हिचक रही है कि न हम एक हैं, न वे एक हैं। बालगंगाधर का तर्क यह है कि इस समय समस्या है कि हम किसी तरह इस तरह का अवधारणात्मक ढांचा तैयार करें जो विभिन्नताओं को हिसाब में लें और उनमें एकरूपता लादने की कोशिश न करें। वे कहते हैं कि हम सदियों से विभिन्नताओं के संसार में ही रहते आये हैं : 'कोई भी संस्कृति किसी को क़ैद नहीं करती है।' सवाल यह है कि हम दूसरे का बखान कैसे करें। इस तरह कि दूसरा यह पहचान सके कि यह उसके संसार का वर्णन है। वे तो यह प्रश्न फिलवक़्त नहीं उठाते कि क्या हम अपना बखान भी इस तरह कर पा रहे हैं कि हम ही पहचान पायें कि यह हमारा बखान है, पर हमें यह प्रश्न उठाना ही होगा। हम लगभग दो सदियों से अपना बखान अपनी नज़र से नहीं दूसरों की नज़र से करने की आदत को इस कदर अपना चुके हैं कि हमें अब शायद ही यह याद आये कि हम अपने को दूसरी याने अपनी नज़र से भी देख सकते हैं और दूसरों की नज़र

हमारी सचाई की कई जटिलताओं, पहलुओं को या तो अनदेखी करती है या उन्हें सरलीकृत। एक सभ्यता मुदित मन दूसरों की नजर से अपने को देखे और अपनी नजर से किनारा कर ले, यह बहुत देर तक नहीं चल सकता। बालगंगाधर जैसे बुद्धिजीवी पश्चिम को प्रश्नांकित कर हमें आत्म-प्रश्नांकन की ओर भी ढकेल रहे हैं।

बर्बरता के आगे

इसमें जरा भी सन्देह नहीं है कि नन्दीग्राम में पिछले दिनों जो कुछ हुआ वह सत्ता की गयी खुली, बेशर्म और क्रूर बर्बरता थी। उसमें पुलिस और मार्क्सवादी पार्टी के कार्यकर्ता दोनों ही शामिल थे। हिंसा, हत्या, बलात्कार, अतिचार, अत्याचार आदि सब खुलेआम किये गये। यह थोड़ा विचित्र है कि इस बर्बरता को लेकर हिन्दी लेखकों का एक बड़ा वर्ग चुप रहा आया है। 'वैदिकी हिंसा हिंसा नहीं होती' इस सिद्धान्त का पालन करते हुए शायद उसका मानना है कि अपने वैचारिक सहचरों द्वारा की गयी बर्बरता की अनदेखी करना ही उचित है ताकि उनकी तथाकथित प्रतिबद्धता पर आँच न आये। यह तब जबकि स्वयं बांग्ला के प्रायः सभी शीर्षस्थ साहित्यकारों, बुद्धिजीवियों और कलाकारों ने इस बर्बरता की कड़े शब्दों में निन्दा की है और उसके विरुद्ध सार्वजनिक प्रदर्शनों में खुलकर हिस्सा लिया है। विचार और आचार की बारीकियों और जटिलता से भली-भाँति परिचित इन लेखक-बन्धुओं को याद दिलाना कि विचार और मानवता में से यदि चुनाव का अवसर आये तो मानवता चुनना अधिक साहित्योचित कर्म है कि प्रतिबद्धता और साहस के बीच चुनाव करना हो तो साहस चुनना अधिक लेखकोचित गुण है।

एक और बात इस अवसर पर याद रखना जरूरी है। विचार को अक्सर सत्ता ने भ्रष्ट और विकृत किया है और अन्ततः ऐसी सत्ता अपने आप, अपने ही भार से नष्ट हो जाती है, उस विचार को ही हमेशा के लिए लहूलुहान और दूषित करते हुए। मार्क्सवादी औरों के इतिहास से न सही अपने इतिहास से तो इतना सबक ले सकते हैं, उन्हें तो मार्क्सवादी विचार और सोवियत व्यवस्था के सम्बन्ध और हश्र का ऐतिहासिक सबक याद होगा।

नन्दीग्राम ने एक बार फिर हमारी लोकतान्त्रिक व्यवस्था की सीमाएँ उजागर की हैं। सर्वथा लोकतान्त्रिक ढंग से चुनी गयी सरकार किस कदर लोक की अवज्ञा कर सकती है, निहत्थे लोगों की बिला हिचक गोलियों से

हत्या कर सकती है और फिर भी सत्ता में बदस्तूर बनी रह सकती है। गुजरात में पहले ऐसा हो चुका है। वहाँ एक हत्यारी व्यवस्था बाक़ायदा दोबारा चुनी जाकर सत्तारूढ़ है और धर्मनिरपेक्षता को अपना एक बड़ा आधार बनाने वाली शक्तियाँ केन्द्र में ढाई बरसों से सत्ता में होने के बावजूद उसका बाल भी बाँका नहीं कर सकी है, बल्कि उसके शिकार अल्पसंख्यकों को न्याय और राहत तक नहीं दिला सकती है। इन सबके लिए आवाज़ उठाना लोकतान्त्रिक राजनीति का काम नहीं कुछ ग़ैर-सरकारी संगठनों की जिम्मेदारी बन कर रह गया है। हमारा लोकतन्त्र गुजरात का भीषण नरसंहार भूल चुका है और नन्दीग्राम के नरसंहार पर हमारे ईमानदार प्रधानमन्त्री इतने दिनों बाद कुल इतना कह पाये हैं कि ऐसा नहीं होना चाहिए था। ऐसी हालत में कम से कम लेखक-समाज को तो मानवीय अन्तःकरण की सशक्त आवाज बनकर उभरना चाहिए। विकास के नाम पर तेज आर्थिक प्रगति के नाम पर वंचितों-शोषितों, किसानों की जो बलि अब रोजाना दी जा रही है उसके विरुद्ध आवाज़ बुलन्द करना लेखकों का नैतिक और लोकतान्त्रिक कर्तव्य है। यह खेदजनक है कि हिन्दी लेखक इसमें पिछड़ता नज़र आ रहा है।

चुप्पी का अर्थ

राष्ट्रीय स्वयंसेवक संघ, विश्व हिन्दू परिषद्, बजरंग दल आदि उग्र हिन्दू संगठन और उनके असहिष्णु नेता बरसों से, बिना किसी वैधता, औचित्य या आधार के, अपने को हिन्दुओं का प्रतिनिधि बताकर भारतीय समाज और राजनीति में साम्प्रदायिक हिंसा और शत्रुता, धर्मान्धता आदि फैलाते रहे हैं। आम तौर पर यह माना जाता रहा है कि ये संगठन और उनके नेता सच्ची हिन्दू मानसिकता का प्रतिनिधित्व नहीं करते, कि वे भारतीय सामासिकता को खण्डित करने वाले तत्त्व हैं जिन्हें किसी भी मायने में व्यापक हिन्दू समाज का व्यापक समर्थन कतई प्राप्त नहीं है। लेकिन उनके हिन्दू प्रतिनिधि होने के दावे का हिन्दू समाज किसी मुखरता से खण्डन नहीं करता। भारतीय संस्कृति के नाम पर कितनी ही वैचारिक और धार्मिक विकृतियों के पोषक इन शक्तियों को हिन्दू समाज कोई स्पष्ट देखा जा सकने वाला प्रतिरोध नहीं देता।

दूसरी ओर, उग्र इस्लामी संगठन हैं। वे जब कोई उग्र कार्रवाई करते हैं या इस्लाम की दुर्व्याख्या करते हुए जिहाद आदि बोलने का दुस्साहस करते हैं तो व्यापक मुस्लिम समाज से उनका विरोध मुखर नहीं होता। सव जानते हैं कि हिन्दू समाज की तरह मुस्लिम समाज भी सामान्यतः

इन उग्र तत्त्वों का समर्थक नहीं है। पर उनके समर्थन का अभाव सार्वजनिक रूप से बहुत कम ज़ाहिर हो पाता है।

इसलिए यह कहना सरलीकरण लगते हुए भी अतिशयोक्ति नहीं है कि, कम से कम भारतीय परिस्थिति में, हिन्दू और मुस्लिम दोनों ही समाज अपने उग्र, असहिष्णु और बहुलता-विरोधी तत्त्वों और शक्तियों का मुखर विरोध करने से बचते हैं। ऐसे तत्त्वों को भले वे उनके प्रतिनिधि न हों, वे सहने को तैयार हैं। यह अलग बात है कि ऐसी चुप्पी इन तत्त्वों को और सक्रिय, और संगठित, और उग्र होने का बढ़ावा देती है। ये समाज इतने बेख़बर या भोले नहीं हो सकते कि अपनी चुप्पी की ख़तरनाक परिणतियों को न समझते हों। इसका आशय यह है कि वे जान-बूझकर ऐसी चुप्पी साधे हुए हैं। या कि वहाँ भी अब अभिव्यक्ति की स्वतन्त्रता नहीं रह गयी है। बोलेंगे तो इन शक्तियों से ख़तरा मोल लेंगे। तो अपनी सुरक्षाकामिता में चुप्पी अधिक सुरक्षित है। यह चुप्पी लोकतन्त्र को, भारतीय संस्कृति और उसकी बहुलता और इन समाजों की अस्मिता को संकटापन्न कर रही है। इसकी चिन्ता लगता है किसी को नहीं है। होती तो अब तक दोनों ही समाजों में वैकल्पिक और अधिक प्रतिनिधि और उदार और मुखर-सक्रिय नेतृत्व उभर चुका होता।

अभद्र राजधानी

ऐसा शायद कोई सार्वजनिक स्पेस नहीं है जिसमें हमारी सुरसा बढ़ती राजधानी दिल्ली और सब शहरों से कहीं अधिक अभद्र सिद्ध न होती हो। यातायात हो, सार्वजनिक कर्मियों का व्यवहार हो, चिकने-चुपड़े क्लबों और महफ़िलों में व्यवहार हो सब पर अभद्रता की गहरी छाया होती है। पता नहीं संसार की जनसंख्या के मान से सबसे बड़े लोकतन्त्र में सौजन्य का इतना अभाव क्यों है : बिजली और पानी की कमी पर दिल्लीवासी काफ़ी झींखते हैं, और उनका ऐसा करना बिल्कुल बजा है, लेकिन अपनी सौजन्यहीनता पर कभी ठिठककर एक पल सोचते हों इसका कोई प्रमाण ज़ाहिर नहीं है।

यातायात लें : दिल्ली में जितनी कारें आदि हैं वे बाक़ी तीन मेट्रो यानी मुम्बई, चेन्नई और कोलकाता में कुल मिलाकर जितने वाहन हैं उनसे कहीं अधिक हैं। दिल्ली में सभी अधीर जल्दी में होते हैं और किसी भी तरफ़ से आगे जाने पर हमेशा उतारू। किसी लाल बत्ती पर आप खड़े हों तो यह दृश्य आम है कि दोनों तरफ़ से वाहन, ख़ासकर दुपहिये,

निकलकर आपके वाहन को लगभग सांसत में डाल देंगे। टैक्सी या ऑटोरिक्शा लीजिये तो भाड़े पर झगड़ा होना तय है : मुम्बई या कोलकाता में टैक्सी लीजिए तो भरोसा रहता है कि सीधे रास्ते ले जायेगा और भाड़े में हेराफेरी नहीं करेगा। ऐसा भरोसा दिल्ली में बिल्कुल नामुमकिन है।

दिल्ली सरकारी शहर है और यहाँ बड़ी संख्या में सरकारी मुलाज़िम रहते हैं। किसी सार्वजनिक दफ़्तर में किसी काम के लिए जाइये : वहाँ का कर्मचारी या अधिकारी कड़क ढंग से सौजन्यहीन तरीक़े से व्यवहार करेगा और बोलेगा। आप खड़े रहें इसकी परवाह किये बिना आपस में बात करता या चाय पीता रहेगा। मदद करने के बजाय अड़चन पैदा करना जैसे उसका कर्तव्य है। कुछ चाय-पानी के लिए रुपयों की पूरी अश्लीलता से आशा करेगा।

इण्डिया इण्टरनेशलन सेण्टर एक अभिजात क्लब है। वहाँ हर मेज़ पर लिखा होता है कि आहिस्ता बोलिए। लेकिन वहाँ, खासकर नव-धनाढ्य वर्ग के लोग, जिनकी संख्या सेण्टर के अपेक्षाकृत रूढ़ नियमों के बावजूद आश्चर्य और खेदजनक रूप से बढ़ती गयी है, पूरे रसरंजित उत्साह से बोलते रहते हैं, लगभग शोर पैदा करते हुए। कई आयोजनों में राजपुरुष आमन्त्रित होते हैं जो अक्सर देर से आते हैं और सामने की पंक्ति में बैठकर लगातार बातें करते रहते हैं। सबसे अधिक सड़क-दुर्घटनाएँ दिल्ली में घटती हैं और उनके प्रति साधारण नागरिकों की सबसे उदासीन असंवेदनशीलता के भी दर्शन यहीं होते हैं। बस्तियों में सड़कों को आवागमन के लिए ग़ैरक़ानूनी ढंग से सँकरा करते हैं वे वाहन जो उनके दोनों ओर रात के लिए पार्क कर दिये जाते हैं जिनमें कई निजी बसें भी होती हैं। मुफ़्त पार्किंग की जगहों में दादागिरी करके, ग़ैरकानूनी फ़ीस वसूली खुलेआम होती है। नयी सड़कें बनती हैं तो पहली बरसात में ही उनमें गड्ढे हो जाते हैं। सचिवालय संहिता में स्पष्ट नियम होने के बावजूद किसी मन्त्री या मन्त्रालय को चिट्ठी लिखिए तो उसकी पावती कभी नहीं आती, उत्तर तो दूर। कम से कम दिल्ली के बारे में यह सामान्यीकरण करने का पर्याप्त आधार है कि उसमें धन-दौलत, शान-शौकत, ताक़त जितनी बढ़ती गयी है, उतनी ही अभद्रता, असौजन्य और दुराचार भी बढ़ता गया है।

अन्तर्विरोध और विडम्बनाएँ

यों तो मानवीय स्थिति अपने आप में अन्तर्विरोधपूर्ण और विडम्बनाग्रस्त

है और इसलिए उसे सरलीकृत या सामान्यीकृत करने के प्रयत्न अकसर विफल या अपर्याप्त सिद्ध होते हैं। पर लगता है कि अन्तर्विरोधों और विडम्बनाओं का बोझ भारत के हिस्से कुछ अधिक आया है। ऐन इस समय भारतीय समाज, राजनीति, अर्थतन्त्र, शिक्षा, संस्कृति, धर्म, मीडिया आदि सभी अन्तर्विरोधों और विडम्बनाओं से बजबजाते लगते हैं। भारतीय बौद्धिक परम्परा के बारे में यह कहा जाता रहा है कि वहाँ किसी एक विचार का कभी वर्चस्व नहीं होने दिया गया : जैसे ही एक नया विचार पनपा, उसका प्रतिविचार भी सामने आ गया। इन दिनों हम संवैधानिक रूप से धर्मनिरपेक्ष हैं और आम लोगों की ज़िन्दगी से धार्मिकता की गहरी पैठ के बावजूद दूसरे धर्मों के लिए आदर है। लेकिन इस धर्मनिरपेक्षता को ध्वस्त करने के लिए उतारू और सक्रिय बड़े राजनैतिक दल हैं, तथाकथित संघ और संगठन हैं और उन्हें भी धीरे-धीरे कुछ न कुछ जनमान्यता मिलती गयी है।

हमारी जातीय परम्परा और स्मृति विराट् है लेकिन हम इसके बरक्स अपने इतिहास और संस्कृति की औपनिवेशिक दुर्व्याख्याओं के अब तक प्रभाव में हैं। आधुनिकता की अन्धी दौड़ के साथ-साथ अन्धविश्वासों का भूगोल भी बढ़ता जाता हैं हम कहने को बड़े आध्यात्मिक देश हैं—और इसमें शक नहीं कि भारतीय अध्यात्म का संसारव्यापी प्रभाव और महत्व है—लेकिन हमसे नीचट भौतिकतावादी समाज मिलना मुश्किल है : जैसे-तैसे रुपया बनाने और हड़पने का बड़ा दौर चल रहा है। भारतीय लोकतन्त्र जल्दी ही अपनी स्थापना के छः दशक पूरे कर लेगा! एशिया में उसकी लोकतान्त्रिक व्यवस्था एक अनूठी मिसाल है। लेकिन साथ ही संसार के भ्रष्ट देशों की सूची में हमारा नम्बर काफ़ी ऊँचा है और हमारी राजनीति में परिवारवाद-जातिवाद आदि का बोलबाला है; व्यवस्था लोकतान्त्रिक, मानसिकता सामन्तवादी। हाल ही में एक दलित महिला ने देश के सबसे बड़े राज्य में अभूतपूर्व लोकतान्त्रिक विजय हासिल की और दिल्ली की कुरसी पर भविष्य में काबिज होने की कोशिश करने की अपनी आकांक्षा पूरी बेबाकी से व्यक्त की। पर उसी के पास पचास करोड़ से अधिक की सम्पत्ति है, जिसका अधिकांश पिछले कुल तीन सालों में जमा किया गया है। लाखों रुपयों की फ़ीस लेकर विश्व-समादृत शिक्षा देनेवाले आइइटी और आइएम भी हमारे यहाँ हैं और सार्वजनिक शिक्षा-व्यवस्था ऐसी है कि उससे निकले अधिकांश युवक दो जून की रोटी ईमानदारी से नहीं कमा सकते। हम संसार का सम्भवतः सबसे भाषा-बहुल देश हैं और हमारी कई भाषाओं की परम्परा एक हज़ार साल या उससे अधिक पुरानी और समृद्ध है। लेकिन आज हम उनकी उपेक्षा कर अंग्रेज़ी के नये साम्राज्यवाद के वफ़ादार नागरिक बनने की होड़ में हैं और मातृभाषावंचित समाज होने जा रहे हैं। हाल ही में हुए गुर्जर आन्दोलन, डेरा सच्चा सौदा

के विरुद्ध अभियान आदि प्रमाण हैं कि हम ज़रा से उकसावे पर ख़ून-ख़राबे, हिंसा, तोड़फोड़ पर उतर आकर सार्वजनिक जीवन और सम्पत्ति को नुकसान पहुँचाने में ज़रा भी संकोच या देर नहीं करते। हमारे अत्याधुनिक साधनों और चमक से भरपूर मेट्रों शहर अपराध और हिंसा की राजधानियाँ भी हैं। हिन्दी भाषियों की जनसंख्या सबसे बड़ी है औ उसमें साहित्य के पाठक सबसे कम। हमारे मीडिया पर 'शाइनिंग इण्डिया', उसके नाज़-नखरे और काम इतना स्पेस ले रहे हैं कि अँधेरे भारत के लिए जगह सिकुड़ रही है। ऐसा कोई धर्म नहीं है जो कई अर्थों के पड़ोस में रहने और संवादरत होने की लम्बी परम्परा के बावजूद, असहिष्णु और उग्र न हो गया हो।

यह विवरण लम्बा चल सकता है : ऐसा कोई क्षेत्र अब नहीं बचा है जिसमें अन्तर्विरोध और विडम्बना न हो। यह कहा जा सकता है कि बुनियादी मानवीय स्थिति का भारत से बेहतर और प्रामाणिक रूपक कोई और नहीं है।

ठिठकने की विधा

कुछ बरस पहले हमने नहीं सोचा था कि जिन्दगी की रफ़्तार इस कदर तेज हो जायेगी। हालत यह है कि हर चीज बेहद तेजी से आती-जाती नज़र आती है। हम सब गति के एक भयानक भँवर में फँस गये लगते हैं : जो उसमें उतना ही गतिशील न हो, उसके लिए मानों कोई जगह नहीं बची। सब कुछ लगातार चल रहा है : जो उसमें शामिल न हो पाये, उसे कहीं ठौर नहीं। सारी क्रियाएं अपनी गतिशीलता के चरम पर पहुँच कर ही मानों अब सार्थक हो सकती हैं! खाना-पीना, चलना-फिरना, पढ़ना-लिखना सब कुछ जल्दी-जल्दी हो ऐसी मानसिकता का बोलबाला है। सब कुछ भागता नज़र आता है और जो इस भाग-दौड़ में शामिल नहीं है, वह पिछड़ रहा है, ऐसा माना जा रहा है। यों आगे चलने वाले हमेशा ही यह सोचते रहे हैं कि जो हमारे साथ नहीं है, वह पीछे पड़ जायेगा। इस बार फ़र्क यह है कि आगे चलने वालों की संख्या लगभग अपार हो गयी है।

इस आपाधापी में, कई हल्कों में यह माना जा रहा है कि साहित्य के सामने कोई और विकल्प नहीं बचा है : उसे भी इसी तरह 'प्रगतिशील होना होगा, अन्यथा वह एक पिछड़ी विधा माना जाकर इतिहास के घूरे पर फेंक दिया जायेगा। इस हड़बड़ी का एक पूरा शास्त्र ही विकसित

कर लिया गया है। इतिहास के हाशिये पर ढकेल दिये जाने से साहित्य खास घबराता नहीं है क्योंकि उसे वहाँ रहने का पूर्वाभ्यास है। उसकी आकांक्षा इतिहास के केन्द्र में रहने या सबसे आगे चलने की बहुत कम रही है : उसका लक्ष्य तो मनुष्य का साहचर्य रहा है और उससे अव विरत होने का कम से कम उसके सामने कोई कारण नहीं है।

शायद यह कहने की ज़रूरत है कि हमारे समय में साहित्य ठिठकने की विधा है। जब सब बहुत तेज़ी से, और अकसर लगभग लक्ष्यहीन, सिर्फ़ तेजी के लिए ही भाग रहे हों, तब किसी के पास तो यह समझ और धीरज होना चाहिए कि वह किसी मुकाम पर ठिठके और अपनी स्थिति और गतिशीलता का हिसाब ले, उसके बारे में सवाल पूछे और विचार करे। कुछ इसका भी अन्दाज़ लगाये कि इस तेजी में क्या है जो व्यर्थ ही झर और नष्ट हो रहा है। कुछ उनका भी खयाल करे जो इस दौड़ में पीछे पड़ गये। कुछ उनकी ख़बर ले जिन्हें इस दौड़ में शामिल होने का मौका ही नहीं मिला। जब हृदय बहुत तेजी से धड़क रहा है, जो तेजी से भाग रहा है उसका हृदय ऐसा धड़केगा ही तब अन्तःकरण है जो अपेक्षाकृत स्थिर और शान्त रहता है। वह ठिठका रहता है। साहित्य समाज का इस तरह ठिठका अन्तःकरण है, वह उसकी स्थगित मानवीयता है। ठिठकने का अर्थ विजड़ित होना नहीं है यह तो स्पष्ट होना चाहिए। इस विडम्बना को भी देखा जाना चाहिए कि समाज का एक गतिशील हिस्सा अपनी तेजी में अपने अन्तःकरण को गँवाने से व्यथित नहीं होता। साफ़ देखा जा सकता है कि इन दिनों ऐसा बहुत कुछ चिकने-चुपड़े हल्कों में घट रहा है जो इसका सुबूत है कि उसे अपने पिछड़ गये अन्तःकरण की कोई परवाह नहीं रह गयी है न ही कोई पछतावा।

प्रार्थना और प्रतिरोध

चार छबियाँ सामने हैं : पहली महात्मा गाँधी की प्रार्थना-सभा की जो आज भी प्रति दिन सेवाग्राम में सुबह और शाम साढ़े पाँच बजे होती है और जिसमें संसार के सभी प्रमुख धर्मों के ग्रन्थों से पाठ होता है—शायद ही दुनिया में रोज़ और कहीं ऐसा होता हो। गाँधी जी ने प्रार्थना-सभा के माध्यम से ही अध्यात्म को रैडिकल बनाने परतन्त्रता और विदेशीकरण का, हिंसा का, धार्मिक कट्टरता और साम्प्रदायिक विद्वेष, छुआछुत का प्रतिरोध करने के लिए एक तरह से लोकतान्त्रिक स्पेस थी। दूसरी छबि मार्टिन लूथर किंग के उद्‌बोधनों की है, जिसने अमरीकी समाज में सिविल अन्तःकरण को जगाते हुए समता की ओर प्रवृत किया और तब तक

चालू भेदभाव के प्रतिरोध के रूप में इस्तेमाल किया। तीसरी छबि दलाई लामा की है जो तिब्बती धर्मगुरु हैं जो अपनी मौन प्रार्थना और लगभग ट्रैजिक मुस्कान से अपने देश के अपहरण का प्रतिरोध करते रहे हैं। चौथी ताज़ा छबि मयनमार में स्वतन्त्रता और लोकतन्त्र की बहाली की माँग करते बौद्ध भिक्षुओं की लम्बी कतारों की है, जिसे वहाँ के सैन्य शासन ने बर्बरता से कुचलने की चेष्टा की है।

एक सच्चे आधुनिक की तरह गाँधी जी ने परम्परा को प्रश्नांकित किया और आगे भी बढ़ाया। उनके प्रश्नांकन की गाथा विस्तार से कई तरह से कही जा चुकी है। पर भक्ति काल ने अध्यात्म की मुक्ति और जनतान्त्रिकीरण की जो प्रक्रिया शुरू की थी उसे उन्होंने आगे बढ़ाया। परम्परा में एक गाँधी-परिवर्द्धन यह कहा जा सकता है कि उन्होंने व्यक्तिगत मुक्ति का सामूहिक स्वतन्त्रता में कायाकल्प किया। कबीर की इस उक्ति का कि 'जो-जो करूँ सो पूजा' गाँधी जी ने लगभग अक्षरशः पालन किया : उनसे बड़ा धार्मिक कोई नहीं था, लेकिन सेवाग्राम में कोई मन्दिर नहीं था और स्वयं गाँधी जी अपने उत्तरकाल में कभी मन्दिर आदि नहीं जाते थे। उनका आग्रह रहा कि उस आस्था का कोई मतलब नहीं जो आचरण में उतारी न जा सकती हो। वे यह मानने को तैयार नहीं थे कि आध्यात्मिक नियम अपने अलग क्षेत्र में लागू होते हैं। उनका इसरार था कि अध्यात्म रोज़मर्रा की ज़िन्दगी की गतिविधियों में ही प्रगट होता है और इसलिए उसका प्रभाव आर्थिक, सामाजिक और राजनैतिक क्षेत्रों में पड़ता है। गाँधी जी धर्मों के लोकतान्त्रिक समकक्षता में भी गहरा विश्वास करते थे। उन्होंने तो यह तक कहने का साहस किया था कि सभी धर्म सच्चे हैं, लेकिन सभी अधूरे हैं।

कई बार लगता है कि पिछली एक शताब्दी प्रायः सभी धर्मों के पतन और ह्रास की शताब्दी रही है। इस दौरान सभी धर्म हिसंक, आक्रामक और असहिष्णु स्वयं अपनी बहुलता से विमुख हुए हैं। कभी अदम्य सर्जनात्मकता दिखाने और उपजाने वाले धर्म इस दृष्टि से बेहद विपन्न हो चुके हैं। इस सन्दर्भ में गाँधी धार्मिक आस्था की सर्जनात्मकता और क्रान्तिकारिता का शायद अन्तिम मुकाम सिद्ध होते हैं। उन्होंने भारतीय परम्परा से, भक्ति और निर्गुण से निर्भयता का जो उपहार पाया था उसे कई गुना फैलाकर उन्होंने भारतीय जन को दिया। अपने समय में गाँधी जी ने भारतीयों को जितना असिंहक और निर्भय बनाया उतना किसी और ने नहीं। भारतीय इतिहास में अगर निर्भयता की गाथा लिखी जायेगी तो उसमें गाँधी-अध्याय बेहद उजला अध्याय होगा।

तुलसीदास के रामराज्य का अपने समय में नया राजनैतिक और लोकतान्त्रिक अर्थ देनेवाले गाँधी जी राम-भक्त थे, इसमें शक नहीं। लेकिन

उनकी धार्मिक कर्मकाण्ड से मुक्ति और निर्भयता उन्हें निर्गुण की परम्परा में अवस्थित करती है। कई मायनों में वे बीसवीं सदी के कबीर थे। उनमें 'अनभै साँचा' और 'अनभै बानी' एक साथ थे। कबीर की तरह निर्भय होकर उन्होंने धर्मों की आलोचना की, आत्मा और अन्तःकरण पर आग्रह किया समता पर ज़ोर दिया, पारदर्शी जीवन जिया और कहा कि 'मेरा जीवन ही मेरा दर्शन है'। संगीतकार कुमार गन्धर्व ने गाँधी जी की जन्मशती के अवसर पर एक नया राग 'गाँधी मल्हार' रचा था। उसकी एक बन्दिश में गाँधी को 'अन्तर में एकाकी' कहा है। सब जानते हैं कि गाँधी जी कई बार 'बहुरि अकेला' की स्थिति में पहुँचे और जिस दिन देश आज़ाद हुआ वे सम्भवतः सबसे अकेले थे।

जबलपुर में साहित्य-कला-विनोद

हरिशंकर परसाई के निधन के बाद जबलपुर कम से कम साहित्यिक दृष्टि से उजड़-सा गया है। उसमें अब हनुमान प्रसाद वर्मा, ज्ञानरंजन, मलय और अमृतलाल वेगड़ के अलावा कोई नहीं बचा है, जिससे मिलने का कोई उत्साह मन में जगे। यह विडम्बना से कुछ कम नहीं है कि परसाई जी और 'पहल' जैसी अच्छी पत्रिका के बावजूद वहाँ युवा पीढ़ी के कोई ख़ास उल्लेखनीय लेखक नहीं उभर पाये हैं।

जबलपुर में भारत सरकार ने भारतीय सूचना प्रौद्योगिकी अभिकल्पन एवं विनिर्माण संस्थान स्थापित किया है, जिसने अपनी स्थापना के दो बरस होने के साथ-साथ इस बरस से रवीन्द्रनाथ ठाकुर स्मृति व्याख्यानमाला शुरू की है। उसके अन्तर्गत दो व्याख्यानों में 'साहित्य क्यों' हिन्दी में और 'कला क्यों' सुनने का सुयोग मिला। पहला सार्वजनिक व्याख्यान था, जिसमें सौभाग्य से छात्रों-अध्यापकों के अलावा शहर के कुछ सुधी श्रोता भी थे। दूसरा सिर्फ छात्रों-अध्यापकों के लिए था। जो युवा प्रतिभाशाली होते हैं वे भले ही टेक्नोलाजी के छात्र क्यों न हों ऐसे विषयों के प्रति उनमें जिज्ञासा होती है और वे अच्छे प्रश्न भी बाद में पूछते हैं। जबलपुर में भी यह हुआ।

साहित्य की ज़रूरत रेखांकित करते हुए यह कहना ज़रूरी लगा कि वह हमारे जनाकीर्ण समय में हमें अपना आत्यन्तिक एकान्त लौटाता और उसी के साथ समुदाय से जोड़ता है। चूँकि उसका सच साझा सच है जिसकी रचना में पाठक-रसिक का भी हिस्सा है, वह दूसरों से फैसला देने की अधीरता से हमें थामता है और भाषा की अपार सम्पदा की चौकीदारी करता है। हमारे समय में साहित्य एक साथ प्रतिरोध, प्रश्नांकन

और अन्तःकरण की विधा है। वह व्यक्ति और समाज के द्वन्द्व और सहकार का चौगान, मनुष्य के बदलाव और टिकाऊपन का घर, मूल्यों के टकराव की रंगभूमि और नैतिक सन्देहों और अन्तर्विरोधों की प्रश्नभूमि है। सच में बिंधा होकर साहित्य सपने देखता है और सपने से हमें सच की ओर वापस ले जाता है।

कला की ज़रूरत पर बात करते हुए लगा कि वे चिन्तनशील, विचारशील और भाव-प्रवण स्पेस रचती हैं। रोज़मर्रा की हिंसा, निरन्तर टूट-फूट और तबाही के बरक्स कलाएँ मौन और सम्बन्ध का स्पेस प्रस्तावित करती है। उनमें छोटे से छोटे सच या सच्चाई का महत्त्व है। वे उसे ख़राब नहीं जाने देतीं। एक ऐसे समय में जब हमारा इन्द्रिय-बोध लगातार क्षरित हो रहा है। कलाओं के सम्पर्क में हम अधिक देखते, अधिक सुनते, अधिक महसूस करते हैं। भारतीय कलाओं में, विशेषतः उसके संगीत और नृत्य में, ऐन्द्रिय और आध्यात्मिक के बीच बेहद नाजुक पर अचूक सन्तुलन होता आया है : कलाएँ अपना अध्यात्म अपनी ऐन्द्रियता से ही पाती है। कलाएँ हमें जीवन कैसे बसर करना चाहिए इसकी कोई शिक्षा नहीं देती। लेकिन वे हमारी मनुष्यता को पूर्णतर, अधिक सजग, अधिक उत्सुक और अधिक संवेदनशील बनाती है और हमें स्वतन्त्र छोड़ती हैं कि हम अपनी राह खुद चुनें, अपना अन्तःकरण खुद गढ़ें। वे समय को समयातीत से जोड़ती हैं, पड़ोस को ब्रह्माण्ड से अन्तर्ध्वनित करती हैं और हमें आत्म-विस्तार देती हैं। वे हमें आत्म की नगण्यता के अहसास से उबारकर आत्मबोध देती है और इतना भी यहाँ पर कम नहीं है, जैसा कि किसी ने कहा है।

अनोखा पाठ

पाठ की बहुलता अब एक व्यापक रूप से मान्य अवधारणा है : सभी मानते हैं कि किसी भी रचना को पढ़ने की कई विधियाँ होती हैं और हर विधि रचना को पढ़ते हुए उसमें कुछ नया और अप्रत्याशित खोज-पा सकती है। यह और बात है कि बावजूद इसके, हिन्दी आलोचना में पाठ की विविधता कम ही नज़र आती है। कुछ बने-बनाये विचार और अवधारणाएँ हर कहीं थोपने का इतना उत्साह दृश्य में है कि एक ही रचना को कई तरह से पढ़ने का साक्ष्य बहुत कम मिलता है।

दार्शनिक रामचन्द्र गांधी ने 3 अप्रैल 07 को इण्डिया इन्टरनेशनल सेंटर नयी दिल्ली के भरे सभागार में निर्मल वर्मा के जन्मदिन पर उनकी कहानी

'कव्वे और काला पानी' का लगभग एक घण्टे के व्याख्यान में जो पाठ किया, वह एक साथ एक साहित्य-रसिक और चिन्तक का पाठ था। कुछ को वह अति-पाठ भी लग सकता है और कुछ का खयाल बना कि उसमें रामचन्द्र गांधी और निर्मल वर्मा के लम्बे अन्तरंग सम्बन्धों की छाया अधिक थी। कैसे एक कहानी को, यानी एक साहित्यिक कृति को हमारे समय में सभ्यता-समीक्षा के रूप में पढ़ा जा सकता है, इसका यह पाठ अद्भुत नमूना था। चरित्रों, कहानी में प्रयुक्त बिम्बों और उक्तियों को रामचन्द्र गांधी ने उनके सामाजिक आशयों और अन्तर्ध्वनियों में बहुत कल्पनाशीलता और सतर्कता से पकड़ने-गूँथने की कोशिश की। कहानी के शुद्ध वर्णनात्मक रूप को कैसे एक वैचारिक और आध्यात्मिक बेचैनी की गाथा के रूप में बदला जा सकता है, इसका यह तेजस्वी व्याख्यान बेजोड़ उदाहरण था। रामचन्द्र जी ने कहानी को महर्षि रमण के दर्शन, विंसेण्ट वैन गाग के एक प्रसिद्ध चित्र, तालस्ताय आदि से जोड़कर यह भी साबित किया कि वे निरे नीरस दार्शनिक भर नहीं, बल्कि कलानुरागी चिंतक हैं। कहानी को लगभग कविता की तरह ध्यान और संवेदना से पढ़ते हुए निर्मल वर्मा के लगभग महाकाव्यात्मक विजन को उन्होंने बहुत विस्तार से विन्यस्त किया। दिलचस्प बात यह है कि रामचन्द्र गांधी ने 1989 में इसी कहानी पर आधारित एक व्याख्यान दिया था, जो बाद में 'पूर्वग्रह' में प्रकाशित हुआ और राजकमल प्रकाशन द्वारा प्रकाशित पुस्तक 'निर्मल वर्मा' में संग्रहीत है, उससे यह ताज़ा व्याख्यान काफ़ी अलग था, लगभग एक नया पाठ। साहित्य को पढ़ना किसी न किसी स्तर पर अपने को भी पढ़ना है। रामचन्द्र गाँधी ने निर्मल को पढ़ते स्वयं को भी पढ़ा। उन्होंने कभी निर्मल को सीधे सम्बोधित भी किया, उनकी किसी स्मृति को बहुत मार्मिक ढंग से जोड़ा भी।

यह नोट करने की बात है कि इस अवसर पर बड़ी संख्या में श्रोता उपस्थित थे हालाँकि हिन्दी के कई वारिष्ठ नामचीन लेखक नहीं आये. ..ज़ाहिर है कि अन्यथा कुछ बेहतर करने में व्यस्त रहे होंगे। पाकिस्तान के लेखक किश्वर नाहीद और आसिफ़ फारुख बिना न्यौते के वहाँ थे। दार्शनिक मृणाल मिरी, इतिहासकार रामचन्द्र गुहा, मोनिका दत्त, अनेक चित्रकार, संगीतकार और नर्तक भी थे। अगर कोई उस शाम किसी क्लैसिक के पाठ में अन्यत्र रत न रहा हो तो कम से कम दिल्ली में उस शाम इस व्याख्यान से अधिक विचारोत्तेजक और मार्मिक, साहित्य के सन्दर्भ में, कुछ और नहीं हो रहा था।

'इसीलिए ऊँचाई है'

शरद् आते ही दिल्ली में सेमिनारों का सिलसिला तेज हो जाता है। पिछले एक महीने में रूसी, चीनी और अब जापानी साहित्य और संस्कृति पर केन्द्रित सेमिनारों में भाग लेने का मौक़ा मिला। दिल्ली विश्वविद्यालय के पूर्वी एशिया अध्ययन विभाग ने जापान फाउण्डेशन आदि के सहयोग से जो सेमिनार किया उसमें जापानी कविताओं के हिन्दी अनुवाद की एक पुस्तिका भी प्रकाशित की गयी। हिन्दी के कई कवि केदारनाथ सिंह, प्रयाग शुक्ल, गंगाप्रसाद विमल, मंगलेश डबराल, विनोद भारद्वाज, त्रिनेत्र जोशी आदि द्वारा अंग्रेजी या कुछ सहायता लेकर सीधे जापानी से किये गये ये अनुवाद जापानी कविता का एक अच्छा-खासा संचयन प्रस्तुत करते हैं। उन्हें अलग से पुस्तकाकार प्रकाशित करना उपयुक्त होगा।

इशिकावा ताकुबोकु विशेषतः ताङ्का शैली में महान् कवि माने जाते हैं। वे कुल 26 बरस जिये। उनकी छोटी कविताओं के हिन्दी में अवतरण की बानगी देखिए :

नीले पारदर्शी
दुःखों के रत्न में सिर रखकर
सुनता हूँ चीड़ की सनसनाहट रात भर

(अनु. : केदारनाथ सिंह)।

प्रिय से बिछोह के कई बरस गये बीत
बरस-दर-बरस वह होती जाती और भी प्रिय
प्रिय प्रिय ओह मेरी प्रिय।

(अनु. : मंगलेश डबराल)।

पैरों ने छुई धरती पैतृक गाँव की
जाने क्यों, पाँव हुए हलके
जबकि हृदय हुआ भारी

(अनु. : प्रयाग शुक्ल)।

जाते हुए अपने गाँव के स्टेशन की ओर
नदी के किनारे
अखरोट के पेड़ की जड़ से टीपा मैंने एक कंकड़

(अनु. : त्रिनेत्र जोशी)।

आरेची नामक एक काव्य सम्प्रदाय के प्रमुख कवि तामुरा रयूइचि का मूल जापानी से हिन्दी अनुवाद का राजेन्द्र धस्माना द्वारा किया एक अंश

यां है :

आसमान चिड़िया के लिए है
वह आसमान से ही तो गिरती है
खिड़की चीख़ के लिए है
चीख़ वहीं से प्रवेश करती है।

पता नहीं क्यों ऐसा होता है
मैं तो केवल महसूस करता हूँ कि ऐसा ही होता है
चिड़िया गिरती आती है इसीलिए ऊँचाई है
चीख सुनाई देने का मतलब
किसी चीज़ का बन्द होना है

आइआईटी के एक छोटे से सभागार में इनमें से कुछ कविताओं का पाठ कुछ हिन्दी कवियों ने किया। उसके बाद हुई अनौपचारिक चर्चा में यह सुझाव आया कि 2007 में जब भारत और जापान एक-दूसरे के यहाँ बड़े उत्सव आयोजित करने जा रहे हैं, तब दोनों देशों की कविता और कवियों को भी उसमें उचित स्थान मिलना चाहिए। अनुवाद आदि की कार्रवाई अभी शुरू कर देना चाहिए। ताकि उस समय कम से कम दो पुस्तकों का प्रकाशन हो सके।

एक अनोखी पहल

दो महीने पहले जब एक दिन कथाकार-मित्र चित्रा मुद्गल ने महिलाओं की एक संस्था 'अभिव्यक्ति' में आने और अपनी एक पुस्तक के बहाने कविताएँ पढ़ने और चर्चा करने का न्योता दिया तो इसका रत्ती भर अन्दाज़ नहीं था कि यह अनुभव इतना अनोखा और मार्मिक होने जा रहा है। यों तो कविता पर, मेरी कविता पर तो और भी, हमेशा ही बादल घिरे रहते हैं पर इस बार तो वे बरस भी रहे थे और गुलमोहर पार्क स्थित श्रीमती आदर्श जैन के घर इस बैठक के लिए जाते हुए यह आशंका घिर रही थी कि पता नहीं कितने लोग आएँगे। लेकिन तीस से अधिक महिलाएँ एकत्र हुईं। चित्रा जी के अलावा अनामिका और तेजी ग्रोवर भी थीं।

प्रथा यह है कि संस्था की सभी सदस्याएँ उस बैठक में आमंत्रित लेखक की किसी पुस्तक की एक-एक प्रति लगभग महीने भर पहले खरीदकर पढ़ती हैं। बैठक में अपनी प्रतिक्रियाएँ और प्रश्न सामने रखती हैं।

नतीजतन मुझे अपने कविता संग्रह 'समय के पास समय' की लगभग तीस प्रतियों पर हस्ताक्षर करने का सुयोग मिला। लगभग तीन घण्टे की बैठक बहुत आत्मीय क़िस्म की थी। अभी तक की बैठकों में गद्य की पुस्तकों पर ही विचार किया जाता रहा था : इस बार पहली बार कविता थी। आधुनिक कविता के प्रति जो आम पूर्वग्रह होते हैं उनसे ये भद्र महिलाएँ अछूती न थीं, पर जो बात असाधारण थी कि वे सभी गृहणियाँ हैं और फिर भी आधुनिक कविता को समझना-सराहना चाहती हैं। ज्यों-ज्यों हमारी बातचीत बढ़ती गयी त्यों-त्यों उनमें से कई का यह अहसास बढ़ता गया कि आज की कविता उसी ज़िन्दगी को लेकर है, जिसमें हम सब रोजमर्रा जीते, झींखते और मरते हैं। उनमें से कई को लगा कि कविता का एकान्त, बल्कि कविता जिस एकान्त में उन्हें बरबस ले जती है वह एकान्त, उन्हें जीवन से काटता या दूर नहीं करता बल्कि उसे समझने-सहने के कुछ नज़दीक ही ले आता है।

यह संस्था भारतीय ज्ञानपीठ के आदि-निदेशक श्री लक्ष्मीचन्द्र जैन की साहित्य-प्रेमी पत्नी श्रीमती कुंथा जैन ने शुरू की थी। बाद में वयोवृद्ध हो जाने के कारण उन्होंने उसे चित्रा जी को सौंप दिया। दिल्ली में वैध-अवैध इतनी सारी बस्तियाँ हैं : उनमें रहनेवाली लाखों गृहणियों के पास निश्चय ही इतना समय और साधन है कि वे उसका एक बहुत छोटा हिस्सा साहित्य के लिए ख़र्च कर सकें। अगर ऐसी संस्थाएँ हर मुहल्ले बल्कि हर हाउसिंग सोसायटी में बन-चल सकें तो सहित्य का भला तो ख़ैर होगा ही, हमारी नागरिकता की सांस्कृतिक साक्षरता भी थोड़ी बढ़ेगी। इसकी एक पहल स्वयं दिल्ली में रहनेवाले लेखकों की पत्नियों द्वारा अपने मुहल्लों में की जा सकती है। अगर वे अपने पति के साहित्यिक व्यसन से तंग न आ गयी हों!

जयपुर में साहित्य प्रेम

जयपुर में जैसलमेर से जब 20 जनवरी, 07 की बड़ी सुबह पहुँचा तो जयपुर साहित्य समारोह का दूसरा दिन था और उसका सुबह दस वजे से होने वाला सत्र कलाविद् अमन नाथ और मेरे जिम्मे था। मुझे कविताएँ पढ़नी थीं और उन्हें मुझसे बातचीत करनी थी। उनका कवि भी जाग गया और उन्होंने भी अपनी कुछ रचनाएँ अंग्रेजी में पढ़ीं। इस सबमें समय बीत गया और बात कुछ कम हो पाई उतनी सुबह, ठंड के बावजूद, कुछ श्रोता आ गए थे और कुल मिलाकर अनुभव सुखद ही रहाः बाद में कई लोग मिले, कुछ छात्र-छात्राएँ भी, जिनमें से कई कविता के बारे

में प्रश्नाकुल थे। बुलबुल शर्मा, केकी दारूवाला और सुदीप सेन को छोड़कर कोई अंग्रेजी का लेखक तब तक वहाँ नहीं आ सका था। डिग्गी महल के उस हॉल में, लेकिन, ज्यादातर अंग्रेजी के पाठकों और चर्चाओं में श्रोताओं की अच्छी-खासी भीड़ रहीः हॉल तो भर ही जाता था, सलमान रशदी से बातचीत के समय तो जितने हॉल में थे उतने ही बाहर। अच्छी बात यह थी कि श्रोताओं में धवलकेशों और अधेड़ों के अलावा युवाओं की संख्या भी कम नहीं थी। उनके बीच लेखकों में ऑटोग्राफ लेने की स्पर्धा-सी चल रही थी। रशदी, सुकेतु मेहता, किरण देसाई आदि से श्रोताओं ने जिस उत्साह और उत्सुकता से प्रश्न किए या उन पर टिप्पणियाँ की उनसे जाहिर था कि उनमें से कईयों ने इन लेखकों की रचनाओं को ध्यान-जतन से पढ़ा-गुना है। विलायत से भी कई लेखक आए थे, अधिकांश इंग्लैंड से। और केकी दारूवाला ने लक्ष्य किया कि उनकी दिलचस्पी अव्वल तो अंग्रेजी के अलावा किसी दूसरी भाषा के लेखक में रत्ती भर नहीं थी और डिनर या रसरंजन जैसे अवसरों पर भी उनमें से किसी ने अपनी ओर से किसी भारतीय अंग्रेजी लेखक से बात करने की कोई पहल शायद ही की हो। उनके लिए यह फालतू जानकारी काफ़ी थी कि भारत में कुछ स्थानीय भाषाओं में लिखा जाता है। हिन्दी से मेरे अलावा अनुपम मिश्र और रंगकर्मी भानु भारती थे। 23 सत्रों से तीन हिन्दी और शीन काफ़ निज़ाम को लेकर एक सत्र उर्दू का। हरा पाण्डे का सत्र था तो शिवानी पर लिखी उनकी अंग्रेजी पुस्तक को लेकर, पर हुआ वह अंग्रेजी में ही—बहुत रोचक था यह अलग बात है। एक सत्र में सीमंतिनी राघव ने अपने पिता रांगेय राघव पर बात की—वह मेरे जयपुर पहुँचने से पहले हो चुकी थी इसलिए पता नहीं कि हिन्दी में थी या अंग्रेजी में।

सलमान रशदी ने बरखा दत्त से अपनी बातचीत में अपने ताजा उपन्यास में राजनीतिक तत्त्व पर जोर देने की खिल्ली उड़ाते हुए कहा कि उनका उपन्यास कश्मीर की राजनीति के बारे में नहीं हैः वे तो कुछ लोगों की कथा कहना चाहते हैं जो कश्मीर में हैं। उनकी दिलचस्पी बुनियादी तौर पर राजनीति में नहीं है—उतनी ही है जितनी कि वह हमारे वक़्त में ज़िन्दगी पर असर डालती है। उसके असर को अतिरंजित करना साहित्य नहीं, पत्रकारिता है। बरसों पहले रशदी ने कश्मीर पर एक डाक्यूमेंटरी बनाई थी। उसका दिलचस्प क़िस्सा उन्होंने सुनाया। क़ैमरे के सामने आने से पहले कई लोग भारतीय सेना की ज्यादतियों का ज़िक्र करते और उसके कई क्रूर ब्योरे बताते थे, लेकिन क़ैमरे के सामने ऐसा कुछ भी कहने से इंकार कर देते थे। उन्होंने मीडिया द्वारा उनको या कुछ और लोगों को लेकर सनसनी फैलाने पर नाराजगी व्यक्त की; एक अंग्रेजी साप्ताहिक ने उनकी जयपुर यात्रा को लेकर लिखा था कि उन्हें सख्त पहरे में रखा जायेगा और वे कड़ी सुरक्षा के बीच सिर्फ़ समारोह के अपने

सत्र में आएँगे जबकि रशदी दो-तीन दिन, खुलेआम, बिना किसी सुरक्षा के घूम-फिर रहे थे। पाकिस्तान के शहर कराची में कुछ दिन रहने के अपने अनुभव के बारे में उन्होंने कहा कि वहाँ के रेडियो के लिए एक नाटक तैयार किया था जिसमें अनेक मासूम शब्द तक नाकाबिले-ब्राडकास्ट पाए गए थे। उनके अनुसार इन दिनों पाकिस्तान से कुछ बहुत प्रतिभाशाली लेखक अंग्रेजी में आए हैं। उन्होंने इस्लामी आतंकवाद की खुली और कड़ी निन्दा की, लेकिन यह भी कहा कि उनकी धर्म में कोई खास दिलचस्पी नहीं है। अपनी धार्मिक शिक्षा बचपन में अधूरी रह जाने का ज़िक्र करते हुए रशदी ने कहा कि उस समय उन्हें धर्म की शिक्षा देने के लिए एक मौलवी उनके घर आते थे जिन्होंने उन बच्चों को आज्ञापालक नहीं, उद्दंड पाया तो उनके पिता ने उस मौलवी की ही छुट्टी कर दी। पिता की यह धारणा थी कि पवित्र ग्रन्थ कुरान का सम्पादन ठीक से नहीं हुआ है और उसमें कई सूत्रों का तारतम्य गड़बड़ है जिसे उचित सम्पादन द्वारा दुरुस्त करना चाहिए। रशदी ने कहा कि वे चाहेंगे कि उनके पिता का यह अधूरा प्रोजेक्ट पूरा हो सके। मुम्बई के बारे में एक नया उपन्यास लिखने को लेकर एक प्रश्न के उत्तर में रशदी ने कहा कि वे जिस बम्बई को जानते थे वह इतना बदल या पीछे ढकेल गया है कि जब तक वे वहाँ कुछ महीने रहकर नया मुम्बई सीधे अनुभव नहीं करते, उनके लिए लिखना कठिन होगा।

अंग्रेजी उपन्यासकार-कवि अमित चौधरी ने किसी अमेरिकी विश्वविद्यालय में प्रोफ़ेसर होने के अर्थ का विश्लेषण करते हुए बताया कि वहाँ पिछले तीसरे वर्षों में आलोचना रचनाओं को ध्यान से पढ़ने से हटकर साहित्य-सैद्धांतिकी में बदल चुकी है और इनके बीच दूरी इस कदर बढ़ चुकी है कि उसे पाटने के लिए विश्वविद्यालय को उन जैसे लेखक को एक विशेष पद पर लाना पड़ा है। अनुपम मिश्र ने अपने स्वाभाविक विनय से राजस्थान में 'साफ़ माथे का समाज' होने की रोमांचक कथा सुनाई और इस विडम्बना को उजागर किया कि कैसे लोकतांत्रिक प्रशासन इस सामाजिक धरोहर से अनभिज्ञ रहकर विकास के नाम पर फिजूलख़र्ची करता रहा है। रुड़की में अंग्रेजों द्वारा पहला टेक्नीकल स्कूल स्थापित किए जाने की अन्तर्कथा अनुपम ने यों खोली कि वहाँ के देहाती लोगों ने एक नहर बनाई थी जो आसानी से नदी के पार भी चली गई थी जिसने अंग्रेजों को चकित किया था। मेरे जैसे कवि के लिए अनुपम से यह सुनना हमेशा ही शिक्षाप्रद है कि कैसे राजस्थान के देहातों में बादलों के बीसियों पर्याय हैं। हाल ही में बुकर पुरस्कार से विभूषित किरण देसाई की बातचीत में फिर भीड़ ठसाठस थी सिवाय इसके कि वे और बरखा दत्त बार-बार खिलखिला पड़ती थीं। हालांकि उनका विनोद श्रोताओं तक नहीं पहुँच पाता था। बेहद आत्मकेन्द्रित और विनोदहीन

बातचीत उबाऊ थी, 'सिवाय इसके कि किरण ने कहा कि उनके लिए भारतीय पासपोर्ट एक सरकारी दस्तावेज भर नहीं है, और भारत उनके जीवनानुभव का इतना जरूरी हिस्सा है कि वे भले अमेरिका में रहें, उनके साहित्य से भारत कभी बाहर नहीं रह सकता। शीन काफ निजाम ने भरे हॉल में धाराप्रवाह अपनी रचनाएँ पढ़ीं और उनके पाठ का अच्छा प्रभाव पड़ा। उनके बड़े रेंज और उर्दू को ताज़गी से इस्तेमाल करने की उनकी क्षमता फिर एक बार जाहिर हुई।

यह समारोह जयपुर विरासत अंतरराष्ट्रीय समारोह का हिस्सा है जो लगभग दस दिन विभिन्न जगहों पर विभिन्न कलाओं, साहित्य, शिल्प, लोकसंगीत आदि को शामिल करते हुए चलता है। साहित्य समारोह तीन दिनों का था और उसमें उमड़े श्रोताओं को देखकर यह स्पष्ट है कि जयपुर में साहित्यानुरागी लोगों का एक अच्छा सुशिक्षित समूह बन गया है। दो-चार उद्योगपति प्रायोजकों से बातचीत से लगा कि वे इस समारोह को अपने लिए उत्तेजक और समृद्धिकारी पाते हैं। साहित्य उन क्षेत्रों में से नहीं है जिन पर उद्योगजगत की आमतौर पर नजर जाती हो। जयपुर इसका अपवाद है, यह शुभ समाचार है।

सम्मेलन-दुर्दशा

नहीं, श्री महीप सिंह की व्यंगोक्ति के बावजूद या शायद उसी के कारण, मुझ खच्चर को भी घास डाली गयी। जैसे कि त्रिनिदाद में हुए पिछले विश्व हिन्दी सम्मेलन में भी डाली गयी थी। मैंने दोनों बार इनकार किया। इस बार 4 जुलाई को विदेश मन्त्रालय से किसी अधिकारी ने फ़ोन कर यह सूचना दी कि न्यूयार्क में हो रहे सम्मेलन में भाग लेने के लिए सरकारी प्रतिनिधिमण्डल के सदस्य के रूप में मेरा नाम प्रधानमन्त्री जी ने अनुमोदित किया है और सरकारी ख़र्च पर मेरे 12 जुलाई 2007 को अपराह्न न्यूयार्क पहुँचने की व्यवस्था की जा रही है। अधिकृत पत्र मुझे 6 जुलाई तक भी नहीं मिला। मैंने एक वाहक को भेज कर पत्र मँगवाया और उसका उत्तर भी तुरन्त दे दिया। मैंने लिखा : 'खेद है कि चूँकि मैं इस आयोजन को अपने पिछले अनुभव से व्यर्थ, लक्ष्यहीन और फिजूलख़र्च मानता हूँ जिससे हिन्दी की अन्तरराष्ट्रीय प्रतिष्ठा और व्याप्ति में कोई इज़ाफ़ा नहीं होता, मैं उसमें भाग लेने में असमर्थ हूँ। जो राशि इस सम्मेलन पर ख़र्च की जा रही है अगर वह कुछ विदेशी विश्वविद्यालयों में हिन्दी अध्ययन को सबल करने और वहाँ चेयर्स स्थापित करने पर लगायी जाती तो हिन्दी का भी भला होता और धन का सदुपयोग भी।

अब तक के सम्मेलन हिन्दी की बहुलता, सर्जनात्मकता और सम्भावनाओं का सार्थक इज़हार करने में विफल रहे हैं। मुझे सम्मेलन शुरू होने के लगभग एक सप्ताह पहले उसमें भाग लेने का निमन्त्रण मिला है। सूचना की अल्पावधि इस बात का सुबूत है कि उसमें शिरकत को, उसके लिए किसी तैयारी को कितनी अगम्भीरता से लिया जाता है।' मैंने यह भी जोड़ा कि 'अगर मेरी जगह किसी और को इतने कम नोटिस पर भेजना चाहें तो मुझे कोई उजर नहीं है।'

कथाकार और सम्पादक मृणाल पाण्डे ने न्यूयार्क सम्मेलन में भाग लेने के बाद 'हिन्दुस्तान' में लिखा है : 'उद्घाटनी सत्र एक उनींदी, बेदिमाग़ और रटी-रटाई सरकारी रूढ़ि का पालन ही बना। संचालकों और अगली पंक्तियों में सुशोभित पुरोधाओं की हिन्दी-आस्था अस्पष्ट और दबी हुई थी। उनका चित्त अपने राजनैतिक सम्प्रभुओं के चरणों में लगा था।...विदेश मन्त्रालय के हिन्दी अधिकारी आधे वक़्त दयनीय मुद्रा में रहे और आधे वक़्त ग़ायब। मन्त्री, सांसदों और दिल्ली के महत्वपूर्ण जनों के कुटुम्बी हिन्दी शिक्षक बनकर मन्त्री-तुल्य ओहदा पा चुके मठाधीशों की सिफ़ारिशों के दबाव में फँसे वे बेचारे सरौते की सुपारी से ज़्यादा हैसियत नहीं रखते थे।...आठवाँ हिन्दी समारोह अवांछित राजनैतिक उठापटक के चलते एक दिलचस्प और स्मरणीय आयोजन से वंचित रह गया।...मेज़बान शहर न्यूयार्क ने इस समारोह को अपेक्षित महत्त्व नहीं दिया।...अपने ही अन्तर्विरोधों में उलझे इस मेले को देखने में उसके निवासियों की रुचि क्योंकर होती?...इस आयोजन से (पहली बार) गुजरने के बावजूद यह लेखिका अशोक वाजपेयी और केदारनाथ सिंह की इस बात से सहमत है कि इसका स्वरूप और दायरा बुनियादी तौर से बदलने की ज़रूरत है। हिन्दी के नाम पर लकीर की फकीरी के दिन अब लद चुके हैं।'

हिन्दी साप्ताहिक 'आउटलुक' में न्यूयार्क से विनोद अग्निहोत्री ने जो रपट लिखी, उसके कुछ अंश यों हैं : 'आठवें विश्व हिन्दी सम्मेलन को सफल बनाने के लिए अगर प्रधानमन्त्री मनमोहन सिंह कांग्रेस अध्यक्ष सोनिया गाँधी और विदेश मन्त्री आनन्द शर्मा ने कोई कसर नहीं छोड़ी तो विदेश मन्त्रालय के अफ़सरों ने इसे चौपट करने में कोई कोताही नहीं की।...विदेश मन्त्रालय के अधिकारियों ने हिन्दी सम्मेलन के बहाने सैर-सपाटे का जकमर मज़ा लिया। पूर्व राज्यपाल माता प्रसाद समेत सम्मेलन में सम्मानित हिन्दी के कई शीर्ष विद्वानों को तो एयर इण्डिया के एकानोमिक क्लास में भेजा गया, जबकि सरकारी अधिकारी मज़े से बिजनेस क्लास में अमरीका गये। एक मोटे अनुमान के मुताबिक हिन्दी सम्मेलन पर सरकार ने कई करोड़ रुपये ख़र्च किये। अफ़सरशाही की बदइन्तज़ामी

की वज़ह से इस मौके का जितना अच्छा उपयोग हो सकता था, नहीं हो पाया। उद्घाटन-सत्र को ही सिर्फ़ सम्मेलन की महत्वपूर्ण उपलब्धि कहा जा सकता है। उसके बाद के कार्यक्रमों की रूपरेखा ऐसी थी, जिससे उनमें प्रतिनिधियों की दिलचस्पी कम हो गयी।...उद्घाटन सत्र में विद्या भवन के निदेशक नवीन मेहता के भाषण में हिन्दी से ज़्यादा हिन्दुत्व का संकेत था।'

न्यूयार्क से लौटे एक कविमित्र ने फ़ोन पर कहा कि सम्मेलन में सम्भावित अराजकता, दुर्व्यवस्था, लक्ष्यहीनता आदि के बारे में अपने इस स्तम्भ में मैंने पूर्वानुभव के आधार पर जो लिखा था वह इस सम्मेलन के बारे में भी पूरी तरह सही निकला।

हिन्दी की तेजस्विता, स्वाभिमान और संघर्षशीलता की पूरी तरह से अवहेलना करनेवाले ऐसे सम्मेलनों को हम जनधन के अपव्यय के बावजूद, हिन्दी मेधा के अपमान के बावजूद, कब तब होने देंगे? क्या अब समय नहीं आ गया है कि इस तमाशे को बन्द कर हिन्दी को उसकी उचित अन्तरराष्ट्रीय प्रतिष्ठा दिलाने के लिए, भारतीय भाषाओं को साथ लेकर, उनकी कृतियों के विदेशी भाषाओं में अनुवाद और प्रकाशन का लगातार प्रबन्ध करनेवाले एक अभियान की शुरुआत के लिए हम एक जुट होकर कोशिश करें? अगर हिन्दी और अन्य भाषाओं की दो सौ कृतियों के अंग्रेज़ी, स्पेनिश, फ्रेंच, जर्मन, रूसी, चीनी, अरबी आदि में, अगले पाँच बरस में अनुवाद और प्रकाशन की व्यवस्था हो जाये तो फिर हिन्दी को उसकी उचित प्रतिष्ठा मिलने में कठिनाई या हिचक नहीं होगी। दुनिया को अभी पता कहाँ है कि हमारे साहित्यों में इधर कितना-क्या लिखा जा रहा है। विश्व सम्मेलन पर सम्भावित ख़र्च की राशि बचाकर इस काम में लगाने से यह शुरुआत हो सकती है।

मिथक से इतिहास की ओर

क्या यह कहना सही है कि भारत मिथक से इतिहास की ओर, अनन्त से समय की ओर, ब्रह्माण्ड से संसार की ओर, आत्म से व्यक्ति की ओर, आध्यात्मिक से सामाजिक की ओर, लोक से समाज की ओर मुड़ और बदल चुका है। कुछ हद तक यह सही है लेकिन शायद इससे पूरी भारतीय सचाई व्यक्त नहीं होती। मिथक, अनन्त, ब्रह्माण्ड, आत्म, अध्यात्म, लोक आदि भी बचे हुए हैं। यह कहना अधिक सही होगा कि भारत जैसे बहुभाषिक, बहुधार्मिक, बहु-आध्यात्मिक, बहुसामाजिक, बहुसमय देश

में कुछ भी पूरी तरह से बदलता या अपदस्थ नहीं होता है। परम्परा परिवर्तन को आत्मसात् करती और अपने को पुनर्नवा करती चलती है। परिवर्तन परम्परा में होता है, अक्सर उसके बाहर नहीं, और इसलिए परम्परा और परिवर्तन के बीच वैसा द्वैत नहीं है जैसा कि कई अन्य सभ्यताओं में है। जापान जैसे एकतान देश में यह कहना किसी हद तक अटपटा था कि भारत में परम्परा, संस्कृति, साहित्य, धर्म, भाषा आदि के बारे में बात बहुवचन में ही की जा सकती है : एकवचन, भारत में, बहुवचन का ही हिस्सा है—हम एक हैं क्योंकि हम अनेक हैं। कहा तो यह भी कि भारतीय सभ्यता का एक अनिवार्य उपक्रम नश्वरता और काल से अभय अर्जित करने का रहा है आज की हिन्दी कविता को किसी सामान्यीकरण में घटाना ठीक नहीं होगा क्योंकि उसमें कई प्रवृत्तियाँ और दृष्टियाँ एक साथ सक्रिय हैं। सबसे सुरक्षित सामान्यीकरण शायद यही हो सकता है कि इस कविता में अपनी स्थानीयताएँ बचाने की ललक और ज़िद तथा भूमण्डलीकरण और बाज़ार के बढ़ते विकराल वर्चस्व का गहरा बौद्धिक और सर्जनात्मक प्रतिरोध है।

यह बकबक करने का अवसर आया तोक्यो के ताकुशोकु विश्वविद्यालय में आयोजित 23-24 नवम्बर 2007 को हुए एक परिसंवाद में जहाँ भारतीय और जापानी कविता के परस्पर सम्बन्ध और रूपविनिमय पर दोनों देशों के विद्वानों और कवियों ने विचार किया। दो तीन बातें जल्दी ही समझ में आ गयीं। पहली यह कि जापानी के हिन्दी विद्वान् भी ज़्यादातर भारत के प्राचीन और मध्यकालीन साहित्य में दिलचस्पी रखते हैं, दूसरी कि आधुनिक जापानी साहित्य के आचार्य अब तक रवीन्द्र नाथ के साहित्य से आगे नहीं आये हैं। तीसरी यह कि, जैसे भारत में वैसे ही जापान में, विद्वत्ता और सर्जनात्मक में दूरी और फांक है। मसलन परिसंवाद के दौरान किसी भी जापानी विद्वान् ने किसी समकालीन जापानी लेखक का नामोल्लेख नहीं किया। इसके पीछे कहीं न कहीं यह पूर्वग्रह सक्रिय है कि आधुनिकता तो पश्चिम की बपौती और उपहार हैं, इसे पूरी तरह से नज़रन्दाज़ करते हुए कि भारत जैसी प्राचीन सभ्यता ने अपनी शर्तों पर पश्चिम से संवाद और मुठभेड़ करते हुए अपनी विशिष्ट आधुनिकता या कहें आधुनिकताएँ विन्यस्त और विकसित की हैं।

क्योतो से आये आचार्य सुज़की सदामी ने रवीन्द्रनाथ ठाकुर के आधुनिक जापानी काव्य पर प्रभाव का विश्लेषण किया। जापानी कविता में पश्चिमी प्रतीकवाद और रहस्यभाव के चलते आम बोलचाल की भाषा में जीवन-केन्द्रित कविता लिखने की प्रवृत्ति जागी और उसमें कई पारम्परिक काव्यरूपों जैसे तंका और हाइकू का पुनराविष्कार भी हुआ। रवीन्द्रनाथ को एशियाई जीवन-केन्द्रिकता का ईमानदार प्रतिनिधि माना गया। बाद में 1937 के चीन-जापान युद्ध के सिलसिले में रवीन्द्रनाथ और नागुची

योनेजीरो के बीच उभरे मतभेद के कारण जापानी कविता रवीन्द्रनाथ के प्रभाव से मुक्त होकर आगे चली गयी।

एक पूरा परचा तोमियो मिज़ोकामी का लोकप्रिय हिन्दी फ़िल्मी गानों के जापानी अनुवाद को लेकर था। उन्होंने इसका पूरा एक संकलन ही तैयार कर प्रकाशित कर दिया है। गानों का इस्तेमाल हिन्दी सिखाने के लिए किया जाने लगा है। हमारी ओर से इस पर यह टिप्पणी की गयी कि इससे भारतीय जनमानस की भी एक बेहद सरलीकृत और अतिभावुक तस्वीर उभरती है और यह समकालीन कविता से पूरी तरह से कटी हुई सामग्री होगी। एक जापानी विदुषी तोषिको मियाची ने बच्चों के लिए समकालीन कवियों द्वारा जापानी में लिखी जानेवाली कविताओं का विवेचन किया और एक और निवा क्योको ने रवीन्द्रनाथ के जापानी अनुवादों पर रोचक और प्रामाणिक बात की।

समापन हुआ कवितापाठ से जिसमें पुरानी मित्रता के कारण जापान की मूर्धन्य कवयित्री काजुको शिरैषी आ गयीं। उन्हें भोपाल के विश्व कविता समारोह में अपने काव्यपाठ के समय मेरी पत्नी का कथक-नृत्य बखूबी याद था जिसका ज़िक्र उन्होंने सार्वजनिक रूप से, 'एक चमत्कार' की तरह किया। परिसंवाद में प्रयाग शुक्ल ने जीवनानन्द दास, सुरेश सलिल ने नागार्जुन, विनोद भारद्वाज ने धूमिल पर परचे पढ़े। गंगाप्रसाद विमल ने अनुवाद की समस्याओं पर विचार व्यक्त किये और मंगलेश डबराल ने हिन्दी कवि की तकलीफ़ों और अन्तर्विरोधों का उल्लेख किया। वरयाम सिंह ने एक सत्र की मुखर अध्यक्षता की।

अगर हम अगले दो दिन तोक्यो में ही स्थित दो और विश्वविद्यालयों, दाइतो बुनका विश्वविद्यालय और तोयो विश्वविद्यालय न जाते तो हमें यह पता न चलता कि दरअसल भारत को जानने-समझने और हिन्दी के प्रति जिज्ञासा प्रो. तेजी तनाका जैसी सतही और लापरवाह नहीं है। प्रो. तनाका इस परिसंवाद के नियोजक थे और उन्होंने तोक्यो में ही स्थित इन विभागों को आमन्त्रित नहीं किया था जबकि विडम्बना यह थी कि स्वयं उनके थोड़े से छात्र इस परिसंवाद में उपस्थित नहीं थे।

टोक्यो से बाहर एक अत्यन्त सुरम्य परिसर में प्रो. हिदियाकी इशीदा के साथ उनके छात्रों से भेंट हुई। उनके हिन्दी पढ़ने के कारणों का पता करने पर एक ने बताया कि वह भारत जाकर ऊँट देखना चाहता है, इसलिए हिन्दी पढ़ रहा है। यह विभाग जापानी में 'हिन्दी साहित्य' नाम से एक पत्रिका भी प्रकाशित करता है जिसमें समकालीन हिन्दी साहित्य का जापानी अनुवाद भी छपता है। मन्नू भण्डारी, दलित साहित्य, अजय नावरिया आदि के अनुवाद दीख पड़े। तोयो विश्वविद्यालय के भारतविद्या विभाग में कबीर वचनावली का जापानी अनुवाद प्रकाशित किया है, वहाँ

ताइगेन हाशीमोतो और हिसायोशी मियामोतो जैसे विद्वान् अच्छा काम कर रहे हैं।

'सब कुछ सम्भव है'

शायद मोक्ष और अन्नत एक ही चीज़ हैं
समुद्र लहरें रचना नहीं चाहता
ईश्वर हमें त्याग चुका है
वर्षा की सम्भावना... अगर वर्षा सम्भव है तो सब कुछ सम्भव है
एक दिन तुम सब कुछ आख़िरी बार करोगे : साँस लेना, केलि करना, पीना,
सोना और जागना
संसार का केन्द्र यहाँ है
मिट्टी का देवता इतिहास के दृश्य में वापस आना चाहता है
मेरी कविताएँ नहीं हैं, वे संसार के लिए मेरे प्रेम की लम्वी घोषणा का हिससा हैं
मैं इस दुनिया से ऐसे गुज़रा हूँ जैसे एक अजायबघर से एक सैलानी
संसार इकलौती घटना है
मेरे पास अपना देश या आकाश नहीं

यह कोई कविता नहीं है बल्कि इस्टोनिया के मूर्धन्य कवि यान काप्लिंस्की की कुछ कविताओं की पहली पंक्तियों का एक समुच्चय भर है। इसी सप्ताह कवि विष्णु खरे द्वारा आयोजित एक समारोह में बाल्टिक अंचल के इस अनूठे कवि से पहली बार मुलाक़ात हुई। वे नोबेल पुरस्कार के लिए एक सशक्त दावेदार माने जाते हैं। तीन बरस पहले अंग्रेजी अनुवाद में उनका अब तक का अन्तिम कविता संग्रह 'ईवनिंग ब्रिंग्ज एवरीथिंग बैक' (ब्लडेक्स बुक्स द्वारा प्रकाशित) खरीदा था। उस शाम कवि ने उसी संग्रह से अनुवाद सुनाये। बरसों पहले उन्हें दिल्ली में आयोजित एक विश्व कविता समारोह में उन्हें निमन्त्रित किया था और वे आने को तैयार भी हो गये थे : मन्त्री और सचिव बदल जाने से वह समारोह रद्द करना पड़ा था। उस निमन्त्रण की उन्हें याद थी। यह जानकर एक बार फिर बुरा लगा कि उन्होंने हेलसिंकी जाकर भारतीय दूतावास से वीजा भी ले लिया था।

निपट रोजमर्रा की जिन्दगी, आस-पास और पर्यावरण के प्रति बेहद संवेदनशील इस कवि की कविता के मूल में एक तरह की अस्तित्वगत

बेचैनी है : उन्हें अपने समय, इतिहास और संघर्षों पर, विडम्बनाओं और अन्तर्विरोधों पर कोई फ़ैसला देने में दिलचस्पी नहीं है और न ही सब कुछ को कविता के परिसर में समटेने की उतावली। कम से कम उनकी इधर की कविता मनुष्य को उसके मानवीय समाज में कम उसके प्राकृतिक समाज में देखने और अवस्थित करने की ओर उन्मुख कविता है। दरअसल इन दिनों भाषा और पर्यावरण उनकी चिन्ता के केन्द्र में है। उन्होंने ढेर सारी धारावाहिक गद्य कविताएँ भी लिखी हैं। उनमें से कुछ उन्होंने सुनायीं। एक, हिन्दी अनुवाद में, यह है :

'मैं जानता हूँ कि हमारे घर से बाहर 'क्यों' प्रश्न अप्रामाणिक है; भूगर्भशास्त्र, ब्रहाण्ड विज्ञान और ब्रह्म विज्ञान में तो और भी। अनन्त में क्यों-प्रश्नों का कोई अर्थ नहीं होता। जैसे दुख, दुख के कारणों और दुख से बाहर निकलने के तरीक़े के प्रश्नों का। और मैं सोचता हूँ कि झाड़ी के खिलने में कुछ अनन्त है—उसके नन्हे टेढ़े-मेढ़े तने में, उसकी नन्ही चीमड़ पत्तियों में, उसके विशाल सम्बन्धी, उसके परिचितों और मित्रों में, मधुमक्खियों और भँवरों, हवा और बादलों में—अगर सिर्फ़ हम उसे ध्यान में लें : उसका वही रंग और गन्ध है जो हमारे अपने अनन्त के। या शायद—यह कहना ज़्यादा सही हो कि वह वैसी ही रंगहीन और गन्धहीन है जैसे अनन्त।'

इसी समूह की एक और कविता में कांप्स्की कहते है : 'मेरे लिए ईश्वर को आरम्भ के बजाय अन्त में रखना ज़्यादा आसान है, यह कल्पना करते हुए कि वह हम सबकी प्रतीक्षा कर रहा है—सब पुनर्जीवित लोगों, पशुओं, पक्षियों, वृक्षों, झाड़-झंखाड़ों, जीवात्माओं, पिशाचों, शैवाकों की।' वे तो अकेले स्वर्ग भी नहीं जाना चाहते। वे वृक्षों, झाड़ियों, मछलियों, पशु-पक्षियों आदि सबको साथ ले जाना चाहते हैं क्योंकि 'वे मेरे रिश्तेदार है। मुझे उन सबको साथ ले जाना चाहिए। मैंने वायदा किया है, मैंने कसम खायी है।'

'अमरता नापते पद'

चूँकि हिन्दी में साहित्य का पाठक-वर्ग अपेक्षाकृत सीमित है, ऐसे लेखकों की संख्या कम नहीं है जो पाठकों में जगह बनाने और उनकी स्मृतियों में लम्बे समय तक जीवित रहने की आकांक्षा के बजाय पाठ्य पुस्तकों में शामिल किये जाने और साहित्य के इतिहास में किसी तरह ज़िक्र पाने की इच्छा तो रखते ही हैं, दबे-छुपे कुछ उद्यम भी करते हैं। साहित्य

के इतिहास में कौन जगह पा रहा है इसकी चिन्ता हम जैसों को नहीं है, क्योंकि सबके कूड़दान में जाने की बात भाग्यनियत है। लेकिन जब दिल्ली के कमला नेहरू कालेज के बुक क्लब में कृष्णा सोबती के उपन्यास 'मित्रो मरजानी' के कथा द्वारा प्रकाशित होने जा रहे अंग्रेजी अनुवाद पर एक परिसंवाद में शिरकत का न्यौता मिला तो सोचा कि देखें कृष्णा जी को इधर के साहित्येतिहास किधर और कैसे आँकते हैं।

'हिन्दी साहित्य और संवेदना का विकास' नामक रामस्वरूप चतुर्वेदी के प्रसिद्ध इतिहास ग्रन्थ के सन् 2000 में निकले तेरहवें संवर्द्धित संस्करण में कृष्णा सोबती का कुल एक जिक्र है : "परम्परित वर्णन-शैली में भी कुछ उपन्यासकार सफल हुए हैं : श्रीलाल शुक्ल (रागदरबारी), शिवप्रसाद सिंह (अलग-अलग वैतरणी) राही मासूम रजा (आधा गाँव), शानी (काला जल) कृष्णा सोबती (डार से बिछुड़ी) ये सभी कथाकार किसी क्षेत्र विशेष को रचने के लिए चुनते हैं।'

डॉ. वच्चन सिंह लिखित 'हिन्दी साहित्य का दूसरा इतिहास' (पहली आवृत्ति 1997) में कई उपन्यासों के साथ कृष्णा जी के उपन्यास 'सूरजमुखी अँधेरे के' को आधुनिकतावादी उपन्यासों की सूची में शुमार करते हुए कहा गया है कि वह 'सम्भोग का पारदर्शी शीशा' है। इसी इतिहास में अन्यत्र अमरकान्त, भीष्म साहनी, शेखर जोशी और हरिशंकर परसाई को प्रगतिशील चिन्तनधारा से सम्बद्ध बताते हुए कृष्णा जी को कमलेश्वर, मोहन राकेश, राजेन्द्र यादव, निर्मल वर्मा, मन्नू भण्डारी आदि के साथ आधुनिकता से सम्बद्ध बताया गया है। आख़िरी बार कृष्णा जी को छठे दशक से लिखी आ रही और 'अब भी लिख रही' लेखिकाओं में शामिल करते हुए डॉ. सिंह ने कहा है : कृष्णा सोबती सेक्स को बोल्डनेस के साथ उभारने में सिद्धहस्त हैं। इस अर्थ में मृदुला गर्ग कम नहीं हैं। पर सोबती की भाषा और शिल्प उनके पास कहाँ!'

कमला नेहरू कालेज का सेमिनार रूम ठसाठस भरा था। हमने दो-ढाई घण्टे कृष्णा सोबती की अद्वितीयता और मूर्धन्यता को तरह-तरह से रेखांकित करते हुए 'मित्रो मरजानी' के कई अर्थ और आशय खोजते-बताते हुए बिताये। छात्राओं के प्रश्नों के उत्तर दिये, उनकी इस कृति पर टिप्पणियाँ सुनीं। पंजाबी कथाकार अंजीत कौर, रंगकर्मी अरविन्द गौड़, अंग्रेजी विदुषी सुकृता पाल पैनल में शामिल थीं।

कृष्णा सोबती के यहाँ महाकाव्यात्मक़ विजन है : उसका सार-तत्व यह सीधा लेकिन जटिल सच है कि सारे अन्तर्विरोधों, भटकावों, यतिभंग के बावजूद न तो जीवन प्रवाह मन्द होता है और न ही जिजीविषा शिथिल पड़ती है। साहित्य, अपने आप में असमाप्त जिन्दगीनामा है। साधारण लोग, जिन्हें किसी नायकत्व का वरदान नहीं मिला है, जीते हुए कुछ

बहुमूल्य बचाते-बनाते हैं। कृष्णा जी के गल्प में धरती की, खून और कीचड़ की, ज़िन्दगी के अटूट प्रवाह की जो गन्ध है, उसे कुल मिलाकर सच की गन्ध ही कहा जा सकता है : साहित्य शायद सच नहीं पकड़ सकता, वह उसकी गन्ध ही वहन कर सकता है। कृष्णा जी ने अनेक भावनाओं और अनुभवों को जो 'अकथनीय' की कोटि में आते थे, कथन की सरहद में खींचा है। वे और कृष्ण बलदेव वैद, जिनके साथ उनका संवाद बहुचर्चित रहा है, हिन्दी के दो ऐसे लेखक हैं जिन्होंने देश के बँटवारे को निजी स्तर पर भुगतते हुए साहित्य की स्वतन्त्रता के भूगोल को विस्तृत करने में बड़ी भूमिका निभायी है : देश की आजादी बँट कर मिली, लेकिन साहित्य में आजादी पूरी बनी रहे और कई नयी आवाज़ों के लिए उसमें जगह रहे, साहित्य का देश अखण्ड निर्भय बने, इसकी चेष्टा दोनों ने की। यह आकस्मिक नहीं है कि कृष्णा जी हिन्दी की सबसे समर्थ पंजाबी लेखक हैं तो वैद हिन्दी के सबसे उर्दू लेखक। मानों दोनों ने अपने अखण्ड उत्तराधिकार का अपनी कथा-भाषाओं में पुनर्वास किया है।

संवाद में किसी ने कहा कि कृष्णा सोबती हिन्दी की ही नहीं समूचे भारतीय साहित्य के आधुनिक मूर्धन्यों में से हैं। पंजाबी, हिन्दी और अंग्रेजी विशेषज्ञ इस पर सहमत थे। फिर किसी ने कहा कि वे महाश्वेता देवी की तरह महत्वपूर्ण हैं। कहने का मन हुआ कि महाश्वेता देवी का सामाजिक योगदान बड़ा है, पर साहित्य, भाषा, शैली और शिल्प में कृष्णा सोबती बड़ी ठहरेंगी। कभी इस पर व्यापक विश्लेषण किया जाना अभीष्ट है। अब साहित्य के उन दो इतिहासों के बारे में क्या कहें या करें जिनमें उनका नाममात्र का उल्लेख है, उनकी सबसे महत्वपूर्ण कृतियाँ विचार में ही नहीं ली गयी हैं। एक बड़े लेखक के संघर्ष और उपलब्धि की ऐसी उपेक्षा यह कहकर नहीं समझायी जा सकती कि यह क्षेत्रीय तंगनज़री का मामला है क्योंकि एक इतिहासकार इलाहाबाद से थे, दूसरे बनारस के हैं जबकि कृष्णा जी मुख्यतः दिल्लीवासी रही हैं। इस विडम्बना का क्या करें कि कमला नेहरू कालेज की हिन्दी-अंग्रेजी छात्राएँ कृष्णा जी के कृतित्व की ऊँचाई से अवगत हो रही हैं लेकिन इन इतिहास-ग्रन्थों को अपनी कक्षाओं में पढ़नेवाले हजारों छात्र-छात्राएँ इतने अद्वितीय योगदान से अपरिचित रहेंगे!

क्या इतिहास कभी मुनासिब बेरहमी से स्वयं अपने को अपने ही कूड़ेदान में फेंकने की ताब दिखा सकता है! इतिहास जो करता है करे, हम जैसों को इसमें सन्देह नहीं कि कृष्णा सोबती अमरता के पद नापती लेखक हैं।

आलोचना की लोकतान्त्रिकता

हम लोग कार से लखनऊ से पुरवा और चमियानी होते हुए बीघापुर पहुँचे। पहले दो नाम बचपन में अपने पिता से सुने थे, क्योंकि वे पढ़ने इन्हीं जगहों के स्कूलों में गये थे। बीघापुर ट्रेन से उतरकर बैलगाड़ी में हम लोग अपने बचपन में अपने पैतृक गाँव गढ़ेवा जाते थे। उसी बीघापुर में महाप्राण निराला महाविद्यालय के विशाल परिसर में, अधिकांशतः निराला जी की पत्नी मनोहरा जी के नाम पर एक महिला विद्यालय की छात्राओं के समक्ष, आचार्य नन्ददुलारे वाजपेयी जन्म शताब्दी समारोह का समापन हुआ।

इस पर ध्यान कम गया है कि आचार्य वाजपेयी ने आचार्य रामचन्द्र शुक्ल की कई स्थापनाओं, उदाहरण के लिए, उनके छायावाद और रहस्यवाद के आकलन से असहमत होते हुए हिन्दी आलोचना को लोकतान्त्रिक संवाद बनाने में बड़ी भूमिका अदा की थी। स्वतन्त्रता-संग्राम की उनकी पृष्ठभूमि के कारण और भारत की नवजात स्वतन्त्रता पर अभिमान के कारण वे पश्चिमीकरण को सन्देह की दृष्टि से देखते और उसका प्रतिरोध करते थे। हालाँकि अनेक पश्चिमी सिद्धान्तों में उनकी गहरी रुचि थी। पश्चिमीकरण का यह सन्देह ही उन्हें शुरू में प्रयोगवाद और बाद में नयी कविता के प्रति सख़्त रुख अपनाने की ओर ले गया था, जिससे वे अपने जीवनकाल के अन्त के नज़दीक ही उबर पाये थे। आज वे होते तो शायद देख पाते कि पिछले पचासेक बरस के हिन्दी साहित्य ने कुल मिलाकर पश्चिमीकरण का प्रतिरोध ही किया है और अपने को उसी परम्परा में अवस्थित किया है जो व्यापक और उदार अर्थ में भारतीय बहुलता की परम्परा है।

आचार्य वाजपेयी की ग्रन्थावली बहुत दिनों से प्रकाशन के लिए अनामिका प्रकाशन के पास लम्बित है। कायदे से तो उसे उनकी जन्म-शताब्दी के दौरान निकल जाना चाहिए था। उसके सम्पादक विजयबहादुर सिंह बता रहे थे कि आचार्य वाजपेयी पर दो-एक सौ पृष्ठों की ग्रन्थावली की भूमिका उन्होंने महीनों पहले पूरी कर दी थी। तब विलम्ब केहि काज? प्रकाशक महोदय अपना फ़ोन ही नहीं उठाते कि पता चल सके कि दिक़्क़त क्या है और देर क्यों हो रही है!

दिनकर पर पुनर्विचार

यह देख, गगन मुझमें लय है
यह देख, पवन मुझमें लय है

मुझमें विलीन झंकार सकल
मुझमें लय है संसार सकल
संहार झूलता है मुझमें।

यदि मुझे बाँधना चाहे मन
पहले तो बाँध अनन्त गगन
सूने को साध न सकता है
वह मुझे बाँध कब सकता है?

(रश्मिरथी)

जन्मशताब्दियाँ एक तरह की प्रासंगिकता देती हैं : अगर वे न होतीं तो शायद ही हम महादेवी, बच्चन और अब दिनकर की प्रासंगिकता पर विचार करते। हिन्दी साहित्य में अकृतज्ञता और विस्मृति की जो सशक्त परम्परा है, उसके चलते हम अपने पूर्वजों की अन्यथा प्रासंगिकता खोजने की ज़रूरत महसूस नहीं करते : अब समकालीन होना ही प्रासंगिक होना हो चुका है। हम 'नितान्त सामयिकता' के बाड़े में क़ैद और धूमिल हैं।

दिनकर न्यास के बारे अधिक नहीं जानता था सिवाय इसके कि कुछ उत्साही युवा दिनकर की जन्मशताब्दी मना रहे हैं और उनके आग्रह और उत्साह को देखकर उनके पिछले रविवार 23 सितम्बर 07 को हर समारोह में शिरकत करने का न्यौता स्वीकार कर लिया था। 'दिनकर की प्रासंगिकता' विषय पर गोष्ठी की अध्यक्षता करने जब नयी दिल्ली स्थित मावलंकर सभागार दोपहर 3 बजे पहुँचा तो पिछली गोष्ठी ही चल रही थी और सभागार खचाखच भरा हुआ था : उसमें बैठने की जगह मुश्किल से मिली। विशेषतः गोपेश्वर सिंह, कृष्णदत्त पालीवाल और अध्यक्षता कर रहे प्रभाकर श्रोत्रिय के वक्तव्य सुविचारित होने के साथ श्रोताओं को बहुत पसन्द आये। उनमें दिनकर के साथ हुए तथाकथित हिन्दी की आलोचना के अन्याय का उल्लेख और विवेचन था : इन विद्वानों को दिनकर के अनेक उद्धरण मुखाग्र थे और उन्हें सुनकर श्रोतागण बहुत आह्लादित होते रहे। उनमें युवाओं की संख्या काफ़ी थी और कई लगता है कि बिहार से इसी आयोजन के लिए आये थे। कम से कम दिल्ली में किसी कवि या लेखक की जन्मशताब्दी के आयोजन में इतने अधिक श्रोताओं की संख्या एकत्र होना मेरे अब तक पन्द्रह बरस के हो रहे दिल्ली-निवास के अनुभव में पहले कभी नहीं हुआ। एक कवि के लिए उसकी मृत्यु के दशकों बाद ऐसी भीड़ साहित्य से प्रायः विमुख राजधानी में जमा देख कर मेरे सदा-संकोचग्रस्त कवि का मनोबल ऊँचा हुआ, इसमें

सन्देह नहीं। दिलचस्प यह नोट करना भी था कि श्रोताओं में दिल्ली के जानेमाने लेखकों और अध्यापकों में से बहुत कम थे। न आकर अपना मनोबल बढ़ाने का एक अवसर वे निश्चय ही चूक गये। पता चला कि सुबह साढ़े दस बजे से ही सभागार ऐसा भरा हुआ रहा है। हमारी गोष्ठी भी जो समापन गोष्ठी थी और चाय-नाश्ते के बाद चल रही थी, काफ़ी प्रभावशाली श्रोता-उपस्थिति में सम्पन्न हुई।

इन दिनों जो काव्यरुचि विकसित हुई है, उसमें कविता का हुंकार, ललकार, उद्बोधन, आह्वान आदि आकर्षित नहीं करता। कविता मुखर और वाचाल आवेग से भी आगे चली आयी। पर दिनकर के प्रसंग में यह स्वीकार करना चाहिए कि इस समय कविता कितनी ही समाजधर्मी या समाज-सम्बोधित क्यों न हो, जैसा कि कई दावा करते हैं, वह सार्वजनिकता से अपसरण कर चुकी है। कविता की आज सार्वजनिक उपस्थिति नहीं है जैसे कि अधिकांश अच्छे और विचारोत्तेजक कथा-साहित्य की भी नहीं है। कुछ लेखक या वक्ता भले सार्वजनिक उपस्थितियाँ हो गये हों, साहित्य की सार्वजनिक उपस्थिति घटती गयी है। छबिशास्त्र के आपके नियामक मीडिया और राजनीति में साहित्य की लगभग कोई उपस्थिति और पूछ नहीं है। ऐसे उदासीन माहौल में यह याद करना लोमहर्षक लगता है कि अभी कुछ दशक पहले दिनकर जैसे सार्वजनिक कवि थे, जिनकी आवाज़ और कविता जवाहरलाल नेहरू और जयप्रकाश नारायण से लेकर साधारण लोग सुनते-गुनते थे।

दिनकर की कविता में हिन्दी साहित्य के कई काल पुनरवतरित होते देखे जा सकते हैं : राष्ट्रीयतावाद, छायावाद, छायावादोत्तर काल, नयी कविता, रीतिकाल और भक्तिकाल। वे 'हुंकार' से 'रश्मिरथी', 'कुरूक्षेत्र' होते हुए 'नीलकुसुम', 'उर्वशी' और 'हारे को हरिनाम' तक गये। दिनकर छायावादोत्तर कवियों में एकमात्र प्रबन्ध-कवि थे। उनमें वे ही थे जिन्होंने आलोचनात्मक गद्य और वैचारिक गद्य लिखा : 'पन्त, प्रसाद और मैथिलीशरण', 'शुद्ध कविता की खोज' और 'संस्कृति के चार अध्याय'। हिन्दी में सभ्यता-समीक्षा की परम्परा में दिनकर एक उजला नाम है, भले अज्ञेय ने उनमें संग्राहकता के बजाय मिश्रता के आग्रह पर आपत्ति की हो।

कई बार लगता है कि सार्वजनिकता कवि से अपनी क़ीमत वसूलती है। दिनकर को इसका नुकसान निश्चय ही उठाना पड़ा। वे अपनी सार्वजनिकता में इस क़दर मुब्तिला हो गये कि 'सूने को साधने' का उन्हें या तो ध्यान नहीं रहा या उसका अवकाश नहीं मिल सका। अन्तिम चरण में उन्होंने इसकी ईमानदार कोशिश की, पर तब तक देर हो चुकी थी। कुछ मायनों में इसे एक सच्चे और दमदार कवि की ट्रैजडी के रूप में भी देखा जा सकता है। 'अपने समय का सूर्य हूँ मैं' का उद्घोष करने

वाला कवि 'अँधेरे में' प्रवेश नहीं कर पाया, यह जितनी उसकी ट्रैजडी थी, उतनी ही हिन्दी कविता की।

अहमदाबाद में 'अनहद'

युवाओं के बीच 'समाज में असहमति और वादविवाद' विषय पर एक संवाद आयोजित था पिछली 8 सितम्बर को। अहमदाबाद में 'अनहद' संस्था ने यह आयोजन किया जिसमें वक्ताओं के रूप में गुजरात के बुद्धिजीवी ही थे घनश्याम शाह, रीता कोठारी, गगन सेठी, मल्लिका सारभाई, त्रिदीप सुहृद् और दिल्ली से मैं। काफ़ी प्रभावशाली संख्या में छात्र आये और उन्होंने प्रश्न पूछे, टिप्पणियाँ कीं, उत्तर माँगे। राजनैतिक दमन, स्त्रियों पर अत्याचार, दलितों के साथ दुर्व्यवहार, मीडिया की भूमिका आदि को लेकर उन्होंने तीखे प्रश्न पूछे। सबके उत्तर हमारे पास नहीं थे।

गुजरात में इस तरह के खुले संवाद का महत्त्व है। वहाँ एक जनहंता सत्ता, लोकतान्त्रिक प्रक्रिया से चुनाव जीतकर, वहाँ हुए जनसंहार का एक तरह से औचित्य अर्जित कर, काबिज हैं। असहमति को गुजरात गौरव के प्रतिकूल माना जाता है। वहाँ एक बेहद संकीर्ण विचारधारा का आतंक-सा है। 'अनड़द' ज़मीनी स्तर पर शबनम हाशमी के नेतृत्व में बहुत महत्त्वपूर्ण काम कर रहा है। इस तरह युवा जनजागरण शायद आगे जाकर कुछ बदलाव ला सकता है। युवाओं की बेचैनी देखकर यह स्पष्ट था कि परिवर्तन चाहने वाली शक्तियाँ एकदम चुप या निष्क्रिय नहीं हो पायी हैं 'अनहद' के काम में जोखिम है और नतीजे बहुत धीरे-धीरे सामने आ रहे हैं। गुजरात में परिवर्तन रातोंरात या एक झटके से नहीं होगा। लेकिन धीरे-धीरे होगा ऐसी उम्मीद बँधती है। कई अन्य स्वैच्छिक संगठनों के साथ 'अनहद' इस उम्मीद की लौ जगाये हुए है यह उत्साहवर्धक है।

सभ्यता—संवाद

हालाँकि चालू मुहावरा तो सभ्यताओं के बीच भिड़न्त का है, सभ्यताओं के बीच संवाद भी चलता रहता है अनेक स्तरों पर, जिनमें बौद्धिक स्तर

भी शामिल है। ऐसा ही एक परिसंवाद सेन्टर ऑव स्टडी ऑफ डेवलपिंग सोसायटी, दिल्ली ने भारतीय और ईरानी सभ्यताओं के बीच संवाद पर एक नज़र डालने के उद्देश्य से हाल ही में आयोजित किया। इधर जातीय स्मृति और इतिहास को धूमिल करनेवाली अनेक शक्तियाँ भारतीय समाज में सक्रिय हैं और अनेक ऐसे पहलू पीछे ढकेल दिये गये हैं जिनके लिए एक सभ्यता के रूप में हम अन्य सभ्यताओं के ऋणी हैं क्योंकि वे हमारी किसी अन्य सभ्यता से सम्पर्क और संवाद से उपजे हैं। इसलिए ऐसे आयोजनों का महत्त्व है : उनसे एक ओर जहाँ यह पता चलता है कि हमारी सभ्यता ने दूसरी सभ्यता के साथ क्या सम्बन्ध बनाया या उन पर क्या प्रभाव डाला, वहीं दूसरी ओर यह भी जाहिर होता है कि हमने सदियों के वितान में अपने को कैसे दूसरों के संवाद-सम्पर्क से गढ़ा-रचा है।

ईरान से हमारे सभ्यता-संवाद के सन्दर्भ में भारत में आई फारसी भाषा के अलावा हिन्दुस्तानी संगती, मिनिएचर चित्रकला, स्थापत्य, धर्म-चिन्तन, दर्शन आदि का ज़िक्र किया जा सकता है। यह भी याद किया जा सकता है कि हमारे सबसे पहले और शायद अब भी सबसे बड़े आधुनिक भारतीय कवि गालिब की महत्त्वाकांक्षा फारसी में मूर्धन्य कवि की मान्यता पाने की थी, कि अमीर ख़ुसरो, बेदिल जैसे बड़े फारसी कवि भारत में हुए और फारसी कविता में 'सबके-हिन्दी' नाम से भारतीय कविता की अलग धारा ही मानी जाती है। भले ईरान से हमारे सम्पर्क का एक बड़ा हिस्सा हिंसा और आधिपत्य की छाया में हुआ है, उसके बहुत सर्जनात्मक परिणाम भी निकले हैं।

कई बार लगता है कि भारतीय सभ्यता एक संवादप्रिय सभ्यता रही है : उसने अपने से और दूसरों से, प्रकृति और अपने भूगोल से निरन्तर संवाद किया है। उसके सभी संस्थापक ग्रन्थ जैसे 'रामायण' और महाभारत', जैसे कि उसके दर्शन की परम्परा, संवादों से भरे पड़े हैं। शास्त्रार्थ जैसी सार्वजनिक संस्था वही सभ्यता विकसित-पोषित कर सकती है जो बुनियादी रूप से संवादप्रिय हो।

यों तो भूमण्डलीकरण हर तरह से कहर ही बरपा कर रहा है और उसके पक्ष में कुछ भी कहना असम्भव लगता है। लेकिन उसके कारक तत्त्वों में बेहतर संचार-सूचना व्यवस्था है जिसके कारण सभ्यताओं के बीच संवाद विश्वस्तर पर बढ़ा है : सभ्यताओं के बीच भिड़न्त और मुठभेड़ के साथ-साथ संवाद भी बढ़ा है। एक-दूसरे की सभ्यताओं को अधिक नज़दीकी से जानने के अवसर इस बीच निश्चय ही बढ़े हैं।

संवाद में भाग लेने आये मूलतः कैरिबियन और अब अमेरिका में मध्यकालीन यूरोप के इतिहासकार रिचर्ड त्रूबले का निबन्ध 'बीथोवन और

भारत' विषय पर था। कम से कम मुझ जैसे अपने को खासा चौकन्ना माननेवाले को भी यह जानकारी नहीं थी कि बीथोवन का भारत से कोई सम्बन्ध था। इस निबन्ध से पता चला कि अपने उत्तरकाल में जब बीथोवन बहुत परेशान थे तो अपनी प्रसिद्ध 9वीं सिंफनी और एक अन्य प्रसिद्ध संगीत रचना करने के पहले उन्होंने अपनी मनःस्थिति और उलझनों के दस्तावेज के रूप में एक जर्नल रखा था। उस जर्नल में अनेक भारतीय विचारों का, विशेषतः भगवद्‌गीता के हवाले से, ज़िक्र है। तब तक कुछ जर्मन चिन्तकों और गेटे जैसे कवियों के माध्यम से भारतीय चिन्तन यूरोप में पहुँच चुका था और जाहिर है कि बीथोवन की उसमें रुचि पैदा हुई थी। यह एक और प्रमाण है कि कैसे एक सभ्यता के विचार या दृष्टियाँ दूसरी सभ्यता की सर्जनात्मकता में प्रवेश कर जाती हैं, गुपचुप और कई बार निर्णायक ढंग से।

भोपाल में संगीत

भोपाल के दो आयोजनों में इस बार जाना हुआ। पहला था पण्डित लालमणि मिश्र की स्मृति में सन्तूरवादक ओमप्रकाश चौरसिया द्वारा आयोजित मधुकली महोत्सव और दूसरा तबलावादक किरया देशपाण्डे द्वारा अपने पिता संगीताचार्य सदाशिव भगवंत देशपाण्डे की जन्मशती पर आयोजित दो दिनों का संगीत-समारोह 'वन्दन'। तीन शामें वायलिनवादक एन. राजन का वादन, गायिका मालिनी राजूरकर और गायक उल्लास कशालकर का गायन सुनते बीतीं। तीनों ही शाम रवीन्द्र भवन और भारत भवन के सभागार खासे भरे हुए थे, जिनसे जाहिर है कि भोपाल में संगीत-रसिकता कम नहीं हुई है और वहाँ अच्छा शास्त्रीय संगीत सुनने के लिए श्रोताओं की कमी नहीं है।

ओमप्रकाश चौरसिया 61 बरस के हो गये और उनका स्वास्थ्य ठीक नहीं रहता है। जब वे स्वस्थ थे तब भी किसी-न-किसी दुर्घटना में गिर-पड़कर अपना कोई अंग तोड़ बैठना उनकी आदत-सी थी। इधर उन्होंने रिटायर होने के बाद हारकर वह तय किया है कि वे अब ज्यादा भागदौड़ नहीं कर सकते और इसलिए यह मधुकली संगीत-समारोहों की 23 बरसों से चली आ रही श्रृंखला का समापन था। महोत्सव शाम 7 बजे के बजाय पौने नौ बजे इसलिए शुरू हो पाया कि संस्कृति संचालनालय ने खेलकूद संचालनालय को अपने एक पुरस्कार समारोह के लिए वह जानबूझकर 4 से 6 बजे तक के लिए दे दिया और चूँकि उसमें मुख्यमन्त्री आये, वह लगभग 8 बजे तक चला। मधुकली के श्रोताओं का बड़ा समाज

जिसमें शहर बाहर से आये उस्ताद जिया फरीदुद्दीन डागर भी शामिल थे, बाहर बैठे रहे। रवीन्द्र भवन कलाओं के लिए बनाया गया था, पुरस्कार-समारोह के लिए नहीं। स्वयं अपने एक पूर्व वरिष्ठ अधिकारी द्वारा आयोजित समारोह का इस तरह यज्ञ-ध्वंस किया जाना संस्कृति संचालनालय द्वारा भले बेशर्म लेकिन अक्षम्य अपराध है। ओमप्रकाश चौरसिया ने दो दशकों से अधिक समय तक संगीत के क्षेत्र में अपने व्यक्तिगत कौशल के अलावा सूझबूझ और लगन से काम किया है, उन्हें इस तरह अपमानित करने का कम से कम किसी संस्कृतविहीन भले ही अधिकार प्राप्त व्यक्ति को हक़ नहीं है। एक नतीजा यह भी हुआ कि एन. राजम जैसी वरिष्ठ और श्रेष्ठ संगीतकार अपना वादन आधे घंटे से अधिक नहीं कर पायीं।

सदाशिव देशपाण्डे ने शास्त्रीय संगीत की शिक्षा और प्रसार का कार्य यद्यपि जबलपुर में किया और वहाँ अपनी गहरी छाप और अक्षय कीर्ति छोड़ी, वे मूलतः अकोला (विदर्भ) के एक किसान परिवार के थे। गाँधी जी के आह्वान पर वे आजीवन खादी पहनते रहे और उन्होंने अपनी चालीस एकड़ ज़मीन विनोबा भावे को भूदान में दे दी थी। बाद में उन्होंने स्वरुचि से संगीत की शिक्षा प्राप्त की और जबलपुर में भातखण्डे संगीत विद्यालय और मध्य प्रदेश संगीत समाज की स्थापना और संचालन किया। उनकी एक जीवनी इस अवसर पर हिन्दी लेखिका ज्योत्स्ना मिलन ने लिखी है जो बरसों भोपाल की प्रोफेसर कालोनी में किरण देशपाण्डे के पड़ोस में रहती थीं। जिस शास्त्रीय संगीत को मूढ़मतियों द्वारा सामन्तवादी कला कहकर लांछित किया जाता है, उसके विकास में ऐसे कई लोगों की, जो बिल्कुल ज़मीन से जुड़े लोग थे और जिनकी कोई सत्तापरक आकांक्षा नहीं थी, बड़ी भूमिका रही है। इस संगीत ने उन्हें अपने साधनहीन जीवन में भी सौन्दर्य और गरिमा के साथ रहने का अवसर दिया जो अपने आप में निहायत लोकतान्त्रिक काम है। गायिका मालिनी राजूरकर देखने में किसी तरह से संगीतकार नहीं लगतीं—उनका पूरा रहन-सहन इस कदर घरेलू है। वे एक गृहस्थिन अधिक लगती हैं। लेकिन जब गाती हैं तो जैसे इस साधारणता का वे अतिक्रमण कर ऐसा लोक रचती हैं जो सुगठित, सुशोभित और नयी अनुगूँजों से भरा होता है। उल्हास कशालकर बेहद तैयार गायक हैं और उनके यहाँ जयपुर और ग्वालियर घरानों का बहुत कुशल और कल्पनाशील संयोग होता है। वे गाते हैं तो हम उनके साथ बहुत दूर चले जाते हैं और फिर भी 'इतने पास अपने'।

हबीब तनवीर से भेंट हुई। उनकी आत्मकथा लगभग पूरी हो गयी है—अंग्रेज़ी, हिन्दी और उर्दू में एक साथ निकलने की बात है। वे अपना रंगकर्म अब समेटना चाहते हैं पर उनके नाट्य-प्रदर्शनों की इतनी माँग

बनी हुई है कि वे ऐसा चाहकर भी नहीं कर पा रहे हैं। चित्रकार अखिलेश के यहाँ पार्टी में यह चिन्ता व्यक्त की गयी कि हिन्दी में ऐसे लोग लगभग नहीं रह गये हैं, जिनके कहे को हिन्दी समाज ध्यान और आदर से सुने।

कला-प्रसंग

इस बात का नोटिस कम लिया गया है कि आम तौर पर भ्रष्ट और अहंकारी बनानेवाला पैसा अगर किसी क्षेत्र में बढ़ जाये, जैसा कि इन दिनों ललित कला के क्षेत्र में सौभाग्य से हुआ है, तो कई बार उसमें परस्पर संवेदनशीलता घटने के बजाय बढ़ जाती है। कम से कम कला में निश्चय ही यह हुआ है। पेरिस-बसे भारतीय चित्रकार विश्वनाथन के आरंभिक चित्रों की एक बड़ी और सुगठित प्रदर्शनी दिल्ली आर्ट गैलरी में हुई और उन पर एक अच्छी पुस्तक का मूलतः केरल के ही एक सहधर्मी कलाकार ए रामचन्द्रन ने लोकार्पण किया। पुस्तक कलालोचक रोबीना करोड़े और मधु जैन ने मिलकर लिखी है। प्रदर्शनी के शुभारम्भ पर दिल्ली के अनेक शैलियों और दृष्टियों के, आपस में गहरे वैचारिक और कलात्मक मतभेद रखने वाले कलाकारों की जो जमात जुड़ी, उससे एक तो यह ज़ाहिर हुआ कि विश्वनाथन का कला-समाज में कितना स्नेह और आदर है और दूसरे यह कि कलाकारों की परस्पर संवेदशीलता इधर बहुत दृश्य रूप से बढ़ रही है। इसके बरक़्स अगर हिन्दी साहित्य की आत्मकेन्द्रित और आत्मरत दुनिया की ओर देखें तो पायेंगे कि बहुत थोड़ी ज़मीन पर अवस्थित होने के बावजूद उसमें भयावह छुआछूत फैली हुई है और उससे जब-तब ऊपर उठने का सद्‌भाव कम ही नज़र आता है। प्रायः तथाकथित प्रतिबद्धता इस फाँक को पोसकर अपने को चरितार्थ करती रहती है। दुर्भाग्य से लेखकों में टुच्चेपन के नमूने अकसर देखने को मिलते हैं। कभी-कभार वे कला की दुनिया में उन्हें ले जाते हैं। एक रंगीन पत्रिका के ताज़ा अंक में एक हिन्दी कवि-कलालोचक ने रज़ा पर एक पृष्ठ भर लम्बी टिप्पणी लिखी है। रज़ा की 85वीं वर्षगाँठ के अवसर पर मैंने अंग्रेजी में एक वृहदाकार पुस्तक लिखी और सम्पादित की "रज़ा 'ए लाइफ़ इन आर्ट'।" इस टिप्पणी में इस पुस्तक के प्रकाशक गैलरी का नाम है चित्रकार रामकुमार ने उसका लोकार्पण किया। इसका ज़िक्र है लेकिन लेखक बेचारे का नाम नहीं है। सिर्फ़ इसलिए कि लेखक ने उस रसरंजित शाम, जिसमें लोकार्पण हुआ, उक्त कलाचक के असमय इस अनुरोध पर कि वह उन्हें इस पुस्तक की एक प्रति मुफ़्त दिलवा

दे, उन्हें यह कहकर झिड़क दिया था कि वे प्रकाशक से माँगें, पुस्तकें बँटवाना उसका काम नहीं।

दिल्ली में कहते हैं कि सौ से अधिक गैलरियाँ हैं। अगर किसी एक गैलरी में किसी प्रदर्शनी का शुभारम्भ हो तो उसी शाम होनेवाले किसी और गैलरी के शुभारम्भ में आप नहीं पहुँच सकते, क्योंकि दूरियाँ और यातायात दोनों ही बढ़ गये हैं। दिल्ली में हुई सीलिंग अभियान ने भी कई गैलरियों को दूर-दराज़ जाने के लिए विवश किया है। समय आ गया है कि इस बारे में कुछ गम्भीर पहल की जाये। एक बात यह सूझती है कि जिस तरह के मॉल आजकल हर कहीं बन रहे हैं वैसा ही एक कलाओं का मॉल कहीं बनाया जाये जिसमें बहुत सारी गैलरियों के अलावा पुस्तकों, संगीत आदि की दूकानें भी हों। दूसरी यह कि दिल्ली में कई एक विशाल कला-परिसर बनाने पर सरकार विचार करे। इस 'आर्ट डिस्ट्रिस्ट' में गैलरियों आदि के अलावा कुछ निजी संग्रहालयों की तजवीज भी की जा सकती है। इस सिलसिले में हाल ही में योजना आयोग के उपाध्यक्ष ने राजपथ के दोनों और कलात्मक गतिविधियाँ बढ़ाने कला संग्रहालय आदि बनाने का जो निजी सुझाव दिया है, उस पर विचार होना चाहिए। वहाँ कला के अलावा संगीत, नृत्य, रंगमंच, सिनेमा, लोक और आदिवासी कलाओं, वास्तु कला, डिज़ाइन के संग्रहालयों की एक शृंखला ही स्थापित की जा सकती है। कुछ सार्वजनिक और निजी गैलरियाँ भी वहाँ बनायी जा सकती हैं। वहाँ ऐसे अड्डों की शृंखला भी बनायी जा सकती है जिसमें लेखक, कलाकार, बौद्धिक, विद्वान्, मीडिया के लोग शाम को एकत्र हों। अच्छी फ़िल्में दिखाने के लिए सिनेमाघर और समूचे भारत और संसार के विविध व्यंजन परोसने वाली दूकानें। पहले स्वतन्त्रता संग्राम के इन दिनों चल रहे समारोह में राजपथ पर भारतीय स्वतन्त्रता के संग्राम पर एक बड़ा संग्रहालय बनाने से शुरुआत हो सकती है।

मुम्बई में शास्त्रीय संगीत

ऐसा कम होता है कि भारत में शास्त्रीय संगीत जिस मोड़ पर पहुँच गया है उस पर उसे लेकर क्या किया जाए इस पर स्वयं संगीतकार मिल बैठकर विचार करें। यह तो और भी कम होता है कि हिन्दुस्तानी और कर्नाटक दोनों ही शैलियों के संगीतकार मिलकर ऐसा विचार-विमर्श करें और अपने को एक अनौपचारिक समूह के रूप में गठित करें। पर ऐसा मुम्बई में सितारवादक और संगीत-हितैषी अरविंद पारिख के प्रयत्न से हुआ, जिसमें मैं ही एक ग़ैर-संगीतकार निमन्त्रित था। शुरू में ही

बालमुरली कृष्ण ने कहा कि दोनों शैलियाँ दो आँखें की तरह से हैं, जो मिलकर ही पूरी भारतीय सांगीतिक सचाई देख पाती हैं। इसका भी कुछ उल्लेख हुआ कि शास्त्रीय संगीतकारों को आत्मालोचन कर इसकी चिन्ता करनी चाहिए कि जो विकृतियाँ, हड़बड़ी और अधकचरापन शास्त्रीय संगीत पर हावी हो रहे हैं उनका कैसे प्रतिरोध किया जाए।

निर्णय हुआ कि एक राष्ट्रीय संगीतकार कल्याण निधि बनाई जाए जिसमें स्वयं संगीतकार कुछ राशि एकत्र कर पहल करें: अपेक्षा यह की गई कि हर प्रसिद्ध संगीतकार हर वर्ष इस निधि के लिए मुफ्त संगीत प्रस्तुति कर राशि एकत्र करने में मदद करे। इस निधि में राज्य और केन्द्र सरकारों, कार्पोरेट जगत, संगी-कम्पनियों, संगीत प्रेमियों आदि को भी योगदान करने के लिए प्रेरित किया जाए। कार्पोरेट जगत संगीतकारों को आसान दरों पर बीमा आदि की सुविधाएँ भी दिलवा सकता है। इसका भी संगठित प्रयत्न किया जाए कि युवा और जरूरतमंद संगीतकारों की प्रस्तुति के अवसर बढ़ाए जाएँ। यह अपेक्षा भी व्यक्त की गई कि कार्पोरेट जगत जैसे क्रिकेट के खिलाड़ियों आदि को अपने यहाँ जगह देकर स्वतन्त्र रूप से अपने कौशल के विकास की सुविधा देते हैं वैसे ही शास्त्रीय संगीतकारों को भी दें। मुझे लगा कि अगर भारत भर में सौ संगीत-गुरुओं की शिनाख्त कर उन्हें उचित मानदेय देकर और हरेक को पाँच शिष्य छात्रवृत्ति पर सिखाने की सुविधा कार्पोरेट जगत दे तो गुरु-शिष्य परम्परा को पुनर्नवा किया जा सकता है। मेरा एक सुझाव यह भी था कि भारत के समूचे संगीत का, नई तकनालॉजी का इस्तेमाल करते हुए, एक राष्ट्रीय अभिलेखागार और राज्य स्तर पर राज्य अभिलेखागार बनाए जाएँ। ज्ञान आयोग से यह आग्रह किया जाना चाहिए कि वह शास्त्रीय संगीत को पारम्परिक ज्ञान की एक शाखा के रूप में स्वीकार कर उसके लिए विचार करें।

आकाशवाणी, दूरदर्शन और मीडिया में, शास्त्रीय संगीत को लेकर जो उदासीनता, असंवेदनशीलता और नासमझी बढ़ी है उस पर विचार करते हुए समूह ने कई ठोस सिफारिशें उनके अधिकरणों से करने का निश्चय किया। शिवकुमार शर्मा, अजय चक्रवती, जाकिर हुसेन, साजन-साजन मिश्र, टीएन कृष्णन, रविकिरण, चित्रवीणा, सुधा रघुनाथन आदि शामिल हुए।

बिनोद-विमर्श

सबसे पहले हिन्दी में चित्रकार बिनोद बिहारी मुखर्जी के कुछ चित्र

अधिकांशतः अपने आवरण पर लगभग पचास बरस पहले हैदराबाद की पत्रिका 'कल्पना' ने प्रकाशित किए थे। हममें से कई का परिचय उनसे तभी हुआ था। लेकिन उसके काफ़ी पहले सन् 1946-47 में वे आचार्य हजारीप्रसाद द्विवेदी की पहल पर शान्ति निकेतन के हिन्दी भवन में सन्त-कवियों का एक विशाल भित्तिचित्र बना चुके थे। शायद ही देश-विदेश के किसी हिन्दी विभाग में इतनी सुचित्रित कलाकृति सार्वजनिक रूप से दृश्य हो। इन दिनों उसकी हालत बहुत ख़राब है हालाँकि उसका तकनीकी ढंग से जीर्णोद्वार सम्भव है। इससे पहले कि यह अद्वितीय कृति नष्ट हो जाए, उसके पुनर्जीवन के लिए एक अभियान चलाना चाहिए। दुर्भाग्य से हिन्दी समाज और साहित्य में कला-बोध इतना शिथिल है कि इसकी उम्मीद करना व्यर्थ है कि कबीर, सूर, तुलसी और गुरू गोविन्द सिहं को एक चित्रयात्रा की तरह अंकित करने वाली इस कृति की दुर्दशा को लेकर उनमें कोई विशेष बेचैनी या कुछ ठोस करने की इच्छा जाग सकती है।

नई दिल्ली की राष्ट्रीय आधुनिक कला वीथिका में 1904 में जन्में इस कलाकार की एक सुशोभित और सुनियोजित पुनरवलोकन प्रदर्शनी चल रही है जिसे प्रसिद्ध चित्रकार और गुजराती कवि गुलाम मोहम्मद शेख ने नियोजित किया है कलाविद् प्रोफेसर आर शिवकुमार के साथ मिल कर। इस भित्तिचित्र की एक काफ़ी बड़ी प्रतिकृति—इतनी बड़ी कि एक पूरे हॉल की दीवार पर वही लगी है। इस प्रतिकृति और उसके लिए बनाए कुछ स्केचों को देखना एक बेहद रोमांचक अनुभव है। पता नहीं कितने हिन्दी लेखक इस प्रदर्शनी या कम से कम साहित्य के लिए बेहद प्रासंगिक चित्र को देखने का समय निकाल पाए हैं। दिसम्बर 1946 से लेकर अप्रैल 1947 के बीच बनाए गए इस भित्तिचित्र में कबीर, तुलसी और सूर की कुछ पंक्तियाँ भी अंकित हैं। जाहिर है कि कवियों और कविताओं के चुनाव में आचार्य द्विवेदी की केन्द्रीय भूमिका रही होगी। कबीर-तुलसी-सूर की वे एक बृहत्त्रयी प्रस्तावित कर रहे थे। इन कवियों को लेकर जो भी जीवन-कथाएं चित्रांकित हैं उन्हें द्विवेदी जी ने ही बताया होगा। एक स्तर पर, कलाविद् शिवकुमार के अनुसार, यह भित्तिचित्र जवाहरलाल नेहरू की 'भारत की खोज' के समानान्तर एक और 'भारत की खोज' है जो कविता, भक्ति और कला के माध्यम से उस भारत को सामने लाती है जिसमें इतिहास, संस्कृति, परम्परा, दर्शन आदि सभी एक-दूसरे से अटूट हैं। प्रदर्शनी के अन्तर्गत इसी सप्ताह एक दिलचस्प आयोजन हुआ सन्त-कवियों का पाठ और सन्त-काव्य-गायन। दोनों ही आयोजनों में उपस्थिति क्षीण थी और लेखक तो खैर कोई था ही नहीं। इस भित्तिचित्र पर कबीर की ये पंक्तियाँ अंकित हैं:

चढ़िए हाथी ज्ञान को, सहज दुलचा डार।

स्वान रूप संसार है, भूखन दे झखमार।।

इस सिलिसिले में दो पुस्तकें भी प्रकाशित हुई हैं। पहली है प्रसिद्ध चित्रकार और कलागुरू के जी सुब्रमण्यन द्वारा अंग्रेजी में अनूदित बिनोद बिहारी मुखर्जी की मूल बांग्ला रचनाओं के अनुवाद का संचयनः 'चित्रकारः दि आर्टिस्ट', सीगल बुक्स, कोलकाता। उसमें मुखर्जी मोशाय कहते हैं कि सभी सहमत हैं कि विभिन्न कारणों से आधुनिक जीवन बहुत जटिल हो गया है लेकिन कारणों को लेकर बड़े मतभेद हैं। एक अधिकांशतः तर्कसंगत समाज में कला जटिलता का विकल्प चुनती है, सारे समय हम अपने कार्यों की तुलना यन्त्र के कार्यों से करते रहते हैं और यह रुख कला के क्षेत्र में हमारे सारे प्रयोगों और तकनालजी की हमारी पूजी की तह में है।...सर्जनात्मकता में सादगी की जरूरत है।...एक समय हमारे पास सरकंडे की कलम थी, फिर फाउंटेन पेन, नमदा की कलम, टाइपराइटर, टेपिरिकार्डर आए।...लेकिन इन्होंने साहित्य के आकार को नहीं बदला। उनका भाषा पर कोई असर नहीं हुआ। साहित्य की तुलना में, उपकरण कला में अधिक प्रभावशाली हैं और उनका चुनाव सावधानी से करना चाहिए।'

दूसरी पुस्तक वढेरा आर्ट गैलरी और राष्ट्रीय आधुनिक कला वीथिका द्वारा प्रकाशित इस प्रदर्शनी का कैटलाग है। उसमें अनेक चित्र और दो संग्राहकों के अलावा स्वयं चित्रकार और केजी सुब्रमण्यन के निबन्ध हैं। बिनोद बिहारी मुखर्जी की एक आँख में ज्योति कम थी और अन्ततः वे अन्धे हो गये थे। इसके बावजूद वे एक मूर्धन्य कलाकार बने और उन्होंने इतना सारा काम किया यह जानना, उनकी संघर्ष-कथा को पढ़ना और समझना साहस, जीवट और कर्मठता की एक पाठशाला में बैठने जैसा है

पुणे-संवाद

हम छह लेखक पुणे के फ़िल्म टेलीविजन इंस्टीटयूट में एकत्र हुए वहाँ हाल ही में शुरू किए गए पटकथा-लेखन के छात्रों-छात्राओं के साथ भाषा, कथा, कविता, साहित्य आदि पर आत्मीय लेकिन दो दिनों में फैले लम्बे संवाद के लिएः असग़र वजाहत, पंकज सिंह, गीतांजलिश्री, सारा राय, राजुला शाह और मैं। मुम्बई के फ़िल्मकार और पटकथाकार विनय शुक्ल भी। हमने बातचीत की, प्रश्नोत्तर हुए, अपनी रचनाएँ सुनाई और युवाओं से उनकी पटकथाओं के प्रारूप सुने और युवाओं से उनकी पटकथाओं

के प्रारूप सुने और उन पर अपनी प्रतिक्रियायें दीं। छात्र कई अंचलों से हैं: मध्यप्रदेश, केरल, गुजरात, महाराष्ट्र आदि से। उनकी पृष्ठभूमियाँ भी काफ़ी अलग-अलग हैं। वाणिज्य, डिजाइन, पत्रकारिता, साहित्य आदि पढ़-लिख कर वे यह विशेष प्रशिक्षण पा रहे हैं।

असग़र वजाहत और पंकज सिंह और राजुला शाह के अलावा बाक़ी हम तीन ऐसे थे जिनका जन-संचार के माध्यमों के लिए लिखने का कोई अनुभव नहीं है। इसलिए हमने भी कुछ सीखा। सुन कर लगा कि गीतांजलिश्री के उपन्यास 'ख़ाली जगह' और सारा राय की लम्बी कहानी 'भूलभुलैया' को फ़िल्म में बदलने की अच्छी सम्भावना है। पटकथा में चूँकि लेखक के अलावा निर्देशक और अभिनेता की अपनी भाषा-दृष्टि भी अन्ततः सक्रिय हो जाती है और फ़िल्म की भाषा पर अनेक स्तरों पर दबाव पड़ते हैं और उसका जो रूप बनता है वह अक्सर साहित्य की तुलना में, निजी कम सामूहिक अधिक होता है। फिर भी, इस पर हमने जोर दिया कि पटकथाकार की भाषा के प्रति एक नैतिक और कलात्मक जिम्मेदारी है। यह वह तभी निभा सकता या सकती है जब वह किसी हद तक इस सच्चाई को जज़्ब करे कि भाषा निरा माध्यम नहीं, अनुभव भी है। उसका काम सिर्फ़ सम्प्रेषण नहीं, अनुगूंजों और अन्तर्ध्वनियों को सहेजना और जीवन्त रखना भी है। चूँकि बहुत सारे लोगों का भाषा-व्यवहार फ़िल्मों की भाषा से प्रभावित होता है इस बारे में सावधानी और सर्तकता की जरूरत है।

युवाओं की पटकथाओं में ढांचों को तोड़ कर कुछ नया करने का सुबूत, दुर्भाग्य से, कम मिला। सिर्फ़ एक केरल से आई छात्रा ने कुन्ती पर आधारित एक बेहद नए क़िस्म की पटकथा का प्रारूप सुनाया। पता नहीं यह सोच कर कुछ उदासी घिरती है कि भाषा के क्षेत्र में काम करने वाले अधिकतर युवा (पटकथाकार भी आखिरकार भाषा में ही काम करते हैं) उसकी दकियानूसियों से बाहर नहीं निकल पातेः इस क्षेत्र में, लगता नहीं, वैसा युवा सर्जनात्मक विस्फोट है जैसा कि, उदाहरण के लिए, रूपंकर कलाओं में।

पुणे में ध्रुपद

हम लोग जब पुणे के गरवारे सभागार में पहुँचे तो हालाँकि निर्धारित समय में कुछ मिनिट बाकी थे, सभागार ठसाठस भर चुका था : पाँच सौ से अधिक लोग थे। जल्दी ही अगल-बग़ल और सामने, बीच में दरियाँ

बिछायी जाने लगीं ताकि बचे लोग उन पर बैठ सकें। जल्दी ही शुरू हुए कार्यक्रम में पहली पंक्ति में जहाँ हम बैठे थे, यानी उस्ताद ज़िया फ़रीदुद्दीन डागर और मैं बैठे थे, वहाँ सामने भी गसापसी करके कई लोग नंगे फ़र्श पर बैठ चुके थे। पुणे शास्त्रीय संगीत का देश का सम्भवतः सबसे बड़ा रसिक-केन्द्र है। लेकिन वहाँ वर्चस्व ख़्याल संगीत के अलावा नाट्यसंगीत और भावगीत का रहा है। ध्रुपद के नक्शे में उसे किसी ख़ास मसरफ़ का केन्द्र नहीं माना जाता। अगर उस पुणे में ध्रुपद के लिए लगभग चार घण्टे के समारोह में ऐसी भीड़ जुड़ी, जो बीच-बीच में अपना रसास्वादन मुखर भी करती रही, तो इसका बड़ा श्रेय युवा ध्रुपद-गायक उदय भवालकर को जाता है। उदय उज्जैन के हैं और उनकी ध्रुपद-दीक्षा भोपाल के ध्रुपद केन्द्र में हुई जहाँ स्वर्गीय उस्ताद ज़िया मोइमुद्दीन डागर के अलावा छोटे उस्ताद उनके गुरु थे। छोटे उस्ताद के 75वें जन्मदिवस पर उनके अभिनन्दन के लिए ही उनके इस यशस्वी शिष्य ने यह आयोजन किया। भोपाल की कई अन्य संस्थाओं की तरह ध्रुपद केन्द्र ध्वस्त हो चुका है—बाक़ी चल रही है पर वह तो बाक़ायदा बन्द हो चुका। इस केन्द्र के पहले ही बैच में उदय के अलावा गुन्देचा-बन्धु भी शामिल थे। इन तीनों ने मिलकर एक तरह से ध्रुपद-संगीत का पुनर्वास किया है। तीनों ही न तो किसी सांगीतिक परिवार से आते हैं और न ही उन्हें संगीत के किसी प्रमुख केन्द्र में होने को सौभाग्य मिला था। उन्होंने, विशेषतः उदय भवालकर ने, डागर-बानी को कल्पनाशील ढंग और समझदारी से आगे बढ़ाया है। यूरोप और अमेरिका में जहाँ ध्रुपद कई बार लगता है, भारत से अधिक लोकप्रिय है, तीनों की नाम कंसर्ट-सर्किट में जाने-माने है। उदय तो आयोजन के दसेक दिनों पहले ही लगभग नौ महीने वाशिंगटन विश्वविद्यालय में पढ़ाकर वापस आये थे।

ध्रुपद के आलाप में मानवीय आवाज़ का, बिना किसी शब्द या शाब्दिक बिम्ब का सहारा लिये, जो अद्‌भुत अमूर्तन होता है वह संसार भर के संगीत में अपने ढंग का बिल्कुल निराला है। उदय ने पुष्पराज कोष्टी के सुरबहार के साथ जो जुगलबन्दी की उसमें लगभग पैंतालीस मिनिट का आलाप था : ईंट-दर-ईंट सिर्फ़ सुरों से बनती एक संरचना जो अपने सम्पूर्ण वैभव में बनते हुए ही मिटती भी जाती है। संगीत हमारी नश्वरता का भी गान है आख़िर हम हर पल जीते हुए मरते भी रहते हैं, अपने अवसान के नज़दीकतर जाते हुए। ध्रुपद, ख़्याल की तरह, समयविद्ध नहीं है : वह अनन्त की आराधना है। वह समय का अतिक्रमण है, अनन्त का सत्यापन है। ध्रुपद संसार को सम्बोधित ही नहीं है, उसका सम्बोध्य है ब्रह्मण्ड। वह जैसे हम सबमें सोये हुए विराट् को जगाता है : वह समय का गान नहीं, काल का उद्‌घोष है। वह संसार को सरलीकृत करने को अस्वीकार करता है : वह हमें जताता है कि लय और स्पन्दन से

भरा संसार जटिल है...उसे समझना, सहना और गाना सब कुछ जटिल है। कई बार लगता है कि ध्रुपद के आलाप में सुर नहीं बोलते, हमारे दिवंगत पूर्वज बोलते हैं...बानी उनकी अनुगूँजों से बुनी जाती है। ध्रुपद लगभग अनायास वर्तमान में गाया जाकर भी अतीत को विन्यस्त करता है : कुछ पलों के लिए हम अपनी आधुनिकता का लबादा फेंककर प्राचीन हो जाते हैं।

उस्ताद ज़िया फ़रीदुद्दीन डागर यायावर-गायक हैं। रास्ता बख़ूबी जानते हुए भी वे भटकते हैं क्योंकि उन्हें लगता रहा है कि जटिल नियम-बन्ध से परे या दूर कहीं असली ध्रुपद बसता है। उनके अलावा भला किसने यह हिम्मत की या जोखिम उठाया है कि ध्रुपद गाते हुए अपनी डागरबानी की परम्परा में पूरी तरह गृहस्थ होते हुए भी ध्रुपद में ध्रुपद खोजने का उद्यम करे? अगर वे इस कारण संगीतकारों के संगीतकार हैं और उन्हें लोकप्रियता नहीं मिल सकी तो इसका कोई मलाल भी उन्हें नहीं है। उन्होंने स्वयं डागर-परिवार में इधर सबसे यशस्वी और लोकप्रिय शिष्य तैयार किये हैं।

प्रतीक वन में भारत

फ्रेंच कलालोचक मिशेल वाल्डबर्ग ने अपनी टिप्पणी के शुरू में चार्ल्स बोदेलेयर की ये पंक्तियाँ उद्धृत की हैं :

प्रकृति एक मन्दिर जहाँ जीवित स्तम्भ
तब-तब जाने देते हैं कुछ गड्डमड्ड शब्द
मनुष्य गुज़रता है प्रतीकों के वन से
जो उसे ताकते हैं जानी-पहचानी निगाह से

चूँकि दोपहर में ही इन पंक्तियों को पढ़ा था वे मेरे मन में गूँज रही थीं जब हम शाम को छः बजे गोर्बियो गाँव की बारहवीं शताब्दी के शतो के सामने एकत्र हुए उस प्रदर्शनी के शुभारम्भ पर, जिसमें 'रज़ा का भारत' नाम से, उनकी और उनके संग्रह से अनेक भारतीय चित्रकारों की प्रतियों और पुरावस्तुओं का प्रदर्शन किया जा रहा है। गोर्बियो दक्षिण फ्रांस में रज़ा का गाँव है। वे चालीस बरसों से गर्मियों में लगभग चार महीनों के लिए हर बरस आते रहे हैं। फ्रेंच रिविएरा, जहाँ फ्रेंच-इतालवी सरहद के बहुत करीब यह गाँव स्थित है, कलाकारों में विशेष लोकप्रिय है। आस-पास ही मातीस, मार्क शगाल, पिकासो आदि के भी ग्रामीण निवास रहे हैं और अब उनके नाम से कई अत्यन्त दर्शनीय संग्रहालय

हैं। बरसों पहले कान से फ़िल्मकार मणिकौल के साथ उनके एक फ्रेंच मित्र की कार में मटरगश्ती करते हुए ऐसे ही एक गाँव-घर में बेहद बुजुर्ग मार्क शगाल को धूप में बैठे हुए देखा था।

गोर्बियो का शतो का पुनरुद्धार हुआ है जिसमें रज़ा ने भी मदद दी है। उसके तीन मंज़िलों पर बने कमरों में यह प्रदर्शनी लगी है : रज़ा और उनकी पत्नी जानीन मोंजिला के अलावा राजेन्द्र धवन, विश्वविनाथन, सतीश पांचाल, सूज़ा, सुजाता बजाज, अखिलेश, सीमा घुरैया, मनीष पुष्कले, अकितन नारायणन् आदि के चित्र, खजुराहो और अन्य कई मन्दिरों और युगों से कुछ मूर्ति-शिल्प, नाथद्वारा से एक चित्रपट, बापूजी की एक पड़, बुद्ध, शिव आदि की कई पुरामूर्तियाँ उसमें बेहद सुरुचि और सुघरता से प्रदर्शित की गयी हैं। शुभारम्भ से एक दिन पहले गोर्बियो के मेयर मिशेल एसनार स्वयं एक सीढ़ी पर चढ़कर दीवार पर कील ठोंक रहे थे। सुनियोजन में चित्रकार अखिलेश ने पहले पहुँचकर बड़ी मदद की।

रज़ा, प्रदर्शनी से एक बार फिर ज़ाहिर हुआ, अपने काम को भारतीय निरन्तरता के हिस्से के रूप में देखते हैं। बीबीसी लन्दन से इस अवसर पर विशेष रूप से आयी एक फ़िल्म-टीम से बातचीत में मैंने इस पर इसरार किया कि यह प्रदर्शनी प्रतीकों का भारतीय वन है, जिसमें बहुलता के साथ-साथ एकतानता सहज देखी जा सकती है। रज़ा, जैसे कि हुसेन, रामकुमार, अकबर पदमसी, सूज़ा आदि सभी इस निरन्तरता के अंग हैं और उनका काम अपने-अपने और अलग-अलग ढंगों से इस निरन्तरता को बढ़ाता और पुष्ट करता है। भारतीय आधुनिकता अपने सच्चे और टिकाऊ रूपों में भारतीय परम्परा का ही सजग और सृजनशील, कई बार साहसिक विस्तार है। भारत में भी परम्परा और आधुनिकता में द्वन्द्व है पर स्वयं भारतीय परम्परा में अनेक द्वन्द्व होते और अन्ततः समाहित होते रहे हैं।

उस छोटे से गाँव में, अब उम्मीद है, रज़ा के कारण और उनकी पहल पर इस शती में भारतीय कला का एक अनूठा संग्रहालय बन जायेगा ऐसा जैसा भारत में भी कहीं नहीं है। भारत में हमने ऐसा एक भी संग्रहालय नहीं बनाया है जहाँ भारतीय सिसृक्षा की अनेक शताब्दियाँ एक-दूसरे के बिलकुल पड़ोस में और उस निरन्तरता में दिखायी दें, जो हमारी सभ्यतागत विशेषता है। इस अनूठी लेकिन आत्मीय घटना को देखने फ्रांस में भारत के राजदूत राजन मथाई और श्रीमती मथाई के अलावा भारत, इटली, ब्रिटेन, जर्मनी, पुर्तगाल, दक्षिण अफ्रीका आदि कई देशों से रज़ा के मित्र, हितैषी और संग्राहक मौजूद थे। रज़ा पर विनोद कुमार शुक्ल, ध्रुव शुक्ल, मधु शर्मा आदि की कविताओं का एक छोटा नयनाभिराम संचयन, उनके चित्रो के साथ, आर्ट एलाइव गैलरी ने विशेष

रूप से प्रकाशित किया है, जिसका लोकार्पण रज़ा ने किया। संचयन से एक कवितांश का मैंने पाठ किया क्योंकि रज़ा चाहते थे कि इस अवसर पर उनकी मातृभाषा के कुछ शब्द भी वहाँ गूँजें। बाद में, जब गाँव के चौक पर एक ओड़िसी नृत्य-प्रदर्शन हुआ तो जयदेव की संस्कृत-कविता उस पहाड़ पर स्वरित हुई।

यह सब 3 जुलाई 2007 को हुआ, जिस दिन न्यूयार्क में विश्व हिन्दी सम्मेलन का भी शुभारम्भ हुआ। उस विराट् पाखण्ड में उपस्थित होने के बजाय इस अनूठी आत्मीय शुरुआत पर मौजूद हो पाना मेरे लिए अधिक तोषप्रद था : एक हिन्दीभाषी चित्रकार द्वारा भारतीय प्रतीक-वन के एक स्थायी संग्रहालय की शुरुआत के अवसर पर। रज़ा के नौ चित्रों के बेहद सुन्दर प्रतिकृतियों का एक सुमुद्रित और विशालकाय संचयन इस अवसर पर आया है। उसी में वह टिप्पणी है जिसका शीर्षक है 'प्रतीकों का एक वन'। वाल्डबर्ग ने उसका समापन करते हुए कहा है : 'कला का कार्य, जैसा कि रज़ा के चित्र हमें इस मनन के लिए उकसाते हैं, कुछ और नहीं संसार को पुनर्मोहित करना है, उस दुर्व्यवस्था का कायाकल्प कर उसे ब्रह्माण्ड में बदलने का।'

कुछ नयी पहल

मुम्बई के एक परोपकारी ट्रस्ट ने सलाह के लिए बुलाया : वह कलाओं-संस्कृति के क्षेत्र में हिन्दी अंचल में कुछ करने का उत्सुक है। वस्तुपरक आकलन के तौर पर यह बताना ज़रूरी हो गया कि कुल मिलाकर हिन्दी राज्यों की सरकारों ने संस्कृति के क्षेत्र में कुछ समझदार सक्रियता नहीं दिखायी है। पहले कुछ राज्य सरकारों ने, जैसे राजस्थान, मध्य प्रदेश और उत्तर प्रदेश ने, जो थोड़ी-बहुत पहल की थी, वह समाप्त हो चुकी है। उनके द्वारा स्थापित और पोषित प्रायः सभी संस्थाएँ अप्रासंगिकता के छोर पर पहुँच चुकी हैं। ये वही सरकारें है जो केन्द्र द्वारा सामाजिक क्षेत्र के लिए दी जाने वाली राशि को या तो ख़र्च नहीं कर पाती हैं या उसका दुरुपयोग करती रही है। जब शिक्षा, समाज कल्याण, पर्यावरण आदि के क्षेत्रों के साथ इन सरकारों का यह सुलूक है, तो उनसे संस्कृति के क्षेत्र में कुछ बेहतर करने की आशा करने का कोई आधार ही नहीं है। हिन्दी अंचल में संस्कृति के संस्थानात्मक ढाँचे विकसित करने के मामले में गैर सरकारी पहल शुरू से ही बहुत क्षीण रही है। यह आकस्मिक नहीं है कि पहले जो कुछ संस्थाएँ जैसे हिन्दी संस्थान, बिहार राष्ट्रभाषा परिषद, भारत भवन आदि सक्रिय और प्रासंगिक थे, अब ध्वस्तप्राय हैं।

उन्हें उदासीनता, जातिवादी या साम्प्रदायिक हस्तक्षेप या वैचारिक संकीर्णता ने नष्ट कर दिया है। विखण्डित राजनीति, अक्षम और असंवेदनशील प्रशासन, पिछड़े अर्थतंत्र और अपराध-हिंसा के परिवेश ने मिलकर इस समूचे क्षेत्र को सांस्कृतिक दृष्टि से विपन्न कर रखा है और इसका कोई खेद या पछतावा उसमें नहीं है।

सुझाव यह दिया गया कि बजाय इन संस्थाओं को राज्य सरकार की मदद से पुनर्जीवित करने की कोशिश करने के या तो ग़ैर सरकारी संस्थाओं के द्वारा या उनके अलावा नयी संस्थाएँ बनाकर कुछ किया जाये। उदाहरण के लिए जयपुर, ग्वालियर आगरा आदि में वहाँ जन्मे शास्त्रीय संगीत और नृत्य के घरानों का पुनर्वास करने की कोई महत्त्वाकांक्षी योजना बनायी जाये। हिन्दी में विज्ञान, विचार, ज्ञान, पर्यावरण, दर्शन, कलाओं आदि को लेकर चल रही पत्रिकाओं को मदद दी जाये या नयी निकाली जाये। हिन्दी पुस्तकों की सब जगह सुलभता सुनिश्चित करने के लिए हिन्दी प्रकाशकों का एक समूह बनाकर मार्केटिंग के क्षेत्र में कुछ कारगर किया जाये और हिन्दी पुस्तक-दूकानों की एक शृंखला स्थापित करने की ओर बढ़ा जाय। अवाँ गार्द, दुस्साहसी साहित्य के प्रकाशन के लिए एक स्वतन्त्र प्रकाशन गृह स्थापित किया जाय। लेखकों के सहकारी प्रकाशन स्थापित-सक्रिय करने के लिए कुछ किया जाये। समूचे हिन्दी अंचल में कम से कम दो सौ बुक क्लबों की एक शृंखला बनाकर उनके माध्यम से पुस्तक पढ़ने की वृत्ति को बढ़ावा दिया जाय। महाराष्ट्र की 'ग्रन्थाली' की तरह पुस्तकों और लेखकों की एक यात्रा हर वर्ष निकाली जाय।

यह कहना कठिन है कि ऊपर दिये गये सुझावों को किस हद तक अमल में लाया जा सकेगा। लेकिन यह स्पष्ट है कि इस तरह की पहल के लिए प्रयत्न कर वित्तीय साधन जुटाये जा सकते हैं। सांस्कृतिक अभिलेखन के क्षेत्र में भी बहुत कुछ करना बाकी है और उसे करने के लिए साधन जुट सकते हैं।

'आकार-प्रकार' में 'अमूर्त'

कोलकाता में 'आकार-प्रकार' नाम की एक अपेक्षाकृत नयी कलावीथिका है। उसे हमारे बुद्धिजीवी और संगीतविद् मित्र मुकुन्द लाठ के बेटे-बहू अभिजीत और रीना लाठ बड़ी सुरुचि और साहसिक समझ से चलाते हैं। वहाँ इन दिनों मध्य प्रदेश के युवा और अमूर्तन में ही काम करने वाले चित्रकारों की एक प्रदर्शनी चल रही है : 'अमूर्त'। शुभारम्भ के

अवसर पर कई प्रसिद्ध चित्रकार जैसे परितोष सेन, जोगेन चौधरी, गणेश हलोई, कलाविद् प्रणव रंजन रे, लेखक अशोक सेकसरिया आदि आये। वीथिका का परिसर बहुत सुन्दर है। लम्बा बरामदा, कई कमरे हैं और उसका स्पेस बहुत संवेदनशील ढंग से सुविभाजित है। चित्रकारों में अखिलेश, मनीष पुष्कले, योगेन्द्र त्रिपाठी, सीरज सक्सेना, मोहन मालवीय आदि इक्कीस लोगों की कृतियाँ प्रदर्शित की गयी हैं। एक अलग कक्ष में जगदीश स्वामीनाथन की चार कलाकृतियाँ थीं, जिनमें से तीन उनके आरम्भिक काल की हैं और डॉ. लाठ के निजी संग्रह से है। सभी जानते हैं कि मुकुन्द जी बड़े अच्छे और सावधान कला संग्राहक भी रहे है। प्रदर्शनी स्वामी के अलावा मध्य प्रदेश के या वहाँ कार्यरत रहे मकबूल फ़िदा हुसेन, नारायण श्रीधर बेन्द्रे और सैयद हैदर रज़ा को समर्पित है। एक शाम हमने स्वामी पर बातचीत करते भी बितायी। कुल मिलाकर मध्य प्रदेश में जो सर्जनात्मक विस्फोट इधर अमूर्तन के क्षेत्र में हुआ है, उसके पीछे रजा और स्वामी की प्रेरणा है। यह प्रेरणा सौभाग्य से इन चित्रकारों में किसी अनुसरण में नहीं आयी है। बल्कि यह देखकर सुखद अचरज होता है कि अमूर्तन में उनके यहाँ इतनी बहुलता है। रंगों की स्पन्दित तहें, विचित्र रूपाकार, रंगों के बीच नये रंगों की खोज, रंगों के अनगिन स्मरण और लोप, आकारों के इतने विविध प्रकार, आकारों और रंगों के इतने सारे द्वन्द्व तो जब-तब घमासान जैसे भी लगते हैं—दृष्टि की स्थिरता नहीं बल्कि बेचैन गतिशीलता, शैली पर विजड़ित कूची नहीं बल्कि अपने को अतिक्रमित करने की चेष्टा की झलकें, कम कहने और फिर भी अधिक कहने की फितरत आदि अनेक पहलू इस प्रदर्शनी से जाहिर थे। शायद इतने सारे कलाकारों की यह ढंग की पहली प्रदर्शनी है। समकालीन कलादृश्य पर अमूर्त की उपस्थिति सशक्त ढंग से दर्ज करती हुई। भारत भवन नाम की संस्था को जब छुटभैये अपने संकीर्ण अहंकार में ध्वस्त करने में अहर्निश व्यस्त हैं तभी उसकी भावना और सपने को अपने सृजन में नयी संजीवनी देते हुए यह कला-विस्फोट भारत भवन को उसकी संस्थागत अस्तित्व और इमारत के बाहर स्थापित कर रहा है। भारत भवन अब ऐसे ही लेखकों और कलाकर्मियों के सृजन में मौजूद और सक्रिय है। उसे राजनेता, तंगनज़र सरकारें और मीडियाक्रिटी ध्वस्त नहीं कर सकते।

कैलाश तिवारी

1972 में जब हमने मध्यप्रदेश कला परिषद् के माध्यम से मध्यप्रदेश में

संस्कृति में अपनी सक्रियता की शुरुआत की तो शास्त्रीय संगीत और नृत्य के क्षेत्र में इन्दौर की अभिनव कला परिषद् का बहुत नाम था। वहाँ सक्रिय लोगों में थे कैलाश तिवारी। शास्त्रीय संगीत के अलावा उनकी रुचि-गति सुगम और फिल्मी संगीत में भी थी जिनके बारे में मेरा ज्ञान शून्य था। उस जमाने में भोपाल के मुक़ाबले इन्दौर शास्त्रीय कलाओं के लिए एक लोकप्रिय केन्द्र था। उसके पीछे कैलाश तिवारी की दौड़धूप रहती थी–पण्डित रविशंकर, उस्ताद विलायत खाँ, उस्ताद बिस्मिल्लाह खाँ से लेकर उस्ताद अमीर खाँ, श्रीमती गिरिजा देवी, बिरजू महाराज आदि अनेक मूर्धन्यों को इन्दौर बुलाने और उनकी देखभाल करने का काम अधिकतर कैलाश तिवारी ही करते थे। कलाकारों से मोलभाव करना भी उन्हें खूब आता था क्योंकि उन्हें कलाकारों का बाज़ार-भाव पता था और कई बार वे अड़ भी जाते थे। बरसों बाद जब मध्यप्रदेश शासन ने बिना मेरी सलाह के सुगम संगीत के लिए एक राष्ट्रीय पुरस्कार लता मंगेशकर सम्मान स्थापित कर दिया तो उसका समारोह हर वर्ष इन्दौर में ही करने का निश्चय किया गया। उसमें कैलाश तिवारी की प्रमुख भूमिका लगभग अनिवार्य सी थी।

तिवारी जी नये तरह के कार्यक्रम करने में माहिर थे। मुझे उन्होंने एक बार बिरजू महाराज से सार्वजनिक बातचीत करने और एक बार उस्ताद अमीर खाँ और पण्डित कुमार गन्धर्व के बारे में दो शामें व्याख्यान देने इन्दौर बुलाया। राहुल बारपुते, विष्णु चिंचालकर, राजेन्द्र माथुर और बाबा डिके के न रहने से इन्दौर की कलाओं की महफ़िल पहले ही उजड़ चुकी थी। कैलाश तिवारी उसे अपने जीवट और ज़िद से किसी तरह अब भी सजाते थे। उनके न रहने से एक तरह से युगान्त ही हो गया।

कला और रहस्य

विज्ञान की तरह कला शायद ही कभी रहस्य का समाधान खोजती या उसे बेधने की कोशिश करती है। अकसर वह उसे मूर्त रूप देने, उसका आनन्द मनाने की ओर प्रवृत्त होती है। रहस्य को उसकी जटिल और विस्मयकारी शुद्धता में बचाने की चेष्टा करती है। जो भी हो, मालवा से कुछ बरस पहले दिल्ली आये और भारत भवन भोपाल में सुदीक्षित चित्रकार मोहन मालवीय एक ऐसे कलाकार हैं जो अपने कैनवासों पर रहस्य उकेरते हैं, उनकी थाह लेने के लिए उतना नहीं, जितना उसकी पुष्टि करने के लिए। एक स्तर पर उनकी कला रहस्य का उत्कृष्ट ग्रहण है। वह गहरा आवेग है, स्वयं अपने रहस्य को पाते और विन्यस्त करते

हुए।

मोहन मध्यप्रदेश के ऐसे इलाके से आते हैं जहाँ अभी भी, सौभाग्य से, आदिम सर्जनात्मकता की एक जीवन्त परम्परा बची हुई और सक्रिय है। वह भले ऐसे अमूर्तनों में अपने को व्यक्त न करती हो जैसे कि मोहन की कलाकृतियाँ करती हैं, उसका मूल रहस्यभाव में है। प्रकृति का अस्तित्व का और अभिव्यक्ति स्वयं का रहस्य। मोहन के लिए यह एक समृद्ध संसाधन है। इस पर तो ध्यान गया है कि इधर कला में नया अमूर्तन मुख्यतः मध्यप्रदेश के युवा कलाकारों के काम से सामने आया है, जिसके प्रेरणा-स्रोत सैयद हैदर रज़ा और जगदीश स्वामीनाथन है, पर इसे नहीं भूलना चाहिए कि अनुष्ठानपरक और ग़ैर-अनुष्ठानपरक क़िस्म के अमूर्तन की मध्यप्रदेश की लोक और आदिवासी कला में जीवन्त उपस्थिति रही है। मोहन का काम इस विरासत और उसकी असमाप्यता का भी सशक्त संकेत है।

मोहन मालवीय ने निश्चय ही अपने काम में परिष्कार और परिपक्वता अर्जित की है। हालाँकि उसकी यह तीसरी एकल प्रदर्शनी है, जो इन दिनों आर्ट एलाइव गैलरी नयी दिल्ली में हो रही है। त्रिभुज, अर्धवृत्त, वृत्त, बिन्दु-रेखाएँ सभी शायद किसी आदिवासी प्रथा से लिये गये होंगे, जहाँ उनकी कोई अनुष्ठानमूलक अन्तर्ध्वनियाँ और आशय होंगे। पर मोहन के कैनवासों पर वे कल्पनाप्रवण चिह्नों की तरह प्रकट होते हैं, जो चित्रित सतहों को दृश्यता के किन्हीं वैकल्पिकलयों के आघात देते हैं। गहरी रसी-बसी सतहें इन सफ़ेद और नन्हे विवरों से बाहर की सच्चाई की ओर झाँकने लगती हैं। चित्र सिर्फ़ देखने के लिए नहीं है : वे स्वयं को भी मानों इस तरह देख रहे हैं। रहस्य का भेद नहीं खुलता, वह और गहरा जाता है।

ये अमूर्तन पहले से ही मौजूद किसी चीज़ के बारे में नहीं हैं। वे न तो जीवन या सच्चाई या प्रकृति के बारे में प्रतिबिम्बन, न पुनर्प्रस्तुति है। वे अपनी स्वायत्त सत्ता गहराइयों, रंगों की तहों, चिह्नों और चाक्षुष खोजों से प्राप्त करती हैं जिन्हें बहुत ज़रा सा पहले से सोचा गया है। चित्र, तब, स्वयं खोजे हैं जो जितना चकित चित्रकार को करते हैं, उतना ही दर्शक को। कहा जा सकता है कि ये चित्र चाक्षुष कविताएँ हैं। यह बोलती हुई कला नहीं है बल्कि कला है जो आह्वान करती है। कई रूपक सोचे जा सकते हैं। ये चित्र असंबोधित प्रार्थनाएँ हैं, ये अपने पर ही खुलती अँधेरी खिड़कियाँ हैं, ये नीले, हरे, लाल, नारंगी आदि पर चाक्षुष नोट्स हैं, ये रहस्य के नयन हैं अपने को ही देखते हुए। पर आखिरकार जैसे कि शुरू में भी, वे कला की सजीव कृतियाँ हैं देखे जाने और रसास्वादन लेने के लिए। वे ऐसा रस देती हैं जो दृश्यता ही दे सकती हैं।

चन्द्रलेखा

उनसे पहली भेंट कब हुई यह याद नहीं है, लेकिन अन्तिम भेंट कुछ महीने पहले फ्रेंक्फ़र्ट में हुई, जहाँ बहुचर्चित नृत्यरचना 'शरीर' की विशेष और बहुप्रशंसित प्रस्तुति हुई थी और कैंसर से पीड़ित होने के बावजूद चन्द्रलेखा एक व्हीलचेयर पर बैठकर मंच पर दर्शकों का अत्यन्त मुखर और आह्लाद-भरा अभिवादन स्वीकार करने आयी थीं। बरसों से वे धवलकेशा थीं, लेकिन उनकी परिपक्व सुन्दरता और आत्मस्फूर्त गरमाहट एकपल में आपको अभिभूत कर लेती थी। वे भरतनाट्यम् में सुदीक्षित होने के बाद उसकी शुद्धतावादी और अक्सर छद्म आध्यात्मिकता के विरुद्ध गयीं और उन्होंने अपनी अलग, बेहद ऐन्द्रिय और ललित नृत्यशैली विकसित की। हमारी परम्परा के मूल में ऐन्द्रियता और अध्यात्म के बीच जो तदाकारिता एक स्तर पर रही है, उसे अपने नृत्य में पूरी निर्भीकता और दुस्साहस के साथ चन्द्रलेखा ने उभारकर सामने रख दिया। उन्होंने इस पर लगभग दुराग्रह किया कि अध्यात्म ऐन्द्रिय नहीं होता, ऐन्द्रियता ही अध्यात्म होती है। परम्परा की उनकी इस व्याख्या और प्रश्नांकन ने उन्हें हमेशा विवादग्रस्त बनाये रखा, लेकिन इससे उनकी सिसृक्षा अप्रतिहत ही रही आयी। उन्होंने कई पारम्परिक शैलियों का समायोजन कर जो नृत्य शैली विकसित की, उसे स्वतंत्र भारत में नृत्य के क्षेत्र में सबसे दुस्साहसी प्रयोग के रूप में देखा जा सकता है। चन्द्रलेखा एक सहज बुद्धिजीवी भी थीं। देश भर के सोचने-विचारनेवालों से उनका संवाद और सम्पर्क था। स्वयं कविता लिखने के अलावा उनकी आधुनिक कविता, चित्रकला, पर्यावरण-चिंता आदि में गहरी दिलचस्पी थी।

याद आता है कि एकाधिक बार वे हमारे शाहजहाँ स्थित आवास में आयी थीं और बहुत सहज भाव से फ़र्श पर बैठकर अपने हाथों में हमारे हाथ लिए गप लड़ाती रही थीं। दस-बारह बरस पहले फ्रांस के आविन्यों समारोह में हम लोग साथ थे। उनकी नृत्यप्रस्तुति बहुत सराही गयी थी। दरअसल जर्मनी और फ्रांस जैसे नकचढ़े देशों में चन्द्रलेखा को एक मूर्धन्य समकालीन नृत्यकार का दर्ज़ा मिला हुआ था जो कि बहुत कम कलाकारों को हासिल हुआ। वे उन बिरले नृत्यकारों में रहीं, जिन्होंने नृत्य देखनेवालों में देखने और समझने का नया परिष्कार और समझ पैदा किये। उनकी नृत्य-रचनाओं की ज्यामिति हमेशा स्पष्ट और सुनियोजित होती थी : वह एक साथ आसक्ति की ज्यामिति दूँगीं और विचार या चिन्तन का रूपाकार भी। उनके यहाँ नृत्यरत देहों को देखना देह के कितने ही अर्थों का ऐन्द्रिय साक्षात् करना था। ऐसे क्षण आते थे, जब देहों और उन्हें देखनेवाली दृष्टियों का प्रस्फुटन एक साथ होता था। चन्द्रलेखा ने निश्चय ही शास्त्रीय नृत्य की हमारे समय में सम्भावना का नया और अप्रत्याशित द्वार खोला।

जब तक वह द्वार खुला है उसमें से आने-वाला आलोक कुछ न कुछ चन्द्रलिखित ज़रूर रहेगा।

जीवट की एक शबीह

श्रीमती रेखा जैन को संगीत नाटक अकादेमी ने उनके कुल योगदान के लिए अपना पुरस्कार देने की घोषणा की है। बालरंगमंच के क्षेत्र में वे बरसों से एक जानी-मानी हस्ती रही हैं। बरसों से मैं उन्हें अपने पास-पड़ोस के विशेषतः ग़रीब बच्चों के साथ थिएटर करते देखता रहा हूँ। बच्चों की सर्जनात्मकता, कल्पनाशीलता और आविष्कारक प्रतिभा में जितना भरोसा उनको हमेशा से रहा है, उतना बच्चों को रोज़-ब-रोज़ पढ़ानेवाले अध्यापकों और अध्यापिकाओं को भी नहीं होता। उनका रंगप्रवेश इप्टा से हुआ था, जब उसमें शम्भु मित्र, रविशंकर, शान्ति वर्धन, जैसे अनेक दिग्गज शामिल थे। उनके पति नेमिचन्द्र जैन की उन्हें एक निहायत घरेलू माहौल से निकालकर एक व्यापक सांस्कृतिक जीवन में दाख़िल कराने में बड़ी भूमिका रही।

मेरा उनसे परिचय शुरू हुआ जब मुक्तिबोध अचेत अवस्था में एम्स में चिकित्सा के लिए आये और नेमिजी का परिवार, मुख्यतः रेखा जी सेवा-सुश्रुषा में लगी रही थीं संयोगवश उन्हीं दिनों मेरा परिचय उनकी बेटी और भावी पत्नी रश्मि से हुआ। बड़ी बेटी संस्कृत की विदुषी, मझली यानी मेरी पत्नी कथक की नर्तकी और छोटी रंगमंच की विशेषज्ञ। ऐसे कलाप्रेमी परिवार कम ही होते हैं। इन सब पर रेखा जी की वत्सल सक्रियता की गहरी छाप पड़ी है। रसोई से लेकर सार्वजनिक कामों में रेखा जी की लगन, जतन और चिन्ता में कम से कम मैंने कभी कोई कमी नहीं पायी।

रेखा जी ने बच्चों के लिए कई नाटक लिखे हैं, दिल्ली पब्लिक स्कूल जैसे संस्थान बरसों बाल रंगमंच किया है और बाद में स्वयं अपनी बालरंग संस्था 'उमंग' पचीस साल चलायी है। समाज के कमज़ोर बच्चों के प्रति उनका विशेष लगाव रहा है। इतनी लम्बी अवधि तक बच्चों के साथ रंगकार्य करनेवाले, उन जैसे, देश में भी कम लोग होंगे। अगले सितम्बर में वे 84 बरस की हो जायेंगी। उनके जीवट, उत्साह और कुछ करते रहने की इच्छा अभी भी मन्द या शिथिल नहीं पड़े हैं। वे सिर्फ़ जीवट नहीं सार्थकता और सर्जनात्मकता की एक बेहद उजली शबीह हैं। वे मेरी सास हैं, पर यह सब कहते मुझे इसलिए संकोच नहीं है कि मैं रत्ती भर भी अभिरंजना किये बग़ैर सिर्फ़ सत्यकथन कर रहा हूँ।

वे स्वयं इतने शान्त लगभग धीरोदात्तर स्वभाव के थे कि अपने बारे में कुछ भी कहने में उन्हें बेहद संकोच होता था। उन जैसा सजग-संवेदनशील, पुस्तक-पका, अथवा पढ़ाकू बुद्धिजीवी शायद ही दूसरा हो, न सिर्फ़ उनकी पीढ़ी में बल्कि उसके बाद भी। लेकिन वे अपने को महज़ पत्रकार मानते थे। 'टाइम्स आव् इण्डिया' में उनके स्तम्भ और लेख, समीक्षाओं ने अपने पाठकों में, जिनमें सामान्य पाठक से लेकर लेखक-कलाकार-विचारक आदि शामिल थे, बरसों एक व्यापक बौद्धिक-वैचारिक साक्षरता फैलायी थी। हम लोगों में से ऐसे कई होंगे, हिन्दी के लेखक भी, जिन्होंने बहुत सारे लेखकों, कृतियों, वैचारिक प्रवृत्तियों, कला आदि के बारे में शामलाल की इस अनौपचारिक पाठशाला में शिक्षा पायी होगी। वे एक निराडम्बर गुरू थे जिन्होंने किसी तरह के गुरूडम का न कभी दावा किया या उसका बोझ किसी पर डाला। जयशंकर प्रसाद की प्रसिद्ध उक्ति के अनुरूप उन्होंने अपना अधिकांश जीवन 'बुद्धि के वैभव' में गुज़ारा किसी राज्य में नहीं। एक बड़े अख़बार के यशस्वी संपादक होने के नाते वे सत्ता और उसे धारण करनेवाले कई लोगों के निकट थे। सत्ता से सर्वथा अनाक्रान्त और विचारों और सर्जनात्मकता की दुनिया में रमे हुए वे एक मायने में इस भौतिक दुनिया में रहते ही नहीं थेः वे पुस्तकों में रहते थे और उनका घर एक बड़ा पुस्तक-घर था जिसकी विशालता और विविधता वही समझ सकते हैं जिन्हें कभी उनके गुलमोहर पार्क स्थित घर जाने का अवसर मिला हो और जहाँ उन्होंने पिछले गुरूवार अपनी आख़िरी साँस ली।

वे हमेशा प्रश्नाकुल थे और उनकी रूचि का क्षेत्र बहुत बड़ा था। वे उसी शिद्दत और कुशाग्रता से राजनीति, अर्थतन्त्र आदि के बारे में लिख सकते थे जैसे कि साहित्य, कला, दर्शन आदि के बारे में। उनकी दृष्टि में गहरी सामासिकता थी। विचार हो, दर्शन हो, साहित्य हो, कोई कृतिविशेष या लेखक हो शामलाल लिखकर इन सभी को सम्प्रेषणीय बना देते थे, उन्हें हमारे पास ला देते थे। याद आता है कि 1984 में भारत भवन भोपाल में आयोजित हिन्दी कविता के बड़े आयोजन में आये थे और उन्होंने बहुत ध्यान से उसमें हुए कवितापाठ और बहस को सुना था। बाद में उन्होंने 'न्यू वायसेज़ इन हिन्दी पोएट्री' शीर्षक से टाइम्स में उस पर एक टिप्पणी लिखी जो उस आयोजन की सबसे अच्छी रपट होने के साथ-साथ बहुत सटीक आलोचनात्मक विश्लेषण भी थी। वे उन बिरले भारतीय बुद्धिजीवियों में से थे जिन्होंने अंग्रेज़ी में लिखने के बावजूद हिन्दी साहित्य की कुछ कृतियों और लेखकों पर अंग्रेज़ी में इतनी समझ और संवेदना के साथ लिखा। प्रेमचन्द, जैनेन्द्र कुमार, फणीश्वरनाथ रेणु,

गजानन माधव मुक्तिबोध, निर्मल वर्मा आदि पर उनके लेख अत्यन्त मूल्यवान् हैं।

बुद्धि दुनिया के भूगोल और सरहदों के पार जाती है। शामलाल के यहाँ हर सरहद को पार करने का बौद्धिक जोखिम था। भारतीय आधुनिकता और परम्परा दोनों का जो विश्लेषण उनके यहाँ है वह एक ऐसे बुद्धिजीवी की समझ से निकला है जिसने अपने जीवन का बड़ा हिस्सा उनका सजग साक्षी होने में गुज़ारा था।

जब वे नव्बे वर्ष के हुए थे तो उनके घर पर एक छोटा सा आत्मीय आयोजन हुआ। उसमें भी वे अपने बुढ़ापे आँखों की कमज़ोरी या व्याधियों के बारे में नहीं किसी नयी पुस्तक या विचार के बारे में ही बात करते रहे थे। ऐसा निर्मल-निश्छल उज्ज्वल-दीप्त, लम्बा पुस्तक-बुद्धि-जीवन बहुत ही बिरला होता है। उनका अवसान दुखद है पर उसके साथ सन्तोष होता है कि शामलाल ने एक लम्बा जीवन बिताया, अपनी राह से भटके बिना और न जाने कितने हज़ार लोग़ों के दिलों में बुद्धि और सर्जनात्मकता के प्रति आकर्षण और आदर पैदा किया।

विभान्त

अभिनेत्री और रंगकर्मी विभा मिश्र की जीवनकथा कई मायनों में एक मध्यवर्गीय स्त्री के जीवट, साहस और जिलीविषा की संघर्षगाथा है। लगभग दो दशक पहले विभा का नाम जलने की दुर्भाग्यपूर्ण दुर्घटना के समय 'विभा-कारन्त काण्ड' के रूप में मीडिया में बहुत उछला था और उससे क्षत-विक्षत विभा की उत्तरकथा पर फिर ध्यान नहीं गया। विभा शुरू से ही एक कुशल और सुदीक्षित अभिनेत्री थी और भारत भवन के रंग-मण्डल की अनेक प्रस्तुतियों में उसने अनेक चरित्रों की मर्मस्पर्शी भूमिकाएँ निभाई थीं। उसके अभिनय का रेंज बड़ा था- वह ट्रैजिक और भावप्रवण भूमिकाओं से लेकर हँसोड़ और चुलबुली भूमिकाएँ समान दक्षता से निभा सकती थी। लखनऊ से हिन्दी साहित्य में एम.ए. कर चुकने के कारण विभा की साहित्य और भाषा की समझ और उनके प्रति सम्वेदनशीलता गहरी थी। 'रंगमण्डल' के समाप्त हो जाने के बाद उसने अपनी मण्डली बनाई, बच्चों के साथ रंगमंच किया, रज़ा जैसे चित्रकार से लेकर कई दूसरों पर दूरदर्शन के लिए फिल्में बनाईं। उसने कुल मिलाकर हिन्दी रंगमंच में लगभग पचीस वर्ष बिताएँ और इसमें सन्देह नहीं कि वह इस दौर के सबसे महत्त्वपूर्ण अभिनेताओं और रंगकर्मियों में से एक

थी।

दुर्घटनाग्रस्त होने के बाद उसके स्वास्थ्य को स्थायी क्षति पहुँची थी। उसकी बदनामी भी कम नहीं हुई थी। अगर उसने वैसी गवाही सम्बन्धित मुकदमें में न दी होती तो ब. व. कारन्त जैसा शीर्ष निर्देशक और निश्छल व्यक्ति दोषमुक्त न हो पाता। उसने कभी हार नहीं मानी : अपने बिखर गए जीवन को धीरे-धीरे फिर एकत्र किया, अपनी रंगसर्जना को पुनर्जीवित किया और कई नए क्षेत्रों में सक्रिय हुई। पिछले कुछ दिनों से वह भयावह रूप से अस्वस्थ हो गई और उसे बचाया नहीं जा सका। उसकी देखभाल अस्पताल में उसकी रंगमित्र अनामिका हक्सर और भोपाल की कवयित्री नीलेश रघुवंशी ने की। जीवन ने उसका साथ छोड़ दिया, पर उसके ये मित्र अन्त तक उसके साथ रहे। उसकी 31 जनवरी, 07 को हुई अन्त्येष्टि में राष्ट्रीय नाट्य विद्यालय के अनेक छात्र और अध्यापक मौजूद थेः विभा ने इसी विद्यालय में रंगशिक्षा ग्रहण की थी। बहुत सारे रंगकर्मी भी आएः रामगोपाल बजाज, बी. कौल, रामेश्वर प्रेम, देवेन्द्र राज अंकुर, सुरेश भारद्वाज, हेमा सिंह, अनुराधा कपूर, कीर्ति जैन, दिनेश खन्ना, लीलाधर मण्डलोई आदि भी।

देह भस्म होती है सो हुई। जीवन कठिन और उलझनों-बिडम्बनाओं भरा, पर हार न मानने वाला बचा रहा। बचा रहेगा। एक जीवन जो अपने जीवट से उजला था, जिसमें स्मरणीय विभा थी।

न होने में होना

वे अभी थे, थोड़ी देर पहले, थोड़े दिनों पहले उनसे मुलाकात हुई थी। वे अभी तो दिखे थे अपनी सीधी कुरसी पर जमकर बैठे बतियाते हुए। हमेशा की तरह एक झोले में पानी की बोतल और लिखने के लिए एक मोटा सा रजिस्टर जो अरसे से लिखने के काम में कम, बैठने के काम में ज़्यादा आ रहा था। एक चिकने-चुपड़े, वाचाल और अभिजात केन्द्र में किसी देहाती भारतीय की तरह तुड़े-मुड़े कुरते-पाजामे में, अपने गले से अँगोछा लपेटे हुए, अटपटे और बेमेल। फिर भी, वे दिन का ज़्यादातर वक़्त इसी केन्द्र में बिताते थे। अपने में ही रचे बसे, आत्मस्थ चुप : जब-तब किसी से बतियाते हुए। सीधे दीखते पर जटिल : चुप्पा लगते पर ज़रूरत पड़ने पर मुखर, उद्विग्न और विचारोत्तेजक। बहुत कम ज़रूरतों को अपनी ज़िन्दगी की ही तरह मानों साथ के झोले में सहेजकर रखे हुए। भारमुक्तः दूसरों पर किसी तरह का बोझ डालने के लिए अनिच्छुक।

जब बुधवार की सुबह रामचन्द्र गाँधी इण्डिया इण्टरनेशनल के एक कमरे में मृत पाये गये तो ज़ाहिर है कि अपने अन्तिम क्षणों में वे बिल्कुल अकेले थे। वे सेण्टर में बंगाली मार्केट में अपने किराये के मकान की असह्य गर्मी से कुछ दिनों के लिए निज़ात पाने आये थे : उनकी वहाँ अकस्मात् मृत्यु उनके असली घर में मृत्यु थी, वहीं कुल तीन दिनों पहले अपनी सत्तरवीं वर्षगाँठ एक अन्तरंग आयोजन मनाने के बाद। यह विचित्र संयोग था कि उस आयोजन में उनके दोनों भाई बहन और बेटी आदि सभी एकत्र हुए थे। पता चला कि उस पार्टी में रामू, जैसे कि हम सब मित्र उन्हें पुकारते थे, अपने एक मित्र-बच्चे के लिए एक लट्टू, दो बोतलों के टक्कनों को जोड़कर बना लाये थे और काफ़ी देर उसके साथ खेलते रहे थे।

बरसों से रामू के पास आजीविका का कोई स्थायी साधन नहीं रह गया था। वे हर शनिवार को 'सत्संग' नाम से एक कोर्स कुछ छात्रों को पढ़ाते थे 'स्वराज' पर। स्वराज की महात्मा गाँधी द्वारा विन्यस्त अवधारणा का रामू ने अप्रत्याशित और आध्यात्मिक-दार्शनिक विस्तार किया था : स्वराज पर बोलते हुए वे सामाजिक व्यवस्था, नैतिक आचरण, राजनीतिक सचाई, सर्जनात्मकता, धर्म, और अध्यात्म को, भारतीय परम्परा और मानवीय नियति को जिस तरह से गूँथते थे वह आश्चर्यजनक तो था ही, व्यापक और गहरी विचारोत्तेजना पैदा करता था। तब रामू कवि लगते थे बल्कि काव्यक्षम ऋषि जो हमें एक ऐसी यात्रा पर हँसते-खेलते, विनोदपूर्वक, ले जाता था कि जिस पर हम कभी न गये होते अगर रामू शह न होते। उनके यहाँ आधुनिकता परम्परा के उत्खनन से निकलती थी : पश्चिमी चिन्तन का गहरा ज्ञान और समझ रखने वाले रामू भारतीय चिन्तन के हमारे समय में सबसे उजले और प्रखर अग्रगामी थे। पश्चिम को जान-समझकर वे उससे सर्वथा अनातंकित मेधा के धनी थे : वे भारत की चिन्तन और अध्यात्म की मिली-जुली परम्परा का आध्यात्मिक विस्तार थे...उनके यहाँ परम्परा को लेकर कोई नीरन्ध्र स्वीकार या आधुनिकता को लेकर प्रश्नवाचकहीनता सम्भव नहीं था। हालाँकि वे दर्शन के शाश्वत प्रश्नों से कभी दूर नहीं भागे, उनकी विद्वता रूखी अकादेमिक क़िस्म की नहीं थी। उनकी विद्वत्ता और दार्शनिक अवबोध आधुनिकता और समकालीनता की ज्वलन्त समस्याओं का सीधा सामना करने वाले थे। बाबरी मसजिद-ध्वंस, पोखरण में भारत के अणु-परीक्षण, गुजरात के नरसंहार, दलितों के दमन आदि मुद्दों पर रामू ने हमेशा अपने को साहस और निर्भीकता के साथ व्यक्त किया। वे अपने विचारों के अरण्य को शरण्य बनाने वाले बुद्धिजीवी नहीं थे : उन्होंने अपने को हमेशा वेध्य रखा। इसी कारण वे हमारे समय के सबसे कुशाग्र, संवेदनशील और साहसिक सभ्यता-समीक्षक थे। उनमें अकेले पड़ जाने की हिम्मत थी।

उनके कई सुझाव जैसे अयोध्या में राम-रहीम का संयुक्त मन्दिर बनाना आदि ऐसे होते थे कि हमारी मूल्य-विपथ राजनीति और व्यवस्था उन्हें मान ही नहीं सकती थी। लेकिन रामू उन पर ज़िद कर अड़े रहते थे।

पिछले लगभग तीन दशकों से रामचन्द्र गाँधी आधुनिक साहित्य और कलाओं के सबसे विचार-समृद्ध सहचर बन गये थे। किसी और दार्शनिक ने साहित्य और कलाओं में प्रगट सर्जनात्मकता के गहरे और अविक्षित दार्शनिक-आध्यात्मिक आशयों को इस तरह व्यक्त और रेखांकित नहीं किया जैसा उन्होंने। और भला कौन है जो रामू की तरह निर्मल वर्मा की एक लम्बी कहानी का अनोखा पाठ करते हुए उसे सभ्यता-समीक्षा से जोड़ सके? या कि तैयब मेहता की एक चित्र-त्रिपटी पर 'स्वराज' नाम से एक अनोखा कलाग्रन्थ लिख सके? रामू ने भारत के कुछ प्रमुख गुरुओं जैसे रमण महर्षि, विवेकानन्द, महात्मा गाँधी आदि पर कथक नर्तकी के साथ मिलकर प्रस्तुति के नये प्रयोग किये और उन पर नाटिकाएँ लिखीं।

रामचन्द्र गाँधी अंग्रेज़ी और हिन्दी दोनों में ही अद्भुत वक्ता थे : उनका विट अचूक था और श्लेष के तो वे अदम्य आचार्य थे। उनका हर व्याख्यान बहुत सरस होता था : उसमें उनकी विनोदप्रियता, मौलिक चिन्तन और नाटकीय अभिव्यक्ति सब एक साथ होते थे, आपको विचार और भाषा के एक प्रवाह में ले जाते हुए। उनके मित्रों और प्रशंसकों में बुद्धिजीवियों के अलावा लेखक, इतिहासकार, समाजशास्त्री, चित्रकार, नर्तक, वैज्ञानिक आदि अनेक विधाओं के निष्णात शामिल थे। वे बरसों तक दिल्ली के अलावा हैदराबाद, शान्ति निकेतन, प्रिंसटन, कैलीफोर्निया, लन्दन आदि में दर्शन आदि के अध्यापक रह चुके थे। लिखना हो या बोलना, पढ़ाना हो या किसी कोने में बैठकर गप लगाना, एकान्तप्रिय और अक्सर निपट अकेले होने के बावजूद रामू संवादप्रिय थे। उनकी दोस्ती की शर्तें प्रायः सख़्त होती थीं : वे दिनों तक आपस बिना बोले भी आपके दोस्त बने रह सकते थे। इण्डिया इण्टरनेशनल सेण्टर में किसी कोने या उसके बार के अपने प्रिय कोने में उन्हें अकेले बैठा देखकर आप जाकर उनसे संवाद शुरू नहीं कर सकते थे क्योंकि हो सकता है कि उस समय उनका मूड चुप रहने का हो।

रामू की अध्यात्म-दृष्टि भारत के सामासिक अध्यात्म से निकली थी और उसका किसी सतही धार्मिकता से कोई सम्बन्ध नहीं था : वे महात्मा गाँधी की तरह मानते थे कि सभी धर्म सच्चे हैं लेकिन सभी अपूर्ण हैं। सभी धर्मों के प्रति उनमें सच्चा और स्पष्ट आदर था। वे तथाकथित धर्म-निरपेक्षता की पश्चिमी भाषा से अनजान न थे और उसके कुशल प्रयोक्ता थे। लेकिन कुल मिलाकर उनका चिन्तन गहरी आस्था से उपजता था जिसे वे कभी भी किसी अतीत विजन में महदूद नहीं करते थे। रामचन्द्र

गाँधी ने अपने जाने सच के अलावा कभी किसी का महिमामण्डन नहीं किया पर उस पर उनका आग्रह कभी शिथिल भी नहीं पड़ा। उनकी जीवन-साधना वैचारिक स्वराज की स्थापना और बौद्धिक सत्याग्रह के लिए थी। अगर निरे दार्शनिक ग्रन्थों के अलावा उन्होंने आख्यान, सवांद, नाटिकाएँ आदि लिखे तो इसीलिए कि उनके यहाँ सत्य किसी विधा की बपौती नहीं था : वह जितना बहुत था, उसकी अभिव्यक्ति और विन्यास के लिए वैसी ही भाषिक बहुलता दरकार थी।

भले मीडिया ने उनकी मृत्यु की ख़बर महात्मा गाँधी के पोते की मृत्यु के रूप में छापी, रामू से आप बरसों तक परिचित रहे हों तो भी आपको पता न चलता कि वे महात्मा के पोते हैं। आज जब राजनीति में परिवारवाद हास्यास्पद, दयनीय और लोकतन्त्र-विरोधी होने की हद तक पहुँच गया है, रामू ने अपने पारिवारिक सम्बन्ध को कभी नहीं भुनाया। उनका सारा जीवन स्वल्प साधनों के साथ असम्भव सादगी में बीता और वैसे ही समाप्त हुआ : हममें से ऐसे बहुत सारे हैं जिन्हें रामू के शव को पुलिस द्वारा एक खुले ट्रक में टायरों और रस्सियों के बगल में रखकर पोस्ट मार्टम के लिए ले जाये जाने पर अपमान और क्षोभ का अनुभव हुआ। अगर रामू जीवित होते या किसी हिकमत से अपने ही शव की यह असभ्य गरिमाहीन अवमानना देख रहे होते तो अपने साथ इस तरह हो रहे साधारण नागरिक जैसे व्यवहार को वे उचित और स्वाभाविक ही मानते। अलबत्ता यह बेहद खेद की बात है कि उनके शव के लिए पुलिस एम्बुलेंस नहीं ला सकी और न ही इण्डिया इण्टरनेशनल सेण्टर को इस मामले में कुछ सक्रिय होना ज़रूरी लगा। यह सही है कि रामू ने अपने वंश के तथ्य को कभी भुनाने की कोशिश नहीं की। लेकिन क्या इससे इस दुर्भाग्यपूर्ण सचाई को समझाया जा सकता है कि भारत की राजधानी की पुलिस और स्वयं रामू की वजह से 'विचारों का शान्तिनिकेतन' बना सेण्टर इस संवेदनहीनता से व्यवहार करे? आख़िर रामचन्द्र गाँधी भारत के श्रेष्ठ दार्शनिकों में से एक थे और इस देश के राष्ट्रपिता के पोते थे। लोदी रोड पर स्थित श्मशान में गुरुवार की सुबह उनकी अन्त्येष्टि में एक भी राजनेता उपस्थित नहीं था : पती नहीं किस विचार-कृतघ्न नरक में हम इन दिनों रह रहे हैं!

रामू का ऐसा मित्र मिलना मुश्किल है जिससे उनका झगड़ा न हुआ हो। किसी बात पर झगड़ने के बाद वे उनसे लम्बे अरसे का अबोला हो जाता था फिर एक दिन वे उस सबको भूलकर अपनी निश्छल और पारदर्शी मित्रता में वापस आ जाते थे। हालाँकि वे कहते तो ये कि उन्हें लिखने या बोलने के लिए बहुत तैयारी करनी पड़ती है, उनके बोलने में हमेशा एक तरह की स्वतःस्फूर्त तात्कालिकता रहती थी। इधर वे लिखने में कुछ आलस्य करने लग गये थे। कोई प्रवासी भारतीय उन्हें एक या दो बरसों

की कोई फ़ेलोशिप देने जा रहा था ताकि वे चैन से अपना मनचाहा काम कर सकें। रामू का निश्चय था कि वे कोई पुस्तक लिखेंगे। उसके लिए उचित परिवेश पाने की गरज़ से वे भोपाल जाना चाहते थे : उनके कहने पर उदयन ने एक मकान भी तय कर दिया था। इसके बाद यकायक बिना किसी कारण से उनका मन पुस्तक लिखने से उचट गया और वे नहीं गये।

रामू के पास बैठने से हमेशा, कम से कम मुझे, पवित्रता और निश्छलता के बग़ल में बैठने का अहसास होता था। वे नहीं रहे तो पवित्रता की हानि हुई है। उन्हें शायद अपने दादा से यही उजला-निर्मल उत्तराधिकार मिला। वे उस तरह के गाँधी नहीं थे जिस तरह के आजकल सत्ता में धँसे-लिपटे गाँधी कहलाने वाले हैं : वे हमारे समय के एक अनूठे लगभग असम्भव गाँधी थे पर ऐसे जिन्होंने महात्मा गाँधी की चादर को अपने जीवन और चिन्तन से सहेजा और बिना कोई दाग़ लगाये वापस रख दिया। नहीं होने में होने को रामू गाँधी उलटबांसी न मानते।

कुर्रतुल एन हैदर

काफी पुरानी बात है : 1957-58 में बिहार के नये कवि राजेन्द्र किशोर ने एक पुस्तक-पत्रिका निकाली थी 'अपरम्परा' उसका शायद एक ही अंक निकल पाया पर पहले ही अंक में उर्दू लेखिका कुर्रतुल एन हैदर की एक लम्बी कहानी छपी थी। शीर्षक था 'ज़िलावतन'। सागर जैसे छोटे शहर में हमने यह नाम पहली बार सुना-पढ़ा। उन दिनों हिन्दी कथा में आंचलिकता पर बड़ा ज़ोर था। फणीश्वरनाथ रेणु के उपन्यास 'मैला आंचल' ने आंचलिकता के प्रश्न को केन्द्र में कर धूम मचा रखी थी। पर यह सारी आंचलिकता ग्रामीण अंचल तक महदूद थी। कुर्रतल एन हैदर की कहानी लखनऊ से लन्दन तक फैली हुई थी और उसमें स्थानीय बोलियों, छबियों और मुद्राओं का ऐसा अद्‌भुत रचाव था कि लगा कि शहरों की भी स्थानीयता और आंचलिकता न सिर्फ़ होती है उसके सहारे जिजीविषा, जीवनसंग्राम और उत्सुकताओं को बिल्कुल नये ढंग से विन्यस्त किया जा सकता है। उसके बाद इस लेखिका की चीज़ें हम खोज-खोजकर पढ़ने लगे।

उनसे रूबरू मुलाक़ात पहली बार कब हुई यह ठीक से याद नहीं है। शायद भोपाल में वे हमारे उर्दू कविमित्र फ़ज़ल ताबिश क निमन्त्रण पर उर्दू अकादेमी और इक़बाल मरकज़ के किसी संयुक्त आयोजन में आयी

थीं। निहायत नफ़ीस, विनोदप्रिय लेकिन साथ ही साथ सख़्त मिजाज़। शायद 1986 में भारत महोत्सव की शृंखला में कुछ भारतीय लेखकों के रचनापाठ और परिसंवाद की स्वीडेन में जिम्मेदारी मुझे सौंपी गयी। उस समय तक यह स्पष्ट हो गया था कि कुर्रतुल एन हैदर उर्दू की ही नहीं समूचे भारतीय साहित्य की एक अग्रणी और मूर्धन्य कथाकार हैं सो उन्हें आमन्त्रित किया गया। उसमें यू आर अनन्तमूर्ति, मराठी कवि अरुण कोलटकर, हिन्दी रचनाकार कृष्ण बलदेव वैद, हिन्दी कवि कुंवर नारायण और बांग्ला कवयित्री मल्लिका सेनगुप्त भी थे। दिल्ली से हम साथ एक ही उड़ान से फ्रेंकफुर्त पहुँचे। वहाँ से स्टाकहोम की पहली उड़ान में हममें से कुल चार ही लिये जा सके। सो हम दो याने ऐनी आपा (उन्हें आदर और स्नेह से सब यही कहकर पुकारते थे।) और मैं अगली उड़ान के लिये बचे रह गये। उन्हें चाय की तलब लगी। वे मुझे सामान का ध्यान रखने की हिदायत देकर चली गयीं। जब लौटीं तो गुस्से से उनका चेहरा तमतमा रहा था। बोलीं, लूटते हैं, एक कप चाय की छः डालर। मैंने कुछ मज़ाक कर उनका मूड बदलने की विफल कोशिश की। अगले दिन सुबह नाश्ते की टेबिल पर मैं अन्य लेखक-मित्रों को यह किस्सा बता रहा था। अनन्तमूर्ति बोले कि उसमें दो डालर मिला देतीं तो ह्विस्की की एक बोतल आ जाती। मैंने पलटकर कहा : 'बट दैट वुडण्ट हैव बीन हर कप आव् टी।' आठ-दस दिनों की यात्रा में हम यह पता नहीं लगा पाये कि रसरंजन में उनकी दिलचस्पी है या नहीं। अवसर आते ही वे अपने कमरे में वापस चली जाती थीं। हम लोग यह सन्देह करते थे कि उन्हें अकेले पीना पसन्द है हालाँकि इसका कोई सुबूत हमारे पास नहीं था।

स्वीडेन के एक शहर में जब शाम को हम पहुँचे तो जिस होटल में हमारे रुकने का इन्तज़ाम था उसमें एक विचित्रता थी : हर कमरे के साथ लगा हुआ बाथरूम नहीं था। ऐनी आपा एकदम बिफर गयीं और उनकी सख़्ती ने ही अतिथियों को होटल बदलकर बेहतर व्यवस्था के लिये विवश किया।

ठीक से नहीं मालूम कि उन्होंने वह ट्रस्ट खुद अपने पैसों से बनाया था या कि वे उसके न्यासियों में से एक थीं, पर लेखकों की मदद के लिये वे एक ट्रस्ट चलाती थीं जिसमें से इलाज आदि के लिये कुछ मदद दी जाती थी। जब भारतीय ज्ञानपीठ के ज्ञानपीठ पुरस्कार की जूरी में सदस्य बना था तो ऐनी आपा भी उसमें थीं। तब तक वे काफ़ी कमज़ोर हो चुकी थीं और शायद बीमार भी रहती थीं पर जिस भी बैठक में वे आयीं उन्होंने अपनी राय पूरी स्पष्टता से व्यक्त की। अजीत कौर द्वारा आयोजित सार्क लेखक-सम्मेलनों में से एकाध में उन्हें और देखा। इतना पता है कि अक्सर पाकिस्तान से आये लेखक ऐनी आपा से मिलने

ज़रूर जाते थे।

अब जब वे नहीं रहीं तो यह सच्चाई असंदिग्ध है कि वे बीसवीं सदी के भारतीय साहित्य की महान् हस्तियों में मानी जायेंगी : उर्दू में तो शायद इस पूरे महाद्वीप में इस अधसदी में वे सबसे बड़ी कथाकार रही हैं। अपनी सघनता, भाषा के असंख्य रूप बरतने में कुशलता और रेंज में उनकी तुलना हिन्दी में कुल मिलाकर कृष्णा सोबती से ही की जा सकती है। वे अदम्य जीवन प्रवाह की गाथाकार थीं उनके यहाँ सब कुछ मिला-जुला है पर किसी ठहराव के भँवर में नहीं, विलक्षण प्रवाहमयता में। उनके यहाँ स्त्री की कई आवाज़ें हैं : हिम्मत-भरी, बेबाक, सपनों में बिंधी हुई जितना सच्चे-कच्चे खुरदरे-भूरे यथार्थ को उन्होंने पकड़ा उतनी ही पकड़ उनकी सपनों और उम्मीद पर भी थी। सारी सच्चाई ही उनके लिये 'आग का दरिया' थी जिसमें वे डूब कर ऐसा कुछ बार-बार लायीं जो हमें सच्चाई को समझने और सहने और कुछ न कुछ बदलने की ओर उकसाता है। जन्नत में वे शायद यह देखकर कि वह भी आग का ही दरिया है कुछ मुस्करा और कुछ झुँझला रही होंगी। बेचारे फ़रिश्ते उनकी तुनुकमिजाज़ी के डर से हाथ बाँध कोने में खड़े होंगे। उनकी स्वर्गिक गाथा में शामिल किये जाने के मुन्तज़िर।

75 के अनन्तमूर्ति

कन्नड़ साहित्यकार और भारत के सार्वजनिक बुद्धिजीवियों की अगली पाँत में गिने जानेवाले यू. आर. अनन्तमूर्ति पचहत्तर बरस के हो रहे हैं। उनके सम्मान में जो आयोजन इस इतवार को उड्डपि में हो रहा है उसमें कारणवश नहीं जा पाया हूँ। उनसे पहला परिचय लगभग 40 बरस पहले पुणे में हुआ था। एक परिसंवाद था जिसमें उनके अलावा कन्नड़ कवि अडिग, मराठी कवि दिलीप चित्रे, अँग्रेज़ी कवि निस्सीम एज़ेकिएल से पहला साक्षात्कार हुआ था। उन्होंने उस समय एक चिट भेजकर मुझसे बहस में एक मुकाम पर मुक्तिबोध के हवाले से हस्तक्षेप करने को कहा था।

उनकी निजी साहित्यिक उपलब्धियाँ कन्नड़ में ऊँची कोटि की हैं और वे उचित ही भारत के श्रेष्ठ लेखकों में गिने जाते हैं। जिन भारतीय लेखकों को अन्तरराष्ट्रीय स्तर पर जाना माना जाता है, उनमें अनन्तमूर्ति भी एक हैं। उनका एक विशिष्ट योगदान यह है कि पिछले तीन दशकों से वे (स्वयं अंग्रेज़ी के आचार्य होते हुए भी) भारत में बढ़ते अंग्रेजी

और अंग्रेजी लेखकों के वर्चस्व के बरक्स लगातार भारतीय भाषाओं के साहित्य और लेखकों की उपलब्धि और प्रासंगिकता का मुखर और स्पष्ट प्रतिपादन करते रहे हैं। ऐसा उन्होंने हाल ही में पेरिस बुकफेयर में भी किया, जहाँ भारत से आमंत्रित अंग्रेज़ी लेखकों की संख्या भाषाई लेखकों से कहीं अधिक थी और उन्हें फ्रेंच दूतावास और साहित्य अकादेमी ने मिलकर चुना था—कुछ को सीधे प्रकाशकों ने भी बुलाया था। वे लगातार कई विचारोत्तेजक सामान्यीकरण भी करते रहे हैं। उनके अनुसार भारत में धर्मनिरपेक्षता का संरक्षण और पोषण मध्यवर्ग या पढ़ा-लिखा वर्ग नहीं, वे लोग करते रहे हैं जो निरक्षर और ग़रीब रहे हैं। वे यह भी मानते हैं कि भारत की अधिकांश भाषाएँ संस्कृत की उत्तराधिकारी भी हैं और उसका प्रतिरोध भी—वे उससे विद्रोह कर उपजी हैं। उनके हिसाब से पश्चिमी सभ्यता की सबसे रेडिकल आलोचना गांधी जी ने की, जो मानते थे कि पश्चिमी सभ्यता न सिर्फ़ भारत के लिए अवांछनीय है, बल्कि स्वयं पश्चिम के लिए भी। उन्हें इस बात का गहरा मलाल है कि हम बावजूद सारे आदान-प्रदान के भारतीय आलोचना विकसित नहीं कर पाये। होना तो यह था कि बड़े लेखकों और कृतियों की अनेक दृष्टियों से विभिन्न भाषाओं में आलोचना होती और एक भारतीय परिप्रेक्ष्य उभरता। इसमें सबसे अधिक दोष वे हिन्दी का मानते हैं, जिसमें उदाहरण के लिए, कन्नड़ वचनकाव्य, तकषी शंकर पिल्ले, अरुण कोलटकर, महाश्वेता देवी आदि पर विशेष आलोचना नहीं है।

अनन्तमूर्ति को कथाकार निर्मल वर्मा और मराठी कवि दिलीप चित्रे से गहरा और लम्बा दोस्ताना रहा है। यह नोट करने की बात है कि स्वयं अनन्तमूर्ति लोहिया के समाजवाद से प्रभावित रहे हैं, निर्मल आरम्भिक प्रभाव के बाद अन्त में उनके घोर विरोधी हो गये और दिलीप चित्रे मराठी कट्टरता और असहिष्णुता के विरुद्ध खड्गहस्त रहे हैं। तीनों अपने-अपने ढंग से वामपंथी हैं, ठप्पेदार वामपंथ से दूर और कई बार उसके विरुद्ध या कम से कम उसके बरक़्स। इस त्रयी का एक पुछल्ला मैं भी हूँ। हम सबके कई बार घोर राजनीतिक मतभेद हुए हैं, निर्मल से सबसे अधिक। पर परस्पर सद्भाव और संवाद में कभी कोई फ़र्क़ नहीं पड़ा, न बाधा आयी। अनन्तमूर्ति को 75वें वर्ष पूरे होने पर अपनी सच्ची और अदम्य, साहसी और स्पष्ट अखिल भारतीयता के लिए भी बधाई देना चाहिए।

सत्यप्रकाश और सुबुडू

सत्यप्रकाश मिश्र सिर्फ़ लेखक नहीं असंख्य लेखकों के बन्धु भी थे। उनके

आकस्मिक और दुःखद अवसान का एक अर्थ इलाहाबाद का लगभग सूर्यास्त है। वही थे जो पूरी उदारता और खुलेपन, बिना किसी विचारदृष्टि में क़ैद हुए इलाहाबाद के साहित्य आयोजनों के इतने बरसों से प्राणपुरुष बने हुए थे। उनके बिना पिछले एक दशक से अधिक में इलाहाबाद संग्रहालय, इलाहाबाद विश्वद्यालय के हिन्दी विभाग और हिन्दी साहित्य सम्मेलन की साहित्य में सक्रियता की कल्पना भी नहीं की जा सकती। इनमें से कोई भी संस्था उन्होंने नहीं बनायी थी, पर उनमें प्राणसंचार उन्होंने ही किया था अपने अध्यवसाय, सूझ-बूझ और प्रबंध-क्षमता से। इस दौरान अगर इलाहाबाद साहित्य-विमर्श के नक़्शे पर बना रहा है तो इसका बहुत बड़ा श्रेय सत्यप्रकाश मिश्र को जाता है। यह सोचकर दहशत-सी होती है कि उनके बिना अब साहित्य का यह बड़ा केन्द्र अब हाशिये पर जाने को अभिशप्त लगता है।

सुबुडू शास्त्रीय संगीत और नृत्य के क्षेत्र में दशकों से ऐसा नाम रहा है जो अपनी बेबाकी, सख़्ती और विनादप्रियता के लिए आकर्षित भी करता रहा और भयभीत भी। सुबुडू बरसों अंग्रेजी दैनिक 'स्टैट्समेन' में समीक्षक थे और ऐसा कोई बड़ा-छोटा नर्तक नहीं है जो अगली सुबह उनकी टिप्पणी देखने को उत्सुक न हो। वे बड़े से बड़े की ख़राब प्रस्तुति की खुलकर निन्दा कर सकते थे और नये से नये कलाकार की सम्भावनाओं पर उँगली रख सकते थे। बोलने में उनमें अचूक विट था और वे शब्दों से जबरदस्त खिलवाड़ करते रहते थे। उनकी उम्र 90 से ऊपर थी और वे अपने बेटे के पास हमारी सोसायटी के एक फ़्लैट में दो बरसों से थे। गुरुवार की रात ग्यारह बजे जब मैं घर लौटा तो परिसर में काफ़ी पुलिस देखकर चकराया। पता चला कि सुबुडू का शाम निधन हो गया और राष्ट्रपति अब्दुल क़लाम उन्हें श्रद्धांजलि देने आ रहे हैं। वे एक बार पहले भी उनसे मिलने यहाँ आये थे। इतनी रात इसलिए कि वे अगली सुबह दिल्ली से बाहर जा रहे थे। डॉ. अब्दुल कलाम की निश्छल सहजता एक बार फिर मार्मिक लगी।

लेखक-समाज में सद्‌भाव

अगर इसका कारण वैचारिक बिरादरी-भाव हो तब भी, जैसी कि ख़बर मिली, बनारस में ज्ञानेन्द्रपति को 'पहल सम्मान' दिये जानेवाले सामारोह के लिए बाहर से लगभग सौ लेखक इकट्ठा हुए। यह एक अनोखी घटना है। इसकी कोई खबर दिल्ली के किसी अख़बार में नहीं छपी। यहाँ के

अख़बारों में यहाँ किसी हिन्दी लेखक का जश्न हो तो उसकी ही खबर कहाँ छपती है?

ज्ञानेन्द्रपति उन बिरले लेखकों में से एक होंगे जिन्हें एक ही सप्ताह में दो बड़े पुरस्कार मिले। वे साहित्य अकादेमी पुरस्कार दिल्ली में लेने के बाद बनारस 'पहल' सम्मान के लिए लौटे। वे बनारस में बेहद रसे-बसे कवि हैं। शायद ही हिन्दी का इधर का कोई कवि हो जिसकी कविता में बनारस इस क़दर रसा-बसा है। उनकी भाषा का रेंज भी सिर्फ़ उनकी प्रतिभा का सत्कार नहीं है। उसमें बनारस का भी योगदान है। वे कई बार अकृष्टपच्च संस्कृत शब्दों से लेकर निपट स्थानीय बोली के शब्दों का अनूठा और बेधड़क इस्तेमाल करते हैं। इन दिनों जब हिन्दी कविता का बहुत बड़ा हिस्सा स्मृतिहीन और अख़बारी हो गया है, ज्ञानेन्द्र की भाषा अपनी अन्तर्ध्वनिता और साहस के साथ उसका सशक्त और सफल प्रतिपक्ष है।

बनारस के चप्पे-चप्पे में घुमक्कड़ कवि ज्ञानेन्द्र में भाषा और शिल्प दोनों स्तरों पर वाचाल यायावरी है और दूसरी ओर कविता में ही अपना घर खोज पाने की आकांक्षा। वे इस मामले में भी दुर्लभ कवि हैं कि उनकी कविता भारतीय शास्त्रीयता के आयाम को भी स्पर्श करती है जबकि अधिकांश औरों के लिए वह अपरिचित और अस्पृश्य ही है। एक व्यक्ति के रूप में उनमें खुलापन और गरमाहट भरपूर है। उन्हें किसी के आतंक में आते या किसी को आतंकित करने की कोशिश करते किसी ने न देखा होगा। वे बनारस में निर्भय हैं और अपनी कविता में भी निर्भय। हिन्दी में जैसी हालत है उसमें हो सकता था कि ज्ञानेन्द्रपति हाशिये पर डाल दिये जाते। सौभाग्य से ऐसा नहीं हुआ। उन्हें जो मान्यता और स्वीकृति मिली उसके वे सर्वथा योग्य हैं। उनकी लोकप्रियता भी कइयों के लिए ईर्ष्या का कारण हो सकती है। पर, जैसा कि कहा-गया गया है, 'जलने वाले जला करें।'

दो निधन

हिन्दी के अकादेमिक जगत् में ऐसे विद्वान अधिक नहीं हैं जो अपनी विशेषज्ञता के दायरे से बाहर जाकर खुले और ग्रहणशील हों और जिनकी साहित्य की नयी प्रवृत्तियों में गहरी और लगातार दिलचस्पी हो। हाल में बनारस में दिवगंत डॉ. बच्चन सिंह ऐसे विद्वानों में से एक थे : उन्होंने बरसों अध्यापन और शोध किया था। हिमाचल प्रदेश में हिन्दी के

स्नातकोत्तर अध्ययन के वे एक तरह से स्थापित ही थे और उन्होंने पाठ्यक्रम आदि के स्तर पर कई नयी पहलें की थीं। ग्रहणशील होने के साथ-साथ वे बुनियादी तौर पर निश्चल व्यक्ति थे। बनारस जाने पर उनके न्यौते पर कई बार उनके साथ सरस संगत होती थी। आचार्य नन्ददुलारे वाजपेयी और डॉ. नगेन्द्र आदि के निकट होने के बावजूद वे अपनी वय और अनुभव से कहीं छोटे लोगों के साथ बराबरी के भाव से पेश आते थे। उन्होंने हिन्दी आलोचना के बीज शब्दों पर एक उल्लेखनीय पुस्तक लिखी थी और उनकी दूसरी उल्लेखनीय पुस्तक 'हिन्दी साहित्य का दूसरा इतिहास' है। महाभारत उनकी रुचि का स्थायी विषय था और उस पर आधारित उपन्यास भी उन्होंने लिखा था। उनसे मिलने पर लगता था कि हिन्दी विद्वता ज़रूरी तौर पर नये साहित्य के प्रति उदासीन नहीं रही है।

शास्त्रीय संगीतकार शरण रानी का, देहावसान इसलिए और भी दुखद है कि सरोद-वादन के क्षेत्र में, सरोद के एक कठिन और दुस्साध्य वाद्य होने के कारण, संगीतकार कम हैं। वे गुरुओं में परम श्रेष्ठ उस्ताद अलाउद्दीन खाँ की दो शिष्याओं में से एक थीं : दूसरी उस्ताद की बेटी अन्नपूर्णा थीं। अपने गुरु की वत्सलता और उदार चरित के कई अद्भुत संस्मरण उनके पास थे, उनकी गहन शिक्षा-दीक्षा के अलावा। शरण रानी ने उस समय मैहर जाकर संगीत की शिक्षा ली थी, जब स्त्रियों का इस क्षेत्र में प्रवेश बहुत सीमित था। दिल्ली की संगीत की दुनिया में शरण रानी की लम्बी, महत्त्वपूर्ण और मददगार भूमिका रही है। उन्होंने भारतीय वाद्ययन्त्रों का एक अनूठा और बड़ा संग्रह जमा किया था। वह दुर्लभ संग्रह उन्होंने बाद में राष्ट्रीय संग्रहालय को उपहार में दे दिया था। उन्हें जब-तब इसका क्लेश होता रहा कि संग्रहालय में उसके उपयुक्त प्रदर्शन की व्यवस्था नहीं हो पायी, जो कि अब हो गयी है। उनका स्वभाव विनोदी था और शास्त्रीय संगीत के अलावा उन्होंने संभवतः अच्छन महाराज से कथक भी सीखा था। एक बार दिल्ली में शास्त्रीय संगीत पर एकाग्र एक बड़ी सभा में एक विदुषी द्वारा सारी पहल स्वयं करने का श्रेय लेने पर उन्होंने बेबाक टिप्पणी की थी : 'अगर सब कुछ तुम ही कर रही थीं तो क्या हम बाक़ी सब घास छील रहे थे।'

उज्जैन में सुमन

पहले ज़माने में शायद उज्जैन के नाम से लोगों को कालिदास का नाम याद आता होगा, पर इधर तीसेक बरसों से तो हममें से बहुतों के लिए

उज्जैन की याद से हिन्दी कवि शिवमंगल सिंह सुमन का नाम अनिवार्य रूप से जुड़ा रहा है। शायद ही कोई और लेखक किसी एक शहर से इतना तदात्म रहा हो जितना सुमन जी उज्जैन से थे। वे वहाँ विश्वविद्यालय के यशस्वी कुलपति होने के बाद भी एक बड़ी सामाजिक हस्ती आजीवन बने रहे।

मध्यप्रदेश में जो बड़ा सांस्कृतिक प्रयन्त, लगभग अभियान, हुआ उसमें सुमन जी की भूमिका उत्साहवर्द्धक थी। वे भावातिरेकी व्यक्ति थे और उनमें सत्ता के प्रति खुला आकर्षण था और कई बार वे सत्ताधारियों की प्रशंसा में अतिरेक कर देते थे। पर ऐसा अतिरेक वे साहित्य या कलाओं की हस्तियों के बारे में भी करते थे। उनका अतिरेक निच्छल रहता था। वे अच्छे और प्रभावशाली वक्ता थे और मंच-कुशल मंच-सफल कवि भी। उनमें संस्थाएँ चलाने का कौशल भी था : विक्रम विश्वविद्यालय से लेकर कालिदास अकादेमी जैसी संस्थाएँ उन्होंने कुशलतापूर्वक चलायीं। सुमन स्मृति व्याख्यानमाला अभिनव रंगमण्डल ने स्थापित की है और उसमें पहला व्याख्यान देते हुए उनकी कविता, विशेषतः सार्वजनिक कविता की सीमाओं और सम्भावनाओं पर विचार करने का अवसर मिला।

सुमन जी में गहरा और निजी रूमान था, पर प्रगतिवादी प्रभाव और दबाव में उन्हें सामाजिक ज़िम्मेदारी का भी गहरा अहसास था। वे बरसों तक एक लगभग सार्वजनिक कवि बने रहे और उनकी सामाजिक लक्ष्यों और संघर्षों से गहरी सहानुभूति और तदाकारिता रही। अब जब उनमें से कई सामाजिक आशय अपनी प्रासंगिकता खो चुके हैं। ऐसे कवियों की कविता कुछ बासी लगती हैं। यह सही है कि अपने से अलग क़िस्म की कविता के प्रति सुमन जी में उदार खुलापन था, पर वे स्वयं अपने निजी रूमान को लेकर असहज रहे और अपनी सार्वजनिकता को अतिक्रमित कर उसका, और उस बहाने गहरा आत्मान्वेषण नहीं कर पाये। एक कठिनाई यह भी थी कि सार्वजनिक कविता अक्सर कर्म के बजाय वक्तव्य की ओर खींचती है : कविता 'करती' कम है, 'कहती' ज़्यादा है। दूसरों से कुछ कहने के चक्कर में कवि स्वयं अपने से संवाद करना भूल या छोड़ बैठता है। सुमन जी के यहाँ भी निजीपन का अवमूल्यन हुआ। इस सबसे उनकी कविता की क्षति हुई। विचित्र विडम्बना है कि वे ऐसे कवि हैं जिनकी समाज में तो हैसियत बड़ी बनी, लेकिन कविता में वैसी जगह नहीं बन पायी।

सत्येन कुमार

सत्येन कुमार का भोपाल में अकस्मात निधन एक लेखक के अलावा

हम जैसे कइयों के गरमजोश मित्र और तत्पर आतिथेय का बिला नोटिस ग़ायब होना है। सत्येन मुतफन्नी थे : एक ज़माने में जब मध्यप्रदेश कला परिषद के माध्यम से हमने वहाँ सांस्कृतिक प्रयत्न शुरू किया था तो सत्येन सबसे अलग क़िस्म के सहयोगी थे : वे निमन्त्रण-पत्र, स्मारिका डिजाइन करने से लेकर अपनी स्कूटर पर आपके किसी काम के लिए पूरा शहर छान सकते थे। फ़ज़ल ताबिश के अलावा वे ही थे, जिनके हवाले आप अपने किसी लेखक या कलाकार को आतिथ्य के लिए सौंपकर हमेशा निश्चिंत हो सकते थे। कथाकार होने के अलावा वे नाटककार, अभिनेता, चित्रकार, डिजाइनर आदि भी थे। अपना सुन्दर मकान उन्होंने ख़ुद डिजाइन किया था। फ़र्नीचर बनाने में भी उनकी गति थी। कहानियों पर केन्द्रित एक पत्रिका उन्होंने बरसों अपने पैसे से निकाली। निर्मल वर्मा, कृष्णा सोबती से लेकर अनेक हिन्दी लेखकों के वे सहज मित्र थे। कई बार तो लगता था कि सत्येन के बिना भोपाल न देखना सम्भव था, न सह पाना। कारंत के भोपाल के रंगशिविर के बाद उन्होंने उसी नाम से एक नाट्य संस्था भी चलायी। हममें से कई के लिए सत्येन के जाने से भोपाल का एक हिस्सा ही ग़ायब हो गया।

कमलेश्वर

उनकी मित्रता का सौभाग्य तो नहीं मिला, पर उनसे परिचय बहुत पुराना था। 1957 के प्रसिद्ध साहित्यकार सम्मेलन इलाहाबाद के, वे मार्कंडेय के साथ, संयोजक थे और मैं उसमें गया था, एक कवियशःप्रार्थी की तरह। जब दिल्ली में था पढ़ने-पढ़ाने के सिलसिले मं तो उनसे जब-तब भेंट हो जाती थी टी हाउस में। उन्होंने यशपाल की षष्ठिपूर्ति पर एक आयोजन किया था और उसमें चोटीधारी विद्यानिवास मिश्र को 'चोटी का साहित्यकार' कह कर सम्बोधित किया था। सार्वजनिक रूप से बोलते समय कमलेश्वर में अचूक विट था। महासमुन्द में जब मैंने छत्तीसगढ़ के युवा साहित्यकारों का एक सम्मेलन किया था तो कमलेश्वर उसमें आए थे। बाद में, जब रश्मि और मैं पुणे से लौटते हुए मुम्बई में कुछ दिन रुकना चाह रहे थे तो कमलेश्वर ने बहुत इसरार कर अपने घर रुकने को कहा और चूँकि वे उन दिनों मुम्बई से बाहर होनेवाले थे, हमें स्टेशन पर अपने फ़्लैट की चाबी देने आए। उसके बाद उनसे अनेक आयोजनों में मेल-मुलाक़ात, गपशप होती रही। विनोदप्रियता के अलावा सहज आत्मीयता उनसे बराबर अन्त तक बनी रही हालाँकि पिछले कुछ

बरसों से उनका स्वास्थ्य शिथिल रहता था। वे हिन्दी साहित्य के सार्वजनिक चेहरों में से एक थे : भारतीय साझी संस्कृति के एक सजग प्रवक्ता।

संयोग से जिस दिन उनका दुखद निधन हुआ उसके एक दिन पहले 'नया ज्ञानोदय' (फ़रवरी, 07) पत्रिका में उनका एक इंटरव्यू पढ़ रहा था। उसमें उन्होंने कहा : 'इन दिनों मैं एक बड़े काम में लगा हूँ, जो हिन्दी और उर्दू भाषा और साहित्य के मिले-जुले इतिहास पर केन्द्रित है। यों मैं इतिहासकार नहीं हूँ, लेकिन मुझे लगता है कि हिन्दी-उर्दू के साझा इतिहास पर अभी बहुत कम काम हुआ है और ऐसे समय में जब साम्प्रदायिक और फासीवादी शक्तियाँ हमारी सामासिक संस्कृति के विनाश पर तुली हो तब यह विषय और अहम हो जाता है। समन्वय की संस्कृति हमारे यहाँ धर्म से भी बड़ी है।' उनके निधन से यह काम शायद अधूरा रह गया है जबकि वह उनका महत्त्वपूर्ण योगदान होता। याद आता है कि वर्षों पहले हिन्दी-उर्दू में साझा एम.ए. करने का एक पाठ्यक्रम अन्तरराष्ट्रीय हिन्दी विश्वविद्यालय ने बनाया था जिसे लेने के लिए कुल तीन आवेदन आए और वह शुरू ही नहीं किया जा सका। अपने से कनिष्ठों को भी समानता का सम्मान देनेवाले इस मित्र-लेखक की कमी लेखक-समाज को देर तक सालती रहेगी।

त्रिलोचन-अवसान

हिन्दी के सबसे जेठे महत्वपूर्ण कवि त्रिलोचन की जीवनलीला पिछले इतवार को समाप्त हो गयी। उनकी आयु नब्बे से ऊपर थी। बहुत क्लेश है कि अस्वस्थ होने के कारण न तो उनकी अन्त्येष्टि में जा सका, न किसी शोकसभा में। उन्हें निजी रूप से जानते हुए भी तीस से अधिक बरस हो चुके। त्रिलोचन का जीवट, जिजीविषा और स्वाभिमान सभी असाधारनण थे। उनका जीवन कितना ही अराजक क्यों न रहा हो, उनका कवि जीवन बेहद अनुशसित था। वे सिर्फ़ कहने के लिए त्रिलोचन शास्त्री नहीं थे : उनकी कविता में शास्त्रीय (क्लैसिकल) संयम शुरू से अन्त तक बना रहा। बल्कि इस कारण कई बार वे बेहद युवा दिनों में भी थोड़ी अकालपरिपक्व कविताएँ लिखते थे। 'अच्छी कृतियाँ/चाहत हैं कर्ता के पथ की क्लान्ति-धूप की, लिखनेवाले इस अनोखे कवि की कविता ऐसी ही 'क्लान्ति-धूप' में लिखी गयी है। उनका काव्यादर्श भी उनकी इन पंक्तियों में प्रगट है : 'दौड़ दौड़कर असमय समय न आगे आये,/वह कविता क्या जो कोने में बैठ लजाये।' स्वयं त्रिलोचन में कविता लिखने-सुनने के अलावा कोई और ख़ास काम नहीं किया/यों वे

कोश-निर्माण, भाषा-सम्पादन, सृजनपीठ आदि पर काम करते रहे पर कविता ही उनका असली, बुनियादी और पर्याप्त कर्म था। भाषा की कविता में सक्रियता ही उनके लिए जीवन की सच्ची सक्रियता का पर्याय रही।

अपने सारे ज्ञान-वैभव के बावजूद त्रिलोचन मुख्यतः साधारण रोज़मर्रा की ज़िन्दगी, उसमें आनेवाले चरित्रों-सम्बन्धों-छबियों के ही चितेरे रहे : साधारण का भाषा-वैभव और शब्द सम्भावना उनके यहाँ जैसे ज़ाहिर होते हैं वैसे शायद ही कहीं और मिले, इतनी विपुल मात्रा और अनुपात में। एक मायने में वे चिरानी पट्टी के कवि थे : उनका तो सारा कवित्व ही निपट स्थानीयता और अदम्य जातीयता से निकलता, पुसता-बढ़ता है। यह अकारण नहीं है कि त्रिलोचन ने जितनी बड़ी संख्या में अवधी के शब्दों का इस्तेमाल किया है उतना शायद ही किसी और कवि ने खड़ी बोली में किया हो। उनकी खड़ी बोली में उनकी अवधी बोलती है—उसकी अन्तर्ध्वनियाँ उसमें अनिवार्यतः रसी-बसी हैं।' परदेसी के नाम पत्र' जैसी छोटी कविता में 'अमोला', 'कोराती' और 'इनरी' जैसे सर्वथा अपरिचित-अप्रत्याशित शब्दों का प्रयोग इस कविता को, एक स्तर पर, खड़ी बोली के नाम अवधी का पत्र भी बना देता है।

त्रिलोचन ऐसी भारतीय आधुनिकता के कवि थे, जो परम्परा की अपनी बेचैनी से पैदा हुई थी और जिसमें पश्चिम की भूमिका लगभग नगण्य थी। आधुनिकता की इस भावधारा में ग़ालिब, हज़ारीप्रसाद द्विवेदी, रेणु आदि भी आते हैं। इसमें अचरज की बात सिर्फ़ यह थी कि सानेट जैसी पश्चिमी विधा को हिन्दी में पालतू बनाने का काम त्रिलोचन ही ने किया, इस हद तक कि हिन्दी में सानेट का नाम आते ही त्रिलोचन याद आते हैं। उन्होंने इस छन्द को इतना आत्मसात् और पुनराविष्कृत किया कि वह हिन्दी का सहज छन्द बन गया लगता है। सानेट के रूमानी और सामन्ती वैभव से बिलकुल अलग त्रिलोचन ने सानेट को साधारण के वैभव का माध्यम बनाया। उनके कुछ सानेटों में प्रयुक्त शब्द ऐसे हैं जो शायद ही त्रिलोचन से पहले किसी और कवि ने ऐसे सटीकपन से कविता में इस्तेमाल किये होंगे : धाया-घूमा टो गया, हेरी हुई, डामा, लकुट, उरेहता, दांजारेसी, दांताकिलकिल, टिहता, गरस, ललकू, रिन-भर, हुन में, परिकों की माठी, खूँदा-खूँदी, फूँदा, बूंकेगा, अंजोरिया, डांस, कुकुरौछी, पौली-पौली, पूछ-पेख, लोर, कनई, दन्दाया, दमपट्टी, झिलेगा आदि। ज़ाहिर है, ऐसे शब्दों से भरपूर सानेट वहीं नहीं रह गया जो वह अपने विविध रूपों में पश्चिम में रहा है।

कई मायनों में त्रिलोचन विचार के नहीं, स्थान के कवि हैं। भले उनके एक संग्रह का नाम ही 'शब्द' है और उनकी शब्द-सम्पदा चकित करनेवाली

है, वे शब्द के नहीं वाक्य के कवि हैं। वे कविता में पूरा वाक्य बनाने पर ज़ोर देते थे। वामपंथी होने के बावजूद उन्होंने अपने को सहज भारतीय अध्यात्म के उत्तराधिकार से विमुख नहीं किया : उन्होंने महाकाल, समय, शब्द, सहस्र शीर्ष पुरुष महाकाश का कलश आदि पर अनेक कविताएँ लिखीं। हिन्दी में आधुनिकता और छन्द के बीच जो लगभग बैर की रूढ़ि है उसे भी त्रिलोचन ने अपने काव्य-व्यवहार से तोड़ा : उनकी आधुनिकता छन्दसम्भवा रही। जब-तब त्रिलोचन ने काव्य संक्षेप के साथ अपनी कविताओं में छोटे-छोटे चरित्रों को जगह दी : भौजी, भिखरिया, अतवरिया, चम्पा आदि ऐसे ही चरित्र है। 'नगई महरा' हिन्दी कविता में इस अर्थ में अद्वितीय है कि इस लम्बी कविता का चरितनायक एक अत्यन्त विपन्न गँवई व्यक्ति है। इस कविता में वे निराला के 'बिल्लेसुर बकरिहा' और 'चतुरी चमार' कथागद्य के काव्य-उत्तराधिकारी हैं।

त्रिलोचन अपने जीवन में सरल-सहज और निराकांक्षी थे। लेकिन कविता में जहाँ-तहाँ अपने बारे में कुछ गर्वोक्ति करने से वे नहीं चूके। 'भाषाओं के अगम समुद्रों का अवगाहन मैंने किया', 'जीवन इसका जो कुछ है पथ बिखरा है/तप तप कर ही भट्ठी में सोना निखरा है', 'तुलसी और त्रिलोचन में जो अन्तर झलके/वे कलान्तर के कारण हैं' आदि पंक्तियाँ इसका साक्ष्य हैं। लेकिन वही त्रिलोचन अपने 'रहस्य' शीर्षक सानेट में यह भी कह सकते हैं : 'अचरज है मुझको कि त्रिलोचन कैसे इतना अच्छा लिखने लगा...एक फिसड्डी आकर अपनी धाक जमाये/देख नहीं सकता हूँ मैं यों ही मुँह बाये'।

क़िस्से-कहानियाँ

त्रिलोचन हमारे समय के किंवदन्ति-पुरुष रहे हैं : उनके बारे में बहुत सारे क़िस्से-कहानियाँ किंवदन्तियाँ प्रचलित रही हैं। वे तैरकर बनारस में कई बार गंगा इधर से उधर पार कर जाते थे। उन्हें कई दिन तक उपवास करने का अभ्यास था। वे बहुभाषाविद् थे, लेकिन उनके बारे में किये गये इस दावे के सत्यापन का कोई अवसर नहीं आया कि उन्हें ग्रीक और लैटिन भाषाएँ भी आती थीं।

त्रिलोचन की विवक्षा अथक और अदम्य थी। वे बिना थके-ऊबे लगभग एक ही लय में, बिना किसी उतार-चढ़ाव के घण्टों बतिया सकते थे। भोपाल में वे जब-तब इतवार या किसी छुट्टी के दिन सुबह आ जाते थे और दोपहर बाद तक रहते, लगातार बतियाते हुए और फिर डेढ़ेक

किलोमीटर दूर रमेशचन्द्र शाह के यहाँ कई घण्टों की बैठकी के लिए चले जाते। और रात के क़रीब उधर राजेश की ओर निकल जाते थे। त्रिलोचन पैदल कवि थे और उनकी कविता में इस पदसक्रियता का गहरा प्रभाव खोजा जा सकता है। एक विषय से सर्वथा अप्रत्याशित और अप्रासंगिक विषय पर चले जाना उनकी स्वाभाविक वृत्ति थी। विषयान्तर के तो वे आचार्य ही थे। एक बार बुरहानपुर की प्रसिद्ध नवरात्रि व्याख्यानमाला के संयोजक मेरे पास तुलसीदास पर किसी विशेषज्ञ की खोज करते आये। चूँकि त्रिलोचन के लिए तुलसी और निराला दो प्रतिमान-कवि थे, मैंने उनका नाम सुझाया। त्रिलोचन तुलसी पर बोलने बुरहानपुर गये पर दो मिनिट उन पर बोलने के बाद विषयान्तर कर डेढ़ेक घण्टे भाषा पर बोलते रहे। भाषा पर उनका आग्रह और उसके विभिन्न पक्षों पर उनकी पकड़ बड़ी पक्की थी। एक बार अम्बिकापुर में शमशेर बहादुरसिंह और मैंने एक शाम त्रिलोचन की भाषिक शुद्धता और सूक्ष्मता पर बात करते गुज़ारी थी।

त्रिलोचन ने शायद ही कभी अध्यापन-कार्य किया हो, लेकिन वे स्वाभाविक रूप से गुरु थे। उनके पास इतना विपुल भण्डार था कि उनके संग-साथ से ही कोई, विशेषतः भाषा के बारे में, काफ़ी सीख-समझ सकता था। कहीं भी उन्हें भाषा के प्रति लापरवाही नज़र आये तो वे प्रतिकूल प्रतिक्रिया मुखर ढंग से व्यक्त करते थे। दूसरी ओर अगर किसी साधारण व्यक्ति के यहाँ उन्हें कोई नया या अनूठा शब्द मिल जाये तो तुरन्त उसका नोटिस लेते थे। त्रिलोचन भोपाल भाषा-सम्पादक के पद पर आये थे। उनके लिए ज़ोरदार सिफ़ारिश विद्यानिवास मिश्र ने की थी और उसकी ताईद केदारनाथ सिंह ने। बड़ी मुश्किल से उनसे तीन पंक्तियों का एक आवेदन मिला था, जिस पर उनकी नियुक्ति का प्रस्ताव करते हुए मैंने डेढ़ पृष्ठों की नोटशीट लिखी थी। प्रस्ताव का अनुमोदन करते हुए शिक्षा मन्त्री अर्जुन सिंह ने हँसकर टिप्पणी की थी : तीन लाइन की दरख़्वास्त, डेढ़ पृष्ठों की टिप्पणी!

मुक्तिबोध और शमशेर दोनों के प्रति त्रिलोचन अपेक्षाकृत अनुदार से थे। भोपाल में आने के बाद अपने पहले सार्वजनिक वक्तव्य में जो मुक्तिबोध की पुण्यतिथि पर उन्हीं के ऊपर था, त्रिलोचन ने हम सबको यह कहकर भौंचक्का और दुखी कर दिया था कि मुक्तिबोध को भाषा ठीक से नहीं आती थी और 'हंस' में उनके साथ काम करते समय कई बार उन्होंने मुक्तिबोध की भाषा ठीक की थी। वामपन्थ के प्रति उनकी निष्ठा असंदिग्ध थी और वे कुल मिलाकर उदारचरित और उदात्तचित व्यक्ति थे। लेकिन अपने अनेक ग़ैरवामपंथी हितैषियों का ज़िक्र वे कम या नहीं के बराबर ही करते थे। दूसरी ओर, उन्हें छोटे-छोटे, शहरों-कस्बों जैसे, विदिशा, सागर आदि के अनेक विस्मृत, लगभग अज्ञातकुलशील कवियों-लेखकों के नाम

याद थे और वे जब-तब उत्साह से उनका उल्लेख करते थे।

त्रिलोचन हिन्दी के कवियों के समाज में स्वाभिमान की एक बहुत उजली शबीह थे। भोपाल में या अन्यत्र उन्हें किसी राजनेता या सत्ताधारी से झुककर बात करते किसी ने नहीं देखा। अपने लिए किसी तरह की सुविधा या रियायत माँगने में उन्हें हमेशा संकोच हुआ जबकि उनका हक़ बनता था। हिन्दी के बड़े कवियों में शमशेर के अलावा वही ऐसे रहे हैं जिन्होंने बेहद अभाव के दिन देखे। लेकिन शमशेर की ही तरह उसे भुनाने का कभी कोई उपक्रम त्रिलोचन ने नहीं किया।

कहा जाता था कि त्रिलोचन ने रजिस्टरों भर नहीं, कमरे भर कविताएँ लिखी हैं। उनकी कई रचनाएँ अप्रकाशित हैं और किसी को उन्हें जतन से खोजकर एकत्र करना चाहिए। लेकिन सत्तर बरसों फैले कवि जीवन के अनुरूप उन्होंने अधिक नहीं कम ही लिखा ऐसा लगता है। अपने सृजन के प्रति उनमें कोई अतिरिक्त आसक्ति नहीं रही। बल्कि अगर फ़िलवक़्त उनका बहुत सारा साहित्य बिला गया लगता है तो इसका एक कारण खुद उनकी लापरवाही भी रही है। कहा तो मूलतः शमशेर को 'कवियों के कवि' गया था, लेकिन कई मायनों में त्रिलोचन भी कवियों के कवि हैं : उनसे कवि अब भी बहुत कुछ सीख सकते हैं। त्रिलोचन एक देहाती कवि-पंडित जैसे थे, जिनका अपनी भाषा और जन की शक्ति और संभावना में अटल विश्वास था; वे हमेशा स्मरणीय और प्रणम्य रहेंगे।

पच्चीस बरस पहले

1682 में यूनेस्को ने सांस्कृतिक अस्मिता पर एशियाई लेखकों का एक सम्मेलन किया था जिसमें भारत से मुझे शिरकत करने का न्यौता मिला था। पाकिस्तान से आये थे' इस उपमहाद्वीप के एक मूर्धन्य उर्दू कवि फ़ैज अहमद फ़ैज और चीन से वहाँ के मूर्धन्य आई छिंग। दोनों बुजुर्ग थे : चीनी कवि फ़ैज़ से भी जेठे थे। फ़ैज़ पाकिस्तान से नहीं बेरूत से आये थे क्योंकि उन दिनों देशनिकाले पर थे। उनसे थोड़ा सा परिचय था क्योंकि हम लोगों ने उन्हें भोपाल उर्दू अकादेमी की ओर से बुलाया था और वे दो-तीन दिन वहाँ थे। उनका पंजाबी लहजे में उर्दू बोलना तभी पहली बार सुना था। इसका भी कुछ अहसास हुआ था कि वे अपनी शायरी निहायत बेरुखी से पढ़ते थे, इस कदर कि मैंने उन्हें चिढ़ाते हुए यह तक कहने की जुर्रत कर डाली थी कि हुजूर आप अपनी शायरी इस क़दर बेरुखी से पढ़ते हैं जैसे कि वह किसी और का कलाम हो।

फ़ैज के इसरार पर ही मुझे सम्मेलन का स्थायी कार्यकारी अध्यक्ष भी बनाया गया था। मैं उमर में सबसे छोटा था लेकिन अंग्रेजी में बोल-बरत सकना ज़रूरी बात थी। बहरहाल, उस दौरान फैज साहब के साथ एकाध हफ्ता बिताने का सुयोग हुआ। वे चूँकि बरसों से विदेश आते-जाते और वहाँ रहते आये थे, खाने आदि के बारे में वे अपनी रुचि में बेहद उदार थे। मुझे मुश्किल थी। जापानी भोजन, जो कि हर जगह और बार बहुत सुरुचि के साथ सजाकर परोसा जाता था, मुझे संसार का, भारतीयों के लिए, सबसे अखाद्य भोजन लगता था; मुझे वह बहुत परेशान करता था। मैं अकसर होटल में, बाद में, अपने पैसे से इतालवी या चीनी भोजन खाता था। शायद क्योतो में हम किसी पारम्परिक रेस्तराँ में खाना खा रहे थे, अगल-बगल बैठे हुए, तो मेरा ध्यान मूली की तरह सफ़ेद लगते दो कतरों ने खींचा जिन्हें पास ही रखे सिरके में डौबकर में खाने ही जा रहा था कि फैज साहब ने कहा कि 'आपका टेस्ट तो बहुत जापानी हो गया है, कच्ची मछली बड़ी लजीज होती है। मैंने फौरन वह कतरा वापस रख दिया, क्योंकि कच्ची मछली खाने का मेरा कोई इरादा नहीं था न ही हिम्मत।

फैज़ साहब की उमर उस समय सत्तर से ऊपर की हो चुकी थी, लेकिन पीने में उनका साथ दे पाना उस समय अपने को युवा मानते मेरे लिए लगभग असम्भव था। वे लगातार पीते थे लेकिन कई पैग ले लेने के बाद भी वे रत्ती भर बहकते नहीं थे। न उनके हाथ काँपते थे और न ही आवाज में कोई फ़र्क पड़ता था। चीनी कवि आई छिंग ने जब एक सत्र में पाब्लो पिकासो का नाम सुनते ही चीनी में पिकासो से पैरिस में अपनी लम्बी मुलाकात का विवरण देते हुए एक लम्बा अप्रासंगिक वक्तव्य देना शुरू किया तो कार्यकारी अध्यक्ष के नाते मैंन उन्हें रोकना चाहा। फ़ैज बोले : 'मियाँ, बोलने दो, चुपचाप इतनी देर से बैठे इस बूढ़े को कुछ तो क़रार आयेगा'। यह सब याद इसलिए आया कि हम कुछ हिन्दी कवि 5-6 दिनों के लिए भारतीय और जापानी कविता में आदान-प्रदान के सिलसिले में जापान जा रहे है।

मुंशी अजमेरी

बरसों पहले टीकमगढ़ के गुणसागर सत्यार्थी से परिचय हुआ था। वे वहाँ की लगभग भुला दी गयी ध्रुपद गायिका असगरी बाई के साथ आये थे। अपने नाम के अनुरूप उनमें कई गुण हैं। तब उन्होंने 'मेघदूत' का बुन्देली में अनुवाद किया था जो पुस्तकाकार प्रकाशित हुआ था। इधर

उनसे मुलाकात दिल्ली में हुई तो पता चला कि उन्होंने बच्चों के लिए बालरामायण, बालमहाभारत और गाँधीचरित लिखे हैं। यह बात मुझसे बिसर गयी थी कि वे मुंशी अजमेरी के पोते हैं।

मुंशी अजमेरी का नाम बरसों पहले मैथिलीशरण गुप्त के मण्डल के प्रमुख सदस्य के रूप में सुना था। उनका गुप्त जी से सखा-सम्बन्ध सभी जानते हैं। इस बार गुणसागर जी से उनकी कुछ पुस्तकें देखने का सुयोग मिला। उनको पलटने से कई ऐसी बातों का पता चला जो कम से कम मेरी जानकारी में नहीं थीं। पहली तो यह कि बनारसीदास चतुर्वेदी से घनिष्ठ होते हुए भी मुंशी अजमेरी ने तब निराला का सशक्त बचाव किया था, जब चतुर्वेदी जी ने उन पर 'विशाल भारत' में प्रहार किया। उन्होंने लिखा : 'निराला' जी एक विद्वान एवं प्रतिभावान् हैं। यद्यपि मेरा उनका मार्ग एक नहीं है और न मैं उनकी सभी रचनाओं को समझ ही सकता हूँ। परन्तु मेरे हृदय में उनके लिए आदर और प्रेम का भाव है। मैं मानता हूँ कि उनका पथ भी एक पथ है और वहीं नहीं, अन्य अनेक कवि इस पथ के पथिक हैं... हाँ, यह हो सकता है कि वह पथ अभी उतना परिष्कृत नहीं हुआ तो आगे चलकर हो जायेगा। फिर यह भी बात नहीं है कि निराला जी जो कुछ लगते हैं वह सभी अगम्य या असंगत अथवा असम्बद्ध होता है। उनकी अनेक रचनाएँ तुकान्त, बोधगम्य और बहुत अच्छी हैं।' यह पत्र नवम्बर 1932 में लिखा गया था और अगले ही दिन अजमेरी जी ने एक और पत्र में लिखा : '...मालूम हुआ कि निराला जी आजकल बहुत दुखी हैं। हाथ बहुत तंग है और उनकी एकमात्र कन्या बहुत बीमार है इत्यादि।... ऐसे दुखी मनुष्य पर इस समय चारों ओर से साहित्यिक वार भी हो रहे हैं। तब उनका मस्तिष्क ठीक कैसे रह सकता है। इस समय वे बहुत घबरा गये है और इसीलिए बौखला भी गये हैं। ऐसे समय में उन्हें सहानुभूति की आवश्यकता है...।' चतुर्वेदी जी से झगड़ा समाप्त करने का प्रबल आग्रह करते हुए इसी पत्र में रायकृष्ण दास के हवाले से उन्होंने जोड़ा : 'बहुत हो गया और निराला जी तथा नन्ददुलारे जी दोनों की खूब छीछालेदर हो गयीं। श्री रायसाहब मजाक के टोन में कहते हैं कि एक ब्राह्मण की रोटी तो ले ली, अब क्या जान लीजियेगा!'

मुंशी अजमेरी ने रवीन्द्रनाथ की कृति 'चित्रांगदा' का हिन्दी में अनुवाद किया था, जिसकी प्रशंसा कहते हैं स्वयं गुरुदेव ने की थी। यह पता नहीं था कि उन्होंने गुरुदेव द्वारा अपनी सहर्धमिणा मृणालिनी की स्मृति में लिखी कविताओं का उन्होंने बुन्देली में अनुवाद किया था। एक छन्द यों है :

जिन राखि जकड़ि के अब अँधियारी धरनी,

दै खोल, खो दै खोल बँधी भई तरनी।
अति असान्त पालनि के ऊपर,
वायु बहति, लागति हा-हा कर,
रह जावै तेरी दूर डरी यह धरनी,
ना और राखिये रोकि तरंगित तरनी।

लम्बा चिन्तक जीवन

लम्बा जीवन, सौभाग्य से, कई बुद्धिजीवियों को मिलता है, लेकिन उनमें बिरले होते हैं जो बुद्धि के कालजयी वैभव में अन्त तक ऐसे जीते और सक्रिय रहते हैं, जैसे कि डॉ. दयाकृष्ण रहे, जिनकी पिछले सप्ताह ही मृत्यु हुई। उन्होंने अपने आकस्मिक अवसान के पहले ऋग्वेद पर कई बरसों से चल रहे अपने काम को मुकम्मल कर लिया था : वह बृहत्काय काम है और एक तरह से दया जी उसे अपने जीवन का, बुद्धि-जीवन का भी समापक कर्म मानते थे। इधर वे कई बार बीमार पड़े और अस्पताल में रहे, लेकिन एकाधिक बार उन्होंने कई नज़दीकी बन्धुओं से यह भी कहा कि किसी भी व्यक्ति को बहुत अधिक नहीं जीना चाहिए। उनकी मृत्यु बिलकुल अकस्मात अपने जयपुर-स्थित फ़्लैट में अपने एक छात्र के लिए चाय बनाते हुए हुई। अगर उनकी वैचारिक तेजस्विता, दार्शनिक प्रखरता, अथक जिज्ञासा और प्रश्नवाचकता की ख़बर हमारे विचार-विमुख, चिकने-चुपड़े मीडिया को नहीं थी तो इसमें उन्हें अचरज न होता। अपनी अनिवार्य नश्वरता के बारे में पूरी तरह आश्वस्त होते हुए भी एक सच्चे और अदम्य चिन्तक की तरह उनके मन में कहीं-न-कहीं यह आश्वस्ति रही होगी कि वे अपने विचार में सदाजीवी हैं, कि अपने चिन्तन से वे मृत्यु को बहुत पहले जीत चुके हैं। पहले निर्मल वर्मा, फिर रामचन्द्र गाँधी और अब दयाकृष्ण का देहावसान, इतने कम अरसे में एक के बाद एक, सिर्फ़ एक मित्रत्रयी का लोप नहीं है, सृजनात्मक चिन्तन की हमारे समय की एक बृहत्त्रयी का भी अवसान है। दया जी पारम्परिक और आधुनिक दोनों अर्थों में गुरु थे : उनका देहावसान अपने एक शिष्य के लिए चाय बनाते हुए हुआ, इसका गहरा आशय है। परम्परा में गुरु अन्ततः अपने शिष्य के लिए मरता है। यह उत्सर्ग नहीं, कई दरवाजे दूसरों के लिए खोलकर स्वयं अपने को दरवाज़े की ओट करना है। इसलिए जब जयपुर में उनकी अन्त्येष्टि के बाद उनके घर पहुँचने पर उनकी बेटी और प्रतिष्ठित समाजवेत्ता शैल मायाराम ने कहा कि 'कैसी सुन्दर ज़िन्दगी और कैसी सुन्दर मौत' तो अचरज नहीं हुआ। बुद्धि का, विचार

और आचरण की शुद्धता का ऐसा सौन्दर्य जैसा दया जी ने रचा-पोसा सचमुच अद्वितीय है। आँखों की रोशनी कम हो जाने के बावजूद वे जिस तरह विचारों के आलोक में जिये और उसे उपजाते रहे, वह अनोखा है।

सबसे पहले दया जी को सागर विश्वविद्यालय के परिसर में देखा था। जब एक छात्र के रूप में वहाँ दाखिला लिया था तो 56-60 में वे वहाँ के दर्शन विभाग में अध्यापक थे। युवा, तेजस्वी होने के अलावा साहित्य में दिलचस्पी लेने वाले। हम कुछ लोग सागर में तब तक नयी कविता की शुरुआत कर चुके थे और अपने नये भावबोध के कारण हमारा विश्वविद्यालय के हिन्दी विभाग से लगभग बैर का रिश्ता बन चुका था। उस कठिन समय में दया जी और नृतत्वशास्त्र में प्रोफेसर होकर आये श्यामचरण दुबे से अपने दुस्साहस का समर्थन और प्रोत्साहन मिला। सागर में उस समय जो नवोन्मेष सम्भव हुआ, उसमें दया जी की भी भूमिका थी। वे उन दिनों वैचारिक रूप से कांग्रेस आव कल्चरल फ्रीडम के निकट माने जाते थे और अबू सैयद अयूब और अम्लान दत्त द्वारा सम्पादित अंग्रेजी पत्रिका 'क्वैस्ट' के सलाहकार मण्डल में थे। उस समय वे जब-तब साहित्य के बारे में बहुत नये क़िस्म का चिन्तन करते थे, लेकिन उनकी रुचि महादेवी की अश्रु-विगलित कविता, सर्वेश्वरदयाल सक्सेना के गीतों, धर्मवीर भारती के उपन्यास 'गुनाहों का देवता' इत्यादि में थी। उनकी साहित्य के बारे में वैचारिकता बहुत प्रखर और नयी थी, लेकिन उनकी रुचि भरोसेमन्द नहीं कही जा सकती थी। वे उस समय पश्चिमी दर्शन के विशेषज्ञ थे और उनकी भारतीय दर्शन में कोई रुचि या गति है, इसका कोई आभास उनके वक्तव्यों या निबन्धों से नहीं मिलता था। 1958 में उन्हीं के सम्पर्क के कारण हम लोग अज्ञेय जी को विश्वविद्यालय के छात्र संघ का उद्घाटन करने बुलाकर ला पाये थे और वे दयाजी के घर ही ठहरे थे।

1956-60 में नामवर सिंह सागर विश्वविद्यालय में अध्यापक होकर आये थे। दया जी साम्यवाद के कट्टर विरोधी और नामवर जी तो (तब भी और शायद अब भी) पार्टी के कार्ड होल्डर रहे हैं। पर दोनों में बौद्धिक साहचर्य हुआ जो आगे बढ़ता रहा। जब नामवर जी की सेवाएँ विश्वविद्यालय ने अचानक समाप्त कर दीं तो तब के शक्तिशाली कुलपति द्वारिका प्रसाद मिश्र से निजी स्तर पर इसके प्रति अपना घोर विरोध और क्षोभ व्यक्त करने की हिम्मत दया जी ने ही की थी।

बाद में दया जी राजस्थान विश्वविद्यालय के दर्शन विभाग में चले गये, जहाँ उनके नेतृत्व में इस विभाग ने अपनी बौद्धिक सक्रियता और ऊँचाई के लिए राष्ट्रीय कीर्ति अर्जित की। इस बीच दया जी भारतीय चिन्तन

और परम्परा की ओर मुड़े। उन्हें महसूस हुआ कि पश्चिम से सर्वथा अलग और स्वतन्त्र होते हुए भी इस परम्परा में अटूट प्रश्नवाचकता रही है और वह लम्बे वैचारिक संवादों, कई तरह के शास्त्रार्थों से निर्मित परम्परा है, जिसके मूल में जिज्ञासा और प्रश्नवाचकता है। उन्हें इसका भी तीखा अहसास था कि भारतीय चिन्तन और अध्यात्म तथा सामाजिक व्यवस्था में गहरा अन्तर्विरोध और खाई भी रहे हैं। पर वे सम्भवतः पहले दार्शनिक हैं, जिन्होंने इस वैचारिक परम्परा को, औपनिवेशिक हस्तक्षेप के बावजूद, अविरल माना और उसकी कई वर्तमान अभिव्यक्तियों की ओर ध्यान खींचा। उन्होंने कई नये प्रश्न उठाये जैसे कि भक्ति को या सृजन को पुरुषार्थ की मान्यता क्यों नहीं मिली। मेरे जाने भारतीय दर्शन के वर्तमान परिदृश्य में दया जी और रामचन्द्र गाँधी ही ऐसे दो चिन्तक थे, जो साहित्य की वैचारिक सत्ता को खुले मन से स्वीकार करते थे। दया जी बेहद संवादप्रिय व्यक्ति थे जो दिल्ली आने पर जिन मित्रों के साथ अपना समय बिताते थे, उनमें से अधिकांश साहित्यकार होते थे। उनकी मण्डली में अज्ञेय, गोविन्द चन्द्र पाण्डेय, निर्मल वर्मा, कृष्ण बलदेव वैद आदि होते थे। विचार या कर्म के क्षेत्र में कोई भी नवोन्मेष या दुस्साहसिकता उन्हें बेहद आकर्षित करती थी। वयोवृद्ध होने के बावजूद वे युवाओं के काम में गहरी रुचि लेते थे। परम्परा और संगीत के अनोखे विद्वान मुकुन्द लाठ से उनकी बौद्धिक सहचारिता लम्बी और गहरी रही। दया जी निर्भय और ग्रहणशील होने के बावजूद एकान्त साधक नहीं थे जो अपनो को संग-साथ और धूल-मिट्टी से दूर रखकर अपना चिन्तन करते है : वे सहचारी चिन्तक थे जो आपको साथ लेकर, आपसे हँसमुख संवाद करते हुए चिन्तन करते थे। उनसे अकस्मात मिलना भी सहज विचारोत्तेजक होता था। सत्ता-प्रतिष्ठानों से दूर भले न रहे हों, उनके जीवन, आचरण और चिन्तन पर उसका कभी कोई प्रभाव पड़ा नहीं दीखता। वे ऐसे बुद्धिजीवी थे, जिन्होंने बुद्धि के वैभव के अलावा किसी और वैभव का कभी एहतराम नहीं किया। अनासक्त बुद्धि, उदग्र विचार, अदम्य जिजीविषा और गहरी रसिकता के धनी दयाकृष्ण बहुतों के जीवन में अविस्मरणीय रहेंगे। और भारतीय चिन्तन में भी उनकी उजली जगह बनी रहेगी।

गोर्बियों में एक नयी जगह

दक्षिण फ्रांस में सदियों से कलाकारों का जमघट रहा है। नीस, कान, आन्तीब, मान्तो आदि शहरों में कई बड़े कलाकारों के ग्रीष्म-आवास रहे

हैं। मान्तो से थोड़ी दूर पहाड़ियों में बसा गाँव है गोर्बियों जो शायद बारहवीं सदी में बसाया गया था। फ्रांस और इटली की सरहद पर—जिस कारण से उसका नाम इतालवी है—जहाँ से मान्तों और उसके पास लहराता भूमध्यसागर दिखायी देता है। गोर्बियों लगभग चालीस बरसों से चित्रकार सैयद हैदर रज़ा का ग्रीष्म-आवास भी रहा है। पहले उनका एक पुराना घर था और उससे दूर कान्दामेरी में उनका स्टूडियो। अब कान्दामेरी में ही घर और स्टूडियो साथ हैं जहाँ वे अब भी गार्मियाँ हर साल बिताते हैं। वहाँ एक पुराना शतो है जिसकी ऊँची मीनार से मध्यकाल में बर्बरों के आने पर नज़र रखी जाती थी। नगरपालिका ने उसका जीर्णोद्धार किया है और अब उसके तीन या चार हालों में रज़ा मोंजीला फाउंडेशन का कलासंग्रह स्थायी रूप से प्रकाशित होगा। इस संग्रह में रज़ा के अलावा उनकी फ्रेंच-कलाकार पत्नी जानीन मोंजीला के चित्र होंगे, रज़ा के पास जमा भारतीय कलाकारों की कृतियाँ और अनेक प्राचीन भारतीय कलावस्तुएँ भी। रज़ा अपना यह संग्रह और काफ़ी धनराशि इस फाउंडेशन को दे रहे हैं। उनका घर-स्टूडियो भी अन्ततः इस संग्रहालय का हिस्सा होगा। उस इलाक़े में यह अपने ढंग का अनूठा केन्द्र बनेगा। भारत और फ्रांस के बीच सम्पर्क और संवाद की एक निराली जगह। रज़ा अपनी सम्पत्ति का अधिकांश इस फाउंडेशन को देने जा रहे हैं। पिछले कुछ बरसों से वहाँ हर वर्ष उसके प्रेसबितेयर में रज़ा युवा भारतीय चित्रकारों की प्रदर्शनियाँ आयोजित करते रहे हैं, जिनकी बहुत उत्साहजनक प्रतिक्रिया हुई है।

फाउंडेशन के लिए आवश्यक निधि जुटाने के लिए रज़ा मान्तो में अपने एक फ़्लैट की ब्रिकी करने वहाँ गये तो उनके साथ मैं भी गया। मान्तो में रज़ा के अनेक कलाकार-मित्र हैं। उनके बीच, उनकी आत्मीय गरमाहट में अच्छा समय बीतता है। रज़ा की पहल को लेकर अच्छा उत्साह है, हालाँकि वह उनके बाद कितने सुव्यवस्थित ढंग से चल पायेगी, इस पर कुछ को सन्देह भी है। हम लोग गोर्बियो जाते हैं, जहाँ रज़ा के साथ उनके मान्तो के मित्र और एक वकील भी हैं, नगर पालिका के अध्यक्ष मिशेल एसनार प्रोजेक्ट को लेकर उत्साहित हैं। वे भारत जा चुके हैं और अखिलेश आदि चित्रकारों के प्रशंसक हैं। बातचीत के बाद तय होता है कि अगली जुलाई में फ़ाउंडेशन के समृद्ध संग्रह के पूर्वाभास के रूप में वहीं शतो में एक प्रदर्शनी की जाये। अपने स्वभाव के अनुरूप रज़ा फ़ौरन ही उसका एक अच्छा कैटलाग कैसे बने और कहाँ छपे इसकी चिन्ता में व्यस्त हो जाते हैं। कुछ इस पर भी बात होती है कि उद्घाटन के अवसर पर भारत से किसी विभूति को आमंत्रित किया जाये।

रसरंजन के झगड़े

रसरंजन पर झगड़ों की लम्बी परम्परा है। लेखकों और कलाकारों के बीच वे आम होते रहे हैं। इससे यह साबित नहीं होता कि झगड़े जायज होते हैं, सिर्फ़ यह पता चलता है कि ऐसे झगड़े होते आये हैं। रसरंजन का एक नतीजा अक्सर यह होता है कि वह औपचारिकता, लिहाज़ और संकोच की जकड़बन्दी कुछ ढीली कर देता है। उस हालत में कई लोग, जिनमें दुर्भाग्य से मैं भी शामिल हूँ, दिल के गुबार निकाल देते हैं, यानी झगड़ बैठते हैं। ऐसी बातें कह डालते हैं जो रसरंजित न होते तो न कहते। रसरंजन एक तरह की अन्तरंगता या नज़दीकी पैदा करता है और उसमें ऐसी निर्बन्धता होना यों तो स्वाभाविक लगता है, हालाँकि, कभी-कभार वह हद से बाहर जाकर अक्षम्य भी हो जाता है। ऐसे मित्र हैं जो कड़ी बातों का, भले वे रसरंजन के निर्बन्ध प्रभाव के कारण कुछ अधिक उग्रता या मुखरता से क्यों न कही गयी हों, बहुत बुरा मानते हैं। वे रसरंजित होकर भी संयमी बने रहते हैं। यह निश्चय ही प्रशंसा के योग्य गुण है, अनुकरणीय भी। कुछ लोग रस की घड़ी में नीरस हो जाते हैं। कुछ ऐसे हैं जो रसरंजित होकर निराशा में गहरे पैठ या डूब जाते हैं और चुप्पी साध लेते हैं। कुछेक तो बतियाने-बहसने के बजाय गाने लगते हैं। मेरे जैसों का यह सौभाग्य है कि झगड़ा करके उसमें कहे-सुने को अगली सुबह भूल जाते हैं और दिल में सहेजकर नहीं रख पाते हैं। वहाँ पहले ही इतना गवाह है कि उसके लिये जगह कहाँ? यह कोई सन्तई नहीं, रसरंजन का सहज अध्यात्म है। दुर्भाग्य यह है कई बन्धु भूलते नहीं हैं और बाद में भी नाराज़ बने रहते हैं। ऐसे कई प्रसंग याद किये जा सकते हैं जिनमें ऐसे बन्धु उन झगड़ों में क्या हुआ इसके क़िस्से कहानियाँ आहत भाव से लेकिन समुचित नमक-मिर्च लगाकर दूसरों को बताते फिरते हैं। झगड़ा न हो अच्छा यही है लेकिन दुर्भाग्य से हो जाये तो हम उसे भूल जायें यह भी उतना ही अच्छा है। रसरंजन में रसभंग ही क्यों याद रखा जाए?

नाना-सुख

लगभग तैंतीस बरस बाद हमारे घर में फिर कन्या आयी है। पिछले नवम्बर में बेटी दूर्वा (जिसका डाक-नाम दूबी है) ने हमारी पहली नातिन को जन्म दिया। दूबी सामाजिक कार्य के क्षेत्र में है और दिल्ली की स्पैस्टिक सोसायटी और कलकत्ते के सड़क-बच्चों की शिक्षा प्राजेक्टों में काम कर

चुकी है। अब दिल्ली आ गयी है। अगर अपनी बच्ची की देखभाल को सामाजिक कार्य माना जाये तो इन दिनों सारे समय वही कर रही है।

नातिन आद्या बेहद प्यारी है और इधर कुछ शैतान हो चली है। कुछ आवाज़ें निकालने लगी है और उसे गोदी में इधर-उधर टहलना पसन्द है। बिस्तर पर लेटे रहना उसे सख़्त नापसन्द है। ज़रा-सा लिटाओ तो कुनमुनाने या रोने लगी है। यों तो हम एक फ़्लैट में रहते हैं जिससे प्रकृति काफ़ी दूर और अस्पृश्य नज़र आती है। पर बालकनी से सुबह उसे कुछ धूप, पेड़ और हरियाली, कबूतरों की पातें और गमलों के कुछ रंगबिरंगे फूल दिखाने में बहुत ताज़गी महसूस होती है : थोड़ी देर के लिए लगता है कि जैसे आप भी इस सुषमा को पहली बार ही देख रहे हैं। आद्या जो चीज़ भी छूती है—अपने खिलौने, घड़ी, चम्मच या कुछ और—उसे खींचकर अपने मुँह में ले जाने की कोशिश करती है। अँगूठे को मुँह में ले जाने से तो उसे लगातार बरजना ही पड़ता है। आवाज़ों के प्रति सजग है—जिस ओर से आवाज़ आती है उस ओर आँखें फेरकर देखती है। आद्या की दुनिया में अभी अर्थ का क्षेप नहीं हुआ है। उसका संसार शुद्ध छबियों और ध्वनियों का संसार है। हर शिशु मानों संसार की रचना, अपने लिए, फिर से करता है। लगता है कि उसके देखने से बनती है छबियाँ, उसके सुनने से बनती हैं आवाज़ें। यह सोचकर अच्छा लगता है कि हमारी नातिन अपना संसार धीरे-धीरे रच रही है। नाना-सुख यह है कि मैं उसे ऐसा करते देख पा रहा हूँ। मेरा अधेड़ या कि बुढ़ाता संसार वह जैसे कुछ पल के लिए स्थगित कर देती है। उसे क्या पता और यह समझने की फिलवक़्त क्या ज़रूरत कि एक समय, बहुत पहले, मेरे पास भी ऐसा आद्य संसार था जो मैंने रचा था और जो अब मेरे संसार में शायद निश्शेष हो चुका! कुछ यह भी लगता है कि संसार, कोई भी संसार, कभी निश्शेष नहीं होता, वह कहीं न कहीं फिर अपने को गढ़ता है। संसार की यह निरन्तर रचना अमरता का ही एक संस्करण नहीं तो क्या है?

जो नहीं हुआ

हममें से हरेक अधूरा जीवन ही बिताने को अभिशप्त है। इस मायने में कि हम जो सोचते हैं, अक्सर उसका बहुत कम पूरा कर पाते हैं। यों तो श्रीकान्त वर्मा ने कहा है! 'जो मुझसे नहीं हुआ, मेरा संसार नहीं।' लेकिन कभी-कभी लगता है कि हमसे जो नहीं हो पाता वह भी हमारा संसार है। आख़िर संसार सिर्फ़ किये हुए से नहीं, अनकिये हुए से भी

बनता है। उपलब्धि तो अपनी जगह है, पर आकांक्षा भी तो कितनी जगह जीवन भर घेरे रहती है।

बहुत सारी संस्थाएँ बनाने का जस-अपजस मिलता रहा है पर ऐसी कई हैं जो नहीं बना सका या कि बनवा सका। भोपाल में एशियाई लेखकों-कलाकारों के लिए एक आश्रमनुमा केन्द्र (काल-सेन्टर फॉर एशियन हार्टस एण्ड लिटरेचर) बनाने की बात थी, जहाँ एशियाई देशों और भारत से हर वर्ष पचीस-तीस लेखक कलाकार रहकर अपने मनचाहे रचनात्मक प्रोजेक्टों पर काम कर सकें। नेहरू शताब्दी के दौरान योजना बनायी थी कि पचमढ़ी में एक विचार संस्थान स्थापित हो, जहाँ देश के बुद्धिजीवी एकत्र होकर वैचारिक काम कर सकें। लोकतन्त्र सिर्फ प्रक्रियाओं से नहीं, विचारों से भी चलता है। दुनिया चीज़ों से नहीं, विचारों से बदलती या बदली जा सकती है।

जब दिल्ली आया तो यहाँ एक बहुकलाकेन्द्र बनाने का जिम्मा सौंपा गया। नाम रखा 'परिसर' और उसकी समिति में यू आर अनन्तमूर्ति, हबीब तनवीर, अकबर पदमसी आदि रखे गये। राष्ट्रीय संग्रहालय के सामने की जमीन उसके लिए मिलनी थी। सौ यकायक तबके प्रधानमंत्री ने जो विदेश मंत्री भी थे, राष्ट्रीय पुस्तकालय यानी एक सांस्कृतिक संस्थान के लिए मूल योजना में आरक्षित जमीन विदेश मन्त्रालय के उसके नये भवन के लिए आवण्टित कर दी। 15 बरसों बाद अब जाकर भवन-निर्माण शुरू हो रहा है। 'परिसर' को ग़ैरजरूरी करार कर बाद में आये कवि-संस्कृति सचिव ने तब तक बदल गये मन्त्री से उसे निरस्त करा दिया।

हिन्दी के राजभाषा 'न' बन पाने की स्वर्णजयन्ती पर तब के प्रधानमन्त्री को भारतीय भाषाओं का एक राष्ट्रीय आयोग गठित करने पर मनवा लिया था : उन्होंने सार्वजनिक घोषणा भी कर दी। पर उनके अहंकारी मानव संसाधन मन्त्री ने आयोग नहीं बनने दिया और उसके बजाय एक भारतीय भाषा प्रोन्नति परिषद् बनायी। उसकी पिछली सरकार के सत्तारूढ़ होने के छह वर्षों की अवधि में कुल एक बैठक हुई, वह भी तब जब उसका अवसान निकट था और गगन लोहित हो चला था। बाद में उस परिषद् का क्या हुआ, पता नहीं।

पिछले प्रधानमन्त्री भारतीय भाषाओं के विदेशी भाषाओं में अनुवाद को प्रोत्साहित करने के लिए एक स्वतन्त्र प्रतिष्ठान 'इला' (इण्डियन लिटरेचर एब्रॉड) बनाने पर भी सहमत हो गये थे। उसका कैबिनेट नोट तक बन गया था। फिर पता नहीं उसका क्या हुआ। प्रधानमन्त्री कार्यालय ने उस सिलसिले में भेजे बीसियों पत्रों की पावती तक नहीं दी, उत्तर तो क्या। इसी तरह राष्ट्रीय लेखक-कलाकार कल्याण कोष का सुझाव

सिद्धान्ततः माना जाकर अब तक पता नहीं कहाँ धूल खा रहा है या कि शायद रद्दी की टोकरी में फेंका जा चुका।

भारत भवन बनने के बाद जब उसकी कीर्ति शिखर पर थी तो भारत सरकार से उसके यहाँ प्रतिनियुक्ति पर आने के कई प्रस्ताव आये थे, जिन्हें उन दिनों भोपाल न छोड़ने के अपने दृढ़ संकल्प के कारण स्वीकार नहीं किये थे। पुरातत्व से सम्बन्धित राज्य के सचिवों की एक बैठक में दिल्ली में तब की संस्कृति विभाग की अतिरिक्त सचिव ने कहा था कि आपको अब दिल्ली आ जाना चाहिए। पूछने पर कि क्यों, उन्होंने कहा था कि केन्द्र में होने के लिए। इस टिप्पणी को उन्होंने शायद आज तक माफ नहीं किया है कि कौन कहता है कि केन्द्र में होने के लिए दिल्ली में होना जरूरी है। तब एक दुष्ट आकांक्षा ने पीछा नहीं छोड़ा था कि 'दिल्ली-दर्प-दमन' करना है।

नेशनल इन्स्टीट्यूट आफ फैशन डिजाइन के कार्यकारी निदेशक के पद के लिए पूछा गया। एक ही सप्ताह में भारतीय पुरातत्त्व सर्वेक्षण के महानिदेशक और दूरदर्शन के महानिदेशक के पद के लिए। सभी के लिए इनकार किया था। जब ब. व. कारंत दुर्भाग्य से भोपाल जेल में थे तो भारत महोत्सवों के महानिदेशक के पद के लिए भारत सरकार ने आदेश ही जारी कर दिये थे। उस समय भोपाल छोड़कर जाना अनैतिक मानकर इनकार किया। मुंबई के नेशनल सैण्टर फॉर परफासिंग आर्ट्स के निदेशक पद और बनारस हिन्दू विश्वविद्यालय के कुलसचिव पद पर प्रस्तावों को अस्वीकार करने का संदिग्ध श्रेय भी है। छत्तीसगढ़ के रविशंकर विश्वविद्यालय के कुलपति का प्रस्ताव भी नहीं मान पाया। कुछ हितैषियों को 'न किये' की सूची-की-सूची से बेहतर लग सकती है। वे यह भी कह सकते हैं कि इस 'अनकिये' और 'अनहुए' के कारण बहुत सारी क्षति होने से बच गयी।

पुणे-मुम्बई में मित्र

मराठी कवि-मित्र दिलीप चित्रे का घर पुणे में हवाई अड्डे के रास्ते पर है सो एक लम्बी दोपहर उनके साथ बीती। दिलीप से पहला परिचय, जैसे कि यू. आर. अनन्तमूर्ति से भी, लगभग चालीस बरस पहले इसी पुणे में हुआ था जहाँ 'भारतीय कविता के बदलते मुहावरे' पर एक परिसंवाद में भाग लेने में अब छत्तीसगढ़ के महासमुन्द से आया था। वे चित्रकार और फ़िल्मकार होने के अलावा संगीत के अच्छे जानकार

और समीक्षक, 'न्यू क्वेस्ट' के सम्पादक और तुकाराम जैसे सन्त-कवि के अंग्रेजी में बहुप्रशंसित अनुवादक हैं। इधर उन्होंने मराठी दलित कवि नामदेव ढसाल की चुनी हुई कविताओं का अंग्रेज़ी अनुवाद किया है जो एक जर्मन फ़ोटोग्राफ़र के चित्रों के साथ चेन्नई के किसी दुस्साहसी प्रकाशक ने बड़े नयनाभिराम ढंग से पुस्तकाकार छापा है। उनकी हिन्दी कविता में दिलचस्पी है और हिन्दी लेखकों की राजनीति से उनकी अच्छा परिचय है। हम मिलकर इस राजनीति की संकीर्णता और कई बार नीचता तक पहुँचती अधोगति पर दो आँसू बहाते हैं। उन्हें इस बात का विशेष खेद है कि नामदेव ढसाल द्वारा आयोजित कविता-समारोह में आमन्त्रित कई कवि, एकाध तो अपनी पत्नी तक के लिए ढसाल से हवाई टिकट मँगाकर, ऐन वक्त पर नहीं आये और इससे हज़ारों रुपयों का नुकसान हुआ। ये आत्मप्रतिबद्ध लेखक इतने भोले कभी नहीं थे कि उन्हें पहले से ही ढसाल के राजनीतिक संबंधों का पता न हो। जो हिन्दी कवि आये उन पर जितना ख़र्च हुआ उससे अधिक उन पर हुआ जो निमन्त्रण और टिकिट स्वीकार कर नहीं आये।

मुम्बई में एक दोपहर फ़िल्मकार कुमार शहानी के साथ बीती। फ़िल्म के अलावा संगीत और नृत्य में, ललित कलाओं में कुमार शहानी की गहरी रुचि और गति है। वे बताते हैं कि पिछले दिनों जब वे जापान में थे तो पारम्परिक नोह नाटक देखने गये। उसके निर्देशक ने उनसे सहज भाव से कहा कि यह कला तो उन्होंने कई सदियों पहले भारत से ही सीखी थी। उन्हें भय है कि अगर जल्दी ही कुछ कारगर न किया गया तो स्वयं भारत में कलाओं से ऐसी विशद सूक्ष्मता का लोप होने जा रहा है। उनकी महत्त्वाकाँक्षा है कि कलाओं का एक विश्वविद्यालय केरल में बनाया जाये : केरल में इसलिए कि वहाँ कई धार्मिक परम्पराएँ, कई सभ्यताओं के उपक्रम अब भी सक्रिय हैं। वे यह काम बिना किसी सरकारी मदद के करना चाहते हैं।

वास्तुकार चार्ल्स कोरिया के यहाँ डिनर पर जो महफ़िल जुड़ी थी उसमें एक पोर्तगाली दम्पति भी था जिसने कोरिया द्वारा एमआईटी अमेरिका में बनायी एक इमारत देखकर उन्हें लिस्बन के नज़दीक अपने कैंसर शोध केन्द्र के लिए एक इमारत का आकल्पन करने को निमन्त्रण दिया है। उन्हें यह जानकर अचरज हुआ कि सागर जैसे छोटे शहर में 1959 में पोर्तगाली कवि अलबर्तो द लार्सेदा का एक कविता संग्रह अंग्रेज़ी अनुवाद में उपलब्ध था और उसे पढ़कर उसकी एक पंक्ति को मैंने अपनी एक प्रेमकविता का मुखड़ा बनाया था। बातचीत दुनिया-जहान के अलावा भारतीय राजनीति पर भी चल निकलती है। कोरिया और मैं इस बात पर पूरी तरह सहमत हैं कि मायावती द्वारा भविष्य में दिल्ली में प्रधानमन्त्री की कुरसी पर बैठने की अपनी महत्वाकांक्षा की भारत में लोकतन्त्र के

सचमुच सशक्त होने का सबसे उजला और सशक्त सत्यापन है, भले बाद में मायावती ने वह घोषणा वापस ले ली।

कान फ़िल्म समारोह से लौटे उसे भारत विशेषज्ञ बताते हैं कि वहाँ सिनेमा की मुख्यधारा में बालीवुड की न तो कोई जगह है, न ही उसे सम्मान की दृष्टि से देखा जाता है। उनकी वहाँ उपस्थिति सिर्फ़ बाज़ार और व्यापार वाले खण्ड में होती है। लगभग एक हज़ार फ़िल्में हर वर्ष बनाने वाला भारत एक भी फ़िल्म ऐसी नहीं बनाता जो कान समारोह के गम्भीर और विचारणीय सिनेमा वाले खण्ड में निमन्त्रित की जा सके। उन्होंने यह भी बताया कि इस बार रूमानिया की फ़िल्म को सर्वोच्च पुरस्कार मिलना इस बात का सबूत है कि कान पर हालीवुड का दबाव घट रहा है। हालीवुड और बालीबुड एक ही थैली के चट्टे-बट्टे हैं और सिनेमाई कला के हाशिये पर हैं।

हमेशा की तरह इस बार फिर चार्ल्स कोरिया भारत भवन की अधोगति पर गहरा खेद व्यक्त करते हैं : उन्हें हैरानी है कि ऐसे उच्चस्तरीय संस्थान की मध्यप्रदेश रक्षा क्यों नहीं कर सका।

नायपाल उवाच

सर विद्यासागर नायपाल का भारत से लम्बा घृणा-प्रेम का सम्बन्ध रहा है। वे भारत को भूल नहीं पाते। चूँकि वे यहाँ आते रहते हैं और भाजपा-नीत सरकार के दौरान उनकी सत्ता से निकटता भी हो गयी थी, उनका भारत के बारे में फ़ैसले देने का आत्मविश्वास बहुत बढ़ गया है। उनकी दृष्टि मूलतः पश्चिमी है जो स्वाभाविक है और जिस पर इसलिये आपत्ति नहीं की जा सकती। लेकिन उसमें यह पश्चिमी दर्प भी मूलभूत है कि दुनिया और उसकी सभी सभ्यताओं और उनके संघर्षों और उपलब्धियों को जाँचने का पैमाना भी अनिवार्यतः आधुनिक और पश्चिमी ही हो सकता है। इस पैमाने को लेकर इतने बड़े लेखक में कोई आत्मसंशय न होना आश्चर्यजनक है।

नायपाल की एक नयी पुस्तक आयी है 'ए राइटर्स पीपुल' (पिकाडोर इण्डिया) एक अँग्रेज़ी साप्ताहिक ने उसके कुछ अंश प्रकाशित किये हैं जिन्हें ही देख पाया हूँ क्योंकि पुस्तक अभी तक मिली नहीं है। साप्ताहिक ने नायपाल को अपने सच पर भयंकर आग्रह करने वाला लेखक कहा है। नायपाल को कभी, एक ईमानदार और सच्चे लेखक की तरह, अपने सच पर सन्देह होता है इसका कोई प्रमाण नहीं है। पुस्तकांशों से लगता

है कि इस नयी पुस्तक में नायपाल ने फिर अब के भारतीय विषयों, उसके कुछ प्रतीक-पुरुषों पर अपना फ़ैसला दिया है। इनमें से कोई भी आलोचनातीत नहीं माना जा सकता है : आख़िरकार सभी लोग, जिनमें महात्मा गाँधी से लेकर स्वयं नायपाल तक शामिल हैं, वेध्य होते हैं, किसी न किसी अर्थ में मिट्टी के माधो। नायपाल को, ज़ाहिर है, कि इस पर कभी कोई विचार करने की दरकार नहीं हुई कि उन्हें फ़ैसला देने का हक़ कैसे और क्यों है। वे बड़े लेखक हैं पर इतने बड़े भी नहीं कि किसी जज की तरह सबको अपनी अदालत में कठघरे में खड़ा कर फ़ैसला सुनायें। उनकी यह मुद्रा अनैतिक अहंकार की उपज है और उनके लेखकीय क़द और सत्ता को नीचे घसीटती है।

महात्मा गाँधी जैसी हस्ती को नायपाल की कीचड़-उछाल से कोई ख़तरा नहीं हो सकता। गाँधी जी को लेकर उनके जीवनकाल में अनेक विवाद हुए थे और मरणोत्तर भी होते रहे हैं। उन्हें किसी बड़े या महान् लेखक के सत्यापन या समर्थन की भी कोई दरकार नहीं है। नायपाल के अनुसार गाँधी में मौलिक कुछ भी नहीं है : उन्होंने इधर-उधर से कई चीज़ें उधार लीं और एक तरह का भानमती का कुनबा जोड़ दिया। उन्हें स्कूल के टैक्स्टबुक जैसी भी भारतीय इतिहास की समझ नहीं थी और उनकी पुस्तक 'हिन्दस्वराज' आधुनिकता-विरोधी और सरलीकृत दृष्टि की उपज है। चूँकि तब तक हिटलर और स्टालिन का उदय नहीं हुआ था एक तरह का शून्य था जिसमें गाँधी महत्त्व पा गये। अँग्रेज़ी साहित्यकार आलडुअस हक्सले ने कानपुर काँग्रेस में अपने आँखन-देखे जो लिखा वह नासमझी थी, नायपाल ने दशकों बाद वहाँ जाकर, बिना गाँधी को पढ़े या देखें, जो सच पाया वह समझ है। बल्कि नायपाल के अनुसार भारतीय गाँधी को समझने में असमर्थ रहे हैं।

गाँधी-दृष्टि विचार और आचरण, कथनी और करनी, साध्य और साधन की एकता, समग्रता और पारदर्शिता में बद्धमूल थी, ज़िद की हद तक अड़ी रही यह बात अनेक विशेषज्ञों ने ब्यौरों में जाकर दर्ज की है। उसके कई तत्त्वों और उससे जिनकी घोर असहमति भी रही है वे भी उसकी खरी पारदर्शिता और सुसंगति को मानते रहे हैं। यह बात भी काफ़ी जाँच-पड़ताल और बहस के बाद मानी गयी है कि शायद ही गाँधी से बेहतर भारतीय परम्परा और इतिहास-दृष्टि को मूर्तिमान करने वाला बीसवीं शताब्दी तो क्या पिछले हज़ार बरस में कोई और हुआ हो। 'हिन्द स्वराज' की जल्दी ही जन्म-शताब्दी आने वाली है। वह आधुनिक पश्चिमी सभ्यता का रैडिकल क्रीटिक है—एशिया से उभरने वाला सम्भवतः पहला ही इस तरह का बेबाक क्रीटिक। उसकी कई बातों से पहले भी व्यापक असहमति थी और अब भी हो सकती है। पर उसे सरल दिमाग़ी कहकर ख़ारिज़ वही कर सकता है जिसे अपनी सरल दिमाग़ी का अन्देशा न रह गया

हो। भारत में जिस स्वायत्त बौद्धिक जगत् के न होने पर नायपाल ने दो आँसू बहाये हैं, वह जगत् न सिर्फ़ है बल्कि उसमें शामिल इतिहासकार, समाजशास्त्री लेखक आदि अनेक वैचारिक द्वन्दों और संवाद में रत रहे और हैं। उनमें से कइयों ने 'हिन्द स्वराज' पर विचार कर दशकों पहले वैचारिक स्वराज 'विचारों के स्वराज' की अवधारणा की थी। यह भी नोट करने लायक है कि गाँधी पर अपने दो टूक निर्णय में नायपाल गाँधी के भारतीय जन पर शुद्ध ऐतिहासिक तथ्य के रूप में अभूतपूर्व प्रभाव और उनके नेतृत्व में हुए भारतीय स्वतन्त्रता संग्राम, उसके सिर्फ़ राजनैतिक मुक्ति को नहीं सामाजिक-सांस्कृतिक मुक्ति को भी लक्ष्य बनाने को हिसाब में नहीं लेते।

नायपाल ने विनोबा भावे को गाँधी की दयनीय प्रतिकृति बताते हुए 'होली फूले' बताया है। गाँधी से बेहद प्रभावित विनोबा की अपनी बहुपठित और भारतीय परम्परा में गहरी पैठ और विद्वत्ता से नायपाल ज़ाहिर है सर्वथा अपरिचित हैं। विनोबा विफल हुए जैसे कि कई अर्थों में गाँधी भी। लेकिन उनकी विफलता के महाकाव्यात्मक अर्थ और आशय है। नायपाल अपनी तंगदिली और तंगनज़री में यह नहीं देख पाये हैं और अपनी मूर्तिभंजक छवि में, इस बुढ़ापे में, दयनीय ढंग से क़ैद हैं।

लोक में कबीर

चूँकि सन्त नहीं हूँ और मोह-मत्सर और माया की दुनिया से मुक्त भी नहीं हो पाया हूँ, एक निजी नोट पर बात शुरू करता हूँ। जितनी संस्थाएँ स्थापित करने का मुझे सुयोग मिला उनमें से अधिकांश इस कदर ध्वस्त हो चुकी हैं कि कई बार इस पर पछतावा होने लगता है कि उन्हें क्यों इतने उत्साह से स्थापित किया था। लेकिन एक संस्था है मध्यप्रदेश आदिवासी लोक कला परिषद् जिस पर उचित ही गर्व कर सकता हूँ। कपिल तिवारी के नेतृत्व में पिछले लगभग दो दशकों में इस परिषद् ने लगातार बेहतरीन काम किया है। उसके मुकाबले कई केन्द्रीय संस्थाओं का काम फीका लगता है। लगभग बीस बरस पहले इस परिषद् के तत्वधान में हमने हर वर्ष 'कबीर समारोह' की एक शृंखला शुरू की थी। भारत के विभिन्न लोक-अंचलों से कबीर-गायन के लिये कलाकार और मण्डलियाँ इसमें आती रही हैं, शास्त्रीय गायकों के अलावा। कपिल तिवारी के संपादन में परिषद् ने एक विशाल ग्रन्थ बड़े आकार के साढ़े सात सौ पृष्ठों से अधिक का, जिसमें कबीर की छाप वाले निर्गुण पद 'लोक में कबीर' नाम से संकलित हैं। ऐसे लगभग एक हज़ार पद परिषद् ने एकत्र किये

हैं जो इस खण्ड को मिलाकर दो खण्डों में प्रकाशित होंगे।

इस ग्रन्थ में बुन्देलखण्डी, निमाड़ी, मालवी, बघेली, छत्तीसगढ़ी, मैथिली, भोजपुरी, और राजस्थानी के पद संग्रहीत हैं और उन पर लोककाव्य के अनेक विशेषज्ञों के निबन्ध भी। यह संकलन कबीर-गायकों और जनपदीय बोलियों में काम करने वाले अध्येताओं ने किया है। अपनी सुन्दर भूमिका में कपिल तिवारी ने कई महत्त्वपूर्ण प्रस्ताव किये हैं। एक है : 'हम इसे सन्त कबीर के जीवन, साधना, ज्ञान और रचना का लोकविस्तार मानते हैं, जो सन्त कवि की रचनाओं की भाषिक प्रमाणिकता से अधिक महत्त्वपूर्ण है। यह लोकचित्त पर कबीर का रंग है, यही कबीर के सत्य का अनुगान है जो हज़ारों कण्ठों से फूटता है और फैलता जाता है। लोक के प्रमाण और प्रामाणिकता, भाषा से नहीं जीवन के व्यवहार और जीवन्त परम्परा से आते हैं, हमारे लिये यह प्रामाणिकता सबसे महत्त्वपूर्ण है। दूसरा है : हमारी भक्ति परम्परा ने जीवन का राग और विराग दोनों गाये हैं। यदि कबीर न होते तो हम शायद विराग को गा ही नहीं पाते। विराग भी गाया जा सकता है...मृत्यु भी एक उत्सव हो सकती है हम कैसे समझते अगर कबीर न होते।'

चूँकि बुन्देलखण्डी हूँ सो उसी अंचल के कबीर-पद अभी तक देख पाया हूँ कुछ बानगी देखिये–

खेत कबीरा नुनन लये, सिले बीन लये सूर।
बच-खुचे तुलसी घरे, सो जगत बटोरत धूप।।

चन्दा सूरज के जाने वन नेते मैया, नहीं धरनी रे आकाश
कहत कबीर सुनो मैया सादू, सो जब को फिर अकेला रे हरी
जब को फिरत अकेला रे कबीरा गुरु कबसें भये बैरागी।

अपने रे घर से चलो है गोरखा, अनहद बम्म बजावे
गाड़ खरग चढ़, जात फोंक पे, सो मुजरा करन बुलावें।
मुजरा करन बुलावे रे इनमें, कौन कबीर कहावे रे हरी।।

अपने घर में चलो रे कबीरा, केंड़ा सबद उठावे।
फेंक तो तगारे चढ़ जात रे गगन पे, पेलो बचन हरावे रे हरी।

कोऊ कोऊ यारन नें धूनी रमा लई, कोऊ कोऊ हो गये फकीर।
इक दिन सबको गौनो होनै, कै गये साहेब कबीर।

बीथोवन और भारत

कई बार इस पर अचरज होता है कि हमें ठीक से पता तक नहीं है कि भारत ने कब-कहाँ-कैसे दुनिया में सृजन, चिन्तन और अध्यात्म को प्रभावित किया है। उदाहरण के लिये रूसी कवि जोसेफ ब्राडस्की की कविता और चिन्तन से काफ़ी लोग सुपरिचित रहे हैं लेकिन कम से कम मुझे उनका अन्तिम इण्टरव्यू पढ़ने से पहले कतई अन्दाज़ा नहीं था कि अध्यात्म में उनका प्रवेश भारतीय उपनषिद् और भगवद्गीता से हुआ था—सोवियत रूस में जहाँ बाइबिल आदि धर्मग्रन्थ पढ़ना वर्जित था। पश्चिमी शास्त्रीय संगीत के मूर्धन्यों में बीथावन (सही उच्चारण बेटहोफ़ेन) का नाम और क़द बहुत ऊँचा है। अगर अमरीकी विद्वान् डेविड त्राम्बूले से एक बौद्धिक संवाद में भेंट न हुई होती तो मैं कभी न जान पाता कि बीथोवन का भारत से कोई सम्बन्ध था। प्रोफ़ेसर त्राम्बूले ने इस विषय पर एक लम्बा निबन्ध लिखा है जिसकी एक प्रति उनसे हाल ही में प्राप्त हुई। उनके ज़िक्र के आधार पर पिछले दिनों लन्दन की कई दूकानों में बीथोवन के जर्नल्स 'टागेबूख़' की प्रति खोजता रहा जो नहीं मिली। उनके भारत-सम्बन्ध का मूलाधार इस डायरी के इन्दराज़ है।

टागेबूख़ वर्ष 1812 से लेकर 1818 तक लिखी गयी है। यह उल्लेखनीय है कि यह वह समय था जब बीथोवन अपनी ज़िन्दगी के एक बेहद अन्तर्विरोधपूर्ण चरण से गुज़र रहे थे। एक ओर वे बेहद अकेले थे और उनका कोई अन्तरंग न था और दूसरी और उन्हें अपनी कला के प्रति गहरी जिम्मेदारी का तीखा अहसास था। यह अवधि गुजर जाने के बाद ही उन्होंने अपनी अन्तिम कालजयी रचनाएँ कीं जिनमें 'मिसा सोलेमनिस' नवीं सिम्फनी, पियानो क्वार्टेट्स और सोनाटा शामिल हैं। जिस अवधि की डायरी है उसमें वे बहुत कलात्मक थकान भी अनुभव कर रहे थे। 1812 में पहले ही इन्दराज़ में बीथोवन कहते हैं कि मानवीय सम्बन्धों में सुखी हो पाना उनके भाग्य में नहीं है और वे अपने संगीत पर ही एकाग्र होंगे, अपनी नियति को पूरा करने के लिए। वह अपने लिए नहीं सिर्फ़ दूसरों के लिए ही मानवीय हो सकते हैं।

दिलचस्प यह तथ्य है कि इस टागेबूख़ के सबसे लम्बे हिस्सों में से एक भारतीय दर्शन, धर्मों और साहित्य के उद्धरणों को चुना। उनके चयन के रेंज से यह ज़ाहिर होता है कि उनकी भारतीय ज्ञान और लेखन में कितनी गहरी दिलचस्पी थी। भारतीय धर्मदर्शन पर अपने चिन्तन की शुरुआत बीथोवन ऋग्वेद पर इस टिप्पणी से करते हैं कि 'महाबली वह है जो सारे आवेगों और इच्छाओं से मुक्त है। उससे (ब्रह्म से) महत्तर कोई नहीं है... तुम्हारी प्रज्ञा एक हज़ार और एक हज़ार से अधिक विधि-नियमों का आविष्कार करती है और फिर भी तुम स्वछन्द व्यवहार

करते हो– तुम्हीं मात्र सच्चे भगवान हो, अभिमंत्रित, सारी विधियों के सार, समग्र वर्तमान संसार की प्रज्ञा के बिम्ब।' बीथोवन का दूसरा उद्धरण सर विलियम जोन्स की अँग्रेज़ी कविता 'हिमटु नारायण' से है। उसका अन्त इन पंक्तियों से होता है : 'ओह, मेरी कल्पना को सही मार्ग दिखाओ/मेरी आत्मा को डुबो दो आनन्द में/ताकि निर्भय वह उड़ सके अग्नि के पंखों पर/क्योंकि मात्र तुम हो जो जानते हो,/मात्र तुम ही अनुप्राणित कर सकते हो।' बीथोवन पर इस पद्य का इतना प्रभाव पड़ा था कि वे धार्मिक क़िस्म के एक भारतीय कोरस को स्वर में बाँधने के इच्छुक थे।

अगले इन्दराज़ दिव्य तक की यात्रा और उसके मार्ग में आने वाले उतार-चढ़ाव के विषय में हैं और बीथोवन भगवद्गीता और कालिदास के नाटक 'अभिज्ञानशाकुन्तलम' से उद्धरण देते हैं। उन दिनों 1789 में सर विलियम जोन्स द्वारा इस नाटक के अँग्रेज़ी अनुवाद की पूरे यूरोप में धूम थी विशेषतः बीथोवन के समकालीनों हर्डर, शिलर और गेटे के बीच। बीथोवन भारत पर अपने विचार का समापन भारत में प्रचलित कई विचित्र और विस्मयकारी प्रथाओं से करते हैं। वे भारत के प्रख्यात पाषाण और गुफा मन्दिरों की ओर ध्यान खींचते हुए उन्हें नौ हज़ार वर्ष पुराना बताते हैं। वे भारतीय संगीत के स्वरग्रामों और तानभाषाओं में अपनी रुचि व्यक्त करते हैं, ब्राह्मणत्व अर्जित करने के लिए लम्बी मौन-साधना, शिव की विचित्र पूजा-अर्चना, कुछ भारतीय आदिवासियों में बहुपतित्व की प्रथा आदि का उल्लेख करते हैं।

प्रो. त्राम्बूले के अनुसार टागेबूख़ में तीन धाराएँ प्रमुख हैं : शास्त्रीय ग्रीक और रोमन चिन्तन, यूरोपीय ज्ञानोदय और भारतीय दार्शनिक और धार्मिक विचार। इन तीनों प्रवृत्तियों को बीथोवन के लिए जिस बात ने जोड़ा वह किसी धार्मिक सत्य की खोज न होकर अपने आपको जानने की तलाश थी।

बीथोवन में कई संगीत-विशेषज्ञों ने यह स्थापना की है कि बीथोवन की संगीत-रचना के अन्तिम चरण में उसकी दृष्टि अधिक व्यापक बनाने में कुछ भारतीय विचार का योगदान रहा है, विशेषतः काम-भावनाओं को दबाने और अनासक्ति की हिन्दू धारणाओं का। उनकी समझ प्रकृति, दिव्यता और मानवीय लक्ष्य आदि के बारे में बदली और उसने उन्हें अपने संसार का नये, अधिक खुले, अधिक सार्वभौम ढंग से पुनराविष्कार करने के लिए प्रेरित किया। यह तर्क किया गया है कि इटली से शुरू हुए यूरोपीय पुनर्जागरण ने यूरोपीय मनुष्य को ग्रीक-रोमन परम्परा में अवस्थित किया जबकि पौर्वात्य पुनर्जागरण के समूचे संसार को उसके समक्ष किया।

साहित्य के पक्ष में

मारियो बरगास लोसा लातीनी अमरीकी साहित्य की बड़ी हस्ती हैं : अपने उपन्यासों और विचारों दोनों के लिये प्रसिद्ध और विवादास्पद। चूँकि लातीनी अमरीकी राजनीति में लेखकों की महत्त्वपूर्ण भूमिका रही है, उनमें से कई सार्वजनिक बुद्धिजीवी भी हैं...बोर्खेस, नेरूदा, पाज़ की परम्परा में। लोसा भी ऐसे ही हैं और पेरू के राष्ट्रपति पद के लिये चुनाव तक लड़ चुके हैं। साहित्य, कला और राजनीति पर उनके निबन्धों का एक बढ़िया संचयन अँग्रेज़ी अनुवाद में 'टचस्टोन्स' नाम से इसी वर्ष फ़ेबर एण्ड फ़ेबर ने प्रकाशित किया है।

एक निबन्ध है 'साहित्य और जीवन' उसमें एक तर्क यह है कि विशेषीकृत और ज्ञान की खग-भाषाओं के जंगल में साहित्य ही ऐसी सामान्य भाषा है जिसमें बिना किसी बाधा के समूची मानवता एकत्र हो सकती है : हममें से जो लोग सरवान्तीज़, शेक्सपीयर, दान्ते या ताल्सताय को पढ़ते हैं एक-दूसरे को समझते हैं और हमें एक ही जाति के होने का अहसास होता है उन कृतियों में जो इन लेखकों ने रची हैं। हम जानते हैं कि वह जो कि मनुष्यों की तरह हमारा साझा है और वह जो हमें अलग काटनेवाली सारी विभिन्नताओं के नीचे हम सबमें सामान्य है।

लोसा एक घटना का उल्लेख करते हैं। महान् लेखक बोर्खेज़ से किसी ने पूछा कि साहित्य का फ़ायदा क्या है? वे नाराज़ होकर बोले : कोई नहीं पूछता कि कनारी चिड़िया के गाने या सूर्यास्त के किरमिजी लालिमा से क्या फ़ायदा ? चूँकि साहित्य व्यक्तियों द्वारा रचा जाता है और कोई प्राकृतिक उपहार या घटना नहीं है। लोसा का तर्क है कि वह कृतियों के लिखे-रचे भर जाने से नहीं बनता : वह बनता है जब वह दूसरों द्वारा पढ़ा-समझा जाता है, जब वह साझा अनुभव का हिस्सा बनता है, किसी की निजी संपदा पर नहीं। रचना तभी साहित्य बनती है जब वह सामाजिक जीवन का हिस्सा बन जाये।

साहित्य भाषा को अधिक सूक्ष्म, संवेदनक्षम और सटीक बनाता है। साहित्य से अपरिचित लोग बोलते बहुत हों, कह कुछ नहीं पाते। लोसा को लगता है कि साहित्य को इसलिए महत्त्व दिया जाना चाहिए क्योंकि वह राजनैतिक परिवर्तन का अग्रदूत होता है और मुक्ति का सबसे मुखर हिमायती। उसके बिना आलोचनात्मक वृत्ति का ह्रास हो जायेगा। अच्छा साहित्य जिस दुनिया में हम रहते हैं उसके बारे में आत्यन्तिक प्रश्न पूछता है। हर महान् साहित्यिक कृति, अक्सर उसके रचयिता की मंशा के बिना भी, राजद्रोह की ओर प्रवृत्त होती है।

साहित्य को उन लोगों से कुछ कहना नहीं होता जो अपने जीवन और

परिस्थिति से सन्तुष्ट हैं। वह तो शरण्य है उनका जो स्वभाव से या कर्म से विद्रोही है, जो अपने आस-पास से असन्तुष्ट होते हैं। साहित्य एक अनश्वर और समयातीत गणतन्त्र में हमें अपने अलग-अलग इतिहासों से मुक्त कर, उसका नागरिक बनाता है : हम साहित्य में दूसरे हो जाते हैं, दूसरों से तदाकार। मनुष्य की प्रगति में साहित्य का असली योगदान यह है कि वह हमें बार-बार याद दिलाता रहता है कि यह दुनिया ख़राब ढंग से बनायी गयी है, जो इस ख़राबी के विरुद्ध तर्क करते हैं, मसलन सत्ताएँ, वे झूठ बोल रहे हैं और कि दुनिया बेहतर हो सकती है, उन दुनियाओं के नज़दीक जो हमारी कल्पना और भाषा गढ़ती हैं।

साहित्य गल्प गढ़ता है : अपनी अवास्तविकताओं और झूठों से वह मानवीय सच्चाई के बारे में गहन सत्यों को हमारी पहुँच में लाता है। अगर किसी समाज में साहित्य न हो तो वह मानवीय व्यवहार के कई गूढ़ और अन्तर्विरोधी पक्षों को समझने में असमर्थ रहेगा। जो विपथगामी होते हैं (और इसी तरह नये पथ खोजते है) उनके प्रति साहित्यहीन समाज कभी न्याय नहीं कर पायेगा। साहित्य हमें बर्बर होने से रोक नहीं सकता, पर वह हमें बर्बर होने पर शर्म महसूस कराता है। लोसा ने एक अन्य निबन्ध में कला संग्रहालय के सन्दर्भ में विपुल अवास्तविकता का ज़िक्र किया है। साहित्य भी ऐसी ही विपुल अवास्तविकता है जिसकी हमें वास्तविकता को समझने-सहने के लिए ज़रूरत होती है।

शिवदान-परिप्रेक्ष्य

लेखकों पर एकाग्र पुस्तकें अक्सर लिखी जाती हैं : उनमें से कुछ सीधे-सीधे पक्षधर होती हैं, कुछ ठण्डे ढंग से तटस्थ, कुछ निन्दा या प्रशंसा की क़ैद में कुलबुलाती हुई। सौभाग्य से 'भारतीय साहित्य के निर्माता' सीरीज में साहित्य अकादमी द्वारा प्रकाशित पुरुषोत्तम अग्रवाल की हिन्दी के लगभग विस्मृत और प्रायः कुव्याख्यातित आलोचक शिवदान सिंह चौहान पर पुस्तक एक अपवाद है : वह तथ्य और तर्कसंगत ढंग से शिवदान जी के बारे में हिन्दी में रूढ़ हो गयी कई ग़लतफ़हमियों को दूर करते हुए उनके बारे में 'परिप्रेक्ष्य को सही' करने की ईमानदार और सफल कोशिश करती है। पुरुषोत्तम अग्रवाल को इस बात का श्रेय दिया जाना चाहिए कि उन्होंने एक साहित्यकार को ग़लतफ़हमियों और दुर्व्याख्याओं से उबारकर उसे उसकी सही वैचारिक भूमि पर प्रतिष्ठित किया है। लगे हाथ हिन्दी में प्रगतिशीलता का जो आन्दोलन रहा है उसमें से कई का कैसा गहरा आत्मसंघर्ष रहा है इसकी कुछ कथा भी स्पष्ट होती है।

एक लेखक, समाजकर्मी और राजनैतिक कार्यकर्ता के रूप में अपने बौद्धिक जीवन की शुरुआत करने वाले शिवदान जी ने अपनी पहली पुस्तक 1938 में कुल 20 बरस की आयु में लिखी थी। इस बात के कुछ प्रमाण हैं कि प्रगतिशील लेखक संघ की पहली इकाई की स्थापना इलाहाबाद में दिसम्बर 1935 में हुई थी और इस स्थापना के पीछे शिवदान जी थे। आमतौर पर यह धारणा है कि संघ की स्थापना 1936 में हुई। साहित्य और राजनीति दोनों के अन्तःसम्बन्ध के प्रति सचेत होते हुए भी शिवदान जी 'साहित्य में सक्रियता को राजनीति का और राजनीति में सक्रियता को साहित्य का विकल्प' नहीं मानते थे और वे 'दोनों के अपने-अपने स्वभाव के प्रति संवेदनशील' भी थे।

आलोचना को रचनात्मक क्रिया मानने वाले शिवदान जी को पुरुषोत्तम अग्रवाल ने स्पष्ट रूप से और दृढ़तापूर्वक हिन्दी का पहला मार्क्सवादी, प्रगतिवादी आलोचक कहा है। उन्होंने 1952 में लिखा था : 'प्रगतिवाद साहित्य की धारा नहीं, साहित्य का मार्क्सवादी दृष्टिकोण है। जैसे रस-सिद्धांत साहित्य की धारा नहीं, साहित्य का प्राचीन आध्यात्मिक दृष्टिकोण है।' वे यह भी कह चुके थे कि 'प्रगतिशील साहित्य और प्रगतिवाद, ये दोनों एकार्थक नहीं हैं और न प्रगतिशील लेखक का प्रगतिवादी होना ही ज़रूरी है।' 1937 में प्रकाशित उनके एक लेख में यह कहा गया था कि 'छायावाद ने हिन्दी साहित्य को जितना नुक़सान पहुँचाया। उतना शायद ही हिन्दू महासभा और मुस्लिम लीग ने पहुँचाया हो।' लेकिन उसके दो बरस बाद ही शिवदान जी ने अपनी इस ग़लत और कुत्सित समाजशास्त्रीय धारणा का अतिक्रमण करते हुए 'कविता मनुष्य की स्वतन्त्रता का अस्त्र है' मानते हुए छायावाद की जो व्याख्या की बाद में उसी के तत्त्व, पुरुषोत्तम जी के अनुसार, रामविलास शर्मा, मुक्तिबोध और नामवर सिंह की छायावाद की समझ में पाये जाते हैं। शिवदान जी ने कहा था कि 'छायावादी कवि एक प्रकार का क्रान्तिकारी था' और 'छायावादी कविता में असन्तोष-भावना की प्रधानता है।' इसके बावजूद शिवदान जी रामविलास जी के यहाँ और समूची हिन्दी आलोचना में कुत्सित समाजशास्त्र से ग्रस्त कठमुल्ला आलोचक बने हुए हैं। उन्होंने इतनी जल्दी जो आत्मसंशोधन किया वह जिस तरह से दशकों तक नज़रअन्दाज़ किया गया है उसे बौद्धिक क्रूरता का एक अनूठा उदाहरण ही कहा जा सकता है।

1939 में ही शिवदान जी ने एक और निबन्ध लिखा : 'भारत की जन नाट्यशाला।' उन्होंने ऐसा दावा कभी नहीं किया पर यह मानने का आधार बनता है कि आगे चलकर इप्टा की स्थापना में इसकी महत्त्वपूर्ण भूमिका रही है। उन्होंने लिखा : 'जनता से कला का' प्राणसम्बन्ध स्थापित करने के लिये जनता के आध्यात्मिक जीवन के हर पहलू से समझना होगा।

इस जनता के आर्थिक शोषण की कहानी से तो सभी परिचित हैं, यद्यपि वे नहीं जानते कि इस आर्थिक शोषण के साथ-साथ जनता का आध्यात्मिक शोषण कितना गहरा हुआ है। 'पेट की आग' और 'आध्यात्मिक क्षुधा' में गहरे सम्बन्ध को शिवदान जी ने तब पहचाना था जब पुरुषोत्तम जी ने बताया है, मार्क्स की '1844 की आर्थिक-दार्शनिक पाण्डुलिपियाँ' सुलभ नहीं थीं। कला का लक्ष्य जनता की आध्यात्मिक क्षुधा की तृप्ति करना है और मनुष्य को 'विच्छिन्नता का शिकार' बनानेवाली शक्तियों में पूँजीवाद ही नहीं धर्म को भी पहचानना शिवदान जी को एक अग्रगामी चिन्तक के रूप में स्थापित करने के लिए पर्याप्त है। यह शिवदान जी ही थे जिन्होंने अपने निबन्ध 'साहित्य की परखे' में 'कुत्सित समाजशास्त्रीयता' और 'कुत्सित मनोविज्ञान' दोनों की एकांगिकता का प्रतिवाद किया था। इस पुस्तक में कुत्सित समाजशास्त्रीयता पर एक लम्बी व्याख्या है जिसमें कई दिलचस्प पहलू सामने आते हैं। यह भी कि जिस आलोचक को कठमुल्ला छबि में रूढ़ कर दिया गया वह दरअसल साहित्य को राजनीति या पार्टी का अनुगामी बनाने-मानने के विरुद्ध संघर्ष करता रहा था। पुरुषोत्तम अग्रवाल की इस छोटी सी पुस्तक ने आलोचक के नैतिक कर्त्तव्य का पालन करते हुए एक आलोचक को उसकी सच्चाई और प्रासंगिकता में पुनर्स्थापित करने का ऐतिहासिक कार्य किया है।

शिवदान जी के कुछ कथन विचारणीय हैं। तत्कालीन नैतिकता का रूप चाहे जैसा संकीर्ण रहा हो, उसके विरुद्ध संघर्ष करनेवाले ही जनमानस में समादृत होते आये है। यदि ऐसा न होता तो राधा-कृष्ण, हीर-रांझा, सोनी-महिवाल आदि की कथाएँ जन-मानस को ग्राह्य न होतीं। क्या मार्क्सवादी को वैज्ञानिक या वस्तुवादी सिद्धान्त मानते ही अन्य सभी सिद्धान्तों को अबुद्धिवादी, अवैज्ञानिक तथा अन्ततः प्रतिक्रियावादी घोषित करना अनिवार्य हो जाता है! क्या मार्क्सवादी दृष्टिकोण मन पर ऐसे असहिष्णु और एकाधिकारी प्रभाव डालता है कि मानव-चेतना की अब तक की सभी महान् सांस्कृतिक तथा कलात्मक उपलब्धियाँ एक क्षण में ही तुच्छ, नगण्य और वर्ग-स्वार्थ प्रेरित नज़र आने लगती हैं! क्या मन में यह संस्कार जड़ पकड़ लेता है कि जो हमसे (तत्कालीन मार्क्सवादी प्रवक्ताओं से) अक्षरशः सहमत नहीं हैं, वे व्यक्ति या विचारधाराएँ लाज़मी तौर पर प्रतिक्रियादी और जनविरोधी हैं!

उपन्यास का अनावरण

यह उपन्यास पर उनकी तीसरी पुस्तक है। लगभग एक दशक बाद फिर

उपन्यास पर उन्होंने ऐसी कुशाग्रता, मार्मिकता और समग्रता से लिखा है कि अचरज होता है सम्भवतः संसार में उपन्यास के गहरे भाषिक, समतापरक और दार्शनिक आशयों पर ऐसी सघन-उत्कट और पठनीय विचारशीलता से लिखने वाला कोई दूसरा नहीं है। चैक उपन्यासकार मिलान कुन्देरा इतने बरसों से फ्रांस-प्रवासी हैं कि अब वे फ्रेंच में लिखने लगे हैं। उनकी नयी पुस्तक 'द कर्टेन' (फ़ेबर एण्ड फ़ेबर द्वारा प्रकाशित, 2007) सात भागों का एक लम्बा निबन्ध है जिसे लिंडा एशर ने मूल फ्रेंच से अंग्रेज़ी में अनुवाद किया है। भागों के शीर्षक हैं; 'निरन्तरता की चेतना', 'विश्व-साहित्य', 'चीज़ों की आत्मा तक पहुँचना', 'उपन्यासकार क्या है', 'सौन्दर्यशास्त्र और अस्तित्व', 'फटा हुआ परदा' और 'उपन्यास स्मृति और विस्मृति'।

हर भाग फिर कुछ उपभागों में विभाजित है। पहले ही भाग के उपभागों के शीर्षक इस प्रकार हैं : 'निरन्तरता की चेतना', 'इतिहास और मूल्य', 'उपन्यास सिद्धान्त', 'बेचारा अलोज़ों क्वियादा', 'कथानक की तानाशाही', ' वर्तमान समय की खोज में', 'इतिहास शब्द के अनेक अर्थ', 'जीवन की अकस्मात् सघनता का सौन्दर्य', 'अतर्कित की शक्ति', 'एक मौत की सुन्दरता' और 'अपने को दुहराने की शर्म'।

इस अद्‌भुत पुस्तक को कुन्देरा ने एक उपन्यासकार की भाषा में ही लिखा है। स्मृतियों, संस्मरणों, पाठों आदि का ऐन्द्रिय संगुम्फन करते हुए। उनकी कुछ महत्त्वपूर्ण स्थापनाओं का उल्लेख भर किया जा सकता है, पुस्तक का सार-संक्षेप करना असंभव है। उनके अनुसार मनुष्य का इतिहास ऐसी चीज़ों का इतिहास है, जो अब नहीं है, और जो हमारी ज़िन्दगी से सीधे नहीं जुड़तीं। कला का इतिहास, क्योंकि वह मूल्यों का इतिहास होता है और इसलिए उन चीज़ों का जिनकी हमें ज़रूरत है, हमेशा वर्तमान होता है, हमेशा हमारे साथ हम मान्तेवर्दी और स्ट्राविन्स्की को एक ही संगीत सभा में सुनते हैं। मनुष्य का इतिहास अपने को दुहरा सकता है, लेकिन कला का इतिहास दुहराव बरदाश्त नहीं करता। कला इसलिए नहीं है कि वह एक विशाल दर्पण की तरह मनुष्य के इतिहास के उतार-चढ़ाव, रूपभेदों और अन्तहीन दुहरावों को दर्ज़ करे। कला का काम अपना इतिहास खुद रचना है। आख़िर में यूरोप में जो बच रहेगा वह उसका दुहराव-भरा इतिहास नहीं, जो कि अपने आप में किसी मूल्य का प्रतिनिधि नहीं है। जिस एक चीज़ के बचे रहने की उम्मीद है वह है उसकी कलाओं का इतिहास।

उपन्यास या किसी भी कला को सिर्फ़ उसके मूल देश के सन्दर्भ में देखना एक तरह की अनिवार्य दरिद्रता में फँसना है। उपन्यास का इतिहास किसी देश से जुड़ा न होकर विश्व इतिहास है। कुन्देरा मानते हैं कि

रैबले से प्रतिकृत होते हैं लारेन्स स्टर्न, दिदरो को प्रवृत करते हैं स्टर्न, फ़ील्डिंग सरवान्तीस से लगातार प्रेरणा ग्रहण करते हैं, स्टैथल अपने को फ़ील्डिंग के बरक़्स मानते हैं, फ्लाबेयर की परम्परा जेम्स ज्वायस में जीवित रहती है, हरमन ब्रोच ने ज्वायस पर सोचते हुए अपना उपन्यासशास्त्र विकसित किया, गार्सिया मार्क्वेज़ को काफ्का ने दिखाया कि कैसे परम्परा से हटकर दूसरे ढंग से लिखा जा सकता है। इस सिलसिले में कुन्देरा छोटे और बड़े दोनों क़िस्म के देशों की प्रादेशिकता की वृत्ति पर प्रहार करते हैं।

'मनुष्य का जीवन यों देखा जाये तो एक विफलता ही है। उस अपरिहार्य विफलता के रू-ब-रू जो कि जीवन है हम इतना ही कर सकते हैं कि उसे समझने की कोशिश करें। यही उपन्यास की कला का उद्देश्य है।'

'औपन्यासिक दृष्टि का मूल अप्रत्याशित में है। उपन्यास एक अद्वितीय रचना है जिसे उसके रचयिता की कल्पना से अलग नहीं किया जा सकता। लिखे जाने के पहले डान किहोटे की कोई कल्पना नहीं कर सकता था, वह स्वयं में अप्रत्याशित था, और बिना अप्रत्याशित के आकर्षण के कोई महान् औपन्यासिक चरित्र या कि महान् उपन्यास कभी भी सोचा नहीं जा सकता। उपन्यास-कला का जन्म लेखक के अधिकारों के अहसास और उनके ज़ोरदार बचाव से जुड़ा रहा है। उपन्यासकार अपनी कृति का एममात्र स्वामी है, वह अपनी कृति है। हमेशा ऐसा नहीं था और हमेशा ऐसा नहीं रहेगा लेकिन जब ऐसा दिन आयेगा तब उपन्यास की कला, सरवेन्तीस की विरासत, होना ख़त्म हो जायेगी।'

'मूर्खता किसी ट्रैजिक नायक का वैभव जरा भी कम नहीं करती। मनुष्य स्वभाव से अविच्छेद्य नासमझी मनुष्य के साथ हमेशा और हर कहीं मौजूद रहती है। शयनकक्ष की उपच्छायाओं में, इतिहास के बेहद रौशन मंच पर।'

'उपन्यास की संरचना उसकी सबसे बड़ी विशेषता है जो उसे दूसरी विधाओं से अलग करती है। यह बात चौंकाने वाली है कि बोदेलेयर, अतुलनीय बोदेलेयर, ने उसी सोनेट रूपाकार का उपयोग किया जिसका उपयोग उससे पहले और बाद के खचिया पर कवि कर चुके। कविता की कला ऐसी ही है।' उसमें मौलिकता कल्पना की शक्ति से आती है, न कि सम्पूर्ण के स्थापत्य से। इसके बरखिलाफ़ उपन्यास को उसके अद्वितीय स्थापत्य से अलगाया नहीं जा सकता। यह निरी शैली नहीं है यह सौन्दर्य है, उपन्यास का सौन्दर्य जिसमें शैली, संरचना सब शामिल हैं।'

अपनी पुस्तक का समापन कुन्देरा इस तरह करते हैं : सभी यूरोपियन कलाओं ने अपने को अपने इतिहास में रूपांतरित किया है। यह यूरोप

का महान् चमत्कार रहा है। उसकी कला नहीं, लेकिन उसकी कला का इतिहास बनना। हा हन्त, चमत्कार बहुत देर तक नहीं टिकते। जो उड़ान भरता है वह एक दिन ज़मीन पर आ जाता है : 'मनोव्यथित मैं ऐसे समय की कल्पना करता हूँ जब कला पहले न कहे गये की तलाश नहीं करेगी और आज्ञाधीन ढंग से उस सामूहिक जीवन की सेवा में वापस चली जायेगी जिसकी अपेक्षा है कि वह दुहराव को सुन्दर बनाये और व्यक्ति को, शान्ति से और आनन्द में, सत्ता की एकरूपता में विलीन होने में सहायता करे, क्योंकि कला का इतिहास मरणशील है। कला का प्रलाप अनन्त है।"

'भटके कुत्ते की मधुशाला'

'भटके कुत्ते की मधुशाला' याने 'द स्ट्रे डॉग कैबरे' सैन्ट पीटर्सबर्ग में 1912 से 1915 तक चली। यों तो वह एक जगह का नाम थी, लेकिन इतनी कम अवधि में वह रूसी कविता का एक बड़ा उत्तेजक केन्द्र बन गयी। कुछ इस क़दर कि उसे आज भी यानी लगभग सौ बरस बाद रूसी कविता के नवोन्मेष के लगभग जनक या कम से कम अभिभावक के तौर पर याद किया जाता है। उस समय सैन्ट पीटर्सबर्ग रूसी साहित्य का असली केन्द्र था। लेनिनग्राद के रूप में उसका नया नामकरण होने के बाद केन्द्र खिसककर मास्को चला गया। न्यूयार्क रिव्यू बुक्स, न्यूयार्क ने हाल ही में एक संचयन प्रकाशित किया है, जिसका नाम है 'द स्ट्रे डॉग कैबरे', ए बुक आफ रशियन पोएम्स'। अनुवाद है पाल शिमट के और उसमें रूसी के आठ बड़े कवियों के अंग्रेज़ी अनुवाद शामिल किये गये हैं। अनुवादक का मत है कि "अधिकतर रूसी कवि अपने समुदाय की भाषा बोलते हैं। वे हमसे अलग अपने लिए काम निर्धारित करते हैं—एक निजी आवाज़ पाना नहीं, बल्कि सामूहिक भाषा को पूर्णत-स्वर में बोलना।

वेलीमीर ख्लेबनिकोव अपनी एक कविता का समापन यों करते हैं

तुम धूप और गान और भोंपू हो
और तुम हमारी आत्माएँ आवाज़ से छूती हो,
हमारे हृदयों को बनाती हो अचरज की लहर,
सभी ऋतुओं की नन्ही गायिकाओं
ज्यों तुम उड़ती हो दूर।

ओसिप मंडलश्टाम ने कविता में शायद अपने लिए ही भविष्यवाणी की

थी क्योंकि वे स्टालिन के विरुद्ध कविता लिखने के लिए मारे गये थे :

काँच के पीछे जीवन धुँधला जाये, दिन-ब-दिन
लेकिन उस खिड़की के काँच पर मेरा निशान कभी नहीं मिटेगा।

अन्ना आख़्मातोवा प्रणय गीत लिखते हुए भी रूसी जीवन की छवियाँ उकेरती रहीं :

लेकिन मैं याद करती हूँ अपनी बातचीत
और धूप और परछाईं
ग्रेनाइट के एक ऊँचे मकान में
जहाँ नदी समुद्र से मिलती है।

मण्डलश्टाम को मौन की अनश्वरता का भी गहरा बोध था :

कोई नहीं जानता मौन क्या है।
मौन है शब्द और संगीत।
सारी ज़िन्दा चीज़ों को जोड़नेवाली चीज़ है वह
वह कड़ी जो हमेशा बनी रहती है।

मायकोवस्की, जो कि क्रान्ति के सबसे सार्वजनिक कवि भी हुए, अपनी एकान्तिकता को बखूबी पहचानते थे :

मैं ज़्यादा अकेला हूँ
उस एक अच्छी आँख से
एक आदमी की,
जो लगातार अन्धा हो रहा है।

मेरिना स्वेतायेवा निपट स्थानीय और कॉस्मिक को अपनी कविता में सहज भाव से जोड़ लेती है :

प्रकृति के खिसकते अबरक-आईने में
तारे जाल हैं और हम बझाव
देवता एक दीवार पर परछाँइयाँ।

मायकोवस्की को अपनी विराट्ता का भी पूरा अहसास था :

जब कभी अँधेरा हो हम चमकेंगे और गायेंगे
और संसार को अपनी किरणों से भर देंगे
मेरी है धूप, तुम्हारी हैं कविताएँ
हम संसार को प्रज्वलित करेंगे।

कविताओं और रोशनी से
मुखर और दीप्त

चमकती हुई और कभी जानने को उत्सुक नहीं कि क्यों,
यह हमारा नारा है, सूर्य और मैं।
अन्ना आख़्मोतोवा को अपने हाशिये पर ढकेले जाने का तीख़ा बोध था,
यह वह पल है उन्होंने बताया था कि किसी दिन आयेगा
जब कोई नहीं बचेगा वह सुनने के लिए जो हम कहते हैं।
संसार वैसा नहीं रहा जैसा पहले होता था।
स्थिर रहो, मेरा हृदय न तोड़ो। निश्शब्द रहा, कविता।

अपने समय में कविता की नाजुक स्थिति का बयान मैरीना स्वेतायेवा यों करती हैं :

कविताएँ उगती हैं तारों की तरह, फूलों की तरह,
एक परिवार को जिसकी कभी ज़रूरत नहीं उस सुन्दरता की तरह।

संसार, मुझे समझो। कवि का सपना प्रगट करता है
तारों की विधि, फूलों के सूत्र।

संचयन में एलेक्ज़ेंडर ब्लॉक, सरगेई एसेनिन और बारिस पास्तरनाक की भी कविताएँ शामिल हैं।

'सारे रूसों की अन्ना'

सोवियत व्यवस्था की क्रूरताओं और अत्याचारों की गाथा का एक बेहद मार्मिक और लोमहर्षक हिस्सा है अन्ना अख्मातोवा की संघर्षकथा जिसे एक जीवनी के रूप में लिखा है इलेन फीन्स्टीन ने 'अन्ना आफ आल द रशियाज' शीर्षक से, फीनिक्स लन्दन द्वारा प्रकाशित पुस्तक में। अन्ना आख्मातोवा की बीसवीं शताब्दी के रूसी साहित्य में एक महान् कवयित्री के रूप में व्यापक मान्यता है। वे एक प्रतीक बन गयी थीं स्तालिन के आतंक के वर्षों में प्रतिरोध की, जिन्होंने रूसी जन की तकलीफ़ और यन्त्रणा को वाणी दी थी।

यों तो अन्ना की कविता में उनके जीवन में होनेवाली घटनाएँ, व्यक्ति, सम्बन्ध आदि सभी इस कदर दर्ज हैं कि उसे उनकी जटिल आत्मकथा के रूप में भी पढ़ा जा सकता है। अन्ना ने एक तरह से आत्माविष्कार किया था। उनका मूल नाम तो अन्ना आन्दीवना गोरेंको था लेकिन कविता लिखने पर अपने पिता के इस एतराज के बाद कि उनकी कविता उनकी बदनामी का कारण हो सकती है, उन्होंने अपने मातृपक्ष के पूर्वजों में

से एक तातार राजकुमारी का नाम चुना था, आख्मातोवा। जोसेफ ब्राडस्की ने इस नाम को 'उनकी पहली कविता' कहा है। उन्होंने कवितारम्भ तब किया जब किसी स्त्री का कवि बनना बेहूदा माना जाता था। वे सुन्दरी थीं लेकिन उन्हें अपना हश्र मानो शुरू से मालूम था। उनका एक कवितांश है : 'चूँक़ि' मुझे प्यार नहीं मिल सकता और मेरे पास शान्ति नहीं है मुझे कड़वी महिमा की अनुमति दो।'

उन्होंने तीन विवाह किये और उनके प्रणय-सम्बन्धों की संख्या काफ़ी बड़ी है पर उनका पूरा जीवन निजी स्तर पर एक ट्रेजेडी था। उनके एक पति और एकमात्र बेटे को सोवियत सत्ता ने बिना आधार और सुबूत के गुलाम में बन्दी बनाकर रखा था। बीमारी, गरीबी और दमन से लड़ते हुए अन्ना ने सोवियत सत्ता का प्रतिरोध करना जारी रखा जिस गरिमा और धैर्य से उसी ने मरीना स्वेतायेवा को उन्हें 'सभी, रूसों की अन्ना' कहने का आधार दिया था।

'अपनी जिन्दगी जीने से कौन इनकार कर सकता है।' कहनेवाली अन्ना सिर्फ़ असहमति और प्रतिरोध की प्रतीक भर नहीं थीं, वे एक नृशंस संसार में स्त्रियोचित भावनाओं की कवि भी थीं। उनके साहस का ज़िक्र करते हुए उनके एक मित्र प्रसिद्ध चिंतक इज़ाक बर्लिन ने कहा है कि 'वह अदूषित, अखंडित और नैतिक रूप से निर्दोष भर्त्सना हैं उन सबकी जो मानते हैं कि व्यक्ति इतिहास के प्रयाण के विरुद्ध खड़े नहीं रह सकते।' स्टालिन युग के अनेक शक्तिशाली अत्याचारी विस्मृति के गर्त में जा चुके हैं लेकिन रूसी लोग अन्ना के विरक्त धैर्य को हमेशा याद रखेंगे। अन्ना ने एक बार कहा था कि पुश्किन के समय के शाही दरबार के सदस्यों, मंत्रियों, आर्डर आफ सेण्ट कैथरीन की भद्र महिलाओं, सुन्दरियों, सैन्य सहायकों, सैलों की अधिष्ठात्रियों, दरबारी सखियों आदि को धीरे-धीरे 'पुश्किन के समकालीन' भर कहा जाने लगा और अन्ततः अब वे अपनी गड्डमड्ड जन्म और मरण की तिथियों के साथ पुश्किन के संस्करणों की अनुक्रमणकाओं में दफन हैं। जोसेफ ब्राडस्की ने कहा था कि सोवियत राज्य भुला दिया जायेगा, पर अन्ना आख्मातोवा याद की जायेंगी क्योंकि भाषा राज्य से अधिक पुरानी है।

एक दिलचस्प सूचना पुस्तक से यह मिलती है कि 1960 में अन्ना के संग्रह की 1 लाख 70 हज़ार प्रतियाँ छपी थीं। जबकि 1998-2001 में उनकी छह जिल्दों में प्रकाशित सम्पूर्ण कृतियों का संस्करण 15 हजार छपा। रूस में भी कविता का हश्र वही हुआ है जो और जगह, सिवा इसके कि अभी ज़्यादातर कवियों के संग्रहों की 3 से 5 हज़ार प्रतियाँ छपती हैं।

संगत

हमारे इतिहास-बोझिल समय में, दरअसल, ठोस इतिहास धीरे-धीरे ग़ायब-सा होता गया है और उसकी जगह वैचारिक अवधारणाओं और सामान्यीकरणों ने ले ली है। अक्सर तथाकथित इतिहास-बोध में इतिहास कम, बोध ज्यादा होता है। उदाहरण के लिए, ऐसे कवि आज कितने कम हैं जिनकी आवाज़ में दूसरे पहले के कवि भी बोलें। ऐसे होंगे जो हिकारत से कहेंगे कि ऐसे कवि ही कितने बचे हैं जो अपनी आवाज में बोल पाते हैं, दूसरों की आवाज में बोलने की बात तो बहुत दूर। 1992 में नोबेल पुरस्कार-प्राप्त कवि डैरेक वाल्काट अमरीकी कवि बर्ट लोवेल पर संस्मरण पढ़ रहा था। सभी जानते हैं कि लोवेल ने अनेक पूर्वज कवियों की कविताओं की अपने ढंग से मुक्त पुनर्रचना की थी और 'इमीटेशन्स' नामक उनका ऐसी कविताओं का संग्रह बहुचर्चित हुआ था। वाल्काट लिखते हैं; "उन कवियों की आवाज़, जिन्हें वे प्यार करते और बेशर्मी से जिनसे रकाबत भी महसूस करते थे, हथियाते हुए, उनकी पुनर्रचना करते हुए वे जैसे दिवंगतों की मूर्तिमाला की हर मूर्ति में बस जाते हैं और उनके हाथों में अपना हाथ डाल देते थे। उसमें बड़ा मजा था। पर वह सौम्य आधिपत्य भी है। उन्होंने ऐसा जीवित कवियों के साथ भी किया : गोन्ताले, उंगारेत्ती। वह सैफी, रिल्के, पास्तरनाक हो जाते हैं और अपनी कुछ सबसे बढ़िया कविता उनके माध्यम से लिखते हैं, खासकर रिल्के से।" उनकी 'आरफियस एण्ड यूरी डिसी' कविता का अनुकरण मूल से अधिक आविष्ट है। यह विद्वानों को चौंकाता है। वे सोचते हैं कि 'लोवेल अपने को इन कवियों से बेहतर मानते थे। वे तो एक एलिजाबीथन प्रथा का निर्वाह कर रहे थे। अनुकरण द्वारा कुछ पंक्तियों का परिष्कार करते हुए, स्वयं अपनी प्रतिभा को बढ़ाते हुए।'

वाल्काट ने लिखा है कि लोवेल अपने को आमंत्रित करने के पहले दूसरों को आमंत्रित करते थे। यह आशीष, भले यह अटपटा लगे, ब्लेक के आशीष की तरह है। हर चीज़ पवित्र है, पर हर चीज़ दुःख भोगती है। रोशनी खुद एक बोझ है।

हमारे यहाँ ऐसी संगत कहाँ नज़र आती है? किससे रक़ाबत महसूस करते थे। हमारे बड़े कवि?

नयी पुस्तकें

पेरिस की कीर्ति कलाकारों, देशनिकाले क्रांतिकारियों, अंग्रेजी आदि के कई

अनूठे लेखकों आदि को पनाह देने की तो रही है, लेकिन वह इंग्लैण्ड और अमरीका से प्रकाशित अंग्रेज़ी पुस्तकों की उपलब्धता का भी एक अच्छा-ख़ासा केन्द्र बन गया है, इसका ज़िक्र कम होता है। लन्दन से ज़ाहिर है कि पुस्तकों के दाम पेरिस में ज़्यादा लगता है, पर वे काफ़ी संख्या में दो-तीन दुकानों में ही खोजने-बीनने पर मिल जाती हैं। 'द विलेज वायेज' के अलावा रू द रिवोली पर स्थित गलियानी और डबल्यू रच स्मिथ दो और दूकानें हैं जिनमें अंग्रेज़ी पुस्तकें मिलती हैं। यह भले विचित्र हैं, यूरोप के अधिकांश देशों में उन्हीं के साहित्य के अंग्रेजी अनुवाद आसानी से नहीं मिलते कम से कम पोलैण्ड और फ्रांस दोनों का यही अनुभव है।

इस बार क्रिसमस पर फिर नयी पुस्तकों की भरमार थी। फ़ेबर एण्ड फ़ेबर द्वारा प्राकाशित कई पुस्तक मिलीं। जेम्स फ़ेण्टन द्वारा सम्पादित 'द फ़ेबर बुक आफ लव पोएट्री', कविमित्र डेनियल वाइसबोर्ट की भूमिका के साथ ब्रिटिश कवि टेड ह्यूज़ द्वारा अंग्रेजी में अनुवाद का संचयन 'सिलेक्टेड ट्रान्सलेशन्स', माइकेल हाफ़मान द्वारा सम्पादित 'दि फ़ेबर बुक आफ ट्वैण्टीएथ सैंचुरी जर्मन पोएम्स', माइकेल हाफ़मान के ही अनुवाद में जर्मन कवि डर्स ग्रनबीन की चुनी हुई कविताओं का संचयन 'एशेज़ फ़ॉर ब्रेकफ़ास्ट' और उत्तर आधुनिक कवि-कथाकार पाल आस्टेर की नयी कथाकृति ट्रेवेल्स इन स्क्रिप्टोरियम'। जीवनीपरक कई पुस्तकें लीं। रेनर मारिया रिल्के और उनकी आजीवन मित्र—प्रिया लू आन्द्रिआस-सलोमी के समूचे पत्राचार का अंग्रेजी अनुवाद 'दि कोरेसपोण्डेन्स' (डबल्यू डबल्यू नार्टन), रूसी कवि बोरिस पास्तरनाक और कवियित्री मैरीनी स्वेतेयावा के बीच लम्बे पत्र-प्रणय पर कैथरीर सीपीला की पुस्तक 'द सेम सालीट्यूड' (कानील यूनीवर्सिटी प्रेस), अमरीकी लेखक फिलिप राथ का संचयन 'रीडिंग माइसैल्फ़ एण्ड अदल' (विण्टेज इण्टरनेशनल) और तुर्की महाकवि नाज़िम हिकमत की जीवनी 'रोमेण्टिक कम्युनिस्ट' (सैम गोक्सू और एडवर्ड टिम्स द्वारा लिखित और हर्स्ट एण्ड कम्पनी द्वारा प्रकाशित)। राबर्ट सिलवर्स और बारबारा एपेस्टाइन ने न्यूयार्क रिव्यू बुक्स के लिए अपनी अविस्मरणीय मित्रताओं पर लेखकों के निबन्धों का एक संचयन प्रकाशित किया है 'दि कम्पनी दे कीप'। मैने तीन-चार पढ़े अन्ना आख़्मोतोवा का फ्रेंच कलाकार मोदी ग्लियानी पर, जोसेफ़ ब्रोडस्की का इयायाह बर्लिन पर और एलिजाबेथ हार्डविक का मैरी मैकर्थी पर। इसी क्रम में रूसी कवयित्री अन्ना आख़्मोतोवा की जीवनी इलेन फ़ीनस्टाइन ने लिखी है 'अन्ना आफ आल दि रशियाज़ (फ़ीनिक्स द्वारा प्रकाशित)। एक नये क़िस्म की जीवनी लिखी है गिज़ वान हैंसबर्जेन ने' गुएर्निका द बायोग्राफ़ी आफ ट्वेंटीएथ सैंचुरी आइकान' जिसे ब्लूमसबरी ने छापा है। पांपिद्र सैण्टर की दूकान में मिली।

चिन्तक हैबरमास की नयी पुस्तक पोलिटी ने प्रकाशित की है : 'द डिवाइडेड वेस्ट'। फ्रेंच चिंतक ज्याँ बौद्रिलार की अंग्रेजी अनुवाद में नयी पुस्तक है : 'यूरोपिया डिर्फ़ार्ड'। वर्सो ने इतने बरसों बाद पीटर लेवी की 'आशविट्ज़ रिर्पोट' का अंग्रेजी अनुवाद छापा है। फ्रांज काफ़्का की नयी पुस्तक है 'दि जूरो एफोरिज़्म्स (हार्विल सेंटर) और जाक दरीदा ने लेखक- मित्र एलेन सिक्सू पर पुस्तक लिखी है : जेनेसेस, जिनियालजीज, 'जयांर्स एण्ड जीनियंस' (कोलंबिया यूनीवर्सिटी प्रेस)। इसके पहले कि आप थकने या ऊबने लगें, कुछ बची पुस्तकें : फ्रेंच कवि जाक रुबों का अंग्रेजी अनुवाद के कवितासंग्रह 'द फार्म आफ ए सिटी चेंजेज फ़ास्टर', एलास, देन दि ह्यूमन हार्ट' (डाल्के आर्काइव प्रेस) , पाल शिमट द्वारा अनूदित रूसी कविता का एक संचयन 'द स्ट्रे डाग केबरे' (न्यूयार्क रिव्यू बुक्स), जर्मन कथाकार का मैट्रिक सूसकिण्ड पुस्तकाकार निबन्ध 'ऑन लव एण्ड डैथ' (ओल्ड स्ट्रीट पब्लिशिंग), अमरीकी कथाकार आलोचक की नयी निबन्ध-पुस्तक 'दि डिन इन द हैड' (हफ़टन मिफ़लिन), ब्लडएक्स द्वारा प्रकाशित 'ब्लडएक्स पोएटी इण्टोडक्शन्स 2' जिसमें एक-एक जर्मन, चैक, रोमानियन और स्वीडिश कवि के अनुवाद संकलित हैं।

पुछल्ला

हमारे ज़माने में चीजें इस क़दर उलट-पुलट, आगे-पीछे और गड्डमड्ड हो चुकी हैं कि एक पुछल्ले को सबसे पहले रखने में कुछ अटपटा नहीं लग रहा है। पिछली बार पुस्तकों की सूची पूरी नहीं हो पायी थी। तीन पुस्तकें छूट गयी थीं। द शम्भला एंथोलोजी आफ चाइनीज़ पोएट्री (शम्भला बोस्टने एण्ड लन्दन) विश्व साहित्य के सम्पूर्ण इतिहास को 14 रेसिपीज़ के जरिये पेश करने का दावा करनेवाली पुस्तक 'काफ्काज़ सूप' (लिब्री, पब्लिकेशन्स) और जर्मन से अँग्रेजी में अनुदित एडलबर्ट स्टिफ्टर की अर्द्ध कथा 'राक क्रिसटल' (पुश्किन प्रेस लन्दन)

रेसपीज़ काफ़्का, मार्सेल पूस्त, मार्क्वी द साद, बोर्खेस, हैरोल्ड पिण्टर, ज्योफ्रे चौसर, वर्जीनिया वुल्फ़, जेन आस्टेन, ग्रहम ग्रीन, गाब्रियल गार्सिया मार्क्वेज़ आदि के हवाले से है चीनी कविता के संचयन से अठारहवीं शताब्दी के कवि युआन मेई की एक कविता है :

यादें

युवा, मैं अच्छी पुस्तकें पढ़ना पसन्द करता था :

पूरे के पूरे अध्याय मैं शब्दाशः कण्ठस्थ कर लेता था।

बूढ़ा, मैं अच्छी पुस्तकें पढ़ना पसन्द करता हूँ :
समय गुज़ारने के लिए, जहाँ मेरी रुचि ले जाती है वहाँ जाते हुए।

हालाँकि यह सही है कि मैं आधा भूल जाता हूँ जो पढ़ता हूँ
मेरी आँखों के सामने से जो गुज़रता है वह सब कुछ मेरा है।

एक पुस्तक से मेरा जो रसरंजन होता है
वह बहुत बेहतर है किसी बढ़िया शराब से।

'काफ्काज सूप' शीर्षक पुस्तक में काफ्का अपने घर में अचानक आ गये मेहमानों के लिए 'क्विक मीसो सूप' बनाते हैं। यह स्पष्ट नहीं है कि उन मेहमानों को काफ़्का ने निमंत्रित किया था और भूल गये थे या कि वे बिना बुलाये अचानक आ गये हैं। कोटारों में सूप उड़ेलकर काफ़्का अपने मेहमानों के सामने जब मेज़ पर परोसते हैं तो पाते हैं कि मेज़ के गिर्द रखी तीन कुर्सियों पर तो मेहमान बैठे हैं और चौथी, जो खाली थी, हटा दी गयी है। तीन जजों में से एक बाक़ियों से ऐसे बोलता है जैसे कि काफ्का वहाँ हो ही न, या कि अदृश्य हों।

अपनी ही डिनर पार्टी में अजनबी महसूस करना के. के लिए अपरिचित बात नहीं थी। उन्हें खेद था कि वे अपने पूरे सूट में नहीं थे : उसके परिष्कृत सूट ने उनके मित्रों के बीच सनसनी फैलायी थी और यह बेहद ज़रूरी था कि ऐसे हालत में अब अच्छा प्रभाव छोड़ें। उन जैसे हालत के आदमी के लिए यह जरूरी था कि वे घटनाओं द्वारा चकित न लगें और जब पूछताछ कमीशन काफ़्का के कटोरे की चीज़ को आपस में बाँट रहा था, के. अचल खड़े थे अपने को सँभालते हुए क्योंकि उन्हें पता था कि उनसे बड़ी अपेक्षाएँ की जाएँगी और सूप उनके मुकदमे के नतीजे को अभी भी प्रभावित कर सकता है।

एक नयी आलोचना-पुस्तक

कुछ बात है कि बीकानेर से छपनेवाली पुस्तकें बड़ी सरुचि और जतन से छपती हैं, फिर वे वाग्देवी प्रकाशन से हों या सूर्य प्रकाशन मन्दिर से। मदन सोनी के आलोचनात्मक निबन्धों का एक संग्रह 'उत्प्रेक्षा' सूर्य

प्रकाशन मन्दिर से आया है। और बहुत सुन्दर छपी पुस्तक है। अक्सर सुन्दरता विचारोत्तेजक नहीं होती। पर इस बार वह है। पुस्तक सुन्दर छपी है और गहरी विचारोत्तेजना से लिखी गयी है।

मदन सोनी बरसों पहले मध्यप्रदेश कला परिषद् और भारत भवन में मेरे सहयोगी रहे हैं। साहित्य की आलोचना में वे, सौभाग्य से, मेरी तरह ज्यादातर कविता तक महदूद नहीं रहे हैं। उनकी पहली पुस्तक कविता पर, दूसरी कथा पर और यह तीसरी कविता, आलोचना, उपन्यास से लेकर एड्स तक को समेटती है। मदन का रेंज बड़ा है और वे इसकी परवाह किये बिना कि इन दिनों 'साहित्य क्या है' जैसे सवाल पूछने का रिवाज नहीं रहा, ऐसे सवाल पूछने की जुर्रत करते हैं। इस संग्रह में कबीर, रवीन्द्रनाथ ठाकुर, प्रेमचन्द, अज्ञेय, कृष्ण बलदेव वैद, विनोदकुमार शुक्ल, रमेशचन्द्र शाह, वागीश शुक्ल, गगन गिल आदि लेखकों की कृतियों पर विचार किया गया है। अच्छी आलोचना वह है जो आपको चकित करे, किसी कृति या लेखक के आपके पाठ को प्रश्नांकित करे, नया-रोचक पाठ प्रस्तावित करे, किसी कृति के मर्म में निहित विचार या दृष्टि को आलोकित करे, रुचियों की रूढ़ियों को अपदस्थ या कम से कम विचलित करे और आपकी आलोचनात्मक सजगता को पोसे-बढ़ाये। कमो-बेश मदन सोनी की आलोचना यह बख़ूबी करती है। उनकी आलोचना-भाषा में प्रसाद-गुण का अभाव देखनेवाले और कठिन बौद्धिक उद्यम से कतराने वाले लोग उन्हें नहीं पढ़ते। यह दुखद और हास्यापद एक साथ है। अभी एक लेखक कह रहे थे और उचित ही कि हिन्दी आलोचना अखबारी टिप्पणियों का मामला बनकर रह गयी है और उसमें किसी तरह के गम्भीर और बौद्धिक विमर्श के लिए कोई जगह या सम्भावना फिलवक़्त नहीं है। ज़ाहिर है कि यह जिस सामाजिकता के आतंक के चलते हुआ है, उसने कुल मिलाकर, हिन्दी की समकालीन आलोचना में कोई नया या दीर्घगामी स्फुरण शायद नहीं किया है। ऐसे में मदन सोनी की आलोचना का ज़्यादातर अलक्षित-अविचारित रह जाना आकस्मिक नहीं है। इन दिनों आलोचना के नाम पर किसने क्या विचार रखा इसका ज़िक्र कम, किस लेखक या कृति के बारे में निन्दा प्रशंसा में क्या कहा इसकी चर्चा ही अधिक होती है।

इस सबके अक़्सर मदन सोनी अच्छी और प्रश्नाकुल समझ और साहित्य से गहरे अनुराग से आलोचना लिखते हैं। प्रेमचन्द की कहानी 'शतरंज के खिलाड़ी' के निबन्ध का समापन इस तरह होता है : 'कहानी के अन्त में शतरंज के खिलाड़ी एक-दूसरे के हाथों मारे जाते हैं, लेकिन अगर हम अपनी उत्प्रेक्षा को याद करें, जिसमें बिसात के एक ओर शतरंज के खिलाड़ी हैं और दूसरी ओर सूत्रधार तो यहाँ दृश्य खेलों की मौत

का है : कहानी के भीतर वर्णित खेल और कहानी के रूप में प्रस्तावित खेल—दोनों की मौत का । कहानी के भीतर तो यह आभास है जो 'मानो' यथार्थ की मृत्यु पर रो रहा था—

अँधेरा हो चला था। बाज़ी बिछी हुई थी। दोनों बादशाह अपने-अपने सिंहासन पर बैठे हुए मानो इन दोनों वीरों की मृत्यु पर रो रहे थे।

—'लेकिन यहाँ, इन खेलों की मृत्यु पर रोना शायद हमारी ज़िम्मेदारी है।'

'शेखर : एक जीवनी' पर अपना निबन्ध मदन यों समाप्त करते हैं : 'तब हम शेखर : एक जीवनी' को अज्ञेय की 'आत्मकथा' की तरह पढ़ेंगे, लेकिन इस बार इस प्रज्ञा से निरपेक्ष होकर कि 'अन्ततोगत्वा सभी गल्प साहित्य आत्मकथामूलक हैं' या फिर इसे इस दूसरी, इसी की 'अन्य' प्रज्ञा के साथ संश्लिष्ट करते हुए कि अन्ततोगत्वा सभी आत्मकथाएँ (जीवनियाँ भी) गल्प साहित्य हैं, कि सिर्फ़ शेखर नहीं, 'अज्ञेय' भी एक उतनी ही कल्पित संज्ञा है।"

निर्मल का महत्त्व

मधुरकर उपाध्याय ने बहुत जतन से निर्मल वर्मा की मृत्यु के तुरन्त बाद उन पर जो कुछ लिखा गया उसमें से चुनकर एक संकलन तैयार किया है जो वाणी प्रकाशन ने 'निर्मल माया' नाम से पुस्तकाकार प्रकाशित किया है। कुछेक लोग छोड़ दें जो मृत्यु के बाद भी अपने पूर्वग्रह जिलाये बैठे हैं तो प्रायः सभी महत्त्वपूर्ण लेखकों ने कुछ न कुछ ज़रूर लिखा है। इनमें निर्मल की अपनी पीढ़ी से लेकर हिन्दी में सक्रिय युवतम पीढ़ी के लोग शामिल हैं। ज़ाहिर है कि निर्मल वर्मा की उपस्थिति से इनकार करना कठिन था और अब उनकी अनुपस्थिति से। यह भी स्पष्ट लगता है कि इससे पहले शायद ही किसी हिन्दी, बल्कि भारतीय लेखक के देहावसान पर इतनी व्यापक और विविध प्रतिक्रियाएँ हुई हों, कम से कम बीसवीं शताब्दी के उत्तरार्द्ध और उसके बाद आज तक। विदेशों में भी यह प्रतिक्रिया काफ़ी हद तक अभूतपूर्व है।

इस संकलन में नेपाल, पाकिस्तान, इंग्लैण्ड और इटली में हुई प्रतिक्रियाएँ एकत्र हैं। उनके अलावा फ्रांस, पोलैण्ड का और पता है। यह तो एक अदम्य तथ्य है कि निर्मल वर्मा अपने समय में हिन्दी के विदेशों में सबसे अधिक जाने-माने और शायद अनूदित लेखक थे।

संकलन की एक और विशेषता यह है कि प्रतिक्रियाएँ जैसा कि ऐसे

अवसरों पर होता है, अतिरंजना और महिमामण्डन की, सौभाग्य से, भरमार नहीं है। बहुतों ने खरी-खरी बातें भी कही हैं और कइयों ने काफ़ी ननुनच भी किया है। निर्मल स्वयं अपनी साफ़गोई के लिए विख्यात थे और अवसरवादिता उनके अवगुणों में से नहीं थी। राजकिशोर ने लिखा : 'उनकी रचनाओं की अपनी एक स्वायत्त दुनिया है, जिसमें प्रवेश के बाद हमें यह अहसास होता है कि तमाम परतन्त्रताओं के बीच भी मनुष्य अपनी स्वायत्तता बचाये रख सकता है।' कृष्णा सोबती ने कहा : 'वाम की विचारधारा से विलग हो तुम स्वयं अपने में ही रास्ता तलाश करने में सामूहिक सांस्कृतिक संस्कार से दूर होते गये थे। विशिष्ट की विशिष्टता में सर्वसाधारण ओझल हो गया।...तुमने ही उस संस्कृति के वैभव का प्रसार किया जो सिर्फ़ एकान्त में जाना और जिया जा सकता है।' कृष्ण बलदेव वैद ने लिखा है : 'इस आखिरी दौर में मुझे यह भी महसूस होता रहा कि तुम आत्मसाधना और आत्ममुग्धता के शिकार होते जा रहे थे, कि तुम अक्सर अपने से कम दर्जे के लेखकों और प्रशंसकों से घिरे रहते थे, कि तुम उनके सरपरस्त से बनते जा रहे थे, कि तुम्हें उन्हीं की सोहबत में सुरक्षा-सी दिखने लगी थी...।''

हर घर से ग़ायब

यों नवीन सागर हमारे ही शहर के थे। उन्हें जानता था, लेकिन किसी तरह की घनिष्ठता कभी नहीं रही। वे जब-तब रमेशचन्द्र शाह के घर मिल जाते थे, जिनसे उनकी गहरी आत्मीयता थी। इधर-उधर की बातें होती थीं। यह प्रभाव पड़ता कि वे एक सरल पर ज़िम्मेदार क़िस्म के व्यक्ति हैं जो संवेदनशीलता के साथ साहित्य पढ़ते-गुनते हैं। उनकी असमय मृत्यु हो गयी। उनकी अन्तिम कविताओं का एक संग्रह उनकी पत्नी छाया सागर ने किया है और उसे बीकानेर के सूर्य प्रकाशन मन्दिर ने छापा है जो इधर कुछ साहसिक प्रकाशन कर रहे हैं। युवा कवि अनिरुद्ध उमट इस प्रकाशन से जुड़े हैं और शायद वे ही उसकी दुस्साहसिकता का कारण है।

मेरा ध्यान इन पंक्तियों की ओर गया :

जिनके मकान नहीं है
वे हर मकान के बाहर संदिग्ध हैं
वे हर मकान को अपने मकान की याद में देखते हैं।
कुछ ऐसी पंक्तियाँ भी कौधती हैं

दरवाज़े पर समय मारता है लात
होती है प्रात।
...
चिड़ियाँ बोलें बस कि थोड़ी देर के लिए
चुप्पी तोड़कर निसर्ग में चली गयीं
...
सारे रास्ते कोई मिला नहीं
नहीं सुनी अपनी आवाज़
घर में अँधेरा
डूबते घर में अन्धेरा-सा घुसा।
...
कितना झगड़ा है घर में
दुःख का कारण बाहर है।

ये कविताएँ 1994 से 2000 के बीच लिखी गयी थीं। एक छोटी कविता है :

दुर्घटना
लोगों के बिना नहीं रह सकता
अपने बिना भी...अचानक यहाँ
इस पंक्ति का आना दुर्घटना है कि...
दुनिया में अस्सी करोड़ लोग भूखे सोते हैं।

मैं उनका पेट नहीं भर सकता
यह एक रूढ़ बात है।

मैं पेट भरकर सोता हूँ
नींद नहीं आती...अचानक यहाँ यह पंक्ति आ गयी
नींद उड़ने का असली कारण अस्सी करोड़ भूखे नहीं
यह दुश्चिन्ताओं की जगरात है
कच्ची नींद के सपने हैं जो डर और लालच से बने हैं।

जैनेन्द्र गाथा

जैनेन्द्र कुमार उन बिरले लेखकों में से थे जिनका सम्बन्ध और संवाद प्रेमचन्द से लेकर हमारी पीढ़ी के बाद तक के लेखकों से रहा है। वे

इस अर्थ में भी बिरले थे कि हालाँकि उनकी कीर्ति और प्रतिष्ठा कथाकार के रूप में मुख्यतः रही है उन्होंने कहानियों और उपन्यासों से लगभग डेढ़ गुना अधिक वैचारिक और अन्य किस्म का गद्य लिखा। डॉ. निर्मला जैन और प्रदीप कुमार द्वारा सम्पादित 'जैनेन्द्र रचनावली' के बारह खण्डों में से पाँच तो उपन्यास-कहानी के हैं, बाक़ी सात इतर गद्य के। लगभग आठ हजार पृष्ठों में फैला जैनेन्द्र साहित्य और विचार अपने विस्तार और विपुलता में हिन्दी में अद्वितीय है। भारतीय ज्ञानपीठ का यह प्रकाशन स्वयं ज्ञानपीठ की परम्परा में एक अद्वितीय मुकाम है। यह सोचकर अचरज होता है कि आधुनिक हिन्दी साहित्य की अपेक्षाकृत कम अवधि, लगभग एक सदी में ही हमारे कुछ मूर्धन्यों ने कितना-कुछ लिखा है। जैनेन्द्र की आस्था हमेशा प्रश्नवाचक रही, बल्कि वे तो प्रश्नवाचकता को आस्था की ज़रूरी खुराक ही मानते थे। यह भी दिलचस्प है कि उन्होंने जितना लिखा उससे अगर अधिक नहीं तो कम से कम उतना ही बोलकर लिखवाया। इसी रचनावली में उनकी कई पुस्तकें हैं, जो बोलकर लिखवायी गयीं या जिनमें पुस्तक-भर लम्बे प्रश्नोत्तर हैं।

अज्ञेय जी का एक छोटा-सा संस्मरण जैनेन्द्र जी ने लिखा है। उसका एक अंश है : 'दिल्ली षड्यन्त्र केस की बड़ी धूम थी। उस सम्बन्ध में सबसे प्रमुखता से वात्स्यायन जी का नाम प्रेस में आता था। श्री आसफ़ अली यद्यपि उनके वकील थे, लेकिन स्वयं अभियुक्तों की ओर से भी पैरवी की जाती थी। यह काम दल की ओर से वात्स्यायन जी अधिकांश करते थे। सारी दिल्ली टूट पड़ती थी अदालत में—अन्त में उन्होंने लिख भेजा कि आज हमारा 'सेशन' में 'केस' है, आज ही फ़ैसला हो जायेगा और कल दिल्ली में 'ट्रांसफर'। बहुत इच्छा है आप आ सकें तो ही दर्शन पा सकता हूँ। कोर्ट मैंने देखा नहीं था, पर गया और वात्स्यायन जी को देखकर चमत्कृत हो गया। हथकड़ियाँ लगी हुई थीं और स्वरूप, स्वररूप, खिलती वय के वात्स्यायन सामने खड़े मुस्करा रहे थे। बड़ा ही भव्य दर्शन था।'

महादेवी के बारे में जैनेन्द्र कहते हैं! 'महादेवी जी अपने और दूसरे के बीच अन्तर बनाये रखना चाहती हैं। उनको सहज, फिर भी अनिवार्य बनाये रखने के लिए, बीच में यह हँसी डाल देने का उपाय है। इस तरह वह स्वयं किंचित् दुर्ज्ञेय बनती हैं।...लगता है कि इस हँसी में वह खुली रही हैं, पर वही उनको ढँक रही होती है।' महादेवी के चित्रों पर उनकी टिप्पणी हैं : 'मानना होगा के महादेवी जी की चित्रकला जीवन में अधिक चिन्तन की ओर उन्मुख है। जीवन ही मांसलता माँगता है। उसके बिना वह चलता नहीं, पर चिन्तन के लिए शरीर ही बाधा है। इसलिए अशरीरी चित्रण चिन्तनाभिमुखता के लिए अधिक अनुकूल पड़

सकता है। इसको फिर चाहे विशेषता कहा जाये चाहे मर्यादा।' महादेवी की कविता का आकलन करते हुए जैनेन्द्र कहते हैं, 'काल तो अनन्त है, जिसको हम चिरस्थायित्व कहें, उसकी क्या उस अनन्तता में बूँद जितनी भी गिनती है। महादेवी की कविता मर्म को छूती है। मर्म सबका एक है। उसी को आत्मा कहें। अपने शुद्ध रूप में वही परमात्मा है। उस अवस्था में वह कालावाधित सत्य है। उसके नाश का प्रश्न ही नहीं। अतः यत्र तत्र मार्मिक भी हो जाने के कारण केवल सामयिक भाव से जीकर समाप्त हो जानेवाली कविता वह नहीं हैं।'

जैनेन्द्र रचनावली पढ़ने से एक बार फिर पता चलता है कि जैनेन्द्र जी की रुचि, जिज्ञासा और प्रश्नाकुलता का परिसर कितना विशाल और जटिल था। अपने समय का शायद ही ऐसा कोई राजनीतिक, सांस्कृतिक, साहित्यिक, नैतिक, वैचारिक, आध्यात्मिक मुद्दा हो, जिस पर उन्होंने कुछ-न-कुछ सोचा या लिखा या कहा न हो। नवस्वतन्त्र भारत और उसमें विकसित हो रहे लोकतंत्र पर उनकी नज़र थी और राजसत्ता पर, उसकी सर्वग्रासिता पर उन्होंने कई बार विचार किया है। एक जगह राजसत्ता से भी बड़ी सत्ता के होने पर विचार करते हुए वे कहते हैं! 'सच यह कि सघन करुणा स्वयं सामाजिक विषमता को वस्तुगत रूप से ध्यान में लेने से बच नहीं सकती। इसलिए परम प्रेम और ममता को व्यक्ति ध्यानी-त्यागी और विरागी बनकर नहीं रह पाते, उनको क्रान्तिकारी और कर्मयोगी भी बनना पड़ता है। समाज में वैषम्य और विग्रह बनाने और बढ़ानेवाली राजनीति के प्रति ऐसे पुरुष उदासीन कैसे रह सकते हैं? तब एक विलक्षण घटना घटित होती है। राजकीय क्षेत्र में ऐसी शक्ति का प्रादुर्भाव होता है जो स-काम नहीं होती। उसमें स्वयं सत्ता की कामना नहीं है, फिर भी सत्ता को उससे चेतावनी और ललकार मिलती है। तब सहसा प्रकट होता है कि राजसत्ता स्वयं में स्वतन्त्र नहीं है, उससे बड़ी भी कोई सत्ता है, जिसके वह अधीन और आश्रित है।

नागार्जुन शती

आज से तीन साल बाद जिस एक और मूर्धन्य की जन्मशती पड़ेगी वे हैं नागार्जुन। सौभाग्य से उनकी शती मनाने का उपक्रम करने वाले कई संघ और संगठन होंगे, उनका परिवार भी है ही। वे अज्ञेय और शमशेर जैसे निरबंसिया मूर्धन्य नहीं हैं। इसलिए उन पर एकाग्र आयोजन क्या-कैसा हो इसकी कोई रूपरेखा देना ज़रूरी नहीं है। दूसरे बेहतर बना सकेंगे और उस बारे में शायद उन्हें सार्वजनिक सलाह की ज़रूरत नहीं होगी।

नागार्जुन ही इस त्रयी में से वे हैं, जिनकी रचनावली पहले से ही प्रकाशित है। सात खण्डों में उसका प्रकाशन राजकमल ने 2003 में ही कर दिया था। उनके देहावसान को इस बरस नवम्बर में दस बरस हो जायेंगे।

रचनावली से पता चलता है कि नागार्जुन की पहली कविता 'निर्वासित' शीर्षक से 'विशाल भारत' पत्र में 1936 में प्रकाशित हुई थी। यह वही वर्ष है हिन्दी के तीन आधुनिक क्लैसिकों 'कामायनी', 'गोदान', और 'राम की शक्तिपूजा' का। भवानी प्रसाद मिश्र द्वारा लिखी गयी हिन्दी की एक और क्लैसिक 'सन्नाटा' कविता भी इसी बरस लिखी गयी थी। नागार्जुन की पहली लोकप्रिय कविता 'कालिदास' (कालिदास, सच-सच बतलाना) 1938 की है। रचनावली के अनुसार उनकी अन्तिम कविता 1997 की है जिसका शीर्षक है 'मायावती-मायावती'। पुर्वान्तिम कविता नेलसन मण्डेला पर है, और शीर्षक है 'मण्डेला ने चुम्बन लिया'। कालिदास से मण्डेला और मायावती तक की काव्ययात्रा नागार्जुन के रेंज की निशानदेही भी करती है। सामयिक विषयों पर उन्होंने संभवतः सबसे अधिक कविताएँ लिखी हैं, अज्ञेय और शमशेर की तुलना में। व्यंग्य में भी वे इन दोनों से अधिक सक्रिय और तीखे थे।

नागार्जुन ने हिन्दी के अलावा मैथिली, बंगला और संस्कृत में भी लिखा। नागार्जुन साहित्य, रचनावली के अनुसार, पैंतालिस पुस्तकों में फैला है। हिन्दी में ग्यारह उपन्यास और दो मैथिली में, तेरह हिन्दी काव्यसंग्रह और दो खण्डकाव्य। नागार्जुन के व्यक्तित्व और सृजन का एक महत्त्वपूर्ण पक्ष उनकी सार्वजनिकता थी। वे शायद हिन्दी के इधर आखिरी बड़े सार्वजनिक कवि थे। यानी ऐसे कवि जो साहित्य में भी महत्त्वपूर्ण माने गये और लोकप्रिय भी हुए। उनकी सार्वजनिकता का एक आयाम थी उनकी अथक यायावरी। पता नहीं कितने परिवारों, व्यक्तियों से हिन्दी प्रदेश के न जाने कितने शहरों और कस्बों में उनकी घनिष्ठता थी और न जाने कितने परिवारों के वे लगभग अनायास सदस्य हो गये थे। किसी को इसका लेखा-जोखा करना चाहिए। संस्कृत की परम्परा तीनों कवियों में अलग-अलग ढंग से आविष्कृत हुई है, जिस पर ध्यान जाना चाहिए। सबसे अधिक संभवतः नागार्जुन ने ही संस्कृत की लोकधर्मिता को समझा-पकड़ा और अपनी कविता में रसाया-बसाया। उनका छन्द-व्यवहार और मंत्र-प्रयोग भी कुछ और अन्वेषण की माँग करते हैं। अपने बारे में उनकी बेबाकी भी विचारणीय है। राजनीतिक होते हुए भी अन्ततः नागार्जुन ने अपनी तथाकथित स्वेच्छाचारी और विपथगामी व्यवहार से कवि द्वारा राजनीति के अतिक्रमण और कविता की अपनी स्वतन्त्र राजनीति पर ही आग्रह किया था, जिस पर विचार होना चाहिए।

नयी कला पुस्तकें

ललित कलाओं के संसार में इस समय जो सर्जनात्मक विस्फोट हो रहा है, सौभाग्य से उनके बारे में गम्भीरता से सोच-विचार और अभिलेखन का भी तेज़ी से विस्तार हो रहा है। इसका एक प्रमाण हैं वे पुस्तकें और पुस्तिकाएँ, जो बड़ी संख्या में इन दिनों कई कला-विथिकाएँ सुरुचि, तैयारी के साथ और अच्छा पैसा ख़र्च कर प्रकाशित कर रही हैं। सीगल ने हाल ही में वरिष्ठ कलाकार के जी सुब्रह्मण्यम की एक बड़ी प्रदर्शनी दिल्ली में लगायी और उसके साथ उनके पत्रों, व्याख्यानों, कविताओं को भी अलग-अलग पुस्तकाकार प्रकाशित किया है। इसके अलावा कैटलाग भी एक पुस्तक है 'दि मेकिंग आव् मैजिक'। कोलकाता की ही गैलरी आकार-प्रकार ने अमिताभ बनर्जी की कला पर आलोचक मनसिज मजूमदार की पुस्तक सचित्र प्रकाशित की है : 'इम्प्रिण्ट्स आव् ए सेंज़िटिव सोल'। मुम्बई की साक्षी गैलरी ने सुधीर पटवर्धन के नये चित्रों का कैटलाग 'साइटिंग व सिटी' प्रकाशित किया है। जिसमें कलाकार जितीश कलात का निबन्ध है। आर्ट एलाइव गैलरी ने एक वृहदाकार पुस्तक प्रकाशित की है एन एनचैण्टिंग जर्नी' जो परेश मैती के केरल-यात्रा के बनाये चित्रों पर है और जिसमें नेमाई घोष के चित्र और आर. शिवकुमार का निबन्ध है। वरिष्ठ चित्रकार सतीश गुजराल के नये चित्रों और शिल्पों की नयी प्रदर्शनी इन दिनों दिल्ली में चल रही है। उसके सुन्दर कैटलाग का शर्षक है : 'हारनेसिंग दि मिस्टिकल मूमैण्ट', जिसमें सीमा बावा का निबन्ध है।

सन्तवाणी

इफको जिसका पूरा नाम इंडियन फारमर्स फर्टिलाइजर कोऑपरेटिव लिमिटेड है, अपने सम्भवतः लाखों किसान-सदस्यों को लगातार कुछ बेहतरीन साहित्य भी उपलब्ध कराता रहता है। यह इस दृष्टि से एक अनोखी योजना है कि यह संस्था अपने सदस्यों की सांस्कृतिक भूख को पहचानती और किसी हद तक तृप्त करने की कोशिश करती है। हाल ही में उनके द्वारा प्रकाशित और आलोचक शिवकुमार मिश्र द्वारा संयोजित पुस्तक मिली 'सन्तवाणी'। अपने चयन के आधार को स्पष्ट करते हुए मिश्र जी ने कहा हैः '...हमने परम्परा से, विरासत से, अपने प्राचीन वांग्मय से, विश्वधर्मो से, अपने धर्म-दर्शन से, सन्तों से, भक्तों से वही चुना है, जो हमारे समय की संगति में है, प्राणवान और ओजस्वी है, मूल्यवान है।

उन तमाम बातों को छोड़ दिया है, जो अपने समय में सीमाबद्ध होकर रह गई हैं और हमारे समय के, हमारे सरोकारों के अनुरूप नहीं रह गयी हैं।...हम खुले मन और जागृत विवेक से अतीत की ओर जाते हैं, और अपने समय के सन्दर्भ में मनोवांछित लेकर अपने समय में लौट आते हैं, आगे की ओर देखते हैं। अतीत में ही धूनी नहीं रमाते, उसे भजते नहीं उसका उपयोग करते हैं।'

चार सौ पृष्ठों से कुछ कम के बड़े आकार की इस पुस्तक में बहुत अच्छा चयन है। कई ऐसे पद सुलभ हो गये जो आसानी से आज के पाठकों के ध्यान में नहीं होंगे। जैसे कबीर का यह पदः

आऊँगा न जाऊँगा न मरूँगा न जीऊँगा।
गुरु के सबदि में रमि रमि रहूँगा।
आप कटोरा आपै थारी, आपै पुरिखा आपै नारी
आपै सदा फल आपै नीबू, आपे मुसलमाल आपै हिन्दू
आपै मछ कछ आपै जाल, आपै झींवर आपै ताल।
कहै कबीर हम नाहीं रे नाहीं, नां हम जीवत न
मुवले मांही।

या तुलसीदास का यह पद्यः

किसमी किसान कुल बनिक भिखारी माँट,
चाकर चपल नट चीर चार चेटकी।
पेट को पढ़त गुन चढ़त गिरि,
अटल गहन वन आहन अखेट की।
ऊँचे नीचे करम धरम अधरम करि,
पेट ही को पचत बेच बेटा बेटकी।

तुलसी बुझाइ इक राम घनश्याम ही तै,
आगि बड़वागि ते बड़ी है आग पेट की।

या मीरा का यह उद्धत इज़हारः

राणाजी म्हने या बदनामी लागे मीठी।
कोई निंदो कोई बिंदो, मैं चलूंगी चाल अनूठी।
सांकड़ली सेर्या जन मिलिया क्यूं कर पिउं अपूठी ॥
सत संगति मां ग्यान सुणै छी दुरजलन लोगां ने दीठी।
मीरा रो प्रभु गिरिघर नागर, दुरजन जलोजा अंगीठी ॥

शहर अब भी कविता है
धन्यवाद दोः किसी को, जो भी हो। धन्यवाद दो

उसे भी जो कोई-नहीं है। भले
किसी चीज़ के लिए नहीं, किसी चीज़ के लिए या कि और कुछ के लिए
हमें धन्यवाद देना हैः कील, बिल्ली, वैनिला को।
विवेक के क्षणों के लिए, धन्यवाद। हज़ार
सटीक ब्यौरो, धन्यवाद। कोई क्यों नहीं है,
न जरूरत से, न ही किसी नीति-नियम के
हृदय में किसी प्रभाव से। सिर्फ़ धन्यवाद दो

। धन्यवाद-ज्ञापनः जाक रूबो।

फ्रेंच कवि जाक रूबो का अंग्रेजी में अनुवादित कविता संग्रह 'द फ़ार्म आव् ए सिटी चैजेज फ़ास्टर, एलास, दैन द ह्यूमन हार्ट (डाल्के आर्काहव प्रैस लन्दन द्वारा प्रकाशित) पेरिस की सड़कों पर घूमती कविता का संग्रह है जो उसके निवासियों, लेखकों, विशाल अतीत और सभी सम्भव भविष्यों पर टिप्पणी करती चलती है। ज़ाहिर है कि पेरिस वह शहर नहीं रह गया है जो पहले थाः रूबो की कविता इस शहर में फिर भी सम्भव कविता है जो कभी विनोद और क्रीड़ा से, कभी मार्मिकता से शहर में शब्द की सम्भावना की तलाश करती है।

'पेरिस में ऐसी कोई सड़क नहीं जिसकी कोई तरफ़ न होने से शुरू करके वे कहते हैं कि

'हम न्याय-सूत्र के गवण्ण के साथ कहेंगे
कि एक सड़क के उस तरफ़ ग़ैर-मकान होते हैं
जिस तरफ़ मकान नहीं होते हैं
और इन ग़ैर-मकानों की विशेषता होती है मकानों की अनुपस्थिति

जो किसी तरह का नकारात्मक अवलोकन नहीं है ठीक उसी तरह जैसे आवाज़ की अनुपस्थिति सन्नाटे के विधेयात्मक अवलोकन से अधिक कुछ नहीं है।'

उन्हें पेरिस ऐसा शहर लगता है जहाँ प्रेम सम्भव नहीं है और उन्हें 'उदास रोशनी के डबरे' नज़र आते हैं। शहर जो अपनी भौतिकता में बदलता-क्षरित होता है, शब्द में फिर भी बसा रहता है। शब्द एक तरह से शहर को बचाते हैं।

स्वयं राजकमल ने ऐसी सुन्दर और मर्मस्पर्शी पुस्तक किसी की स्मृति में प्रकाशित की हो ऐसा याद नहीं आता। इला डालमिला-कोइराला पर एकाग्र पुस्तक 'इला' जिसमें उनकी कहानी, उपन्यास और लेख संग्रहीत हैं जितनी सुरुचि और जतन से प्रकाशित हुई है कि लगता है कि जैसे स्वयं इला ने मरणोत्तर इसका आकल्पन किया होः हममें से बहुतों को याद है कि अज्ञेय जी की जो पुस्तकें उन्होंने सम्पादित कर प्रकाशित कराईं उनमें सभी में ऐसी ही सुरुचि और जतन नजर आते थे। संपादन किया है इला की बहन और प्रसिद्ध विदुषी वसुधा डालमिया ने जिन्होंने एक सुन्दर भूमिका भी लिखी है। भूमिका में इला की इन पंक्तियों का उद्धरण हैः "...पश्चिम में, अवध में, आज भी अपनी बेटी नहीं देना चाहते। मंगल गीतों में सीता का नाम तो बार-बार आता है, पर राम का नहीं आता। आखिर में एक पंक्ति गाई जाएगी कि 'ऐसी सीता का ब्याह रघुकुल में हुआ।' ...सीता की लकीर राम की लकीर से बड़ी हैः सीता के मन में आक्रोश नहीं है। और इस तरह से सीता सह कर, समझ कर, क्षमा करके राम से बड़ी हो जाती हैं। उनका स्वरूप उनका व्यक्तित्व है, राम से विशालतर है।"

इला अज्ञेय जी को वत्सल कह कर सम्बोधित करती थीं। उन पर अपने संस्मरण में उन्होंने लिखा हैः 'वत्सल की भारतीयता रूढ़िवादी नहीं रही, उन्होंने हिन्दुत्व को कुछ बुनियादी मूल्यों पर खड़ा माना।...वत्सल के लिए ये मूल्य सत्य, ऋत, तप और आवर्ती काल हैं। ये मूल्य जीवन को जीवन से जोड़ते हैं। ये मूल्य रूढ़ियों में दबे हुए, जड़ नहीं हैं, निरन्तर विकासमान हैं। ईश्वरीय हैं। इसको समझना असली भारतीय होना है। आधुनिक भारतीय। वत्सल का मानना था कि क्रान्ति से चारित्र्य बनता है। उन्होंने क्रान्ति को उसके व्यापक अर्थ में लिया। क्रान्ति व्यक्ति के लिए।...वत्सल सोचते थे कि सभी रिश्ते महत्त्वपूर्ण होते हैं किन्तु सबसे जरूरी रिश्ता होता है अपना अपने साथ।'

वसुधा डालमिलया ने अपनी भूमिका में एक विवादास्पद स्थापना यह की है कि "इस प्रकार का 'मैजिकल रिअलि़्म' हिन्दी में नब्बे के दशक में ही धूमधाम से पहुँचा। विनोद कुमार शुक्ल का 'दीवार में खिड़की रहती थी' 1994 में प्रकाशित हुआ। गीतांजलिश्री और अलका सरावगी की बहुचर्चित रचनाएँ इससे कुछेक साल बाद निकलीं। इला जी शायद वहाँ पहले ही पहुँच चुकी थीं।"

'कविता बराबर ही जुड़े'

हिन्दी साहित्य में यह रिवाज़ कम ही है कि किसी वरिष्ठ लेखक को युवा लेखक समझ और ज़िम्मेदारी से पढ़कर उसका अपना पाठ और संचयन तैयार करें। ज़्यादातर युवा लेखक एक-दूसरे को पढ़ने, सराहने या गरियाने में ही इस क़दर मुब्तला नज़र आते हैं कि ऐसे किसी उद्यम के लिए उनमें से ज़्यादातर के पास फुरसत कहाँ! जो थोड़ा-बहुत वक़्त बचता है वह अपनी वैचारिक वफ़ादारी का हलफ़ उठाने में निकल जाता है। ऐसे में वरिष्ठ कवि कुँवर नारायण से पन्द्रह बरस छोटे कवि-अनुवादक सुरेश सलिल ने मेधा बुक्स द्वारा प्रकाशित उनकी चुनी हुई कविताओं का जो संचयन एक सुविचारित भूमिका के साथ प्रकाशित किया है उसका विशेष महत्त्व है। उससे कुँवर नारायण के कवित्व का पूरा वितान रोचक और ताज़ा ढंग से प्रगट होता हैः उन्हें कालक्रम या संग्रहों के अनुसार रखने के बजाय सलिल जी ने कविताओं को अपनी नज़र से समीचीन भावक्रम से रखा है। इस तरह से एक वरिष्ठ कवि को एक नये क्रम में पढ़ने से उसकी कई कविताओं के नये अर्थ खुलते हैं, उसकी दृष्टि और काव्य-कौशल कुछ अलग ढंग से समझ में आते हैं।

कुँवर नारायण की 'पीड़ित अन्तरात्मा' की पहली पहचान मुक्तिबोध ने की थी और सुरेश सलिल उन्हें 'जीवन और जागरण के अथक गायक' के रूप में देखते हैं। उनकी यह टिप्पणी विवादास्पद है कि 'जीवन-जगत् की दार्शनिक झुंझलकों से कुँवर नारायण, अज्ञेय और निर्मल वर्मा की अपेक्षा, कहीं अधिक गम्भीरता से उलझते और आसन्न समाज-चिन्ताओं के बरक्स, सामाजिक कलावादियों की अपेक्षा, कहीं अधिक प्रतिबद्ध दृढ़ता से खड़े दिखायी देते हैं।' एक तरह की उल्लसित अतिशयोक्ति होने के अलावा बिना विश्लेषण के ऐसे नतीजे निकालना, वह भी एक सुविचारित भूमिका के अन्त पर, सलिल जी की अन्यथा ज़िम्मेदार गंभीरता को खण्डित करता है।

संचयन का समापन जिस कविता से हुआ है, उकसी बहुत मौजूँ अन्तिम पंक्तियाँ हैं :

और मुझमें समाकर निकल जाना
जैसे निकल गयी
एक पूरी उम्र

उनकी मार्मिकता का एक कारण यह भी है कि कुछ ही महीनों बाद याने इसी सितम्बर में कुंवर नारायण अस्सी वर्ष के हो जायेंगे। यह संचयन उन पर, उनकी कविता पर गंभीरता से विचार करने और उनके अनिवार्य

काव्यरस का आस्वाद लेने का एक अच्छा अवसर देता है। वक्तव्यपरक होने के बावजूद कुंवर नारायण की ये पंक्तियाँ स्मरणीय हैं:

...लौटना है मुझे
प्रेम की तरफ़,
विश्वास बनाये रखना है
मनुष्य में
सिद्ध करते रहना है
कि मैं टूटा नहीं

चाहे कविता बराबर ही
जुड़े रहना है किसी तरह
सबसे।

कविता की सीमाएँ समझते हुए कुँवर नारायण जैसा सजग कवि की 'किसी तरह सबसे जुड़े रहने' की आकांक्षा को अपनी कविता का मूलाधार बनाये रख सकता है।

विनय का पाठ सिखाता भारत

यह कहना तो सही नहीं होगा कि सर मार्क टली मित्र हैं पर उनसे बरसों से परिचय है। उन जैसा सजग-संवेदनशील और वाग्चतुर विलायती भारतप्रेमी मिलना मुश्किल है। वे जब बीबीसी के विख्यात-कुख्यात संवाददाता थे तब और उसके बाद से उनकी भारत की खोज को लेकर लिखे गये साहित्य में व्यक्त धारणाओं में से कुछ से आपकी असहमति हो सकती है लेकिन इस बात से आप इनकार नहीं कर सकते कि वे सत्यवादी हैं : उन्होंने हमेशा हिम्मत और ईमानदारी से अपना सच कहा है और उसे स्थगित या किनारे कभी नहीं किया। और जब कोई अपना सच बेबाकी से कहता है तो, उससे लाख असहमत होने के बावजूद, आप उससे प्रभावित या विचलित हुए बिना नहीं रहते।

यह तो पता था कि मार्क टली ने शुरू में पादरी बनने के लिए शिक्षा ग्रहण की थी लेकिन वे नहीं बन सके और, शुद्ध संयोगवश, बीबीसी के संवाददाता बन गये जो एक तरह से वे अब तक हैं। लेकिन उनकी बुनियादी खोज एक मनुष्य के रूप में आध्यात्मिक है इसका इतना गहरा अहसास नहीं था जो उनकी नयी पुस्तक 'इण्डियाज़ अनएंडिंग जर्नी' (राइडर द्वारा प्रकाशित) को पढ़ने से होता है पुस्तक का उपशीर्षक है :

फाइण्डिंग बैलेन्स इन ए टाइम ऑफ़ चेंज'।

भारत की दुर्दशा, ग़रीबी, साम्प्रदायिकता, धर्मान्धता, बेराज़गारी, पाखण्ड आदि को लेकर विलाप हम खुद भी अहर्निश करते रहते हैं और ज़्यादातर विलायतियों को भारत में या तो यही नज़र आता है, कुछ और नहीं या फिर योग और ध्यान-मनन, गुरूओं-बाबाओं का देश दिखायी देता है। आधुनिक भारत-संघर्ष और उसकी रोज़मर्रा की ज़िन्दगी के गम्भीर आशयों पर कम ही नज़र जाती है। मार्कगम्टली के पास सौभाग्य से ऐसी नज़र है और वह उसे भारत के साधारण जीवन, सार्वजनिक और निजी जीवन पर एकाग्र कर, उनमें पैठकर भारतीय विनय और गरिमा पहचान पाते हैं। एक अर्थ में टली निरे विलायती नहीं हैं क्योंकि वे बरसों से भारत में ही रह रहे हैं। वे पश्चिमी सभ्यता और भारतीय सभ्यता दोनों के संयुक्त गृहस्थ हैं।

टली एक आस्थावान् व्यक्ति हैं : उन्हें लगता है कि आधुनिक पश्चिम में तर्क और बुद्धि को इस क़दर वर्चस्व मिल गया है कि सन्तुलन गड़बड़ा गया है। वे महान् वैज्ञानिक आइन्स्टीन का उदाहरण देते हैं : 'जो स्पष्टतम चीज़ हम अनुभव कर सकते हैं वह है रहस्य। वह बुनियादी भाव है जो सच्ची कला और सच्चे विज्ञान का अवलम्ब है।' टली की टिप्पणी है कि आइन्स्टीन तर्क और बुद्धि के महत्त्व से इनकार नहीं कर रहे हैं : वे सिर्फ़ यह स्वीकार कर रहे हैं कि विज्ञान की प्रक्रिया में शुद्ध तर्क के अलावा भी किसी तत्त्व की भूमिका होती हैं और यह भी कि हम सभी रहस्य का अनुभव कर सकते हैं जो तर्कातीत हं।

टली का निजी अनुभव यह है कि प्रकृति के सान्निध्य में दैवी उपस्थिति का अहसास सबसे अधिक होता है उन्हें स्वयं हिमालय की विस्मयकारी सुषमा, हड़बड़ाती दुनियावी मुम्बई, अरब सागर पर सूर्यास्त आदि अभिभूत करते हैं। भक्ति, पूजा-अर्चना, प्रार्थनाओं आदि से सराबोर पवित्र इमारतें भी उन्हें दैवी उपस्थिति का बोध कराती हैं। उन्हें ब्रिटेन के महान् कैथीड्रलों में उनकी 'प्रार्थना से तरबतर' दीवारों के साथ और भारत के धार्मिक स्थलों में भी ऐसा अहसास होता रहा है। उनके लिए पवित्रता का भाव जगाने वाला सबसे बड़ा केन्द्र है अमृतसर का स्वर्ण मन्दिर। टली के इस वृत्तान्त में, जो व्यक्तियों-घटनाओं-विचारों-जगहों आदि के सटीक संस्मरणों से बेहद समृद्ध हैं, भारत से सीखे एक बड़े पाठ का कई बार ज़िक्र और विवेचन है कि संसार में कुछ भी निश्चित और अवश्यम्भावी नहीं है। टली स्वयं हिन्दू धर्म की कई विकृतियों और हिन्दुत्व द्वारा उसमें लायी गयी घृणात्मक हिंसा का सख़्ती से प्रतिकार करते हुए उसके मूल तत्त्वों के महत्त्व को रेखांकित करते हैं। उनके अनुसार हिन्दू धर्म हर तरह की निश्चयात्मकता को सन्देह की दृष्टि से देखता है। बहुलता उसका

एक ऐसा गुण है जिसे बिना विनयशीलता के बरता नहीं जा सकता। टली अमर्त्य कुमार सेन से सहमत हुए यह भी प्रतिपादित करते हैं कि बहुलता भारत में जन्मे सभी धर्मों का गुण रही है। स्वर्ण मन्दिर पर उसे भिण्डरावाले और उसके सैनिकों के क़ब्जे से मुक्त कराने के लिए भारतीय सेना ने जो प्रहार किया था और उससे उसे क्षति पहुँची थी—टली नोट करते हैं कि भारत के पास महाविपत्ति को सहने-समाने की अद्भुत क्षमता है, जिसके चलते—मन्दिर की पवित्रता जल्दी ही पुर्नस्थपित हो गयी है। टली अपनी पुस्तक का समापन बनारस में हर क्षेत्र में ज़ाहिर विरुद्धों के सामंजस्य के उदाहरण से करते हुए कहते हैं कि पूर्व-पश्चिम में गठजोड़ सम्भव है : दोनों को एक-दूसरे से सीखना होगा...पश्चिम को पूर्व से कुछ अधिक ही।

लघुचित्रों का जादू

यह कहना कठिन है कि भारतीय लघुचित्रों की संख्या कुल मिलाकर कितनी है और हालाँकि उसके सभी सार्वजनिक संग्रह ज्ञात हैं, कई निजी संग्रह हैं जिनका ठीक से पता नहीं है। कम से कम मुझे नहीं पता था कि पंजाबी की प्रसिद्ध साहित्यकार अजीत कौर और उनकी उतनी ही प्रसिद्ध चित्रकार बेटी अर्पण कौर के पास लघुचित्रों का ऐसा अनगोल और नयनाभिराम संग्रह है। डॉ. माखनसिंह बजाज ने बँटवारे के पहले इन चित्रों को अधिकांशतः पाकिस्तान में शामिल हुए इलाक़े में अपनी रिहाइश और यात्राओं के दौरान जमा किया था। बाद में यह अजीत कौर के पास आया और अब अर्पणा के ज़िम्मे है। लगभग दो सौ कलाकृतियाँ हैं जिनमें सत्रहवीं सदी से लेकर बीसवीं सदी में बनायी गयी कृतियाँ शामिल हैं। उन्हें अब अर्पणा फ़ाइन आर्ट्स मिनिएचर म्यूज़ियम में रखा जा रहा है। उनमें सिख, पहाड़ी, कश्मीरी, राजस्थानी, फ़ारसी और दक्खिनी शैलियों के चित्र हैं।

अजीत कौर द्वारा अदम्य उत्साह और ऊर्जा से संचालित एकेडेमी ऑफ़ फ़ाइन आर्ट्स एण्ड लिटरेचर नयी दिल्ली ने (वितरक विनसम बुक्स इण्डिया दिल्ली) इस संग्रह पर उषा भाटिया के आलेख के साथ एक सुन्दर कला-पुस्तक प्रकाशित की है। उसमें सारे ब्योरों के साथ बड़ी संख्या में रंगीन प्रतिकृतियाँ प्रकाशित हैं : उनमें बारीकी, कौशल और विषयगत रेंज का एक भरा-पूरा और रोमांचक वितान खुलता है।

'गणेश' और योगी'

चैक कवि मिरोस्लाव होलुब की कविताओं के अंग्रेज़ी अनुवाद के समग्र संकेलन 'पोएम्स बिफ़ोर एण्ड आफ़्टर' (ब्लडएक्स बुक्स) को पलटते हुए ध्यान उनकी 'गणेश' शीर्षक कविता पर अटक गया। होलुब कुल एक बार भारत आये थे : 1989 में भारत भवन में हुए विश्व कविता समारोह में भाग लेने। उसका एक संस्मरण उन्होंने बाद में भेजा था, जिसे हिन्दी में अनुवाद 'समास' पत्रिका में छापा गया था। यह कविता उनके 1997 में प्रकाशित संग्रह में शामिल है जिससे यह क़यास लगाया जा सकता है कि वह उनकी भारत-यात्रा के बाद लिखी गयी होगी। कविता का अंग्रेज़ी अनुवाद से हिन्दी अनुवाद, मेरे किये, यों बना :

भगवान शिव इतने क्रोधी थे।

जब उनके नन्हें बेटे ने नहानघर में उनकी बात चोरी से सुन ली,
उन्होंने उसका सिर काट दिया। फिर
दुबारा सोचा, जैसे कि
अलौकिक अकसर करते हैं, और बेटे गणेश को
हाथी के एक बच्चे का सिर लगा दिया
काटकर तदर्थ।

जिससे गणेश पहले ट्रांसप्लाण्ट मरीज़ हुए।
जिससे बाक़ी बचा हाथी
ग़ायब हो गया इतिहास से

जिससे गणेश ने एक विकृतांग की तरह
अच्छी जीविका कमायी। वे चूहे पर सवारी करते हैं
और क्रिसमस पर हमारे यहाँ आते हैं,
पूछते हुए कि किस तरह के शिव ने
काटे हैं
हमारे सिर
इस बरस।

होलुब ने 1990 में प्रकाशित अपने एक संग्रह में एक और कविता शामिल की थी, जिसका शीर्षक है 'योग'। वह कविता के बारे में कविता है, बल्कि कवियों के बारे में। शुरू होती है इन दों पंक्तियों से : 'सारी कविता लगभग/पाँच सौ डिग्री सेण्टीग्रेड होती है' और समाप्त होती है इन पंक्तियों से : 'वे सुलगते हैं।/वे कड़कड़ाते है।/और फिर भी, सिर्फ़ एक ख़राब योगी/जलते अंगारों पर अपने पैर जलाता है।

लन्दन में पुस्तकें

हमारे छोटे मामा डॉ. श्यामकुमार पाण्डे शैफ़ील्ड के पास एक गाँव हार्लिंगटन में रिटायर होकर अपनी पत्नी और बेटे के साथ रहते हैं : वे पचास साल पहले डाक्टरी पढ़ने इंग्लैण्ड गये थे और फिर वहीं डाक्टरी करने लगे। उनकी उमर अस्सी के करीब है सो उनसे मिलने गया। कहने को गाँव, पर सारी आधुनिक सुख-सुविधाओं से लैस उनके घर में दो दिन गुज़ारे। वे नागपुर में अपनी पढ़ाई के दिन, सागर और दमोह में बीता समय, हाकी खेलने दिल्ली आने का सुयोग आदि कई बातें याद करते रहे। उन्हें मेरा पुस्तक-प्रेम पता है सो उन्होंने विदा के वक़्त मेरी जेब में कुछ सौ पाउण्ड डाल दिये यह कहते हुए कि लन्दन में पुस्तकें ले लेना।

लन्दन में कुल एक दिन सिर्फ़ पुस्तकों के लिए ही ठहरा। संयोग से होटल के पास ही सोआस याने स्कूल आव् एशियन एण्ड एफ्रीकन स्टडीज़ था। पुस्तकों की एक बड़ी वाटरस्टोन भी। फिर चैरिंग क्रास रोड पर पुस्तकों की प्रख्यात दुकानें जिनमें ब्लैकवेल, फॉयल्स आदि शामिल थीं। तीन पुस्तकें बीथोवन के जर्नल्स, पाल क्ले की डायरी और ज्बीग्न्येव हेबेर्त की कविताओं का नया संग्रह कहीं नहीं मिलीं। यह देखकर मेरा कविमन उल्लसित हुआ कि फॉयस आदि बड़ी दुकानों में कविता-पुस्तकों का खण्ड लगातार बढ़ता गया है। वहाँ मेरी तरह अपनी पसन्द की पुस्तकें खोजनेवाले भी कई थे।

पाल सेलां का संग्रह 'स्नो पार्ट' (अनुवादक आनन फ़ेयरली, प्रकाशक कारकानेट), रैनर मारिया रिल्के के सोनेट्स का नया अंग्रेज़ी अनुवाद 'ऑइफियस' डान पैटरसन का (फ़ेबर), चैक कवि मिरोस्लाव होलुब का 'पोएम्स बिफ़ोर एण्ड आफ़्टर' (ब्लडेक्स बुक्स) चेश्लाव मीवोष का संग्रह 'सेकेण्डस्पेस' (इको प्रैस), आइरिश कवि पाल मल्दून के आक्सफ़र्ड व्याख्यानों का संग्रह 'दि एण्ड आव् दि पोएम' (फ़ैबर), अमरीकी लेखिका की सूसान सौण्टैग मरणोत्तर पहली पुस्तक 'एट दि सेम टाइम' (हैमिश हैमिल्टन), पेरू के कथाकार मारियो वरगास लोसा के निबन्धों का संग्रह 'टचस्टोन्स' (फ़ेबर), फ्रेंच बुद्धिजीवी जाक रेन्सिए की पुस्तक 'दि फ़लैश आव् वर्डस' (स्टेनफ़ोर्ड यूनीवर्सिटी प्रैस), सारा परेटस्की का संस्मरण 'राइटिंग इन एन एज आव् सायलेन्स' (वर्सो) स्टीफन मलार्मे लिखित पुस्तक का अंग्रेज़ी अनुवाद 'डाइवेगेशन्स' (हावर्ड यूनीवर्सिटी प्रैस) इतालवी आलोचक पास्केल कासानोवा की पुस्तक 'सेमुएल बैकेट : एनाटमी आव ए लिटेरेरी रिवोलूशन' (वर्सो) और प्रसिद्ध पत्रिका 'स्टैण्ड' का अनुवाद-अंक खरीदें।

बगल के एक पब में अपनी अकेली शाम का समापन करना उपयुक्त लगा। वहाँ की एक बार-बाला ने कुछ देर बाद, जब मैं कई चुस्कियाँ ले चुका था, पूछा कि क्या मैं ब्राजील से हूँ। यह बताने पर कि मैं भारतीय हूँ वह बोली कि भारतीय और ब्राजीलियन कई बार एक जैसे लगते हैं। बातचीत आगे बढ़ने पर उसने बताया कि वह ब्राजील से इंग्लैण्ड अंग्रेज़ी पढ़ने आयी है और पढ़ाई के लिए धन जुटाने की गरज से पार्टटाइम काम करती है। जब मैंने उसे दो-चार ब्राजीलियन कवियों के नाम बताये और यह भी कि उनमें से एक भोपाल भी आये थे तो उसका चेहरा ख़ुशी से चमकने लगा। उसे अन्दाज़ नहीं था कि उसके देश की कविता लातीनी अमरीका से बाहर भी जानी जाती है उसने कहा कि कवि और कलाकार कितनी सहजता से अपना देश बाहर पहचनवाते रहते हैं!

युवा शास्त्रीय गायन

हालाँकि अधिकांश हिन्दुस्तानी शास्त्रीय संगीत उत्तर भारत में जन्मा-पनपा, वहाँ धीरे-धीरे उसकी रसिकता घटती गयी है। असली और प्रमाणिक क़िस्म की रसिकता अब विन्ध्याचल से दक्षिण में ही बची और पुष्ट है। इसीलिए जब मुम्बई, पुणे, बैंगलोर आदि जाना होता है तो पुस्तकों के अलावा शास्त्रीय संगीत के कैसेट्स या सीडीज़ भी खोजता हूँ। यह प्रसन्नता पहले भी व्यक्त कर चुका हूँ कि बावजूद इसके कि वाद्यवादन में अधिक पैसा और ग्लेमर है, सांगीतिक भारत में युवा प्रतिभा और सर्जनात्मकता का असली विस्फोट शास्त्रीय गायन में हो रहा है। छोटी-छोटी जगहों से अनूठे गायक सामने आ रहे हैं।

इस बार पुणें में हवाई अड्डे से वहाँ की प्रसिद्ध दूकान अलूरकर म्यूज़िक हाउस कर्वे रोड उदय भवालकर के साथ गया। कुछ उनकी सलाह, कुल श्री अलूरकर की सिफ़ारिस पर और कुछ अपने मति से ढेरों ऐसे गायकों की रिकार्डिग्ज़ खरीद लीं जिनमें से अधिकांश का नाम भी पहले नहीं सुना था। डॉ श्रीराम देशपाण्डे, शशांक मकतेदार, सानिया पाटणकर, शिवानंद पाटिल, सावनी शेण्डे के सीडीज़, विकास कशालकर, विजय सरदेशमुख, मंजिरी कर्वे-आलेगाँवकर, जयश्री पाटणकर, विभावरी बाँधवकर, विजय कोपरकर, रघुनन्दन पणशीकर के केसेट्स मिले अब ज़रा सोचिये इन रिकार्डिग्ज़ में कितने रागों की सम्पदा है : श्री, बिहाग, बोगेश्वरी, दुर्गा, मेघ, यमन, घनाश्री, ललिता-गौरी, भूप, सरस्वती, गावती, हेम-कल्याण, केदार-नट, जैत श्री, काफ़ी कान्हड़ा, बहादुरी तोड़ी, बिलासखानी तोड़ी, बिमास तोड़ी, मधुवन्ती, चन्द्रकौंस, देशकार, मारवा, परज आदि। हर गायक

की विशिष्टता पर टिप्पणी करने का अवसर नहीं है। इतना सामान्य रूप से कहा जा सकता है कि सभी में अच्छी तैयारी और समझ, अलग-अलग घरानों और गुरुओं की टेक, अलग-अलग किस्म का माधुर्य और सुरीलापन, अलग-अलग बन्दिशों की सुन्दरता, सुरों के कल्पनाशील संयोजन और वैभव साफ़ सुने जा सकते हैं। चिकने-चुपड़े, अधनंगे, बेवजह, थिरकते-कूदते युवाओं की दृश्यावली से तंग आ या ऊब चुके हों तो धीरज और लगन से, सर्जनात्मकता और गहरी दृष्टि से गाता यह युवा भारत सुनिये : वह थोड़ी देर के लिए आपके जीवन कोरस, जिजीविषा और उत्साह से भर देगा और संसार की अपार सुन्दरता से अनोखा स्वर-साक्षात् करायेगा। कम से कम मुझे सन्देह नहीं कि यह युवा भारत अधिक टिकाऊ और हमारा ज़्यादा विश्वसनीय सहचर है।

कविता और इतिहास में नज़रुल

काज़ी नज़रुल इस्लाम आधुनिक भारतीय साहित्य के मिथकों में से एक हैं। उनका अपने समय का, कवीन्द्र रवीन्द्रनाथ ठाकुर के जीवित होते हुए, सबसे लोकप्रिय बंगला कवि होना सभी जानते हैं। दुर्भाग्य से, हिन्दी अनुवाद में उनकी कविता ख़ासी वक्तव्य प्रधान और अतिकथन की कविता लगती है। बांग्ला देश के इतिहास के एक प्रोफ़ेसर प्रीति कुमार मित्र ने अंग्रेज़ी में नज़रुल इस्लाम के महत्व को, कविता और इतिहास दोनों में, विश्लेषित करते हुए एक सुशोधित-सुविचारित पुस्तक लिखी है 'द डिसेण्ट आव् नजरूल इस्लाम : पोएट्री एण्ड हिस्ट्री', जिसे आक्सफ़र्ड यूनीवर्सिटी प्रेस ने प्रकाशित किया है।

इस अध्ययन की एक विशेषता यह है कि एक इतिहासकार ने एक मूलतः कवि के विरोध का अध्ययन व्यापक सन्दर्भ में किया है और उसके साहित्य के अलावा समाज और राजनीति में फलितार्थों का आकलन भी किया है। यह एक रूमानी और अप्रासंगिक धारणा नहीं है कि कविता जब-तब इतिहास में हस्क्षेप करती है। हम इसे उतनी आसानी से स्वीकार नहीं करते, जितना इस धारणा को कर लेते हैं कि इतिहास कविता में हस्तक्षेप करता है। स्वयं भारत में साहित्य के आलोचकों द्वारा नहीं, इतिहासकारों द्वारा इसका विश्लेषण बाक़ी है कि हमारे महान् लेखकों ने इतिहास में क्या और कैसा हस्तक्षेप किया है। कई बार लगता है कि ज़्यादातर भारतीय इतिहासकारों में यह समझ पैदा होना अभी बाक़ी है कि साहित्य और साहित्यकार भी इतिहास-निर्माण करते हैं और कई बार उनकी भूमिका आनुषंगिक साक्ष्य की नहीं मुख्य साक्षी बल्कि कारक तक की हो सकती है।

प्रो. मित्र ने नज़रुल इस्लाम के विरोध को पाँच क्षेत्रों में देखने की कोशिश है : ब्रिटिश औपनिवेशिक व्यवस्था का विरोध, महात्मा गाँधी के नेतृत्व में चल रहे अहिंसक स्वाधीनता आन्दोलन से असहमति, मुस्लिम और हिन्दू दकियानूसियों का विरोध, और रवीन्द्रनाथ ठाकुर के आधिपत्य से विद्रोह। नज़रुल पर बोलशेविक क्रान्ति और मार्क्सवादी विचारधारा के प्रभाव और तुर्की में चल रहे खिलाफ़त आन्दोलन के बजाय कमाल पाशा के सशस्त्र के समर्थन के सन्दर्भ में भी नज़रुल की दृष्टि का भी विश्लेषण किया गया है। इस तरह के अध्ययन की एक अनिवार्य सीमा यह है कि वह साहित्य को उसके विचार या दृष्टि में घटाकर उसी पर विचार करता है। साहित्य विचार और दृष्टि से बनता है, पर वह भाषा की संरचना और शब्दों का संयोजन भी है, वह शिल्प भी है इसको पूरी तरह से हिसाब में नहीं लिया जाता।

नज़रुल इस्लाम का विरोध निरी कविता के माध्यम से ज़ाहिर नहीं हुआ था : उन्होंने कई पत्रिकाएँ चलायीं और बहुतेरा गद्य लिखकर अपने विचार प्रगट किये थे। सीधे राजनैतिक कर्म में भी उनकी शिरकत थी। उनकी अनेक कृतियाँ ज़ब्त और प्रतिबन्धित की गयी थीं उन्हें लेकर, उनका विरोध करने के लिए उनके अनेक समकालीनों ने कई पत्रिकाएँ निकाली थीं और बंगला में आधुनिकता बनाम समकालीनता पर जो लम्बी बहस चली उसके एक केन्द्र वे थे। इस बहस में, यह नोट करना दिलचस्प है, कि रवीन्द्रनाथ और शरतचन्द्र ने भी भाग लिया। रवीन्द्रनाथ जो स्वयं आधुनिकता के अग्रदूत थे, समकालीनता की अनेक प्रवृत्तियों के विरोध में थे। अन्ततः प्रेम, मुक्ति और समानता नज़रुल इस्लाम की मूल्यत्रयी थी। यह पुस्तक उन्हें इस उपमहाद्वीप की विरोध और असहमति की लम्बी परम्परा में अवस्थित करते हुए उनके हस्तक्षेप के सभी प्रासंगिक अर्थों और आशयों को खोलती है।

जापान में पुस्तकें

यह पहले लिखा जा चुका है कि तोक्यो में सार्वजनिक वाहनों में लोग चुप रहते हैं : गप लगाने या बतरस का रिवाज़ नहीं है। ज़्यादातर लोग पुस्तकें लिये पढ़ते रहते हैं और कुछ लोग अख़बार और पत्रिकाएँ। हमारे पास तोक्यो में कुल छह शामें थीं। सो उनमें से दो पुस्तकों, दो बहुमंज़िला इमारतों में गुज़रीं। शहर के दो अलग-अलग बाज़ारों में स्थित दोनों ही दूकानें इतनी बड़ी थीं कि दिल्ली तक में उन जैसी एक भी दूकान नहीं है। दोनों में एक पूरी मंज़िल अंग्रेज़ी की पुस्तकों की थी। दोनों जगह

जापानी साहित्य के अंग्रेज़ी अनुवाद की पुस्तकों के अलग खण्ड थे। पुस्तकें विधा और विषय वार भी लगी थीं और अकारादि क्रम में लेखकवार भी। पहली दूकान के सबसे निचले तल पर पुस्तकों के दाम के भुगतान के लिए लगभग बीस काउण्ट थे और उनमें से उस शाम एक भी एक मिनिट के लिए ख़ाली नहीं रहता था। इस दूकान में हर पुस्तक पर कवर चढ़ाकर आपको वह दी जाती थी।

जापान आधुनिकता और आधुनिक यन्त्र-व्यवस्था के मामले में अग्रणी है पर इसने उसकी पुस्तक-संस्कृति पर कोई प्रतिकूल प्रभाव डाला है, ऐसा नहीं लगा। यूरोप में भी यही स्थिति है। टेलीविजन, इण्टरनेट आदि के व्यापक प्रसार और प्रभाव के बावजूद पुस्तकों की संख्या और उनके पाठकों और खरीदारों की संख्या में बराबर बढ़ोतरी होती रही है। लन्दन, वारसा, बर्लिन या पेरिस में पुस्तकों की दूकानों पर जैसी भीड़ रहती है वैसे ही तोक्यों में देखकर मेरे जैसे पुस्तक प्रेमी का मन मुदित हुआ। दोनों हाथों पुस्तकें खरीदने का सुयोग मिला सो अलग।

जापान के बड़े कवि शुन्तारो तानीकावा से भेंट नहीं हो सकी, पर उनके अंग्रेज़ी अनुवाद की पुस्तकें सुलभ थीं। उनकी चुनी हुई कविताओं का अंग्रेज़ी में एक संकलन खरीदा। उसमें यह जानकारी दी गयी है कि उनके लगभग सत्तर कविता संग्रह जापानी में प्रकाशित हैं। लगभग पैंतालीस कविता सग्रंहों का तो अंग्रेज़ी में अनुवाद और प्रकाशन हुआ है। जापानी संग्रहों का आलम यह है कि उनके किसी भी नये संग्रह की बीस से तीस हज़ार प्रतियाँ बिक जाना आम बात है। दूकानों में कविता-पुस्तकों के शेल्फ़ सिकुड़ते जाते हैं, लेकिन तानीकावा की कविता की लोकप्रियता अपार है। पता नहीं इस समय संसार में किसी भी भाषा में ऐसा कोई कवि है जो जिज्ञासा, क्रीड़ा और बेबाकी के साथ इतना विपुल काव्य संसार रच चुका है एक आध सदी के भीतर, और जिसके कविता संग्रहों की ऐसी विशाल बिक्री होती हो। कहा जाता है कि चीनी शब्द के लोग हैं और जापानी हृदय के। यह नोट करना दिलचस्प है कि तानीकावा ने बड़ी संख्या में कविताएँ भाषा का इस्तेमाल करने की विसंगत ज़रूरत पर लिखी हैं। उन्हें शब्द का प्रयोग करने में संकोच है, लेकिन यह संकोच भी अपार शब्दों में व्यक्त हुआ है।

पृथ्वी और नश्वरता की स्तुति

रेनर मारिया रिल्के इस अर्थ में बीसवीं शताब्दी के विलक्षण कवि हैं कि

उनके अंग्रेज़ी में अनुवाद लगातार होते रहते हैं : उनकी कविता में गहरे आध्यात्मिक आशय खोजे गये हैं और उन्हें लौकिकता का गायक भी माना जाता है। पिछले कई बरसों से अंग्रेज़ी के ये अनुवाद पुस्तकाकार खरीदता रहा हूँ। इसलिए नहीं कि पहले से अगला हो सकता है बेहतर हो, बल्कि इसलिए कि रिल्के को फिर एक नये संस्करण में पढ़ना हमेशा ही आह्लादकारी और शिक्षाप्रद अनुभव होता है। हर बार फिर रिल्के।

पिछली जुलाई में अंग्रेज़ी कवि डान पैटरसन का अनुवाद 'आरफ़ियस' मिल गया जिसे इस नाम से फ़ेबर एण्ड फ़ेबर ने प्रकाशित किया है और जिसमें 'सॉनेट्स टु आरफ़ियस' के नये अनुवाद हैं। पैटरसन उन्हें अनुवाद के बजाय रूपान्तर कहना पसन्द करते हैं। जो भी हो, बेहद सुन्दर, गीतिपरक और सुगठित रूपान्तर हैं। उसके पीछे की दृष्टि की भी सुविचारित व्याख्या रूपान्तरकार ने की है और उसका बचाव भी। पते की एक बात यह कही है कि अगर एक स्तर पर रूपान्तर में मूल कथ्य की कुछ क्षति होती है तो रूपान्तरित भाषा में कुछ उसमें जुड़ भी जाता है।

पैटरसन के अनुसार, रिल्के इन सॉनेटों में जिस दृष्टि को विन्यस्त करते हैं, वह इस गहरे-तीख़े अहसास से उपजती है कि प्राणियों में मनुष्य ही वह प्राणी है जिसे अपनी नश्वरता का ज्ञान है और वह अपना अधिकांश जीवन इस नश्वरता की छाया में जीता है : रिल्के के लिए आरफ़ियस वह चरित्र है जो जीवन और मृत्यु एक साथ जीता है। वह उनके अन्तर्विरोध के ठीक आमने-सामने, बीच में अवस्थित है। मनुष्य का गान पक्षियों के गान से अलग और सभी प्राणियों में अद्वितीय है। अन्तहीन नदी बहती चलती है, लेकिन गान से हम उसके प्रवाह के विरुद्ध खे सकते हैं और, थोड़ी देर के लिए, अपनी ही प्रगति को थाम सकते हैं। समय असमय में मिल जाता है और हम उसके बीतने का अहसास कुछ खो देते हैं...।' पैटरसन के मत में रिल्के की कविता स्तुति है, पर किसी देवता या ईश्वर की नहीं बल्कि उन तत्वों की जिन्होंने हमें जन्म दिया है : अगर हम एक बार फिर अपने को मिट्टी से जन्मा देख सकें तो हम वह गा सकते हैं जो पृथ्वी स्वयं गाती है। रूपान्तरों में से कुछ अंश झटपटिया अनुवाद में यों है :

होओ, और साथ ही साथ जानो अवस्था
न होने की, असीम अन्तर्व्योमि
ताकि इस बार तुम उसका पूरा सम्मान कर सको।

समूची प्रकृति लो, उसका एक विशाल कुलयोग—
हुलसकर उसमें गुणा करो

अपनी नगण्यता का, और साफ़ करो स्लेट।

सिर्फ़ गाते हुए हम होते हैं उचित और सच
क्योंकि तब हम एक साथ होते हैं कुल्हाड़ी, डाल
और मीठा, पकता हुआ ख़तरा उनके बीच का

और अगर संसार तुम्हारा नाम भूल जाये
निश्छल पृथ्वी से यह कहो : मैं बहता हूँ
तेज़ प्रवाह से यह कहो : मैं हूँ

दो नयी पुस्तकें

अम्बर्तो ईको चाहे उपन्यास लिखें, भाषा-विज्ञान की कोई चीज़ या कलाओं पर कुछ या आज के सुरसा अस बढ़ रहे संचार-नियमित जीवन पर कुछ वे हमेशा ही चकित-मुदित करते हैं। उनकी जिज्ञसा अदम्य है : उनकी सिसृक्षा अथक।

इधर उनकी दो नयी पुस्तकें, अंग्रेजी अनुवाद में, हाथ लगीं। पहली 'आन 'अगलीनैस' (हार्विल सैकर 2007) उनकी पिछली पुस्तक 'आन ब्यूटी' (सैकर एण्ड वारबर्ग 2005) की सहचरी है। दोनों पुस्तकों में पश्चिमी कला और सौन्दर्य-चिन्तन के सन्दर्भ से पश्चिमी सभ्यता में, उसकी ललित कलाओं में, सौन्दर्य और कुरूपता की अवधारणाओं की वास्तविक कला-स्थिति पर विस्तार से सचित्र विचार किया गया है। दोनों ही पुस्तकें एक तरह के संचयन हैं।

आम तौर पर यह धारणा है कि कुरूप रूप का विलोम है और अगर रूप की व्याख्या कर ली जाये तो कुरूप भी समझ में आ जायेगा। ईको की यह पुस्तक प्रमाणित करती है कि कुरूप निरा विलोम नहीं है, उसकी आत्यन्तिक सत्ता है। जैसे हमारे यहाँ वीभत्स रस भी एक बाक़ायदा मान्य रस है, पश्चिम में भी कुरूप का स्थान रहा है। ईको को इस बात का अहसास है कि कुरूपता सांस्कृतिक सन्दर्भ पर निर्भर करती है। जो एक संस्कृति में सुन्दर माना जाता है, दूसरी संस्कृति के लिए कुरूप हो सकता है। यहाँ यह याद किया जा सकता है कि कई ब्रिटिश कलाविदों को सदियों तक भारतीय मूर्तिकला की अनेक सुन्दर कृतियाँ वीभत्स और कुरूप लगती रही हैं। जरूरी नहीं है कि सुन्दर या असुन्दर की धारणा सांस्कृतिक सन्दर्भ पर ही निर्भर करे : सामाजिक-राजनैतिक आधार भी होते हैं।

ईको मार्क्स का उद्धरण देकर बताते हैं कि '...मेरी शक्ति की सीमा उतनी बड़ी है जितनी मेरे धन की शक्ति है।... मैं क्या हूँ और क्या कर सकता हूँ यह इसलिए मेरी व्यक्तिमत्ता द्वारा ज़रा भी निर्धारित नहीं होता। मैं कुरूप हूँ लेकिन मैं अपने लिए सबसे सुन्दर स्त्रियाँ ख़रीद सकता हूँ। इसलिए मैं कुरूप नहीं हूँ क्योंकि कुरूपता का प्रभाव उसकी निरुत्साहक शक्ति, धन रद्द कर देता है।' जुंग ने ज्वायस पर जो लिखा था उसके हवाले से ईको बताते हैं कि अकसर अवाँ गार्द कला पहले कुरुचिपूर्ण और भद्दी लगती है और कालान्तर में महान् कला साबित होती है। जिन्हें कुरूपता की अपार विविधता, उसकी पश्चिमी परम्परा और आधुनिकता में सुन्दरता को देखना-समझना हो उन्हें पुस्तक ज़रूर पढ़नी चाहिए।

ईको की दूसरी पुस्तक है : 'टर्निंग बैक द क्लार्क–हाट वार्स एण्ड मीडिया पॉपुलिज़्म (हार्विल सैकर 2007) ईको इक्कीसवीं शताब्दी के शुरू के वर्षों में बहुत कुछ पश्चात्पद होता मानते हैं। जैसे इतिहास हमेशा आगे कदम रखने से उकताकर-उबकर पीछे की ओर जा रहा है। शीत युद्ध के बाद गर्म युद्ध अफगानिस्तान और ईराक में वापस आ गया है। पश्चिम इस्लाम और ईसाइयत के संघर्ष की ओर वापस खिसक गया है। पीले खतरे के प्रेत को फिर से जगाया जा रहा है। डार्विन के सिद्धान्तों को फिर अमान्य किया जा रहा है। दुनिया में दक्षिणपंथी सरकारों की संख्या बढ़ रही है। ईको फिर आगे चलने का उतना आह्वान नहीं करते जितना इस पर आग्रह करते हैं कि हम पीछे को जाना बन्द करें। ईको कई शब्दों और धारणाओं के दुरुपयोग पर ध्यान देते है : युद्ध, आतंकवाद, अरब, इस्लाम, सिविल युद्ध, प्रतिरोध आदि।

मृत्यु के लाभ-हानि पर लिखते हुए ईको कहते हैं कि 'मैं उन लोगों में से हूँ जो अपनी जवानी को मिस नहीं करते (मैं खुश हूँ कि मेरे पास कभी जवानी थी, पर मैं फिर से शुरू करना नहीं चाहूँगा) क्योंकि आज मैं पहले के मुकाबले कहीं अधिक सन्तुष्ट महसूस करता हूँ। लेकिन यह विचार कि यह सारा अनुभव मेरी मृत्यु के क्षण में लुप्त हो जायेगा मुझे डर और दुख से भर देता है। यह खयाल कि जो मेरे बाद आयेंगे वे उतना ही जानेंगे, जितना कि मैं और उससे भी अधिक मुझे कोई सान्तवना देने में विफल होता है। किस कदर बरबादी, अनुभव अर्जित करने में बिताये दशक, सिर्फ़ दूर फेंक ने के लिए!'

अन्तिम कविता

गजानन माधव मुक्तिबोध के दुखद देहावसान को 43 बरस हो गये है लेकिन उनके जीवन और साहित्य में दिलचस्पी कम नहीं हुई है। पिछले दिनों उन्हें लिखे गये लेखकों के पत्र-संकलन के पुस्तकाकार प्रकाशन के समय यह स्पष्ट हुआ कि मुक्तिबोध अपने मित्रों की कितनी परवाह करते थे। पत्रों के इस नायाब संग्रह को उपलब्ध कराने के बाद उनके बड़े बेटे रमेश मुक्तिबोध ने वह कविता खोज निकाली है जो मुक्तिबोध ने फरवरी 1964 में बीमार पड़ने के दौरान लिखी थी और उनके अचेत होने और अन्ततः उस बीमारी से दिवंगत होने के पहले लिखी गयीं ये पंक्तियाँ उनकी अन्तिम कविता है। यह कहना कठिन है कि कविता पूरी है या अधूरी। अधूरी लगती है क्योंकि समय मिला होता तो कवि इस पर ज़रूर और काम करता और उसे कुछ तरतीब देता जिसकी कि उसे पुरानी आदत थी। कविता यों शुरू होती है :

जगत की चेतना
वेदनों से मिली है
इसीलिए अँधेरे में
ज़मीन के अँधेरे में
तुम्हारी जड़ों का जाल
मेरी सब जड़ों को
कसकर फँसाकर
तोड़ता रहता है
घेरता रहता है।

कुछ पंक्तियाँ लिखकर काटी गयी है। फिर कविता आगे यों चलती है:

धूप का सारा गरम धूप
तुम पी गये।
पत्तों से चाट गये
सारी हवा
क्या दिया मुझे
अँधेरी अपनी छाया में रहने का
मौका।
बस यही!!
इसीलिए, जमीन के अँधेरे में
मेरी जड़ें तुमसे जड़ें
टकराती है।
फँसती हैं, घेरती है,

खाती हैं।

इस कविता या कवितांश का समापन इन पंक्तियों से होता हैः

मैं छन्द की
तलाश में हूँ!!
बिम्ब की नहीं
गति की खोज में हूँ
अर्थ की नहीं!!

इन पंक्तियों में मुक्तिबोध ने अपनी काव्य-चेष्टा की एक नयी परिभाषा दी है। वे छन्द और गति की तलाश में थे, बिम्ब और अर्थ की नहीं। क्या यह उनकी अपनी समवर्ती कविता पर एक टिप्पणी भी है? कई बार लगता है कि मुक्तिबोध के शिल्प, बिम्बों, फैण्टेसी आदि की विश्लेषण तो काफ़ी हुआ है, पर उनकी कविता की छान्दिकता पर कम ध्यान दिया गया है। उसे गद्यधर्मी मानकर छोड़ देना उचित नहीं है। अर्थ के बजाय गति पर आग्रह भी एक ऐसा पक्ष है, जिस पर ध्यान देना चाहिए। क्या मुक्तिबोध ने लम्बी कविताएँ इसलिए लिखी थीं कि उनके वितान में ही अधिक गतिशील हुआ जा सकता था!

रमेश मुक्तिबोध ने ऐसी कुछ सामग्री जुटायी है जो अब तक पुस्तकाकार प्रकाशित नहीं हुई है और रचनावली में भी नहीं आयी। इस शेष सामग्री को एकत्र करते हुए एक पुस्तक मुक्तिबोध के अगले जन्मदिन पर नवम्बर 07 में प्रकाशित होगी ऐसी सम्भावना है।

कभी इसका अध्ययन होना चाहिए कि हमारे बड़े कवियों की लिखी अन्तिम कविताएँ कैसी हैं और उनसे किस तरह के चित्र या आशय उभरते है। पर उससे पहले किसी को ऐसी अन्तिम कविताओं का एक संचयन तैयार करना चाहिए।

वापस हेर्बर्त

जो थोड़े से हमें सुन रहे हैं सौन्दर्य के हकदार हैं
लेकिन सच के भी
जिसका मतलब है—ख़तरा

ताकि वे साहसी हों
जब वह क्षण आये

पोलिश कवि अदम जाग्येवसकी के एक पोस्टकार्ड के उत्तर में महाकवि ज़्बीग्न्येव हेर्बर्त ने एक कविता लिखी एक हिस्सा ऊपर दिया गया है। हेर्बर्त की 1956 से 1998 के दौरान प्रकाशित कविताओं का अंग्रेजी अनुवाद का एक वृहत संकलन 'दि कलेक्टेड पोएम्स' शीर्षक से इक्को (हार्पर कालिन्स) अमरीका ने प्रकाशित किया हैं। अधिकांश अनुवाद एलीसा वेलेस ने किये है। पिछली जुलाई में एक पूरे दिन मैं यह पुस्तक लन्दन की सभी प्रसिद्ध दूकानों में खोजता रहा और वह कहीं नहीं मिल सकी थी। अभी एक कृपालु मित्र न्यूयार्क से एक प्रति ले आये। पिछले कुछ दिनों से मैं इसी पुस्तक के साथ हूँ : कविता, महान् कविता अपना जो अनन्त रचती है वह अनुवाद भी आखिरकार विन्यस्त कर ही देता है।

हेर्बर्त एक ऐसे कवि हैं जिनके यहाँ सुन्दरता, सुरुचि, अन्तःकरण, विडम्बना में अटूट सम्बन्ध है जैसे कि कविता और इतिहास में भी। वह बिना चीख़-पुकार मचाये प्रतिरोध की, बीसवीं शताब्दी की यातना की गाथा की कविता है : ऐसी कविता जिसने नाज़ी और साम्यवादी तानाशाहियों और उनके क्रूर दमन और अत्याचार के अँधेरे दिनों में प्रतिरोध का एक लगभग आध्यात्मिक भूगोल रचा और उसमें अन्तःकरण का केन्द्र स्थापित किया। यह निरा संयोग नहीं है कि हेर्बर्त को पोलिश समाज दशकों से अपना सौन्दर्य-अन्तःकरण मानता रहा। अगले वर्ष हेर्बर्त की मृत्यु को एक दशक पूरा हो जायेगा। पौलेण्ड की संसद ने एक प्रस्ताव पारित कर 2008 को 'हेर्बर्त वर्ष' घोषित किया है।

रेनाता चेकाल्स्का और मैंने हेर्बर्त की कुछ कविताओं का अनुवाद किया था। उसमें उनकी कुछ बाद की कविताएँ भी शामिल थीं। मुझे याद आया कि उसमें एक कविता है : 'बूढ़े आदमियों की प्रार्थना'। उसकी कुछ पंक्तियाँ :

अगर हमें देवदूत बनाना कठिन हो
तो हमें बदल दो आसमानी कुत्तों में
संकर कुत्तों में उलझे बालोंवाल
भूरे मुँहवाले पतंगों में
बजरी की बुझी आँखों में
पर हमें निगलने मत देना
अपनी वेदियों के लालची अँधेरे द्वारा
हमें सिर्फ़ इतना बताओ
कि हम बाद में वापस आयेंगे

चेहरे

इस बेहद सुन्दर कला-पुस्तक में, जिसे आर्ट एलाइव गैलरी ने कलाविद् इना पुरी के सम्पादन में 'फेसेज़ आव् इण्डियन आर्ट' के नाम से प्रकाशित किया, बावन कलाकारों-चित्रकारों-मूर्तिकारों—के चहरे हैं लेकिन कलाकर्म में व्यस्त चेहरे। अपने-अपने निजी स्टूडियो में निहायत निजी स्पेसों में चित्र या मूर्ति बनाते कलाकारों के चित्र जिन्हें बेहद संवेदनशीलता और समझ के बीच निभाई घोष ने खींचा है। बाकी सब तो भारत के कई शहरों में जाकर खींचे गये चित्र हैं, सैयद हैदर रज़ा के चित्र उनके पैरिस-स्थित स्टूडियो में लिये गये हैं। निमाई घोष सत्यरीत राय के फ़ोटोग्राफर रहे हैं और जब वे बिनोद बिहारी मुखर्जी पर फिल्म बना रहे थे तो पहली बार किसी चित्रकार के चित्र खींचने का सुयोग उन्हें मिला था। फिर उन्हें इसका ख़ब्त सवार हुआ। चित्रकार मनजीत बावा और इना पुरी के उकसाने पर उन्होंने ऐसे चित्र व्यवस्थित ढंग से लेने का प्रोजेक्ट बनाया और उसका प्रतिफल सुनयना आनन्द की गैलरी द्वारा प्रकाशित यह पुस्तक है। मुखर्जी के अलावा रामकिंकर बैज और सोमनाथ होर जैसे दिवंगत कलाकारों के चित्र भी हैं।

यों तो यह कहा जाता है और उचित ही कि कलाकार की सच्ची और टिकाऊ पहचान होती है। पर इन चित्रों के माध्यम से कलाकारों को काम करते हुए देखना अपने किस्म का अलग अनुभव है : इनसे भी अलग-अलग पहचान बनती लगती है। महाकवि यीट्स ने हृदय की फटी-चिथड़ी जिस दुकान में उतरने की बात कही है, कुछ-कुछ वैसी ही जगहें इन चित्रों में नज़र आती हैं। अपने औज़ारों, रंगों, अधबने कैनवास, चिथड़ों आदि से घिरे कलाकार कुछ अधिक मानवीय, कुछ अधिक सच, कुछ अधिक पड़ोसी से लगते हैं।

पुस्तक में चार कलालोचकों केशव मलिक, गीति सेन, आर. शिवकुमार और इना पुरी ने हरेक कलाकार पर टिप्पणियाँ भी लिखी हैं जो बहुत रोचक और उपयोगी हैं। उनमें कई कलाकारों की उक्तियाँ भी हैं : 'जिस जगह को चित्रित किया जाना है उसे ज़मीन के एक टुकड़े की तरह गोड़ना होता है ताकि उससे अच्छी फसल उग सके' (कृष्ण खन्ना), वह एक कर्म है जिसके माध्यम से कलाकार का व्यक्तित्व विकसित होता है... कला हमारे लिए मानवीय स्थिति के प्रति रुझान से नहीं उपजती है (जगदीश स्वामीनाथन) प्रक्रिया अंकुरण से मिलती जुलती है' (सैयद हैदर रज़ा) जैसे उमर बढ़ती है निश्चय ही हम आत्मरति से नास्टैल्जिया की ओर मुड़ते हैं (अंजलि इला मेनन)' आप किसी और की स्मृतियों से नहीं अपनी ही स्मृतियों से जी सकते है।... हम जो देखते हैं उससे

अधिक अमूर्त और कुछ नहीं होता (मनजीत बावा)' सबसे कठिन क्षण होता है यह जानना कि सब समाप्त करना है (परमजीत सिंह)।

तैयब मेहता के बारे में गीति सेन ने लिखा हैं कि उनकी कलाकृतियाँ अब दुहरी अस्मिता के विरोधाभास प्रस्तुत करती हैं जो कि एक विभाजित अस्मिता से एक ही समय में प्रतिबद्ध और अप्रतिबद्ध है। केशव मलिक को लगता है कि रामकुमार के चित्रों में उच्च जीवन और बर्बरता दोनों को हटा दिया गया है और आँख धरती के उतार-चढ़ाव और मोड़ों से आध्यात्मिक सन्तुलन पा लेती है, भले जल या अन्य तत्वों की कितनी ही खलबलाहट हो। हम इस तरह शुद्धता तक पहुँच जाते हैं। आर. शिवकुमार को बिनोद बिहारी मुखर्जी के उत्तरकाल के काम में 'सौम्य सौजन्य और नीरव सूक्ष्मता' नजर आती है तो इनापुरी अकबर पदमसी के दिगम्बर-चित्रों में एक नाजुक ऐन्द्रियता देखती हैं।

प्रथम-अन्तिम

इससे पहले मैंने ओमप्रकाश सिंह का नाम नहीं सुना-जाना था। प्रकाशन संस्थान ने जब उनके द्वारा अत्यन्त परिश्रमपूर्वक सम्पादित आचार्य रामचन्द्र शुक्ल ग्रन्थावली, आठ खण्डों में, भेजी तो बहुत सुखद अचरज हुआ। जब यह पता चला कि यह काम उन्होंने भयंकर बीमारी से ग्रस्त होने के बावजूद किया तो मन में कृतज्ञता भी जागी। वे साहित्य-संसार से बाहर रहे है, लेकिन उन्होंने एक शोधकर्ता की तरह जतन और समझ से ऐतिहासिक काम किया है। इसे यानी ग्रन्थावली को बहुत पहले आ जाना चाहिए था, लेकिन अब जब आ गयी है तो उसके पीछे जो मेहनत की गयी है, उसका खुले दिल से एहतराम किया जाना चाहिए।

हिन्दी में साहित्य के स्तर पर जो भी इतिहास-बोध और परम्परा-बोध है, वह शुक्ल जी का दिया हुआ है : उसमें महत्वपूर्ण परिवर्तन-परिवर्द्धन हुए हैं, पर उसका मूलाधार वही बना रहा है जो शुक्ल जी ने बनाया था। हालाँकि खड़ी बोली में गद्य और विचार विनिमय की परम्परा तब तक बन नहीं पायी है, शुक्ल जी ने बहुत सूक्ष्म, सटीक और बौद्धिक भाषा का आविष्कार हिन्दी आलोचना के लिए किया। उनके द्वारा मूल रूप से प्रस्तावित साहित्य-बोध और समाज-बोध का अटूट सम्बन्ध अब तक अक्षत बना है। आलोचना को एक गम्भीर वैचारिक और सामाजिक अनुशासन के रूप में शुक्ल जी ने ही प्रतिष्ठित किया। हिन्दी में अवधारणात्मक लेखन का सूत्रपात भी उनसे ही होता है। उन्होंने ही हिन्दी

को अपना जातीय काव्यशास्त्र दिया। परम्परा में लगभग क्रान्तिकारी परिवर्तन करते हुए शुक्ल जी ने ही साहित्य के केन्द्र में लौकिकता को स्थापित किया और उसका लोकमंगल, लोकचित, लोकभाव, लोकहित, लोकसंग्रह आदि की अवधाराणएँ विकसित कर विस्तार किया : एक तरह से यह साहित्य के लोकतन्त्र की भी स्थापना थी। शुक्ल जी हिन्दी के पहले सार्वजनिक बुद्धिजीवी थे जिन्होंने गाँधी, रवीन्द्रनाथ आदि से असहमत होने का साहस दिखाया था। उनका अपनी समकालीनता से जटिल सम्बन्ध था। लेकिन वे बीसवीं शताब्दी के पूर्वार्द्ध की विश्व स्तर की हलचलों के प्रति सजग थे। अगर शास्त्र-निर्माण, व्यावहारिक आलोचना और इतिहास-लेखन आलोचना के तीन अनिवार्य काम माने जायें, जैसा कि मैनेजर पाण्डे ने उचित ही सुझाया है, तो शुक्ल जी हिन्दी के पहले पूर्ण आलोचक हैं और अब तक अन्तिम भी, क्योंकि ये तीनों काम हिन्दी में किसी और आलोचक ने वैसी मूर्धन्यता और समग्रता से नहीं किये, जैसे कि आचार्य शुक्ल ने।

'रामकहानी सीताराम'

मधुकर उपाध्याय पत्रकार रहे हैं और उन्होंने कभी बुद्धिजीवी होने का कोई दावा नहीं किया। बरसों पहले जब उन्होंने उन्नीसवीं शताब्दी के अंग्रेजों की सेना के एक अवधी सैनिक की आपबीती का, उसका मूल अवधी सुलभ न होने के कारण, अंग्रेजी अनुवाद से फिर अवधी संस्करण तैयार करने का जो काम किया था, उसकी हम सभी ने भूरि-भूरि प्रंशसा की थी। इधर वाणी प्रकाशन ने उन्हीं का किया हुआ उस दस्तावेज़ का हिन्दी अनुवाद 'राम कहानी सीताराम' शीर्षक से छापा है। एक अंग्रेज़ अफ़सर के उकसावे पर लिखा गया यह आत्मवृत्तान्त तक सैनिक के खट्टे-मीठे अनुभवों, स्मृतियों, अभिमतों आदि से मर्मपूर्वक और जब-तब की नाटकीयता के साथ लिखा गया है। उस समय के जनजीवन का भी कुछ पता इस कहानी से चलता है जैसे कि तब के रीति-रिवाजों, जाति-बन्धन, विवाह-प्रक्रिया आदि के बारे में भी जानकारी मिलती है। सबसे बड़ी बात यह है कि यह एक बेहद मानवीय दस्तावेज़ है। अपने सच से रचा गया एक गल्प। हम उसे पढ़ते हुए भूल जाते हैं कि वह एक तरह का संस्मरण है, कोई उपन्यास या कहानी नहीं। यह भी नहीं लगता कि उसमें जो तथ्य दिये गये हैं, उनकी सच्चाई को जाँचना चाहिए। उसे एक दिन में पूरा पढ़ जाने के बाद यह खयाल आया कि लिखना सच बनाता है : हम सच को उतना लिखते नहीं हैं क्योंकि वह तो

लिखने से बनता है। अगर अवध के तिलोई गाँव के सीताराम पाण्डे यह वृत्तान्त नहीं लिखते तो वे हमारे लिए कभी सच न हो पाते। लिखना उन्हें सच बनाता है। सच्चाई से लिखने का सम्बन्ध खासा जटिल और द्वन्द्वात्मक होता है। साहित्य के लिए सच्चाई कितने तथ्यों और कितने शिल्पतथ्यों से मिलकर बनती है! भले तथाकथित वास्तविक जीवन में हम कितने ही सच क्यों न हों, हम सच होते हैं जब लिखते हैं। कल्पना से साहित्य लेखक को सच बनता है।

रामकहानी से एक और बात बड़ी मार्मिकता से स्पष्ट होती है। साहित्य सिर्फ़ लेखक नहीं रचते। लिखकर, अपनी रामकहानी लिखकर, ईमानदारी और बेबाकी से, कोई भी साहित्य रच सकता है।

दूसरे रंग

तुर्की लेखक ओरहान पामुक के निबन्धों और एक कहानी के संग्रह का प्रकाशन अंग्रेजी अनुवाद में 'अदर कलर्स' के नाम से एलफ्रेड नाफ़ ने किया है। 417 पृष्ठों की इस पुस्तक में पामुक की लिखी फुटकर चीजें जमा की गयी हैं। बाक़ी की चर्चा बाद में कभी। अभी तो बुक-कवर्स पर पामुक की नौ टिप्पणियों में से कुछ पर ध्यान दिया जाये।

पामुक के अनुसार, अगर कोई उपन्यासकार अपनी पुस्तक बिना उसके कवर का सपना देखे पूरी कर सकता है तो वह बुद्धिमान, सुविकसित और पूरी तरह से वयस्क व्यक्ति है, लेकिन उसने वह भोलापन खो दिया है जिसने उसे पहले पहल उपन्यासकार बनाया था। पर उन पुस्तकों को, जिन्हें हम प्यार करते हैं, उनके कवरों को याद किये बिना हम याद नहीं कर सकते। हम सभी चाहेंगे कि और अधिक पाठक पुस्तकों को उनकी कवरों की वजह से खरीदें और और अधिक आलोचक उन पुस्तकों को हिकारत की नज़र से देखें जो इस तरह के पाठकों को ध्यान में रखकर लिखी गयी हैं। पुस्तकों के कवरों पर नायकों का विस्तृत वर्णन न सिर्फ़ लेखक की कल्पना का अपमान है बल्कि उसके पाठकों का भी। पुस्तकों के शीर्षक लोगों के नामों जैसे होते हैं : वे हमारी मदद करते हैं, उन लाखों पुस्तकों से उस एक पुस्तक को अलगाने में जो उन जैसी ही होती है। लेकिन पुस्तकों के कवर लोगों के चेहरों जैसे होते हैं : या तो वे हमें याद दिलाते हैं उस सुख की जो हमने जाना था या एक सुखद संसार का भरोसा दिलाते हैं, जिसमें अभी हमें दाखिल होना है। यही वजह है कि हम पुस्तकों के कवरों को उतने प्यार से देखते हैं,

जितने कि चेहरों को!

पामुक अन्यत्र कहते हैं कि वह राष्ट्रीय हों या अन्तरराष्ट्रीय सभी उपन्यासकार एक आदर्श पाठक की कल्पना कर उसे अस्तित्व में लाते हैं और फिर पुस्तकें उसे मन में रखकर लिखते हैं।

एक नयी पत्रिका

नाम छोटा-सा है, है आकार में मोटी, सामग्री में वज़नी। नाम अटपटा है। हो सकता है कि उसका प्रतीकार्थ अपनी समझ में नहीं आया है। 'बया' पत्रिका गौरीनाथ द्वारा संपादित और बया साहित्य मंच, 38 बृजपुरी एक्सटेंशन, परवाना रोड, दिल्ली-51 से प्रकाशित है। यह उसका दूसरा अंक है। उसमें विचार-सामग्री के अन्तर्गत 'भविष्य का समाज' विषय पर विश्वनाथ त्रिपाठी, खगेन्द्र ठाकुर, गिरीश मिश्र, कात्यायनी, श्याम बेनेगल, अरविन्द कुमार, सुखदेव थोराट आदि के लेख हैं। सोलह कहानियाँ हैं—कमलेश्वर, अब्दुल बिसमिल्लाह, चंद्र किशोर जायसवाल, मनीषा कुलश्रेष्ठ, प्रत्यक्षा, प्रेमकुमार मणि आदि की। तीसेक कवियों की कविताएँ हैं जिनमें नईम, नीलाभ, विष्णु नागर, मंगलेश डबराल, हरीशचन्द्र पाण्डे, निर्मला गर्ग, सुनीता जैन, के. सच्चिदानन्दन आदि हैं। अशोक भौमिक का एक पूरा उपन्यास 'मोनालीसा हँस रही थी' भी इस पत्रिका में प्रकाशित है। संपादक से बातचीत में पता चला कि वे इस पत्रिका की दस से बारह हज़ार प्रतियाँ बेच लेते हैं। इसके दो आशय स्पष्ट हैं। पहला यह कि अगर पत्रिकाएँ और पुस्तकें सुगमता से पाठकों तक पहुँचाने की व्यवस्था हो तो हिन्दी में अच्छा साहित्य पढ़ने के पर्याप्त उत्सुक पाठक हैं। दूसरा कि गौरीनाथ जैसे युवा संपादक अपनी उदार और समझदार दृष्टि से आज के परिदृश्य को सम्यक् रूप से विन्यस्त करने और उसे व्यापक रूप से ग्राह्य बनाने का उद्यम कर एक तरह की प्रमाणिकता अर्जित कर सकते हैं। तीसरा यह कि बिना सनसनीखोज के, असली विचारोत्तेजना और सर्जनात्मक बहुलता से पाठक संख्या बढ़ायी जा सकती है।

'बया-2' में हरीशचन्द्र पाण्डे की एक कविता इन पंक्तियों से समाप्त होती है :

मालिक कूटनीति के तहत जाली लगवाए है मर्द बच्चे के मुँह पर
चिड़िया भी अपने स्वार्थ के लिये चोंच मार रही है
पर गाय के लिये ऐसा नहीं कहा जा सकता।

गाय अपने बुढ़ापे के लिये भी नहीं चाट रही है।

कृष्ण मोहन झा की एक कविता का अंश है :

मिट्टी और पानी से जन्म लेते हुए
मुझे दिखते हैं शब्द
घास की तरह लहलहाती हुई दिखती है भाषा
और अपनी प्रत्येक परिभाषा को तोड़कर
अन्ततः बाहर आता हुआ
दिखता है मनुष्य

'बया' जैसी पत्रिकाओं से हिन्दी की साहित्य-संस्कृति में संवाद और सृजन की जगह बढ़ती है। वे दीर्घजीवी हों और पाठकवर्ग का विस्तार करती रहें यह शुभकामना सर्वथा समीचीन होगी।

हर जगह बरबाद

'तनाव' पत्रिका पिपरिया कस्बे से निकलती है, वंशी माहेश्वरी के बल पर। उसका 101वाँ अंक आया है जिसे देखकर मन में उस अद्भुत ज़िद के प्रति गहरी कृतज्ञता जागती है, जो यह पत्रिका है। हो सकता है कि हो, लेकिन मैं नहीं जानता कि विश्व कविता के अनुवाद पर एकाग्र कोई और पत्रिका, इस तरह की, दुनिया में कहीं है। कम से कम भारत में तो नहीं है। किसी प्रकाशक को चाहिए कि वह इस पत्रिका में प्रकाशित विश्व कविता के कवियों के संचयन आठ-दस ज़िल्दों में छाप दे। ऐसी पुस्तक शायद ही किसी भारतीय भाषा में होगी। पहल हिन्दी में होना ही योग्य है।

नया अंक कांस्टेण्टीन कवाफ़ी की पीयूष दईया द्वारा अंग्रेज़ी से अनूदित कविताओं का एक सुघर संचयन है। पहली ही कविता का यह अंश ध्यानाकर्षक है :

तुम्हें नहीं मिलेगी नयी ज़मीनें, तुम्हें नहीं मिलेंगे नये समुद्र।
शहर तुम्हारे पीछे चलेगा, तुम भटकोगे वैसी ही
गलियाँ। और तुम बूढ़े हो जाओगे वैसे ही मोहल्लों में;
और पड़ जाओगे तुम सफ़ेद इन्हीं जैसे ही घरों में ।
हमेशा तुम पहुँचोगे इसी शहर में। कुछ और उम्मीद मत करो।
तुम्हारे लिए कोई जहाज नहीं, कोई मार्ग नहीं।
यहाँ तुमने ख़त्म कर लिया जैसे ही अपना जीवन

इस छोटे खाने में, तुमने इसे बरबाद कर लिया सारी दुनिया में।

अपनी समलैंगिकता को कविता में कवाफ़ी ने पूरी शिद्दत और बेबाकी से जगह दी। उसके कुछ बेहद ऐन्द्रिय नमूने इस संचयन में शामिल हैं। एक कविता का अन्त यों होता है :

वह मुझे भाता है इतना सुन्दर
कि अब मेरी आत्मा उसका आह्वान करती है, समय के बाहर।
समय के बाहर। ये सारी वस्तुएँ हैं हद से ज़्यादा पुरानी...
स्केच, और जहाज, और दोपहर।

'चाहिए क्या और'

हिन्दू कालेज दिल्ली का हिन्दी विभाग एक हस्तलिखित पत्रिका 'हस्ताक्षर' निकालता है वह छात्र-छात्राओं द्वारा ही सम्पादित है। उसका दूसरा अंक इधर देख रहा था तो उसमें स्वयं उनकी हस्तलिपि में त्रिलोचन की छह कविताएँ प्रकाशित हैं। पता नहीं ये कहीं और प्रकाशित हैं या नहीं। दो कविताएँ विशेष रूप से ध्यान आकर्षित करती हैं :

और क्या चाहिए
जी रहा हूँ ठीक वैसे ही अभी तक
पेड़ जैसे आम का चुपचाप
और अपने मूल-दल से ले रहा हूँ
सुरस जीवन का ज़रूरी ताप

हवा जितनी चाहिए लेता रहा हूँ
और पानी पी रहा हूँ मौन
कौन जीवन किस तरह किस ओर
बना है, यह जानता है कौन

हवा चलती है कभी तो मन्द
कभी अपने वेग से अति उग्र
देखता हूँ बालों को पवन-रथ पर
जलभरे काले कभी हैं शुभ्र

क्षितिज तक फैला हुआ आकाश
ढँके मेघों से दिशाएँ देश

रिमझिमायें बिजलियों की चमक, जैसे
ध्वनि-तरंगें बहुत-सी हैं शेष

शिशिर में भी एक दिन बिल्कुल अलक्षित
उमड़ते हैं रंग भरकर बौर
यही तो अनुभूतियाँ हैं, कल्पनामय
मैं कहीं हूँ चाहिए क्या और

और दूसरी कविता है 'छिपकली की आवाज़' :

छिपकली घरों के अन्दर ही
रहती है,
वहाँ उसे रक्षा और आहार भी
मिलता है,
मनबहलाव के लिए भी कभी
घर से बाहर जाते उसे कम देखा गया

बहुत-से कीट-पतंग उसके आहार में
नहीं आते
घर के भीतर ही उस को काम भर की
मिल जाता है, घर भी थोड़ा बहुत
साफ़ रहा करता है

जब उसे कोई चिंता नहीं होती
तभी वह कट्-कट् आवाज़ करती है
जैसे दो लकड़ियाँ आपस में टकराकर
रह गयी हों, बहुत मन्द स्वर में।

यह अहसास शक्तिदायी है कि इतनी उम्र में भी त्रिलोचन की कविता में 'सुरस जीवन का जरूरी ताप' बचा हुआ है।

'दुख की प्राचीन नीलाभ नदी'

यह किसी क्रांतिकारी कवि की कविता का शीर्षक हिन्दी में शायद ही कभी हो सकता हो, लेकिन वह कुल चालीस साल की उमर के असमिया कवि मेगन कछारी की कविता का है जो इस समय गुवाहटी जेल में हैं और असम के भूमिगत विद्रोही संगठन संयुक्त मुक्ति वाहिनी असम

(उल्फा) के प्रचार सचिव हैं। उनकी कविताओं का हिन्दी अनुवाद दिनकर कुमार ने किया है और 'पहल' पत्रिका ने इसे 'विद्रोह गाथा' शीर्षक से एक पुस्तिका के रूप में प्रकाशित किया है। अगर आपको कवि की राजनैतिक सक्रियता और प्रतिबद्धता के बारे में कुछ भी पता न हो तो भी उनकी कविताएँ अपनी सघनता, ऐन्द्रियता और स्मृति-समृद्धि से तुरन्त ही आपका ध्यान खींचेगी।

हवा में खुशबू घोलकर नीचे झर जाते हैं कातर हरसिंगार
दमकते हुए खिला रहता है धूप की गर्मी में लहू की तरह
अमलतास का पीलापन।
टूटे पुल को छूकर बहती है गुम-सुम-सी दुख की प्राचीन
नीलाभ नदी...
निशा-खामोश गाँव के इस छोर या उस छोर में गुरुम गुरुम

गोली की आवाज से दोफाड़ कर छोड़ गये हो स्वप्न से भरपूर रात के
दो टुकड़े गायें रँभायी थीः

गोद के बच्चे और बत्तख रोये थे...
हिम-शीतल ठुड्डी ठण्ड में काँपने की तरह काँपती हुई बस्ती
पसीने से भीगे शरीर के साथ काँपती रही थी बेआवाज़-सुनसान, वाक्युद्ध
पूरी रात
रक्त से भीगे बूट जूते से रौंदकर गये हो औसारे का शैवाली-बहुल
प्रभात का कोहरा साथ लेकर आया है कच्चे लहू का कच्चापन
और बारूद की गंध...

मेगन कछारी के यहाँ प्रेम, आसक्ति और आत्मालोचन सब एक साथ है :

सीने में किसकी कोठरी कितनी बड़ी भला सुख की या
दुख की, दुख के शायद दो दरवाज़े, खिड़कियाँ अनेक
और एक दरवाजा सुख की कोठरी में, खिड़की विहीन...
नहीं... विश्वास करो कोई कोठरी नहीं है मेरी
सीने में... जूठे पत्तल पर खोल रखा है हृदय को
विश्वास करो मेरा

आगे जाकर इस कविता में, जिसका शीर्षक है 'चांदी की नथ, सोने का कंगन', एक निमर्म आत्मचित्र उभरता है :

मेरी माँ और पिता जन्मे थे स्वामीविहीन एक
कुतिया के पेट से, क्या नहीं किया था स्वर्ग व्याकुल
मेरी माँ और पिता ने।

वे अपनी ऐकान्तिक विडम्बना को भी खूब पहचानते हैं, कम से कम कविता में :

ऐसी एक नदी बताओ, जहाँ
स्नान कर मनुष्य भुला सकता है
तन्हाई को...
जिस राह के आखिरी हिस्से में है
शून्यता का घर
जिस हिस्से में कौवों का शोर
जहाँ पड़ता है संगीत का
असंयत शव
उस राह से मुझे
नहीं बुलाना...

कविता एक तरह का सत्यापन अर्जित कर चुकी होती है, जब उसमें कहा जाता है :

सभी मनुष्य के एक-एक घर की तरह सभी मनुष्य के
हृदय में होता है एक आदमी, सागर भर उम्मीदें, अनगिनत सपने
और मुँह अँधेरे की एक प्रार्थना...

'पहल' को धन्यवाद कि उसने एक अनोखे असमिया कवि से परिचय कराया।

कविता का वितान

'इस ढंग की कविता अर्थात् मुक्त काव्य इस समय संसार की प्रतिष्ठित भाषाओं में प्रचलित हो गया है। इसका अभाव हिन्दी में ही है। छन्दोबद्ध काव्य में कृत्रिमता की कलई चाहे कुछ देर से खुले, परन्तु मुक्त काव्य में तो वह तत्काल पकड़ में आ जाती है। दुख के साथ कहना पड़ता है, हिन्दी में कविता का मुक्त स्वरूप देखने के लिए अभी हमें बहुत दिनों तक अपेक्षा करनी होगी।' यह निराला ने 1924 में यानी आज से 82 बरस पहले कानपुर से प्रकाशित होने वाले मासिक 'कवि' में अपनी एक टिप्पणी में लिखा था।

'...हम सुन्दर कविताएँ लिखते हैं। उनकी तारीफ़ भी होती है किन्तु उनका सौन्दर्य से भी बड़ा कोई सौन्दर्य है, जो हम अपनी कविता में अब तक नहीं ला पाए। उसकी तलाश है, उसकी बेचैनी है।' यह अंश है मुक्तिबोध

की एक टिप्पणी का जो उन्होंने 1959 में लिखी थी। उसे लिखे अब 48 बरस हो चुके हैं।

अगर आज की हिन्दी कविता का कुछ जायजा इन स्थापनाओं की रोशनी में ले तो किस तरह की स्थिति उभरती है? कहा जा सकता है कि हिन्दी कविता मुक्ति के ऐसे ध्रुवान्त पर पहुँच गई है कि उसे छन्द-मर्यादा या संयम में लौटने पर गम्भीरता से विचार करना चाहिए। कविता कौशल भी है इसकी समझ धुँधला गयी लगती है। निराला को छन्दोबद्ध कविता में कृत्रिमता देर तक छिपा छल लगती थीः आज की मुक्त कविता में भी ऐसी कृत्रिमता देर तक छिपी रह सकती है। इस पर उचित ही इसरार किया जा सकता है कि आज की हिन्दी कविता ने अपना शास्त्र सौन्दर्य के इर्द-गिर्द नहीं, संघर्ष पर केन्द्रित किया है। फिर भी, उसमें न सिर्फ़ संघर्ष का बल्कि सौन्दर्य का भी भूगोल विस्तृत हुआ देखा जा सकता है। कई बार हम कविता को आत्मसंघर्ष और सामाजिक संघर्ष के बीच सम्बन्ध-संवाद बनाते हुए पाते हैंः कविता का परिसर अन्तःकरण का परिसर है। यह नोट करना जरूरी है कि जैसे-जैसे राजनीति और अर्थतन्त्र में अन्तःकरण का आयतन संक्षिप्त हो रहा है, कविता में वह फैल रहा है। हमारे समय में कविता अब सिर्फ़ संघर्ष और सौंदर्य भर की नहीं, अंतःकरण की भी विधा है। वह जीवन का उत्सव है तो यथार्थ का प्रश्नांकन भी। सौभाग्य से यह वैचारिक और शैलीगत दोनों स्तरों पर बहुलता है। आज की हिन्दी कविता में जितनी सशक्त और सार्थक बहुलता है उतनी शायद पहले किसी युग में नहीं रही बावजूद इसके कि उसके एक बड़े हिस्से में शिल्प और दृष्टि दोनों की रीतिबद्धता भी हावी है। यह पहले भी कहा जा चुका है, लेकिन दुहराया जा सकता है कि आज की हिन्दी कविता, में हिन्दी आलोचना की तुलना में अधिक बहुलता, अधिक जनतांत्रिकता है। कई बार लगता है कि उदाहरण के लिए छायावाद के युग के बरक्स आज की कविता कुछ बड़े कवियों तक महदूद नहीं है- अच्छी कविता कई लोग, उनमें से कुछ कभी-कभी सही, लिख रहे हैं।

हिमाचल प्रदेश के भाषा एवं संस्कृति विभाग की द्वैमासिक पत्रिका 'विपाशा' आमतौर पर विशेष ध्यान देने योग्य पत्रिका नहीं रही है पर उसका ताज़ा अंक कविता पर विशेषांक है और ऊपर के उद्धरण उसी में प्रकाशित सामग्री से हैं और उसी को पढ़ते हुए कुछ बातें उभरीं। सत्तर कवियों की कविताएँ इस विशेषांक में प्रकाशित हैं। बहुत दिनों बाद असद ज़ैदी, नन्दकिशोर आचार्य, सत्यपाल सहगल, अनिरुद्ध उमट आदि की कविताएँ किसी विशेषांक में दीख पड़ीं।

इस बार छब्बीस

हो सकता है कि आपमें से अधिकांश मेरे जैसे सौभाग्यशाली न हों, जिनके पास साहित्य अकादेमी की समाचार पत्रिका 'संक्षेप' आती है। उसके तीसरे वर्ष का दूसरा अंक आया : उसके ऊपर छपा है कि वह 'निजी वितरण के लिए' है। मतलब हुआ कि दाम पर बाज़ार में सुलभ न होगी। अगर आपको यह नया अंक मिला हो तो आप उसमें गिनती करने की ज़हमत न उठायें। मुझ निठल्ले ने उनकी गिनती कर ली है। पत्रिका में अकादेमी की रंगारंग गतिविधियों का सचित्र रंगीन विवरण प्रकाशित होते हैं। साठ पृष्ठों के इस अंक में उनकी संख्या छब्बीस है—यह उन चित्रों की गिनती है जिनमें से हरेक में अकादमी के अध्यक्ष की छबि शामिल है। चूँकि यह अपनी असंख्य छबियों द्वारा, सार्वजनिक धन से, अपनी कीर्ति अजर-अमर करने का एक सोचा-समझा अभियान लगता है, सुझाव है कि अकादेमी अपने निमन्त्रण-पत्रों और इस दौरान प्रकाशित पत्रिकाओं और पुस्तकों आदि पर भी अध्यक्ष-छबि देती रहे ताकि कोई भुलाने की जुर्रत न कर सके कि इस समय अकादेमी का अध्यक्ष कौन है। कीर्ति का अन्ततः जो होता है, हो, छबि तो दिग्दिगन्त फैलायी ही जा सकती है, अवसर रहते याने साधनों पर अधिकार रहते। यह नोट करना दिलचस्प है कि इस पत्रिका के सम्पादक हिन्दी लेखक अरुण प्रकाश हैं। वे भला इतना आत्मसंयम क्यों बरत रहे हैं। एकाध चित्र तो उनका भी प्रसंगवश छप ही सकता है!

स्मृति का चमत्कार

'स्टेण्ड' पत्रिका में से एन्थोनी रुडोल्फ़ ने अपने व्याख्यान में फ्रेंच कवि ईव बोनफुआ की एक सुन्दर कविता उद्घृत की है। शीर्शक है : 'एक आवाज़'। उसका थोड़ी अधीरता से किया गया हिन्दी अनुवाद यों है :

मुझे सुनो फिर जीवित होते हुए इन वनों में
स्मृति की शाखाओं के नीचे
जहाँ हरी में गुज़रती हूँ,
धरती पर प्राचीन पौधों की जली हुई मुस्कान,
मोर से जन्मा कोयला।

मुझे सुनो फिर जीवित होते हुए, मैं तुम्हें ले जाऊँगी
उपस्थिति की वाटिका में,

शाम को छोड़ी गयी, छायाओं से घिरी हुई,
जहाँ, इस नये प्रेम में, तुम्हारा घर मिलता है।

कल के बीहड़ राज्य में मैं
एक जंगली पत्ती थी, मरने के लिए स्वतन्त्र।
पर समय पक रहा था, घाटियों में काली कराह,
पानी का घाव दिन के पत्थरों में।

पहली आधुनिक कविता

अकादेमिक नहीं हूँ और अकादेमिक काम के अधिकांश की अप्रासंगिकता से ज्यादातर हताश ही रहा हूँ। साहित्य अकादेमी की द्विमासिक पत्रिका 'समकालीन भारतीय साहित्य' के 134वें अंक में एक बिलकुल युवा शोधछात्रा सुदीप्ति द्वारा प्रस्तुत 'हिन्दी की पहली आधुनिक कविता' शीर्षक सामग्री देखकर बहुत सुखद अचरज हुआ। हिन्दी में किस कविता को उसकी पहली आधुनिक कविता माना जाये इसको लेकर किसी विवाद या मतैक्य का मुझे पता नहीं। डॉ. मैनेजर पाण्डेय ने अपनी पुस्तक 'आलोचना की सामाजिकता' में महेश नारायण द्वारा लिखित लम्बी कविता 'स्वप्न' को पहली कविता माना है पर इस पर विशेष ध्यान नहीं गया था।

सुदीप्ति के एक सुलिखित टिप्पणी में पूरी कविता के पहले जो तथ्य दिये हैं और विश्लेषण किया है उससे स्पष्ट है कि हम अपनी परम्परा के कई पक्षों और व्यक्तियों को बहुत आसानी और बिना किसी शील-संकोच के अनदेखा करते रहे हैं। यह नतीजा निकालना लगभग ज़रूरी हो जाता है कि शायद आधुनिकता की शुरुआत से ही उसमें कुछ के साथ अन्याय या दुर्लक्ष्य घुसा रहा है और आज तक कमजोर या निष्क्रिय नहीं हुआ है।

बिहार को अलग राज्य का दर्जा दिलवाने की मुहीम छेड़ने वाले महेश नारायण 1858 में पैदा हुए थे और उनकी कीर्ति पत्रकार, आन्दोलनकारी और संगठनकर्ता के रूप में रही है। उनकी लम्बी कविता, जो उनकी 'एकमात्र उपलब्ध कविता' है, 13 अक्टूबर 1981 से पटना के 'बिहारबन्धु' में धारावाहिक रूप से प्रकाशित हुई। कविता का रूपविन्यास स्वप्न की फैण्टेसी जैसा है। सुदीप्ति ने बताया है कि 'सिर्फ मुक्त-छन्द ही नहीं, कई प्रकार के छन्दों का प्रथम प्रयोग महेश नारायण ने किया है।' और

यह भी कि उसकी अन्य विष्टिताओं मे' 'फैण्टेसी का प्रयोग, प्रतीक, बिम्ब और ध्वन्यात्मकता आदि है। हिन्दी कविता में आधुनिक स्त्री की पहली उपस्थिति भी इसी कविता में है और 'राजभक्ति की ऐसी तीखी आलोचना करने वाला कवि भारतेन्दु युग का ही है'। राजभक्ति के निषेध के साथ-ही-साथ इस कविता में स्वशासन की इच्छा भी व्यक्त की गयी हैः सीखो तो करोगे राज तुम भी।'

पूरी लम्बी कविता पढ़ने योग्य है। उसके कुछ अंश देखें :

नहीं सत्य प्रीति कभी बड़बड़ाती
नहीं गूढ़ विद्या कभी फड़फड़ाती
अवश्य ही फूँक ही चीज़ हड़हड़ाती
नहीं इसलिए वह बहुत बड़बड़ाती
प्रेम की भाषा आँखों में है
नहीं गठते हुए शब्दों में हैं
सैकड़ों मतलब निकले थे
इनके शब्दों में अबला के
अरे नयनों के सितारे
'अरे आरे
मेरे प्यारे'
शब्द न सोचे न छाने हुए
औ न तौले हुए औ न ठाने हुए

अच्छा है यही, हमेशा सिर का झुकाना
बे काम का काम मोल लेना,
होंगे फँसे यह जंजाल में याँ सब, स्वाधीनता में है
कौन मिठाई?
रुपए तो याँ के याँ ही रहते होंगे?
और याँ के भले में सिर्फ़ होते होंगे?
वाँ तो जमा भी नहीं होते, कि कर लेते
वह अगोड़ बटाई
हम लोग हमेशा ही चुप रहते हैं वहाँ,
और शाज़ जो पूछा रुपए सब यह जाते हैं कहाँ?
तो कहते है वह क़समें खा खा कि हैं करते
हम इससे तुम्हारी भलाई।

फिर कहने लगी सुनो दरख्तो!
रोओ यदि रो सको दरख़्तो!

याँ की दरख़्त रोएँगे काहे को?
अबला की यहाँ नहीं ऐसी ख़राबी
पुष्प दृष्टि है यहाँ और प्रीत की
राह चिकनी है सारी
हम लोगों का प्रीत स्वप्न एक था
नींव अथवा भूल या हिमाक़त एक थी।

कविता पढ़कर लगा कि आधुनिक चेतना, प्रश्नाकुलता, रूपविन्यास पहल और प्रयोगशीलता आदि कई कोषों से महेश नारायण की यह लम्बी कविता हिन्दी की सचमुच पहली आधुनिक कविता लगती है। अगर हमारी आधुनिकता की शुरुआत ऐसी थी तो हम उस पर थोड़ा अभिमान भी कर सकते हैं।

खुले में आवास

कमलेश के समग्र कविता संग्रह 'खुले में आवास' की हम जैसे कइयों को अधीर प्रतीक्षा है। उसे जल्दी ही राजकमल प्रकाशन से आना है। इस बीच कमलेश की कुछ नयी कविताएँ 'रंग प्रसंग' के नये अंक में आयी है। कमलेश आज भी ऐसी भाषा में कविता लिख रहे हैं, जिसमें आपर अन्तर्ध्वनियाँ हैं और जिस पर अख़बारीपन की रत्ती भर छाया नहीं है।

यह रिक्ति शब्द है सुनते हैं हम
शब्द उनकी छूटन हैं
जो नहीं रहे।
सुनते हैं हम कुछ और
निकल पड़ते हैं खोज में
पाते है एक रिक्ति
वह नहीं मिलता जो छोड़ गया
शब्द जिनकी छूटन हैं
इन्हीं अन्तरालों में तिरोहित हैं संसार
हम निकल पड़ते हैं जिसकी खोज में।

कमलेश समकालीन को कुछ यों देखते हैं कि उसमें एक तरह की क्लैसिकल छबि भी दीखती है :

कहाँ से अवतरित होंगे शब्द इन शिलाओं में

मौन की गुहा में सम्मिलित रख आयेंगे चिराग़
रात भर कितना भी ज़हर पीते रहे घोड़े
सुबह दीखेंगे, हिनहिनाते, उगते सूरज के पास।

साहित्य में भरोसा

यह कहना कठिन है कि इन दिनों लोग किसमें भरोसा करते हैं। हमारी जो हालत है उसमें यह कहना तो और भी कठिन है कि कितने लोग साहित्य में भरोसा करते होंगे। हालत तो यह तक है कि पता नहीं कितने लेखक बचे हैं जो अब भी साहित्य में भरोसा करते हैं। हिन्दी लेखक के साथ हिन्दी समाज और स्वयं लेखक-समाज जिस तरह का व्यवहार करता है, उससे नहीं लगता कि साहित्य में कोई ख़ास भरोसा करने का उत्साह होता होगा। अमरीकी बौद्धिक पत्रिका सलमागुंडी में लातीनी अमरीका के एक मूर्धन्य लेखक मारियों वारगास लोसा से एक लम्बी बातचीत प्रकाशित है जो कई मायनों में शिक्षा प्रद है। श्रेष्ठ उपन्यासकार और चिन्तक होने के साथ-साथ लोसा ने पेरू के राष्ट्रपति पद का चुनाव भी लड़ा था और हार गये थे।

इस बातचीत में लोसा कहते हैं कि एक लेखक को, शुरू से ही, कि साहित्य संसार में सबसे असाधारण चीज़ है। एक अच्छी पुस्तक लिख पाना विलक्षण अनुभव है। संसार में ऐसा और कुछ नहीं है, जिसकी तुलना उस उल्लास और पूर्णता के अहसास से की जा सके, जो बहुत मेहनत से गढ़े हुए संसार से, सिर्फ़ शब्दों से, अनिर्वचनीय सामग्री से गढ़े गये संसार से, आपको मिलते हैं। कुछ ऐसा रच पाना जो अपने से जीवित रहता है, और जो दूसरे लोगों को प्रेरित, रोमांचित, परेशान कर और झकझोर सके बहुत लाभप्रद होता है हालाँकि एक लेखक होने और बने रहने के लिए बहुत हठीलापन चाहिए।

लोसा आगे बताते हैं कि हर लेखक के लिए स्थिति अलग होती है। पर उन्हें लगता है कि सच्चे लेखक के लिए लिखना जीने का एक समग्र प्रकार है। वे इसरार करते हैं कि मैं अपने चारों तरफ़ जो भी देखता और सुनता हूँ, वह सब मेरे लिखने के लिए है। मैं हर रोज़ लिखता हूँ। दूसरी चीज़ें हैं, दूसरे शौक़ और सनकें हैं, पर वे वही नहीं हैं, वे मेरा प्राथमिक शौक़ नहीं हैं। मेरा राजनीति में भाग लेना ईमानदार काम था पर वह अस्थाई था। वह कभी पेशा नहीं था, तब भी जब मैं किसी पद के लिए चुनाव लड़ रहा था। मैंने कभी नहीं सोचा कि मैं साहित्य

छोड़ दूँगा या दूसरी कोई और चीज़ मेरे लिए अधिक महत्व रख सकती है।

लोसा फ़्लाबेयर के बड़े प्रशंसक रहे हैं। यह महान् फ्रेंच साहित्यकार, लोसा के अनुसार, कोई अकाल प्रौढ़ जीनियस नहीं था : शुरू में वह बहुत ख़राब लेखक था। उनकी पहली कहानियाँ और पहला उपन्यास सभी बेहद ख़राब थे। लेकिन उसने तय किया कि वह अपने को एक बड़ा लेखक बनायेगा। उसने अपनी कला संकल्प, अनुशासन, उद्यम और हठ से रची। जब वह अपनी महान् कृति 'मदाम बोवेरी' लिख रहा था तो जो पत्र उसने उन पाँच बरसों में लिखे हैं, उन्हें पढ़ने से आप तारीख़-दर-तारीख़ उसके जीनियस बनने को पढ़ सकते हैं। उसने अपने लिए असम्भव लक्ष्य निर्धारित किये और जीनियस बना। उसके पास सीमित वित्तीय साधन थे और उसके पिता उसे एक उदार व्यावसायिक बनाना चाहते थे। तो फ़्लाबेयर ने अपने लिए एक बीमारी ईजाद की : वह विकलांग हो गया, उसने चुना होना विकलांग ताकि वह लेखक हो सके। उसने लेखक होने के लिए अपना बलिदान किया।

हिंसा का अतिरेक

मुम्बई की ध्वंसलीला का उत्तरराग कितनी देर और दूर तक चलेगा इसका अन्दाज़ा लगाना मुश्किल है। लेकिन कुछ बातें स्पष्ट हैं : भारत में विभाजनकारी और विखण्डनवादी जो राजनीति दो-ढाई दशकों से चलती रही है वह अपने चरम पर पहुँच रही है। यह चरम हिंसा, लगातार असुरक्षा और निर्दोषों की हत्या का और इसके लिए अपनी किसी ज़िम्मेदारी और जवाबदेही से बचती राजनीति का है। भारतीय लोकतन्त्र में राजनेता इस क़दर घृणित-निन्दित और बचकाने इससे पहले शायद ही हुए हों। चारों तरफ़ से यह आवाज़ उठ रही है और दिन-ब-दिन तेज़ और तीखी हो रही है कि आज की ज़्यादातर राजनीति सर्वथा अनैतिक, क्रूर और संवेदनशीन, आत्मरत और मुग्ध बल्कि कई मायनों में स्वयं लोकतन्त्र के लिए ख़तरनाक हो चुकी है और इससे हमें जल्दी से जल्दी छुटकारा पाना चाहिए। विडम्बना यह है कि लोकतन्त्र बिना राजनीति के सम्भव नहीं है : राजनीति का विकल्प नहीं है, हमें वैकल्पिक राजनीति की खोज और उसे निर्णायक बनाना है। जब-तब ऐसी राजनीति की कोई लौ-लपक दिखायी पड़ती है, पर न उसके पास इतने साधन हैं और न हमारे पास

इतना धीरज-जतन कि हम उसे मुख्यधारा में ला सकें। जिस लोकतन्त्र में बाज़ार, सफलता, प्रबन्धन, मूल्यहीनता का ऐसा बोलबाला हो जैसा कि आज हमारे लोकतन्त्र में है उसमें, वक़्त आ गया है, नागरिक पहल अब सशक्त और प्रभावकारी ढंग से राजनीति को बदलने की कौशिश में लगे। हमें राजनीति से कुछ लेना-देना सहीं है यह कह-सोचकर अब आप छुट्टी नहीं पा सकते : अगर ऐसे विध्वंसों के हृदय-विदारक दृश्य देखकर हमने मोमबत्तियाँ जलाकर ग़मगीन दिखने के अलावा कुछ और मिलकर नहीं किया तो हम समूची राजनीति भ्रष्टाचारियों, हत्यारों, अन्तःकरणहीन महाबलियों को सौंप चुके होंगे जो सिर्फ़ नष्ट कर सकते हैं, रच नहीं सकते।

हिंसा के इस खूँख़ार दौर में कई हिंसाएँ दूसरे स्तरों पर हो रही हैं। भोपाल से कवि-मित्र ध्रुव शुक्ल ने फोन कर बताया कि वे इन दौरान लगातार टेलीविजन देखते रहे हैं और मीडिया ने बड़ी संख्या में राजनेताओं के अलावा फ़िल्म-अभिनेताओं, बात-बात में अधनंगी हो जाने वाली सुदर्शनाओं आदि से तो मुम्बई के हादसे पर प्रतिक्रिया जानी और दर्शकों को दिखलायी, लेकिन किसी को भी एक भी लेखक, बुद्धिजीवी, विचारक, कलाकार, संगीतकार आदि से पूछने का ख़्याल नहीं आया। कुछ ऐसे, जैसे कि देश में इन लोगों की कोई जगह नहीं है और उसे बनाने-बचाने का काम दूसरे ही कर रहे हैं। यह देश की सर्जनात्मकता के साथ मीडिया की अवहेलना द्वारा की जा रही हिंसा का ही सुबूत है। कहीं और नहीं जाना था : खुद मुम्बई में ही देश के अनेक शिखर सृजन-पुरुष और स्त्रियाँ मौजूद हैं।

जन्मशतियाँ

अभी तीन बरस बाक़ी हैं, लेकिन जिस तरह की स्मृतिहीनता और साहित्य के प्रति व्यापक उदासीनता से हिन्दी समाज ग्रस्त है, हो सकता है कि ऐन वक़्त पर ही याद आये और फिर ताबड़-तोड़ कुछ औपचारिक कर दिया जाये। इसलिए याद दिलाने की ज़रूरत है कि आधुनिक हिन्दी सृजन के लिये 2011 एक महत्वपूर्ण वर्ष इसलिए भी होगा कि उसमें हिन्दी आधुनिकता के तीन स्थपतियों की जन्मशतियाँ पड़ेंगी। अज्ञेय की मार्च में, शमशेर बहादुर सिंह की जनवरी में और नागार्जुन की ज्येष्ठ पूर्णिमा को। हिन्दी की संस्थाएं और विश्वविद्यालय के विभाग क्या करेंगे, इसकी चिन्ता करना व्यर्थ है : वे ज़रूर ऐन वक़्त पर कुछ करेंगे जो औपचारिक होगा और जिसे अक्सर इन विभूतियों के क़द और अवदान के अनुरूप

नहीं कहा जा सकेगा। पर वे क्या करती हैं, यह उनका मामला है जिसमें हम भला क्यों और कैसे दख़ल दे सकते हैं?

पहल करना चाहिए हिन्दी लेखक-समाज को। क्या वह अपने मोह-मत्सर, राग-विराग और वैचारिक मतभेदों से ऊपर उठकर और चाहे तो उन्हें साथ रखकर भी इन मूर्धन्यों पर केन्द्रित कुछ करना चाहेगा? कहना कठिन है, पर कोशिश ज़रूर की जानी चाहिए और योजना अभी से बनना चाहिए। क्या इसके लिये हिन्दी लेखकों की एक राष्ट्रीय समिति बन सकती है जो लेखकों की ओर से इन जन्मशतियों को उत्साह और जतन से, कल्पनाशीलता और खुलेपन से, तैयारी और गम्भीरता से मनाने की पहल करे! चूँकि उस समय इक्कीसवीं शताब्दी का पहला दशक समाप्त हो गया होगा, यह अच्छा अवसर होगा नयी सृजनशीलता और वैचारिकी का कुछ हिसाब-किताब करने का।

कुछ सुझाव दिये जा सकते हैं। अज्ञेय और शमशेर की रचनावलियाँ उस समय निकल सकें इसके लिये अभी से यह काम ज़िम्मेदारी और लगन से शुरू होना चाहिए : नागार्जुन की रचनावली तो सौभाग्य से पहले ही निकल चुकी है। तीनों लेखकों पर कई आलोचकों को स्वतन्त्र पुस्तकें लिखना चाहिए। उदाहरण के लिये मैनेजर पाण्डे, नन्दकिशोर नवल, नन्दकिशोर आचार्य, रमेशचन्द्र शाह, प्रभात त्रिपाठी, सुधीश पचौरी, पुरुषोत्तम अग्रवाल, मदन सोनी, विष्णु खरे, अरुण कमल, कृष्ण मोहन, अपूर्वानन्द, ललित कार्तिकेय, विश्वनाथ प्रसाद तिवारी, नीलाभ, कृष्णदत्त पालीवाल, शम्भु गुप्त, विनोद शाही, पंकज चतुर्वेदी, ओम निश्चल आदि को, इनमें से किसी एक पर या दो या तीनों पर बाक़ायदा पुस्तकें लिखना चाहिए। किसी चैनल को, शायद दूरदर्शन को, इन तीनों पर खोजबीन कर भी फ़िल्में बनाना चाहिए।

कुछ ऐसी सामग्री नेशनल बुक ट्रस्ट या अन्य संस्थाओं को प्रकाशित करना चाहिए कि बड़ी संख्या में देश भर के युवा लोग इन तीनों का लिखा पढ़-गुन सकें। तीनों की रचनाओं के संचयनों का, अंग्रेज़ी अनुवाद में, प्रकाशन हो। भारत की हिन्दीतर भाषाओं में भी। यह भी ध्यान रखने की बात है कि यह अवसर सिर्फ़ स्तुति या गुणगान भर का न हो : कालजयी लेखक मरणोत्तर प्रहारों से विचलित या दुखी होते हैं, यह मानने का कोई कारण नहीं है।

अज्ञेय-शती

गोरखपुर के रास्ते दिल्ली लौटते समय गाड़ी सात घण्टे देरी से पहुँची।

रास्ते में सहयात्रियों से गप लगाने के अलावा अज्ञेय की जन्म शताब्दी उपयुक्त स्तर पर मनाने के लिए एक रूप-रेखा बनाने का समय मिल गया और वह बना ली। ठीक तीन बरस हैं, लेकिन सुविचारित योजना अभी से बनाकर उस पर अमल की कोशिश करना ज़रूरी है : तब जाकर कुछ कारगर और ठोस हो पायेगा, औपचारिकता के अलावा।

सबसे पहले तो इसके लिए एक अखिल भारतीय लेखक-समिति बनाने का प्रस्ताव है। हिन्दी के अलावा यू. आर. अनन्तमूर्ति कन्नड़, दिलीप चित्रे मराठी, गुलाम मोहम्मद शेख़ गुजराती, शहरयार उर्दू, रमाकान्त रथ उड़िया, सुरजीत पातर पंजाबी, के सच्चिदानन्दन मलयालम, शंख घोष बांग्ला आदि से अनुरोध किया जा सकता है। चित्रकार सैयद हैदर रज़ा और रामकुमार अज्ञेय को जानते रहे हैं। अज्ञेय की बैठक में रामकुमार की एक कलाकृति होती थी, जिसे राम एक रोज अज्ञेय के कैवेंटर्स ईस्ट निवास पर चुपचाप रख आये थे। नृत्यकार गुलबर्धन और रंगकर्मी रतन थियेम सहर्ष सहयोग देंगे। विदेशी विद्वानों में जर्मन से लोठार लुत्से, पोलिश से रेनाता चेकाल्स्का, फ्रेंच से अनी मान्तो आदि हो सकते हैं। दार्शनिक गोविन्दचन्द्र पाण्डे, यशदेव शल्य और मुकुन्द लाठ सर्वथा उपयुक्त होंगे। कलाविदुषी गीति सेन, पत्रकार प्रभाष जोशी, संस्कृतिकर्मी ओमप्रकाश जैन, पुराविद् आनन्द कृष्ण, यायावर-चिन्तक कृष्ण नाथ, लेखक-शिक्षाशास्त्री कृष्ण कुमार, रंगकर्मी रामगोपाल बजाज हों तो अच्छा होगा।

यों तो सभी विश्वविद्यालयों, हिन्दी संस्थानों आदि से शमशेर बहादुर सिंह और नागार्जुन के साथ-साथ अज्ञेय की जन्मशती उचित ढंग से मनाने का अनुरोध किया ही जायेगा, लेकिन दिल्ली, इलाहाबाद, बनारस, कोलकाता, पटना, जोधपुर, जयपुर, भोपाल, उज्जैन, शिमला, चण्डीगढ़, कुरुक्षेत्र, रायपुर, राँची आदि कुछ केन्द्रों पर प्रयत्न अधिक एकाग्र करना चाहिए।

इस अवसर पर कुछ विशेष प्रकाशनों की योजना भी अमल में आना चाहिये। अज्ञेय की कविता, कहानियों, उपन्यास अंशों, आलोचना और इतर गद्य के पाँच सुसम्पादित संचयन प्रकाशित किये जायें। अज्ञेय के साहित्य की विशेषज्ञता रखने वाले और अध्यवसायी दो या तीन लेखक उनकी रचनावली पर सम्पादन का काम अभी से शुरू कर दें ताकि 2008 में वह बाक़ायदा प्रकाशित हो सके। अज्ञेय द्वारा लिखे गये पत्रों को एकत्र करने का काम भी शुरू होना चाहिए ताकि उनका एक अच्छा संकलन तब प्रकाशित हो सके। किसी को अज्ञेय पर अब तक प्रकाशित आलोचनात्मक सामग्री से चयन कर एक अज्ञेय-सहचर बनाने का काम भी शुरू कर देना चाहिए। 2008 में अज्ञेय के काव्य-नाटक 'उत्तर प्रियदर्शी'

की एक नयी प्रस्तुति और उनकी लम्बी कविता 'असाध्य वीणा' की नृत्य-प्रस्तुति पर सोचना अभी से ज़रूरी है।

अज्ञेय को लेकर विचारणीय विषय भी बहुतेरे हो सकते हैं। उनमें से कुछ जो सूझे वे ये हैं : बीसवीं शताब्दी और अज्ञेय; अज्ञेय, आधुनिकता और परम्परा; नये काव्यशास्त्र की खोज; अकेलापन और समाज-बोध; साहित्य का स्वराज और अज्ञेय; स्वाधीनता की खोज और शिल्प; अज्ञेय का आत्मसंघर्ष; मौन, छन्द और अज्ञेय; आलोचक-राष्ट्र की परिकल्पना और अज्ञेय; हिन्दी साहित्य के मूल्याँकन में अज्ञेय की भूमिका; अज्ञेय का प्रकृति-राग; अज्ञेय की सभ्यता-समीक्षा; अज्ञेय का कालचिन्तन; अज्ञेय के चार सप्तक; व्यवस्था-विरोध, व्यवस्था और अज्ञेय; आधुनिक भारतीयता और अज्ञेय; परम्परा की अज्ञेय-व्याख्या, प्रेम के संसार में अज्ञेय; अज्ञेय-मण्डल; अज्ञेय की यायावरी; अज्ञेय-शमशेर-मुक्तिबोध : साहित्य में सहचर्य; अज्ञेय की वैचारिकी; अज्ञेय और राजनीति; हिन्दी आलोचना और अज्ञेय; लेखक का स्वाभिमान : अज्ञेय का उदाहरण; अज्ञेय के लेखक-शिविर; सत्य के प्रयोग : अज्ञेय की प्रयोगशीलता; पश्चिम से संवाद; प्रसाद और अज्ञेय; अज्ञेय के क्रान्तिकारी; अज्ञेय की स्त्रियाँ; अज्ञेय के निन्दक; अज्ञेय की साहित्यिक पत्रकारिता आदि।

अज्ञेय-शमशेर शती

हिन्दी के दो मूर्धन्यों अज्ञेय और शमशेर बहादुर सिंह की जन्म शती 2011 में पड़ेगी। लेखकों की ओर से उन्हें उपयुक्त ढंग से मनाने की तैयारी शुरू हो गयी है। इस सिलसिले में हाल ही में दो बैठकं हुई हैं और काम चल निकला है। अच्छी बात यह है कि विभिन्न विचारधाराओं के लेखक साथ मिलकर योजना बना और उस पर कुछ करने की ज़िम्मेदारी ले रहे हैं। हिन्दी में शायद यह पहली बार है कि लेखक स्वयं इतना पहले ऐसी पहल कर रहे हैं।

दोनों लेखकों की सुसम्पादित ग्रन्थावलियाँ निकलें इसका प्रयत्न शुरू हुआ है। अज्ञेय की ग्रन्थावली प्रकाशित करने की ज़िम्मेदारी सहर्ष भारतीय ज्ञानपीठ ने स्वीकार कर ली है और जल्दी ही इस पर काम शुरू हो जायेगा। शमशेर की ग्रन्थावली का मामला कुछ अधिक जटिल है पर इसके आसार हैं कि उन्हें सुलझाया जा सकता है। दोनों ही लेखकों की कुछ कृतियों के अन्य भारतीय भाषाओं में अनुवाद और प्रकाशन की जिम्मेदारी साहित्य अकादेमी उठा लेगी इसके भी संकेत मिले हैं। दोनों

पर लिखे गये चुने हुए निबन्धों के संचयन तैयार किये जा रहे हैं। अज्ञेय की कविताओं का अंग्रेज़ी में अनुवाद प्रजापति शाह और शमशेर का ऐसा ही अनुवाद दिलीप चित्रे करने पर राज़ी हो गये हैं। दोनों के संस्मरणों की भी पुस्तकें तैयार कराने की योजना है। दोनों की कला-सम्बन्धी गहरी सुरुचि को ध्यान में रखते हुए कला-प्रासंगिक सामग्री एकत्र कर प्रकाशित करने का निश्चय हुआ है। चूँकि दोनों की अपनी आवाज़ में उनका कवितापाठ उपलब्ध है, इसका यत्न है कि उन्हें व्यवस्थित और सम्पादित कर दो सीडीज निकाले जायें। शती-वर्ष की प्रत्याशा में दोनों लेखकों की चुनी हुई रचनाओं के स्वयं लेखकों और रंगकर्मियों द्वारा पाठ की एक शृंखला जल्दी ही दिल्ली में शुरू होगी। उम्मीद है कि दूसरे साहित्य-केन्द्रों में भी ऐसा प्रयत्न अन्य लेखक-बन्धु कर सकेंगे।

दोनों के काव्य और गद्य के नये लोगों द्वारा नये संचयन तैयार करने का भी इरादा है और इस सिलसिले में गीतांजलि श्री, उदयन वाजपेयी, पंकज सिंह, अपूर्वानन्द, ओम थानवी आदि से आग्रह किया गया या जा रहा है। दोनों लेखकों पर इधर के आलोचक अपनी रुचि के पक्ष या पक्षों पर पुस्तकें लिखें ऐसी अपेक्षा भी की जा रही है। दोनों लेखकों के पत्रों को एकत्र कर उन्हें पुस्तकाकार प्रकाशित किया जा सकता है। दोनों की अप्रकाशित सामग्री भी नबेरकर प्रकाशित करने का इरादा है। कुल मिलाकर जन्मशती औपचारिकता न बने, उसमें कुछ ठोस काम हो और इन मूर्धन्यों पर फिर एक बार ध्यान केन्द्रित हो सके इसकी कोशिश है। भरोसा यह है कि इस अभियान में सारा हिन्दी लेखक और साहित्यप्रेमी समाज उत्साह और समझ से शामिल हो सकेगा।

साहित्य की ज़िद

चूँकि बहुतों को अपने सामाजिक बोध और ज़िम्मेदारी के बारे में आश्वस्त नहीं कर पाया हूँ और मुझ पर समाज-निरपेक्ष साहित्य-कलावादी होने का आरोप लगता रहता है, मैं अपने साहित्य और कलाओं पर एकाग्र होने पर इसरार करने का कोई सार्वजनिक अवसर हाथ से नहीं जाने देता। अगर भ्रम दूर नहीं किया जा सकता तो फिर उसे पोसा क्यों न जाये के कुतर्क से? बहरहाल, त्रिवेन्द्रम में व्याख्यान का विषय था : 'साहित्य क्यों?'

उसके लिए कुछ तैयारी करते समय कुछ इसकी खोजबीन की कि हमारे समय में साहित्य के औचित्य के बारे में अन्य लेखकों-विचारकों ने क्या

कहा है। इजाका बर्लिन ने साहित्य में मानवीय स्थिति को बनाने वाले अन्तर्विरोधी सत्यों का जटिल योगफल माना है और मार्सेल प्रूस्त ने तो उसे सच्चा जीवन मानते हुए कहा थाः 'सच्चा जीवन, आख़िरकार स्पष्ट और रोशनी में लाया गया जीवन, एकमात्र जीवन, आगे जीवन जो पूरी तरह से जिया गया है, साहित्य है।' हंगारी लेखक पीटर नाडार ने राय दी है कि 'साहित्य के सिवाय हमारे पास कोई ख़्याल इस बात का नहीं होता कि अधिक सौम्य, अधिक भोली, अधिक प्रबुद्ध दुनिया सम्भव है जिसमें लोगों के बहुत से मृत सगे-सम्बन्धी और मित्र होना ज़रूरी नहीं है...एक साथ नायक, शहीद, जल्लाद, शिकार।' नाडार ने बताया है कि हंगारी में साम्यवादी तानाशाही के दौरान जो कहा जाता था उसका ठीक उलटा अर्थ लोग लगाते थे। साहित्य उनकी ऐसी टेढ़ी समझ विकसित करने में मदद करता था। ऐसे समय में साहित्य की भूमिका नाजुक थी और ख़तरनाक भी।

साहित्य कैसे 'हम' और 'वे' के ख़तरनाक द्वैत और उसमें छुपी हिंसा को ध्वस्त करता है इसका ज़िक्र करते हुए पेरूवियन उपन्यासकार-चिन्तक मारियो वार्गास लोसा ने लिखा है : 'साहित्य से बेहतर कोई और हमें नहीं सिखाता जातीय और सांस्कृतिक भिन्नताओं में, अपनी साझा विरासत की विपुलता देख पाना और इन भिन्नताओं को महत्त्व देना अपनी सर्जनात्मक विविधता के एक दृष्टान्त के रूप में।' वे इसमें जोड़ते हैं: 'जब तक उसका अस्तित्व है साहित्य मानवीय अस्तित्व का सामूहिक अभिधान है, रहा है और रहेगा जिसके द्वारा मनुष्य अपने को पहचानते और एक-दूसरे से बात करते हैं, भले ही उनके व्यवसाय या जीवन की उनकी योजनाएँ, उनकी भौगोलिक स्थिति, उनकी व्यक्तिगत स्थितियाँ या कि ऐतिहासिक मुकाम कितने ही भिन्न क्यों न हो।' लोसा तो यह भी मानते हैं कि साहित्य हमें जातीय विस्मृति और भाषिक दरिद्रता से बचाता है।' साहित्यविहीन समाज या कि जिसमें साहित्य को सामाजिक जीवन के हाशिये पर, किन्हीं अनुल्लेखनीय बुराइयों की तरह, ढकेल दिया गया हो और वह एक तरह सीमित सम्प्रदाय बन गया हो ऐसा समाज है जो आध्यात्मिक रूप से बर्बर होने और अपनी स्वतन्त्रता तक गँवाने के लिए अभिशप्त है।'

आयरिश कवि सीमस हीना का मानना है कि साहित्य हमें जो सच देता है वे बहुत बार छोटे-छोटे सच होते हैं। उनमें किसी पोप या धर्मोपदेशक की किसी शाश्वत सत्य बखानने वाली अनुगूँज नहीं होती पर उनमें अनन्तता का गुण होता है। उनमें एक तरह का समयातीत आनन्द होता है। आस्ट्रेलियन कवि लेस मरे की उक्ति है : 'सिर्फ़ कविता ही सब कहीं की केन्द्रीयता को पहचानती और मानती है।'

यह मत-संकलन लोसा के इस उद्धरण से समाप्त करना उचित है : 'साहित्य

का मानवीय प्रगति में प्रमुख योगदान हमें यह याद दिलाना है, हालाँकि यह मुख्य रूप से उसका अभीष्ट नहीं है, कि दुनिया ख़राब ढंग से बनी है, कि जो लोग इसके खिलाफ़ तर्क देते हैं...उदाहरण के लिए सत्ताधारी. ..झूठ बोल रहे हैं और कि दुनिया बेहतर हो सकती है, उन दुनियाओं के नज़दीक जो हमारी कल्पना और हमारी भाषा रच पाती है।'

यथार्थ के शिकार

हम जैसे अल्पसंख्यक लेखकों को यह भ्रम कभी नहीं रहा कि हम यथार्थ को, वह जो भी हो, व्यक्त करते हैं। हमेशा यह सन्देह होता रहा है कि हम जो लिखते हैं और उसमें जो भी अपने को चरितार्थ करता है वह यथार्थ है भी या नहीं। कभी-कभार अपना प्रायः ध्वस्त मनोबल कुछ ऊपर उठाने के लिए ऐसा थोड़ा घमण्ड करते रहे हैं कि हमारा काम, अच्छा-बुरा जैसा भी, लिखना है, वह यथार्थ हो या न हो। इस पर जब-तब यह इसरार भी किया जा सकता है कि भाषा में यथार्थ अनिवार्यतः अन्तर्भूत है और उसके बारे में अलग से सजग-सक्रिय होने की ज़रूरत नहीं : भाषा है तो यथार्थ होगा ही। बल्कि दावा तो यह भी किया जा सकता है कि भाषा सिर्फ़ तथाकथित यथार्थ को प्रतिबिम्बित भर नहीं करती बल्कि किसी हद तक उसे रहती भी है। साहित्य यथार्थ को व्यक्त भर नहीं करता– वह उसे रचता-गढ़ता भी है। साहित्य यथार्थ का अंकन उतना नहीं है जितना कि उसका रूपायन। शायद यह भी याद रखना चाहिए या कम से कम आसानी से भुला नहीं देना चाहिए कि बहुत सारा यथार्थ साहित्य में ही अतिजीवित रहता है जबकि वास्तविक जीवन में वह बदल या बिखर जाता है। यथार्थ जितना दबाव साहित्य पर डालता है उससे कम दबाव साहित्य यथार्थ पर नहीं डालता। यह कहना भी ग़लत न होगा कि यथार्थ के बरक्स साहित्य प्रतियथार्थ विन्यस्त करता है।

आप कहेंगे कि आप इस बात को इस क़दर उलझा क्यों रहे हैं, यथार्थ और साहित्य के सम्बन्ध में इस तरह का उलझाव क्यों पैदा कर रहे हैं। आपका यह चाहना बिल्कुल वाजिब है कि बात साफ़-साफ़ और स्पष्ट रूप से क्यों नहीं की जा सकती—उसमें ऐसी जटिलता और व्यर्थ की बारीकी क्यो? अब मुश्किल यह है कि यथार्थ और साहित्य के बीच का सम्बन्ध और संवाद दोनों ही उलझे हुए हैं : दोनों ने स्वयं उलझा रखे हैं। ये सम्बन्ध न सिर्फ़ इकतरफ़ा नहीं हैं, ये अनेक स्तरों पर हैं, परस्पर संवादी और विरोधी दोनों हैं। एक मुश्किल यह भी है कि यथार्थ

सिर्फ़ सामाजिक या निजी भर नहीं है : वह भाषा-विचारों, अनुभवों, अध्यात्म अन्य कलाओं आदि में भी प्रगट होता है और उनसे बदलता-बिगड़ता है। यथार्थ को अतियथार्थ से लेकर अयथार्थ तक देखा और अवस्थित किया जा सकता है। यथार्थ और साहित्य की एक परेशानी यह भी है कि दोनों ही लगातार बदलते रहते हैं : दोनों परम रूप से अस्थिर हैं। वे अपनी सार्थकता इसी गतिशील अस्थिरता से अर्जित करते हैं। अस्थिरता में इस साझेदारी के बावजूद दोनों एक-दूसरे को प्रतिरोध भी देते हैं। प्रतिबिम्बन से नहीं प्रतिरोध से दोनों ही एक-दूसरे को बदलने की चेष्टा करते हैं। यह स्थापना विचारणीय है कि जो साहित्य यथार्थ का प्रतिरोध न करे वह महत्त्वपूर्ण और दूरगामी नहीं हो सकता। यह भी कहा जा सकता है कि छोटे लेखक यथार्थ के शिकार होते हैं जबकि बड़े लेखक उस पर सवार। शिकार हुओं के प्रति सहानुभूति रखते हुए भी प्रतिकृत और प्रभावित सवार लेखकों से ही होते हैं।

हम क्या करें।

मुम्बई के आतंकवादी हमले, हिंसा और हत्याओं के बाद यह सवाल उठना स्वाभाविक है कि हम क्या करें। एक तरह की किंकर्तव्यविमूढ़ता से घिर जाना भी अस्वाभाविक न होगा। लेकिन इतना तो साफ़ है कि हाथ पर हाथ धरे बैठना और राजनीति आदि को लेकर बिसूरना उचित और पर्याप्त प्रतिक्रिया नहीं हो सकती। हमने जो लोकतान्त्रिक व्यवस्था विकसित की और साठ से अधिक बरसों से पोसी है उसमें हमारी आवाज़ के लिए जगह ही कहाँ और कितनी बनी है, यह सवाल भी उठता ही है। यह तर्क भी किया जा सकता है कि जिस तरह से हमारे यहाँ तरह-तरह की हिंसा का ज़हर फैलता रहा है उसमें भले हम शामिल न हुए हों, उसका प्रतिरोध भी हमने उतना सशक्त और लगातार नहीं किया है जितना कि हमें करना चाहिए था। इससे भी इन्कार नहीं किया जा सकता कि स्वयं साहित्य के इलाके में हिंसा बढ़ी है—एक-दूसरे से बात-बात पर नफ़रत करने वाले लेखक आज जितने हैं उतने शायद पहले कभी नहीं थे। अगर सामाजिक संवाद और समावेशिता में बाधाएँ और विपथगामिता आयी हैं तो साहित्य में भी कमोबेश यही होता रहा है। इस मुकाम पर इस कुतर्क का सहारा नहीं लिया जा सकता कि चूँकि साहित्य में जो समाज में घट रहा है उसी का प्रतिबिम्बन होता है, साहित्य—हमारा साहित्य—यह प्रतिबिम्बन बड़ी प्रामाणिकता के साथ कर रहा है। ऐसे अवसर आते हैं जब साहित्य समाज को, उसमें वर्चस्वशाली प्रवृत्तियों को, अगर वे

मानवविरोधी और मूल्यच्युत हों तो, प्रतिरोध भी देता है। यह खुली बहस माँगता है कि क्या ऐसा प्रतिरोध आज के साहित्य में है। इस पहलू को भी अनदेखा नहीं किया जा सकता कि आज का अधिकांश साहित्य, वह भी जो अपनी तथाकथित सामाजिक चेतना का बहुत शोर मचाता रहता है, समाज के हाशिये पर है। व्यापक समाज या तो उसकी आवाज़ नहीं सुन पाता या कि अनसुनी करता है।

हममें से कई बरसों से यह तर्क देते आये हैं कि साहित्य अनिवार्यतः प्रतिपक्ष होता है। हम ऐसी हालत में पहुँच गये हैं जहाँ इस प्रतिपक्ष की आवाज़ सुनने वाले बहुत कम हैं और शायद कम होते जा रहे हैं। हममें से कई बड़ी शिद्दत और ईमानदारी से राजनीति हमारे समय में कुल मिलाकर जो कर रही है उसके विरुद्ध आवाज़ उठा रहे हैं। हममें से कई मीडिया जिस तरह से आतंक और हिंसा को मनोरंजन में बदलने की अमानवीय हरकत कर रहा है उसके विरुद्ध मुखर हैं। धर्म, जाति, भाषा, लिंग आदि के आधार पर जो दैनन्दिन हिंसा होती है उसके विरुद्ध बोलने में हमने कोताही नहीं की है। पर राजनीति और मीडिया इस विरोध से प्रभावित होना तो दूर, उसका नोटिस भी नहीं लेते। एक मायने में असली अल्पसंख्यक तो हम हो गये हैं जिनके लिए सामाजिक-राजनीतिक-आर्थिक परिदृश्य में थोड़ी सी भी जगह नहीं रह गयी है। वक़्त आ गया है कि हमें अपनी निराशा के कुछ कर्तव्य सोचने चाहिए।

भुवनेश्वर में 'मधुशाला'

भुवनेश्वर में वरिष्ठ साहित्यकार श्री निवास उद्‌गाता द्वारा उड़िया में अनूदित 'मधुशाला' पर आधारित मिश्र द्वारा बनाये कुछ चित्रों का सुयोग जुड़ा। कविता से प्रेरित चित्र या मूर्तिकला की लम्बी परम्परा है जो हमारे समय में कुछ शिथिल पड़ी जैसे कि कलाओं के बीच अन्तस्सम्बन्ध और संवाद-सहकार भी। इसलिए यह प्रयत्न ध्यानाकर्षक लगा। यह जानकर थोड़ा अचरज भी हुआ कि 'मधुशाला' को अब तक गम्भीरता से लिया जाता है जबकि वह बच्चन जी की आरम्भिक रचनाओं में से है और स्वयं उनके श्रेष्ठ कृतित्व में शायद ही कोई गिनता हो। यह तथ्य अपनी जगह है कि उसके अब तक पचास संस्करण हो चुके हैं और उसे लिखे इस वर्ष 75 वर्ष पूरे हुए हैं। अलबत्ता यह याद किया जा सकता है कि व्यापक श्रोतासमाज और कविता के बीच ऐसी रचनाओं द्वारा जो सम्बन्ध बना था वह भी इस बीच ध्वस्त हो चुका है। आयोजन में उड़िया के वरिष्ठ कवि रमाकान्त रथ और हरप्रसाद दास मौजूद थें। वहीं पता

चला कि रथ जी की लम्बी कविता 'श्रीराधा' को बाक़ायदा संगीतबद्ध कर प्रस्तुत किया जा चुका है। पता नहीं हिन्दी में कब हम अपने बड़े कवियों जैसे निराला, प्रसाद आदि को संगीतबद्ध सुन पायेंगे?

दूसरा जागतिक

मराठी के ही नहीं भारत के इस समय मूर्धन्य कवियों में से एक नामदेव ढसाल ने दूसरा जागतिक साहित्य समारोह पिछले सप्ताह मुम्बई में आयोजित किया। वे गम्भीर रूप से अस्वस्थ रहे हैं–महीनों अस्पताल में गुज़ारते रहे हैं। पर उनकी जिजीविषा अदम्य है जैसे कि उनका साहित्यानुराग भी। वे दलित पैंथर्स नामक एक राजनीतिक दल के प्रमुख हैं, हम जैसों द्वारा उचित ही बहुनिन्दित बाल ठाकरे के अख़बार 'सामना' में नियमित रूप से स्तम्भ लिखते हैं और उनका दल सम्भवतः कुख्यात शिव सेना के नज़दीक माना जाता है। पर साहित्य के सन्दर्भ में नामदेव इस सब राजनीति का बोझ अपने ऊपर नहीं रखते और न ही उसे आड़े आने देते हैं। ऐसे अनेक भारतीय लेखकों की वे कद्र करते हैं जो उनकी दृष्टि के घोर शत्रु हैं। उनकी राजनीतिक आकांक्षा का पता नहीं लेकिन उनका साहित्य और लेखक-बन्धुओं के प्रति उनुराग, आदर और उत्साह अकाट्य हैं।

उद्घाटन समारोह देर से शुरू हुआ क्योंकि अब मुम्बई का यातायात इस क़दर दुर्गम हो गया है कि कहीं भी समय पर पहुँचना संयोगवश ही हो पाता है, प्रयत्नवश नहीं। मंच पर एक तरह की मोहक अव्यवस्था थी। क्रम क्या हो, कौन पहले बोले आदि में लगातार परिवर्तन होता रहा। गुजराजी कवि सितांशु यशश्चन्द्र के अलावा मंच पर नार्वे, अमरिका, जर्मनी, स्काटलैण्ड, लिथुएनिया आदि देशों के लेखक विराजमान थे। योजना आयोग के सदस्य समाजशास्त्री डॉ. बी.एल. मुणगेकर, महाराष्ट्र राज्य के विलम्ब के कारण हड़बड़ी में फँसे एक मन्त्री आदि भी थे। ऐसे मंचों पर इस पर इसरार करना ज़रूरी लगता है कि इस समय संसार में जिस तरह की राजनीति चल रही है उसमें अन्तःकरण की कोई जगह नहीं बची है। जार्ज बुश के पास हृदय तो है, भले हार्दिकता नहीं। लेकिन इसमें कोई सन्देह नहीं है कि उनके पास कोई अन्तःकरण नहीं है। वैसे ही जैसे हमारे सफल नरेन्द्र मोदी पर अन्तःकरण होने का आरोप नहीं लग सकता, भले ही वह गुजरात के जनसंहार के विधायक रहे हों। ऐसे में साहित्य अब ख़तरनाक और वेध्य ढंग से समाज का बल्कि मनुष्यता-मात्र का अन्तःकरण है। एक हिंसकतर होते संसार में साहिंत्य और कलाओं

का काम, शान्त और चुपचाप अन्तःकरण को सक्रिय रखने का है। साहित्य अन्तःकरण की ओर से, जिसका अर्थ है स्वतन्त्रता, समता और न्याय की ओर से, चौकसी करता है। उसमें यह ताब और साहस है कि कह सके कि राजा नंगा है। झूठ के विराट् व्यापार के चलते वह सत्ता से सच बोलने की हिम्मत और हिमाक़त आज भी कर सकता है। साहित्य महान् स्वप्नों के आतंक में नहीं छोटे-छोटे मानवीय सपनों की लौ-रौशनी में लिखा जा रहा है। साहित्य दुनिया को बचा-बना नहीं सकता : पर वह हमें निरन्तर याद दिलाता है कि हम उसे बना, बिगाड़ और बचा सकते हैं।

निजी बातचीत में नामदेव ने कहा कि भूमण्डलीकरण को लेकर पश्चिमी लेखकों के रुख से हम भारतीय लेखकों का रुख़ अलग है। हम अगर उसे प्रश्नांकित करते हैं तो इसलिए कि उसका भारतीय समाज के बहुसंख्यक वर्ग पर जो प्रतिकूल प्रभाव पड़ रहा है उसकी हम अनदेखी नहीं कर सकते। भूमण्डलीकरण किसी न किसी रूप में हमारे लिए पश्चिमीकरण भी है।

समय लिखता

सभी लेखक अपने बारे में, दुनिया और दूसरों के अपने अनुभवों और समझ के बारे में, उलझनों, विडम्बनाओं, अन्तर्विरोधों, सुखों-दुखों आदि के बारे में लिखते हैं। पर क्या वे समय लिखते हैं? अपने समय में तो ख़ैर लिखते ही हैं पर क्या वे जानबूझकर अपना समय लिखते हैं? यह सवाल मन में उठा जब आई.आई.टी. दिल्ली में अंग्रेज़ी कवयित्री और विदुषी रुक्मिणी मायानायर ने एशिया-पैसेफ़िक क्षेत्र में नये लेखन का उत्सव मनाते हुए आयोजन किया जिसका शीर्षक था 'राइटिंग दि फ्यूचर : भविष्य लिखना'। कई देशों के लेखक एकत्र हुए। शायद यह भाव रहा हो कि भविष्य का लेखक इस क्षेत्र से आने जा रहा है और उसकी कुछ शुरुआत हो गयी है। पर्याप्त अध्ययन न होने के कारण इस पर कुछ कहना मुश्किल है : भविष्य के बारे में अटकलें अलबत्ता लगायी जा सकती हैं। पर उसके लिए चाहिए 'फ़ुरसत के रात-दिन' और वे फ़िलवक़्त मयस्सर नहीं।

इस परिसंवाद में बैठे-बैठे लगा कि भविष्य को लेकर तरह-तरह के लेखक आशान्वित रहते हैं। हमारे तो एक प्राचीन मूर्धन्य भवभूति ने अपने समय में कोई समानधर्मा न पाने पर यह आशा प्रगट की थी कि कभी तो

कोई समानधर्मा होगा क्योंकि काल निरवधि है और पृथ्वी विपुल है। भविष्य में न्याय होगा यह धारणा प्रबल है। पर अगर वर्तमान को पिछले-बीते समय के भविष्य के रूप में देखें, जो कि वह है ही, तो लगेगा कि ऐसा आशा का विशेष आधार नज़र नहीं आता। आख़िर ऐसे कौन से लेखक या कृतियाँ हैं, अगले वक़्तों की, जिनके साथ वर्तमान न्याय कर पाया है। अपने समय में विफल हुए या उपेक्षित या ठीक से न समझे गये लेखकों को भविष्य में न्याय मिलने की आशा होती है। पर ध्यान से विश्लेषण करें तो लगेगा कि ऐसा न्याय बहुत कम को मिल पाता है : बिल्कुल नहीं मिलता यह कहना ग़लत होगा पर कम को वह नसीब होता है यह सही है। दूसरी ओर यह तथ्य अपनी जगह है कि भविष्य से न्याय की आशा सिर्फ़ महत्त्वपूर्ण ही नहीं करते, वे भी करते हैं जो मीडियाकर या ख़राब लेखक होते हैं। आम तौर पर यह नियम चलता नज़र आता है कि जो आज ख़राब और मीडियाकर है वह भविष्य में भी वैसा ही रहेगा बल्कि उसकी हालत बदतर हो जा सकती है। इसी नियम का दूसरा हिस्सा यह प्रतीत होता है कि महत्त्वपूर्ण लेखक या लेखन को अगर उसके वर्तमान में लक्ष्य नहीं किया गया तो भविष्य में हो सकता है कि पर नज़र जाये और उसे उसका उचित मिले।

फिर समय लिखने पर विचार करें। शायद यह दावा अधिक विनम्र लगे कि कहें कि हम अपना समय लिखने की कोशिश कभी-कभी करते हैं। बड़े लेखक वे होते हैं जो अपना समय लिख पाते हैं। इस अर्थ में कि वे अपने समय को सूक्ष्मता, जटिलता और विशालता में पकड़ पाते हैं। आख़िर जिसे हम समय कहें वह अपने आप में ख़ासा उलझा हुआ मामला है। हर जगह समय एक साथ होते हुए भी एक जैसा नहीं है : दलितों, स्त्रियों, वंचितों, चिकने-चुपड़ों, धर्मों, राजनीति, मनोरंजन, संचार आदि के समय अलग-अलग हैं। इसे मानवीय सौभाग्य ही कहना चाहिए कि हम इतने सारे अलग-अलग समयों में एक साथ रह पाते हैं। मनुष्य की बहुलता का एक आधार उसके समय की बहुलता भी है। कम से कम भारतीय किसी एक पंचांग तक या उससे पूरी तरह से नियमित नहीं है। हम अनेक पंचांग एक साथ बरतते हैं। समय की यह बहुलता, यह बहुसमयता सम्भवतः भारतीय साहित्य को दूसरे साहित्यों से अलग करता है इस पर कम ध्यान गया है।

पटना में काव्यरुचि

यह तो हम सबको दशकों से मालूम है कि बिहार में हिन्दी साहित्य,

पुस्तकों और पत्र-पत्रिकाओं के, किसी भी अन्य हिन्दी-प्रदेश के मुक़ाबले, अधिक पाठक हैं। ये पाठक सिर्फ़ पढ़ते भर नहीं हैं : लिख या बोलकर अपनी प्रतिक्रिया भी व्यक्त करते हैं। इसलिए 1 अक्टूबर, 2008 की सुबह पटना के विज्ञान परिसर तारामण्डल के सभागार में साहित्य अकादेमी के दिनकर-शती के अवसर पर हिन्दी काव्यगोष्ठी के शुभारम्भ के अवसर पर सभागार में उपस्थिति कम देखकर थोड़ा अचरज हुआ। दिकनर जी की रचनाओं का एक संचयन अकादेमी के लिए डॉ. कुमार विमल ने किया है और उसका शुरू में लोकार्पण हुआ। जैसे ही कवितापाठ शुरू हुआ, सभागार भरना शुरू हुआ और सुबह साढ़े दस बजे से शाम छह बजे तक चली कविता की 'अविराम मधुवन्ती' के दौरान भरा रहा। ऐसे आयोजनों से यह प्रगट होता है कि महत्त्वपूर्ण कविता के रसिक अभी समाज में हैं और उन्हें जब-तब स्वयं कविमुख से कविता सुनने-गुनने का अवसर देना सार्वजनिक संस्थाओं का ज़रूरी काम होना चाहिए। यह ठीक है कि ऐसे श्रोताओं में व्यंग या गीति-कविता पर अधिक अनुकूल और मुखर प्रतिक्रिया होती है। लेकिन यह बात भी अलक्षित नहीं मानी जानी चाहिए कि उस दिन श्रोताओं में ऐसे कई थे जो पटना से बाहर बिहार के अन्य शहरों से सिर्फ़ कविता सुनने आये थे। यह भी कि सार्वजनिकता से अवसरण करने के बावजूद आज की कविता की सार्वजनिक प्रस्तुति और सराहना सम्भव है।

यों तो जैसे हर कवि जैसी चाहे वैसी कविता लिखने के लिए वैसे ही जैसे चाहे वैसे उसका पाठ करने के लिए स्वतन्त्र है। फिर भी, कुल मिलाकर इस समय लिखी जा रही कविता का जो रूप है यह पंक्तियों को दुहराने से पुष्ट या समृद्ध होने के बजाय खण्डित ही होता है। एकाध कवि तो ऐसे थे जिन्होंने अपनी कविता के पूरे-पूरे अंश दो या तीन बार दुहराये जिससे कविता का प्रभाव कम भी हुआ और समय भी उन्होंने दूसरों के बजाय तिगुना लिया। दूसरे, यह लगा कि इधर की कविता में बेवजह विवरणों और ब्योरों की भरमार हो रही है जबकि कविकौशल इसमें होता है कि सिर्फ़ सटीक और मार्मिक ब्योरे दिये जायें। तीसरे, बहुत सारी कविता में वक्तव्य प्रधानता हो रही है। भाषा में जितना 'कहती' है उससे अधिक 'करती' है। भाषा में कविता 'कहना' आसान है, 'करना' कठिन है। इसका एक नतीजा यह है कि कई बार कविता का मर्म कुछ सूक्तियों में सिमट जाता है। बल्कि रसिक या श्रोता यह समझता है कि इन सूक्तियों में ही कविता का मर्म है, भले ही कवि को यह अभीष्ट न भी रहा हो। चौथे, अक्सर कवि यह नहीं समझ पाते कि श्रोताओं को थोड़ा प्यासा छोड़ना ही उचित है। वे लोटा-भर कविता देने के बजाय बाल्टी-भर कविता उँड़ेल देते हैं।

त्रिवेन्द्रम में पणिक्कर-स्मृति

केरल में भाषण देने और सुनने की, लगता है, लम्बी परम्परा है। वक्तव्य में संक्षेप का विचार केरल में मान्यता नहीं पा सका है। वहाँ वक्ता लम्बे भाषण देते हैं और श्रोता देर तक बिना उकताये या ऊब दिखाये दत्तचित्त उन्हें सुनते रहते हैं। इसका कुछ आभास मुझे तब मिला जब अपने पुराने वरिष्ठ कविमित्र और अचूक हितैषी मलयालम कवि और संस्कृतिकर्मी अयप्पा पणिक्कर की स्मृति में दूसरा व्याख्यान देने का न्यौता मिला। पूछने पर बताया गया कि एक घण्टा बोलना होगा : विषय आप अपनी मर्ज़ी से चुन सकते हैं। सभागार खचाखच भरा था : पणिक्कर कवि होने के अलावा अंग्रेज़ी के बड़े प्रसिद्ध और लोकप्रिय अध्यापक भी थे। उनके छात्रों का विशाल परिवार है और उनमें से कई उपस्थित थे। केरल बल्कि समूचे दक्षिण की महिमा यह भी है कि वहाँ खान-पान, पहरावे आदि में एक तरह की लोकतान्त्रिक समता बहुत व्यापक है। किसी को देखकर आप आसानी से उसकी वित्तीय स्थिति का अनुमान नहीं लगा सकते। श्रोताओं में अनेक मलयालम बुद्धिजीवी, कवि-लेखक, अध्यापक आदि भी थे। अपने एक वरिष्ठ कवि की स्मृति में इस तरह सारे लोगों का एकत्र होना मार्मिक अनुभव निश्चय ही था। इस बात की फिर एक बार पुष्टि कि मलयाली समाज अपने लेखकों की कद्र करता है और अपने मूर्धन्यों का याद करने का जतन भी।

भाषण के बाद लगभग एक घण्टे का एक मिला-जुला कार्यक्रम पेश किया गया जिसमें पणिक्कर से सबन्धित कुछ फ़िल्मों की कतरनों के अलावा कई कवियों ने पणिक्कर की कविताओं का पाठ किया, कुछ कविताभिनय और कविता-नृत्य भी शामिल थे। पणिक्कर की कविताएँ, बहुत सरलता और सहजता से, रंगमंच और नृत्य का, संगीत का विषय हो सकती थीं, और हैं। उनकी जड़ें केरल की संस्कृति और उसके विविध रूपाकारों में बहुत गहरे धँसी थीं। कभी उनकी कविता लोकगीत लगती है, कभी गम्भीर चिन्तन, कभी प्रबन्धबद्ध, कभी महाकाव्यात्मक, कभी प्रश्नवाचक और कभी साधारण की स्तुति।

अयप्पा पणिक्कर की केरल के कुछ पारम्परिक कलारूपों जैसे कुडिअट्टम और कथकलि में गहरी रुचि और विशेषज्ञता थी। वे इन प्राचीन सूक्ष्म और जटिल कलारूपों के आधुनिक व्याख्याकारों में अग्रणी थे। उन्होंने अनेक प्राचीन और आधुनिक क्लैसिकों के मलयालम में अनुवाद किये। उनकी उपस्थिति, सक्रियता और अब अनुपस्थिति सभी मलयालम और संस्कृति के लिए निर्णायक मुकाम रही हैं। वे परम्परा में आलोचक 'बाहरी' थे, आधुनिकता में उतने ही प्रश्नवाचक 'अन्दरूनी'।

अच्छा लगा कि मैं वहाँ गया हालाँकि हवाई यात्रा भी, वहाँ तक की, लम्बी और ऊबाऊ है। जब किसी लेखक की स्मृति कोई भारतीय भाषाभाषी समाज ऐसी मार्मिकता से करता है तो लगता है कि यह सभी पूर्वज भारतीय लेखकों को प्रणति है। एक लेखक को जगाने से सब लेखक जागते हैं : एक देवता का आवाहन करो तो सब देवताओं को वह आवाज़ सुनाई देती है।

'पाज़ के बाद पाज'

महाकवि और भारतप्रेमी आक्तावियो पाज़ की मृत्यु हुए एक दशक हो गया। उनके बारे में उनके अंग्रेज़ी में सबसे प्रामाणिक अनुवादक इलियट वाइनबर्गर ने उचित ही कहा है कि 'कोई दूसरा पश्चिमी कवि भारत में ऐसा तल्लीन नहीं हुआ जैसे कि पाज़'। सच तो यह है कि अपने इस सांस्कृतिक अन्य को यानी भारत को इतना आत्मसात् किया कि वे दुहरे दूत बन गये : भारत में लातीनी अमेरिका के दूत और पश्चिम में भारत के दूत। इसलिए यह सर्वथा उपयुक्त है कि पाज़ पर एक बृहत् आयोजन मैक्सिको दूतावास और ललित कला अकादेमी ने मिलकर किया है जिसमें पाज़ के निजी संग्रह से उनके द्वारा कई प्रसिद्ध चित्रकारों के साथ की गयी संगतों के नमूने, उनकी पत्नी मेरी जोसे द्वारा बनाये गये कोलाजों की प्रदर्शनी, अकादेमी द्वारा अपने संग्रह से उन भारतीय कलाकारों के 60 के दशक के उत्तरार्द्ध में बनायी कलाकृतियों की एक प्रदर्शनी 'पाज़ मण्डल' के नाम से और 'पाज़ के बाद पाज़' शीर्षक से एक अन्तरराष्ट्रीय परिसंवाद शामिल हैं।

यह याद किया जाना चाहिए कि पाज़ ने दिल्ली रहते न सिर्फ़ बड़ी संख्या में कविताएँ लिखीं जो मथुरा, वृन्दावन, हुमायूँ का मक़बरा, निज़ामुद्दीन औलिया, अमीर खुसरो आदि से लेकर लोदी उद्यान, चित्रकार जगदीश स्वामीनाथन, उटकमण्ड ऐलीफैक्टा छेष्टा आदि अनेक विषयों पर हैं, बल्कि बोदेलेयर की कलाआलोचना, सरनूदा की कविता और बुएनेल की फ़िल्म पर अपने कुछ प्रख्यात निबन्ध लिखे। पाज़ ने राजस्थान के गालता जी के मन्दिर को केन्द्र बनाकर एक दार्शनिक यात्रावृत्तान्त लिखा। संस्कृत कविता से कुछ अनुवाद किये और भारत पर एक पुस्तक 'भारत के उजाले में' लिखी। अपनी आख़िरी भारत-यात्रा के दौरान उन्होंने अज्ञेय और श्रीकान्त वर्मा के साथ मिलकर एक कविता भी लगभग सार्वजनिक रूप से लिखी। मैरी जोजे से पाज़ का प्रेमारम्भ दिल्ली में ही हुआ था और यहीं उनका विवाह भी। उनके कोलाजों के साथ पाज़ की कविताओं

के संयुक्त संकलन 'फ़िगर्स एण्ड फ़िगरेशन्स' (न्यू डायरेक्शन्स न्यूयार्क) में 'भारत' शीर्षक एक नयी कविता इधर देखने में आयी। उसके आरम्भिक और अन्तिम अंश इस प्रकार हैं :

ये अक्षर और टेढ़ी-मेढ़ी रेखाएँ
जो कागज़ पर उलझती और अलग होती हैं

एक हथेली की तरह हैं :

क्या वे भारत हैं?
—वे संयोग का एजदण्ड हैं
समय के वृक्ष के नीचे छोड़े गये,
इस संसार के अधिनायक द्वारा।

पाज़ भारतीय परम्परा, इतिहास, कलाओं आदि की भी गहरी समझ रखते थे। वे यों भी निरे कवि नहीं थे। उन्होंने संस्कृति, इतिहास विचारधारा आदि पर गहरा चिन्तन किया और उन्हें, उचित ही, पश्चिम में कवि-विचारक का दर्ज़ा प्राप्त है। भारतीय संगीत पर संक्षिप्त टिप्पणी करते हुए उन्होंने कहा है कि राग स्वगतकथन और चिन्तन होते हैं, आवेगमय स्वरावलियाँ जो कि मानसिक अन्तरिक्ष में वृत्त और त्रिभुज खींचती हैं, ध्वनियों की एक ज्यामिति जो एक कमरे को एक झरने, एक फ़व्वारे, एक सरोवर में बदल सकती हैं। वे कहते हैं कि उन्होंने इस संगीत से जो सीखा—प्रतिध्वनियों की वीथिकाओं और पारदर्शी वृक्षों के उद्यानों में विचरने के अलावा जहाँ ध्वनियाँ सोचती हैं और विचार नृत्य करते हैं—वह मैंने भारतीय काव्य और विचार में भी पाया : सम्पूर्णता और शून्यता के बीच तनाव, दोनों के बीच लगातार आवाजाही।

भारतीय शिल्प के बारे में वे कहते हैं कि मूर्तिशिल्प उनके लिए पहला रहस्योद्‌घाटन थे, पर सिर्फ़ एलीफ़ैण्टा जैसी उच्च कला भर के नहीं बल्कि लोकप्रिय कलाकृतियों, मिट्टी या धातु या लकड़ी से बनी हुई, पक्षियों की तरह सुरीली, अज्ञातनाम शिल्पकारों के हाथों से निकले विचित्र रूपाकारों में छुपे छोटे-छोटे अचरज भी। पाज़ ने आगे जोड़ा : 'मामूली पवित्रता और दैनिक कविता का एक संसार। वस्तुओं से प्रेम, जो तावीज़, बरतनों या खिलौनों की तरह काम करती हैं, भारतीय संवेदना के लिए केन्द्रीय है। अनिवार्य है नामपद्धति, संख्याओं, श्रेणियों और सूचियों से घनिष्ठ सम्बन्ध, चाहे वे आकारों, स्वादों या संवेदनों के हों या दार्शनिक विचारों या व्याकरणिक रूपों के। तर्कशास्त्र, व्याकरण, सौन्दर्यशास्त्र, कामशास्त्र सभी सूची और श्रेणीबद्धता में समान हैं। काम पर भाष्य आसनों, आलिंगनों और संवेदनों के कोश हैं। पर साथ ही साथ एकता के लिए भी पेंशन है। भारत ने यह आकस्मिक नहीं है कि शून्य की खोज की

और न ही यह आकस्मिक है कि वह एक साथ एक गणितीय अवधारणा और एक आधिभौतिक वास्तविकता के रूप में वहाँ देखा गया।' अन्यत्र पाज़ ने बौद्ध मन्दिरों के बारे में कहा है कि 'एक विशाल 'हाँ' जो लहरों और पर्वतों जितना है और फिर भी, एक बड़ा विरोधाभास कि ये मूर्तियों शून्यता के एक मन्दिर, शून्य की एक वेदिका, 'नहीं' के गर्भगृह की चौकसी करती हैं।'

पाज़ ने आधुनिक भारत के प्रोजेक्ट को समझने में भी तीक्ष्णता दिखायी। उन्होंने लिखा कि 'अपने विरोधियों से संवाद में हम स्वयं से संवाद करने लगते हैं। यही लोकतन्त्र का सार है। आधुनिक भारत एक ऐसा राज्य बनाने का यत्न है जो विविधता को समाहित करे, उसे बिना दबाये हुए। यह ऐसा काम है जो यथार्थपरकता और कल्पना की माँग करता है और एक क़िस्म की नैतिकता की भी साथ-साथ। एक भयानक नियम है : सारे महान् ऐतिहासिक सृजन बलिदान पर बने हैं। भारतीय लोकतन्त्र के प्रसंग में, एक न्यायसंगत व्यक्ति महात्मा गाँधी, और इन्दिरा और राजीव गाँधी के रक्त पर और असंख्य निर्दोषों के रक्त पर। वे सब मरे ताकि एक दिन हिन्दू, मुसलमान, सिख और दूसरे शान्ति से बात कर सकें।' हर मामले में पाज़ से सहमत होना ज़रूरी नहीं है। लेकिन इससे इनकार नहीं किया जा सकता कि उनसे अधिक भारत को समझने की चेष्टा किसी और पश्चिमी साहित्यकार ने नहीं की। वह स्वयं हमारी अपनी समझ में भी इज़ाफा करती है।

कोलकाता में कला सन्दर्भ

बाहर से भले ऐसा लगता हो कि इधर आये कला-विस्फोट में कोलकाता कुछ पिछड़ सा रहा है, वस्तुस्थिति ऐसी है नहीं। वहीं कला सम्बन्धी गतिविधियाँ लगातार और तेज़ी से चल और बढ़ रही हैं। यह तक कहा जा सकता है कि बंगाल में, शायद महाराष्ट्र की ही तरह, सबसे अधिक संख्या में विभिन्न शैलियों में और दृष्टियों से काम कर रहे कलाकार हैं : लगभग हर पीढ़ी के। भारतीय कला में बंगाल आधुनिकता का एक निर्णायक मुकाम रहा है और वहाँ ऐसी उद्दाम सक्रियता हो, यह स्वाभाविक और उचित ही है। इसलिए बांग्ला में, भारतीय भाषाओं के सन्दर्भ में, सबसे व्यापक कलाविमर्श भी है। भारतीयों में बंगाली सबसे बहसते लोग हैं और यह उचित ही है कि वहाँ कला पर भी बहसें हों। ऐसी ही एक बहस में शामिल होने का अवसर 2 अक्टूबर, 2008 को मिला : आकृति कलावीथिका और इमामी चिजेल आर्ट ने मिलकर 'कला के

विसन्दर्भीकरण' पर एक बहस आयोजित की जिसमें कलाकार विवान सुन्दरम से लेकर कई कलाविद् जैसे ए. अनिलकुमार, शुक्ला सावन्त, आभा सेठ, निवेदिता देशपाण्डे आदि शामिल हुए।

कला के प्रक्षेपण और बाज़ार की बढ़ती हुई अन्तरराष्ट्रीयता, भूमण्डलीकरण के बढ़ते दबावों, कलावीथिकाओं तथा संग्रहालयों की बढ़ती संख्या और भूमिकाओं के चलते कला का सन्दर्भ निश्चय ही एक बड़ा मुद्दा है। शायद कलाकृति का विसन्दर्भीकरण उसके कलावीथिका में जाते ही शुरू हो जाता है : वह स्टूडियों के कबाड़ और विपर्यास से निकलकर एक नये दीप्त स्पेस में पहुँच जाती है। वहाँ से अगर किसी संग्राहक द्वारा खरीद ली गयी तो उसका भौतिक परिवेश फिर बदल जाता है। अगर किसी सार्वजनिक संग्रहालय में चली जाये तो यह परिवेश और भी निर्णायक ढंग से बदल जाता है। चूँकि ललित कला चाक्षुष कला है और उसकी कलाकृतियाँ भौतिक जगह घेरती और उसी में प्रदर्शित होती हैं, उसका भौतिक सन्दर्भ, उदाहरण के लिए पुस्तकों की तुलना में, उसके स्वाभाविक सन्दर्भ को सिरे से बदलकर उसके अर्थ और आशय में हस्तक्षेप तक कर देता है। कोई वीथिका या संग्रहालय निरपेक्ष स्थान नहीं होते : उनके अपने वैचारिक आग्रह होते हैं। कलाकृतियाँ जाने-अनजाने उन आग्रहों का बोझ उठाने लगती हैं : कुछ हैं जो अपनी शैली से ही ऐसे आग्रह का प्रतिरोध भी करती हैं। यह भी होता है कि कोई कलाकृति जो गहरे आत्मान्वेषण या सघन उत्सुकता से उपजती है और अपनी काया में ऐसे भावों को समोये रहती हैं, सन्दर्भ बदल जाने से इन भावों को एक तरह से ओझल करती हुई शोभा या अलंकरण की वस्तुएँ बन जाती हैं।

स्वयं बढ़ती अन्तरराष्ट्रीयता कला के विसन्दर्भीकरण का कारण बनती जा रही है। अपनी स्थानीयता से सर्वथा विच्छिन्न होकर अन्तरराष्ट्रीय मंचों-प्रदशर्नियों और नीलामों में कलाकृतियाँ नया और अप्रत्याशित सन्दर्भ ग्रहण करती हैं। उनका तात्विक और कलात्मक मूल्य वित्तीय क़ीमत में बदल जाता है : सच्चे मूल्य का यह विसन्दर्भीकरण मोल में अपभ्रंश हो जाता है।

अन्तरराष्ट्रीयता की अपनी शैलियाँ भी हैं। उनका प्रभाव भी भारतीय कला पर बढ़ रहा है। उनमें से कुछ ऐसी हैं जो कला को स्थानीयता से फिर जोड़ने और वहीं से अपना पदार्थगत और आध्यात्मिक पोषण बनाने की ओर ले जा रही हैं। कई बल्कि अधिकांश ऐसी हैं जो एक तरह से नाम-स्थानहीन कला को उकसा रही हैं। कला स्थानीय होकर ही सार्वभौम हो सकती हैं, यह धारणा लगता है कुछ बासी पड़ रही है। कला-जगत् कई नयी-पुरानी विडम्बनाओं के घेरे में है। यही उसे ध्यान देने और बहस करने योग्य भी बनाता है।

सार्वजनिक शिल्प

हालाँकि भारतीय मूर्तिशिल्प, विशेषतः हमारा प्राचीन मूर्तिशिल्प, संसार की महान् शिल्प परम्पराओं में से एक गिना जाता है, आधुनिक भारत में सार्वजनिक शिल्प के लिए बहुत कम अवसर निकल पाये हैं। इस मामले में भी, जैसा कि अन्य कलाओं के सन्दर्भ में, उत्तर भारत की हालत ज़्यादा ख़राब है। पूरा अंचल तरह-तरह की भद्दी, ख़राब और अधिकतर निहायत विस्मरणीय मूर्तियों में अटा पड़ा है। एकाध राजनेता तो ऐसे हैं जिन्हें अपने को मूर्तिमान होकर अनश्वर होने का ऐसा भरोसा है कि उनकी ख़राब मूर्तियाँ पूरी निर्लज्जता से बनवायी जा रही हैं। ऐसे में त्रिवेन्द्रम के एक पार्क में कनाई कुन्हीरामन के बनाये मूर्तिशिल्प का एक समुच्चय देखना विस्मयकारी था। परिसर भारतीय पर्यटन विकास निगम का है। उसमें इस वरिष्ठ शिल्पकार ने किसी नेता या देवी-देवता की मूर्तियाँ नहीं बनायी हैं। बल्कि बचपन में देखे तैय्यम आदि के मुकुटों आदि को याद करते हुए, आदिवासी अनुष्ठान के कुछ बिम्बों को समेटते हुए जो शिल्प बनाये हैं वे अनोखे हैं। आराम करता हुआ व्यक्ति। उन्मत्त लेटी स्त्री। एक विराट् शंख। पार्क की हरी घास वाली ज़मीन और उतार-चढ़ाव का इस्तेमाल करते हुए स्त्रीयष्टि का आकार। नाग-युग्म। सभी कांक्रीट में हैं, कुछ को छोड़कर। वहाँ पहुँचने से पहले सागरतट पर उन्हीं की बनायी विशाल सागरकन्या का शिल्प है : सचमुच वृहदाकार। पता चला कि कुन्हीरामन की बनायी ऐसी ही एक विशाल प्रतिमा यक्षिणी पर अश्लील होने का आरोप लगा और सार्वजनिक विवाद हुआ था। तब लज्जा गौरी आदि के प्राचीन उदाहरण उसके पक्ष में दिये गये थे। धीरे-धीरे विवाद समाप्त हो गया। यही क़िस्सा कोच्चि में कोच्चि विकास प्राधिकरण के सामने बनाये किंचित् अमूर्त शिल्प का भी है। शिल्पकार ने बताया कि पहले उसे हटाने के लिए अभियान चला था। धीरे-धीरे उसे स्वीकार किया गया और सार्वजनिक जीवन में उसकी जगह बन गयी। अब उसे हटाया जाता है तो हटाने के विरुद्ध अभियान चलेगा। केरल के संस्कृति मन्त्री ने ललित कला अकादेमी के इस शिल्पकार पर प्रकाशित सचित्र रंगीन पुस्तकाकार मोनोग्राफ़ के प्रकाशन के अवसर पर जब यह दावा किया कि केरल में उद्यान शिल्प-विद्या के रूप में आधुनिक भारतीय कला में नया योगदान किया है तो इसमें कुछ सच्चाई ज़रूर है। किस और प्रदेश में, राजनैतिक उथल-पुथल के बावजूद, एक शिल्पकार को इस तरह अबाध अपना काम करने दिया गया है।

मन्त्री एम. ए. बेबी ने यह भी बताया कि हाल ही में दिवंगत और मेरे पुराने कवि-मित्र कटम्निट्ट के मूल गाँव में एक दूसरे शिल्पकार सोमेन ने कविताओं से प्रेरित मूर्तिशिल्पों का एक उद्यान बना दिया है। याद

आया कि बरसों पहले श्री बेबी के साथ ही मैं उस गाँव में गया था और वयोवृद्ध ई एम एस नम्बूदिरिपाद ने भारी वर्षा पड़ जाने के बाद भूमिपूजन इसी शिल्प-उद्यान का किया था।

रत्न भीमसेन

पण्डित भीमसेन जोशी को भारत रत्न दिये जाने से किसी हद तक कई योग्य व्यक्तियों को पद्म-पुरस्कार न मिलने और कई अयोग्यों को मिलने का दुख कम हो गया है। यह भी मानना चाहिए कि सत्ता राजनीति के आतंककारी दबाव में रहने के बावजूद जब-तब यह स्वीकार करती है कि भारत को रचने-पोसने का काम सृजनात्मकता के अन्य क्षेत्रों में भी हो रहा है और उसका समुचित आदर किया जाना चाहिए। यह समझना मुश्किल है कि सौ से अधिक अनेक क्षेत्रों के मूर्धन्यों से राष्ट्रपति जी से कुछ बरस पहले चित्रकार मक़बूल फ़िदा हुसेन को भारत रत्न से विभूषित करने का जो अनुरोध किया था उसे क्यों स्वीकार नहीं किया गया। अब तक किसी चित्रकार को इस तरह रत्नजटित नहीं किया गया है और इसमें कोई सन्देह नहीं कि हुसेन ऐसे सम्मान के सर्वथा सुपात्र हैं। वे उमर में पण्डित जोशी से जेठे भी हैं और अभी तक आश्चर्यजनक रूप से पूरी तरह कलासक्रिय हैं। याद इसलिए आया कि एक बार पण्डित जोशी गा रहे थे और उसी मंच पर हुसेन उनके संगीत से प्रतिकृत चित्र बना रहे थे। दोनों भारतीय संस्कृति-जगत् के मान्य रत्न हैं– भारत रत्न का विभूषण इसका सार्वजनिक स्वीकार भर है।

पण्डित भीमसेन जोशी उन विरले संगीतकारों में से हैं जो महत्त्वपूर्ण और लोकप्रिय दोनों एक साथ रहे हैं। यों तो किराने घराने के हैं लेकिन उन्होंने उस घराने की पारम्परिक शैली पर अपने व्यक्तित्व की ऐसी गहरी छाप छोड़ी है कि वह अब वही नहीं रह गया जो भीमसेन जी के पहले था। परम्परा कैसे किसी सशक्त और सृजनशील संगीतकार के लिए विनम्रतापूर्वक बदल जाती है यह इसका एक बिरला उदारहण है। भीमसेन जी उन संगीतकारों में से हैं जिन्होंने एक तरह से एक पूरी अधसदी भारतीय संगीत पर राज किया है : वे हमेशा शिखर पर रहे हैं–पूरी विनम्रता पर असाधारण ऊर्जा, अदम्य सृजनात्मकता और अपार धीरज और संयम के साथ। उनकी एक आवाज़ नहीं है : उनका गायन सुनिए तो लगता है जेसे एक आवाज़ के अन्दर कई और आवाज़ें भी हैं। उनका संगीत, उनकी आवाज़ और उसमें समायी अन्य आवाज़ों की रंगभूमि बन जाता है। कई बार लगता है कि वे आवाज़ से, सुरों से खेलते हैं और सहज

ही उन्हें वहाँ ले जाते हैं जहाँ वे अक्सर नहीं जाते। उनका रेंज विराट् है और उनका वितान विशाल : जटिल, अन्तर्गन्थित, सुगठित। वे निश्चय ही हमारे समय के सबसे ऊर्जस्वी गायकों में से एक रहे हैं : आह्लाद, उल्लास, विरह, करुणा, विगलित समर्पण उनका संगीत यथावसर सबको चरितार्थ करता है। वे अपने समय में गाते हुए हमें अनन्त के निकट ला देते हैं : समयबद्ध होते हुए भी भीमसेन जोशी का संगीत अनन्त की आराधना है। उसमें विलाप, प्रार्थना, कातरता, कृतज्ञता, पुकार, आर्तनाद, स्वर-विनोद सब कुछ सुना जा सकता है। यह अनेकार्थी संगीत है : जिस रसिक के पास जितने अर्थग्रहण की क्षमता है वह उतना उनसे पा सकता है। यह कहने में रत्ती भर संकोच की गुंजाइश नहीं है कि भीमसेन जोशी संगीत के परमपद पर प्रतिष्ठित हैं : उनका स्वर उनके लिए निश्चय ही ईश्वर होगा—हम जैसे अनास्थावान् रसिकों के लिए उसके ऐश्वर्य से अछूता रह पाना कभी सम्भव नहीं हुआ। उन जैसों का संगीत सुनकर ही लगता है कि अब भी, इस बेहद अपवित्र समय में, कुछ समय के लिए पवित्रता का संस्पर्श मिल सकता है, हम अपनी तुच्छताओं से घिरे रहकर भी विराट् को छू और उससे स्पन्दित हो सकते हैं। भीमसेन जोशी से पूरी ऊर्जा के साथ हमारे समय को गाया है और हमें समयातीत तक ले गये हैं। उनके प्रति हम सबके मन में गहरी कृतज्ञता है : उनका संगीत न होता तो शायद हम बहुत कठिनाई से जान पाते कि यह संसार कितने रहस्य और आश्चर्य से भरा है और कभी-कभार हम उनसे संवाद कर सकते हैं।

मित्र संवाद

त्रिवेन्द्रम के गेस्ट हाउस में पुराने वरिष्ठ रंगकर्मी मित्र कावलम नारायण पणिक्कर आ गये। वे इन दिनों कालिदास के संस्कृत नाटक 'अभिज्ञानशाकुन्तलम्' की एक नयी प्रस्तुति तैयार करने में लगे हैं। वे कभी यह याद करना नहीं भूलते कि कैसे मेरे ही बार-बार उकसाने पर उन्होंने, लगभग तीन दशकों से भी अधिक पहले, पहली बार संस्कृत में नाटक प्रस्तुत करने की शुरुआत की थी। अब तक तो वे कालिदास के तीनों नाटक प्रस्तुत कर चुके हैं। यह नया संस्करण वैसे तो उन्होंने कालिदास अकादेमी के ही निमन्त्रण पर तैयार करना शुरू किया था पर अकादेमी अपने निमन्त्रण से मुकर गयी है। फिर भी वे इसे तैयार कर ही रहे हैं। कालिदास अकादेमी का देश के एक श्रेष्ठ रंगकर्मी से इस तरह का व्यवहार निहायत निन्दनीय है।

पणिक्कर यह भी बताते हैं कि वे बच्चों के साथ अपने मूल ग्राम में कुछ रंगकर्म नियमित रूप से करते हैं। उनके अनुसार पहले किसान और खेतिहर मज़दूर बुवाई-कटाई के समय गीत गाते थे और अक्सर मालिक लोग इसके लिए उन्हें अतिरिक्त मजदूरी देते थे। गीत गाने से उनका ध्यान काम पर लगा रहता था और वे इधर-उधर बहकते नहीं थे। बाद में साम्यवादी सरकार ने इस तरह के गीतगायन को मजदूरों का शोषण मानकर बन्द करवा दिया। धीरे-धीरे वे गीत लुप्त हो गये। कुछ बूढ़े-पुराने लोगों भर को वे अब याद हैं। पणिक्कर अपनी बालप्रस्तुतियों के दौरान इन गीतों को बच्चों से फिर गवाने का अभ्यास कराते हैं। वे किसी बूढ़ी स्त्री का ज़िक्र करते हैं जो ऐसे गीतों का सबसे विपुल कोष थी लेकिन हाल ही में उसकी मृत्यु हो गयी। एक लोकपरम्परा के नष्ट होने के लिए उत्तरदायी साम्यवादी अब मान रहे हैं कि उनसे ग़लती हो गयी। लेकिन उसे सुधारने के लिए लगता है अब देर हो चुकी है।

फ़िल्मकार अडूर गोपालकृष्णन् जिस घर में रहते हैं वह केरल के पारम्परिक गृह-स्थापत्य का एक नायाब नमूना है। उन्होंने तक़षी शंकर पिल्लै की कहानियों पर आधारित दो फ़िल्में पूरी कर ली हैं। दूसरी फिल्म का शीर्षक 'अपराध के लिए मौसम' जैसा कुछ है। वे बताते हैं कि फ़िल्में दूरदर्शन के लिए बनायी गयी थीं लेकिन चूँकि उनके यहाँ अवधि की बन्दिश होती है, उन्होंने निजी सिनेमाघरों में रिलीज के लिए दो लम्बे संस्करण तैयार किये हैं। उनकी बड़ी चिन्ता इस बात को लेकर है कि बच्चों में कलाबोध जगाने और पोसने के लिए व्यापक प्रयत्न नहीं किया जा रहा है। मैं उन्हें राष्ट्रीय शैक्षिक अनुसन्धान परिषद के साथ मिलकर ललित कला अकादेमी द्वारा, इस सिलसिले में की जा रही पहल का ज़िक्र करता हूँ। उनका सुझाव है कि उसके अलावा छोटे शहरों और कस्बों में आधुनिक कलाकृतियाँ मूल रूप में एक कलायात्रा के रूप में दिखाने की कोशिश करना चाहिए। उनके बैठकखाने में लगभग बीचोंबीच एक वर्गाकार छोटा सा जलहीन कुण्ड जैसा कुछ है। जिसमें बाहर से धूप आती है, हवा भी। उनके घर के अहाते में नारियल के बहुत सारे पेड़ हैं और उनके फल एक ट्रक पर लादे जा रहे थे जब मैं बाहर निकला।

शमशेर-शती

मूर्धन्य होने के बावजूद शमशेर बहादुर सिंह अपने को इस क़दर क़मतर आँकते थे कि वे अगर जीवित होते और उन्हें बताया जाता कि 13 जनवरी 2011 को उनकी उमर के सौ साल पूरे होंगे तो अव्वल तो उन्हें

इस पर हैरत होती और दूसरे उसे किसी तरह से मनाने के बारे में वे अनुत्साहित होते। शायद कहते कि जाट की जन्म-शती क्या? उनकी कविता से ऐसी न जाने कितनी पंक्तियाँ निकाली जा सकती हैं, जिसमें वे सदा अपना अवमूल्यन करते रहे : 'अपने को ख़्याल से भी कम समझे थे', 'मैं हवा की तरह अदृश्य ही जब हो जाऊँ', 'मैं तो ख़ैर... मेरी ज़मीन भी क्या', 'हम राख है जो आइने के मुँह पर मले हुए हैं,' 'मैं उसी में कीचड़ की तरह सो रहा हूँ' आदि।

पर इसमें कोई सन्देह नहीं कि वे बीसवीं शताब्दी में भारतीय कविता के एक मूर्धन्य हैं : हिन्दी के इस दौर के बड़े प्रेम-कवियों में से एक हैं। इस सिलसिले में शायद तीन सबसे बड़े निराला, अज्ञेय और शमशेर ही ठहरेंगे। इसलिए उनकी जन्मशती को व्यापक और कारगर ढंग से मनाने के लिए काम अभी से शुरू हो जाना चाहिए। उन पर विचार-पुनर्विचार करते हुए पाँच-सात नयी पुस्तकें उस समय आ सकें तो क्या बात है, पर उतना ही ज़रूरी यह है कि उनकी सम्पूर्ण रचनाओं को शमशेर-रचनावली में संग्रहीत और प्रकाशित किया जाये। जहाँ तक मुझे पता है रंजना अरगड़े के पास ज़्यादातर सामग्री और शायद उसके अधिकार हैं। वे अगर किसी जेठे से सहायता लेना चाहें तो ठीक है। अगर खुद ही यह ज़िम्मेदारी जतन और लगन से निभाना चाहें तो बहुत अच्छा। मोटा अन्दाज़ तो यह है कि अब शमशेर की कोई अप्रकाशित सामग्री शायद सुलभ नहीं है। इस किंवदन्ती के बावजूद कि उन्होंने त्रिलोचन की तरह बहुत लिखा है : 'रजिस्टर नहीं कमरे लिखे हैं', फिर भी, अगर ऐसी सामग्री हो तो उसे समायोजित कर पुस्तकाकार अगले तीन बरसों के दौरान निकाल देना चाहिए। शमशेर के चित्रों की एक प्रदर्शनी शती-आयोजन का अंग तो हो ही, उन चित्रों में से कुछ का एक फ़ोलिया भी इस अवसर पर प्रकाशित किया जा सकता है।

रघुवीर सहाय ने मलयज के साथ मिलकर एक पुस्तक शमशेर पर राधाकृष्णन से प्रकाशित की थी। उसे पुनर्प्रकाशित करना चाहिए। इसके अलावा उनके बारे में संस्मरणों का एक नया संचयन निकलना चाहिए। शमशेर ने बहुते अच्छी आलोचना भी लिखी थी : उसका एक संचयन भी बनाना चाहिये। उन पर अभी तक जो आलोचना लिखी गयी है, उसका एक संचयन 'शमशेर-सहचर' भी किसी को करना चाहिए। शमशेर की दस-पन्द्रह प्रमुख कविताओं पर पूरे-पूरे व्याख्यापरक निबन्धों का एक नया संग्रह भी तैयार किया जा सकता है। किसी गल्पकार को शमशेर की एक जीवनी लिखने का भी उद्यम करना चाहिए। हो सकता है यह गलतफ़हमी हो, पर मुझे है कि शमशेर के पिटारे में आधी-अधूरी चीज़ें कई होंगी। इसका एक संचयन निकाला जा सकता : आधे-अधूरे को जैसा शमशेर ने हमारे समय में सीधा वैसा और कौन साध पाया है?

किसी को शमशेर द्वारा लिखे पत्रों को जमाकर व्यवस्थित ढंग से निकालने का काम भी अभी शुरू होना चाहिए। दशकों पहले मराठी कवि और फ़िल्मकार दिलीप चित्रे ने शमशेर पर एक फ़िल्म भारत भवन में बनायी थी। उसका जीर्णोद्धार भी कर लेना चाहिए क्योंकि उसमें शमशेर ने अपने अनोखे ढंग से कई कविताएं पढ़ी हैं और वह एक दुर्लभ रिकार्ड है।

शमशेर हिन्दी के सबसे उर्दू कवि हैं : ग़ज़लें उर्दू की बहर में लिखने के अलावा उन्होंने अपनी काव्यभाषा में उर्दू, अरबी-फ़ारसी और संस्कृत का जो बेहद सर्जनात्मक मिश्रण किया है, वह अनूठा है। दुर्भाग्य से उर्दूवाले उसे लेकर उत्साहित नहीं रहे हैं। अन्यथा उर्दू की दृष्टि से शमशेर पर नये ढंग का विचार सम्भव है। शमशेर पर विचारार्थ विषयों की कमी नहीं। कुछ यों सूझते हैं : भारतीय आधुनिकता और शमशेर, प्रेम, ऐन्द्रियता और समाज : शमशेर का साहित्य-संसार, शमशेर का प्रकृतिराग, शमशेर का कास्मिक विज़न, शमशेर की शास्त्रीयता, शमशेर का भाषायी स्वप्न, शमशेर के शिल्प की जटिलता, शमशेर के द्वन्द्व, शमशेर और समय-बोध, शमशेर और प्रगतिशील लेखक संघ, शमशेर का सम्पादन, शमशेर और अज्ञेय, शमशेर और मुक्तिबोध, शमशेर और नागार्जुन-त्रिलोचन और केदारनाथ अग्रवाल, शमशेर के शब्द, शमशेर के चित्र, नयी कविता और शमशेर, शमशेर और रामविलास शर्मा, इलाहाबाद में शमशेर आदि।

कुँवर नारायण और ज्ञानपीठ

कई बरसों से एक तरह से इस पर मतैक्य सा रहा है कि हिन्दी में ज्ञानपीठ पुरस्कार के जो सुपात्र हैं उनमें कुँवर नारायण और कृष्णा सोबती निर्विवाद हैं। भूगोल और जनसंख्या के हिसाब से हिन्दी देश की सबसे बड़ी भाषा है पर इसका नम्बर, इस पुरस्कार में, अपनी बारी से ही आता है : वह बारी अब सौभाग्य से, आयी और निर्णय कुँवर जी के पक्ष में हुआ यह उन सबके लिए आह्लादकारी है जो हिन्दी के इस पढ़े-लिखे, सौम्य, अजातशत्रु विवादमुक्त और सदासहाय कवि-लेखक के साहित्य और व्यक्तित्व से प्रतिकृत होते रहे हैं। एक तरह से देखा जाये तो यह पुरस्कार थोड़ी देर से ही मिला है क्योंकि कुँवर जी अस्सी की उमर पार कर चुके हैं। भारत में निर्णायक मानसिकता, कम से कम पुरस्कार आदि के प्रसंग में, ऐसी है कि वह वरिष्ठता का रोलकाल होने से बच नहीं पाती है। यह और बात है कि कुँवर जी की एक लम्बी कविता हाल ही में प्रकाशित हुई है। उनकी पहली महत्त्वपूर्ण लम्बी कविता उनकी युवावस्था और आरम्भिक दौर में निकली थी। कोई चाहे तो उनके काव्य को न

दो छोरों के बीच फ्रेम कर सकता है : उनकी काव्यदृष्टि में हमेशा प्रबन्ध-तत्त्व सक्रिय रहा है और वे निरन्तर कुछ मूलभूत अस्तित्वगत प्रश्नों से अपनी कविता के सघर और सुगठित परिसर में सर्जनात्मक स्तर पर जूझते रहे हैं। यह दावा करना ग़लत नहीं होगा कि दर्शन में सुपठित इस कवि के यहाँ कविता दर्शन से संवाद करते हुए भी उससे आक्रान्त नहीं होती। बल्कि वह अपने आप में दर्शन है—ऐसा जो सिर्फ़ कविता के ऐन्द्रिय, सघन और समयविद्ध माध्यम से ही व्यक्त ओर चरितार्थ हो सकता है। कुँवर नारायण की कविता में जो चिन्तनशीलता लगातार लक्ष्य की गयी है वह कविता में विन्यस्त अपने अनुभवों और भावों को वैचारिक आभा में देखने की उनकी अथक कोशिश से उपजती रही है : कविता किसी पूर्वदत्त दर्शन या दृष्टि का अनुसरण या अनुकरण नहीं करती : वह दी हुई वैचारिक सरणियों के बरक्स कविता की अपनी वैचारिक सत्ता का अनुसन्धान और आग्रह करती है। कई बार लगता है कि इस पक्ष की और पर्याप्त आलोचनात्मक ध्यान नहीं दिया गया है। कुँवर नारायण की विडम्बना है, हमारे अतिवादी समय में विवेक की विडम्बना है : वे कगार तक जाने से बचते रहे हैं और यह संयम कुल मिलाकर समृद्धिकारी ही रहा है। लेकिन इस कारण उनकी कविता सोचने-विचारने वाली कविता तो है, जोखिम उठाने वाली कविता नहीं। एक और अर्थ में यह उसी अतिवादी समय में भलमनसाहत की विडम्बना है। इसीलिए शायद यह कविता सुगठित और सुघर है : उसमें कहीं कोई कच्चे-अधपके हिस्से नहीं हैं। उसमें परिणति है, प्रक्रिया का अनिश्चय नहीं।

हिन्दी लेखकों में कला-रसिकता व्यापक नहीं है। इस प्रसंग में कुँवर नारायण सुरुचि सम्पन्न लेखक हैं। उनकी दूसरी कलाओं में विशेषतः शास्त्रीय संगीत और सिनेमा में गहरी रुचि और पैठ रही है। हिन्दी के मुखर लेखक-समाज में ऐसे केन्द्र बन गये हैं जो ऐसी सुरुचि को आभिजात्य और विलम्बित सामन्तवाद कहकर लांछित करते रहे हैं। कुँवर नारायण पर ऐसे आरोप नहीं लगे तो उसका एक कारण हिन्दी लेखक-समाज में उनके प्रति गहरा सद्भाव है। चूँकि उन्होंने कभी किसी का दिल नहीं दुखाया, कोई उनका दिल दुखाना नहीं चाहता। सूक्ष्मता और जटिलता बरतने सराहने के लिए भी उनकी कभी आलोचना नहीं की गयी है, जबकि दूसरे इस आधार पर कलावादी करार दिये गये हैं। व्यक्तिगत उपलब्धि के साथ-साथ कुँवर नारायण का सम्मान हिन्दी में विवेक, सूक्ष्मता और सुरुचि के सृजन-सक्रिय और बौद्धिक रूप से विन्यस्त होते रहने की ज़िद का भी सम्मान है।

सत्तर के दिलीप चित्रे

फिर भी, अपनी अंजलि के रक्ताभ जल में
मैं बटोरता हूँ धूप के असंख्य टुकड़े
अपने होने की असंगत परछाइयों के हिस्से...

जब पता चला कि कम से कम चालीस बरस पुराने मित्र और इस समय भारत के मूर्धन्य कवियों और सार्वजनिक बुद्धिजीवियों में गिने जाने वाले मराठी कवि और कलाविद् दिलीप चित्रे 70 वर्ष की आयु के होने जा रहे हैं तो तय किया कि इस अवसर पर उनके साथ होना उपयुक्त होगा। मुम्बई के फ़ोर्ट क्षेत्र में जहाँगीर कला वीथिका के नज़दीक रिपन क्लब में इस सिलसिले में एक अनौपचारिक आयोजन था। पारसियों द्वारा स्थापित इस पुराने क्लब में दिलीप के अनेक मित्र एकत्र हुए जिनमें कई पुणे आदि से यानी बाहर से इसी अवसर के लिए आये थे। ऐसे मित्रों में कवि नामदेव ढसाल, गुजराती कवि-दार्शनिक प्रबोधा पारिख, युवा हिन्दी कवि तुषार धवल आदि शामिल थे। दिलीप की 1954 से 2008 के दौरान लिखी मराठी कविताओं के अंग्रेज़ी अनुवाद का एक संचयन 'शेष' नाम से प्रकाशित हुआ जिसे मुम्बई के प्रकाशक पोएट्री वाला ने छापा है।

कुछ मित्रों ने, जिनमें अनेक युवा थे, इस संचयन से कुछ कविताएँ पढ़ीं। सारा माहौल आत्मीयता और उछाह से भरा था। यह स्पष्ट था कि दिलीप की लम्बी काव्यसाधना के लिए बहुत सारे लेखकों, अन्य कलाओं के लोगों और कविताप्रेमियों के मन में गहरा सम्मान है। अपनी बीमारी के बावजूद नामदेव ढसाल आये जिनसे दिलीप के गहरे राजनीतिक मतभेद रहे हैं। ढसाल ने उसी सुबह 'सामना' अख़बार में दिलीप के अवदान पर एक लेख लिखा था जिसकी उस महफ़िल में उनके आने के पहले चर्चा हो रही थी। आने के बाद अपने वक्तव्य में ढसाल ने बताया कि कैसे जब वे दसवीं कक्षा में थे तो उन्होंने दिलीप चित्रे की कविता पहले-पहल पढ़ी थी और उनके स्वयं के काव्य-साहस को आकार देने में दिलीप की भूमिका रही है। उन्हें दुर्बोध बताने वालों की मज़म्मत करते हुए उन्होंने आगे कहा कि दिलीप को न समझ पाने की बात करने वाले दरअसल मराठी की सन्त कविता और मर्ढेकर आदि की परम्परा में बनी मराठी आधुनिकता को, चित्रे को समझे बिना समझ ही नहीं सकते। वैचारिक मतभेद से ऊपर उठकर एक वरिष्ठ कवि को ऐसी उदार प्रणति देने का यह उदाहरण, मैं सोचने लगा, हिन्दी में सम्भव नहीं लगता। यहाँ वैचारिक अपने ही अपने हैं, और बाक़ी सब अस्पृश्य पराये जिनकी ठोस उपलब्धि या क़द को स्वीकार करना वह भी सार्वजनिक रूप से, वफ़ादारी की जकड़बन्दी के चलते, सम्भव नहीं लगता।

दिलीप चित्रे सिर्फ़ एक बड़े कवि भर नहीं हैं। वे उनमें से हैं जिनकी दिलचस्पी अपने अलावा दूसरों की काव्यसाधना में भी रही है और जिन्होंने आधुनिक मराठी कविता को अंग्रेज़ी अनुवाद के माध्यम से सामने लाने का लगातार प्रयत्न किया है। नामदेव ढसाल जैसे मराठी के लिए भी विस्फोटक कवि के कैननाइज़ेशन में उनका बड़ा हाथ रहा है। वे जब हमारे साथ भारत भावन में थे, निराला सृजनपीठ पर, तो अधिक निकटता से पता चला था कि उनकी हिन्दी के अलावा कई भारतीय भाषाओं के साहित्य में कितनी गहरी दिलचस्पी और जानकारी है।

दिलीप चित्रे की सार्वजनिक मुद्दों पर प्रखर और निर्भीक मुखरता रही है और कई बार उन्हें इस कारण विरोध, विवादों और प्रहारों का सामना करना पड़ा है। महाराष्ट्र और देश में फैली साम्प्रदायिकता, धर्मान्धता, हिंसा और अभिव्यक्ति की स्वतन्त्रता पर किये हमलों का दिलीप ने हमेशा बहुत हिम्मत और बेबाकी से मुखर विरोध किया है। उन पर भारतीय लेखक-समाज इसलिए भी उचित अभिमान कर सकता है कि उन्होंने पूरी ज़िम्मेदारी से ऐसे समय में लेखकीय आवाज़ उठायी है जब बहुत सारे लेखक, कायरता या उदासीनतावश, चुप रहना श्रेयस्कर समझते रहे हैं।

दिलीप ने साहित्य के अलावा संगीत, चित्रकला, फ़िल्म आदि पर भी लिखा है और उनका ऐसा लेखन भी कलालोचना में बहुत आदर की दृष्टि से देखा जाता है। हाल ही में जब उन्होंने तैयब मेहता की तीन कलाकृतियों पर एक सुविचारित व्याख्यान नयी दिल्ली में दिया था तो श्रोताओं के सामने बहुत ठोस रूप से यह स्पष्ट हुआ था कि दिलीप की परम्परा और आधुनिकता की समझ कितनी बहुस्तरीय है और कैसे वे उसे बहुत तर्कसंगत रूप से सम्प्रेषित कर सकते हैं।

भारत भवन में दिलीप ने शमशेर बहादुर सिंह पर एक छोटी सी फ़िल्म बनायी थी जिसमें शमशेर जी ने अपनी कई कविताएँ अलग-अलग जगहों पर पढ़ी थीं और उन्हें फ़िल्माया गया था। दिलीप हिन्दी के दो ही कवियों को मौलिक मानते हैं : निराला और शमशेर। हमारे आग्रह पर वे शमशेर की कविताओं का अंग्रेज़ी अनुवाद करने को राज़ी भी हो गये हैं। कुछ अनुवाद उन्होंने पहले भी किये ही थे। युवा कवि तुषार धवल, सौभाग्य से, इन दिनों दिलीप के निकट आये हैं और वे हिन्दी में उनकी मराठी कविताओं का अनुवाद कर रहे हैं। उनके कुछ अनुवाद दिलीप ने देखे और अनुमोदित किये हैं। उम्मीद करना चाहिए कि देर-सबेर इस मूर्धन्य कवि का एक प्रतिनिधि संचयन, हिन्दी अनुवाद में, पुस्तकाकार आ जायेगा।

दिलीप चित्रे के तुकाराम और ज्ञानेश्वरी के अंग्रेज़ी अनुवाद बहुप्रतिष्ठित हैं। वे बता रहे थे कि कुमार शहानी तुकाराम पर एक फ़िल्म बनाने की सोच रहे थे और उनका प्रस्ताव था कि उसमें तुकाराम की भूमिका

दिलीप ही करें। सच्चाई यह है कि दिलीप की कविता में गहरी आध्यात्मिक आभा है, जिसका धार्मिकता से कुछ लेना-देना नहीं है लेकिन जो सहानुभूति-सम्बन्ध-समावेश का एक बड़ा संसार अपने में समेटती-बुनती है। उस शाम मुझे लगा कि मेरा भी यह सौभाग्य है कि मैं अपने समय के एक बड़े सहचर और मित्र के सत्तर के होने पर उन लोगों में शामिल हूँ जो दिलीप चित्रे को प्रेम और आदर से, उत्साह और थोड़ी ईर्ष्या से इस मुकाम पर पहुँचते प्रत्यक्ष देख रहे हैं। दिलीप चित्रकार और फ़िल्मकार दोनों हैं। उनके कुछ मित्र एक मेज़ पर मढ़े हुए रखे थे। वहाँ भी उनकी प्रतिभा प्रगट थी। ऐसे अनूठे लोग बिरले हैं पर हमारे समय में हैं इससे यह समय कुछ सह्य और सुन्दर, कुछ सार्थक और उत्तेजक लगता है। दिलीप चित्र अपनी एक कविता 'जादू मुहल्ला' का समापन इन पंक्तियों से करते हैं :

या अल्लाह परवरदिगार!
इस दुनिया में मैं कोई जवाब नहीं पाता

सच्ची और ईमानदार कविता को जवाब अक्सर नहीं मिलते हैं : उसका बड़ा काम, जब लोग दिये गये जबावों से आत्मतुष्ट हो रहे हों, ऐसे सवाल पूछना है जिनका कोई जवाब नहीं होता—कम से कम उस समय। जवाबों के युग में सवालों की आवाज़ होती है कविता और दिलीप की कविता ऐसी है।

क्रान्ति के शिकार

निकारागुआ के क्रान्तिकारी कवि अर्नेस्तो कार्दिनाल जब विश्व कविता समारोह में भारत भवन भोपाल में आये थे तो विशेष आकर्षण का विषय थे। वे साम्यवादी थे, क्रान्तिकारी आन्दोलन का हिस्सा थे कार्दिनाल और मन्त्री थे और बड़े कवि थे। हर शाम कविता के सत्र के बाद वे और उनका गार्ड हमारे लाउंज में आने वाले पहले लोग होते थे : यह लाउंज कवियों के लिए खोला गया विशेष बार था। डिनर के लिए निकलने वाले वे दोनों अन्तिम अतिथि होते थे। लातीनी-अमेरिकी सभी कवियों की पीने की क्षमता इतनी अधिक थी कि चुटकला चल गया था कि बाक़ी बोतल भर, अधिक-से-अधिक, पीते हैं, लातीनी-अमेरिकी बाल्टी भर। इस रसरंजन में इन कवियों की जीवनसंगिनियाँ भी भरपूर शामिल होती थीं। कार्दिनाल ने स्वदेश जाकर कविता समारोह पर एक लम्बी, अख़बार के एक पूरे पृष्ठ बराबर, लेख लिखा था जिसमें उन्होंने अपने अनुभव

में उसे संसार का सबसे बड़ा और अद्वितीय समारोह कहा था। क्रान्तिकारी कहीं-न-कहीं निश्छल और उदार होते हैं : कम से कम कार्दिनाल तो अवश्य ही ऐसे थे।

पिछले सप्ताह यह ख़बर आयी कि उनके देश की क्रान्तिकारी सरकार ने उनके विरुद्ध कुछ झूठे मुकदमे शुरू किये हैं क्योंकि उन्होंने वर्तमान शासन की क्रान्ति-विरोधी हरकतों की खुली निन्दा की है। इस सरकारी कार्रवाई की लातीनी-अमरीकी लेखक-समुदाय ने भूरि-भूरि निन्दा की है। एक बार फिर क्रान्ति अपनी सन्तान का भक्षण कर रही है। यह पहली बार नहीं है क्योंकि सोवियत क्रान्ति से लेकर, बल्कि फ्रेंच क्रान्ति से लेकर आज तक यह होता आया है। क्रान्तिकारी सत्तारूढ़ होते ही देर-सवेर आततायी होने लगते हैं। क्रान्ति की मूल प्रतिज्ञाएँ अपदस्थ होकर सत्ता की नयी प्रतिज्ञाएँ काबिज हो जाती हैं। जिनके पास क्रान्ति की बुनियादी स्वप्नशीलता और आदर्श बचे रहते हैं वे इस सत्ता के लिए असह्य हो उठते हैं और फिर वह उन्हें साम-दाम दण्ड-भेद से सताना शुरू कर देती है। इसलिए कार्दिनाल के साथ सत्ता का सुलूक अप्रत्याशित नहीं कहा जा सकता। वह दुखद है, इसमें भी कोई शक नहीं क्योंकि वे वयोवृद्ध हैं और उन्हें इस आयु में इस तरह तंग करना क्रूर और अमानवीय है।

पर इससे एक और बात सामने आती है। अक्सर लेखक और विचारक ही किसी क्रान्ति के अग्रदूत होते हैं और क्रान्ति सफल होने के बाद, यह विचित्र विडम्बना है, सबसे पहले उन्हें ही अपना शिकार बनाती है। इसलिए कि सत्ता जब स्वयं क्रान्तिकारी मूल्यों और आदर्शों से हटने या उसको हाशिये पर डालने लगती है तो अक्सर लेखक ही होते हैं जो उसे उनकी अप्रीतिकर याद दिलाते हैं। इस सारे मसले से दो नतीजे निकाले जा सकते हैं। पहला तो यह कि हर क्रान्ति अन्ततः विफल होती है क्योंकि क्रान्तिकारी सत्ताएँ जल्दी ही प्रतिक्रान्तिकारी प्रतिष्ठानों में बदल जाती हैं। दूसरी यह कि असल क्रान्तिकारी लेखक या विचारक ही होते हैं क्योंकि वे क्रान्ति की अक्सर अगुवाई ही नहीं करते बल्कि क्रान्ति हो जाने के बाद उसके बुनियादी स्वप्न और मूल्यों की चौकसी भी करते हैं। यह नहीं है कि क्रान्तिकारी लेखक अनन्तर प्रतिक्रान्तिकारी नहीं हो जाते : इसके बीसियों उदाहरण सामने हैं। लेकिन ऐसे उदाहरण भी कम नहीं हैं जिनके यहाँ क्रान्ति अपने आद्यरूपों में आगे भी सक्रिय रहती है। कार्दिनाल ऐसा ही उदाहरण है। यह दर्पोक्ति नहीं सचाई है कि ऐसे लेखकों में ही क्रान्ति चरितार्थ होती है, व्यवस्था में प्रायः नहीं। कम से कम देर तक नहीं।

सिमरिया में दिनकर-शती

सिमरिया बिहार के बेगूसराय के पास एक गाँव है: हिन्दी कवि दिनकर वहीं के थे। जब काफ़ी भाग-दौड़ के बाद वहाँ पहुँचा तो प्रमाष जोशी बोल रहे थे लेकिन इसका अन्दाज़ नहीं था कि दिनकर शती के सिलसिले में इतनी बड़ी भीड़ लेखकों को अपने गाँव के एक बड़े कवि के बारे में सुनने एकत्र होगी। लगभग दो हज़ार श्रोता रहे होंगे जिनमें तथाकथित प्रबुद्धों के अलावा बहुत सारे स्त्री-पुरुष और बच्चे भी थे। हिन्दी समाज इस क़दर जातीय स्मृति-क्षीण है कि याद नहीं आता कि कहीं और, किसी लेखक के जन्मस्थान पर, इतनी भीड़ एक साहित्यिक आयोजन में उमड़ी हो। हम जैसे क्षीण-मनोबल कवियों के लिए यह शिक्षाप्रद है कि कभी-कभार उन्हें यह अहसास होता रहे कि कवि सिर्फ़ अपनी कविता में नहीं, अपने लोगों में, उनकी स्मृति और अपनापे में जीवित रहता है। वहाँ दिनकर की स्मृति में एक पुस्तकालय स्थापित है जिसमें इस विशेष अवसर पर दिनकर के पुराने कपड़े-कुरता और पाजामा—प्रदर्शित थे। गाँव और आस-पास के बच्चों ने दिनकर के व्यक्ति-चित्र बनाये थे। यह देखकर अच्छा लगा कि बच्चों में भी दिनकर की उपस्थिति दर्ज़ करायी जा रही है।

समारोह में प्रभाष जोशी के अलावा, केदारनाथ सिंह और विश्वनाथ त्रिपाठी भी थे। इतनी बड़ी श्रोतासंख्या के सामने ऐसे लोगों को बोलते सुनना अपने आप में एक नया अनुभव था। दिल्ली आदि शहरों में हम इतने अल्पसंख्यक लोगों से बतियाते रहते हैं कि यह याद नहीं रहता कि दिल्ली से बाहर, अब भी, हिन्दी लेखकों के लिए एक बड़ा रसिक-समाज है जिसे बनाये रखने और पोसने की ज़रूरत है।

लेकिन यह नोट करने की भी ज़रूरत है कि दुर्भाग्य से हमारा साहित्य इन दिनों सार्वजनिकता से विरत होता गया है। दिनकर के लिए अगर इतनी भीड़ एक गाँव में जुड़ती है तो इसका एक बड़ा कारण यह है कि दिनकर कई मायनों में हमारे समय में अन्तिम बड़े सार्वजनिक कवि थे। उनकी जैसी उद्‌बोधनपरक सार्वजनिकता सम्भवतः आज प्रासंगिक और प्रभावकारी नहीं होगी। लेकिन पहले थी और आज भी एक बड़े वर्ग को उद्वेलित करती है यह कुछ विस्मयकारी है। छायावादोत्तर कवियों में दिनकर ने उस कविता की लघुता और दीवानगी को अपनी कविता में विशालता को उद्‌बुद्ध कर प्रतिरोध दिया। उनकी ललकार, उनका आवाहन, उनका अथक उद्‌बोधन सभी विशालता में बद्धमूल थे। दिनकर उत्तराधिकारी कवि थे : वे, विशेषतः अपने प्रबन्ध-काव्यों में, अपने मिथक, द्वन्द्व और आवेग, अपना आत्मसंघर्ष परम्परा से ही चुनते हैं। परम्परा की गहरी समझ रखने वाला कवि ही 'संस्कृति के चार अध्याय' जैसी

विचारवान् पुस्तक लिख सकता था। बच्चन आदि की अतिशय निजता को दिनकर ने अपनी सार्वजनिकता से प्रतिरोध दिया। छायावादोत्तर कविता के बुद्धि विरोध का भी दिनकर ने अपनी विचारशीलता से प्रतिरोध किया। वे उस दौर के आलोचक-कवि भी है : उन्होंने 'शुद्ध कविता की खोज' जैसी पुस्तक लिखी। दिनकर का वैचारिक ऊहापोह उनकी कविता को कई बार तीख़ा आलोक देता है।

दिनकर का मानस उपनिवेशवाद के विरोध, धर्मनिरपेक्ष मूल्यों और भारतीय बहुलता के प्रति गहरी सजगता और ज़िम्मेदारी के भाव से गढ़ा गया था। वे भारतीय सामासिकता के, नेहरू-युग की सांस्कृतिक दृष्टि के, देश की स्वतन्त्रता और धर्म के आधार पर विभाजन के बाद के युग के, उज्ज्वल प्रखर प्रवक्ता बने। उन्होंने स्वयं स्वीकार किया है कि वे गाँधी और मार्क्स, रवीन्द्रनाथ और इक़बाल तथा मैथिलीशरण गुप्त की भाषिक स्वच्छता और सुमित्रानन्दन पन्त की स्वप्नशीलता के बीच कहीं अपने को अवस्थित करने की चेष्टा में लगे रहे। उनकी स्पष्ट मान्यता थी कि 'कविता व्यक्ति द्वारा सम्पादित सामाजिक कार्य है और शुद्ध कविता भी समाज के लिए ही लिखी जाती है।'

किसी भी महत्त्वपूर्ण कवि की तरह दिनकर के यहाँ कई अन्तर्विरोध हैं। उदाहरण के लिए' वे कहते तो यह हैं कि' 'कविता शब्द नहीं, शान्ति है...कविता कोलाहल नहीं मौन है, शब्दों के कलरव से परे कविता की अशब्दता का निवास है' लेकिन उनकी अपनी कविता में इसका साक्ष्य कम मिलता है। वे मुखर-उद्धत कवि हैं। कई बार लगता है कि उनकी सार्वजनिकता उनकी कविता को कई बार सामान्यीकरणों का सहारा लेने की ओर ले गयी है और उसमें रेटोरिक की प्रबलता है। ऐसी कविता में निजता और सूक्ष्मता की हानि अवश्यभावी है और दिनकर इससे बच नहीं पाये।

एक ज़माने में दिल्ली में दिनकर की उपस्थिति और सक्रियता थी। उन्होंने दिल्ली पर कई कविताएँ लिखीं। दुर्भाग्य से उन सभी कविताओं में दिल्ली का सरलीकृत रूप ही मिलता है। इन दिनों दिल्ली में अधिकांश लेखकों की प्रायः कोई राजनीतिक महत्त्वाकांक्षा नहीं होती। जब दिनकर थे तब होती थी। आख़िर वे दिल्ली राज्यसभा के सदस्य होकर ही आये थे। उन जैसा सार्वजनिक कवि राजनीतिक महत्त्वाकांक्षा से अछूता रह नहीं सकता था। उसके कारण अन्ततः उन्हें बड़ी हताशा भी हुई। इस हताशा से, लेकिन, श्रीकान्त वर्मा के 'मगध' जैसी कोई बड़ी कृति नहीं निकल पायी जो सत्ता की अन्ततः विफलता का हमारे समय में तीख़ा और मार्मिक दस्तावेज़ होती जो कि 'मगध' है। दिनकर ने 'हारे को हरि नाम' शीर्षक से अपनी विनयपत्रिका ज़रूर लिखी और कई बार लगता है कि 'उर्वशी'

काव्य के अलावा उनकी यही काव्यपुस्तक, उनके संग्रह 'नीलकुसुम' के अलावा, आज भी पढ़ने योग्य है।

दिनकर की कविता सामान्यीकरण और अपने युगबोध का मुखर प्रवक्ता होने में इस क़दर व्यस्त रही है कि आज यह प्रश्न उठता है कि उनकी भाषा ज़्यादातर बासी क्या इसलिए लगती है कि अद्वितीयता के बावजूद उसमें निजी ताप का अभाव हैः आवेग है पर आज वह हम जैसों को उद्वेलित नहीं कर पाता। पर यह अवसर ऐसा ज़रूर है कि कविता की जनप्रिय और सार्थकता के बारे में फिर से विचार होना चाहिए। दिनकर के बारे में जो यह कहा गया है वह शायद आज भी पूरी तरह से औरों के बारे में सच होगा : 'दिनकर के जीवन की सबसे बड़ी विडम्बना थी कि जब-जब राजनीति अपनाती थी, साहित्य की दुनिया उनसे लगभग विमुख हो जाती थी और जब-जब साहित्य-जगत् उन्हें अपनाने लगता था तो राजनीति और शासन के छोर उनसे छूटने लगते थे।'

दिनकर-चयन

दिनकर कई मायनों में अग्रगामी भी थे। आत्मकथन करते हुए उन्होंने कहा : 'कविता का गद्य में लिखा जाना कोई अनुचित बात नहीं है।' उन्होंने अपने बारे में यह कहा कि 'धर्म में निराकार से साकार की ओर गया हूँ। कविता में मेरी यात्रा साकार से निराकार की ओर है।' ज्ञानपीठ पुरस्कार मिलने पर अपने वक्तव्य में दिनकर ने कहा था : 'कविता युग के संचित ज्ञान का आख्यान नहीं है। कविता का क्षेत्र ज्यों-ज्यों नवीन होता जाता है, कवि त्यों-त्यों अधिक गहराई में उतरता जाता है, त्यों-त्यों यह बताने में वह अधिक असमर्थ होता जाता है कि यह सत्य है और यह सत्य नहीं है। कविता की जो यात्रा गहराई की ओर है वही उसे अनेकान्त की ओर लिये जा रही है।' 'अपनी डायरी में उन्होंने अंकित किया : 'चित्त तो बाबा मुक्तानन्द के चरणों में बाँध दिया है किन्तु जीवन में आयी हुई नारियाँ मन में घूमती रहती हैं।'

दिनकर की कविता इस बीच उलटी-पलटी। उस दौरान कुछ पंक्तियाँ कौंधी जो बिना किसी ख़ास सिलसिले के, इस प्रकार हैं :

कौन शक्ति वह मुझको रही निहार
जलद के द्वार से।
यह कैसी आ रही उमंग पुकार
गगन के पार से!

असल में हम कवि नहीं
शोक की सन्तान हैं।

पुनर्जन्म चाहे जितनी बार हो
हमेशा जीवित रहने से
हमें डरना भी चाहिए।

अपने अतीत के प्रति
हर रोज़ हमें थोड़ा
मरना भी चाहिए।

वह मेरा ही नहीं
सबका दर्द खोलती रहे।
और मैं अपनी सृष्टि में
उसी प्रकार छिपा रहूँ
जैसे तुम अपनी
रचना में प्रच्छन्न हो।

चिन्ता हो भी क्यों तुम्हें, गाँव के जलने से
दिल्ली में तो रोटियों नहीं कम होती हैं।

स्वर्ग के सम्राट् को जाकर ख़बर कर दे,
'रोज़ ही आकाश चढ़ते जा रहे हैं ये,
रोकिये, जैसे बने, इन स्वप्न वालों को
स्वर्ग की ही ओर बढ़ते जा रहे हैं ये।'

रात ने चुप्पी साध ली है
सपने शान्ति में समा गये हैं।
अन्तःकपाट आप से आप
खुलने लगा है।
देवता शायद दरवाज़े पर आ गये हैं।

टोपी कहती है, मैं थैली बन सकती हूँ।
कुरता कहता है मुझे बोरिया ही कर लो।
ईमान बचाकर कहता है, आँखें सबकी,
बिकने को हूँ तैयार खुशी से जो दे दो।

एक पत्र : पाँच दिवंगत

यह पत्र हमारे पिता के पास बरसों था और हमने उसे लड़कपन में देखा था। फिर लगा, विशेषतः पिता की मृत्यु के बाद कहीं ट्रेस नहीं हुआ। अभी बड़ी बहिन मनोरमा ने उसे भेजा। यह पत्र उनके पास सुरक्षित था। मेरे ताऊ और उनके पिता आनन्द मोहन वाजपेयी को यह पत्र नन्ददुलारे वाजपेयी और निराला ने लिखा था, उनकी पहली पत्नी की मृत्यु के बाद। पत्र थोड़ा विक्षत है और कई अंश या शब्द ग़ायब हो गये हैं। नन्ददुलारे जी के पत्र में मेरे पिता का नामोल्लेख है। निराला जी का पत्र मार्मिक है। उसके कुछ अंश हैं : '...आपके दुःख का समाचार यहाँ मिला था। ऐसे दुःख में प्रबोध-वाक्य और दुःखकर होते हैं इस विचार से मैं चुप रहा। इस दुःख (के कारण) आध्यात्मिक आधा अंग मार जाता है, जिसकी पीड़ा प्रशान्ति प्राप्त करती हुई...मुझे...की याद आती है... उस आनन्द की करुणा मिश्र आनन्द...एक अपार्थिव सत्ता की ओर ले जाता है। इस समय मेरा वहाँ जाना न हो सकेगा, जिस भाव की कविता तिरोहित हो गयी है, उसे उसी भाव में रहने देता हूँ। वहाँ गया– उसे न देखा तो क्या गया? जाने की कविता ही नहीं रही।'

निराला, नन्ददुलारे वाजपेयी, मेरे ताऊ, उनकी पहली पत्नी और मेरे पिता अब दशकों से दिवंगत हैं। यह पत्र उसके अधिकांश मर्म-शब्द अब भी सौभाग्य से बचे हुए हैं, दो मूर्धन्यों की अपनी लिपि में।

प्रतिक्रियावादी आत्मस्वीकार

चूँकि कई हितैषियों के लेखे मैं कलावादी हूँ सो प्रतिक्रियावादी भी हुआ। वैसा होने के विशेष कारण ऐसे मित्र नहीं बताते क्योंकि इसके लिए उनके पास समय नहीं। अपने व्यापक संघर्ष में निरन्तर व्यस्त होने के कारण इस पर वे अपनी शक्ति भला क्यों खर्च करें? सो अपनी कुख्यात आत्मरति में मैंने ही कुछ कारण जुटा लिये हैं।

प्रतिक्रियावादी हूँ क्योंकि विचारधारा के साहित्यिक-कलात्मक वर्चस्व को मानने से इनकार और साहित्य की अपनी वैचारिक सत्ता पर इसारार करता रहा हूँ। साहित्य को सामाजिक कर्म और संस्था मानते हुए भी उसके धर्म, विज्ञान, विचारधारा, राजनीति के उपनिवेश बनने या बनाये जाने का प्रतिरोध किया है। कविता को पर्याप्त नागरिकता और साहित्य अपने आप में स्वाधीन पर सत्ता विमुख राजनीति मानने का आग्रह किया है।

साहित्य को को निरे विचार में घटाये जाने का विरोध करता रहा हूँ और साहित्य में शिल्प, जटिलता, सूक्ष्मता और भाषायी सजगता पर बल दिया है। हमारे समय में प्रायः सभी धर्मों की असहिष्णुता, आक्रामकता, हिंसकता आदि का बखान करते हुए धर्ममुक्त अध्यात्म का पक्षधर हूँ : विराट् से जुड़ने, अपने देशकाल से परे जाने, मनुष्य और मनुष्येतर में सम्बन्ध की अनिवार्यता का अहसास मेरे लिए बुनियादी तौर पर मनुष्य की आध्यात्मिक आकांक्षा ज़ाहिर करते हैं। पवित्रता की तलाश देवालयों में नहीं सम्बन्धों, प्रेम, प्रकृति आदि में करने की चेष्टा की है।

मार्क्सवाद को एक बड़ा दर्शन मानता हूँ जिसके कुछ बड़े और मनुष्य-विरोधी दुष्परिणाम भी हुए हैं। उसमें अन्तर्भूत क्रान्तिकारी मुक्ति का महान् स्वप्न उसी के अनुयायियों ने विकृत, भ्रष्ट और नष्ट किया है। यह मानने का कोई कारण नहीं देखता कि हमारे समय में मार्क्सवाद से प्रतिबद्ध हुए बिना महत्त्वपूर्ण या परिवर्तनकारी साहित्य सम्भव नहीं है। अपनी हर संस्था में मार्क्सवादियों को उचित स्थान और आदर देते हुए उनका वर्चस्व नहीं होने दिया। मार्क्सवाद को सामाजिक परिवर्तन समझने के लिए बहुत उपयोगी मानते हुए यह नहीं मानता कि सामाजिक परिवर्तन का वही एकमात्र या सबसे कारगर रास्ता है। किसी संघ-संगठन-मंच का कभी सदस्य नहीं बना हालाँकि उनमें से किसी के निमन्त्रण को मैंने कभी नहीं ठुकराया : अपनी अलग ढपली बजाता हूँ, जब तक हाथों में दम है। अकेले पड़ जाने से मुझे कभी कोई घबराहट नहीं हुई, न डर लगा। यारबाश हूँ और साहित्य को समाज का ज़रूरी एकान्त मानता हूँ।

शास्त्रीय संगीत, अमूर्त कला, जटिल साहित्य जैसी 'सामन्ती' और 'अभिजात' चीज़ों में गहरी रुचि रखता हूँ। अपनी पत्रिका 'पूर्वग्रह' के मुक्तिबोध, शमशेर, हजारीप्रसाद, द्विवेदी, नामवर सिंह, रघुवीर सहाय, विनोद कुमार शुक्ल, श्रीकान्त वर्मा जैसे लेखकों पर विशेषांक निकाले। निराला, प्रेमचन्द और मुक्तिबोध के नाम पर सृजनपीठ बनाये जिन पर शमशेर, त्रिलोचन, हरिशंकर परसाई, कृष्णा सोबती, केदारनाथ सिंह आदि को आमन्त्रित किया। शमशेर, नागार्जुन, त्रिलोचन, केदारनाथ अग्रवाल को सबसे पहले लखटकिया पुरस्कार मेरे कार्यकाल में ही मध्यप्रदेश से मिले।

प्रतिक्रियावादी हूँ क्योंकि गुजरात के नरसंहार के बाद लेखकों-कलाकारों को विरोध के लिए और नरेन्द्र मोदी को हत्यारा मानकर उनकी सरकार को भंग करने की माँग की। उस अवसर पर उनके रुख़ के लिए भाजपा और कांग्रेस की, राष्ट्रपति, प्रधानमन्त्री आदि की निन्दा की। हिन्दुत्व और राष्ट्रीयस्वयं सेवक संघ आदि को इस्लाम तो इस्लाम, हिन्दू धर्म और समाज के लिए सबसे बड़ा ख़तरा मानता हूँ। मक़बूल फ़िदा हुसेन, तसलीमा

नसरीन, बड़ौदा के छात्र कलाकार पर हमलों की निन्दा में शामिल रहा हूँ। नन्दीग्राम में हुए नरसंहार पर वामपंथी लेखकों की चुप्पी की मैंने घोर निन्दा की। प्रेम, घर-परिवार-पड़ोस, पुरखों, कलाओं, मृत्यु, शब्द आदि पर कविता लिखता रहा हूँ। महान् सत्य वहन करने का दावा करने के बजाय छोटे-छोटे सचों को ख़राब जाने से बचाने की कोशिश में लगा रहा हूँ। अगली बार जब कोई मुझे प्रतिक्रियावादी कहेगा तो अकारण नहीं कहेगा : कारण सारे ऊपर हैं। कुछ और भी जोड़े जा सकते हैं पर इतनी लम्बी आत्मरति ठीक नहीं!

विचार और पुनर्विचार

अगर बिलकुल आदिम विचारों को छोड़ दें तो लगता है कि हर विचार दरअसल पुनर्विचार होता है। भारत में प्राचीनों ने शायद इसी बात को पहचान कर प्रतिपादन और विश्लेषण-विवेचन की जो परम्परा विकसित और पुष्ट की, उसमें कुछ नया प्रस्तावित करने के पहले आपको पूर्वपक्ष बताना पड़ता है : पूर्वपक्ष, उसके बाद उत्तरपक्ष। शायद यह कहा जा सकता है कि विचार के क्षेत्र में इतना कुछ सोचा जा चुका है कि उसमें बिलकुल नया और मौलिक विचार लगभग सम्भव नहीं है। सम्भव है पुनर्विचार जिसमें किसी मौलिक विचार की कोई नयी रंगत, प्रासंगिकता या नया संयोजन और विन्यास प्रगट हों। स्थिति यह लगती है कि आप विचार की खोज उतना नहीं करते, जितना कि उसका विस्तार। उसकी नयी बढ़त जो कई बार इतनी अनपहचानी होती है कि ऐसा भ्रम पैदा करती है कि कुछ नया विचारा जा रहा है।

हिन्दी की आलोचनात्मक दुनिया में यह मुहावरा काफ़ी प्रचलित है : पुनर्विचार की ज़रूरत है। किसी को लगता है कि प्रेमचन्द या निराला या अज्ञेय पर पुनर्विचार करना चाहिए। किसी को लगता है कि रीतिकाल, छायावाद या नयी कविता पर पुनर्विचार करना चाहिए। दिलचस्प यह है कि ऐसा पुनर्विचार अक्सर वे भी नहीं करते, जिन्हें बड़ी शिद्दत से उसकी ज़रूरत लगती है और जो कई बार बड़ी नाटकीयता से ऐसा करना प्रस्तावित करते हैं। क्या आपको कोई आलोचक याद आता है, जिसने सचमुच पुनर्विचार किया हो? किसी इण्टरव्यू या सार्वजनिक बतकही भर में नहीं, अपने व्यवस्थित लेखन में किया हो। नतीजा यह है कि पुनर्विचार के सारे प्रस्ताव अपने लिए नहीं दूसरों के लिये होते हैं। नतीजा यह भी है कि पुनर्विचार के अभाव में दशकों से लेखकों-कृतियों-प्रवृत्तियों के बारे में वही-वही, ऊबाऊ और अप्रासंगिक हो चुके, स्वयं द्वारा प्रायः

अविचारित लेकिन दूसरों से बिना किसी कृतज्ञता ज्ञापन या ज़िक्र के उधार लिये गये पूर्वग्रह आलोचना में मूर्खता और बौद्धिक दयनीयता की हद तक दुहराये जा रहे हैं। हिन्दी आलोचना की अन्यत था, यशस्वी परम्परा में अविचारित का ऐसा बोलबाला शायद ही पहले कभी रहा हो। इस पर फ़िलवक़्त टिप्पणी करना अनावश्यक है कि अविचारित का ऐसा वर्चस्व उस दौरान की बात है, जब हिन्दी में विचारधारा का बहुत बड़ा शिकंजा है। इस पर विचार नहीं, पुनर्विचार की ज़रूरत है कि विचारधारा के फैलाव ने अविचारित का राज फैलाने में क्या भूमिका निभायी है।

यह सब सोचने की उत्तेजना मिली अमरीका के सबसे बड़े मार्क्सवादी आलोचक फ़्रेडरिक जेम्सन की नयी पुस्तक 'द मार्डनिस्ट पेपर्स (वर्सो 2007) पलटते हुए। उत्तर-आधुनिकता के मुकाम पर वे आधुनिक प्रोजेक्ट पर गहरायी से व्यापक पुनर्विचार करने को बाध्य हुए हैं। जेम्सन भाषाविज्ञान के कुछ नये सिद्धान्तों का सहारा लेते हुए प्रस्तावित करते हैं कि कथ्य और शिल्प के पारम्परिक और अपर्याप्त द्वैत को आगे बढ़ाकर 'कथ्य का शिल्प', 'कथ्य का कथ्य' और 'शिल्प का कथ्य', 'शिल्प का शिल्प' जैसी चौकड़ी से कुछ चौड़ा किया जा सकता है। जेम्सन यह भी मानते हैं कि कला का भविष्य व्यावहारिक राजनैतिक जीवन पर ही निर्भर नहीं है : उसमें कलाकार की अपनी प्रयोगशाला में शिल्प के आविष्कार-पुनराविष्कार होते रहते हैं और कलाकारों की अपनी रुचि और कलात्मक सरोकार होते हैं जो हमें रसिकों और उपभोक्ताओं के रूप में मिलते हैं।

जेम्सन का रेंज बहुत बड़ा है। वे टामस मान के 'द मैजिक माउण्टेन', 'डॉक्टर फाउस्टस', 'यूलीसीज़' जैसे क्लेसिक्स पर पुनर्विचार करने के अलावा काफ्का, ज्वायस, प्रूस्त, वालेस स्टीवेन्स, बादेलेयूर, रिम्बो, मलार्मे आदि पर विचार करते हैं। उन्होंने वैकल्पिक आधुनिकताओं पर विचार करते हुए जापानी आधुनिकता पर गम्भीर विचार किया है। वे जापानी आधुनिक शोसेकी पर लिखते समय चीनी लू शुन और भारतीय रवीन्द्रनाथ ठाकुर का भी ज़िक्र करते हैं। भौतिकतावादी मलार्मे पर उनका निबन्ध मलार्मे की इस उक्ति से शुरू होता है : 'मानसिक शोध के लिये दो ही रास्ते हमारी ज़रूरतें बाँटती हैं, सौन्दर्य-दृष्टि और राजनैतिक अर्थतन्त्र'। जेम्सन आधुनिक पश्चिमी दर्शन के हवाले से यह प्रतिपादित करते हैं कि मानवीय अनुभव विफलता से ही सम्भव है, जबकि सफलता हमें चीज़ों की बाहरी दुनिया से बाँधती और अलगाती है, जिनमें धन और व्यापार शामिल हैं। उनके अनुसार आधुनिक क्लैसिक्स में विफलता का एक शास्त्र ही अन्तर्भूत है। कम से कम उन कृतियों में जो अपने लक्ष्य के प्रति सजग और विचारशील रही हैं।

अनन्तमूर्ति का ओमनीबस

पिछले महीने हमारे कन्नड़ लेखक-मित्र यू.आर. अनन्तमूर्ति पचहत्तर बरस के हो गये। ठीक से पता नहीं कि उनका अमृत महोत्सव बंगलौर में कैसे मनाया गया। इस अवसर पर अरविन्द कुमार ने, जिन्होंने फिर अपने ही नाम से नया प्रकाशन शुरू किया है, अनन्तमूर्ति का एक ओमनीबस अंग्रेज़ी में प्रकाशित किया है। 400 से अधिक पृष्ठों की यह पुस्तक एक माला के अन्तर्गत निकली है और उसमें इसी तरह का एक ओमनीबस मराठी नाटककार विजय तेन्दुलकर का पहले निकल चुका है। एन मनु चक्रवर्ती द्वारा सुसम्पादित और बढ़िया ढंग से निकाली इस पुस्तक में छह कहानियों, तीन उपन्यासों, आठ कविताओं और आठ निबन्धों के अंग्रेज़ी अनुवाद शामिल किये गये हैं।

यू.आर. अनन्तमूर्ति भारतीय साहित्य की गिनी-चुनी अखिल भारतीय हस्तियों में से एक रहे हैं। कई विधाओं में सशक्त ढंग से उन्होंने एक उदार दृष्टि को विन्यस्त किया है, जो आधुनिकता और परम्परा दोनों का समान रूप से प्रश्नांकन करती है। वे अन्दर के आदमी हैं जो बाहर की ओर रचनात्मक और आलोचनात्मक ढंग से देखते हैं। उन्होंने अपनी कथा में जिन विषयों को लिया है, अपने आलोचना-लेखन में जिन जटिल अनुभवों का विश्लेषण किया है, वे मिलकर ऐसी उजली और विचारोत्तेजक सामग्री प्रस्तुत करते हैं, जिसमें हमारे समय के तनाव और उत्सुकताएँ, समकालीन भारतीय समाज में समता और न्याय की उम्मीद और सबसे बढ़कर हमारे हंगामी युग में आदमी बने रहने की सम्भावना और सत्यापन समाहित हैं। अपनी गतिशील और चिन्तनपरक दृष्टि में अनन्तमूर्ति ने कई विधाओं में मनुष्य की स्थिति के बारे में अपने सच को खोजने और व्यक्त करने की कोशिश की है। वे विचारों और बिम्बों से, अवधारणाओं और जीवनानुभवों से, अधिकार और दुर्लभ कौशल से खेलते हैं। भारत की बहुभाषी दुनिया में अनन्तमूर्ति को अपने साहस, ईमानदारी और प्रामाणिकता के लिए बहुत आदर से देखा जाता है। दक्षिण भारत के वे सम्भवतः एकमात्र लेखक हैं जो सार्वजनिक बुद्धिजीवी के रूप में पूरे देश में सुप्रतिष्ठित हैं और जिनकी आवाज़ हमेशा ध्यान और आदर से सुनी जाती है। हम जैसे उनके मित्र कृतज्ञतापूर्वक उनके शतायु होने की शुभकामना करते हैं।

अदृश्य की ओर

साहित्य का एक ज़रूरी काम हमें दृश्य की गिरफ़्त से छुड़ाकर कभी-कभार अदृश्य की ओर ले जाना है। कई बार हम यह भूल ही जाते हैं कि सचाई जितनी दृश्य है, उससे कहीं अधिक अदृश्य और अलक्षित। 'क्षितिज के उस पार क्या है' यह निरी काव्योक्ति नहीं है—यह बुनियादी मानवीय आकांक्षा की अभिव्यक्ति भी है। आख़िर यह भी कहा जाता रहा है कि कविता में भाषा वहाँ जाती है जहाँ वह पहले न गयी हो। यह सब एकबारगी याद आया जब हाल ही में दिल्ली में हुए 'पाज़ के बाद' परिसंवाद में मुलाकात हुई मैक्सिकन कवयित्री एल्सा क्रास ने अपने एक नये कविता संग्रह 'देखा और अनदेखा'। 'सीन एण्ड अनसीन, मैक्सिको 2008 की एक प्रति दी और उसे उलटा-पलटा सबसे पहले नज़र इस कविता पर गयी :

अगर एक पत्थर या एक पत्ती छूट गयी हो
या कि जलप्रपात का एक धागा,
अगर रंग या आकार ग़ायब होते

क्या सृष्टि की वर्णमाला
किसी तरह से बदल जायेगी।
क्या अर्थ भटक जायेगा?
क्या विमर्श में हेर-फेर हो जायेगा?
भरीपूरी आँखों

और भरपूर हाथों से :

चट्टानें
पत्तियाँ
केंचुऐ
तूफ़ान
बादल के जलप्रपात।

हमारे यहाँ कहा गया है कि पूर्ण में से कुछ भी निकाल दो फिर भी पूर्ण ही बचता है। पर यह दृष्टि भी सक्रिय रही है, कम से कम साहित्य में, कि सब कुछ को मिलाकर ही पूर्ण या विराट् बनता है और उसमें से कुछ भी घट जाये तो पूर्णता कहीं-न-कहीं खण्डित होती है। दूसरे शब्दों में, विराट् तुच्छ या अकिंचन के बिना सम्भव नहीं। अगर किसी को कभी भारतीय साहित्य के असली अध्यात्म को खोजना हो तो शायद यही होगा : इतना तो स्पष्ट है कि ऐसा अध्यात्म मूलतः लोकतान्त्रिक है।

अगर फिर मैक्सिकन कवयित्री की ओर लौटें तो यह कविता देखें :

बगुला ध्यान लगाता है मछली पर
— और उसे पकड़ लेता है।
दूर किनारे पर बैठा आदमी
जो ध्यान लगाता है
दृश्य पर एक बिन्दु
—एक बिन्दु जो पहले ही लुप्त हो चुका,
उसका प्रतिबिम्बन—
वह किस पर ध्यान लगाता है?
अपनी आँखें बन्द किये हुए,
वह क्या पकड़ पाता है?

'कुछ नहीं के पर्यायवाची'

यह भले विचित्र है पर सही है कि मृत्यु और नश्वरता हमारे चालू विमर्श से बाहर हैं : समय हम पर इतना हावी है कि काल की हम चिन्ता ही नहीं करते। इस प्रसंग में इधर प्रकाशित और सैयद जावेद हसन द्वारा सम्पादित मृत्यु पर काव्य रचनाओं के संचयन 'दोआशियाना' (पुस्तक भवन, नयी दिल्ली) पर ध्यान गया तो लगा कि इस विषय पर एक बड़ा और अधिक प्रतिनिधि संकलन, सम्भवतः पूरी बीसवीं शताब्दी में लिखी कविता को समेटते हुए बनाया जा सकता है। इस संचयन में कुछ कवितांश फिर भी अलग से कौंधते हैं :

'कौन आया है ज़रा एक नज़र देख तो लो'
क्या ख़बर, वक़्त दबे पाँव चला आया हो'
'ज़लज़ला, उफ़ ये धमाका, ये मुसलसल दस्तक
खटखटाता है कोई देर से दरवाज़े को
उफ़ ये मग़मूम फ़ज़ाओं का अलमनाक सुबूत
कौन आया है ज़रा एक नज़र देख तो लो'

'तोड़ डालेगा ये कमबख़्त मकाँ की दीवार
और मैं दब के इसी ढेर में रह जाऊँगा।'

(अख़्तर उल ईमान)

चन्द्रकान्त देवताले की कविता 'अन्तिम इच्छा' की ये आरम्भिक पंक्तियाँ :

सब कुछ तब्दील हो चुका होता है कबाड़ में
अन्तिम इच्छा के फूटने के ठीक पहले
सचमुच क्या अन्तिम इच्छा जैसी
कोई अकेली चीज़ होती है
या सिर्फ़ शब्द होते हैं
लगभग कुछ नहीं के पर्यायवाची

मुम्बई में हुए मृत्यु-ताण्डव के बाद अहमद फ़राज़ की पंक्तियाँ नयी प्रासंगिकता पाती लगती हैं :

अपनी बूँदों बाश न पूछो
हम सब बेतौक़ीर हुए
कौन गिरेबाँचाक नहीं है
हम हुए, तुम हुए, 'मीर' हुए

सारा शहर है मुर्दाखाना
कौन इस भेद को जानेगा
हम सारे लावारिस लाशें
कौन हमें पहचानेगा

हुसेन-लीला

तुम निरखो हम नाट्य करें
राम, तुम्हारी रंगभूमि में कहो कौन सा रूप धरें।

इन पंक्तियों में, जो मैथिलीशरण गुप्त की हैं, व्यक्त रूपक का उपयोग करते हुए कहा जाये कि चित्रकार मकबूल फ़िदा हुसेन संसार से यही कहते जान पड़ते हैं कि वह निरखे कि वे उसकी रंगभूमि में कितने रूप धरते रहे है। उनकी इस रंगलीला का एक सुशोधित और सुलिखित बखान किया है के. विक्रम सिंह ने हुसेन पर लिखी अपनी पुस्तक में, जो सुरुचि, समझ और परिश्रम से हमारे समय के इस अनूठे मूर्धन्य पर अब तक लिखी पुस्तकों में अद्वितीय है। उसका प्रकाशन राहुल एण्ड आर्ट दिल्ली ने किया है और वह कई अर्थों में सामयिक है। एक तो वह हुसेन के अब तक के अर्थात् 75 बरसों से अधिक की अवधि के काम की विविधता, बहुलता और निरन्तरता का रेखांकन और आकलन है। दूसरे, उसका प्रकाशन उस समय हुआ है जब हुसेन की कुछ कृतियों को लेकर व्यर्थ का सर्वथा निराधार, बवाल खड़ा किया गया है जिसने उन्हें स्वदेश से

बाहर रहने पर मजबूर किया है।

हुसेन दरअसल सर्जनात्मक क्षेत्र में भारत की बीसवीं शताब्दी के निर्माताओं में से एक है। शायद उन्होंने शुद्ध संख्या की दृष्टि से सबसे अधिक कलाकृतियाँ बनायी हैं और उनमें भी सबसे अधिक किसिम-किसिम की सामग्री का इस्तेमाल किया है। उन्होंने आधुनिक भारत को एक विराट् प्रतिमामाला दी है जिसमें देवी-देवता, पौराणिक-ऐतिहासिक-मिथकीय चरित्रों और प्रसंगों से लेकर मध्यकालीन, आधुनिक, बहुधार्मिक अभिप्राय शामिल है। और किस चित्रकार के यहाँ ग़ालिब, गाँधी, नेहरू, रवीन्द्रनाथ, मदर टेरेसा आदि से लेकर वैज्ञानिक, खिलाड़ी, अभिनेता, संगीतकार और साधारण लोग इतनी बड़ी संख्या में मिलेंगे जितने कि हुसेन के यहाँ? यही नहीं कि वे समकालीन कला को भारतीय परम्परा की निरन्तरता से प्रतिकृत कराते हैं, वे अपनी कला में भारतीय बहुधार्मिकता को बार-बार प्रणति देते हैं। हुसेन अकेले ऐसे भारतीय चित्रकार है जिन्होंने भारत और संसार के महान् धर्मों से अपने प्रतीक और बिम्ब और अभिप्राय चुने और उन्हें चित्रित कर हमारे आस्था-क्षीण समय में नयी आभा दी है। हुसेन के यहाँ आधुनिकता परम्परा में कोई खाई नहीं है।

हुसेन की कला गहरे और अदम्य अर्थ में महाकाव्यात्मक है। वे ऐसे अकेले भारतीय चित्रकार है, न सिर्फ़ आधुनिक काल में पर सम्भवतः भारतीय परम्परा में भी, जिन्होंने दो भारतीय महाकाव्यों 'रामायण' और 'महाभारत' पर आधारित चित्रमालाएँ बनायी है। उनमें जो भारतीय जीवनगाथा गुँथी है उसके हुसेन सबसे अथक चितेरे हैं। उनकी इधर की कलासक्रियता संसार की दूसरी सभ्यताओं पर केन्द्रित हैं। उनकी कला हमें अपनी सभ्यता से दूसरी सभ्यताओं से संवाद करने के लिए उत्प्रेरित करती है। यह एक अकाट्य सचाई है कि हुसेन भारतीय सभ्यता के साथ-साथ संसार की अन्य सभ्यताओं के सबसे ऊर्जस्वित कलाकार हैं।

हुसेन की कला कई स्तरों पर लीला है : वे अन्वेषण के नहीं, उत्सव के कलाकार हैं। वे हर समय जीवन का उत्सव मनाते हैं। उनके यहाँ उत्कट रंग, निर्भीक रेखाएँ, असमाप्य आख्यान अथक कौशल आदि सब मिलकर लीला सी करते हैं : हुसेन हमारी त्रस्त, बदी-फँदी, हिंस्र और असह्य दुनिया में लालित्य भरने वाले कलाकर्मी हैं। उनके यहाँ, उनकी कला और जीवन दोनों में ही, निरन्तर क्रीड़ा का भाव है : इससे हुसेन-लीला ही कहा जा सकता है। हर हाल में उनके यहाँ रस है—वे अदम्य जिजीविषा से यह लीला करते हैं। हमारा यह सौभाग्य है कि हममें से कई उनके रसिक हैं और यह रसिकता हमारी संवेदना और समझ का विस्तार करती है।

पूरा सच न सही

ऐसे कवि होते हैं जिन्हें पूर्ण सत्य पाने की आकांक्षा रहती है और जिन्हें जब तक वह न मिले तब तक चैन नहीं मिलता। अक्सर इस बेचैन तलाश में ऐसे कवि पूर्ण सत्य तक तो नहीं पहुँच पाते, कविता भी उनके हाथ से छूट जाती है। सचाई तो यह है कि साहित्य के हिस्से तो आधा-अधूरा सच ही आता है, पूर्णता एक निहायत मानवीय सपना है जो कभी सच नहीं हो पाता। नार्वे के विश्व-विख्यात कवि ऊलाव हाउगे की कुछ चुनी हुई कविताओं का हिन्दी अनुवाद वाणी प्रकाशन ने 'सात हवाएँ' शीर्षक से प्रकाशित किया है। उसमें एक कविता है :

मुझे पूरा सत्य न दो,
मेरी प्यास के लिए मुझे समुद्र न दो,
जब मैं रोशनी के लिए कहता हूँ मुझे आकाश न दो,
पर मुझे एक कौंध दो, ओस से लिपटा हुआ एक तृण दो, एक
घूलिकण दो,
जैसे पक्षी-जल-बूँदे लिये रहते हैं जब वे नहाकर उड़ते हैं
और हवा नमक का एक ज़र्रा।

हाउगे पश्चिमी नार्वे के एक पहाड़ी गाँव में पैदा हुए और लगभग सारी उम्र इसी गाँव में रहे जहाँ वे अपने एक एकड़ के खेत में सेब उगाकर और उन्हें बेचकर अपना गुज़ारा करते थे। इधर जाड़े शुरू हो गये हैं सो उनकी एक कविता 'जाड़े की सुबह' शीर्षक, इस प्रकार है :

आज जब मैं जागा तो काँचों पर बर्फ़ थी
पर मैं एक अच्छे सपने का गरमाया हुआ था।
और स्टोव कमरे में ताप फैला रहा था
लकड़ी के उस टुकड़े से जिसने रात भर उसे गुनगुना बनाये रखा था।

अनुवाद और चयन दोनों ही सुन्दर और पठनीय हैं। वे एक दूरदेशी कवि को हिन्दी परिसर शामिल करते हैं। लगता यह है कि कविता के पास हम पूर्ण या महान् सत्यों के लिए नहीं छोटी-छोटी सचाइयों के लिए जाते हैं जो हमारी मानवीयता को पूर्णतर और सक्रिय करती हैं। दो छोटी कविताएँ और देखें—हमारी सहज मानवीयता के अर्द्धविरामों की तरह एक साथ अभिव्यक्ति और सचाई :

घोड़े और पथिक
घोड़े और पथिक
सड़क के किनारे प्याऊ की तलाश में रहते हैं।
उन्हें पेट्रोल-स्टेशनों से क्या लेना।

पर्वत अब मुझे लुभाते नहीं
पर्वत अब मुझे लुभाते नहीं।
मैंने ठण्डी हिमराशियों के बीच अब काफ़ी देर रह लिया है।
मैं अब भी वनों में से गुज़रता हूँ, शरद् की
हवा को सुनता हूँ, गिरिरतालों के पास रुकता हूँ,
नदियों के पीछे जाता हूँ। वर्ष के आख़िरी दिनों तक भी
तुम्हें वहाँ बेर मिल जायेंगे।
यदि तुम्हें और आगे जाना है तुम्हें पर्वतों को पार करना होगा।
चोटियों को दिशाकोणों की तरह वहीं खड़ा रहने दो जहाँ पर वे हैं।

कविता यही करती है : और आगे जाने के लिए उकसाने और उसकी हिम्मत जुटाने में मदद।

एक पत्र-उपन्यास

वर्सो द्वारा हाल ही में प्रकाशित विश्वविख्यात कलालोचक जार्ज बर्जर का नया उपन्यास 'फ्रॉम ए टू एक्स' को स्वयं उन्होंने 'पत्रों में एक कथा' कहा है। अधिकतर पत्र एक प्रेमिका के हैं जिसका प्रेमी आतंकवाद के आरोप में दूर कहीं एक जेल में आजीवन कारावास की सज़ा काट रहा है। यह प्रेमी पत्रों के एक समुच्चय के पैकेट पर नोट करता है : 'ब्रह्माण्ड एक दिमाग़ के समान है, मशीन के नहीं। जीवन एक कहानी है जो अभी कही जा रही है। पहली सचाई है कहानी। यह मुझे एक मैकेनिक ने सिखाया।'

पत्रों में जीवन-जगत्, प्रेम-आकांक्षा आदि में ऐसी मार्मिक उक्तियाँ हैं कि सिर्फ़ उन्हीं के लिए इस छोटे उपन्यास को पढ़ा जा सकता है। उसमें अनेक चरित्र, जीवन उनकी उत्सुकताएँ आदि सब आती हैं और उनके माध्यम से जीवन का मर्म और आस्वाद भी। सभी उक्तियाँ जीवन-मुक्त हैं : उसी की उपज हैं। आइदा अपने एक पत्र में कहती है : 'क्षणभंगुर अनन्त का विलोम नहीं है। अनन्त का विलोम है विस्मृत। कुछ लोग ऐसा दावा करते हैं कि विस्मृत और अनन्त, जब उन तक आइये, एक ही चीज़ हैं। और वे ग़लत हैं। दूसरे हैं, जो कहते हैं कि अनन्त को हमारी ज़रूरत होती है और वे सही हैं। अनन्त को तुम्हारी कोठरी में तुम्हारी ज़रूरत है और यहाँ मेरी जो तुम्हें लिख और पिस्ते और चाकलेट भेज रही हूँ।'

एक पत्र में वह लिखती है : 'आशा और अपेक्षा के बीच इतना अन्तर

है। शुरू में मैं मानती कि वह अवधि का प्रश्न है, कि आशा कुछ दूर की चीज़ की प्रतीक्षा कर रही थी। मैं ग़लत थी। अपेक्षा शरीर की होती है जबकि आशा आत्मा की। यह अन्तर है। दोनों बात करती हैं और एक-दूसरे को उत्तेजित या सान्त्वना देती हैं, लेकिन हरेक का सपना अलग है। मैंने कुछ और भी सीखा है। शरीर की अपेक्षा उतनी देर टिक सकती है। जितनी देर कोई आशा। जैसे मेरा तुम्हारे शरीर की अपेक्षा।'

एक जगह वह टिप्पणी करती है : 'कुछ गुण सब चीज़ों में समान हैं और उनकी जानकारी दिमाग़ को प्रकृति के महानतम अचरजों की ओर खोलती है। इनमें प्रमुख है वह जिसमें दो असीमताएँ शामिल हैं जो कि सभी चीज़ों में पायी जाती हैं, असीम विशालता और असीम लघुता... चूँकि प्रकृति ने अपनी और अपने रचयिता की छाप सभी चीज़ों पर छोड़ी है, वे लगभग उसकी दोतरफा असीमता में साझेदार हैं।'

पत्रों का सम्बोधी (जिसका नाम एलेक्ज़ेण्डर बताया गया है जो सम्भवतः प्रेमिका के नाम की ही तरह छद्‌मनाम है) अपनी टिप्पणी में कहता है : 'गैलिआनो ने हमें बताया है—कोई भी इतिहास गूँगा नहीं होता। वे उसे कितना ही क्यों न हथिया लें, उसे तोड़ें-फोड़ें, और उसके बारे में झूठ बोलें, मानवीय इतिहास अपना मुँह बन्द करने से इनकार करता है। अज्ञान और बहरेपन के बावजूद, जो समय था वह जो समय है उसमें भीतर टिकटिक करता रहता है।' एक और जगह वह लिखता है : 'प्रायः सभी वायदे तोड़े जाते हैं। ग़रीब द्वारा दुर्भाग्य का स्वीकार न तो निष्क्रिय होता है, न ही समर्पण। वह ऐसा स्वीकार है जो दुर्भाग्य के पीछे से झाँकता है और वहाँ ऐसा कुछ खोज निकालता है जो नामहीन है। कोई वायदा नहीं, क्योंकि प्रायः सभी वायदे तोड़े जाते हैं, एक कोष्टक की तरह कुछ, समय के अन्यथा निष्ठुर प्रवनह में एक लघु कोष्टक। और इन लघु कोष्टकों का योगफल ही अनन्त है।' अपनी एक और टिप्पणी वह लोर्का के हवाले से कहता है कि 'जिस दिन भूख मिट जायेगी दुनिया एक ऐसी आध्यात्मिक क्रान्ति देखेगी जो मनुष्यता ने कभी महसूस नहीं की होगी।'

प्रेमिका एक पत्र में कहती है : 'जब से वे तुम्हें ले गये हैं, भविष्य लगातार मेरे साथ है क्योंकि मैं तुम्हारा इन्तज़ार कर रही हूँ। मैं अभी पैदा नहीं हुए बच्चों की ज़िन्दगियों की कल्पना करती हूँ। मुझे पता नहीं कि यह मेरा माथा है या मेरा गर्भ है जो उनकी कल्पना कर रहा है। शायद मेरे स्तन।' आगे वह जोड़ती है : 'बहुत पहले मैं सोचा करती थी कि अनन्त के सबसे नज़दीक आमन्त्रित होने का वह बोध है जो राति के बाद महसूस होता है। मैं कहूँगी इस वक़्त यह एक तरह की अफ़वाह है, एक सड़किया अफ़वाह जो भविष्य में शुरू होती है कि सड़कों

पर खड़ंजे डाले जायेंगे, बन्दूकें घरों पर रख दी जायेंगी और पिता लोग अपने बेटों को अंकगणित पढ़ायेंगे।'

मृत्यु के बारे में लिखते हुए वह कहती है : 'दुनिया में ऐसा कोई भी गीत नहीं है जो अंशतः मृतकों को सम्बोधित न हो और मृतक गीतों को जेब में रख लेते हैं, अपने खामोशी के जेब में, ख़ामोशी के उनके सामने के जेब में, मकान की चाबी, पहचानपत्र, कुछ बेकनोट्स और एक चाकू के साथ।' एक पत्र में वह नन्हें उपहारों के लिए एक-दूसरे को धन्यवाद न देने को वह 'चिन्ता के अर्द्धविराम' कहती है और फिर अपने प्रेमी से पूछती है कि ऐसे अर्द्धविरामों से अपने दिनों को छेदना क्या वे क़ैदी नहीं सीख जाते जिन्हें लम्बी अवधि क़ैद में बितानी होती है।

आयदा लिखती है : 'हम सोचने लगते हैं कि भेद छोटे हैं, है न? जैसे कि क़ीमती हीरे-जवाहरात या नुकीले पत्थर या चाकू जो छुपाये जा सकते हैं और गोपनीय रखे जा सकते हैं क्योंकि वे छोटे होते हैं। पर ऐसे भेद हैं जो बड़े होते हैं और वे अपनी विशालता के कारण छुपे रहते हैं सिवाय उनसे, जो उनको अपनी बाँहों में लपेटते हैं। ये भेद वायदे होते हैं।' इस समय दुनिया में जो हो रहा है उस पर क़ैदी प्रेमी लिखता है : 'ग़रीब सामूहिक रूप से पकड़े नहीं जा सकते। वे इस भूमण्डल पर न सिर्फ़ बहुसंख्यक हैं, वे हर कहीं हैं और छोटी से छोटी घटना किसी न किसी रूप में उनका ज़िक्र करती है। नतीजा यह है कि धनी लोगों की गतिविधि दीवारें बनाने की है–कंकरीट की दीवारें, इलेक्ट्रॉनिक निगरानी की, मिसाइल अड़ंगों, सुरंग-क्षेत्रों, सशस्त्र सीमाओं, मीडिया पर ग़लत जानकारी की ओर आख़िर में रुपये की दीवार ताकि वित्तीय सट्टेबाज़ी उत्पादन से दूर रह सके। सिर्फ़ तीन प्रतिशत वित्तीय सट्टेबाज़ी और विनिमय का उत्पादन से कोई रिश्ता होता है।'

इस उपन्यास को हिन्दी में आना चाहिए।

निन्दक ईमानदारी

मलयज ने अपने मित्र रमेशचन्द्र के नाम जो पत्र लिखे थे उनका संग्रह पुस्तकाकार श्री शाह ने 'रंग अभी गीले हैं' शीर्षक से सूर्य प्रकाशन मन्दिर बीकानेर से प्रकाशित किया है। वह बेहद पठनीय और विचारोत्तेजक पत्रशृंखला है। दुर्भाग्य से शाह साहब ने उसमें अपने बहुत थोड़े से पत्र शामिल किये हैं जबकि मलयज के पत्रों से साफ़ ज़ाहिर है कि बहुत सारी बातें पत्रों द्वारा वे ही बताते-उकसाते थे। बहरहाल, इन निजी पत्रों

में मलयज ने जिन व्यक्तियों पर काफ़ी बार निन्दापरक टिप्पणयाँ की हैं उनमें से मैं एक हूँ। उसके कई अंश पढ़ने के क़ाबिल हैं :

'आप महानगरीय फैशनपरस्त चिन्तन (जो चिन्तन भी कहाँ होता है) की तेज़-तर्रार शब्द-मुद्राओं को अपना नहीं पाते क्योंकि वैसा आपके स्वभाव में नहीं है, जैसा कि मिसाल के तौर पर अशोक वाजपेयी जैसे लोग अपना पाते हैं।'...अशोक जी इस बात से नाराज़ हैं कि मेरे साथ 'शमशेर' के सम्पादन में सर्वेश्वर जी भी हैं। मेरा और सर्वेश्वर का सम्बन्ध उनकी समझ में नहीं आता। उनका कहना हे कि मुझे सर्वेश्वर जी जैसे व्यक्ति के साथ कोई भी साहित्यिक योगदान नहीं करना चाहिए।...अशोक की अज्ञेय की अलोचना खुद बहुत अन्ध विरोध जैसी ही है...इससे भी अशोक को 'सदमा' पहुँचा होना।' ...'पहचान' उद्घाटन समारोह भी निहायत फ़ार्मल ही रहा। कुछ भी उल्लेखनीय नहीं।'...'अशोक जी अपने खास किस्म के दृष्टिकोण में और उसे व्यक्त करने में अपनायी गयी अपनी दलीलों में (जो काफ़ी परिचित हो चली हैं) पूर्वाग्रह से ग्रस्त ज़रूर हैं।..दोष अशोक का सिर्फ़ यह है कि उस कविता द्वारा उकसाये गये पूर्वाग्रह के जल्दी शिकार हो जाते हैं। एक समर्थ समीक्षक के नाते उन्हें अपने आपको इतनी जल्दी अपने को अपने पूर्वाग्रह के हवाले नहीं कर देना चाहिए था।' '...पर मुझे लगता है कि शायद मुझे खुश करने को कह रहे थे क्योंकि जिस तरह की व्यस्त साहित्येतर क्रियाकलाप वाली उनकी नौकरी है, उसमें मेरी किताब इतनी अहमियत तो उनकी नज़र में न रखती होगी कि 'कुछ और' करने की बजाय उसकी समीक्षा लिखने बैठें।' ...'फिर साफ़ बात, कहीं यह भी लगा कि मुझ जैसे लगभग शुद्ध किस्म के साहित्यकारों से मिलकर बातचीत करना उनके अपने थिराये हुए साहित्यिक जीवन की ऊब को बहलाना कोंचना है।...पर कहीं यह भी लगता है कि यह सब उनका 'व्यसन' है, मरने-जीने का आत्मसंघर्ष नहीं। कि, उन्हें श्रेष्ठ विचार चिन्तन वाली महफ़िल का माहौल ज़्यादा अर्थपूर्ण लगता है बनस्बत उस बात के, जो विचारचिन्तन के मूल में है, उसके बनने की प्रक्रिया में है। इसलिए एक सीमा के बाद उनसे बातचीत करते चलना एक बोझ सा लगने लगता है, तबियत उचटने लगती है। क्योंकि चुस्त फिकरे कहते चलने की सामर्थ्य अपने में नहीं, और उस सीमा के बाद यदि अशोक जी से बात चलानी हो तो 'बात' नहीं चुस्त फिकरे की दरकार होती है।'...'पर अशोक जी जब जहाँ आते हैं तब उड़नछू मूड में रहते हैं। उनसे जमकर किसी विषय पर बातचीत नहीं हो पाती। दूसरे उनके परिचितों-मित्रों की संख्या इतनी भयंकर तेज़ी से बढ़ती जाती है कि किसी मुद्दे पर पाँच मिनट से ज़्यादा एकाग्र चित्त से बात नहीं हो सकती।'...

पहचान-4 के बारे में अपनी नाराज़ी जताते हुए मलयज ने लिखा : '.

..वे सोमदत्त, आग्नेय, वेणुगोपाल, विष्णु नागर को छाप रहे है पर शिवकुटीलाल वर्मा का कहीं नाम नहीं।...लगता है अशोक मित्र धर्म निभाने के लिए ही कवियों को छाँटते हैं। जितेन्द्र कुमार का उदाहरण इसका सबसे बड़ा उदाहरण है।' 'साक्षात्कार' का पूरा आयोजन एक ऊँचे दर्जे की घटिया चाटुकारिता है, जिससे अशोक वाजपेयी शायद अपने आकाओं की निगाह में कुछ ज़्यादा विश्वासपात्र सिद्ध हो सकेंगे।...अशोक जी का साहित्य और रचना के वास्तविक विधान और अन्तःप्रेरणा से कुछ लेना देना नहीं रह गया है। 'पूर्वग्रह' भी अब लगता है एक स्टंट था और उसका मकसद सिर्फ़ अपनी 'इमेज' बढ़ाना था। हम लोगों ने नाहक आत्माहुतियाँ दी।...जिस दिन से अशोक जी ने सरकार की मशीनरी का उपयोग कर मध्यप्रदेश के सांस्कृतिक उत्थान का सपना देखना शुरू कर दिया उसी दिन से शासन को अपनी भावी दिशा मिल गयी। शासन को ऐसे ही लोग चाहिए। जैसे सन्तों में विनोबा, मास्टरों में नामवर सिंह, वैसे ही दफ़्तरशाहों में अशोक वाजपेयी।'...'तुमने अशोक के बारे में जो लिखा उससे बड़ी तकलीफ़ हुई।... वर्तमान राजनीतिक परिस्थितियों में अशोक का 'इस्तेमाल' हो रहा है–एक पुर्जे की तरह–और अशोक स्वयं इसे बखूबी सम्पादित कर रहे हैं।'... 'पर बातचीत कुछ ज़्यादा गहरी और उत्तेजक नहीं हो पायी। अशोक जी अपनी कुछ भावनात्मक गुत्थियों के सुलझ जाने के बाद के खुमार में थे और शायद विचारोत्तेजक बातों के लिए अनुकूल उनकी मनःस्थिति न थी। यहाँ आते ही वे 'सांस्कृतिक गतिविधियों' में –शायद न चाहते हुए भी आदतवश–इस क़दर व्यस्त हो जाते हैं कि उनकी छुट्टी छुट्टी रह ही नहीं जाती, इत्मीनान इत्मीनान रह ही नहीं जाता, एक साहित्यिक सरगर्मी शुरू हो जाती है।'...'समीक्षा का स्तर 'पूर्वग्रह' में बहुत गिर गया है। ...'भारत भवन का आज उद्घाटन होगा। इण्डियन एक्सप्रेस में एक बड़ा सा विज्ञापन देखा। मध्यप्रदेश के सांस्कृतिक कार्यकलाप अब लगता है कि सचमुच ही सरकारीकरण की गिरफ़्त में आ गये हैं। ' ...'मुक्तिबोध-प्रसंग ने कुछ थकाया ही । स्फूर्ति तो उससे कम ही मिली, खुराक तो और भी कम।' ...'पूर्वग्रह' का रज़ा-अंक मिला।...ऐसा लग रहा है कि पहाड़ खोदने पर चूहा की मिलेगा।...'धर्मयुग' जैसे देश की सब उथल-पुथल स्थिति-परिस्थिति को सतही अवास्तविक चमक बनाकर छोड़ देता है वैसे ही 'पूर्वग्रह' में आकर क्यों सब कलाओं का मर्म एक रंगीन कलात्मक मोमजामे में लिपटा हुआ बेहद बारीक और अभिजात नक़ली नज़र आने लगता है?

लन्दन में पुस्तकें

अपने छोटे मामा के गाँव हार्लिंगटन से घर लौटते हुए दिन भर कुछ घण्टे लन्दन में बिताये, चैरिंग क्रास रोड पर पुस्तकों की दुकानों में ढेर सारी पुस्तकें खरीदते हुए। कविता, आलोचना, गल्प और कला की पुस्तकें। अनुवाद का इस क़दर और इतना सक्षम विस्तार दुनिया में हुआ है कि अगर आप सिर्फ़ एक पश्चिमी भाषा जानते हैं तो दुनिया भर की महत्त्वपूर्ण पुस्तकें अनुवाद में आप पढ़ सकते हैं। अंग्रेज़ी इस मामले में बहुत आतिथेय भाषा है। हम जैसे कविता के निर्लज्ज प्रेमियों के लिए खुशख़बरी यह है कि अंग्रेज़ी में अल्पज्ञात भाषाओं की कविता के अनुवाद के लिए पुराने एनविल और कलडैक्स प्रकाशनों के अलावा साल्ट और आर्क दो नये प्रकाशकों ने नयी पहल शुरू की है।

एक बार यह भ्रम इस त्वरित लन्दन-यात्रा ने दूर कर दिया कि पुस्तकों की जगह दुनिया सिकुड़ या कम हो रही है। पुस्तकों की दुकानों में ख़ासी भीड़ थी और भुगतान के लिए दो जगह क्यू में खड़े होना पड़ा। 'पेरिस रिव्यू' में वर्षों से कथाकारों से इण्टरव्यू की एक बहुत अच्छी सीरीज़ चल रही है। उसके नये 185वें अंक में जो लन्दन में खरीदा, इतालवी चिन्तक और कथाकार से अम्बर्तो ईको से एक लम्बा इण्टरव्यू छपा है। उसमें इस प्रश्न के उत्तर में कि वे उपन्यास की मृत्यु, पुस्तकों के अवसान और पढ़ने के अन्त के बारे में क्या सोचते हैं ईको ने कहा है : '. ..ग्रीकों और लेटिनों से हम इस विश्वास पर अड़े रहे हैं कि हमारे पुरखे हमसे बेहतर थे। मुझे इस तरह के खेल पर हँसी आती है और मेरी उसमें रुचि है जिसे मास मीडिया ने बढ़ती उग्रता के साथ खेला है। हर सीजन में अमेरिका में साक्षरता के अन्त, साहित्य के अन्त और उपन्यास के अन्त पर एक लेख होता है। लोग अब पढ़ते नहीं हैं। तरुण लोग सिर्फ़ वीडियों गेम्स खेलते हैं। तथ्य यह है कि सारी दुनिया में हज़ारों दुकानें हैं जो पुस्तकों और युवाओं से भरी हैं। मनुष्य के इतिहास में पहले कभी इतनी पुस्तकें नहीं रही हैं, न ही पुस्तकें बेचने वाली इतनी जगहें, न इतने सारे युवा लोग इन जगहों पर जाने वाले और पुस्तकें खरीदने वाले। ईको आगे जोड़ते हैं कि सांस्कृतिक परिवर्तन पहले के मुक़ाबले दस गुनी गति से हो रहा है। 'लेकिन नये रोमांचक रूप उभरेंगे और साहित्य जीवित रहेगा।'

ईको यह भी कहते हैं कि 'मुझे नहीं लगता कि कोई सिर्फ़ अपने लिए लिखता है। मैं सोचता हूँ लिखना प्रेम का कर्म है—आप लिखते हैं कुछ किसी को देने के लिए। कुछ सम्प्रेषित करने के लिए। दूसरे लोगों से अपनी भावनाओं का साझा करने के लिए। यह समस्या कि आपका काम

कितने दिन जीवित रहेगा हर लेखक के लिए बुनियादी है, न सिर्फ़ उपन्यासकार या कवि के लिए। सचाई यह है कि एक दार्शनिक अपनी पुस्तक लिखता है बहुत सारे लोगों को अपने सिद्धान्त के बारे में आश्वस्त करने के लिए और यह उम्मीद करता है कि अगले तीन हज़ार वर्षों में लोग, फिर भी, उसकी पुस्तक पढ़ते रहेंगे। यह वैसा ही है कि जैसे आप उम्मीद करते हैं कि आपके बच्चे आपके बाद रहेंगे और आपके पोता-नातिन हैं तो वे आपके बच्चों के बाद रहेंगे। हरेक निरन्तरता की उम्मीद करता है। जब कोई लेखक कहता है कि मुझे अपनी पुस्तक की नियति में कोई रुचि नहीं है तो वह शुद्ध झूठ बोल रहा है।'

नाउम्मीदी के सात स्तर

वर्षों से कथाकार-कलालोचक जान बर्जर की एक नयी पुस्तक आयी है 'होल्ड एवरीथिंग डीयर'। उसे 'डिस्पैचेज ऑन सरवाइवल एण्ड रेज़िस्टेंस' कहा गया है। उसका एक निबन्ध ही अभी पढ़ पाया हूँ। बर्जर का मन मूलतः कविमन है। उस निबन्ध में जिसमें वे कहते हैं कि यह अहसास कि आपकी ज़िन्दगी और उनकी ज़िन्दगियाँ जो आपके नज़दीक हैं किसी गिनती में नहीं हैं। और यह इतने सारे अलग स्तरों पर महसूस किया जाता है कि यह नाउम्मीदी सर्वांग हो जाती है। जिसका मतलब है कि, जैसे सर्वसत्तात्मक व्यवस्था में, जिसके विरुद्ध कोई अपील नहीं। (फिर बर्जर एक कविता लिखते हैं।)

हर सुबह खोजना
पाने के लिए वे टुकड़े
जिनके साथ एक दिन और जीवित रहना है।

यह ज्ञान
कि इस कानूनी बीहड़ में
कोई अधिकार मौजूद नहीं है।

वर्षों का अनुभव
कि कुछ भी बेहतर नहीं होता
सिर्फ़ बदतर।
लगभग कुछ नहीं बदल पाने का
अपमान,
और फिर लगभग ऐसे कुछ को
पकड़ना जो फिर बन्द गली में ले जाता है।

एक हज़ार वायदे सुनना
जो अटल गुजर जायेंगे
तुम्हारी-मेरी बग़ल से।

उनका उदाहरण जो प्रतिरोध करते हैं
गोलीबारी से धूल में बदले जाने का।

अपने परिजनों के मारे जाने का बौझ,
बोझ जो समाप्त करता है
हमेशा के लिए भोलापन
क्योंकि वे इतने सारे हैं।

देर से दुरुस्त

हिन्दी आलोचना की बृहत्त्रयी में से दो की, आचार्य रामचन्द्र शुक्ल और आचार्य हजारी प्रसाद द्विवेदी की रचनावलियाँ निकल चुकी हैं। आचार्य नन्ददुलारे वाजपेयी की रचनावली उनके शिष्य और आलोचक-कवि विजय बहादुर सिंह के सुसम्पादन के इसी सप्ताह अनामिका पब्लिशर्स एण्ड डिस्ट्रीब्यूटर्स नयी दिल्ली द्वारा प्रकाशित और उनकी जन्मशती के दो वर्ष बाद प्रकाशित हुई है। आठ खण्डों में इस रचनावली में वाजपेयी जी की सभी रचनाओं, निबन्धों, सम्पादकीयों और उन्हें तथा उनके द्वारा लिखे गये पत्रों को बड़े जतन से संग्रहीत किया गया है। अपना गुरु-ऋण विजय बहादुर सिंह ने सजगता और ज़िम्मेदारी से चुकाया है। वे पहले भी भवानीप्रसाद मिश्र की रचनावली का बढ़िया सम्पादन कर चुके हैं। पहले ही खण्ड में उन्होंने तीन सौ से अधिक पृष्ठों में अपने आचार्य का विस्तृत जीवनवृत्त और उनके विकास का एक सुविचारित वृत्तान्त और विश्लेषण प्रस्तुत किया है। आचार्य शुक्ल और आचार्य द्विवेदी के आलोचक के रूप में आत्मसंघर्ष और जीवनसंघर्ष हिन्दी साहित्य-समाज में सुरचित हैं। शायद पहली बार इतने विस्तार से और महत्त्वपूर्ण ब्यौरों के साथ आचार्य वाजपेयी के संघर्षों का पता चल रहा है, इस वृत्तान्त से। नासमझी से अज्ञानवश या जानबूझकर उनकी जो रूढ़ छवियाँ बन या बना दी गयी हैं, उनमें अब समझदार संशोधन होगा ऐसी आशा करना चाहिए। उनकी वैचारिक तेजस्विता के पीछे स्वतन्त्रता-संग्राम की आभा और गम्भीर साहित्याध्ययन था और वे अकेले पड़कर भी अपनी बात पर अड़े रहे यह ज़ाहिर होता है। यह भी कि उन्होंने लगातार स्वयं अपने पर पुनर्विचार भी किया। आलोचक विचार, पुनर्विचार, संघर्ष और अनुराग से बनते हैं।

अगर आचार्य शुक्ल को हिन्दी आलोचना का स्थायी—भले बेहद उदार—सत्ता-प्रतिष्ठान मानें तो आचार्य वाजपेयी से हिन्दी आलोचना के सच्चे लोकतन्त्र की शुरुआत होती है। उनकी गहरी असहमति सिर्फ़ शुक्ल जी भर से नहीं, प्रेमचन्द, जैनेन्द्र कुमार और अज्ञेय तक से हुई। उनमें अपने पक्ष से जिरह करने का साहस और प्रश्नांकन करने की ज़िम्मेदार क्षमता थी। एक सच्चे आलोचक की तरह उन्होंने विकल्प की तलाश भी की : यह अकारण या आकस्मिक नहीं है कि वे छायावाद के संस्थापक-आलोचक बने।

हिन्दी साहित्य में बीसवीं शताब्दी और हिन्दी कविता की बृहत्त्रयी आदि के अलावा वाजपेयी जी ने कई नयी अवधारणाएँ अपने आलोचना-कर्म में विकसित कीं। उदाहरण के लिए उनकी धारणा थी कि 'रस किसी छन्द में नहीं है, वह तो मानव-संवेदना के विस्तार में है...काव्यकला का सौष्ठक भी अनुभूति की गहराई में है, शब्दकोश के पन्ने पलटने में नहीं।' उनके अनुसार 'हमारे काव्य में आज वह प्रेरणा भी अपेक्षित है जो उन समस्त भौतिक और सामाजिक निर्माणों के लिए शक्ति दे जो आज हमारे अस्तित्व के लिए अपरिहार्य हैं।' 'उनका मत था कि' 'एशिया और अफ्रीका के साम्राज्य-शासित देशों को अपनी सारी हमदर्दी देना और उन्हें साम्राज्यशाही के भार से मुक्त करने के लिए कटिबद्ध रहना...साहित्य के क्षेत्र में हमारी विदेश-नीति की यही आधारशिला है।'

वाजपेयी जी के मन में आलोचक की भूमिका का बेहद उदात्त और ज़िम्मेदार रूप था। वे मानते थे कि 'कवि अपने काव्य के लिए ही ज़िम्मेदार है पर समीक्षक अपने युग की सम्पूर्ण साहित्यिक चेतना के लिए ज़िम्मेदार है।' उनके सामने यह स्पष्ट था कि 'किसी काव्य की अन्तिम परख उसके उद्घोषित आशयों द्वारा नहीं होती वरन् उसके मानव-जीवन सम्बन्धी आन्तरिक संस्पर्शों और उसकी सम्पूर्ण ग्राह्यता द्वारा होती है।' 'यह याद करना भी ज़रूरी है कि 'कामायनी' जैसे क्लैसिक को उस रूप में मान्यता दिलाने में भी वाजपेयी जी की बड़ी निर्णायक भूमिका थी। उन्होंने लिखा : 'आदर्श से बढ़कर यथार्थ नाम की कोई वस्तु हो सकती है और नीति से भी अधिक आनन्द का महत्त्व है ये दोनों जानकारियाँ मुझे कामायनी काव्य से हुई।' विजय बहादुर ने उचित ही यह दर्ज़ किया है कि 'छठवें और सातवें दशक के वे अकेले आलोचक हैं जिनके प्रत्येक कथन को गौर से पढ़ा और सुना जाता था और तीखी प्रतिक्रियाएँ व्यक्त की जाती थीं। न केवल अज्ञेय, प्रभाकर माचवे बल्कि 'नयी कविता' के सम्पादक जगदीश गुप्त और 'धर्मयुग' के सम्पादक और 'अन्धा युग' जैसी कृतियों के कृतिकार धर्मवीर भारती की प्रतिक्रियाएँ और टिप्पणियाँ आज भी इस सन्दर्भ में याद करने लायक हैं।'

सचमुच अपने समय में तेज़ परिवर्तन की आँधी को यथोचित प्रतिरोध

देते हुए वाजपेयी जी एक मार्गदर्शी आलोचक थे। उन्होंने बरसों पहले जो कहा था उसे आज भी प्रासंगिक माना जा सकता है : 'आज के जनवादी लेखक को व्यक्तिगत त्याग और कष्ट सहिष्णुता अपनानी होगी। वह किसी मार्क्सवादी नुस्खे को लेकर काम नहीं कर सकता। उसे अब भी चरित्र और आचरण की आवश्यकता है।'

रचनावली से यह भी एक बार फिर पता चलता है कि वाजपेयी जी के आलोचना कर्म का वितान, उनकी रुचि और दृष्टि का विस्तार कितना विपुल था। उन्होंने 'रामचरितमानस' और 'सूर सागर' का पाठसंशोधन किया था। उन्होंने छायावाद से लेकर नयी कविता तक पर विस्तार से लिखा। उन्होंने 'भारत' जैसे अख़बार का सम्पादन किया और उसे स्वतन्त्रता-संग्राम का एक प्रखर-मुखर मंच बनाया। पहले खण्ड में स्वयं वाजपेयी जी द्वारा लिखे गये पत्र दिये गये हैं। काफ़ी बड़ी संख्या में पत्र निराला जी को लिखे गये हैं जिनसे दोनों की निकटता और बौद्धिक-साहित्यिक साहचर्य का भी प्रमाण मिलता है। दिलचस्प यह है कि ये पत्र 1927 से लिखना शुरू हुए जबकि वाजपेयी जी कुल 21 वर्ष के थे। निराला ने 1931 के अपने एक पत्र में कहा है : '...विचारों के लिए तो मैं कुछ कह ही नहीं सकता। कारण, वे आपके हैं, पर इतिहास के लिए अवश्य कहूँगा कि सुमित्रानन्दन जी को प्यार करने के आठ महीने पहले मैं हिन्दी जनता की आँख की किरकिरी हो चुका था।'

आरम्भ की दुनिया

ऐसा कम ही होता है कि एक ही सप्ताह में ऐसी दो पुस्तकें मिल जायें जिनसे बौद्धिक और सर्जनात्मक उल्लास मिले। अक्सर तो ऐसा उल्लास आये इसकी प्रतीक्षा, कम से कम हिन्दी में, कई सप्ताह करनी पड़ती है। लेकिन अपवाद इस सप्ताह हुआ। इसी सप्ताह साठ के दशक में 1967-69 में कविता और कला की एक छोटी पत्रिका 'आरम्भ' लखनऊ से विनोद भारद्वाज के सम्पादन में प्रकाशित हुई थी और धूमिल, कमलेश, विनोद कुमार शुक्ल आदि कई तबके युवा कवियों की अनेक बहुचर्चित कविताएँ उनमें प्रकाशित हुई थीं। इस पत्रिका को आयी लेखकों की डाक विनोद जी ने अब तक सावधानी से बचाकर रखी थी और अब उन्हें दिल्ली के प्रवीण प्रकाशन ने 'आरम्भ की दुनिया' शीर्षक से विनोद जी के सम्पादन और विष्णु खरे की लम्बी भूमिका के साथ प्रकाशित किया है। किसी पत्रिका को लेखकों द्वारा लिखे गये पत्रों का हिन्दी में यह पहला और कई दृष्टियों से अनूठा संकलन है। उनसे उस समय की

इस संकलन में सबसे अधिक पत्र धूमिल के हैं। 1967 में उन्होंने सहारनपुर से लिखा : 'रचनास्तर पर, ग़ैरजिम्मेदार और मूर्ख लोगों के बीच मुक़ाबला, अपने साथ किये जानेवाले व्यभिचार के समान है। जब मैं 'ग़ैरजिम्मेदार मूर्ख' कहता हूँ तो इसका मतलब उन लोगों से है जो बौद्धिक होने का दावा तो करते हैं किन्तु किसी भी स्तर पर वे समाज की दयनीयता के प्रति अपने को ज़िम्मेदार नहीं मानते। इस तरह के लोग अपनी बौद्धिकता को एक अस्त्र की तरह इस्तेमाल करते हैं और जहाँ तक मैं मानता हूँ ये तथाकथित बुद्धिजीवी पूँजीवादियों के समानान्तर के दबाव हैं।' मलयज श्रीकान्त वर्मा की कविता का बचाव करते हुए एक पत्र में कहते हैं : 'निरन्तरता' और 'समग्रता' का श्रीकान्त की कविता में न होना जीवन की विवशता उतनी नहीं जितनी अनुभव की विशिष्टता है जो आज के युवा लेखक की एक ख़ास मनःस्थिति है। आज की समीक्षा में इस बात का ख़तरा बहुत बढ़ गया है कि कविता के बिखराव, उसकी खण्डता, निरन्तरता और सम्रता के अभाव को आज के जीवन की खण्डता, बिखराव और विवशता का पर्याय मान लिया जाये।' लीलाधर जगूड़ी 1999 में पत्र में धूमिल के बारे में कहते हैं : 'जहाँ तक मैंने उसे जाना है वह तुलसीदास और ग़ालिब के बाद शब्दों को सही ढंग से पकड़ने वाला कवि है। और अपने ख़तरों से खूब परिचित है। फिर उसका कुछ दिन स्थगित होना चिन्तित नहीं करता। यह ख़ामोशी उस शिकारी की है जो जानवरों वाले जंगल में 'ताक' लगाए एक-एक आहट पर शिकार को पहचानना चाहता है।' जगूड़ी का एक और बयान उनके पत्र में यों दर्ज़ है : 'अकविता अगर जाँघों, योनियों, स्तनों में स्खलित होने की प्रक्रियाओं से ही बनती है तो सबसे अच्छी और साफ़ 'अकविताएँ' सुमित्रानन्दन पन्त ने लिखी हैं। सबसे ज़्यादा देह की राजनीति छायावाद में रही है।' नरेश सक्सेना ने एक पत्र में बताया : 'उस दिन लखनऊ रात में महानगर लौटते समय यशपाल जी भी रिक्शे में साथ थे। कक्कड़ साहब पीछे से रिक्शे में आये और ज़ोरों से नमस्कार रिसीव करते हुए आगे निकल गये बात नहीं हुई। यहाँ सुना कि कोई राम गुप्त चित्रकार हैं। कानपुर में, रघुवीर सहाय उन्हीं के साथ रहे। उनका (तथा रघुवीर सहाय की मित्रता का) रहस्य पता लगा रहा हूँ।' अशोक सेकसरिया 1968 के एक पत्र में लिखते हैं : 'विधा के बारे में मैं लिखना चाहता था और आपकी चिट्ठी पाकर सोचना शुरू किया पर सोच-सोच कर भी कोई भी बात दिमाग़ में एकदम कहीं नहीं लगती। अब जो कुछ सोचा है वह इतना जनरलाइज़्ड और इतना आमफ़हम है कि उसको लिखने की ज़रूरत नहीं।...आप इतना तो जानते ही हैं कि 'आरम्भ' में छपने की

मन में बड़ी तीव्र वासना है। इसमें इच्छा नहीं वासना ही ज़्यादा सही शब्द है।'

मेरे प्रिय मित्र श्रीराम वर्मा ने 1968 के एक पत्र में और बातों के अलावा मेरी मज़म्मत की और लिखा : '...लेकिन आप भाग्यवान हैं कि उन्होंने आपको इतना लम्बा पत्र लिखा और बूढ़े आचार्य की मुद्रा में लिखा।. ..इस्त्री की हुई भाषा में उन्होंने जो कुछ लिखा है, उसे छापना आपका अतिरिक्त औदार्य है। उस पत्र में मौलिक क्या और आसानी के सिवा है क्या।'

विष्णु खरे ने उचित लिखा है कि 'ये तो सारे लेखकों के जीवन, चिन्तन और सृजन के निजी अंश हैं जो हिन्दी साहित्य के इतिहास में सातवें दशक की केन्द्रीय, स्थायी और दूरगामी भूमिका के अकाट्य दस्तावेज़ हैं।'

भारतेन्दु ग्रन्थावली

ऐसा कम होता है कि कोई व्यक्ति एक ग्रन्थावली का सुसंपादन करने के बाद फिर दूसरी ग्रन्थावली का वैसे ही जतन-लगन और समझ से सुसम्पादन करे जैसा कि ओमप्रकाश सिंह ने पहले रामचन्द्र शुक्ल ग्रन्थावली के बाद अब प्रकाशन संस्थान द्वारा ही प्रकाशित भारतेन्दु ग्रन्थावली का किया है। अस्वस्थ होने के बावजूद श्री सिंह ने जो अध्यवसाय और परिश्रम किया है वह महत्त्वपूर्ण और प्रशंसनीय दोनों है। छह खण्डों में यह ग्रन्थावली भारतेन्दु की आश्चर्यकारी विविधता और प्रतिभा का बहुत उजला दस्तावेज़ है। उनकी अग्रगामी दृष्टि, समाज-चिन्ता, रेंज, प्रयोगशीलता, नाट्यप्रतिभा, काव्यकौशल, गद्यशिल्पकारिता, विनोद आदि सब इस ग्रन्थावली में एकत्र हैं और एक बार फिर भारतेन्दु की युगान्तरकारी प्रतिभा को ब्यौरों में पढ़ने-जानने का अवसर जुटाते हैं।

भारतेन्दु की एक ग़ज़ल का यह हिस्सा देखने लायक है :
बैठे जो शाम से तेरे दर पर सहर हुई।
अफ़सोस अय क़मर कि न मुतलक़ ख़बर हुई।।
छानी कहाँ न ख़ाक, न पाया कहीं तुम्हें।
मिट्टी मेरी ख़राब अवस दर बदर हुई।।
भारतेन्दु का एक पद्य यों है :
आजु केलि मन्दिर से निकसि नवेली ठाढ़ी
भोंर चारों ओर रहे गन्ध लोमि बार के।

'हरिचन्द' सखिन सों केलि की कहानी कहै
रस में मसूसी रही आलस निवार के।
साँचे में खरी सी परी सीसी उतरी सी खरी
बाजूबन्द बाँधे बाजू पकरि किवार के।

लेखकों में भेद करते हुए भारतेन्दु ने लिखा था : 'जैसे संसार की अन्य सब बातों में सच और झूठ का भेद माना जाता है वैसे ही लेखकों के भी दो भेद हैं। एक योग्य और दूसरे अयोग्य। योग्य लेखक वे हैं जिनके लेख जगत में माननीय और आदरणीय माने जाते हैं और सर्वदा वैसे ही माने जाते रहेंगे।...अयोग्य अथवा झूठे लेखक वे हैं जो ईश्वरीय ज्ञान से वंचित रहते और सांसारिक विषयों की इच्छा रखते हुए जगत को भुलावे में डालकर अपना अर्थसाधन करते हैं। जिन्हें दैहिक सुख की कामना है वे आत्मिक सुख को कभी अनुभव नहीं कर सकते। जो लेखक ऐसे हैं उन्हें, स्वार्थी और मिथ्यावादी कहना पाप न होगा परमात्मा करे, विद्या के पवित्र क्षेत्र में ऐसे नराधमों का कभी पैर न पड़ने पावे।'

अगर भारतेन्दु आज जीवित होते और अपनी इस परिभाषा पर अड़े रहते तो शायद अधिकांश हम हिन्दी लेखक को अयोग्य ही पाते!

मित्रता का अन्तरंग भूगोल

पिछली शताब्दी के उत्तरार्द्ध में जिस एक कवि ने मरणोत्तर मूर्धन्यता अर्जित की, वे हैं गजानन माधव मुक्तिबोध। वे एक ऐसे कवि भी रहे हैं जिनकी कविता में मित्रता का एक विराट् स्पन्दित परिसर महसूस किया जा सकता है : दरअसल उन्हें एक अनोखे अर्थ में एक बड़ा मित्र-कवि भी कहा जा सकता है। एक स्तर पर उनकी कविता मित्र-संवाद है। वह जो सुने उसको तो सम्बोधित है ही : वह अपने मित्रों को भी लगातार और विशेष रूप से सम्बोधित है। हिन्दी के मुख्य अंचल के हाशिये पर रहते हुए भी मुक्तिबोध एक संवादप्रिय व्यक्ति और लेखक थे।

जब उनके बेटे रमेश उनके पास सहेजकर रखे गये लेखकों के पत्रों का इतना बड़ा संग्रह लेकर आये तो बहुत अचरज हुआ। एक ऐसे लेखक ने, जो स्वयं कई बार अपनी रचनाएँ बहुत सहेजकर नहीं रखते थे, दूसरों के पत्र इतने जतन से रखे यह सचमुच अचरज की बात है। साथ ही यह इस बात का भी संकेत है कि मुक्तिबोध के लिए अपने लेखक-मित्रों

का होना, उनसे संवादरत होना कितना ज़रूरी था।

इस अनूठे संचयन में लगभग पचास लेखकों के तीन सौ से अधिक पत्र शामिल किये गये हैं। मुक्तिबोध की 1964 में असमय और बेहद दुखद मृत्यु के 43 बरसों बाद इन पत्रों का एकत्र प्रकाश में आना एक महत्त्वपूर्ण साहित्यिक घटना है। उनके परिवार ने, विशेषतः उनके बड़े बेटे रमेश ने स्वयं मुक्तिबोध द्वारा सहेजकर रखे गये इन पत्रों की थाती को सुरक्षित रखा यह बड़ी बात है। रमेश ने कई वर्ष लगाकर उन्हें व्यवस्थित किया और टाइप कराया। हिन्दी साहित्य-संसार निश्चय ही उनका, इस अध्यवसाय और जतन के लिए, ऋणी है कि इन पत्रों के माध्यम से मुक्तिबोध के साहित्य का एक और पक्ष मार्मिकता और प्रासंगिकता के साथ ज़ाहिर होताः वे ऐसे लेखक थे जो दूसरे लेखकों की परवाह करते थे। इन लेखकों में जहाँ एक ओर माखनलाल चतुर्वेदी, जैनेन्द्र कुमार, सही, वात्स्यायन, शिवमंगल सिंह सुमन, शमशेर बहादुर सिंह, त्रिलोचन, अमृत राय जैसे वरिष्ठ है वहँ श्रीकान्त वर्मा, हरिशंकर परसाई, नामवर सिंह, विष्णुचन्द्र शर्मा, प्रमोद वर्मा जैसे तब के युवा और रमेशचन्द्र शाह, विनोद कुमार शुक्ल और मेरे जैसे तरूण शामिल हैं। स्पष्ट है कि मुक्तिबोध का लेखक-मित्र-परिवार कई पीढ़ियों में फैला हुआ था। उसमें कई सारे लेखक शामिल थे पर बुनियादी बात यही है कि वह एक बड़े लेखक का बड़ा परिवार था।

इस पत्र-संग्रह से उस समय की यानी आज से चालीस साल से पहले की हिन्दी साहित्य-संस्कृति के बारे में कुछ ऐसा पता चलता है जो इन दिनों उस संस्कृति से, हमारा दुर्भाग्य है, कि अगर एक दमक ग़ायब नहीं तो बहुत विरला हो गया है। एक उदाहरण काफ़ी होगा : मुक्तिबोध की मृत्यु के कुल दस महीने पहले 6 जनवरी, 1964 को वात्स्यायन ने मुक्तिबोध को पत्र लिखा है कि 'आज आपकी कविता और वक्तव्य मिला। दोनों को बड़ी उत्कण्ठा से पढ़ गया हूँ। और कविता प्रभाकर माचवे और भारत भूषण अग्रवाल को भी सुना दी है, बड़ी अच्छी कविता है और उससे 'सप्तक' के दूसरे संस्करण की शोभा बढ़ेगी।' लगभग चार दशकों से हिन्दी आलोचना में अज्ञेय और मुक्तिबोध परस्पर शत्रु कवियों के रूप में देखे जाते रहे हैं। कुछ वर्ष पहिले उन्हें सहचर-कवियों के रूप में देखने-समझने की कुछ कोशिश मैंने की थी जबकि मुझे इस पत्र का पता भी न था।

कई तरह के दिलचस्प पत्र इस संग्रह में हैं। मुक्तिबोध, हरिशंकर परसाई और श्रीकान्त वर्मा के बीच जो संवाद और किसी हद तक द्वन्द्व था उसे समझने में परसाई और श्रीकान्त के पत्रों से काफ़ी रोशनी पड़ती है। एक दिलचस्प संयोग यह है कि (इन दिनों प्रगतिशील लेखक संघ

'...इस तरह के निजी सम्पर्क से जितना काम हो सकता है, उतना 'प्रगतिशील लेखक संघ' के पुनर्जीवित करने से नहीं हो सकता है। चाहे आप मुझे व्यक्तिवादी या स्वार्थवादी कहें, लेकिन भारी-भरकम संगठनों से मेरी तबियत ऊब गयी है। आधी उम्र बीत गयी और शेष दिन ऐसे व्यर्थ के कामों में नहीं गँवाना चाहता। ऐसे काम करने के लिए नेताओं की कमी नहीं है...लेकिन उनमें हमें कोई सही दिशा मिलेगी, इसकी उम्मीद क़तई नहीं है। उनमें से अधिकांश जन उच्च कोटि के अवसरवादी हैं, उनके लिए विचार कपड़े हैं, किसी भी समय बदल सकते हैं और उसे डायलेक्टिक्स का नाम दे सकते हैं, हमारा तो मरण है। यह हमसे न होगा।'

मुक्तिबोध की अपनी साहित्यिक संस्कृति वह कारण रही होगी कि मेरे जैसे उस समय सर्वथा अज्ञातकुलशील व्यक्ति के पत्र भी उन्होंने सहेजकर रखे। मुझे स्वयं उनकी याद नहीं रह गयी थी। उन दिनों यानी सन् 1959 में मुक्तिबोध एक बार सागर आये थे और हम कुछ मित्रों के सामने उन्होंने अपनी क्लैसिक कृति 'अँधेरे में' के शायद पहले प्रारूप का पाठ किया था। वे स्वयं कविता को लेकर आश्वस्त नहीं थे लेकिन हम मित्र तो लगभग स्तब्ध रह गये थे। उनके राजनाँदगाँव लौटने के बाद मैंने 10 फरवरी, 1960 को उन्हें भेजे एक पत्र में लिखा : '...वह कविता नयी कविता की महत्तम उपलब्धि है और समूचे हिन्दी काव्य की गौरव निधियों में से एक। मैं नहीं जानता कि अब तक एक दूसरा निराला' हो सकता है या नहीं...पर कहने को विवश हूँ कि मैं 'मुक्तिबोध' को अब दूसरा 'निराला' मानता हूँ...अगर 'दि वेस्टलैण्ड' यूरोप की आधुनिक सर्वश्रेष्ठ कृति है तो निस्सन्देह आपकी यह प्रदीर्घ कविता हिन्दी के लिए उतनी ही गुरु और महत्त्वपूर्ण रचना है।'

13 नवम्बर, 1956 को लिखे गये शमशेर बहादुर सिंह के पत्र की शुरूआत होती है इन पंक्तियों सेः 'परसों टाइपराइटर पर तुम्हारी लम्बी कविता 'चाँद का मुँह टेढ़ा है' का अंग्रेजी अनुवाद करना रहा हूँ, अनायास ही बैठ गया अनुवाद करने। ढाई पेज कर गया। निश्चय ही अनुवाद अब पूरा हो जायेगा।' पता नहीं कि वह अनुवाद पूरा हुआ या नहीं क्योंकि शमशेर जी कई चीज़ें अधूरी छोड़ने में माहिर थे। जैसा भी हो उस अनुवाद को ट्रेस करना चाहिए।

इन पत्रों में कई पत्रिकाओं की व्यथा और संघर्ष की अन्तरंग कथाएँ भी छिपी हुई हैं जैसे हरिशंकर परसाई द्वारा सम्पादित 'वसुधा' और नरेश मेहता और श्रीकान्त वर्मा द्वारा सम्पादित 'कृति' की। 'आलोचना', 'कल्पना', 'हंस', आदि की अन्तर्कथाएँ भी कुछ पता चलती है। कई

लेखकों की कठिनाइयों, संघर्षों, समझौतों, दिग्भ्रमों, उलझनों और चतुराइयों का आभास भी यहाँ-वहाँ मिलता है।

जो भी हो, यह पत्र-संग्रह मुक्तिबोध को उस समय चल रहे साहित्यिक, वैचारिक और निजी संवाद के एक महत्त्वपूर्ण, सजग और सक्रिय केन्द्र के रूप में भी अवस्थित करता है। मुक्तिबोध कई अर्थों में हिन्दी के अद्वितीय पूर्वज-वंशजहीन मूर्धन्य हैं। लेकिन वे पूरी तरह से अपने आप नहीं बने विकसित हुए थे। वे उस साहित्य और मित्र संस्कृति से प्रतिकृत हुए थे जिसका यह पत्र-संग्रह बेहद पठनीय और उपयोगी दस्तावेज़ है।

राजकमल प्रकाशन इस पुस्तक को मुक्तिबोध की पुण्यतिथि 11 सितम्बर, 2009 को प्रकाशित कर रहा है जिसके लिए वह विशेष रूप से प्रशंसा का पात्र है।

परस्पर आलोकन

विश्वविद्यालय अनुदान आयोग की मदद से देश के शैक्षणिक संस्थानों में अनेक अकादेमिक और तकनीकी विषयों पर सेमिनार होते रहते हैं। जब-तब हम जैसे ग़ैर-अकादेमियों को भी इनमें शिरकत का न्यौता मिलता रहता है। लेकिन जब नागपुर के अम्बेडकर महाविद्यालय द्वारा आयोजित 'कलाओं का परस्पर आलोकन : कविता, नृत्य, संगीत और चित्रकला' विषय पर सेमिनार का न्यौता आया तो थोड़ा अचरज हुआ। इस तरह के विषय इन दिनों अकादेमिक जिज्ञासा के भूगोल से इस क़दर ग़ायब है कि यह याद भी नहीं आता कि कलाओं के परस्पर अन्तर्निर्भर होने की एक लम्बी भारतीय परम्परा रही है जो कि सम्भवतः पहली बार तथाकथित आधुनिकता के दौर में शिथिल पड़ी और खण्डित हुई है। उस पर पुनर्विचार एक ऐसे शहर में हो रहा था जो कि समूचे भारतीय समाज में उसकी सामासिक संस्कृति, परम्परा और इतिहास की बेहद अनैतिहासिक, मनुष्यविरोधी और अन्ततः संस्कृतिविरोधी और नासमझी आक्रामक रूप से फैलनेवाले राष्ट्रीय स्वयंसेवक संघ का मुख्यालय है। नागपुर से कुछ ही दूर पर वर्धा में सेवाग्राम है जहाँ महात्मा गाँधी ने आध्यात्मिक प्रार्थना को राजनैतिक और नैतिक प्रतिरोध का संस्करण बनाया था और जहाँ से भारतीय स्वतन्त्रता के लिए अन्तिम निर्णायक संग्राम 'भारत छोड़ो' आन्दोलन के विचार और नियोजन का सूत्रपात हुआ था। बहरहाल, डॉ. अम्बेडकर की दीक्षा भूमि से लगे महाविद्यालय के परिसर के सभागार में काफ़ी बड़ी संख्या में छात्र-छात्राएँ भी थे जिससे यह ज़ाहिर

हुआ कि हमारे समय के व्यापक मुद्दों में युवा जिज्ञासा का क्षरण महानगरों की दुर्घटना है, नागपुर जैसे शहरों की नहीं। यह नोट करना भी दिलचस्प था कि यह आयोजन अंग्रेज़ी विभाग ने किया।

यह बात बहसतलब है कि क्या एक कला दूसरी कला को आलोकित करती या कर सकती है। यह भी कहा जा सकता है कि यह किसी कला का आवश्यक काम नहीं है : संयोगवश भले वह ऐसा कर पायें हर कला स्वायत्त होती है, समाज-निरपेक्ष नहीं। उसका माध्यम और उसका लक्ष्य भी स्वायत्त होते हैं। जिस भी सच, अनुभव, दृष्टि, यथार्थ आदि को कोई भी कला खोजती, विन्यस्त, चरितार्थ आदि करती है वे अद्वितीय होते हैं। वागर्थ रूपार्थ से, रूपार्थ स्वरार्थ, स्वरार्थ मुद्रार्थ से सर्वथा विशिष्ट होता है। दूसरे शब्दों में, कोई एक सच नहीं है (एकं सद्विप्राः बहुधा वदन्ति के प्राचीन और उदात्त विचार के बावजूद) जिसे कविता और कलाएँ अलग-अलग ढंग से खोजती और विन्यस्त करती हैं। कम से कम कविता और कलाओं की दुनिया में न सिर्फ़ माध्यम अनेक हैं, सच भी अनेक हैं। सचों की यह बहुलता, हालाँकि, उनकी बिरादरी और एक-दूसरे के पड़ोस में होने का प्रत्याख्यान नहीं है। उनके संगी-साथी और पड़ोसी होने से उनकी स्वतन्त्र इयत्ता गल नहीं जाती, न ही उन्हें सच की किसी एकतान एकता में गूँथा जा सकता है। हरेक की अपनी जगह है, अपना सच है जो किसी और सच में बदले या विलीन किये जाने से प्रतिरोध भी करता है।

भारतीय परम्परा में जिस अन्तर्निर्भरता की निरन्तर उपस्थिति रही है वह इस सचाई का प्रतिलोम नहीं है। वह इस बात का स्वीकार है कि हमारी परम्परा में, जैसे कि कुछ अन्य परम्पराओं में भी, साहित्य और कलाओं की साझेदारी रही है। यह साझेदारी हर माध्यम की स्वतन्त्र इयत्ता का सम्मान करते हुए रही है। यह साझेदारी महाकाव्यात्मक दृष्टि में शिरकत, समान प्रतीक व्यवस्था बिम्बविधान, सौन्दर्य की समान धारणाओं आदि से प्रगट होती है। सभी जानते हैं कि, उदाहरण के लिए, रामायण और महाभारत चित्रित और उत्कीर्ण किये गये हैं, रामचरितमानस, सतसई, रसिकप्रिया आदि काव्य चित्रित हुए हैं, चिदम्बरम के मन्दिर में नृत्य के सौ से अधिक करघा उत्कीर्ण हैं, लघुचित्र शैली में रागमाला चित्रित हुई है, ओड़िसी और मणिपुरी नृत्यशैलियों में गीत गोविन्द की अष्टपदियाँ आधार बनती हैं, भक्त कवियों ने अपने पद्यों के बारे में उन रागों का ज़िक्र किया है जिनमें वे निबन्ध हैं। सिद्धान्त के स्तर पर भी भरत का नाट्यशास्त्र रंगमंच के अलावा साहित्य, संगीत, नृत्य आदि के बारे में भी है। तब यह प्रश्न उठता है कि जब दो कला-माध्यम मिलकर कुछ करते हैं तो उनकी प्रकृति और सार में क्या कोई अन्तर नहीं पड़ता। क्या वागर्थ और रूपार्थ का मिश्रण कोई नया मिश्रित अर्थ नहीं उत्पन्न

करता! ज़रूर करता है : जब कोई कविता गायी या नाची या चित्रित की जाती है तो उससे जो अर्थछवि निकली है वह अकेले वागर्थ से कभी न निकलती। कविता का नया अर्थ खुलता है जो उसके मूल अर्थ को कहीं-न-कहीं अधिक सघन और उत्कट करते हुए उसमें बिल्कुल अप्रत्याशित ध्वनि उपजाता है। यह ध्वनि न अकेले कविता से सम्भव है, न अकेले संगीत या नृत्य या चित्र से। दूसरे शब्दों में, स्वतन्त्र और विशिष्ट, अद्वितीय अर्थों के अलावा इस तरह के संयोगों से जो अर्थ उपजते हैं वे उनसे अलग और फिर भी विशिष्ट होते हैं। कविता और संगीत के में से निकलने वाली अर्थ ध्वनि कविता और चित्र के मेल निकलने वाली अर्थध्वनि से बिल्कुल अलग और विशिष्ट होगी। कई बार सामान्यीकरण करने के उत्साह में हम विशिष्टता को ध्यान में रखना भूल जाते हैं।

कुछ विधियाँ ऐसी हैं जो, फिर भी, कुछ समानता लिये हुए होती हैं, भले हर माध्यम में उनका रूप और स्थिति बदलते जाते हैं। जैसे आख्यान, अमूर्तन आदि की विधियाँ। कुछ माध्यम समय और समाज का प्रभाव अपने ऊपर सीधे लेते हैं जैसे कविता, रंगमंच। लेकिन इनका वैसा सीधा प्रभाव संगीत और नृत्य पर नहीं पड़ता। आधुनिकता के चलते हमारे यहाँ यह भी हुआ है शायद संगीत और नृत्य समय के बजाय समयातीत को अधिक सम्बोधित करते हैं जबकि कविता, चित्रकला और रंगमंच में समयातीत को सम्बोधन करने का अब स्वभाव नहीं रहा। जो ऐसा करते हैं उन्हें चालू रुचि की दकियानूसी हाशिये पर डाल देती है। समयाक्रान्त स्थिति में समयातीत की जगह कहाँ! जो भी हो, इस समय कविता और कलाओं में जो हो रहा है उसका विश्लेषण कर उसके आधार पर एक नया शास्त्र या उनका समावेशी सौन्दर्यशास्त्र रचा जाना शेष है – माना कि वह समय शास्त्र और शास्त्रीयता से आगे चला गया समय है पर हम बिना कहे या माने आलोचना और चिन्तन में ऐसा शास्त्र, अनौपचारिक और अपर्याप्त, गढ़ते ही रहते हैं।

लेखक-संगठन

इधर लेखक-संगठनों की ज़रूरत और प्रासंगिकता को लेकर कुछ बहस चली है। दिलचस्प यह है कि कई ऐसे लेखक, जिन्होंने ऐसे संगठनों के समर्थन-प्रक्षेपण का पूरा लाभ उठाकर अपना प्रचार-प्रसार कराया और प्रसिद्धि-मान्यता अर्जित की वे अब सयाने या विलम्बित विवेक से यह कह रहे हैं कि लेखक संगठनों की कोई उपयोगिता नहीं रह गयी है। उन्हें अब उनमें जनतान्त्रिकता और असहमति के आदर का अभाव दिखायी

दे रहा है जबकि वह शुरू से था। ज़ाहिर है कि यह मासूम लगती पर दरअसल वैचारिक अवसरवादिता है कि जब तक हो सके संगठन के समर्थन का लाभ उठाकर अपने को ग़लत-सही स्थापित करो और जब हो जाओ तो उस नसैनी को लतियाने लगो जिससे ऊपर चढ़े थे। यह भी नोट करने की बात है कि संगठनों के पक्ष में अधिकतर उसके पदाधिकारी ही बोल रहे हैं जो कि अगर संगठनों में पदासीन न होते तो शायद लेखक-समाज में किसी ध्यान या सम्मान के पात्र न होते। हर सबसे संगठन मीडियाक्रिटी को बढ़ावा देता है और अधिक संगठन-शक्ति की ज़रूरत मीडियाकरों को ही होती है। हमारे ही समय में जो बड़े लेखक हुए हैं, जैसे अज्ञेय, शमशेर, मुक्तिबोध, नागार्जुन, त्रिलोचन, रेणु, कृष्णा सोबती, निर्मल वर्मा, कृष्ण बलदेव वैद, रघुवीर सहाय, श्रीकान्त वर्मा आदि उन्हें किसी संगठन के समर्थन की बदौलत मान्यता नहीं मिली है। बल्कि उनमें से अनेक की अपकीर्ति बढ़ाने में ही संगठनों की भूमिका रही है और यह उनकी प्रतिभा का क़माल है कि वे शिखर पर पहुँचे और अब तक जमे हुए हैं।

संगठनों का विरोध करने वालों पर बरसों से प्रतिबद्धता के विरुद्ध राजनीति करने का आरोप लगता रहा है। उनमें से अनेक को प्रतिबद्धता उपलब्धि का पैमाना नहीं लगती रही है लेकिन मुक्तिबोध, शमशेर, नागार्जुन, त्रिलोचन आदि की उपलब्धि को वे सहज भाव से स्वीकार करते रहे हैं। इसके बरक़्स यकायक संगठन-विरोधी हो गये और अब उससे लाभान्वित कई लेखक जनतन्त्र और असहमति का छद्म कर रहे हैं पर अपनी डायरियों आदि में किसी ग़ैरप्रतिबद्ध लेखक का हवाला तक नहीं देते : वहाँ भी सूची निष्ठा-सूची है ताकि वफ़ादारी पर शक न हो जाये। हर अच्छा लेखक अपनी दृष्टि पर अड़े रहने का हक़ रखता है लेकिन वह अगर अपनी दृष्टि से अलग दृष्टि रखने वाले लेखकों से प्रतिकृत तक नहीं होता या उन्हें पढ़ने का कोई आभास भी नहीं देता तो ज़ाहिर है कि वह अपनी दृष्टि के कारागार में क़ैद रखकर देर तक कुछ महत्त्व का नहीं कर सकता।

लेकिन संगठन की ज़रूरत लेखकों के धन्धई मामलों के सन्दर्भ में है। ऐसे संगठन जो रायल्टी, लेखक-प्रकाशक के व्यावसायिक सम्बन्धों, लेखकों के स्वास्थ्य-कल्याण, वृद्धावस्था पेंशन, सरकारों द्वारा पुस्तकालयों की स्थापना और पुस्तक-खरीदी, अभिव्यक्ति की स्वतन्त्रता के अधिकार पर होने वाले हमले या कटौतियों पर नज़र रखें और चौकसी करें। ऐसे संगठन में वैचारिक बहुलता होगी और जनतान्त्रिकता का सुनिश्चय किया जा सकता है। ऐसा कोई संगठन नहीं है, होना चाहिए।

तीन ख़बरें जुड़ती हैं। पहली यह कि स्वर्गीय दिनेशनन्दिनी डालमिया पर दिल्ली में एक सड़क का नाम रखा गया है और भारत सरकार के डाक विभाग ने उन पर एक डाक टिकट जारी किया है। दूसरी यह कि स्वर्गीय दुष्यन्त कुमार के नाम पर भी एक डाक टिकट जारी किया गया है। तीसरी यह कि श्रीलंका के किसी अश्रुतपूर्व विश्वविद्यालय ने उत्तराखण्ड के मुख्यमन्त्री...निशंक(निश्शंक) को उनकी साहित्यिक उपलब्धि के लिए मानद डी. लिट् की उपाधि से विभूषित किया है।

सबसे पहले तो खुशी होती है कि अधिकतर साहित्य से मुँहफेरे समाज में तीन लेखकों को सम्मान दिया जा रहा है। लेकिन फिर कुछ और बातें भी ज़हन में उभरती हैं। दिनेश नन्दिनी जी की कीर्ति हिन्दी गद्यगीतकारों में से एक के रूप में रही है। उन्होंने कुछ अन्य साहित्य भी लिखा है लेकिन उन्हें उस आधार पर उनके समय का महत्त्वपूर्ण और हमारे समय में प्रासंगिक लेखक नहीं माना जा सकता, न ऐसा माना गया है। दुष्यन्त कुमार की हिन्दी ग़ज़लें इस क़दर लोकप्रिय हैं कि उन्हें राजनेता तब जब-तक संसद में दुहरा देते हैं। उनका पहला कविता संग्रह 'सूर्य का स्वागत' ताज़गी लिये हुए था और उनका काव्यनाटक 'एक कण्ठ विषपायी' भी याद किया जा सकता है। बेहद गपबाज़ और याराना स्वभाव के व्यक्ति थे पर पिछले तीस-चालीस बरसों की हिन्दी कविता के बीस शीर्षस्थों की सूची बनाये तो उसमें उनका नाम, खेद है, नहीं होगा। अपना पूर्वग्रहग्रस्त होना मुझे मंजूर है लेकिन किसी नामचीन आलोचक ने या जो भी आलोचनात्मक मतैक्य हिन्दी में है, सारे विचारधारात्मक विभाजनों के बावजूद, उसमें भी उनकी कोई विशेष मान्यता नहीं दीख पड़ती। यों उन पर टिकट निकलने पर एतराज़ न होता अगर यह याद न आता कि डाक विभाग ने जैनेन्द्र कुमार की जन्मशती पर उन पर टिकट नहीं निकाला। अज्ञेय, शमशेर बहादुर सिंह, मुक्तिबोध, नागार्जुन, रेणु, रघुवीर सहाय, निर्मल वर्मा, श्रीकान्त वर्मा, विजयदेव नारायण साही, धर्मवीर भारती, त्रिलोचन आदि की लम्बी सूची है जो टिकट-वंचित हैं।

निश्शंक जी के उपनाम से ज़ाहिर होता है कि वे कवि भी हैं। मेरे अज्ञान की सीमा यह है कि मैंने उनका लिखा कुछ नहीं पढ़ा है। साहित्य की जितनी जानकारी मेरी है उसकी भी यह सीमा है कि उसमें निश्शंक जी की साहित्यिक उपलब्धि की कोई सूचना नहीं है। श्रीलंका के इस विश्वविद्यालय की साहित्यिक जासूसी की दाद देनी चाहिए कि उसने ऐसी उपलब्धि खोज निकाली जिसका हम आम हिन्दी लेखकों को पता तक नहीं था। चूँकि राजनेताओं की साहित्यिक आकांक्षाओं को हिन्दी संसार

शक की नज़र से देखने का आदी है सो वह इस नयी खोज पर भी शक तो जरूर करेगा। उनके साहित्य के बारे में, उनके मुसाहिबों को छोड़कर, किसी और की इस अनर्जित मान्यता के कारण, जिज्ञासा होने के कोई आसार नहीं हैं।

जलन्धर में

हो सकता है कि ऐसा सामान्यीकरण करना सही न हो, लेकिन पिछले कुछ बरसों में यह आम धारणा बनती गयी है कि धीरे-धीरे सारी सांस्कृतिक सक्रियता हमारे महानगरों में इस क़दर केन्द्रित हो गयी है कि उसकी बहुकेन्द्रिकता अगर ग़ायब नहीं तो बहुत शिथिल पड़ती जा रही है। हमारे छोटे शहर, कुल मिलाकर, सांस्कृतिक मरुभूमि बनते गये है और वहाँ इस जड़ता से मुक्त होने के लिए विशेष प्रयत्न या पहल का अभाव है। जलन्धर जाते समय याद आया कि कभी हिन्दुस्तानी संगीत के महान् समारोहों में गिना जाने वाला हरिवल्लभ मेला यहीं लगता था जो कि धीरे-धीरे क्षीण होता गया है।

जलन्धर एपीजे ललित कला संस्थान में पहुँचकर सुखद आश्चर्य हुआ। वहाँ ललित कलाओं के अलावा संगीत, नृत्य, डिज़ाइन, टेक्स्टाइल आदि में शिक्षा दी जाती है। उसका एक सुकल्पित परिसर है और कलाकार डॉ. सुचरिता उसकी कर्मठ और कल्पनाशील प्राचार्य हैं। उनके यहाँ एक सभागार आदि के अलावा एक बड़ी कलावीथिका है और इस बार उन्होंने ललित कला अकादेमी के सहयोग से एक राष्ट्रीय कला उत्सव आयोजित किया है जिसमें कलाकार-शिविर, कला-प्रदर्शनी शिल्पमेला, कथक प्रदर्शन, संगीत प्रस्तुतियाँ आदि अनेक कार्यक्रम आयोजित हैं। वहाँ के ज़िला प्रशासन द्वारा 'विरसा विहार' के नाम से एक सांस्कृतिक परिसर भी स्थापित किया है जिसमें एक सभागार का शिलान्यास भी हुआ और स्थानीय मन्त्री जी कालिया ने दस लाख रुपये देने की घोषणा की। वहाँ की कलावीथिका भी एपीजे संस्थान ही देखता है।

आम तौर पर हमारे अधिकतर कला संस्थान उदास और दीन-दुनिया से कटे-छँटे होते हैं और न उनमें कोई नागरिक ज़िम्मेदारी का भाव होता है, न ही नागरिक समाज उनमें कोई रुचि लेता है। लेकिन जलन्धर में, सौभाग्य से, इसका उलट देखने को मिला। वहाँ संस्था और नागरिक समाज में परस्पर संवेदनशीलता और भागीदारी है। इसका कुछ आभास मिला कि सभी चाहते हैं कि इस तरह का आयोजन वार्षिक—बने शहरों

को स्वयं पहल कर अपने लिए संस्कृति का एक सजग सक्रिय आयाम विकसित करना होगा और उस सन्दर्भ में जलन्धर एक अच्छा उदाहरण बन सकता है।

जलन्धर शहर, और शहरों की तरह और महानगरों की नक़ल में, जनाकीर्ण हो रहा है और वहाँ कई मॉल बन चुके हैं और कुछ और बड़े मॉल बन रहे हैं। बाज़ार और बाज़ारू अधीरता के बढ़ते आतंक और प्रभाव के बरक्स ऐसे सांस्कृतिक धीरज और समझ के, विवेक और विचार के, जागरूकता और नागरिक ज़िम्मेदारी के प्रतिरोध बन सकते हैं। बाज़ार तेज़ी से सब कुछ को लीलने की अदम्य आकांक्षा लिये बढ़ रहा है। उसके प्रतिरोध के द्वीप इतनी धीमी गति से क्यों बन रहे हैं इस पर नागरिक समाज को तेज़ी से सोचना और समय रहते कुछ कारगर करना चाहिए।

कुछ उलझनें

जहाँ जाइए स्वागत में शाल और स्मृति चिह्न दिये जाते हैं। पिछले कुछ बरसों में इतने शाल जमा हो गये हैं कि उनकी एक दुकान मज़े में चल सकती है। बल्कि चूँकि वे मुफ़्त मिले हैं, उनकी क़ीमत वसूलना अनैतिक होगा उन्हें वैसे ही दिया जा सकता है। अगर बिना बार्डर के शाल हों और बड़े तथाकथित मर्दाना आकार के हों तो उनके कुरते बनवाये जा सकते हैं। लेकिन अब दिल्ली में ही ठण्ड का मौसम इतना सिकुड़ चुका है कि ज़रूरत से ज़्यादा कुरते बनाना बेकार है। जब तब कुछ ज़रूरतमन्दों को देने का उपक्रम भी चलता रहता है। हर बार दिल कचोटता है कि किसी ने आपको आदरपूर्वक कुछ दिया जिसे आप कृपापूर्वक किसी और को दे रहे हैं।

स्मृतिचिह्न दिये जाने का चलन भी इधर बहुत बढ़ गया है। वे भी इतने जमा हो गये हैं कि उनके लिए हमारे छोटे से मकान में जगह नहीं मिल पा रही है। वह पहले ही पुस्तकों की बहुतायत से त्रस्त है। अक्सर स्मृतिचिह्नों पर ख़ासी राशि ख़र्च की जाती है। एक ज़माना था जब लोग अपने बैठकख़ाने में तमगों आदि के साथ ऐसे स्मृतिचिह्न सजाकर रखते थे। अब न वह आदत रही, न उतनी जगह बची। ऐसे चिह्न अक्सर कलात्मक दृष्टि से अच्छे नहीं कहे जा सकते। क्या आयोजकों से यह सार्वजनिक अपील की जा सकती है कि कृपया ऐसे चिह्नों पर व्यर्थ रुपया ख़र्च न करें और इन्हें देना बन्द कर दें? आपका रुपया बचेगा और

हमारा बोझ कुछ कम हो जायेगा। मंच पर उसे देने में जो समय लगता है वह भी बच जायेगा। आपको इस भ्रम से भी मुक्ति मिल जायेगी कि स्मृतिचिह्न आपको हमारी स्मृति में बने रहने में कोई भूमिका निभाते हैं। किसी कोने-अँतरे में ठेल दिये जाने के बजाय बेहतर कि वे न ही हों।

एक उलझन अक्सर यह भी आन पड़ती है कि फूलों का क्या करें। आपका घर शहर हो तो आप प्रसन्नतापूर्वक उन्हें घर ले जा सकते हैं। लेकिन आपका घर गाँव में हों तो उलझन बढ़ जाती है। अक्सर ऐसे गुलदस्ते इन दिनों हिन्दी क्षेत्र में 'पुष्पगुच्छ' जैसे ग़ैरमुहावरेदार और बनावटी शब्द द्वारा सम्बोधित किये जाते हैं। क्या यह ज़्यादा अच्छा न होगा कि बजाय पूरा गुलदस्ता देने के एक फूल ही दिया जाये? ऐसे फूल को फिर आप आसानी और प्रेम से अपने साथ ले जा सकते हैं। फूलों और इस बाज़ारू समय में रुपये की भी कुछ बचत इस तरह हो सकती है।

चिट्ठियाँ खोलने के बारे में अधीर हूँ और उसे सर्वथा उचित मानता हूँ। पर जबसे कूरियर का चलन हुआ है और अधिकांश चिट्ठियाँ और निमन्त्रण अब डाक से नहीं कूरियर से आते हैं उनमें से हरेक में चार जगह स्टैपिल किया होता है। इन स्टेपिल-पिनों को हटाने के लिए एक अलग यन्त्र होता है या कि स्टेपलर में ही कोने पर एक उखाड़ू पत्ती लगी होती है। पर उस यन्त्र या स्टेपलर को खोजने का धीरज किसको होता है : सो नाखूनों का इस्तेमाल कर उन्हें हटाते हैं और चूँकि अधीरता सावधानी की दुश्मन होती है, कई बार नाखून मुड़ जाते हैं या कि चिट्ठी फट जाती है। अगर आप घर के अलावा अन्यत्र चिट्ठियाँ खोल रहे हों तो यह परेशानी और भी बढ़ जाती है। क्या कोई तरीका हो सकता है कि कूरियर एजेंसियों को चिट्ठियाँ स्टेपिल करने से रोका जा सके। इसमें भी कुछ बचत होती दीखती है। पर हो कैसे यह पता नहीं।

नायक और खलनायक

इन दिनों जसवन्त सिंह की जिन्ना पर लिखी पुस्तक हर दिन चर्चा में है। उसके आधार पर उन्हें भाजपा से निकाला जा चुका है और उसमें सरदार पटेल की छवि को पहुँचाये गये तथाकथित आघात पर उसे गुजरात में आज का सरकार द्वारा निषिद्ध कर दिया गया है। इस निषेध का उचित ही व्यापक विरोध हुआ है। स्वयं जसवन्त सिंह के साथ सहानुभूति बढ़ी है क्योंकि उन्हें निकाला जाना वैचारिक स्वतन्त्रता का खुल्लमखुल्ला

हनन है। पर जो बात अलक्षित नहीं जानी चाहिए, वह यह है कि इस पुस्तक के लोकार्पण के समारोह में नामवर सिंह भी गये और उन्होंने एक वक्तव्य दिया। उस वक्तव्य का सार यह है कि जसवन्त सिंह ने जिन्ना को बँटवारे का खलनायक बताने की मिथ को तोड़ने की कोशिश की है जो एक हिन्दी लेखक पहले ही कर चुके हैं। नामवर जी ने यह भी कहा कि यह कोशिश वैसे ही है जैसी कि कुछ अन्य ने 'रामायण' में रावण और 'महाभारत' में दुर्योधन को खलनायक मानने-बताने के मिथों के विरुद्ध की है, पहले कभी।

एक बड़े आलोचक को जसवन्त सिंह की पुस्तक से दो भारतीय महाकाव्य और उनके दो खलनायकों के साथ हुआ अन्याय याद आये यह उनके सजग इतिहास और परम्पराबोध का ही सूचक मानना चाहिए। उस समय जब यह सब कहा गया, तब जसवन्त सिंह भाजपा के वरिष्ठ सदस्य थे, निकाले नहीं गये थे।

ऐसे मंच पर बरसों नेहरू विश्वविद्यालय में सेवारत नामवर सिंह क्यों गये इसे राजस्थान के पुराने सम्बन्ध, लोकतान्त्रिकता आदि कहकर समझाया जा सकता है। लेकिन अभी कुछ दिनों पहले वामपंथी लेखकों ने बड़ी संख्या में एकजुट होकर उदयप्रकाश के विरुद्ध अभियान इसलिए छेड़ा था कि वे एक ऐसे ही मंच पर गये जहाँ भाजपा का सांसद मौजूद था और उसके हाथों वह पुरस्कार लिया जो कि उदयप्रकाश के भाई के नाम पर था। जहाँ तक जानकारी है वहाँ उन्होंने पुरस्कर्ता की या उस नेता की विचारधारा के समर्थन या प्रशस्ति में कुछ नहीं कहा। उधर नामवर जी ऐसे मंच पर गये और जहाँ केन्द्र में भाजपा के दिग्गज नेता थे थोड़े ननुनच के बावजूद जसवन्त सिंह के प्रयत्न की नावर जी ने प्रशंसा ही की। अब जसवन्त सिंह न तो कोई सार्वजनिक बुद्धिजीवी हैं और न ही इतिहासकार या लेखक। उनकी बुनियादी छवि भाजपा नेता की ही थी जो अब भूतपूर्व हो गयी है। नामवर जी के इस आचरण को लेकर चुप्पी क्यों है? क्या इसलिए कि उनके विरुद्ध बोलने से प्रगतिशील विचार की हानि हो सकती है? या कि अधिकांश वामपंथी अपनी नौकरी, प्रतिष्ठा, मान्यता आदि के लिए उनके कृपापात्र हैं तो अब मुँह कैसे खोलें। उदय प्रकाश ने तो भूल मानकर माफ़ी माँग ली है। इस व्यवहार में भाजपा के व्यवहार से क्या पूरी समानता नहीं है। लालकृष्ण आडवाणी जिन्ना पर बोलकर पद से हटे पर प्रधानमन्त्री पद के दावेदार बनाये गये और प्रतिपक्ष के नेता हैं। शेषाद्रि की सरदार पटेल की निन्दा करने वाली पुस्तक उसी गुजरात में धड़ल्ले से बिक रही है। उदयप्रकाश अपने सारे साहित्य और स्पष्ट वैचारिक निष्ठा के बावजूद एकबारगी खलनायक बना दिये गये और नामवर जी ऐसी अतर्कित अवसरवादिता के बावजूद नायक बने हुए हैं। महाकाव्यों का पता नहीं, हमारे वामपंथी मित्र नायक,

खलनायक सोच-समझकर सफलता बनाते हैं इसका पता तो था, अब फिर पुष्टि हो गयी है।

छद्म नरमपन्थ

कुछ हिकारत और कुछ मज़ाक़ से उन लोगों को, जो भारतीय सामासिकता से अपनी प्रतिबद्धता प्रगट करते हुए धर्मोन्माद और साम्प्रदायिकता आदि का विरोध करते रहे हैं, छद्म धर्मनिरपेक्षता से ग्रस्त कहा जाता रहा है। यह लांछन लगाने वाले अक्सर वे तत्त्व और उनके प्रवक्ता रहे हैं जो ऐसे राजनीतिक दलों और संघ-परिवार के रहे हैं जिन्होंने भारतीय समाज को धर्म के नाम पर विभाजित करने और साम्प्रदायिक घृणा फैलाने की लगातार चेष्टा की है। भला हो लिब्रहन जाँच आयोग का कि उसने देर से सही उसी काट का एक नया पद गढ़ दिया : 'छद्म नरमपन्थ'। हम जैसे नीचट और छद्म धर्मनिरपेक्ष लोग बरसों से यह मानते रहे हैं कि संघ-परिवार या उससे अनुशासित किसी राजनीतिक दल में अकाट्य सच्चाई उसकी कट्टरता ही है और उसकी आक्रामक संकीर्णता में नरमपन्थ की सम्भावना ही नहीं है। हमारे इस अहसास को इस जाँच आयोग ने ऐसे लोगों को छद्म नरमपन्थी क़रार देकर वैध सच्चाई दे दी है। श्री अटल बिहारी वाजपेयी, जिनके शिखर पर रहते रामरथयात्रा, बाबरी मसजिद ध्वंस, भारतीय समाज का घृणित विभाजन करने का विशाल अभियान चला वे नरमपन्थी कैसे हुए। यही नहीं उनके प्रधानमन्त्री रहते गुजरात में जो नरसंहार हुआ उसे सख़्ती से रोकने और उसके लिए मुख्य रूप से ज़िम्मेदार एक राजनेता और इस संहार में हिस्सेदार सरकार के विरुद्ध उन्होंने कुछ नहीं किया। आयोग ने तो उन्हें बाबरी मसजिद ध्वंस के सिलसिले में छद्म नरमपन्थी कहा है : बाद में उनके सत्तारूढ़ आचरण ने उनके ऐसा होने की दुखद पुष्टि की है, उनकी बाक़ी जो भी उपलब्धियाँ रही हों।

मास्को में कुछ दिन

मास्को पहले से ही सुन्दर और सुनियोजित शहर रहा है : चौड़ी-चौड़ी सड़कें, हरे-भरे पेड़ों की हर जगह कतारें और पार्क, ऊँची इमारतें। पिछली बार यहाँ पन्द्रह बरसों पहले आया था : तब सब कुछ बिख़रा-विपर्यस्त

सा लगता था। रेस्तराओं में मुश्किल से प्रवेश और खाना ठीक नहीं मिल पाता था। इस बार ऐसा कुछ नहीं था : चीज़ों की बहुतायत है, हालाँकि महँगाई बहुत है। पिछली बार होटल के कमरे में साबुन नहीं था। इस बार केतली थी, कप थे लेकिन चाय की पत्ती, दूध और पानी बाहर से खरीदकर लाना पड़ा। पर सुबह से ही तेज़, सक्रिय और अनेक क़िस्मों के कपड़ों में लिपटे लोग इधर-उधर जाते नज़र आये। मेट्रो में अच्छी भीड़ रहती है और शायद इसलिए कि मेट्रो गाड़ियाँ बहुत आवाज़ करती हैं, उनमें बैठे लगभग आधे यात्री पुस्तकें पढ़ते रहते हैं। पहले विदेशियों को देखकर आम लोगों में कुछ जिज्ञासा या कुतूहल का भाव नज़र आता था : इस बार रूस में वही व्यापक उदासीनता दिखायी दी जो यूरोप में अक्सर नज़र आती है। रूस अब एकाग्रता और जतन से फिर से पूरा यूरोपीय देश होने में व्यस्त है। स्त्रियों की संख्या भी अधिक दिखायी दी और उनमें सुन्दरता का प्रतिशत भी बढ़ता सा लगा। मास्को में, दिल्ली की ही तरह, आम व्यवहार में कुछ अशिष्टता भी है।

भारत से लगभग हम बीस लेखक 2 सितम्बर, 2009 से शुरू हुए मास्को अन्तरराष्ट्रीय पुस्तक मेले में भाग लेने राष्ट्रीय पुस्तक न्यास और साहित्य अकादेमी द्वारा भेजे गये प्रतिनिधि-मण्डलों में भेजे गये थे : इस वर्ष बलगेरिया के साथ भारत मेले में अतिथि-देश के रूप में आमन्त्रित था। बांग्ला, उर्दू, मलयालम, अंग्रेज़ी, मराठी, हिन्दी आदि से दो-दो लेखक थे जबकि तमिल, पंजाबी, तेलुगू आदि से एक-एक। उत्तर-पूर्व से कुल एक। भारत का एक बड़ा परिसर था। राष्ट्रीय पुस्तक न्यास ने अपने लेखकों के चित्रों वाले बड़े-बड़े पोस्टर लगाये थे जबकि साहित्य अकादेमी ने कुछ कविताओं के अंग्रेज़ी अनुवाद के पोस्टर लगाये थे। सब कुछ भव्य और सुरुचिपूर्ण था। सिवाय इसके कि रुचियों की, औपचारिक के अलावा, भारतीय साहित्य में अब कोई रुचि नहीं रह गयी है। अधिकांश लेखकों के रचना-पाठ के समय कोई भी रूसी मौजूद नहीं था : कुछेक के पाठ में जो कृपापूर्वक आये उनकी संख्या भी पाँच-सात से अधिक कभी नहीं हुई। कुछ लेखकों के साथ अलग समय पर संवाद के कार्यक्रम भी आयोजित थे। उनमें से शायद एक में भी कोई नहीं आया। जो रूसी जब-तब आये वे अक्सर वही थे जिनकी भारत में दिलचस्पी एक तरह से व्यावसायिक है, वे हिन्दी-उर्दू आदि पढ़ाते या उनसे अनुवाद करते हैं। मास्को में जो भारतीय रहते हैं उनमें से भी लगभग कोई नहीं आया हालाँकि उन्होंने एक रिसेप्शन आयोजित किया जिसमें हममें से कोई जाने के लिए उत्साहित नहीं हो पाया। समकालीन भारतीय साहित्य, अनुवाद और स्त्री-साहित्य पर तीन परिसंवाद आयोजित हुए जिसमें अलबत्ता कुछ रूसी शामिल हुए। उनमें भी जानने की इच्छा कम, यह बताने की उतावली अधिक थी कि वे भारत के बारे में कितना जानते हैं। किसी रूसी कवि

या कथाकार या आलोचक से हमारी भेंट तक नहीं हुई क्योंकि ऐसे किसी ने हमारे पास या हमारे किसी आयोजन में आने की ज़हमत नहीं उठायी। शायद इसमें कुछ चूक हमारे आयोजकों की भी रही होगी कि उन्होंने इसके लिए अलग से कोई विशेष उद्यम नहीं किया।

मास्को विश्वविद्यालय के एशियाई अध्ययन संस्थान में हिन्दी-उर्दू पढ़ने वाले छात्र-छात्राओं और अध्यापकों से, अलबत्ता, एक अच्छी और लम्बी मुलाक़ात हुई। कुछ ने गुलज़ार आदि की कविताएँ सुनाईं और कुछ फ़िल्मी गाने भी। अब ऐसे संस्थान वित्तीय कठिनाइयों से जूझ रहे हैं। सोवियत ज़माने में सरकारी तौर पर राजनयिक और विचारधारात्मक कारणों से उन्हें जैसे कि अनुवाद आदि की गतिविधियों को, वित्तीय समर्थन मिलता था। अब वह समाप्त हो गया है। जो कुछ भारत से रूसी अनुवाद प्रकाशित होते हैं उनमें अध्यात्म, योग आदि के अलावा भारत के अंग्रेज़ी उपन्यासकारों की कृतियों के अनुवाद हैं। सुप्रतिष्ठित पत्रिका 'विदेशी साहित्य' भारत पर जो विशेषांक प्रकाशित करने जा रही है उसमें भारतीय भाषाओं की रचनाओं के रूसी अनुवाद अंग्रेज़ी के माध्यम से किये जा रहे हैं। यह भी स्पष्ट है कि उसका बड़ा हिस्सा भारत के अंग्रेज़ी साहित्य पर केन्द्रित होगा। इस मामले में भी रूस यूरोप का अनुसरण कर रहा है जहाँ यह पूर्वग्रह बढ़ता गया है कि भारत का इस समय सबसे अच्छा साहित्य, जो कि उसका प्रतिनिधि साहित्य भी है, अब अंग्रेज़ी में लिखा जा रहा है। स्वयं रूस में भारतीय भाषाओं में जो दिलचस्पी, भले राजनयिक कारणों से थी वह ग़ायब हो चुकी है। वैसे भी, सोवियत ज़माने में भारतीय लेखकों की कृतियों के अनुवाद रूसी में छपते और हज़ारों की संख्या में बिकते या प्रसारित होते थे लेकिन उस दौरान अपनी रूस यात्रा में मैंने किसी लेखक को किसी भारतीय लेखक या किसी कृति का ज़िक्र करते नहीं सुना था। अब जो स्थिति है उसका एक कारण निश्चय ही यह है कि, जैसा मधु किश्वर ने अपनी स्वाभाविक बेबाकी से कहा, जब स्वयं भारत अपनी मातृभाषाओं की चिन्ता और आदर नहीं करता, दूसरे ऐसा करेंगे ऐसी दुराशा करना बेकार है।

यों अपने कुछ पुराने मास्को-बसे मित्रों से मिल पाना सुखद रहा : मरियम सल्गानिक, एलेक्ज़ण्डर सेंकेविच, अनिल जनविजय आदि। उनका भारत के प्रति सद्भाव बरक़रार है हालाँकि उनके अपने जीवन उन्हें कुछ और रुचियों की ओर भी ले गये हैं। राष्ट्रीय पुस्तक न्यास के अध्यक्ष इतिहासकार विपिन चन्द्र ने सूचना दी कि किसी रूसी प्रशासक से दो या तीन ज़िल्दों में समकालीन भारतीय कविता का एक बड़ा संचयन रूसी अनुवाद में निकालने पर बात हुई है। पर वह इसके लिए न्यास से वित्तीय मदद चाहता है। भारतीय परिसर में एक बड़ा हिस्सा महात्मा गाँधी के ऊपर था। जो गाँधी स्वयं अपने देश में राजनीतिक शक्तियों द्वारा हाशिये

पर ढकेल दिये गये वे रूस में क्या प्रासंगिकता पा सकते हैं? जिसने स्वयं अपने यहाँ और अन्यत्र भयावह हिंसा से कभी संकोच नहीं किया उसके लिए गाँधी एक बेचैन करने वाला प्रतिलोम भी हो सकता है।

मुझे एक और सन्देह हुआ। रूस में अपने साहित्य से आध्यात्मिक और नैतिक शक्ति पाने और उसका उपयोग सामाजिक-राजनीतिक प्रतिरोध के लिए करने की लम्बी परम्परा रही है। यह परम्परा सामान्य नागरिकों में व्याप्त थी। अब शायद उसका समापन हो चुका है। रूस की स्थापित व्यवस्था का प्रतिरोध हो सकता है कि उसके साहित्य में हो पर व्यापक नागरिकता उससे असम्पृक्त ही लगती है। या कि एक बार फिर यह मेरी अधेड़नज़री हो। छह दिनों में सचाई जानने का दावा तो कोई मूर्ख ही कर सकता है।

तीस वर्ष

लेखकों के नाम पर या उनकी स्मृति में हिन्दी में अनेक पुरस्कार स्थापित हुए हैं लेकिन उनमें से अधिकांश, जो निजी पहल पर शुरू हुए थे, धीरे-धीरे समाप्त हो गये। लेकिन दो पुरस्कार ऐसे हैं जो अब तक सशक्त और सार्थक ढंग से साहित्यिक परिदृश्य पर अपनी मौजूदगी बनाये हुए हैं। युवा कविता के लिए भारत भूषण अग्रवाल पुरस्कार और युवा आलोचना के लिए देवीशंकर अवस्थी सम्मान। इनमें से पहला अधिक पुराना है और तीस वर्ष पूरे कर चुका है।

भारत जी का युवा लेखकों के जो संवाद और सहकार था वह अनोखा था। उसकी स्मृति में स्थापित पुरस्कार प्रतिवर्ष किसी युवा कवि द्वारा प्रकाशित किसी श्रेष्ठ कविता को दिया जाता है। उसका एक स्थायी निर्णायक मण्डल है। शुरू से उसके सदस्य रहे श्री नेमिचन्द्र जैन के देहावसान के बाद कवि अरुण कमल को इस मण्डल में शामिल किया गया है। संयोगवश वे यह पुरस्कार पाने वाले वे पहले युवा कवि थे। हर वर्ष बारी-बारी से निर्णायक पुरस्कार के लिए कविता और कवि चुनते रहे हैं। कुल मिलाकर इस तरह तीस वर्षों में तीस कवि चुन गये हैं। जो हिन्दी कविता की शक्ति, वितान और बहुलता का एक मानचित्र ही प्रस्तुत करते हैं। हर वर्ष कौन निर्णायक होगा यह पहले से ही सबको मालूम होता है। निर्णायक मण्डल में शुरू से होने के बावजूद मुझे यह कहने में कोई संकोच नहीं है कि ऐसी पारदर्शिता और विश्वसनीयता किसी और पुरस्कार की नहीं बन पायी है जिनमें ज्ञानपीठ, साहित्य

अकादेमी आदि पुरस्कार भी शामिल हैं। ऐसा पुरस्कार युवा कविता के लिए शायद किसी और भारतीय भाषा में नहीं होगा। तीस वर्ष पूरे होने पर राजकमल 'उर्वर प्रदेश' नाम से पुरस्कृत कवियों की पुरस्कृत कविताएँ, नयी कविताएँ और वक्तव्यों का एक संचयन, विष्णु खरे की लम्बी भूमिका के साथ प्रकाशित कर रहा है। यह याद करना चाहिए कि इस पुरस्कार की स्थापना और अपनी मृत्यु तक कवि पत्नी बिन्दु अग्रवाल ने किया था और अब इसे कविपुत्री भाषावेत्ता अन्विता अब्बी और कवि पुत्र अनुपम चला रहे हैं।

फिर कबीर

शायद पहली बार राष्ट्रीय संग्रहालय के सभागार में कबीर की बानी, उनकी या कि उनकी अबाध चली आ रही मौखिक परम्परा की बानी गूँज रही थी। मालवा के अद्भुत लोकगायक प्रहलाद सिंह टिपाणियाँ कबीर गा रहे थे, अपने चार और साथियों के साथ, हाथ में इकतारा लिये हुए। ऐसा बहुत कम होता है कि दिल्ली में किसी पुस्तक का लोकार्पण हो या कोई पुरस्कार दिया जाये तो उसका आरम्भ ऐसे लगभग एक घण्टे के रोमांचक लोक गायन से हो। अवसर था आलोचक-विद्वान् पुरुषोत्तम अग्रवाल की कबीर पर नयी पुस्तक के लोकार्पण का और प्रकाशक राजकमल द्वारा स्थापना के साठ वर्ष पूरे होने पर स्थापित श्रेष्ठ पाण्डुलिपि पुरस्कार, लखटकिया, पुरुषोत्तम जी को दिये जाने का। डॉ. नामवर सिंह की अध्यक्षता में सम्पन्न इस समारोह में पुरस्कार फ़िल्मकार श्याम बेनेगल ने दिया और लोकार्पण भी उन्होंने ही किया। पुस्तक के लगभग हर पैराग्राफ़ पर विस्तार से टिप्पणी की जा सकती है यह कहते हुए वागीश शुक्ल ने कबीर के सन्दर्भ में लिंगभेद के सामाजिक सरलीकरण के ख़तरों की ओर इशारा किया और कबीर की विभिन्न माध्यमों और देश-विदेश में फैली लोकउपस्थिति को दर्ज़ करने वाली शबनम विरमानी ने अपनी कबीरयात्रा के कई पुराणों का और उनमें पुरुषोत्तम जी की सहायता का ज़िक्र किया। नामवर जी ने इस पुस्तक को हजारी प्रसाद द्विवेदी की कबीर पर पुस्तक के बाद सबसे महत्त्वपूर्ण पुस्तक क़रार दिया और उसके कई गुणों की प्रशंसा की। यह भी जोड़ा कि फिर भी पुस्तक अंग्रेज़ी में सोची गयी लगती है उसमें कबीर को सूफ़ियों से काटने की कोशिश है। बाद में विनयपूर्वक पुरुषोत्तम जी ने इन दोनों बातों का प्रत्याख्यान करते हुए कहा कि कई सूफ़ियों ने काफ़िरों को साफ़ करने के अभियान में हिस्सा लिया था और ऐसे सूफ़ियों से कबीर का कोई वास्ता नहीं

हो सकता था। यह भी याद किया कि नामवर जी जैसे कई लेखकों-बुद्धिजीवियों द्वारा प्रातःस्मरणीय मार्क्सवाद भारतीयता नहीं है, पश्चिम की ही उपज है।

लन्दन में हुसेन-रज़ा

लन्दन की किंग्ज़ गैलरी की युवा संग्राहिका तान्या ने बड़े मनोयोग से किसी ज़माने में बम्बई में स्थापित प्रोग्रेसिव आर्टिस्ट्स के दो प्रमुख चित्रकारों मक़बूल फ़िदा हुसेन और सैयद हैदर रज़ा के चित्रों की एक संयुक्त प्रदर्शनी लगायी है। 10 दिसम्बर, 2009 की शाम उसका पूर्वावलोकन करने जो लोग एकत्र हुए उनमें हम भी थे। एक अर्थ में यह ऐतिहासिक क्षण था क्योंकि दशकों बाद इन दो सर्वथा भिन्न दिशाओं में गये मूर्धन्यों का काम एक साथ दिखाया गया। हुसेन के चित्र भारतीय सभ्यता की आकृतिमूलक गाथा हैं : रज़ा के चित्र भारतीय संस्कृति की अमूर्त कथा हैं। दोनों अपने-अपने ढंग से आधुनिक समय में, उसके दबावों और प्रभावों को झेलते हुए, अपनी-अपनी शैलियों और दृष्टियों में सहचर भी हैं। उनके चित्र देखकर इस अहसास से बचा नहीं जा सकता कि भारतीय आधुनिकता भी, उसकी परम्परा की तरह, इस क़दर बहुल रही है कि उसे किसी एक प्रवृत्ति के रूप में सरलीकृत नहीं किया जा सकता। दोनों के पास जीवन भर साधना करने के बाद अर्जित कौशल है। दोनों जानते हैं कि रंगों का संयोजन कैसे और कहाँ कितना करना चाहिए। हुसेन की रेखाओं में फुर्ती है, रज़ा की ज्यामितिक रेखाओं में काँपता हुआ जतन। हुसेन के यहाँ आकृतियाँ हैं महाभारत के उपाख्यानों से लेकर मदर टेरेसा तक और बीच में दुष्यन्त-शकुन्तला प्रसंग भी रज़ा के यहाँ आकार हैं, आकृतियों से दूर पर अपने मर्म और अध्यात्म में कुछ गहरे आशयों को व्यक्त करते हुए।

लन्दन में ख़ासी ठण्ड थी। हुसेन शायद इसी कारण नहीं आये। कुछ मित्रों ने बताया कि वे कुछ दिनों पहले लन्दन में थे पर ठण्ड बढ़ने पर दुबई वापिस चले गये। कारण ठण्ड के अलावा कुछ और भी हो सकता है : ऐन वक़्त पर ग़ायब होने या न पहुँचने की उनकी पुरानी आदत रही है। यह देखकर कुछ गर्वभरा अहसास होता है कि 90 के पार पहुँच चुके हुसेन और 90 के नज़दीक पहुँच रहे रज़ा, निर्वासन की यातना और बढ़ी उमर तथा गिरते स्वास्थ्य के बावजूद, कला में इस क़दर ऊर्जा से सक्रिय हैं। यह सही है कि दोनों के ही काम से किसी नयी दिशा या नयी खोज का आभास या संकेत नहीं मिलता। पर अपनी

लम्बी कलायात्रा के इस पड़ाव पर उनसे उसकी अपेक्षा करना उचित न होगा। अच्छा और उत्साहवर्द्धक यह है कि वे अपनी राह पर हैं। अकबर पदमसी भी हैं जो कि बराबर कला सक्रिय बने हुए हैं। शायद प्रोग्रेसिव ग्रुप में ऐसा कुछ था जिसने न सिर्फ़ उसके सदस्यों को आधुनिक बहुलता को रेखांकित और चरितार्थ करने की सम्भावना दी बल्कि साथ ही साथ लम्बी और अथक जिजीविषा का वरदान भी दिया। ऐसे कितने कला आन्दोलन स्वयं भारत या विदेश में हैं जिन्हें ऐसा अन्यत्र कर सकने का श्रेय दिया जा सके।

नीस में भारतीय कला

अगले ही दिन हम नीस लगभग पहुँच गये। दक्षिण फ्रांस में भूमध्यसागर के तट पर स्थित यह शहर पुराना है और वहाँ कुछ वर्षों पहले स्थापित एशियाई कला संग्रहालय में 11 दिसम्बर, 2009 की शाम पहली बार आधुनिक भारतीय कला की एक प्रदर्शनी 'भारत के प्रतीक और आश्चर्य भारत के रंग' नाम से शुरू हुई रज़ा के अलावा सुजाता बजाज, सीमा घुरैया, अखिलेश और मनीष पुष्कले के चित्र इसमें शामिल किये गये हैं। सभी चित्रकार उपस्थित भी थे।

विश्वविख्यात जापानी वास्तुकार फेंज़ो तेंग द्वारा यूरोप में आकल्पिक यह एममात्र भवन है जिसमें चारों ओजल है और बीच में वृत्ताकार संग्रहालय। जिसमें आकाश और पृथ्वी के एशियाई प्रतीकों के आधार पर वर्ग और वृत्त के ज्यामितिक आकारों के इर्द-गिर्द यह भवन बनाया गया है। सात हेक्टेयर में फैले पार्क में एक कृत्रिम झील बनाकर उसके बीचोंबीच। संग्रहालय की ऊपरी कलावीथिका वृत्ताकार है और रज़ा के चित्रों के बहुत अनुरूप। रज़ा ने अपने निजी संग्रह से कई प्राचीन मूर्तियाँ और कुछ अन्य सामग्री इस संग्रहालय के स्थायी संग्रह के लिए दान में दी हैं। इस संग्रहालय का भारतीय हिस्सा बहुत समृद्ध इसके पहले नहीं कहा जा सकता था जबकि उसके पास चीनी और जापानी कलावस्तुओं का अच्छा संग्रह है।

रज़ा की दी गयी पुरावस्तुओं के साथ चित्रप्रदर्शनी आयोजित की गयी है। सभी चित्रकार अमूर्त चित्रकार हैं और सभी रज़ा के प्रिय युवा सहचर हैं। इसलिए एक अर्थ में यह रज़ा मण्डल की प्रदर्शनी भी बन गयी है। बौद्ध मूर्तियों, हिन्दू महेश्वर मूर्तियों आदि के बीच इन चित्रों को एक अर्थ में परम्परा के विस्तार की तरह और दूसरे अर्थ में उसमें हस्तक्षेप

की तरह देखा-पढ़ा जा सकता है। वहाँ जो बड़ी भीड़ जमा हुई उसमें से अधिकांश को भारतीय सृजन की निरन्तरता और बहुलता का पहली बार इतना सघन और सशक्त अहसास हुआ। कई बार लगता है कि ऐसे संयोजन स्वयं भारत में भी होने चाहिए ताकि लोग पहचान सकें, और इतिहास के इस मुकाम पर तो और भी कि भारतीय आधुनिकता हमारी लम्बी परम्परा से भी गहरे प्रतिकृत हुई, होती रही और हो रही है।

मायावी कला

लन्दन की रायल एकेडेमी ऑफ आर्ट्स के विराट् द्वार के सामने उस समय काफ़ी भीड़ हो चुकी थी जब हम वहाँ निर्धारित समय से आधा घण्टा पहले वहाँ पहुँचे। प्रवेश पर नियन्त्रण इतना सख़्त था कि निर्धारित समय से पहले अन्दर जाना सम्भव नहीं था। एकेडेमी में लन्दन-बसे भारतीय कलाकार अनीश कपूर की विशाल प्रदर्शनी का शुभारम्भ था जो कि दिसम्बर 2009 तक चलेगी और जो शायद एकेडेमी में किसी भारतीय कलाकार की पहली इतनी बड़ी प्रदर्शनी है। अनीश तीस वर्षों से अधिक अरसे से लन्दन में बसे और सक्रिय हैं और उनकी गिनती इस समय संसार के सबसे बड़े बहुचर्चित कलाकारों में होती है।

एकेडेमी के प्रांगण में, जो कि एक बहुत बड़ा चौगान है, एक बेहद ऊँचा शिल्प है जिसमें बहुत सारे गुब्बारे जैसे लगते लेकिन चमकते हुए धातु से बने ग्लोबों का बेहद सुघर संयोजन है। अनीश की आईनों से खेलने की वृत्ति उन्हें एक ऐसा शिल्पकार बनाती है जिसके शिल्पों में दर्शक स्वयं अपने को भी कई तरह से अक्सर सीधा नहीं प्रतिबिम्बित देखता है : देखना स्वयं दृश्य बन जाता है। जो है और जो सामने आ रहा है उसके बीच एक नया सम्बन्ध स्थापित होता और तिरोहित होता चलता है। अनीश की कला, एक तरह से, संसार की बुनियादी माया को प्रणति देती है। वह संसार को मिथ्या करार देने की दार्शनिकता से बचती है। वह कहती लगती है कि संसार माया से भी बनाया और समझा जा सकता है। या कि उससे भी आगे बढ़कर वह यह रूपायित करती लगती है कि माया से ही उपजता है सारा संसार। वे धातुओं से, तरह-तरह के चूर्णों से, मोम के विशालकाय लौदों से, फ़ाइबर ग्लास से, ठोंक-पीटकर, उकेर कर, घिस-मल कर, पालिश कर अपनी कला का जो संसार रचते हैं वह बहुत उत्तेजक ढंग से मायावी है। उनके यहाँ कला जाने हुए संसार की प्रस्तुति नहीं है : वह संसार की न जानी हुई वक्रताओं, सम्भावनाओं,

रेशों और आन्तरिकताओं की निर्मिति है। वे मानो जाने हुए संसार के अन्तर्मर्म तक पहुँचना चाहते हैं। उनकी कथा अन्तर्कथा है और वह भी आकारों, रंगों, प्रक्रियाओं की मर्मकथा। उन्होंने कहा है : 'मैंने अक्सर यह कहा है कि एक कलाकार के रूप में मेरे पास कहने को कुछ नहीं है। अगर कहने को कुछ हो तो उसका मतलब है कि आप अर्थ से संघर्ष कर रहे हैं। कलाकार का रोल दरअसल यह है कि हमें पता नहीं है कि क्या कहना है और यह पता न होना ही काम की ओर ले जाता है।'

अनीश कपूर की कला के मूल में यह विश्वास भी लगातार सक्रिय है कि कला स्वयंभू है, कि वह बनने की प्रक्रिया में निरन्तर रहती है, कि वह उत्पाद होकर भी अन्ततः प्रक्रिया है, कि उसकी आन्तरिकता है जो अक्सर उसके बहिरंग से स्वतन्त्र है भले वह वहीं निवसती है।

पाँच वीथिकाओं में फैली उनकी एक कलाकृति दर्शकों के सामने ही मानो बनती चलती है। उसका शीर्षक है 'स्वयंभू'। शायद उसे स्वयभू होना चाहिए। लाल मोम का एक विशाल आयताकार पिण्ड विशेष रूप से बनाये ट्रैक पर बहुत धीमी गति से चलता रहता है और अपने पीछे लाल अवशिष्ट छोड़ता चलता है, भूगर्भ की संघर्षण और रूपायन की प्रागैतिहासिक प्रक्रिया को दुहराता हुआ सा।

अनीश जब-तब यह कहते रहे हैं कि उनकी दिलचस्पी अँधेरे का अन्वेषण करने में रही है। चमकते हुए बेहद रौशन शिल्प बनाने वाले इस कलाकार को लगता है कि मूल अँधेरे में है। रोशनी संस्कृति और शिक्षा का मामला है। वह आन्तरिक स्थिति नहीं है। दांते, फ्रायड और शैतान के माध्यम से हम इस आन्तरिक अँधेरे में रहते आये हैं। अनीश के यहाँ कई बार गुफ़ाएँ जैसे आकार होते हैं : प्लेटो से लेकर फ्रायड तब सबने किसी न किसी गुफ़ा के सामने बैठकर सोचा है। 'नाली में, टायलेट में या बिस्तर के नीचे असावधान अँधेरापन है—वह उजागर भी करता है और भय भी उपजाता है, वहाँ चीज़ें शुरू होती हैं।'

एक कलाकृति शूटिंग रेंज जैसी है जहाँ हर बीस मिनिट पर एक तोप से लाल मोम का एक वर्गाकार दागा जाता है जो सामने की दीवार पर गिरता है और बिखर जाता है। फ़र्श पर इसे बिखरे हुए मोम का कचरा जैसा जमा होता रहता है। इसे लेकर दर्शकों की प्रक्रिया तरह-तरह की थीं। एक आलोचक ने अगले दिन अपनी समीक्षा में इसे सोची-समझी मूर्खता क़रार दिया।

अगले दिन हम अनीश कपूर से मिलने लन्दन के फार्मर्स रोड स्थित स्टूडियो में गये। वह स्टूडियो तो क्या एक पूरा कारखाना है जहाँ पन्द्रह-बीस

लोग काम करते हैं। जिस मेज़ के इर्द-गिर्द बैठकर हम बतियाते हैं उसके एक किनारे पर पाल सेलान की कविताओं का एक संग्रह रखा है जो कि अनीश के प्रिय कवि हैं। पर वे उनके आरम्भिक अनुवादों के ही प्रेमी हैं, इधर हुए अधिक प्रामाणिक अनुवाद उन्हें नहीं रुचते। वे मिलनसार और मानवीय गरमाहट से भरे व्यक्ति हैं। पश्चिम में उन्हें जो प्रतिष्ठा और मान्यता मिली है और जिस क़दर का विश्वव्यापी सम्मान उन्हें मिलता रहा है, काफ़ी होते उनका सिर फिराने के लिए। पर ऐसा कुछ भी सौभाग्य से नहीं हुआ है। हम उन्हें जल्दी ही भारत में एक प्रदर्शनी करने और वहाँ आकर अपनी कला पर बात करने के लिए न्योता देते हैं। वे बहुत उत्साहित अनुभव करते हैं। वे सहजता से स्वीकार करते हैं कि उन्हें ऐसे निमन्त्रण का कम से कम पन्द्रह बरसों से इन्तज़ार रहा है। हम कुमार शहानी द्वारा उन पर प्रस्तावित फ़िल्म आदि पर बात करते हैं। वे व्यस्त हैं, बार-बार उनका फ़ोन आता, चिहुँकता है पर वे हमारे साथ निर्धारित से दुगुना समय सहज भाव से बिताते हैं। हमें अपने पूरे कारखाने की सैर कराते हैं : पहले वह दूध डेयरी था। मुझे याद आती हैं यीट्स की पंक्तियाँ 'फ़ाउल रैग-एण्ड-बोन शॉप ऑफ दि हार्ट।' अनीश कहते हैं यही इस स्टूडियो का चित्र है।

गिरजाघर में संगीत

लन्दन के तीन दिनों के भागदौड़ भरे प्रवास का एक लाभ बरसों बाद पुराने फ़िल्मकार बन्धु अरुण खोपकर के साथ कुछ समय बिताने का अवसर मिलने का रहा। उनके उकसावे पर हम एक शाम वेस्टमिंस्टर कैथिड्रल में ऑर्गन संगीत सुनन गये वहाँ इस वर्ष एक ग्रैण्ड ऑर्गन फ़ेस्टिवल चल रहा है जिसमें उस शाम मैथ्यू मार्टिन द्वारा ग्रैण्ड ऑर्गन पर पाल हिण्डेमिथ, जूडिश वीर और लुई विएर्न की कुछ रचनाएँ प्रस्तुत कीं। इससे पहले जब-तब गिरजाघरों में ऑर्गन बजते तो सुना था लेकिन उस पर एक पूरी संगीत-सन्ध्या सुनने का यह मेरे लिए पहला अवसर था। यह अन्दाज़ भी नहीं था कि ऑर्गन पर इतने सारे वाद्ययन्त्रों के स्वर निकाले जा सकते थे। ऑर्गन ऊपर की ओर और मुख्य हिस्से के सामने पर दूसरी तरफ़ होता है। इस संगीत-सन्ध्या में हम अपने पीछे संगीत होते सुन रहे थे। जिस तरफ़ वाद्यकार संगीत प्रस्तुत कर रहा था हम उस तरफ़ मुँह करके नहीं बैठे थे। क्योंकि अगर वैसा करते तो वह मुख्य भाग पर जहाँ ईसा मसीह के प्रतीक आदि रखे हैं और जो गिरजाघर का पूजास्थान है, पीठ करना होता जो कि उचित न होता।

इसलिए हमने पीठ-पीछे होता अप्रतिम संगीत सुना।

संगीत का वितान हम पर फैलता गया : धीमे से बेहद आक्रामक, प्रार्थना से विलाप तक, वैभव से विनय तक, कोमलता से कर्कशता तक हम न जाने कितने भावों में ऊम-चूम होते रहे। जब अभिभूत और द्रवित हम बाहर आये तो यह देखकर थोड़ा विचित्र लगा कि बहुत कम लोग यह दिव्य संगीत सुनने आये थे। यह भी और विचित्र लगा कि इस कैथिड्रल के ठीक सामने एक बड़ा आधुनिक बाज़ार है जिसकी अत्याधुनिक इमारतें और स्थापत्य इस गिरजाघर से कतई बेमेल हैं। अपनी परम्परा के प्रति बेहद जागरूक अंग्रेज़ों ने यह कैसे होने दिया यह समझ में नहीं आया। यह अहसास भी कुछ बढ़ा कि हमारी आधुनिकता में कितना कम रक्षणीय और स्मरणीय है और कि प्राचीनों और मध्यकालीनों ने जो वैभव रचा उसके सामने हम आधुनिक बौने ही लगते हैं।

रज़ा कला-शिविर

पिछले कुछ बरसों से कला-शिविरों के आयोजन का जो सिलसिला चल रहा है वह लगातार बढ़ता गया और स्वयं कलाकारों के बीच लोकप्रिय रहा है। ऐसी कलावीथिकाएँ हैं जो ऐसे शिविर भारत से बाहर दक्षिण अफ़्रीका, चीन, कम्बोज, मैक्सिको आदि में आयोजित करती रही हैं। अक्सर सैलानी क़िस्म के सैर-सपाटे के अलावा ऐसे शिविरों में कलाकार कलाकृतियाँ बनाते हैं और वे आयोजक वीथिकाओं के संग्रह में चली जाती हैं। लेकिन हाल में दिल्ली की सीमा पर स्थित आनन्दग्राम में रज़ा फ़ाउण्डेशन ने जो शिविर संस्कृति केन्द्र में आयोजित किया वह इस ढाँचे से बिलकुल अलग था। उसमें चित्रकारों, संगीतकारों, नृत्यकलाकार और कवियों ने भाग लिया और उसका मुख्य उद्देश्य इन सभी का एक-दूसरे को, उनके काम को अधिक निकटता से जानना था। यह अपेक्षा भी की गयी थी कि परस्पर संवाद से अगर किन्हीं एकाधिक कलाकारों के मन में मिलकर कुछ करने की इच्छा जगे जो उसे फलीभूत करने के लिए साधन जुटाने का फ़ाउण्डेशन प्रयत्न करेगा।

साहित्य और कलाओं की अन्तर्निर्भरता की लम्बी परम्परा के बावजूद आधुनिक समय में भारत में उनके बीच अन्तर्निर्भरता तो दूर संवाद तक विरल हो गया है। इस शिविर में यह संवाद बहुत आत्मीय स्तर पर खुलकर सम्भव हुआ। ध्रुपद के लम्बे आलाप में आवाज़ का जो अमूर्तन है उसे अधिक समझ और संवेदना के साथ कवियों-चित्रकारों-नृत्यकलाकार

द्वारा सुनना या कि अमूर्त चित्रों के मुहावरे और सम्भव आशयों को शास्त्रीय संगीतकारों कवियों द्वारा ग्रहण करने की कोशिश करना या कि कथक में अन्तर्भूत और उसके अपने काव्य को आत्मसात् करने की चेष्टा या कि कविता में अववक्षित और अन्तर्ध्वनित अभिप्रायों को एकाग्र होकर पकड़ने का चित्रकारों-संगीतकारों द्वारा उद्यम आदि ऐसे अनुभव थे जो सभी के लिए अनोखे और आह्लादकारी थे। संक्षेप में, इस शिविर में हिस्सेदार चित्रकारों ने अधिक देखा-सुना, संगीतकारों और नृत्यकार ने अधिक देखा, कवियों ने अधिक देखा-सुना। भाग लेने वाले सभी रज़ा फ़ाउण्डेशन द्वारा रज़ा पुरस्कार से अलंकृत कलाकर्मी थे और उनमें से अधिकांश एक-दूसरे के काम से पहली बार वाकिफ़ हो पा रहे थे। पुणे, मुम्बई, जयपुर, भोपाल, गुवाहाटी और दिल्ली में रहने वालों के लिए यह शिविर संस्कृति केन्द्र के अत्यन्त सुरम्य और शान्त परिवेश में सुखद और विचारोत्तेजक सिद्ध हुआ। 'अनुपस्थिति के रूप' जैसे विषय पर चर्चा भी हुई। छः दिनों तक चले इस शिविर में सभी लोग सारे उस समय उसमें उपस्थित नहीं रह सके : कुछ लोग देर से आये और कुछ, ख़ासकर दिल्लीवासी, देर तक सारे समय नहीं रह पाये। पर सभी उत्साहित हुए और यह निश्चय भी किया गया कि इसे एक वार्षिक आयोजन बनाया जाये। जो आये उनमें संगीत से ध्रुपद गायक उदय भवालकर, गायक सत्यशील देशपाण्डे, वीणावादक बहाउद्दीन डागर, कथक कलाकार प्रेरणा श्रीमाली, चित्रकार अखिलेश, हर्षवर्द्धन, शीतल गट्टानी, विनीता गुप्ता और मनीष पुष्कले, कवि अनामिका, उदयन वाजपेयी, सविता सिंह, तेजी ग्रोवर और असमिया कवि नीलिम कुमार थे।

शान्ति निकेतन में कलाचर्चा

उस दिन वहाँ हड़ताल का चौथा दिन था जब हम वहाँ पहुँचे। यह स्पष्ट नहीं था कि क्या स्थिति बनेगी, क्योंकि कर्मचारियों के अलावा शिक्षक आदि भी हड़ताल में शामिल थे। शान्ति निकेतन में सुबह दस बजे सचमुच शान्ति थी। समकालीन कला-लेखन पर जो चर्चा ललित कला अकादेमी ने कलाभवन के सहयोग से वहाँ आयोजित की थी उसकी जगह बदलकर कला भवन के परिसर में ही एक हॉल में वह सम्पन्न हुई। बड़ी संख्या में युवा छात्र-छात्राएँ और अध्यापक मौजूद रहे, दिन भर चली इस चर्चा में। नीचे कलाभवन के सभी कक्ष-स्टूडियो आदि बन्द थे, बन्द रहे। पर चर्चा अबाध चली।

यों तो कलाव्यवहार और कलालेखन में यानी सृजन और आलोचना में

कुछ दूरी तो सभी माध्यमों में बनी रहती है : रचना आलोचना से प्रायः आगे चलती है, उन अभागे समयों को छोड़कर जब वह आलोचना की अनुगामी या उससे अनुशासित या प्रभावित होने लगती है। कई बार यह सन्देह समकालीन हिन्दी रचना को लेकर होता है कि उसके लिए यह अभागा समय आन पहुँचा है। पर ललित कलाओं में यह दूरी कुछ अधिक ही रही है और यह दुखद सामान्यीकरण निस्संकोच किया जा सकता है कि इस क्षेत्र में जितनी विपुल और समृद्ध, विचारोत्तेजक कला रही है, भारत में और आधुनिक समय में, उतनी आलोचना न सिर्फ़ नहीं रही है बल्कि वह हर अर्थ में पिछड़ी रही है। जिस आलोचना पर ध्यान गया भी है वह अक्सर अंग्रेज़ी में लिखी गयी है। इसका ज़िक्र और कुछ विवेचन चर्चा में हुआ कि इस आलोचना की अब तक कोई सैद्धान्तिकी विकसित नहीं हुई है, उसका अवधारणात्मक ढाँचा बहुत ढीला-ढाला है, उसमें विवाद और आत्मसंघर्ष भी कम नज़र आते हैं। वैसे तो साहित्य की आलोचना पर भी अकादेमिक संस्थाओं यानी विश्वविद्यालयों आदि का, लेखक-संघों और संघठनों का अच्छा-बुरा प्रभाव पड़ता रहा है, पह उसे स्वायत्त होने के अधिक अवसर रहे हैं और वैसी स्वायत्तता अर्जित करने, पोसने और बनाये रखने के लिए वह आत्मसजग और सक्रिय रही है। कला के क्षेत्र में आलोचना को शायद ऐसी स्वायत्तता का न तो उपहार मिला, न ही उसे पाने की कोई विकलता उसमें नज़र आती है।

आलोचना का एक काम बल्कि कर्तव्य यह माना जाता रहा है कि वह सृजन-समाज में स्मृति को सक्रिय रखे और उसका दबाव बनाये रखे। कला-आलोचना में ऐसी स्मृति बहुत क्षीण है। वह नितान्त समसामयिकता के बाड़े में क़ैद है। उसे इस बात का अहसास भी नहीं लगता कि कला की कई हज़ार बरस पुरानी भारतीय परम्परा में कला को समझने और विश्लेषण तथा मूल्यांकन की जो अवधारणाएँ और पद्धतियाँ भी रही हैं। इनमें से सभी आधुनिक कला के लिए अप्रासंगिक या अनुपयोज्य है ऐसा मानने का कोई तर्कसंगत आधार नहीं है। तथ्य यह है कि आधुनिक आलोचना पश्चिमी आधुनिक आलोचना से प्रभावित रही है और उसने प्राचीन या मध्यकालीन सौन्दर्यशास्त्र को गम्भीरता और ज़िम्मेदारी से देखा-जाना नहीं है। उसकी स्मृति औपनिवेशिक काल से पीछे नहीं जाती, शायद जा ही नहीं सकती। भले वह जब-तब लगभग शौक़िया क़िस्म से मिनिएचर कला या अजन्ता के भित्तिचित्रों का या मन्दिरों के स्थापत्य आदि का ज़िक्र कर देती है। यह एक विडम्बना है कि स्वयं सृजन के क्षेत्र में स्मृति सक्रिय है पर उसे समझने-परखने वाले अनुशासन में आत्मतुष्ट स्मृतिहीनता से काम बख़ूबी चलाया जा रहा है।

कृतियों की टीका की भारत में लम्बी परम्परा है। पर स्वयं आधुनिक

कलाकृतियों को ध्यान से देखने और विश्लेषित करने की परम्परा नहीं बन पायी है। मुझे ऐसी कोई पुस्तक, भारतीय अंग्रेज़ी में, याद नहीं आती जो क़िसी एक महान् आधुनिक कलाकृति पर लिखी गयी हो जबकि पश्चिम में, उदाहरण के लिए, पाब्लो पिकासो की प्रसिद्ध कृति 'गुएर्निका' पर तीन-चार मोटी पुस्तकें हैं। यह समझ में आना मुश्किल है कि किसी ने मक़बूल फ़िदा हुसेन की क्लैसिक मानी जाने वाली चित्रकृति 'स्पाइडर एण्ड दि लैम्प' पर एक लम्बा निबन्ध क्यों नहीं लिखा है। आलोचना का एक ज़रूरी काम देखना है, ध्यान और संवेदना से, समझ और वेध्यता से : कलालोचना ऐसा क्यों अक्सर नहीं कर पाती। अंग्रेज़ी से अलग कुछ ही भारतीय भाषाओं में, जैसे कि बांग्ला, मलयालम, मराठी, हिन्दी में, कलालोचना लिखी तो गयी है पर कम से कम हिन्दी में उसकी कोई बाक़ायदा परम्परा नहीं बन पायी है। यह भी उल्लेखनीय है, जैसा कि गायत्री सिन्हा ने कहा, कि इस क्षेत्र में अवनीन्द्रनाथ ठाकुर से लेकर जगदीश स्वामीनाथन, के जी सुब्रमण्यन, गुलाम मोहम्मद शेख, भूपेन खक्खर, विवान सुन्दरम जैसे कलाकारों द्वारा अवधारणात्मक और विश्लेषणात्मक दोनों स्तरों पर, महत्त्वपूर्ण अवदान किया गया है। यह सिलसिला इधर शायद थोड़ा शिथिल हुआ है।

कलाभवन के परिसर में कई मूर्धन्यों जैसे रामकिंकर बेज, बिनोद बिहारी मुखर्जी, सोमनाथ होर आदि के शिल्प खुले आकाश के नीचे हैं। अपनी बढ़ी आयु के बावजूद के जी सुब्रमण्यन अपना एक पुराना और जर्जर हो गया भित्तिचित्र दुबारा से बनाने नवम्बर के पूर्वार्द्ध में बड़ोदरा से वहाँ आने वाले हैं। वे कक्ष भी हमने देखे जहाँ बैठकर नन्दलाल बसु आदि काम करते थे। प्रो. आर शिवकुमार की अध्यक्षता में वहाँ कला-इतिहास का एक अच्छा औरर सक्रिय विभाग है। शान्ति निकेतल में पहला प्रभाव धीमी गति, अपार धीरज और लगभग आलस्य का पड़ता है। पर कला भवन में ऐसी युवा सक्रियता है कि फ़ौरन यह ग़लतफ़हमी लगने लगता है।

चित्रकार-मित्र जोगेन चौधरी बोलपुर में ही रहते हैं। उनकी पहल पर वहाँ छोटी-सी जगह-जगह का सुघर इस्तेमाल करते हुए 'स्वाद' शान्ति निकेतल सोसायटी ऑफ़ विजुअल आर्ट एण्ड डिजाइन नामक नवस्थापित संस्था एक नया कलाकेन्द्र बना रही है। अगले वसन्त में उसका शुभारम्भ हो जाने की योजना और आशा है। उसमें चित्र, शिल्प, ग्रैफ़िक आदि के लिए सुविधाएँ होंगी, एक अतिथिगृह और वीथिका भी।

हम जिस 'बाँसुरी' अतिथिगृह में ठहरे थे उसके सामने चाय और सिंघाड़े यानी समोसे की दो दुकानें थीं। शाम को जब हम लोग लौटे तो वे ठसाठस भरी हुई थीं। बेहद देहाती फ़रनीचर पर सभी युवा गप या बहस

में मुब्तिला। पता चला कि इन अड्डों में से एक जो और अधिक पिछड़ा लगता है, अर्थशास्त्री अमर्त्य सेन का प्रिय स्थान था और अब भी जब वे शान्ति निकेतन आते हैं तो यहाँ आकर और बैठकर चाय ज़रूर पीते हैं।

'मंगल दिन आज...'

रास्ता वही है, ऊपर टेकड़ी पर स्थित मातामन्दिर का, सिवाय उसके कि अगल-बग़ल दुकानें बढ़ गयी हैं। मकान दूर से दिखना भी बन्द सा हो गया है। लेकिन अहाते में दाख़िल होने पर अगर पूरा नहीं दीखता तो उसका कारण है पेड़ों-पौधों का चारों ओर भरपूर होना। वे चाहते थे कि सारा घर हमेशा सुगन्धित रहे और इतना ठण्डा कि एयरकण्डीशनर लगाने की ज़रूरत न पड़े। यह कुमार गन्धर्व का घर है, देवास में। उन्हें उसमें अब न रहते और फिर भी उपस्थिति बने रहते अठारह बरस होने जा रहे हैं।

कचनार जो इन दिनों फूला हुआ है, नीमचमेली, माली, कनेर पीले और गुलाबी, बाँस, रीठा, बकौली आदि से घिरा हुआ घर। उनके एक युवतर संगी अब्दुल बताते हैं कि कुमार जी कभी अपने हाथ से वृक्षारोपण या पौधा नहीं लगाते थे। गड्ढा खुदवाते, खाद और बीज या पौधा रखते और फिर अब्दुल को आवाज़ देते थे। कुमार जी कहते थे कि इस मामले में अब्दुल के हाथों में जस है पर अगर वे यानी कुँवर जी लगायेंगे तो वृक्ष या पौधा जड़ नहीं पकड़ेगा। अब्दुल बताते हैं कि कुमार जी घण्टों बैठकर उससे बतियाते थे। जब टेलीविजन नहीं आया था तो काफ़ी देर रेडियो पर किसी अरबी गायिका कुलसुम की आवाज़ वे बहुत देर तक खोजते थे क्योंकि उन्हें अरबी संगीत पसन्द था और जब दूरदर्शन शुरू हुआ तो वे उसका 'कृषि दर्शन' कार्यक्रम शौक से देखा करते थे। याद आता है कि किसी सुगन्ध के व्यापारी से कुमार जी ने एक बार कहा था कि संगीत में सुगन्ध घट रही है। याद तो उसी के साथ यह भी आता है कि स्वयं कुमार गन्धर्व के गाने में यह सुगन्ध थी : मालवे की, आस-पास के 'द्रुम-द्रुम लता-लता' से निकली सुगन्ध और नश्वरता की छाया में जिजीविषा और रसिकता की सुगन्ध। निर्गुण को हमारे समय में सबसे स्मरणीय अभिव्यक्ति देने वाले गायक के निजी और पारिवारिक जीवन में उतनी ही अदम्य सगुणता थी। उस घर में उनके पोते भुवनेश

के ब्याह के अवसर पर वहाँ पहुँचे हम दोनों सोच रहे थे कि ऐसी सुन्दर और हरी-भरी सगुणता में जो निर्गुण मन ही मन गूँज रहा था वही तो कुमार गन्धर्व को हममें अब तक सजीव रखे हुए है। उन्होंने गाया तो था 'गगन में आवाज़ हो रही झीनी-झीनी' पर उस सुबह इस घर में उनकी आवाज़ हम सबके अन्तर्तम में गूँज रही थी। थोड़ी देर के लिए सही हम अपनी अनूभूति में उनका गगन थे। अगर यह थोड़ा अहम्मन्य लगे तो क्या कर सकते हैं : कुमार जी ने ही तो सिर ऊपर रखना और ऊँचा सोचने का पाठ सिखाया है, न जाने कितनों को।

मन में इसका अवसाद भी इस मांगलिक अवसर पर घनीभूत होता लगा कि प्रभाष जोशी की हाल ही में हुई मृत्यु के बाद मध्यप्रदेश में कुमार-मण्डल का मैं शायद आख़िरी जीवित बचा सदस्य हूँ। अन्ततः जाकर गगन-मण्डल में उनसे मिलता तो है ही पर जब तक वह क्षण नहीं आता तब तक चाव और जीवट से, उत्साह और रसिकता से, सक्रियता और उमंग से जीते भी तो रहना है।

ब्याह की लगभग पूरी व्यवस्था कुमार जी की बेटी कलापिनी ने सँभाल रखी थी और उसकी सुरुचि और जतन से प्रभावित हुए बिना नहीं रहा जा सकता। अब्दुल मियाँ कुमार जी की नफ़ासत का बार-बार ज़िक्र कर रहे थे : वह नफ़ासत कलापिनी के यहाँ भी सिर्फ़ संगीत में नहीं बल्कि व्यापक जीवन और सामाजिक व्यवहार में रसी-बसी है। बरामदे के जिस झूले पर कुमार जी बैठते थे और जिस भुवनेश से कहते थे कि 'अशोक आये हैं, औषधि लाओ' उसी झूले पर अब युवा हो गया भुवनेश अपनी बहू के साथ बैठा था। आँखें भर सी आयीं तो मंगल के हर्ष से और स्मृति के विषाद दोनों से।

दोपहर का भोजन केले के पत्तों पर परोसा गया। इलाहाबाद से आये कुमार जी के पुराने सखा कशालकर जी से भी भेंट हुई। इलाहाबाद में उनका घर ही कुमार जी का ठौर था। उनके पास भी बेतहाशा यादें हैं। अब्दुल कवि नईम के भी नज़दीक थे और यह बताना नहीं भूलते कि नईम के घर के पास के कौन से पेड़ उन्होंने लगवाये थे। भोजन में बहुत सारे सुस्वादु व्यंजन थे, महाराष्ट्रियन और कन्नड़ के मिले-जुले। स्वाद और सुरुचि साथ-साथ।

ब्याह में शामिल गायक और कुमार जी के शिष्य मधुप मुद्गल याद करते हैं कि उस्ताद अब्दुल करीम खाँ के बाद कुमार जी तीसरे संगीतकार थे जो देश में जहाँ भी जाते थे अपने तानपूरे साथ लेकर जाते थे। मैं याद करता हूँ कि वे फ्रांस के आविन्यो में भी तानपूरे लेकर गये थे और हम दोनों के मित्र सम्पादक राहुल बारपुते मंच पर तानपूरा बजाने बैठे थे। कुमार तानपूरे छेड़ने से ही संगीत का आरम्भ मानते थे। वहाँ

यानी गगनमण्डल के बीच, शायद उससे भी ऊपर, वे आवाज़ दे रहे होंगे और शायद सचमुच के गंधर्व तानपूरे बज रहे होंगे। वे गा रहे होंगे अपना ही विरचित मालवती राग : 'मंगल दिन आज, बना घर आयो।' बना घर नहीं आया था, वह तो वहीं था, बनी घर आयी थी। पर शायद इतने ऊपर से साफ़ न दीखता होगा।

दिलीप चित्रे

करवटें बदलते लुढ़कते ही रहे हैं हम सुख-दुख में
अब हम पड़े हैं अकेले जैसे कोई अनपूछे सवाल
और विश्व बरसता ही रहता है निरन्तर बारिश की तरह

लन्दन में सुबह-सुबह अपने पुराने कविमित्र दिलीप चित्रे के देहावसान का समाचार जब एसएमएस पर मिला तो बाहर हलकी बारिश हो रही थी। उनके गम्भीर रूप से बीमार होने की ख़बर थी और इस यात्रा पर निकलने से पहले यह भी पता चला था कि वे अस्पताल में भरती हैं और उनकी हालत ठीक नहीं थी। वे बरसों से कैंसर से जूझ रहे थे। उनका देहावसान भारतीय कविता के एक आधुनिक मूर्धन्य और घनिष्ठ सहचर का अवसान है। हालाँकि कविता उनका मूल क्षेत्र थी, दिलीप ने आलोचना, कथा, अनुवाद, कला और संगीत समीक्षा आदि अनेक अनुशासनों में गम्भीर और उल्लेखनीय काम किया था। अरुण कोलटकर और नामदेव ढसाल जैसे समधर्मी कवियों की मान्यता और प्रसिद्धि में भी उन्होंने महत्त्वपूर्ण भूमिका निभायी थी। देश भर में उनके लेखक-मित्रों जैसे यू आर अनन्तमूर्ति और निर्मल वर्मा के अलावा संगीतकारों, चित्रकारों, फिल्मकारों आदि में उनके मित्र थे और यूरोप में उन्हें विशेषतः जर्मनी और फ्रांस में, एक बड़े भारतीय लेखक के रूप में जाना जाता था। उन्होंने कई बरस सारंगी-वादक पण्डित रामनारायण के साथ उनके जीवन और कला पर काम करते बिताए थे जो किसी विवाद के कारण अब तक पुस्तकाकार प्रकाशित नहीं हो पाया। वे इधर चित्र भी बड़ी संख्या में बना रहे थे और उनकी एक प्रदर्शनी मुम्बई में हुई थी। उनके कई चित्र गुलाम मोहम्मद शेख जैसे चित्रकारों ने खरीदे थे।

दिलीप भारतीय आधुनिकता के उस दूसरे दौर के स्थपतियों में से एक थे जिनमें भारतीय जीवन, समाज और व्यक्ति की विडम्बनाओं और संकटों का, समाज के बिखराव और व्यक्ति की गरिमा के अन्तर्विरोध का, लोकतन्त्र की सीमाओं और स्वतन्त्रता तथा समता की ज़रूरत का गहरा और तीख़ा अहसास था। उनके साहित्य के स्थापत्य में इस 'टूटे बिखरेपन'

का विन्यास था और उसके पार जाकर अपनी निपट मानवीयता को बनाये-बचाये रखने वाला अथक जिजीविषा जतन भी। दिलीप की प्रश्नवाचकता और मानवीय अस्तित्व के अर्थ की समझ और खोज उन्हें मध्यकालीन कवि तुकाराम तक ले गयी थी और वे तुकाराम के अंग्रेज़ी अनुवादक बने। तुकाराम के इस आधुनिक पुनर्वास का गहरा आशय रहा है : वह भारतीय आधुनिकता को धर्ममुक्त भारतीय अध्यात्म से निरन्तर कर देखने का मूल्यवान् हस्तक्षेप भी रहा है। दिलीप बखूबी जानते थे कि हमारे समय में सृजन और जीवन दोनों में कोई आसान रास्ते, या आसान हल मुमकिन नहीं हैं। पर उतनी ही मार्मिकता से उन्हें यह भी भरोसा था कि हर हालत में मनुष्य रहा और बचा जा सकता है। क्रान्तियों से ख़ासकर हमारे समय में उनके हश्र और विकृतियों को देखते हुए आक्रान्त वे कभी नहीं हुए लेकिन स्वतन्त्रता, समता और न्याय की मूल्यत्रयी में उनका विश्वास अडिग रहा। चाहे शिवाजी पर किसी विदेशी इतिहासकार की पुस्तक पर उठाया गया बावेला हो या गुजरात का नरसंहार, दिलीप ने निजी जोखिम और कष्ट उठाकर हमेशा अपनी आवाज़ पूरे साहस के साथ उठायी।

हिन्दी से दिलीप चित्रे का सम्बन्ध घनिष्ठ था। वे चन्द्रकान्त देवताले, विष्णु खरे आदि के मित्र थे। राजेन्द्र घोड़पकर ने उनकी कविताओं के हिन्दी अनुवाद किये। स्वयं दिलीप ने शमशेर बहादुर सिंह और विनोद कुमार शुक्ल के अंग्रेज़ी में बहुत अच्छे अनुवाद किये। उन्होंने भारत भवन में 'वागर्थ कविता केन्द्र' के निदेशक के रूप में शमशेर पर एक फ़िल्म भी बनायी थी, छोटी सी, जो अब अच्छी हालत में नहीं है। वे निर्मल वर्मा को आधा ज्ञानपीठ पुरस्कार दिये जाने पर बेहद क्षुब्ध हुए थे और उन्होंने अपना घोर विरोध कुछ उग्रता के साथ नामवर सिंह से व्यक्त किया था जो कि उस समय पुरस्कार की जूरी के सदस्य थे। पर निर्मल जी की तथाकथित हिन्दुत्व-सहानुभूति के भी वे कटु आलोचक थे और इसको लेकर एकाध बार उनसे झगड़ा कर चुके थे।

'पूर्वग्रह' ने 25 बरस पहले अपना एक विशेषांक दिलीप पर एकाग्र किया था। ग्वालियर घराने के एक गायक शरच्चन्द्र आरोलकर के संगीत के बारे में लिखते हुए दिलीप ने लिखा था : 'मनुष्य के मूल्य उसके स्वभाव में ही सार्वभौम रूप से उपस्थित होते हैं। इसलिए बहुत सारे गुरु, बहुत सारे स्त्री सम्बन्ध, बहुत सारे देशों में विचरण, बहुत सारे विषयों का अध्ययन, बहुत सारे काम करना आदि चीज़ें प्रबोधनकारी हैं। अपने लिए अपने मन में जहाँ एक आश्चर्य भाव है वहीं तक जीवन संस्कृति में रस होता है। एक बार मन में ऊब पैदा हो गयी फिर कोई चारा नहीं। जहाँ मनुष्य को अपने आप से ऊब होने लगती है, वहीं उसकी आत्मच्युति शुरू हो जाती है। तब व्यक्ति अदृश्य हो जाते हैं, व्यवस्था डरावनी लगने

लगती है। अथवा कलाकृति के ज्ञान और अनुभूति को टालकर सौन्दर्यशास्त्र की तात्विक चर्चा में लोग अपने को थकाने लगते हैं।' दिलीप के अपने शास्त्र में लगातार खुलापन और वेध्यता है। जैसे कि उनके जीवन में वैसे ही साहित्य में जीवट और चाव निरन्तर बने रहे। 'पूर्वग्रह' के उसी विशेषांक में अपने पूर्वग्रहों का खुलासा करते हुए उन्होंने कई पते की बातें कही थीं। जैसे 'कला में मनुष्य को एकान्त का साक्षात्कार तो होता है लेकिन कला का मानी एकान्त नहीं हो सकता।' या कि मैं अपने लेखन में समूचे मानव समाज को साँचों में आबद्ध स्वप्न दिखाना नहीं चाहता। मुझे आत्म विशिष्टता की तलाश निश्चित है लेकिन इस ज्ञात के उपरान्त कि मैं आम मनुष्य के समान ही एक मनुष्य हूँ इस तलाश के कोई नियम नहीं हैं।'

भोला श्रेष्ठ के लिए लिखे गये उनके शोकगीत की कुछ पंक्तियाँ इस समय याद आ रही हैं :

होंगे ज्वालाओं के श्लोक
होगा एक केशरिया उपनिषद्
ऊबड़ खाबड़ अक्षरों में लिखा हुआ घने नीलाभ में...
दिलीप हममें से कइयों के 'विषाद-घने नीलाभ' में बहुत देर तक चमकते रहेंगे।

विवेक का सम्मान

ज्ञानपीठ पुरस्कार शायद ही हिन्दी में इससे पहले किसी सर्वथा निर्विवाद और अजातशत्रु लेखक को मिला हो जबकि वह कुँवर नारायण को मिला। वे दशकों से हिन्दी साहित्य-समाज में अपने विवेक, सम्यकता और बौद्धिक सन्तुलन के लिए सुविख्यात रहे हैं। पुरस्कार की घोषणा के बाद हिन्दी पत्र-पत्रिकाओं ने जिस तरह की विपुल सामग्री उन पर प्रकाशित की वह एक बार फिर प्रमाणित कर गयी कि कुँवर जी के प्रति कितना व्यापक और गहरा आदर और सद्भाव साहित्य-समाज में है। इसलिए इस सप्ताह के शुरू में जब संसद के बालयोगी सभागार में पुरस्कार समारोह हुआ और स्वयं भारत की राष्ट्रपति ने कुँवर जी को विभूषित किया तो सभागार में, जो कि अन्यथा भरा हुआ था, हिन्दी के बहुत कम लेखक नज़र आये। समवयसी लेखकों की समस्या तो शायद रही होगी कि सुरक्षा की झंझट और सभागार में पहुँचने के लिए लम्बा पैदल रास्ते ने कठिनाई पैदा की होगी पर युवतर लेखकों का न होना कुछ अजब ज़रूर था।

जो भी हो, ज्ञानपीठ पुरस्कार की प्रतिष्ठा बनी रही है और वह जब कई बरसों बाद हिन्दी में आया है तो ऐसी अनुपस्थिति किसी भी दृष्टि से उचित नहीं ठहराई जा सकती। और तो और दिल्ली में रहने वाले वे लेखक तक नहीं थे जिनकी पुस्तकें या रचनाएँ ज्ञानपीठ की हैं, या जिन्होंने कुछ-न-कुछ अच्छा कुँवर जी लिखा भी है।

ज्ञानपीठ न्यास की अध्यक्ष श्रीमती इन्दु जैन ने मीडिया से और विशेषतः अंग्रेज़ी मीडिया से भारतीय साहित्य और संस्कृति की ओर अधिक ध्यान देने की अपने वक्तव्य में उचित ही अपील की। लेकिन आलम यह है कि उन्हीं के परिवार द्वारा नियन्त्रित अंग्रेज़ी दैनिक 'टाइम्स ऑफ़ इण्डिया' ने अगले दिन समारोह की सिर्फ़ एक तस्वीर, लगभग बेमन से, छापी और कोई समाचार नही दिया। समारोह में क्या कहा गया इसकी ख़बर अंग्रेज़ी दैनिक में 'हिन्दू' ने दी। टाइम्स में तो हाल में शुरू हुए क्रेस्ट संस्करण में इसी सप्ताह इस वर्ष का बुकर पुरस्कार पाने वाली पुस्तक के बारे में आधे पृष्ठ से बड़ी समीक्षा छपी है : और ज्ञानपीठ पुरस्कार प्राप्त कुँवर नारायण के लिए उसके यहाँ जगह नहीं है। अंग्रेज़ी के ज़्यादातर अख़बार इस क़दर 'शाइनिंग इण्डिया' पर एकाग्र हैं और उसी के द्वारा पोसे जा रहे हैं कि उनकी भाषाओं में बसे-रमे रचते भारत में कोई दिलचस्पी नहीं रह गयी है।

खेद है कि श्रीमती इन्दु जैन ने समारोह को बिना बात ज़रूरत से ज़्यादा पारिवारिक रंग दे दिया। उन्होंने कुँवर जी को अपना बड़ा भाई बताते हुए बचपन के कुछ क़िस्से सुनाये, पुरस्कार दिये जाने के समय श्रीमती भारती नारायण को मंच पर बुलाया और सभागार में मेरे ही बग़ल में बैठे कुँवर जी के बेटे और अंग्रेज़ी में अनुवादक, जो अपने आप में कुशाग्र युवा हैं, अपूर्व नारायण का ज़िक्र किया। इस सबके बाद ज्ञानपीठ के निदेशक रवीन्द्र कालिया को अपने कृतज्ञता-ज्ञापन की शुरुआत इस स्पष्टीकरण से करना पडा कि ज्ञानपीठ के निर्णय का उसके ट्रस्ट से कोई सम्बन्ध नहीं होता और वह उसके प्रवर मण्डल द्वारा निश्चित और सीधे घोषित किया जाता है। कुँवर जी ने, अपनी प्रतिष्ठा और विवेक के अनुरूप, इस पारिवारिकता का कोई नोटिस अपने वक्तव्य में नहीं लिया और एक बार फिर साबित किया कि वे कितने धीरमति और सम्यक् बुद्धि के धनी हैं। उनका चेहरा, एक बार फिर, हिन्दी साहित्य की सच्चाई, ईमानदारी और तेजस्विता का, सघन बौद्धिकता और अपराजेय संवेदनशीलता का चेहरा था।

'हर मृत्यु में हर दूसरी मृत्यु'

सौभाग्य से वह भव्य नहीं है। होता तो बेमेल लगता। हम मास्को में अरबात होते हुए लाल चौक के रास्ते पर पैदल ही वहाँ गये। अगर मकान नम्बर न पता हो तो कहीं से यह नहीं लगता कि वह रूस की एक महान् कवयित्री का संग्रहालय है। हम जब वहाँ दाख़िल हुए तो उस समय दो व्यवस्थापक महिलाओं के अलावा कोई नहीं था। यह मैरीना स्वेतायेवा का संग्रहालय था जिसके बारे में अन्तिम रूप से यह फ़ैसला करना कठिन है कि वह कितना इतिहास और समय का शिकार हुई और कितना अपनी ही उलझी हुई मानसिकता और टूटी-बिखरी ज़िन्दगी का। उस संग्रहालय में जहाँ मेरीना की कुछ वस्तुएँ और उसके समय के कुछ रूपाकारों और निर्मितियों की झलक प्रदर्शित है घूमते हुए यह बार-बार मन में घुमड़ता रहा कि सोवियत यूनियन की यह बहुत बड़ी विडम्बना है कि उसके दौरान रूस के कई महान् कवियों और लेखकों ने बेहद अभागा जीवन बिताया : नामावली बड़ी है ओशिप माण्डलश्टैम, मायकोवस्की, अन्ना अख़्मोतोवा, बोरिस पास्तरनाक, मैरीना स्वेतायेवा आदि। इनमें से कुछ ने आत्महत्या की, कुछ निष्कासन की कगार पर पहुँचकर भयातुर रहे, कुछ साइबेरिया के श्रमशिविरों में मरने को विवश हुए। इनमें से हरेक का जीवन ट्रैजिक है और चाहे तो सोवियत यूनियन या उसके अब भी बचे हिमायती यह श्रेय ले सकते हैं कि उन्होंने एक ऐसी व्यवस्था बनायी और लगभग सत्तर बरसों तक चलाई जिसने बीसवीं शताब्दी के साहित्य के सबसे ट्रैजिक साहित्यिक व्यक्तित्वों की शृंखला को सम्भव किया। स्वेतायेवा ने रिल्के को लिखे अपने एक पत्र में यों ही नहीं कहा था : 'हर मृत्यु हमें हर दूसरी मृत्यु की ओर लौटाती है।'

मरीना यारबाश व्यक्ति थीं। उनके बहुत सारे दोस्त थे जिनसे संवाद करना उन्हें पसन्द था लेकिन दुर्भाग्यवश एक एक कर वे उन्हें छोड़ते रहे। दोस्ती के लिए उनकी प्यास कभी पूरी नहीं हो पायी। ज़िन्दगी ने हर बार उन्हें 'मोनास्टिक सैल' की ओर, लिखने की मेज़ और रचनात्मकता की ओर ढकेला। स्वेतायावा में ज़िन्दगी के लिए गहरी और अथक प्यास थी। उस प्यास को लेकर उनमें अनोखी बेबाकी भी थी। उन्होंने एक पत्र में रिल्के को लिखा था : 'मैं तुम्हारे साथ सोना चाहती हूँ, सो जाना और नींद। वह भव्य लोक-शब्द, कितना गहरा, कितना सच्चा, कितना सटीक और कितनी प्रामाणिकता से वह कहता है जो कहता है! बस सोना और कुछ और नहीं। नहीं, एक और चीज़ : मेरा सिर तुम्हारे बाँयें कन्धे पर और मेरी बाँह तुम्हारे दायें पर—और बस यही। नहीं, एक और चीज : और गहरी नींद में यह जानना कि तुम हो। और अधिक : तुम्हारा हृदय कैसे धड़कता है। और—तुम्हारे हृदय को चूमना। मैं कभी-कभी

सोचती हूँ : मैं इस अवसर का शोषण कर डालूँ कि मैं अभी भी आख़िरकार शरीर हूँ और जल्दी ही मेरे पास कोई बाँहें नहीं होंगी।'

स्वेतायेवा कुछ दिनों के लिए प्राग में रही थीं। वहाँ लिखी एक कविता का जो कवि की विशेष नियति के बारे में है, समापन उन्होंने इस तरह किया :

मैं क्या करूँगी, गायिका और प्रथमजन्मा
ऐसी दुनिया में जहाँ सबसे काला भूरा है।
जहाँ प्रेरणा रखी जाती है थर्मस में।
इस सारी न नापी जाने वाली स्थिति से
नाप-तौल की दुनिया में?

कवि और समय के बारे में लिखते हुए स्वेतायेवा इस नतीज़े पर पहुँची थीं कि 'मैं गुज़र गयी सदी की तुलना में अपनी सदी को अधिक प्यार नहीं कर सकती लेकिन मैं अपनी सदी के अलावा कोई और सदी रच नहीं सकती : कोई भी वह नहीं रच सकता जो पहले रचा जा चुका और वह आगे का ही रच सकता है।' उन्होंने यह भी जोड़ा कि 'कविताएँ हमारी सन्तान हैं। हमारी सन्तानें हमसे ज़्यादा उमर पाती हैं क्योंकि वे ज़्यादा समय और देर तक जीवित रहेंगी।' स्वेतायेवा ने दृढ़तापूर्वक यह भी कहा कि इसलिए, अगर आप ईश्वर या मनुष्य की सेवा करना चाहते हैं, अच्छाई के लिए काम करना चाहते हैं तब आपको साल्वेशन आर्मी में जाना चाहिए और उसी तरह की, किसी चीज़ से अपने को जोड़ना और कविता छोड़ देना चाहिए।' पर उन्हें यह भरोसा भी था कि अगर शब्द का कोई फ़ैसले का दिन होगा तो वे निर्दोष साबित होंगी। उन्होंने पास्तरनाक के लिए अपनी एक कविता की शुरुआत यों की थी :

अच्छा, यह रही शुरू की द्विपदी
दरवाज़ा साफ़-साफ़ ख़ामोश है
और एक अतिथि पीछे खड़ा है दरवाज़े की तरह।

स्वेतायेवा का पास्तरनाक से प्रणय-सम्बन्ध था। उन्होंने लिखा था : 'बोरिस और मेरे बीच एक गुप्त समझौता था : जीते रहना इस उम्मीद में कि साथ रहेंगे। पर मिलने का दुर्योग हमेशा टलता रहा, पहाड़ियों के पीछे कहीं तूफ़ान की तरह। जब-तब बिजली की धमक और फिर कुछ नहीं। आप आगे चलते रहते हैं।'

पास्तरनाक के लिए ही अभिप्रेत एक कविता में स्वेतायेवा ने लिखा था :

मैं – बिना ग़लत हिज्जे के।
मैं – बिना किसी धब्बे के।

मैं तुम्हें देना चाहती रही।
पर्वत की चोटी के गुलाब...

1941 में आत्महत्या करने के कुछ महीने पहले स्वेतायेवा ने लिखा :

यह समय है कहरुवा को हटाने का
यह समय है भाषा को बदलने का
यह समय है दरवाज़े के ऊपर की लालटेन बुझाने का।

विचारों की धर्मशाला

दक्षिण कर्नाटक के एक गाँव हेगुडू में दो बार बरसों पहले पहुँचा था, वहाँ स्थापित और सक्रिय नीनासम केन्द्र में यू आर अनन्तमूर्ति द्वारा संचालित एक उपक्रम में भाग लेने। इस उपक्रम में कर्नाटक के अनेक अंचलों से विभिन्न क़िस्म और पेशों के लोग फ़ीस देकर पढ़ने-सीखने-गुनने आते हैं। युवा छात्रों के अलावा दोनों ही बार कुछ अध्यापक, दो-चार इंजीनियर, एकाध डॉक्टर, दो-एक व्यवसायी आदि हर बार थे। नीनासम की स्थापना और संचालन और इस अनोखे बौद्धिक-सर्जनात्मक उपक्रम के पीछे रहे थे के बी सुबण्णा। वहीं चल रहे एक प्रकाशन-गृह 'अक्षर' से कन्नड़ के मूर्धन्य लेखकों के अलावा संसार से कई साहित्यिक और ग़ैर-साहित्यिक क्लैसिकों के अनुवाद भी 'अक्षर' से निकले हैं। एक रंगघर वहाँ है जहाँ प्रायः रोज़ ही नाटक खेले या फ़िल्में दिखायी जाती रही हैं। सर्वथा ग्रामीण अंचल में समुदाय और संस्कृति के बीच निरन्तर सम्पर्क और संवाद का ऐसा कोई और प्रयत्न, मेरे जाने, कहीं और भारत में नहीं है। सुबण्णा की चुनी हुई रचनाओं के अंग्रेज़ी अनुवाद का एक संचयन 'कम्यूनिटी एण्ड कल्चर' नाम से एक मनु चक्रवर्ती के सम्पादन में इसी 'अक्षर' ने हाल ही में प्रकाशित किया है।

समाजचिन्तक शिव विश्वनाथन् ने, जिनका लिखा हमेशा ध्यान और विचारोत्तेजना से पढ़ता रहा हूँ, सुबण्णा के इस प्रयोग को उचित ही 'विचारों की धर्मशाला' कहा है। एक ग्रामीण समाज अपनी खेती-बाड़ी और व्यवसायों में व्यस्त होकर भी अपनी मातृभाषा कन्नड़ में रमे रहकर कैसे विश्वनागरिक हो सकता है,यह प्रयोग उसका साक्ष्य प्रस्तुत करता है। एक चिन्तक-रंगकर्मी सुबण्णा की पहल पर इस समाज ने अपने को खुला और ग्रहणशील रखा। बाहर से आये विचारों और अनुभवों, नवाचारों और प्रयोगों को देखा-सुना, सराहा और समझा। उसके लिए बर्गमा, कुरोसोवा, सत्यजीत राय, कुमार शहानी आदि सब एक मित्रपरिवार में बदल गये।

हेगुडू ने यह भी ज़ाहिर किया कि मारक्वेज़ का सच और अर्थ पूरे नहीं होते अगर वे, उदाहरण के लिए, शिवराम कारन्त के सच और अनुभव से न मिलते। इसका उलट भी उतना ही सच है। विश्व-नागरिकता, अर्थ और सच साझेदारी से ही पूरे हो सकते हैं यह पाठ इस धर्मशाला से निकला एक बेहद उजला और रोमांचक सच है। यह सच एक ग्रामीण अंचल में बसे समाज ने विन्यस्त किया है यह बड़ी और अनोखी बात है।

सुबण्णा मानते थे (उनका देहावसान 2005 में हो गया था) कि हर भाषा की तरह कन्नड़ में पूरा ब्रह्माण्ड रचा-गढ़ा और न्यौता जा सकता है। हेगुडू का यह प्रयोग उसी कन्नड़-ब्रह्माण्ड का एक लघुरूप है। इन दिनों जब भूमण्डलीकरण की झोंक में ऐसे लोगों की संख्या लगातार और भयानक रूप से बढ़ रही है जो मानते हैं कि विश्व में हमारी हिस्सेदारी अंग्रेज़ी के माध्यम से ही सम्भव है, अपनी मातृभाषा में विश्वास और उसकी ब्रह्माण्ड-व्यापी सम्भावनाओं के लिए ऐसा प्रयत्न लगभग क्रान्तिकारी है। वह इस गहरी आस्था से निकला है कि कोशिश करने पर मातृभाषा में सब कुछ लाया-किया जा सकता है। 'अक्षर' के प्रकाशनों के पाठक और ग्राहक बड़ी संख्या में हैं।

सुबण्णा यह भी मानते थे कि हर भाषा अपने में ब्रह्माण्ड कल्पित और रूपायित करती है वैसे ही जैसे हम अपने मन में, जहाँ भी हम रहते हों, अपनी आस्था के अनुरूप, पवित्र स्थान भी अवस्थित करते रहते हैं : कितनी ही अयोध्याएँ, हस्तिनापुर और नन्दगोकुल हमारे मनों में स्थापित हैं। यह किसी एक धर्म या सम्प्रदाय तक सीमित नहीं है। सभी समुदाय हर काल और हर देश में संसार का भावात्मक चित्र बनाते रहते हैं और उनसे अपना जीवन सम्पन्न और समृद्ध करते रहते हैं। आख़िरकार बहुत सारी यायावरी, जो सभ्यता के विकास और विस्तार के लिए ज़िम्मेदार रही है, मन की यायावरी है। भाषा में हम कहीं जाये बिना भी कहाँ-कहाँ हो लेते हैं। यह लोहिया जी की जन्मशती का वर्ष है : उसमें उनकी विश्वयारी की अवधारणा याद करें तो हेगुडू को ऐसी विश्वयारी का एक तीर्थ कहा जा सकता है।

अस्सी के राजेन्द्र यादव

ऐसा कम होता है, और साहित्य में तो और भी कम, कि किसी लेखक की छवि अस्सी बरस की उमर होने पर एक कथाकार या सृजनधर्मी

लेखक के रूप में न रहकर एक विवादप्रिय विचारक की हो जाये जैसा कि राजेन्द्र यादव के सिलसिले में हुआ है। इस मुक़ाम पर लोगों को यह कम याद आता है कि राजेन्द्र यादव की शुरुआती मान्यता और प्रतिष्ठा उनकी कहानियों और उपन्यासों 'उखड़े हुए लोग' आदि के आधार पर बनी थी और उस समय शायद किसी ने, स्वयं राजेन्द्र जी ने भी नहीं सोचा था कि अन्ततः वे एक सोचने-विचारने और दूसरों को उकसाने वाले सम्पादक के रूप में अधिक याद किये जायेंगे। हो सकता है कि इतिहास बाद में अपनी न्याय-बुद्धि से उनके लिखे साहित्य को, उनके किये विचार और उठाये विवादों से अलग, हिसाब में ले।

कृष्णा सोबती, कुँवर नारायण, कृष्ण बलदेव वैद और नामवर सिंह के बाद राजेन्द्र यादव इसी सप्ताह अस्सी के हो गये। मूर्धन्यता, वरिष्ठता और प्रासंगिकता की ऐसी बड़ी बिरादरी शायद ही किसी और भाषा में हो जैसी कि, सौभाग्य से, हिन्दी में इस समय है। भले इनमें से हरेक का श्रेष्ठ काफ़ी पहले हो चुका है – सक्रियता से उनके दृश्य पर बने रहने को अलक्षित नहीं किया जा सकता। इनमें से विवादोत्पादक क्षमता राजेन्द्र जी और नामवर जी के ही पास है। उसका सदुपयोग-दुरुपयोग भी दोनों करते रहते हैं। अगर पिछले तीसेक बरस में हिन्दी में हुए विवादों की कहानी लिखी जाये तो उसमें इन दोनों का नाम कई बार आयेगा।

राजेन्द्र जी को उनकी कुछ ज़िदों के लिए भी याद किया जायेगा। वे हिन्दी में विमर्श-परिवर्तन के लिए ज़िम्मेदार भी ठहराये जा सकते हैं। पिछले कई बरसों से वे स्त्री-विमर्श और दलित-विमर्श के मुखर, आक्रामक प्रस्तोता और कई बार प्रवक्ता रहे हैं। हाशिये पर डाली जाती रहीं स्त्रियों और दलितों की आवाज़ों को हिन्दी आलोचना के परिसर में उचित जगह दिलाने और उन्हें बहस का केन्द्र बनाने में उनकी भूमिका महत्त्वपूर्ण रही है। राजेन्द्र जी बार-बार कहते रहे हैं कि इन आवाज़ों के आने के बाद हिन्दी का सौन्दर्यशास्त्र, उसकी जाँच-परख की पद्धति आदि बदल जायेंगे। निरी समाजशास्त्रीयता से अलग ऐसा शास्त्र क्या हो गया है और पैमाने कैसे बदल गये हैं इस पर उनके लिखे से ख़ास रोशनी नहीं पड़ती। पर उन्होंने एक प्रबल सम्भावना की ओर इशारा किया है। यह भी काफ़ी मानना चाहिए।

हमारे समय में कम पत्रिकाएँ अपने आप में संस्थाएँ बन पाती हैं। अगर ज्ञानरंजन की 'पहल' ऐसी एक पत्रिका थी तो वैसे ही दूसरी पत्रिका 'हंस' है। हम किसी लेखक के अवदान पर विचार करते हुए अक्सर इसे हिसाब में लेना भूल जाते हैं कि उसने साहित्य की सम्भावना बढ़ाने और नये लेखकों को सामने आने में कितनी मदद की। इस दृष्टि से 'हंस' के माध्यम से राजेन्द्र जी ने साहित्य-संस्कृति में बड़ा काम किया

है। युवा लेखन को लेकर उनका उत्साह निश्चय ही अनोखा है। कविता और शास्त्रीय संगीत के विरुद्ध उनके पूर्वग्रह इसलिए सर्वथा क्षम्य हो जाते हैं। ऐसे वरिष्ठ लेखक कम हैं जो युवा लेखकों की रचनाएँ इतने ध्यान से पढ़ते रहे हैं जैसे कि राजेन्द्र यादव करते रहे हैं। साहित्य को सिर्फ़ पाठक भर नहीं बचाते, लेखक भी बचाते हैं।

हमारे समय की राजनीति, सामाजिक प्रवृत्तियों आदि को लगातार साहित्य से जोड़ने और उन्हें साहित्यिक विमर्श के अहाते में बनाये रखने में राजेन्द्र जी लगातार सक्रिय रहे हैं। इस अर्थ में वे एक सार्वजनिक बुद्धिजीवी हैं। ऐसी बौद्धिक सार्वजनिकता की मण्डली हिन्दी में बहुत छोटी है : उसमें उनके अलावा निर्मल वर्मा और नामवर सिंह के नाम ही याद आते हैं साहित्य से। और हिन्दी पत्रकारिता से प्रभाष जोशी। ऐसे बुद्धिजीवी का लोकतान्त्रिक होना भी ज़रूरी है। अपनी ज़िदों पर क़ायम रहते हुए राजेन्द्र जी में दूसरों की, अपने विरोधियों की बात सुनने की उत्सुकता और धीरज रहे हैं जो कि उनकी लोकतान्त्रिकता का अचूक प्रमाण हैं। कम से कम, अपनी वैचारिक ध्रुवीयता के बावजूद उनमें अपने भद्राचरण में लोकतान्त्रिक होने की प्रवृत्ति है जो बड़ी बात है। अपने को खलनायक कहे जाना पसन्द करने वाले राजेन्द्र यादव चाहे-अनचाहे नायक हैं और उनके दीर्घायु होने की मंगल कामना समूचा हिन्दी संसार कर रहा होगा, इसमें सन्देह नहीं।

रघुवीर सहाय-70

अगले 9 दिसम्बर 2009 को, अगर जीवित होते तो, रघुवीर सहाय अस्सी के हुए होते। स्वयं साहित्य की दुनिया में स्मृतिक्षीणता इस क़दर व्यापक है कि व्यापक समाज, ख़ासकर उसका पढ़ा-लिखा चिकना-चुपड़ा हिस्सा, अगर स्मृतिहीन और स्मृतिवंचित हो रहा है इस पर अरण्यरोदन करने का हमें क्या हक़ है। इस अवसर पर कुछ हो रहा है, रघुवीर सहाय को लेकर इसका पता या ख़बर नहीं। स्वयं कुछ करने में असमर्थ हूँ क्योंकि उस दिन देश से बाहर रहूँगा—लन्दन में तभी हो रही मक़बूल फ़िदा हुसेन और सैयद हैदर रजा की संयुक्त प्रदर्शनी के सिलसिले में जो एक ऐतिहासिक अवसर होगी। इन दो बड़े कलाकारों की ऐसी संयुक्त प्रदर्शनी पहले कभी नहीं हुई, भारत में भी नहीं। पहली बार वह लन्दन में ही हो पा रही है। बहरहाल।

इस बीच हुआ यह है कि कई दशक हिन्दी की युवा कविता के लगभग

एकछत्र प्रेरणास्रोत रहने के बाद रघुवीर सहाय अब अकादेमिक परिसर में ढकेल दिये गये हैं। उन पर कई विश्वविद्यालयों में शोध हो रहा है। एकाध को जाँचने का मुझे भी अवसर मिला : लोकतन्त्र, यथार्थ, पत्रकारिता, समाजवादी मूल्य, सत्ता-विमर्श आदि के सिलसिले में रघुवीर सहाय के बारे में विचार और आलोचनात्मक स्थापनाएँ अब रूढ़ हो चुके हैं। शक तो यह होता है कि शायद रघुवीर सहाय स्वयं रूढ़ि बन गये हैं—बना दिये गये हैं।

जिन कवियों-आलोचकों आदि ने एक समय में रघुवीर सहाय को हिन्दी की समकालीन कैनन बनाया था उसमें से किसी ने इधर उन पर पुनर्विचार किया हो ऐसा नहीं लगता। जो बिल्कुल युवा पीढ़ी सक्रिय है उसने अपने लिए रघुवीर सहाय के बाद आने वाले कवियों में शायद अपने देवता या पथप्रदर्शक खोज-पा लिये हैं। इसलिए वे रघुवीर सहाय पर किसी ताज़गी से विचार करने के लिए उत्साहित-प्रेरित होंगे इसका कोई आभास इधर नहीं है। बरसों पहले उसके समकालीन मनोहर श्याम जोशी ने संस्मरणात्मक ढंग से उन पर एक रोचक पुस्तक लिखी थी। उनकी रचनावली भी प्रकाशित हुई। पर उनके आधार पर उनका कोई गहन-गम्भीर मूल्यांकन या विश्लेषण हुआ हो ऐसी खबर नहीं है। उनके नाम पर स्थापित पुरस्कार भी, बिना किसी घोषणा के, लगभग चुपचाप, बन्द हो गया।

रघुवीर सहाय कविता के पाठ को बहुत महत्त्व देते थे और स्वयं अपनी कविता के अद्भुत वाचक थे। उनकी आवाज़ में उनकी कविताओं की तो कई रिकॉर्डिंग होंगी। उन्हें एकत्र कर और सम्पादित कर उनका एक डीवीडी बन सकता है। अज्ञेय-100 और शमशेर-100 के लिए तैयारी करते समय यह दुखद सचाई सामने आयी है कि इन दो बड़ों की रिकॉर्डिंग बहुत कम और वह भी अच्छी हालत में नहीं है। अज्ञेय की आवाज़ में उनकी लगभग 80 कविताओं का पाठ जम्मू के लेखक-चित्रकार मित्र रमेश ने सुलभ कराया है और भारत भवन से शमशेर का कुछ कवितापाठ, उनसे एक बातचीत और उन पर दिलीप चित्रे द्वारा किया फिल्मांकन मिले हैं। याद आता है कि रघुवीर जी ने शमशेर की एक कविता पर एक बहुत स्मरणीय लेख लिखा था। जो भी हो, रघुवीर सहाय पर विचार आज की आलोचना का एक ज़रूरी कर्तव्य माना जाना चाहिए। हिन्दी कविता पर उनके गहरे और निर्णायक प्रभाव को, उनकी श्रेष्ठ कविता और अनोखे गद्य के अलावा, इस तरह भुलाया नहीं जा सकता। नहीं भूलना चाहिए। जिन्हें नाज़ है रघुवीर सहाय पर, वे कहाँ हैं?

सुरेन्द्र चौधरी

ठीक से याद नहीं कि कब और कहाँ आलोचक सुरेन्द्र चौधरी से मुलाक़ात हुई थी। शायद नन्दकिशोर नवल द्वारा आयोजित पटना युवा लेखक सम्मेलन में। शायद इलाहाबाद की किसी गोष्ठी में। उनकी लिखी आलोचना अलबत्ता पत्र-पत्रिकाओं में देखता-पढ़ता रहा हूँ। यह भी याद आता है कि उन्होंने हिन्दी कहानी पर विशेष ध्यान केन्द्रित कर कुछ बहुत प्रखर और विचार प्रवण आलोचना लिखी। यह भी कि वे प्रतिबद्ध आलोचक होते हुए भी कठमुल्ले नहीं थे।

हिन्दी साहित्य-समाज को एक युवा शोधार्थी उदयशंकर और युवा लेखक-प्रकाशक गौरीनाथ का कृतज्ञ होना चाहिए कि उन्होंने सुरेन्द्र चौधरी के आलोचनात्मक निबन्धों और अन्य सामग्री को अन्तिका प्रकाशन द्वारा तीन खण्डों में इतिहास संयोग और सार्थकता', 'हिन्दी कहानी रचना और परिस्थिति' और 'साधारण की प्रतिज्ञा अँधेरे से साक्षात्कार' शीर्षक से प्रकाशित किया है। यह एक लगभग भुला दिये गये आलोचक का पुनर्जीवन है।

अगर यह सामान्यीकरण किसी हद तक हमेशा जायज रहता है कि हमारे प्रश्न वही बने रहते हैं और सिर्फ़ उनके उत्तर बदलते रहते हैं तो यह देखा जा सकता है कि सुरेन्द्र चौधरी ने जो प्रश्न उठाये उनमें से कई आज भी प्रासंगिक हैं। उदाहरण के लिए उन्होंने 1992-93 में एक आत्मकथ्य में लिखा था : 'रचनाकारों को आलोचक से हमेशा शिकायत रही है। आज यह कोई नयी बात नहीं है। अगर कुछ नया है तो वह यह कि आलोचना की मंचबद्धता ने प्रतिबद्धता का एकाधिकार प्राप्त कर लिया है। समस्त क्रान्ति का स्रोत अपने को सिद्ध करने वाले मंच आज अपने अन्तर्विरोधों से ही परेशान हैं। रचनाकार इसके लिए कम दोषी नहीं हैं। मंच लेखक का होता है, कुर्सियाँ आलोचक सँभालता है। प्रतिबद्धता इतनी विवश, इतनी सँकरी नहीं हो सकती। जो हमारे मंच से बाहर के लेखक हैं वे तो लगभग तय मानते हैं कि हमारे रुख़ में कोई सकारात्मक परिवर्तन होने से रहा। हमारी उदारता भी उन्हें अभिप्राय-मुक्त नहीं मालूम पड़ती।'

यह उल्लेखनीय है कि सुरेन्द्र चौधरी उन बहुत थोड़े से आलोचकों में से एक रहे हैं जिन्होंने विष्णुचन्द्र शर्मा, कमलेश, शिवकुटी लाल वर्मा जैसे कवियों का गम्भीर नोटिस लिया। अपने 'अँधेरे से साक्षात्कार' शीर्षक निबन्ध में एक जगह उन्होंने लिखा—'...यह खाई कवि के अनुभव और काव्यादर्शों के बीच की खाई है, साथ ही यह अनुभव के भीतर भी कहीं गहराई से झाँकती मालूम पड़ती है।...धूमिल की समस्या यह है कि उनकी

फ़ैक्टरी के सहकारी उनकी कविता नहीं समझते, और कमलेश की समस्या यह है कि वे झूठे आक्रोश की मुद्रा अपनी कविता में नहीं टाँक सकते।'

'गोदान' में 'काल की गति मंथर है, बहुत धीमी। धमाके से कुछ भी टूट नहीं रहा, मगर स्थितियाँ चरमरा रही हैं' कहते हुए वे जोड़ते हैं कि, "मगर 'गोदान' की मंथरता में अनेक अन्तर्धाराएँ अपना मार्ग बना रही हैं, अपना मार्ग ढूँढ रही हैं, 'मैला आँचल' में उन मार्गों का आभास ही नहीं होता, उन पर चलता ग्रामसमाज दिखायी भी पड़ता है। 'मैला आँचल' का वेग हिन्दी कथा साहित्य में अप्रतिम है।"

अज्ञेय के 'सुनहरे शैवाल' की समीक्षा करते हुए सुरेन्द्र चौधरी ने टिप्पणी की है कि 'अज्ञेय के लिए कविताकर्म एक ओर रागदीप्त अभिव्यक्ति है, वहीं दूसरी ओर जैसे वह कोई निविड़ आन्तरिक मन्त्रोच्चारण भी है। अज्ञेय जी, मेरी दृष्टि में, जैसे एक ही कविता आज तक लिखते आये हैं और वह कविता सुनहरे शैवाल में पूरी होने को आ गयी है।' आगे वे यह भी कहते हैं कि... 'छायावादियों की तुलना में अज्ञेय अधिक सजग कवि हैं। गोकि उनके काव्य का विषय क्षेत्र छायावादियों से अधिक मौलिक रहा है (उसमें अपेक्षित विस्तार है) किन्तु कवि की काव्यदृष्टि फिर भी छायावाद के दायरे से बाहर नहीं आ सकी।'

अपने एक निबन्ध में चौधरी कहते हैं कि 'मैला आँचल' के लेखक के लिए यह उपमहाद्वीप इतना अँधेरा नहीं है। अपने कोने से भी उसने उसकी बदलती हुई वास्तविकता को ठीक-ठीक देखा है। उसने अँधेरे में आँखें साधी हैं, उसकी कलादृष्टि में भी यही पारदर्शिता है।' उदयशंकर ने उचित ही इस कथन की ओर भी ध्यान खींचा है : 'सपने देखना, पुल बनाना बड़ी बात है। हमारी पीढ़ी ने सपने देखना और पुल बनाना बन्द कर दिया है, यह मैं नहीं मानता मगर, सपने उसके वर्तमान से विवश हैं, पुल बनाते वक़्त अपने किनारों को वह नहीं भूल पा रहा है।'

यह ठीक कहा गया गया है कि डॉ. चौधरी की आलोचना 'व्यक्तिवाद' के खिलाफ़, अँधेरे के खिलाफ़, 'साधारण की प्रतिज्ञा' है। इस प्रतिज्ञा को आलोचनात्मक व्यवहार में विस्तार और सघनता में देखना शिक्षाप्रद और विचारोत्तेजक है।

प्रभाष जोशी

वरिष्ठ पत्रकार प्रभाष जोशी का आकस्मिक निधन पत्रकारिता के अलावा

हिन्दी की पहले से ही अल्पसंख्यक सार्वजनिक बुद्धिजीविता की भी क्षति है। हिन्दी पत्रकारिता इस क़दर प्रबन्धन का आयाम होती या उसके आतंक में पल रही पत्रकारिता होती गयी है कि यह सहज ही लक्ष्य किया जा सकता है कि प्रभाष जोशी बेहद गिने-चुने हिन्दी पत्रकारों में से थे जो व्यापक समाज के बारे में गम्भीरता और ज़िम्मेदारी से सोचते थे और अपना मत पूरी बेबाकी से व्यक्त करते थे। पत्रकारिता का राजनीति से सम्बन्ध होता ही है और कई बार वह कुछ आपत्तिजनक ढंग से घनिष्ठ होता दीखता है : प्रभाष जोशी ऐसी घनिष्ठता से मुक्त हों ऐसा नहीं कहा जा सकता। लेकिन उस घनिष्ठता ने उसकी तेजस्विता को कभी मलिन या शिथिल नहीं होने दिया। राजनेताओं से अपनी घनिष्ठता के बावजूद प्रभाष जी उनमें से कभी किसी को निजी रूप से उपकृत करने का अवसर नहीं दिया। चूँकि उनकी समाजदृष्टि अधिक व्यापक और सामासिक थी, वे राजनेताओं को अनिवार्य रूप से साहित्य और संस्कृति से दूर रखने के हामी नहीं थे जो बात कई बार हम जैसे लोगों को उनसे असहमत होने को उकसाती थी। इस बात को भूला नहीं जा सकता कि उनके सम्पादन और संस्थापन में ही 'जनसत्ता' हिन्दी का वह अख़बार बना, और सौभाग्य से अब तक बना हुआ है, जिसने अपने पृष्ठों में साहित्य और संस्कृति को जगह देकर उसकी सामाजिकता का विस्तार किया और इस बहाने हिन्दी में ऐसे विषयों पर लिखने की सुगम और पठनीय शैलियों के विकास में योगदान किया। जब पत्रकारिता से वैचारिक विमर्श लगभग ग़ायब हो चुके हैं, प्रभाष जोशी लगातार अपनी दृष्टि पर ज़िदकर अड़े रहकर मूल्यपरक वैचारिक संवाद करने में विश्वास करते और ऐसा संवाद सम्भव बनाने में सक्रिय रहे।

पिछले दो-एक दशकों से प्रभाष जी की चिन्ता हिन्दी समाज, उसके बिखराव, उसकी असली शक्ति के लगातार क्षय या निरुपयोग को लेकर गहरी थी। उन्होंने इसकी लगातार कोशिश की कि हिन्दी लेखक हिन्दी समाज में अपनी सार्वजनिक हैसियत पाये और वह उसकी सार्वजनिक छवियों में लगातार दर्ज़ होता रहे। यह सचाई भी याद करने की है कि प्रभाष जी गाँधीवाद निर्भयता के लगभग आख़िरी उदाहरण थे। उनकी बेबाकी और जो उन्हें नापसन्द था उस पर भरपूर वार करने की आदत का शिकार मुझे भी एकाधिक बार होना पड़ा। लेकिन मुझे ऐसी चोटों से आहत होने के बावजूद कभी उनकी नीयत पर शक करने का आधार नहीं मिला। यही कारण है कि उनसे सहज सद्‌भावनापूर्ण सम्बन्ध बना रहा। वे जब-तब फ़ोन कर बतियाते थे और कई बार साहित्य की, अंग्रेज़ी साहित्य की मेरी स्मृति को कुरेदते रहते थे। हम लोगों के बीच एक पुल कुमार गन्धर्व भी रहे जिनके हम दोनों ही भक्त होने की हद तक प्रेमी रहे। शायद कुमार जी का ही प्रभाव रहा होगा कि प्रभाष जी के

लेखन में तेज़ी-तुर्शी, वैचारिक सघनता के साथ-साथ लोकगन्धी संस्पर्श भी बराबर नज़र आता था। उसके चलते उन्होंने अपनी अलग भाषा और शैली विकसित कर ली। हिन्दी की अधिकांश पत्रकारिता शैलीहीन कामचलाऊ पत्रकारिता है : इस शैली-शून्य में प्रभाष जी शैलीकार थे और उनका गद्य कई मायनों में इस दौरान लिखे गये अच्छे साहित्य-गद्य में बेहिचक शामिल किया जा सकता है। वे ध्रुवान्तों पर भी आत्मविश्वास और क्षमता के साथ विचर सकते थे। क्रिकेट पर उनका लेखन उनके राजनीतिक विश्लेषण का एक स्तर पर प्रतिलोम था : अशोक सेकसरिया के बाद शायद ही किसी और पत्रकार ने ऐसी संवेदनशीलता से खेलों पर ख़ासकर क्रिकेट पर लिखा हो। हम जैसे लोगों को, जिनका क्रिकेट से विशेष अनुराग नहीं है, उनकी टिप्पणियाँ पढ़कर लगता था कि वे क्रिकेट के अन्तर्भूत काव्य को सामने ला रहे हैं।

प्रभाष जी कई मामलों में अपनी पारम्परिकता और आस्तिकता को दबाने-छुपाने वाले व्यक्ति नहीं थे क्योंकि उन्हें परम्परा और आस्तिक होते हुए आधुनिक हो सकने का ढब आता था। अनेक तरह के सामाजिक कार्य में लगे छोटे-मोटे प्रयत्नों को भी प्रभाष जी का स्नेह-समर्थन मिलता रहता था क्योंकि वे एक सच्चे गाँधीवादी की तरह किसी छोटी पहल को भी महत्त्वपूर्ण मानते थे। उनकी प्रतिबद्धता कुल मिलाकर उदार मूल्यों के प्रति थी और इसलिए वे लगातार अन्याय और पाखण्ड के विरुद्ध लिखते रहे। सतीप्रथा के रवैये को लेकर आज तक लांछन लगता है पर उन्हें अपनी ईमानदारी पर इतना भरोसा था कि इस सबकी उन्होंने परवाह नहीं की। हिन्दी आलोचक नामवर सिंह का अमृत महोत्सव दिल्ली के अलावा कई हिन्दी केन्द्रों पर आयोजित करने की पहल प्रभाष जी ने ही की थी।

प्रभाष जी के निधन से मालवा की एक तेजस्वी बौद्धिक-सर्जनात्मक परम्परा का भी समापन हो गया क्योंकि वे उसके अन्तिम शिखर थे। उस परम्परा में राहुल बारपुते, कुमार गन्धर्व, विष्णु चिंचालकर, शरण जोशी, राजेन्द्र माथुर शामिल थे। अब उस पर, दुर्भाग्य से, विराम लग गया है।

प्रभाष जोशी इन सभी गुणों और अपनी अथक सक्रियता से पिछले कुछ बरसों से हिन्दी समाज के प्रवक्ता बन गये थे। एक ऐसा प्रवक्ता जो हिन्दी तेजस्विता, स्वाभिमान और आत्मविश्वास का, उसके संघर्षों और साहस को लेकर मुखर था। पिछले दिनों उनसे बात हुई कि कहीं कुछ लोग आत्मीयता से बैठकर एक नया 'हिन्द स्वराज', हमारे समय की स्थिति और चुनौतियों के सन्दर्भ में, लिखने का उपक्रम करें। यह उपक्रम अब शायद ही सम्भव हो लेकिन वह इस बात को रेखांकित करता है कि वे रूढ़ गाँधीवादी नहीं थे और यह बख़ूबी समझते थे, उसमें अन्तर्निहित

दृष्टि को हमारे समय के लिए विकसित और सम्भवतः संशोधित-परिवर्द्धित किया जाना चाहिए। विभिन्न दलों द्वारा चिन्तन बैठकों के बावजूद हमारे समाज में चिन्तन की कोई जगह नहीं है। हमारी वैचारिक दरिद्रता दूर हो और हम एक चिन्तन-सम्पन्न समाज बनें, यह प्रभाष जी की चिन्ताओं में लगातार था। सफलता-सम्प्रदाय के बढ़ते आतंक के बरक्स चिन्तन की आवश्यकता बताने और सार्थकता के नये सपने गढ़ने के बारे में हमें जगाने वाला एक नायक मित्र नहीं रहा।

ग्वालियर में नवोन्मेष

लगभग दस बरस पहले चित्रकार सैयद हैदर रज़ा के साथ, बरसों बाद, एक दिन ग्वालियर जाना हुआ था। तब वहाँ शहर से थोड़ा बाहर एक नवजात तकनीकी संस्थान के अन्तर्गत अमूर्त कला का एक संग्रहालय बनाने की बात थी और उस आयोजन में कलाविदुषी गीति सेन और वहाँ चल रहे शिविर में कार्यरत कलाकार भी उपस्थित थे। उसके बाद इस संस्थान के विकास और वहाँ बढ़ती कला-सम्बन्धी गतिविधियों की ख़बरें मिलती रही हैं। वहाँ कई बहुचर्चित शिल्प-शिविर इत्यादि भी होते रहे हैं पर उनके दौरान कभी जाना नहीं हो पाया।

इस 12 अक्टूबर को डॉ. राममनोहर लोहिया की पुण्यतिथि पर कविमित्र कमलेश और समाजवादी बुद्धिजीवी राजकुमार जैन के साथ वहाँ आईटीएम यूनीवर्स में बने सभागार का नामकरण लोहिया जी पर करने का सुअवसर मिला। पहले दूर लगता था लेकिन अब जनाकीर्ण सड़कों के बावजूद परिसर रेलवे स्टेशन से कुल बीस मिनिट की दूरी पर है। वह इतना हरा-भरा और देश-विदेश के मूर्तिकारों द्वारा बनाये छोटे-बड़े शिल्पों से सुसज्जित है कि उसे देखकर मन बहुत सुखद विस्मय से भर गया। संस्थान के संस्थापक रमाशंकर सिंह पुराने समाजवादी हैं और बरसों मध्यप्रदेश की राजनीति में सक्रिय और राज्यशासन में मन्त्री आदि रहे हैं। मध्यप्रदेश में जब सांस्कृतिक पहल हुई थी तो उसके शुरुआत के दिनों में वे मेरे कटु आलोचक भी थे। उन्होंने इस संस्थान को स्वयं ग्वालियर के कलाकार और छात्र समुदाय से जोड़े रखा है। हम लोगों को ग्वालियर के कला-संस्थान के लगभग पचास छात्र-छात्राओं से घण्टे भर बतियाने का अवसर भी इस परिसर में मिला। वहीं 'नाद' नाम से एक विशाल खुला रंगमंच भी बनाया गया है जहाँ हर वर्ष शास्त्रीय संगीत का एक बड़ा समारोह आयोजित होता है। यों पहले ग्वालियर संगीत रंगमंच और कला के क्षेत्र में एक सक्रिय केन्द्र था। पर धीरे-धीरे, और शहरों की तरह

जो स्वयं अपनी विरासत को सम्भाल नहीं पाते, वह भी शिथिल पड़ता गया है। इस नये संस्थान ने अपनी कला सक्रियता से इस विरासत को पुनर्नवा करने और काफ़ी सुचिन्तित विस्तार देने की जो चेष्टा की है वह अनोखी और काफ़ी हद तक अप्रत्याशित है।

सभागार बड़ा नहीं है पर आत्मीय है और वहाँ पुराने लेखक मित्र महेश कटारे, पवन करण आदि भी आये थे कुछ छात्र-छात्राओं और समाजवादी लोगों के साथ-साथ। हम दोनों ने कवितापाठ भी किया। कमलेश ने वागर्थ की अल्पता में अपने दृढ़ और अटल विश्वास के अनुरूप थोड़ी सी कविताएँ ही पढ़ीं और मैंने अपने बड़बोलेपन की कुख्याति के बावजूद संयम बरता।

लोहिया जी को आज का अधिकांश भारत अगर दुर्भाग्य से याद नहीं करता तो तो यह दुख की बात तो है, अचरज की नहीं। जिस तरह 'अनन्त वर्तमान' में रहने के लिए हम मीडिया, शिक्षा आदि द्वारा विवश किये जा रहे हैं उसमें यह तो होगा ही। अब क़िस्से याद है कि लोहिया स्वतन्त्र भारत के लगभग अन्तिम विचारक राजनेता थे। कौन जानता है कि नेहरू के अलावा वे ही ऐसे राजनेता थे जो लेखकों-कलाकारों और बुद्धिजीवियों को लोकतान्त्रिक आदर और समकक्षता देते थे? किसे पता रह गया है कि लोहिया का लेखन और संसद में दिये व्याख्यान हिन्दी के प्रौढ़ गद्य का उदाहरण होते थे जबकि यह गुण किसी और राजनेता में तब भी नहीं था और अब तो ख़ैर सवाल ही नहीं उठता? लोहिया ने मार्क्सवाद के मुख्यतः यूरोपियन उद्गम और चरित्र को स्पष्ट करते हुए यह जोड़ा था कि हिन्दुस्तान में वर्गसंघर्ष को बिना वर्णसंघर्ष से जोड़े यहाँ की सामाजिक संरचना और संघर्ष को समझना और बदलना सम्भव नहीं है। अंग्रेज़ी के बढ़ते प्रभुत्व से चौकन्ना रहते हुए लोहिया ने 'अंग्रेज़ी हटाओ' आन्दोलन चलाया था और नीति के स्तर पर 'दाम बाँधो' का नारा दिया था। नये पद बहुत सहज रूप से गढ़ने का हुनर भी लोहिया के पास था। उन्होंने भारतीय आधुनिकता की दो धाराओं का विश्लेषण करते हुए 'आगे देखूँ' और 'पीछे देखूँ' आधुनिकता जैसे पद गढ़े थे।

लोहिया कलाकारों का सच्चा सम्मान करते थे। एक बार चित्रकार जगदीश स्वामीनाथन के उनके गुरुद्वारा रकाबगंज के पास स्थित आवास में बिना पूर्वसूचना के पहुँचने के बावजूद स्वामीनाथन के उनसे मिले बिना जाने का खेद व्यक्त करने पर उन्होंने अपने पार्टी की कार्यपरिषद की बैठक, उनसे मिलने के लिए, स्थगित कर दी थी। ऐसे लोहिया के आचरण और चिन्तन से तथाकथित समाजवादी दलों के नेता और अनुयायी इतनी दूर जा चुके हैं कि उन्हें समाजवादी या लोहिया का अनुयायी मानने में संकोच होता है। फिर भी, लोहिया को याद करने वाले कुछ लोग, भले असंगठित

और यहाँ-वहाँ विपर्यस्त हैं, जो अब भी 'निराशा के कर्तव्य' की तरह कुछ-न-कुछ करने का जतन चुपचाप स्थानीय स्तर पर करते रहते हैं। उनमें से कुछ उस दोपहर आईटीएम यूनीवर्स ग्वालियर के सभागार में मौजूद थे। उनमें से कइयों ने लाठी-चप्पलों की मार और जेल में सज़ाएँ आदि भुगती थीं, लेकिन वे हताश नहीं थे। यह अन्दाज़ लगाना कठिन था कि उनमें से कितनों को कुजात गाँधीवादी कहा जा सकता है जैसा कि लोहिया अपने को पूरी बेबाकी से कहते थे। पर उनके सयाने चेहरों पर संघर्ष की कुछ न कुछ आभा ज़रूर थी जो आजकल के सफल और चिकने-चुपड़ राजनीतिक कार्यकर्ताओं के चेहरों पर अक्सर नहीं दिखायी देती।

❑❑❑